U0128672

聲 韻 學

陳 新 雄 著

文史哲學集成

文史哲出版社印行

國家圖書館出版品預行編目資料

聲韻學 / 陳新雄著.-- 初版.-- 臺北市：文史哲，
民 94
面： 公分.--（文史哲學集成；500）
ISBN 957-549-608-6（精裝）

1. 聲韻學

802.4   94012646

文 史 哲 學 集 成 ⑤⁰⁰

聲　　韻　　學

著　　者：陳　　　新　　　雄
出　版　者：文　史　哲　出　版　社
http://www.lapen.com.tw
E-mail: lapen@ms74.hinet.net
登記證字號：行政院新聞局版臺業字五三三七號
發　行　人：彭　　　正　　　雄
發　行　所：文　史　哲　出　版　社
印　刷　者：文　史　哲　出　版　社
臺北市羅斯福路一段七十二巷四號
郵政劃撥帳號：一六一八○一七五
電話 886-2-23511028・傳真 886-2-23965656

實價新臺幣一二○○元

中華民國九十四年（2005）九月初版

作者簡介

陳新雄字伯元，江西省贛縣人。生於民國二十四年二月六日，現年七十。國立臺灣師範大學國文研究所博士班業，中華民國國家文學博士。曾任中國文化大學中國文學系教授兼主任、國立政治大學中文系所兼任教授、國立高雄師範大學國文研究所兼任教授、淡江大學中文系兼任教授、美國喬治城(Georgetown)大學中日文系客座教授、香港浸會學院中文系首席講師、香港中文大學中國文化研究所訪問學人、香港珠海大學文史研究所兼任教授、香港新亞研究所兼任教授、國立中山大學中文研究所兼任教授、北京清華大學中文系客座教授、國立臺灣師範大學國文系所教授、東吳大學中文研究所兼任教授、中國聲韻學會理事長、中國訓詁學會理事長、中國文字學會理事長、中國經學研究會理事長。現任國立臺灣師範大學國文研究所兼任教授、輔仁大學中文研究所兼任教授、中國語文雜誌編委、語言研究編委、詩經研究學會顧問、中國語文通訊顧問。擅長聲韻學、訓詁學、文字學、詩經、東坡詩、東坡詞等。著作有《春秋異文考》、《古音學發微》、《音略證補》、《六十年來之聲韻學》、《等韻述要》、《新編中原音韻概要》、《鍥不舍齋論學集》、《聲類新編》、《旅美泥爪》、《香江煙雨集》、《放眼天下》、《詩詞吟唱及賞析》、《文字聲韻論叢》、《訓詁學》、《古音研究》、《伯元倚聲‧和蘇樂府》、《伯元吟草》、《古虔文集》、《東坡詞選析》、《東坡詩選析》、《家國情懷》、《詩詞作法入門》、《廣韻研究》等二十多種。

聲韻學內容摘要

　　陳新雄教授從林尹教授學習聲韻學二十七年，而自身擔任聲韻學教學亦已逾四十年，臺灣各大學講授聲韻學之學者，泰半出自陳教授門下。陳教授本之師說，再參以本身四十餘年教學之經驗，應本社之邀爲本社撰寫《聲韻學》一書。本書共分五編，第一編緒論，內分六章：首章爲聲韻之名種，次章爲聲韻之效用，三章爲研究聲韻學之方法，四章爲聲韻與文字之關係，五章爲韻書之起源，六章爲字音之變遷。第二編廣韻，共分二章，首章《廣韻》之聲母。談及聲之名稱，聲目緣起，三十字母與三十六字母，陳澧系聯《廣韻》切語上字之條例，《廣韻》四十一聲紐，《廣韻》聲類說諸家評，輔音分析，四十一聲紐之清濁及發送收，音標說明，《廣韻》四十一紐音讀，《廣韻》四十一聲紐之聲變聲，《廣韻》四十一紐之國語讀音。次章爲《廣韻》之韻類，述及韻之名稱，《切韻》及《廣韻》之韻目，四聲及《廣韻》韻目相配表，等呼，陳澧系聯《廣韻》切語下字之條例，二百六韻分爲二百九十四韻類表，陳澧系聯條例與《廣韻》切語不能完全符合之原因。元音分析，語音變化，《廣韻》二百六韻之正變，《廣韻》二百六韻之國語音讀，《廣韻》二百六韻之擬音。第三編等韻，共分二章，首言等韻概說，介紹《韻鏡》、《七音略》、《四聲等子》、《切韻指掌圖》、《經史正音切韻指南》五部韻圖之體例及內容，且爲教學之方便，並附有《韻鏡》與《經史正音切韻指南》二圖，以便瞭解韻圖之編次及其流變。次言反切，談及反切名稱，原始，反法，並附上由《廣韻》切語推知今國語讀音查索表格。第四編爲古音，內分三章：首爲緒論，述及古音之界域，古音之起源，研究古音之資料與方法。次章爲古韻，分別討論鄭庠、顧炎武、江永、段玉裁、孔廣森、王念孫、江有誥、章炳麟、王力考古派之古韻研究成果及審音派戴震、黃侃、古韻部之結束。今定古韻三十二部之理由，古韻三十二部之證明，古韻三十二部之諧聲表，古韻三十二部音讀之擬測。第三章古聲，討論自錢大昕、章炳麟、黃侃、曾運乾、錢玄同、陳新雄以次諸家古聲母之定，最後爲上古聲母之總結，單純聲母十九個，並討論了帶h-及s-詞頭之複聲母，以及帶1-之複聲母。第五章爲古聲調，討論陳第至王國維各家古聲調說之內涵，最後折衷於王力與雅洪托夫之說，平上聲的元音有長短之別，去聲無論鼻音韻尾或塞音韻尾皆有輔音韻尾-s，凡帶-s韻尾者中古變去聲。第五編效用，分爲五章，首言聲韻學有助於瞭解典籍，次言聲韻學有助於辨識平仄聲調有利於詩文創造，第三言聲韻學可助辨識京劇中之尖團音，四言聲韻學有助於詩文吟誦與賞析。五論聲韻學有助於瞭解聲情的配合關係。每一篇章既有前賢之智慧結晶，也有陳教授四十年教學之心得與獨到之見解，既能固守傳統，又能吸取新知，可謂元元本本，殫見洽聞，自有聲韻學以來，其書之翔實尙無過此書者。本社因撮其要樂爲世之治音學者告，敬祈把握時效，勿失良機也。

自　序

　　民國四十四年(1955)春，余就讀於臺灣省立臺北建國中學高中，於臺港各報閱讀當時考試院副院長羅家倫先生〈簡體字之提倡甚爲必要〉一文，當時高中生對五四運動提倡者胡適手下健將羅家倫、傅斯年，均視爲偶像。故羅氏此文一出，余閱讀之後，心中亦以爲然。不數日，於報刊上閱讀潘重規先生一篇〈論羅家倫所提倡之簡體字〉，潘先生此文中，令我記憶最深者，則爲羅文以「迁」爲「遷」之古文，見於《說文》。潘先生以爲「遷」之古文，《說文》作「拪」，不是「迁」字，因而質疑羅氏所謂《說文》，爲何種版本之《說文》，請羅氏告知。余閱讀之後，心想潘重規眞不知天高地厚，羅先生必定會指點迷津，深加教訓。因此懷抱潘重規被教訓之快感，期待羅先生大文早日發表，孰知等待數日，羅先生影響全無。而卻有讀者不斷投書，期待羅先生對潘重規之質疑，早日答復。未料羅先生竟說：「我有說話的自由，我也有不說話的自由。」如此一來，我心目中之偶像乃徹底破碎矣。

　　因而轉請當時國文老師李福祥先生，探詢潘重規先生師學淵源與學術造詣。李師謂「潘重規爲黃侃女婿，黃侃乃國學大師章炳麟之大弟子，於語言文字之所謂小學，造詣最深。」李師並對我言，如果欲學習中文，臺灣師範大學不失爲一所理想大學，而潘重規正是師範大學國文系主任。當我將福祥師之言，徵詢先君意見時，先君謂科技不行，尙可外求，文化與文學乃我立國精神，乃不可求之外人者，極爲贊成我投考師範大學，因此乃以師大國文系爲我第一志願，結果如願以償，以極高分1考取師大國文系第一名，因而有機會從當時一流學者如潘重規、林尹、高明、許世瑛、牟宗三、程發軔、汪經昌等知名學者學習。

進入大學後，潘先生爲迎母遠走星洲，於是轉介我向林尹景伊教授學習。大學四年中，影響我最深遠之老師，亦爲林尹教授，林先生教我大一國文、大二詩選、大三學庸、大四訓詁與中國哲學史等課程。我與林先生投緣，乃從大一開始，先生教大一國文，每授完一課，必令背誦，我能背誦，又會吟讀，深得先生讚賞。猶憶大二上詩選時，先生友朋於府中相聚，每召我吟誦杜工部〈秋興〉八首，曹子建〈贈白馬王彪〉，甚至於〈古詩十九首〉等。先生以我能背書，以爲乃可造之才。爲奠定治學之基礎，乃贈我《廣韻》一册，並題識相勉云：「中華民國四十六年，歲次丁酉三月廿五日即夏正二月廿四日持贈新雄，願新雄其善讀之。」余謹受教，於是退而循師指示，披尋《廣韻》，逐韻逐字，析其聲韻，勒其部居，初明義例，興趣盎然，習之漸久，艱難時見，而志亦稍怠惰，師每察其情，必諄諄告誡，再三激勵。每謂「出乎其類，拔乎其萃。」又謂「吃得苦中苦，方爲人上人。」並爲剖析疑滯，必令盡釋而後已，因能終始其事，未曾中道而廢，及今思之，設非吾師苦心孤詣，誨之不倦，又曷克臻此者乎！語云：「莫把金針度與人。」先師常將金針度與我，此一薪火相傳之精神，可以告慰於吾師者，我亦將金針度與吾門下弟子，故今臺灣各大學教聲韻學之教師中，我門下弟子，已佔泰半，皆吾師無私精神之感召也。

大四時，景伊師教我訓詁學，談及聲韻與訓詁之關係，乃對

---

1 我以總分 364 分被錄取，當年滿分爲 500 分，乙組狀元爲 382 分，甲組狀元爲 364 分，丙組狀元爲 365 分。

余言，謂季剛先生有一《聲經韻緯求古音表》，以聲爲經，以韻爲緯，按其聲母與各類韻母之開合洪細，分別填入表中，即可知何韻爲古本韻，何韻爲今變韻？表雖帶來臺灣，但一時不知置於何處，乃令新雄按此意重新設計一表。余遵師意，以一週時間，不眠不休，終於設計一表，並將《廣韻》二百六韻分別填入其中，古本韻今變韻分別犁然。先師見後，大爲欣喜，認爲較黃君原表尤爲精要，故立刻令印刷廠印刷備用，今臺灣學生書局《廣韻聲韻類歸類習作表》即此表也。由於我能設計此表，吾師認爲我聲韻學已有相當基礎，故余大學甫一卒業，即介紹我前往東吳大學中文系任聲韻學，當時東吳大學中文系主任爲七十歲左右之洪陸東教授，不日，即雙手顫巍巍捧講師聘書致聘，其時余年二十有四，令人十分感動，而亦永以爲榮也。

　　大學時另一位影響我極爲深遠之老師，乃許世瑛師，許師字詩英，與董同龢先生皆王力先生之傳人，許師大三時教我聲韻學，因爲我有景伊師先奠立《廣韻》之基礎，故學習聲韻學，乃能駕輕就熟，不以爲難。許師以董同龢《中國語音史》導窺瑞典漢學家高本漢《中國音韻學研究》及其他諸著，我亦興味盎然，樂此不疲。其時臺灣聲韻學書籍亟少，師以其珍藏數十年王力先生民國二十五年出版之《中國聲韻學》相假，令我得浸潤於二先生學術殿堂中，瞭解西方學者治中國聲韻學之成績與方法，使我在章黃學術基礎上，接受西方學術之薰陶，而不致於坐井觀天，夜郎自大，在治學過程中，應特別表示銘感者也。

　　大學卒業，順利考入研究所，由碩士而博士，經七載之鑽研，完成博士論文《古音學發微》，並蒙教育部聘請九位考試委員口試通過，因而榮獲國家文學博士學位。自此以後，歷受國立臺灣師範大學、國立政治大學、中國文化大學、輔仁大學、東吳大學、高雄師範大學、國立中山大學、香港浸會大學、香港中文大學、北京清華大學諸大學之聘，講授聲韻學或廣韻研究與古音研究。數十年來，採用課本爲景伊師《中國聲韻學通論》、拙著《音略證補》、《等韻述要》三書，余門下諸生傳授聲韻學時亦然。門人每向余言，三書攜帶爲難，諸生學習不便，盼余撰一册完整之《聲韻學》，以利教學。余始終未敢答應者，內心實不欲余書取代景伊師舊著也。然太炎先生嘗曰：「前修未密，後出轉精。」今景伊師歸道山已逾二十載，余退休以來，亦已四年，今歲七十，門人爲舉辦壽宴、出版祝壽論文集爲慶。 余嘗有〈七十自賦調寄江神子〉詞云：

> 讀書長記草玄亭。碧空晴。好揚聲。七十從心，論學理尤明。尚有千秋功未了，談逸戲，沒閒情。　　　蕙蘭欣喜已成群。歲寒身。白頭新。桃李成陰，到處見爭春。今夕壽堂才濟濟，皆昔日，叩鐘人。

　　本書之作，即所謂千秋之功也。景伊詩英二師地下有知，亦將頷笑於九泉者乎！是爲序。

　　中華民國九十三年四月八日夏正甲申閏二月十九日陳新雄序
　　　　　　　　　　　　　　　　　於和平東路鍥不舍齋

聲　韻　學

目　錄

聲　韻　學
贛州陳新雄伯元學

第一編　緒　論

第一章　聲韻學之名稱

　　聲韻學是我國傳統的一門學問，民國以前把它跟文字學、訓詁學合稱爲小學，所謂小學就是研究中國文字的字形、字音、字義的學問。[1] 研究字形的，我們稱它爲文字學，研究字義的，我

1　《說文解字・敘》云：「周禮八歲入小學，保氏教國子先以六書。」段注：「《大戴禮・保傅篇》曰：『古者八歲而出就外舍，學小藝焉，履小節焉。束髮而就大學，學大藝焉，履大節焉。』盧景宣注曰：『小學謂虎門師保之學也，大學王宮之東者，束髮謂成童。《白虎通》曰：“八歲入小學，十五入大學”是也。』……玉裁按：《食貨志》曰：『八歲入小學，學六甲、五方、書計之事。』《白虎通》曰：『八歲毀齒，始有識知，入學學書計。』許亦曰：『周禮八歲入小學。』皆是泛言教法。」又云：「周禮保氏教國子六藝，五曰六書。國子者公卿大夫之子弟，師氏教之，保氏養之，而世子亦齒焉。六書者，文字聲音義理之總匯也，有指事、象形、形聲、會意，而字形盡於此矣。字各有音，而聲音盡於此矣。有轉注、假借而字義盡於此矣。異字同義曰轉注，異義同字曰假借，有轉注而百字可一義也，有假借而一字可數義也。字形字音之書若大史籀箸大篆十五篇，殆其一嘗乎！字義之書，若《爾雅》其最著者也。趙宋以後言六書者匈襟陋隘，不知轉注、假借所以包括訓詁之全，謂六書爲倉頡造字六法，說轉注多不可通。戴先生曰：『指事、象形、形聲、會意四者，字之體也。轉注、假借二者，字之用也。』聖人復起，不易斯言矣。」

們稱它爲訓詁學，研究字音的，我們現在叫它做聲韻學。但是我們要知道，聲韻學雖然是研究字音的，可是它並不等於發音學，因爲它還要照顧我們漢族語言各個時期的語音系統，跟它們的歷史演變的規律，我們中國的文化有悠久的歷史，這是大家所熟知的。實際上中國的語言，特別是漢族的語言，比我們的文化還要悠久些。現代的漢族語言，不論它是那種方言，無論是語音、語法、詞彙各部門，都是從古代漢語逐漸發展出來的，只是分化的時間有些比較早，有些比較晚，有些保留較古的形式，有些呈現較晚的形式，這樣就形成了方言的參差。假如我們用現代的國語讀唐詩，就常常會發現有些詩的韻腳不和諧了，平仄也不協調了。例如：杜甫的〈蕭八明府實處覓桃栽〉詩：

　　奉乞桃栽一百根。春前爲送浣花村。

　　河陽縣裏雖無數，濯錦江邊未滿園。

　　這首詩的韻腳「根」ㄍㄣ、「村」ㄘㄨㄣ、「園」ㄩㄢ三字，「根」、「村」都收音於ㄣ，讀起來還覺和諧，但「園」字收音於ㄢ，就很不對頭了。這樣不對頭，爲什麼還可以在一起押韻呢？這就需要聲韻學的知識來解答了。

　　又如：杜牧〈夜泊秦淮〉詩：

　　煙籠寒水月籠沙。夜泊秦淮近酒家。

　　商女不知亡國恨，隔江猶唱後庭花。

　　第三句的格律應該是「平仄仄平平仄仄」，可是國語讀「國」作ㄍㄨㄛ，陽平聲，如果把它算作平聲，就不合律了，國字原來是入字，是仄聲，所以杜牧原詩的格律音響是非常和諧的。這都是因爲唐代那個時候的讀音，發展到現代，已經起了很多變化的緣故。

　　假使我們讀《詩經》，讀到像〈關雎〉：

參差荇菜，左右采之；窈窕淑女，琴瑟友之。

這一類的詩，讀起來不押韻的地方就更多一些，因為《詩經》的時代離開我們時間上更為長久，所以語音的差距也就更大了。

古人很早就發現了這種現象，他們從不同的角度去分析這些語音變化的現象，解釋它們變化的原因，尋找它們變化的規律。這樣就逐漸建立起來聲韻學這門科學。傳統的聲韻學包括「今音學」、「等韻學」、「古音學」三個部門。大致說起來，今音學所研究的是中古時期，特別是，隋唐兩宋時的語音系統，尤其是《切韻》《廣韻》等韻書所代表的音系；等韻學是分析漢語發音原理跟方法的一門學問，相當於現代的發音學。古音學所研究的是上古時期，特別是先秦時代的音韻系統。在每一個部門裏，歷代的音韻學家都下了不少功夫，獲得很大的成績。但是過去的學者沒有現代語言科學的訓練，在分析音素跟詮釋名詞上，往往弄得非常玄妙，使初學的人越看越糊塗。民國以後，我國學者吸收了西方語言學的方法，對聲韻學的研究取得了新的成就，大大地超越前人。但是他們寫的一些闡明聲韻學的著作，往往著重結果，而忽略了方法，有的又太嫌專門了些，文字也太深奧，初學的人還是不大容易懂，往往望洋興歎，甚至於一講到聲韻學就感到恐懼，以為讀天書。其實聲韻學並不是這麼可怕，也是很容易懂的。

為使讀者更容易瞭解起見，我先把聲、韻、音三字的含義加以解說，《尚書‧舜典》云：「詩言志，歌永言，聲依永，律和聲，八音克諧，無相奪倫。」是聲音二字見於典籍之始，此後之人，亦多言聲音，無有言韻者。韻字始見於晉陸機〈文賦〉：「收百世之闕文，採千載之遺韻。」故魏李登著書，尚名《聲類》，晉呂靜仿之，則名《韻集》。此韻字出於晉代之顯證。徐鈜《說文新附》:「韻、和也。從音,員聲。裴光遠云:『古與均同,未知其審。』」《文選・成公綏・嘯賦》:「音均不恒,曲無定制。」李善注:「均古韻字。」並引《鶡冠子》曰:「五聲不同均,然其可喜一也。」此蓋裴說之所本,由此可知,古人之所謂均者,亦即晉以後之所謂韻也。

　　古人於聲、韻、音三字不大區別,《說文》就以音釋聲,以聲釋音。[2] 此後之人,更無標準,把聲當作音的有之,把音當作韻的也有,把聲當作韻的仍不少。就以聲韻學的名稱來說,有人稱為音韻學,有人稱為聲音學,有人稱作韻學,也有人稱作音學,現在我們稱作聲韻學。凡此諸類,雖然有是有非,所以名目如此之多的原因,就是因為聲韻音三者之名稱混淆莫辨的緣故。要講聲韻學,首先就得把聲韻音三者之名稱瞭解清楚。現據蘄春黃季剛(侃)先生《聲韻通例》將三者之通例,列舉於下:

　　㈠音、凡聲與韻相合為音。

　　㈡韻、凡音歸本於喉謂之韻。

　　㈢聲、凡音所從發謂之聲。有聲無韻,不能成音。

　　據上通例,可得一表如下:

音	聲
	韻

　　由此觀之,聲韻音三者之界域,判然分明。故本篇以聲韻學命名,亦以音之原素,由聲與韻相結合而成是也。亦有稱音學者,如黃季剛先生《音略》是也。蓋分之則為聲韻,合之則為音也。

2　《說文》云:「聲、音也。從耳,殸聲。殸籀文磬。」又云:「音、聲也。生於心有節於外謂之音,宮商角徵羽聲,絲竹金石匏土革木音也。從言含一。」

第二章　聲韻學之效用

　　我們研究聲韻學的目的，主要是爲了讀懂古書，以便全面的掌握瞭解中國文化。我國文字的構造，雖然是形符，但我國文字的運用，則依然是音符。從我國文字構造的六書來說，諧聲一類，十居八九。轉注跟假借，也都是由於聲韻的關係而滋生。這原因是文字由語言而來，語言靠音而表達。因此用文字記錄語言的時候，有許多文字還沒有構造出來，只好借用音義相近的字暫時替代，這就是許愼所說的「本無其字，依聲託事」的假借了。也有些文字雖然早就構造好了，可是紀錄語言的人，還不知道，或者記憶不清，於是也只好隨便用一個同音的字，暫時替代，那就成了「本有其字，依聲託事。」也就是所謂同音通假了。中國方言十分分歧，原先本來是一個音，由於方言的差異，各地方的人又根據自己的方言，造出不同的字來。字雖然是兩個，意義卻是一樣，在文字統一以後，我們要加以溝通，就用得上「建類一首，同意相受」的轉注了。無論諧聲、假借、轉注，沒有一樣不是以音爲用的。但是一般人最感痛苦的，這些音常有古今南北的差異，憑甚麼方法才能確切地明瞭那些字是同音？那些字是不同音呢？這絕不是憑猜測想像所能解決的，也不是憑一時一地的方言可以擬議的。必須有聲韻上基礎的知識，知道音變的規律，才可以運用自如，確切掌握。所以要減少閱讀古書的困難，明白文字訓詁的條例，不懂得聲韻學是沒有辦法的。

　　我國典籍蘊藏深奧的義旨，用字遣辭的慣例，很多跟現代人不一樣了。又經過幾千年來傳抄誤刻，免不了有許多失眞的地方。我們要整理這批文化遺產，自然首先得校正剔除它的錯誤。我們憑甚麼才能做得到呢？高郵王念孫的〈讀淮南子雜誌後序〉說得好。他說：

　　若入韻之字，或有訛脫，或經妄改，則其韻遂亡。

　　故有因字誤而失其韻者，〈原道篇〉：「中能得之，則外能牧之。」牧與得爲韻，高注：「牧、養也。」各本牧誤作收，注文又誤作不養也，則既失其義而又失其韻矣。〈俶眞篇〉：「茫茫沆沆，是謂大治。」沆、胡朗反。高注：「茫讀王莽之莽，沆讀水出沆沆白之沆。」茫茫、沆沆，疊韻也。各本作茫茫沈沈，則非疊韻矣。〈兵略篇〉：「天化育而無形象，地生長而無計量，渾渾沆沆，孰知其藏。」渾渾沆沆，雙聲也。且沆與象量藏爲韻，各本作渾渾沉沉，則既非雙聲而又失其韻矣。〈天文篇〉：「秋分雷藏，蟄蟲北鄉。」藏古藏字，與鄉爲韻。各本藏誤作戒，則既失其義而又失其韻矣。〈覽冥篇〉：「臥倨倨，興盰盰。」盰即盰字。高注：「盰盰然視，無智巧貌也。」盰盰與倨倨爲韻，各本盰盰作眄眄，則既失其義而又失其韻矣。〈齊俗篇〉：「夫明鏡便於照形，其於以承食，不如竹算。」承讀爲烝，謂烝飯也。算、博計反，竹算所以蔽甑底也。算與蚑爲韻，各本誤作函，算誤作箅，又脫竹字，則既失其義而又失其韻矣。〈道應篇〉：「西窮窅冥之黨，東關鴻濛之光。」關讀曰貫，鴻濛之光，謂日光也。東方爲日所出，故旦東貫鴻濛之光，光與鄉爲韻，藏本關誤作開，各本光字又誤作先，則既失其義而又失其韻矣。「於是乃去其瞀而載之木，解其劍而帶之笏。」高注：「木、鷸鳥冠也。知天文者冠鷸。」木即鷫之借字，與笏爲韻。各本兀誤作木，注文鷫字又誤作鶩，則既失其義而又失其韻矣。〈詮言篇〉：「動有章則詗，行有迹則議。」詗謂相譏詗也，詗與議爲韻，隸書詗字或作詞，因誤爲詞，則既失其義而又失其韻矣。「大寒地坼水凝，火弗爲衰其熱；大暑爍石流金，火弗爲益其烈。」熱與烈爲韻，各本熱暑二字互誤，則既失其義而又失其韻矣。〈兵略篇〉：「是謂至旌，窈窈冥冥，孰知其情。」旌即旌旗之旌，旌與精古字通，至旌者，至精也。旌與冥情爲韻，各本旌誤爲於，則既失其義而又失其韻矣。〈說山篇〉：「髡屯犂牛，既科以楕。」楕、他果反，與羈犧河爲韻。高注云：「科無角，楕無尾。」俗從牛作犐犣，又誤而爲枓橢，則失其韻矣。

有因字脫而失其韻者。〈原道篇〉：「故矢不若繳，繳不若網，網不若無形之像。」網與像爲韻，各本繳下脫去四字，則既失其義而又失其韻矣。〈兵略篇〉：「同欲相趨，同惡相助。」同欲同惡，相對爲文，欲趨爲韻，惡助爲韻，各本同欲下脫相趨二字，相助上脫同惡二字，則既失其義而又失其韻矣。

有因字倒而失其韻者。〈原道篇〉：「游微霧，騖忽怳。」怳與往景上爲韻，各本作怳忽，則失其韻矣。「蟠委錯紾，與萬物終始。」始與右爲韻，各本作始終，則失其韻矣。〈俶眞篇〉：「馳於外方，休乎內宇。」宇與野圄雨父女爲韻，各本作宇內，則失其韻矣。〈天文篇〉：「閉關梁，決罰刑。」刑與城爲韻，各本作刑罰，則失其韻矣。〈精神篇〉：「視珍寶珠玉猶礫石也。」石與客魄爲韻，各本作石礫，則失其韻矣。〈兵略篇〉：「不可制迫也，不可量度也。」度與迫爲韻，各本作度量，則失其韻矣。〈人間篇〉：「蠹啄剖柱梁，蝱虻走牛羊。」梁與羊爲韻，各本作梁柱，則失其韻矣。

有因句倒而失其韻者。〈脩務篇〉：「契生於卵，啓生於石。」石與射爲韻，各本啓生於石，在契生於卵之上，則失其韻矣。

有句倒而移注文者。〈本經篇〉：「直道夷險，接徑歷遠。」遠與垣連山患爲韻。高注云：「道之阨者，正直之夷平也，接、疾也，徑、行也。」傳寫者以直道二句上下互易，則失其韻而後人又互易注文以從之。《文選·謝惠連·秋懷詩·注》引《淮南》亦如此，則唐時本已誤矣。

有錯簡而失其韻者。〈說山篇〉：「山有猛獸，林木爲之不斬，園有螫蟲，藜藿爲之不采，故國有賢臣，折衝千里。」此言國有賢臣，則敵國不敢加兵，亦如山之有猛獸，園之有螫蟲也。各本「故國有賢臣」二句，錯簡在下文「形勞則神亂」之下，與此相隔甚遠，而脈絡遂不可尋。且里與采爲韻，錯簡在後，則失其韻矣。

有改字而失其韻者。〈原道篇〉：「四時爲馬，陰陽爲騶。」高注：「騶、御也。」騶與俱區驟爲韻，後人依《文子》改騶爲御，則失其韻矣。〈天文篇〉：「正月指寅，十一月指子，一歲而帀，終而復始。」指寅者，顓頊厤所起也，至丑而一帀，指子者，皆一歲而帀，且子與始爲韻，人改十一月指子，爲十二月指丑，則既失其義而又失其韻矣。〈精神篇〉：「靜則與陰合德，動則與陽同波。」波與化爲韻後人依〈原道篇〉改爲「靜則與陰俱閉，動則與陽俱開。」則失其韻矣。〈氾論篇〉：「其德生而不殺，予而不奪。」殺與奪爲韻，後人改殺爲辱，則既失其義而又失其韻矣。「聖人乃作，爲之築土構木，以爲室屋。」此二句以木屋爲韻，下三句以宇雨暑爲韻，後人多聞宮室，寡聞室屋，而改室屋爲宮室，則失其韻矣。〈詮言篇〉：「故不爲好，不避醜，遵天之道。不爲始，不專己，循天之理。」好醜道爲韻，始己理爲韻。後人依《文子》改好爲善，則失其韻矣。〈泰族篇〉：「四海之內，一心同歸背貪鄙而向仁義。」義與和隨靡爲韻，後人改仁義爲義理，則失其韻矣。

有改字以合韻而實非韻者。〈道應篇〉：「攝女知，正女度，神將來舍，德將爲若美，而道將爲女居，惷乎若新生之犢，而無求其故。」此以度舍居故爲韻，後人不知舍字之入韻，而改「德將爲」三字爲「德將來附」，以與度爲韻，則下文「若美」二字，文不成義矣。且古音度在御部，附在候部，附與度非韻也。

有改字以合韻而反失其韻者。〈說林篇〉：「無鄉之社，易爲肉黍，無國之稷，易爲求福。」社黍爲韻，稷福爲韻，後人不識古音，乃改肉黍爲黍肉，以與福爲韻，而不知福字古讀若偪，不與肉爲韻也。「槁竹有火，弗鑽不熯，土中有水，弗掘不出。」熯與然同，此以水火爲隔句韻，而鑽與熯，掘與出則句中各自爲韻，後人不達而改弗掘不出爲弗掘無泉，以與熯爲韻，則反失其韻矣。

有改字而失其韻又改注文者。〈精神篇〉：「五味亂口，使口厲爽。」高注：「厲爽、病傷滋味也。」此是訓厲爲病，爽爲傷，爽字古讀若霜，與明聰揚爲韻。後人不知而改屬爽爲爽傷，又改注文之屬爽爲爽病，甚矣，其謬也。〈説林篇〉：「繡以爲裳則宜，以爲冠則議。」高注：「議，人譏非之也。」宜議二字古音皆在歌部，後人不知，遂改議爲譏，以與宜爲韻，並改高注。而不知宜字古讀若俄，不與譏爲韻也。

　　有改字而失其韻又刪注文者。〈要略〉曰：「一群生之短脩，同九夷之風采。」高注：「風、俗也，采、事也。」采與理始爲韻，後人改風采爲風氣，並刪去注文，則既失其義而又失其韻矣。

　　有加字而失其韻者。〈泰族篇〉：「至治寬裕，故下不賊，至中復素，故民無匿。」賊、害也，言政寬則不爲民害也，匿讀爲慝，謂民無姦慝也，匿與賊爲韻，後人於賊上加相字，匿下加情字，則既失其義而又失其韻矣。

　　有句讀誤而又加字以失其韻者。〈要略〉曰：「精神者所以原本人之所由生，而曉寤其形骸九竅，取象於天句，合同其血氣句，與雷霆風雨句，比類其喜怒句，與晝宵寒暑句。」與者如也。言血氣之相從，如雷霆風雨喜怒之相反，如晝宵寒暑也，暑與雨怒爲韻，後人不知與之訓爲如，而讀與雷霆風雨比類爲句，遂於與晝宵寒暑下，加並明二字以對之，則既失其句而又失其韻矣。

　　有既誤且脱而失其韻者。〈泰族篇〉：「神農之初作琴也，以歸神杜淫，反其天心，及其衰也，流而不反，淫而好色，至於亡國。」淫心爲韻，色國爲韻。各本作「神農之初作琴也，以歸神，及其淫也，反其天心。」錯謬不成文理，又脱去「及其衰也」以下十六字，則既失其義而又失其韻矣。

　　有既誤且倒而失其韻者。〈泰族篇〉：「天地所包，陰陽所嘔，雨露所濡，以生萬殊，翡翠瑇瑁，瑤碧玉珠，文彩明朗，潤澤若濡，摩而不玩，久而不渝。」嘔濡殊珠濡渝爲韻，藏本「雨露所濡，以生萬殊。」誤作「雨露所以濡生萬物。」「瑤碧玉珠」又誤「翡翠瑇瑁」之上，則既失其句而又失其韻矣。

　　有既誤且改而失其韻者。〈覽冥篇〉：「田無立禾，路無薠莎，金積折廉，璧襲無贏。」贏、璧文也。與禾莎爲韻，薠莎誤爲莎薠，後人又改贏爲理，則失其韻矣。〈道應篇〉：「此其下無地而上無天，聽焉無聞，視焉則眴。」眴讀曰眩，與天爲韻。藏本則眴誤作無眴，朱本又改眴爲矚，則既失其義而又失其韻矣。

　　有既誤而又加字以失其韻者。〈說林篇〉：「予溺者金玉，不若尋常之纆。」纆讀若墨，索也。纆與佩富爲韻，纆誤爲纏，後人又於纏下加索字，則既失其義而又失其韻矣。

　　有既脫而又加字以失其韻者。〈說山篇〉：「詹公之釣，得千歲之鯉。」鯉與止喜爲韻。千歲之鯉上脫得字，則文不成義，後人不解其故，而於千歲之鯉下，加不能避三字，則失其韻矣。〈脩務篇〉：「蘇援世事，分別白黑。」黑與福則爲韻，分下脫別字，遂不成句，後人又於黑下加利害爲句，則既失其句又失其韻矣。

以上六十四事，略舉其端以見例，其餘則遽數之不能終也。

王念孫僅僅根據韻腳來校勘古書的錯誤，就得到校讐凡例十八條，如果不懂得聲韻學，又怎麼能夠探求本源，校正錯誤呢！所以說我們要整理古籍，承繼民族遺產，也需要聲韻學作爲工具。

我們現在研究聲韻學，除了讀古書以外，還有一個重要的目標，就是要瞭解漢語的歷史，尋找出漢語語音的內部發展規律，以及確立國語讀音的標準。我們要瞭解某種語言的現狀，只有從歷史上去研究，才能更清楚。聲韻學是漢語史上一個重要部門，我們想要更好瞭解和掌握現代漢語的語音系統，就必須要學習聲韻學。因為聲韻學能夠告訴我們：現代漢語語音的各種現象，是怎麼樣從古代漢語的語音系統發展出來的。比方「吸汲泣、接節絜、貼鐵帖、割閣葛」一類的字，現代南方許多方言讀起來跟國語都很不一樣，使得操這類方言的人，學習國語的時候，遭遇到許多困難。假如我們能從歷史上的發展來看，曉得了這些字怎樣從古代發展到現代的，明白了它們的演變規律，那就容易學習了。確立國語讀音的標準，也只有從歷史上找出根源，纔能得到滿意的答案。例如：「危險」的「危」跟「微風」的「微」，國語目前有陰平ㄨㄟ和陽平ㄨㄟˊ兩種讀音，「波浪」的「波」有不送氣的ㄅㄛ跟送氣的ㄆㄛ兩種讀法，到底那一種讀音合於標準呢？不能僅憑主觀和個人的習慣來決定，因為你說這種讀音是對的，他說那種讀音是對的，誰也沒有法子說服別人。如果我們能夠根據語音發展規律，指出「危」字《廣韻》屬平聲支韻，聲母為疑母，是一個次濁聲母，《廣韻》平聲字次濁聲母讀成國語應以讀陽平為常，同理，「微」字屬《廣韻》平聲微韻，聲母是微母，也是次濁聲母，也以讀陽平為常，則「危」「微」二字讀陽平ㄨㄟˊ是對的；又如「波」字，聲母為幫母，幫母演變成今國語，以讀不送氣雙脣塞聲為常，則今讀ㄅㄛ才是正確的。這樣子說明，才足以令人信服，也才容易解決問題。所以能夠掌握語音發展的規律，也是要借重聲韻學這門學科的。

　　研究文學聲韻學也是一大助手，劉勰的《文心雕龍·聲律篇》說：「異音相從謂之和，同聲相應謂之韻。」所謂異音相從，就是不同聲母的字迭相運用，這樣的詩句或文詞誦讀起來，才不會有佶屈聱牙的艱澀。例如：我們讀杜甫的〈春望〉詩：

　　　　國破山河在，城春草木深。感時花濺淚，恨別鳥驚心。

　　　　烽火連三月，家書抵萬金。白頭搔更短，渾欲不勝簪。

「國破山河在」一句的聲母是：見、滂、疏、匣、從。

「城春草木深」一句的聲母是：禪、穿、清、明、審。

「感時花濺淚」一句的聲母是：見、禪、曉、精、來。

「恨別鳥驚心」一句的聲母是：匣、幫、泥、見、心。

「烽火連三月」一句的聲母是：敷、曉、來、心、疑。

「家書抵萬金」一句的聲母是：見、審、端、微、見。

「白頭搔更短」一句的聲母是：並、定、心、見、端。

「渾欲不勝簪」一句的聲母是：匣、喻、幫、審、莊。

　　每一句幾乎都是五個不同的聲母，縱然像「家書抵萬金」一句，有兩個見母出現，也是一頭一尾，隔得很遠，所以是異音相從，故誦讀起來非常和協。

　　如果不是異音相從，而是同音相從，那就會佶屈聱牙很不和協。蘇軾有一首〈戲題武昌王居士詩〉，就是故意全首詩完全用雙聲字，唸起來十分不順口，所以又叫口吃詩。茲錄於下：

　　　　江干高居堅關扃。犍耕躬稼角挂經。篙竿繫舸菰茭隔，笳鼓過軍雞狗驚。解襟顧景各箕踞，擊劍賡歌幾舉觥。荊笄供膾愧攪聒，乾鍋更戛甘瓜羹。

　　我們試著吟讀看看，是不是十分不順口，這就是因為同音相從，故而不和協了。至於說到同聲相應，那是說相同韻母的字互相呼應，例如杜甫的〈春望〉詩，每兩句一韻，以深、心、金、簪這幾個同韻母的字相呼應。這樣韻文讀起來才會覺得珠圓玉潤，鏗鏘悅耳。我國文學自齊梁以後，注重聲律，文尚駢麗，詩變律體，平仄低昂，變化多端。然其音節，不外乎同聲相應的重疊，與異音相從的錯綜，然後間以雙聲疊韻，協以對偶呼應，造成我國文學特有的格律。到了宋詞元曲，律度更嚴，辨聲則判陰陽，協韻則究開閉。凡此種種，如果沒有聲韻學的基礎，那是很難得其要竅的，所以說聲韻學也是研究文學的必要工具。難怪陸法言在〈切韻序〉裏說：「凡有文藻，即須明聲韻」了。

第三章　研究聲韻學之方法

聲韻之學並非玄奧而不可測，但若不得其法，往往旁皇歧路，不知所歸，窮日累年，勞神苦思，雖至皓首，仍大惑不解。因而以爲神祕可思議者有之，而穿鑿附會者亦有之。於是妄立名目，倀言是非，遂使後之學者，益迷惑而無所適從，此聲韻之學，所以闇而不章，故今欲明聲韻之學，首先在明研治之方法。現將研究方法，開示於下：

【一】審明音理

聲韻之學既是研究字音之學，它就須研究人類口齒所發之聲音，推廣到文字上來。所以聲韻學是偏重口耳相傳，因此首先要能辨別聲韻，分析音素。因爲聲韻學既是研究人類口齒所發的聲音爲宗旨，就必須能夠辨識各種音素的發音方法。在輔音上要明白清濁發送收的異同，脣、齒、舌、牙、喉的區別；在元音上要辨別高低前後洪細開合的差異，進而瞭解各種音素接合的條件，以及彼此影響的變化。能如此就具備初步的基礎了。

【二】知道變遷

時間有古今的差異，地方有南北的不同，不知古今南北的區別，這猶如《莊子》所云「得一察焉以自好者」，乃一曲之士，終不足以明大道之人。凡事皆然，而治聲韻之學爲尤甚，故陸法言之著《切韻》，首論南北是非，古今通塞，爲其最大原則。《切韻》一書，所以爲今日治聲韻學之圭臬者，亦以此故。[1] 蓋

1　按陸法言原本《切韻》今雖殘缺不全，惟有殘本出現。然唐王仁昫《刊謬補缺切韻》，宋陳彭年奉敕撰的《廣韻》猶存，故可藉這些現存的書，以考見《切韻》之系統。

時代嬗變，音亦隨之。所以我們要瞭解它演變的條件，變遷的路線，絕不可膠固不化，引一時一地之音作爲研究聲韻學的基礎，以爲不可輕易。如果持此觀念以究聲韻學，則無疑是閉戶造車，出必不合於轍，固可斷言。故段玉裁《六書音韻表》論音隨時代變遷之說云：

> 今人概曰古韻不同今韻而已，唐虞而下，隋唐而上，其中變更正多，概曰古不同今，尚皮傅之説也。音韻之不同，必論其世，約而言之，唐虞夏商周秦漢初爲一時，漢武後洎漢末爲一時，魏晉宋齊梁陳隋爲一時。古人之文具在，凡音轉、音變、四聲，其遷移之時代，皆可尋究。

此言古韻之有變遷，誠爲的論。然隋唐以後，亦無日不在嬗變之中，因時代之遞代，方言之變異，即今韻亦可分爲數期。此學者不可不察也。[2]

【三】尋求旁證

聲韻之學既然是推求漢語語音歷史演變的規律，可是古人的語音，既無法久留人間，又無留音之物，把古人的聲音保存下來，那麼我們尋究之道，就只有旁求證據。這可從古籍文字、漢語方言、域外譯音及同語族語各方面尋求證據。我們分別舉例稍加說明。

❶古籍文字：古籍文字除了《詩經》及其他古籍中有韻之文，可作爲歸納韻部之主要資料外。例如《詩經・國風・關雎》四章：

> 參差荇菜，左右采之。窈窕淑女，琴瑟友之。

2　案治聲韻學者，隋唐以前，總稱之曰古韻，隋唐以後，總稱之曰今韻。

於是儘管我們現在讀采友的聲音差得很遠，但《詩經》既然押韻，就可知道在古必然同部，或者是相近的韻部。其他若經籍異文，對我們研究聲韻也有很大的幫助，例如：《詩經·邶風·谷風》：「凡民有喪，匍匐救之。」《禮記·檀弓》弔此文作「扶服」，可證古無輕脣音。又如《書·禹貢》：「大野既豬。」《史記·夏本紀》引作「既都」可證古無舌上音等都是。

❷漢語方言：例如《廣韻》入聲有-p、-t、-k 三種塞聲韻尾，仍可從閩、粵方言中得到證實。古無輕脣音與舌上音也可從閩、粵方言中得到支持。

❸域外譯音：汪榮寶〈歌戈魚虞模古讀考〉一文嘗舉華梵對勘為例，證明唐宋以前歌戈韻字多讀a音，如佛陀之為 Buddha，以陀譯 a 是也；又謂魏晉以上凡魚虞模韻字亦讀 a 音，如以浮圖對譯 Buddha 是也。

❹同語族語：李方桂先生《上古音研究》根據「八」藏語為 brgyad，「百」藏語為 brgya，「馬」緬語為 mrang 等對音關係，定上古音二等字為有-r-介音是也。

【四】勤於習作：

學習聲韻學最重要者在熟練每一個漢字的聲韻母，包括中古與上古，這無法用死背死記的方法。語言就像數學一樣，學了一個原理原則以後，就要作很多習題來熟練它一樣。例如我們要知道《廣韻》的反切上字屬於什麼聲紐，最好的辦法，就是習作。下面這個表格，就是我們熟悉《廣韻》反切上字的方法。今舉一東韻為例：

韻紐	切語	聲紐	韻紐	切語	聲紐
東	德紅	端	豐	敷隆[3]	敷
同	徒紅	定	充	昌終	穿
中	陟弓	知	隆	力中	來
蟲	直弓	澄	空	苦紅	溪
終	職戎	照	公	古紅	見
忡	敕中	徹	蒙	莫紅	明
崇	鋤弓	床	籠	盧紅	來
嵩	息弓	心	洪	戶公	匣
戎	如融	日	叢	徂公	從
弓	居戎	見	翁	烏紅	影
融	以戎	喻	悤	倉紅	清
雄	羽弓	爲	通	他紅	透
瞢	莫中	明	葼	子紅	精
穹	去宮	溪	蓬	薄紅	並
窮	渠弓	群	烘	呼東	曉
馮	房戎	奉	峂	五東	疑
風	方戎	非	㮚	蘇公	心

　　練習之步驟，先從《廣韻》中抄好韻紐（即每韻中〇下面的第一個字），切語，把二百零六韻的韻紐與切語統統抄好以後，就可翻到本書附錄「《廣韻》切語上字表」查出每一切語的反切上字之聲紐。把全部二百六韻的反切上字都查完了，就自然熟悉了，此爲不易法門，希勿以其簡易而忽之。

　　熟悉了反切上字，就要熟悉反切下字的韻類開合與等第了。

3　按《廣韻》豐敷空切誤，今據《切韻》殘卷第二種正作敷隆切。

我們也列一個表，然後再說明其練習方法。表中是《聲類新編》
中的影紐字。

紐韻[4]	切語	韻目開合等第	紐韻	切語	韻目開合等第
影	於丙	梗開三	崴	乙乖[5]	皆合二
翁	烏紅	東開一	隈	烏恢	灰合一
邕	於容	鍾合三	哀	烏開	咍開一
胦	握江	江開二	因	於眞	眞開三
逶	於爲	支合三	礥	於巾	眞開三
漪	於離	支開三	贇	於倫	諄合三
伊	於脂	脂開三	熅	於云	文合三
醫	於其	之開三	殷	於斤	欣開三
威	於非	微合三	鴛	於袁	元合三
依	於希	微開三	蔫	謁言	元開三
於	央居	魚開三	溫	烏渾	魂合一
紆	憶俱	虞合三	恩	烏痕	痕開一
烏	哀都	模合一	安	烏寒	寒開一
鷖	烏奚	齊開四	剜	一丸	桓合一
娃	烏攜	齊合四	彎	烏關	刪合二
蛙	烏媧	佳合二	黰	烏閑	山開二
娃	於佳	佳開二	嬽	委鰥	山合二
挨	乙諧	皆開二	煙	烏前	先開四
淵	烏玄	先合四	幽	於虯	於虯

4　《廣韻》以韻爲經，韻中領紐字，我們稱韻紐；《聲類新編》以紐
　　爲經，紐內領韻字，我們稱紐韻。特此說明。
5　崴乙皆切誤，今據《切韻殘卷》第三種正作乙乖切。

紐韻	切語	韻目開合等第	紐韻	切語	韻目開合等第
焉	於乾	仙開三	愔	挹淫	侵開三
嬽	於權	仙合三	音	於金	侵開三
幺	於堯	蕭開四	諳	烏含	覃開一
要	於霄	宵開三	淹	央炎	鹽開三
妖	於喬	宵開三	魘	一鹽	鹽開三
坳	於交	肴開二	𪂆	乙咸	咸開二
鏖	於刀	豪開一	醃	於嚴	嚴開三
阿	烏何	歌開一	蓊	烏孔	董開一
倭	烏禾	戈合一	擁	於隴	腫合三
胞	於靴	戈合三	慃	烏項	講開二
鴉	於加	麻開二	委	於詭	紙合三
窊	烏瓜	麻合二	倚	於綺	紙開三
央	於良	陽開三	歕	於几	旨開三
汪	烏光	唐合一	譩	於擬	止開三
鴦	烏郎	唐開一	扆	於豈	尾開三
霙	於驚	庚開三	磈	於鬼	尾合三
甖	烏莖	耕開二	㧢	於許	語開三
泓	烏宏	耕合二	傴	於武	麌合三
嬰	於盈	清開三	陰	安古	姥合一
縈	於營	清合三	吟	烏弟	薺開四
膺	於陵	蒸開三	矮	烏蟹	蟹開二
憂	於求	尤開三	挨	於駭	駭開二
謳	烏侯	侯開一	猥	烏賄	賄合一
欸	於改	海開一	𡻮	於郢	靜開三
惲	於粉	吻合三	濆	烏迥	迥合四

紐韻	切語	韻目開合等第	紐韻	切語	韻目開合等第
隱	於謹	隱開三	嶸	烟滓	迥開四
傿	於憓	阮開三	懮	於柳	有開三
婉	於阮	阮合三	歐	烏后	厚開一
穩	烏本	混合一	黝	於糾	黝開三
綰	烏板[6]	潸合二	飲	於錦	寑開三
螾	於殄	銑開四	晻	烏感	感開一
嫣	於蹇	獼開三	揜	烏敢	敢開一
杳	烏皎	篠開四	黶	於琰	琰開三
夭	於兆	小開三	奄	衣儉	琰開三
闄	於小	小開三	埯	於广	儼開三
拗	於絞	巧開二	黯	乙減	豏開二
襖	烏晧	皓開一	甕	烏貢	送開一
椏	烏可	哿開一	雍	於用	用合三
婐	烏果	果合一	倚	於義	寘開三
啞	烏下	馬開二	餧	於僞	寘合三
鞅	於兩	養開三	恚	於避	寘合三
枉	紆往	養合三	懿	乙冀	至開三
块	烏朗	蕩開一	意	於記	志開三
㼦	烏晃	蕩合一	尉	於胃	未合三
瞥	烏猛	梗開二	衣	於旣	未開三
飫	依倨	御開三	晏	烏澗	諫開二
汙	烏路	暮合一	綰	烏患	諫合二
翳	於計	霽開四	宴	於甸	霰開四

6　按綰爲潸合二，板爲潸開二，綰烏板切乃借板爲切也。

紐韻	切語	韻目開合等第	紐韻	切語	韻目開合等第
瘞	於罽	祭開三	狷	烏縣	霰合四
藹	於蓋	泰開一	堰	於扇	線開三
憎	烏外	泰合一	窔	烏叫	嘯開四
隘	烏懈	卦開二	要	於笑	笑開三
噫	烏界	怪開二	靿	於教	效開二
㥈	烏快	夬合二	奧	烏到	號開一
喝	於犗	夬開二	侉	安賀	箇開一
隈	烏繢	隊合一	涴	烏臥	過合一
愛	烏代	代開一	亞	衣嫁	禡開二
穢	於廢	廢合三	窳	烏吳	禡合二
印	於刃	震開三	快	於亮	漾開三
醞	於問	問合三	盎	烏浪	宕開一
憖	於靳	焮開三	汪	烏浪[7]	宕合一
怨	於願	願合三	映	於敬	映開三
堰	於建	願開三	瀴	於孟	映開二
搵	烏困	慁合一	浤	烏橫	映合二
饐	烏恨	恨開一	褮	鷖迸	諍開二
按	烏旰	翰開一	鎣	烏定	徑開四
惋	烏貫	換合一	幼	伊謬	幼開三
蔭	於禁	沁開三	呝	乙鎋	鎋開二
暗	烏紺	勘開一	抉	於決	屑合四
厭	於豔	豔開三	噎	烏結	屑開四
俺	於驗	豔開三	㰥	乙劣	薛合三

7　汪烏浪切，浪開口一等字，據汪字平聲烏光切，光爲合口字，去聲借用浪字，蓋其偶疏也。

紐韻	切語	韻目開合等第	紐韻	切語	韻目開合等第
奄	於念	桥開四	妜	於悅	薛合三
韽	於陷	陷開二	焆	於列	薛開三
黬	音黯去聲	陷開二	約	於略	藥開三
俺	於劍	釅開三	嬳	憂縛	藥合三
屋	烏谷	屋開一	惡	烏各	鐸開一
郁	於六	屋開三	鑊	烏郭	鐸合一
沃	烏酷	沃合一	啞	烏格	陌開二
渥	於角	覺開二	矆	乙白	陌合二
一	於悉	質開三	擭	一虢	陌合二
乙	於筆	質開三	厄	於革	麥開二
鬱	紆物	物合三	益	伊昔	昔開三
噦	於月	月合三	憶	於力	職開三
謁	於歇	月開三	碚	愛黑	德開一
膃	烏沒	沒合一	揖	伊入	緝開三
遏	烏葛	曷開一	邑	於汲	緝開三
斡	烏括	末合一	姶	烏合	合開一
婠	烏八 [8]	黠合二	唈	烏荅	合開一
軋	烏黠	黠開二	魻	安盍	盍開一
腌	於輒	葉開三	鴨	烏甲	狎開二
魘	於葉	葉開三	殗	於業	業開三
浥	烏洽	洽開二			

8　婠烏八切，此以脣音開口字切合口字也。按婠合口字，八脣音開口字也。

　　以上切語根據《聲類新編》卷一喉音影母錄入，根據紐韻的切語下字，查本篇〈今本廣韻切語下字表〉，說明其韻目與開合等第。經過這樣作了一遍作業，《廣韻》切語中常用的切語下字，大多數都能識別其韻目與開合等第了。

　　另外尚有《詩經》韻腳歸部，也必須作練習，若三百五篇《詩經》韻腳古韻分部熟悉了，其他的漢字也就差不多了。練習的方法，就是取一本《詩經》，就其韻腳而歸納其古韻部。如果能將《詩經》抄錄一遍，再作練習，則效用更大，我常常鼓勵學生如此練習。茲舉《詩經・國風・周南》十一篇詩為例，說明練習方法如下：

國風・周南・關雎

○關關雎鳩（21 幽）。在河之洲（21 幽）。窈窕淑女，君子好逑（21 幽）。

○參差荇菜，左右流（21 幽）之。窈窕淑女，寤寐求（21 幽）之。

○求之不得（25 職）。寤寐思服（25 職）。悠哉悠哉，輾轉反側（25 職）。

○參差荇菜，左右采（24 之）之。窈窕淑女，琴瑟友（24 之）之。

○參差荇菜，左右芼（19 宵）之。窈窕淑女，鐘鼓樂（20 藥）之。

國風・周南・葛覃

○葛之覃兮，施于中谷（17 屋）。維葉萋萋（4 脂）。

黃鳥于飛，集于灌木（17 屋）。其鳴喈喈（4 脂）。

○葛之覃兮，施于中谷（17 屋）。維葉莫莫（14 鐸）。是刈是濩（14 鐸）。為絺為綌（14 鐸）。服之無斁（14 鐸）。

○言告師氏，言告言歸（7 微）。薄污我私，薄澣我衣（7 微）。害澣害否（24 之）。歸寧父母（24 之）。

國風・周南・卷耳

○采采卷耳，不盈頃筐（15 陽）。嗟我懷人，寘彼周行（15 陽）。

○陟彼崔嵬（7 微）。我馬虺隤（7 微）。我姑酌彼金罍（7 微）。維以不永懷（7 微）

○陟彼高岡（15 陽）。我馬玄黃（15 陽）。我姑酌彼兕觥（15 陽）。維以不永傷（15 陽）。

○陟彼砠（13 魚）矣。我馬瘏（13 魚）矣。我僕痡（13 魚）矣。云何吁（13 魚）矣。

國風・周南・樛木

○南有樛木，葛藟纍（7 微）之。樂只君子，福履綏（7 微）之。

○南有樛木，葛藟荒（15 陽）之。樂只君子，福履將（15 陽）之。

○南有樛木，葛藟縈（12 耕）之。樂只君子，福履成（12 耕）之。

國風・周南・螽斯

○螽斯羽，詵詵（9 諄）兮。宜爾子孫，振振（9 諄）兮。

○螽斯羽，薨薨（26 蒸）兮。宜爾子孫，繩繩（26 蒸）兮。

○螽斯羽，揖揖（27 緝）兮。宜爾子孫，蟄蟄（27 緝）兮。

國風・周南・桃夭

○桃之夭夭，灼灼其華（13 魚）。之子于歸，宜其室家（13 魚）。

○桃之夭夭，有蕡其實（5 質）。之子于歸，宜其家室（5 質）。

○桃之夭夭，其葉蓁蓁（6 眞）。之子于歸，宜其家人（6 眞）。

國風・周南・兔罝

○肅肅兔罝（13 魚）。椓之丁丁（12 耕）。赳赳武夫（13 魚）。公侯干城（12 耕）。

○肅肅兔罝（13 魚）。施于中逵（21 幽）。赳赳武夫（13 魚）。公侯好仇（21 幽）。

○肅肅兔罝（13 魚）。施于中林（28 侵）。赳赳武夫（13

魚）。公侯腹心（28 侵）。

國風・周南・芣苢

○采采芣苢，薄言采（24 之）之。采采芣苢，薄言有（24 之）之。
○采采芣苢，薄言掇（2 月）之。采采芣苢，薄言捋（2 月）之。
○采采芣苢，薄言袺（5 質）之。采采芣苢，薄言襭（5 質）之。

國風・周南・漢廣

○南有喬木，不可休（21 幽）息。漢有游女，不可求（21 幽）
　思。漢之廣（15 陽）矣。不可泳（15 陽）思。江之永（15
　陽）矣。不可方（15 陽）思。
○翹翹錯薪，言刈其楚（13 魚）。之子于歸，言秣其馬（13
　魚）。漢之廣（15 陽）矣。不可泳（15 陽）思。江之永（15
　陽）矣。不可方（15 陽）思。
○翹翹錯薪，言刈其蔞（16 侯）。之子于歸，言秣其駒（16
　侯）。漢之廣（15 陽）矣。不可泳（15 陽）思。江之永（陽）
　矣。不可方（陽）思。

國風・周南・汝墳

○遵彼汝墳，代其條枚（7 微）。未見君子，惄如調飢（4 脂）。
○遵彼汝墳，伐其條肄（5 質）。既見君子，不我遐棄（5 質）。
○魴魚赬尾（7 微）。王室如燬（7 微）。雖則如燬（7 微）。
　父母孔邇（4 脂）。

國風・周南・麟之趾

○麟之趾（24 之）。振振公子（24 之）。于嗟麟兮。
○麟之定（12 耕）。振振公姓（12 耕）。于嗟麟兮。
○麟之角（17 屋）。振振公族（17 屋）。于嗟麟兮。

　　練習之法，先歸納韻腳，然後根據書後附錄〈古韻三十二部
諧聲表〉，查其韻字諧聲偏旁，屬於何部，即於韻腳下填其部

目。久之自能一一熟悉無訛。

【五】統一名詞

本節先師林景伊（尹）先生《中國聲韻學通論》稱之爲「正名」，羅常培氏《漢語音韻學導論》則稱之爲「袪妄」。二人皆有所依據與理由，然亦不無主觀之意見存在，所以今正名爲統一名詞。因爲中國聲韻學上所有名稱，未嘗有過正確標準，學者各自爲說，加以好立異矜奇之故，於是有同名而異實，或異名而同實，眞是不勝枚舉。以「聲」字而言，有指聲母者，有指聲調者。以「陰聲」、「陽聲」二名而言，有指聲調之高低升降者，如國語以第一聲爲陰平聲，以第二聲爲陽平聲之類是，有指收音之帶鼻音與不帶鼻音而言者，如戴震、孔廣森所謂陰聲、陽聲是，此皆同名而異實者。至言及聲母發音之方法，方以智分成「初發聲」、「送氣聲」、「忍收聲」三種，江永、江有誥、陳澧因之，簡稱爲「發聲」、「送氣」、「收聲」，錢大昕亦分三類，惟將「發聲」改稱「出聲」。洪榜《四聲韻和表》又分爲「發聲」、「送聲」、「內收聲」、「外收聲」四類，勞乃宣《等韻一得》改名爲「戛」、「透」、「轢」、「捺」四類。邵氏作舟更劃分爲「戛」、「透」、「拂」、「轢」、「揉」五類，驟視之，似毫不相干，實在名稱雖異，其實則同，此所謂異名同實。甚至有些學者，喜歡比傅，以眩博異。於是講平仄則以鐘鼓木石爲喻[9]，論清濁則以天地陰陽爲說[10]，這是掉弄虛玄。

9　江永《音學辨微・一辨平仄》云：「平聲爲陽，仄聲爲陰，平聲音長，仄聲音短，平聲音空，仄聲音實，平聲如擊鐘鼓，仄聲如擊土木石，音之至易辨者也。」廣文書局《音韻學叢書本》第 4 頁。

10　江永《音學辨微・五辨清濁》云：「清濁本於陰陽，一說清爲陽，濁爲陰，一說清爲陰而濁爲陽。陰字影母爲清，陽字喻母爲濁也。」廣文書局《音韻學叢書本》第 12 頁。

又有辨聲則喉牙互淆[11]，析韻乃以縱橫爲別[12]，這是含混莫辨。
更有些人，談五音則牽合五行五臟[13]，論字母則比附河圖洛書[14]，
這是穿鑿附會。依反切可知史前語音[15]，囿見聞而訾西方音學
[16]，這是武斷自是。今之統一名詞，其妄者袪之，其名異實同者
一之，其名同實異者析之。

　　綜上五法，聲韻之能事畢矣。

11　《玉篇》末附〈五音聲論〉以何（匣）、我（疑）、剛（見）、鄂
　　（疑）、謌（見）、可（溪）、康（溪）、各（見）爲喉聲；以更
　　（見）、硬（疑）、牙（疑）、格（見）、行（匣）、幸（匣）、
　　亨（曉）、客（溪）爲牙聲，其混淆可見。

12　章炳麟《國故論衡・二十三部音準》云：「古支部異脂之者，其聲
　　與之爲縱橫，之縱而支橫也。」

13　羅常培《漢語音韻學導論》引劉鑑《切韻指南》總括五行分配例云：
　　「見等牙肝角木東，舌心徵火喻南風。北方腎水羽脣下，西面商金
　　肺齒中。喉案土宮牌戊己，西南兼管日來同。後進未明先哲意，軒
　　轅格式爲君明。」又引〈訂五臟錙銖之例〉云：「四斤四兩屬牙
　　肝。心重十二兩舌間。脣腎一斤零一兩，三斤三兩肺中編。二斤十
　　四喉脾類，六兩半心徵半連。口肺脾肺腎俱全。」羅氏云：「牽強
　　附會，不知所云。」

14　江永《音學辨微・十二論圖書爲聲音之源》云：「人之所以能言
　　者，肺居心上，火金交而舌能掉也，而河圖洛書已具此理。河圖一
　　六水居北，二七火居南，三八木居東，四九金居西，五十土居中，
　　五行之正位也。洛書與河圖三同而二異，四九金居南，二七火居西，
　　是爲金乘火位，火入金鄉，故心肺交而能言。河圖五十五點，洛書
　　四十五點，合之得百，半之五十，是爲大衍之數，而聲音亦應之，
　　故圖書者聲音之源也。」廣文書局《音韻學叢書本》第 29 頁。

15　潘尊行〈由反切推測史前中國語言說〉載《新月》第二卷第二號。

16　馬宗霍《音韻學通論・自序》云：「晚世西學東浸，二三時彥，震
　　彼言文之合契，懼我情志之互乖，遂乃製爲音符，強教國人。」泰
　　順書局六十一年三月版。

第四章　聲韻與文字之關係

　　語言不憑虛而起，文字附語言而作，故有聲音而後有語言，有語言而後有文字，此天下不易之理也。是以研討文字之源，探求語言之變，以及窮究訓詁之道，皆非明聲韻莫由。蓋字體屢遷，語言萬變，至於人類口齒所能發之聲音，則大抵相同，故文字語言之變化無定，於是訓詁以其窮，訓詁亦與聲音相表裏者也。訓詁亦有時而異，而人類口齒所能發之聲音則有定，今以有定之聲音，而推求無定之文字語言，譬若網在綱，有條不亂，必事半而功倍矣。

　　文字構造主要原則：曰形、曰音、曰義，而音實為媒介之具，非音不足以知形，非音不足以明義，形義既明，而音又不能長留於紙墨之間。然冥冥之中，仍主持之者，誠以文字不能離音而獨立也。許慎《說文解字・敘》曰：「《周禮》八歲入小學，保氏教國子先以六書：一曰指事，指事者，視而可識，察而見意，上下是也。二曰象形，象形者，畫成其物，隨體詰詘，日月是也。三曰形聲，形聲者，以事為名，取譬相成，江河是也。四曰會意，會意者，比類合誼，以見指撝，武信是也。五曰轉注，轉注者，建類一首，同意相受，考老是也。六曰假借，假借者，本無其字，依聲託事，令長是也。」夫以六書而言，形聲者，一則形符，一則聲符，半以喻義，半以譬聲，其於聲韻關係之密切，顯然可知。轉注者因語言聲韻之轉變，或雙聲，或疊韻，循其聲韻而別造字，於是互相注釋。故不明聲韻之學決不能解。假借者，本無其字，依聲託事，故聲韻之相同，或相近者，多相假借，而古籍假借之字，幾十居八九，欲究其意，亦非明聲韻學不可。至於指事、象形、會意三者，雖偏重於形義，然亦不能離聲韻而自立。蓋文字所以延長語言，語言藉聲音以傳播。故字必有音，音必有源，追究其源，或象形、象聲，或表德、表業，所立雖殊，而依聲則一。日之言實也，月之言缺也，此象形也。雀取節足之音，鵲取錯錯之聲，此象聲也。馬之爲言武也，吏之爲言治人者也，此表業也。[1]由上觀之，聲韻與文字之關係，既如此密切，今欲推求文字構造之源，語言變遷之理，以及訓詁之道，不明聲韻，豈可得乎！此聲韻之學，所以爲研究文字語言之管鑰也。

1　章炳麟《國故論衡‧語言緣起說》云：「語言不馮虛起，呼馬而馬，呼牛而牛，此必非恣意妄稱也。諸語言皆有根，先徵之有形之物，則可覩矣。何以言雀，謂其音即足也，何以言鵲，謂其音錯錯也，何以言雅，謂其音亞亞也，何以言雁，謂其音岸岸也，何以言駕鵝，謂其音加我也，何以言鶄鷛，謂其音磔格鉤輈也，此皆以音爲表者。何以言馬，馬者武也(古音馬武同在魚部)，何以言牛，牛者事也(古音牛事同在之部)，何以言羊，羊者祥也，何以言狗，狗者叩也，何以言人，人者仁也，何以言鬼，鬼者歸也，何以言神，神者引出萬物者也，何以言祇，祇者提出萬物者也，此皆以德爲表者也，要之，以音爲表，惟鳥爲衆，以德爲表，則萬物大抵皆是。乃至天之言顛，地之言底，山之言宣，水之言準(水在脂部，準在諄部，同類對轉)，火之言毀(古音火毀同在脂部)，土之言吐，金之言禁，風之言氾，有形者大抵皆爾，以印度勝論之說儀之，實德業三，各不相離，人云馬云，是其實也，仁云武云，是其德也，金云火云，是其實也，禁云毀云，是其業也，一實之名，必與其德若，與其業相麗，故物名必有由起，雖然大古草昧之世，其言語惟以表實，而德業之名爲後起(青黃赤白堅奅昏殰甘苦之名，則當在實先，但其字皆非獨體，此不可解。)故牛馬名最先，事武之語，乃由牛馬孳乳以生，世稍文，則德業之語早成，而後施名於實，故先有引語，始稱引出萬物者曰神，先有提語，始稱提出萬物者曰祇。此則假借也。」

第五章　韻書之起源

　　韻書之作，始於魏李登《聲類》，封演《聞見記》曰：「魏有李登者，撰《聲類》十卷，凡一萬一千五百二十字，以五聲命字。」晉呂靜繼之，而作《韻集》。自茲以後，厥流益廣。周彥倫《四聲切韻》，夏侯詠《韻略》，陽休之韻《韻略》，周思言《音韻》，李季節《音譜》，杜臺卿《韻略》，皆其尤著者也。然皆散佚無存，不可詳考，今可考者，惟隋陸法言《切韻》最早。

　　陸法言《切韻·敘》曰：

　　　　昔開皇初，有儀同劉臻等八人，同詣法言門宿。夜永酒闌，論及音韻，以今聲調，既自有別，諸家取捨，亦復不同。吳楚則時傷輕淺，燕趙則多傷重濁，秦隴則去聲爲入，梁益則平聲似去。又支（章移切）脂（旨夷切）魚（語居切）虞（遇俱切），共爲一韻；先（蘇前切）仙（相然切）尤（于求切）侯（胡溝切），俱論是切。欲廣文路，自可清濁皆通；若賞知音，即須輕重有異。呂靜《韻集》、夏侯該《韻略》、陽休之《韻略》、周思言《音韻》、李季節《音譜》、杜臺卿《韻略》等，各有乖互，江東取韻，與河北復殊。因論南北是非，古今通塞，欲更捃選精切，除削疏緩，蕭（該）、顏（之推）多所決定。魏著作（淵）謂法言曰：「向來論難，疑處悉盡，何不隨口記之，我輩數人，定則定矣。」法言即燭下握筆，略記綱紀。博問英辯，殆得精華。於是更涉餘學，兼從薄

宦，十數年間，不遑修集，今反初服，私訓諸弟子，凡有
文藻，即須明聲韻。屏居山野，交游阻絕，疑惑之所，質
問無從。亡者則生死路殊，空懷可作之歎；存者則貴賤禮
隔，以報絕交之旨。遂取諸家音韻，古今字書，以前所記
者定之，爲《切韻》五卷。剖析豪釐，分別黍累，何煩泣
玉，未得縣金，藏之名山，昔怪馬遷之言大，持以蓋醬，
今歎揚雄之口吃。非是小子專輒，乃述群賢遺意；寧敢施
行人世，直欲不出戶庭。于時歲次辛酉，大隋仁壽元年。

陸氏自序，自謂論南北是非，古今通塞，故《切韻》一書，
實所以明古音、今音之沿革也。其書雖亡，然唐孫愐撰《唐
韻》，宋陳彭年等撰《廣韻》，丁度等撰《集韻》，皆依據其舊
目，《唐韻》雖亦亡佚，而《廣韻》《集韻》則流行人間，故法
言舊目，猶可得考。今之治聲學者，莫不以《廣韻》爲階梯，是
則法言之功也。

第六章　歷代字音之變遷

　　聲韻隨時代變遷，前已闡說，故段氏玉裁，析古音爲三期，餘杭章君又分今音爲二期，錢君玄同《文字學・音篇》則自周秦以迄現代之音分爲六期，茲將錢君之說，錄之於下：

　　古今字音，變遷甚多，就可考者言之，可分爲六期，茲用世界通曆（俗稱西曆），表明每期之起迄，而附注帝王之朝名于下，以便參考。（紀年之用處，在能比較年代之先後長短，中華自來用帝王紀年，于比較上全無用處，等於無紀年。今欲表明每期之起迄，惟有用世界通曆之一法。）

　　第一期　紀元前十一世紀—前三世紀（周秦）

　　第二期　前二世紀—二世紀（兩漢）

　　第三期　三世紀—六世紀（魏晉南北朝）

　　第四期　七世紀—十三世紀（隋唐宋）

　　第五期　十四世紀—十九世紀（元明清）

　　第六期　二十世紀初年（現代）[1]

　　以上所述各期之起迄，非有精密之畫分，但略示界限而已。茲將各期不同之點略述于左：

　　第一期　此期之音，習慣上稱爲「古音」。以無韻書之故，自來皆不能詳言其眞相。近三百年來，治古音者輩出，據《詩經》、《楚辭》、諸子、秦碑用韻之處，及《說文解字》，參校考訂，而後此期之音，乃炳焉大明。原來古者諧聲字之音韻，必

1　按第六期今應改作二十世紀—二十一世紀初年（現代）。

與聲母相同，聲母在某韻，從其聲者皆與之同韻。此期字形，尚用籀篆，體正聲顯，而文中用韻之界甚嚴。欲明此期音韻之大概，可參考段玉裁之《六書音均表》，嚴可均之《說文聲類》諸書。[2]

第二期　此期承第一期而漸變，篆籀省爲隸草，則字體淆亂，諧聲字之聲，漸漸不可審知。而韻書未作，字音無標準，故任情變易，用韻甚寬，今觀漢人所作韻文，猶可知其大概。

第三期　此爲韻書之初期，周秦以聲母爲標準之法，至此期已完全不適用。而字音任情變易，則妨礙甚多，故韻書興焉。作韻書者，逐字記音，記以反切，此與今之希望國音統一者，命意相似。　此期韻書（即《聲類》《韻集》諸書），今無存者，不知其分韻分紐，與後來之《廣韻》異同如何，今據以考見此期字音之反切者，惟陸德明之《經典釋文》而已。

第四期　此爲韻書全盛之期，《切韻》、《唐韻》、《廣韻》、《集韻》四書，爲此期最有價值之韻書。今《切韻》、《唐韻》雖亡，而《廣韻》《集韻》具在，《廣韻》一書，兼賅古今南北之音。　凡平仄、清濁、洪細、陰陽諸端，分別甚細，今日欲研究古音，當以《廣韻》爲階梯，欲製定國音，亦當以《廣韻》爲重要參考物。

第五期　《廣韻》（《集韻》大致相同）之音，兼賅古今南北，以之審音，則信美矣。然紐韻繁多，事實上斷非一人所能盡

2　按當增補下列諸書，夏炘《詩古音二十二部集說》廣文書局《音韻學叢書本》。羅常培・周祖謨《漢魏晉南北朝韻部演變研究》北京科學出版社 1958 年 11 月出版。王力《漢語音韻》中華書局香港分局 1984 年 3 月重印版。李方桂《上古音研究》商務印書館 1998 年 5 月北京第 3 次印刷版。陳新雄《古音研究》五南圖書出版有限公司民國 89 年 11 月出版。

第二編　廣　韻

第一章　廣韻之聲母

第一節　聲之名稱

　　凡氣息自氣管流出，經發音器官之節制，或破裂而出，或摩擦而出，或經由鼻腔泄出，形成形氣相軋而成聲者，謂之輔音。自其作爲一字之首音而言，則稱之爲聲母（initial consonants）。[1]

　　聲韻學上聲母異名甚衆，從其形氣相軋之音所從出而言，則謂之聲，發音相同之字則謂之雙聲，類聚雙聲之字，取一字以爲標目，則謂之聲目。釋書譯梵文發音之字母爲體文，故言聲韻學者亦喜稱之，大唐舍利逤譯梵書，創字母三十，後守溫增益爲三十六字母，故後世相沿稱聲類之標目者爲字母，亦簡稱爲母。清陳澧據《廣韻》以考《切韻》，系聯《廣韻》反切上下字，因有聲類、韻類之稱，此後之人亦喜以稱聲母爲聲類。餘杭章太炎先生因〈唐韻序〉中有「又紐其脣、齒、喉、舌、牙部，仵而次

1　（consonant:a class of speech characterized by constriction accompanied by some measure of friction, or closure followed by release,at one or more points in the breath channel; a generic term for plosives, fricatives,nasals, laterals, trills orflaps,glottal catches or stops, as well as the first （glide） element of a rising diphthong（[p]、[g]、[n]、[s]、[l]、[r]、[w]。）
　　─ Glossary of Linguistic Terminology ─ By Mario Pei）

之」之語，因名類聚雙聲之字爲紐，取一字以爲標目，因稱之爲某紐。以紐爲類聚雙聲之字，故亦稱爲聲紐。

第二節　聲目之緣起

聲目之創蓋起於釋氏之依仿印度文字，呂介孺《同文鐸》云：「大唐舍利創字母三十，後溫守座益以孃、床、幫、滂、微、奉六母，是爲三十六母。」王應麟《玉海》、鄭樵《通志・藝文略》，均載有守溫《三十六字母圖》一卷。據今敦煌出土手寫經卷判斷，守溫殆爲唐末沙門，又因守溫殘卷載有「南梁漢比丘守溫述」字樣，羅莘田君因疑南梁爲郡名，其說應屬可信。

《一切經音義》載〈大般涅槃經文字品〉，有字音十四字：

「裒」ɑ「阿」ā「壹」i「伊」ī「塢」u「烏」ū「理」l、「釐」ī；「黳」e、「藹」ai；「汙」o、「奧」au；「菴」am、「惡」ah。

比聲二十五字：

舌根聲：「迦」ka、「呿」kha、「伽」ga、「喱」gha、「俄」ŋa。

舌齒聲：「遮」ca、「車」cha、「闍」ja、「膳」jha、「若」ña。

上腭聲：「吒」ṭa、「咃」ṭha、「茶」ḍa、「咤」ḍha、「拏」ṇa。

舌頭聲；「多」ta、「他」tha、「陀」da、「馱」dha、「那」na。

脣吻聲：「波」pa、「頗」pha、「婆」ba、「婆去」bha、「摩」ma。

超聲八字：

「虵」ya、「邏」ra、「羅」la、「縛」va、「奢」ɕa、「沙」ṣa、「娑」sa、「呵」ha。[2]

錢大昕《十駕齋養新錄》云：「涅槃所載『比音』二十五字，與今傳『見』『溪』『群』『疑』之譜，小異而大同。前所列『字音』十四字，即『影』『喻』『來』諸母。」陳澧因取與三十六字母對音，茲將陳氏所對之音，列表於下：

涅　　　槃　　　比　　　聲		守　　溫　　字　　　母	
舌	迦	牙	見
	呿		溪
根	伽		群
	喍	音	
聲	俄		疑
舌	遮	正	照
	車	齒	穿
齒	闍	音	禪（床）[3]
	膳		
聲	若	半　齒	日

2　按梵文超聲共九字，除上述八超聲外，尚有一茶字，為二合輔音ks。周法高〈佛教東傳對中國音韻學之影響〉一文云：「梵文字母的翻譯是需要區別長短音的。唐玄應《一切經音義》（唐貞觀末年約西元六四九年撰）卷二大般涅槃經文字品音義說：字音十四字：（a）〔哀〕烏可反、（ā）〔阿〕；（i）〔壹〕、（ī）〔伊〕；（u）〔塢〕烏古反、（ū）〔烏〕；（l）〔理〕、（l̄）〔釐〕力之反；（e）〔黳〕烏奚反、（ai）〔藹〕；（o）〔汙〕、（au）〔奧〕烏故反（法高案：飛烏信行涅槃音義引：『應師作汙奧，上烏故反。』可知烏故反是替汙字作音）。此十四字以為音，一聲之中，皆兩兩字同，長短為異，皆前聲短，後聲長。〔菴惡〕此二字

涅槃比聲		守溫字母	
上腭聲	吒	舌上音	知
	咃		徹
	茶		澄
	咤		
	拏		娘
舌頭聲	多	舌頭音	端
	他		透
	陀		定
	馱		
	那		泥
脣吻聲	波	重脣音	幫
	頗		滂
	婆		並
	婆重		
	摩		明

是前惡阿兩字之餘音，若不餘音，則不盡一切字，故復取二字以窮文字也。（法高按：括弧中羅馬字母係新加，後準此）。義淨南海歸內法傳（武周天授元年至如意元年六九零——六九二）說：『腳』等二十五字並下八字（法高按：此指 ka,kha,ga,gha,na 等字母）總有三十三字，名初章；皆須上聲讀之，不可看其字而爲平去入也。‥‥‥十二聲者，謂是（kɑ）〔腳〕，（kā）〔迦〕上短下長；（ki）〔枳〕，（kī）〔雞〕姜移反，上短下長；（ku）〔矩〕，（kū）〔俱〕上短下長；（ke）〔雞〕，（kɑi）〔計〕上長下短；（ko）〔孤〕，（kɑu）〔告〕上長下短；（kam）〔甘〕，（kɑh）〔箇〕兩聲俱短，用力出氣呼，佉等十二字並效此。皆可兩兩相隨呼之，仍須二字之中，看子註而取長短也

3　涅槃舌齒聲「闍」「膳」二字，實即守溫「床」母，陳氏配「禪」母，誤也。

　　上表取守溫字母與涅槃比聲對音者列之，至於涅槃字音十四
字，即元音也。根據陳振寰《韻學源流注評》所釋，比聲即毗
聲，即輔音，毗、輔助之意。超聲指半元音與二合輔音[4]。今觀
涅槃比聲與守溫字母之對音，二者之間有同有異，可見三十六字
母所據者乃我中華之音，非據梵音也，其次第與涅槃同者，則其
依倣涅槃，情勢顯然也。

4　半元音與二合輔音何以稱爲超聲，陳氏則未道其詳。根據我的學生
　　莊淑慧在〈大般涅槃經文字品中字音、比聲、超聲研究〉一文中的
　　研究，引鳩摩羅什《通韻》說：「超指超聲，爲梵言五五毗聲以外
　　之聲母，謂之後九超聲。‥‥然非漢語之所有，非嫻悉梵音者，
　　難以曉喻。」莊淑慧說：「鳩摩羅什認爲比聲、超聲的差別就在比
　　聲是中國有的音，而超聲則是中國所沒有的音，他把“超”解釋爲
　　“超過”“超出”的意思。」莊淑慧又引法寶《涅槃疏》的解說云：
　　「音韻倫次曰毗聲，非倫次者名爲超聲。」莊淑慧說：「（法寶）
　　認爲比聲與超聲的差異在於字母的安排，音韻有倫次與否。可見他
　　並不像鳩摩羅什一樣把“超”解釋爲“超出”，而認爲超的意思爲
　　“特出”、“脫離”，因此，超聲就是一群沒有“秩序”感的字
　　母，而所謂秩序感乃是針對比聲的“有倫次”而言的。上面兩種說
　　法那一種比較可信呢？我們檢視所有的比聲和超聲，發現玄應將二
　　十五個比聲歸爲：
　　1.舌根聲（五字）
　　2.舌齒聲（五字）
　　3.上顎聲（五字）
　　4.舌頭聲（五字）
　　5.脣吻聲（五字）
　　共爲五類，各五字，而超聲則無法歸爲一類。再觀察超聲中八音是
　　否都是中國所缺少的，發現像“羅”（la）、“奢”（ɕa）、“娑”
　　（sa）、“呵”（ha）等音也是中國已有的音。從這兩個角度來看，
　　法寶“非倫次者名爲超聲”的看法應該是比較可信的。」

第三節　三十字母與三十六字母

　　今所傳三十六字母，相沿謂守溫所創。然呂介孺《同文鐸》
謂：「大唐舍利創字母三十，後溫守座益以『娘』、『床』、
『幫』、『滂』、『微』、『奉』六母，是爲三十六母。」是則
三十六字母之前，固有三十字母爲其先導也。三十字母之說，亡
佚已久，昔人罕有言者，清末敦煌石室發現守溫韻學殘卷，標題
已失，首署「南梁漢比丘守溫述」八字。其中所載字母，數只三
十，茲依其排列，照錄于下：

　唇　　音　不，芳，並，明。

　舌　　音　端，透，定，泥。是舌頭音。

　　　　　　知，徹，澄，日。是舌上音。

　牙　　音　見君，溪，群，來，疑等字是也。

　齒　　音　精，清，從。是齒頭音。

　喉　　音　心，邪，曉。是喉中音清；

　　　　　　匣，喻，影。亦是喉中音濁。

　　以上三十字母，較今所傳三十六字母，少「幫」「滂」
「奉」「微」「床」「娘」六字，適符呂介孺《同文鐸》之說。
此蓋唐舍利所創，而守溫據以修改增益之本也。故其所載「不」
「芳」標目，及以「心」「邪」屬喉，以「日」屬舌上，以
「來」屬牙，以「影」爲濁之類，皆與今所傳守溫字母配列相參
差。（本師林先生曰：此殘卷因署有「南梁漢比丘守溫述」八字
之故。羅莘田君因謂「此三十字母乃守溫所訂，今所傳三十六字
母，則爲宋人所增改，而仍託諸守溫者。」竊謂若依羅氏之說，
則有可疑者三：一、此殘卷無有標題，雖署守溫述，不知其標題

究何所指。況述者有述而不作之意，安知其非述前人所創之字母？二、因守溫自有所增改，或先述前人之作，再以己意定之，而殘卷適佚其己之所定，存其述前人之作，亦未可知。三、與今所傳三十六字母較之，其所少六字母，適符呂介孺之說，則呂氏之說亦未必不可信。故今據呂說，以此三十字母，爲唐舍利所創而守溫據以修改之本也。）今所傳三十六字母凡分「牙音」「舌頭音」「舌上音」「重脣音」「輕脣音」「齒頭音」「正齒音」「喉音」「半舌音」「半齒音」十類。茲列表於下：

牙　音	見	溪	羣	疑	
舌頭音	端	透	定	泥	
舌上音	知	徹	澄	娘	
重脣音	幫	滂	並	明	
輕脣音	非	敷	奉	微	
齒頭音	精	清	從	心	邪
正齒音	照	穿	床	審	禪
喉　音	影	曉	匣	喻	
半舌音	來				
半齒音	日				

第四節　陳澧系聯《廣韻》切語上字之條例

陳澧《切韻考·條例》：

「切語之法，以二字爲一字之音，上字與所切之字雙聲，下字與所切之字疊韻，上字定其清濁，下字定其平上去入。上字定清濁而不論平上去入，如東德紅切、同徒紅切，東、德皆清，

同、徒皆濁也；然同、徒皆平可也，東平、德入亦可也。下字定
平上去入而不論清濁，如東德紅切、同徒紅切、中陟弓切、蟲直
弓切，東紅、同紅、中弓、蟲弓皆平也。然同紅皆濁、中弓皆清
可也。東清紅濁、蟲濁弓清亦可也。東、同、中、蟲四字在一東
韻之首，此四字切語已盡備切語之法，其體例精約如此，蓋陸氏
之舊也。今考切語之法，皆由此明之。」

〔一〕基本條例：

　　「切語上字與所切之字爲雙聲，則切語上字同用者、互用
者、遞用者聲必同類也。同用者如多都宗切、當都郎切，同用都
字也；互用者如當都郎切、都當孤切，都、當二字互用也；遞用
者如多都宗切、都當孤切，多字用都字，都字用當字也。今據此
系聯之爲切語上字四十類。」

〔二〕分析條例：

　　「《廣韻》同音之字不分兩切語，此必陸氏之舊也。其兩切
語下字同類者，則上字必不同類，如紅戶公切、烘呼東切，公東
韻同類，則戶、呼聲不同類，今分析切語上字不同類者，據此定
之也。」

〔三〕補充條例：

　　「切語上字旣系聯爲同類矣。然有實同類而不能系聯者，以
其切語上字兩兩互用故也。如多、得、都、當四字，聲本同類，
多得何切、得多則切、都當孤切、當都郎切，多與得、都與當兩
兩互用，遂不能四字系聯矣。今考《廣韻》一字兩音者，互注切
語，其同一音之兩切語上二字聲必同類。如一東『涷、德紅切，

又都貢切。』一送『湅、多貢切。』都貢、多貢同一音，則都、
多二字實同一類也。」

　　按陳氏基本條例與分析條例，就一切正規切語而論，應屬精
約。其基本條例與分析條例之不同者，一屬積極性意義，以系聯
不同之切語上字；一屬消極性意義，以防止系聯發生錯誤。至其
補充條例，若未互注切語，則其法窮。余所撰〈陳澧系聯切語上
字補充條例補例〉，即所以補充陳氏補充條例之不足也。

　　陳澧系聯切語上字補充條例補例：

　　「今考《廣韻》平、上、去、入四聲相承之韻，不但韻相
承，韻中字音亦多相承，相承之音，其切語上字聲必同類。如平
聲十一模：『都、當孤切』，上聲十姥：『覩、當古切』，去聲
十一暮：『妒、當故切』。都、覩、妒為相承之音，其切語上字
聲皆同類，故於切語上字因兩兩互用而不能系聯者，可據此定之
也。如平聲一東：『東、德紅切』，上聲一董：『董、多動
切』，去聲一送：『湅、多貢切』，入聲一屋：『穀、丁木
切』。東、董、湅、穀為相承之音，則切語上字德、多、丁聲必
同類也。『丁、當經切』，『當、都郎切』，是則德、多與都、
當四字聲亦同類也。」

第五節　廣韻四十一聲紐

　　陳澧《切韻考》卷二所考四十聲類，藉補充條例而系聯者，
計有多、居、康、於、倉、呼、滂、盧、才及文十類，其文類宜
依其基本條例分為明、微二類，與邊、方；滂、敷；蒲、房之分
二類者同，則陳氏純依補充條例而系聯者僅九類耳。此九類切語
上字，若以補例系聯之，亦可達相同之效果。茲依陳氏《切韻

考》之次序，一一舉證於後：

　　●多〔得何〕得德〔多則〕丁〔當經〕都〔當孤〕當〔都郎〕冬〔都宗〕七字聲同一類。丁以下四字與上三字切語不系聯，實同一類。今考《廣韻》平、上、去、入四聲相承之音，除〈補例〉所舉東、董、涷、縠四字之切語上字足證其聲同類外，復考《廣韻》諸韻，尚得下列諸證。

　　⑴上平聲二十五寒：「單、都寒切」，上聲二十三旱：「亶、多旱切」，去聲二十八翰：「旦、得按切」，入聲十二曷：「怛、當割切」。單、亶、旦、怛為四聲相承之音，則其切語上字都、多、得、當聲同類也。

　　⑵上平聲二十六桓：「端、多官切」，上聲二十四緩：「短、都管切」，去聲二十九換：「鍛、丁貫切」，入聲十三末：「掇、丁括切」。端、短、鍛、掇為四聲相承之音，則其切語上字多、都、丁聲同類也。

　　⑶下平聲一先：「顛、都年切」，上聲二十七銑：「典、多殄切」，去聲三十二霰：「殿、都甸切」，入聲十六屑：「窒、丁結切」。顛、典、殿、窒為相承之音，則其切語上字都、多、丁聲同類也。

　　⑷下平三蕭：「貂、都聊切」，上聲二十九篠：「鳥、都了切」，去聲三十四嘯：「弔、多嘯切」。貂、鳥、弔為相承之音，則其上字都、多聲同類也。

　　⑸下平聲七歌：「多、得何切」，上聲三十三哿：「嚲、丁可切」，去聲三十八箇：「跢、丁佐切」。多、嚲、跢為相承之音，則其上字得、丁聲同類也。

　　⑹下平聲十一唐：「當、都郎切」，上聲三十七蕩：「黨、多朗切」，去聲四十二宕：「讜、丁浪切」。當、黨、讜為相承

之音，則其上字都、多、丁聲同類也。

(7)下平聲十七登：「登、都滕切」，上聲四十三等：「等、多肯切」，去聲四十八嶝：「嶝、都鄧切」，入聲二十五德：「德、多則切」。登、等、嶝、德爲相承之音，則其上字都、多聲同類也。

●居〔九魚〕九〔舉有〕俱〔舉朱〕舉〔居許〕規〔居隋〕吉〔居質〕紀〔居里〕几〔居履〕古〔公戶〕公〔古紅〕過〔古臥〕各〔古落〕格〔古伯〕兼〔古甜〕姑〔古胡〕佳〔古奚〕詭〔過委〕古以下九字與上八字不系聯，實同一類。

(1)今考《廣韻》上平聲五支：「嬀、居爲切」，上聲四紙：「詭、過委切」，去聲五寘：「爲、詭僞切」。嬀、詭、爲爲相承之音，則其切語上字居、過、詭聲同類也。

(2)下平聲二十五添：「兼、古甜切」，上聲五十一忝：「孂、兼玷切」，去聲五十六㮇：「起、紀念切」，入聲三十怗：「頰、古協切」。兼、孂、起、頰爲相承之音，則其上字古、兼、紀聲同類也。

●康〔苦岡〕枯〔苦胡〕牽〔苦堅〕空〔苦紅〕謙〔苦兼〕口〔苦后〕楷〔苦駭〕客〔苦格〕恪〔苦各〕苦〔康杜〕去〔丘據〕丘〔去鳩〕墟袪〔去魚〕詰〔去吉〕窺〔去隨〕羌〔去羊〕欽〔去金〕傾〔去營〕起〔墟里〕綺〔墟彼〕豈〔袪狶〕區驅〔豈俱〕去以下十四字，與上十字不系聯，實同一類。

(1)上平聲二十七刪：「馯、丘姦切」，入聲十四黠：「吉、恪八切」。馯、吉爲相承之音，則其切語上字丘、恪聲同類也。

(2)上平聲二十八山：「慳、苦閑切」，上聲二十六產：「齦、起限切」，入聲十五轄：「簻、枯轄切」。慳、齦、簻爲相承之音，則其切語上字苦、起、枯聲同類也。

⑶下平十一唐:「光、苦光切」,上聲三十七蕩:「廣、丘晃切」,去聲四十二宕:「曠、苦謗切」,入聲十九鐸:「廓、苦郭切」。光、廣、曠、廓爲相承之音,則其切語上字苦、丘聲同類也。

⑷上聲四十一迥:「謦、去挺切」,去聲四十六徑:「罄、苦定切」,入聲二十三錫:「燉、苦擊切」。謦、罄、燉爲相承之音,則其切語上字去、苦聲同類也。

⑸下平聲二十七銜:「嵌、口銜切」,上聲五十四檻:「顃、丘檻切」。嵌、顃爲相承之音,則其切語上字口、丘聲同類也。

●於〔央居〕央〔於良〕憶〔於力〕伊〔於脂〕依衣〔於希〕憂〔於求〕一〔於悉〕乙〔於筆〕握〔於角〕謁〔於歇〕紆〔憶俱〕挹〔伊入〕烏〔哀都〕哀〔烏開〕安〔烏寒〕煙〔烏前〕鷖〔烏奚〕愛〔烏代〕烏以下六字與上十三字不系聯,實同一類。

⑴上平聲四江:「胦、握江切」,上聲三講:「慃、烏項切」,入聲四覺:「渥、於角切」。胦、慃、渥爲四聲相承之音,則其切語上字烏、於聲同類也。

⑵上平聲十二齊:「鷖、烏奚切」,上聲十一薺:「吟、烏弟切」,去聲十二霽;「翳、於計切」。鷖、吟、翳爲相承之音,則其切語上字烏、於聲同類也。

⑶上平十三佳:「娃、於佳切」,上聲十二蟹:「矮、烏蟹切」,去聲十五卦;「隘、烏懈切」。娃、矮、隘爲相承之音,則其切語上字於烏聲同類也。

⑷上平十四皆:「挨、乙諧切」,上聲十三駭:「挨、於駭切」,去聲十六怪:「噫、烏界切」。俟、挨、噫爲相承之音,

則其切語上字乙、於、烏聲必同類也。

⑸上平十六咍：「哀、烏開切」，上聲十五海：「欸、於改切」，去聲十九代：「愛、烏代切」。哀、欸、愛爲相承之音，則其切語上字烏、於聲同類也。

⑹上平二十六桓：「剜、一丸切」，上聲二十四緩：「椀、烏管切」，去聲二十九換：「惋、烏貫切」，入聲十三末：「斡、烏括切」。剜、椀、惋、斡爲相承之音，則其切語上字一、烏聲必同類也。

⑺上平二十八山：「黰、烏閑切」，入聲十五鎋：「鷃、乙鎋切」。黰、鷃爲相承之音，則其切語上字烏、乙聲同類也。

⑻下平一先開口：「煙、烏前切」，合口：「淵、烏玄切」，上聲二十七銑開口：「蝘、於殄切」，去聲三十二霰開口：「宴、於甸切」，合口：「餇、烏縣切」，入聲十六屑開口「噎、烏結切」，合口：「抉、於決切」。開口類煙、蝘、宴、噎爲相承之音，則其切語上字烏、於聲同類也；合口類淵、餇、抉爲相承之音，其切語上字烏、於亦必聲同類也。

⑼下平三蕭：「么、於堯切」，上聲二十九篠：「杳、烏皎切」，去聲三十四嘯：「窔、烏叫切」。么、杳、窔爲相承之音，則其切語上字於、烏聲同類也。

⑽下平六豪：「熝、於刀切」，上聲三十二皓：「襖、烏皓切」，去聲三十七號：「奧、烏到切」。熝、襖、奧爲相承之音，則其切語上字於、烏聲同類也。

⑾下平九麻：「鴉、於加切」，上聲三十五馬：「啞、烏下切」，去聲四十禡：「亞、衣嫁切」。鴉、啞、亞爲相承之音，則其切語上字於、烏、衣聲必同類也。

⑿上聲三十八梗開口：「䁂、烏猛切」，去聲四十三映開

口：「㼜、於孟切」，合口：「𪂁、烏橫切」，入聲二十陌開
口：「啞、烏格切」，合口：「擭、一虢切」。開口類瞢、㼜、
啞爲相承之音，則其切語上字烏、於聲同類也。合口類𪂁、擭爲
相承之音，則其切語上字烏、一聲同類也。

　　⒀下平十三耕：「甖、烏莖切」，去聲四十四諍：「嫈、鷲
迸切」，入聲二十一麥：「戹、於革切」。甖、嫈、戹爲相承之
音，其切語上字烏、鷲、於聲必同類也。

　　⒁下平二十六咸：「猎、乙咸切」，上聲五十三豏：「黯、
乙減切」，去聲五十八陷：「𪓝、於陷切」，入聲三十一洽：
「�足、烏洽切」。猎、黯、𪓝、䟢爲相承之音，則其切語上字
乙、於、烏聲必同類也。

　　⒂上聲五十四檻：「黤、於檻切」，入聲三十二狎：「鴨、
烏甲切」。黤、鴨爲相承之音，其切語上字於、烏聲必同類也。

　　●倉蒼〔七岡〕親〔七人〕遷〔七然〕取〔七庾〕七〔親
吉〕青〔倉經〕采〔倉宰〕醋〔倉故〕麤鹿〔倉胡〕千〔蒼先〕
此〔雌氏〕雌〔此移〕此雌二字與上十二字不系聯，實同一類。

　　⑴上平聲五支：「雌、此移切」，上聲四紙：「此、雌氏
切」，去聲五寘：「刺、七賜切」。雌、此、刺爲相承之音，則
其切語上字此、雌、七聲同類也。

　　⑵上平聲二十三魂：「村、此尊切」，上聲二十一混：
「忖、倉本切」，去聲二十六慁：「寸、倉困切」，入聲十一
沒：「猝、倉沒切」。村、忖、寸、猝爲相承之音，則其切語上
字此、倉聲同類也。

　　⑶下平二仙：「詮、此緣切」，去聲二十三線：「縓、七絹
切」，入聲十七薛：「膬、七絕切」。詮、縓、膬爲相承之音，
則其切語上字此、七聲同類也。

●呼〔荒烏〕荒〔呼光〕虎〔呼古〕馨〔呼刑〕火〔呼果〕海〔呼改〕呵〔虎何〕香〔許良〕朽〔許久〕羲〔許羈〕休〔許尤〕況〔許防〕許〔虛呂〕興〔虛陵〕喜〔虛里〕虛〔朽居〕香以下九字與上七字不系聯，實同一類。

(1)上平六脂：「惟、許維切」，上聲五旨：「瞔、火癸切」，去聲六至：「豷、許位切」。惟、瞔、豷爲相承之音，則其切語上字許、火聲同類也。

(2)上聲二十三魂：「昏、呼昆切」，上聲二十一混：「總、虛本切」，去聲二十六慁：「惛、呼困切」入聲十一沒：「忽、呼骨切」。昏、總、惛、忽爲相承之音，則其切語上字呼、虛聲同類也。

(3)上平二十五寒：「頇、許干切」，上聲二十三旱：「罕、呼旱切」，去聲二十八翰：「漢、呼旰切」，入聲十二曷：「顥、許葛切」。頇、罕、漢、顥爲相承之音，則其切語上字許、呼聲同類也。

(4)下平一先：「鋗、火玄切」，去聲三十二霰：「絢、許縣切」，入聲十六屑：「血、呼決切」。鋗、絢、血爲相承之音，則其切語上火、許、呼聲同類也。

(5)下平三蕭：「膮、許么切」，上聲二十九篠：「鐃、馨皛切」，去聲三十四嘯：「歊、火弔切」。膮、鐃、歊爲相承之音，則其切語上字許、馨、火聲同類也。

(6)下平五肴：「虓、許交切」，去聲三十六效：「孝、呼教切」，虓、孝爲相承之音，則其切語上字許、呼聲同類也。

(7)下平七歌：「訶、虎何切」，上聲三十二哿：「歌、虛我切」，去聲三十八箇：「呵、呼箇切」。訶、歌、呵爲相承之音，則其切語上字虎、虛、呼聲必同類也。

⑻下平九麻：「煆、許加切」，上聲三十五馬：「嗬、許下切」，去聲四十禡：「嚇、呼訝切」。煆、嗬、嚇爲相承之音，則其切上字許、呼聲必同類也。

⑼下平十一唐：「荒、呼光切」，上聲三十七蕩：「慌、呼晃切」，去聲四十二宕：「荒、呼浪切」，入聲十九鐸：「霍、虛郭切」。荒、慌、荒霍爲相承之音，則其切語上字呼、虛聲必同類也。

⑽下平十二庚：「脝、許庚切」，去聲四十三映：「蝗、許更切」，入聲二十陌：「赫、呼格切」。脝、蝗、赫爲相承之音，則其切語上字許、呼聲同類也。

⑾下平十四清：「詗、火營切」，去聲四十五勁：「夐、休正切」，入聲二十二昔：「瞁、許役切」。詗、夐、瞁爲相承之音，則其切語上字火、休、許聲必同類也。

⑿下平十五青：「馨、呼刑切」，入聲二十三錫：「赦、許激切」。馨、赦爲相承之音，則其切語上字呼、許聲必同類也。

⒀下平二十五添：「馦、許兼切」，入聲三十怗：「鰈、呼牒切」。馦、鰈爲相承之音，則其切語上字許、呼聲同類也。

⒁下平二十六咸：「歁、許咸切」，上聲五十三豏：「闞、火斬切」入聲三十一洽：「鰝、呼洽切」。歁、闞、鰝爲相承之音，則其切語上字許、火、呼聲同類也。

⒂上聲五十四檻：「獥、荒檻切」，去聲五十九鑑：「儳、許鑑切」入聲三十狎：「呷、呼甲切」。獥、儳，呷爲相承之音，則其切語上字荒、許、呼聲必同類也。

●滂〔普郎〕普〔滂古〕匹〔譬吉〕譬〔匹賜〕匹、譬二字與滂、普二字不系聯，實同一類。

⑴下平聲十一唐：「滂、普郎切」，上聲三十七蕩：「髈、

匹朗切」，入聲十九鐸：「膊、匹各切」。滂、髈、膊爲相承之音，則其切語上字普、匹聲同類也。

(2)下平十五青：「竮、普丁切」，上聲四十一迥：「頩、匹迥切」，入聲二十三錫：「霹、普擊切」，竮、頩、霹爲相承之音，則其切語上字普、匹聲同類也。

(3)下平十七登：「漰、普朋切」，上聲四十三等：「倗、普等切」，入聲二十五德：「覆、匹北切」。漰、倗、覆爲相承之音，則其切語上字普、匹聲必同類也。

(4)上聲四十五厚：「剖、普后切」，去聲五十候：「仆、匹候切」。剖、仆爲相承之音，則其切語上字普、匹聲必同類也。

　●盧〔落胡〕來〔落哀〕落洛〔盧各〕勒〔盧則〕力〔林直〕林〔力尋〕呂〔力舉〕良〔呂張〕離〔呂支〕里〔良士〕郎〔魯當〕魯〔郎古〕練〔郎甸〕力以下六字不系聯，郎魯練三字與上十二字又不系聯，實皆同一類。

(1)今考《廣韻》上平聲十一模：「盧、落胡切」，上聲十姥：「魯、郎古切」，去聲十一暮：「路、洛故切」。盧、魯、路爲平上去相承之音，則其切語上字落、郎、洛聲必同類也。是郎魯練三字與盧落洛等字聲本同類也。

(2)上平聲十二齊：「黎、郎奚切」，上聲十一薺：「禮、盧啓切」，去聲十二霽：「麗、郎計切」。黎、禮、麗爲相承之音，則其切語上字郎、盧聲同類也。

(3)上平聲十五灰：「雷、魯回切」，上聲十四賄：「磥、落猥切」，去聲十八隊：「纇、盧對切」。雷、磥、纇爲相承之音，則其切語上字魯、落、盧聲必同類也。

(4)上平聲二十五寒：「蘭、落干切」，上聲二十三旱：「嬾、落旱切」，去聲二十八翰：「爛、郎旰切」，入聲十三末：「剌、盧達切」。蘭、嬾、爛、剌爲平上去入四聲相承之音，則其切語上字落、郎、盧聲同類也。

　　(5)上平聲二十六桓：「欒、落官切」，上聲二十四緩：「卵、盧管切」，去聲二十九換：「亂、郎段切」，入聲十三末：「捋、郎括切」。欒、卵、亂、捋爲相承之音，則其切語上字落、盧、郎聲必同類也。

　　(6)下平聲一先韻：「蓮、落賢切」，去聲三十二霰：「練、郎甸切」，入聲十六屑：「戾、練結切」。蓮、練、戾爲相承之音，則其切語上字落、郎、練聲必同類也。

　　(7)下平聲六豪：「勞、魯刀切」，上聲三十六皓：「老、盧皓切」，去聲三十七號：「嫪、郎到切」。勞、老、嫪爲相承之音，則其切語上字魯、盧、郎聲必同類也。

　　(8)下平聲七歌韻：「羅、魯何切」，上聲三十三哿：「砢、來可切」，去聲三十八箇：「邏、郎佐切」。羅、砢、邏爲相承之音，則其切語上字魯、來、郎聲同類也。

　　(9)下平聲八戈：「騾、落戈切」，上聲三十四果：「裸、郎果切」，去聲三十九過：「攃、魯過切」。騾、裸、攃爲相承之音，則其切語上字落、郎、魯聲同類也。

　　(10)下平十一唐：「郎、魯當切」，上聲三十七蕩：「朗、盧黨切」，去聲四十二宕：「浪、來宕切」，入聲十九鐸：「落、盧各切」。郎、朗、浪、落爲相承之音，則其切語上字魯、盧、來聲必同類也。

　　(11)下平十七登：「棱、魯登切」，去聲四十八嶝：「倰、魯鄧切」，入聲二十五德：「勒、盧則切」。棱、倰、勒爲相承之音，則其切語上字魯、盧聲必同類也。

　　(12)下平聲十九侯：「樓、落侯切」，上聲四十五厚：「塿、

郎斗切」，去聲五十候：「陋、盧候切」。樓、塿、陋爲相承之
音，則其切語上字落、郎、盧聲必同類也。

　　⒀下平聲二十二覃：「婪、盧含切」，上聲四十八感：
「壈、盧感切」，去聲五十三勘：「顲、郎紺切」，入聲二十七
合：「拉、盧合切」。婪、壈、顲、拉爲相承之音，則其切語上
字盧、郎聲同類也。

　　⒁下平聲二十三談：「藍、魯甘切」，上聲四十九敢：
「覽、盧敢切」，去聲五十四闞：「濫、盧瞰切」，入聲二十八
盍：「臘、盧盍切」。藍、覽、濫、臘爲相承之音，則其切語上
字魯、盧聲同類也。

　　以上十四證，皆足證明盧、來、賴、落、洛、勒六字與郎、
魯、練三字聲同類也。至於力、林、呂、良、離六字與盧、郎、
等九字同聲之證，則見於下列二證。

　　⒂今考《廣韻》上平聲一東韻：「籠、盧紅切」，上聲一董
韻：「曨、力董切」，去聲一送韻：「弄、盧貢切」，入聲一屋
韻：「祿、盧谷切」。籠、曨、弄、祿爲平上去入相承之音，則
其切語上字盧、力聲同類也。盧與郎前十四證已明其聲同類，力
旣與盧同類，自亦與郎同類矣。

　　⒃下平聲十五青：「靈、郎丁切」·上聲四十迥：「笭、力
鼎切」，去聲四十六徑：「零、郎定切」，入聲二十三錫：
「靂、郎擊切」。靈、笭、零、靂爲平上去入相承之音，則其切
語上字郎、力聲同類也。

　　●才〔昨哉〕徂〔昨胡〕在〔昨宰〕前〔昨先〕藏〔昨郎〕
昨酢〔在各〕疾〔秦悉〕秦〔匠鄰〕匠〔疾亮〕慈〔疾之〕自
〔疾二〕情〔疾盈〕漸〔慈染〕疾以下七字與上七字不系聯，實
同一類。

　　⑴今考《廣韻》上聲九麌韻:「聚、慈庾切」,去聲十遇:
「聚、才句切」。聚、聚爲上去相承之音,則其切語上字慈、才
聲同類也。

　　⑵上平聲十八諄:「鷷、昨旬切」,入聲六術韻:「崒、慈
卹切」。鷷、崒爲相承之音,則其切語上字昨、慈聲同類也。

　　⑶下平聲二仙韻:開口「錢、昨先切」、合口「全、疾緣
切」,上聲二十八獮:開口「踐、慈演切」、合口「雋、徂兗
切」,去聲三十三線:開口「賤、才線切」,入聲十七薛:合口
「絕、情雪切」。開口類錢、踐、賤爲相承之音,則其切語上字
昨、慈、才聲同類也;合口類全、雋、絕爲相承之音,則其切語
上字疾、徂、情聲亦同類也。

　　⑷下平九麻韻:「查、才邪切」,去聲四十禡:「褯、慈夜
切」。查、褯爲相承之音,其切語上字才、慈聲同類也。

　　⑸下平聲十陽韻:「牆、在良切」,去聲四十漾:「匠、疾
亮切」,入聲十八藥:「皭、在爵切」。牆、匠、皭爲相承之
音,其切語上字在、疾聲同類也。

　　⑹下平十八尤:「酋、自秋切」,上聲四十四有韻:「湫、
在九切」,去聲四十九宥:「就、疾僦切」。酋、湫、就爲相承
之音,則其切語上字自、在、疾聲必同類也。

　　⑺下平聲二十一侵:「梣、昨淫切」,上聲四十七寑:
「蕈、慈荏切」,入聲二十六緝:「集、秦入切」。梣、蕈、集
爲相承之音,其切語上字昨、慈、秦聲必同類也。

　　⑻下平聲二十四鹽:「潛、昨鹽切」,上聲五十琰:「漸、
慈染切」,去聲五十五豔:「潛、慈豔切」,入聲二十九葉:
「捷、疾葉切」。潛、漸、潛、捷爲相承之音,則其切語上字
昨、慈、疾聲同類也。

(9)去聲五十六㮇：「䁜、漸念切」，入聲三十怗：「䕮、在協切」。䁜、䕮爲相承之音，則其切語上字漸、在聲同類也。

根據以上系聯結果《廣韻》聲類當分爲四十一類。茲錄其四十一聲類之切語上字於後，並列表以明之。

聲　　類	反　　　　切　　　　上　　　　字
影	於央憶伊衣依憂一乙握謁紆挹烏哀安煙鷖愛委
喩	余餘予夷以羊弋翼與營移悅
爲	于羽雨雲云王韋永有遠爲洧筠薳
曉	呼荒虎馨火海呵香朽羲休況許興喜虛花
匣	胡乎侯戶下黃何獲懷
見	居九俱舉規吉紀几古公過各格兼姑佳詭乖
溪	康枯牽空謙口楷客恪苦去丘墟祛詰窺羌欽傾起綺豈區驅曲可乞棄卿
群	渠強求巨具臼衢其奇暨跪近狂
疑	疑魚牛語宜擬危五玉俄吾研遇虞愚
端	多德得丁都當冬
透	他託土吐通天台湯
定	徒同特度杜唐堂田陀地
泥	奴乃諸內嬭那
來	來盧賴洛落勒力林呂良離里郎魯練縷連
知	知張豬徵中追陟卓竹珍
徹	抽癡楮褚丑恥敕
澄	除場池治持遲佇柱丈直宅墜馳
娘	尼拏女穠
日	如汝儒人而仍兒耳

聲　類	反　　　切　　　上　　　字
照	之止章征諸煮支職正旨占脂
穿	昌尺赤充處叱春姝
神	神乘食實
審	書舒傷商施失矢試式識賞詩釋始
禪	時殊嘗常蜀市植殖寔署臣是氏視成
精	將子資即則借茲醉姊遵祖臧作
清	倉蒼親遷取七青采醋麤千此雌
從	才徂在前藏昨酢疾秦匠慈自情漸
心	蘇素速桑相悉思司斯私雖辛息須胥先寫
邪	徐祥詳辭辝似旬寺夕隨
莊	莊爭阻鄒簪側仄
初	初楚創瘡測叉廁芻
床	床鋤鉏豺崱士仕崇查俟助鶵
疏	疏山沙砂生色數所史
幫	邊布補伯百北博巴卑鄙幷必彼兵筆陂畁晡
滂	滂普匹譬披丕
並	蒲步裴薄白傍部平皮便毗弼婢簿捕
明	莫慕模謨摸母明彌眉綿靡美
非	方封分府甫
敷	敷孚妃撫芳峰拂
奉	房防縛附符苻扶馮浮父
微	巫無亡武文望

第六節　廣韻聲類諸説述評

自陳澧與黃侃定《廣韻》聲類爲四十與四十一類以來，與其相異者，仍有多家，茲一一介紹於後，並論其得失：

〔一〕張暄三十三類説：

張氏《求進步齋音論・三十六字母與四十聲類》云：

暄嘗通考《廣韻》一字兩音之互注切語，知陳氏所分之四十聲類，尚大有可合者在，聲類四十，尚非切語之本眞。茲舉所得之證于下：

語韻	褚（丑呂切又張呂切）	本韻	褚（丁呂切）
線韻	傳（直戀切又丁戀切）	本韻	傳（知戀切）
陽韻	長（直良切又丁丈切）	養韻	長（知丈切）
候韻	噣（都豆切又丁救切）	宥韻	噣（陟救切）
祭韻	綴（陟衛切又丁劣切）	薛韻	綴（陟劣切）

準上五條，知陳氏所分爲端知兩類者，《切韻》反切本同一類，特以當都二字互用，竹陟張三字互用，故不能兩相系聯耳。又唐人寫本《唐韻》存于今者，尚有去聲之一部及入聲。褚長二字在平上二聲，爲殘本《唐韻》所無。其互注之切爲《切韻》原文，抑爲後人所加，已不可考；傳噣綴三字，其互注切語與唐人寫本同，可知爲《切韻》之舊。

魚韻	涂（直魚切又直胡切）	模韻	涂（同都切）

胡字在模韻

覺韻	掉（女角切又杖弔切）	嘯韻	掉（徒弔切）

準上二條，知陳氏所分之澄定二類，特以徒同二字互用，直

除二字互用，故不能兩相系聯耳。

　　虞韻　　穤（人朱切又女侯切）　　侯韻　　穤（奴鉤切）

　　宵韻　　橈（如招切又女教切）　　效韻　　橈（奴教切）

　　黠韻　　肭（女滑切又女骨切）　　沒韻　　肭（內骨切）

　　準上三條，知陳氏所分之泥娘二類，特以奴乃二字互用，女尼二字互用，故不能系聯耳。

　　董韻　　菶（蒲蠓切又方孔切）　　本韻　　菶（邊孔切）

　　廢韻　　茷（符廢切又方大切）　　泰韻　　茷（博蓋切）

　　諄韻　　砏（普巾切又布巾切）　　眞韻　　砏（府巾切）

眞諄二韻雜亂異常，砏當在眞而入諄，餘誤者甚多。

　　先韻　　萹（布玄切又北泫切）　　銑韻　　萹（方典切）

泫字在銑韻胡畎切

　　仙韻　　萹（芳連切又補殄切）　　銑韻　　萹（方典切）

殄字在銑韻徒典切

　　庚韻　　榜（薄庚切又甫孟切）　　映韻　　榜（北孟切）

　　覺韻　　䁨（蒲角切又甫沃切）　　沃韻　　䁨（博沃切）

　　支韻　　鞞（府移切又脯鼎切）　　迥韻　　鞞（補鼎切）

上聲虞韻脯方矩切

　　準上八條，知陳氏所分之幫非二類實同一類，以博補二字互用，方府二字互用，遂不能二字兩相系聯耳。

　　齊韻　　縎（邊兮切又芳脂切）　　脂韻　　縎（匹夷切）

　　吻韻　　忿（敷粉切又敷問切）　　問韻　　忿（匹問切）

　　尤韻　　秠（匹尤切又芳鄙切）　　旨韻　　秠（匹鄙切）

　　尤韻　　肧（匹尤切又普回切）　　灰韻　　肧（芳杯切）

　　德韻　　趌（蒲北切又孚豆切）　　候韻　　趌（匹候切）

　　豆在候韻田候切

薛韻　　瞥（芳滅切又芳結切）　　屑韻　　瞥（普蔑切）

瞥唐寫本作𥍓義同

隊韻　　妃（滂佩切又匹非切）　　微韻　　妃（芳非切）

準上七條，知陳氏所分之滂敷二類本同一類，特以匹譬滂普四字互用，敷芳二字又互用，故不能兩相系聯耳。

東韻　　馮（薄紅切又步留切）　　幽韻馮（皮彪切）

先韻　　軿（部田切又房丁切）　　青韻　　軿（薄經切）

準上二條，知陳氏所分之並奉二類本同一類，特以薄傍步三字互用，符防二字互用故，不能兩相系聯耳。

知徹澄古歸端透定，非敷奉微古歸幫滂並明，為錢宮詹所證明，娘古歸泥，為章太炎先生所證明，皆已成不磨之論。今知徹澄三類之反切，既與端透定三類同用，非敷奉三類之反切，亦與幫滂並三類同用，是陸氏作《切韻》時，舌上、舌頭、重脣、輕脣尚未分也。《廣韻》每卷之末，有新添類隔今更音和切數字，其文皆屬舌上舌頭重脣輕脣，由此可知陸氏作《切韻》時，舌上與舌頭，重輕與輕脣尚無區別，故互用作切。後世聲音發展，昔之讀舌頭者，今分半入舌上，昔之讀重脣者，今別出為輕脣，于是覺《廣韻》舊切不符所讀，又未明古讀今讀有殊，遂臆號謂類隔，而改為音和，此亦一證也。

統觀以上諸證，知四十聲類之非敷奉，實與幫滂並合一，知澄娘實與端定泥合一，徹透雖無反切系聯之證，然以旁證察之，亦可斷其必相合為一，總其餘實得三十有三。

張氏三十三類乃併輕脣於重脣，舌上於舌頭，故較四十一類少八類。雖云據陳氏變例系聯，然透、徹二類縱依變例亦難以系聯，故不得不據錢氏大昕舌音類隔之說不可信一文而合併之。其意蓋謂聲類之演變，乃以類相從，當端、定、泥與知、澄、娘尚未分離之際，則透與徹亦不可能單獨分離也。所言雖亦有道理，然陳澧於此數紐，所以不據變例而使之合併者，亦未嘗非無見。蓋隋唐之際，方音中於此數紐有不能區別者，亦有能區別者。《廣韻》又音中所重出之切語，多依據各地方言音而甄錄之者，自不能僅據某一地方言之併，而置他處方言之別而不顧，從其別者，略其同者，自以分別為是。根據羅常培〈知徹澄娘音值考〉一文之研究，從六世紀至十一世紀（592-1035）期間，知、徹、澄、娘曾經讀過 ṭ、ṭh、ḍ、ṇ 之音，亦以知徹澄娘對譯 ṭ、ṭh、ḍ、ṇ，與端透定泥對譯 t、th、d、n 者不同，則可知隋唐方音中知徹澄娘實與端透定泥有別，何況其後三十字母與三十六字母端知兩系，皆各自獨立。雖其時代稍晚，然亦必淵源有自，而非突然分化者也。等韻圖中較早之韻圖，如《韻鏡》《七音略》舌音有舌頭、舌上之別，脣音有重脣、輕脣之殊，則其分別，自非突變。元刊本《玉篇》所載〈切字要法〉所列雙聲三十類，即以亭田、陳纏對舉，可知舌頭與舌上不同類，〈切字要法〉或以為魏晉間產物，雖未必可信，然當不致晚於三十字母與三十六字母，應屬可信。綜上所論，若吾人承認《切韻》之性質為論古今之通塞，存南北之是非，則舌頭舌上，重脣輕脣仍以分別為是。最少在《廣韻》一書中所反映之實況，確係如此。張氏之併，未為得也。

〔二〕羅常培二十八類說：

羅氏撰〈切韻探賾〉一文，據《切韻殘卷》王仁昫《刊謬補缺切韻》、《唐韻殘卷》並參照《經典釋文》、《玉篇》反切，比較諸書切語，以為《切韻》無舌上、輕脣八組，即于、神、莊、初、山五紐亦不應分立。其舌上、輕脣之併於舌頭、重脣之說，與張暄之說全同，前論張暄三十三類說，已加駁正，此不俱論。其他各說，評述於後：

⑴脂韻《切韻》遺以佳反，又于季反；至韻遺以醉反，又以佳反，于季、以醉同音，故于喻聲同類。

按：關於于喻是否當系聯成爲一類之問題，張暄《求進步齋音論》嘗論及之，其言甚辨，茲錄於次。張氏云：

脂韻　羡（以脂切又羊箭切）　　線韻　羡（于線切）

據此則于喻似相系聯，然考唐寫本《唐韻》，線韻羡字作予線切；予在喻類。使唐寫本之予字爲眞，則喻于二類，實不系聯。《廣韻》反切，凡同音字皆歸一紐，其分爲二者，非韻有異，即聲不同。故一聲類在但具一等之韻中，止宜有一紐，在俱二等之韻中，止宜有二。雖具有二等三等之韻，然則同一等中亦止宜有一紐。今考《廣韻》各韻，虞、尤、止、蘉、有、遇、宥皆但具一等，而切分喻于兩紐，東屋二韻雖皆具二等，其一等爲古本韻，喻于皆今聲類，非古本韻所宜有，二韻皆具喻于二紐，是一等而有二紐也。支、脂、仙、紙、旨、寘、至、祭、線諸韻之第二等，鹽、緝、葉之第一等，皆于一等中而具于喻二紐，可知喻于二類，法言實分而不合，若謂此二類皆後人所誤改，非陸氏之本眞，則唐寫本所有各韻，凡上所曾舉者，其具二類悉同今本，陸本固然，殆無可疑。若云本止一類，法言疏漏，誤爲二紐，則一二韻四五韻至矣。今具二類于一等者，多至二十有一。法言縱或疏漏，當不至若是其甚也。且線韻羡下各字爲唐寫本所有者，《玉篇》皆以喻字作切，無用于類字者，可知《廣韻》線韻羡下于線切，本當從唐寫本作予線切，于予二字實形同誤者。

張氏所說，實與陳澧分析條例相似，其兩切語下字同類者，上字必不同類。以東韻爲例，雄切羽弓，融切以戎，弓戎韻同類，則于喻聲非一類矣。以屋韻爲例，囿切于六，育切余六，其韻同類，則聲之于類與喻類不同矣。

　　(2)支韻示巨支切又時至切，至韻示神至切，時至神至同音，故禪神同類。

　　按神禪二類，《廣韻》各韻中，同在一韻類中出現者雖較少，然亦非絕然不見者也。燭韻贖神蜀切、蜀市玉切；紙韻舓神舓切、是承紙切；至韻示神至切、嗜常利切；語韻紓神與切、野承與切；眞韻神食鄰切、辰植鄰切；諄韻脣食倫切、純常倫切；仙韻船食川切、遄市緣切；薛韻舌食列切、折常列切；麻韻蛇食遮切、闍視遮切；昔韻麝食亦切、石常隻切；蒸韻繩食陵切、承署陵切；證韻乘實證切、丞常證切；職韻食乘力切、寔常職切；寑韻甚食荏切、甚常枕切。以是觀之，絕不可謂神禪同類也，否則若神與辰、繩與承之類，其音何以別乎！

　　(3)震韻振章刃切又之人切，眞韻振側鄰切，之人側鄰同音，故照莊聲同類；又號韻竈《切韻》側到切，《廣韻》則到切，故精莊聲同類。是故羅氏以莊紐半入於照，半入於精也。則《切韻》《廣韻》無莊紐矣。

　　按《廣韻》陽韻將子良切，章諸良切，莊側羊切，則精照莊三紐非可合併也。考眞韻振與眞同音，《廣韻》側鄰切，然p3695，切三，全王皆作職鄰切，《廣韻》作側者蓋偶誤也。號韻竈字，《廣韻》、s6176、全王、《唐韻》皆則到切，惟王二作側到反耳。蓋莊母古讀同精母，王二作側到切者，或保留較早之切語形式、或一時之字誤；然號爲一等韻，其絕無莊系字明矣。以是論之，羅氏之說，不可從也。

　　(4)灰韻推他回切，又昌佳切；脂韻推叉佳切，故初穿同類。

　　按《廣韻》屋韻俶昌六切，珿初六切；支韻吹昌垂切，衰楚危切；至韻出尺類切，籇楚愧切；之韻蚩赤之切，輜楚持切；止韻齒昌里切，剎初紀切；志韻熾昌志切，廁初吏切；則穿初聲非同類也。考脂韻推字，p3696、切三、切二、王二、全王皆作尺隹切，《廣韻》作叉隹切者，蓋形似之誤也。再考本韻從隹得聲之字，如錐職追切，誰視隹切皆屬照系，無有讀莊系者，則推當爲尺隹切亦可明矣。

(5)《切韻》支韻䡽山垂反，《玉篇》革部䡽思危切，故疏心聲同類。

按《廣韻》屋韻肅息逐切，縮所六切；支韻睢息爲切，䡽山垂切；脂韻私息夷切，師疏夷切；綏息遺切，衰所追切；至韻邃雖遂切，帥所類切；止韻枲胥里切，史疏士切；志韻笥相吏切，駛疏吏切；語韻諝私呂切，所疏舉切；御韻絮息據切，疏所去切。則心疏聲非同類也。考疏母古讀同心母，《玉篇》䡽作思危切者，蓋保留較古之切語形式，是羅氏此說亦不足信矣。羅氏後亦覺此說之無據，故亦改從張暄氏三十三類之說矣。

〔三〕高本漢、白滌洲、黃淬伯四十七類說：

(一)高本漢說：

高本漢在《中國音韻學研究》一書中，利用《康熙字典》所存切語，選其最常用者三千一百餘字，參照《等韻切音指南》各等字排列法，其劃分聲類之特點，在於將 j 化（Yodise）聲母專屬三等，其餘一二四等爲單純聲母。高氏以等之系聯法，先將此三千一百餘字反切一套一套歸納其類別，然後再據韻表分爲四等，於是找出三等字反切上字與一二四等顯然有別，因而區分爲兩類，乃將「見、溪、疑、曉、影、喻、照、穿、狀、審、來、非、敷、並、明」十五母，其一二四等字反切上字分爲單純聲母，三等字反切上字分爲 j 化聲母，共得三十類，再加只具一二四等之單純聲母「匣、泥、端、透、定、精、清、從、心、邪」
十母，以及只具三等 j 化之聲母「郡、知、徹、澄、娘、禪、
日」七母，共得四十七類。茲錄其四十七類於下，並附擬聲值。

見：單純〔k〕：一二四等：古公工（沽）佳（革）過。

　　j 化〔kj〕：三等：居舉九吉紀俱。

溪：單純〔k‘〕：一二四等：苦康口空（肯）（闊）客。

　　j 化〔k‘j〕：三等：去丘豈區袪詰墟。

郡：j 化〔g‘j〕：三等：渠巨其求衢（彊）（共）。

疑：單純〔ŋ〕：一二四等：五（午）吾。

　　j 化〔ŋj〕：三等：魚語愚牛宜危虞（儀）。

曉：單純〔x〕：一二四等：呼荒呵火。

　　j 化〔xj〕：三等：許虛朽香況。

匣：單純〔ɣ〕：一二四等：胡戶侯乎黃候下何（瑚）。

影：單純〔ʔ〕：一二四等：烏於（哀都切）哀一屋伊。

　　j 化〔ʔj〕：三等：於（央居切）央（英）。

喻：單純〔o〕：四等：以羊與余餘弋營夷（楊）。

　　j 化〔j〕：三等：于王羽雨云永有洧雲（禹）。

知：j 化〔ȶ〕：二三等：竹陟知張中。

徹：j 化〔ȶ‘〕：二三等：丑敕恥。

澄：j 化〔ȡ‘〕：二三等：直丈宅場持遲治除馳柱。

照：單純〔tʂ〕：二等：側阻莊。

　　j 化〔tɕ〕：三等：之職章諸止旨脂征正支煮。

穿：單純〔tʂ‘〕：二等：初楚測創。

　　j 化〔tɕ‘〕：三等：昌尺赤處（齒）。

狀：單純〔dʐ‘〕：二等：士鉏鋤仕床雛。

　　j 化〔dʑ‘〕：三等：食神乘。

審：單純〔ʂ〕：二等：所疏束色山數沙。

　　ｊ化〔ɕ〕：三等：式失書舒識賞商施始傷詩。

禪：ｊ化〔ʑ〕：三等：市常是時承植署臣氏殖殊（上）（丞）。

日：ｊ化〔nʑ〕：三等：而如人汝仍兒耳（爾）。

泥：單純〔n〕：一二四等：奴乃那諾。

娘：ｊ化〔nj〕：二三等：女尼。

來：單純〔l〕：一二四等：盧郎魯落洛來（靈）。

　　ｊ化〔lj〕：三等：力呂良里離林（龍）。

端：單純〔t〕：一四等：都當多丁冬得德。

透：單純〔tʻ〕：一四等：他託吐土湯（它）天。

定：單純〔dʻ〕：一四等：徒同度唐田杜陀（大）（動）（待）特堂。

精：單純〔ts〕：一四等：則子作借茲（祚）（佐）即將資（咨）。

清：單純〔tsʻ〕：一四等：倉七麤此千蒼采親雌（淺）。

從：單純〔dzʻ〕：一四等：昨徂在藏（胙）疾才秦慈匠情前。

心：單純〔s〕：一四等：蘇桑素息先思（損）私悉斯辛司寫須（錫）。

邪：單純〔z〕：四等：似徐詳祥辭旬夕。

非：單純〔p〕：一二四等：博補北布伯晡。

　　ｊ化〔pj〕：三等：方府甫必卑兵筆陂幷鄙分（比）。

敷：單純〔pʻ〕：一二四等：普滂匹譬。

　　ｊ化〔pʻj〕：三等：敷芳撫妃丕。

並：單純〔bʻ〕：一二四等：薄蒲步傍裴旁部。

　　　　ｊ化〔bʻj〕：三等：符房扶防附皮毗平縛婢（苻）
（父）。

　　　明：單純〔m〕：一二四等：莫慕母模謨。

　　　　ｊ化〔mj〕：三等：武亡無文彌眉巫靡美望（密）。

　　高氏之分類，實際上乃將三等韻分出另爲一類，其他各等合
成一類。所得結果爲韻圖分等之現象，非《廣韻》聲類之實況，
且如東韻雄羽弓切，融以戎切，弓戎韻同類，如果ｊ化現象視韻
母而定，若羽爲ｊ化，則以不得視作單純。所以喩母分作兩類，
並非由於ｊ化與否，只是反切上字本不相同。至於精淸從心邪五
母高氏以爲單純聲母，然鍾韻邕於容切，胸許容切，恭九容切，
銎曲恭切，蜙渠容切，顒魚容切，縱卽容切，樅七恭切，從疾容
切，蜙息恭切，松祥容切。此數字韻母皆同，若於許九曲渠魚爲
ｊ化聲母之反切上字，則卽七疾息祥五字無由說是單純聲母，特
別是邪母字，韻圖雖置四等，然《廣韻》無論何韻，只要有邪母
存在，皆與同韻喉牙音高氏以爲ｊ化者無從區分，可見高氏所謂
ｊ化與單純分界亦非截然，故其分類仍足存疑，未可以爲確然無
誤也。

　　(二) 白滌洲說：

　　白滌洲氏〈廣韻聲紐韻類之統計〉一文，以統計法亦得四十
七類，其統計之方法，乃將《廣韻》一書所用之反切上字，依全
書出現之次數，一一細數，視何類字出現次數多，何類字出現次
數少，再參考前人所用之方法，斟酌分析，遂得四十七類，其計
算每一反切上字出現之方法，乃將反切某字與相拼切之字音，盡
抄錄於卡片上，如「古」字，由「古紅切公」、「古冬切攻」、
「古雙切江」、……直抄至「古狎切甲」，如此將反切上字四百餘
盡錄於卡片，然後一一計數，故得一統計數目。白氏計算反切上字

出現之方法，抄錄之後，更依陳氏《切韻考・外篇》將所切之字，
註明呼等，然後分別計算總數，一一列表。茲舉其見母字爲例：

反切上字	反切	呼等				缺等	共計
		1	2	3	4		
古	公戶	60	49		23	4	136
公	古紅	2	1		3		6
兼	古甜				1		1
各	古落	1					1
格	古伯		1				1
姑	古胡				1		1
佳	古膎		1				1
乖	古懷					1	1
規	居隋				1		1
吉	居質				1		1
居	九魚			62	15	2	79
舉	居許			7			7
九	舉有			5		1	6
俱	舉朱			3		1	4
紀	居理			2	1		3
几	居履			2			2
詭	過委			1			1
過	古臥			1			1

　　據上表，白氏以爲見母可分二類，「古」以下十字爲一類，
切一二四等字，可稱爲「古」母，「居」以下八字爲一類，專切

三等字，可稱爲「居」母。「乖」字《切韻考》不錄，只一「乖
買切艻」，據《韻鏡》艻係二等，反切上字又與古母一系系聯，
故定爲古母一系，「規」「吉」反切上字雖屬居母，但只各切一
個四等字；「詭」「過」反切上字雖屬古母，但只各切一個三等
字。故以「規」「吉」屬古母，「詭」「過」屬居母。

　　白氏據此種方法，共得四十七類如下：

古（見甲）	苦（溪甲）		五（疑甲）
居（見乙）	去（溪乙）	群	魚（疑乙）
端	透	定	泥
知	徹	澄	娘
博（幫甲）	普（滂甲）	蒲（並甲）	莫（明甲）
方（幫乙）	芳（滂乙）	符（並乙）	武（明乙）
精	清	從	心　　　　邪
側（照甲）	初（穿甲）	士（床甲）	所（審甲）
之（照乙）	昌（穿乙）	食（床乙）	式（審乙）　禪
烏（影甲）	以（喻甲）	呼（曉甲）	匣
於（影乙）	于（喻乙）	許（曉乙）	
盧（來甲）	日		
力（來乙）			

　　白氏雖用統計法而得四十七類，實際上仍是參照韻圖之等
列，可說是聲母在等列上分配之現象，尚難謂《廣韻》聲母之確
實類別也。且如所云「規」「吉」二字，規《廣韻》「居隋
切」，吉《廣韻》「居質切」，顯然屬居母，而白氏以爲各切一
四等字，故以規吉屬之古母。然三十三線絹吉掾切，絹原爲三等
韻，韻圖列四等者，純爲寄等借位之問題，觀掾仍列三等可知，
則白氏於其持以統計之韻圖，排列結構，猶有未審，而以爲所得

結果，確爲四十七類，孰能信之？殆見高本漢氏有四十七類之
說，爲迎合其說，遂另標統計之名，以蒙混世人，殊無可取。

（三）黃淬伯說：

黃氏〈討論切韻的韻部與聲紐〉一文，以爲《切韻》中一字
兩音之互注切語，與正切不屬於同一語系，因此陳氏據變例以系
聯切語上字之方法，黃氏以爲絕不可用，主張純粹依據正例而系
聯之。正例不能系聯者從其分。於是亦得四十七類，茲據其〈慧
琳一切經音義反切考〉所附《切韻》聲類，錄其四十七類於後：

見古：古（公戶）公（古紅）過（古臥）各（古落）格（古
伯）兼（古甜）姑（古胡）佳（古膎）詭（過委）

見居：居（九魚）九（舉有）俱（舉朱）舉（居許）規（居
隋）吉（居質）紀（居里）几（居履）

溪苦：苦（康杜）康（苦岡）枯（苦胡）牽（苦堅）空（苦
紅）謙（苦兼）口（苦后）楷（苦駭）客（苦格）

溪丘：丘（去鳩）去（丘據）墟袪（去魚）詰（去吉）窺
（去隨）羌（去羊）欽（去金）傾（去營）起（墟里）

郡：渠（強魚）強（巨良）求（巨鳩）巨（其呂）具（其
遇）臼（其九）衢（其俱）其（渠之）奇（渠羈）暨（具冀）

疑吾：吾（五乎）研（五堅）五（疑古）俄（五何）

疑魚：魚（語居）疑（語其）牛（語求）語（魚巨）宜（魚
羈）擬（魚紀）危（魚爲）玉（魚欲）遇（牛具）虞愚（遇俱）

曉呼：呼（荒烏）荒（呼光）虎（呼古）馨（呼刑）火（呼
果）海（呼改）呵（虎何）

曉許：許（虛呂）興（虛陵）喜（虛里）虛（朽居）香（許
良）朽（許久）羲（許羈）休（許尤）況（許訪）

匣：胡乎（戶吳）侯（戶鉤）下（胡雅）黃（胡光）何（胡

歌）

影烏：烏（哀都）哀（烏開）安（烏寒）煙（烏前）鷖愛（烏代）

影於：於（央居）央（於良）憶（於力）伊（於脂）依衣（於希）憂（於求）一（於悉）乙（於筆）握（於角）謁（於歇）紆（憶俱）挹（於入）

于：于（羽俱）羽雨（王矩）云雲（王分）王（雨方）韋（雨非）永（于憬）有（云久）遠（雲阮）榮（永兵）為（薳支）洧（榮美）筠（為贇）

喻：余餘予（以諸）夷（以脂）以（羊己）羊（與章）弋翼（與職）與（余呂）營（余傾）移（弋支）悅（弋雪）

知：張（陟良）知（陟離）豬（陟魚）徵（陟陵）中（陟弓）追（陟佳）卓（陟角）竹（張六）

徹：抽（丑鳩）癡（丑之）楮（丑呂）丑（敕久）恥（敕里）敕（恥力）

澄：除（直魚）場（直良）池（直離）治持（直之）遲（直尼）佇（直呂）柱（直主）丈（直兩）直（除力）宅（場伯）

照：之（止而）止（諸市）章（諸良）征（諸盈）諸（章魚）煮（章與）支（章移）職（之翼）正（之盛）旨（職雉）占（職廉）脂（旨移）

穿：昌（尺良）尺（昌石）充（昌終）處（昌與）叱（昌栗）春（昌脣）

乘：乘（食陵）神（食鄰）食（乘力）實（神質）

禪：時（市之）殊（市朱）常嘗（市羊）蜀（市玉）市（時止）植殖寔（常職）署（常恕）臣（植鄰）承（署陵）是氏（承紙）視（承矢）成（是征）

審：書舒（傷魚）傷商（式陽）施（式支）失（式質）矢（式視）試（式吏）式識（賞職）賞（書兩）詩（書之）釋（施隻）始（詩止）

日：如（人諸）汝（人渚）儒（人朱）人（如鄰）而（如之）仍（如乘）兒（汝移）耳（而止）

莊：莊（側羊）爭（側莖）阻（側呂）鄒（側鳩）簪（側吟）側仄（阻力）

楚：楚（創舉）初（楚居）創瘡（初良）測（初力）叉（初牙）廁（初吏）䓤（測隅）

床：鋤鉏（士魚）床（士莊）豺（士皆）崱（士力）士仕（鉏里）崇（鋤弓）查（鉏加）雛（仕于）俟（床史）助（床據）

疏：疏疎（所菹）山（所間）沙（所加）生（所庚）色（所力）數（所矩）所（疏舉）史（疏士）

端：多（得何）得德（多則）丁（當經）都（當孤）當（都郎）冬（都宗）

透：他（託何）託（他谷）土吐（他魯）通（他紅）台（土來）湯（吐郎）

定：徒（同都）同（徒紅）特（徒得）度（徒故）杜（徒古）唐堂（徒郎）田（徒年）陀（徒何）地（徒四）

泥：奴（乃都）乃（奴亥）諾（奴各）內（奴對）嬭（奴禮）那（諾何）

娘：尼（女夷）拏（女加）女（尼呂）

來魯：魯（郎古）郎（魯當）練（郎甸）盧（落胡）來（落哀）賴（落蓋）落洛（盧各）勒（盧則）

來力：力（林直）林（力尋）呂（力舉）良（呂張）離（呂

支）里（良士）

精：將（即良）子（即里）資（即夷）即（子力）則（子德）借（子夜）茲（子之）醉（將遂）姊（將几）遵（將倫）祖（則古）臧（則郎）作（則落）

清：倉蒼（七岡）親（七人）遷（七然）取（七庾）七（親吉）青（倉經）采（倉宰）醋（倉故）麤麁（倉胡）千（蒼先）此（雌氏）雌（此移）

從：才（昨哉）徂（昨胡）在（昨宰）前（昨先）藏（昨郎）昨酢（在各）疾（秦悉）秦（匠鄰）慈（疾之）自（疾二）情（疾盈）漸（慈染）

心：蘇（素姑）素（桑故）速（桑谷）桑（息郎）相（息良）悉（息七）思司（息茲）斯（息移）私（息夷）雖（息遺）辛（息鄰）胥（相居）先（蘇前）寫（息姐）

邪：徐（似魚）祥詳（似羊）辭辝（似茲）似（詳里）旬（詳遵）寺（詳吏）夕（詳易）隨（旬為）

幫邊：邊（布玄）布（博故）補（博古）伯百（博陌）北（博墨）博（補各）巴（伯加）

幫方：方（府良）封（府容）分（府文）府甫（方矩）彼（甫委）兵（甫明）陂（彼為）鄙（方美）筆（鄙密）卑（府移）幷（府盈）必（卑吉）畀（必至）

滂滂：滂（普郎）普（滂古）匹（譬吉）譬（匹賜）

滂敷：敷孚（芳無）妃（芳非）撫（芳武）芳（敷方）峰（敷容）拂（敷勿）披（敷羈）丕（敷悲）

並蒲：蒲（薄胡）步（薄故）裴（薄回）白（傍陌）傍（步光）部（蒲口）

並房：房防（苻方）縛（符钁）附（符遇）符苻扶（防無）

馮（房戎）浮（縛謀）父（扶雨）平（符兵）皮（符羈）便（房連）毗（房脂）弼（房密）婢（便俾）

明莫：莫（慕各）慕（莫故）模謨摸（莫胡）母（莫厚）

明武：武（文甫）文（無分）無巫（武夫）亡（巫放）美（無鄙）靡（文彼）明（武兵）彌（武移）眉（武悲）綿（武延）

黃氏雖謂此四十七類，純由正例系聯而得，然覈之事實，實有未符，茲略舉數證於後：

*1.*吾類與魚類據反切可系聯爲一類，黃氏分作二類，此不當分者也。

*2.*都類與多類不系聯，而黃氏併爲端類，此不當併者也。

*3.*來母依反切當分作魯、盧、力三類，黃氏僅分魯、力二類，此分析之未盡者也。

*4.*七類與倉類不系聯，而黃氏併爲清類，此不當併者也。

*5.*昨類與疾類不系聯，而黃氏併爲從類，此不當併者也。

*6.*普類與匹類不系聯，而黃氏併爲一類，此不當併者也。

以上數證，足見黃氏分合之際，皆進退失據，自亂其例，既非盡依《廣韻》切語上字系聯之結果，亦非當時語音實有之現象，其所以得此四十七類者，仍參酌韻圖等列，兼及音之洪細，絕非《廣韻》聲類之眞象也。

〔四〕曾運乾、陸志韋、周祖謨五十一類說：

（一）曾運乾說：

曾氏〈切韻五聲五十一紐考〉一文，以爲陳澧之四十類，照、穿、床、審、喻各分二類，《廣韻》切語絕不相混，陳氏分爲十類，既得之矣。明微二母，陳氏囿於方音而併合之，非《切韻》本例然也。至於喉音之影，牙音之見、溪、曉、疑，舌音之來，齒音之精、清、從、心凡十母，依《切韻》聲音之例，皆應各分二母者也。其所持理由如下：

「蓋聲音之理，音侈者聲鴻，音弇者聲細，《廣韻》切語侈音例爲鴻聲，弇音例爲細聲，反之，鴻聲例用侈音，細聲例用弇音，此其例即見於法言〈自序〉，云支（章移切）脂（旨夷切）魚（語居切）虞（遇俱切）共爲一韻，先（蘇前切）仙（相然切）尤（于求切）侯（胡溝切）俱論是切，上四字移夷居俱明韻（即切語下一字音學也。）之易於淆惑者，下四字蘇相于胡（古聲及《切韻》匣于爲類隔）明切（即切語上一字聲學也）之易于淆惑者，故支脂魚虞皆舉音和雙聲以明分別韻部之意，先仙尤侯皆舉類隔雙聲以明分別紐類之意，如先蘇前切，蘇相不能互易者，先爲眞韻之侈音，蘇在模韻亦侈音也。例音侈者聲鴻，故先爲蘇前切也。仙相然切，相蘇不能互易者，仙爲寒韻之弇音，相在陽韻亦弇音也。例音弇者聲細，故仙爲相然切也。又如尤于求切，于胡不能互易者，尤爲蕭韻之弇音，于在虞韻亦弇音也，例音弇者聲細，故尤于求切也。侯胡溝切，胡于不能互易者，侯爲虞韻之侈音，胡在模韻亦侈音也，例音侈者聲鴻，故侯胡溝切也。是故法言切語之法，以上字定聲之鴻細，而音之弇侈寓焉，以下字定音之弇侈，而聲之鴻細亦寓焉。見切語上字其聲鴻者，知其下字必爲侈音，其聲細者，知其下字必爲弇音矣。見切語下字其音侈者，知其上字必爲鴻聲，其音弇者，知其上字必爲細聲矣。試以一東部首東同中蟲四字證之，東同中蟲皆類隔雙聲，此與先仙尤侯一例，東德紅切，同徒紅切，德徒鴻聲也，亦侈音也；紅侈音也，鴻聲也。故曰音侈者聲鴻，聲鴻者音侈。中陟弓切，蟲直弓切，陟直細聲也，亦弇音也；弓弇音也，亦細聲也，故曰音侈者聲細，聲細者音侈。四字同在一韻，不獨德陟、徒直不能互易，即紅弓亦不能互易，此即陸生重輕有異之大例，東塾舉此四字以明清濁及平上去入，而不知聲音之侈弇鴻細即寓其中，故其所分聲類，不循條理，囿於方音，拘於系聯，於明微之應分者合之，影等十母之應分者亦各仍其舊而不分，殆猶未明陸生之大法也。今輒依切語音侈聲鴻，音弇聲細之例，各分重輕二紐，陳氏原四十聲類，加入微、影二、見二、溪二、曉二、疑二、來二、精二、清二、從二、心二十一母，故四十類為五十一紐也。」曾氏據此而分切語上字為五十一類，實則五十一類者，特就四十七類之基礎，再析齒頭音之精清從心四母各為二類而巳。茲將曾氏論齒音之分二類者錄之於後：

　　精一（鴻聲侈音）則（子德切，德韻侈音而用細聲，亦類隔切。又子字通用一二等。）臧（則郎切唐）祖（則古切姥）作（則落切鐸）共四字遞用相聯系（江氏《切韻表》亦分為一等。）

　　精二（細聲弇音）子（即里切止）即（子力切職）借（子夜切禡韻二）茲（子之切之）資（即夷切脂）將（即良切陽）醉（將遂切至）姊（將几切旨）遵（將倫切諄）共九字子即互用諸字遞用相聯系（江氏《切韻表》亦分為四等。）

　　清一（鴻聲侈音）倉蒼（七岡切唐韻侈音而用細聲，亦類隔切，又七字通用一二等。）采（倉宰切海）醋（倉故切暮）麤麁（倉胡切模）千（倉先切先）青（倉經切青）共八字遞用相聯系（江氏《切韻表》亦分一等，惟千字隸四等誤。）

　　清二（細聲弇音）七（親吉切質）親（七人切眞）取（七庾切麌）遷（七然切仙）此（雌氏切紙）雌（此移切支）共六字，上四字親七互用，下二字此雌互用不聯系，依音弇聲細例求之，知為一類。（江氏《四聲切韻表》亦分為四等。）

從一（鴻聲侈音）在（昨宰切海）昨酢（在各切鐸）才（昨哉切咍）徂（昨胡切模）前（昨先切先）藏（昨郎切唐）共七字，在昨互用相聯系（江氏《四聲表》亦分爲一等，唯前字誤隸四等。）

從二（細聲弇音）秦（匠鄰切眞）匠（疾亮切漾）疾（秦悉切質）自（疾二切至）情（疾盈切清）慈（疾之切之）漸（慈染切琰）共七字，秦匠疾互用相聯系（江氏《切韻表》亦定爲四等。）

心一（鴻聲侈音）桑（息郎切唐韻，侈音用細聲，類隔切也，不通用於二等。）速（桑谷切屋）素（桑故切暮）蘇（素姑切模）先（蘇前切先）共五字遞用相聯系（《四聲表》亦分爲一等，唯先字誤隸四等。）

心二（細聲弇音）息（相即切職）相（息良切陽）悉（息七切質）思司（息茲切之）斯（息移切支）私（息夷切脂）雖（息遺切脂）辛（息鄰切眞）寫（息姐切馬二）須（相兪切虞）胥（相居切魚）共十二字，相息互用相聯系（《四聲表》亦爲四等。）

曾氏所謂一二等者，實兼該四等字言之，其所謂細聲，則純就三等字言之，此已與一般聲韻學家以一二等爲洪音，三四等爲細音之說不合，且縱從其說，就《廣韻》之切語及其所舉之例言之，亦多有鴻細雜用之現象，曾氏遂謂凡用細聲切侈音者皆爲類隔，如所舉則子德切，倉七郎切是也。然《廣韻》切語中尚有以鴻聲切弇音者，如趙千仲切，錢昨仙切，靫先立切等是，曾氏則置而不言，以此言之，則所謂鴻聲切侈音，細聲切弇音之例，於《廣韻》書中尚難定其界畫，其說殆難成立，雖五十一類之說，屢爲人所稱引，實仍不能無疑也。

(二)陸志韋說：

陸氏〈證廣韻五十一聲類〉一文，亦主五十一類之說。陸氏云：

「五十一類之說，非謂唐代聲母實有 51 之數也，今本《廣韻》切語上字之互相系聯者，實爲五十一組耳。」

陸氏聲母之分類與韻類有極密切之關係，陸氏將韻類分爲三一九類，然後將五十一聲類與三一九韻類列爲一表，五十一聲類之排列，以在陳書中發現之次第爲先後，首「多」，次「都」，終「食」（各以一類中最多數之字爲類名），直列三一九韻類，首「東」系，終「凡」系。此表造成後，先計算（甲）每一聲類發現於若干韻類，例如「多」15，「都」70，「陟」79，……。（乙）每次發現與其他聲類何者相逢，何者不相逢。亦列爲一表。例如：

81	丑	|	0	10	53	54
		|	多	都	陟	之……

此表大旨謂：「丑」類發現於 81 韻類，與「多」類相逢於同一韻者 0 次，與「都」類相逢者 10 次，與「陟」類相逢者 53 次，與「之」類相逢者 54 次，餘類推。凡兩類之和協衝突，視其相逢之次數，可得其大概。陸氏用此法將《廣韻》聲類分爲兩大群，一群之內，各類協和，兩群之間，此群之任何一類，與彼群之任何一類，大致相衝突或無關係。所分兩大群聲類如後：

甲群：A 組　之、昌、食、式、時、而、此、疾、徐、以凡 10
　　　　　　（照三、穿三、床三、審三、禪、日、清四、從四、邪、喻四）

　　　B 組　側、初、士、所、陟、丑、直、女、力凡 9
　　　　　　（照二、穿二、床二、審二、知、徹、澄、娘、來

　　　　　　三）

　　C組　方、芳、符、武、于凡5

　　　　　（非、敷、奉、微、喻三）

　　D組　居、去、渠、許凡4

　　　　　（見三、溪三、群、曉三）

　　以上甲群 ABCD 四組共 28 類，皆相和協，然此 28 類之可顯然分爲四組或五組則無疑義。與甲群任何一組，任何一類大致相反者爲乙群。

乙群：E組　多、都、他、徒、奴、盧、郎、昨凡8

　　　　　　（端、端、透、定、泥、來一、來一、從一）

　　　F組　博、普、蒲、莫凡4

　　　　　　（幫、滂、並、明）

　　　G組　古、苦、呼、胡、烏凡5

　　　　　　（見一、溪一、曉一、匣一、影一）

　　甲群 28 類，乙群 17 類，共得 45 類。其餘無從歸類者爲「五、匹、子、七、蘇、於」等六類。

　　「五」類可視類中各字與甲群或乙群在同一韻類中相逢之情形決定，凡一字於某一韻類與甲群同現者，於其他韻類亦必與甲群同現，而不與乙群同現，但可偶或錯誤耳。「五」類發現於 163 韻類，共 164 次。

與	0	0	0	0	0	0	40	14	10	4	2	1	1	1
甲														
同														
用														
↑														
字	五	吾	研	疑	擬	俄	魚	語	牛	宜	虞	遇	愚	危

```
↓  |              |              |                          |
與  |              |              |                          |
乙  |              |              |                          |
同  |              |              |                          |
用  | 82 4 2 1 1 1 | 0 0 0 0 0 0 0 0 |
```

　　陳澧系聯上述各字爲一類者，實以《廣韻》「疑語其切」「擬魚紀切」之偶疏也。今分「五」類爲乙群 G 組，「魚」類爲甲群 D 組。

　　「於」類亦可依各字與甲乙兩群相逢之勢而分析之，「於」哀都切又央居切，孰爲哀都？孰爲央居？凡與「於」字系聯之字，其切上字當作「哀」乎？當作「央」乎？凡爲「哀」者，其字當與乙群相逢，凡爲「央」者，則不得而知矣。今以「烏」「於」二類連同分析之，「烏」亦「哀都切」也。二類共發現於 221 韻類，計 227 次。

```
與  | 0 0 0 0 0 0 | 2 1 0 0 | 8 9 3 2 2 2 1 1 1 1 1 1 |
甲  |             |         |                          |
同  |             |         |                          |
用  |             |         |                          |
↑  |             |         |                          |
    烏安哀煙鷖愛 | 乙一握委 | 於伊衣央紆依憶挹遏憂    |
字  |             |         |                          |
↓  |             |         |                          |
與  |             |         |                          |
乙  |             |         |                          |
同  |             |         |                          |
用  | 82 3 1 1 1 1 | 6 2 1 1 | 2 1 0 1 0 0 0 0 0 0 0 |
```

「烏」……「愛」六字爲烏類，無一次與甲群同用者，「於」字與乙群同用者 21 次，與甲群同用者 89 次，「央」字顯係甲群之字。今故以「於 21 乙 8 － 3 握 1 委 1」歸入「烏哀都切」之類。餘「於 89 伊 3……憂 1」爲「於央居切」之類，此即烏類與於類也。「烏」類必屬於乙群 G 組，「於」類必屬於甲群 D 組。

「蘇」類發現於 130 韻類，共 131 次。

與	0 1 0 0	30 10 6 5 3 2 1 1 1 1 1 1
甲		
同		
用		
↑		
字	蘇先桑素速	息相私思斯胥雖率須寫悉司
↓		
與		
乙		
同		
用	4 1 1 2 5 4 1	10 2 2 0 0 0 0 0 0 0 0 0

然則「蘇」類明爲二類之混合，「蘇先」等 5 字爲一類，「息相」等 12 字爲一類，此即「蘇」類與「息」即宋人所謂「心一」與「心四」也。「心四」屬甲群 A 組，「心一」屬乙群 E 組。

「七」類發現於 107 韻類，共 110 次。

| 與 | 1 2 0 0 0 0 0 | 4 3 2 1 1 1 |
| 甲 | | |

同	｜						｜				｜
用	｜						｜				｜
↑	｜						｜				｜
字	｜ 倉	千	蒼	麤	采	鹿	青 ｜ 七	親	醋	取	遷 ｜
↓	｜						｜				｜
與	｜						｜				｜
乙											
同	｜						｜				｜
用	｜ 22	8	3	2	2	1	1 ｜ 19	0	0	0	0 ｜

「子」類發現於 133 韻類，共 134 次。

與	｜ 0	0	0	0	0	0 ｜ 1 ｜ 38	16	6	3	2	2	1 ｜
甲	｜					｜	｜						｜
同	｜					｜	｜						｜
用	｜					｜	｜						｜
↑	｜					｜	｜						｜
字	｜ 作	則	祖	臧	借	坐 ｜ 茲 ｜ 子	即	將	資	姊	遵	醉 ｜
↓	｜					｜	｜						｜
與	｜					｜	｜						｜
乙	｜					｜	｜						｜
同	｜					｜	｜						｜
用	｜ 23	12	5	4	1	1 ｜ 1 ｜ 23	0	1	0	1	0	0 ｜

「七」字與甲群相逢 43 次，與乙群相逢 19 次，則「七親」
等 5 字可作一類，而「倉千」等 7 字另作一類。

「子」字與甲群相逢者 38 次，與乙群相逢者 23 次，故亦可
以「子即」等 7 字爲一類，「作則」等五字爲一類。總而言之，
「子」「七」「此」「疾」「息」「徐」同爲甲群 A 組。宋人

之精清從心邪四等是也，「作」「倉」「昨」「蘇」同爲乙群E組，宋人之精清從心一等也。

「匹」類發於 33 韻類。

與	16	1
甲		
同		
用		
↑		
字	匹	譬
↓		
與		
乙		
同		
用	16	0

「匹」類與「普」類又音相通者《廣韻》凡 6 見，與「芳」類相通者 11 見，「匹」類自當與「芳」類同類，始合於唐人乙群不羼入甲群之例。今爲愼重見，暫不合併。

　　凡兩類同組而永不相逢，是同類也，歸納爲五十一類。兩類同組者，謂兩類與組內其他各類關係相同，而與任何一類之關係亦大致相同也，內外關係相同，而彼此又不相逢，則不假思索，可知其爲同類也。

　　按陸氏統計法之出發點即存有嚴重缺點，《廣韻》切語上字共四百餘字，陳澧依其同用、互用、遞用之關係而系聯爲五十一類。陸氏既認爲系聯不系聯具有偶然之因素，則進行統計時，即應將此四百餘字平列，逐字計算其在《廣韻》中各出現若干次，彼此相逢之情形若何？係「超乎機率之所得」，抑「遠不及機率所得」？最後按是否超乎機率而加以分類，如此始合於邏輯。然陸氏不此之圖，竟從陳氏五十一組出發，初始即將陳氏以系聯條例系聯之「古」「公」等十字出現次數相加，作為「古」類出現次數，將「苦」「口」等十一字出現次數相加，作為「苦」類出現之次數。……然後計算「古」「苦」，「古」「呼」……「苦」「呼」相逢若干次，以為統計結果充分表明「古」為一類，「苦」為一類。……實則「古」與「公」，「苦」與「口」是否同類？正有待統計法之證明，而陸氏所用統計法，未顯出任何徵象，即斷然視作同類，並謂此乃統計法證明明確為同類，是何等荒誕不稽！

　　蓋統計法之致命缺點，數字太小，統計即無所施其計。四百餘切語上字，大多數字僅出現一次或二次，陸氏於「此」類之出現五次，「多」類之出現十五次，尚視作例外，若逕自四百餘字切語上字出發，則此種例外將達數以百計，陸氏自知出現數以百計之例外，則所用之統計法將無法取信於人，故不得不以此為掩飾之手段。

　　且陸氏用統計法所統計之數字，亦無法顯示出切語上字分組之界限。陸氏云：「為數相彷彿者，雖未必即為同屬；就為數相逕庭者，似當為異屬也。」然「之、昌、食、式、時、而、此、疾、徐、以」諸類彼此相逢在 83 － 41 之間，「側、初、士、所、陟、丑、直、女、力」相逢在 56 － 26 之間，「方、芳、符、武、于」相逢在 57 － 41 之間，「居、去、渠、許」在 38 － 27 之間。其數字之差距並非懸殊，且彼此尚有交錯出入處，並不能截然分開。陸氏卻分之為A、B、C、D四組，並云：「各組之內，兩兩相逢，以A組之各數為最大，B、C組次之，D組最小。」然 A 組中之「此」「疾」與表上之「子」類彼此相逢亦在 57 — 41 之間，跟 C 組全同，B 組中之「陟、丑、直、女、力」彼此相逢在 47 — 40 之間，較 C 組為小，何以未將「此、疾」與「子」類併入 C 組，卻將「陟、丑、直、女、力」自 B 組分出，自成一組，置於 C 組之後？且其 A、B、C、D 四組之分界，與聲韻學上之分類亦不全同。陸氏之分組，實純據切語上字之洪細以分類，而非據統計法所得之類別。尤有進者，陸氏用所謂統計法分析之結果，僅得四十五類，其餘各組則採用排比法以濟其窮。然而系聯若有錯誤，排比法亦無從得出正確結果。其中「茲」字與甲乙兩群相逢各一次，究應歸於何類？於是陸氏根據「茲」字切語上字為「子」，又據「子」類與甲群關係大於乙群，乃將「茲」字劃歸「子、即」之類。又如「匹」「譬」二字之「匹」字組，雖與「普芳」之關係均為 63，排比結果，「匹」字與甲乙兩群之關係均為 16，然「譬」字卻與甲群發生一次關係，而與乙群無關係，依其處理「茲」字歸類之原則，「匹」既只與甲群發關係之「譬」字出切，自應劃歸甲群。然陸氏卻謂「『匹』類自當與『芳』為同類，乃合乎唐人乙群不屬入甲群之例，今為審慎起見，暫不合併。」正因陸氏將「匹」字組之分類保留，故所得結果為五十二類，而非五十一類，結果竟文不對題。

　　陸氏之統計法，實以系聯法為出發點，中間排除部分例外，再通過排比法，終於又沿用系聯法，迂迴曲折，煞費心機，始勉強符合預期之結論。其實乃陸氏心中原有 51 類之主見，於是遂有意將數字分析，使之大體接近 51 聲類，實非統計法真有此妙用，而得出如此之結果。

　　抑又有言，中國聲韻學昔日為人蒙上一層陰陽五行之外衣，致令人視為天書，望而生畏。民國以來之學者，又每以西洋學術玩弄之，使人莫測高深，同使聲韻學陷入玄境，不敢問津。今日

吾人研究聲韻學，應使之成爲一坦易之學科，發揮其文字訓詁上
眞正之功效，則一切新舊魔障均應祛除，陸氏所用統計魔術，亦
不能例外。

（三）周祖謨說：

周祖謨〈陳澧切韻考辨誤〉之論《廣韻》聲類，亦主曾氏之
說，以爲依反切上字之分組，當爲五十一，以音位論，則爲三十
六。茲錄其五十一聲類之目於后，並附其所擬聲值。

幫一 p	滂一 p'	並一 b'	明一 m		
幫二 pj	滂二 p'j	並二 b'j	明二 mj		
端 t	透 t'	定 d'	泥 n		來一 l
知 t̂	徹 t̂'	澄 d̂'	娘 nj	日 ńź	來二 lj
精一 ts	清一 ts'	從一 dz'	心一 s		
精二 ts(i)	清二 ts'(i)	從二 dz'(i)	心二 s(i)	邪 z(i)	
照二 tṣ	穿二 tṣ'	床二 dẓ'	審二 ṣ		
照三 tś(i)	穿三 tś'(i)	床三 dź'(i)	審三 ś(i)	禪 ź(i)	
見一 k	溪一 k'		疑一 ng		
見二 kj	溪二 k'j	群 g'j	疑二 ngj		
喩 j					
曉一 x					
曉二 xj					
匣一 ɣ					
匣二 ɣj					
影一 ʔ					
影二 ʔj					

周氏並謂精一精二之分，亦惟唐時精於音韻者始能道之，隋
唐以前之爲反音者未必明辨若是。陸氏之書皆本於前代舊音，惟

捃選精切,摘削疏緩而已,又未必一一改作也。《廣韻》之音切自《切韻》一系韻書而來,參錯之處,亦不能免。然《廣韻》中影母一二兩類相亂者固多,主四十七類之說既判別爲二,於精清從心則以爲不可,殊爲拘泥。精一精二之分,亦猶古之與居,呼之與許耳。精一用以切洪音字,精二用以切細音字(邪母爲細音)。界畫分明,區以別矣。精一精二之有類隔切,亦猶端知、幫非之各有類隔切也。學者可以不必因其通而昧其分矣。

按周氏既謂隋唐以前之爲反音者尚未必明辨其分,陸氏《切韻》於前代舊音又未必一一改作,則精一精二之分,非《廣韻》聲類實有之類別,乃純由後接韻母洪細之殊可知矣。再者從音位觀點,聲母是否可以合併成一音位,除互補原則外,仍須觀其實際讀音是否不同,以作爲是否合併之標準。例如端知兩系,無論從來源或互補言,皆可合併爲一音位,然今周氏亦不合併者,以知系字,確與端系不同音也。準此而言,三十六字母已併于於喻,則于母與匣母音讀已殊,自難謂爲同一音位也。非系三十六字母亦已獨立,則亦不能再併於幫系矣。照周氏處理端知兩系之原則言,則《廣韻》聲類就音位論,當爲四十一,而非三十六明矣。

〔五〕姜亮夫四十八類説:

姜氏《瀛涯敦煌韻輯・論部六》根據 s2071 卷之切語上字三百五十八字,據陳澧《切韻考》同用、互用、遞用之原則,系聯之得四十八系,即呼香(曉)胡(匣)於烏(影)余(喻)于(于)居古(見)康去(溪)渠(群)魚五(疑)多丁(端)他(透)徒(定)奴(泥)盧力(來)如(日)知(知)褚(徹)池(澄)尼(娘)之(照)昌(穿)神(神)書(審)時(禪)莊(莊)初(初)鋤(床)山(山)將(精)倉(清)才(從)

蘇（心）徐（斜）補（邦）滂（滂）蒲（並）文　模（明）方（非）敷（敷）房（奉）是也。

　　按此四十八類並無新奇之處，除與四十七類全同外，復將端母分爲多丁二類，故爲四十八也。然多丁二類，《廣韻》切語只偶不系聯耳，無論從何種角度以觀，皆不當分者也。陳氏雖以變例併爲一類，此能不拘泥處。戴震嘗云：「審音本一類，而古人之文偶有相涉，有不相涉，不得舍其相涉者而以不相涉爲斷，審音非一類，而古人之文偶有相涉，始可以五方之音不同，斷其爲合韻。」多丁二類，無論何處方音，皆無異讀，則審音本一類，故不得舍其相涉者而以不相涉爲斷，陳氏據變例合併，蓋其義也。

〔六〕李榮三十六類説：

　　李氏《切韻音系》一文，根據陳澧基本條例同用、互用、遞用原則，系聯全本王仁昫《刊謬補缺切韻》反切上字，若遇有實同類而不能系聯時，則視切語上字出現之機會爲互補抑對立，再參考韻圖之排列，若爲互補，則併爲一類，若相衝突，則予分類，因此得三十六類。茲錄於後，並附所擬音值。

幫 p	滂 pʻ	並 bʻ	明 m	
端 t	透 tʻ	定 dʻ	泥 n	來 l
知 t̂	徹 t̂ʻ	澄 d̂ʻ		
精 ts	清 tsʻ	從 dzʻ	心 s	邪 z
莊 tʂ	初 tʂʻ	崇 dʐʻ	生 ʂ	俟 ẓ
章 tś	昌 tśʻ	船 dźʻ	書 ś　常 ź	日 ń
見 k	溪 kʻ	群 gʻ	疑 ŋ　曉 x	匣 ɣ
影 ʔ	喻 〇			

以上三十六類，其異于四十一類者，併輕脣於重脣，併娘入

泥，爲併于匣。全王檠俟淄反，俟檠史反，二字切語互用，韻圖置於禪母下二等，因據以別出俟母。併輕脣於重脣，在《切韻》或當如此，在《廣韻》則當分開。董同龢云：「反切方芳符武四類，旣分入重脣與輕脣兩系，重脣音與輕脣音就可以在三等韻並存，他們已是非分不可的兩系聲母了。」至於娘併入泥，周法高《論切韻音》嘗云：「有人把泥紐和娘紐合併，擬作 n，而把日紐擬作 n_e，和知 t_e、徹 t_e'、澄 d_e 相配。在音韻結構的分配方面最不合理的了。因爲端、透、定、泥諸紐，只出現在一等韻和四等韻，知、徹、澄、娘諸紐只出現在二等韻和三等韻，日紐只出現在三等韻。」于母併入匣母，在上古音系或當如此，中古音系則未必然，蓋匣母上聲字今國語變去聲，于母則保持讀上聲不變，與喻母相同，可見匣于在中古自應有別，故後來演變不同。至於俟母別出，僅有 " 俟檠 " 二字，亦甚可疑。姜亮夫云：「俟檠二字與上（指鋤助士）不系聯，止韻俟在士字鋤里切下，則俟不當再爲床紐，而之韻檠字俟之切，當入床紐，決無疑問，則俟字必屬士紐，不當獨爲一紐。然諸唐人韻書如 p2011，柏林藏行書本皆士俟分之，而俟又皆檠史切，故宮王仁昫本更作鋤使切，則其誤蓋自唐人始矣。（徐鍇《篆韻譜》作床史，亦次鋤里切之下，則李舟亦同矣。）以意度之，檠史一切，當爲俟字又切，唐人韻書，固有紐首不加圖志者，遂誤爲正切，然其事必起甚早，故唐人韻書無不襲其誤者矣。《切韻考》刪棄此字，是也。」董同龢亦云：「俟與士《廣韻》反切本來可以系聯，平聲之韻檠俟之切，又上聲止韻俟床史切，床屬士類，所以素來講中古音的人，都把檠俟兩字歸入崇母之內。……陳澧《切韻考》引徐鍇說文反切，證明士與俟是一個音，也有見地，不過那應當是中古後期的變化了。」《廣韻》之成書已在徐鍇之後，其聲母系統自應屬中古後期，所以俟母盡可併入床母，無庸再加區別。

〔七〕王力三十六類説：

　　王氏《漢語音韻》論及《切韻》的聲母系統時，嘗謂：

　　「從《廣韻》的反切上字歸納，可以得出《切韻》時代的聲母 36 個，拿守溫三十六字母來比較，則是：

　　1.應併者四個：非併于幫、敷併于滂、奉併于並、微併于明。

　　2.應分者四個：照、穿、床、審各分爲二。

　　3.應分而又併者一個：喩分爲二，其中之一併入匣母。」

　　綜上所述，《切韻》的聲母如下表：

牙　音：見〔k〕溪〔kʻ〕群〔gʻ〕疑〔ŋ〕

舌頭音：端〔t〕透〔tʻ〕定〔dʻ〕泥〔n〕

舌上音：知〔ȶ〕徹〔ȶʻ〕澄〔ȡʻ〕娘〔ȵ〕

脣　音：幫（非）〔p〕滂（敷）〔pʻ〕並（奉）
　　　　　〔bʻ〕明（微）〔m〕

齒頭音：精〔ts〕清〔tsʻ〕從〔dzʻ〕心〔s〕邪〔z〕

正齒音：莊〔tʃ〕初〔tʃʻ〕床〔dʒʻ〕山〔ʃ〕
　　　　　照〔tɕ〕　穿〔tɕʻ〕　神〔dʑʻ〕
　　　　　審〔ɕ〕　禪〔ʑ〕

喉　音：影〔ʔ〕　曉〔x〕　匣（喩三）〔ɣ〕
　　　　　余（喩四）〔j〕

半舌音：來〔l〕

半齒音：日〔ȵʑ〕

　　王氏三十六異于李榮者，未分俟母，娘母獨立，此二者以《廣韻》切語言，皆較李氏爲勝。輕脣之併入重脣，《切韻》反切確是難分，然唐末語音不可謂無輕重之別也，否則三十六字母何須多別輕脣一目哉！喻三入匣其理相同，前已論之，此不贅說。

〔八〕周法高三十七類説：

周氏論《切韻音》主張《切韻》聲母當爲三十七類，其排列如后：

脣　音（labials）：幫 p　滂 p'　並 b　明 m

舌頭音（dentals）：端 t　透 t'　定 d　泥 n

　　　　　　　　　來 l（來爲半舌音 lateral）

舌上音（supradental stops）：知 ţ　徹 ţ'　澄 ḑ　娘 ņ

齒頭音（apical siblants）：精 ts　清 ts'　從 dz　心 s　邪 z

正齒音二等（supradental siblants）：照（莊）tş

　穿（初）tş'　床（崇）dẓ　審（生）ş

正齒音三等（palatal siblants）：照（章）tɕ　穿（昌）tɕ'

　床（船）dʑ　日ȵ　審（書）ɕ　禪ʑ　（日爲半齒音）

牙　音（velars）{曉匣舊隸喉音}：見 k　溪 k'　群 g'

　疑 ŋ　曉 x　匣 ɣ

喉　音（gutturals）：影 ʔ　喻（云）j　喻（以）○

周氏之分類，大致與王力相近，其云母自匣母分出，較王氏爲合理。以此而論《切韻》聲母，應無可疵議者矣。

〔九〕邵榮芬三十七類説：

邵氏《切韻研究》以爲《切韻》聲母應爲三十七類類，茲表列於下：

幫　組：幫 p　滂 p'　並 b　明 m

端　　組：端 t　透 t'　定 d　泥 n

知　　組：知 ȶ　徹 ȶ'　澄 ȡ　娘 ȵ'

來　　組：　　　　　　　　　來 l

精　　組：精 ts　清 ts'　從 dz　心 s　邪 z

莊　　組：莊 tʃ　初 tʃ'　崇 dʒ　生 ʃ　俟 ʃʒ

章　　組：章 tɕ　昌 tɕ'　常 dʑ　書 ɕ　船 ʑ

日　　組：　　　　　　　　　日 nʑ

見　　組：見 k　溪 k'　群 g　疑 ŋ　曉 x　匣 ɣ　影 ʔ　以 ○

邵氏此三十七類與周法高氏不同者，于併入匣，分出俟母。故數目雖同，而分合有異，于併入匣，是否得當，前已申論，此不贅言。俟母之應獨立，邵氏以為有下列幾點理由：

1.《切三》："漦、俟之反"，"俟、漦史反"；《王三》："漦、俟淄反"，"俟、漦史反"。兩書"漦、俟"兩小韻都自相系聯。而且"漦"都和"茌"小韻對立，"俟"都和"士"小韻對立。《廣韻》："漦、俟甾切"，"俟、床史切"，似乎和崇母系聯成一類，但"漦"和"茌"小韻對立，"俟"和"士"小韻對立，和《切韻》仍然相同，說明《廣韻》這兩個小韻也並沒有和崇母合併。

2.《通志七音略》、《切韻指掌圖》、《四聲等子》都把"漦"和"俟"放在禪母二等的地位。《韻鏡》沒有"漦"字，但"俟"字也是放在禪母二等的地位。

3.現代方言"俟"和"士"往往不同聲母，比如廣州話"士"讀〔ʃi〕，而"俟"讀〔tʃi〕。

因為這些理由都是相當有力的，頗能支持俟母獨立之說。但邵氏也提出，在《切韻》同時或前後的一些反切材料裏，竟找不到十分可靠的旁證。如果以慧琳《一切經音義》的反切為起點

（公元 788 － 810）往上查考，《切韻》系韻書以外各家俟母的音切可以分成三類。一類是俟母字不和其他聲母字系聯；二類是俟母字用崇母字注音或作切；三類是俟母字用崇母以外的其它聲母字注音或作切。

　　而其第二類之材料中，包含顧野王《玉篇》、陸德明《經典釋文》、曹憲《博雅音》、玄應《一切經音義》、公孫羅《文選音決》、張參《五經文字》慧琳《一切經音義》等書。都把"俟"母讀同崇母，表明這些方言在"俟"母上和《切韻》是同類型的。只不過它們已經經歷了俟母作爲正齒擦音二等而獨立的階段，達到了"崇"、"俟"合併的時期罷了。

　　然則"俟"母是否就可依邵氏之說而讓其獨立？在音韻史上，也許"俟"母存在過，正因爲字數太少，所以很快地被其他的聲母吸收去了。尤其是《切韻》前後的材料，像《經典釋文》《一切經音義》等大部頭的書，都無"俟"母獨立的痕跡，如果"俟"母仍然存在，實在可疑。《廣韻》時代旣然較晚，而其切語又可與床母系聯，則俟母無獨立之實，尤可推知者矣。

　　那末最後討論輕脣四紐，在《廣韻》中應否獨立？自守溫三十六字母已來旣立輕脣之目，則輕脣四母聲值自當與重脣四母有別，否則三十六字母不應別出輕脣之目。先師潘石禪先生〈韻學碎金〉一文，嘗見列寧格勒東方院所藏黑水城資料，其中一小册編列黑水城資料第二八二號，標題爲「解釋謌義壹畚」。其中有歌訣數句云：「幫非互用稍難明，爲偩諸師兩重輕，符今教處事無傾，前三韻上分幫體，後一音中立奉行。」下釋義曰：「是非……母中字，在於後一韻中所收，於平聲五十九韻，幷上去入聲共有二百七韻，在於二百七韻內分三十三輕韻，故曰後一音也。」此處所謂二百七韻內分三十三輕韻，最值吾人重視。細察

《廣韻》輕脣四母出現之韻，正爲三十三韻，列目如下：

東		送	屋
鍾	腫	用	燭
微	尾	未	
虞	麌	遇	
文	吻	問	物
元	阮	願	月
陽	養	漾	藥
尤	有	宥	
凡	范	梵	乏
廢			

是則此歌訣所據韻書毫無疑問已可分辨輕脣四母。石師云：「此小冊子出於黑水城遺址，殆亦宋代西夏契丹流行於北方之作，作者闡釋門法歌訣，故曰解釋歌義，其中折衷諸說，多從智公，故曰：『因君揩決參差後』，假令智公爲智光，則其作序時爲遼聖宗統和十五年，即宋太宗至道三年（西元九九七年），殘唐五代既訖，至此不過三十餘年。今觀解釋歌義所述，知智公指玄論之圖所本《切韻》，平聲韻爲五十九，全部爲二百零七韻，宋修《廣韻》爲二百零六韻，平聲僅五十七韻，知智公所本爲唐人增修之《切韻》。案巴黎藏伯 2014 號卷子三十仙後，有三十一宣，末署『大唐刊謬補缺切韻一卷』，知唐修《切韻》有增加宣韻之本。又夏竦《古文四聲韻》齊第十二之後有栘第十三，增一部；下平先第一、仙第二之後有宣第三，是唐修《切韻》平聲或有五十九韻之本。巴黎藏伯 2012 號《守溫韻學殘卷》『定四等重輕』，蓋即據唐修《切韻》而定，智公爲五代末初人，其時代亦與守溫頗近，故皆用唐修《切韻》爲作圖之本，然則等韻之

興，淵源甚遠，必出於宋代以前也。」無論何種韻圖，皆能區分輕重唇，而其淵源既出自宋以前，苟如石師所言本之於唐修《切韻》二零七韻之本，則輕唇別出，唐代已然。《廣韻》未有不能分者矣。是則從音位觀點，加上實際語音之差別，《廣韻》聲類當於周法高氏三十七類之外，另分出輕唇四母，庶幾符合實情而無所遺漏者矣。

　　且從全國各大方言觀之，輕唇重唇皆界限分明，今據《漢語方言字匯》所錄各方言輕唇重唇各舉數列於下：

方言	輕　　唇					重　　唇				
	發	佛	敷	煩	風	八	撥	鋪	盤	蓬
北平	ˌfa	ˌfo	ˌfu	ˌfan	ˌfəŋ	ˌpa	ˌpo	ˌp'u	ˌp'an	ˌp'əŋ
濟南	ˌfa	ˌfə	ˌfu	ˌfa	ˌfəŋ	ˌpa	ˌpə	ˌp'u	ˌp'ã	ˌp'əŋ
西安	ˌfa	ˌfo	ˌfu	ˌfa	ˌfəŋ	ˌpa	ˌpo	ˌp'u	ˌp'ã	ˌp'əŋ
太原	faʔ˳	fəʔ˳	ˌfu	ˌfæ	ˌfəŋ	paʔ˳	paʔ˳	p'əʔ˳ / p'a˳	ˌp'æ	ˌp'əŋ
漢口	ˌfa	ˌfu	ˌfu	ˌfan	ˌfoŋ	ˌpa	ˌpo	ˌp'u	ˌp'an	ˌp'oŋ
成都	ˌfa	ˌfu	ˌfu	ˌfan	ˌfoŋ	ˌpa	ˌpo	ˌp'u	ˌp'an	ˌp'oŋ
揚州	fa˳	fə˳	ˌfu	ˌfɛ	ˌfouŋ	paʔ˳	poʔ˳	p'oʔ˳	ˌp'uõ	ˌp'ouŋ
蘇州	fa˳	vɤ˳	ˌfu	ˌvE	ˌfoŋ	poʔ˳	pɤʔ˳	p'oʔ˳	ˌbɸ	ˌboŋ
溫州	xo˳	vai₂	ˌfu	ˌva	ˌxoŋ	po˳	pɸ˳	ˌpøy	ˌbɸ	ˌboŋ
長沙	fa˳	fu˳	ˌfu	ˌfan	ˌxoŋ	pa˳	po˳	ˌp'u	ˌpõ	ˌboŋ
雙峰	ˌxua	ˌxəu	ˌxəu	ˌɤua	ˌxaŋ / ˌxəŋ	ˌpa	p'iɛ˳	pu	biɛ	ˌp'aŋ / ˌp'ən
南昌	ɸuat˳	ɸut˳	ˌɸu	ɸuan°	ˌɸuŋ	pat˳	pot˳	ˌp'u	ˌp'ɔn	ˌp'uŋ
梅縣	fat˳	fut˳	ˌfu	ˌfan	ˌfuŋ	pat˳	pat˳	ˌp'u	ˌp'an	ˌp'uŋ

方言	輕　　　脣					重　　　脣				
	發	佛	敷	煩	風	八	撥	鋪	盤	蓬
廣州	fat。	fat。	₍fu	₍fa:n	₍fuŋ	pa:t。	put。	₍p'ou	₍p'un	₍p'uŋ
廈門	huat。 puʔ。	pit。 put。 hut。 hut。	₍hu	₍huan	₍hoŋ	pat。 pueʔ。	puat。	₍p'ɔ	₍p'uan ₍puã	₍p'oŋ ₍p'aŋ
潮州	huek。	huk。	₍hu	₍hueŋ	₍huaŋ	poiʔ。	puek。	₍p'ou	₍pũã	₍p'oŋ
福州	xua。	xuʔ。	₍xu	₍xuaŋ	₍xuŋ	paiʔ。	puaʔ。	₍p'uo	₍puaŋ	₍p'uŋ

　　從上表可知，輕重脣之區別，各大方言中，皆極爲顯著，則輕脣音之由來有自，吾人以爲《廣韻》有輕脣音非、敷、奉、微四紐，絕非誇大之言也。

第七節　輔音分析

〔一〕發音器官：

　　1.人類發音之原動力，爲呼吸之氣流，故人類發音之第一類器官爲呼吸器官。

　　2.聲音之產生，乃由於物體之震動，人類發音之顫動體爲喉頭之聲帶，聲帶之震動發音，與胡琴之弦，笙之簧，笛之膜相若，皆由於其震動而發出聲音。人類之聲帶乃使氣流樂音化之器官，爲人類發音之第二類器官。

　　3.口腔、鼻腔、咽頭爲人類發音之共鳴器，亦爲節制氣流，

發音器官圖

(1)鼻腔（Nasal cavity）　　　　(2)硬顎（Hard palate）
(3)上齒齦（Teeth-ridge）　　　 (4)舌面前（Front of tongue）
(5)齒（Teeth）　　　　　　　　(6)軟顎（Soft palate）
(7)舌尖（Blade of tongue）　　　(8)舌面後（Back of tongue）
(9)脣（Lips）　　　　　　　　 (10)小舌（Uvula）
(11)舌（Tongue）　　　　　　　 (12)舌根（Root of tongue）
(13)咽喉（Pharyngal cavity or pharynx）　(14)會厭軟骨（Epiglottis）
(15)氣管（Wind-pipe）　　　　　(16)喉嚨（Larynx）
(17)食道（Food passage）　　　　(18)聲門（Position of vocal chords）
(19)口腔（Mouth）

（圖選自文史哲出版社陳新雄《音略證補》29 頁。）

調節聲音，形成各種音素之重要器官，爲人類發音之第三類器官。本篇所指發音器官，亦指此部份器官而言。前頁是此一部分之發音器官圖。

　　以上各類器官，有可以移動位置者，稱爲活動器官；其活動性小，或者根本不能移動者．稱爲靜止器官。以各種活動性器官與各種靜止性器官互相接觸，以節制呼出之氣流，乃構成種種不同之輔音，此爲發音之最基本原理。

〔二〕輔音性質：

　　輔音之特徵有三：(1)氣流通路有阻礙。(2)氣流較強。(3)發音器官不發生阻礙部分不緊張。構成輔音最顯著之因素，即爲氣流在口腔中所遭遇之阻礙。　故凡氣流自氣管呼出時，經過發音器官（Organ of speech）之節制（Articulation），或破裂而出，或摩擦而出，或由鼻孔洩出，形成形氣相軋而成聲者，即謂之輔音（Consonant）。

〔三〕輔音種類：

　　輔音可依其發音方法與發音部位之不同，而分成不同之種類，茲依其發音方法，與發音部位，分別敘述於後：

　　1.按發音方法（Manner of aticulation）可分爲六類：

　　(1)塞聲（Stops or Plosives）：

　　口腔某處一時完全閉塞，氣流須待張開之後始能流出，如此形成者，謂之塞聲。亦稱破裂聲或爆發聲。

　　(2)鼻聲（Nasals）：

　　口腔某處閉塞時，如果通往鼻腔之路尙未阻塞，氣流自鼻腔外出，如此形成者，謂之鼻聲。

⑶顫聲（Rulled or trilled consonant）：

氣流通過口腔時，口腔中富有彈性之部分器官，發生顫動，故氣流通過時，即在斷續之狀態中，如此形成者，即謂之顫聲。我國無此音，故初學者發音較爲困難，練習此音，可先發 təda gəda 連續發出，繼則抽去ə，而軟化 a ，使成 tra、gra，久之，自然成此音。

⑷邊聲（Laterals）：

當口腔某處，僅中間或者一邊遭受阻塞，氣流從兩邊或者一旁流出，如此形成者，謂之邊聲。

⑸擦聲（Fricatives）：

口腔某處因器官之移動，致使通道狹窄，氣流自該處擠出，與器官發生摩擦，如此形成者，謂之擦聲。

⑹塞擦聲（Affricates）：

塞聲阻塞解除較慢，在阻塞解除之前，此塞聲變作同部位之擦聲，即前半爲塞聲，後半爲擦聲，如此形成者，謂之塞擦聲。亦謂之破裂摩擦聲。

凡輔音之構成，可分"成阻""持阻""除阻"三步驟。僅於除阻時有聲音可聞者，謂之暫聲（Momentary consonant）。自成阻時即有聲音可聞，且可使之延長者，謂之久聲（Continuant consonant）。暫聲有"作勢"與"發聲"二級，成阻與除阻爲"作勢"，除阻時爲"發聲"。久聲則無此區別，以上六類輔音中，塞聲爲"暫聲"，餘爲"久聲"。

2.按發音部位（Place of articulation）可分爲五大類：

⑴脣聲（Labials）：

凡以下脣之動作而構成者，謂之脣聲。

①雙脣聲（Bilabials）：

　　　下脣動向上脣者稱之。

　②脣齒聲（Labio-dentals）：

　　　下脣動向上齒者稱之。

(2)舌尖聲（Dentals）：

　　凡以舌尖之動作而構成者，總名舌尖聲，亦謂之齒聲。

　①齒間聲（Inter-dentals）：

　　　舌間動向上齒尖端者稱之。即舌尖夾於上下牙齒之間者。

　②舌尖前聲（Dentals）：

　　　舌尖動向上齒內面者稱之。又或稱齒後聲。

　③舌尖中聲（Alveolars）：

　　　舌尖動向上齒齦者稱之。又或謂之齦聲。

　④舌尖後聲（Supradentals）：

　　　舌尖動向硬顎者稱之。或謂之上齒聲，亦爲捲舌聲（Retroflex）。

(3)舌面聲（Palatals）：

　　凡以舌面之動作而構成者，謂之舌面聲。

　①舌尖面混合聲（Palato-alveolars）：

　　　舌尖與舌面混合部分，同時動向齒齦與硬顎之間者稱之。亦稱混合舌葉聲（Apico-dorsals），又稱齦顎聲。

　②舌面前聲（Prepalatals or Alveolo-palatals）：

　　　舌面前動向硬顎者稱之。

　③舌面中聲（Palatals）：

　　　舌面後動向硬顎者稱之。

　④舌根聲（Velars）：

　　凡以舌根之動作而構成者，總名舌根聲。

　　①軟顎聲（Velars）：

　　　　以舌根動向軟顎者稱之，亦通名舌根聲。

　　②小舌聲（Uvulars）：

　　　　以舌根動向小舌者稱之。

　⑸喉聲（Glottals）：

　　　　凡由聲帶之緊張以節制氣流而成者，稱之為喉聲。

聲門及喉肌的作用橫斷面圖

（圖選自科學羅常培、王均《普通語音學綱要》48 頁。）

　　⑴咳嗽前　　⑵呼吸時　　⑶耳語時　　⑷發聲時

上圖表示聲帶的狀況

　　（上圖表示喉頭鏡中所見喉的入口的一部份，下圖表示甲狀軟骨與杓狀軟骨之間聲帶開合的情況）。以下是上圖器官及其功用的說明。

　　1.會厭　　2.會厭破裂　　3.聲帶　　4.前聯合　　5.後聯合
　　6.甲狀軟骨　　7.杓狀軟骨　　8.音聲門　　9.氣聲門

　　(1)咳嗽前，聲門緊閉，暫時氣息完全不通，忽然急劇地衝出氣來，就發出破裂聲音，最劇烈的就是咳嗽。

　　(2)呼吸時，因環杓背側肌的作用，使杓狀軟骨往外推，聲門就張開。一般地聲門略呈三角形，深呼吸或喘氣時差不多就擴大成菱形。

　　(3)耳語時，因甲杓肌的作用，使聲門的前半關閉，而後半相接近。這時，氣流由聲帶的後部，氣聲門的間隙中出來，接觸到聲帶的邊緣發出細緻的音響，就是耳語。

　　(4)發聲時，發聲音時因杓肌的作用，使音聲門和氣聲門一齊關閉，氣流通過聲門時得從聲帶當中擠出來，因而使聲帶顫動，這時發生的聲音是清晰響亮的，和前面所發唏噓的氣息，細微的耳語完全不同。聲帶緊而短的時候發高音，鬆而長的時候發低音，作爲人類交際工具的語言，主要得靠這種樂音化的聲音。聲門也可以突然閉塞，由於閉塞而突然破開，於是就生了聲門閉塞音或喉塞音。

　　破裂軟骨可以在環狀軟骨的環背上滑溜、旋轉、抽動。

圖一

圖二

圖三　休息時 軟骨垂直　圖四　抽動時 前部閉合　圖五　抽動時 前部大開

（圖選自邵華文化服務社出版高名凱《普通語言學》142 頁）

㈠呼吸時，聲門大開，氣流自由通過，故無聲音。

㈡發元音或有聲輔音時，破裂軟骨向中移合，聲門緊閉，聲帶均勻 振動，而發出樂音。

㈢發無聲吐氣音時，聲門略開略閉，前部閉合，後部離開，前部聲帶緊接接觸，聲門微開，空氣從中通過，與聲帶邊緣摩擦成聲。

㈣發有聲吐氣音時，破裂軟骨而發生均勻振動，後部留有空隙，使空氣通過，摩擦成聲。

㈤喉塞音是聲門突然閉塞，或由閉塞而突然張開，於是即產生喉塞音。

〔四〕十音今釋：

傳統聲韻學上名詞，必須與今科學上之語音學名詞，取得聯系，則對過去學術上之名詞，才不會有難懂之虞。茲以三十六字母之十音為例，試以今之語音學名詞重加詮釋之如下：

1.喉　音：今語音學上之喉聲是也。

2.牙　音：今之舌根聲是也。

3.舌頭音：舌尖中塞聲與鼻聲是也。

4.舌上音：舌面前塞聲與鼻聲是也。

5.齒頭音：舌尖前塞擦聲與擦聲是也。

6. 正齒音：

　(1)近于舌上者：舌面前塞擦聲與擦聲是也。

　(2)近于齒頭者：舌尖面混合塞擦聲與擦聲是也。

7. 重脣音：即雙脣聲是也。

8. 輕脣音：即脣齒聲是也。

9. 半舌音：即舌尖中邊聲是也。

10. 半齒音：即舌面前鼻塞擦聲（Nasal-affricate）是也。

第八節　四十一聲紐之清濁及發送收

〔一〕清濁：

　　先師林景伊先生《中國聲韻學通論》云：「"清""濁"之別，蓋因發聲之用力輕重不同者也。發聲時用力輕而氣上升者謂之"清"，用力重而氣下沈者謂之"濁"。故在語音學（Phonetics）上，"濁聲"謂之"帶音"（Voiced），"清聲"謂之"不帶音"（Voiceless）。"帶音"者，發聲時聲帶受摩擦而震動也。"不帶音"者，發聲時氣流直上不觸使聲帶震動也。」先師此言，乃據江永之說，蓋前人於中國聲韻學上之名詞，所下之定義，每依其感覺而定。本來清濁與發生時用力之輕重並無關係，但在人之感覺上則有關係，例如國語"ㄕ""ㄖ"二音，前者為"清"，後者為"濁"，因為"ㄕ"只有舌尖與硬顎處一層節制，而"ㄖ"則除此層節制外，尚須加上聲帶之節制，在感覺上就顯得"ㄖ"要費力得多，所以就認為用力重；而"ㄕ"就感覺用力輕得多了。事實上"清""濁"只是聲帶震動與否的問題，發聲時，聲帶震動者謂之"濁聲"；發生時，聲帶不震動者謂之

"清聲"。其理至易明瞭，昔人不明發音原理，乃有以天地爲釋者，亦有以陰陽爲釋者，例如：江永《音學辨微》云：

「清濁本於陰陽，一說清爲陽，濁爲陰，天清而地濁也；一說清爲陰，而濁爲陽，陰字影母爲清，陽字喻母爲濁也。當以前說爲正。陰字清、陽字濁，互爲其根耳。三十六母，十八清，十八濁，陰陽適均，其有最清、最濁、次清、次濁、又次清、又次濁者，呼之有輕重也。」

江永此言並沒有錯，而江氏本人實亦能區別清濁之人，而對清濁之解釋，卻令人墜入五里霧中，茫然不知其所謂。主要原因就是把與清濁毫無關係之天地陰陽牽扯進來，遭致許多迷惑。致有以爲清濁即陰陽，陰陽即清濁之誤解。案《隋書·潘徽傳》云：「李登《聲類》，呂靜《韻集》，始判清濁，纔分宮羽。」孫愐〈唐韻序·後論〉云：「切韻者，本乎四聲，引字調音，各自有清濁。」是則清濁之說，國人辨之已久。顧以諸家取名分歧，義界未明，故學者乃多含混莫辨耳。羅常培《漢語音韻學導論》以語音學學理所作解釋，最爲瞭然，今參考其說，稍作修正，並爲之解釋如下：

「今據《韻鏡》分類，參酌諸家異名，定爲全清（Unaspi-rated surd）、次清（Aspirated surd）、全濁（Sonant）、次濁（Liquid）四類。若以語音學術語釋之，則全清者，即不送氣不帶音之塞聲及塞擦聲是也。次清者，即送氣不帶音之塞聲、塞擦聲及不帶音之擦聲是也。全濁者，即送氣帶音之塞聲、塞擦聲及帶音之擦聲是也。次濁者，即帶音之鼻聲邊聲及以元音起頭之無聲母（喻）是也。」

今參考羅氏所定清濁異名表，爲之訂正於下：

本篇定名	全清	次清		全濁	次濁
本篇分類	幫端精見非知照影	滂透清溪敷徹穿曉	心審	並定群從邪奉從床匣禪	明泥疑來微娘喻日
各家異名及分類　韻鏡	清	次清	清	濁	清濁
夢溪筆談	清	次清	清	濁	不清不濁
韻會	清	次清	清	濁	次濁
切韻指南	純清	次清	純清	全濁	半清半濁[1]
李元音切譜	純清	次清	純清	純濁	次濁
四聲等子及切韻指掌圖	全清	次清	全清	全濁　半清半濁	不清不濁
音學辨微	最清	次清	又次清	最濁　又次濁	次濁　濁
等韻切音指南	○	◉	◐	●	◐　◐
字母韻要法	○	◉	◐ / ◑	●	◐◑◐　○ / ◑◐◐　◐

〔二〕發送收：

前代聲韻學家，言及聲母發聲之方法，除清濁外，尚有發、

1　〈新編經史正音切韻指南・辨清濁〉云：端見純清與此知。精隨照影及幫非。次清十字審心曉，穿透滂敷清徹溪。全濁群邪澄並匣，從禪定奉與床齊。半清半濁微娘喻，疑日明來共八泥。

送、收之名，發送收之別，始見於明方以智《通雅》，方氏分之爲"初發聲"、"送氣聲"、"忍收聲"三類。其後江永《音學辨微・辨七音》亦從其說，而簡稱爲"發聲""送氣"與"收聲"。江氏云：

「見爲發聲，溪群爲送氣，疑爲單收，舌頭、舌上、重脣、輕脣亦如之，皆以四字分三類；精爲發聲，清從爲送氣，心邪爲別起別收，正齒亦如之，此以五字分三類；曉匣喉之重而淺，影喻喉之輕而深，此以四字分兩類。」

陳澧《切韻考・外篇》云：

「方氏《通雅》云：『于波梵摩得發送收三聲，故定發送爲橫三。』‥澧案發送收之分別最善，發聲者，不用力而出者也，送氣者，用力而出者也，收聲者，其氣收斂者也。心邪當謂之雙收，江氏謂之別起別收，未當也。影喻當爲發聲，曉匣當爲送氣而無收聲也。」

按江氏之說，深有問題，何謂別起別收，旣絕無解說，讓人莫測高深，而陳氏之所解說，亦令人深感疑惑，蓋旣以心邪爲雙收，又以曉匣爲送氣，然心邪與曉匣在發音方法上並無二致，若曉匣爲送氣，則心邪無由說爲雙收，若心邪爲雙收，則曉匣無由說爲送氣也。是則江陳二家之說皆猶有可參，非可以爲定論也。錢大昕名之爲出送收，洪榜《四聲韻和表》又分爲"發聲""送聲""外收聲""內收聲"四類，勞乃宣《等韻一得》則改爲"戛""透""轢""捺"四類，而邵作舟又分爲"戛""透""拂""轢""揉"五類。然各類之發聲狀態若何？各家旣欠明確之解說，陳澧之說過於簡單，很難得一正確之概念。勞乃宣《等韻一得》云：

「音之生，由于氣，喉音出于喉，無所附麗，自發聲以至收聲，始終如一，直而不曲，純而不雜，故獨爲一音，無戞、透、轢、捺之別。鼻舌齒脣諸音，皆與氣相遇而成，氣之遇于鼻舌齒脣也，作戞擊之勢而得音者，謂之"戞"類，作透出之勢而得音者，謂之"透"類，作轢過之勢而得音者，謂之"轢"類，作按捺之勢而得音者，謂之"捺"類。戞稍重，透最重，轢稍輕，捺最輕。嘗仿《管子》聽五音之說以狀之曰：『戞音如劍戟相撞，透音如彈丸穿壁而過，轢音如輕車曳柴行於道，捺音如蜻蜓點水，一即而仍離。此統擬四類之狀也。』」

羅常培曰：

「陳説失之簡單，勞説失之抽象，學者殊未能一覽而析。若繹其內容，詳加勘究，則諸家所分，與今之塞聲、塞擦聲、擦聲、邊聲、鼻聲五類性質並同，惟分類稍有參差。其中尤以邵氏所分最爲精密。特定名有玄察之異，故函義有顯晦之殊耳。」

茲表列異名，以資參證。

語音學名詞	不送氣塞聲塞擦聲	送氣塞聲與塞擦聲	摩擦聲	邊　聲	鼻　聲
邵作舟說	戞　類	透　類	拂　類	轢　類	揉　類
勞乃宣說	戞　類	透　類	轢	類	捺　類
洪榜說	發　聲	送　聲	外　收　聲		內收聲
江　永 江有誥說 陳　澧	發　聲	送	氣	收	聲
錢大昕說	出　聲	送	氣	收	聲
方以智說	初發聲	送　氣　聲	忍　收　聲		

塞聲與塞擦聲在阻塞解除之後，由於氣流向外流出之力量有

強有弱，如果弱，此塞聲或塞擦聲，立即可與後接之音素相連接；如果強，則需經過一段氣流向外流出之過程，始能與後接之音相連接，此種情形，謂之送氣。前者謂之不送氣。塞聲與塞擦聲皆可由於氣流流出之強弱，分爲送氣與不送氣兩類。其他各類，則無此區分。

第九節　音標説明

研究聲韻學，必得有一套語言學的符號，今人所用者則爲國際語音學會所訂之國際音標，說明一個音標，一定要將其發音部位及發音方法加以標明。茲說明於下：

[p]清不送氣雙脣塞聲。

[p']清送氣雙脣塞聲。

[b]濁不送氣雙脣塞聲。

[b']濁送氣雙脣塞聲。

[t]清不送氣舌尖中塞聲。

[t']清送氣舌尖中塞聲。

[d]濁不送氣舌尖中塞聲。

[d']濁送氣舌尖中塞聲。

[ʈ]清不送氣舌尖後塞聲。

[ʈ']清送氣舌尖後塞聲。

[ɖ]濁不送氣舌尖後塞聲。

[ɖ']濁送氣舌尖後塞聲。

[t]清不送氣舌面前塞聲。

[t']清送氣舌面前塞聲。

[ɟ]濁不送氣舌面前塞聲。

[dʲ‘]濁送氣舌面前舌聲。

[c]清不送氣舌面中塞聲。

[c‘]清送氣舌面中塞聲。

[ɟ]濁不送氣舌面中塞聲。

[ɟ‘]濁送氣舌面中塞聲。

[k]清不送氣舌根塞聲。

[k‘]清送氣舌根塞聲。

[g]濁不送氣舌根塞聲。

[g‘]濁送氣舌根塞聲。

[q]清不送氣小舌塞聲。

[q‘]清送氣小舌塞聲。

[G]濁不送氣小舌塞聲。

[G‘]濁送氣小舌塞聲。

[ʔ]清不送氣喉塞聲。

[ʔh]清送氣喉塞聲。

[pf]清不送氣脣齒塞擦聲。

[pf‘]清送氣脣齒塞擦聲。

[bv]濁不送氣脣齒塞擦聲。

[bv‘]濁送氣脣齒塞擦聲。

[tθ]清不送氣齒間塞擦聲。

[tθ‘]清送氣齒間塞擦聲。

[dð]濁不送氣齒間塞擦聲。

[dð‘]濁送氣齒間塞擦聲。

[ts]清不送氣舌尖前塞擦聲。

[ts‘]清送氣舌尖前塞擦聲。

[dz]濁不送氣舌尖前塞擦聲。

[dzʻ]濁送氣舌尖前塞擦聲。

[tʂ]清不送氣舌尖後（捲舌）塞擦聲。

[tʂʻ]清送氣舌尖後（捲舌）塞擦聲。

[dʐ]濁不送氣舌尖後（捲舌）塞擦聲。

[dʐʻ）濁送氣舌尖後（捲舌）塞擦聲。

[tʃ]清不送氣舌尖面混合塞擦聲。

[tʃʻ]清送氣舌尖面混合塞擦聲。

[dʒ]濁不送氣舌尖面混合塞擦聲。

[dʒʻ）濁送氣舌尖面混合塞擦聲。

[tɕ]清不送氣舌面前塞擦聲。

[tɕʻ]清送氣舌面前塞擦聲。

[dʑ]濁不送氣舌面前塞擦聲。

[dʑʻ]濁送氣舌面前塞擦聲。

[m]（濁）雙脣鼻聲。

[ɱ]（濁）脣齒鼻聲。

[n]（濁）舌尖中鼻聲。

[ɳ]（濁）舌尖後（捲舌）鼻聲。

[ɳ]（濁）舌面前鼻聲。

[ɲ]（濁）舌面中鼻聲。

[ŋ]（濁）舌根鼻聲。

[N]（濁）小舌鼻聲。

[l]（濁）舌尖中邊聲。

[ɭ]（濁）舌尖後邊聲。

[ʎ]（濁）舌面中邊聲。

[ɫ]（濁）舌根邊聲。

[r]（濁）舌尖顫聲。

［R］（濁）小舌顫聲。

［ɸ］清雙脣擦聲。

［β］濁雙脣擦聲。

［f］清脣齒擦聲。

［v］濁脣齒擦聲。

［θ］清齒間擦聲。

［ð］濁齒間擦聲。

［s］清舌尖前擦聲。

［z］濁舌尖前擦聲。

［ʂ］清舌尖後（捲舌）擦聲。

［ʐ］濁舌尖後（捲舌）擦聲。

［ʃ］清舌尖面混合擦聲。

［ʒ］濁舌尖面混合擦聲。

［ɕ］清舌面前擦聲。

［ʑ］濁舌面前擦聲。

［ç］清舌面中擦聲。

［j］濁舌面中擦聲。

［x］清舌根擦聲。

［ɣ］濁舌根擦聲。

［χ］清小舌擦聲。

［ʁ］濁小舌擦聲。

［h］清喉擦聲。

［ɦ］濁喉擦聲。

國際音標輔音表

部位 \ 方式		塞聲				塞擦聲				鼻聲	顫聲	邊聲		擦聲	
		不送氣		送氣		不送氣		送氣							
		清	濁	清	濁	清	濁	清	濁			清	濁	清	濁
脣聲	雙脣	p	b	p'	b'					m	Ψ			Φ	β
	脣齒					pf	bv	pf'	bv'	ɱ				f	v
舌尖聲	齒					tθ	dð	tθ'	dð'					θ	ð
	齦	t	d	t'	d'	ts	dz	ts'	dz'	n	r	ļ	l	s	z
	顎	ṭ	ḍ	ṭ'	ḍ'	tʂ	dʐ	tʂ'	dʐ'	ɳ			ɭ	ʂ	ʐ
舌尖面聲	齦顎					tʃ	dʒ	tʃ'	dʒ'					ʃ	ʒ
舌面聲	前顎	t̡	d̡	t̡'	d̡'	tɕ	dʑ	tɕ'	dʑ'	ȵ				ɕ	ʑ
	中顎	c	ɟ	c'	ɟ'					ɲ			ʎ	ç	j
舌根聲	軟顎	k	g	k'	g'					ŋ			ɫ	x	ɣ
	小舌	q	G	q'	G'					N	R			χ	ʁ
喉聲	聲門	ʔ		ʔh										h	ɦ

第十節 廣韻四十一紐音讀

　　《廣韻》聲紐依音位論，當爲四十一，此應可肯定，至於四十一聲紐之音值，本篇根據高本漢(Bernhard Karlgren)《中國聲韻學大綱》(Compendium of phonetics in ancient and archaic Chinese)一書所擬，並參考其他各家意見。以㈠《廣韻》切語與韻圖，㈡域外漢字譯音，㈢國內現代方音等材料，擬成四十一紐聲值如下[2]：

　　重脣音：幫〔p〕　　滂〔pʻ〕　　並〔bʻ〕　　明〔m〕
　　（bilabials）
　　輕脣音：非〔pf〕　　敷〔pfʻ〕　　奉〔bvʻ〕　　微〔ɱ〕
　　（labio-dentals）
　　舌頭音：端〔t〕　　透〔tʻ〕　　定〔dʻ〕　　泥〔n〕
　　（alveolars）
　　舌上音：知〔ȶ〕　　徹〔ȶʻ〕　　澄〔ȡʻ〕　　娘〔ȵ〕
　　（prepalatal stops and nasal）
　　齒頭音：精〔ts〕　　清〔tsʻ〕　　從〔dzʻ〕　　心〔s〕　　邪〔z〕
　　（dentals）
　　正齒音：莊〔ʧ〕　　初〔ʧʻ〕　　床〔ʤʻ〕　　疏〔ʃ〕
　　（apico-dorsals）
　　舌齒間音：照〔ʨ〕　　穿〔ʨʻ〕　　神〔ʥʻ〕　　審〔ɕ〕　　禪〔ʑ〕
　　（prepalatal affricatives and fricatives）
　　牙　音：見〔k〕　　溪〔kʻ〕　　群〔gʻ〕　　疑〔ŋ〕　　曉〔x〕　　匣〔ɣ〕
　　（velars）

2　詳細擬測過程，請參見拙著《廣韻研究》，臺灣學生書局二〇〇四年十一月初版。

喉　音：影〔ʔ〕　喻〔0〕　爲〔j〕

（gutturals）

半舌音：來〔l〕

（alveolar lateral）

半齒音：日〔nz̻〕

（prepalatal nasal affricative）

第十一節　《廣韻》四十一聲紐之正聲變聲

《切韻指掌圖》言及三十六字母之通轉，有類隔二十六字圖，爲談及古聲正變之最早資料。

茲先錄其二十六字母圖於後：

發　音　部　位	聲	母		名		稱
脣	重	幫	滂	並		明
脣	輕	非	敷	奉		微
舌	頭	端	透	定		泥
舌	上	知	徹	澄		娘
齒	頭	精	清	從	心	邪
正	齒	照	穿	床	審	禪

類隔之說，昔人多未能明，即《切韻指掌圖》，亦僅知同爲舌音，同爲脣音，或同爲齒音，雖聲類相隔，如舌頭之與舌上，重脣之與輕脣，齒頭之與正齒，皆可相互爲切；至其所以如此通用之故，則尙不能明。自錢大昕《養新錄》著〈古無輕脣音〉及〈舌音類隔之說不可信〉二文以後，始知以今人語音讀之，輕脣與重脣、舌頭與舌上，雖各不相同，求之古聲，則脣音無輕重之

別，舌音無舌頭舌上之分，故所謂類隔者，乃古今聲音變遷之不同。今析《廣韻》聲類爲四十一，已可究隋唐以前發聲之概況。然四十一聲類，亦有正有變，正爲本有之聲，變則由正而生。知乎此者，始可以審古今之音，辨方言之變。故依黃季剛先生之說，列正聲變聲表于次，黃先說有未確者，則據後出諸家之說修正之。

發音部位	正　　　聲	變　　　聲	説　　　　明
喉	影		輕重相變
	曉		
	匣	爲群	
牙	見		
	溪		
	疑		
舌	端	知照	輕重相變
	透	徹穿審	
	定	澄神禪喻邪	
	泥	娘日	
	來		
齒	精	莊	輕重相變
	清	初	
	從	床	
	心	疏	
脣	幫	非	輕重相變
	滂	敷	
	並	奉	
	明	微	

至其詳細之演變，則如下述：

〔一〕喉音：

*ʔ-→　影ʔ-

*x-→　曉 x-

*ɣ-→＋非 i 韻母→　匣 ɣ-

*ɣ-→+i 韻母→群 g‘

*ɣj-→+i 韻母→爲 j-

〔二〕牙音：

*k-、*k‘、*ŋ-→見 k-、溪 k‘、疑 ŋ-

*gr-→喻 0-

*grj-→邪 z-

〔三〕舌音：

*t-→一、四等→　端 t-

*t-→二、三等→　知 ṭ-

*tj-→照 tɕ-

*t‘—→一、四等→透 t‘-

*t‘—→二、三等→徹 ṭ‘-

*t‘j-→穿 tɕ‘-

*d‘-→一、四等→定 d‘-

*d‘—→二、三等→澄 ḍ‘-

*d‘j-→神 dʑ‘

*st‘j-→　審 ɕ-

*sd‘j-→　禪 ʑ-

*n-→一、四等→　泥 n-

*n-→二、三等→　娘 ṇ-

*nj-→日 nʑ-

*j-→來 l-

*r-→喻 0-

*rj-→邪 z-

〔四〕齒音：

*ts-→一、四等→　精 ts-

*ts-→二、三等→　莊 tʃ-

*tsj-→精 tsj-

*ts'-→一、四等→　清 ts'-

*ts'-→二、三等→　初 tʃ'-

*ts'j-→清 ts'j-

*dz'-→一、四等→　從 dz'-

*dz'-→二、三等→　床 dʒ'-

*dz'j-→從 dz'j-

*s-→一、四等→　心 s-

*s-→二、三等→　疏 ʃ-

*sj-→心 s-

〔五〕脣音：

*p-、*p'-、*b'-、*m-→一、二、四等三開→幫 p-、滂 p'-、
並 b'-、明 m-

*p-、*p'-、*b'-、*m- → 三等合口 → 非 pf-、敷 pf'-、
奉 bv'-、微 ɱ-

*hm-→開口→明 m-

*hm-→合口→曉 x-

第十二節　廣韻四十一聲紐之國語讀音

《廣韻》聲母一共四十一個，現在按著喉、牙、舌、齒、脣之序，分別說明其音讀於後，並於每一聲母下酌舉例字，以資參證。

喉音：

【影】讀無聲母〔0〕：烏哀紆央。

【喻】讀無聲母〔0〕：余與以羊。

【為】讀無聲母〔0〕：云有于王。

牙音：

【見】洪音讀ㄍ〔k〕：古公高岡。

　　　細音讀ㄐ〔tɕ〕：舉君居姜。

【溪】洪音讀ㄎ〔k'〕：客苦枯康。

　　　細音讀ㄑ〔tɕ'〕：去丘起羌。

【群】平聲洪音讀ㄎ〔k'〕：逵狂。

　　　細音讀ㄑ〔tɕ'〕：求強。

　　　仄聲洪音讀ㄍ〔k〕：跪櫃。

　　　細音讀ㄐ〔tɕ〕：巨彊。

【疑】大部分讀無聲母讀為〔0〕：吾宜語昂。

　　　少部分開口細音字讀ㄋ〔n〕：擬逆牛凝。

【曉】洪音讀ㄏ〔x〕：火海呼荒。

　　　細音讀ㄒ〔ɕ〕：休喜許香。

【匣】洪音讀ㄏ〔x〕：胡侯何黃。

　　　細音讀ㄒ〔ɕ〕：下賢玄降。

舌音：

舌頭音：

【端】讀ㄉ〔t〕：都得多當。

【透】讀ㄊ〔t'〕：託他吐湯。

【定】平聲讀ㄊ〔t'〕：徒田同堂。

　　　仄聲讀ㄉ〔t〕：杜地導宕。

【泥】讀ㄋ〔n〕：奴乃內囊。

舌上音；

【知】大部分讀ㄓ〔tʂ〕：陟中豬張。

　　　少部分梗攝入聲二等字讀ㄗ〔ts〕：舴。

【徹】讀ㄔ〔tʂ'〕：癡丑坼倀。

【澄】平聲讀ㄔ〔tʂ'〕：除持懲場。

　　　仄聲大部分讀ㄓ〔tʂ〕：直箸治丈。

　　　少部分梗攝入聲二等字讀ㄗ〔ts〕：擇澤。

【娘】讀ㄋ〔n〕：女尼拿娘。

半舌音：

【來】讀ㄌ〔l〕：盧樓落郎。

齒音：

齒頭音：

【精】洪音讀ㄗ〔ts〕：茲祖遭臧。

　　　細音讀ㄐ〔tɕ〕：即借精將。

【清】洪音讀ㄘ〔ts'〕：此雌醋倉。

　　　細音讀ㄑ〔tɕ'〕：千遷取鏘。

【從】平聲洪音讀ㄘ〔ts'〕：從才徂藏。

　　　細音讀ㄑ〔tɕ'〕：前秦齊牆。

　　　仄聲洪音讀ㄗ〔ts〕：自在皂藏。

　　　細音讀ㄐ〔tɕ〕：薺漸就匠。

【心】洪音讀ㄙ〔s〕：蘇思損桑。

　　　細音讀ㄒ〔ɕ〕：先息新相。

【邪】平聲洪音讀ㄘ〔tsʻ〕：辭詞。（僅限於止攝開口三等

　　　字）

　　　也讀ㄑ〔tɕʻ〕；囚。（僅限於流攝開口三等字）

　　　其他洪音讀ㄙ〔s〕：隨俗。細音讀ㄒ〔ɕ〕：徐詳。

正齒音：

【照】讀ㄓ〔tʂ〕：煮支照章。

【穿】讀ㄔ〔tʂʻ〕：充吹春昌。

【神】平聲讀ㄔ〔tʂʻ〕：乘船。

　　　又讀ㄕ〔ʂ〕：神繩。

　　　仄聲讀ㄕ〔ʂ〕：食實。

【審】讀ㄕ〔ʂ〕：詩書識商。

【禪】平聲讀ㄔ〔tʂʻ〕：臣成承常。

　　　又讀ㄕ〔ʂ〕：時殊。

　　　仄聲讀ㄓ〔tʂ〕：殖埴。

　　　又讀ㄕ〔ʂ〕：是市。

【莊】大部分讀ㄓ〔tʂ〕：輜齋爭莊。

　　　深攝及梗、曾、通三攝入聲讀ㄗ〔ts〕：簪責仄。

【初】大部分讀ㄔ〔tʂʻ〕：差釵楚瘡。

　　　深攝及梗、曾、通三攝入聲讀ㄘ〔tsʻ〕：參策測。

【床】平聲大部分讀ㄔ〔tʂʻ〕：崇豺查床。

　　　深攝讀ㄘ〔tsʻ〕：岑涔。

　　　仄聲大部分讀ㄓ〔tʂ〕：乍棧助狀。

　　　又讀ㄕ〔ʂ〕：士事。

　　　少數讀ㄗ〔ts〕：驟。

又讀ㄙ〔s〕：俟。

【疏】大部分讀ㄕ〔ʂ〕：沙生山霜。

深攝及梗、曾、通三攝入聲讀ㄙ〔s〕：森色縮澀。

半齒音：

【日】大部分讀ㄖ〔ʐ〕：人若儒穰。

止攝開口讀〔0〕：爾兒二耳。

脣音：

重脣音：

【幫】讀ㄅ〔p〕：布伯巴邦。

【滂】讀ㄆ〔p‘〕：普匹披旁。

【並】平聲讀ㄆ〔p‘〕：平皮蒲旁。

仄聲讀ㄅ〔p〕：步便並傍。

【明】讀ㄇ〔m〕：眉美莫忙。

輕脣音：

【非】讀ㄈ〔f〕：風飛甫方。

【敷】讀ㄈ〔f〕：豐妃拂芳。

【奉】讀ㄈ〔f〕：馮肥符房。

【微】讀無聲母〔0〕：文物無亡。

根據上面的分析，我們可以歸納下面的結果，現在分別敘述於後：

(一) 國語零聲母〔0〕的來源：

所謂零聲母，是指以元音起頭的字，因為沒有輔音起頭，所以叫做零聲母，通常我們以〔0〕這個符號來代表它。零聲母可以分為四種情況：i 韻頭或全韻是 i，叫做 i 類零聲母。y 韻頭或全韻是 y 的，叫做 y 類零聲母。u 韻頭或全韻是 u 的，叫做 u 類零聲母。a 沒有韻頭而主要元音以 a、o、ə、e、�700、ɤ起頭的，叫做a類零聲母。i、y兩類零聲母有一個共同的情況，他們都是從影、喻、為、疑四母變過來的。u類零聲母則除上述四母之外，又多了一個微母的來源。至於a類零聲母，大部分都只有影、疑兩類聲母來源，少數止攝開口字，它的韻母是ɚ的，則全是日母變來的。

茲將國語零聲母的來源表列於下：

影 i、u、y、a

喻 i、y

為 i、y

疑 i、u、y、a

日 ɚ

微 u

以等的觀點來看，i、y兩類都是三等字，不過後來二等開口字的牙、喉音也變成了i類零聲母。u類是合口一二等及合口三等字。a類是開口一等，至於ɚ類只限於止攝三等開口字。從聲母與等的配合關係也可以看出它們的來源，喻為兩母只出現三等韻，所以只在i、y兩類出現。開口屬i類，合口屬y類。不過有部分合口三等字出現了少部分u類頭而已。影喻兩母一二三四等俱全，所以四類同時出現。日母只出現三等韻，在止攝變成無聲母，故只在ɚ韻出現。微母只出現合口三等韻所以只有u類。

(二)國語〔p〕、〔p'〕、〔m〕、〔f〕的來源：

ㄅ〔p〕的來源：

〔p〕的來源只有兩類，一是幫母字，一是並母仄聲字。幫母是全清聲母，在平聲裡一定唸第一聲；並母是全濁聲母，古代的上聲字如果聲母是並母，國語一定讀第四聲，不讀第三聲。因此我們可以說凡是ㄅ〔p〕起頭的字，國語讀第一聲或第三聲的，一定是《廣韻》的幫母字。茲列表說明於後：

其來源如下：

幫母。p-

並母仄聲。p-

ㄆ〔p'〕的來源：

〔p'〕的來源也只有兩類，一是滂母，一是並母平聲。滂母是次清聲母，在平聲裡一定唸第一聲；並母是全濁聲母，在平聲裡一定唸第二聲。根據這點，我們可以說，凡是以ㄆ〔p'〕起頭的字，國語讀第一聲、第三聲、第四聲的，一定是《廣韻》的滂母字；讀第二聲的，一定是《廣韻》的並母字。

其來源如下：

滂母。p'-

並母平聲。p'-

ㄇ〔m〕的來源：

〔m〕只有明母來源。

ㄈ〔f〕的來源：

〔f〕的來源有三，非母、敷母跟奉母。奉母是全濁聲母，古代的平聲字，如果屬奉母，現在一定讀第二聲，古代的上聲字，如果屬奉母，現在一定讀第四聲。根據這個原則，我們可以說，凡是以ㄈ〔f〕起頭的字如果國語讀第一聲或第三聲，一定不是奉母而是非、敷兩母之一，如果讀第二聲，那末一定是奉母無疑了。若是第四聲呢？則三個聲母都有可能。表列其來源於下：

非母。f-

敷母。f-

奉母。f-

(三)國語〔t〕、〔t'〕、〔n〕、〔l〕的來源：

ㄉ〔t〕的來源：

〔t〕的來源有二：一是端母，一是定母仄聲，端是全清聲母，古代的平聲字，如果屬端母，國語唸第一聲；定母是全濁聲母，古代的上聲字，如果是定母，國語唸第四聲，因此可說，凡國語唸第一聲或第三聲的，一定是端母字，只有第四聲的字，端、定兩母才會混雜。表列其來源於下：

端母。t-

定母仄聲。t-

ㄊ〔t'〕的來源：

〔t'〕的來源有二：一是透母，二是定母平聲，透是次清聲母，古代平聲字，如屬透母，國語讀第一聲；定是全濁聲母，古代的平聲字，如屬定母，國語讀第二聲。由此可知，凡是讀〔t'〕的字，國語的第一聲，第三聲，第四聲都是透母字，第二聲則是定母字。表其來源於下：

透母。t'-

定母平聲。t'-

ㄋ〔n〕的來源：

〔n〕的來源有三：泥、娘二母全部，疑母部分開口細音字。表列其來源於後：

泥母。n-

娘母。n-

疑母。n-齊韻開口、止韻、陌韻開口三等、屑韻開口、薛韻開口、尤韻、蒸韻開口、藥韻開口。

ㄌ〔l〕的來源：

〔l〕的來源只有來母。

(四)國語〔k〕、〔k'〕、〔x〕的來源：

ㄍ〔k〕的來源：

〔k〕的來源有二：一是見母洪音，一是群母仄聲洪音。這裡所謂洪細，指現代國語的洪細而言。見母是全清聲母，古代平聲字，現代國語讀第一聲；群母是全濁聲母，古代的上聲，現代國語讀第四聲。所以，若以ㄍ〔k〕起頭的字，讀第一聲跟第三聲，一定是見母。以等韻來說，凡一等及二等的合口字，古代如屬見母的，現在一定是讀〔k〕的。三四等有少數見母與群母字，例外的也讀〔k〕。像通開三的弓、恭，止合三的規、龜、歸、櫃、跪，蟹合四的桂都是的。表列其來源於下：

見母洪音。K-

群母仄聲洪音。K-

ㄎ〔k'〕的來源：

〔k'〕的來源有二：一是溪母洪音，一是群母平聲洪音。溪母是全清聲母，古代平聲字，如果屬溪母，國語讀第一聲；如果屬群母，則讀第二聲。所以只要以ㄎ〔k'〕起頭的字，如果讀第一聲、第三聲、第四聲，一定是溪母字，如果讀第二聲，當然就非群莫屬了。表其來源於下：

溪母洪音。k'-

群母平聲洪音。k'-

ㄏ〔x〕的來源：

〔x〕的來源有二：一是曉母的洪音，一是匣母的洪音。曉母是清聲母，國語照例把平聲讀成第一聲；匣母是濁聲母，平聲讀第二聲，上聲讀成第四聲。因此可說，凡ㄏ〔x〕起頭的字，讀第二聲的，一定是匣母；讀第一聲與第三聲的一定是曉母。惟第四聲曉匣二母才有混淆的可能。表之于下：

曉母洪音。X-

匣母洪音。X-

(五)國語〔tɕ〕、〔tɕ'〕、〔ɕ〕的來源：

ㄐ〔tɕ〕的來源：

〔tɕ〕的來源有四：見母細音、群母仄聲細音、精母細音、從母仄聲細音。見、精兩母是全清聲母，平聲字國語讀第一聲；群、從兩母是全濁聲母，古代的上聲字，國語讀第四聲。因此，凡是以ㄐ〔tɕ〕起頭的字，如果是第一聲跟第三聲，一定就是見、精兩母之一了。表其來源如下：

見母細音。tɕ-

群母仄聲細音。tɕ-

精母細音。tɕ-

從母仄聲細音。tɕ-

ㄑ〔tɕ'〕的來源：

〔tɕ'〕的來源有五：溪母細音、群母平聲細音、清母細音、從母平聲細音、邪母平聲細音（邪母只限於流攝三等字）。溪、清兩母是次清聲母，平聲字國語讀第一聲；群、從、邪都是全濁聲母，平聲字國語讀第二聲。因此，凡以ㄑ〔tɕ'〕起頭的字，如果是第一聲、第三聲、第四聲。那一定是溪、清兩母之一了。如果是第二聲，就一定是群、從、邪三母之一了。表其來源於後：

溪母細音。tɕ'-

群母平聲細音。tɕ'-

清母細音。tɕ'-

從母平聲細音。tɕ'-

邪母平聲流攝三等細音。tɕ'-

ㄒ〔ɕ〕的來源：

　　〔ɕ〕的來源有四：曉、匣、心、邪的細音，曉、心是清聲母，平聲字國語讀第一聲；匣、邪是全濁聲母，平聲字國語讀第二聲，上聲字國語讀第四聲。因此，凡是以ㄒ〔ɕ〕起頭的字，如果第一聲、第三聲，一定是曉、心二母之一了。如果是第二聲，必定是匣、邪二紐之一了。表其來源於後：

　　曉母細音。ɕ-

　　匣母細音。ɕ-

　　心母細音。ɕ-

　　邪母細音。ɕ-

　　（六）國語〔tʂ〕、〔tʂʻ〕、〔ʂ〕、〔ʐ〕的來源：

ㄓ〔tʂ〕的來源：

　　〔tʂ〕的來源有六：知母、澄母仄聲、莊母、床母仄聲、照母、禪母仄聲。知、莊、照三母是全清聲母，平聲字國語讀第一聲；澄、床、禪三母是全濁聲母，古上聲字國語讀第四聲。所以，凡是以ㄓ〔tʂ〕起頭的字，如果讀第一聲與第三聲，一定是知、莊、照三母之一了。表其來源於下：

　　知母。tʂ-

　　澄母仄聲。tʂ-

　　莊母。tʂ-

　　床母仄聲。tʂ-

　　照母。tʂ-

　　禪母仄聲。tʂ-

ㄔ〔tʂʻ〕的來源：

　　〔tʂʻ〕的來源有七：徹母、澄母平聲、初母、床母平聲、穿母、神母平聲、禪母平聲。徹、初、穿、屬次清聲母，平聲字國語讀第一聲；澄、床、神、禪四母皆屬全濁聲母，古代平聲字，國語讀第二聲。因此，只要是彳〔tʂ‘〕起頭的字，凡讀第一聲、第三聲、第四聲的字，一定是徹、初、穿三母之一；讀第二聲的字，一定是澄、床、神、禪四母之一了。茲表其來源於後：

徹母。tʂ‘-

澄母平聲。tʂ‘-

初母。tʂ‘-

床母平聲。tʂ‘-

穿母。tʂ‘-

神母平聲。tʂ‘-

禪母平聲。tʂ‘-

ㄕ〔ʂ〕的來源：

〔ʂ〕的來源有五：床母仄聲、疏母、神母、審母、及禪母。疏、審是清聲母，古代平聲字，國語讀第一聲；床、神、禪三母都是全濁聲母，古代的平聲字，國語讀第二聲，上聲字國語讀四聲。由此可知，凡是以ㄕ〔ʂ〕起頭的字，凡讀第一聲跟第三聲的，一定是疏、審二母之一；讀第二聲的則是神、禪二母之一了，因爲床母的平聲字讀彳〔tʂ‘〕不讀ㄕ〔ʂ〕，惟有國語第四聲的字，才會五紐混雜，難尋條理。茲表其來源於後：

床母仄聲。ʂ-

疏母。ʂ-

神母。ʂ-

審母。ʂ-

禪母。ʂ-

ㄖ〔ʐ〕的來源：

〔ʐ〕的來源只有一個，就是日母。《廣韻》的日母字，除了止攝三等字讀成無聲母〔0〕外，其他各韻，全部都讀ㄖ

〔ʐ〕。

(七) 國語〔ts〕、〔ts‘〕、〔s〕的來源：

ㄗ〔ts〕的來源：

〔ts〕的來源有六：知母與澄母的梗攝入聲二等字，精母的洪音，從母仄聲洪音，莊母深攝字及梗、曾、通三攝的入聲字，床母梗、曾、通三攝的入聲字。知澄二母只限梗攝入聲二等字讀〔ts〕，為數甚少，可視作例外，毋庸討論。現在只剩下四母要說明一下，精、莊是全清聲母，平聲字國語讀第一聲；從、床兩母是全濁聲母，古代的上聲字，國語讀第四聲。所以只要以ㄗ〔ts〕起頭的字，國語讀第一聲或第三聲的，一定是精、莊二母之一了。茲表列其來源於後：

知母梗攝入聲二等字。ts-

澄母梗攝入聲二等字。ts-

精母洪音。ts-

從母仄聲洪音。ts-

莊母深攝字及梗、曾、通三攝入聲字。ts-

床母梗、曾、通三攝入聲字。ts-

ㄘ〔ts‘〕的來源：

〔ts‘〕的來源有六：徹母梗攝入聲二等字，清母洪音，從母平聲洪音，邪母平聲洪音，初母深攝及梗、曾、通三攝入聲字，床母深攝平聲。徹母字只有梗攝入聲二等字讀〔ts‘〕，影響不大，視作例外，無庸討論。清、初兩母，是次清聲母，《廣韻》平聲字，國語讀第一聲；從、邪、床三母是全濁聲母，平聲字國語讀第二聲。所以，只要是ㄘ〔ts‘〕起頭的字，國語讀第一聲的，深攝及梗、曾、通三攝入聲是初母，其他是清母。國語讀第二聲的，深攝是床母，其他是從母，而邪母讀〔ts‘〕只限於止攝之韻字，所以也很容易分別了。表列其來源於下：

徹母梗攝入聲二等字。tsʻ-

清母洪音。tsʻ-

從母平聲洪音。tsʻ-

邪母平聲之韻字。tsʻ-

初母深攝及梗、曾、通三攝入聲字。tsʻ-

床母深攝平聲字。tsʻ-

ㄙ〔s〕的來源：

〔s〕的來源有四：心母洪音、邪母洪音、疏母深攝及梗、曾、通三攝入聲字，床母止攝仄聲字。心疏二母是清聲母，平聲字國語讀第一聲；床、邪二母是全濁聲母，平聲字國語讀第二聲，上聲字國語讀第四聲。所以，只要ㄙ〔s〕起頭的字，如果讀第一聲與第三聲的話，在深攝及梗、曾、通三攝入聲字，便是疏母，其他屬心母。如果讀第二聲，便是邪母字了。表列來源於後：

心母洪音。s-

邪母洪音。s-

疏母深攝及梗、曾、通三攝入聲字。s-

床母止攝仄聲字。s-

既知國語聲母的來源，我們再從今國語音讀上溯《廣韻》的聲母，則是由委溯源。下面舉例說明，如何從國語的讀音，去辨識《廣韻》的聲韻調。因為從《廣韻》演變成國音，聲韻調三方面是相互影響，相互制約的，一方面，聲母的分化，在發音方法上，主要是以聲調為條件的；在發音部位上，主要是韻母為條件的。另外一方面，韻母的分化，是拿聲母的發部位做條件的。而聲調的分化，是以聲母的發音方法為條件的。有了以上的了解，再加上前面所說的《廣韻》與國語聲、韻、調各方面的對應關係，則我們很容易根據國語的讀音，推斷出《廣韻》的聲母來了，其至於上古音的聲母，也可以推斷出來的。當然知道的條件越多，所推斷出來的，也就越正確了。

【例一】

如國語"恩"讀ㄣ〔ən˥〕，是個無聲母〔0〕，國語無聲母一共有影、喻、爲、疑、日、微六母來源，但"恩"讀第一聲，《廣韻》平聲的清聲母才讀第一聲，以上六母，只有影母才是清聲母，其他五類都是濁聲母，所以"恩"一定是《廣韻》的影母，《廣韻》的影母，上古音只有一個影母的來源，所以上古音聲母也是影母。

【例二】

如國語"昂"讀ㄤˊ〔aŋˊ〕，也是個無聲母。但是"昂"讀第二聲，一定是平聲的濁聲母來源，因此，絕不可能爲影母。"昂"讀〔aŋˊ〕，屬 a 類韻頭，故絕不是爲、喻、微三母，因爲此三母的讀音，不是有 i 的韻頭，就是有 u 的韻頭。也不會是日母，因爲日母讀無聲母時，韻頭是ㆰ，現在剩下來的只有一個"疑"母了。那它就非"疑"母莫屬了。

【例三】

如國語"退"讀ㄊㄨㄟˋ〔tʻuei ˇ〕，國語聲母〔tʻ〕有兩個來源，定母平聲，以及透母，今讀第四聲，絕不會是定母，所以一定是"透"母了。

【例四】

如國語"酸"讀ㄙㄨㄢ〔suan˥〕，國語聲母〔s〕的來源有四：心母洪音、邪母洪音、床母止攝字、疏母深攝及梗、曾、通三攝入聲字。"酸"讀第一聲，所以一定是平聲清聲母的字，床、邪二母都是濁聲，因此不可能是床母與邪母了。深攝是開口，當讀〔sən〕，今旣不爾，則不是深攝字；“酸”讀〔suan〕，有鼻音韻尾，所以不會是入聲字，因此疏母也不可能，剩下來的就只有“心”母了。

【例五】

如國語“權”讀ㄑㄩㄢˊ〔tɕʻyan∧〕，〔tɕʻ〕母有五個來源：溪母細音、群母平聲細音、清母細音、從母平聲細音、邪母平聲細音。“權”讀第二聲，一定是平聲濁聲母變來的，溪、清兩母是清聲母，所以不可能是溪、清。邪母只在流攝三等讀〔tɕʻ〕，而流攝三等韻母當爲〔iou〕，故亦不可能是邪，剩下的只有群、從兩母了。以國語的音讀上推《廣韻》的聲母，只能推到這裡爲止了。前面說過，知道的條件越多，分析得也就越清楚了。學過文字學的人，大概都知道，形聲字如從同一諧聲偏旁得聲，它們聲母的發音部位是相同的。“權”與“觀、灌、罐、歡”等字諧聲偏旁相同，而“觀、歡”等字的聲母是ㄍ〔k〕、ㄏ〔x〕，群，從兩母，那一個聲母與ㄍ〔k〕、ㄏ〔x〕有關聯呢？那自然是群母了。

第二章　廣韻之韻類

第一節　韻之名稱

我國以往每將字音劃分爲頭、頸、腹、尾、神五部分。例如國語"顚"這個字，音值爲〔tian˥〕。其聲母〔t〕爲頭，介音〔i〕爲頸，主要元音〔a〕爲腹，韻尾〔n〕爲尾，聲調〔˥〕爲神。如下圖所示：

頭	頸	腹	尾	神
t	i	a	n	˥

根據我們前面所說的，音是聲加韻而成的，那末除了作爲頭的"聲母"部份，剩下來的頸、腹、尾、神部分的〔ian˥〕，就是我們所說的韻（final）了[1]。

關於韻的名稱，自古相傳，有不同的名目，現在逐一說明於後：

1. 韻：音歸本於喉謂之韻。

2. 疊韻：古稱收音相同者，謂之疊韻。

3. 韻目：類聚疊韻之字，取一字以爲標目，是爲韻目。如《廣韻》二百零六韻之以東、冬、鍾、江等標目是。

1　The position of the last sound, or morpheme, or syllable of a word; it is customary, however, to describe a vowel as in final position if it is the last vowel in the word, even if it is the followed by one or more consonants. Mario Pei--Glossary of Linguistic Terminology.

4.韻類：陳澧《切韻考》據《廣韻》切語下字分析各韻，其一韻之中，或兼備開、合、洪、細者，則依其開、合、洪、細之類而分之。名之曰韻類。

5.韻攝：《韻鏡》與《通志·七音略》合韻母相同或相近的數韻爲一類，列圖四十三，是爲韻攝之始，然其時尚無"韻攝"之名，迨《四聲等子》始以通、江、止、遇、蟹、臻、山、效、果、假、宕、梗、曾、流、深、咸十六字分爲十六攝，韻攝之名，實始於此。

6.韻母：每一字音，除去聲母部分，即爲韻母。每一韻母，又可分成韻頭、韻腹、韻尾等部分。茲以"顚"字的韻母〔ian〕爲例來表示韻母的各個部分。

韻　頭	韻　腹	韻　尾
I	a	n

韻母可以缺韻頭或韻尾，也可以韻頭與韻尾俱缺，但韻腹則決不可少。

7.母音：近人譯西語（vowel）一詞爲母音。母音可以單獨成爲一個韻母，也可以與其他母音合成爲一個韻母，還可以與輔音合在一起而成爲一個韻母。像國語"安"字之韻母〔an〕，即爲元音加輔音韻尾所構成。

8.元音：母音今人多稱爲元音。

第二節　《切韻》及《廣韻》之韻目

陸法言《切韻》，亡佚已久，宋陳彭年等重修《廣韻》，因前附陸法言《切韻·序》故歷代相傳，以爲《廣韻》二百六韻，即陸法言《切韻》之舊目。然敦煌《切韻》殘卷發現後，始知其韻目與今行《廣韻》頗有出入。蓋《廣韻》實據陸氏舊目，而加以增訂，並非陸氏原書，即有二百六韻之多也。持《切韻》殘卷與《廣韻》相較，其相異者，有下列數端。

【一】屬於韻部之數目者：

平聲上	《廣韻》二十八韻	《切韻》二十六韻
平聲下	《廣韻》二十九韻	《切韻》二十八韻
上　聲	《廣韻》五十五韻	《切韻》五十一韻
去　聲	《廣韻》六十韻	《切韻》五十六韻
入　聲	《廣韻》三十四韻	《切韻》三十二韻
總　計	《廣韻》二百零六韻	《切韻》一百九十三韻

《廣韻》比《切韻》總數多出十三韻。

【二】屬於韻部之分合者：

平　聲		上　聲		去　聲		入　聲	
切韻	廣韻	切韻	廣韻	切韻	廣韻	切韻	廣韻
眞	眞	軫	軫	震	震	質	質
	諄		準		稕		術
寒	寒	旱	旱	翰	翰	末	曷
	桓		緩		換		末
歌	歌	哿	哿	箇	箇		
	戈		果		過		
		琰	琰	梵	釅		
			儼		梵		

【三】屬於韻部之次第者：

（一）平聲下次第不同者，凡有蒸、登、覃、談四韻。

《廣韻》下平十六蒸、十七登相次，列在十五青之後，十八尤之前。《切韻》則爲二十三蒸、二十四登相次，列在二十二添之後，二十五咸之前。

《廣韻》下平二十二覃、二十三談相次，列在二十一侵之後，二十四鹽之前。《切韻》則爲九覃、十談相次，列在八麻之後，十一陽之前。

(二)上聲次第不同者，凡有拯、等、感、敢四韻。

《廣韻》上聲四十二拯、四十三等相次，列在四十一迥之後，四十四有之前。《切韻》則四十七拯、四十八等相次，列在四十六忝之後，四十九豏之前。

《廣韻》上聲四十八感、四十九敢相次，列在四十七寑之後，五十琰之前。

《切韻》則三十三感、三十四敢相次，列在三十二馬之後，三十五養之前。

(三)去聲次第不同者，以平上二聲準之，當有證、嶝、勘、闞四韻。

《廣韻》去聲四十七證、四十八嶝相次，列在四十六徑之後，四十九宥之前。以平上二聲準之，《切韻》應爲五十二證、五十三嶝相次，列在五十一添之後，五十四陷之前。

《廣韻》去聲五十三勘、五十四闞相次，列在五十二沁之後，五十五豔之前。以平上二聲準之，《切韻》應爲三十八勘、三十九闞相次，列在三十七禡之後，四十漾之前。

(四)入聲次第不同者，幾超過半數，今並列之，以便比較。

《廣韻》一屋　二沃　三燭　四覺　五質　六術　七櫛　八物　九迄　十月　十一沒　十二曷　十三末　十四黠　十五鎋　十六屑　十七薛　十八藥　十九鐸　二十陌　二十一麥　二十二

昔　二十三錫　二十四職　二十五德　二十六緝　二十七合　二
十八盍　二十九葉　三十怗　三十一洽　三十二狎　三十三業
三十四乏　《切韻》一屋　二沃　三燭　四覺　五質　六物　七
櫛　八迄　九月　十沒　十一末　十二黠　十三鎋　十四屑　十
五薛　十六錫　十七昔　十八麥　十九陌　二十合　二十一盍
二十二洽　二十三狎　二十四葉　二十五怗　二十六緝　二十八
鐸　二十九職　三十德　三十一業　三十二乏

第三節　四聲及《廣韻》韻目相配表

　　漢以前無平、上、去、入四聲之名。至齊、梁間始興起四聲
之名。《南齊書・陸厥傳》曰：「永明（齊武帝年號）末，盛為
文章，吳興沈約、陳郡謝朓、瑯琊王融，以氣類相推轂。汝南周
顒，善識聲韻。約等文皆用宮商，以平上去入為四聲，以此制
韻，不可增減，世呼為永明體。」《梁書・沈約傳》曰：「約撰
《四聲譜》，以為在昔詞人，累千載而不寤；而獨得胸襟，窮其
妙旨，自謂入神之作。高祖雅不好焉，嘗問周捨曰：『何謂四
聲？』捨曰：『天子聖哲是也。』然帝竟不遵用。」梁武帝之所
以不遵用者，以未明其故也。日僧空海《文鏡秘府論・四聲論》
載：「梁王蕭衍不知四聲，嘗從容謂中領軍朱異曰：『何者名為
四聲？』異答曰：『天子萬福，即是四聲。』衍謂異：『天子壽
考，豈不是四聲也。』以蕭主博洽通識，而竟不能辨之。時人咸
美朱異之能言，歎蕭主不悟，故知心有通塞，不可以一概論
也。」封演《聞見記》曰：「周顒好為體語，因此切字皆有紐，
紐有平、上、去、入之異，永明中，沈約文詞精拔，盛解音律，
遂撰《四聲譜》；時王融、劉繪、范雲之徒，慕而扇之，由是遠

近文學，轉相祖述，而聲韻之道大行。」顧炎武《音論》曰：
「今考江左之文，自梁天監以前，多以去入二聲同用，以後則若
有界限，絕不相通；是知四聲之論，起於永明，而定於梁陳之間
也。」閻若璩《古文尚書疏證》曰：「韻興於漢建安及齊梁間，
韻之變凡有二，前此止論五音，後方有四聲。不然，有韻即有四
聲，自梁天監上泝建安，且三百有餘載矣，何武帝尚問周捨以何
謂四聲載！」蘄春黃季剛先生以爲：四聲者，蓋因收音時留聲長
短而別也。古惟有「平」「入」二聲，以爲留音長短之大限。迨
後讀「平聲」少短而爲「上」，讀「入聲」稍緩而爲「去」。於
是「平」「上」「去」「入」四者，因音調之不同，遂爲聲韻學
上之重要名稱矣。

　　《廣韻》二百六韻，平聲五十七韻，上聲五十五韻，去聲六
十韻，入聲三十四韻。茲取其四聲相承者，配列於下，以明留音
長短之異。

平聲上	上聲	去聲	入聲
一東	一董	一送	一屋
二冬	（湩）附於腫	二宋	二沃
三鍾	二腫	三用	三燭
四江	三講	四絳	四覺
五支	四紙	五寘	
六脂	五旨	六至	
七之	六止	七志	
八微	七尾	八未	
九魚	八語	九御	
十虞	九麌	十遇	
十一模	十姥	十一暮	

十二齊	十一薺	十二霽	
	十三祭		
	十四泰		
十三佳	十二蟹	十五卦	
十四皆	十三駭	十六怪	
		十七夬	
十五灰	十四賄	十八隊	
十六咍	十五海	十九代	
		二十廢	
十七眞	十六軫	二十一震	五質
十八諄	十七準	二十二稕	六術
十九臻	（橀）附於隱	（齔）附於上聲隱 七櫛	
二十文	十八吻	二十三問	八物
二十一欣	十九隱	二十四焮	九迄
二十二元	二十阮	二十五願	十月
二十三魂	二十一混	二十六慁	十一沒
二十四痕	二十二很	二十七恨	（麧）附於沒
二十五寒	二十三旱	二十八翰	十二曷
二十六桓	二十四緩	二十九換	十三末
二十七删	二十五潸	三十諫	十四黠
二十八山	二十六產	三十一襉	十五鎋

平聲下

一先	二十七銑	三十二霰	十六屑
二仙	二十八獼	三十三線	十七薛
三蕭	二十九篠	三十四嘯	
四宵	三十小	三十五笑	

五肴	三十一巧	三十六效	
六豪	三十二皓	三十七號	
七歌	三十三哿	三十八箇	
八戈	三十四果	三十九過	
九麻	三十五馬	四十禡	
十陽	三十六養	四十一漾	十八藥
十一唐	三十七蕩	四十二宕	十九鐸
十二庚	三十八梗	四十三映	二十陌
十三耕	三十九耿	四十四諍	二十一麥
十四清	四十靜	四十五勁	二十二昔
十五青	四十一迥	四十六徑	二十三錫
十六蒸	四十二拯	四十七證	二十四職
十七登	四十三等	四十八嶝	二十五德
十八尤	四十四有	四十九宥	
十九侯	四十五厚	五十候	
二十幽	四十六黝	五十一幼	
二十一侵	四十七寑	五十二沁	二十六緝
二十二覃	四十八感	五十三勘	二十七合
二十三談	四十九敢	五十四闞	二十八盍
二十四鹽	五十琰	五十五豔	二十九葉
二十五添	五十一忝	五十六桥	三十怗
二十六咸	五十二豏	五十七陷	三十一洽
二十七銜	五十三檻	五十八鑑	三十二狎
二十八嚴	五十四儼	五十九釅	三十三業
二十九凡	五十五范	六十梵	三十四乏

以上所列韻目，平聲有五十七韻，而上聲僅五十五韻者，以

“冬”韻之上聲，止有“湩（都鶫切）鶫朣（莫湩切）”三字，附於“鍾”韻上聲“腫”韻中。“臻”韻之上聲，止有“𧤫亲（仄謹切）齔（初謹切）”三字，附於“欣”韻上聲之“隱”韻中，故少二韻，實在亦五十七韻也。去聲六十韻者，多“祭”“泰”“夬”“廢”四韻，而“臻”韻去聲僅有“齔”字，附在上聲“隱”韻故也。

今若併平上去三聲言之，則平聲五十七，加去聲之四韻，爲六十一韻。

《廣韻》之入聲，專附陽聲，此六十一韻之，中陽聲凡三十五韻，而入聲僅三十四韻者，以“痕”韻之入聲，止有“麧𪗗齕紇㲱（下沒切）”五字，附於“魂”韻入聲之“沒”韻中也。

《廣韻》平、上、去、入四聲與國語一、二、三、四聲，亦存在對應關係，茲分別說明於下：

平聲：平聲字根據《廣韻》聲母之清濁，區分爲第一聲與第二聲兩類，如爲清聲母，則讀第一聲，如爲濁聲母，則讀第二聲。

平聲清聲母讀第一聲者如：東、通、公、空、煎、仙、千、天、張、商。

平聲濁聲母讀第二聲者如：同、窮、從、容、移、期、良、常、行、靈。

上聲：如果是全濁聲母則讀第四聲，是次濁聲母及清聲母則讀第三聲。

上聲清聲及次濁聲母讀第三聲者如：董、孔、勇、美、耳、呂。

上聲全濁聲母讀第四聲者如：巨、敍、杜、部、蟹、罪、在、腎。

去聲：《廣韻》去聲字國語一律讀第四聲。如：送、貢、弄、洞、夢、避、寄、刺、易、至、利、寐、自、四、二、氣。

入聲：入聲字變入國語聲調，對應上較爲複雜，如果聲母屬次濁，則一定讀第四聲；如果聲母屬全濁，以讀第二聲爲多，間亦有讀第四聲者；清聲母最無條理，一、二、三、四聲皆有，但就總數說來，仍可以全清、次清作爲分化之條件，全清聲母以讀第二聲者爲最多；次清聲母則以讀第四聲者爲多。因此凡清聲母讀第一聲及第三聲者，可視作例外。茲舉例於下：

入聲次濁讀第四聲：如木、錄、目、褥、嶽、搦、日、栗、律、物、月。

入聲全濁讀第二聲：如疾、直、極、獨、濁、宅、白、薄、鐸、合、匣。

入聲全清讀第二聲：如吉、得、竹、足、格、革、閣、覺、拔、答、札。

入聲次清讀第四聲：如塞、闊、適、黑、赤、速、促、客、錯、撻、妾。

根據以上之分析，可以歸納出國語四個聲調之《廣韻》聲調來源。

【一】國語第一聲來自平聲清聲母。

【二】國語第二聲來自平聲濁聲母；入聲全清聲母與全濁聲母。

【三】國語第三聲來自上聲清聲母與次濁聲母。

【四】國語第四聲來自去聲，上聲之全濁，入聲之次濁與次清聲母。

下面再列出一些辨別入聲字之條例，對於辨識入聲，自有幫助：

1. 凡ㄅ〔p〕、ㄉ〔t〕、ㄍ〔k〕、ㄐ〔tɕ〕、ㄓ〔tʂ〕、ㄗ〔ts〕六母讀第二聲時，皆古入聲字。例如：

ㄅ〔p〕：拔跋白帛薄荸別蹩脖柏舶伯百勃渤博駁。

ㄉ〔t〕：答達得德笛敵嫡覿翟跌迭疊碟蝶牒獨讀犢瀆毒奪鐸掇。

ㄍ〔k〕：格閣蛤胳革隔葛國虢。

ㄐ〔tɕ〕：及級極吉急擊棘即瘠疾集籍夾袷嚼潔結劫杰傑竭節捷截局菊掬鞠橘決訣掘角厥橛蹶腳钁覺爵絕。

ㄓ〔tʂ〕：扎札炸鍘宅擇翟著折摺哲蜇軸竹妯竺燭築逐酌濁鐲琢濯拙直值殖質執侄職。

ㄗ〔ts〕：雜鑿則擇責賊足卒族昨作。

2. 凡ㄉ〔t〕、ㄊ〔t'〕、ㄌ〔l〕、ㄗ〔ts〕、ㄘ〔ts'〕、ㄙ〔s〕等六母跟韻母ㄜ〔ɤ〕拼合時，不論國語讀何聲調，皆古入聲字。例如：

ㄉㄜˊ〔tɤˊ〕：得德。

ㄊㄜˋ〔t'ɤˋ〕：特忒慝螣。

ㄌㄜˋ〔lɤˋ〕：勒肋泐樂垞垃。

ㄗㄜˊ〔tsɤˊ〕：則擇澤責嘖賾簀笮迮窄舴賊仄昃。

ㄘㄜˋ〔ts'ɤˋ〕：側測廁惻策筴册。

ㄙㄜˋ〔sɤˋ〕：瑟色塞嗇穡濇澀圾。

3. 凡ㄎ〔k'〕、ㄓ〔tʂ〕、ㄔ〔tʂ'〕、ㄕ〔ʂ〕、ㄖ〔ʐ〕五母與韻母ㄨㄛ〔uo〕拼合時，不論國語讀何聲調，皆古入聲字。例如：

ㄎㄨㄛ〔k'uo〕：闊括廓鞟擴。

ㄓㄨㄛ〔tʂuo〕：桌捉涿著酌灼濁鐲琢諑啄濯擢卓焯倬踔拙茁斫斮斲鷟浞梲。

ㄔㄨㄛ〔tṣ'uo〕：戳綽歠啜輟醊惙齪婼。

ㄕㄨㄛ〔ṣuo〕：說勺芍妁朔搠槊箾爍鑠碩率蟀。

ㄖㄨㄛ〔ẓuo〕：若鄀箬篛弱爇蒻。

4. 凡ㄅ〔p〕、ㄆ〔p'〕、ㄇ〔m〕、ㄉ〔t〕、ㄊ〔t'〕、ㄋ〔n〕、ㄌ〔l〕七母與韻母一ㄝ〔ie〕拼合時，無論國語讀何聲調，皆古入聲字。惟有「爹」ㄉ一ㄝ〔tie˥〕字例外。例如：

ㄅ一ㄝ〔pie〕：鷩憋別龞癟彆。

ㄆ一ㄝ〔p'ie〕：撇瞥。

ㄇ一ㄝ〔mie〕：滅蔑篾蠛蠓。

ㄉ一ㄝ〔tie〕：碟蝶喋堞蹀牒諜鰈跌迭眰眣垤耊絰咥褶疊。

ㄊ一ㄝ〔tie〕：帖貼怗鐵餮。

ㄋ一ㄝ〔nie〕：揑陧聶躡鑷臬闑鎳涅孽蘗齧囓。

ㄌ一ㄝ〔lie〕：列冽烈洌獵躐鬣劣。

5. 凡ㄉ〔t〕、ㄍ〔k〕、ㄏ〔x〕、ㄗ〔ts〕、ㄙ〔s〕五母與韻母ㄟ〔ei〕拼合時，不論國語讀何聲調，皆古入聲字。例如：

ㄉㄟ〔tei〕：得。

ㄍㄟ〔kei〕：給。

ㄏㄟ〔xei〕：黑嘿。

ㄗㄟ〔tsei〕：賊。

ㄙㄟ〔sei〕：塞。

6. 凡聲母ㄈ〔f〕與韻母ㄚ〔a〕ㄛ〔o〕拼合時，不論國語讀何聲調，皆古入聲字。例如：

ㄈㄚ〔fa〕：法發伐砝乏筏閥罰髮。

ㄈㄛ〔fo〕：佛縛。

7. 凡讀ㄩㄝ〔ye〕韻母的字，皆古入聲字。惟「嗟」ㄐㄩㄝ〔tɕye〕、「瘸」ㄑㄩㄝ〔tɕ'ye〕、「靴」ㄒㄩㄝ〔ɕye〕三字例

外。例如：

ㄩㄝ〔ye〕：曰約豳月刖玥悅閱鉞越樾樂藥耀曜躍龠籥鑰淪

　　　　　爚鷸礿粵岳嶽鸑軏。

ㄋㄩㄝ〔nye〕：虐瘧謔。

ㄌㄩㄝ〔eye〕：略掠。

ㄐㄩㄝ〔tɕye〕：噘撅决抉訣玦倔掘崛桷角劂蕨厥橛蹶獗噱

　　　　　臄譎鐍玨孒腳覺爵嚼爝絕蕝矍攫躩屩。

ㄑㄩㄝ〔tɕ'ye〕：缺闕卻怯確榷愨埆闋鵲雀碏。

ㄒㄩㄝ〔ɕye〕：薛穴學雪血削。

　　8.凡一字有兩讀，讀音爲開尾韻，語音讀ㄧ〔i〕或ㄨ〔u〕
韻尾的，皆古入聲字。例如：

　　讀音爲ㄜ〔ɤ〕，語音爲ㄞ〔ai〕：色冊摘宅翟窄擇塞。

　　讀音爲ㄛ〔o〕，語音爲ㄞ〔ai〕：白柏伯麥陌脈。

　　讀音爲ㄛ〔o〕，語音爲ㄟ〔ei〕：北沒。

　　讀音爲ㄛ〔o〕，語音爲ㄠ〔au〕：薄剝。

　　讀音爲ㄨㄛ〔uo〕，語音爲ㄠ〔au〕：烙落酪著杓鑿。

　　讀音爲ㄨ〔u〕，語音爲ㄡ〔ou〕：肉粥軸舳妯熟。

　　讀音爲ㄨ〔u〕，語音爲ㄧㄡ〔iou〕：六陸衄。

　　讀音爲ㄩㄝ〔ye〕，語音爲ㄧㄠ〔iau〕：藥瘧鑰嚼覺腳角削

　　　　學。

第四節　陰聲、陽聲與入聲

　　從韻尾觀點，可將《廣韻》二百零六韻，分成三類不同之韻
母。凡開口無尾，或收音於〔-i〕、〔-u〕韻尾者，概括說來，
即以元音收尾者，稱爲陰聲韻。《廣韻》中屬於陰聲韻而開口無

尾者計有：支、脂、之、魚、虞、模、歌、戈、麻等九韻。（舉平以賅上去，後仿此。）收〔-i〕韻尾者計有：微、齊、佳、皆、灰、咍及去聲祭、泰、夬、廢（此爲無平上相配者）十韻。收〔-u〕韻尾者計有：蕭、宵、肴、豪、尤、侯、幽七韻。總共二十六韻。

　　《廣韻》中以鼻音收尾者稱爲陽聲韻。陽聲之收鼻音，共有三種：一曰舌根鼻音〔-ŋ〕：計有東、冬、鍾、江、陽、唐、庚、耕、清、青、蒸、登十二韻。二曰舌尖鼻音〔-n〕：計有眞、諄、臻、文、欣、元、魂、痕、寒、桓、刪、山、先、仙十四韻。三曰雙脣鼻音〔-m〕：計有有侵、覃、談、鹽、添、咸、銜、嚴、凡九韻。

　　《廣韻》中以塞聲收尾者稱爲入聲韻。入聲之收塞聲，亦有三種：一曰舌根塞聲〔-k〕：計有屋、沃、燭、覺、藥、鐸、陌、麥、昔、錫、職、德十二韻。二曰舌尖塞聲〔-t〕：計有質、術、櫛、物、迄、月、沒、（麧）、曷、末、黠、鎋、屑、薛十三韻。三曰雙脣塞聲〔-p〕：計有緝、合、盍、葉、怗、洽、狎、業、乏九韻。“陰聲”“陽聲”，古人韻部雖分析甚嚴，然未嘗顯言其分別之故，亦無名稱以表明之，名稱之立，實萌芽於戴東原。戴東原〈與段若膺論韻書〉云：「有入者，如氣之陽，如物之雄，如衣之表；無入者，如氣之陰，如物之雌，如衣之裏。」其弟子孔廣森因據其說，定如氣之陽、物之雄、衣之表者爲“陽聲”，如氣之陰、物之雌、衣之裏者爲“陰聲”。陰聲、陽聲之名乃告正式確立。《廣韻》以入聲專配陽聲，明顧炎武《音論》中〈近代入聲之誤〉一文，歷考古籍音讀，除侵、覃以下九韻之入聲外，餘悉反韻書之說，以配陰聲。顧氏曰：「韻書之序，平聲一東、二冬，入聲一屋、二沃，若將以屋承東，以沃承冬者，久仍其誤而莫察也。屋之平聲爲烏，故〈小戎〉以韻驅、軥，（《詩·秦風·小戎》首章：『小戎俴收。五楘梁輈。／游環脅驅。陰靷鋈續。文茵暢轂。駕我騏馵。言念君子，溫其如玉。在其板屋。亂我心曲。』）不協於東、董、送可知也；沃之平聲爲夭，故〈揚之水〉以韻鑿、襮、樂，（《詩·唐風·揚之水》首章：『揚之水，白石鑿鑿。素衣朱襮。從子于沃。既見君子，云何不樂。』）不協於冬、腫、宋可知也。"術"轉去而音"遂"，故〈月令〉有"審端徑術"之文，"曷"轉去而音"害"，故《孟子》有"時日害喪"之引，"質"爲"傳質爲臣"之質，"覺"爲"尙寐無覺"之覺，"沒"音"妹"也，見於子產之書，"燭"音"主"也，著於孝武之紀，此皆載之經傳，章章著明者。……是以審音之士，談及入聲，便茫然不解，而以意爲之，遂不勝其舛互者矣。

　　夫平之讀去，中中、將將、行行、興興；上之讀去，語語、弟弟、好好、有有；而人不疑之者，一音之自爲流轉也。去之讀入，宿宿、出出、惡惡、易易，而人疑之者，宿宥而宿屋，出至而出術，惡暮而惡鐸，易寘而易昔，後之爲韻者，以屋承東，以術承諄，以鐸承唐，以昔承清，若呂之代嬴，黄之易羋，而其統系遂不可復尋矣。……故歌戈麻三韻舊無入聲，侵覃以下九韻，舊有入聲，今因之，餘則反之。」

　　顧氏此說，誠爲卓識，然謂韻書所配爲誤，是又知其一而未知其二也。蓋入聲者，介于陰陽之間，凡陽聲收-ŋ者，其相配之入聲收音於-k，陽聲收-n者，其相配之入聲收音於-t，陽聲收-m者，其相配之入聲收音於-p。在發音部位上與陽聲相同，故頗類於陽聲；但音至短促，且塞聲又是一唯閉聲，只作勢而不發聲，故又頗類於陰聲。故曰介于陰陽之間也。因其介于陰陽之間，故與陰聲陽聲皆可通轉，江愼修數韻同入，戴東原陰陽同入之說，皆此理也。

第五節　等呼

音之洪細謂之等，脣之開合謂之呼，二者合稱則爲等呼。按音之歸本於喉，本有開口、合口二等，開合又各有洪細二等，是以有四等之稱。“開口洪音”爲“開口呼”，簡稱曰“開”，以其收音之時，開口而呼之也。“開口細音”曰“齊齒呼”，簡稱曰“齊”以其收音之時，齊齒而呼之也。“合口洪音”爲“合口呼”，簡稱曰“合”，以其收音之時，合口而呼之也。“合口細音”曰“撮口呼”，簡稱曰“撮”，以其收音之時，撮脣而呼之也。

開合之異，實因韻母收音脣勢之異，故分辨亦極易。潘耒《類音》曰：「初出於喉，平舌舒脣，謂之“開口”，舉舌對齒，聲在舌齶之間，謂之“齊齒”，斂脣而蓄之，聲滿頤輔之間，謂之“合口”，蹙脣而成聲，謂之“撮口”。」錢玄同先生《文字學音篇》曰：「今人用羅馬字表中華音，于“開口呼”之字，但用子音母音字母拼切，“齊”“合”“撮”三呼，則用 i、u、y 三母，介于子音母音之間，以肖其發音口齒之狀，與潘氏之說，適相符合。試以“寒”“桓”“先”韻中影紐字言之。則“安”爲開，拼作 an。“煙”爲齊，拼作 ian。“灣”爲合，拼作 uan。“淵”爲撮，拼作 yan。此其理至易明瞭，無待煩言者也。」茲列圖以明之。

聲勢		方法	簡稱	例字	羅馬字表音	介音	附註
開口	洪音	開口呼之	開	安	an		無任何介音
	細音	齊齒呼之	齊	煙	ian	i	
合口	洪音	合口呼之	合	灣	uan	u	
	細音	撮脣呼之	撮	淵	yan	y	

　　據上表所列，等呼之說，實至淺易。宋以後等韻學家，取韻書之字，依三十六字母之次第而爲之圖，開合各分四等，後人遂有一等洪大，二等次大，三四皆細，而四尤細之說。此說出自江永，但國人始終未有能解說而使人理解者。直至瑞典高本漢，始謂一二等無-i-介音，故其音洪，但一等之元音較後較低，二等之元音較前較淺，故一等洪大，二等次大。三四等有-i-介音，故爲細音，但三等之元音較後較低，四等之元音較前較高，故同爲細音，而四等尤細。雖持之有故，言之有理，但仍不易爲學者所掌握。惟蘄春黃季剛先生曰：「分等者大概以“本韻”之“洪”爲一等，“變韻”之洪爲二等，“本韻”之“細”爲四等，“變韻”之“細”爲三等。」然後等韻之分等之繽紛糾轕，始有友紀。

第六節　陳澧系聯《廣韻》
切語下字之條例

〔一〕基本條例：

　　切語下字與所切之字爲疊韻，則切語下字同用者、互用者、遞用者韻必同類也。同用者如東德紅切、公古紅切,同用紅字也;互用者如公古紅切、紅戶公切,紅公二字互用也;遞用者如東德紅切、紅戶公切,東字用紅字,紅字用公字也。今據此系聯爲每韻一類、二類、三類、四類,編而爲表橫列之。

〔二〕分析條例:

上字同類者,下字必不同類,如公古紅切、弓居戎切,古居聲同類,則紅戎韻不同類,今分析每韻二類、三類、四類者,據此定之也。

〔三〕補充條例:

切語下字既系聯爲同類矣,然亦有實同類而不能系聯者,以其切語下字兩兩互用故也。如朱、俱、無、夫四字,韻本同類,朱章俱切、俱舉朱切、無武夫切、夫甫無切,朱與俱、無與夫兩兩互,用遂不能四字系聯矣。今考平、上、去、入四韻相承者,其每韻分類亦多相承,切語下字既不系聯而相承之韻又分類,乃據以定其分類,否則雖不系聯,實同類耳。

以上三則條例,一如其系聯上字之條例皆頗爲實用,惟下字補充條例"實同類而不能系聯"一語,在邏輯上有問題。故余有有補充條例補例之作,以補其缺失。〈補例〉曰:

「今考《廣韻》四聲相承之韻,其每韻分類亦多相承,不但分類相承,每類字音亦多相承。今切語下字因兩兩互用而不系聯,若其相承之韻類相承之音,切語下字韻同類,則此互用之切語下字韻亦必同類。如下平十虞韻朱、俱、無、夫四字,朱章俱切、俱舉朱切、無武夫切、夫甫無切,朱與俱、無與夫兩兩互用,遂不能四字系聯矣。今考朱、俱、無、夫相承之上聲爲九麌韻主之庾切、矩俱雨切、武文甫切、甫方矩切。矩與甫、武切語下字韻同類，則平聲朱與無、夫切語下字韻亦同類。今於切語下字因兩兩互用而不系聯者，據此定之也。」

自敦煌《切韻》殘卷問世以來，後人彙集爲一篇者多種，計有劉復《十韻彙編》，姜亮夫《瀛涯敦煌韻輯》，潘重規師《瀛涯敦煌韻輯新編》，周祖謨《唐五代韻書集存》等多種。此類韻書對吾人系聯今本《廣韻》反切下字，亦有相當助益。現在舉例加以說明。

《廣韻》上平十六咍：「開、苦哀切」、「哀、烏開切」；「裁（才）、昨哉（災）切」、「災、祖才切」。開與哀、哉與才兩兩互用而不系聯。今考裁字，《切三》「昨來反」。我們知道《切韻》《廣韻》是同音系之韻書，在此種情況下，吾人未有任何證據說何種韻書切語正確，何本韻書切語不正確，那末，惟有承認兩本韻書反切皆正確。如此則有利於系聯今本《廣韻》之反切下字。

若吾人承認兩切語皆正確，那末，就可以利用數學上之等式來決定此兩切語下字之關係。今將其演算如下：

因爲　　裁＝昨＋哉；　　裁＝昨＋來。

所以　　昨＋哉＝昨＋來

則：　　哉＝來

而來落哀切，哀、開本與哉、才兩兩互用而不系聯，今證明哉、來同類，則哉、哀即可系聯。

茲再舉下平聲六豪韻爲例，豪韻「勞（牢）、魯刀切」、「刀、都牢切」；「襃、博毛切」、「毛、莫袍切」、「袍、薄襃切」，刀、牢與毛、袍、襃彼此互用而不系聯。今考《切三》「蒿、呼高切」，而《廣韻》「蒿、呼毛切」。則其演算式當如下：

因爲　蒿＝呼＋毛；　蒿＝呼＋高。

所以　呼＋毛＝呼＋高

則：毛＝高

《廣韻》「高、古勞（牢）切」，毛旣與高韻同類，自亦與勞（牢）韻同類。

故於《廣韻》切語下字有不系聯者，則可借助於《切韻》殘卷之切語以系聯之。

第七節　二百六韻分爲二百九十四韻類表

《廣韻》韻部所以有二百六韻之多者，其原因有四。一因四聲之異，二因陰陽之別，三因開合之不同，四因古今字音之變遷。其四聲之異，陰陽之別，及古今字音之變遷，幾已應分盡分。至于開合之不同，已分別者固多，而未分析者，亦尚有不少。陳澧《切韻考・內篇》據《廣韻》切語下字，析其韻類之開合，有一韻只一類者，有一韻而分二類、三類、四類者，凡平聲九十類，上聲八十類，去聲八十八類，入聲五十三類，共得三百十一類。錢玄同先生據黃侃先生脣音但有合口之說，因析脣音字皆爲合口呼，凡得三百三十九類。然陳氏之說，太拘拘於切語上下字，弊在瑣碎；錢氏之分類，亦求密太過。今重加考定，計平聲八十四韻類，上聲七十六韻類，去聲八十四韻類，入聲五十一韻類。四聲合計共二百九十五韻類。若上聲三十八梗韻打冷二字併入杏梗猛爲一類，不單獨成爲一類，則僅爲二百九十四韻類。與先師林景伊（尹）先生《中國聲韻學通論》所分二百九十四韻類數目全符，惟個別字之分類有異同耳。

今依《經史正音切韻指南》十六攝爲次，將《廣韻》二百九十四韻類，一一敘述於後，其有考釋，則附於各攝切語下字分類表之後：

〔一〕通攝：

上平一東[2]	上聲一董[3]	去聲一送[4]	入聲一屋[5]	開合等第[6]
(1)紅公東	動孔董蠓揔	弄貢送凍	谷祿木卜	開口一等
(2)弓宮戎融中終隆		衆鳳仲	六竹匊宿逐菊	開口三等
上平二冬[7]	上聲[8]（湩）	去聲二宋[9]	入聲二沃	開合等第
冬宗	湩䤞	統宋綜	酷沃毒篤	合口一等
上平三鍾	上聲二腫[10]	去聲三用	入聲三燭	開合等第

2　上平一東韻第一類切語下字紅公東，可以陳澧基本條例系聯；第二類切語下字，《廣韻》無隆字，豐各本《廣韻》均作「敷空切」，誤。今據《切三》正作「敷隆切」。可以基本條例系聯。
3　上聲一董只一類，能系聯。
4　去聲一送韻第一類可系聯，第二類「鳳、馮貢切」誤。鳳爲平聲馮、入聲伏相承之去聲音，當在第二類，《切韻考》列第一類誤。除馮貢一切外，皆能系聯。
5　入聲第一類「縠（谷）、古祿切」「祿、盧谷切」；「卜、博木切」「木、莫卜切」。兩兩互用而不系聯，今據〈補例〉系聯。
6　每一韻類之開合等第據《韻鏡》。
7　上平二冬可系聯。
8　《廣韻》二腫有「湩、都䤞切」「䤞、莫湩切」，《廣韻》「湩」下注云：「此是冬字上聲。」
9　去聲、入聲皆能系聯。後凡能系聯者只將切語下字列出，不再加注。
10　上聲腫韻「腫、之隴切」「隴、力踵（腫）切」；「拱、居悚切」「悚、息拱切」。兩兩互用而不系聯，據〈補例〉拱之平聲相承之音爲恭，隴之平聲相承之音爲龍，平聲恭龍韻同類，則上聲拱隴亦韻同類也。

容鍾封凶庸恭 隴踵奉冗悚拱勇冢[11]頌用　　　欲玉蜀錄曲足　合口三等

〔二〕江攝：

上平四江	上聲三講	去聲四絳	入聲四覺	開合等第
雙江	項講澒	巷絳降	岳角覺	開口二等

〔三〕止攝：

上平五支[12]	上聲四紙[13]	去聲五寘[14]	開合等第

11　冬之上聲湩鶇二字已入畫出本韻，歸入冬之上聲（湩）矣。

12　按本韻「離、呂支切」「羸、力爲切」，則支、爲韻不同類，今「爲」字切語用「支」字，蓋其疏誤也。考本韻「爲、薳支切又王僞切」，去聲五寘「爲、于僞切又允危切」，《王二》「爲、榮僞反又榮危反」，《廣韻》「危、魚爲切」，根據《王二》又音則危、爲二字正互用爲類，不與支移同類也。

　　本韻「宜、魚羈切」「羈、居宜切」，羈、宜互用，自成一類，既不與支、移爲一類，亦不與危、垂爲一類，則本韻系聯結果而有三類，則與「支」韻性質不合，支韻居韻圖三、四等，其爲細音無疑，究其極端，不外二類。考上聲四紙韻「狔、女氏切」《集韻》「狔、乃倚切」，則倚、氏韻同類。倚相承之平聲音爲「漪、於離切」，氏相承之平聲爲「提、是支切」，上聲四紙「倚、於綺切，掎、居綺切，螘、魚倚切」掎之相承平聲爲「羈、居宜切」，螘之相承平聲爲「宜、魚羈切」，是則羈、宜當併入支、移爲一類也。

　　併羈、宜入支移一類，則出現『重紐』問題，關於重紐問題，不僅出現在支韻，還出現於脂、眞、諄、祭、仙、宵、侵、鹽諸韻，爲談反切系聯而不可避免者。向來諸家對『重紐』之解釋，亦不盡相同。約而舉之，共有四說：

　　(A)董同龢〈廣韻重紐試釋〉，周法高〈廣韻重紐的研究〉，張琨夫婦〈古漢語韻母系統與切韻〉，納格爾〈陳澧切韻考對於切韻擬音的貢獻〉諸文皆以元音的不同來解釋重紐的區別。自雅洪托夫、李方桂、王力以來，都認爲同一韻部應該具有同樣的元音。今在同一韻部之中，認爲有兩種不同的元音，還不是一種足以令人信服的辦法。

　　(B)陸志韋〈三四等與所謂喻化〉，王靜如〈論開合口〉，李榮〈切韻音系〉，龍宇純〈廣韻重紐音值試論〉，蒲立本〈古漢語之聲母系統〉，藤堂明保〈中國語音韻論〉皆以三、四等重紐之區別，在於介音的不同。筆者甚感懷疑的一點就是：從何判斷二者介音的差異，若非見韻圖按置於三等或四等，則又何從確定乎！我們正須知道它的區別，然後再把它擺到三等或四等去，現在看到韻圖在三等或四等，然後說它有甚麼樣的介音，這不是倒果為因嗎？

(C)林英津〈廣韻重紐問題之檢討〉，周法高〈隋唐五代宋初重紐反切研究〉，李新魁〈漢語音韻學〉都主張是聲母的不同。其中以李新魁的說法最為巧妙，筆者以為應是所有以聲母作為重紐的區別諸說中，最為圓融的一篇文章。李氏除以方音為證外，其最有力的論據，莫過說置於三等處的重紐字，它們的反切下字基本上只用喉、牙、脣音字，很少例外，所以它們的聲母是脣化聲母；置於四等處的重紐字的反切下字不單可用脣、牙、喉音字，而且也用舌、齒音字，所以其聲母非脣化聲母。但是我們要注意，置於三等的重紐字，只在脣、牙、喉下有字，而且自成一類，它不用脣、牙、喉音的字作它的反切下字，他用甚麼字作它的反切下字呢？何況還有例外呢？脂韻三等「逵、渠追切」，祭韻三等「劂、牛例切」，震韻三等「䪍、去刃切」，獮韻三等「圈、渠篆切」，薛韻三等「㰟、乙劣切」，小韻三等「殀、於兆切」，笑韻三等「廟、眉召切」，緝韻三等「邑、於汲切」，葉韻三等「腌、於輒切」，所用切語下字皆非脣、牙、喉音也，雖有些道理，但仍非十分完滿。

(D)章太炎先生《國故論衡・音理論》論及重紐之區別云：「嬀、虧、奇、皮古在歌；規、闚、岐、陴古在支，魏、晉諸儒所作反語宜有不同，及《唐韻》悉隸支部，反語尚猶因其遺跡，斯其證驗最著者也。」董同龢〈廣韻重紐試釋〉一文，也主張古韻來源不同。董氏云：「就今日所知的上古音韻系看，他們中間已經有一些可以判別為音韻來源的不同：例如真韻的'彬、砏'等字在上古屬"文部"（主要元音*ə），'賓、繽'等字則屬真部（主要元音*e）；支韻的'嬀、虧'等字屬"歌部"（主要元音*a）'規、闚'等字則屬"佳部"（主要元音*e）；質韻的'乙、肸'等字屬微部（主要元音*ə），'一、欯'等字則屬"脂部"（主要元音為*e）。」至於古韻部來源不同的切語，何以會同在一韻而成為重紐？先師林景伊先生〈切韻韻類考正〉於論及此一問題時說：「虧、闚二音，《廣韻》《切殘》《刊謬本》皆相比次，是當時陸氏搜集諸家音切之時，蓋韻同而切語各異者，因並錄之，並相次以明其實同類，亦猶紀氏（容舒）《唐韻考》中（陟弓）、卶（陟宮）相次之例，

嫣、規；衹、奇；靡、麞；陴、皮疑亦同之。今各本之不相次，乃
後之增加者竄改而混亂也。」筆者曾在〈蘄春黃季剛先生古音學說
是否循環論證辨〉一文中，於重紐之現象亦有所探索，不敢謂爲精
當，謹提出以就正當世之音學大師與博雅君子。筆者云：「甚至於
三等韻重紐的現象，亦有胍絡可尋。這種現象就是支、脂、眞、諄、
祭、仙、宵、清諸韻部分脣、牙、喉音的三等字，伸入四等。董同
龢先生《中國語音史》認爲支、脂、眞、諄、祭、仙、宵諸韻的脣、
牙、喉音的字，實與三等有關係，而韻圖三等有空卻置入四等者，
乃因等韻的四個等的形式下，納入三等內的韻母，事實上還有一小
類型，就是支、脂諸韻的脣、牙、喉音字之排在四等位置的，這類
型與同轉排在三等的脣、牙、喉音字是元音鬆、緊的不同，三等的
元音鬆，四等的元音緊。周法高先生《廣韻重紐的研究》一文則以
爲元音高低的不同，在三等的元音較低，四等的元音較高。陸志韋
《古音說略》則以三等有〔ɪ〕介音，四等有〔i〕介音作爲區別。龍
宇純兄〈廣韻重紐音值試論──兼論幽韻及喩母音值〉一文則以爲
三等有〔j〕介音，四等有〔ji〕介音。近年李新魁《漢語音韻學》
則認爲重紐是聲母的不同，在三等的是脣化聲母，四等非脣化聲母。
雖各自成理，但誰都沒有辦法、對初學的人解說清楚，讓他們徹底
明白。我曾經試著用黃季剛先生古本音的理論，加以說明重紐現象，
因爲重紐的現象，通常都有兩類古韻來源。今以支韻重紐字爲例，
試加解說。支韻有兩類來源，一自其本部古本韻齊變來（參見黃君
正韻變韻表。本部古本韻、他部古本韻之名稱今所定，這是爲了區
別與稱說之方便。凡正韻變韻表中，正韻列於變韻之上方者，稱本
部古本韻，不在其上方者，稱他部古本韻。）這種變韻是屬於變韻
中有變聲的，即卑、坡、陴、彌一類字。韻圖之例，凡自本部古本
韻變來的，例置四等，所以置四等者，因爲自本部古本韻變來的字，
各類聲母都有，舌、齒音就在三等，脣、牙、喉音放置四等，因與
三等的舌、齒音有連系，不致誤會爲四等韻字。另一類來源則自他
部古本韻歌戈韻變來的，就是陂、鈹、皮、麋一類的字。韻圖之例，
從他部古本韻變來的字，例置三等。故陂、鈹、皮、麋置於三等，
而別於卑、坡、陴、彌之置於四等。當然有人會問，怎麼知道卑、
坡、陴、彌等字來自古本韻齊韻？而陂、鈹、皮、麋等字卻來自他
部古本韻歌戈韻？這可從《廣韻》的諧聲偏旁看出來。例如支韻從
卑得聲的字，在「府移切」音下有卑、鵯、椑、箄、裨、鞞、頓、
痺、渒、錍、埤；「符支切」音下有陴、韇、脾、舞、埤、裨、
蜱、螷、廔、癖、椑、郫；從比得聲之字，在「匹支切」音下有坡；

「符支切」音下有魾、紕，從爾得聲的字，在「弋支切」音下有鸍、䖿；「息移切」音下有㿝；「武移切」音下有彌、鸍、壐、䤼、瀰、壐、攠、孾、瓕、孈、瀰等字。而在齊韻，從卑得聲之字，「邊兮切」音下有蜱、椑、箅、箄、焷；「部迷切」音下有鼙、鞞、椑、崥、甋；「匹迷切」音下有㢶、錍；從比得聲的字，「邊兮切」音下有幖、螕、莊、蓖、綫、箟、梍、狴、鈚、悭；「部迷切」下有肶、笓；「匹迷切」下有磇、鷈、批、鈚；從爾得聲的字，在齊韻上聲薺韻「奴禮切」下有禰、嬭、䎟、濔、鬵、薾、鑈、檷、鞴；這在在顯示出支韻的卑、坡、陴、彌一類字確實是從齊韻變來的，觀其諧聲偏旁可知。段玉裁以爲凡同諧聲者古必同部。至於從皮得聲之字，在支韻「彼爲切」音下有陂、詖、髲、鐾；「敷羈切」下有鈹、帔、鮍、披、翍、耚、狓、狓、旇、秛、帔；「符羈切」下有皮、疲；從麻得聲之字，「靡爲切」下有麊、糜、麍、䴢、蘪、糜、縻、廳、釄；而在戈韻從皮得聲的字，「博禾切」下有波、紴、碆；「滂禾切」下有頗、坡、玻；「薄波切」下有婆、葵；從麻得聲的字，「莫婆切」下有摩、麾、麼、麿、魔、譬、磨、劘、膜、膜、饝。兩相對照，也很容易看出來，支韻的陂、鈹、皮、麊一類字是從古本韻戈韻變來的。或許有人說，古音學的分析，乃是清代顧炎武等人以後的產物，作韻圖的人恐怕未必具有這種古音知識。韻圖的作者，雖然未必有清代以後古韻分部的觀念，然其搜集文字區分韻類的工作中，對於這種成套出現的諧聲現象，未必就會熟視無睹，則於重紐字之出現，必須歸字以定位時，未嘗不可能予以有意識的分析。故我對於古音來源不同的重紐字，只要能夠系聯，那就不必認爲它們有甚麼音理上的差異，把它看成同音就可以了。

13　上聲四紙韻「跪、去委切」「綺、墟彼切」去、墟聲同類，則彼、委韻不同類，彼字甫委切，切語用委字，乃其疏也。今考《全王》「彼、補靡反」，當據正。「狔、女氏切」，《集切》「狔、乃倚切」，則倚、氏韻同類。又本韻「俾、並弭（洱）切，洱、綿婢切，婢、便俾切。」三字互用，然《王二》「婢、避爾切」則爾、俾韻同類也。

14　去聲五寘「恚、於避切，餧、於僞切」上字聲同類，則下字避、僞韻不同類。「僞、危睡切」，避旣與僞不同類，則亦與睡不同類。考本韻「諉、女恚切」，《王二》「女睡反」，則恚、睡韻同類，是與避韻不同類也，恚之切語用避字蓋其疏也。周祖謨〈陳澧切韻考辨誤〉云：「反切之法，上字主聲，下字主韻，而韻之開合皆從

(1)移支知離羈宜奇	氏紙𢇏此是豸侈爾	避義智寄賜跂企	開口三等
	綺倚彼靡弭婢俾		
(2)爲規垂隨隋危吹	委詭累捶毀髓	睡僞瑞累恚	合口三等
上平六脂 [15]	上聲五旨 [16]	去聲六至 [17]	開合等第

下字定之，惟自梁陳以迄隋唐，制音撰韻諸家，每以脣音之開口字切喉牙之合口字，似爲慣例，如《經典釋文》軌、媿美反，宏、戶萌反，虢、寡白反；《敦煌本王仁昫切韻》卦、古賣反，呱、古罵反，化、霍霸反，《切三》《唐韻》蟈、乙白反，嚄、胡伯反是也。」恚於避切，亦以脣音開口字切喉牙音之合口字也。

15　(1)平聲六脂韻尸、式之切，之字誤，今據切三正作式脂切。
　　(2)平聲六脂韻眉、武悲切，悲、府眉切，兩兩互用而不系聯。上聲五旨韻美、無鄙切，鄙、方美切，亦兩兩互用不系聯。去聲六至韻郿（媚）、明祕切，祕、兵媚（郿）切，亦兩兩互用不系聯。脂、旨、至三韻列三等處之脣音字，絕不與其它切語下字系聯，似自成一類。陳澧《切韻考·韻類考》高本漢《中國音韻學研究》與董同龢《中國語音史》均將此類字併入合口一類，並無特別證據，亦與《韻鏡》置於內轉第六開爲開口者不合。今考宋、元韻圖，《韻鏡》《七音略》《四聲等子》皆列開口圖中，惟《切韻指掌圖》列合口圖中，然《切韻指掌圖》不僅將脂韻此類脣音字列於合口圖中，即支韻之「陂、鈹、皮、糜（麋）」一類字，亦列入合口圖中，可見《切韻指掌圖》乃將止攝脣音字全列合口，對吾人之歸類，並無任何助益。惟《經史正音切韻指南》之將脂、旨、至三韻中「美、備」等字，與支韻之「陂、鈹、皮、糜」等字同列止攝內轉開口呼三等，則極具啓示性。在討論支韻的切語下字系聯時，我們曾證明支韻「陂、鈹、皮、糜」一類字當併入開口三等字一類，則從《經史正音切韻指南》的分類看來，我們把這類字併入開口三等，是比較合理的。
　　(3)脂韻帷、洧悲切；旨韻洧、榮美切皆以脣音開口字切喉、牙音合口字也。

16　(1)上聲旨韻几、居履切，履、力几切；視、承矢切，矢、式視切。兩兩互用而不系聯，今考履相承之平聲爲梨、力脂切；矢相承之平聲爲尸、式脂切，梨、尸韻同類，則履、矢韻亦同類也。
　　(2)五旨韻「壘、徂累切」誤，累在四紙韻，全王徂壘反是也，今據正。

17　(1)六至韻「悸、其季切」「季、居悸切」兩字互用，與它字絕不相

(1)夷脂飢肌私	雉矢履几姊	利至器二冀四	開口三等
資尼悲眉	視鄙美	自寐祕媚備	
(2)追隹遺維綏	洧軌癸水誄壘	愧醉遂位類萃季悸	合口三等
上平七之	上聲六止 [18]	去聲七志	開合等第
而之其茲持辭	市止里理己	吏置記志	開口三等
	士史紀擬		
上平八微	上聲七尾 [19]	去聲八未 [20]	開合等第

系聯。宋元韻圖《韻鏡》《七音略》《四聲等子》《切韻指掌圖》《經史正音切韻指南》皆列合口三等，則此二字之歸類，確宜加以考量。考本韻「𧗪、火季切」「瞝、香季切」二字同音，《韻鏡》《七音略》有「𧗪」無「瞝」，陳氏《切韻考・韻類考》錄「瞝」而遺「𧗪」，謂「𧗪」字又見二十四職，此增加字，其說非也。按上聲五旨韻有「瞝」字，注云：「恚視。火癸切，又火季切」，據上聲「瞝」字又音，顯然可知「瞝」與「𧗪」乃同音字，當合併。與「瞝、𧗪」相承之上聲音自然非「瞝、火癸切」莫屬矣。而「癸、居誄切」，則癸、誄（壘）韻同類也，如此可證相承之去聲「季、類」亦韻同類也。

　(2)六至韻「位、于愧（媿）切」「媿、俱位切」；「醉、將遂切」「遂、徐醉切」。兩兩互用而不系聯，然相承之平聲「綏、息遺切」「龜、居追切」「遺、以追切」，平聲龜、綏韻同類，則可證相承去聲媿、遂亦韻同類，而「邃、雖遂切」則媿、遂亦韻同類也。

18　上聲止韻「止、諸市切」「市、時止切」；「士、鉏里切」「里、良士切」。兩兩互用而不系聯，今考市、里相承之平聲音爲七之「時、市之切」「釐、里之切」，時、釐韻同類，則相承之上聲音市、里亦韻同類也。

19　上聲七尾「尾、無匪切」「匪、府尾切」；「𩨷、于鬼切」「鬼、居偉切」。兩兩互用而不系聯。考本韻𩨷、匪、尾相承之平聲音爲「幃、雨非切」「非、甫微切」「微、無非切」，幃、非、微韻同類，則上聲𩨷、匪、尾韻亦同類也。

20　去聲八未「狒、扶涕切」，涕在十二霽，字之誤也，王一、王二均作扶沸反，當據正。又本韻「胃、于貴切」「貴、居胃切」；「沸、方味切」「未（味）、無沸切」。兩兩互用而不系聯，考胃、未相承之平聲音爲八微「幃、雨非切」「微、無非切」幃、微韻同類，則胃未韻亦同類也。

希衣依	豈狶	豪气既	開口三等
非歸微韋	匪尾鬼偉	沸胃貴味未畏	合口三等

〔四〕遇攝：

上平九魚	上聲八語	去聲九御	開合等第
居魚諸余菹	巨舉呂與渚許	倨御慮恕署去據預助洳	開口三等
上平十虞[21]	上聲九麌[22]	去聲十遇	開合等第
俱朱于貐逾隅芻輸誅夫無	矩庾甫雨武主羽禹	具遇句戍注	合口三等
上平十一模	上聲十姥	去聲十一暮	開合等第
胡吳乎烏都孤姑吾	補魯古戶杜	故暮誤祚路	合口一等

〔五〕蟹攝：

上平十二齊	上聲十一薺	去聲十二霽	開合等第
(1)奚兮稽雞迷低 禮啓米弟		計詣戾	開口四等
(2)攜圭		桂惠	合口四等
(3)黧栘[23]			開口三等

21　上平十虞「朱、章俱切」「俱、舉朱切」；「無、武夫切」「跗（夫）、甫無切」。兩互用而不相系聯，其系聯情形，詳見補例。

22　上聲九麌「庾、以主切」「主、之庾切」；「羽（雨）、王矩切」「矩、俱雨切」。兩兩互用而不系聯，今考主、矩相承之平聲爲十虞「朱、章俱切」「俱、舉朱切」。朱、俱韻同類，則主、矩韻亦同類也。

23　本韻「栘、成黧切」「黧、人兮切」，本可與開口四等一類系聯，董同龢先生《中國語音史·中古音系》章云：「《廣韻》咍、海兩韻有少數昌母以及以母字；齊韻又有禪母與日母字。這都是特殊的現象，因爲一等韻與四等韻照例不與這些聲母配。根據韻圖及等韻門法中的"寄韻憑切"與"日寄憑切"兩條，可知他們當是與祭韻相當的平上聲字，因字少分別寄入咍、海、齊三韻，而借用那幾韻的反切下字。寄入齊韻的"栘"等，或本《唐韻》自成一韻，《集

		去聲十三祭 [24]	開合等第
		①例制祭罽憩袂獘蔽	開口三等
		②銳歲芮衛稅	合口三等
		去聲十四泰	開合等第
		①蓋帶太大艾貝	開口一等
		②外會最	合口一等
上平十三佳	上聲十二蟹 [25]	去聲十五卦 [26]	開合等第
(1)膎佳	買蟹	隘賣懈	開口二等
(2)蛙媧緺	（買）夥柺	（賣）卦	合口二等
上平十四皆 [27]	上聲十三駭	去聲十六怪 [28]	開合等第
(1)諧皆	楷駭	界拜介戒	開口二等
(2)懷乖淮		壞怪	合口二等
		去聲十七夬 [29]	開合等第
		①夬話快邁	合口二等

韻》又入咍韻，都可供參考。」按董說是也，今從其說，將「扻、巁」二字另立一類，爲開口三等，實爲祭韻相承之平聲字也。

24 按本韻有「猰、丘吠切」、「褖、呼吠切」，吠在二十一廢，且《王一》、《王二》、《唐韻》祭韻皆無此二字，蓋廢韻之增加字而誤入本韻者，本韻當刪，或併入廢韻。
　　(2)「劂、牛例切」、「藝、魚祭切」二字爲疑紐之重紐。

25 上聲柺、乖買切，此以脣音開口字切喉牙音合字也。

26 去聲卦、古賣切，此以脣音開口字切喉牙音合字也。

27 平聲崀、乙皆切，與挨、乙諧切同音，考此字《切三》作乙乖切，今據正。

28 去聲拜、博怪切，陳澧《切韻考》云：「拜、布戒切，張本、曹本及二徐皆博怪切，誤也。戒、古拜切，是拜戒韻同類。今從明本、顧本。」陳說是也，今從之。

29 本韻夬、古賣切，賣字在十五卦，《王二》《唐韻》均作古邁反，今據正。

		②喝犗	開口二等
上平十五灰	上聲十四賄	去聲十八隊 [30]	開合等第
恢回杯灰	罪賄猥	對昧佩內隊繢妹輩	合口一等
上平十六咍 [31]	上聲十五海 [32]	去聲十九代 [33]	開合等第
來哀開哉才	改亥愷宰給乃在	耐代溉槩愛	開口一等
		去聲二十廢 [34]	開合等第
		①刈	開口三等
		②肺廢穢	合口三等

〔六〕臻攝：

上平十七眞 [35]　上聲十六軫 [36]　去聲二十一震 [37]　入聲五質 [38]　開合等第

---

[30] 去聲十八隊「對、都隊切」「隊、徒對切」；「佩、蒲昧切」「妹
（昧）、莫佩切」。兩兩互用而不系聯，今考隊、佩相承之平聲音
爲十五灰「頹、杜回切」「裴、薄回切」，頹、裴韻同類，則隊、
佩韻亦同類也。

[31] 上平十六咍「開、苦哀切」「哀、烏開切」；「裁（才）、昨哉
切」「哉、祖才切」。兩兩互用而不系聯，今考哉、哀相承之去聲
音爲十九代「載、作代切」「愛、烏代切」，載、愛韻同類，則
哉、哀亦韻同類也。

[32] 上聲十五海「茝、昌紿切」「佁、夷在切」，乃與祭韻相配之上聲
字寄於海韻，而借用海韻之切語下字者也。

[33] 去聲十九代「慨、苦蓋切」，蓋在十四泰，本韻無蓋字，《王二》
苦愛切、《唐韻》苦礘（溉）切，今據正。

[34] 本韻「刈、魚肺切」此以脣音合口字切喉牙音開口字也。

[35] 十七眞「珍、陟鄰切」「鄰、力珍切」；「銀、語巾切」「巾、居
銀切」。兩兩互用而不系聯。按巾、銀一類，《韻鏡》列於外轉十
七開，考法國巴黎國家圖書館藏唐本文選音殘卷，「臻、側巾反」
「詵、所巾反」「榛、仕巾切」，顯然可知，本韻巾、銀一類字，
原是與臻韻相配之喉、牙、脣音也，故《韻鏡》隨臻韻植於十七轉
開口，迨《切韻》眞、臻分韻，臻韻字因係莊系（照二）字，故晉
升爲二等字，而巾、銀一類字因留置在眞韻，故保留爲開口三等字

(1)鄰珍眞人賓	忍軫引盡腎紖	刃晉振覲遴印	日質一七悉	
			吉栗畢必叱	開口三等
(2)巾銀	敏		乙筆密	開口三等
上平十八諄	上聲十七準	去聲二十二稕[39]	入聲六術	開合等第
倫綸勻迍脣句遵	尹準允殞	閏峻順	聿郵律	合口三等
上平十九臻	上聲（榛）[40]	去聲（齔）[41]	入聲七櫛	開合等第

而不變。此類喉、牙、脣音字，韻圖置於三等，與同轉置於四等之喉、牙、脣音字，正好構成重紐。在系聯上雖無任何線索可資依據，但根據前文對支、脂諸韻重紐字之了解，則此類字與同轉韻圖置於四等處之字，非當時韻母之差異，乃古音來源之不同也。今表中分立者，純爲論說之方便也。

(2)十七眞有「囷、去倫切」「贇、於倫切」「麕、居筠切」「筠、爲贇切」四字當併入諄韻，而諄韻「趣、渠人切」「砏、普巾切」二字則當併入眞韻。

36　十六軫韻「殞、于敏切」，以脣音開口字切喉、牙音合字也。又本韻殞、窘渠殞切二字當併入準韻，愍字切語用殞字，乃其疏也。查愍字相承之平聲爲泯、武巾切，實與臻韻相配之喉、牙、脣音字，則愍亦當爲與臻韻上聲榛、齔相配之脣音字，非合口三等字也。《韻鏡》以愍入十七轉開口，窘入十八轉合口可證。然則《韻鏡》十七轉有殞字者，亦爲誤植。龍宇純兄《韻鏡校注》云：「《廣韻》軫韻殞、磒、磈、隕、霣、熉、窘等七字于敏切，合口，當入十八轉喩母三等，《七音略》十八轉有隕字是也。唯其十七轉隕字亦當刪去。」按龍說是也，殞當併入準韻，置於《韻鏡》十八轉合口喩母三等地位。又十八準韻「蜳、棄忍切」，「辰、珍忍切」，「脪、興腎切」，「濜、鉏紖切」四字當併入本韻。

37　二十一震韻，「呁、九峻切」峻與浚同音，當併入稕韻。

38　入聲五質韻，「密、美畢切」，《切三》「美筆切」，當據正。「率、所律切」，律在六術，當併入術韻。又本韻乙、筆、密一類字，實與臻韻入聲櫛相配之脣、牙、喉音，公孫羅《文選音決》櫛音側乙反可證。據此則乙、筆、密亦猶巾銀一類，當爲開口三等字也。

39　去聲二十二稕，震韻「呁、九峻切」當移入本韻。

40　臻韻上聲有榛、羊仄謹切，齔、初謹切，因字少併入隱韻，並借用隱韻「謹」爲切語下字。

詵臻	儭亲	齔	瑟櫛	開口二等
上平二十文⁴²	上聲十八吻	去聲二十三問	入聲八物	開合等第
分云文	粉吻	運問	弗勿物	合口三等
上平二十一欣	上聲十九隱	去聲二十四焮	入聲九迄⁴³	開合等第
斤欣	謹隱	靳焮	訖迄乞	開口三等
上平二十三魂	上聲二十一混	去聲二十六慁	入聲十一沒	開合等第
昆渾奔尊魂	本忖損袞	困悶寸	勃骨忽沒	合口一等
上平二十四痕	上聲二十二很	去聲二十七恨	入聲（麧）	開合等第
恩痕根	墾很	艮恨	麧	開口一等

〔七〕山攝：

上平二十二元　上聲二十阮　去聲二十五願⁴⁴入聲十月⁴⁵			開合等第

41　臻韻去聲有櫬、潚、齻、賱、襯、儭、齔七字初覲切，因字少併入震韻；或謂僅有一齔字，因字少併入隱韻。兩說均有根據，前說據《韻鏡》十七轉齒音二等有櫬字；後說則據隱韻「齔、初謹切又初靳切」，初靳切當入焮韻，而焮韻無齒音字，則其屬臻韻去聲無疑，本應附於焮韻，而焮韻無此字，故謂附於隱韻也。兩說皆不可非之。

42　二十文「芬、府文切」與「分、府文切」同音，誤。《切三》「無云反」亦誤，陳澧《切韻考》據明本、顧本、正作「撫文切」是也，今從之。

43　入聲九迄「訖、居乙切」，乙字在五質，《切三》「居乞切」是也，今據正。

44　去聲二十五願「歠、芳万切」，《王二》作叉万切，今據正。本韻「健、渠建切」「圈、臼万切」渠、臼聲同類，則建、万韻不同類，建字切語用万字，乃其疏也。考建字相承之平聲爲「攓、居言切」，上聲爲「湕、居偃切」均爲開口三等，今據其相承爲平上聲字音改列於開口三等。

45　入聲十月「月、魚厥切」「厥、居月切」；「伐、房越切」「越、王伐切」。兩兩互用而不系聯，今考與月、伐相承之平聲音爲「元、愚元切」「煩、附袁切」，元、煩韻同類，則月、伐則亦同類也。

⑴軒言	幰偃	建堰	歇謁竭訐	開口三等
⑵袁元煩	遠阮晚	怨願販万	厥越伐月發	合口三等
上平二十五寒[46]	上聲二十三旱	去聲二十八翰	入聲十二曷	開合等第
安寒干	笴旱但	旰旦按案贊	葛割達曷	開口一等
上平二十六桓	上聲二十四緩[47]	去聲二十九換[48]	入聲十三末[49]	開合等第
官丸端潘	管緩滿纂卵伴	玩笇貫亂換	撥活末括栝	合口一等
		段半漫喚		

---

46 平聲二十五寒「濡、乃官切」，今移入桓韻。

47 上聲二十四緩「攤、奴但反」，今移入旱韻。又緩韻「滿、莫旱切」「伴、蒲旱切」《五代切韻殘本》「滿、莫卵反」「伴、步卵反」，今據正。

48 去聲二十八翰「儹、祖贊切」，古逸叢書本作「徂贊切」是也，今據正。又去聲二十九換「半、博慢切」誤，慢在三十諫，《王一》《王二》《唐韻》均作「博漫切」是也，今據正。又本韻「換、胡玩切」「玩、五換切」；「縵（漫）、莫半切」「半、博漫切」。兩兩互用而不系聯，今考換相承之平聲音爲「桓、胡官切」，縵相承之平聲音爲「瞞、母官切」，桓、瞞韻同類，則換、縵韻亦同類也。

49 入聲十二曷「藹、予割切」，按寒、桓；旱、緩；翰、換；曷、末八韻，脣音聲母皆出現於合口一等韻內，不出現於開口一等韻，且末韻明母下已有末字莫撥切，故此字亦非合口韻之遺留者，則予割一切，實有問題。陳澧從明本、顧本作予割切亦非。因爲一等韻內不出現喻母字。《王二》《唐韻》皆無，蓋增加字也。龍宇純兄《韻鏡校注》云：「《廣韻校勘記》云：『元泰定本作予割切，《玉篇》餘括切。』案曷聲之字例不讀脣音，《廣韻》矛爲予之誤字，無可疑者，惟一等韻不得有喻母字，予、餘二字，亦不能決然無疑，然此當是後人據《廣韻》誤本所增。《七音略》無此字，又《集韻》字讀阿葛切，疑此字當讀如此。」按本韻影母已有「遏、烏葛切」，則《集韻》一音，亦爲重出，所謂據誤本所增者是也。十三末「末、莫撥切」「撥、北末切」；「括、古活切」「活、戶括切」。兩兩互用而不系聯，今考末相承之平聲音爲「瞞、母官切」，活相承之平聲音爲「桓、胡官切」，瞞、官韻同類，則末、活韻亦同類也。

上平聲二十七刪	上聲二十五潸[50]	去聲三十諫	入聲十四黠	開合等第
⑴姦顔班	板鈑	晏澗諫鴈	八拔黠	開口二等
⑵還關	綰鯇	患慣	滑	合口二等

上平聲二十八山[51]	上聲二十六產[52]	去聲三十一襉[53]	入聲十五鎋	開合等第
⑴閒閑山	簡限	莧襉	瞎轄鎋	開口二等
⑵頑鰥		（辧）幻	刮頢	合口二等

50　上聲二十五潸韻，「睆、戶板切」，「僩、下赧切」，二字同音。
《全王》「僩、胡板反」，「睆、戶板反」，二音相次，似亦同
音，然考《韻鏡》外轉二十四合以睆、綰爲一類；外轉二十三開則
以潸、僩爲一類。《廣韻》刪、潸、諫、黠四韻脣音字配列參差，
最爲無定。茲分列於下：

平聲刪韻		上聲潸韻		去聲諫韻		入聲黠韻	
開　口	合　口	開　口	合口	開　口	合　口	開　口	合　口
班布還	版布綰	○○○	○○○			八博拔	
攀普班	昄普板			襻普患		汃普八	
○○○	阪扶板			○○○	○○○	拔蒲八	
蠻莫還	矕武板			慢謨晏		傄莫八	

刪韻全在合口，潸、黠二韻全在開口，諫韻開合各一，《韻鏡》全
在合口，高本漢以爲皆爲開口。（參見譯本《中國音韻學研究》四
十二頁）此類脣音字宜列入開口，其列合口者，以脣音聲母俱有合
口色彩故也。即班 pan → pʷan。平聲刪班、蠻二字切語下字用還
字，乃以喉牙音之合口字切脣音開口字也；上聲潸韻「版、布綰
切」，亦以喉牙音合口字切脣音開口字也。去聲三十諫韻「襻、普
患切」，亦以喉牙音合口字，切脣音開口字也。入聲十四黠韻，
「滑、戶八切」，周祖謨《廣韻校勘記》云：「滑爲合口字，此作
戶八切，以開口字切合字也。」「婠、烏八切」亦然。又「出、五
骨切」誤，《唐韻》五滑反是也，今據正。

51　上平二十八山韻，《切三》此韻有「頑、吳鰥切」一音，今據補。

52　上聲二十六產韻，周祖謨云：「產韻陳氏分劃、僝二類，按產初綰
切，唐韻殘本並無，綰在潸韻，僝《萬象名義》音又產反，《玉
篇》又限反，是與劃爲同音字，今合併爲一類。」按《全王》僝與
醆同音側限反，不別爲音，周說是也，當併爲一類。

53　去聲三十一襉韻，幻、胡辨切，此以脣音開口字切喉牙音合口字也。

下平聲一先[54]	上聲二十七銑	去聲三十二霰[55]入聲十六屑	開合等第
⑴前先煙賢田年顚堅	典殄繭峴	佃甸練電麵　結屑蔑	開口四等
⑵玄涓	畎泫	縣絢　決穴	合口四等
下平聲二仙[56]	上聲二十八獮	去聲三十三線[57]入聲十七薛[58]	開合等第

54　下平一先韻「先、蘇前切」，「前、昨先切」；「顚、都年切」，「年、奴顚切」。兩兩互用而不系聯，考先韻先、顚相承之上聲音為「銑、蘇典切」，「典、多殄切」，韻同一類，則先、顚韻亦同類也。

55　去聲三十二霰「縣、黃練切」練字誤，王二作「玄絢反」是也，今據正。

56　下平二仙韻「延、以然切」，「然、如延切」；「焉、於乾切」，「乾、渠焉切」。兩兩互用而不系聯，考本韻「嗎、許延切」，《五代刊本切韻》作「許乾反」，則延、乾韻同類也。又本韻「專、職緣切」，「沿（緣）、與專切」；「權、巨員切」，「員、王權切」，兩兩互用而不系聯，然本韻「嬽、於權切」，而《五代刊本切韻》作「嬽、於緣切」，則權、緣韻同類也。

57　去聲三十三線韻，「線、私箭切」，「箭、子賤切」，「賤、才線切」；「戰、之膳切」，「繕（膳）、時戰切」。兩兩互用而不系聯，今考本韻「偏、匹戰切」，《集韻》作「匹羨切」，則戰、羨韻同類也。又本韻「絹、吉掾切」，「掾、以絹切」；「眷（卷）、居倦切」，「倦、渠卷切」，兩兩互用而不系聯，但本韻「旋、辭戀切」，《王二》《唐韻》均作「辭選反」，則選、戀韻同類也。又本韻「遍、方見切」，見在三十二霰，《王二》《唐韻》俱無，蓋霰韻之增加字而誤入本韻者也。按本韻去聲「彥、魚變切」，其相承之上聲為「齴、魚蹇切」、入聲為「孽、魚列切」，皆為開口細音，則彥亦當入開口細音一類。脣音「變、彼眷切」、「卞、皮變切」，亦當為開口細音一類。變相承之平聲為「鞭、卑連切」、上聲為「辡、方免切」、入聲為「驚、幷列切」皆屬開口細音，則變亦當屬開口細音也。變字切語下字用眷字，乃以喉牙音合口字切脣音開口也。「卞、皮變切」與「便、婢面切」為重紐，《韻鏡》以卞列三等，便列四等。

58　入聲十七薛韻「揭、丘謁切」謁字在十月，《切三》《王二》均作「去竭切」，《唐韻》「丘竭切」，今據正。又本韻「絕、情雪切」，「雪、相絕切」；「輟、陟劣切」；「劣、力輟切」，兩兩互用而不系聯，考本韻「爇、如劣切」，《切三》《王二》作「如雪切」，則劣、雪韻同類也。

然仙連延乾焉	淺演善展輦	箭膳戰扇賤線	列薛熱滅　開口三等
	翦蹇免辨	面碾變卞彥	別竭
緣泉全專宣川	兗緬轉篆	掾眷絹倦卷	雪悅絕劣　合口三等
員權圓攣		戀釧囀	爇劣

〔八〕效攝：

下平聲三蕭	上聲二十九篠	去聲三十四嘯	開合等第
彫聊蕭堯么	鳥了皛皎	弔嘯叫	開口四等
下平聲四宵 [59]	上聲三十小 [60]	去聲三十五笑 [61]	開合等第
邀宵霄焦消遙	兆小少沼夭	妙少照笑廟肖	開口三等
招昭嬌喬鑣瀌	矯表	召要	
下平聲五肴	上聲三十一巧	去聲三十六效	開合等第
茅肴交嘲	絞巧飽爪	教孝貌稍	開口二等
下平聲六豪 [62]	上聲三十二皓	去聲三十七號	開合等第

[59] 下平四宵韻「宵（霄）、相邀切，要（邀）、於霄切」；「昭（招）、止遙切，「遙、餘昭切」。兩兩互用而不系聯，今考本韻相承之上聲「繚、力小切」，「小、私兆切」繚、小韻同類，則平聲燎、宵韻亦同類也。「燎、力昭切」，「宵、相邀切」，則昭、邀韻亦同類也。

[60] 上聲三十小韻「肇（兆）、治小切」「小、私兆切」；「沼、之少切」「少、書沼切」兩兩互用而不系聯，今考兆、沼相承之平聲音為四宵「晁、直遙切」，「昭、止遙切」晁、昭韻同類，則兆、沼韻亦同類也。

[61] 去聲三十五笑韻「照、之少切」「少、失照切」；「笑、私妙切」「妙、彌笑切」。照與少，笑與妙兩兩互用不系聯。今考平聲四宵「超、敕宵切」、「宵、相邀切」，則超、宵韻同類。超、宵相承之去聲音為笑韻「朓、丑召切」、「笑、私妙切」，超、宵韻既同類，則朓、笑韻亦同類，笑既與朓同類，自亦與召同類，而「召、直照切」，是笑、照韻亦同類矣。

[62] 下平聲六豪韻「刀、都牢切」，「勞（牢）、魯刀切」；「襃、博

刀勞牢遭曹毛袍褒　老浩皓早道抱　　到導報耗　　　開口一等

〔九〕果攝：

下平聲七歌　　　　上聲三十三哿　　去聲三十八箇　開合等第
俄何歌　　　　　　我可　　　　　　賀箇佐个邏　　開口一等
下平聲八戈　　　　上聲三十四果[63]　去聲三十九過[64]開合等第
⑴禾戈波和婆　　　火果　　　　　　臥過貨唾　　　合口一等
⑵迦伽　　　　　　　　　　　　　　　　　　　　開口三等
⑶靴胆𦜕　　　　　　　　　　　　　　　　　　　合口三等

〔十〕假攝：

下平聲九麻　　　　上聲三十五馬　　去聲四十禡[65]　開合等第
⑴霞加牙巴　　　　下疋雅賈　　　　駕訝嫁亞　　　開口二等
⑵花華瓜　　　　　瓦寡　　　　　　化呆　　　　　合口二等
⑶遮車奢邪嗟賒　　也者野冶姐　　　夜謝　　　　　開口三等

毛切」，「毛、莫袍切」，「袍、薄褒切」。刀、勞互用，褒、
毛、袍三字互用，遂不能系聯矣。今考勞、袍相承之上聲音爲三十
二皓「老、盧皓切」、「抱、薄皓切」老抱韻同類，則勞袍韻亦同
類矣。

63　上聲三十四果韻「爸、捕可切」「瑳、作可切」二音《切三》無，
　　蓋哿韻增加字誤入本韻，《切韻》哿、果不分。

64　去聲三十九過韻「磋、七過切」，《韻鏡》列內轉二十七箇韻齒音
　　次清下，《全王》「七箇反」，當據正，並併入箇韻。「侉、安賀
　　切」，本韻無賀字，賀字在三十八箇韻，《王一》「烏佐反」，與
　　「安賀切」音同，當併入箇韻。

65　去聲四十禡韻「化、呼霸切」、「坬、古罵切」皆以脣音開口字切
　　喉、牙音合口字也。《集韻》「化、呼跨切」可證。

〔十一〕宕攝：

下平聲十陽[66]	上聲三十六養	去聲四十一漾	入聲十八藥	開合等第
⑴章羊張良	兩奬丈掌養	亮讓漾向	灼勺若藥約	開口三等

66　陳澧《切韻考》云：「十陽，王雨方切，此韻狂字巨王切，強字巨
　　良切，則王與良韻不同類，方字府良切，王旣與良韻不同類，則亦
　　與方韻不同類，王字切語用方字，此其疏也。」先師林景伊先生曰：
　　「王應以方爲切，云借方爲切者誤，方字切語用良字，乃其疏也。
　　方字相承之上聲爲昉字，《廣韻》分网切，《玉篇》分往切，正爲
　　合口三等，《廣韻》四聲相承，故可證方字切語用良字之疏也。」
　　考《廣韻》陽韻及其相承之上去入聲之脣音字，宋元韻圖之配列，
　　甚爲可疑。茲先錄諸韻切語於後，然後加以申論。

平聲陽韻	上聲養韻	去聲漾韻	入聲藥韻
方府良切	昉分网切	放甫妄切	○○○○
芳敷方切	髣妃兩切	訪敷亮切	髆孚縛切
房符芳切	○○○○	防符況切	縛符鑰切
亡武方切	网文兩切	妄巫放切	○○○○

　　除入聲藥韻髆、縛二字確與合口三等字一類系聯外，其平上去三聲
　　皆開口三等與合口三等兩類雜用，無截然之分界。宋元韻圖，《韻
　　鏡》、《七音略》、《四聲等子》、《經史正音切韻指南》皆列入
　　開口三等，惟《切韻指掌圖》列合口三等。若從多數言，似當列開
　　口三等。然此類脣音字，後世變輕脣，則《指掌圖》非無據也。周
　　祖謨氏〈萬象名義中原本玉篇音系〉一文，即以宕攝羊類脣音字屬
　　合口三等，擬音爲-iuang、-iuak。就脣音言，此類字應屬合口殆無疑
　　義。高本漢《中國聲韻學大綱》亦以筐、王、方、縛爲一類，擬音
　　爲-iwang、-iwak。據此以論，方字切語用良字蓋誤，林先生說是
　　也。上聲昉當據《玉篇》正作分往切，訪敷亮切，亮字亦疏。況《王
　　二》許放反，原本《玉篇》況詡誑反，皆爲合口三等一類，入聲列
　　合口三等無誤，四聲相承，平上去三聲亦當同列合口三等，其列開
　　口三等者誤也。周祖謨〈陳澧切韻考辨誤〉云：「陽韻脣音字方、
　　芳、房、亡，《韻鏡》、《七音略》、均爲開口，《切韻考》據反
　　切系聯亦爲開口，然現代方音等多讀輕脣 f（汕頭 hu，文水 xu），
　　可知古人當讀同合口一類也（脣音聲母於三等合口前變輕脣），等
　　韻圖及《切韻考》之列爲開口，其誤昭然可辨。」

陽莊			略爵雀瘧	
⑵方王	往昉	況放妄	縛钁籰	合口三等
下平十一唐[67] 上聲三十七蕩		去聲四十二宕[68]	入聲十九鐸[69]	開合等第
⑴郎當岡剛旁 朗黨		浪宕謗	落各博	開口一等
⑵光黃	晃廣	曠	郭穫	合口一等

〔十二〕梗攝：

下平十二庚[70]　上聲三十八梗[71]　去聲四十三映[72] 入聲二十陌[73]　開合等第

67　下平十一唐「傍、步光切」此以喉牙音合口字切脣音開口字也。「幫、博旁切」亦當列開口一等。幫、傍雖不與郎、當系聯，但與幫相承之上聲音爲「榜、北朗切」，則榜、朗韻同類，則相承之平聲音幫、郎韻亦同類也。

68　去聲四十二宕「曠、苦謗切」，此以脣音開口字切喉牙音合口字也，「螃、補曠切」則以牙喉音合字切脣音開口字也。與螃相承之上聲榜，入聲博皆在開口一等可證。

69　入聲十九鐸韻，陳澧《切韻考》曰：「博補各切，此韻各字古落切，郭字古博切，則博與落韻不同類，即與各韻不同類，博字切語用各字，亦其疏也。」按博字切語用各字不誤，郭字切語用博字者，乃以脣音開口字切喉牙音之合字也。

70　下平十二庚韻「橫、戶盲切」，以脣音開口字切喉牙音合口字也。又本韻「驚（京）、舉卿切」「卿、去京切」；「明、武兵切」「兵、甫明切」。兩兩互用而不系聯，然兵相承之上聲音爲丙，上聲三十八梗韻「影、於丙切」「警、居影切」，是丙與警、影韻同類，則平聲兵與驚霥亦韻同類也。又本韻「榮、永兵切」，此以脣音開口字切喉牙音之合口字也。

71　上聲三十八梗韻「猛、莫幸切」誤，《切三》「莫杏切」，今據正。又本韻「礦、古猛切」，此以脣音開口字切喉牙音合字也。又「丙、兵永切」「皿、武永切」皆以喉牙音合口字切脣音開口字也。
　　陳澧《切韻考》曰：「三十八梗，此韻末又有打字德冷切，冷字魯打切，二字切語互用，與此韻之字絕不聯屬，且其平去入三聲皆無字，又此二字皆已見四十一迥韻，此增加字也，今不錄。」龍宇純兄《韻鏡校注》「《切韻考》以爲增加字，然《切三》《全王》便已二字分切，《集韻》亦同，且打字以冷爲切下字，冷音魯打切，

(1)行庚盲	杏梗猛（打冷）	孟更	白格陌伯	開口二等
(2)橫	礦	蝗横	虢	合口二等
(3)驚卿京兵明	影景丙	敬慶病命	逆劇戟郤	開口三等
(4)榮兄	永憬	詠		合口三等
下平聲十三耕[74]	上聲卅九耿	去聲四十四諍	入聲廿一麥[75]	開合等第
(1)莖耕萌	幸耿	迸諍爭	厄戹革核摘責麥	開口二等
(2)宏			獲摑	合口二等
下平聲十四清	上聲四十靜	去聲四十五勁	入聲二十二昔[76]	開合等第
(1)情盈成征貞幷	郢整靜井	正政鄭令姓盛	積昔益跡易	開口三等
			辟亦隻石炙	

以打爲切下字，二者自成一系，而今音打字聲母亦與德字聲母相合。」故主張打字應補於《韻鏡》外轉三十三開梗韻舌音端母下。此二字若照陳氏之說刪，則今音打、冷二字之音從何而來？若依龍兄之意保留於梗韻，然二等韻又何以有端系字存在？且又與開口二等處之杏、梗、猛等字絕不系聯，究應作何歸屬，實苦費思量。今姑依《韻鏡》歸入開口二等，但此一聲韻學上之公案，今仍保留於此，以待智者作更合理之解釋。

72 去聲四十三映韻「蝗、戶孟切」此以脣音開口字切喉牙音合口字也。又本韻「慶、丘敬切」「敬、居慶切」；「命、眉病切」「病、皮命切」。兩兩互用而不系聯，考本韻上聲相承之音警、丙韻同類，則去聲敬、柄韻亦同類也，「柄、陂病切」，則敬、病韻亦同類也。

73 入聲二十陌韻「䭾、乙白切」「嚄、胡伯切」「虢、古伯切」「諕、虎伯切」皆以脣音開口字切喉牙音合口字也。

74 下平十三耕韻「宏、戶萌切」，此以脣音開口字切喉牙音合字也。

75 入聲二十一麥韻「獲、胡麥切」「繣、呼麥切」皆以脣音開口字切喉牙音合口字也。「麥、莫獲切」則以喉牙音合口字切脣音開口字也。

76 入聲二十二昔韻「隻、之石切」「石、常隻切」；「積、資昔切」「昔、思積切」，兩兩互用而不系聯，今考隻、積相承之平聲音爲十四清「征、諸盈切」「精、子盈切」，征、精韻同類，則相承之隻積亦同類也。又本韻「役、營隻切」以開口音切合音也。

⑵傾營　　　　　頃潁　　　　　　　　　　　役　　　　合口三等

下平十五青　　上聲四十一迥[77]　去聲四十六徑　入聲二十三錫　開合等第

⑴經靈丁刑　　頂挺鼎醒泍到　定佞徑　　　擊歷狄激　　開口四等

⑵扃螢　　　　迥潁　　　　　　　　　　　鶪闃臭　　　合口四等

〔十三〕曾攝：

下平十六蒸　　上聲四十二拯[78]去聲四十七證入聲二十四職[79]　開合等第

仍陵膺冰蒸　　拯庱　　　　　應證孕甑餕　①翼力直即　　開口三等

乘矜兢升　　　　　　　　　　　　　　　職極側逼

　　　　　　　　　　　　　　　　　　　②域洫　　　合口三等

下平十七登　　上聲四十三等　去聲四十八嶝入聲二十五德[80]　開合等第

77　上聲四十一迥韻，陳澧《切韻考》曰：「迥、戶潁切，張本戶頂切，與婞、胡頂切音同，明本、顧本、曹本戶頃切，頃字在四十靜，徐鉉戶潁切，潁字亦在四十靜，蓋潁字之誤也，今從而訂正之。徐鍇《篆韻譜》呼炯反，《篆韻譜》呼字皆胡字之誤，炯字則與潁同音。」陳說是也，今據正。又本韻脣音聲母字，除幫母字在開口四等外，其餘「頩、匹迥切」「並、蒲迥切」「茗、莫迥切」皆用合口四等迥爲切語下字，此皆以喉牙音合口字切脣音開口字也。今據其相承之平聲、去聲、入聲韻脣音聲母字皆在開口四等而訂正之。

78　上聲四十二拯韻「拯、無韻切」，按《切三》《王一》本韻惟有拯一字，注云：「無反語，取蒸之上聲。」則本韻惟有拯一字，其餘諸字皆增加字也。

79　入聲二十四職韻，「力、林直切」「直、除力切」；「弋（翼）、與職切」「職、之翼切」。力與直、弋與職兩兩互用而不系聯，今考弋、力相承之平聲音爲十六蒸「蠅、余陵切」「陵、力膺切」，蠅陵韻同類，則弋力韻亦同類也。又本韻「域、雨逼切」「洫、況逼切」皆以脣音開口字切喉牙音之合口字也。

80　入聲二十五德，「德、多則切」「則、子德切」；「北、博墨切」「墨、莫北切」，兩兩互用而不系聯。今考德北相承之平聲音爲十七登「登、都滕切」「崩、北滕切」，登、崩切語下字韻同類，則德北韻亦同類也。

⑴滕登增棱　肯等　　　　鄧互餕贈　　　則德得北　　　　開口一等
崩恒朋　　　　　　　　　　　　　　　墨勒黑
⑵肱弘　　　　　　　　　　　　　　　國或　　　　　合口一等

〔十四〕流攝：

下平十八尤 [81]　　　上聲四十四有　　　去聲四十九宥 [82]開合等第
求由周秋流　　　　久柳有九酉　　　　救祐副就僦富　　開口三等
鳩州尤謀浮　　　　否婦　　　　　　　呪又溜
下平十九侯　　　　上聲四十五厚　　　去聲五十候　　　　開合等第
鉤侯婁　　　　　　口厚垢后斗苟　　　遘候豆奏漏　　　　開口一等
下平二十幽　　　　上聲四十六黝　　　去聲五十一幼　　　開合等第
蚪幽烋彪　　　　　糾黝　　　　　　　謬幼　　　　　　　開口三等

〔十五〕深攝：

下平二十一侵 [83]　上聲四十七寢 [84]　去聲五十二沁　入聲二十六緝　開合等第

81　下平十八尤韻，「鳩、居求切」「裘（求）、巨鳩切」；「謀、莫
　　浮切」「浮、縛謀切」。鳩與裘、謀與浮兩兩互用而不系聯。今考
　　鳩、浮相承之上聲音爲四十四有「久、舉有切」「婦、房久切」，
　　久婦韻同類，則鳩浮韻亦同類也。
82　去聲四十九宥韻，「宥（祐）、于救切」「救、居祐切」；「僦、
　　即就切」「就、疾僦切」。宥與救、僦與就兩兩互用而不系聯。今
　　考救、就相承之上聲音爲四十四有「久（九）、舉有切」「湫、在
　　九切」，久湫韻同類，則救就韻亦同類也。
83　下平聲二十一侵韻，「金（今）、居吟切」「吟、魚金切」；
　　「林、力尋切」「尋、徐林切」；「斟（針）、職深切」「深、式
　　針切」。金與吟互用，林與尋互用，斟與深又互用，彼此不系聯。
　　今考金、林、斟相承之去聲音爲五十二沁「禁、居蔭切」「臨、良
　　鳩切」「枕、之任切」，而「鳩、直禁切」「妊（任）、汝鳩切」
　　禁、臨、枕韻既同類，則金、林、斟韻亦同類也。

林尋深任針心	稔甚朕荏枕	鵀禁任蔭譖	入執立及	開口三等
淫金吟今簪	凜飲錦瘁		急汲戢汁	

〔十六〕咸攝：

下平聲廿二覃	上聲四十八感	去聲五十三勘	入聲廿七合	開合等第
含男南	禫感唵	紺暗	閤沓合荅	開口一等
下平聲廿三談	上聲四十九敢	去聲五十四闞	入聲廿八盍[85]	開合等第
甘三酣談	覽敢	濫瞰蹔暫	臘盍榼	開口一等
下平聲廿四鹽	上聲五十琰[86]	去聲五十五豔[87]	入聲廿九葉	開合等第
廉鹽占炎淹	冉斂琰染漸	贍豔窆驗	涉葉攝輒接	開口三等
	檢險奄俺			
下平二十五添	上聲五十一忝	去聲五十六㮇	入聲三十怗	開合等第
兼甜	玷忝簟	念店	協頰愜牒	開口四等
下平廿六咸	上聲五十三豏	去聲五十八陷	入聲卅一洽	開合等第
讒咸	斬減豏	韽陷賺	夾洽因	開口二等

84　上聲四十七寑韻，「錦、居飲切」「飲、於錦切」；「荏、如甚切」「甚、常枕切」「枕、章荏切」。錦、飲互用，荏、甚、枕三字又互用，故不能系聯。今考錦、枕相承之去聲音之禁、枕，其韻同類（參見上注），則上聲錦與枕韻亦同類也。

85　入聲二十八盍韻，「㿺、都搕切」誤，古逸叢書本《廣韻》作都榼切是也，當據正。又本韻有「砝、居盍切」「㩉、章盍切」二切，《切三》《王二》《唐韻》俱無，增加字也。又「囃、倉雜切」，雜在二十七合，《王一》「倉臘反」是也，今據正。

86　上聲五十琰韻「琰、以冉切」「冉、而琰切」；「險、虛檢切」「檢、居奄切」「奄、衣儉切」「儉、巨險切」，彼此互用而不系聯。今考本韻「貶、方斂切」《王二》「彼檢反」，是斂、檢韻同類也。

87　去聲五十五豔韻，「豔、以贍切」「贍、時豔切」；「驗、魚窆切」「窆、方驗切」兩兩互用而不系聯，今考本韻「弆、於驗切」《集韻》「於贍切」，是驗、贍韻同類也。

下平廿七銜	上聲五十四檻	去聲五十九鑑	入聲卅二狎	開合等第
監銜	黤檻	懺鑒鑑	甲狎	開口二等
下平廿八嚴[88]	上聲五十二儼[89]	去聲五十七釅	入聲卅三業	開合等第
轍嚴	埯广	釅欠劍	怯業劫	開口三等
下平廿九凡	上聲五十五范	去聲六十梵	入聲卅四乏	開合等第
芝凡	錽范犯	泛梵	法乏	合口三等

第八節　陳澧系聯條例與《廣韻》切語不能完全符合之原因

【一】反切之原則，上字取聲，下字取韻，然上字之韻，與下字之聲，仍無可避免夾雜其間，而既雜其間，則易導致錯誤，而有不合常軌之切語出現。如五支韻"爲、薳支切"，八戈韻"靴、許戈切"是也。

【二】陸法言《切韻》，原本即有所承，自唐迄宋，撰韻增字諸家，亦僅略有增訂，故《廣韻》不免存有時代較早之切語，

---

88 陳澧《切韻考》曰：「五十八鑑，此韻有顑字，音黯去聲，而無切語，不合通例。且黯去聲則當在五十七陷與五十二豏之黯字相承，不當在此韻矣。此字已見五十三檻，此增加字也，今不錄。」陳澧《切韻考》曰：「二十九凡，凡符咸切，此韻字少故借用二十六咸之咸字也，徐鍇符嚴反，亦借用二十八嚴之嚴字，徐鉉浮芝切，蓋以借用他韻字，不如用本韻字，故改之耳。然芝字隱僻，未必陸韻所有也。」
去聲六十梵韻有「劍、居欠切」、「欠、去劍切」、「俺、於劍切」當併入去聲五十七釅，與欠、釅、劍等字爲類。
89 按咸攝上聲五十二儼、五十三豏、五十四檻之次，當改爲五十二豏、五十三檻、五十四儼之次，四聲方能相應。去聲五十七釅、五十八陷、五十九鑑之次，當改爲五十七陷、五十八鑑、五十九釅之次，方能與平入相配合，四聲相配始井然有序。

頗與《切韻》中心時代實情不合。如去聲五十四鑑韻"暫、子鑑切",去聲三十六效韻"罩、都教切"皆爲例外之切語。有此種例外切語存在,就系聯言,其大焉者,足以使不同之聲母或韻母互相得到系聯;小焉者,亦足使聲紐與韻類本不相同之字誤入某類。例如"靴、許戈切",可使戈韻三類韻母誤合爲兩類;"罩、都教切",足使本爲知母之罩字,被誤認爲端紐字。

【三】反切之造,本積累增改而成,非一時一地之人所造,其始原未注意系聯,則實同類因兩兩互用而不得系聯者,固勢所不免,又熟能定凡不能系聯者,皆不同類乎!例如"東、德紅切""同、徒紅切""公、古紅切""紅、戶公切",此四字切語下字固系聯矣。然切語下字只須與所切之字疊韻,則凡疊韻之字,均可作爲切語下字,如此則"東、德紅切"可改爲"東、德同切","同、徒紅切"可改爲"同、徒東切",在音理上並無絲毫之不同。然如此一改,則東與同、紅與公兩兩互用而不能系聯矣。熟能定其爲不同類乎!

正因爲有如此等原因存在,故各家系聯《廣韻》切語下字時,因其主觀之取舍標準不一,故系聯之類別,乃有多有少,而彼此常難一致,此乃其根本之原因也。

第九節　元音分析

〔一〕元音之性質：

元音乃器官之移動,改變口腔之形狀,使口腔通道仍維持相當寬大之空間,氣流通過時,不受任何器官顯著之阻礙。故簡言之,元音乃未受口腔顯著阻礙之濁音。羅常培與王均合著《普通語音學綱要》提出區分元音與輔音之三項標準，值得參考。茲錄於下：

(1)元音的氣流遇不到什麼阻礙，而輔音的氣流得克服它所遇到的不同形式的阻礙才能通過。

(2)發元音時發音器官是均衡地保持緊張的，而發輔音時，只有克服阻礙的那一會兒遇阻的那一部分是緊張的，其它的部分並不緊張。

(3)元音的氣流較弱，而輔音，特別是不帶音的輔音，氣流較強。

元音之性質，由口腔之形狀決定，口腔之形狀，則由舌頭與嘴脣之位置決定，因此元音分類之原則有三：(1)舌頭之高低：舌頭隆起部位之高低。(2)舌頭之位置：舌頭隆起部位之前後。前元音舌頭隆起部位向硬顎提升，後元音舌頭隆起部位向軟顎提升。(3)嘴脣之狀態：嘴脣之狀態可展可圓。

〔二〕元音之種類：

元音之不同，可以舌頭之部位，移動之高低，嘴脣之形狀，分成種種不同之元音。

(一)以舌位分：

（甲）舌面元音：

凡以舌面之部位移動所構成之元音，稱為舌面元音。

1.舌面前元音：

凡由舌面前向硬顎提升而構成的元音，稱為舌面前元音，亦簡稱為前元音。

(1)低前元音：

舌面保持平時之高度，舌面前移，舌尖抵下齒背，此時發音，即構成國語"安"字之元音，音標作〔a〕。

⑵高前元音：

舌面前移，舌尖抵下齒背，舌面前盡量向硬顎提升，以不產生摩擦爲度，此時發音，即構成國語"衣"字之元音，音標作〔i〕。

⑶半低前元音：

舌面前在〔a〕〔i〕之間，上升三分之一，此時發音，即構成寧波"三"字的元音。音標作〔ε〕。

⑷半高前元音：

舌面前在〔a〕〔i〕之間，上升三分之二，此時發音，即構成國語"月"字之元音。音標作〔e〕。

2.舌面後元音：

凡由舌面後向軟顎提升而構成的元音，稱爲舌面後元音，亦簡稱爲後元音。

⑴低後元音：

舌頭在平時的高度，盡量向後縮，舌面後盡量向下降，此時發音，即構成國語"熬"字的首音，音標作〔ɑ〕。

⑵高後元音：

舌頭向後縮，舌面後盡量向軟顎提升，以不產摩擦爲度。此時發音，即構成國語"烏"字的元音，音標作〔u〕。

⑶半低後元音：

舌面後在〔ɑ〕〔u〕之間，上升三分之一，此時發音，即構成英語 saw 之元音，音標作〔ɔ〕。

⑷半高後元音：

舌面後在〔ɑ〕〔u〕之間，上升三分之二，此時發音．即構成蘇州"沙"字的元音，音標作〔o〕。

　　以上八個元音，爲練習一切元音的基礎，故英人瓊斯（D. Jones）稱之爲“標準元音”（Cardinal vowels）。茲以圖標示之。

上圖是標準元音舌位圖，前元音與後元音在口腔中的位置。

下左圖是瓊斯標準元音舌位圖
下右圖魯塞爾《元音論》以 x 光所攝各元音舌頭頂點所連成的舌位圖

（圖選自科學出版社羅常培・王均《普通語音學綱要》64, 65 頁。）

　　*3.*舌面央元音：
　　舌面前的後部與舌面後的前部，混合在一起，稱爲舌面央。凡以舌面央向硬顎提升而構成者，稱爲舌面央元音亦稱爲央元音，或稱混元音。
　　①低央元音：

舌面保持平時靜止時之位置，不前不後，不高不低。此時發音，即構成國語"啊"字之元音，音標作〔A〕。

②高央元音：

舌面央盡量向硬顎提，升即構成韓語「一」字之元音，音標作〔ɨ〕。

③中央元音：

舌面央在〔A〕〔ɨ〕之間，上升二分之一，即構成國語"來了"的"了"字之元音，音標作〔ə〕。

（乙）舌尖元音：

凡以舌尖之動作而構成者，總稱爲舌尖元音。

*1.*舌尖前元音：

舌尖向前伸，靠近齒齦前部，讓舌尖跟齒齦中間通路稍稍放寬，使可剛好減去口部摩擦的程度，就構成國語"資"字的元音，音標作〔ɿ〕。

*2.*舌尖後元音：

舌尖向後翹起，靠近齒齦後部與硬顎前部，讓氣流的通路，放寬到可以減去摩擦的程度，就構成國語"知"字的元音，音標作〔ʅ〕。

*3.*捲舌元音：

舌頭位置較發央元音〔ə〕的位置，稍向前移，舌前向硬顎前部翹起，即構成國語"兒"字的元音，音標作〔ɚ〕。

（二）以脣狀分：

（甲）展脣元音：

舌面前元音〔ɛ〕至〔i〕，舌位愈高，嘴脣愈展，稱爲展脣元音，兩脣舒展成扁平形狀。

（乙）圓脣元音：

舌面後元音〔ɑ〕至〔u〕，舌位愈高，嘴脣愈圓，稱爲圓脣元音，兩脣撮斂成圓形。

（丙）中性元音：

低元音〔a〕〔A〕〔ɑ〕等，發音時保持嘴脣自然狀態，稱爲中性元音，嘴脣的形狀，不圓不展。

除中性元音外，每一展脣元音皆有一圓脣元音與之相配，每一圓脣元音亦有一展脣元音與之相配。

①與〔i〕相配之圓脣元音爲〔y〕。如國語"於"字之元音。

②與〔e〕相配之圓脣元音爲〔ɸ〕。如上海"干"字的元音。

③與〔ɛ〕相配之圓脣元音爲〔œ〕。如廣州"靴"字的元音。

④與〔u〕相配之展脣元音爲〔ɯ〕。如如北平旗人"去"字的元音。

⑤與〔o〕相配之展脣元音爲〔ɤ〕。如國語"俄"字的元音。

⑥與〔ɔ〕相配之展脣元音爲〔ʌ〕。如英語"up"的"u"音。

⑦與〔ɨ〕相配之圓脣元音爲〔ʉ〕。如溫州"布"字的元音。

⑧與〔ɿ〕相配之圓脣元音爲〔ʮ〕。如上海"豬"字的元音。

⑨與〔ʅ〕相配之圓脣元音爲〔ʯ〕。如九江"豬"字的元音。

除上述元音之外，若再求精密，則在〔i〕〔e〕之間，可加

〔I〕，如英語 it 之 "i" 音。在〔e〕〔ɛ〕之間可加〔E〕，如
蘇州 "哀" 字的元音。在〔ɛ〕〔a〕之間可加〔æ〕，如英語 at
之 "a" 音。在〔u〕〔o〕之間可加〔U〕，如英語 "book" 之
"oo" 音。在〔ɑ〕〔ɔ〕之間可加〔ɒ〕，如南京 "大" 字的元
音。央元音在〔A〕之上，與〔æ〕〔ɒ〕平行處可加〔ɐ〕，如
廣州 "心" 字的元音。在〔ə〕〔ɐ〕之間可加〔ɜ〕，相配之圓
脣爲〔ɞ〕。在〔ə〕〔ɨ〕之間可加〔ɘ〕，如溫州 "好" 字的元
音。相配之圓脣元音爲〔ɵ〕，如寧波 "小" 字的末一元音。茲
以國際音標元音舌位圖表之於下：

國際音表元音舌位圖

圖選自文史哲出版社陳新雄《音略證補》第 65 頁。

國際音標元音分類表：

舌面									舌尖					部位脣狀高低
後			央			前			後			前		
圓	中	展	圓	中	展	圓	中	展	圓	中	展	圓	展	
u		ɯ	ʉ		ɨ	y		i	ʯ		ʅ	ɥ	ɿ	高
U						Y		I						次高
o		ɤ	ɵ		ɘ	ø		e						半高
Ω				ə				E		ɚ				中
ɔ		ʌ	ɞ		ɜ	Œ		ɛ						半低
ɒ								æ						次低
		ɑ		A				a						低

(三)元音之結合：

　　兩個或兩個以上的元音結合成為一個音節，稱為複合元音。在瞭解複合元音之前，有必要先瞭解什麼是單元音。所謂單元音就是在某一個發音之過程內，舌頭之某一部份，固定在某一地位，嘴脣也保持某種狀態而不變，則所發之音稱為單元音。像元音表裏的每一個元音，都是單元音。

　　⑴複合元音：

　　舌與脣自某一單元音開始，而移向另一單元音之情狀，即構成複合元音。例如國語"愛"〔ai〕，是由〔a〕移向〔i〕；"奧"〔au〕是由〔a〕移向〔u〕；"牙"〔ia〕是由〔i〕移向〔a〕；"蛙"〔ua〕是由〔u〕移向〔a〕。

　　複合元音異于兩個單元音之連續，即複合元音在一個音節之內，而兩個單元音之連續，則分別屬於兩個音節。所謂音節，乃一個或幾個音素組成的最小的語音片段。音節係依響度（sonority）區分，所謂響度，乃指各種音素在本質上能使人容易或不容易聽到的程度。根據葉斯柏森（Schallfulle）的《語音學教本》，把各個音素按其響度之弱與強，分成下列八級：

①響度最低的是清塞音〔p〕〔t〕〔k〕，其次是清擦音〔h〕〔f〕〔s〕。

②較響一點的是濁塞音〔b〕〔d〕〔g〕，然後是濁擦音〔v〕〔z〕〔ʒ〕。

③再響一點的是鼻音〔m〕〔n〕〔ŋ〕及邊音〔l〕〔ʎ〕。

④更響一點的是顫音〔r〕〔R〕等。

⑤又響一點的是高元音〔i〕〔u〕〔y〕等。

⑥又再響一點的是半高元音〔e〕〔o〕等。

⑦又更響一點的是半低元音〔ɛ〕〔ɔ〕等。

⑧最響的是低元音〔a〕〔ɑ〕〔A〕等。

它們之間的關係如下：

低元音＞半低元音＞半高元音＞高元音＞舌尖元音＞顫音＞鼻音、邊音＞濁擦音＞濁塞音＞清擦音＞清塞音。

以音標表示則如下式：

ɑ＞ɛ＞e＞i＞ɿ＞r＞n、l＞z＞d＞s＞t

如果按著響度的先後大小，可將複合元音分為二類：

⑴下降複合元音：

響度先大後小者稱之。如國語"奧"〔au〕、"愛"〔ai〕、"歐"〔ou〕是。

⑵上升複合元音：

響度先小後大者稱之。如國語"牙"〔ia〕、"也"〔ie〕、"蛙"〔ua〕是。

通常人們把下降的複合元音視作真正的複合元音，上升的複合元音，則視爲介音加主要元音。

(2)三合元音：

舌與脣自某一個單元音開始，移向另一單元音之後，繼續又移向第三單元音之情狀，即構成三合元音。三合元音之條件，必須中間元音之響度較前後元音皆大。例如國語“妖”〔iau〕、“油”〔iou〕、“尾”〔uei〕、“歪”〔uai〕等皆是。

(四)半元音：

從高元音之地位，再將舌頭向上移動，所發出之音，即略帶摩擦性，稱爲半元音。不過，只有高元音才有相配的半元音。茲分述之於下：

(1)與〔i〕相配的半元音爲〔j〕，如英語 year 之 y 音。

(2)與〔y〕相配之半元音爲〔ɥ〕，如法語 huit 之 u 音。

(3)與〔u〕相配之半元音爲〔w〕，如英語 west 之 w 音。

(五)介音：

凡〔i〕〔u〕〔y〕三音在比其響度大之元音前者，稱爲介音。有〔i〕介音者爲齊齒呼。如國語“也”〔ie〕、“妖”〔iau〕；有〔u〕介音者爲合口呼。如國語“娃”〔ua〕、“威”〔uei〕；有〔y〕介音者爲爲撮口呼。如國語“月”〔ye〕、“淵”〔yan〕；無任何介音者爲開口呼。如國語“啊”〔a〕、“安”〔an〕。

(六)國語韻母：

國語韻母可按“開”“齊”“合”“撮”四等呼排列於下：

① 帀[ï]、ㄚ[a]、ㄛ[o]、ㄜ[e]、ㄞ[ai]、ㄟ[ei]、ㄠ[au]、ㄡ[ou]、ㄢ[an]、ㄣ[ən]、ㄤ[aŋ]、ㄥ[əŋ]、ㄦ[ɚ]。

②ㄧ[i]、ㄧㄚ[ia]、ㄧㄝ[ie]、ㄧㄠ[iau]、ㄧㄡ[iou]、ㄧㄢ[ian]、ㄧㄣ[in]、ㄧㄤ[iaŋ]、ㄧㄥ[iŋ]。

③ ㄨ[u]、ㄨㄚ[ua]、ㄨㄛ[uo]、ㄨㄞ[uai]、ㄨㄟ[uei]、ㄨㄢ[uan]、ㄨㄣ[uən]、ㄨㄤ[uaŋ]、ㄨㄥ[uŋ]。

④ㄩ[y]、ㄩㄝ[ye]、ㄩㄢ[yan]、ㄩㄣ[yn]、ㄩㄥ[yuŋ]。

(七) 國語聲調：

字母式聲調符號，乃以豎線分為四等分，自下而上，共分五點，算作五度，以表示聲音高低的尺度。國語連輕聲共有五調。符號與調值是：

陰平　第一聲　55　˥

陽平　第二聲　35　˦

上聲　第三聲　214　˩˦

去聲　第四聲　51　˥˩

輕聲　˙

陰陽上去是學術上應用之名詞，第一聲、第二聲等，則是一般教學上應用之名詞。

(八) 國語兒化韻讀音的規則：

① ï＋ʵ變əʵ。如字兒〔tsəʵ〕、紙兒〔tʂəʵ〕。

② i、u、y、a、ia、ua、ɤ、ie、uo、ye＋ʵ，保持不變。如雞兒〔tɕiʵ〕、鼓兒〔kuʵ〕、魚兒〔yʵ〕、靶兒〔paʵ〕、格兒〔kɤʵ〕、葉兒〔ieʵ〕、桌兒〔tʂuoʵ〕、月兒〔yeʵ〕等。

③帶 i 韻尾的複元音韻母＋ʵ，i 尾消失。例如：

ai、uai　變　aʵ、uaʵ，如"牌兒"〔pʻaʵ〕、"帥兒"〔ʂuaʵ〕。

ei、uei　變əʵ、uəʵ，如"杯兒"〔pəʵ〕、"鬼兒"〔kuəʵ〕。

④帶 u 韻尾的複元音韻母＋ʵ，其音不變。例如：

"刀兒"〔tauʵ〕、"鳥兒"〔niauʵ〕、"頭兒"〔tʻouʵ〕。

⑤帶 n 韻尾的韻母＋ㄦ，n 消失：

an ＋ㄦ變 aㄦ，如"瓣兒"〔paㄦ〕←（pan＋ㄦ）。

ian ＋ㄦ變 iaㄦ，如"辮兒"〔piaㄦ〕←（pian＋ㄦ）。

ən ＋ㄦ變 əㄦ，如"針兒"〔tɕəㄦ〕←（tʂən＋ㄦ）。

in ＋ㄦ變 iㄦ，如"今兒"〔tɕiㄦ〕←（tɕin＋ㄦ）。

uən ＋ㄦ變 uəㄦ，如"滾兒"〔kuəㄦ〕←（kuən＋ㄦ）。

yn ＋ㄦ變 yㄦ，如"雲兒"〔yㄦ〕←（yn＋ㄦ）。

⑥帶 ŋ 韻尾的韻母＋ㄦ，ŋ 消失，主要元音鼻化；但為書寫方便，可保留 ŋ 韻尾，不用鼻化符號。只要知道ㄦ前面的 ŋ，實際上是作為元音鼻化符號用的就可以了。

əŋ＋ㄦ變 ə̃ㄦ，如"凳兒"〔tə̃ㄦ〕←（təŋ＋ㄦ）。

iŋ ＋ㄦ變 ĩㄦ，如"名兒"〔mĩㄦ〕←（miŋ＋ㄦ）。

uŋ ＋ㄦ變 ũㄦ，如"空兒"〔kʻũㄦ〕←（kʻuŋ＋ㄦ）。

aŋ ＋ㄦ變 ã ㄦ，如"湯兒"〔tʻã ㄦ〕←（tʻaŋ＋ㄦ）。

iaŋ ＋變 iã ㄦ，如"樣兒"〔iã ㄦ〕←（iaŋ＋ㄦ）。

uaŋ ＋ㄦ變 uã ㄦ，如"光兒"〔kuã ㄦ〕←（kuaŋ＋ㄦ）[90]。

第十節　語音變化：

一個語音和其他語音組成一連串連續的音，就難免互相影響，於是就產生了語音的變化，這叫做聯合音變。語音的變化服從於一定的變化規律，但語音的變化規律，不是可以應用於任何語言，任何時代的一般規律。普通常見的語音變化，有下列的幾種。茲分別說明於下：

---

90 以上國語兒化韻之變化參考董同龢《漢語音韻學》第二章國語音系25-26 頁。

【一】弱化作用（weakening）

1.輔音弱化：

凡輔音對語音繼續阻力大者，稱爲強輔音，對語音繼續阻力小者稱爲弱輔音。凡是由較強的輔音變爲較弱的輔音，也就是由對於語音繼續的阻力較大的音，改變爲對於語音繼續的阻力較小的音之變化，就叫做輔音的弱化。

一般而言，清輔音較濁輔音強，塞音塞擦音較擦音、鼻音、邊音、顫音強。

輔音的弱化，常是輔音減少的前奏，大體說來，強輔音在消失前，常要經過弱化的過程。像國語"五個"，兩個字單獨發音是〔u〕〔kɤ〕，讀快了就成了〔uə〕，〔k〕消失了。我們可以理解，〔ukə〕先弱化爲〔ugə〕再弱化爲爲〔uɤə〕，然後〔ɤ〕再消失。

古印歐語*p、*t、*k 變爲日耳曼語的 f、θ、x，亦爲輔音弱化的結果。

2.元音弱化：

元音在非重讀音節中改變其本來性質之變化，叫做元音弱化。弱化的元音，多半是緊元音變鬆元音，前、後元音變央元音，複元音變單元音。例如國語：

回來[xui lɛ]。來 lai 輕讀變 lɛ。

了了 liau lə。了 liau 輕讀變 lə。

棉花 miɛn xuə。花 xua 輕讀變 xuə。

外頭 uai t'ə。頭 t'ou 輕讀變 t'ə。

英語發音有所謂弱式與強式，弱式發音大體即元音之弱化。如：

Them 強式讀〔ðem〕，弱式讀〔ðəm〕。

Of 強式讀〔ɔv〕，弱式讀〔əf〕。

a 強式讀〔ei〕，弱式讀〔ə〕。

【二】節縮作用（syncopation）

一串音連續發出時，有時發生音素減少的現象，叫做減音，就是節縮作用。

1.輔音節縮：

輔音消失的原因很多：

⑴有時幾個輔音連在一起，不便於發音也會產生輔音節縮的現象。例如：英語

"碗櫥" cupboard〔'kʌpbəd→'kʌbəd〕

"龜甲" tortoise-shell〔't‘ɔt‘əsʃəl→'t‘ɔt‘əʃəl〕

"城堡" castle〔kɑstl→kɑsl〕

"風車" windmill ['windmil→'winmil]

"親切" kindness〔'kaindnis→'kainnis〕

⑵有時雖不是許多輔音連在一起，但說話人爲減少對於語音繼續的阻力，把輔音減少。例如：

廈門話"中"〔tioŋ〕"國"〔kok〕連讀時作〔tioŋok〕，〔k〕消失了。

"剃"〔t‘i〕"頭"〔t‘au〕"刀"〔to〕，連讀時作〔t‘iau to〕，〔t‘〕消失。

"給"〔ka〕"我"〔guɑ〕連讀時作〔kauɑ〕，〔g〕消失。

福州話"米"〔mi〕"缸"〔kouŋ〕，連讀作〔miouŋ〕，〔k〕消失了。

"大"〔tuai〕"喜"〔çi〕，連讀作〔tuaii〕，〔ç〕消失了。

"西"〔sɛ〕"風"〔xuŋ〕，連讀作〔sɛuŋ〕，〔x〕消失了。

(3)有時語言雖對於古字或借字的傳統拼法不加改變，但依照當代自己的音韻特徵讀音，也會發生輔音節縮的現象。例如：

英語不允許以〔kn〕作一個字的首音，遇到傳統拼法以 kn 作首音的字，就改以 n 爲首音，把 k 取消，於是就把"知道"know 讀作〔nou〕。

"小刀"knif 讀作〔naif〕。

英語也不允許以〔ps〕作一個字首音，遇到以 ps 作首音的字，就改以 s 爲首音把 p 取消，於是"心理學"psychology 讀作 [sai 'kɔlədzɪ]。

"假名"pseudonym 讀作〔'sjudənɪm〕。

(4)有時輔音本身變弱，發音時消失。如《廣韻》的一 p、一 t、一 k 韻尾，先弱化爲一ʔ，然後消失。如國語"鴿"〔kap〕、"割"〔kat〕、"各"〔kak〕今皆讀作〔kɤ〕，韻尾輔音消失。

2.元音節縮：

在非重讀的音節中，常有元音減少之現象，元音之減少，往往造成音節之脫落。例如：英語 I'am 通常讀作 I'm〔aim〕。let us 讀作 let´s〔lets〕。

國語"我們"有人說成〔uomn〕，"們"字的元音〔ə〕消失。

英語"歷史"history 讀成 histry，o 消失。"雄辯的"eloquent 常讀成 elkent，o 與 u 消失。do you 讀作〔dju〕。do 失去 u。

古漢語的〔j〕介音，在舌根聲母或捲舌聲母與主要元音 u

之間，也常常失落。例如："中"〔tʂjuŋ→tʂuŋ〕、"弓"〔kjuŋ→kuŋ〕、"狂"〔g'juaŋ→k'juaŋ→k'uaŋ〕。

此外尚有輔音與元音同時節縮者，例如：國語"不"〔pu〕"知"〔tʂï〕"道"〔tau〕連讀作〔puɹtao〕，丟失輔音〔tʂ〕，元音〔ï〕變爲〔ɹ〕。

【三】增音作用（epenthesis）

在許多音連續發出時，常有音素增加之現象，稱爲增音作用。

1.輔音增加：兩輔音間，有時增加一過渡音，此因發前一音後，發音部位與方法尚未調整到發後一音的發音部位與方法之故。

例如英語 dreamt（作夢－過去時）本應讀作〔dremt〕，但常被讀成〔drempt〕，〔p〕出現於〔m〕與〔t〕之間，乃因發〔m〕後，應將發音部位與方法同時調整至〔t〕之發音部位與方法，但雙脣尚未張開時，軟顎巳先上舉，閉塞氣流通往鼻腔之路，故產生一雙脣塞音〔p〕。

2.元音增加：元音之增加，多半爲適合語言之音韻特徵。例如古漢語的－m尾，在國語中皆巳消失，但口語中仍保留若干－m尾，保留之法，即在－m後加一元音，使單音節字變爲雙音節詞。例如：

"尋"中古讀〔zjəm〕，今國語讀〔ɕyn〕，－m變－n，然口語"找尋"讀作〔ɕyɛmə〕。

"甚"中古讀〔zjəm〕，今國語讀〔ʂən〕，－m變－n，然口語"甚麼"讀作〔ʂəmə〕，故或寫作"什麼"。

日本借用漢字入聲字時，皆於韻尾增加一元音，使漢語單音節字變爲雙音節，以適合日語之音韻特徵。例如：

“一”中古讀〔ʔjet〕，現代日語讀〔itɕi〕。

“國”中古讀〔kuək〕，現代日語讀〔koku〕。

【四】同化作用（assimilation）

當兩個不相同或不相似的音鄰近發音時，兩音互相影響，互相適應，使其中之一變作相同或相似者，稱爲同化作用。同化作用又可分爲全部同化與部分同化，全部同化乃一音使另一音與己完全相同，部分同化乃一音使另一音與己發音部位或發音方法有一部分相同。

1.輔音同化：

(1)前向同化又稱順同化：前一音影響後一音。

①全部同化：前一音使後一音發音部位與發音方法與己完全相同。福州話兩字連讀時，若前一音韻尾爲〔ŋ〕，後接字首爲k—、k‘—、X—、tɕ—、tɕ‘—、ɕ—、0—等時，則後一字之聲母，常爲前接韻尾—ŋ同化爲ŋ—。例如：

〔tɕieŋ〕“戰”〔kwɔk〕“國”連讀作〔tɕieŋŋwɔk〕

〔k‘iŋ〕“輕”〔k‘ei〕“氣”連讀作〔k‘iŋŋei〕

〔p‘iŋ〕“品”〔xaiŋ〕“行”連讀作〔p‘iŋŋaiŋ〕

〔eiŋ〕“限”〔tɕiɛ〕“制”連讀作〔eiŋŋiɛ〕

〔tɕ‘iŋ〕“清”〔tɕ‘yɔŋ〕“唱”連讀作〔tɕ‘iŋŋyɔŋ〕

〔k‘ieŋ〕“謙”〔ɕy〕“虛”連讀作〔k‘ieŋŋy〕

〔tyŋ〕“中”〔yɔŋ〕“央”連讀作〔tyŋŋyɔŋ〕

英語 individual（個人的）本來讀作〔ɪndɪvɪdjuəl〕，但有人把它讀作〔ɪnnɪvɪdjuəl〕兩個非重讀音節中相連的兩個輔音，其中的一個[d]，被[n]同化爲[n]。

②部分同化：

(a)部位同化：英語 bacon（鹹肉）本讀作〔ˊbeikn̩〕，舌尖音〔n〕被舌面後音〔k〕同化爲〔ŋ〕。

(b)方法同化：福州"棉"讀作〔mieŋ〕，"袍"讀作〔pɔ〕，棉袍連讀則爲〔mieŋmɔ〕。〔p〕爲〔ŋ〕同化作〔m〕。

(2)後向同化又稱逆同化：後一音影響前一音。

①全部同化：

國語"難"讀作〔nan〕"免"讀作〔miɛn〕，連讀則作〔nammiɛn〕〔n〕被〔m〕同化爲〔m〕。

廣州"一"讀作〔jɐt〕"元"讀作〔mɐn〕，連讀則作〔jɐmmɐn〕，〔t〕被〔m〕同化作〔m〕。

又如原始印歐語"睡"作〔′swepnos〕，在拉丁語爲〔somnos〕，在義大利爲〔sonnos〕，拉丁語之〔m〕受〔n〕同化，故變入義大利作〔n〕。

②部分同化：

(a)部位同化：國語"麵"讀〔miɛn〕，"包"讀〔pau〕，連讀則爲〔miɛmpau〕。"

暖"讀作〔nuan〕"和"讀作〔xuo〕，連讀則爲〔naŋxuo〕，〔n〕爲〔x〕同化成〔ŋ〕。

廈門"牽"讀〔k'an〕"馬"讀〔be〕，連讀則爲〔k'ambe〕。

(b)方法同化：法語"觀察"observer 讀作〔ɔpsɛr′ve〕，濁塞音 b 爲清擦音 s 同化作清塞音 p。

**古漢語舌尖音或舌根音聲母，受後接高前元音的影響，被同化成舌面音聲母。稱爲顎化作用（palatalization）。顎化作用實即元音或半元音對鄰近輔音之一種同化作用。因爲高元音〔i〕或半元音〔j〕舌位較高，接近硬顎中部，與硬顎接觸面廣，易生摩擦，與發音部位不同之輔音結合時，易使此類輔音發音部位接近中顎，導致輔音顎化。例如：

　　家 ka→kia→tɕia

　　詳 zjaŋ→sjaŋ→ɕiaŋ

　　取 tsʻjuo→tɕʻy

　　行 ɣɐŋ→ɣiəŋ→ɕiŋ

　　心 sjem→ɕin

　　錢 dzʻjæn→tsʻjæn→tɕʻian

　　群 gʻjuən→tɕʻyn

　　間 kan→kian→tɕian

　　**清輔音若處於前後元音之間，常受元音同化爲濁輔音。例如國語"來"讀〔lai〕"吧"讀〔pa〕，連讀則爲〔laiba〕〔p〕在〔i〕〔a〕之間受同化爲濁輔音〔b〕。

　　英語"檢查"examine 讀作〔egʻzæmin〕，〔ks〕變作〔gz〕。

2.元音同化：

　　(1)由低變高：如國語韻母ㄢ〔an〕裡面的〔a〕，舌位是比較低的，但當前面有高元音〔i〕和〔y〕時，它就受同化變爲較高較前的〔ɛ〕。例如：

　　"天"讀作〔tʻian→tʻiɛn〕"泉"讀作〔tɕʻyan→tɕʻyɛn〕

　　"邊"讀作〔pian→piɛn〕"源"讀作〔yan→yɛn〕

　　"見"讀作〔tɕian→tɕiɛn〕"宣"讀作〔ɕyan→yɛn〕

　　"賢"讀作〔ɕian→ɕiɛn〕"涓"讀作〔tɕyan→tɕyɛn〕

　　《廣韻》禡韻借子夜切 tsja→tɕie∨

　　《廣韻》馬韻且七也切 tsʻja→tɕʻie√|

　　(2)**由高變低**：國語高元音〔i〕〔u〕單獨發音時，舌位最高，若前接低元音〔A〕時，則舌位變低，〔A〕亦受高元音之同化，舌位偏前或偏後。例如：

〔A〕+〔i〕→〔aɪ〕

〔A〕+〔u〕→〔ɑo〕

(3)**由後變前：**國語〔A〕單獨發音時，舌位不前不後，爲低央元音。若後接高前元音〔i〕或舌尖鼻音〔n〕、舌尖塞音〔t〕時，則舌位前移爲〔a〕。例如：

〔A〕+〔i〕→〔aɪ〕

〔A〕+〔n〕→〔an〕

〔A〕+〔t〕→〔at〕

德語中亦有後元音受後接元音之同化而舌位前移者，例如"人民"Volk 讀作〔vɔlk〕，若後接小稱語尾－chen〔çən〕，則〔ɔ〕受－chen 中元音〔ə〕之影響而同化爲〔θ〕。在文字上寫作 Völkchen"小國民"。

(4)由前變後：國語〔A〕若後接高後元音〔u〕或舌根鼻音〔ŋ〕、舌根塞音〔k〕時，則舌位後移爲〔ɑ〕。例如：

〔A〕+〔u〕→〔ɑo〕

〔A〕+〔ŋ〕→〔ɑŋ〕

〔A〕+〔k〕→〔ɑk〕。

【五】異化作用（dissimilation）

當兩個以上相同或相似之音，連接發音時，爲避免重複，其中一音變成與他音不相同或不相似者，稱爲異化作用。

1.輔音異化：

(1)**前向異化，又稱順異化。**前一音使後一音趨異。

例如："凡"字在隋代讀〔bʻjuɐm〕，韻尾收－m 尾，今廣州話雖仍有收－m 之字，但此字已讀作〔fan〕，韻尾爲－n，即－m 受 bʻ－異化之結果。

"法"字隋代讀〔pjuɐp〕，今廣州話讀〔fat〕，韻尾爲－t，即－p受p－異化之結果。

其演變之過程爲：

"凡"b'juɐm→bv'juɐm→bv'juen→van→fan。

"法"pjuɐp→pfjuɐp→pfjuet→fat。

拉丁語 marmor "大理石"變入法語爲 marbre。第二個 m 爲第一個 m 異化爲 b。傳入英語爲 marble。第二個 r 又爲第一個 r 異化爲 l。

(2)後向異化又稱逆異化。後一音使前一音趨異。

"凡"字在隋代讀〔b'juɐm〕，今廈門語讀〔huam〕，聲母 b'－受異化爲喉擦音 h －。

"法"字隋代讀〔pjuɐp〕今汕頭讀〔huap〕。聲母 p －亦受韻尾—p 異化爲 h －。其演變如下：

"凡"b'juɐm→hjuɐm→huam。

"法"pjuɐp→hjuɐp→huap。

2. 元音異化：

元音之複元音化，即爲異化作用之一種。

例如如中古漢語"夏"〔ɤa〕，變爲國語〔ɕia〕；"家"〔ka〕變爲國語〔tɕia〕。〔a〕音前部變成與〔a〕不同之〔i〕，後部仍保留爲〔a〕。其演變過程如下：

夏〔ɤa〕→〔ɤaa〕→〔ɤia〕→〔xia〕→〔ɕia〕

家〔ka〕→〔kaa〕→〔kia〕→〔tɕia〕。

古代法語之 ei，當係拉丁語長 e 與短 e，在不同時代演化而來之結果，古法語之 aveir "有"（即現代之 avoir）係從拉丁語 habēre 而來。古法語 teit "房瓦"（即現代之 toit）係從拉丁語 tectu 而來。e 與 i 均爲高元音，發音極近。故此一單元音化爲複元音之元音，即易混爲一音，非 e 即 i。若然，則爲同化作用。i 爲法語語音體系中最前最高之元音，旣不可能變爲更前更高之元音，則唯 e 有可往後退，變爲更低之元音，如此則有二種情形：

一爲德語元音異化之路，德語情形爲 e 變ε，然後再變爲 a, ein→εin→ain。此時同化作用又出現，將 i 拉近于 a，變爲 e，故近代德語雖寫作〔ein〕卻讀爲〔aen〕。

一爲法語異化之路，e 異化爲 o，故寫作 avoir，然 o 與 i 距離仍遠,於是起同化作用，將 i 拉近變 e，成爲 oe，二者開口度同，難以維持現狀,故將 e 之開口度加大爲ε，成爲 oε，再變爲 uε，uε亦非理想。此時正逢法語失去發複元音之習慣，於是將 u 變作輔音 w，成爲 w。此種情形保持數百年之久，然一軟顎輔音 w 加於一前元音之前，發音部位仍嫌過遠，故向後退爲 a，變作 wa。是以今法語雖寫作 avoir，toit，卻讀爲〔avwar〕、〔twa〕。

國語"尾"〔uei〕"巴"〔pa〕，連讀爲〔ipa〕，即因異化作用所致。ueipa→uipa→ipa。

國語"暖"〔nuan〕"和"〔xuo〕連讀爲〔naŋxuo〕亦有異化作用在。即 nuanxuo→nuaŋxuo→naŋxuo。

3. 聲調異化：

國語兩上聲相連，前一上聲被後一上聲異化而變陽平。

"粉"〔fən√|〕"筆"〔pi√|〕→"粉筆"〔fən⁄pi√|〕。

"冷"〔ləŋ√|〕"水"〔ʂuei√|〕→"冷水"〔ləŋ⁄ʂuei√|〕。

"很"〔xən√|〕"好"〔xao√|〕→"很好"〔xən⁄xao√|〕。

【六】換位作用（metathesis）

兩個音素前後互換位置，稱爲換位作用。換位作用爲使兩相連之音素，取得更合理之次序，以使發音更爲方便。

例如："蜈蚣蟲"三字在江西臨川分讀作〔ŋu〕〔kuŋ〕〔t'uŋ〕，連讀則爲〔ŋuŋkut'uŋ〕。〔ŋu〕中之〔u〕與〔kuŋ〕中之〔uŋ〕換位，使〔kuŋ〕中之〔uŋ〕與〔t'uŋ〕中之〔u〕遠離，以免繞口。

上古音"尤"演變成今國語音讀，亦經過換位作用。**ɣjuə→*ɣjəu→jəu→iəu→iou。

古英語"黃蜂"waps 變作現代英語 wasp[wɔsp],亦係換位作用。

【七】轉換作用（morphology）

轉換也叫做交替，就是用一個音替換另一個音。有些語言利用音的轉換，在形態變化上起一定的作用。例如古代漢語有些形態變化，是以單音詞內的語音轉換方式來進行的。例如：

"見"（看見）*kian："現"（出現）*ɣian

"勿"（不要）*mjuət："未"（未曾）*mjuəi

"堂"（廳堂）*d'aŋ："庭"（宮庭）*d'ieŋ

"納"（使入）*nəp："內"（在內）*nuəi

以上的例子，有些是聲母的轉換，有些是元音的轉換，有些是韻尾的轉換。

在現代漢語中，音的轉換，主要表現在聲調方面。例如：

(1)陰平和去聲的轉換：

擔負：挑擔　　鑽研：鐵鑽

看守：看見　　中間：中意

勝任：得勝　　應聲：反應

(2)陽平和去聲的轉換：

難受：困難　　測量：數量

(3)上聲和去聲的轉換：

眞假：請假　　　散漫：分散

積累：勞累　　　買入：賣出

多少：老少　　　碰倒：倒轉

好入：好學　　　言語：語人

(4)陽平送氣和去聲不送氣的轉換：

長短：生長　　　重復：重量

收藏：寶藏

(5)陽平、擦聲和去聲、塞擦聲的轉換：

投降：下降

(6)元音的轉換：

銀行、外行：行爲、行路

省府：反省

惡霸：可惡

【八】類推作用：（analogy）

某一音之變化，受其他音型式之影響。即發音時將一詞或一組詞中之音素，依他一詞或他組詞之音素典型，依類相推加以變化之現象，稱爲類推作用。

例如廣州"我"〔ŋɔˊ〕"你"〔neiˊ〕"佢"〔k'ɸyˊ〕三字皆讀陽上，"我""你"古屬次濁聲母，廣州讀陽上，符合音變規律。"佢"即《集韻》平聲"𠌯"字，《集韻》平聲魚韻：「𠌯、吳人呼彼稱，通作渠。求於切。」"佢"字全濁平聲，廣州應讀陽平，今讀陽上者，蓋受"我""你"讀音類推之影響。

類推作用有助於語言的學習，例如福州"見"〔kiɛn〕，國語讀〔tɕiɛn〕；則福州"京"〔kiŋ〕，國語讀〔tɕiŋ〕。

【九】交流作用（interaction）

不同語言互相影響，謂之交流作用。例如"尷尬"〔kan˥ka

∨〕二字，尷、古咸切，尬、古拜切，按音變規律，國語應讀"監介"〔tɕiɛn〕tɕie∨〕，今讀〔kan〕ka∨〕不讀〔tɕiɛn〕tɕie∨〕，乃因此詞係由吳語方言傳入，國語〔kan〕ka∨〕，實模仿吳語〔kɛ̃ka〕之結果。由於語言之交流作用，遂常有不規則之現象發生。

【十】鼻化作用（nazalization）

鼻化多半限於元音，在很少的情形下，輔音也有鼻化。鼻化的意思是應發口音時，軟顎下垂一點，使氣流由鼻腔和口腔同時流出，因而使口音帶有鼻音的色彩。鼻化表示的方法是在原來音上加上一個"～"。發生鼻化的原因有兩種，一種是在某語言中有鼻化音的獨立音位，發元音時自然把鼻腔通路打開，並不是受鄰近音的影響，這種鼻化不屬於同化範疇，（在歷史上也許是由于同化造成的）。現代法語中有許多鼻化的元音音位，不過在文字上是用在元音後面加上鼻音n或m的辦法來表示，例如：main"手"讀作〔mɛ̃〕，faim"餓"讀作〔fɛ̃〕。

另一種是由于受鄰近音的影響，使口音變爲鼻化音，這是同化作用的一種，元音的鼻化，由於元音和鼻音相連，有時受鼻音的同化而有鼻化的現象。如廣西省龍勝縣北區的瑤語，稱"嫂"爲〔mɑ〕，但"雲"爲〔mɑ̃ŋ〕，"借"讀作〔kɑ〕，但"講"讀作〔kɑ̃ŋ〕，都是〔ɑ〕被〔ŋ〕同化爲鼻化元音〔ɑ̃〕。輔音也可以有同樣的變化，例如：英語 good night"晚安"中的[d]就受了後面的[n]的同化而成爲[d̃]。

第十一節　《廣韻》二百六韻之正變

【一】正變

陸氏《切韻》之定，首以論「南北是非，古今通塞」爲其要旨，故其分韻，除四聲、等呼、陰陽之異者外，又因古今沿革之不同，而有正韻（古本韻）與變韻（今變韻）之別，正爲古所本有，變則由正而生。法言酌古沿今，剖析毫釐。（案：法言古今沿革之分析，約而言之，可得四端：一、古同今變者，據今而分。二、今同古異者，據古而分。三、南同北異者，據北而分。四、北同南異者，據南而分。）《廣韻》據而增改之，故二百六韻，兼賅古今南北之音。今若不論古今南北，通塞是非，僅據一方之語音，驗諸口齒，則每有韻部不同，而音實相同之感。若以古今南北是非通塞考之，則二百六韻之分析，皆有至理。三代以下，唐宋以前之聲韻，至今尚可考求者，亦賴於此。

關於《廣韻》分部正變之說，昔人雖有言者，然皆僅得一隅，未明大道。迨蘄春黃季剛先生以聲之正變，定韻之正變，然後始知韻同而等呼不同則或分之。等呼雖同，正變不同，亦不能不分。[1] 黃先生有《聲經韻緯求古音表》，以《廣韻》各韻韻類

---

1 黃季剛先生根據錢大昕《十駕齋養新錄》〈古無輕脣音〉、〈舌音類隔之說不可信〉二文及章太炎先生〈古音娘日二紐歸泥說〉一文，以錢章二氏所考定古所無之非敷奉微，知徹澄、娘日九紐，檢查《廣韻》每一韻類，發現凡無非敷奉微等九紐之韻類，一定也無「喻爲群、照穿神審禪、莊初床疏、邪」等十三紐，則此十三紐，應與非等九紐同一性質，即亦爲變聲可知。四十一聲紐中，除去此二十二紐變聲，所剩十九紐，自爲正聲可知。凡無變聲之韻，則爲正韻。有變聲之韻，即爲變韻。黃先生〈聲韻條例〉云：「凡韻有變聲者，雖正聲之音，亦爲變聲所挾而變，讀與古音異，是爲變韻。」

為單位，將《廣韻》各韻之韻紐，依其平上去入四聲及開齊合撮四呼，將其切語分別填入其中，若相承之平上去入四聲韻類，全為正聲（古本紐）者，則為正韻（古本韻），若雜有變聲者，則為變韻。茲將《廣韻》二百六韻首二韻韻類，填入下表，以明其正韻變韻之別。

聲調	平聲				上聲				去聲				入聲			
韻目	一東				一董				一送				一屋			
等呼	開口	合口	齊齒	撮脣	開口	合口	齊齒	撮脣	開口	合口	齊齒	撮脣	開口	合口	齊齒	撮脣
影	翁烏紅				蓊烏孔				甕烏貢				屋烏谷		郁於六	
曉	烘呼東				嗊呼孔				烘呼貢		趨香仲		縠呼木		蓄許竹	
匣	洪戶公				澒胡孔				哄胡貢				縠胡谷			
喻			融以戎												育余六	
為			雄羽弓												囿于六	
見	公古紅		弓居戎						貢古送				穀古祿		菊居六	
溪	空苦紅		穹去宮		孔康董				控苦貢		焪去仲		哭空谷		麯驅菊	
群			窮渠弓												𪗨渠竹	
疑	䚆五東														砡魚菊	
端	東德紅				董多動				涷多貢				縠丁木			
透	通他紅				侗他孔				痛他貢				禿他谷			
定	同徒紅				動徒揔				洞徒弄				獨徒谷			
泥					繷奴動				齈奴涷							
來	籠盧紅		隆力中		曨力董				弄盧貢				祿盧谷		六力竹	
知			中陟弓								中陟仲				竹張六	
徹			忡敕中												蓄丑六	
澄			蟲直弓								仲直衆				逐直六	
娘															朒女六	
日			戎如融												肉如六	
照			終職戎								衆之仲				粥之六	

聲調	平聲				上聲				去聲				入聲			
韻目	一東				一董				一送				一屋			
等呼	開口	合口	齊齒	撮脣	開口	合口	齊齒	撮脣	開口	合口	齊齒	撮脣	開口	合口	齊齒	撮脣
穿			充昌終								銃充仲				俶昌六	
神																
審															叔式竹	
禪															熟殊六	
精	蔥子紅				總作孔				糉作弄				鏃作木		蹙子六	
清	怱蘇公								謥千弄		趨千仲		瘯千木		簉七宿	
從	叢徂紅												族昨木		歜才六	
心	椶蘇公		嵩息弓		敞先孔				送蘇貢				速桑谷		肅息逐	
邪																
莊															纖側六	
初															珿初六	
床			崇鋤弓								剗仕仲					
疏															縮所六	
幫					琫邊孔								卜博木			
滂													扑普木			
並	蓬薄紅				菶蒲蠓								暴蒲木			
明	蒙莫紅		瞢莫中		蠓莫孔				䁃莫弄		夢莫鳳		木莫卜		目莫六	
非			風方戎								諷方鳳				福方六	
敷			豐敷隆								賵撫鳳				蝮芳福	
奉			馮房戎								鳳馮貢				伏房六	
微																
切語下字	紅公東		弓戎中宮融終隆		動孔董蠓揔				貢弄送凍		仲衆鳳		木谷祿卜		六竹匊菊宿逐福	
備註	豐敷空切今據《切三》正作敷隆切								鳳馮貢切誤							

聲調	平聲				上聲				去聲				入聲			
韻目	二冬				二（湩）				二宋				二沃			
等呼	開口	合口	齊齒	撮脣	開口	合口	齊齒	撮脣	開口	合口	齊齒	撮脣	開口	合口	齊齒	撮脣
影														沃烏酷		
曉														熇火酷		
匣		碽戶冬								碽乎宋				鵠胡沃		
喻																
爲																
見		攻古冬												梏古沃		
溪														酷苦沃		
群																
疑														玉五沃		
端		冬都宗				湩都鶴								篤冬毒		
透		炵他冬									統他綜					
定		彤徒冬												毒徒沃		
泥		農奴冬												褥內沃		
來		隆力冬												濼盧毒		
知																
徹																
澄																
娘																
日																
審																
穿																
神																
審																
禪																
精		宗作冬								綜子宋				鏃將毒		

聲調	平聲				上聲				去聲				入聲			
韻目	二冬				二（湩）				二宋				二沃			
等呼	開口	合口	齊齒	撮脣	開口	合口	齊齒	撮脣	開口	合口	齊齒	撮脣	開口	合口	齊齒	撮脣
清																
從		賨藏宗														
心		鬆私宗								宋蘇統				涙先篤		
邪																
莊																
初																
牀																
疏																
幫														襮博沃		
滂																
並														僕蒲沃		
明						鶇莫湩				雺莫綜				瑁莫沃		
非																
敷																
奉																
微																
切語下字		冬宗				湩鶇				宋綜統				酷沃毒篤		

　　上二表中，凡聲紐用框□框於其外者為古本聲，無者為今變聲。就此二表觀之，第一表中，東、董、送、屋四韻之開口呼及第二表冬、宋、沃韻，皆無變聲知、徹、澄、娘、日、非、敷、奉、微九紐，凡無此九紐變聲之韻類，同時亦無喻、為、群、照、穿、神、審、禪、邪、莊、初、床、疏等十三紐，則此十三紐亦必與知、徹、澄、娘、日、非、敷、奉、微等九紐同一性

質——即亦爲變聲可知。凡無變聲之韻，即爲古本韻，故東韻等之開口呼與冬、宋、沃諸韻皆古本音也。第一表中，東、董、送、屋四韻之齊齒呼雜有二十二紐今變聲，故爲今變韻也。黃君云：「當知二百六韻中，但有本聲，不雜變聲者，爲古本音，雜有變聲者，其本聲亦爲變聲所挾而變，是爲變音。」（見〈與友人論治小學書〉）黃君此說，蓋指此而言也。

【二】變韻之種類

《廣韻》正韻、變韻之分，旣如上述，然《廣韻》中之變韻，又有四類。今據錢玄同先生〈廣韻分部說釋例〉一文，條列於下：

〔一〕古在此韻之字，今變同彼韻之音，而特立一韻者。如古「東」韻之字，今變同「唐」韻者[2]，因別立「江」韻，則「江」者「東」之變韻也。

〔二〕變韻之音爲古本韻所無者，如「模」韻變爲「魚」韻，「覃」韻變爲侵韻是也。

〔三〕變韻之音全在本韻，以韻中有今變紐，因別立爲變韻。如「寒」「桓」爲本韻，「山」爲變韻；「青」爲本韻，「清」爲變韻是也。

〔四〕古韻有平、入而無上、去，故凡上、去之韻，皆爲變韻。如「東一」之上聲「董」、去聲「送一」在古皆當讀平聲，無上去之音，故云變韻也。

《廣韻》二百六韻之正韻變韻表之於下：

2　黃季剛先生古本韻共三十部，今按《廣韻》之次，列之於後：
　　平聲：東開口、冬、模、齊、咍、灰、魂痕、寒桓、先、蕭、豪、歌戈、唐、青、登、侯、覃、談、添。**入聲：**屋開口、沃、沒（麧）、曷末、屑、鐸、錫、德、合、盍、怗。

正			韻	變			韻	說明
平	上	去	入	平	上	去	入	
東一	董	送一	屋一	鍾	腫	用	燭	合口音變同撮口音
				江	講	絳	覺	正韻變同唐韻
多	湩	宋	沃	東二		送二	屋二	正音變同東韻細音
模	姥	暮		魚	語	御		合口音變同撮口音
齊	薺	霽		支	紙	寘		變韻中有變聲，又半由歌戈韻變來
				佳	蟹	卦		正韻變同哈韻
灰	賄	隊		脂	旨	至		正韻變同齊韻
				微	尾	未		正韻變同齊韻，又半由魂痕韻變來
				皆	駭	怪		正韻變同哈韻
咍	海	代		之	止	志		正韻變同齊韻
魂痕	混很	慁恨	沒麧	文	吻	問	物	合口音變為撮口音
				諄	準	稕	術	合口音變為撮口音，又半由先韻變來
				欣	隱	焮	迄	開口音變為齊齒音
寒桓	旱緩	翰換	曷末	刪	潸	諫	黠	變韻中有變聲
				山	產	襉	鎋	變韻中有變聲，又半由先韻變來
				元	阮	願	月	正韻變同先韻
						祭		入聲變陰去齊撮呼，又半由魂韻入聲變來

寒桓	旱緩	翰換	曷末			泰	入聲變陰去
						夬	入聲變陰去，有變聲
						廢	入聲變陰去齊撮呼
先	銑	霰	屑	眞	軫	震　質	正韻變同魂痕韻細音
				臻		櫛	正韻變同痕韻
				仙	獮	線　薛	變韻中有變聲，又半由寒桓韻變來
蕭	篠	嘯		尤	有	宥	正韻變同侯韻細音，又半由蕭韻變來
				幽	黝	幼	正韻變同侯韻細音
豪	皓	號		宵	小	笑	正韻變同蕭韻，又半由蕭韻變來 3
				肴	巧	效	變韻中有變聲，又半由蕭韻變來
歌戈	哿一	箇果	過	麻	馬	禡	變韻中有變聲，又半由模韻變來
				戈二			開口音變齊齒音
				戈三			合口音變撮口音
唐	蕩	宕	鐸	陽	養	漾　藥	開口音變為齊撮音
				庚	梗	映　陌	正韻變同登韻，又半由青韻變來

3　正韻豪皓號，變韻宵小笑下，黃季剛先生只列正韻變同蕭韻一類變韻，今補「又半由蕭韻變來」一類。

青	迥	徑	錫	耕	耿	諍	麥	正韻變同登韻，又半由登韻變來
				清	靜	勁	昔	變韻中有變聲
登	等	嶝	德	蒸	拯	證	職	開口變爲齊撮音
侯	厚	候		虞	麌	遇		正韻變同模韻細音，又半由模韻變來
覃	感	勘	合	侵	寢	沁	緝	正音變同登韻細音而仍收脣
				咸	豏	陷	洽	變韻中有變聲，又半由添韻變來
				凡	范	梵	乏	洪音變爲細音，又半由添韻變來
談	敢	闞	盍	銜	檻	鑑	狎	變韻中有變聲 4
				鹽	琰	豔	葉	洪音變爲細音，又半由添韻變來
添	忝	桥	怗	嚴	儼	釅	業	變韻中有變聲，又半由覃韻變來

　　《廣韻》二百零六韻之分韻，旣由古今沿革之故，故居今之世，而欲考明其音讀，實極困難。清代治聲韻學者，每以畢生精力分析古代韻部，分合之由甚明，而不能定其發音之法。如段玉裁爲古音學大家，能析「支」、「脂」、「之」三韻不同部，至其音讀，終不能得。晚年嘗以書問江晉三云：「足下能知所以分乎！僕老耄，倘得聞而死，豈非大幸。」此則先儒好學之篤，虛

4　黃季剛先生談敢闞盍四韻原表列爲添忝桥怗四韻之變韻，今據其〈談添盍怗分四部說〉一文，改列談敢闞盍四韻爲正韻。

己之誠，非有確見，不敢妄定也。[5]

　　瑞典高本漢（Bernhard Karlgren）著《中國音韻學研究》及〈考訂切韻韻母隋讀表〉，定《廣韻》二百六韻之音讀，始以西方語音學學理構擬隋唐舊音，高氏稱之爲中古音（ancient Chinese）者是也。其所構擬，韙者固多，可疑者亦復不少。中國文字有異於拼音，生今之世，而欲假定昔時之音，非知古今聲韻沿革，及精通文字訓詁之學者不可。高氏未注意陸氏「南北是非，古今通塞」之說，以爲二百六韻即爲隋唐時代長安一地之讀音，旣與《切韻》性質不同，況又擬音瑣屑，分所難分。故世人猶多未愜於心，欲有所改定也。林語堂論高氏〈考定《切韻》韻母隋讀表〉，言及高氏考定音讀之弊，頗爲的當，茲錄其說於下：

　　大概珂氏[6]考訂有未愜心貴當者，㈠因拘於等韻格式，使所構成之音，多半依其等第開合綴拼而成，因而發音上頗有疑問。（如先i再合口之iw。）㈡更重要的，因爲珂氏對《切韻》二百六韻的解釋，與中國音韻學家不同，假定每韻之音，必與他韻不同，因此不得不剖析入微，分所難分，實則《切韻》之書半含存古性質，《切韻》作者八人，南北方音不同，其所擬韻目，非一地一時之某種方音中所悉數分出之韻母，乃當時眾方音中所可辨的韻母統系。如某系字在甲方音同於A，在乙方音同於B，故別出C系而加以韻目之名，於甲於乙檢之皆無不便。實際上C系，並非在甲乙方音中讀法全然與AB區別。或甲乙方音已併，而丙方音尚分爲二，則依丙方音分之。必如此，然後此檢字之韻書，可以普及適應於各地方言。法言自敘謂：「呂靜、夏侯該、陽休

5　此一段話見於先師林尹先生《中國聲韻學通論》第三章韻、十、二百六韻音讀之首。一五三頁。

6　林語堂譯高本漢爲珂羅倔倫。

之、周思言、李季節、杜臺卿等之韻書,各有乖互,江東取韻,與河北復殊。」其時分韻之駁雜,方音之淩亂可知。因爲江東韻書只分江東的韻,不能行於河北,河北的韻書只顧到河北的音切,不能行於江東。獨法言的書是論「南北是非」而成,因其能江東、河北、吳、楚、燕、趙的方音統系,面面顧到,所以能打到一切方音韻書而獨步一時。所謂「支脂魚虞,共爲一韻;(支合脂,魚合虞)先仙尤侯,具論是切。(先合仙,尤合侯)」法言明言爲當日方音現象,當日韻目之分,非如珂氏所假定之精細可知。然甲方音有合支脂者,法言必不從甲,而從支脂未混之乙,乙方音有合魚虞者,法言又必不從乙,而從未混之丙,法言從其分者,不從其併者,因是而韻目繁矣。然在各地用者皆能求得其所分,不病分其所已併,因是天下稱便,是書出而《韻略》、《韻集》諸書亡。又因爲方言所分,同時多是保存古音(如支脂、東冬之分),所以長孫訥言稱爲「酌古沿今,無以加也。」所以咍、泰、皆三韻之別,古咍音近之,泰音近夬、祭、廢,皆音近齊、灰,源流不同,其區別當然於一部方音尚可保存,非隋時處處(或北地)方音都能區別這三韻的音讀。又如古先音近眞,仙音近元,方音有已合併者,有尚保存其音讀區別者,故法言分先仙,非必隋時處處方音(或標準音)中必讀先仙爲介音輕重之別。

先師林尹先生曰:

林氏此論,言《廣韻》分部之故,頗爲透徹。故珂氏《廣韻》音讀之假定,實已根本動搖。蓋《廣韻》分韻,既因古今南之不同而別,而每韻文字之歸納,又以反切爲主。(陸氏並非據一時一地之方音而分別韻部,既如上述,而其保存古音,辨別方音之正訛,實據反切。)反切創于漢末,迄至於隋,作者多人,時代之變遷，地域之不同，其音讀豈能無變。況法言韻書，因論古今通塞，南北是非而定，並非據當時口齒而別，即當時之人讀之，其口齒亦決不能分別如此之精細。必欲究其故而使辨別，即當時之人，亦但能知某部某部某地併，某地分；某部某地讀若某部，某部古音讀與某部同，今音變同某部而已。故法言之書，乃當時標準韻書，並非標準音。此乃中外文字構造之不同，與治學系統之有別，珂氏不明此理，遽以二百六韻部爲二百六音（案有一韻而兼開合者，珂氏亦細分之，實不止二百六音，今稱二百六音，就其大別言之耳。），方法雖佳，其奈根本錯誤乎！珂氏之說非不足以參考，但茲篇所述，重在要義，使學者有所指歸，故不取其說，而辨其誤。

　　然則《廣韻》之音讀，究竟應如何訂定，方得當乎？余意以爲應從多種角度來設想。《廣韻》二百六韻，陸法言、陳彭年等人既可用二百零六不同之漢字爲韻目，則從此一角度設想，是否也可以用二百零六種不同之語音符號，以代表此二百零六韻，作爲辨別之符號，似亦無不可，如此則高氏之擬音固亦無可厚非也。此即所謂書寫系統（writing system），其《廣韻》二百零六韻，本來就是書寫系統，若東冬、支脂之、魚虞、刪山之屬，就漢字讀音言，單一語言系統，亦無法讀出不同之音讀。故書寫系統，主要目的不在求其正確之韻值，而在定其系統。有關定其系統部分，我擬在講完《廣韻》二百六韻之國語音讀，再回來探究，也許更容易瞭解。

第十二節　廣韻二百零六韻國語音讀

　　現在先談《廣韻》二百六韻之國語音讀，二百六韻各類韻母之國語音讀，可按等韻十六攝之次序，說明其演變成國語之條件。《廣韻》平、上、去三聲之韻，韻母相同，所異者，聲調之高低而已。故舉平聲韻目，可以賅括上、去二聲；入聲字之演變，稍爲差殊。故下列十六攝分平、入，開、合，等第，以說明其音讀如下：

【一】通攝：

平聲（舉平以賅上去，後仿此。）

一等：東冬

脣音讀[əŋ]，如蓬蒙；其他讀[uŋ]，如東通；宗叢；公空；烘洪；翁。

三等：東鍾

脣音讀[əŋ]，如封峰馮菶；喉音讀[yuŋ]，如邕庸；牙音見母讀[uŋ]，如宮恭；其他讀[yuŋ]，如穹窮；凶顒；舌齒音讀[uŋ]，如中忡蟲；終充舂崇；蹤從淞松；龍茸。

入聲

一等：屋沃

讀[u]，如屋穀谷哭；篤禿獨；族瘯速；卜扑僕木；鹿

三等：屋燭

喉牙及娘母讀[y]，如郁育菊曲旭玉恧；其他讀[u]，如福伏目；足促肅錄；祝叔躅辱。語音讀[ou]，如熟粥肉。

【二】江攝：

平聲

二等：江

脣音及來母讀[aŋ]，如厖龐邦瀧；喉牙讀[iaŋ]，如江腔映降；其他讀[uaŋ]，如雙窗幢樁。

入聲

二等：覺

脣音讀[o]，如剝樸；或讀[au]，如邈雹；喉牙讀[ye]，如覺學；語音讀[iau]，影母及其他讀[uo]，如握濁攉娷。

【三】止攝（陰聲各攝無入聲，故不分平入。）

開口三等：支脂之微

脣音讀[i]，如皮披；又讀[ei]，如悲眉；喉牙及舌頭讀[i]，如依機欺祈疑；其他讀[ï]，知脂資雌詩思時詞兒。

合口三等：支脂微

脣音及娘來二母讀[ei]，如非肥纍；微母讀[uei]，如微；其他讀[uei]，如威為維歸虧逵佳吹蕤；莊系個別字讀[uai]，如衰。

【四】遇攝

一等：模

讀[u]，如逋鋪蒲模；都稌徒奴；孤枯吾；租粗徂蘇；烏呼胡；盧。

三等：魚虞

輕脣、舌上、正齒及日母讀[u]，如夫敷符無；豬廚朱樞殊劦疏儒；其他讀[y]，如紆虛于余；俱軀渠魚；蛆疽須徐；驢閭。

【五】蟹攝

開口

一等：哈泰

讀[ai]，如哀哈孩該開皚；戴泰臺耐；災猜才鰓；來；泰韻脣音字讀[ei]，如貝沛斾昧。

二等：皆佳夬

喉牙兩系影溪兩母讀[ai]，如挨楷；其他讀[ie]，如皆諧鞋崖；佳韻少數讀[ia]，如佳涯。其他讀[ai]，如牌埋齋釵柴。

三等：祭

讀[i]，如蔽祭藝。

四等：齊

讀[i]，如睥批鼙迷；低梯題泥；雞谿倪鷖兮；齎妻齊西、黎。

合口

一等：灰泰

脣及泥來兩母讀[ei]，如杯坏陪梅雷內；其他讀[uei]，如瑰盔隈嵬灰回；堆推穨；脧崔摧挼；泰韻喉牙音或讀[uai]，如外檜。

二等：皆佳夬

皆韻影母讀[uei]，如崴；其他讀[uai]，如乖懷快夬；佳夬兩韻喉牙音讀[ua]，如話卦蛙媧。

三等：祭廢

脣音讀[ei]，如廢肺；其他讀[uei]，如穢喙衛芮贅脆。

四等：齊

讀[uei]，如圭桂睽巂。

【六】臻攝

平聲

開口

一等：痕

舌頭讀[uən]，如吞。其他讀[ən]，如恩痕根垠。

二等：臻

讀[ən]，如臻駪莘。

三等：眞欣

莊知照三系讀[ən]，如齔眞辰珍陳人；其他讀[in]，如因欣巾銀新賓頻民鄰。

合口

一等：魂

脣音讀[ən]，如奔濆門；其他讀[uən]，如魂昆溫尊村存孫暾屯論。

三等：諄文

脣音讀[ən]，如分芬墳；微母讀[uən]，如文；喉牙及齒頭讀[yn]，如慍熅勻均群旬荀；其他讀[uən]，如諄春脣迍純椿淪閏。

入聲

開口

一等：（麧）

喉音讀[ɤ]，如麧紇。

二等：櫛

讀[ɤ]，如瑟飋；櫛讀[ie]爲例外。

三等：質迄

知照莊三系讀[ï]，如質實秩失日；其他讀[i]，如一七吉逸栗疾必蜜。

合口

一等：沒

脣音讀[o]，如勃馞沒悖；其他讀[u]，如骨窟兀忽鶻；突禿；卒猝捽窣硉。

三等：術物

喉牙及來母讀[y]，如鷸橘屈鬱律；其他讀[u]，如弗拂物術出朮黜。

【七】山攝

平聲

開口

一等：寒

讀[an]，如安寒豻干看：單灘檀闌；餐殘珊。

二等：刪山

喉牙音讀[ian]，如間姦馯顏閑；其他讀[an]，如潺刪山；班攀蠻斕。

三等：仙元

知照莊系讀[an]，如邅梴纏旃燀羶鋋潺；其他讀[ian]，如焉軒延甄犍騫言；鞭篇便綿；煎遷錢仙涎；連。

四等：先

讀[ian]，如煙祅賢；堅牽研；顛天田年蓮；箋千前先；邊蹁眠。

合口

一等：桓

脣音讀[an]，如般潘槃饅；其他讀[uan]，如豌歡桓；冠寬刓；端湍團；鑽酸；鑾。

二等：刪山

讀[uan]，如彎還關鰥。

三等：仙元

脣音讀[an]，如翻煩；微母讀[uan]，如晚；喉牙及齒頭讀[yan]，如鴛暄袁員沿權全宣旋。其他讀[uan]，如專傳遄穿栓堧。

四等：先

讀[yan]，如淵涓絹玄。

入聲

開口

一等：曷

喉牙音讀[ɤ]，如遏喝曷葛渴；其他讀[a]，如怛闥達捺剌；

撩巘薩。

二等：黠鎋

喉牙讀[ia]，如點戛軋瞎；其他讀[a]，如札察殺獺；八汃拔。

三等：月薛

知照兩系讀[ɤ]，如哲浙熱折徹掣設；其他讀[ie]，如歇竭褻列傑孽滅蹩別。

四等：屑

讀[ie]，如屑切結迭鐵纈涅臬蔑噎。

合口

一等：末

脣音讀[o]，如撥鈸魃潑末；其他讀[uo]如括聒闊斡豁活；掇奪侻；拙撮繓捋。

二等：黠鎋

讀[ua]，如滑刮刷婠。

三等：薛月

脣音讀[a]，如髮伐發；微母讀[ua]，如襪；知照兩系讀[uo]，如拙輟啜說；其他讀[ye]，如掘缺闕月絕雪。

四等：屑

讀[ye]，如血玦穴闋。

【八】效攝

一等：豪

讀[au]，如褒麃袍毛；高尻敖；刀饕陶猱牢；糟操曹騷；鏖蒿豪。

二等：肴

喉牙讀[iau]，如交敲哮肴；影疑兩母及其他聲母均讀[au]，如坳聱；包抛庖茅；嘲鐃；操抄巢梢；嘮。

三等：宵

知照兩系讀[au]，如朝超潮；昭怊燒韶；饒；其他讀[iau]，如邀妖嚻鴞遙；嬌橇蹺翹喬；焦鐰樵宵；標鑣漂瓢苗；燎。

四等：蕭

讀[iau]，如蕭貂迢驍么墩聊。

【九】果攝

開口

一等：歌

喉牙讀[ɤ]，如歌哦阿訶何；其他讀[uo]，如多它駝挪；蹉醝娑；羅。

三等：戈

讀[ie]，如迦伽茄。

合口

一等：戈

脣音讀[o]，如波頗婆摩；喉牙讀[uo]，如鍋倭和訛；又讀[ɚ]，如戈科禾；其他讀[uo]，如朵詑堶捼；侳矬莎；騾。

三等：戈

讀[ye]，如靴瘸。

【十】假攝

開口

二等：麻

喉牙音讀[ia]，如鴉煆遐嘉牙；其他讀[a]，如巴葩杷麻；奓侘茶拏；相叉查鯊。

三等：麻

照系讀[ɤ]，如遮車奢蛇闍；其他讀[ie]如爹嗟邪些耶。

合口

二等：麻

讀[ua]，如瓜誇花洼華髽檛。

【十一】宕攝

平聲

開口

一等：唐

讀[aŋ]，如鴦炕航；岡康印；當湯唐囊；臧倉藏桑；幫滂旁忙；郎。

三等：陽

知照兩系讀[aŋ]，如張倀腸；章昌商常穰；娘母讀[iaŋ]，如娘；莊系讀[uaŋ]如莊瘡床霜；其他讀[iaŋ]，如央羊；姜羌強仰；將鏘牆襄祥；良。

合口

一等：唐

讀[uaŋ]，如汪荒黃；光。

三等：陽

脣音讀[aŋ]，如方芳防；微母讀及其他讀[uaŋ]，如亡；王匡狂。

入聲

開口

一等：鐸

喉牙讀[ɤ]，如惡郝鶴閣恪咢；脣音讀[o]，如博餺膊泊薄莫；語音讀[au]，如爆薄；其他讀[uo]，如託鐸諾落；作錯昨索。語音讀[au]，如落烙鑿。

三等：藥

知照莊系讀[uo]，如芍著逴婼；灼綽爍妁若；斮；語音讀[au]，如勺著芍；其他讀[ye]，如約謔藥腳卻噱虐；爵皭削略；語音讀[iau]，如鑰腳藥削嚼。

合口

一等：鐸

喉牙讀[uo]，如郭膜穫廓。

三等：藥

脣音讀[u]，如縛；喉牙讀[ye]，如矍懼躩彏玃攫钁。

【十二】梗攝

平聲

開口

二等：庚耕

喉牙及泥母讀〔iŋ〕，如行鶯嚶鸚迎莖；儜獰；又讀[əŋ]，如衡珩；其他讀[əŋ]，如打趟瞠橙根；爭猙鎗猙崢傖生；閎彭輣怦抨甿盲萌。

三等：庚清

知照兩系讀[əŋ]，如貞檉呈；征聲成；其他讀[iŋ]，如兵平明幷名；英嬰盈卿擎；精清晴騂餳；令。

四等：青

讀[iŋ]，如姘屏冥；經馨刑；丁汀庭寧靈；青星。

合口

二等：庚耕

讀[uŋ]，如觥宏泓嶸轟；例外讀[əŋ]，如橫。

三等：庚清

讀[yuŋ]，如兄瓊；又讀[iŋ]，如縈營；例外讀[uŋ]，如榮。

四等：青

讀[yuŋ]，如扃坰；例外讀[iŋ]，如螢熒。

入聲

開口

二等：陌麥

脣音讀[o]，如伯魄白陌麥；語音讀[ai]，如陌麥白柏百脈；其他讀[ɤ]，如厄赫覈核繢格隔革客額；磔窄宅賾責策柵摘；語音爲[ai]，如窄擇債摘。

三等：陌昔

知照兩系讀[ï]，如擲隻尺斥釋石；其他讀[i]，如隙益繹戟屐逆；積籍昔席；辟僻癖。

四等：錫

讀[i]，如壁霹鷺覓；的逖荻惄；激喫鵙；戚寂錫；檄闃；歷。

合口

二等：陌麥

讀[uo]，如虢砉獲蟈。

三等：陌昔

讀[y]，如矍；喻母讀[i]，如役。

四等：錫

讀[y]，如昊闃瞁。

【十三】曾攝

平聲

一等：登

讀[əŋ]，如登騰能楞；增層僧；崩瀴朋罾；恒。

三等：蒸

知照莊三系及日母讀[əŋ]，如徵睖澂；蒸稱乘升承；仍；

磳；其他讀[iŋ]，如冰砅憑；兢硱殑；膺興蠅；陵。

合口

一等：登

讀[uŋ]，如薨弘肱。

入聲

開口

一等：德

脣音讀[o]，如北仆蔔墨；語音讀[ei]，如北；其他讀[ɤ]，如德忒特勒；刻；則賊塞；啋劾。

三等：職

知照兩系讀[i]，如陟敕直；職翼食識寔；莊系讀[ɤ]，如仄側測廁崱色；娘母及其他讀[i]，如匿；逼堛愎；棘亟極嶷；即聖息；憶艗弋。

合口

一等：德

讀[uo]，如國或

三等：職

讀[y]，如域淢。

【十四】流攝

一等：侯

脣音讀[ou]如裒抔掊剖；又讀[u]，如部戊仆畝；又讀[au]，如貿茂袤。其他讀[ou]，如謳齁侯；鈎彄齵；兜偷頭；緅鯫涑；樓。

三等：尤幽

脣音讀[ou]，如浮謀繆否；又讀[u]，如浮苬副富輻婦；又讀[iau]；如彪瀌繆；知照莊三系讀[ou]，如抽犨周柔收搊愁儔輈；

其他讀[iou]，如尤幽虯憂劉秋猷牛逎修丘鳩囚裘。

【十五】深攝

平聲

三等：侵

知莊照三系讀[ən]，如琛斟沈碪任岑簪森；其他讀[in]，如侵林淫心祲欽吟金音；邪母讀[yn]爲例外，如尋。

入聲

三等：緝

知照兩系讀[ï]，如縶蟄執十；日母讀[u]，如入；其他讀[i]，如緝習集揖及立吸邑鵖。

【十六】咸攝

平聲

開口

一等：覃談

讀[an]，如覃參南含婪龕耽甘擔三藍酣慚甘。

二等：咸銜

喉牙讀[ian]，如咸緘喦；銜巖監嵌；其他讀[an]如摻杉詀諵巉衫攙毚。

三等：鹽嚴

知照兩系讀[an]，如詹苫襜冉霑棎；其他讀[ian]，如鹽廉砭鈷籤炎淹尖潛潛猒毿嚴醃枚。

四等：添

讀[ian]，如添甜謙濂兼嫌拈馦故。

合口

三等：凡

脣音讀[an]，如凡帆氾颿。

入聲

開口

一等：合盍

喉牙讀[ɤ]，如合閤姶欱盍嗑蓋榼盧；其他讀[a]，如答颯沓雜泣納嘈臘榻塔蹋。

二等：洽狎

喉牙讀[ia]，如洽狹夾匣鴨壓押甲呷；其他讀[a]，如眨插舌箚霎嗄啑。

三等：葉業

知照兩系讀[ɤ]，如攝涉讘聾囁懾輒歃喢；其他讀[ie]，如葉獵接捷聂躡曄魘魘業脅怯劫腌浥跲。

四等：帖

讀[ie]，如怗帖協叶頰愜牒疊苶燮聑喋涉鰈。

合口

三等：乏

脣音讀[a]，如乏法。

從以上之分析，可以歸納出國語韻母之來源，今按國語韻母排列之先後，分別說明於後：

【一】國語[a]之來源：

1. 假攝開口二等麻韻脣舌齒音。

2. 山攝入聲

開口一等曷韻舌齒音。

開口二等鎋黠韻舌齒音。

合口三等月韻脣音。

3. 咸攝入聲

開口一等合盍韻舌齒音。

開口二等洽狎韻舌齒音。

合口三等乏韻脣音。

【二】國語[o]的來源：

　　1.果攝合口一等戈韻脣音。

　　2.宕攝入聲開口一等鐸韻脣音。

　　3.梗攝入聲開口二等陌麥韻脣音。

　　4.曾攝入聲開口一等德韻脣音。

　　5.臻攝入聲合口一等沒韻脣音。

【三】國語[ɤ]的來源：

　　1.果攝一等歌戈韻喉牙音。

　　2.假攝開口三等麻韻知照系。

　　3.山攝入聲

　　　　開口一等曷韻喉牙音。

　　　　開口三等薛韻知照系。

　　4.臻攝入聲

　　　　開口一等沒韻喉音。

　　　　開口二三等櫛質韻莊系。

　　5.曾攝入聲

　　　　開口一等德韻端精系。

　　　　開口三等職韻莊系。

　　6.梗攝入聲

　　　　開口二等陌麥韻知莊系。

　　7.咸攝入聲

　　　　開口一等合盍韻喉牙音。

　　　　開口三等葉業韻知照系。

【四】國語[ai]的來源：

　　　1.蟹攝

　　　　開口一等哈泰韻

　　　　開口二等佳皆夬韻幫知莊系及溪母。

　　　2.曾攝入聲三等開口職韻莊系字語音。

　　　3.梗攝入聲開口二等陌麥韻幫知莊系語音。

【五】國語[ei]的來源：

　　　1.止攝

　　　　開口三等支脂韻脣音。

　　　　合口三等微韻脣音及支脂韻來母。

　　　2.蟹攝

　　　　合口一等灰泰韻脣音及泥來母。

　　　　合口三等廢韻脣音。

　　　3.曾攝入聲一等德韻語音。

【六】國語[au]的來源：

　　　1.效攝

　　　　開口一等豪韻

　　　　開口二等肴韻脣舌齒及影母。

　　　　開口三等宵韻知照系。

　　　2.流攝一等侯韻脣音。

　　　3.江攝入聲二等覺韻脣音語音。

　　　4.宕攝入聲

　　　　開口一等脣舌齒語語音。

　　　　開口三等藥韻知照系語音。

【七】國語[ou]的來源：

　　　1.流攝

一等侯韻。

三等尤幽韻脣音及莊知照系。

2.通攝入聲三等屋韻知照系。

【八】國語[an]的來源：

1.山攝

開口一等寒韻。

合口一等桓韻脣音。

開口二等刪山韻脣舌齒音。

開口三等仙韻知照系。

合口三等元韻脣音。

2.咸攝

開口一等覃談韻。

開口二等咸銜韻知照系。

開口三等鹽韻知照系。

合口三等凡韻脣音。

【九】國語[ən]的來源：

1.臻攝

開口一等痕韻喉牙音。

合口一等魂韻脣音。

開口二三等臻韻眞欣韻知照莊系。

合口三等文韻脣音。

2.深攝開口三等侵韻莊知照系。

【十】國語[aŋ]的來源：

1.江攝二等江韻脣音。

2.宕攝

開口一等唐韻。

開口三等陽韻知照系。

合口三等陽韻脣音。

【十一】國語[əŋ]的來源：

1. 通攝

一等東韻脣音

三等東鍾韻脣音。

2. 梗攝

開口二等庚耕韻。

開口三等庚清韻知照系。

3. 曾攝

開口一等登韻。

開口三等蒸韻知照系。

【十二】國語[ï]的來源：

1. 止攝開口三等支脂之韻精莊知照系及日母。

2. 臻攝入聲開口二三等櫛質韻莊知照系。

3. 梗攝入聲開口三等陌昔韻知照系。

4. 曾攝入聲開口三等職韻知照系。

5. 深攝入聲開口三等緝韻知照系。

【十三】國語[i]的來源：

1. 止攝開口三等支脂之微韻脣牙喉及端系。

2. 蟹攝開口三四等祭齊韻。

3. 臻攝入聲開口三等質迄韻喉牙脣及精系。

4. 梗攝入聲開口三四等陌昔韻錫韻喉牙脣及精系。

5. 曾攝入聲開口三等職韻喉牙脣及精系。

6. 深攝入聲開口三等緝韻喉牙及精系。

【十四】國語[ia]的來源：

*1.*蟹攝開口二等佳韻喉牙音。

*2.*果攝開口三等戈韻牙音。

*3.*假攝開口二等麻韻喉牙音。

*4.*山攝入聲二等黠鎋韻喉牙音。

*5.*咸攝入聲二等洽狎韻喉牙音。

【十五】國語[ie]的來源：

*1.*蟹攝開口二等皆佳韻喉牙音。

*2.*果攝開口三等戈韻牙音。

*3.*假攝開口三等麻韻喉牙及齒頭音。

*4.*山攝入聲三四等月屑薛韻喉牙脣及端精系。

*5.*咸攝入聲三四等葉怗業喉牙脣及端精系。

【十六】國語[iau]的來源：

*1.*江攝入聲二等覺韻喉牙語音。

*2.*效攝

二等肴韻喉牙音。

三四等宵蕭韻喉牙脣及端精系。

宕攝入聲三等藥韻牙脣及端精系語音。

流攝三等幽韻脣音。

【十七】國語[iou]的來源：

*1.*流攝三等尤韻喉牙及端精系。

*2.*流攝三等幽韻喉牙脣音

【十八】國語[ian]的來源：

*1.*山攝

開口二等刪山韻喉牙音。

開口三四等元仙先韻喉牙脣及端精系。

2.咸攝

開口二等咸銜韻喉牙音。

開口三四等鹽添嚴韻喉牙脣及端精系。

【十九】國語[in]的來源：

1.臻攝開口三等眞欣韻喉牙脣及精系。

2.深攝三等侵韻喉牙脣及精系。

【二十】國語【iaŋ】的來源：

1.江攝開口二等江韻喉牙音。

2.宕攝開口三等陽韻喉牙及精系。

【二十一】國語【iŋ】的來源：

1.梗攝

開口二等庚耕韻喉牙音。

開口三等庚清韻喉牙脣音及精系。

開口四等青韻。

2.曾攝開口三等蒸韻喉牙脣及精系。

【二十二】國語【u】的來源：

1.遇攝

一等模韻。

三等魚虞韻脣音及莊知照系。

2.流攝一、三等侯尤韻脣音。

3.通攝入聲

一等屋沃韻。

三等屋燭韻脣音齒頭及來娘二母。

4.臻攝入聲

合口一等沒韻喉牙脣音。

合口三等術物韻脣音及知照系。

5.宕攝入聲合口三等藥韻脣音。

6.深攝入聲開口三等緝韻日母。

【二十三】國語【ua】的來源：

1.蟹攝合口二等佳夬兩韻喉牙音。

2.假攝合口二等麻韻。

3.山攝入聲

　　合口二等黠鎋韻。

　　合口三等月韻微母。

【二十四】國語【uo】的來源：

1.果攝

　　開口一等歌韻端精系。

　　合口一等戈韻脣音以外各系。

2.江攝入聲二等覺韻知莊系及影母。

3.山攝入聲

　　合口一等末韻脣以外各系。

　　合口三等月薛韻知照系。

4.宕攝入聲

　　開口三等藥韻知照系。

　　合口一等鐸韻喉牙音。

5.梗攝入聲合口二等陌麥韻喉牙音。

6.曾攝入聲合口一等德韻喉牙音。

【二十五】國語【uai】的來源：

1.止攝合口三等支脂韻莊系。

2.蟹攝

　　合口一等泰韻喉牙音。

　　合口二等佳皆夬韻。

【二十六】國語[uei]的來源：

    *1.*止攝合口三等支脂微非敷奉及娘來以外各系。

    *2.*蟹攝

        合口一等灰泰韻脣音泥來母以外各系。

        合口三等祭廢齊韻脣音以外各系。

【二十七】國語[uan]的來源：

    山攝

    *1.*合口一等桓韻脣音以外各系。

    *2.*合口二等刪山韻。

    *3.*合口三等元仙韻莊知系及來徹二母。

【二十八】國語[uən]的來源：

    臻攝

    *1.*開口一等痕韻端系。

    *2.*合口一等魂韻脣音以外系。

    *3.*合口三等諄文韻知照精系及來微二母。

【二十九】國語[uaŋ]的來源：

    *1.*江攝二等江韻知莊系。

    *2.*宕攝

        開口三等陽韻莊系。

        合口一等唐韻喉牙音。

        合口三等陽韻喉牙及微母。

【三十】國語[uŋ]的來源：

    *1.*通攝

        一等東冬韻脣音以外各系。

        三等東鍾韻脣音以外各系。

    *2.*梗攝合口二等庚耕韻喉牙音。

　　3.曾攝合口一等登韻喉牙音。

【三十一】國語[y]的來源：

　　1.遇攝三等魚虞韻喉牙及精系。

　　2.通攝入聲三等屋燭韻喉牙及精系。

　　3.臻攝入聲合口三等術物韻喉牙及精系。

　　4.梗攝入聲合口三、四等昔錫韻喉牙音。

　　5.曾攝入聲合口三等職韻喉音。

【三十二】國語[ye]的來源：

　　1.果攝合口三等戈韻喉牙音。

　　2.江攝入聲二等覺韻喉牙音。

　　3.山攝入聲合口三、四等月薛屑韻喉牙及端精系。

　　4.宕攝入聲

　　　　開口三等藥韻喉牙及精系。

　　　　合口三等藥韻喉牙音。

【三十三】國語[yan]的來源：

　　山攝合口三、四等元仙先韻喉牙及精系。

【三十四】國語[yn]的來源：

　　臻攝合口三等喉牙及精系。

【三十五】國語[yuŋ]的來源：

　　1.通攝三等東鍾韻喉牙音。

　　2.梗攝合口三、四等庚清青韻喉牙音。

　　從《廣韻》演變至今國語，聲、韻、調三方面之演變過程，均已說明，茲舉幾則例證以說明如何根據目前國語之音讀，以上溯《廣韻》韻目之方法：

（一）例一：

　　國語「饒」讀「ʐauˊ」，聲母只有日母一個來源，韻母[au]

是效攝字，其他宕、江兩攝入聲字也有讀[au]的，但都是語音，且日母是次濁聲母，入聲次濁聲母必讀第四聲，流攝讀[au]的是脣音字。今「饒」字旣不讀第四聲，也無另外讀音，亦非脣音字。所以一定是效攝的字，效攝四韻，一等爲豪、二等爲肴、三等爲宵、四等爲蕭。日母只出現於三等韻，所以可以肯定「饒」惟一的來源，就是三等的宵韻。

（二）例二：

國語「燈」讀「təŋ」，[t]有兩個來源，端母及定母仄聲。燈讀第一聲，所以是端母。韻母[əŋ]，有曾攝一等、梗攝二、三等、通攝一、三等脣音，端母只出現於一、四等，四等沒有讀[əŋ]的，所以一定是一等登韻。

（三）例三：

國語「紡」字讀[faŋ˩]，[f]的來源有三：即輕脣音非敷奉，非敷奉只出現在三等合口韻，韻母[aŋ]的來源有四，宕攝一等開口唐韻，三等開口陽韻知照系，三等合口陽韻脣音。國語的第三聲自《廣韻》上聲清聲母及次濁聲母，非敷正是清聲，所以「紡」字一定屬於陽韻的上聲「養」韻了。

（四）例四：

國語「敵」字讀[ti˩]，[t]有兩個來源，端母及定母仄聲，端定兩母皆有可能，兩母皆屬於舌頭音，舌頭音只出現於一、四等韻，一等韻是洪音，韻母不可能是[i]，四等韻讀[i]的只有齊薺霽與錫的開口韻了，無論是端母抑定母，在平上去三聲中，都不可能有第二聲的讀法，今「敵」讀[ti˩]，一定是入聲錫韻無疑了。因爲入聲在全清與全濁聲母都是以讀第二聲爲規範的。

（五）例五：

國語「含」字讀[xan˩]，國語[x]的來源有二：即曉匣二母的洪音，今國語讀第二聲，一定來自匣母。韻母[an]的來源很多，但由於聲母匣只出現於一、二、四等，喉音在二、四等不可能讀[an]，如此一來，只剩下山咸兩攝開口一等的寒、覃、談三韻了。到底是那一韻，由國語音讀只能推到這一步。如果加上其他的條件，就又可以進一層推斷，「含」從今聲，今聲的字，古韻屬侵部，而寒屬元部、覃屬侵部、談屬談部，所以很明顯地可以知道「含」字一定是屬於「覃」韻。

第十三節　《廣韻》二百六韻之擬音

　　《廣韻》二百零六韻，我們可以用二百零六個不同的漢字來代表它二百零六個不同的韻目，雖然有些韻目在音讀上，像一東、二冬，並沒有任何語音上的差別，而在字形上，確有不同之形體，觀其形體之差異，即知為不同之韻，所以廣韻二百六韻，在中文來說，亦僅是一種書寫系統之差異，如果《廣韻》音讀，僅僅作為一種區別之符號，則用音標擬成二百零六韻的韻值，代表不同系統之區別符號，自無不可。故今即以此一觀點，以著手擬音，擬音之先後次序，即以等韻之十六攝先後為序。當然，如果牽涉到《廣韻》之真正讀音時，則須要另加考慮與擬構，且留到下文再說。現在按十六攝之次序，逐一將構擬之韻值列出。至其所以如此構擬之理由，則請參考拙著《廣韻研究》。

【一】通攝：

東、董、送	開口一等[-oŋ]	屋開口一等[-ok]
	開口三等[-ǐoŋ]	開口三等[-ǐok]
冬（湩）宋	合口一等[uŋ]	沃合口一等[uk]
鍾腫用	合口三等[ǐuŋ]	燭合口三等[ǐuk]

【二】江攝

江講絳開口二等[ɔŋ]　　　　　　覺開口二等[ɔk]

【三】止攝

開　　口	合　　口
支一、紙一、寘一-ɜi	支二、紙二、寘二-ĭuɛ
脂一、旨一、至一-ie	脂二、旨二、至二-iue
之 、止 、志 -ĭə	
微一、尾一、未一-ĭəi	微二、尾二、未二-ĭuəi

【四】遇攝

開　　口	合　　口
一等	模-u
三等魚-ĭo	虞-ĭu

【五】蟹攝

開　　口	合　　口
一等咍、海、代 -əi	灰 、賄 、隊 -iuəi
泰一 -ai	泰二 -uai
二等皆一、駭一、怪一-ĭɐ	皆二、駭二、怪二 -uɐi
佳一、蟹一、卦一 -æi	佳二、蟹二、卦二 -uæi
夬二 -ai	夬一 -uai
三等　　祭一 -ĭɛi	祭二 -ĭuɛi
廢一 -ĭɐi	廢二 -ĭuɐi
齊三　　 -ĭei	
四等齊一、薺一、霽一 -iei	齊二、 霽二 -iuei

【六】臻攝

開　　口	合　　口
一等痕、很、恨-ən　麧-ət	魂、混、慁-uən　沒-uət

二等臻　　　　　-en　櫛-et
三等眞、軫、震-ǐen　質-ǐet　　諄、準、稕-iuen　術-iuet
　　欣、隱、焮-ǐən　迄-ǐət　　文、吻、問-iuən　物-iuət

【七】山攝

開　　口　　　　　　　　　　合　　口
一等寒 、旱 、翰 -ɑn　曷 -ɑt　桓 、緩 、換 -uɑn　末-uɑt
二等刪一、潸一、諫一-an　鎋一-at　刪二、潸二、諫二-uan　鎋二-uat
　　山一、產一、襉一-ɐn　黠一-ɐt　山二、產二、襉二-uɐn　黠二-uɐt
三等元一、阮一、願一-ǐɐn　月一-ǐɐt　元二、阮二、願二-iuɐn　月二-iuɐt
　　仙一、獮一、線一-ǐɛn　薛一-ǐɛt　仙二、獮二、線二-ǐuɛn　薛二-ǐuɛt
四等先一、銑一、霰一-ien　屑一-iet　先二、銑二、霰二-iuen　屑二-iuet

【八】效攝

　一等豪皓號-ɑu　二等肴巧效-au　三等宵小笑-ǐɛu　四等蕭篠
嘯-ieu。

【九】果攝

開　　口　　　　　　　　　合　　口
一等歌哿箇[ɑ]　　　　　戈一果過[uɑ]
三等戈二 [ǐɑ]　　　　　戈三[ǐuɑ]

【十】假攝

開　　口　　　　　　　　　合　　口
二等麻一馬一禡一[a]　　麻二馬二禡二[ua]
三等麻三馬三禡三[ǐa]

【十一】宕攝

開　　口　　　　　　　　　合　　口
一等唐一蕩一宕一[ɑŋ]　鐸一[ɑk]　唐二蕩二宕二[uɑŋ]　鐸[uak]
三等陽一養一漾一[ǐaŋ]　藥一[ǐak]　陽二養二漾二[ǐuaŋ] 藥二[ǐuak]

【十二】梗攝

開　口			合　口	
二等庚一梗一映一[aŋ]	陌[ak]	庚二梗二映二[kuaŋ]	陌二[kuak]	
耕一　　諍[æŋ]	麥[æk]	耕二　[uæŋ]	麥二[uæk]	三等
庚三梗三映三[ǐaŋ]	陌三[ǐak]	庚四梗四映四[ǐuaŋ]	陌四[ǐuak]	
清一靜一勁一[ǐɛŋ]	昔一[ǐɛk]	清二靜二[ǐuɛŋ]	昔二[iuɛk]	
四等青一迥一徑一[ieŋ]	錫一[iek]	青二迥二[iueŋ]	錫二[iuek]	

【十三】曾攝

開　口			合　口	
一等登一等嶝[əŋ]	德一[ək]	登二[uəŋ]	德二[uək]	
三等蒸　拯證[ǐəŋ]	職一[ǐək]		職二[ǐuək]	

【十四】流攝

流攝韻母如下：

開　口

一等侯　厚　候[ou]

三等尤　有　宥[ǐou]

　　幽　黝　幼[ǐəu]

【十五】深攝

深攝韻母如下：

開　口

三等侵寑沁[ǐəm]緝[ǐəp]

【十六】咸攝

開　口		合　口
一等 覃感勘[əm]	合[əp]	
談敢闞[ɑm]	盍[ɑp]	
二等 咸豏陷[ɐm]	洽[ɐp]	

衙檻鑑[am]　狎[ap]

三等 嚴儼釅[ĭɐm]　業[ĭɐp]　　凡范梵[ĭuɐm]　乏[iuɐp]

　　　鹽琰豔[ĭɛm]　葉[ĭɛp]

四等 添忝掭[iem]　　　　　　帖[iep]

　　至於輕脣十韻，高本漢以三等合口為其分化條件，但此一條件，與韻圖不合，吾人將東韻與侯、尤擬成以 o 為主要元音之韻，對變輕脣之條件不合高氏之標準，其實影響不大，僅須說變輕脣之條件，乃以 ĭ 加 u 或 o 便可，因為 u 和 o 均帶圓脣性，三等介音-ĭ-加上圓脣元音，即為輕脣分化之條件。

　　下文更從陰陽對轉相配之立場，列表來看各韻之關係：

陽　聲	入　聲	陰　聲
東開一-oŋ	屋開一-ok	侯開一-ou
東開三-ĭoŋ	屋開三-ĭok	尤開三-ĭou
		魚開三-ĭo
冬合一-uŋ	沃合一-uk	模合一-u
鍾合三-ĭuŋ	燭合二-ĭuk	虞合三-ĭu
江開二-ɔŋ	覺開二-ɔk	肴開二-ɔu
眞開三-ĭen	質開三-ĭet	脂開三-ĭe
諄合三-ĭuen	術合三-ĭuet	脂合三-ĭue
臻開二-en	櫛開二-et	
欣開三-ĭən	迄開三-ĭət	微開三-ĭəi
文合三-ĭuən	物合三-ĭuət	微合三-ĭuəi
痕開一-ən	麧開一-ət	咍開一-əi
魂合一-uən	沒合一-uət	灰合一-uəi
寒開一-ɑn	曷開一-ɑt	泰開一-ɑi
桓合一-uɑn	末合一-uɑt	泰合一-uɑi

刪開二-an	鎋開二-at	夬開二-ai
刪合二-uan	鎋合二-uat	夬合二-uai
山開二-ɐn	黠開二-ɐt	皆開二-ɐi
山合二-uɐn	黠合二-uɐt	皆合二-uɐi
元開三-ĭɐn	月開三-ĭɐt	廢開三-ĭɐi
元合三-ĭuɐn	月合三-ĭuɐt	廢合三-ĭuɐi
仙開三-ĭɛn	薛開三-ĭɛt	祭開三-ĭɛi
仙合三-ĭuɛn	薛合三-ĭuɛt	祭合三-ĭuɛi
先開四-ien	屑開四-iet	齊開四-iei
先合四-iuen	屑合四-iuet	齊合四-iuei
		齊開三-ĭei
陽開三-ĭɑŋ	藥開三-ĭɑk	戈開三-ĭɑ
陽合三-ĭuɑŋ	藥合三-ĭuɑk	戈合三-ĭuɑ
唐開一-ɑŋ	鐸開一-ɑk	歌開一-ɑ
		豪開一-ɑu
唐合一-uɑŋ	鐸合一-uɑk	戈合一-uɑ
庚開二-aŋ	陌開二-ak	麻開二-a
庚合二-uaŋ	陌合二-uak	麻合二-ua
庚開三-ĭaŋ	陌開三-ĭak	麻開三-ĭa
庚合三-ĭuaŋ	陌合三-ĭuak	
耕開二-æŋ	麥開二-æk	佳開二-æi
耕合二-uæŋ	麥合二-uæk	佳合二-uæi
清開三-ĭɛŋ	昔開三-ĭɛk	支開三-ĭɛ
		宵開三-ĭɛu
清合三-ĭuɛŋ	昔合三-ĭuɛk	支合三-ĭuɛ
青開四-ieŋ	錫開四-iek	蕭開四-ieu

青合四-iueŋ	錫合四-iuek	
蒸開三-ĭəŋ	職開三-ĭək	之開三-ĭə
		幽開三-ĭəu
	職合三-ĭuək	
登開一-əŋ	德開一-ək	咍開一-iə
登合一-uəŋ	德合一-uək	灰合一-uəi
侵開三-ĭəm	緝開三-ĭəp	
覃開一-əm	合開一-əp	
談開一-ɑm	盍開一-ɑp	
鹽開三-ĭɛm	葉開三-ĭɛp	
添開四-iem	帖開四-ie	
咸開二-ɐm	洽開二-ɐp	
銜開二-am	狎開二-ap	
嚴開三-ĭɐm	業開三-ĭɐp	
凡合三-ĭuɐm	乏合三-ĭuɐp	

　　以上二百零六韻除侵覃以下九韻無相配之陰聲韻外，大致說來，相配得很整齊，除少數幾部，或者無相當之陽聲，或者無相當之陰聲外，幾乎皆陰陽相對，極其整齊，此亦吾人應該在擬音時注意其音韻結構問題。有些部既可說與此部對轉，也可說與彼部對轉，若齊韻，可說為先、屑之對轉韻部，又何嘗不可說為青、錫之對轉韻部？原則上，吾人以陰聲之-i尾韻韻部，作為陽聲-n 尾韻，入聲-t 韻之對轉韻部；陰聲之無尾韻或-u 尾韻之韻部，作為陽聲-ŋ、入聲-k尾之對轉韻部。但此雖屬大多數情況，然亦有溢出此一範圍者，但有一點可以確定，凡是對轉之韻部，其主要元音必然相同。至於何以擬測，可參見拙著《廣韻研究》，此不重贅。

　　上面所擬測之《廣韻》二百六韻讀，純粹基於書寫系統，正如同吾人用二百零六漢字以代表《廣韻》韻目之性質相同，至於每一韻目之實際音讀，恐每一種方言之讀法均不相同，而且其區別亦無此複雜。《切韻》與《廣韻》旣非當時之標準音，亦非記錄當時一地之方音。王力說：「假如只記錄一個地域的具體語音系統，就用不著『論南北是非，古今通塞』，也用不著由某人『多所決定』了。」因爲《廣韻》二百六韻乃論南北是非、古今通塞而定，故在實際語言音讀之擬構，首先應推測出以隋、唐時何處之語音來擬構，用何種方言系統來推測《廣韻》之音讀。若如此擬構，則《廣韻》二百六韻之讀音，當減少甚多。王力云：「隋時大約是以洛陽語音作爲標準音，詩人們寫詩大約是按照這實際語音來押韻，並不需要像《切韻》分得那麼細。唐封演《聞見記》說：『隋陸法言與顏、魏諸公定南北音，撰爲《切韻》，……以爲楷式。而先、仙，刪、山之類，分爲別韻，屬文之士，苦其苛細。國初許敬宗等詳議，以其韻窄，奏合而用之。』現在《廣韻》每卷目錄於各韻下注明『獨用』、『某同用』字樣，就是許敬宗等的原注。其實『奏合而用之』，也一定有具體語音系統作爲標準，並不是看見韻窄就把他們合併到別的韻去，看見韻寬就不併了。例如看韻夠窄了，也不合併於蕭、宵或豪；欣韻夠窄了，也不合併於文或眞；脂韻夠寬了，反而跟支之合併。這種情況，除了根據實際語音系統以外，得不到其他的解釋。這樣我們對於第七世紀（隋代及唐初）的漢語標準音，就可以肯定它的語音系統，再根據各方面的證明（如日本、朝鮮、越南的借詞；梵語、蒙語的對譯，現代漢語方言的對應等等），就可以構擬出實際的音位來。」今以王力所構擬之洛陽音——隋唐時期之標準音爲依據，說明二百六韻之音讀。如有改訂，則加以說明，與王氏同者則依王氏，不再說明。

【一】陰聲韻部

1. 無尾韻母

a 韻（歌戈同用）：歌 ɑ、戈 uɑ、迦 iɑ、靴 iuɑ。

按根據蕭宵同用、先仙同用、鹽添同用、屑薛同用、葉怗同用之註，顯然三四等字，在許敬宗奏請許以附近通用之官令，三等字與四等字已不復區分矣。則三等介音與四等介音可無庸區分，今即以舌面前高元音 i 爲三四等韻共同介音。

a 韻（麻獨用）：麻 a、瓜 ua、車 ia。

o 韻（魚獨用）：魚 io。

u 韻（虞模同用）：孤 u、俱 iu。

i 韻（支脂之同用）：飢 i、龜 iui。

按 i 韻合口，王力擬作 ui，但在韻圖仍爲三等字，有照系及群紐字，則不能無 i 介音，因爲此諸紐字之特性，必須與 i 介音相接合始自然。

2. i 尾韻母

əi 韻（灰咍同用）（微獨用）：臺 əi、回 uəi、衣 iəi、圍 iuəi。

灰咍不與微同用，則是由於洪細音之差異。從對轉立場來看，咍與痕對轉，灰與魂對轉，微韻開口與欣韻對，合口與文韻對轉，而痕、魂、欣、文之主要元音皆爲 ə。則王力以咍爲ɒi、灰爲 uɒi；董同龢以咍爲 Ai、灰爲 uAi 之擬測，均與對轉之陽聲韻部不相應，故今不從。此亦可以說明後來唐宋詞之押韻中，爲什麼咍灰韻字常常與微相亂，因爲主要元音相同，僅不過洪細之差而已。若將主要元音擬成ɒ或 A，而竟然常相混，在實際語音上，相差太遠，總覺牽強。

ɑi 韻（泰獨用）：蓋 ɑi、外 uɑi。

　　ai 韻（佳皆夬同用）：佳 ai、懷 uai。

　　ɛi 韻（霽祭同用）：奚例 iɛi、攜芮 iuɛi。

　　按《廣韻》上平聲卷第一韻目，在齊韻下注獨用，上聲薺下亦注獨用，然去聲霽下則注「祭同用」，是在《廣韻》已應元音相同，始可同用相押。不僅此也，在《經史正音切韻指南》蟹攝外二開口呼，更明言祭韻宜併入霽韻。雖然《經史正韻切韻指南》時代稍晚，不足以爲直接證據，但因有《廣韻》同用之注等直接證據，那末，用作旁證仍是可以，此亦顯示一點，在實際語言中，三等與四等已無介音之差異。

　　ɐi 韻（廢獨用）：刈 iɐi、廢 iuɐi。

　　按在《經史正音切韻指南》蟹攝外二合口呼圖亦云「廢韻宜併入霽韻」，爲何吾人不根據《切韻指南》將此韻合併於霽韻裏，或如同祭韻，擬測與霽韻音讀相同，而要有所區別，因爲《廣韻》注明「廢獨用」，獨用就不可同霽韻押韻，當然不可將音讀擬測相同。但三、四等之混一，仍可以採用，亦即在介音方面已經無三、四等之區別。所以將廢韻之元音擬作ɐ者，因爲《韻鏡》將廢韻寄放在內轉第九、第十兩圖中之入聲地位，與微尾未共一圖，微尾未所擬定爲 iəi 及 iuəi 韻母，而廢韻與之共圖，必定元音與之相近方可，故定作ɐ，還有更重要之原因，因爲廢韻與元韻爲對轉之韻，元韻旣是ɐn，則廢韻只有作ɐi 矣。

3. u 尾韻母

　　ɑu 韻（豪獨用）：高 uɑu。

　　ɔu 韻（肴獨用）：交 uɔ。

　　ɛu 韻（蕭宵同用）：聊遙 iɛu。

　　按肴韻旣獨用，而其對轉之韻部爲江，入聲爲覺，江旣定作ɔŋ，覺爲ɔk，則肴定作ɔu，自最合理，其所以不與豪合韻者，亦以其元音相去太遠也。此外，在《經史正音切韻指南》平聲蕭與宵合爲宵，上聲篠與小合爲小，去聲嘯與笑合爲笑。可見在讀音上已無分別，而廣韻又注明「蕭宵同用」，故可比照祭霽之擬音，三、四混等，擬成讀音相同。

ou 韻（尤侯幽同用）：鉤 ou、鳩蚪 iou。

【二】陽聲韻部

1. ŋ 尾韻母

oŋ 韻（東獨用）：公 oŋ、弓 ioŋ。

uŋ 韻（冬鍾同用）：宗 uŋ、縱 iuŋ。

按東冬二韻之主要元音，本篇所擬，正好與王力《漢語音韻》所定相對掉換，吾人所持之理由，爲《韻鏡》東韻在內轉第一開，《七音略》標明爲「重中重」，則顯然屬開口一類。至於冬鍾二韻，《韻鏡》在內轉第二開合，《七音略》則標明「輕中輕」。以《七音略》校《韻鏡》，則《韻鏡》之「開」字似爲衍文，孔仲溫氏《韻鏡研究》第二章〈韻鏡內容〉一節，謂「因而此圖之標『開合』，恐當作『合』，『開』字爲誤衍也。」冬韻爲合口顯然，如此則以東韻之主要元音爲 o，冬爲 u，不亦十分合理乎！

ɔŋ 韻（江獨用）：腔ɔŋ

ɑŋ 韻（陽唐同用）：岡ɑŋ、光 uɑŋ、姜 iɑŋ、王 iuɑŋ。

按王力作 aŋ，今不從。因爲在《經史正音切韻指南》裏，唐韻與豪、歌、戈入聲同爲鐸，而歌、戈、豪三韻之主要元音均擬測爲ɑ，則陽、唐二韻之主要元音自亦以ɑ最爲理想。若作a，則不可能同入矣。

ɐŋ 韻（庚耕清同用）：庚ɐŋ、橫轟 uɐŋ、京驚 iɐŋ、營 iuɐŋ。

庚耕兩韻之字，在現代方言中，多數方言韻母之主要元音為ə，亦有一些是 a。例如庚韻之「撐」，北京、濟南皆讀 tʂʻəŋ，西安、太原讀 tsʻəŋ，漢口、成都、揚州、長沙皆讀 tsʻən，而蘇州、南昌、梅縣讀 tsʻaŋ，廣州讀 tʃʻaŋ，福州讀 tʻaŋ。耕韻之「橙」，北京、濟南、西安、太原皆讀 tʂʻəŋ，漢口、成都、揚州、梅縣均讀 tsʻən，但蘇州讀 zaŋ，南昌讀 tsʻaŋ，廣州讀 tʃʻaŋ。清韻之「聲」，北京、濟南、西安、太原讀 ʂəŋ，漢口、成都、揚州、南昌皆讀 sən，而梅縣讀 saŋ，福州讀 siaŋ，蘇州又讀 saŋ。所以庚耕清三韻之元音，應該介於ə與 a 之間的音，既然如此，故吾人選擇ɐ。

ɛŋ 韻（青獨用）：經 iɛŋ、坰 iuɛŋ。

əŋ 韻（蒸登同用）：登 əŋ、肱 uəŋ、陵 iəŋ。

2. n 尾韻母

ɑn 韻（寒桓同用）：干 ɑn、官 uɑn。

an 韻（刪山同用）：姦閑 an、關鰥 uan。

ɐn 韻（元魂痕同用）：痕 ɐn、昆 uɐn、言 iɐn、袁 iuɐn。

ən 韻（欣文同用）：斤 iən、雲 iuən。

按欣韻王力作 ien，自是韻書早期現象，戴震《聲韻考》云：「按景祐中以賈昌朝請韻窄者凡十三處，許令附近通用，於是合欣于文、合隱于吻、合焮于問、合迄于物。」按景祐為宋仁宗年號，賈昌朝許令通用之時，必此二韻之相通，定已有一段相當長之時間，故乃有奏請附近通用之舉。且欣韻在對轉方面，是與微韻之開口字相配，文韻則與微韻之合口字相配，《韻鏡》欣隱焮迄四韻在外轉第十九開，文吻問物在外轉第二十合，可見是開合相對之兩轉，文韻既是 iuən 而無可爭議。則欣韻定作 iən 亦頗為適宜。

in 韻（眞諄臻同用）：鄰臻 in，倫荀 iun。

ɛn 韻（先仙同用）：前連 iɛn，玄緣 iuɛn。

按先仙二韻音讀之情形，實與霽祭相平行，而且亦屬相對轉之韻部，霽祭旣已定作ɛi，則先仙定爲ɛn，豈非極爲自然！

3. m 尾韻母

ɑm 韻（覃談同用）：含甘 ɑm。

am 韻（咸銜同用）：咸銜 am。

ɐm 韻（嚴凡同用）：嚴 iɐm，凡 iuɐm。

ɛm 韻（鹽添同用）：廉兼 iɛm。

im 韻（侵獨用）：林森 im。

【三】入聲韻部

1. k 尾韻母

ok 韻（屋獨用）：鹿 ok、六 iok。

uk 韻（沃燭同用）：沃 uk、玉 iuk。

ɔk 韻（覺獨用）：角ɔk。

ɑk 韻（藥鐸同用）：各ɑk、郭 uɑk、略 iɑk、縛 iuɑk。

按王力定作ak，今改訂作ɑk。理由與陽聲韻之陽唐兩韻同。

ɐk 韻（陌麥昔同用）：格革ɐk、獲 uɐn、戟益 iɐk、役 iuɐk。

ɛk 韻（錫獨用）：歷 iɛk、闃 iuɛk。

ək 韻（職德同用）：則ək、或 uək、力 iək、域 iuək。

2. t 尾韻母

ɑk 韻（曷末同用）：割ɑt、括 uɑt。

at 韻（黠鎋同用）：八鎋 at、滑刮 uat。

ɐt 韻（月沒同用）：麩ɐt、骨突 uɐt、訐歇 iɐt、越髮 iuɐt。

ət 韻（迄沒同用）：迄 iət、物 iuət。

按迄物之擬音，其理與欣文同。

it 韻（質術櫛同用）：質櫛 it、律率 iut。

ɛt 韻（屑薛同用）：結列 iɛt、決劣 iuɐt。

按屑薛之擬音與先仙平行，其理與先仙同。

3. p 尾韻母

ɑp 韻（合盍同用）：合盍ɑp。

ap 韻（洽狎同用）：洽狎 ap。

ɐp 韻（業乏同用）：業 iɐp、法 iuɐp。

ɛp 韻（葉帖同用）：涉協 iɛp。

ip 韻（緝獨用）：入習 ip。

王力《漢語史稿》說：「在《廣韻》裏，入聲和鼻音收尾的韻母相配，形成很整齊的局面。k 和 ŋ 同是舌根音；t 和 n 是齒音，p 和 m 是脣音。相配的韻，連其中所抱含韻母也是相同的，例如：有 uŋ、iuŋ，就有 uk、iuk；有ɐŋ、uɐŋ、iɐŋ、iuɐŋ，就有ɐk、uɐk、iɐk、iuɐk。個別的地方不能相配，例如入聲有 iuək 而平上去聲沒有 iuəŋ，那是所謂有音無字，iuəŋ 在語音系統中還是存在的。」

第三編 等 韻

第一章 等韻概說

第一節 緒 論

一、等韻與等韻圖：

等韻乃古代進一步說明反切之方法，主要表現為反切圖，古人稱之為「韻圖」，宋元兩代反切圖乃專據《切韻》、《唐韻》、《廣韻》、《集韻》等韻書之反切而作。以切語拼切字音之方法不易掌握。於是等韻家受佛經「轉唱」之影響，所謂轉唱，根據日僧空海在悉曇字母並釋義，於迦、迦、祈、雞、句、句、計、蓋、句、晧、欠、迦之後注云：

> 「此十二字者，一箇‘迦’字之轉也。從此一迦字門出生十二字。如是一一字母各出生十二字，一轉有四百八字。如是有二合、三合之轉，都有三千八百七十二字。此悉曇章，本有自然真實不變常住之字也。」[1]

趙蔭棠云：「從此看來，我們很可以明白‘轉’是拿著十二

1　見趙憩之（蔭棠）《等韻源流》第一編等韻之醞釀16頁，文史哲出版社民國六十三年二月再版。

元音與各輔音相配合的意思。以一個輔音輪轉著與十二元音相拼合，大有流轉不息之意。」[2]

我國等韻學上所謂轉，實即神襲此意而來。受此影響之後，於是比較韻書各韻之異同，分爲四等，然後更依四等與四聲相配之關係，合若干韻母以爲一圖，聲母韻母與聲調既作過有系統之歸納，然後橫列字母，縱分四等，作成若干圖表，稱之爲等韻圖。等韻之作者以爲只須熟悉圖中每一音節之讀法，再據反切上下字之位置以求，則每一字音皆可求得其正確之讀音。

二、四等之界説：

等韻之分四等，人皆知之，然四等分別之標準何在？則言之不一。江氏永《四聲切韻表・凡例》云：「音韻有四等，一等洪大，二等次大，三四皆細，而四尤細，學者未易辨也。」江氏既云學者未易辨，故洪大、次大、細與尤細之間，尚難明也。直至瑞典高本漢（B. Karlgren）博士撰《中國音韻學研究》，始假定一、二等無i介音，故同爲洪音，然一等元音較後較低（grave）故爲洪大，二等元音較前較淺（aigu）故爲次大。三四等均有 i介音，故同爲細音，但三等元音較四等略後略低，故四等尤細。今以山攝見紐字爲例，高氏所假定四等之區別如下表：

等＼呼	開　　口	合　　口
一　等	干 kɑn	官 kuɑn
二　等	艱 kan	關 kwan
三　等	建 kjĭɛn[3]	勬 kjĭwæn
四　等	堅 kien	涓 kiwen

2　見上書 16 頁。

羅莘田先生《漢語音韻學導論》云：「今試以語音學術語釋之，則一、二等皆無[i]介音，故其音大，三、四等皆有[i]介音，故其音細。同屬大音，而一等之元音較二等之元音略後略低，故有洪大與次大之別。如歌之與麻，咍之與皆，泰之與佳，豪之與肴，寒之與刪，覃之與咸，談之與銜，皆以元音之後[ɑ]與前[a]而異等。[4]同屬細音，而三等之元音較四等之元音略後略低，故有細與尤細之別，如祭之與霽，宵之與蕭，仙之與先，鹽之與添，皆以元音之低[ɛ]高[e]而異等。[5]然則四等之洪細，指發元音時口腔共鳴之大小而言也。惟冬之與鍾、登之與蒸，以及東韻之分公、弓兩類，戈韻之分科、瘸兩類，麻韻之分家、遮兩類，庚韻之分庚、京兩類，則以有無[i]介音分。[6]」

按高、羅二氏以語音學理元音共鳴之大小與介音[i]之有無，作爲分辨江氏洪大、次大、細與尤細之辨，自然較爲清楚而且容易掌握。但仍然存在著不少問題。高、羅二氏既說一、二等之區別繫於元音之後[ɑ]與前[a]。然而吾人當問：如何始知歌、咍、泰、豪、寒、覃、談諸韻爲[ɑ]元音？而麻、皆、佳、肴、刪、咸、銜諸韻之元音爲前元音[a]？恐怕最好回答即爲，歌、咍、

3　建借元韻去聲願韻字，因仙韻三等開口適無字，仙韻三等見紐字之音爲 kjǐæn。

4　按依高羅二氏之擬音歌爲ɑ、麻爲 a；咍爲ɑi、皆爲 ai；泰爲ɑi、佳爲 ai；豪爲ɑu、肴爲 au；寒爲ɑn、刪爲 an；覃爲ɑm、咸爲 am；談爲ɑm、銜爲 am。不過高氏以爲咍、覃二韻之元音ɑ爲ɑ短元音，泰、談二韻之元音ɑ爲長元音，皆、咸二韻之元音a爲短元音，佳、銜二韻之元音 a 爲長元音，作爲區別。

5　按依高羅二氏之擬音，祭爲 ǐɛn、霽爲 ien；宵爲 ǐɛu、蕭爲 ieu；仙爲 ǐɛn、先爲 ien；鹽爲 ǐɛm、添爲 iem。

6　冬爲 uoŋ、鍾爲 ǐuoŋ；登爲 əŋ、蒸爲 ǐəŋ；東公爲 uŋ、東弓爲 ǐuŋ；戈科爲 uɑ、科瘸爲 ǐuɑ以上是一等韻與三等韻之區別。麻家爲 a、麻遮爲 ǐa；庚庚爲 aŋ、庚京爲 ǐaŋ。以上是二等韻與三等韻之區別。

……等韻在一等韻，麻、皆、……等韻在二等韻，此爲存在之問題一。或者說：根據現代各地方言推論出歌、哈……等韻讀[ɑ]，麻、皆、等韻讀[a]。對一初學聲韻學者，要從何處掌握如許多之方言資料？如何推論？皆爲極棘手之問題，此爲存在問題之二。何以等韻四等之分，在[a]類元音中有高低前後之別，作爲洪大、次大、細與尤細分辨之標準，而在其他各類元音如[u]、[o]、[ə]、[ɤ]等則沒有此種區別，此爲存在問題之三。何以在[a]類元音之中，三等戈韻瘸類[iuɑ]之元音，反而比二等麻韻瓜類[ua]之元音既後且低？此爲存在問題之四。何以在[a]類元音中，二等元音是[a]，三等元音是[ɛ]，而麻韻二等家類[a]與三等遮類[ia]卻爲同一元音？與其他二、三等之區別不同。此爲存在問題之五。因有此五類問題存在，所以高、羅二氏解釋四等之說法，並不能就此認爲定論。王力先生《漢語音韻・第六章等韻》云：

> 韻圖所反映的四等韻只是歷史的陳跡了。[7]

韻圖之四等既爲歷史陳跡，自非實際語音系統，則其四等之別，自難遵依江永之說，江氏之說既不可從，則四等之別當何所依乎！

蘄春黃侃《聲韻通例》云：

> 凡變韻之洪與本韻之洪微異，變韻之細與本韻之細微異，分等者大槪以本韻之洪爲一等，變韻之洪爲二等，本韻之細爲四等，變韻之細爲三等。[8]

7　見《漢語音韻・第六章等韻・《切韻》和等韻的參差》123 頁，中華書局香港分局 1984 年 3 月重印本。

8　見《黃侃論學雜著・聲韻通例》一四一頁。學藝出版社 民國五十八年五月初版。按《黃侃論學雜著》誤爲「本韻之細爲三等，變韻之細爲四等。」今改正。

今揆其意，蓋謂韻圖之分等，實兼賅古今之音，開合之圖各為四格，一、二兩等皆洪音，三、四兩等皆細音，但一、四兩等為古本音之洪細，二、三兩等為今變音之洪細耳。此說多麼簡直而易曉！試以東韻公、弓兩類為例，加以說明。東韻公類為洪音，應置於一等或二等，但公類所有反切上字皆古本聲，所以為古本韻之洪音，自應列於一等，毫無疑問。東韻弓類為細音，應置於三等或四等，因弓類反切上字雜有今變聲，故為變韻之細音，所以應置於三等。此亦無可疑者。推之歌、咍、泰、豪、寒、覃、談諸韻，因皆為洪音，而反切上字皆為古本聲，故為古本韻之洪音，乃悉置於一等。而麻、皆、佳、肴、刪、咸、銜諸韻，雖亦為洪音，但其反切上字雜有今變聲，故為今變韻之洪音，所以乃置於二等。祭、宵、仙、清、鹽諸韻為細音，其反切上字雜有今變紐，故為今變韻之細音，實為三等韻。而霽、蕭、先、青、添諸韻亦為細音，其反切上字悉為古本聲，故為古本韻之細音，所以為四等韻。標準一致，沒有歧異。洪細以[i]介音之有無為準，聲母之正變既易掌握，則何韻歸於何等，自可一目了然，而無所致疑。

今再舉《韻鏡》外轉二十三開與外轉二十四合兩轉牙音字為例，列表說明其四等之區別與洪細正變之關係：

韻目 ＼ 聲母	疑	群	溪	見
古洪 寒	豻	○	看	干
今洪 刪	顏	○	馯	姦
今細 仙	妍	乾	愆	○
古細 先	研	○	牽	堅

聲母　　韻目		疑	群	溪	見
古洪	桓	岏	○	寬	官
今洪	刪	痯	○	○	關
今細	仙	○	權	棬	勬
古細	先	○	○	○	涓

此表一目了然，古本音之洪在一等，今變音之洪在二等，今變音之細在三等，古本音之細在四等。上表爲外轉二十三開，下表爲外轉二十四合。

三、等韻之作用：

等韻圖有何功用？當如何利用？旣談等韻，此不可不知也。如前所言，等韻所以明反切，例如吾人翻查字書，遇有切語，一時不能切出正確之讀，則可利用韻圖以推其音讀。

查音之方法，首先應查出切語上下字屬於何圖，《七音略》與《韻鏡》等韻圖，雖與《廣韻》韻部次序不盡相同，然畢竟大致不差，吾人只須熟記《廣韻》平聲韻部（上去入可類推），就大致可知某韻屬於某圖，或其附近之圖。以《七音略》言，惟麻韻與陽韻之間插入覃、談、鹽、添、咸、銜、嚴、凡八韻，尤韻與蒸韻之間插入侵韻之外，其餘各韻之次序，與《廣韻》全同。至於《韻鏡》之次序與《廣韻》更爲接近，惟蒸韻置於最後，略有不同而已。

能知切語上下字屬於何圖之後，次一步驟則易知矣。例如《詩・鄭風・溱洧》：「士與女，方秉蕳兮。」《釋文》：

「蕳、古顏反。」吾人先從《七音略》或《韻鏡》查出「古」字，知其屬見紐，再從第廿三圖查出「顏」字，知其在平聲第二格，然後於二十三圖查出「姦」字，則可知「蕳」當讀同「姦」音。此法古人稱為「橫推直看」，反切下字必與所求之字讀音同圖同一橫行，反切上字必與所求之字同一直行，但未必同圖。此種「橫推直看」法，古人謂之「歸字」。

歸字的結果，可能查出生僻字，例如《詩·衛風·淇奧》：「赫兮咺兮。」《釋文》：「咺、況晚反。」吾人自《七音略》卅五圖或《韻鏡》三十二圖查出「況」字，知其屬於曉紐，再自廿二圖查出「晚」字，知其屬上聲第三格，然後於廿二圖曉母上第三格找出「咺」字，此字仍生僻不易識，然同一直行平聲第三格有「暄」字，吾人可推「咺」即「暄」字之上聲。

有時亦可能所查出之字，即所切之本字，例如《詩·衛風·氓》：「士貳其行。」《釋文》：「行、下孟反。」吾人先從《七音略》或《韻鏡》廿九圖查出「下」字，知其屬匣紐，再從《七音略》卅六圖或《韻鏡》卅三圖查出「孟」，知其在去聲第二格，然後在卅六圖或卅三圖匣母去聲第二格查出「行」字，此亦並非白費工夫，因為同一直行上聲第二格有「杏」字，則「行」讀成「杏」字去聲即可。

古人反切用字並不一致，有時不同之反切，亦可切出相同之讀音。例如《詩·邶風·日月》：「乃如之人兮，逝不相好。」《釋文》：「好、呼報反。」吾人從《七音略》或《韻鏡》十二圖出「呼」字，知其屬曉母，再從廿五圖查出「報」字，知其在去聲之第一格。然後在曉母去聲第一格可查出「耗」字，不僅「呼報反」可查出「耗」字之音，即《廣韻》「呼到切」、《集韻》「虛到切」亦同，可查出「耗」字之音。此種歸字法，看似極笨，其實極可靠，故邵光祖謂之「萬不失一。」

四、韻圖之沿革

　　宋元等韻圖之傳於今者，大別之凡三系：《通志·七音略》與《韻鏡》各分四十三轉，每轉以三十六字母爲二十三行，輕脣、舌上、正齒分別附於重脣、舌頭、齒頭之下，橫以四聲統四等，入聲除《七音略》第廿五轉外，皆承陽聲韻，此第一系也。《四聲等子》與《經史正音切韻指南》各分十六攝，而圖數則有二十與二十四之殊，其聲母排列與《七音略》同，惟橫以四等統四聲，又以入聲兼承陰陽，均與前系有別，此第二系也。《切韻指掌圖》之圖數及入聲之分配與四聲等子同，但削去攝名，以四聲統四等，分字母爲三十六行，以輕脣、舌上、正齒與重脣、舌頭、齒頭平列；又於十八圖改列支之韻之齒頭音爲一等，皆自具特徵，不同前系，此第三系也。綜此三系，體製各殊，時序所關，未容軒輊，然求其盡括《廣韻》音紐，絕少遺漏，且推跡原型，足爲搆擬隋唐舊音之參證者，則前一系固較後一系爲優也。

　　今傳最早之韻圖，亦爲此系中之《韻鏡》與《七音略》也。此二圖雖皆出自宋代，然皆前有所承。鄭樵、張麟之皆云：「其來也遠，不可得指名其人。」茲舉數證，以明其本始焉。

　　【一】張麟之《韻鏡序作》題下注云：「舊以翼祖諱敬，故爲《韻鑑》，今遷祧廟，復從本名。」翼祖爲宋太祖追封其祖父之尊號。[9] 如《韻鏡》作於宋人，則宜自始避諱，何須復從本

9　《宋史·本紀一·太祖一》：「建隆元年九月丙午奉玉册諡高祖曰文獻皇帝，廟號僖祖，高祖妣崔氏曰文懿皇后。曾祖曰惠元皇帝，廟號順祖，曾祖妣桑氏曰惠明皇后。祖曰簡恭皇帝，廟號翼祖，祖妣劉氏曰簡穆皇后。皇考曰武昭皇帝，廟號宣祖。」

名。今既有本名，則必出於前代。此一證也。

【二】《七音略》之底本，鄭樵謂係《七音韻鑑》，《韻鏡》之底本，張麟之謂係《指微韻鏡》，是皆前有所承。此二證也。

【三】《七音略》之轉次，自第三十一轉以下與《韻鏡》不同，前者升覃、咸、鹽、添、談、銜、嚴、凡於陽唐之前，後者降此八韻於侵韻之後。案隋唐韻書部次，陸法言《切韻》與孫愐《唐韻》爲一系。李舟《切韻》與宋陳彭年《廣韻》等爲一系。前系覃談在陽唐之前，蒸登居鹽添之後；後系降覃談於侵後，升蒸登於尤前。今《七音略》以覃談列陽唐之前，實沿陸孫舊次，特以列圖方便而升鹽添咸銜嚴凡與覃談爲伍。至於《韻鏡》轉次則依李舟一系重加排定，惟殿以蒸登，猶可窺見其原型與《七音略》爲同源。此三證也。

【四】敦煌唐寫本《守溫韻學殘卷》所載四等輕重例云：

平聲	觀古桓反	關刪	勬宣	涓先
上聲	滿莫伴反	矕清	免選	緬獮
去聲	半布判反	扮襉	變線	遍線
入聲	特徒德反	宅陌	直職	狄錫

其分等與《七音略》、《韻鏡》悉合，是四等之分別，在守溫以前蓋已流行，則其起源必在唐代，殆無可疑，此四證也。

據上四證，可知韻圖起源甚早，非宋代始有，其後《四聲等子》、《切韻指掌圖》、《切韻指南》併轉爲攝，有改變韻書系統處，頗反映當時實際語音系統，有利吾人對中古音之研究。[10]

---

10 趙蔭棠《等韻源流》以爲攝有以少持多之義。並引《悉曇字母並釋義》云：「所謂陀羅尼者，梵語也；唐翻云總持，持者任持，言於一字中總持無量數文，於一法中任持一切法，於一義中攝持一切義，

第二節　韻鏡

一、韻鏡概說：

　　《韻鏡》一書，中土久佚，卻盛傳於日本。清黎庶昌使日，偶獲永祿本，因刻之爲《古逸叢書》，於是《韻鏡》復流傳於國內。《韻鏡》何時流傳至日本？享保年間河野通清在《韻鑑古義

　　　於一聲中攝藏無量功德，故名無盡藏。」趙氏並云：「‘轉’字搬到等韻上，則有《七音略》之四十三轉，‘唱’字搬到等韻上，則產生《華嚴字母圖》，‘攝’字搬到等韻上，則有《四聲等子》與《切韻指南》之十六攝及《切韻要法》之十二攝，其實皆由梵文之十六韻而來。推求其始，並無差異。我們決不可刻舟求劍，妄加區別。」見《等韻源流》17 頁。文史哲出版社民國六十三年二月再版。
　　趙氏引最早之記載：如眞旦《韻銓》五十韻頭，今於天竺悉曇十六韻頭，皆悉攝盡：
　　以彼羅（盧何反）家（古牙反）攝此阿阿引；以彼支（章移反）之（止而反）微（无飛反）攝此伊伊引；以彼魚（語居反）虞（語俱反）模（莫胡反）攝此鄔烏引；以彼佳（胡膎反）齊（徂兮反）皆（古諧反）移（成西反）灰（呼恢反）咍（呼來反）攝此醫愛；以彼蕭（蘇聊反）霄（相焦反）周（之牛反）幽（於蚪反）侯（胡溝反）肴（胡交反）豪（胡刀反）攝此污奧；以彼東（德紅反）多（都宗反）江（古邦反）鍾（之容反）陽（移章反）唐（徒郎反）京（古行反）爭（側耕反）青（倉經反）清（七精反）蒸（七應反）登（都藤反）春（尺倫反）臻（側詵反）文（武分反）魂（戶昆反）元（愚袁反）先（蘇前反）仙（相然反）山（所姦反）寒（胡安反）琴（渠今反）覃（徒含反）談（徒甘反）咸（胡讒反）嚴（語坎反），添（他兼反），鹽（余占反）及以入聲字，攝此暗惡。如攝韻頭，從韻皆攝。以彼平上去入之響，攝此短聲，或呼平聲，或呼上聲，及以長聲引呼并以涅槃者也。其中悉曇中遏哩（二合）遏梨（二合）二字，此方都無，所謂童蒙不能學，豈非此哉！——《悉曇藏》卷二。見《等韻源流》17-18 頁。

標注》所引記云：

> 皇和人王八十九世，龜山院文永之間，南都轉經院律師始
> 得《韻鏡》於唐本庫[11]焉。然不知有甚益。又同時有明
> 了房信範能達悉曇，掛錫於南京極樂院，閱此書而即加和
> 點，自是《韻鏡》流行本邦也。

東京帝國大學國語研究室所藏之《韻鏡看拔集》卷首云：

> 南部轉經院律師，此《韻鏡》久雖所持不能讀之間，上總
> 前司公氏屬令點處，非悉曇師難叶，終返之。爰小河嫡弟
> 明了房聖人有之。悉曇奧義究日域無雙[12]人屬之，初加
> 點者也。

又東京帝國大學國語研究室所藏之明了房信範書寫之複寫
本，日人名爲‘信範本奧書’，有如此記載：

> 本云　建長四年二月十二日書寫了_{明了房信範}
>
> 彌勒二年丁卯三月十五日書寫了　主什舜
>
> 　韻之字假名私印融付之了
>
> 　武州多西郡小河內峯　於曇華菴　書之了
>
> 　慶長十年九月求是
>
> 　高野山往生院於寶積院深秀房從手前是傳者也。
>
> 　生國讚州屋嶋之住僧也　龍嚴　俊善房之
>
> 　　　　　　　　　　　今　俊之

由此數條記載看來，明了房信範實爲日本與《韻鏡》發生密
切關係之人。至於明了房信範之時代，一則曰在龜山院文永之間
加點此書，一則曰建長四年二月十二日書寫此書。龜山天皇文永

11　原注：唐庫本之唐，有人誤解爲唐朝者，非是。蓋指中國書之庫而
　　言。

12　原注：案此語應作「究悉曇奧義，日域無雙。」

相當於宋理宗景定五年至度宗咸淳十年（1264-1274），建長四年即宋理宗淳祐十二年（1252），然享祿（明嘉靖）本《韻鏡》載有張麟之紹興辛巳（三十一年，即 1161）序，慶元丁巳（三年，即 1197）重刊字樣，更有嘉泰三年（1201）序一篇。依此可知《韻鏡》三版成後四、五十年方傳入日本。

二、《韻鏡》之分等及其對韻書韻母之措置

　　《韻鏡》一書之組成，實將韻書平上去入各韻配合，合四聲四等併二百零六韻以爲四十三轉，後舉平以賅上去入，列《韻鏡》四十三轉各等字之韻目，以明《韻鏡》分等歸轉與韻書各韻之關係。

轉次　　等第	一	二	三	四
第　　　一	東	（東）＊	東	（東）

＊東韻有二類韻母，紅公東一類爲開口呼，無變聲，故爲古本韻之洪音，例置一等；弓戎中等爲齊齒呼，有變聲，故爲今變韻細音，例置三等。凡二等與四等之韻目，外加括號（ ）者，表示原則上該韻該等無字，今有字者，乃受韻圖編排之影響而安插於此者。其理由容後詳述。

轉次　　等第	一	二	三	四
第　　　二	多	（鍾）	鍾	（鍾）

多韻一類韻母爲合口呼，無變聲，故爲古本韻之洪音，例排一等。鍾韻一類韻母爲撮口呼，有變聲，故爲今韻之細音，例置三等。二等與四等爲借位者。

轉次　　等第	一	二	三	四
第　　　三	○	江	○	○

　　江韻一類韻母，爲開口呼，有變聲，故爲今變韻之洪音，例置二等。

轉次＼等第	一	二	三	四
第四、五＊	○	（支）	支	（支）

＊一韻之字分見兩轉者，爲開合之不同。按支韻有開口細音一類，合口細音一類，均有變聲，故爲今變音之細音，例置三等。開口細音在第四轉三等，合口細音在第五轉三等。

轉次＼等第	一	二	三	四
第六、七	○	（脂）	脂	（脂）

脂韻有開口細音及合口細音兩類，有變聲，故爲今變韻之細音，例置三等。開口細音在第六轉三等，合口細音在第七轉三等。

轉次＼等第	一	二	三	四
第八	○	（之）	之	（之）

之韻一類爲開口細音，有變聲，故爲今變音之細音，例置三等。

轉次＼等第	一	二	三	四
第九、十	○	○	微[廢]＊	（之）

去聲祭泰夬廢四韻，無與相配之平上入韻，《韻鏡》以祭韻字插入十三、十四兩轉空缺處。泰韻插入十五、十六兩轉空缺處。夬廢兩韻無處安排，只得將廢韻置於九、十兩轉入聲地位，夬韻置於十三、十四兩轉入聲地位，而注明「去聲寄此。」微韻有開口細音合口細音兩類，有變聲，故爲今變音之細音，例置三等。開口細音置於第九轉入聲三等，合口細音置於第十轉入聲三等，而於右下注明「入聲寄此」。

轉次＼等第	一	二	三	四
第十一	○	（魚）	魚	（魚）

魚韻爲開口細音一類，有變聲，爲今變韻之細音，例置三等。

轉次＼等第	一	二	三	四
第十二	模	（虞）	虞	（魚）

模韻一類爲合口洪音，無變聲，爲古本音之洪音，例置一等。虞韻一類爲合口細音，有變聲，爲今變音之細音，例置三等。

轉次＼等第	一	二	三	四
第十三、十四	灰、咍＊	皆、[夬]＊	咍、齊、[祭]＊	齊

＊凡並列之二韻目，中間以（、）號隔開者，表示係開合關係而隸分兩韻。夬韻寄放在十三、十四兩轉入聲二等地位，祭韻插入十三、十四兩轉三等空缺處。第十三轉三等咍齊兩韻僅平上有字，故祭韻得插入去聲，十四轉三等僅有祭韻字。新雄謹案：灰韻爲合口洪音，無變聲，故爲古本音之洪音，故例置一等，《韻鏡》列十四轉合口一等是也。咍韻爲開口洪音，無變聲，故爲古本音之洪音，例置一等，《韻鏡》列第十三轉開口一等是也。皆韻有開口洪音、合口洪音二類，有變聲，故爲今變韻之洪音，例置二等。夬韻亦有開口洪音、合口洪音二類，有變聲，故爲今變音之洪音，亦例置二等，然去聲二等有怪韻在，故乃借入聲二等處插入，而注明去聲寄此。祭韻有開口細音、合口細音二類，有變聲，故爲今韻之細音，例置三等。祭韻有少部分平上聲字寄放於咍齊兩韻，故咍齊兩韻亦有部分三等字，純爲祭韻寄放者。齊韻有開口細音與合口細音兩類，無變聲，爲古本音之細音，故例置四等。

轉次 ＼ 等第	一	二	三	四
第十五、十六	泰	佳	○	（祭）

泰韻有開口洪音、合口洪音兩類，無變聲，爲古本音之洪音，例
置一等。（按泰韻黃侃列爲今變音，純因聲調屬去聲，爲今變調
之故。）佳韻有開口洪音與合口洪音兩類，有變聲，故爲今變音
之洪音，例置二等。

轉次 ＼ 等第	一	二	三	四
第十七、十八	痕、魂	臻	眞、諄	（眞、諄）

痕韻一類開口洪音，無變聲，故爲古音洪音，例置一等，魂韻爲
合口洪音，無變聲，故爲古本音洪音，亦例置一等。臻韻爲開口
洪音，有變聲，故爲今變音洪音，例置二等。眞韻爲開口細音一
類，有變聲，故爲今變音之細音，例置三等。諄爲合口細音一
類，有變聲，故爲今變音之細音，例置三等。

轉次 ＼ 等第	一	二	三	四
第十九、二十	○	○	欣、文	○

欣韻有開口細音一類，有變聲，故爲今變音細音，例置三等；文
韻有合口音一類，有變聲，亦爲今變韻細音，故亦置三等。惟欣
在外轉十九開，而文在外轉二十合爲異耳。

轉次 ＼ 等第	一	二	三	四
第廿一、廿二	○	山	元	（仙）

山韻有開口洪音與合口洪音二類，有變聲，故爲今變韻之洪音，
故例置二等。元韻有開口細音與合口細音二類，有變聲，故爲今
變韻之細音，例置三等。

轉次＼等第	一	二	三	四
第廿三、廿四	寒、桓	刪	仙	先

寒韻一類爲開口洪音，無變聲，故爲古本韻之洪音，例置一等；桓韻一類爲合口洪音，無變聲，故爲古本韻之洪音，例置一等。刪韻有開口洪音與合口洪音二類，有變聲，故爲今變韻之洪音，例置二等。仙韻有開口細音與合口細音兩類，有變聲，故爲今變韻之細音，例置三等。先韻有開口細音與合口細音兩類，無變聲，爲古本韻之細音，例置四等。

轉次＼等第	一	二	三	四
第二十五	豪	肴	宵	蕭

豪韻一類開口洪音，無變聲，爲古本韻之洪音，例置一等。肴韻一類開口洪音，有變聲，爲今變韻之洪音，例置二等。宵韻一類開口細音，有變聲，故爲今變韻細音，例置三等。蕭韻一類開口細音，無變聲，故爲古本韻之細音，例置四等。

轉次＼等第	一	二	三	四
第二十六	○	○	○	（宵）

四等處之宵韻因韻圖編排關係，借位於此。

轉次＼等第	一	二	三	四
第二十七	歌	○	○	○

歌韻一類開口洪音，無變聲，故爲古本韻之洪音，例置一等。

轉次＼等第	一	二	三	四
第二十八	戈	○	戈	○

戈韻有三類韻母，禾戈波和婆一類爲合口洪音，無變聲，故爲古本韻之洪音，例置一等。迦伽一類爲開口細音，有變聲，故爲今

變韻之細音，例置三等，靴瘸一類為合口細音，有變聲，故為今變韻之細音，例置三等。

轉次＼等第	一	二	三	四
第廿九、三十	○	麻	麻	（麻）

麻韻有三類韻母，霞加巴牙一類為開口洪音，有變聲，故為今變韻之洪音，例置二等；花瓜華一類為合口洪音，有變聲，故為今變韻之洪音，例置二等。遮嗟邪車奢一類為開口細音，故為今變韻之細音，例置三等。

轉次＼等第	一	二	三	四
第卅一、卅二	唐	（陽）	陽	（陽）

唐韻有開口洪音與合口洪音兩類，無變聲，故為古本韻之洪音，例置一等。陽韻有開口細音與合口細音二類，有變聲，故為今變韻之細音，例置三等。

轉次＼等第	一	二	三	四
第卅三、卅四	○	庚	庚	（清）

庚韻有開口洪音，合口洪音、開口細音，合口細音四類，有變聲，故為今變韻之洪細，洪音置二等，細音置三等。

轉次＼等第	一	二	三	四
第卅五、卅六	○	耕	清	青

耕韻有開口洪音與合口洪音兩類，有變聲，故為今變韻之洪音，例置二等。清韻有開口細音與合口細音兩類，有變聲，故為今變韻之細音，例置三等。青韻有開口細音與合口細音兩類，無變聲，故為古本韻之細音，例置四等。

轉次＼等第	一	二	三	四
第卅七	侯	（尤）	尤	（尤）（幽）[13]

侯韻開口洪音一類，無變聲，爲古本韻之洪音，例置一等。尤韻開口細音一類，有變聲，故爲今變韻之細音，例置三等。幽韻開口細音一類，有變聲，故爲今變韻之細音，例置三等，今置於四等者，蓋幽韻僅脣牙喉下有字，實爲與尤韻相配之重紐字，借位到四等處者，其後尤、幽分爲二韻，此等重紐相配之關係，逐漸不爲人知，故有以幽韻置四等而置疑者，今釋其故於此。

轉次＼等第	一	二	三	四
第卅八	○	（侵）	侵	（侵）

侵韻僅開口細音一類，有變聲，故爲今變韻之細音，例置三等。

轉次＼等第	一	二	三	四
第卅九	覃	咸	鹽	添

覃韻開口洪音一類，無變聲，故爲古本韻之洪音，例置一等。咸韻開口洪音一類，有變聲，故爲今變韻之洪音，例置二等。鹽韻開口細音一類，有變聲，爲今變韻之細音，例置三等。添韻開口細音一類，無變聲，故爲古本韻之細音，例置四等。

轉次＼等第	一	二	三	四
第四十	談	銜	嚴	（鹽）

談韻開口洪音一類，無變聲，故爲古本韻之洪音，例置一等。銜韻開口洪音一類，有變聲，故爲今變韻之洪音，例置二等。嚴韻開口細音一類，有變聲，故爲今變韻之細音，例置三等。

---

13 按第卅七轉四等尤韻僅有齒頭及喻母字，其餘爲幽韻字。

轉次＼等第	一	二	三	四
第四十一	○	○	凡	○

凡韻只有合口細音一類，有變聲，故為今變韻之細音，例置三等。

轉次＼等第	一	二	三	四
第四二、四三	登	（蒸）	蒸	（蒸）

登韻有開口洪音及合口洪音兩類，無變聲，為古本韻之洪音，例置一等。蒸韻開口細音一類，入聲職有開口細音、合口細音二類，有變聲，為今變韻之細音，例置三等。

　　《韻鏡》在各轉下均注明「開」、「合」或「開合」，大致說來，開與合相當於現代廣義之「開口」與「合口」。至於「開合」，則意義欠明確。羅常培校以《通志・七音略》之重輕，以為是由「開」與「合」誤添而成者，其說是也，今從之。

三、《韻鏡》對韻書聲母之安排

此圖每韻呼吸四聲字並屬之	音齒舌	音喉	音齒	音牙	音舌	音脣	三十六字母
清濁	日　來（半徵半商）	喻　匣　曉　影（喉音雙飛／喉音二獨立）	邪　心　從　清　精／禪　審　牀　穿　照（齒頭音／正齒音／細正齒音）	疑　群　溪　見	泥　定　透　端／娘　澄　徹　知（舌頭音／舌上音）	明　並　滂　幫／微　奉　敷　非（脣音重／脣音輕）	歸納助紐字
	人　鄰 然　連	殷　馨　礥　勻 焉　祅　賢　緣	精　親　秦　新　錫 煎　千　前　仙　涎 真　瞋　藤　身　辰 媊　煇　漸　潯　禪	經　輕　勤　銀 堅　牽　虔　言	丁　汀　廷　寧 顛　天　田　年 珍　攡　陳　紉 邅　迆　塵　紉	賓　繽　頻　民 邊　篇　蠙　眠 分　芬　汾　文 番　翻　煩　攜	

　　韻書聲母系統有四十一類，《韻鏡》所據者則爲守溫之三十六字母。但其書不標字母，僅列脣音四行，舌音四行，牙音四行，齒音五行，喉音四行，及舌齒音二行，共二十三行。每音之中，又細分爲清、次清、濁、清濁，或清、濁等類。其分聲與字母之關係如前表。

四、《韻鏡》與韻書系統之參差

　　《韻鏡》歸字與韻書系統比較，常發生不合理之現象，茲分述其原因，及《韻鏡》處理之方式：

　　【一】使韻圖格式不能適合韻書系統之首要原因，乃由於三十六字母與韻書聲紐系統不盡相合，其中最足以影響韻圖歸字者，則爲三十六字母之照、穿、床、審、喻五母分別包含絕不相同之兩類反切上字。（即照莊、穿初、床神、審疏、爲喻）韻圖歸字之原則，絕不可將韻書不同音之字合併。韻圖於此類字之處理方式如下：

　　1.韻書照、穿、神、審、禪五紐之字，僅出現於三等韻，故韻圖於照、穿、神、審、禪五紐之字，均置於齒音照、穿、床、審、禪五母下三等之地位。

　　2.韻書莊、初、床、疏四紐之字，有出現於二等韻者，亦有與照、穿、神、審、禪同時出現於三等韻者。前者置於齒音照、穿、床、審、禪五母下二等之地位，自無問題。後者則此五母下已排有照、穿、神、審、禪五紐之字，於是發生衝突，然每遇此情形，恰同轉均無二等韻，於是莊、初、床、疏四紐之字乃得侵占正齒音下二等之地位。東、鍾、支、脂、之、魚、虞、陽、尤、侵、蒸諸韻莫非如此安排。

　　3.「爲」「喻」兩紐之字均出現於三等韻，韻圖乃以「爲」

紐字置於喉音「清濁」欄下三等之地位，而《廣韻》「喻」紐字，若同轉四等無字者，乃借用同轉喉音「清濁」欄下四等之地位。若同轉四等已有字者，乃改入相近之另一轉，仍置於「清濁」欄下四等之地位，若無相近之轉，則爲之另立一新轉，亦置四等喉音「清濁」欄下四等之地位。因爲凡一、二、四等性之韻母均無喻紐字。

【二】影響韻圖格式之次要原因，則爲齒音五母與正齒五母併行排列。正齒音莊、照兩系旣已佔據齒音下二等與三等之地位，則齒頭音惟有列於一、四等矣。齒頭音概無二等字，屬於一等韻者，列於一等之地位，屬於四等韻者，列於四等之地位，均無問題。惟三等韻之字因三等地位已爲正齒音之照、穿、神、審、禪五紐字所佔據，自不能再安置於三等矣。於此情形，《韻鏡》處理之方式爲：

*1.*凡同轉四等齒音無字者，乃借用同轉四等之地位。如東、鍾、支、脂、之、魚、虞、眞、諄、陽、尤、侵、蒸諸韻皆然。

*2.*凡同轉四等已有字者，乃改入相近之另一轉，如祭、仙、清、鹽諸韻。

*3.*若無相近之轉，則爲之另列一新轉，如宵韻是也。

【三】三十六字母幫、非兩系之字，亦不盡與韻書相同，但並不影響韻圖歸字。因爲韻書反切上字屬非敷奉微者，只有在東、鍾、微、虞、廢、文、元、陽、尤、凡十韻中，三十六字母始歸入非敷奉微。在其他各韻則與韻書反切上字屬於幫滂並明者，三十六字母均歸入幫滂並明。凡字母屬非敷奉微之字，韻圖皆列三等，字母屬幫滂並明之字，一、二、三、四等俱全，一等字列於一等之地位，二等字列於二等之地位，三等字列於三等之地位，四等字列於四等之地位，均無問題。

【四】舌頭四母與舌上四母《韻鏡》亦併行排列，屬端透定泥之字置於一、四兩等，屬知徹澄娘之字，列於二、三兩等，因端系只有一、四等，而知系則惟有二、三等也。

【五】韻圖列轉分等，另一特殊現象，即支、脂、眞、諄、祭、仙、宵諸韻有部分脣（幫系）、牙（見系）、喉（影、曉）音之三等字，伸入四等，如同轉四等有空位，即佔據同轉四等之地位。如同轉四等已有眞正之四等字，則改入相近之轉，如無相近之轉，則爲之另立新轉。與齒頭音之情形相同。

然就切語觀之，此類字與同韻而韻圖置於三等之舌齒音實爲一類。且《四聲等子》「辨廣通侷狹例」云係三等字通及四等也。[14] 可見此類字之置於四等，確有問題。

此類字於某種情形，如支韻之「卑玻陴彌衹詑」之伸入四等，或可謂係因本韻已有同聲母之「陂鈹皮糜奇犠」佔據三等之地位，不得已而出此。然而祭韻之「蔽潎弊袂」《韻鏡》十三轉三等地位有空而不排，卻排於十五轉之四等（不得置於十三轉之四等，因該處已有眞正四等霽韻之「閉嬖薜謎」四字）。則可知非純爲借位之問題矣。

且無論何種韻圖，就上列各韻詳加研究之後，即可發現脣、牙、喉音之下，何類字入三等？何類字入四等？皆有條不紊。故知韻圖之安排，實有其道理。董同龢先生以爲支脂眞諄祭仙宵諸韻之脣牙喉音字，實與三等有關係，而韻圖雖三等有空卻置入四等者，乃因等韻之四等型式下，納入三等之韻母，事實上尚有一

---

14 《四聲等子・辨廣通侷狹例》云：「廣通者，第三等字通及第四等字；侷狹者，第四等字少，第三等字多也。凡脣牙喉下爲切，韻逢支、脂、眞、諄、仙、祭、清、宵八韻及韻逢來日知照正齒第三等，並依通廣門法於第四等本母下求之（如余之切頤字，碑招切標字）。

小類型，即支脂……諸韻之脣牙喉音字之排入四等者。[15] 按董說亦有其缺點，承認董說，不但否定《切韻》一書之基本性質，且尚得承認《廣韻》同一韻中有主要元音不同之韻母存在，此恐非事實。[16] 余以爲支、脂、眞、諄、祭、仙、宵諸韻皆有兩類古韻來源，以黃季剛先生古本韻之理說明之如下：

支韻有兩類來源，一自其本部古本韻齊變來[變韻中有變聲]者，即卑㊂陴彌衹�一類字；一自他部古本韻歌變來[半由歌戈韻變來]者，即陂鈹皮糜奇犧一類字。韻圖之例，凡自本部古本韻變來者，例置四等，（所以置四等者，因爲本部古本韻脣舌牙齒喉各類皆有，將脣牙喉字列於四等，因與三等舌齒音有聯繫，不致於誤會爲四等字。）自他部古本韻變來者，例置三等。（所以置三等者，因只有脣牙喉音之字，不與舌齒音相聯繫，置於三等亦不至於誤會爲其他等第之字。）祭韻蔽㵝弊袂十三轉三等有空而不排，而要置於十五轉之四等者，亦因祭韻有兩類來源，一自其本部古本韻曷末韻變來[入聲變陰去]者，即蔽㵝弊袂藝等一類字；一自他部古本韻沒變來[半由魂韻入聲變來]者，即剿字等。自本部古本韻變來者，例置四等，故蔽㵝弊袂等字置於四等也。自他部古本韻古本韻變來者，例置三等。然他部古本韻變來者，適缺脣音字，故脣音三等雖有空亦不得排也。其他各韻亦莫

15　董同龢《漢語音韻學・第六章等韻圖》云：「在支、脂……諸韻的脣牙喉音之中，只有一部份是和普通三等韻的字一樣，就是韻圖排入三等的字；但另外還有一部份，他們獨成一個小的類型，爲不使與普通的三等字混，韻圖竟不惜費許多周折，使他們"通"到四等去，由此可知，在韻圖四等的地位，上述喻母與齒頭音字之外，又另有支、脂……諸韻的脣牙喉音也不是眞正的四等字。

16　董同龢《漢語音韻學・第七章中古音系》把置於三等的脣牙喉音認爲元音較鬆，置於四等的元音較緊。支韻三等擬作-jě；支韻四等擬作-je。脂韻三等擬作-jěi；四等擬作-jei 等等。

不有兩類古本韻來源。

　　董同龢先生〈廣韻重紐試釋〉一文，表列支脂眞諄仙祭宵各類重紐，並附以《廣韻》切語，分辨最爲清晰，今師其意，亦表列各韻重紐於下：

韻目　聲紐　等第	支		紙		實	
	三	四	三	四	三	四
脣音	陂彼爲	卑府移	彼甫委	俾幷弭	賁彼義	臂卑義
	鈹敷羈	坡匹支	破匹靡	諀匹婢	帔披義	譬匹賜
	皮符羈	陴符支	被皮彼	婢便俾	髲平義	避毗義
	糜靡爲	彌武移	靡文彼	渳綿婢		
牙音（開）	羈居宜		掎居綺	枳居紙	寄居義	馶居企
	齮去寄		綺墟彼	企丘弭	掎卿義	企去智
	奇渠羈	祇巨支	技渠綺		芰奇寄	
	宜魚羈		螘魚綺		議宜寄	
喉音（開）	漪於離		倚於綺		倚於義	縊於賜
	犧許羈	詑香支			戲香義	
		移弋支		酏移爾		
牙音（合）	嬀居爲	規居隨	詭過委		賜詭僞	瞡規恚
	虧去爲	闚去隨	跪去委	跬丘弭		觖窺瑞
			跪渠委			
	危魚爲		硊魚毀		僞危睡	
喉音（合）	逶於爲		委於詭		餧於僞	恚於避
	麾許爲	隓許規	毀許委		毀況僞	孈呼恚
	爲薳支	薦悅吹	蔿韋委	覆羊捶	爲于僞	瓗以睡

韻目 聲紐　等第	脂三	脂四	旨三	旨四	至三	至四
脣音	悲府眉		鄙方美	匕卑履	祕兵媚	痹必至
	丕敷悲	紕匹夷	嚭匹鄙		濞匹備	屁匹寐
	邳符悲	毗房脂	否符鄙	牝扶履	備平祕	鼻毗至
	眉武悲		美無鄙		郿明祕	寐彌二
牙音（開）	飢居夷		几居履		冀几利	
					器去冀	棄詰利
	耆渠脂		跽暨几		臮具冀	
	狋牛肌				劓魚器	
喉音（開）		伊於脂	欷於几		懿乙冀	
		咦喜夷			齂虛器	
		姨以脂				肆羊至
牙音（合）	龜居追		軌居洧	癸居誄	媿俱位	季居悸
	巋丘追		巋丘軌		喟丘媿	
	逵渠追	葵渠惟[17]	郶暨軌	揆求癸	匱求位	悸其季
喉音（合）		倠許維		瞦火癸	豷許位	侐火季
	帷洧悲	惟以追	洧榮美	唯以水	位于愧	遺以醉

17 董同龢注：「《廣韻》渠追切，與逵字音切全同，此依《切韻》殘卷。」

韻目 聲紐 等第	眞、諄		軫、準		震、稕		質、術	
	三	四	三	四	三	四	三	四
唇音	彬府巾	賓必鄰				儐必刃	筆鄙密	必卑吉
	砏普巾	繽匹賓				汖撫刃		匹譬吉
	貧符巾	頻符眞		牝毗忍			弼房筆	邲毗必
	珉武巾	民彌鄰	愍眉殞	泯武盡			密美筆	蜜彌畢
牙音（開）	巾居銀			緊居忍			暨居乙	吉居質
				螼棄忍		菣去刃[18]		詰去吉
	种巨巾	趣渠人切			僅渠遴		姞巨乙	
	銀語巾			釿宜引	憖魚覲		耴魚乙	
喉音（開）	䒊於巾	因於眞				印於刃	乙於筆	一於悉
					衅許覲		肸羲乙	欯許吉
		寅翼眞		引余忍	胤羊晉		颭于筆	逸夷質
牙音（合）	居筠	均居勻				呁九峻		橘居聿
	困去倫			麏丘尹[19]				
				宭渠殞				
喉音（合）	贇於倫							獝許聿[20]
	筠爲贇	勻羊倫	殞于敏	尹余準				聿余律

18 董同龢注曰:「《廣韻》震韻末有蟢字'羌印切',《切韻》殘卷與王仁昫《刊謬補缺切韻》均不見,當係增加字。《韻鏡》以之置四等,而以'菣'置三等,非是。《七音略》二字俱無。此據《四聲等子》與《切韻指南》。兩書三等皆燉韻字,足見'菣'當在四等。《切韻指掌圖》'菣'亦在四等,但又以'蟢'入三等則非。

19 董同龢注曰:「此從《切韻指掌圖》。《韻鏡》與《七音略》三等有'稇'字,實隱韻'�窘'字之誤。準韻無此字也。

聲紐＼等第　韻目	仙 三	仙 四	獮 三	獮 四	線 三	線 四	薛 三	薛 四
脣音		鞭卑連	猵方免	褊方緬	變彼眷		箯方別	鷩幷列
脣音		篇芳連	鶣披免			䮘匹戰		瞥芳滅
脣音		便房連	辯符蹇	楩符善	卞皮變	便婢面	別皮列	
脣音		綿武延	免亡辯	緬彌兗		面彌箭		滅亡列
（開）牙音	愆去乾			遣去演		譴去戰	朅丘竭	
（開）牙音	乾渠焉		件其輦				傑渠列	
（開）牙音			齴魚變		彥魚變		孼魚列	
（開）喉音	焉於乾		蔫於蹇		躽於扇			焆於列
（開）喉音	嫣許焉						娎許列	
（開）喉音	焉有焉	延以然						抴羊列
（合）牙音	勬居員		卷居轉		眷居倦	絹吉掾	蹶紀劣	
（合）牙音	棬丘圓				觠區倦			缺傾雪
（合）牙音	權渠員		圈渠篆	蜎狂兗	倦渠卷			
（合）喉音	嬽於權	娟於線					噦乙劣	妜於悅
（合）喉音		翾許緣		蜎香兗				旻許劣
（合）喉音	員王權	沿與專		兗以轉	瑗王眷	緣以絹		悅弋雪

20　董同龢注曰：「《韻鏡》錄‘獮’字。按‘獮’為增加字，不應有。此從《指掌圖》。《七音略》以‘獄’置三等，‘獮’置四等亦非。」

聲紐 ＼ 等第 ＼ 韻目	祭 三	四
脣音		蔽必袂
		潎匹蔽
		獘毗祭
		袂彌蔽
牙音（開）	猘居例	
	憩去例	
	偈其憩	
	劓牛例	藝魚祭
喉音（開）	猲於罽	
		曳餘制
牙音（合）	劌居衛	
	顝五吷	
喉音 （合）		
	褗呼吷	
	衛于劌	銳以芮

聲紐 ＼ 等第 ＼ 韻目	宵 三	宵 四	小 三	小 四	笑 三	笑 四
脣音	鑣甫嬌	飆甫遙	表陂矯	標方小	裱方廟	
		漂撫昭		標敷沼		剽匹妙
		瓢符霄	藨平表	摽符少		驃毗召
	苗武瀌	蜱彌遙		眇亡沼	廟眉召	妙彌笑

韻目 聲紐　等第	宵		小		笑	
	三	四	三	四	三	四
牙 音	驕舉喬		矯居夭			
	趫起囂	蹻去遙				趬丘召
	喬巨嬌	翹渠遙	蹻巨夭		嶠渠廟	翹巨要
						尯牛召
喉 音	妖於喬	邀於宵	夭於兆	闄於小		要於笑
	囂許嬌					
	鴞于嬌	遙餘昭		鷕以沼		燿弋照

除以諸韻外，尚有侵韻與鹽韻兩韻有重紐，今亦列表說明於下：

韻目 聲紐　等第	侵		寢		沁		緝	
	三	四	三	四	三	四	三	四
喉音	音於金	愔挹淫					邑於汲	揖伊入

韻目 聲紐　等第	鹽		琰		豔		葉	
	三	四	三	四	三	四	三	四
喉音	淹央炎	懕一鹽	奄衣檢	黶於琰	愔於驗	厭於豔	敧於輒	魘於葉

關於重紐的區別，丁邦新〈重紐的介音差異〉[21]一文對前賢的說法，作了歸納，認爲目前的異說有三派：第一派認爲區別在

21　見《聲韻論叢》第六輯 37 頁—62 頁，1997 年 4 月臺灣學生書局出版，台北市。

元音，如董同龢（1945）[22]、周法高（1945）[23]、Nagel
（1941）[24]。第二派認爲區別在於聲母，如三根谷徹（1953）
[25]、橋本萬太郎（Hashimoto 1979）[26]、周法高（1986）[27]。第
三派認爲區別在介音，如陸志韋（1939）[28]、有坂秀世
（1937-39）[29]、王靜如（1941）[30]、余迺永（1985：172-180）

22　指董同龢〈廣韻重紐試釋〉，原刊《六同別錄》，又見《中央研究
　　院歷史語言研究所集刊》（以下簡稱《史語所集刊》）13：1-20。
　　又見丁邦新編《董同龢先生語言學論文選集》13頁—32頁。食貨出
　　版社，民國六十三年（1974）十一月，台北市。董同龢巧妙地把重
　　紐三等字的元音認爲稍關稍緊，重紐四等字的元音稍開稍鬆。在四
　　等元音上加一�“號。
23　指周法高〈廣韻重紐的研究〉，原刊《六同別錄》又見《史語所集
　　刊》13：49-117。又見周法高《中國語言學論文集》1—69頁，聯經
　　出版事業公司，民國六十四年九月，台北市。周法高以重紐三等的
　　元音爲[ɛ]，紐四等的元音爲[e]。
24　指 Nagel, Paul "Beitrage zur rekonstruktion der Ts'ie-yün sprache auf
　　grund von Ch'en Li's Ts'ie-yun", T'oung Pao 36:95-118. 又見周法高
　　〈古音中的三等韻兼論古音的寫法〉一文所引，載《中國語言學論
　　文集》125頁—150頁。Nagel 以重紐三等的主要元音爲 ä，重紐四
　　等的主要元音爲 ē 等等。
25　見三根谷徹 1953〈韻鏡の三四等について〉（關於韻鏡的三四
　　等），《語言研究》22.23：56-74。三根谷徹把重紐的區別解釋爲顎
　　化與不顎化，即重紐三等的聲母是不顎化的，重紐四等的聲母是顎
　　化的。見平山久雄〈重紐問題在日本〉。載《聲韻論叢》第六輯18
　　頁-20頁。
26　指 Hashimoto, Mantaro 1978-1979 Phonology of Ancient Chinese, 2
　　vols, Institute for the Study of Languages and Cultures of Asia and Africa.
27　指周法高〈隋唐五代宋初重紐反切研究〉，《中央研究院第二屆國
　　際漢學會議論文集》85-110。
28　指陸志韋〈三四等與所謂喻化〉，《燕京學報》26：143-173。又見
　　《陸志韋語言學著作集》477-506。陸氏以重紐三等介音爲ɪ，重紐四
　　等介音爲 i。見《古音說略》48頁。
29　指有坂秀世〈カールグレン氏の拗音說を評す〉，見《國語音韻史
　　の研究》（1944：327-357），三省堂，東京。有坂秀世認爲重紐三
　　等介音爲ḭ，四等介音爲i。參見平山久雄〈重紐問題在日本〉8頁。

[31]。除丁氏所說各家之外，尚有龍宇純兄重紐三等介音爲 j，四等爲 ji。見〈廣韻重紐音值試兼論幽韻及喻母音值〉[32]，李新魁兄《漢語音韻學》認爲重紐三等爲脣化聲母，四等非脣化聲母[33]。丁邦新〈重紐的介音差異〉一文主張重紐三等有 rj 介音，重紐四等有 i 介音。認爲這種區別保留在《切韻》時代，到了《韻鏡》時代，三等的 rj 介音變成了 j，而重紐四等則爲 i。這裏我要特別介紹龔煌城兄的〈從漢藏語的比較看重紐問題〉[34]一文，認爲重紐三等在上古有*rj 介音，重紐四等在上古音有*j 介音。龔兄文中認爲*rj 與*j 的區別，可以造成中古元音差異，也可以影響到中古兩者合併。其說甚爲通達，在個人看來應是各種說法當中最足以令人信服者。我在〈今本《廣韻》切語下字系聯〉一文，對各種說法，有所評論，茲錄於後：

(A)董同龢〈廣韻重紐試釋〉、周法高〈廣韻重紐研究〉、張琨夫婦〈古漢語韻母系統與切韻〉、納格爾〈陳澧切韻考對於切韻擬音的貢獻〉諸文，都以元音的不同來解釋重紐的區別。自雅洪托夫、李方桂、王力以來，都認爲同一韻部應該具有同樣的元音。今在同一韻部之中，認爲有兩種不同的元音，還不是一種令

---

30 指王靜如〈論開合口〉，《燕京學報》29：143-192。王氏也以重紐三等爲 ɪ，四等爲 i。

31 指余迺永《上古音系研究》，香港中文大學出版社。余氏以重紐三等介音爲 j，重紐四等介音爲 i。

32 龍宇純兄此文載於新近出版《中上古漢語音韻論文集》47-77 頁。五四書店有限公司。民國九十一年十二月，台北市。

33 李新魁《漢語音韻學》以爲重紐三等是脣化聲母，重紐四等非脣化聲母。見《漢語音韻學》190 頁。北京出版社，1986 年 1 月，北京市。

34 龔煌城〈從漢藏語的比較看重紐問題〉，《聲韻論叢》第六輯 195-243 頁。

人信服的辦法。

　　(B)陸志韋〈三、四等與所謂喩化〉、王靜如〈論開合口〉、李榮〈切韻音系〉、龍宇純〈廣韻重紐音值試兼論幽韻及喩母音值〉、蒲立本〈古漢語之聲母系統〉、藤堂明保《中國語音韻論》皆以三、四等重紐之區別,在於介音的不同。筆者甚感疑惑的一點是:從何判斷二者介音之差異?若非見韻圖按置於三等或四等,則又何從確定乎!我們正須知道它的區別,然後再把它擺到三等或四等去。現在看到韻圖在三等或四等,然後說它有什麼樣的介音,這不是倒果爲因嗎?至於藤堂明保以三等爲 rj 介音,四等爲 j 介音,這一點與我們中古文學的音聲鏗鏘完全不符。丁邦新兄以三等爲 rj,四等爲 i,亦有同樣的質疑。且《切韻・序》云:「凡有文藻,即須明聲韻。」所以《切韻》之編定本來就是以「賞知音」爲手段,而達到「廣文路」的目的。若說在《切韻》中尚有-rj-介音存在,則像薛道衡〈秋日遊昆明池〉詩:「灞陵因靜退,靈沼暫徘徊。新船木蘭檝,舊宇豫章材。荷心宜露泫,竹徑重風來。魚潛疑刻石,沙暗似沈灰。琴逢鶴欲舞,酒遇菊花開。覊心與秋興,陶然寄一杯。」[35] 此詩的「宜」、「覊」、「寄」三字皆重紐三等字,若謂有-rj-介音,實難想像此詩的音讀是如何的彆扭!

　　(C)林英津〈廣韻重紐問題之檢討〉、周法高〈隋唐五代宋初重紐反切研究〉、李新魁《漢語音韻學》都主張是聲母的不同,其中以李新魁的說法最爲巧妙,筆者以爲應是所有以聲母作爲重紐的區別諸說中,最爲圓融的一篇文章。李氏除以方音爲證外,其最有力的證據,莫過說置於三等處的重紐字,它們的反切下字

35　丁福保編《全漢三國晉南北朝詩》第六册 1960-1961 頁。藝文印書館印行。

基本上只用喉、牙、脣音字，很少例外，所以它們的聲母是脣化聲母；置於四等處的重紐字的反切下字不單可用脣、牙、喉音字，而且也用舌、齒音字，所以其聲母非脣化聲母。但是我們要注意，置於三等的重紐字，只在脣、牙、喉下有字，而且自成一類，它不用脣、牙、喉音的字作它的反切下字，它用什麼字作它的反切下字呢？何況還有例外呢！脂韻三等「逵、渠追切」，祭韻三等「劂、牛例切」，震韻三等「菣、去刃切」、獮韻三等「圈、渠篆切」，薛韻三等「㘚、乙劣切」，小韻三等「妖、於兆切」，笑韻三等「廟、眉召切」，葉韻三等「腌、於輒切」，所用切語下字皆非脣、牙、喉音也。雖有些道理，但仍非十分完滿，未可以爲定論也。

　　(D)章太炎先生《國故論衡・音理論》論及重紐區別云：「嬀、虧，奇、皮古在歌；規、闚、岐、陴古在支，魏、晉諸儒所作反語宜有不同，及《唐韻》悉隸支部，反語尙猶因其遺跡，斯其證驗最著者也。」董同龢〈廣韻重紐試釋〉一文，也主張古韻來源不同。董氏云：「就今日所知的上古音韻系看，他們中間已經有一些可以判別爲音韻來源不同：例如眞韻的『彬、砏』等字在上古屬『文部』（主要元音*ə）『賓、繽』等字則屬『眞部』（主要元音*e）；支韻的『嬀、虧』等字屬『歌部』（主要元音*a）；『規、闚』等字則屬『佳部』（主要元音*e）；質韻的『乙、肸』等字屬『微部』（主要元音*ə）；『一、欯』等字則屬『脂部』（主要元音*e）。」至於古韻來源不同的切語，何以會同在一韻而成爲重紐？先師林景伊（尹）先生〈切韻韻類考正〉一文，於論及此一問題時說：「虧、闚二音，《廣韻》、《切殘》、《刊謬本》皆相比次，是當時陸氏搜集諸家音切之時，蓋音同而語各異者，因並錄之，並相次以明其實同類，亦猶

紀氏（容舒）《唐韻考》中（陟弓）、革（陟宮）相次之例，
嬀、規；祇、奇；摩、陸；陴、皮疑亦同之。今各本之不相次，
乃後之增加者竄改而混亂之也。」筆者曾在〈黃季剛先生古音學
說是否循環論證辨〉一文中，於重紐之現象亦有所探索。筆者
云：「其至於三等韻重紐現象，亦有脈絡可尋。這種現象就是
支、脂、眞、諄、祭、仙、宵、清諸韻部分脣、牙、喉音三等
字，伸入四等。……我曾經試著用黃季剛先生古本音的理論，加
以說明重紐現象，因爲重紐現象，都有兩類古韻來源，像董同龢
先生所指出者。今以支韻重紐字爲例，試加解說。支韻有兩類來
源，一自其本部古本韻齊變來（參見黃君正韻變韻表。本部古本
韻，他部古本韻之名稱今所定，這是爲了區別與稱說之方便。
凡正韻變韻表中，正韻列於變韻之上方者，稱本部古本韻，不在
其上方者，稱他部古本韻）。這種變韻是屬於變韻中有變聲的，
即『卑、坡、陴、彌』一類字，韻圖之例，凡自本部古本韻變來
的，例置四等。 所以置四等者，因爲自本部古本韻變來的字，
各類聲母都有，舌、齒音就在三等，脣、牙、喉音放置四等，因
與三等舌、齒音有連繫，不致誤會爲四等韻字。另一類來源則自
他部古本韻歌戈韻變來的，就是『陂、鈹、皮、縻』一類字。韻
圖之例，從他部古本韻變來的字，例置三等。故『陂、鈹、皮、
縻』置於三等，以別於『卑、坡、陴、彌』之置於四等。當然有
人會問，怎麼知道『卑、坡、陂、彌』來自本部古本韻齊韻？而
『陂、鈹、皮、縻』等字卻來自他部古本韻歌戈韻？這可從《廣
韻》的諧聲偏旁看出來。 例如支韻從卑得聲之字，在『府移切』
音下有卑、鵯、椑、箄、鞞、顐、痺、淠、錍、崥；『符支切』
音下有陴、弾、焷、脾、舞、埤、裨、蜱、蠯、壀、癉、椑、
郫；從比得聲之字，在『匹支切』音下有坡；『符支切』音下有

豼、䏘；從爾得聲之字，在『弋支切』音下有鸍、鼅；『息移切』音下有䋻；『武移切』音下有彌、䤂、攡、壐、獼、籭、㜷、䙡、禰、瀰等字。而在齊韻，從卑得聲之字，『邊兮切』音下有髀、椑、牌、箄、觕；『部迷切』音下有鼙、鞞、椑、崥、䩅；『匹迷切』音下有靮、錍；從比得聲之字，『邊兮切』音下有䫠、蚍、茈、䔿、綼、篦、椑、狴、鈚、怶；『部迷切』音下有膍、笓；『匹迷切』音下有磇、鵧、批、鈚；從爾得聲之字，在齊韻上聲薺韻『奴禮切』音下有禰、嬭、䕥、瀰、鬘、薾、檷、鑈、轜。這在在顯示出支韻的卑、坡、陴、彌一類字確實是從齊韻變來的。觀其諧聲偏旁可知，因爲段玉裁以爲凡同諧聲者古必同部。至於從皮得聲之字，在支韻『彼爲切』音下有陂、詖、髲、鑋；『敷羈切』音下有鈹、帔、鮍、披、畩、耚、狓、狦、旇、秛、妭；『符羈切』音下有皮、疲；從麻得聲之字，『靡爲切』音下有糜、䊳、䴅、䗲、蘼、糜、縻、䗪、醾；而在戈韻，從皮得聲之字，『博禾切』音下有波、綍、碆；『滂禾切』音下有頗、坡、玻；『薄波切』音下有婆、蔢；從麻得聲之字，『莫婆切』音下有摩、劘、麼、艬、魔、䠖、磨、劘、膲、蔴、饓。兩相對照，也很容易看出來，支韻的陂、鈹、皮、糜一類字是從歌戈韻變來的。

或者有人說，古音學的分析，乃是清代顧炎武以後的產物，作韻圖的人恐怕未必具這種古音知識。韻圖的作者，雖未必有清代以後古韻分部的觀念，然其搜集文字區分韻類的工作中，對於成套出現的諧聲現象，未必就會熟視無睹，則於重紐字之出現，必須歸字以定位時，未嘗不可能予以有意識的分析。故對於古音來源不同的重紐字，只要能夠系聯，那就不必認爲它們有甚麼音理上的差異，把它看成同音就可以了。什麼是「重紐」？我覺得在這裏有必要加以定義。在《切韻》、《廣韻》等韻書中，每一韻之中，每一個〇下的字，同一個反切，我們叫韻紐。（前人叫小韻，不知何所取義！）韻紐就是韻中不同的紐（紐是聲紐）。《切韻》、《廣韻》這一類書，本來同音字不出現兩個切語，所以只要出現兩個切語，就是不同的音。本來無所謂重紐，可是在支、脂、眞、諄、祭、仙、宵、清、侵、鹽諸韻中，確實出現不同的反切，卻是後世讀音相同的音，所以才叫重紐，重出的紐。要屬於重出的紐，就必須在韻書裡頭聲韻條件要相等，才可以叫重出的紐。聲韻條件相等，當然就是同音了。至於同音而出現兩個切語，這就是因爲古韻不同，或其他原因而造成的。下面我們還會討論到。

　　《韻鏡》爲不使普通三等字混，乃不惜費極大周折，使之通入四等。由此可知韻圖四等地位之字，除喻紐與齒頭音字外，其支、脂諸韻之脣、牙、喉音，亦非眞正四等字。

　　《韻鏡》將清韻之脣、牙、喉音全列四等，無與舌齒音同列三等者，此即表明清韻之脣、牙、喉音僅一類，而此類即屬支脂諸韻不與普通三等同之類型。按清韻之古本韻只有一類來源，即自其本部古本韻青韻變來（變韻中有變聲），依理應只列三等，毋應區分。然清韻相承之入聲昔韻，有兩類古本韻來源：一自其本部古本韻錫韻變來（變韻中有變聲）者，即辟、僻、擗、益等一類字；一自他部古本韻鐸變來（鐸韻變同錫韻）者，即碧、㙉一類字。自本部古本韻變來者例置四等，故辟、僻、擗、益等字置於三十三轉四等，（不得置於三十五轉四等，因該處已有錫韻之「璧、劈、甓、覓」等字）。自他部古本韻變來者例置三等，故碧、㙉等字置於三十五轉三等也。韻圖四聲相承，昔韻自本部古本韻變來者旣置四等，故清韻自本部古本韻來者，自亦當列四等也。其三等雖有空而不排，因適無自他部古本韻變來之字也。[36] 以重紐三等自他部古本韻，重紐四等來自本部古本韻之理，覈之其他各韻，幾亦如響之斯應[37]。惟侵緝二韻，侵韻重紐三等「音」與重紐四等「愔」，古本韻同在覃部；緝韻重紐三等「邑」與重紐四等「揖」，古本韻同在合部，並無古本韻之差異，然則當如何解釋？龔煌城兄嘗謂重紐三等在上古有*-rj-介音，重紐四等有*-j-介音，作爲三、四等的區別，但到中古則合併。龔煌城云：

「上古*-r-在-j-介音之前也有完全消失而沒有留下任何痕跡的，但這是就結果而作的描述，其中不能排除*-r-曾影響了介音或元音，而形成過兩個不同的介音，但它們後來又合併一的可能情形。」[38]

音愔、邑揖之間可能在更早時時（或者說遠古）本來是不同的韻部，到上古後合併了，我們看不出它們古本韻的不同，後來三、四等重紐的分列，可能也只是歷史的陳跡了。

綜合以上所說，可知《韻鏡》分等之條例如下：

【甲】凡二等僅齒音有字，不能單獨成爲一韻者，則此類字非眞正之二等字，而係借位之三等字，此類字與同轉三等字之關係，非韻母之不同，實係聲母之有異。

【乙】凡在四等而不能獨立成韻者，亦非眞正之四等字，實係三等字因上述之關係借位而來者。

---

36 樿字《廣韻》無，《集韻》平碧切，殆據《集韻》增。

37 參見孔仲溫〈論重紐字上古時期的音韻現象〉一文，載《聲韻論叢》第六輯 245-283 頁。1997 年 4 月。臺灣學生書局，台北市。

38 龔煌城〈從漢藏語的比較看重紐問題〉，載《聲韻論叢》第六輯 195-244 頁。1997 年 4 月。臺灣學生書局，台北市。

五、《韻鏡》之分等與《廣韻》各韻之關係

　　【一】凡《廣韻》東（紅公東一類）、冬、模、咍、灰、泰、痕、魂、寒、桓、豪、歌、戈（禾戈波和婆一類）、唐、登、侯、覃、談以及與之相配之上去入聲韻，稱為一等韻。

　　【二】《廣韻》江、皆、佳、夬、臻、刪、山、肴、麻（霞加巴一類、花瓜華一類）、庚（行庚盲一類、橫一類）、耕、咸、銜以及與之相配之上去入聲韻，稱為二等韻。

　　【三】《廣韻》東（弓戎中終宮隆融一類）、鍾、支、脂、之、微、魚、虞、祭、廢、真、諄、欣、文、仙、元、宵、戈（伽迦一類、靴一類）、麻（遮嗟邪車奢一類）、陽、庚（卿驚京一類、兄榮一類）、清、蒸、尤、幽、侵、鹽、嚴、凡以及與之相配之上去入聲韻，稱為三等韻。

　　【四】《廣韻》齊、先、蕭、青、添以及與之相配之上去入聲韻，稱為四等韻。

　　凡一等韻，韻圖全置於一等之地位，二等韻全置於二等之地位，四等韻全置於四等之地位。至於三等韻之字，僅有微、廢、欣、文、元、嚴、凡以及戈、咍等三等部分全置於三等，其他各韻則受韻圖編排之影響，分別侵入二等與四等。前已述及，茲再列表以明之。

等	唇音	舌音	牙音	齒音	喉音	舌齒音	
一二三四	幫系字	知系字	見系字	莊系字 照系字 精系字	影曉　爲喻	來　日	一般情形
一二三四	幫系一部分字 幫系另部分字	知系字	見系一字 見系另字	莊系字 照系字 精系字	影曉　爲喻 影曉　爲喻	來　日	支脂眞祭宵 諄仙宵
一二三四	幫　系　字	知系字	見系字	照系字 精系字	爲喻 影曉	來　日	清韻

《韻鏡》全圖

讀書難字過不知音切之病也誠能依切以求音即
音而知字故無載酒問人之勞學者何以是爲緩而
不急歟余嘗有志斯學痛恨無師承既不得友人授
指微韻鏡一編名曰韻鑑且敬以大略日反切之
要莫妙於此不出四十三轉而天下無遺音其製以
韻書自一東以下各集四聲列爲定位實以廣韻五
萬之字配以竟若按字求音如鏡映物隨在現形文文
能立談以究其清濁之屬其端又在於橫呼雖未
精熟自然有得於其蚤夜留心未嘗去手忽一夕頓
悟喜而曰信如其哉遂知每翻一字用切母及助經

歸納凡三折總歸一徒即其以推千聲萬音不離乎
是自是日有資益深欲與衆共知而或苦其難因畫
字母括要圖復解數例以爲沿流求源者之端庶幾
一遇知音不惟此編得以不泯余之有望於後來者
亦非淺鮮聊用鋟木以廣其傳紹興辛巳七月朔三
山張麟之子儀謹識

慶元丁
巳重刊

韻鏡序作鐙以翼相辯嶽敓今遝視臏復徙做本名

韻鏡之作其妙矣夫余年二十始得此學字音往音
相傳類曰洪韻釋子之所撰也有沙門神珙恭拱號
知音韻學著切韻圖載玉篇卷末竊意其書作於此
僧世俗訛呼琪為洪爾然又煞所據自具研究於五
十載竟莫知原於近得故樞密楊侯淳熙間所
撰韻譜洎自序云趙來嘗塗得歷陽所刊切韻心鑑
因以舊書手加校定刊之郡齋徐而諦之即所謂訂洪
韻特小有不同舊體以一紙列二十三字母為行以
緯行於上其下間附一十三字母盡於三十六一曰

無遺楊變三十六分二紙肩行而繩引至橫調則浦
亂不愜不知因之則是變之非也既已變得
子鄭公雄進卷　先朝中有七音序略其要語曰七音
之起自西域流入諸夏梵僧欲以此教傳天下故
為此書雖重百譯之遠一字不通之處亦音義可傳
華僧從而定定三十六為之母輕重清濁不失其倫天
地萬物之情備於此矣況於人言乎又云曰初得
經耳韻鑑一唱三歎胡僧有此妙義而儒者未之聞
是知此書其用也博其來也遠不可得指名其人故

調韻指微

鄭先生但言梵僧傳之華僧續之却已學者惟夫非
天籥通乎造化者不能造此聞之廓然自有會於心　天
又劉先生之　聲嘉泰三年二月朔東浦張麟之序
與論四聲七音之義經緯名聲甘之脉絡也聲音者
經緯之機杼也縱為經橫為緯經疏四聲緯貫七音
知四聲則能明昇降於隘闊之際知七音則能辯清
濁於毫釐之間然通音韻必自此始莆陽鄭先生云
天籥之本自成經緯皇頡史籀已發此旨凡儒不得
不知象類不足與言六書八體之文不知經緯不足

其傳故江左之儒知縱有平上去入之四聲不知橫
有宮商角徵羽半徵半商之七音經緯不明所以失
立韻之源於其作七音編而略徐使學者盡得其
傳然後能用宣尼之書以及人面之俗又作諸聲圖
以明古人制字通七音之妙作內外十六轉圖以明
胡僧立韻得經緯之全焉今之世之士
慢不講矣若舌牙脣齒喉是此無他由不習而忽
之過韻豈知前輩於此一事最深切致意著為或曰
字惟五音而曰七何耶曰音非七則不能盡聲中之
韻亦猶琴始五絃非加文武二絃則不能盡音中之

四十述懷

荏苒光陰四十侵。家恩師德兩淵深。
養親猶慕曾參志，守道還存顏子心。
絕學自當垂永世，傳薪應許有嗣音。
開書每見前賢意，俯首低徊幾度吟。

聲故曰宮音者樂之宗也韻者聲之本也文武二絃為
變宮變徵夫宮之二音為半徵於脣此其義歟或又曰
舌齒一音而曰二何耶曰五音定於脣齒喉牙舌惟
舌與齒迭有往來不可主夫一故舌中有帶齒聲齒
中而帶舌聲者古人立來日二母各具其半徵半商乃
齒後舌謂之舌齒所以夕為二而通五音曰七鎩
能全其柷若來字則先舌後齒謂之舌齒日字則先
韻兩唱張之難蓋此姑此故曰七音一呼而鎩四聲下呂
自來學者能由此以揣摩四十三轉之精微則與窮
之聲與窮之韻有不可勝用者矣又何以為難哉

○三十六字母　　○歸納助紐字

七音	清	次清	濁	清濁	
脣音	幫	滂	並	明	脣音重
	非	敷	奉	微	脣音輕
牙音	見	溪	群	疑	
舌音	端	透	定	泥	舌頭音
	知	徹	澄	娘	舌上音

歸納助紐字：

脣音重：賓邊　繽篇　頻蹁　民眠
脣音輕：分番　芬翻　汾煩　文樠
牙音：經堅　輕褰　勤虔　銀言
舌頭音：丁顛　汀天　庭田　寧年
舌上音：珍邅　縝梴　陳纏　紉綖

七音	清	次清	濁	清	濁	
齒音	精	清	從	心	邪	齒頭音
	照	穿	床	審	禪	正齒音
喉音	影	曉	匣	喻		喉五音獨立
				來		半徵半商
				日		

此圖每韻呼吸四聲字並屬之

歸納助紐字：

齒頭音：精煎　觀千　秦前　新仙　餳涎
正齒音：馨杴　細嫺　放焉　磬賢　句錄
喉音：真禔　頤輝　藤滕　身軁　辰禪
來：句錄　隋連　人然

〈八〉歸字例

韻求芳字芳字知屬脣音次清第二位如得芳弓及先就十陽
弓字便就脣音次清第三位却歸一東韻尋下
字具同音之定位弓字是同韻之乃知為豐字蓋弓
縈窆　又如息中反萬息字係側聲在職字韻齒音
第二清第四位亦隨中字歸一東國音第三清第四
位取之餘韻之
紅撬反切之例上下二字或聚同音不必體　慈陵
反緝慈字屬齒音第一濁第四位就慈字韻歸成緝
祖紅反歸成駿字雖韻鑑中有洪而無

字兩陵字文不相映蓋逐韻屬異行字母者上下聯
續二位只同一音此第四圍亦陵字音也餘準此　先侯
反先字屬第四圍歸成速字又在第一盖逐韻國音中
間二位屬照穿牀審禪字母上下二位屬精清從心
邪字母侯字韻列在第一行故隨木韻定音也　餘準
○諸民反韋盤反奴罪反之類聲雖去音字歸
上韻並當從當就上聲歸字　凡歸難字撬
音即就所屬音四聲內任意取一易字撬呼便得之
矣矣如千竹反龍字呼下入聲則知竜為侵音但
清其為撬字文又以撬字呼下入聲則知竜為侵音但

〈九〉橫呼韻

以二冬韻同音處觀之可見也
人皆知一字細四聲而不知有十六聲存焉蓋十六
聲具將一平上去入各橫轉故也且如東字韻豐灃
豐是一平一字細縱橫分數十六聲各橫呼至紋
已詳備但將一二韻六聲隨平聲五音相續橫呼至紋
切韻詩曰一平一字細縱橫四面四之逐成十六故古人
調熟或遇他韻或側聲韻竟能選音讀之無不的中
今略舉二韻為式

〈七〉一先韻
笺千前先〈又〉煙袄賢〈延〉邊邊蹁眠顛天田年堅牽〈匼〉研
〈五〉鍾衝憧〈春〉鰅〈邑〉〈句〉〈雅〉容寵茸
〈六〉二冬韻
封峯逢〈家〉〈中〉傭重醲恭蚤蚩顒

〈十〉上聲去音字

凡以平側呼字至上聲多相犯如陳桐繼以橦聲之
類古人制韻間取去聲字參入上聲者正欲使清濁
有所辨耳如二膌韻有道切或者不知徒泥韻
菜分為四聲至上聲多例作第二側讀之此殊不知
發也若果果然則以士為史以上聲濁位並常呉呼為去
父母之父為甫可乎今逐韻上聲濁位並常呉呼為去

聲觀者熟思乃知古人制韻端有源者

八　五六曰清濁

逐韻五音各有自然清濁若遇尋字可取之記行位
也脣音舌音牙音各有四聲不同故第一行屬清第一
行屬次清第三行屬濁第四行屬清濁鬼第不同故第一行屬清第一
有細齒音故五行聲內清濁之聲又第二濁者為第一
清第一濁居後者為第二清第二濁喉音二清舌齒
音二清濁並以例準之

八　四聲定位附三聲

每韻直行平上去入聲有字與圍相間各四並分為

定位如一東韻蒙字之類位在第一下三側聲亦在
第二崇字行位在第二下三側聲亦在第三風字
在第三下三側聲亦在第四如風字
側聲亦在第三如遇尋字突音看在其位便隨所屬
而呼之。韻中或只列三聲者其元與入聲如欲呼吸
當備待音可也此至於橫縱搖娆纂目之類是僭音

八　列圍

列圍之法本以備足有聲無形與並聲無形也有形
有聲時或用焉
有聲無形謂如一東韻尢字尢第一位橫轉東通同

字之後是也若以音協之則當繼以農字為一東
韻與農字故以圍足之。無聲無形但欲編應
行數如東字韻中層音字守第二第四位與江字
韻第一第三第四位之類是也

八　韻鑑序例終

五十自賦

行年五十尚何求。家有藏書好解憂。

淑世恨難令側帽，明音差可仰前修。

登堂講學心猶壯，對酒吟詩意亦悠。

一事至今聊足樂，及門桃李已盈疇。

內轉第一開（唇音・舌音・牙音）

	唇清	唇次清	唇濁	唇清濁	舌清	舌次清	舌濁	舌清濁	牙清	牙次清	牙濁	牙清濁
東	蓬	○	馮	蒙	東	通	同	○	公	空	○	○
	風	豐	淜	瞢	中	忡	蟲	○	弓	穹	窮	○
董	○	○	○	蠓	董	桶	動	○	○	孔	○	○
送	○	○	○	諷	凍	痛	洞	○	贛	控	○	○
	夢	○	鳳	○	○	○	仲	○	○	○	○	○
屋	卜	扑	暴	木	穀	禿	獨	○	穀	哭	○	○
	福	蝠	伏	目	竹	畜	逐	○	菊	麴	掬	○

內轉第一開（齒音・喉音・舌齒音）

	齒清	齒次清	齒濁	齒清濁	喉清	喉次清	喉濁	喉清濁	來	日
東	葼	蔥	叢	檧	翁	烘	洪	○	籠	○
	終	充	崇	嵩	○	○	雄	融	隆	戎
董	總	○	○	○	蓊	澒	○	○	曨	○
送	糉	○	○	送	甕	烘	閧	○	弄	○
	衆	銃	○	○	○	○	○	○	○	○
屋	鏃	蔟	族	速	屋	熇	縠	○	祿	○
	蹙	俶	逐	肅	郁	蓄	○	育	六	肉

內轉第二開合（唇音・舌音・牙音）

	唇清	唇次清	唇濁	唇清濁	舌清	舌次清	舌濁	舌清濁	牙清	牙次清	牙濁	牙清濁
冬	封	峯	逢	蜂	冬	炵	彤	農	恭	銎	○	顒
鍾	葑	捀	逢	○	鍾	蹱	重	醲	蚣	銎	○	○
腫	覂	捧	奉	○	腫	寵	重	○	拱	恐	○	〇
宋	○	○	○	○	統	○	○	儜	○	○	○	○
用	葑	俸	○	○	種	踵	重	○	供	恐	共	○
沃	襮	濮	僕	瑁	篤	○	毒	○	梏	酷	○	𣲥
燭	轐	幞	贖	瑁	瘃	觸	躅	傉	曲	跼	局	玉

內轉第二開合（齒音・喉音・舌齒音）

	齒清	齒次清	齒濁	齒清濁	喉清	喉次清	喉濁	喉清濁	來	日
冬	宗	鬷	賨	鬆	○	○	碽	碈	隆	○
	縱	樅	從	松	邕	匈	容	茸	龍	茸
腫	嵷	悚	雖	錘	擁	○	○	○	隴	宂
宋	綜	○	○	宋	○	○	碽	○	○	○
用	縱	從	從	頌	用	○	碽	○	○	○
沃	○	○	螈	洬	沃	熇	鋈	○	淥	○
	燭	促	贖	粟	旭	勖	欲	錄	足	辱

外轉第三開合

齒音		喉音			齒音				
舌音清濁	清濁	清濁	濁	清	濁	清	次濁	次清	清

脣音			舌音			牙音			
清濁	濁	次清	清	清濁	濁	次清	清	清濁	濁

江 講 絳 覺

內轉第四開合

齒音		喉音		齒音			次清	清
舌音清濁	清濁	濁	清	濁	清	次清	清	

脣音			舌音			牙音			
清濁	濁	次清	清	清濁	濁	次清	清	清濁	濁

支 紙 寘

內轉第五合

	齒音舌音		喉音			齒音				
	清濁	清濁	清濁	濁	清	濁	清	濁	次清	清
支	○○	○○	○○	○	○	○	○	垂	○	○吹 驪劑
紙	蘂累	蔿	毀委	菙	○	○	揣	箠	○	○
寘	栧累	寪瓗	毀餧	睡	○	○	吹	惴		

	牙音			舌音			唇音			
	清濁	濁	次清	清	清濁	濁	次清	清	濁	清
	○	危	虧虧	嬀規		朘	脧鐘			
	○	跪	○	詭 跬						
	僞	○	騩	瞡縋		娷				

內轉第六開

	齒音舌音		喉音			齒音				
	清濁	清濁	清濁	濁	清	濁	清	濁	次清	清
脂	○黎	嫠	夷伊	師 尸 私	鴟郗	脂咨				
旨	○履	嶬	敱	視矢 死	旨姉					
至	二利	棘 系四	懿	嗜屍 示自	至疌 次四					

	牙音			舌音			唇音			
	清濁	濁	次清	清	清濁	濁	次清	清	濁	清
	抾耆	○	飢	尼墀絺胝	眉	邳丕 紕	悲			
	惡	○几	姼雉黐黹	美 否 牝	嚭鄙 匕					
	劓氣 冀	臏	致	郿備 鼻尾	祕痹					

内轉第七合

脣音				舌音				牙音			
清	次清	濁	清濁	清	次清	濁	清濁	清	次清	濁	清濁
○	追	鎚	○	○	○	○	○	龜	○	逵	○
○	○	○	○	○	○	○	○	○	○	○	葵
軌	○	○	○	○	○	○	○	○	○	○	○
○	○	揆	○	○	○	○	○	○	○	○	○
○	轛	墜	○	○	○	○	○	媿	喟	匱	悸
○	○	李	○	○	○	○	○	○	○	○	○

齒音 喉音 舌齒音

| 齒音 | | | | 喉音 | | | | 舌齒音 | | |
|清|次清|濁|清|清|次清|濁|清濁|清濁|清濁| |
脂：錐 推 萊 誰 惟 濰 蕤
旨：枇 罜 水 牖 洧 壘 惢
至：醉 翠 萃 遂 邃 類 位 遺 惟

内轉第八開

脣音				舌音				牙音			
清	次清	濁	清濁	清	次清	濁	清濁	清	次清	濁	清濁
○	癡	治	○	○	○	○	○	姬	欺	其	疑
○	恥	峙	你	○	○	○	○	紀	起	○	擬
○	置	眙	値	○	○	○	○	記	亟	忌	鼷

齒音 喉音 舌齒音

之：茲 雌 慈 思 詞 醫 僖 節 甾 釐 而
止：子 止 徵 俟 以 喜 里 耳 齝
志：字 笥 事 試 駛 意 憙 異 吏 餌

內轉第九開（去聲寄此　廢）

脣音				舌音				牙音				
清	次清	濁	清濁	清	次清	濁	清濁	清	次清	濁	清濁	
○	○	○	○	○	○	○	○	○	○	○	○	
○	○	○	○	○	○	○	○	機	○	祈	忻	
○	○	○	○	○	○	○	○	○	○	○	○	
○	○	○	○	○	○	○	○	○	○	○	○	
○	○	○	○	○	○	○	○	○	○	○	○	
○	○	○	○	○	○	○	○	蟣	○	頎	顗	
○	○	○	○	○	○	○	○	○	○	○	○	
○	○	○	○	○	○	○	○	○	○	○	○	
○	○	○	○	○	○	○	○	既	氣	○	毅	
○	○	○	○	○	○	○	○	○	○	○	○	
○	○	○	○	○	○	○	○	○	○	○	○	
○	○	○	○	○	○	○	○	計	○	○	刈	

（左半）齒音・喉音・半舌半齒　韻目：微　尾　未　廢

齒音				喉音			半舌半齒		韻目
清	次清	濁	清濁	清	濁	清濁	清濁		
○	○	○	○	依	希	○	○		微
○	○	○	○	扆	豨	○	○		尾
○	○	○	○	衣	欷	○	○		未
○	○	○	○	○	○	○	○		廢

內轉第十合（去聲寄此　廢）

脣音				舌音				牙音				
清	次清	濁	清濁	清	次清	濁	清濁	清	次清	濁	清濁	
非	菲	肥	微	○	○	○	○	歸	○	○	巍	
匪	斐	膹	尾	○	○	○	○	鬼	○	○	○	
沸	費	狒	未	○	○	○	○	貴	匱	聵	魏	
○	吠	○	○	○	○	○	○	蟨	○	衛	○	

（左半）齒音・喉音・半舌半齒　韻目：微　尾　未　廢

齒音				喉音			半舌半齒		韻目
清	次清	濁	清濁	清	濁	清濁	清濁		
○	○	○	○	威	暉	韋	○		微
○	○	○	○	磈	虺	韙	○		尾
○	○	○	○	尉	諱	胃	○		未
○	○	○	○	穢	濊	○	○		廢

內轉第十一開　（魚　語　御）

脣音（清・次清・濁・清濁）／舌音（清・次清・濁・清濁）／牙音（清・次清・濁・清濁）／齒音（清・次清・濁・清濁・清）／喉音（清・清濁・濁・清濁）／齒音・舌音（清濁・清濁）

聲類	平	上	去	入
脣　幫滂並明	○	○	○	○
舌　知	豬	貯	著	○
舌　徹	摴	楮	○	○
舌　澄	除	佇	箸	○
舌　娘	袽	女	女	○
牙　見	居	舉	據	○
牙　溪	祛	○	去	○
牙　群	渠	巨	遽	○
牙　疑	魚	語	御	○
齒　莊	菹	阻	詛	○
齒　初	初	楚	楚	○
齒　崇	鉏	齟	助	○
齒　生	疏	所	疏	○
齒　章	諸	煮	翥	○
齒　昌	○	處	處	○
齒　書	書	黍	恕	○
齒　禪	紓	墅	署	○
喉　影	於	○	飫	○
喉　曉	虛	許	噓	○
喉　匣	○	○	○	○
喉　喻（以）	余	與	豫	○
來	臚	呂	慮	○
日	如	汝	洳	○

內轉第十二開合　（模虞　姥麌　暮遇）

聲類	平	上	去	入
脣　幫	逋／跗	補／甫	布／付	○
脣　滂	鋪／敷	普／撫	怖／赴	○
脣　並	蒲／扶	簿／父	捕／附	○
脣　明	模／無	姥／武	暮／務	○
舌　端	都	睹	妬	○
舌　透	○	土	○	○
舌　定	徒	杜	渡	○
舌　泥	奴	弩	怒	○
舌　知	株	柱	註	○
舌　澄	廚	○	住	○
舌　娘	夃	○	○	○
牙　見	孤／拘	古／矩	顧／屨	○
牙　溪	枯／區	苦／○	○／驅	○
牙　群	○／衢	○／窶	○／懼	○
牙　疑	吾／虞	五／麌	誤／遇	○
齒　精	租	祖	○	○
齒　清	麤	○	○	○
齒　從	徂	○	○	○
齒　心	蘇	○	訴	○
齒　章	朱	主	注	○
齒　昌	樞	○	○	○
齒　書	輸	○	戍	○
齒　禪	殊	豎	樹	○
喉　影	烏／紆	隖／傴	汙／嫗	○
喉　曉	呼／訏	虎／詡	謼／煦	○
喉　匣	胡	戶	護	○
喉　喻（云）	于	羽	芋	○
喉　喻（以）	逾	庾	裕	○
來	盧／閭	魯／縷	路／屢	○
日	儒	乳	孺	○

外轉第十三開

外轉第十四合 臁佳廢反

去聲寄此

去聲寄此

外轉第十五開

脣音				舌音				牙音				齒音				喉音				舌齒音
清	次清	濁	清濁	清	次清	濁	清濁	清	次清	濁	清濁	清	次清	濁	清濁	清	清濁	濁	清濁	清濁

佳

蟹

泰卦祭

外轉第十六合

脣音				舌音				牙音				齒音				喉音				舌齒音
清	次清	濁	清濁	清	次清	濁	清濁	清	次清	濁	清濁	清	次清	濁	清濁	清	清濁	濁	清濁	清濁

佳

蟹

泰卦祭

外轉第十七開

外轉第十八合

外轉第十九開

齒音 清濁	舌音 清	喉音 清 清濁 濁 清	齒音 濁 清濁 次清 清	牙音 清濁 濁 次清 清	舌音 清濁 濁 次清 清	脣音 清濁 濁 次清 清
欣		欣 殷		虔 勤 ○ 斤		
隱		螾 隱		听 近 赾 謹		
焮		焮 億		望 近 靳		
迄		迄 ○		疙 趑 乞 訖		

外轉第二十合

齒音 清濁	舌音 清	喉音 清 清濁 濁 清	齒音 濁 清濁 次清 清	牙音 清濁 濁 次清 清	舌音 清濁 濁 次清 清	脣音 清濁 濁 次清 清
文		雲 ○ 熏 熅		群 ○ 君		文 汾 芬 分
吻		耘 ○ 祛 惲		齫 ○ 趣 攈		吻 憤 忿 粉
問		運 ○ 訓 醞		郡 ○ 攃		問 分 糞
物		颮 颵 蠁		崛 倔 堀 亥		物 佛 拂 弗

外轉第二十一開

	脣音				舌音				牙音				齒音				喉音				舌齒音	
	清	次清	濁	清濁	清	次清	濁	清濁	清	次清	濁	清濁	清	次清	濁	清濁	清	清	濁	清濁	清濁	清濁
山元仙	編	篇	○	綿	羶	挻	○	煎	單	○	○	顛	煎	遷	○	山	○	顯	賢	軒	延	然
產阮獮	版	販	○	○	剗	棧	產	○	戔	○	○	限	剗	淺	踐	産	○	蜆	○	限	演	
襉願線	扮	便	碥	編	刷	線	羨	○	箭	○	○	莧	箭	線	賤	○	○	蔥	○	街	膳	
鎋月薛	捌	○	○	滅	刺	薛	○	竊	○	○	○	○	○	○	○	○	拙	○	○	列	熱	

外轉第二十二合

	脣音				舌音				牙音				齒音				喉音				舌齒音	
	清	次清	濁	清濁	清	次清	濁	清濁	清	次清	濁	清濁	清	次清	濁	清濁	清	清	濁	清濁	清濁	清濁
山元仙	番	翻	煩	構	○	○	○	鰥	冤	○	○	頑元	詮	全	○	栓	○	翾	○	爰	攣	
產阮獮	○	飯	睌	○	卷	孨	○	阮	選	雋	○	○	膎	蠻	嬛	○	蜎	螺	遠	軟		
襉願線	販	万	餞	○	絹	勮	圈	願	旋	選	○	○	○	戀	○	○	愋	遠	援			
鎋月薛	伐	胇	髮	○	刷	關	厥	刖	絕	雪	○	○	蕝	○	○	○	越	悅	劣			

外轉第二十五開

	脣音				舌音				牙音			
	清	次清	濁	清濁	清	次清	濁	清濁	清	次清	濁	清濁
	褒	蔠	袍	毛	刀	饕	陶	猱	高	尻	敖	〇
	包	胞	麃	茅	啁	弨	桃	鐃	交	敲	聱	〇
	鑣	蘪	〇	苗	朝	超	挑	〇	驕	蹺	喬	嶢
	〇	〇	〇	〇	〇	〇	〇	〇	〇	〇	〇	堯
	寶	〇	抱	蓩	倒	討	道	腦	杲	考	〇	〇
	飽	〇	鮑	卯	〇	〇	趙	獿	絞	巧	〇	〇
	表	麃	蔯	眇	肇	龆	窕	鳥	矯	𡛖	趫	𡉚
	〇	〇	〇	〇	〇	〇	皎	〇	〇	磽	〇	〇
	報	〇	暴	帽	到	〇	導	〇	誥	靠	傲	〇
	豹	炮	皰	貌	罩	趠	掉	鬧	教	敲	樂	〇
	〇	剽	廟	妙	〇	朓	召	橈	撟	趬	嶠	〇
	〇	〇	〇	〇	〇	糶	趮	尿	竅	嘄	竅	〇
	〇	〇	〇	〇	〇	〇	〇	〇	〇	〇	〇	〇
	〇	〇	〇	〇	〇	〇	〇	〇	〇	〇	〇	〇
	〇	〇	〇	〇	〇	〇	〇	〇	〇	〇	〇	〇
	〇	〇	〇	〇	〇	〇	〇	〇	〇	〇	〇	〇

韻	齒音					喉音				舌音	齒音
	清	次清	濁	清	濁	清	次清	濁	清濁	清濁	清濁
豪	糟	操	曹	騷	〇	蒿	薅	豪	〇	勞	饒
肴	䅺	抄	巢	梢	〇	嗃	〇	爻	〇	〇	蕘
宵	昭	弨	燒	蕭	〇	妖	嘵	姚	遙	嫽	橈
蕭	〇	〇	〇	〇	韶	么	〇	〇	〇	聊	〇
晧	早	懆	槽	嫂	〇	襖	好	晧	〇	老	〇
巧	爪	吵	〇	稍	〇	拗	〇	〇	〇	〇	擾
小	沼	麨	趙	少	紹	夭	曉	〇	鷕	繚	繞
篠	〇	悄	湫	小	〇	杳	〇	皛	〇	了	〇
號	竈	糙	漕	掃	〇	奧	耗	號	〇	嫪	饒
效	笊	抄	巢	哨	〇	靿	〇	效	〇	〇	遶
笑	照	耖	邵	少	邵	要	〇	〇	燿	療	饒
嘯	〇	陗	噍	笑	〇	〇	〇	藑	顤	〇	〇
	〇	〇	〇	〇	〇	〇	〇	〇	〇	〇	〇
	〇	〇	〇	〇	〇	〇	〇	〇	〇	〇	〇
	〇	〇	〇	〇	〇	〇	〇	〇	〇	〇	〇
	〇	〇	〇	〇	〇	〇	〇	〇	〇	〇	〇

外轉第二十六合

	脣音				舌音				牙音			
	清	次清	濁	清濁	清	次清	濁	清濁	清	次清	濁	清濁
	〇	〇	〇	〇	〇	〇	〇	〇	〇	〇	〇	〇
	〇	〇	〇	〇	〇	〇	〇	〇	〇	〇	〇	〇
	飆	漂	瓢	蜱	〇	〇	〇	〇	翹	蹻	〇	〇
	〇	〇	〇	〇	〇	〇	〇	〇	〇	〇	〇	〇
	〇	〇	〇	〇	〇	〇	〇	〇	〇	〇	〇	〇
	〇	〇	〇	〇	〇	〇	〇	〇	〇	〇	〇	〇
	標	縹	裱	眇	〇	〇	〇	𦚢	〇	〇	〇	〇
	〇	〇	〇	〇	〇	〇	〇	〇	〇	〇	〇	〇
	〇	〇	〇	〇	〇	〇	〇	〇	〇	〇	〇	〇
	〇	〇	〇	〇	〇	〇	〇	〇	〇	〇	〇	〇
	妙	驃	剽	〇	〇	〇	〇	〇	趫	趬	翹	〇
	〇	〇	〇	〇	〇	〇	〇	〇	〇	〇	〇	〇
	〇	〇	〇	〇	〇	〇	〇	〇	〇	〇	〇	〇
	〇	〇	〇	〇	〇	〇	〇	〇	〇	〇	〇	〇
	〇	〇	〇	〇	〇	〇	〇	〇	〇	〇	〇	〇
	〇	〇	〇	〇	〇	〇	〇	〇	〇	〇	〇	〇

韻	齒音					喉音				舌音	齒音
	清	次清	濁	清	濁	清	次清	濁	清濁	清濁	清濁
	〇	〇	〇	〇	〇	〇	〇	〇	〇	〇	〇
	〇	〇	〇	〇	〇	〇	〇	〇	〇	〇	〇
宵	焦	鍫	樵	宵	〇	蘛	〇	〇	遙	〇	〇
	〇	〇	〇	〇	〇	〇	〇	〇	〇	〇	〇
	〇	〇	〇	〇	〇	〇	〇	〇	〇	〇	〇
	〇	〇	〇	〇	〇	〇	〇	〇	〇	〇	〇
小	剿	悄	湫	小	〇	闄	〇	〇	鷕	〇	〇
	〇	〇	〇	〇	〇	〇	〇	〇	〇	〇	〇
	〇	〇	〇	〇	〇	〇	〇	〇	〇	〇	〇
	〇	〇	〇	〇	〇	〇	〇	〇	〇	〇	〇
笑	醮	陗	噍	笑	邵	要	燿	〇	〇	〇	〇
	〇	〇	〇	〇	〇	〇	〇	〇	〇	〇	〇
	〇	〇	〇	〇	〇	〇	〇	〇	〇	〇	〇
	〇	〇	〇	〇	〇	〇	〇	〇	〇	〇	〇
	〇	〇	〇	〇	〇	〇	〇	〇	〇	〇	〇

內轉第二十七合

	唇音				舌音				牙音				齒音					喉音				舌齒音	
---	清	次清	濁	濁	清	次清	濁	濁	清	次清	濁	濁	清	次清	濁	清	清濁	清	清	濁	濁	清濁	清濁
歌	○	○	○	○	多	他	馱	那	歌	珂	○	峩	蹉	醒	嵯	蹉	○	阿	訶	何	○	羅	○
哿	○	○	○	○	亸	袉	拕	娜	哿	可	○	我	左	瑳	○	縒	○	閼	歌	荷	○	砢	○
箇	○	○	○	○	跢	拖	馱	奈	箇	坷	○	餓	佐	磋	○	些	○	呵	賀	○	遦	○	○

內轉第二十八合 體韻載

	唇音				舌音				牙音				齒音					喉音				舌齒音	
---	清	次清	濁	濁	清	次清	濁	濁	清	次清	濁	濁	清	次清	濁	清	清濁	清	清	濁	濁	清濁	清濁
戈	波	頗	婆	摩	陂	詑	陀	捼	戈	科	○	訛	佐	遳	莎	莝	○	倭	○	和	○	蠃	○
	○	○	○	○	○	○	○	○	○	○	○	○	○	○	○	○	○	○	靴	脧	○	○	○
果	跛	回	爸	麼	朶	妥	墮	姽	果	顆	○	姽	뿔	脞	鎖	○	○	婐	火	禍	○	臝	○
過	播	破	縛	磨	剁	唾	墮	愞	過	課	○	臥	挫	座	膰	○	沱	貨	和	○	坐	○

內轉第二十九開

	脣音 清	次清	濁	清濁	舌音 清	次清	濁	清濁	牙音 清	次清	濁	清濁
麻	巴	葩	爬	麻	奓	侘	茶	拏	嘉	嗋	○	牙
馬	把	○	跁	馬	觰	○	○	姹	賈	跒	○	雅
禡	霸	怕	杷	禡	吒	詫	螫	眵	駕	髂	○	迓
	○	○	○	○	○	○	○	○	○	○	○	○
	○	○	○	○	○	○	○	○	○	○	○	○

	齒音 清	次清	濁	清	喉音 清	次清	濁	清濁	舌齒 清濁
麻	嗟	扠	查	奢	鴉	煆	遐	邪	若
馬	姐	且	槎	社	啞	閜	下	野	若
禡	唶	衺	乍	舍	亞	嚇	暇	夜	偌
	○	○	○	○	○	○	○	○	○
	○	○	○	○	○	○	○	○	○

外轉第三十合

	脣音 清	次清	濁	清濁	舌音 清	次清	濁	清濁	牙音 清	次清	濁	清濁
麻	○	○	○	○	○	○	○	○	瓜	誇	○	攨
馬	○	○	○	○	○	○	○	○	寡	髁	○	瓦
禡	○	○	○	○	○	○	○	○	卦	跨	○	瓦
	○	○	○	○	○	○	○	○	○	○	○	○
	○	○	○	○	○	○	○	○	○	○	○	○

	齒音 清	次清	濁	清	喉音 清	次清	濁	清濁	舌齒 清濁
麻	○	○	○	○	窊	花	華	○	○
馬	俎	碴	○	○	○	踝	○	○	○
禡	○	○	○	諣	○	化	吳	○	○
	○	○	○	○	○	○	○	○	○
	○	○	○	○	○	○	○	○	○

内轉第三十一開

	唇音				舌音				牙音			
	清	次清	濁	清濁	清	次清	濁	清濁	清	次清	濁	清濁
唐	幫	滂	傍	茫	當	湯	堂	囊	岡	康	○	卬
陽	方	芳	房	亡	張	倀	長	孃	薑	羌	彊	卬
蕩	榜	髈	○	莽	黨	儻	蕩	曩	○	慷	○	航
養	昉	髣	爽	罔	長	昶	丈	○	繦	○	強	仰
宕	謗	○	傍	漭	○	○	宕	○	○	抗	○	○
漾	放	訪	防	妄	帳	暢	仗	釀	○	○	強	○
鐸	博	○	泊	莫	○	託	鐸	諾	各	恪	○	愕
藥	○	○	縛	○	○	○	著	若	腳	卻	噱	虐

	齒音					喉音				舌音	齒音
	清	次清	濁	清	次清	清	次清	濁	清濁	清濁	清濁
唐	臧	倉	藏	桑	○	鴦	炕	航	○	郎	○
陽	章	昌	牀	商	常	央	香	○	羊	良	穰
蕩	○	倉	○	顙	○	坱	沆	沆	○	朗	○
養	掌	敞	丈	賞	想	鞅	響	○	養	兩	攘
宕	葬	蒼	○	喪	○	盎	○	吭	○	浪	○
漾	障	唱	○	餉	尚	怏	向	○	漾	亮	讓
鐸	作	錯	○	索	○	惡	涸	臛	○	落	○
藥	灼	綽	勺	鑠	杓	約	謔	○	藥	略	弱

内轉第三十二合

	唇音				舌音				牙音			
	清	次清	濁	清濁	清	次清	濁	清濁	清	次清	濁	清濁
唐	○	○	○	○	○	○	○	○	光	胱	○	○
陽	○	○	○	○	○	○	○	○	匡	狂	○	○
蕩	○	○	○	○	○	○	○	○	廣	○	○	○
養	○	○	○	○	○	○	○	○	往	恇	○	○
宕	○	○	○	○	○	○	○	○	曠	怳	○	○
漾	○	○	○	○	○	○	○	○	誑	○	○	○
鐸	○	○	○	○	○	○	○	○	郭	廓	○	○
藥	○	○	○	○	○	○	○	○	矍	躩	玃	○

	齒音				喉音				舌音	齒音
	濁	清	次清	清	次清	濁	清濁		清濁	清濁
唐	○	○	汪	荒	黃	王	○		○	○
陽	○	○	○	○	○	王	○		○	○
蕩	○	汪	慌	晃	往	○	○		○	○
養	○	怳	汪	怳	往	○	○		○	○
宕	○	汪	荒	潢	旺	○	○		○	○
漾	○	況	○	旺	○	○	○		○	○
鐸	○	汪	霍	鑊	矍	○	○		○	攫
藥	○	孃	矆	瞳	矍	○	○		○	籰

外轉第三十五開

右半（脣音・舌音・牙音）

牙音 清濁	牙音 濁	牙音 次清	牙音 清	舌音 清濁	舌音 濁	舌音 次清	舌音 清	脣音 清濁	脣音 濁	脣音 次清	脣音 清	韻
○	○	硻	耕	儜	橙	撐	朾	甍	棚	伻	絣	耕清青
莖	○	輕	經	鼀	庭	汀	丁	冥	瓶	竮	鞞	
○	○	○	○	聹	侹	頲	頂	茗	並	頩	鞞	
○	○	耿	○	聹	遉	珽	頂	䴊	並	頩	辡	耿靜迥
脛	○	脛	○	濘	定	聽	矴	茗	並	頩	迸	
硬	○	罄	○	鄭	定	聽	矴	愍	並	頩	逬	諍勁徑
○	○	闃	激	搦	荻	逖	的	麥	檗	擗	擘	麥錫
鵙	○	燉	激	搦	狄	逖	的	麥	甓	闢	劈	

外轉第三十五開（左半：齒音・喉音・舌齒音）

舌齒 清濁	喉音 清濁	喉音 濁	喉音 清	齒音 清	齒音 濁	齒音 次清	齒音 清	韻
○	○	○	甖	箐	崢	琤	爭	耕清青
跉	刑	莖	馨	青	情	清	精	
靈	刑	鼜	罄	星	晴	青	星	
領	幸	婞	嬰	整	聖	醒	整	耿靜迥
冷	莕	婞	罌	醒	洪	醒	整	
令	令	脛	褹	政	醒	聖	政	諍勁徑
零	黌	脛	罌	龓	醒	龓	龓	
麗	闃	喫	虩	冊	射	責	隻	麥錫
靈	撆	狄	狊	石	釋	錫	寂	

外轉第三十六合

右半（脣音・舌音・牙音）

牙音 清濁	牙音 濁	牙音 次清	牙音 清	舌音 清濁	舌音 濁	舌音 次清	舌音 清	脣音 清濁	脣音 濁	脣音 次清	脣音 清	韻
○	○	○	○	○	○	○	○	○	○	○	絣	耕青
○	○	○	○	○	○	○	○	○	○	○	○	
○	○	○	○	○	○	○	○	○	○	○	○	
○	○	○	○	○	○	○	○	○	○	○	扃	耿迥
○	○	○	○	○	○	○	○	○	○	○	○	
○	○	褧	頲	○	○	○	○	○	○	○	○	諍徑
○	○	○	○	○	○	○	○	蟈	硴	蟈	○	麥錫
○	○	闃	狊	○	○	○	○	闃	鄇	○	○	

外轉第三十六合（左半：齒音・喉音・舌齒音）

舌齒 清濁	喉音 清濁	喉音 濁	喉音 清	齒音 清	齒音 濁	齒音 次清	齒音 清	韻
○	○	宏	轟	泓	○	○	○	耕青
○	○	○	熒	○	○	○	○	
○	○	迥	謫	泫	○	○	○	耿迥
○	○	轟	詗	鎣	○	○	○	諍徑
礐	○	獲	劃	搣	趆	○	檻	麥錫
○	○	○	絤	○	○	○	○	

內轉第三十七開

齒音舌音 清濁	喉音 清濁	喉音 清	喉音 次清	喉音 清	齒音 濁	齒音 清濁	齒音 清	齒音 次清	齒音 清
	○	謳	齁	鄒	周	搊	犨	鄒	掫
柔	劉	休	优	幽	囚	愁	秋	趙	走
	○	厚	吼	歐	受	首	狩	醜	帚
蹂	柳	有	酉	○	○	嗽	臭	就	酒
	○	宥	狄	幼	岫	秀			

內轉第三十七開（唇舌牙）

牙音 清濁	牙音 濁	牙音 次清	牙音 清	舌音 濁	舌音 次清	舌音 清	唇音 濁	唇音 次清	唇音 清
齵	○	謳	鉤	頭	偷	兜	裒	○	不	彪	掊
牛	求	丘	樛	惆	抽	輈	浮	○	謀	繆
藕	○	口	苟	殺	畝	斗	婦	剖	部
○	臼	○	糾	紐	丑	肘	婦	衃
偶	○	寇	遘	豆	透	鬪	茂	賠	仆	富

內轉第三十八合

齒音舌音 清濁	喉音 清濁	喉音 清	喉音 次清	喉音 清	齒音 濁	齒音 清濁	齒音 清	齒音 次清	齒音 清
任	林		歆	音	忱	岑	參	深	簪
	○		廞	飲	甚	沈	審	寢	枕
袵	臨		顑	蔭	讖	甚	沁	浸	
入	立		熠	邑	習	集	緝	濕	戢

內轉第三十八合（唇舌牙）

牙音 清濁	牙音 濁	牙音 次清	牙音 清	舌音 濁	舌音 次清	舌音 清	唇音 濁	唇音 次清	唇音 清
吟	琴	欽	金	諶	沈	碪	玷		
僸	噤	坅	錦	揕	朕	踸	戡		品	稟
吟	妗	○	禁	鴆	闖	揕			
岌	及	泣	急		蟄	湁	繁	鵖	

外轉第三十九開

外轉第四十合

外轉第四十一合

齒舌音		喉音				齒音					牙音				舌音				脣音			
清濁	清濁	濁	濁	清	清	清濁	濁	次清	清	清	清濁	濁	次清	清	清濁	濁	次清	清	清濁	濁	次清	清
○	○	○	○	○	○	○	○	○	○	○	○	○	○	○	○	○	○	○	○	芝	詫
○	○	○	○	○	○	○	○	○	○	○	○	○	○	○	○	○	○	璇	凡		
頷	○	凵	拑	○	○	○	儼	○	○	○	○	錟	范	鈀	腺						
○	○	欠	劒	○	○	○	○	○	○	○	○	窆	梵	汎	○						
○	○	揭	猘	○	○	○	猫	○	○	○	○	乏	祛	法	○						

內轉第四十二開

脣音				舌音				牙音				...
清濁	濁	次清	清	清濁	濁	次清	清	清濁	濁	次清	清	
○	朋	○	崩	能	騰	○	登	疑	○	○	緪	
冰	砅	○	○	○	澄	倀	徵	凝	殑	硱	兢	
佣	佣	○	○	○	能	○	等	○	殑	肯	○	
帽	凭	○	○	鄧	澄	嶝	嵤	○	○	○	亘	
北	菔	○	帞	鄧	特	○	德	礙	○	○	剋	

外轉第四十一合（喉音・齒音部分）

齒舌音		喉音			齒音			舌音			脣音	
清濁	清濁	濁	清	清	清濁	濁	次清	清	清	次清	清	
膺	○	○	○	○	○	○	○	○	○	○	○	
范	○	○	○	○	○	○	○	○	○	○	○	
梵	○	○	○	○	○	○	○	○	○	○	○	
乏	○	○	○	○	○	○	○	○	○	○	○	

內轉第四十二開（喉音・齒音部分）

齒舌音		喉音			齒音					舌音	
清濁	清濁	濁	清	清	清濁	濁	次清	清	清	清濁	清
登	楞	恒	○	○	層	增	○	○	蒸	稜	仍
蒸	陵	蠅	興	膺	繒	繩	稱	蒸	○	陵	凌
等	拯	倰	○	○	殑	甑	○	拯	○		
嶝	○	鄧	興	應	贈	剩	稱	甑	增		
德	勒	劾	黑	餩	賊	塞	測	仄	即	力	弋

內轉第四十三合

	唇音				舌音				牙音				齒音				喉音				舌齒	
	清	次清	濁	清濁	清	次清	濁	清濁	清	次清	濁	清濁	清	次清	濁	清濁	清	次清	濁	清濁	清濁	清濁
登	○	○	○	○	○	○	○	○	○	○	○	弘	○	○	○	○	○	○	○	○	○	○
	○	○	○	○	○	○	○	○	○	○	○	觥	○	○	○	○	○	○	泓	○	○	○
國	○	○	○	○	○	○	○	○	國	○	○	○	○	○	○	洫	○	或	域	○	○	○
德　職	○	○	○	○	○	○	○	○	○	○	○	○	○	○	○	○	○	○	○	○	○	○

拍微韻鑑卷終

六十初度

行年六十一沈吟。海外棲遲感不禁。

白雪雖教春事已，貞松何懼歲寒侵。

栽蘭育蕙盈庭綠，述學論文積紙深。

自度毋須愁覆瓿，生徒相繼有知音。

韻鏡之書行於本邦久矣而未有刊者故轉寫
之訛爲亥爲豕爲烏爲焉眩者多因彼此不一泉
南宗仲論師偶訂諸本善不善者旦從旦改
因命工鏤板期其歸一以便於眺者旦非
敢擴之天下聊備家訓而已於茲今日家書
乃天下書也學者思辨
享祿戊子孟冬初一日

正三位行侍從臣清原朝臣宣賢

項間求得宋慶元丁巳張氏所刊之元本
重校正爲永祿壬戌七歲舍甲子王春季子輪

經籍訪古志

韻鏡一卷　享祿戊子覆宋本

首有紹興辛巳三山張麟之子儀識語其略云反切之要
莫妙於此不出四十三轉而天下無遺音因撰字母括要
圖復解數例以為沿流求源之端又有嘉泰三年麟之
序云韻鏡之作其妙吳余年二十始得此字字音佳首相
傳類曰洪韻釋子之所撰也有沙門神珙號知音韻嘗著
切韻圖載此篇卷末糢憑是書於僧世俗謂呼珙為
洪爾次調韻指微次三十六字母歸納助紐宗以歸字例次
橫呼韻五音清濁四聲定位列圖末題韻鑑序例終次本
文自內轉第一至第四十三識語後有慶元丁巳重刊木記
卷末有享祿戊子清原朝臣宣賢跋謂泉南榮仲論鑰
祥始末聞父有永祿刊本未見按享祿戊子明
世宗嘉靖七年

第三節　七音略

　　《七音略》是鄭樵於南宋時高宗紹興三十二年左右所表彰，與張麟之初刊《韻鏡》，時間相去不遠[39]。鄭氏序云：「臣初得《七音韻鑑》，一唱而三歎，胡僧有此妙義，而儒者未之聞。」又云：「又述內外轉圖，所以明胡僧立韻得經緯之全。」按《七音略》與《韻鏡》實同出一源，若明瞭《韻鏡》之編排，亦可以明《七音略》之編排。然《七音略》與《韻鏡》雖同出一源，而其內容，則非契合無間。舉其大端，凡有七事。

39　張麟之在宋高宗紹興辛巳七月朔識云：「聊用鋟木，以廣流傳。」
　　紹興辛巳乃三十一年。較鄭樵表彰《七音略》早一年。

一、轉次不同：

自第三十一轉以下，兩書次第頗有參差，茲臚舉韻目，列表於下：

轉　　　次	《七音略》韻目	《韻鏡》韻目
第三十一轉	覃咸鹽添（重）	唐陽（開）
第三十二轉	談銜嚴鹽（重）	唐陽（合）
第三十三轉	凡（輕）	庚清（開）
第三十四轉	唐陽（重）	庚清（合）
第三十五轉	唐陽（輕）	耕清青（開）
第三十六轉	庚清（重）	耕青（合）
第三十七轉	庚清（輕）	侯尤幽（開）
第三十八轉	耕清青（重）	侵（合）
第三十九轉	耕青（輕）	覃咸鹽添（開）
第　四　十　轉	侯尤幽（重）	談銜嚴鹽（合）
第四十一轉	侵（重）	凡（合）
第四十二轉	蒸登（重）	蒸登（開）
第四十三轉	蒸登（輕）	蒸登（合）

由此可知《七音略》所據爲陸法言《切韻》系韻次，《韻鏡》所據爲李舟《切韻》系之韻次。

二、重輕與開合名異而實同：

《七音略》於四十三轉圖末標「重中重」者十七，「輕中輕」者十四，「重中輕」者五，「輕中重」者二，「重中重（內重）」、「重中重（內輕）」、「重中輕（內重）」及「重中輕（內輕）」者各一。《韻鏡》則悉削「重」、「輕」之稱，而於圖首轉次下改標「開」、「合」。凡《七音略》所謂「重中重」、「重中重（內重）」、「重中重（內輕）」、「重中輕（內重）」及「重中輕」者，皆標爲開；所謂「輕中輕」、「輕中輕（內輕）」、「輕中重」及「輕中重（內輕）」者皆標爲合。惟《韻鏡》以第二十六、第二十七、第三十八及第四十轉爲「合」，以第二、第三、第四及第十二諸轉爲「開合」，均於例微乖，則當據《七音略》之「重」、「輕」而加以是正。故鄭樵所定「中重」、「內重」、「中輕」、「內輕」之辨，雖難質言，而其所謂「重」、「輕」適與《韻鏡》之「開」、「合」相當，殆無疑義也。

三、內外轉標示有異：

今考《七音略》與《韻鏡》之內外，惟有三轉不同，第十三轉咍、皆、齊、祭、夬諸韻及第三十七轉（即《韻鏡》之三十四轉）庚清諸韻，《七音略》以爲「內」，而《韻鏡》以爲「外」。第二十九轉麻韻，《七音略》以爲「外」，而《韻鏡》以爲「內」，則各有是非，未可一概而論也。

四、等列不同：

今考《七音略》與《韻鏡》之等列，大體相去不遠，惟以鈔刊屢易，難免各有乖互。若據首章所述分等之原則而訂正，則《七音略》誤而《韻鏡》不誤者，共二十有五條。

轉次	紐及調	例字	七音略等列	韻鏡等列
1 第三轉		（全轉）	平聲列二等上去入列三等	四聲均列二等
2 第六轉	來平	梨	二	三
3 第七轉	知去	轛（追萃切）	入一	去三
4 同前	澄去	墜	四	三
5 同前	見溪群去	媿喟匱	四	三

6 同前	見群上	癸揆	去一	上四
7 同前	見群去	季悸	入一	去四
8 第八轉	喩平	飴（與之切）	三	四
9 第九轉	曉去	歁（許旣切）	四（字作稀）	三
10 同前	疑去寄入	刈（魚肺切）	一	三
11 第十二轉	審上	數（所矩切）	三	二
12 第十七轉	喩去	酳（羊晉切）	三	四
13 韻鏡第三十四轉七音略第三十七轉	見溪上	礦（古猛切） 畁（苦猛切）	一	二
14 同前	見上	璟（俱永切）	二	三
15 同前	溪上	憬（集韻孔永切）	〇	三
16 同前	溪上	頃（去穎切）	三	四
17 同前	曉上	苪（許永切）	四	三
18 同前	匣上	卝（胡猛切）	三	二
19 韻鏡第三十五轉七音略第三十八轉		（全轉）	一二三無四等	二三四無一等
20 同前	端入	狄	〇	四
21 同前	見上	剄（古挺切）	改列溪母三等	四
22 同前	影上	嶸（烟澤切）	一	四
23 韻鏡第三十九轉七音略第三十一轉	明上	妥（明忝切）	三	四
24 同前	疑上	顩（魚檢切）	四	三
25 同前	匣平	嫌（戶兼切）	三	四

　　至於《韻鏡》誤而《七音略》不誤者，亦有十四條。亦列表於下：

轉次	紐及調	例字	韻鏡等列	七音略等列
1 第四轉	從平	疵	三	四
2 第五轉	穿上	揣（初委切）	三	二
3 第十一轉	喻平	余（以諸切）	三	四
4 第十四轉	清去	毳（此芮切）	三	四
5 第十七轉	曉去	靬（許靬切）	四	三
6 第二十四轉	匣去	縣（黃練切）	三	四
7 第二十五轉	疑平	堯（五聊切）	三	四
8 同前	疑平	嶢（五聊切）	四	○案嶢與堯同音
9 韻鏡第三十二轉七音略第三十五轉	見群上	霙（俱往切）俇（求往切）	二	三
10 韻鏡第三十三轉七音略第三十六轉	疑平	迎（語京切）	四（寬永本不誤）	三
11 韻鏡第三十七轉七音略第四十轉	滂平	飈（匹尤切）	四	三
12 韻鏡第三十九轉七音略第三十一轉	匣上	鼸（胡忝切）	三（寬永本不誤）	四
13 第四十二轉	審上	殊（色庚切）	三	二
14 同前	喻去	孕（以證切）	三	四

若斯之類，並宜別白是非，各從其正者也。

五、聲類標目不同：

《韻鏡》各轉分聲母為「脣」、「舌」「牙」、「齒」、「喉」、「半舌」、「半齒」七音，每音更分「清」、「次清」、「濁」、「清濁」諸類，而不別標紐文。《七音略》則首列幫、滂、並、明；端、透、定、泥；見、溪、群、疑；精、

清、從、心、邪；影、曉、匣、喻；來、日二十三母；次於端系
下復列知、徹、澄、娘；精系下復列照、穿、床、審、禪；而輕
脣非、敷、奉、微四母則惟複見於第二、第二十、第二十二、第
三十三、第三十四，五轉幫組之下；又於第三行別立「羽」、
「徵」、「角」、「商」、「宮」、「半徵」、「半商」七音以
代「脣」、「舌」、「牙」、「齒」、「喉」、「半舌」、「半
齒」，此其異也。

六、廢韻所寄之轉不同：

　　《韻鏡》以「廢、計、刈」三字寄第九轉（微開）入三，
（案廢字與次轉重複，計字本屬霽韻。）以「廢、吠、䊷、瞢、
緣、穢、噦」七字寄第十轉（微合）入三。（䊷丘吠切，緣呼吠
切，但《廣韻》寄于祭韻之末，乃後人竄入者。）《七音略》留
「刈」字於第九轉而改列一等，移置「廢、肺、吠、瞢、穢、
噦」六字於第十六轉（佳輕），而於第十五轉（佳重）但存廢韻
之目。其實《七音略》存「刈」於第九轉，疑原型或與《韻鏡》
同出一源。

七、鐸藥所寄之轉不同：

　　案《韻鏡》通例，凡入聲皆承陽聲韻，《七音略》大體亦
同，惟鐸藥兩韻之開口，《七音略》複見於第二十五（豪肴宵
蕭）及第三十四（唐陽，即《韻鏡》第三十一）兩轉，與《韻
鏡》獨見於三十一轉者不同，蓋已露入聲兼承陰陽之兆矣。[40]

40　以上七條，參考羅常培〈《通志‧七音略》研究〉一文，見中國科
　　學院語言研究所編《羅常培語言學論文選集》107-111頁。中華書局
　　出版，1963年北京市。

《通志·七音略》第一轉圖

七音略第一　　　　　通志三十六

七音序

天地之大其用在坎離人之為靈其用在耳目人與禽獸視聽一也聖人制律所以導耳之聰制字所以擴目之明耳目根於心聰明發於外上智下愚自此分矣雖曰皇頡制字伶倫制律歷代相承未聞其書漢人課隸始為字書以通聲音之學然漢儒識文字之學江左之儒識四聲而不識七音則失立韻之源獨體為文合體為字漢儒知以說文解字而不知文有子母生字為母從母為子子母不分所以失制字之旨四聲為經七音為緯江左之儒知縱有平上去入為四聲而不知衡有宮商角徵羽半徵半商為七音縱成經衡成緯經緯不交所以失其韻之源七音之韻起自西域流入諸夏梵僧欲以其教傳之天下故為此書雖重百譯之遠一字不通之母重輕清濁不失其倫天地萬物之音備於此矣雖鶴唳

風聲雞鳴狗吠雷霆驚天蚊虻過耳皆可譯也況於人言乎所以日月照臨甘傳梵書者皆有七音之圖以通百譯之義也今宣尼之書自中國而東則朝鮮西則涼夏南則交阯北則朔易皆吾故封也故封之外其書不通何以譬之若能入諸夏而宣尼之書不能至跋提河聲音之道有障閡耳此後學之罪也舟車可通則文義可及分疆剗地所道而文義所不及者何哉臣今取七音編而為志庶使學者盡傳其變然後能周宣尼之書以及人面之域所謂用夏變夷當自此始

臣謹按開皇二年詔求知音之士參定音樂時有杜臺卿蘇夔鄭譯獨得其義而為議曰考尋樂府鍾石律呂皆有宮商角徵羽變宮變徵之名七聲之內三聲乖應每加詢訪終莫能通先是周武帝之時有龜茲人曰蘇祇婆從突厥皇后入國善胡琵琶聽其所奏一均之中間有七聲因而問之則曰父在西域稱為知音世相傳習調有七種以其七調校之七聲冥若合符一曰娑陀力華言平聲即宮聲也二曰雞識華言長聲即南呂聲也三曰沙識華言質直聲即角聲也四曰沙侯加濫華言應聲

即變徵聲也。五曰沙臘，華言應和聲，即徵聲也。六曰般贍，華言五聲，即羽聲也。七曰侯利箋，華言斛牛聲，即變宮也。譯因習而彈之，始得七聲之正。然其就此七調，又有五旦之名，旦作七調。以華譯之，旦即均也。譯遂因琵琶更立七調，十二應十二律，律有七音，音立一調。故成七均，十二律合成八十四調，旋轉相交，盡皆和仍。以其聲考校太樂鍾律，垂矣不可勝數。譯爲是著書二十餘篇。太子洗馬蘇夔駁之，以五音所從來久矣，不言有變宮變徵七調之作，實所未聞。譯又引古以爲據。周

有七音之律，漢有七始之志。時何妥以舊學，牛弘以巨儒，不能精通，同加沮抑，遂使隋人之耳，不聞七調之音。七調之義，按唐楊收與安泚論琴，五絃之外，復益二絃。臣又按西京諸儒，惑論圖鍾函鍾之說，故其郊廟樂，惟用黃鍾一均。章帝時太常丞鮑業，始旋十二宮。夫旋宮以七聲爲均加少宮少徵爲七聲，始得相旋爲宮商角徵羽爲五聲。意蓋取均聲也。臣初得七音韻鑑，一唱而三嘆，胡僧有者，蓋取均聲也。

此妙義而儒者未之聞及乎研究制字考證諧聲然後知皇頡史籀之書已具其七音之作先儒不得其傳耳今作諧聲圖所以明古人制字通七音之妙又述內外轉圖所以明胡僧立韻得經緯之全釋氏以來禪家爲大悟通音爲小悟雖七音一呼而聚四聲不召自來此其羹淺者耳至於紐躡杳冥盤薖崇廓非心樂洞融天籟通後能別形中之聲韻書主於子必母權母而行然後能平造化者不能造其間字書主於子必子權子而行然別聲中之形所以臣更作字書以母爲主亦更作韻書以子爲主今茲內外轉圖用以別音聲而非所以主子母也

諧聲制字六圖

諧聲者六書之一書也凡諧聲之道有同聲者則取同聲而諧無同聲者則取協聲無協聲者則取正音聲而諧無正音者則取旁音而諧所謂聲者四聲也若七音也制字之本或取聲以諧字或取音以成字不可備舉今取其要以證所諧茲所不載觸類而長

內轉第九 平上去入

日	來	喻	匣	曉	影	邪	心	從	清	精		疑	群	溪	見	泥	定	透	端	明	並	滂	幫
半商半徵		宮			商							角			徵				羽				
微				希	衣							沂	祈		機								
尾				稀	㾕							顗	巘										
未				稀	衣							毅	磑	氣	既								
廢															刈								

通志七音略卷上二 十五

輕中輕 細　內轉第十 平上去

日	來	喻	匣	曉	影	邪	心	從	清	精		疑	群	溪	見	泥	定	透	端	明	並	滂	幫
半商半徵		宮			商							角			徵				羽				
微			韋	暉	威							巋	逵		歸				微	肥	霏	非	
尾			韙	煒	硯										鬼				尾	膜	斐	匪	
未			胃	諱	尉								謦	貴					未	狒	費	沸	
廢																							

通志七音略卷上二 十六

七音畧第二　通志三十七

外轉二十一　平上去入

日	來	喻	匣	曉	影	邪	心	從	清	精	禪	審	穿	床	照	疑	群	溪	見	泥(孃)	定(澄)	透(徹)	端(知)	明	並	滂	幫
半商徵			宮					商					角						徵						羽		

重中輕

平　山元仙
上　產阮獮
去　襇願線
入　鎋月薛

外轉二十二

日	來	喻	匣	曉	影	邪	心	從	清	精	禪	審	穿	床	照	疑	群	溪	見	泥(孃)	定(澄)	透(徹)	端(知)	微(明)	奉(並)	敷(滂)	非(幫)
半商徵			宮					商					角						徵						羽		

輕中輕

平　山元仙
上　阮獮
去　襇願線
入　鎋月薛

外轉二十五（平上去入）

日	來	喻	匣	曉	影	邪	心	從	清	精／禪審床穿照	疑	群	溪	見	孃／泥	定	透	端／澄徹知	明	並	滂	幫
半徵半商		宮					商			商			角				徵				羽	

（半徵半商｜宮｜商｜角｜徵｜羽）

重中重

平聲：
- 幫滂並明：襃　胞　袍　毛
- 端透定泥：刀　饕　陶　猱
- 見溪群疑：高　尻　敖
- 精清從心邪：遭　操　曹　騷
- 影曉匣喻：鏖　蒿　豪
- 來日：勞

外轉二十六（平上去入）

日	來	喻	匣	曉	影	邪	心	從	清	精／禪審床穿照	疑	群	溪	見	孃／泥	定	透	端／澄徹知	明	並	滂	幫
半商半徵		宮					商			商			角				徵				羽	

重中重

- 宵：　遙　邀　霄　樵　焦　翹　蹻　　𩥇　飄　漂　森
- 小：　　蔑　闌　小　悄　勦　　猺　　聢　摽　標
- 笑：　燿　要　笑　噍　俏　醮　　趫　　妙　標　劓　裱

內轉二十七（重中重）　平上去入

中縫：通志二十七音卷七（七音略）

聲調	羽 幫滂並明	徵 端透定泥／知徹澄孃	角 見溪群疑	商 精清從心邪／照穿床審禪	宮 影曉匣喻	半徵半商 來日
平		多 他 駞 那	歌 珂 　 我	磋 瑳 醝 娑	阿 呵 何 阿	羅
上		軃 拕 　 袲	舸 　 　 我	左 瑳 坐 縒	娿 　 荷 閜	攞
去		跢 拕 䭾 奈	箇 坷 　 餓	佐 磋 　 些	侉 賀 阿 傞	邏
入						

內轉二十八（輕中輕）　平上去入

中縫：通志七音略卷七

聲調	羽 幫滂並明	徵 端透定泥／知徹澄孃	角 見溪群疑	商 精清從心邪／照穿床審禪	宮 影曉匣喻	半徵半商 來日
平	波 頗 麼 摩	挼 他 䞒 捼	戈 科 　 吪	侳 遳 矬 莏	倭 吪 和	羸
上	跛 叵 爸 姥	朶 妥 憜 姽	果 顆 　 㐌	脞 坐 䂁 㛂	火 禍 　 躶	果
去	播 破 縛 磨	刴 唾 墮 懦	過 課 　 臥	剉 坐 挫	貨 和 　 臝	過
入						

外轉第二十九

日	來	喻	匣	曉	影	邪	心	從	清	精	疑	群	溪	見	泥	定	透	端	明	並	滂	幫	
						禪	審	床	穿	照					娘	澄	徹	知				微	
半商徵		宮		商							角				徵				羽				平
麻											牙												
重中重				跟	呀	蠖			砂	楂	義	楂	遮	礁	曉		呵	嘉	牵	茶	侘	拏	麻	爬	葩	巴
若	儞				閣	奢	她	車	遮	磋	挱												
	耶			邪	些	查																	
馬																							上
	蕘		下	嗎	啞		灑	撦	叉	鮓	雅		訶	攑	繁	踩	妑	舺	馬	跁			把
若				社	捨	他																	
	野				寫	担	且	姐															
禡																							去
			暇	嚇	亞						迓		骼	駕	髂	蛇	詫	吒	禡	把	怕	覇	
	恋				舍	射																	
						謝	蝑	褅	笪	唶													
																							入

外轉第三十

日	來	喻	匣	曉	影	邪	心	從	清	精	疑	群	溪	見	泥	定	透	端	明	並	滂	幫	
						禪	審	床	穿	照					娘	澄	徹	知				微	
半商徵		宮		商							角				徵				羽				平
麻																							
輕中輕				諱	華	窊					眭	觟		誇	爪					撾				
馬																							上
			踝	撪	稜			碰	鉏				尪	髁	寡					撾				
禡																							去
			摦	化	窊				夋				尪	跨	坬								
																							入

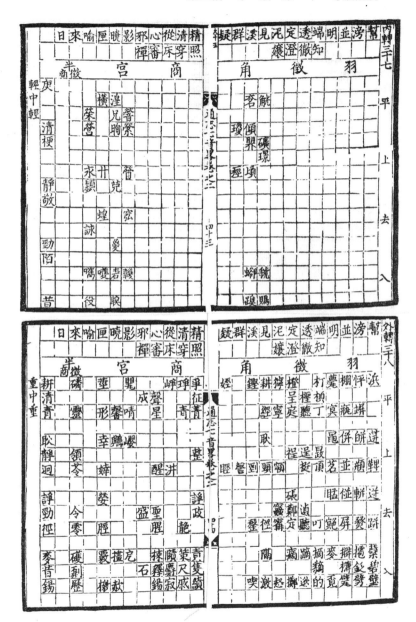

外轉三十九

日	來	喻	匣	曉	影	邪	心	從	清	精			疑	群	溪	見	泥	定	透	端	明	並	滂	幫
						禪	審	床	穿	照			孃					澄	徹	知				

半徵　宮　商　　　角　徵　羽

輕中輕　耕青

平　上　去　入

內轉四十

日	來	喻	匣	曉	影	邪	心	從	清	精			疑	群	溪	見	泥	定	透	端	明	並	滂	幫
						禪	審	床	穿	照			孃					澄	徹	知				

半徵　宮　商　　　角　徵　羽

重中重　侯幽尤

平　上　去　入

內轉四十一

幫	滂	並	明	端知	透徹	定澄	泥娘	見	溪	群	疑	精照	清穿	從床	心審	邪禪	影	曉	匣	喻	來	日
羽				徵				角				商					宮				半商徵	
				砧		沈		今	欽	琴	吟	簪	參		森		愔	歆		淫	林	壬
稟	品			枕				錦				甚	寢		罧	潯	飮	嶮				凜	荏
禀				枕			鴆				吟				深	甚				臨		妊
				執		墊		急	泣	及	岌	汁	緝	集	習	習	邑	吸		熠	立	入

（平 上 去 入 — 重中重 侵 寑 沁 緝）

通志七音略卷之二　百六十

內轉四十二

幫	滂	並	明	端知	透徹	定澄	泥娘	見	溪	群	疑	精照	清穿	從床	心審	邪禪	影	曉	匣	喻	來	日
羽				徵				角				商					宮				半商徵	
崩	漰	朋	瞢	登	鼟	騰	能	桓			硱	增	曾	層	僧		影	恒	恆		楞	登烝
冰	砅	凭		徵	僜	澄		兢	硱	碙	凝	蒸	稱	繩	升	承	膺	興		蠅	夌	仍
	倗			等			能			肯		拯									倰	等
				拯								拯										
崩	倗			嶝	隥	鄧	亙			兢		增	蹭	贈	愴			興		孕	倰	認
偪	堛	愎		德	勑	特		劾		棘		則	城	賊	寒		黑				勒	德職
逼	愊	愎		陟	敕	直	匿	殛		極	嶷	即	測	食	識		抑				力	日

（平 上 去 入 — 重中蒸 等 拯 證 德 職）

通志七音略卷之二　百八十五

第四節　四聲等子

一、《四聲等子》之撰述時代：

　　古有《四聲等子》一卷，不著撰人姓氏，然〈序〉云：「近以《龍龕手鑑》重校，類編於《大藏經》函帙之末，復慮方音不一，脣齒之不分，旣類隔假借之不明，則歸母協聲何由取準？遂以此附《龍龕》之後，令舉眸識體，無擬議之惑，下口知音，有確實之決。冀諸覽者，審而察焉。」則《等子》之產生，似出《龍龕手鑑》之後，《龍龕手鑑》原名《龍龕手鏡》係遼僧行均字廣濟所作，燕臺憫忠寺沙門智光字法矩爲之序，時爲統和十五年丁酉七月一日（即宋至道三年、西元九九七年），是《等子》之產生，絕不能早於此時。智光《龍龕手鑑・序》云：

　　沙門智光，利非切玉，分忝斷金，辱彼告成，見命序引，推讓而寧容閣筆，俛仰而強爲抽毫。矧以新音徧於《龍龕》，猶手持於鸞鏡，形容斯鑒，妍醜斯分，故目之曰《龍龕手鑑》。總四卷，以平、上、去、入爲次，隨部復用四聲列之。又撰《五音圖式》，附於後，庶力省功倍，垂益於無窮者矣。

　　若《五音圖式》竟如《廣韻》後所附之「辯十四聲例法」等簡單，當不致爲後人所刪削，今《龍龕手鑑》旣無此種圖式，則所謂「五音圖式」者，與今之《四聲等子》縱令小異，亦必大同。《等子・序》又云：

　　切韻之作，始乎陸氏，關鍵之設，肇自智公。

　　陸氏自是法言，智公似即智光，因關鍵即指後附之門法，且與智光〈序〉所云「又撰《五音圖式》附於後」之語，前後呼應。且察其語氣，似亦爲遼僧所語。故《四聲等子》產生之時代當在《龍龕手鑑》刊行之後，北宋之初，絕不致晚於北宋。蓋《五音圖式》由智光創始，後人復加修正，因改名爲《四聲等子》歟！由《五音圖式》改變爲《四聲等子》其間改變之跡，尚可自今本《四聲等子》窺之。

第一、《等子》有十六攝之名，若併其開合，實止十三攝，其中「江」併於「宕」，「梗」附於「曾」，「假」合於「果」，若《等子》本有十六攝之名，則同屬一圖，何用二攝之名，故知前乎此者，必有所因，所因者極可能爲五音圖式。

第二、《等子》之攝次與圖次不相應，此亦顯經後人改動之痕跡也。茲將今本《等子》圖次表列於後：

圖　次	攝　次	
一	通攝內一	
二	效攝外五	
三	宕攝內五	江攝附此
四	遇攝內三	
五	流攝內六	
六	蟹攝外二	
七	止攝內二	
八	臻攝外三	
九	山攝外四	
十	果攝內四	假攝外六
十一	曾攝內八	梗攝外八
十二	咸攝外八	
十三	深攝內七	

　　觀其攝次，由內一至內八俱合於內轉八攝之次，外則缺外一與外七，而外八有二，梗攝與咸攝皆標外八，故相重複，顯爲外七之誤，江攝漏標攝次，當補外一之缺，茲以韻書之次，將十六攝重新標訂於後，以《等子》原有次第標注於下，以資對照。

通攝內一　　　　等子第一圖・通攝內一
江攝外一　　　　等子第三圖・宕攝內五、江附於此
止攝內二　　　　等子第七圖・止攝內二
遇攝內三　　　　等子第四圖・遇攝內六
蟹攝外二　　　　等子第六圖・蟹攝外二
臻攝外三　　　　等子第八圖・臻攝外三
山攝外四　　　　等子第九圖・山攝外四
效攝外五　　　　等子第二圖・效攝外五
果攝內四　　　　等子第十圖・果攝內四
假攝外六　　　　等子第十圖・假攝外六
宕攝內五　　　　等子第三圖・宕攝內五
梗攝外七　　　　等子第十一圖・梗攝外八、外二
流攝內六　　　　等子第五圖・流攝內六
深攝內七　　　　等子第十三圖・深攝內七
咸攝外八　　　　等子第十二圖・咸攝外八
曾攝內八　　　　等子第十一圖・曾攝內八

　　《等子》攝次以曾攝內八，蒸登諸韻殿末，合於《切韻》系韻次，亦與《韻鏡》、《七音略》圖次合，今本《等子》以深攝居圖末，而攝次則爲內七，則顯經改變。蓋《等子》隨《龍龕手鑑》傳入北宋之後，宋人覺其與《廣韻》等韻次不合，乃將之改易，升曾攝於前與梗攝合圖，而殿以收脣音韻尾[-m]之咸深二攝也。

二、四聲等子之韻攝：

　　《等子》分二十圖，括之爲通、效、宕、遇、流、蟹、止、臻、山、果、曾、咸、深十三攝（江附宕、假附果、梗附曾。若分之則爲十六攝），實爲併轉爲攝之第一部韻圖，亦攝之名稱出現最早者。轉旣爲聲與韻母展轉相拼之意，攝者則以少持多，於一聲攝藏無量功德，蓋亦由「轉」而來，攝有十六者，仍基於轉有十六也。張麟之《韻鏡‧序作》引鄭樵《七音略‧序》云：

　　　　於是作七音而編爲略，欲使學者盡得其傳。…又作諧聲
　　　　圖，以明古人制字通七音之妙；作內外十六轉圖，以明胡
　　　　僧立韻得經緯之全。

　　《韻鏡》與《七音略》皆四十三轉，而序云十六轉圖者，日本沙門安然悉曇十二例十六轉韻引義淨《三藏傳》云：

　　　　"阿"等十六韻字用"迦"等三十三字母，都有三十三個
　　　　十六之轉，是名初章。（按舊日傳悉曇字母者，母音有十
　　　　六、十二之分，所以有十六轉韻，十二轉聲不同之說）

　　由此可見《七音略‧序》所云：「十六轉圖」，正由梵文十六轉韻而來，故攝之有十六，蓋亦神襲此而來。《等子》每攝之下，注明輕重，其開合相對之兩圖，則除輕重外，又注明開合。同一等之內將同音之韻併爲一格，錄此則不錄彼，蓋參以當時實際語音系統。入聲兼配陰陽，先分四等後分四聲，凡此皆與《韻鏡》、《七音略》有異。茲錄其韻攝於後：

　　*1.*通攝內一　　　重少輕多韻
　　　一等：東董送屋　冬（腫）宋沃
　　　三等：鍾腫用燭

　　　　　　（東冬鍾相助）

2.效攝外五　　　全重無輕韻
　　一等：豪皓號鐸
　　二等：肴巧效覺
　　三四等：宵小笑藥
　　　　　　（蕭併入宵類）

3.宕攝內五　　　陽唐重多輕少韻　　　江全重開口呼
　　一等：唐蕩宕鐸
　　二等：江講絳覺
　　三等：陽養漾藥
　　　　　（內外混等，江陽借形）

4.宕攝內五
　　一等：唐蕩宕鐸
　　二等：江講絳覺
　　三等：陽養漾藥
　　　　　　（內外混等）

5.遇攝內三　　　重少輕多韻
　　一等：模姥暮沃
　　二等：魚語御屋（惟齒音有字，非眞二等）
　　三等：虞噳遇燭
　　　　　　（本無入聲，魚虞相助）

6.流攝內六　　　全重無輕韻
　　一等：侯厚候屋
　　三等：尤有宥屋
　　　　　　（本無入聲，幽併入尤韻）

7.蟹攝外二　　　輕重俱等　　　開口呼
　　一等：咍海代（泰）曷

二等：皆駭怪黠

三等：齊薺祭薛

四等：齊薺霽屑

（本無入聲、佳併入皆韻）

8. 蟹攝外二　　輕重俱等韻　合口呼

一等：灰賄隊末

二等：皆駭怪黠

三等：齊薺廢（祭）月（屑）

（本無入聲、祭廢借用）

9. 止攝內二　　重少輕多韻　　開口呼

三等：脂旨至質

（本無入聲）

10. 止攝內二　　重少輕多韻　　合口呼

二等：脂旨至質（惟齒音有字非眞二等）

三等：微尾未物

四等：脂旨至質

（本無入聲）

11. 臻攝外三　　輕重俱等韻　　開口呼

一等：痕很恨沒

二等：臻隱焮櫛

三四等：眞軫震質

（有助借用）

12. 臻攝外三　　輕重俱等韻　　合口呼

一等：魂混慁沒

三等：文吻問物・諄準稕術

四等：諄準稕術

（文諄相助）

13. 山攝外四　　輕重俱等韻　　開口呼

一等：寒旱翰曷

二等：山產襇鎋

三四等：仙獮線薛

（刪併山、先併入仙韻）

14. 山攝外四　　輕重俱等韻　　合口呼

一等：桓緩換末

二等：山產襇鎋

三等：元阮願月

四等：仙獮線薛

（刪併山、仙元相助）

15. 果攝內四　　重多輕少韻　　開口呼　　假攝外六

一等：歌哿箇鐸

三等：麻馬媽鎋

（本無入聲、內外混等）

16. 果攝內四　　重多輕少韻　　合口呼　　麻外六

一等：戈果過鐸

二等：麻馬碼鎋

三等：戈果過鐸

（本無入聲、內外混等）

17. 曾攝內八　　重多輕少韻　　啟口呼　　梗攝外八

一等：登等嶝德

二等：庚梗映陌

三等：蒸拯證職

四等：青迥徑錫

（內外混等、鄰韻借用）

18.曾攝內八　　重多輕少韻　　合口呼　　梗攝外二

一等：登等嶝德

三等：庚梗敬陌

四等：清靜勁昔

（內外混等、鄰韻借用）

19.咸攝外八　　重輕俱等韻

一等：覃感勘合

二等：咸豏陷洽

三等：凡范梵乏

四等：鹽琰豔葉

（四等全、併一十六韻）

20.深攝內七　　全重無輕韻

三等：侵寑沁緝

（獨用孤單韻）

　　以上二十圖，三、四兩圖，七、八兩圖，九、十兩圖，十一、十二兩圖，十三、十四兩圖，十五、十六兩圖，十七、十八兩圖皆開合相對，併其開合，則止十三攝，宕攝兼括江攝，果攝兼括假攝，曾攝兼括梗攝，故於宕、果、曾三攝之後皆注云：「內外混等」。因宕、果、曾原爲內轉，江、假、梗原爲外轉，今既合爲一圖，故云：「內外混等」也。

　　《等子》各攝之後，多注「相助」、「借形」、「借用」、「併入」、「鄰韻借用」等字樣，實指併轉爲攝後，韻母簡化，原屬不同之韻，今已混淆無別，故於各圖之後注明之也。

　　《等子》各攝之首，既注輕重，又標開合，大抵皆歸納《韻鏡》《七音略》之開合與輕重而成。茲錄羅常培《七音略》《韻鏡》《四聲等子》重輕開合對照表於後[41]，即可其然矣。

廣韻韻部	高本漢音讀	陳新雄擬音	七音略輕重	韻鏡之開合	四聲等子重輕開合並列
歌	ɑ	ɑ	重中重	合（？）	果攝、重多輕少、開口呼
麻加	a	a	重中重	開	果攝、重多輕少、開口呼
麻耶	ia	ĭa			
魚	iwo(?)	ĭo	重中重	開	遇攝、重少輕多
咍	ɑi	əi	重中重	開	蟹攝、輕重俱等、開口呼
皆諧	ai	ɐi			
祭例	ĭæi	ĭɛi			
齊雞	iei	iei			
脂夷	i	ĭe	重中重	開	止攝、重少輕多、開口呼
豪	ɑu	ɑu	重中重	開	效攝、全重無輕
肴	au	ɔu			
宵	ĭæu	ĭɛu			
蕭	ieu	ieu			
宵四等	iæu	ĭɛu	重中重	合（？）	效攝、全重無輕
侯	ə̆u	ou	重中重	開	流攝、全重無輕
尤	ĭə̆u	ĭou			
幽	iə̆u	ĭəu			
覃	ɑm(-p)	əm(-p)	重中重	開	咸攝、重輕俱等
咸	am(-p)	ɐm(-p)			
鹽（三等）	ĭæm(-p)	ĭɛm(-p)			
添	iem(-p)	iem(-p)			

---

41 對照表中增入作者對《廣韻》之擬音。

廣韻韻部	高本漢音讀	陳新雄擬音	七音略輕重	韻鏡之開合	四聲等子重輕開合並列
談	ɑ:m(-p)	ɑm(-p)	重中重	合（？）	咸攝、重輕俱等
衘	a:m(-p)	am(-p)			
嚴	ĭɐm(-p)	ĭɐm(-p)			
鹽（四等）	iæm(-p)	ĭɛm(-p)			
侵	ĭəm(-p)	ĭəm(-p)	重中重	合（？）	深攝、全重無輕
寒	ɑn(-t)	ɑn(-t)	重中重	開	山攝、輕重俱等、開口呼
刪顏	a:n(-t)	an(-t)			
仙延	ĭæn(-t)	ĭɛn(-t)			
先前	ien(-t)	ien(-t)			
痕	ən(-t)	ən(-t)	重中重	開	臻攝、輕重俱等、開口呼
臻	ĕn(-t)	en(-t)			
眞	ĭen(-t)	ĭen(-t)			
東紅	uŋ(-k)	oŋ(-k)	重中重	開	通攝、重少輕多
東融	ĭuŋ(-k)	ĭoŋ(-k)			
江	ɔŋ(-k)	ɔŋ(-k)	重中重	開合＊	宕攝、全重
唐岡	ɑŋ(-k)	ɑŋ(-k)	重中重	開	宕攝、重多輕少、開口呼
陽良	ĭaŋ(-k)	ĭɑŋ(-k)			
庚羹	ɐŋ(-k)	aŋ(-k)	重中重	開	梗攝、重多輕少、開口呼
庚京	ĭɐŋ(-k)	ĭaŋ(-k)			
清征	ĭæŋ(-k)	ĭɛŋ(-k)			
耕爭	ɐŋ(-k)	æŋ(-k)	重中重	開	梗攝、重多輕少、開口呼
清征	ĭæŋ(-k)	ĭɛŋ(-k)			
青經	ieŋ(-k)	ieŋ(-k)			
登燈	əŋ(-k)	əŋ(-k)	重中重	開	曾攝、重多輕少、啓口呼
蒸丞	ĭəŋ(-k)	ĭəŋ(-k)			
之	i:	ĭə	重中重（內重）	開	止攝、重少輕多、開口呼（？）
支移	iĕ	ĭɛ	重中輕（內重）	開合＊	止攝、重少輕多、開口呼（？）

廣韻韻部	高本漢音讀	陳新雄擬音	七音略輕重	韻鏡之開合	四聲等子重輕開合並列
微衣	ei	ĭəi	重中重（內輕）	開	止攝、重少輕多、開口呼（？）
泰蓋	ɑ:i	ɑi	重中輕	開	蟹攝、輕重俱等、開口呼
佳街	a:i	æi			
祭例	ĭæi	ĭɛi			
山艱	an(-t)	ɐn(-t)	重中輕	開	山攝、輕重俱等、開口呼
元言	ĭɐn(-t)	ĭɐn(-t)			
仙延	iæn(-t)	ĭɛn(-t)			
欣	ĭən(-t)	ĭən(-t)	重中輕	開	臻攝、輕重俱等、開口呼
模	uo	u	輕中輕	開合＊	遇攝、重少輕多
虞	iu	ĭu			
戈鍋	uɑ	uɑ	輕中輕	合	果攝、重少輕多，
戈靴	ĭuɑ	ĭuɑ			
麻瓜	ua	ua	輕中輕（一作重）	合	果攝、重少輕多、合口呼
泰外	uɑ:i	uɑi	輕中輕	合	蟹攝、輕重俱等、合口呼
佳蛙	wa:i	uæi			
祭歲	ĭwæi	ĭuɛi			
支爲	wiě	ĭuɛ	輕中輕	合	止攝、重少輕多、合口呼
凡	ĭwɐm(-p)	ĭuɐm(-p)	輕中輕	合	咸攝、重輕俱等、合口呼
山鰥	wan(-t)	uɐn(-t)	輕中輕	合	山攝輕重俱等、合口呼
元原	ĭwɐn(-t)	ĭuɐn(-t)			
仙緣	iwæn(-t)	ĭuɛn(-t)			
魂	uən(-t)	uən(-t)	輕中輕	合	臻攝、輕重俱等、合口呼
諄	ĭuen(-t)	ĭuen(-t)			
文	ĭuən(-t)	ĭuən(-t)			

廣韻韻部	高本漢音讀	陳新雄擬音	七音略輕重	韻鏡之開合	四聲等子重輕開合並列
冬	uoŋ(-k)	uŋ(-k)	輕中輕	開合＊	通攝、重少輕多
鍾	ǐwoŋ(-k)	ǐuŋ(-k)			
唐光	waŋ(-k)	uaŋ(-k)	輕中輕	合	宕攝、重多輕少、合口呼
陽方	ǐwaŋ(-k)	iuaŋ(-k)			
庚橫	wɐŋ(-k)	uaŋ(-k)	輕中輕	合	梗攝、重少輕多、合口呼
清傾	iwæŋ(-k)	iuɛŋ(-k)			
耕宏	wɐŋ(-k)	uæŋ(-k)			
青螢	iweŋ(-k)	iueŋ(-k)			
登肱	wəŋ(-k)	uəŋ(-k)	輕中輕	合	曾攝、重多輕少、合口呼
蒸域	iwəŋ(-k)	ǐuək			
微歸	wěi	ǐuəi	輕中輕（內輕）	合	止攝、重少輕多
廢穢	iwɐi	ǐuəi			
灰	uɑi	uəi	輕中輕	合	蟹攝、輕重俱等、合口呼
皆懷	uai	uɐi			
祭歲	ǐwai	ǐuɐi			
齊圭	iwei	iuei			
桓	uɑn(-t)	uɑn(-t)	輕中輕	合	山攝、輕重俱等、合口呼
刪關	wa:n(-t)	uan(-t)			
仙緣	ǐwæn(-t)	iuɛn(-t)			
先玄	iwen(-t)	iuen(-t)			
脂追	wi	ǐue			

　　高氏擬音，雖不盡如人意[42]，本人擬音雖有改進，亦不敢自謂當也。但用作參稽，則仍有其價值也。

　　至於《等子》各攝或云「重少輕多」，例如通攝。則因《七

---

42 例如魚擬作 ǐwo 與《韻鏡》、《七音略》皆不合，東擬作 uŋ、ǐuŋ 亦然，今改魚作 ǐo，東作 oŋ、ǐoŋ，則合於《韻鏡》與《七音略》矣。

音略》東爲「重中重」，冬鍾爲「輕中輕」。重者僅東董送屋四韻，而輕者則有冬鍾腫宋用沃濁七韻，故云「重少輕多」也。又或云「全重無輕」，例如效攝，《七音略》二十五轉、二十六轉收此諸韻並爲「重中重」故云「全重無輕」也。又或云：「重多輕少」，例如宕攝，《七音略》第三轉，江爲「重中重」三十四轉陽唐爲「重中重」，三十五轉陽唐爲「輕中輕」，前兩轉字多，後一轉字少，故云「重多輕少」也。又或云「輕重俱等」，例如蟹攝，《七音略》十三轉爲「重中重」，十四轉爲「輕中重」，十五轉爲爲「重中輕」，十六轉爲「輕中輕」，合而計之，輕重約略相等，故云「輕重俱等」也。其餘類推。

　　《等子》之輕重與開合既如上述，然其等列亦有極異於《韻鏡》與《七音略》者，即三四等字之相混是也。三四等既已相混，而支、脂、眞、諄、祭、仙、宵、清諸韻之重紐字，則仍沿早期韻圖之例，有通入四等者。

三、《四聲等子》之聲母：

　　《四聲等子》聲母之排列，亦以三十六字母排列成二十三行，首見、溪、群、疑；次端、透、定、泥，而以知、徹、澄、娘附於其下；再次爲幫、滂、並、明，而以非、敷、奉、微附之；又次爲精、清、從、心、邪，照、穿、床、審、禪附於其下；又次爲曉、匣、影、喻；殿以來、日二母。其聲類之排列與《韻鏡》、《七音略》不同者，計有三事：

　　[一]牙音與脣音異位。

　　[二]先曉、匣次影、喻，與《韻鏡》《七音略》以影、曉、匣、喻爲次者異。

　　[三]清濁之名，有「全清」、「全濁」、「不清不濁」、

「半清半濁」之稱。

　　兹錄其聲母於後：

	見溪群疑	端透定泥	幫滂並明	精清從心邪	曉匣影喻	來日
韻圖	屬牙音	屬舌頭音 具二等 舌頭一在四等一 舌頭二在四等四 眞二等 假二等	屬脣音重 具四等	屬齒頭音 具兩等 兩一 兩二 兩一在四等一 兩二在四等四	屬喉音	屬 半 舌 半 齒 音
四四等聲	具四等	知徹澄娘 屬舌上音 具二等 舌上一在四等二 舌上二在四等三 眞二等 假二等	屬輕脣音 只具第三等	照穿床審禪 屬正齒音 具兩等 兩一 兩二 兩一在四等二 兩二在四等三	具四等	具四等
	角	徵	宮	商	羽	半徵半商
平四上一去入	此中字屬牙音 四一	此中字屬舌頭音 一在四等一	此中字屬（重）脣音 四一	此中字齒頭音 精等 兩一在四等一	此中字屬喉音 四一	此中字屬來 四一
平四上二去入	此中字屬牙音 四二	此中字屬舌上音 一在四等二	此中字屬重脣音 四二	此中字正齒音 照等 兩一在四等二	此中字屬喉音 四二	此中字屬來 四二
平四上三去入	此中字屬牙音 四三	此中字屬舌上音 二在四等三	此中字屬重脣音 四三 七輕韻只居此第一等有輕無重	此中字正齒音 照等 兩二在四等三	此中字屬喉音 四三	此中字屬來 四三
平四上四去入	此中字屬牙音 四四	此中字屬舌頭音 二在四等四	此中字屬重脣音 四四	此中字齒頭音 精等 兩二在四等四	此中字屬喉音 四四	此中字屬來 四四

上圖凡言四一者，謂四等中之第一等也，或稱四等一者亦然。言四二者，謂四等中之第二等也，或稱四等二。言四三者，謂四等中之第三等也，或稱四等三。言四四者，謂四等中之第四等也，或稱四等四。茲按其聲母之排列分別說明之。

[一]牙音下云具四等者，謂四等俱全也。

[二]舌頭下云舌頭一在四等一、舌頭二在四等四者，謂舌頭音只有兩類，一居四等中之第一等，一居四等中之第四等也。舌上下云舌上一在四等二，舌上二在四等三者，謂舌上音兩類，一居四等中之第二等，一居四等中之第三等也。又云眞二等假二等者，指音和與類隔言也，眞二等者音和切也，假二等者類隔切也。

[三]脣音下四一欄云：「此中字屬脣音」屬下當脫一重字，四二、四三、四四各欄皆有一「重」字可證。又云：「七輕韻只居此第一等，有輕無重」。七輕韻不知何所指，然《廣韻》各韻後世變輕脣者，有東、鍾、微、虞、文、元、陽、尤、凡、廢十韻，東、陽、尤三韻七音略爲重中重，若此則所謂七輕韻者，殆指鍾、微、虞、文、元、凡、廢七韻歟！此七韻《七音略》皆爲輕中輕，故云有輕無重也。

[四]齒音下云兩一、兩二者，謂齒頭音與正齒音俱各兩類，齒頭音兩類之一在四等中之第一等也，兩類之二在四等中之第四等也；正齒音兩類之一在四等中之第二等也，兩類之二在四等中之第三等也。

[五]喉音云具四等，謂四等全也。然喉音四等全者僅曉影而已，匣缺三等，喻缺一二等也。

[六]舌齒音欄云具四等，亦謂四等全也，四等全者僅來而已，日則僅有三等也。

除此之外，此書七音綱目以脣爲宮、喉爲羽[43]頗變《玉篇》五音之舊，然其聲母仍列二十三行，則與《七音略》、《韻鏡》相近，而與《切韻指掌圖》橫列三十六者異矣。

《四等等子》

四聲等子

詳夫殊方異域，南北聲音，皆本扵喉舌，域異竺談，堂離扵脣齒。由是切韻之作，始乎陸氏，關鍵之設，肇自智公。傳芳者逃，以先知覺後知，以先覺覺後覺，致使玄關有異，妙旨不同。其指玄之論，以三十六字母約三百八十四聲，別爲二十圖，畫爲四類，審四聲開闔以權其輕重，辨七音清濁以明其虛實，極六律之變，分八轉之異。遞用則名音和（徒紅切同），傍求則名類隔（補微切同），同歸一母則爲雙聲（和會切同），同韻而分兩切者謂之憑切（巨宜切其），眞切脣字同音而分兩韻者謂之憑韻以（芳無人求）寓切，無字則點窠以足之謂之寄聲，韻缺則引鄰韻以寓之謂之寄韻。按圖以索二百六韻之字，雖有音無字者，猶且聲隨口出，而況有字者乎。遂得吳楚之輕清就聲而不濫，燕趙之重濁隨體而絕疑，疑而不失扵大中至正之道，可謂盡善盡美矣。近以龍龕手鑑重校類編于大藏經函帙之末，復慮方音之不一，脣齒之不分，嘣類隔假借之不明，則歸母協聲何由取準，遂以此附龍龕之後，令舉眸識體無擬議之惑，下口知音有確實之決，冀諸覽者審而察焉。

43　《七音略》脣爲羽，喉爲宮。

七音綱目

角　徵　宮　商　羽　半商徵

七音	牙音	舌頭	舌上	脣重	脣輕	齒頭	正齒	喉音	半舌半齒
全清	見	端	知	幫	非	精	照	影	
次清	溪	透	徹	滂	敷	清	穿	曉	
全濁	羣	定	澄	並	奉	從	牀	匣	
不清不濁	疑	泥	孃	明	微			喻	來
全清						心	審		
全濁						邪	禪		日

《四聲等子》

辨音和切字例

凡切字以上者爲韻取同音同母同韻同等四者皆同謂之音和謂如丁增切登字丁字爲切而歸母卽字母是舌頭字增韻字亦是舌頭字切丁字爲切下者爲韻增字登字丁字爲韻歸端

辨類隔切字例

是登字所謂音和遞用聲者此也

協聲歸母……
聲　歸　洪　平　平上聲去
　　德　特入德入　翁入

謂如德洪切東字先調德字求協聲韻所攝圖中尋德字屬端切德字母下係入聲第一調德字求協聲韻所攝圖中尋德一等眼內卽是東字此乃洪音切與匣喻來日下字不在本等眼內者必屬類隔通廣狹之例與匣喻來日下字或不識其字當翻以四聲一音調之二者必有一得也

凡類隔切字取脣重脣輕舌頭舌上齒頭正齒三音中清

《四聲等子》

辨廣通偏狹例

濁者謂之類隔如端知八母下一四歸端二三歸知一四爲切二三爲韻切二三字或二三爲切一四爲韻切一四爲切二三爲韻切二三歸知二三字唯舌齒音方其足外內八歐切下第四等唯舌齒音方其足外字是也假若丁呂切爲柱字丁字歸端字雖屬知緣知與端是舌頭純清之音亦可通用故以符代蒲其類奉並波之類是也以無代模其類微明以丁代中其類知端以敷代他類徹透餘做此

廣通者第三等通及第四等爲切

三等字多爲切韻逢牙喉下爲切偏狹者第四爲第

八韻及韻逢來日知照正齒脂眞諄仙祭清宵

四等本母下求之羈招標字

韻逢東鍾陽漁蒸尤鹽侵韻喻影及齒頭精等四爲韻

辨內外轉例

並依偏狹門法於本母下三等求之居

內轉者脣舌牙喉四音唯第二等字無第二等字唇音方具足外

轉者五音四等都具足以深曾止宕果遇流通括內轉

六十七韻江山梗假效蟹咸臻括外轉一百三十九韻

辨窠切門

知母第三爲切切逢精等影喻第四並切第三爲切如如

辨振救門

精等五母下爲切切逢精等影喻第四並切第三是名振救門法例

辨正音憑切寄韻門法例

照等五母下爲切切逢第二韻逢二三四並切第二名正

音憑切門如韻靴字切逢第一韻逢第二只切第一名互用
門憑切切逢第三韻逢一三四並切第三是寄韻憑切門
單喻母下為切切逢第四韻逢第三並切第四是喻下憑
切門又日母下為切第三為切韻逢一二四便切第三是日母

寄韻門法

辨雙聲切字例

謂如和會二字為切同歸一母只是會字更無切也故號
日雙聲如章灼切灼字艮略切略字是也

辨疊韻切字例

謂如商量二字為切只是商字更無切也故號
日疊韻如灼略切灼字章艮切章字之類是也

			韻圖
見	屬牙音	具四辟	四等
溪			
群			
疑			
端	屬舌頭音	知徹澄孃 屬舌上音 其四 假二等	
透	其二在四等四		
定			
泥			
幫	屬脣音 重其四	非敷奉微 屬輕脣 音只共 第三等	
滂	其一在四等四		
並			
明			

	角	徵	官	商	羽	半徵	半商
						來	日
見	此中字屬牙音	此中字屬舌頭	此中字屬脣音	此中字屬正齒音	喻屬喉音 此中字	來屬	日屬

通攝內一　重少輕多韻

見	溪	羣	疑	端	透	定	泥孃	知	徹	澄	幫	滂	並	非	敷	奉	明微
公	空	○	峨	東	通	同	農	○	○	○	○	○	○	○	○	○	蒙
頋	孔	○	䃜	董	桶	動	襛	○	○	○	○	○	○	○	○	○	蠓
貢	控	○	○	凍	痛	洞	齈	○	○	○	○	○	○	○	○	○	幪
穀	哭	○	顒	穀	禿	獨	傉	○	○	○	璞	扑	○	○	○	○	木
恭	穹	芎	○	○	○	蟲	○	中	忡	蟲	封	○	封	封	峯	逢	逢
拱	恐	○	○	○	○	重	○	冢	寵	重	○	○	○	捀	○	奉	樣
供	焪	○	○	○	○	仲	○	湩	蹱	仲	葑	○	賵	葑	○	鳳	佭
菊	曲	○	玉	○	○	鸀	○	楝	楝	躅	福	蝮	○	幅	○	伏	目
○	○	○	○	○	○	○	○	○	○	○	○	○	○	○	○	○	○
○	○	○	○	○	○	○	○	○	○	○	○	○	○	○	○	○	○

精	照	清	穿	從	牀	心	審	邪	禪	曉	匣	影	喻	來	日	
椶	楤	蔥	○	叢	○	檧	○	○	○	烘	洪	翁	○	籠	○	東董送屋
總	傯	繱	○	歒	○	敄	○	○	○	嗊	澒	蓊	○	攏	○	冬腫宋沃
糉	糉	謥	○	族	○	送	○	○	○	烘	哄	甕	○	弄	○	東冬鍾相助
鏃	鏃	鼀	○	族	崇	速	○	○	縮	縠	縠	屋	○	祿	○	鍾腫用燭
縱	鍾	衝	賰	從	○	蜙	舂	松	鱅	胸	雄	邕	容	龍	茸	
縱	腫	蹱	硟	從	○	悚	慂	頌	尰	洶	○	擁	涌	隴	冗	
縱	種	趬	○	○	○	蜙	趞	○	趙	趬	○	雍	用	躘	鞞	
足	燭	促	觸	族	贖	粟	束	續	蜀	旭	○	郁	欲	錄	褥	

效攝外五　全重無輕韻

見	溪	羣	疑	端	透	定	泥孃	知	徹	澄	幫	滂	並	明	
高	尻	○	敖	刀	饕	陶	猱	○	○	○	褒	麃	袍	毛	豪皓號鐸
杲	考	○	頑	倒	討	道	嫋	○	○	○	寶	○	抱	蓩	
告	靠	○	傲	到	套	導	臑	○	○	○	報	奅	暴	帽	
各	恪	○	咢	汑	託	鐸	諾	○	○	○	博	粕	泊	莫	
交	敲	○	嘐	嘲	轈	晁	鐃	嘲	超	晁	包	胞	庖	貓	肴巧效覺
絞	巧	○	咬	撾	橇	趙	○	爪	趬	兆	飽	○	鮑	卯	
教	敲	○	樂	罩	趠	棹	○	笊	麵	趙	豹	奅	皰	貌	
角	殼	○	岳	斮	踔	濁	○	斮	○	濁	剝	璞	雹	邈	
嬌	蹺	喬	堯	朝	超	晁	蕘	昭	怊	晁	鑣	漂	瓢	苗	宵小笑藥
矯	繑	趬	齩	肁	麵	趙	蕘	沼	麵	趙	表	縹	摽	眇	
驕	趬	○	嶢	召	朓	召	鐃	照	麵	召	裱	剽	驃	妙	
腳	卻	○	虐	著	綽	○	弱	灼	綽	著	標	剽	○	妙	

精	照	清	穿	從	牀	心	審	邪	禪	曉	匣	影	喻	來	日	
糟	嘲	操	抄	曹	○	騷	梢	○	○	蒿	豪	爊	○	勞	○	本無入聲
早	爪	草	炒	皂	○	嫂	稍	○	○	好	皓	襖	○	老	○	
竈	笊	操	鈔	漕	○	喿	哨	○	○	耗	號	奧	○	澇	○	
作	斮	錯	娖	昨	索	索	朔	○	○	臛	鶴	惡	○	落	○	
焦	昭	鍫	怊	樵	○	宵	燒	○	韶	囂	姚	妖	遙	燎	饒	宵小笑藥
勦	沼	悄	○	湫	○	小	少	○	○	曉	○	夭	○	繚	擾	
醮	照	陗	○	噍	○	笑	少	○	邵	恔	曜	約	曜	尞	饒	
爵	灼	鵲	綽	皭	○	削	爍	○	杓	謔	藥	○	藥	略	若	蕭并入宵類

宕攝內五　陽唐重多輕少韻　江全重開口呼

見	溪	羣	疑	端知	透徹	定澄	泥孃	幫非	滂敷	並奉	明微	曉	匣	影	喻	來	日	
剛	康	○	枊	當	湯	唐	囊	幫	滂	傍	忙							唐蕩宕鐸
䴚	穅	○		儅	盪	宕	儾			徬	莽							內外混等
各	恪	○	咢	博	託	鐸	諾		泊	薄	莫							
																		江講絳覺
																		陽養漾藥

宕攝內五

見	溪	羣	疑	端知	透徹	定澄	泥孃	幫非	滂敷	並奉	明微	曉	匣	影	喻	來	日	
光												荒	黃	汪				唐蕩宕鐸
廣												恍	晃	汪				內外混等
郭												霍	鑊	汪				
																		江講絳覺
狂												況		枉	王			陽養漾藥
												曠		迂	往			

遇攝內三　重少輕多韻

字母	平	上	去	平	上	去
見	孤	古	故	拘	矩	句
溪	枯	苦	袴	區	去	曲
羣	○	○	○	○	○	○
疑	吾	五	誤	虞	噳	遇玉
端知	都	覩	妒	株	柱	註
透徹	○	土	兔	攄	楮	○
定澄	徒	杜	度	廚	佇	住躅
泥孃	奴	努	怒	女	女	女䙏
幫非	逋	補	布	夫	甫	付福
滂敷	鋪	普	怖	敷	撫	赴覆
並奉	蒲	部	捕僕	扶	父	附䙏
明微	模	姥	暮瑁	無	武	務娜
精照	租	祖	作	菹阻詛	朱	主注燭
清穿	麤	麤	厝簇	初楚	樞	處觸
從牀	徂	粗	祚	鉏齟助	殊竪	樹蜀
心審	蘇	○	素	疏所縮	輸暑	戍束
邪禪	○	○	○	徐敘	緒俗	須類絮粟
影	烏	○	污沃	於傴	嫗裕	欲
曉	呼	虎	護鵠	許	詡	煦旭
匣	胡	戶	護鵠	○	于羽	閤逾庾裕欲
喻	烏	鵠	污沃	于	羽	庾
來	盧	魯	路祿	閭	呂	慮
日	○	○	○	儒乳	孺	縟褥

本無入聲　模姥暮沃　魚語御屋　虞喉遇燭　魚虞相助

流攝內六　全重無輕韻

字母	平	上	去	平	上	去
見	鉤	苟	遘谷	鳩	九	救菊
溪	彄	口	寇哭	丘	糗	齅麴
羣	○	○	○	求	臼舊	跽
疑	○	藕偶	齵	牛	糅	謬䗶蚴
端知	兜	斗	鬥	輈	肘	晝竹
透徹	偷	斢	透	抽	丑	畜
定澄	頭	斢透	豆	綢紬	紂	胄逐
泥孃	○	穤	耨	牛	扭	糅
幫非	○	○	○	不缶	富	福
滂敷	剖	仆	扑	桲	剖	仆
並奉	裒	掊	仆	浮	婦	復伏
明微	○	母	茂木	謀	某	茂目
精照	諏走奏	鄒掫縐	鄒掫	周	帚	呪粥
清穿	謅趣	湊	搊簉	犨	醜	臭
從牀	○	○	族	愁驟	讎	受售
心審	涑	嗽	速	搜叟瘦縮	收	手狩叔
邪禪	○	○	○	囚	售	岫
影	謳	嘔	蔲	憂	黝	幼育
曉	齁	吼	蔲	休	朽	齅蓄
匣	侯	厚	候屋	○	○	宥
喻	○	○	○	尤	有	宥育
來	樓	塿	陋祿	劉柳溜	劉柳	溜六
日	○	○	○	柔蹂	輮	輮肉

本無入聲　侯厚候屋　尤有宥屋　幽黝幼育　幽併入尤韻

蟹攝外二　輕重俱等　開口呼

見	溪	羣	疑	端知	透徹	定澄	泥孃	幫非	並奉	明微

日	來	喻	影	匣	曉	邪禪	心審	從牀	清穿	精照

本無入聲　　佳皆祭薛齊薺屑

蟹攝外二　輕重俱等韻　合口呼

見	溪	羣	疑	端知	透徹	定澄	泥孃	幫非	並奉	明微

日	來	喻	影	匣	曉	邪禪	心審	從牀	清穿	精照

本無入聲　　祭廢借用　齊薺祭屑

〔一〕《四聲等子》　止攝內二　重少輕多韻　開口呼

日	來	喻	影	匣	曉	邪禪	心審	從牀	清穿	精照	明微	並奉	滂敷	幫非	孃	澄	徹	知	泥	定	透	端	疑	羣	溪	見
○	○	○	○	○	○	○	○	○	○	○	○	○	○	○	○	○	○	○	○	○	○	○	○	○	○	○
○	○	○	○	○	○	○	○	○	○	○	○	○	○	○	○	○	○	○	○	○	○	○	○	○	○	○
○	○	○	○	○	○	○	○	○	○	○	○	○	○	○	○	○	○	○	○	○	○	○	○	○	○	○

（本無入聲）

韻目：脂旨至質

〔二〕《切韻指南》（歸安姚氏藏書）　止攝內二　重少輕多韻　合口呼

日	來	喻	影	匣	曉	邪禪	心審	從牀	清穿	精照	明微	並奉	滂敷	幫非	孃	澄	徹	知	泥	定	透	端	疑	羣	溪	見
○	○	○	○	○	○	○	○	○	○	○	○	○	○	○	○	○	○	○	○	○	○	○	○	○	○	○
○	○	○	○	○	○	○	○	○	○	○	○	○	○	○	○	○	○	○	○	○	○	○	○	○	○	○
○	○	○	○	○	○	○	○	○	○	○	○	○	○	○	○	○	○	○	○	○	○	○	○	○	○	○

（本無入聲）

韻目：脂旨至質　微尾未物

四聲等子 — 臻攝外三 輕重俱等韻 開口呼

日	來	喻	影	匣	曉	邪禪	心審	從牀	清穿	精照	明	並	滂	幫	泥孃	定澄	透徹	端知	疑	溪	見
○	○	○	痕	○	○	○	洒	○	○	○	○	○	○	○	○	吞	○	垠	鞎	根
○	很	○	○	○	○	○	揸	○	○	○	○	○	○	○	○	○	○	限	懇	艮
○	恨	○	○	○	○	○	○	○	○	○	○	○	○	○	○	眷	○	○	硍	花
○	沒	○	○	○	○	○	○	○	○	○	○	○	○	○	○	○	○	○	○	○
有	○	○	○	榛	○	莘	榛	齺	榛	臻	○	○	○	○	○	○	○	○	○	○	○
助	隱	○	欣	灚	○	盠	瀙	齔	○	齔	○	○	○	○	○	○	○	○	○	○	○
借	歟	○	○	酳	○	神	酳	齔	○	齔	○	○	○	○	○	○	○	○	○	○	○
用	櫛	○	○	瑟	○	瑟	蘥	齫	刻	櫛	○	○	○	○	○	○	○	○	○	○	○
真	人	寅	因	賢	欣	辰	申	榛	真	真	旻	貧	紛	銀	紉	陳	縝	珍	銀	斤	斤
軫	忍	引	○	○	○	腎	哂	僝	親	軫	愍	牝	忿	縐	紉	綯	畛	軫	珍	謹	緊
震	認	胤	印	○	衅	慎	信	○	親	震	○	擯	奮	儐	鎭	陣	趁	鎭	憖	磯	吉
質	日	逸	一	○	欪	悉	失	疾	七	質	蜜	疋	咇	筆	暱	秩	姪	窒	疙	訖	緊

四聲等子 — 臻攝外三 輕重俱等韻 合口呼

日	來	喻	影	匣	曉	邪禪	心審	從牀	清穿	精照	明微	並奉	滂敷	幫非	泥孃	定澄	透徹	端知	疑	溪	見
○	論	○	溫	魂	昏	○	孫	存	村	尊	門	盆	濆	奔	○	屯	暾	敦	頑	坤	昆
○	混	○	穩	混	惛	○	損	○	忖	撙	懣	獖	翂	本	○	囤	畽	黷	兀	閫	緄
○	論	○	醞	慁	鵲	○	巽	○	寸	焌	悶	笨	炖	奔	○	鈍	嫩	頓	睅	困	睴
沒	戮	○	○	鶻	忽	○	窣	捽	猝	卒	沒	勃	物	本	○	突	咄	咄	兀	窟	骨
文	倫	云	蘊	○	○	純	春	○	春	諄	分	○	芬	分	○	椿	連	輾	羣	卷	君
諄	崙	抎	惲	○	訓	楯	盾	○	蠢	準	忿	○	忿	粉	○	偆	蠢	準	窘	綣	攟
相	淪	運	醞	○	醞	順	瞬	○	逡	稕	糞	○	分	糞	○	鈍	珍	稕	郡	趣	攈
助	律	聿	鬱	○	黫	術	率	○	焌	卒	佛	○	拂	弗	○	怵	黜	拙	崛	屈	亥

山攝外四　輕重俱韻　開口呼

聲母	平				上	去	入
見	干				笴	旰	割
溪	看				侃	看	渴
羣	○				○	○	○
疑	豻				眼	岸	嶭
端	單				亶	旦	妲
透	灘				坦	炭	達
定	壇				但	憚	達
泥	難				攤	難	捺
知	邅				囅	驏	哳
徹	梴						獺
澄	纏					綻	窒
孃							
幫					版	扮	捌
滂					眅	盼	汃
並					辮	瓣	拔
奉							
非							
敷							
明	晚				矕	萬	襪
微							

聲母	平				上	去	入
精	餐				儹	贊	掔
清	餐				儧	粲	擦
從	殘				瓚	饡	截
心	珊				散	散	薩
邪	○				○	○	○
照	鬏				盞	戰	哲
穿	羼				剗	羼	利
審	山				汕	狦	殺
禪	○				○	○	○
曉	寒				罕	漢	喝
匣	寒				旱	翰	曷
影	安				侒	按	遏
喻	○				○	○	○
來	闌				嬾	爛	刺
日	寒				旱	翰	曷

底韻：寒旱翰曷　山産襇鎋　刪併山　一先併入仙韻

山攝外四　輕重俱韻　合口呼

聲母	平				上	去	入
見	官				管	貫	括
溪	寬				款	鑵	闊
羣	○				○	○	○
疑	岏				輐	玩	枂
端	端				短	鍛	掇
透	湍					彖	脱
定	團				斷	段	奪
泥	黦				渜	煗	㮋
知							
徹							
澄							
孃							
幫					版		撥
滂	潘				坢	判	潑
並	盤				伴	叛	跋
奉							
非							
敷							
明	瞞				滿	縵	末
微							

聲母	平				上	去	入
精	鑽				纂	鑽	繓
清	攛				愴	竄	撮
從	攢				算	攢	拙
心	酸				算	筭	刷
邪	○				○	○	○
照	栓				栫	賺	拙
穿	椽				舛	釧	啜
審	栓				吮	腨	说
禪	○				○	○	○
曉	歡				喚	喚	豁
匣	桓				緩	换	活
影	剜				椀	腕	斡
喻	○				○	○	○
來	鑾				卵	亂	捋
日	桓				緩	换	末

底韻：官管貫括　山産襇鎋　刪併山　仙元相助

上表

	見	溪	羣	疑	端知	透徹	定澄	泥孃	幫非	滂敷	並奉	明微	精照	清穿	從牀	心審	邪禪	曉	匣	影	喻	來	日
果攝內四　重多輕少韻　開口呼																							
本無入聲	哥	珂	○	莪	多	他	駝	那	○	○	○	○	左	蹉	醝	娑	○	訶	何	阿	○	羅	○
	哿	可	○	我	嚲	袉	舵	橠	○	○	○	○	佐	瑳	坐	縒	○	呵	荷	阿	○	砢	○
	箇	坷	○	餓	跢	拖	馱	奈	○	○	○	○	作	磋	座	些	○	呵	賀	屙	○	邏	○
	各	恪	○	咢	○	○	○	○	○	○	○	○	鑿	錯	○	索	○	○	涸	惡	○	落	○
內外混等	伽	○	○	○	○	○	○	○	○	○	○	○	○	○	○	○	○	○	○	○	○	○	○
	○	○	○	○	○	○	○	○	○	○	○	○	○	○	○	○	○	○	○	○	○	○	○
	○	○	○	○	○	○	○	○	○	○	○	○	○	○	○	○	○	○	○	○	○	○	蘃
麻馬禡鎋	嘉	○	○	牙	○	○	○	○	巴	葩	杷	麻	查	叉	槎	沙	○	煆	遐	鴉	○	○	○
	賈	○	○	雅	○	○	○	○	把	○	罷	馬	鮓	○	○	○	○	○	下	啞	○	○	○
	駕	○	○	迓	○	○	○	○	霸	○	杷	禡	詐	○	○	嗄	○	○	夏	亞	○	○	○
假攝外六	戛	○	○	○	○	○	○	○	捌	○	拔	○	札	鎋	○	殺	○	○	轄	軋	○	○	○
	○	○	○	○	○	○	○	○	○	○	○	○	遮	車	○	奢	闍	○	○	○	耶	○	若
	○	○	○	○	○	○	○	○	○	○	○	○	者	奲	○	舍	社	○	○	○	野	○	惹
	○	○	○	○	○	○	○	○	○	○	○	○	柘	赭	○	舍	射	○	○	○	夜	○	○
	○	○	○	○	○	○	○	○	○	○	○	○	○	○	○	○	○	○	○	○	○	○	○

下表

	見	溪	羣	疑	端知	透徹	定澄	泥孃	幫非	滂敷	並奉	明微	精照	清穿	從牀	心審	邪禪	曉	匣	影	喻	來	日
果攝內四　重多輕少韻　合口呼																							
本無入聲	戈	科	○	訛	朶	詑	詫	捼	波	頗	婆	摩	侳	莎	矬	莎	○	火	和	倭	○	螺	○
	果	顆	○	臥	朶	妥	墮	愞	跛	叵	爸	麼	挫	脞	坐	鎖	○	火	禍	婐	○	裸	○
	過	課	○	臥	剁	唾	惰	愞	破	破	縛	磨	㭡	剉	座	娑	○	貨	和	涴	○	摞	○
	郭	廓	○	雘	○	托	鐸	搦	博	粕	泊	莫	昨	錯	○	索	○	霍	鑊	惡	○	硌	○
麻馬禡鎋	瓜	誇	○	○	○	○	○	○	○	○	○	○	○	○	○	髽	○	花	華	窊	○	○	○
	寡	恗	○	瓦	○	○	○	○	○	○	○	○	○	○	○	耍	○	�溗	話	○	○	○	○
	抓	跨	○	瓦	○	○	○	姅	○	○	○	○	○	○	○	誜	○	化	踝	○	○	○	○
	刮	劼	○	刖	○	○	○	汈	八	○	拔	○	○	刷	○	刷	○	�504	滑	婠	○	○	○
戈果過鐸	○	靴	○	○	○	○	○	○	○	○	○	○	○	○	○	○	瘸	靴	○	蜛	○	○	○
內外混等	○	○	○	○	○	○	○	○	○	○	○	○	○	○	○	○	○	○	○	脞	○	○	○
	○	○	○	○	○	○	○	○	○	○	○	○	○	○	○	○	○	○	○	○	○	○	○
	○	○	○	○	○	○	○	○	○	○	○	○	○	○	○	佳	○	○	○	○	○	○	○

曾攝內八　重多輕少韻　啟口呼　梗攝外八

見	溪	羣	疑	端	透	定	知	徹	澄	泥	娘	幫	滂	並	奉	非	敷	明	微	精	照	清	穿	從	牀	心	審	邪	禪	影	曉	匣	喻	來	日

內外混等　　登等嶝德　　庚梗敬陌　　蒸拯證職　青迥徑錫

鄰韻借用

曾攝內八　重多輕少韻　合口呼　梗攝外二

見	溪	羣	疑	端	透	定	知	徹	澄	泥	娘	幫	滂	並	奉	非	敷	明	微	精	照	清	穿	從	牀	心	審	邪	禪	影	曉	匣	喻	來	日

內外混等　　登等嶝德　　庚梗敬陌　青靜勁昔

鄰韻借用

咸攝外八　重輕俱等韻　　　　四聲等子

	見	溪	羣	疑	端知	透徹	定澄	泥孃	幫非	滂敷	並奉	明微
	甘	堪	○	○	髧	探	覃	南	○	○	○	○
	感	坎	○	頷	黕	菼	禫	腩	○	○	○	○
	紺	勘	○	○	○	僋	醰	妠	○	○	○	○
	閤	溘	○	○	答	錔	沓	納	○	○	○	○

	精	清	從	心	照	穿	牀	審	禪	影	曉	匣	喻	來	日
	簪	參	蠶	三	尖	襜	讒	衫	○	諳	蚶	含	○	婪	○
	昝	慘	歜	糝	斬	刻	瀺	摻	○	晻	喊	頷	○	覽	○
	昝	謲	暫	俕	謲	讖	儳	釤	○	暗	顑	憾	○	纜	○
	市	趦	雜	颯	挿	鍤	霅	挱	○	姶	欱	合	○	拉	○

四等全併一十六韻

深攝內七　全重無輕韻　深攝內七

	見	溪	羣	疑	端知	透徹	定澄	泥孃	幫非	滂敷	並奉	明微
	站	○	○	○	○	○	○	○	○	○	○	○

	精	清	從	心邪	照	穿	牀	審禪	影	曉	匣	喻	來	日
	怎	○	○	○	○	○	○	○	○	吽	○	○	○	○

獨用孤單韻　　侵寢沁緝

	見	溪	羣	疑	端知	透徹	定澄	泥孃	幫非	滂敷	並奉	明微
	○	○	○	○	○	○	○	○	○	○	○	○

	精	清	從	心邪	照	穿	牀	審禪	影	曉	匣	喻	來	日
	祲	寢	沁	緝	○	○	○	○	○	○	○	○	○	○

第五節　切韻指掌圖

一、切韻指掌圖之時代

　　《切韻指掌圖》因刊有司馬光敘，故向來言等韻者，皆信以為溫公所著。但經今人考證，知云司馬光著者，實出於後人偽託，然其時代亦必不致太遲，因刊行《指掌圖》之董南一，實有其人。董南一為嘉泰年間人，嘉泰為南宋寧宗之年號，故《切韻指掌圖》之時代，當不致晚於南宋。

二、切韻指掌圖之依據

　　前人多以為《切韻指掌圖》據《廣韻》而作。例如邵光祖檢例即云：「按《廣韻》凡兩萬五千二百字，其中有切韻者三千八百九十。文正公取其三千一百三十，定為二十圖，而以三十六字母列其上，了然如指掌也。」實際上，邵氏之言，亦未必然。據下列事實可知：

　　[一]二十圖中有四十五字，《廣韻》所無，乃採之於《集韻》者。

　　[二]某類字《廣韻》、《集韻》韻部不同，而圖中標目恰與《集韻》相符，例如四圖「刾」字櫛韻，《集韻》同，《廣韻》見質韻。

　　[三]某類字《廣韻》、《集韻》反切不同，而圖中地位適與《集韻》相合。例如九圖「濈」字列穿母下，《集韻》楚莘切，《廣韻》側詵切。

　　[四]某類字《廣韻》與《集韻》寫法有異，圖多與《集韻》

合。例如十八圖「迤」字，《集韻》同，《廣韻》作「池」。

　　由以上四點看來，《指掌圖》與《廣韻》之關係，遠不如《集韻》之密切，然則《切韻指掌圖》是否純據《集韻》而作？是又不然。因爲圖內字亦有異於《集韻》而合於《廣韻》者。例如：

　　㈠十一圖「桅」字，《集韻》無，見《廣韻》。

　　㈡十三圖「篸」字列從母下《集韻》「即兩切」與此不合，《廣韻》「即兩切」又「秦杖切」，又切與此合。

　　是《指掌圖》亦有據於《廣韻》之處。除此之外，尙有部分音切，出於《廣韻》、《集韻》二者之外。例如〈辨來日二母切字例〉所引「如六切肉」、「如精切寧」、「仁頭切糯」、「日交切鐃」之類。由此可知《指掌圖》非據《廣韻》而作，而亦非盡依《集韻》。二者之外，尙雜有其他材料。

　　《指掌圖》之圖式多因襲《四聲等子》而成，不過將攝名削去，而成論圖不論攝之形式。不僅圖式因襲《四聲等子》，即董南一之跋文，亦抄撮《四聲等子》原序而成。茲錄於後：並注《等子》相異之處。

　　　　以三十六字母總三百八十四聲 44，列爲二十圖 45，辨開闔以分輕重46，審清濁以訂虛實47，極五音六律之變48，分四聲八轉之異49。遞用則名音和（徒紅切同），傍求則名類隔（補微切非），同歸一母則爲雙聲（和會切會），

44　《等子》總作約。
45　《等子》列字作別，圖下有畫爲四類四字。
46　《等子》作審四聲開合以權其輕重。
47　《等子》作辨七音清濁以明其虛實。
48　《等子》作極六律之變。
49　《等子》作分八轉之異。

同出一韻則爲疊韻（商量切商），同韻而分兩切者，謂之憑切（乘人切神，丞眞切辰），同音而分兩韻者，謂之憑韻（巨宜切其，巨沂切祈），無字則點窠以足之，謂之寄聲，韻闕則引鄰以寓之，謂之寄韻。按圖以索二百六韻之字，雖有音無字者，猶且隨口而出，而況有音有字者乎！

董同龢先生嘗謂：

《四聲等子》字母分二十三行橫列，拿二十三乘上縱列的四聲十六行，得三百六十八個格子，再加上標寫韻目的十六格，共是三百八十四聲無誤。《指掌圖》則不然，字母三十六行，乘十六再加十六是五百九十二。由這一點看，董序盲目抄襲《等子》序出了岔子，已無疑義。

據董同龢先生所言，則董南一抄襲《等子》之序，已無可疑。

三、韻指掌圖之韻攝

《指掌圖》各圖之首，僅標圖次，不載「攝」或「轉」之名稱。其辨獨韻與開合韻例云：「總二十圖，前六圖係獨韻，應所切字多互見。」此所謂韻大體與《四聲等子》之攝相當。合併之後，其六獨韻算六攝，十四開合韻共七攝，總計十三攝，茲列其韻攝表於後：

次第	開合	平				上				去				入			
		一	二	三	四	一	二	三	四	一	二	三	四	一	二	三	四
一	獨	豪	爻	宵	蕭	皓	巧	小	篠	號	效	笑	嘯	鐸	覺	藥	藥
二	獨	東 多	東	東	鍾 鍾	董	○	腫	腫	送 送		送 用	送 用	屋 沃	屋	屋 燭	屋 燭
三	獨	模	魚	魚 虞	魚	姥	語	麌 語	語 麌	暮	遇 御	遇 御	御 遇	屋 沃	屋 燭	屋 燭	屋 燭
四	獨	侯	尤	尤	尤 幽	厚	有	有	黝	候	宥	宥	幼 宥	德	櫛	迄 質	質
五	獨	談 覃	咸 銜	鹽嚴 凡	鹽 沾	敢 感	豏 檻	琰 范	忝 忝	勘 闞	陷 鑑	驗豔 梵	㮇 豔	合 盍	洽 狎	業葉 乏	葉 帖
六	獨		侵	侵	侵		寢	寢	寢		沁	沁	沁		緝	緝	緝
七	開	寒	山 刪	僊 元	先 僊	旱		獮 阮	獮 銑	翰	諫 襉	願 線	霰 線	曷	黠 鎋	薛 月	屑 薛
八	合	刪山 桓	先	僊 元	先 僊	緩	潸	獮 阮	銑 獮	換	諫 襉	線 願	霰 線	末	黠 鎋	薛 月	薛 薛
九	開	痕	臻	眞 欣	眞 諄	很	準	隱 軫	軫 準	恨	稕	焮震 稕	震 稕	德	櫛	迄 質	質
十	合	魂	○	諄文 魂	諄眞 文	混	○	準吻 隱	準	慁	○	焮問 稕	稕	沒	質	迄術 質術	術 質

十一	開	歌	麻	麻	麻	哿	馬	馬	馬	箇	禡	禡	禡	鎋薛屑 曷 黠月薛
十二	合	戈	麻	戈	麻	果	馬	馬	馬	過	禡	○	○	黠薛薛 末 鎋月屑
十三	開	唐	陽	陽	陽	蕩	養	養	養	宕	漾	漾	漾	鐸 覺 藥 藥
十四	合	唐	江	陽	○	蕩	講	養	○	宕	絳	漾	○	鐸 覺 藥 ○
十五	合	庚 登 耕	庚 蒸	清 青		梗梗迥	梗 靜	梗		映 諍	勁 映	○ 徑		陌 麥	德 麥	錫 職 昔
十六	開	登 耕	庚庚清 蒸	清 青		耿耿靜 梗	等 靜	靜 迴		映 嶝 諍	勁映勁映 證	證		陌麥職陌昔職 德	職 昔 錫
十七	開	皆 咍 佳	皆 佳	○		駭蟹 海 海	薺○			泰 代	夬卦 祭○ 怪			鎋 曷 黠	○○
十八	開	之 支	之支之支齊支 脂	脂 之脂		紙 旨	止薺旨 紙 紙	紙		至 志	霽至 志 至 祭			德 櫛 質 質
十九	合	灰 支	支 脂	微脂齊支		賄 ○ 尾	旨紙 紙			隊 泰	寘 未寘至寘 至 至霽			沒 質 迄術術 質物質
二十	合	○ 佳	皆咍	○	○	蟹 海	○			夬 怪	○ 卦○			○ 鎋 ○ ○

從上表觀之，《切韻指掌圖》韻攝之特徵爲：

㈠《指掌圖》有同圖同等而並列二韻目者，即表示此二韻在《切韻指掌圖》是同音，故圖內所列之字，僅取一韻之字。例如東、冬二韻併列，取東韻字則不取冬韻字。

㈡凡《切韻指掌圖》三等伸入四等者，則必塡列韻目，此顯示眞二等與假二等，眞四等與假四等間，均已難加區分。雖歸字有承襲舊圖者，就音言，實難分辨也。

㈢庚耕本非一等韻，原爲二等韻；登則爲一等，非二等，然《指掌圖》庚耕與登在合口圖倒置，開口則否。可能《指掌圖》庚耕已與登混，庚耕原爲二等字，其牙喉開口有顎化可能，列一等非所宜，合口則因有介音[-u-]故不顎化，而韻母與登韻同，性質與一等無異。登韻開口有舌頭、齒頭音之字，非列一等不可，合口僅有喉牙音，一二等內可隨意安置，故合口倒置而開口則否。此顯示梗曾二攝合流，合口一二等混同。

㈣支脂之三韻本爲細音，《指掌圖》將精系字提升到一等，顯示此三韻韻母在齒頭聲母後，其元音爲聲母同化成了舌尖前高元音[ɿ]矣。

㈤《切韻指掌圖》江宕合流，梗曾合流，假果合流，故僅得十三攝，蟹攝三四等又與止攝三等合流，此皆其特色也。

㈥《指掌圖》各攝皆以三十六字母科別清濁而橫列之，以平上去入及《集韻》韻目而縱列之，先分四聲，後分四等，每類之中，又以四等字多寡爲次，字多者列前，字寡者列後，一至六圖爲獨圖，高攝居首者，以字多也。餘按《廣韻》、《集韻》之次，七至十四圖開合互配，先開後合，惟十五、十六兩圖則先合後開，又十七圖實與二十圖互爲開合，依例應改二十圖爲十八圖，十八、十九兩圖爲十九、二十兩圖也。

㈦二十圖總目以高、公、孤、鉤、甘、金、干、根、歌、剛、觥、該、傀十三字代表十三攝。

四、切韻指掌圖之入聲分配：

與十三攝相配之入聲僅七類，或承一攝，或承二攝，下列陰陽入三聲相配表，並附擬音，擬音以開口一等爲代表，無開口則舉合口，無一等則舉三等。茲列表於下：

陽聲	入聲	陰聲
唐江陽[ɑŋ]	鐸覺藥[ɑk]	豪爻宵蕭[ɑu]
東冬鍾[uŋ]	屋沃燭[uk]	模魚虞[u]
痕魂眞臻諄欣文[ən]	（德）沒櫛迄質術物[ək][ət]	侯尤幽[əu]灰微齊支脂之[əi][i][i]
談覃咸銜嚴凡添[ɑm]	合盍洽狎葉業乏帖[ɑp]	
侵[iəm]	緝[iəp]	
寒桓刪山元仙先[ɑn]	曷末鎋黠月薛屑[ɑt]	歌戈麻[ɑ]咍泰佳皆夬祭[ɑi]
登庚耕蒸清青[əŋ]	德陌麥職昔錫[ək]	

此類分配，於音韻系統上相當整齊，入承陰陽，實後人所謂陰陽對轉、入爲樞紐之先驅。

五、切韻指掌圖之聲母與等列之關係：

聲母以自然之限制，各母不能全具四等之音，故等韻之分等，不僅以韻爲準，亦兼及於聲，《切韻指掌圖・檢例》有分辨等歌云：

見溪群疑四等連，端透定泥居兩邊。

知徹澄娘中心納，幫滂四等亦俱全。

更有非敷三等數，中間照審義幽玄。

精清兩頭爲眞的，影曉雙飛亦四全。

來居四等都收後，日應三上是根源。

此歌之意，蓋謂《切韻指掌圖》之三十六字母，惟牙音見溪群疑、脣音幫滂並明、喉音影曉及半舌來等十一母具備四等，其餘則端系惟一四等，知系惟二三等，輕脣非系及半齒日母則惟出現於三等韻也，精系見於一四等，照審所以幽玄者，則因韻書反切上字照系有照莊二組，《指掌圖》凡照組列三等，莊組列二等也。其圖雖仍列三十六字母，而於端精兩系之二三等皆留空白，知照兩系之一四等亦然。非系與日母之一二四等亦然。以明此類聲母於此諸等，非特無字，亦且無音也。

按《切韻指掌圖》之例，凡有音有字之處塡其字，有音無字之處作圈以足之，至無字無音則空其處也。

江永《音學辨微・等位圖歌》云：

重脣牙喉四等通。輕脣三等獨日同。

舌齒之頭一四等，照穿知徹二三中。

一二等無群與喻，一等無邪二無禪。

有禪三等有邪四，三雖無匣來音全。[50]

《指掌圖》除邪母有一等字外，餘皆與江氏等位圖歌合，茲再列表以明之：

50　江原歌來日異位，與等第不合，今正。

字母＼等第	一	二	三	四
見	○	○	○	○
溪	○	○	○	○
群	●	●	○	○
疑	○	○	○	○
端	○			○
透	○			○
定	○			○
泥	○			○
知		○	○	
徹		○	○	
澄		○	○	
娘		○	○	
幫	○	○	○	○
滂	○	○	○	○
並	○	○	○	○
明	○	○	○	○

字母＼等第	一	二	三	四
非			○	
敷			○	
奉			○	
微			○	
精	○			○
清	○			○
從	○			○
心	○			○
邪	○			○
照		○	○	
穿		○	○	
床		○	○	
審		○	○	
禪		●	○	
影	○	○	○	○
曉	○	○	○	○
匣	○	○		○
喻			○	○
來	○	○	○	○
日			○	

《切韻指掌圖》

切韻指掌圖敘

仁宗皇帝詔翰林學士丁公度李公淑
增崇韻學自許叔重而降凡數十家總
爲集韻而以賈公昌朝王公洙爲之屬
治平四年予得旨繼纂其職書成上之
有詔放爲嘗因討究之暇科別清濁爲
二十圖以三十六字母列其上推四聲
相生之法縱橫上下旁通曲暢律度精
密最爲捷徑名之曰切韻指掌圖嗚呼
韻學之廢久矣士溺於所習讀書綴文
趣了目前以至覽古篇奇字往往有含
胡囁嚅之狀是殆天造神授以便學者
子不敢祕也涑水司馬光書

音韻之學尙矣敷求古昔若武元之韻銓顏
眞卿之韻海夏侯詠陽休之之韻略陸慈李舟
之切韻以至周研李登呂靜沈約陸法言顏之
推等數十家相繼賡類國朝陳彭年邱雍復刊
益之景祐中詔丁公度李公淑典領集韻而宋
公祁賈公昌朝王公洙咸以一時英彥爲之屬
近世吳棫韻補程迥韻式又能發明古人用韻
之變音韻之書亦傭矣然以要御詳以一統萬
譜分昕別旁通曲暢未有若切韻指掌圖之精
密者圖蓋先正溫國司馬文正公所述也以三
十六字母總三百八十四聲列爲二十圖辨圖
圖以分輕重審清濁以訂虛實極五音六律之
變分四聲八轉之異遞用則名音和切徒紅傍求
則名類隔非徵同歸一母則爲雙聲切同會同出
一韻則爲疊韻商量同韻而分兩韻者謂之憑
切巨乘人切神丞人切辰同音而分兩韻者謂之寄韻巨其
切祈無字則點窠以足之謂之寄聲韻闕則引
鄰以寓之謂之寄韻按圖以索二百六韻之字

雖有音無字者猶且聲隨口出而況有音有字
者乎經典載籍具有音訓學者咸遵用之然五
方之人語音不類故調切歸韻舛常什二三曩
以爲病暨得此編瞭然在目頓無讀書難字過
之累亦一快也公嘗被命修纂類篇古文奇字
蒐獵該盡而留心音韻尤有若斯圖者道德名
望一世儒宗顧云自從孟子知言後唯有楊雄
子所恥耶前輩云豈一物不知君
識字多公固雅好雄者潛虛之作實擬太玄

前序

號識奇字而不能爲字著書或者公以是成雄
之志歟雖然草太玄識奇字雄所有者公優爲
之事業著三朝製作憲萬世公所有者政恐雄
未能窺其涘耳走於是書有以識公致廣大盡
橋微之學因刻諸梓與眾其之嘉泰癸亥六月
既望番易董南一書

一獨	見	溪	羣	疑	端	透	定	泥	知	徹	澄	娘	幫	滂	並	明	非	敷
平	高交驕驍	尻敲趬嘺	○○喬翹	敖聱○堯	刀貂	饕叨滔	陶	猱	嘲朝	超	晁	鐃橈	褒包鑣	橐胞麃摽	袍咆瓢	毛茅苗蜱	○	○
上	暠絞矯佼	考巧槁磽	○○嶠	咬齩	倒鳥	討朓	道	嬲	罩	寵朓	趙	橈	寶飽表穮	○麃摽	抱鮑藨摽	冒	○	○
去	誥教嬌叫	犒敲趬竅	嶠	傲樂齴顤	到弔	套糶	導	臑	罩	朓逴	擉	鬧	報豹	奅	暴鮑驃	冒貌廟妙	○	○
入	各覺脚	恪殼卻	噱	咢岳虐	○	託	鐸	諾	斲斮	逴	擉	搦	博駁	泊	泊濁著	莫邈	○	○

圖一（一獨）

左半：

韻	日	來	喻	匣	曉	影	禪	審	牀	調
豪	勞	○	豪	蒿	頹	○	○	○	○	平
肴	顟	○	肴	虓	藃	○	梢	巢	○	
宵	饒	燎	鴞	蟯	枵	夭	韶	燒	○	
蕭	聊	○	遙	膮	幺	○	○	○	○	
皓	老	○	皓	好	襖	○	○	○	○	上
巧	○	○	獠	○	拗	○	數	鮑	○	
小	擾	繚	鷕	殀	天	夭	紹	少	○	
篠	了	鷯	皛	曉	鐃	○	○	○	○	
号	嫪	○	号	耗	奧	○	稍	巢	○	去
效	○	○	效	孝	勒	要	邵	少	○	
笑	饒	褱	燿	散	要	裊	○	○	○	
嘯	顤	燿	○	歗	約	○	朝	泜	○	
鐸	落	舉	雐	惡	約	妁	○	○	○	入
覺	略	潤	咢	謔	濯	爍	○	○	○	
藥	○	藥	學	○	○	○	○	○	○	

右半：

穿	照	斜	心	從	清	精	微	奉	一獨
○	○	○	騷	曹	操	糟	○	○	平
謙	昭	○	○	○	○	○	○	○	
○	○	○	蕭	樵	鍫	焦	○	○	
○	○	○	嫂	皁	草	早	○	○	上
麨	爪	○	沼	○	○	○	○	○	
○	○	○	篠	○	悄	懆	○	○	
○	○	○	喿	漕	操	竈	○	○	去
鈔	抓	○	照	○	○	○	○	○	
○	○	○	嘯	噍	陗	醮	○	○	
○	○	○	索	昨	錯	作	○	○	入
娖	綽	○	灼	○	○	○	○	○	
○	○	○	削	皭	鵲	爵	○	○	

圖（二獨）

左半：

敷	非	明	竝	滂	幫	娘	澄	微	調
○	○	蒙	蓬	○	○	○	○	○	平
豐	風	瞢	○	○	○	醲	蟲	忡	
○	○	○	○	○	○	○	○	○	
○	○	蠓	菶	○	琫	○	○	○	上
捧	覂	鳩	○	○	○	○	重	寵	
○	○	○	○	○	○	○	○	○	
○	○	幪	○	○	○	○	○	○	去
賵	諷	夢	○	○	○	○	仲	蹱	
○	○	○	○	○	○	○	○	○	
○	○	木	暴	扑	卜	○	○	○	入
蝮	福	目	僕	○	○	朒	逐	蓄	
○	○	○	○	○	○	○	○	○	

右半：

知	泥	定	透	端	疑	羣	溪	見	二獨
○	農	同	通	東	喥	○	空	公	平
中	○	○	○	○	顒	窮	穹	弓	
○	繷	動	侗	董	○	○	孔	○	上
冢	○	○	○	○	○	○	恐	拱	
○	齈	洞	痛	凍	○	○	控	貢	去
中	○	○	○	○	○	共	焢	供	
○	○	獨	秃	穀	瞿	○	哭	穀	入
竹	○	○	○	○	�	駒	麴	菊	

圖四

韻	日	來	喩	匣	曉	影	群	審	牀
東		籠	○	洪	烘	翁			
冬		○	○	○	○				崇
鍾	戎	龍	容	雄	胷	邕	鱅	舂	○
	○	融	○	○	○				
董		曨	○	澒	嗊	蓊			
腫	宂	隴	○	○	洶	擁	歱		
	○	勇	○	○	○			腫	雖
送		弄	○	哄	烘	甕			
宋		○	○	○	○				剶
用	鞴	曨	○	○	趬	雍		眾	銃
	○	用							
屋		祿	○	縠	殼	屋			
燭	肉	六	囿	○	蓄	郁	熟	叔	贖
	○	育					倠	縬	玼

二獨	奉	微	精	清	從	心	斜	照	穿
平			○	檧	叢	怒	葼		
	馮							終	充
			松	嵩	從	樅	縱		
上			○	敷	○	○	總		
	奉								
			○	悚	○	崧	縱		
去			○	送	諛	認	稯		
	鳳								
			頌	○	從	○	縱		
入			○	速	族	瘯	鏃		
									伏
			續	蕭	趀	噈	慼		

圖五

敷	非	明	並	滂	幫	娘	澄	徹
		模	酺	蒲	逋			
敷	跗	○	○	○			除	攄
		○	○	○	廚			
		姥	簿	普	補			
撫	甫					女	佇	楮
		暮	捕	怖	布			
赴	付					女	箸	翥
		木	暴	扑	襮			
蝮	福	目	僕	○	○	朒	躅	棟

三獨	知	泥	定	透	端	疑	羣	溪	見
平		奴	徒	珍	都	吾	○	枯	孤
	豬						渠	居	
		魚				區	墟	拘	
上		怒	杜	土	覩	五	○	苦	古
	貯						巨	舉	矩
		語				齲	去		
去		笯	渡	菟	妒	誤	○	骻	顧
	著						懅	據	屨
		御				遇	抾	驅	
入		耨	毒	禿	篤	瞿	○	酷	梏
	瘃								
		玉	局	曲	蚕				

〔圖六〕　三獨

左半圖　（韻）

韻	日	來	喻	匣	曉	影	禪	審	牀
模魚虞（平）	○	盧	○	胡	呼	烏	○	○	○
	○	○	○	○	○	○	○	疏	鋤
	如	臚	于	○	虛	於	蛉	書	○
	懱	余	○	許	紆	○	○	○	○
姥麌語（上）	○	魯	○	戶	虎	塢	○	○	○
	○	○	○	○	○	○	豵	所	齟
	汝	呂	羽	○	許	捄	豎	署	紵
	縷	與	○	○	詡	傴	○	○	○
暮遇御（去）	○	路	○	護	謼	汙	○	○	○
	○	○	○	○	○	○	疏	助	○
	洳	慮	芋	○	嘘	飫	署	恕	○
	屢	豫	○	昫	嫗	○	○	○	○
沃屋燭（入）	○	祿	○	鵠	熇	沃	○	○	○
	○	○	○	○	○	○	縮	束	○
	辱	錄	囿	○	旭	郁	蜀	○	○
	○	○	欲	○	○	○	○	○	○

右半圖

穿	照	斜	心	從	清	精	微	奉
○	○	○	蘇	徂	麤	租	○	○
初	菹	○	○	○	○	諸	無	扶
○	○	徐	胥	○	疽	且	○	○
○	○	○	○	粗	蔏	俎	○	○
楚	阻	姿	○	○	○	○	武	父
○	○	敍	諝	聚	取	苴	○	○
○	○	○	○	胙	厝	作	○	○
楚	詛	菬	○	○	○	○	務	附
○	○	絮	聖	覻	怚	嫠	○	○
○	○	○	速	族	瘯	鏃	○	○
埴	緅	粥	○	○	○	○	○	伏
○	○	續	粟	○	鼀	足	○	○

〔圖七〕　四獨

左半圖

敷	非	明	並	滂	幫	娘	澄	徹
○	○	謀	裒	○	○	惆	儔	抽
颷	不	○	○	○	○	○	○	○
○	○	繆	瀌	○	彪	○	○	○
○	○	母	部	剖	掊	狃	紂	丑
恒	缶	○	○	○	○	○	○	○
○	○	茂	踣	小	○	糅	胄	畜
副	富	○	○	○	○	○	○	○
○	○	諺	○	○	○	○	○	○
○	○	墨	蔔	覆	北	○	○	○
○	○	○	○	○	○	暱	秩	扶

右半圖　（韻）

知	泥	定	透	端	疑	羣	溪	見
嬌	頭	偷	兜	齫	○	彄	鈎	○
朝	○	○	○	○	牛	裘	巨	鳩
○	○	○	○	○	○	○	○	樛
○	毅	楡	麩	斗	藕	○	口	苟
肘	○	○	○	○	齞	舅	摎	久
畫	○	○	○	○	○	蟉	○	糾
○	耨	豆	透	鬥	偶	○	寇	遘
○	○	○	○	○	亂	舊	尫	救
○	○	○	○	○	趴	趴	跔	○
窒	鼟	特	忒	德	○	○	刻	祴
○	○	○	○	○	疙	起	乞	訖吉
○	○	○	○	○	耴	○	姞	○

四獨（右上）

穿	照	邪	心	從	清	精	微	奉	韻
		○	凍	剌	謹	㺜			平
揪攣	鄒周						浮		
		囚	脩	酋	秋	遒			
		○	叟	鯫	趣	走			上
鞁帚	蹢酏						婦		
		○	潃	湫	○	酒			
		○	瘶	剿	輳	奏			去
邅臭	皺呪						苺	復	
		岫	秀	就	趡	僦			
		○	塞	賊	城	則			入
刜叱	櫛質								
					○	○			
		○	悉	疾	七	喞			

（左上）

日	來	喩	匣	曉	影	禪	審	牀	韻
	樓	○	侯	齁	謳				侯
柔	劉	尤	○	休	憂	讎	收	○	尤
	鐐	猷	○	飍	幽				幽
	塿	○	厚	吼	嘔				厚
					㱿	稅			
蹂	柳	有	○	朽	颼	受	首	○	有
	○	酉	○	𩑟	黝				黝
	陋	○	候	蔲	漚				候
					瘦	狩			
輮	溜	宥	○	齅	狖	授	狩		宥
	○	狖	○	齅	幼				幼
	勒	○	劾	黑	餩				德
						瑟	齔		櫛
日	㮨	○	迄	乙	一	失	○		迄質
	遺	○	欫	欯	乙				

五獨（右下）

知	泥	定	透	端	疑	羣	溪	見	
詀露	南	談	醰	擔	㲺		坩監	甘監	平
		巖	巖	箝	鹻	嵌	憸謙	○兼	
霑露	鮎	甜	添	髻		膽	鍼	兼	
	腩	唨	菼	黵	鎮		坎敢	敢	上
○					顊	預	㑣檢	鹻	
	淰	簟	忝	點			儉	○	
黏	妠	憺	賧	擔	儼	傔	𠣸紺	紺鑑	去
○					顔	謙	歉	劍	
	念	磹	掭	店		釅	○僋	兼	
劄瓋	納	蹋	榻	㩉	儑	㭸	榼闔	閤夾	入
					臲	業	㿓恰	劫頰	
	茶	牒	帖	聑	被		祫愜	頰	

六獨 / 七開 等韻圖（深攝「侵」韻、山攝「寒」韻）

上圖（六獨・侵韻）

韻	日	來	喻	匣	曉	影	禪	審	牀	穿	照	斜	心	從	清	精	微	奉	六獨
侵	〇	〇	〇	〇	〇	〇	〇	森	岑	蔘	簪	〇	〇	〇	〇	〇	〇	〇	平
	任	林	〇	〇	歆	音	諶	深	〇	觀	〇	尋	心	鱘	侵	祲	〇	〇	
	〇	淫	〇	〇	〇	愔	〇	〇	〇	〇	〇	〇	〇	〇	〇	〇	〇	〇	
寢	〇	〇	〇	〇	〇	〇	〇	〇	顥	潘	枕	〇	〇	〇	〇	〇	〇	〇	上
	荏	廩	〇	〇	廞	飲	葚	沈	痒	瘆	〇	㾕	蕈	寢	醋	〇	〇	〇	
	〇	潭	〇	〇	〇	〇	〇	〇	〇	〇	〇	〇	〇	〇	〇	〇	〇	〇	
沁	〇	〇	〇	〇	〇	〇	〇	深	滲	譖	枕	〇	〇	〇	〇	〇	〇	〇	去
	妊	臨	〇	〇	蔭	甚	識	〇	〇	〇	〇	鐔	沁	浸	〇	〇	〇	〇	
	〇	頪	颭	〇	〇	〇	〇	〇	〇	〇	〇	〇	〇	〇	〇	〇	〇	〇	
緝	〇	〇	〇	〇	澀	霅	〇	十	屫	戢	執	〇	〇	〇	〇	〇	〇	〇	入
	入	立	煜	〇	吸	邑	溼	〇	〇	〇	〇	習	報	集	緝	㮇	〇	〇	
	〇	熠	揖	〇	〇	〇	〇	〇	〇	〇	〇	〇	〇	〇	〇	〇	〇	〇	

（中縫：圓／十二）

下圖（七開・寒韻）

	敷	非	明	並	滂	幫	娘	澄	徹	知	泥	定	透	端	疑	羣	溪	見	七開
	〇	〇	〇	〇	〇	〇	〇	〇	〇	豻	難	壇	灘	單	〇	〇	看	干	平
	〇	〇	〇	〇	〇	〇	〇	〇	〇	〇	〇	〇	〇	〇	顏	乾	慳	姦	
	〇	〇	〇	〇	〇	〇	〇	〇	〇	〇	〇	〇	〇	〇	言	虔	愆	犍	
	〇	〇	燃	纏	〇	〇	〇	〇	膻	〇	年	田	天	顛	妍	〇	牽	堅	
	〇	〇	〇	〇	〇	〇	〇	〇	〇	展	攤	但	坦	亶	〇	〇	侃	笴	上
	〇	〇	〇	〇	〇	〇	〇	〇	〇	〇	眼	〇	〇	〇	齴	件	簡	蹇	
	〇	〇	趁	邅	〇	揎	〇	〇	〇	〇	撚	珍	腆	典	〇	〇	遣	繭	
	〇	〇	〇	〇	〇	〇	〇	〇	〇	〇	攤	憚	炭	亶	岸	〇	侃	旰	去
	〇	〇	綻	邅	〇	扁	〇	〇	〇	䮘	〇	〇	〇	〇	雁	健	諫	建	
	〇	〇	輾	遭	〇	〇	〇	〇	〇	〇	〇	〇	〇	〇	彦	倪	譴	見	
	〇	〇	〇	〇	〇	〇	〇	〇	〇	〇	晛	電	瑱	殿	硯	倪	渴	葛	
	〇	〇	〇	疕	〇	〇	〇	〇	〇	〇	撻	達	闥	妲	〇	〇	渴	葛	入
	〇	〇	〇	〇	〇	中	〇	〇	〇	哳	〇	〇	〇	〇	齾	傑	竭	揭	
	〇	〇	〇	轍	〇	〇	〇	〇	〇	〇	涅	姪	鐵	窒	齧	傑	揳	結	

（中縫：圓／十三）

七開

韻	日	來	喻	匣	曉	影	禪	審	牀	穿	照	邪	心	從	清	精	微	奉		
寒刪山元仙先	南	○	○	寒	預	安			山	潺			○	珊	殘	餐				平
然	燗	連	演	閑	羴	菸		羶	○			獮	○					○	○	
連	漣	延	賢	軒	烟		綖	氈			輝	餐								
											涎	先	前	千	箋				
旱緩產獮狝阮	嬾	○	○	旱	罕			產	棧			○	散	瓚	○	鏄				上
齻	○	輦	○	限	憪	善	偃	棧			劗	醆	膳							
演	峴	顯	○			燃				闡										
										緣	銑	踐	淺	翦					
翰換襉霰線願	爛	翰	莧	漢	按	○	較			○	散	瓚	○	贊					去
爨	練	艮	獻	鼮	晏	訕	扇	轏			纎	嬗	粲							
練	衍	見	宴		○				戰	砷						○	○		
										羨	霰	荐	倩	薦					
曷點鎋薛月屑	刺	曷	軋	折			鋤	殺			蠽	徹	擦	贊					入
熱	列	類	黠	歇	噎	設	舌			刹	札								
										掣	晢								
										○	屑	截	切	節					

八合

敷非明並滂幫娘澄徹									知泥定透端疑群溪見									
		瞞	盤	潘	般				漙	團	漙	端	岏	○	寬	官	平
翻	聲	緜	○	攀	班	奻	窀	猭	進		痛		應	椎	夸	關		
番	眠	便	便	篇	鞭			椽			元			○	勸	涓	○	
						奻			○	○	○		○	○	○	管	上	
○	反	緬	免	騗	版			猭	轉	煖	斷	短	斷	阮	款	卷		
	販	慢	辮	辨	辮	奻		篆					圈	蜎	犬			
		面	下	便		妠	傳	猭			段	鍛	玩	○	欸	貫	去	
媛	販	縵	辨	判	骗		傳		囀		椽		亂	倦	券	慣		
			便	盼	片	暖		猭			段		願	倦	狷	眷		
						妠		頒			奪	掇	玩	○	闊	括	入	
怖	髮	末	跋	潑	撥			豹	窓	倪			刖	杌	勒	刷		
			拔	醱	八	呐		鈍			月		鹹	○	關	厥		
		滅	別	弭	笴			破	輟		○	○	月	○	闕	玦		

（上段右圖：八合）

八合	奉	微	精	清	從	心	邪	牀	審	穿
平			鑽	攛	酸	○				專
	煩									穿
			鐫	詮	全	宣	旋			
			纂	○	○	算	酄			
上		晚								㽺
				劗	酇					狻 舛
			○	選	雋	○	膬			
去			纂	○	算	攢	鼠	纘		篹 釧 劗
	飯	萬								
			濺	選	○	線	○			
入			爨	繀	棳	柮	橙	纂 歠		
	伐							戠		
	范		蕝	雪	絕	麗	范	苜 拙		

（上段左圖：韻）

韻	日	來	喻	匣	曉	影	禪	審	牀	穿
桓山刪元仙先	戀	彎	○	桓	歡	剟	○	檈	慼	逷
	臡	攣	員	還	狪	彎	○	栓	船	迣
		○	沿	玄	翾	娟	娟	○	○	
緩潸攢阮獮銑	壖	卵	○	緩	滷	椀	○	○	○	撰
	頓	讚	偄	○	晅	婉	腝	○	○	
		○	充	泫	蠉	○	○	○		
換諫襇願線霰	喚	亂	○	換	悗	綰	○	孿	饌	
		戀	患	○	楦	怨	餇	捷	孿	咽
		○	遠	縣	絢	○				
末黠鎋薛月屑	熱	捋	○	活	幹	○	○	刷	說	敪
		劣	越	滑	嬀	姻	赽			
		○	倪	穴	威	血	玦	咽		

（下段右圖：九開）

九開	見	溪	羣	疑	端	透	定	泥	知
平	根	○	○	垠	○	吞	○	○	珍
	巾	斤	頎	銀	勤	𧴪			
	頭			墾					
上	緊	螼	近	听					辰
	靳	民	蟪	鐙					
去	○	近	僅	㜗					鎮
	靳	听	蟪	惥					
入	德	忒	特	鼟					室
	刻	硋	○	祓					
	吉	詰	姞	孔	乙	起	疙		

（下段左圖：九開 續）

	敷	非	明	並	滂	幫	娘	澄	微
平	○	○	○	○	○	○			
	○	○	鄰	陳	獜				
上	○	○	○	○	○	○			
	○	○		紉	軄				
去	○	○	○	○	○	○			
	○	○	陣	疢					
入	○	○	○	○	○	○			
	○	○	暱	秩	抶				
	○	○	○	○					

（圖旁標記：一六　一七）

九開

韻	日	來	喩	匣	曉	影	禪	審	牀		邪	照	穿	牀	心	從	清	精	微	敷	奉	
痕	○	○	○	痕	○	恩					○	○	○	○	○	○	○	○				平
臻眞	仁	隣	○	○	欣	殷	辰	莘	榛	神	瀙	瞋										
殷	○	寅	礥	○	○	因					○	新	秦	親	津							
很	○	○	○	很	○	○					○	○	○	○	○	○	○	○				上
很準隱軫	忍	嶙	○	○	螼	隱	弞	瀒		盡	齔	鯓	矧									
隱軫	○	引	○	腎	弞						○	○	盡	笉	楯							
恨	○	○	○	恨	○	饉					櫬	○	○	○	○	○	○	○				去
焮震	刃	遴	○	焮	億印	慎	眒			震	○	儭	信	○	親	晉						
質	○	勒	○	劾	黑	餩	瑟	齜		○	塞	賊	城	則								入
質	日	栗	○	迄	欻	乙一	失	實			刹叱	櫛質										
	○	逸	○	欯							○	悉	疾	七	唧							

十八　開

十合

	明	並	滂	幫	娘	澄	徹		知	泥	定	透	端	疑	羣	溪	見	
	門	盆	濆	奔	魨	椿			磨	屯	暾	敦	俸	○	○	坤	昆	平
芬分		珉玟	砏	彬	魭			屯						○	羣	囷	君均	
	民	貧	頻	繽	栩	本				炳	囷	腄		○	閽	縣		
	蕰		忞	粉	牝	伴			○		軍	窘			趣	攟	履	上
忞粉		愍泯		牝	倫										郡	囷	輪	
	悶	坌	噴	奔	嫩	鈍	頓	頠		○	田	攘			郡	困	睔	去
忿糞		懣		糞	米	偾												
	沒	勃	馞	不	訥	突	𥊨	兀		元	窟	骨			崛	倔	屈	入
拂弗		密蜜	弼邲	筆必	元	黜		咄									𪐴橘	

十九　開

十合

韻	日	來	喻	匣	曉	影	禪	審	牀	穿	照	邪	心	從	清	精	微	奉	
覩	○	論	○	寛	昏	溫				○	○		孫	存	村	尊			平
文	犉	淪	筠	○	薰	贇	純		脣	春	譐	旬	荀	鷷		遵	文	汾	
諄																			
眞																			
混	㥆	○	混	總	穩					○	○		損	鷶	忖	刌			上
吻	蝡	耣	殞	○	惲	贇	盾			蠢	準						吻	憤	
準			尹																
軫																			
慁		論	○	恩	悎	搵				○	○		巽	鐏	寸	焌			去
問	閏	○	運	○	訓	醞	○	舜	順		稕	殉	峻	○	○	僎	問	分	
稕																			
震																			
沒		耒	○	麩	忽	領				○	○		窣	捽	猝	卒			入
物						○	率	齟		○	崪						物	佛	
術	○	律	矞	○	颭	鬱		術		出	䘏								
衞			聿		狘						卹	莝	焌		卒				

圖二十

十一開

敷	非	明	並	滂	幫	娘	澄	徹	知	泥	定	透	端	疑	羣	溪	見	
		○	○	○	○					那	駝	佗	多	莪	○	珂	歌	平
				挲	奈	侘			爹	○				㦬	牙	○	齣	嘉	
		○	○	○	○									○	伽	佉	迦	
										○	○	○	爹	○	○	○	○	
		○	○	○	○				觰					我	○	可	哿	上
				絮	○	姅			橠	爹	祇	觰		我	○	可	舸	
○	○	○	○											雅		坷	跒	
		○	○	○	○				吒	奈	駄	拖	跢	餓	○	坷	箇	去
				胅	蛇	詫								迓	○	髂	餶	
		○	○	○	○													
		○	○	○	○				哳	捺	達	闥	怛	薜	○	渴	葛	入
				疤	轍	中			听					餲	○	鶡	曷	
○	○	○	○											鑠	醫	揭	揭	
										涅	姪	鐵	窒	○		契	結	

圖二十一　　圖二十二

十開

穿	照	斜	心	從	清	精	微	奉	
○	○	○	姕	醝	蹉	麆	○	○	平
叉	檛	○	○	○	○	○	○	○	
衰	遮	衺	些	呑	脞	嗟	○	○	
車	○	○	○	○	○	○	○	○	
○	○	○	縒	蔖	瑳	左	○	○	上
○	鮺	○	○	○	○	○	○	○	
○	者	灺	寫	○	些	姐	○	○	
○	○	○	○	○	且	佐	○	○	
○	○	○	些	蓌	磋	佐	○	○	去
○	詐	○	○	○	○	○	○	○	
○	柘	謝	瀉	○	裾	笡	喑	○	
○	○	蜡	○	○	○	○	○	○	
○	○	○	躠	嶻	攃	鬢	○	○	入
鍘	札	○	○	○	○	○	○	○	
辥	晣	○	切	○	截	節	○	○	

韻	日	來	喻	匣	曉	影	禪	審	牀
歌戈麻	○	羅	○	何	訶	阿	○	鸞	楂
	○	○	○	○	○	○	蛇	○	○
若	若	○	耶	○	○	○	○	○	○
	○	○	邪	○	○	○	○	○	○
哿馬	○	攞	○	荷	嚇	啞	○	○	槎
	○	○	○	下	○	○	○	捨	○
若	若	○	野	○	○	○	社	灑	○
箇過禡	○	邏	○	賀	呵	亞	○	○	乍
	○	○	○	暇	嚇	○	○	嗄	射
偌	○	○	射	○	○	○	○	舍	○
	偌	○	夜	○	○	○	○	○	○
黠鎋薛	○	剌	○	曷	頞	遏	○	○	鎩
	○	○	○	黠	瞎	謁	○	殺	鍘
熱	熱	○	抴	○	歇	焆	舌	設	折
	列	仦	○	○	○	○	○	○	○

十二合

歟	非	明	竝	滂	幫	娘	澄	徹	
襏	摩	婆	頗	波	○	○	○	接	平
	麻	杷	葩	巴	○	○	○	○	
	呼	○	○	○	○	○	○	○	
緵	麼	爸	叵	跛	○	○	玀	妮	上
	馬	把	○	把	○	○	○	○	
	乜	○	○	○	○	○	○	○	
○	磨	縛	破	播	○	○	○	懊	去
○	禡	昅	弝	霸	○	○	○	○	
○	○	○	○	○	○	○	○	○	
窾	末	跋	鏺	撥	豹	吶	頌	○	入
撥	儃	拔	汃	捌	○	○	皺	○	
	茇	別	暋	箭	○	○	○	○	

知	泥	定	透	端	疑	羣	溪	見	
禍	○	詑	陒	訛	○	科	誇	戈	平
	○	馱	○	伙	瘸	○	體	瓜	
	○	○	○	○	○	○	○	○	
綏	妮	墮	妥	埵	妮	○	顆	果	上
	○	○	瓦	○	瓦	○	髁	裹	
	○	○	○	○	○	○	○	○	
○	愞	憜	唾	絲	臥	○	課	過	去
	○	○	○	瓦	○	○	跨	胍	
	○	○	○	○	○	○	○	○	
窡	○	奪	倪	掇	枂	○	闊	括	入
	○	○	倪	掇	軏	○	劀	刮	
	○	○	○	○	月	○	鹹	玦	

圖二四　十二合

韻	日	來	喩	匣	曉	影	禪	審	牀	穿	照	邪	心	從	清	精	微	奉	聲
戈麻			○	和	○	倭						○	莎	䓣	蓮	侳			平
	○	○	華	花	窊		○	○	○	○	鞾								
		臙			腽											○	○		
	○	○	○	○	○	○	○	○	○										
果馬		裸	○	禍	火	媒						○	鎖	坐	脞	笡			上
	○	○	髁	踝		○	○	○	後	礎	俎								
														○	○				
	○	○	○	○	○	○	○	○	○										
過禡		嬴	○	和	貨	㳿						○	朘	座	剉	挫			去
	○	○	化	㩲	諙		○	○	○						○	○			
	○	○	○	○	○	○	○	○	○										
鎋辥		捋	○	活	斡	姡		刷	說			○	杙	撮	繓				入
	○	○	僣	姡	嚖					茁	拙								
	劣	越	○	瞲		㖞				纂	歠				○	○			
	○	○	悅	穴	○					𡃤	雪	絕	膬	蕝					

圖二五　十三開

敷	非	明	並	滂	幫	娘	澄	徹	知	泥	定	透	端	疑	羣	溪	見	聲
		○	○	○	○	娘	長	萇	張	囊	唐	湯	當	卬	○	康	岡	平
○	○	○	○	○	○									卬	強	羌	薑	
		○	○	○	○													
		○	○	○	○													
		○	○	○	○		丈	昶	長	曩	蕩	曭	黨	駔	○	慷	航	上
○	○	○	○	○	○				○					仰	勥	磬	繈	
		○	○	○	○													
		○	○	○	○													
		○	○	○	○	釀	仗	悵	帳	儾	宕	儻	讜	柳	○	抗	鋼	去
○	○	○	○	○	○										勍	喭	彊	
		○	○	○	○													
		○	○	○	○													
○	○	○	○	○	○	道	著	眲	芍	諾	鐸	託	○	咢	○	恪	各	入
		○	○	○	○									虐	噱	卻	腳	

十三開

韻	日	來	喻	匣	曉	影	禪	審	林	穿	照	針	心	從	清	精	微	奉	
唐	○	郎	○	航	炕	鴦	○	○	○	○	○	○	桑	藏	倉	臧	○	○	平
陽	○	○	○	○	香	央	常	霜	林	瘡	莊	昌	章	○	○	○	○	○	
良	○	良	陽	○	○	○	○	商	○	○	○	○	詳	襄	牆	鏘	將	○	
蕩	○	朗	○	沆	汻	坱	○	○	○	○	○	○	顙	奘	蒼	阻	○	○	上
養	○	○	○	○	響	鞅	上	賞	磉	敞	掌	○	○	○	○	○	○	○	
兩	○	兩	養	○	○	○	○	○	○	○	○	○	像	想	蔣	搶	獎	○	
宕	○	浪	○	吭	○	盎	○	○	○	○	○	○	喪	藏	穡	葬	○	○	去
漾	○	○	○	○	向	快	尚	餉	剏	壯	障	○	狀	唱	○	○	○	○	
亮	○	亮	漾	○	○	○	○	○	○	○	○	○	相	匠	蹡	醬	○	○	
鐸	○	落	○	涸	雁	惡	○	○	○	○	○	○	索	昨	錯	作	○	○	入
藥	○	○	○	○	○	約	朔	泏	婀	斮	灼	○	○	○	○	○	○	○	
若	若	○	○	謔	約	妁	爍	○	妮	綽	○	○	○	○	○	○	○	○	
略	略	藥	○	○	○	○	○	○	○	○	○	○	削	嚼	鵲	爵	○	○	

十四合

敷	非	明	拉	滂	幫	娘	澄	微	知	泥	定	透	端	疑	羣	溪	見	
		茫	傍	滂	幫	聰	幢	尨	椿	○	○	○	○	○	○	恇	光	平
		龐	胮	邦										峱		腔	江	
芳	方	○	○	○	○	○	○	○	○	○	○	○	○	○	狂	誆	○	
		莽	慃	榜	○	○	○	○	○	○	○	○	○	○	○	廣	講	上
		佬	棒	髈												恇	狂	
仿	昉	○	○	劗	○	○	○	○	○	○	○	○	○	○	○	恇	獷	
		滂	傍	脄	螃	○	○	○	○	○	○	○	○	曠	絳	桄		去
		胖		鑵	謷			贅							狂	脏	誑	
訪	放	○	○	○	○	○	○	○	○	○	○	○	○	○	○	○	○	
		莫	泊	顡	博	○	○	○	○	○	○	○	○	瓁	郭	廓	覺	入
		邈	雹	璞	剝	搦	濁	逴	斮	○	○	○	○	獄	蒦	戄		
薴		○	○	○	○	○	○	○	○	○	○	○	○	○	○	懬	戄	

韻	日	來	喩	匣	曉	影	禪	審	牀		穿	照	斜	心	從	清	精	微	奉	十四合
唐江陽	○	○	○	黃	荒	汪					○	○	○	○	○	○	○			平
		瀧	○	栙	肛	胦			雙	淙		囪	○							
	○	○	王	○	○	○	○											匚	房	
											○	○	○	○	○	○	○			
蕩講養	○	○	○	晃	慌	汻					○	○	○	○	○	○	○			上
			往	項	傇	愰	枉													
	○	○	往	○	悅													囧	○	
											○	○	○	○	○	○	○			
宕絳漾	○	○	○	擴	荒	汪					○	○	○	○	○	○	○			去
			巷	況		○	淙	漂			椴									
	○	○	迋	○														癹	防	
											○	○	○	○	○	○	○			
鐸藥	○	硌	○	擭	霍	腥		朔	淖		婼	捉								入
		犖	○	學	吒	嘆	渥	娞									喫			
	○	○	竉	○	嘆						○	○	○	○	○	○	○		縛	

十五合

韻	日	來	喻	匣	曉	影	禪	審	牀		穿	照	邪	心	從	清	精	牀	神	奉	
庚耕登青清	○	○	○	橫	轟	泓				圖	○	○	○	○	○						平
仍	○	弘	○	薨	兄	詢														○	
	○	榮	○	熒	○	縈					○	騂	○	○	○						
	○	營	○																		
梗迥靜	○	卝	○	澋	克	○					○	○	○	○	○						上
	○	永	○	詗	○	淡															
	○	潁	○	迥	○	淀				卅										○	
映諍勁徑	○	○	○	蝗	轟	褮					○	○	○	○	○						去
	○	詠	○	轟	○	敻															
	○	鎣	○	○	鑑																
陌德職昔錫	熭	或	○	嘖	劃	擭	○	撼	越		○	摣	○	○	○						入
	○	帝	○		蒂	洫	○					慕									
	○	域	○													○					
	○	役	○											旻	○						

十六開

	王	明	並	滂	幫	娘	澄	徹		知	泥	定	透	端	疑	羣	溪	見	
		朋	溯	崩		鑑	棖	瞠	趙真		能	騰	鼟	登	○	○	搄	庚	平
		彭	磅	砰		根	澄	橙							婭	○	阬	卿驚經	
○	○	明	平	兵	砰							庭	汀	丁	迎	頸	掔	輕	
		名	瓶	姘						能				等	○	○	肯	耿	上
		猛	嘲	伽	○	檀	湞	逞	町						○	殑	痙	警頸	
○	○	瞞	儖	憑	○	場	程			潁	挺	珽	頂	脛	○	謦		
		茗	泣	摀														
		懵	伽	窮	○	鋥	掌		○	鄧	澄	橙	硬	○	競	慶	更敬勁	去
○	○	孟	儜	病	○	鄭	覷		悵					凝	○	罄		
		甒		屏						定	聽	矴		迎	○	刻	禖格強激	
		墨	蕮	北	○	踣	坆		礩	特	忒	德	額	○	客	隙		入
		陌	白	伯	宅	救			陟					逆	極	劇		
○	○	寶	覆	堛	直					獲	逖	的	鷁	○	亟	激		
		𥧑	擘	霹	匿			怒										

十六開

韻目	日	來	嶷	匣	曉	影	禪	審	牀	穿	照	斜	心	從	清	精	微	奉	調
登	○	楞	○	恒	○	○	○	生	○	○	○	○	僧	屑	○	增	○	○	平
庚耕	○	○	○	行	膯	罌	○	聲	○	琤	爭	○	○	○	○	○	○	○	
蒸清	仍	陵	蠅	刑	興	霙	成	偁	○	稱	征	錫	星	情	清	精	○	○	
青	○	靈	盈	○	馨	嚶	○	○	○	○	○	○	○	○	○	噌	○	○	
等	○	冷	○	幸	○	○	○	省	○	○	○	○	省	○	○	○	○	○	上
梗耿	○	○	○	○	○	影	○	○	○	○	整	○	○	○	○	○	○	○	
靜迥	○	領	郢	婞	○	瘦	○	○	○	○	○	○	省	靜	請	井	○	○	
拯	○	○	○	○	○	○	○	○	○	○	○	○	○	○	○	○	○	○	
嶝	○	餕	○	行	興	應	丞	生	○	○	諍	○	甑	贈	蹭	增	○	○	去
映諍	○	○	○	○	釁	映	○	○	○	○	政	○	○	○	○	○	○	○	
勁徑	孕	零	○	脛	欽	○	勝	○	○	○	○	○	性	淨	靘	甑	○	○	
證	認	○	○	○	○	○	乘	○	○	○	○	○	○	○	○	○	○	○	
陌麥	○	勒	○	劾	黑	憶	寔	色	○	測	稄	○	塞	賊	城	則	○	○	入
職昔	○	力	弋	覈	赫	益	丞	識	○	尺	職	○	○	○	○	○	○	○	
錫	憖	○	○	○	欻	抑	○	寔	○	○	○	席	息	寂	戚	卽	○	○	
	○	○	○	○	○	○	定	識	○	○	○	○	○	○	○	○	○	○	

十七開

韻目	敷	非	明	並	滂	幫	章	娘	澄	徹	知	泥	定	透	端	疑	羣	溪	見	調
	○	○	埋	排	姝	○	捱	○	掇	○	○	能	臺	胎	○	皚	○	開	該	平
	○	○	○	○	○	○	○	○	○	○	蘇	○	○	○	○	崖	○	揩	皆	
	○	○	買	罷	俖	擺	○	○	薦	○	○	乃	駘	嘡	等	騃	○	愷	改	上
	○	○	○	○	○	○	○	○	○	○	○	○	○	○	○	○	鍐	楷	解	
	○	○	賣	敗	派	拜	蔽	○	蕙	○	臍	奈	大	泰	帶	艾	暖	礚	蓋	去
	○	○	○	○	○	○	○	○	○	○	○	○	○	○	○	○	炫	慨	懈	
	○	○	傄	拔	汃	八	疙	○	○	○	掭	達	闥	怛	辞	○	渴	葛	入	
	○	○	○	○	○	○	○	○	○	○	晰	○	○	齧	○	○	鶡	曷		

十七開

韻	日	來	喻	匣	曉	影	禪	審	牀	穿	照	邪	心	從	清	精	敷	奉	微	調
咍皆佳	○	來唻	孩	孩諧	咍稀	哀挨	○	恖	柴	差	齋	○	鰓	裁	猜	栽	○	○	○	平
海蟹駭	○	鈶駭	亥	海	欻矮	○	○	灑	寨	茬	○	○	○	在	采	宰	○	○	○	上
泰代卦怪夬	○	賴	害	害械	餀譺	藹	○	曬	寨	債	瘵	○	賽	載	菜	載	○	○	○	去
	○	剌	曷頞	頞鎋	瞎軋	○	殺	鍘	刹	札	○	○	○	撮	聱	蔡	○	○	○	入

十八開

韻	徹	澄	娘	並	明	非	敷	數	知	泥	定	透	端	疑	群	溪	見	調
	癡	馳	尼	○	○	○	○	○	知	泥啼	啼	梯	低	疑倪	其祇	欺溪	姬雞	平
	褫	豸	伱	○	○	○	○	○	掫	禰弟	弟	體	邸	蟻技	技	綺垝	紀几企	上
	眙	值	膩	○	○	○	○	○	置	泥地	地	替	帝	臲忌	忌芟	棄器	記計	去
	抶	秩	暱	○	○	○	○	○	窒	○	○	疙	○	蚳耴	起	乞姞	訖吉	入

十八開（第卅六圖）

韻	目	來	喻	匣	曉	影	禪	審	牀
支脂之齊	○	○	○	○	○	○	○	師	茌
	兒	釐	移	○	僖	醫	時	詩	鷁
	○	黎	飴	○	笑	○	○	○	○
紙旨止薺	○	○	○	○	○	○	是	躧	士
	耳	里	矣	○	喜	倚	○	○	弛
	○	邐	俟	○	○	○	○	○	○
寘至志霽	○	○	○	○	○	○	侍	駛	事
	二	利	易	○	憙	意	示	試	○
	○	異	異	○	黑	縊	○	○	○
質	○	勒	○	○	○	○	瑟	齣	○
	日	栗	逸	○	迄	乙	失	叱	○
	○	○	○	○	欯	一	○	○	○

十八開	奉	微	精	清	從	心	斜	照	穿
平	○	○	兹	雌	慈	思	詞	○	○
	○	○	蒩	○	○	○	○	眵	差
	○	○	齋	妻	齊	西	○	○	○
上	○	○	紫	此	○	死	○	紙	兒
	○	○	○	○	○	○	○	齒	剗
	○	○	濟	泚	薺	枲	○	○	○
去	○	○	恣	載	自	笥	寺	志	廁
	○	○	○	○	○	○	○	志	熾
	○	○	霽	砌	齊	細	○	○	○
入	○	○	則	城	賊	塞	○	質	櫛
	○	○	○	○	○	○	○	叱	剗
	○	○	七	疾	悉	○	○	喞	○

十九合（第卅七圖）

	敷	非	明	並	滂	幫	娘	澄	徹
	○	○	枚	裴	肧	桮	○	○	○
霏	斐	皮	鈹	陂	陴	○	鎚	○	○
	迷	韗	砒	○	○	○	○	追	
	○	○	浼	琲	啡	○	○	○	○
斐	匪	靡	被	婢	諀	彼	○	○	○
	洦	○	○	○	○	匕	○	○	○
	○	○	妹	佩	霈	貝	○	內	兌
肺	廢	郿	髮	帔	轡	諉	墜	○	綴
	寐	○	鼻	臂	○	○	○	○	○
	○	○	沒	勃	蘇	不	○	○	黜
拂	弗	密	弼	弼	辭	筆	尤	○	怵
	蜜	○	邲	匹	○	必	○	○	○

十九合	知	泥	定	透	端	疑	羣	溪	見
平	○	峩	穨	雅	磓	鮠	○	恢	傀
	○	○	○	○	巍	危	逵	暌	圭
	○	○	○	○	○	葵	○	○	歸
上	○	餒	錞	骸	腿	頠	○	頄	傀
	○	○	○	○	○	蔿	跪	跬	詭
	○	○	○	○	硊	撰	○	棓	癸
去	○	內	兌	娧	對	外	○	襘	儈
	○	○	○	○	○	僞	匱	喟	貴
	綴	○	○	悸	○	○	○	觖	季
入	○	訥	突	実	咄	兀	○	○	骨
	怵	○	○	○	崛	偏	屈	○	亥
	○	○	○	○	○	○	○	○	橘

十九合

	奉	微	斜	心	從	精	牀	床	照	穿	審
平				崔		崔	嶉	○		推	衰
	肥	微							錐	推	吹
			雖	○	○	綏	隨				
上				嶵	罪		崔	○			揣
	膹	尾								捶	
			脊	趡	蕊	髓	濰				
去			最	襀	蕞	碎	○	悴		贅	吹
	吠	未								桑	
			醉	翠	萃	邃	遂				
入			卒	崒	捽	窣	○	鋭		絀	出
	佛	物									
			卒	焌	萃	卹	○				

韻	日	來	喻	匣	曉	影	禪	審	牀
灰支脂微齊		雷	○	回	灰	隈			
	蕤	○	○	○	○	○	衰	○	
	羸	蟥	○	揮	威	娃	誰	鷀	○
		惟	攜	眭	○	○			
賄海紙旨尾	蕊	磥	侑	瘣	賄	猥			
		絫	泪	唯	○	毀	瞵	董	水
						委			
泰隊寘廢祭未至霽	芮	頦	○	會	誨	愶			
		累	胃	誨	儡	恚	睡	倕	帥稅
		○	遺	慧	佪	恚			逝
質		蒪	○	婺	忽	頲			率
	○	律	颭	○	瞂	鬱			
	○	聿	○	狘	鬱				

二十合

	知	泥	定	透	端	疑	羣	溪	見
平	蒤	○	○	○	○	○	○	匯	媧 乖
									○
									○
上							芛	芛	○
去	膪	○	○	○	○	聵	○	卦	冊 怪
入	窫	○	○	○	○	黜	○	勪	劀

	敷	非	明	竝	滂	幫	娘	澄	徹
平							㜫	㨡	
	○	○	○	○	○	○			
上								矕	
去				湃		○	㜫	○	
入				豹		○	頒		

三合

右欄（照系・精系）　韻目　平上去入

韻	牀	審	群	影	曉	匣	喻	來	明 ‖ 穿	照	斜	心	從	清	精	微	奉	調
佳皆	○	○	蛙	○	黿	○	○	○	○ ‖ ○	○	○	○	○	○				平
	脽	恩	○	歲	戺	懷	○	髎	○ ‖ ○	○			○	○		○	○	
	○	○	○	○	○	○	○	○	○ ‖ ○	○	○	○	○	○				
蟹	○	灑	○	歲	扮	夥	○	○	○ ‖ ○				○	○	○			上
	○	○	○	○	○	○	○	○	○ ‖ ○			○	○					
卦怪夬	○	鍛	○	齡	譃	晝	○	○	○ ‖ 嘬	○			○	○	○			去
	○	○	○	鮶	壞	○	○	○	○ ‖ ○	○	○	○	○	○				
	○	刷	○	娟	俉	滑	○	○	○ ‖ 茁	纂			○	○	○			入
	○	○	○	○	○	○	○	○	○ ‖ ○	○	○	○	○					

第六節　經史正音切韻指南

一、切韻指南之特色

　　《經史正韻切韻指南》爲元關中劉鑑所作，其書與《五音集韻》相輔而行，劉氏自序云：「僕於暇日，因其舊制，次成十六通攝，作檢韻之法，析繁補隙，詳分門類，並私述玄關六段，總括諸門，盡其蘊奧，名之曰《經史正音切韻指南》，與韓氏《五音集韻》互爲體用，諸韻字音，皆由此韻而出也。」劉氏自序所謂舊制，究何所指？熊澤民序云：「古有《四等等子》爲流傳之正宗，然而中間分析尙有未明，不能曲盡其旨。」據熊氏序言，則《指南》所據舊制爲《四聲等子》，殆無疑也。故其書圖式，與《四聲等子》同，獨《等子》總二十圖，《指南》分爲二十四圖爲異耳。所以多四圖者，江攝獨立一圖也，梗攝獨立分爲開合二圖，又增二圖也。咸攝凡范梵乏四韻別爲一圖，故合計增多四圖。以通、江、止、遇、蟹、臻、山、效、果、假、宕、梗、曾、流、深、咸爲十六攝。全書共十六攝二十四圖，每圖首行，皆先標攝名，內外轉次，續明開合與獨韻，以廣通促狹諸門分記其下。內轉八攝，通、遇、流、深爲獨韻，止、果、宕、曾各分開合；外轉八攝，江、效、咸爲獨韻，蟹、臻、山、假、梗各分開合，獨韻一攝一圖，惟咸攝增一圖，共八圖，其分開合者，開合各分一圖，惟假併於果，故共十六圖，加獨韻八圖，共爲二十四圖。

　　聲母以三十六字母橫列六欄二十三行，首欄爲牙音，見溪群疑；次欄舌音，端透定泥，知徹澄娘附其下；三欄爲脣音，幫滂並明，非敷奉微附於其下；四欄爲齒音，精清從心邪，照穿床審禪附於其下，五欄爲喉音，曉匣影喻；六欄爲舌齒音，來日。

　　入聲字兼配陰陽，於陰聲各攝下注，此入聲見於某陽聲韻攝。韻目併列二行者，取彼則不取此，示此等韻《指南》已無可區別矣，或亦明言某韻宜併入某。所用韻目以《五音集韻》百六十韻爲主，無取於《廣韻》之二百零六也。

二、切韻指南之聲母

　　《切韻指南》所據者仍爲守溫三十六字母。三十六字母又分隸於五音，《切韻指南》分五音歌云：

　　　　見溪群疑是牙音

　　　　端透定泥舌頭音　　知徹澄娘舌上音

　　　　幫滂並明重脣音　　非敷奉微輕脣音

　　　　精清從心邪齒頭音　　照穿床審禪正齒音

　　　　曉匣影喻是喉音　　來日半舌半齒音

　　旣分五音，又科別清濁，其辨清濁歌云：

　　　　端見純清與此知　　精隨照影及幫非

　　　　次清十字審心曉　　穿透滂敷清徹溪

　　　　全濁群邪澄並匣　　從禪定奉與床齊

　　　　半清半濁微娘喻　　疑日明來共八泥

　　除以次濁稱半清半濁有欠明確外，餘皆與今人分析相同[51]。至於字母之等列，則多襲傳統韻圖之舊。其明等第歌云：

　　　　端精二位兩頭居　　知照中間次第呼

　　　　來曉見幫居四等　　日非三等外全無

51　參見拙著《音略證補》。

　　此歌之意，謂端系與精系僅出現一四兩等，知系與照系則惟見於二、三兩等也。來、曉、影與見、幫兩系則四等俱全，日母與非系則僅出現於三等也[52]。字母雖依三十六，然當時語音則聲母多已簡化，如知照無別，非敷難分，泥娘混同，穿徹不異，澄床弗殊，疑喻合一。此種混同見於交互歌：

　　　　知照非敷遞互通。泥孃穿徹用時同。

　　　　澄床疑喻相連續，六母交參一處窮。

三、切韻指南之韻攝

　　《切韻指南》末附檢韻十六攝，茲錄於後：

內八轉

東董送屋	脂旨至質
通攝冬〇宋屋	止攝
鍾腫用燭	微尾未物
魚語御屋	歌哿箇鐸
遇攝虞麌遇燭	果攝
模姥暮沃	戈果過鐸
陽養樣藥	蒸拯證職
宕攝	曾攝
唐蕩宕鐸	登等嶝德
尤有宥燭	

52　按此亦大略言之，其細別又稍有出入。

流攝　　　　　　　　　深攝侵寢沁緝
　侯厚候屋
內轉歌訣
　通攝東冬韻繼鍾　　止攝脂微次第窮
　遇攝魚虞模三位　　果攝歌戈二韻從
　宕攝陽唐君記取　　曾攝蒸登兩韻風
　流攝尤侯無他用　　深攝孤侵在後宮
外八轉
　　　　　　　　　　齊薺（霽廢祭）質
　　　　　　　　　　皆駭怪鎋
江攝江講絳覺　　　蟹攝
　　　　　　　　　　灰賄隊末
　　　　　　　　　　咍海代（泰）曷

　眞軫震質
　諄準稕術　　　　　元阮願月
　文吻問物　　　　　寒旱翰曷
臻攝　　　　　　　山攝桓緩換末
　殷隱焮迄　　　　　山產諫鎋
　痕很恨沒　　　　　仙獮線薛
　魂混慁沒

　宵小笑藥
效攝肴巧效覺　　　假攝麻馬禡鎋
　豪皓號鐸

　庚梗諍陌　　　　　覃感勘合

梗攝清靜勁昔　　　　　鹽琰豔葉
　青迥徑錫　　　　　咸攝
　　　　　　　　　咸豏陷洽
　　　　　　　　　凡范梵乏

外轉歌訣

　　江攝孤江只是江　　蟹攝齊皆灰咍強
　　臻攝真魂六韻正　　山攝仙元五韻昌
　　效攝宵肴豪三位　　假攝孤麻鎮一方
　　梗攝庚清青色字　　咸攝覃鹽凡四鄉

《經史正音切韻指南》以入聲兼配陰陽，故又有入聲九攝（通、宕、曾、深、江、臻、山、梗、咸）。

　　咸通曾梗宕江山　　深曾九攝入聲全
　　流遇四等通攝借　　咍皆開合在寒山
　　齊止借臻鄰曾梗　　高交元本宕江邊
　　歌戈一借岡光一　　四三并二卻歸山

當時語音入聲既兼配陰陽，恐已無強輔音韻尾-p、-t、-k 之區別矣。不僅此也，各攝之間亦有混同，其叶聲韻歌云：

　　梗曾二攝與通疑　　止攝無時蟹攝推
　　江宕略同流參遇　　用時交互較量宜

不但各攝多有混同，輕脣音亦產生於十韻之中，如輕脣十韻歌云：

　　輕韻東鍾微與元　　凡虞文廢亦同然
　　更有陽尤皆一體　　不該十韻重中編

茲再以《廣韻》韻類分配《切韻指南》十六攝各等於下：

*1.*通攝（合口）內一

　　一等：東董送屋❶　多〇宋沃

　　三等：東〇送屋❷　　鍾腫用燭

2.江攝獨韻（脣牙喉開舌齒屬合）外一

　　二等：江講絳覺

3.止攝內二

　　三等開：支紙寘❶　脂旨至❶　之止志　微尾未❶

　　　　合：支紙寘❷　脂旨至❷　〇〇〇　微尾未❷

4.遇攝獨韻（合口）內三

　　一等：模姥暮

　　三等：魚語御　虞麌遇

5.蟹攝外二

　　一等開：咍海代　　　〇〇泰❶

　　　　合：灰賄隊　　　〇〇泰❷

　　二等開：皆駭怪❶　佳蟹卦❶　〇〇夬❶

　　　　合：皆駭怪❷　佳蟹卦❷　〇〇夬❷

　　三等開：〇〇祭❶

　　　　合：〇〇祭❷　　〇〇廢

　　四等開：齊薺霽❶

　　　　合：齊薺霽❷

6.臻攝：外三

　　一等開：痕很恨〇

　　　　合：魂混慁沒

　　二等開：臻〇〇櫛

　　三等開：眞軫震質　欣隱焮迄

　　　　合：諄準稕術　文吻問物

7.山攝：外四

　　一等開：寒旱翰曷

　　　　合：桓緩換末
　　二等開：刪潸諫鎋❶　　山產襉黠❶
　　　　合：刪潸諫鎋❷　　山產襉黠❷
　　三等開：仙獮線薛❶　　元阮願月❶
　　　　合：仙獮線薛❷　　元阮願月❷
　　四等開：先銑霰屑❶
　　　　合：先銑霰屑❷

8.效攝：獨韻（開口）外五
　一等：豪皓號
　二等：肴巧效
　三等：宵小笑
　四等：蕭篠嘯

9.果攝：內四
　一等開：歌哿箇
　　　合：戈果過❶
　三等開：戈〇〇❷
　　　合：戈〇〇❸

10.假攝：外六
　二等開：麻馬禡❶
　　　合：麻馬禡❷
　三等開：麻馬禡❸

11.宕攝：內五
　一等開：唐蕩宕鐸❶
　　　合：唐蕩宕鐸❷
　三等開：陽養漾藥❶
　　　合：陽養漾藥❶

*12.*梗攝：外七

　二等開：庚梗映陌❶　耕耿諍麥❶

　　　合：庚梗映陌❷　耕耿諍麥❷

　三等開：庚梗映陌❸　清靜勁昔❶

　　　合：庚梗映陌❹　清靜勁昔❷

　四等開：青迥徑錫❶

　　　合：青迥勁錫❷

*13.*曾攝：內六

　一等開：登等嶝德❶

　　　合：登〇〇德❷

　三等開：蒸拯證職❶

　　　合：〇〇〇職❷

*14.*流攝：獨韻（開口）內七

　一等：侯厚候

　三等：尤有宥　幽黝幼

*15.*深攝：獨韻（開口）內八

　三等：侵寑沁緝

*16.*咸攝：外八

　一等開：覃感勘合　談敢闞盍

　二等開：咸豏陷洽　銜檻鑑狎

　三等開：鹽琰豔葉　嚴儼釅業

　　　合：凡范梵乏

　四等開：添忝㮇帖

四、切韻指南之門法

　　《切韻指南》後附玉鑰匙門法，總一十三門。茲錄於後，並略加疏釋。

　　㈠音和門：音和者，謂切腳二字，上者爲切，下者爲韻，先將上一字歸知本母，於爲韻等內本母下便是所切之字，是名音和。故曰：音和切字起根基，等母同時便莫疑。記取古紅公式樣，故教學切起初知。

　　【按】凡字與其切語上字於韻圖同屬一母，與其切語下字同列一等之內者爲音和。此爲韻圖歸字之基本原則，依反切以求所切字音，在原則上僅須知切語上字屬何聲母，切語下字屬何等列，於兩者交錯之處，即可切出所求之字音。此爲切語之正例，亦開宗明義之第一章也。

　　音和之例，如下圖所示：

匣	曉						溪	見↓	
紅	→	→	→	→	→	→→		公	等一
									等二
									等三
									等四

　　古紅切公，古屬見母，紅在一等，由紅橫推到見母下一等處，即可得「公」字。

　　㈡ 類隔門：類隔者，謂端等一四爲切，韻逢二三便切知等字，知等二三爲切，韻逢一四卻切端等字，爲種類阻隔而音不同也。故曰類隔。如都江切樁字，徒減切湛字之類是也。唯有陟邪切爹字是麻韻不定切。

　　【按】端系字依例不出現於二三等韻，但韻書中保留若干較早期以端系切二三等韻之例外切語，韻圖既從實際音系歸字，若據此類字求音，則必須變端系音爲二三等韻實有之知系音。圖示於下：

泥娘	定澄	透徹	端知		疑	群	溪	見	
								↓	等一
			椿	←—	—	—	—	江	等二
									等三
									等四

都江切椿，都屬端母，應在一等，惟江字在二等，故隨韻切知。

泥娘	定澄	透徹	端知		疑	群	溪	見	
↓									等一
湛	←—	—	—	—	—	—	—	一減	等二
									等三
									等四

徒減切湛，徒屬定母，應在一等，惟減在二等，故隨韻切澄，因二等必屬澄也。不得切一等之定也。

㈢窠切門：窠切者，謂知等第三為切，韻逢精等影喻第四，並切第三，為不離知等第三之本窠也。故曰窠切。如陟遙切朝，直猷切儔字之類也。

【按】三等韻知系字，韻圖列三等，而精系與喻母及一部分脣牙喉音例置四等，若有知系字以精喻等母為切語下字者，須注意所切之字不應隨切語下字列四等，應置於知系定居之三等。圖示於下：

匣	曉	喻	影		娘	澄	徹	知	
										等一
								↓	等二
								朝	等三
		遙—	—	—	—	—	—	→	等四

陟遙切朝，陟爲知母字，遙爲喻母四等字，此朝字不得隨遙列四等，應列知系之三等也。

匣	曉	喻	影		娘	澄	徹	知	
						|			等一
						↓			等二
						儔			等三
		猷—	——	——	——	→			等四

直猷切儔，直爲澄母字，猷爲喻母四等字，此儔字不得隨猷列四等，應列知系之三等也。

㈣輕重交互門：輕重交互者，謂幫等重音爲切，韻逢有非等處諸母第三便切輕脣字，非等輕脣爲切，韻逢一二四皆切重脣字，故曰輕重交互。如匹尤切颮字，芳梧切胚字之類是也。

【按】反切脣音字韻圖分爲輕脣與重脣，用反切於韻圖上以求脣音字，自不免時感乖違，然輕重脣卻有一定之分際，即東、鍾、微、虞、文、元、陽、尤、凡、廢十韻及其相配之上去入聲韻全爲輕脣，其他各韻爲重脣。因此凡反切下字屬東、鍾、微、虞、文、元、陽、尤、凡、廢各韻，無論上字輕脣抑重脣，皆應於輕脣下求之，反之，若係其他各韻之反切下字，則於重脣下求之。圖示於下：

匣	曉	喻	影		明微	並奉	滂敷↓	幫非	
							|		等一
							↓		等二
		尤—	——	——	——	—→	颮		等三
									等四

匹尤切虪，匹屬滂母，而所切之虪，則屬敷母，故於敷母旁加一↓，表示讀同敷母而置於三等也。

				明微	並奉	滂敷↓	幫非	
				胚			←桮	等一
								等二
								等三
								等四

芳桮切胚，芳屬敷母應列三等，而所切之胚字，則隨切語下字桮列於滂母下一等處，特於字母旁注以↓號，表示讀同滂母也。

㈤振救門：振救者，謂不問輕重等第，但是精等為切，韻逢諸母第三並切第四，是振救門。振者舉也，救者護也。為舉其綱領能整三四，救護精等之位，故曰振救。如私兆切小字，詳里切似字之類是也。

【按】三等韻精系字，韻圖例置四等，同韻類之其他各母則置三等，若遇精系字以其他各母三等為切語下字時，須注意所切之字不應隨反切下字置列三等，而應置於精系定居之四等。圖示於下：

邪禪	心審	從床	清穿	精照	泥娘	定澄	透徹	端知	
	│								等一
	│								等二
	↓	←	—	—	—	—兆			等三
	小								等四

　　私兆切小字，兆爲澄母三等字，而所切之小字，則置於四等，因爲私屬心母，必居四等也。

日	來			邪禪	心審	從床	清穿	精照	
				│					等一
				│					等二
	里—	——	——	→↓					等三
				似					等四

　　詳里切似，里爲三等來母字，而所切之似字，則置於四等，因爲詳屬邪母，必置於四等也。

　　㈥正音憑切門：正音憑切者，謂照等第一爲切（照等第一即四等中之第二等是也），韻逢諸母三四，並切照一，爲正齒音中憑切也。故曰正音憑切。如楚居切初，側鳩切鄒字是也。

　　【按】三等韻之莊系字，韻圖例置二等，同韻類之其各母則多在三四兩等，故莊系字若以其他各母字爲反切下字，無論其下字屬何等，均應於二等下求之。憑切者，謂只憑反切上字以定其等列也。圖示於下：

禪	審	床	穿	照	疑	群	溪	見	
			↓						等一
			初						等二
			←	——	——	——	——	居	等三
									等四

　　楚居切初，居爲三等字，而所切之初，應隨其反切上字定居於正齒音二等也。

禪	審	床	穿	照	疑	群	溪	見	
				↓					等一
				鄒					等二
				←—————————				鳩	等三
									等四

側鳩切鄒，鳩為三等字，而所切之鄒，應隨其反切上字定居於正齒音二等也。

㈦精照互用門：精照互用者，謂但是精等字為切，韻逢諸母第二，只切照一字；照等第一為切，韻逢諸母第一卻切精一字，故曰精照互用。如士垢切鰤字，則減切斬字之類是也。

【按】精系字依例不出現於二等韻，莊系字則不出現於一等韻。然韻書中保留若干以精系字切二等，以及以莊系字切一等韻之早期切語。韻圖依實際音讀列字，以精系切二等韻者列莊系之地位，莊系切一等者列精系之地位。故若遇此類切語，設其下一字屬一等，則上字雖屬莊系，亦得改於一等精系下相當之音處求之。反之，若下字屬二等韻，上字雖屬精系，亦得改於二等莊系相當之音處求字。圖示於下：

邪禪	心審	從↓床	清穿	精照	疑	群	溪	見	
		鰤←						一垢	等一
		○							等二
									等三
									等四

三十六字母的的照穿床審四母在《廣韻》聲母中實包含照穿神審與莊初床疏八類聲母，所謂莊系字實指莊初床疏四紐而言。

在韻圖上只有照穿床審四母，這是我們首先應該理解的。像上圖
仕垢切皴，仕屬床母，本應置於二等，惟垢爲一等韻，故仕雖屬
床母，而皴仍置於一等從母處也。故在表上從母旁，以↓號表示
之。而在床母本應列置之二等，則以○表示之。

邪禪	心審	從床	清穿	精照	疑	群	溪	見	
				↓					等一
				斬←	——	——	——	一減	等二
									等三
									等四

　　則減切斬，則屬精母，本應置於一等，惟減爲二等韻，故則
雖屬精母，而斬仍置於二等照（莊）母處。

　　由此可知，若下一字爲一等字，上字雖屬照（莊）系，仍應
視作精系字處理；若下字爲二等韻字，則上字雖屬精系，亦應視
作照（莊）系處理也，故謂之精照互用也。

　　㈧寄韻憑切門：寄韻憑切者，謂照等第二爲切（照等第二，
即四等中之第三等也。）韻逢一四，並切照二。言雖寄於別韻，
只憑爲切之等也。故曰寄韻憑切。如昌來切犓字，昌給切苗字之
類是也。

　　【按】照系字依例不見於一等韻，然韻書中有若干照系字，
借用一等韻字作切語下字，其實乃三等字而切語下字則借一等
字，故不能從切語下字求得，必須從切語上字於三等照系求之。
圖示於下：

日	來			禪	審	床	穿	照	
	來一	—	—	—	—	—	→ |		等一
							↓		等二
							犆		等三
									等四

來屬一等韻，然昌屬穿母，所切之犆字，不從來字居一等，而隨昌字居三等。

禪	審	床	穿	照	泥	定	透	端	
			|	—	—	—	一給		等一
			↓						等二
			苴						等三
									等四

給屬一等韻，然昌屬穿母，所切之苴字，不從給字居一等，而隨昌字居三等。

又照系字韻圖旣一概列於三等，而同韻類之其他各系字亦有列於四等者，照系字若以此類字爲切語下字時，亦不能據切語下字之等第以求字，必須於照系定居之三等字求之，此又爲另外一種寄韻憑切之型態。如職容切鍾字是也。圖示如下：

匣	曉	喻	影			床	穿	照	
								|	等一
								↓	等二
								鍾	等三
		容一	—	—	—	—	—	→	等四

職容切鍾，容爲喩母四等字，職屬照母字，所切之字，不隨

下字容置於四等，而隨上字歸入照系所定居之三等。故也稱爲寄韻憑切。

　　㈨ 喻下憑切門：喻下憑切者，謂單喻母下，三等爲覆，四等爲仰，仰覆之間，只憑爲切之等也。故曰喻下憑切。如余昭切遙字，于聿切颺字之類是也。

　　【按】韻書「爲」紐與「喻」紐字，韻圖均列於喻母下，但卻使「爲」紐字居三等，而「喻」紐字居四等以區別之。但「爲」紐字之反切下字並非皆在三等，「喻」紐字之反切下字亦並非皆在四等，故欲於韻圖求字，不能以切語下字之等第爲準，只憑其切語上字以求，上字屬「爲」紐，必置三等，上字屬「喻」紐，則必置四等。圖示於下：

喻	影				禪	審	床	穿	照	
|										等一
|										等二
↓←	—	—	—	—	—	—	—	—	一招	等三
遙										等四

　　余招切遙，招爲照母三等字，余屬喻紐，所切之遙，隨反切上字置於四等。

喻	影				疑	群	溪	見	
|									等一
|									等二
颺									等三
聿									等四

　　于聿切颺，聿爲四等字，于屬爲紐，所切之颺，隨反切上字

置於三等。

　　㈩日寄憑切門：日寄憑切者，謂日字母下第三爲切，韻逢一二四並切第三，故曰日寄憑切。如汝來切蒳字，如華切楼，如延切然字之類是也。

　　【按】日母字僅見於三等韻，韻圖亦均列三等，然其切語下字，亦有借用一、二等韻者，亦有雖屬同韻而韻圖列於四等者，不論何類切語下字，若上字屬日母，均應於三等求之，可不論其下字之等第。圖示於下：

日	來				疑	群	溪	見	
｜←	一來								等一
↓									等二
蒳									等三
									等四

　　汝來切蒳，來在一等，汝屬日紐，所切蒳字，隨上字置三等。

日	來				匣	曉	喩	影	
｜									等一
↓←	──	──	──	──	──華				等二
楼									等三
									等四

　　儒華切楼，華在二等，儒屬日紐，所切楼字，隨上字置三等。

日	來				匣	曉	喻	影	
│									等一
↓									等二
然									等三
←								─延	等四

　　如延切然，延在四等，如屬日紐，所切之然字，隨反切上字置三等。

　　㈩廣通門：通廣者謂脣牙喉下爲切，以脂韻眞諄是名通，仙祭清宵號廣門。韻逢來日知照三，通廣門中四上存。所謂廣通者，以其第三通及第四等也，故曰通廣。如符眞切頻，芳連切篇之類是也。

　　【按】支脂眞諄祭仙宵清八韻有一類脣牙喉音韻圖列四等，若此類字以來日知照諸系三等字爲切語下字時，則不據切語下字所居之三等求之，而應於四等求之。圖示於下：

禪	審	床	穿	照	明微	並奉	滂敷	幫非	
							│		等一
							│		等二
				眞─	──	─→↓			等三
						頻			等四

符眞切頻，眞在三等，所切之頻字，則置脣音並母四等下。

日	來				明微	並奉	滂敷	幫非	
							│		等一
							│		等二
	連─	──	──	──	──	──	─→↓		等三
							篇		等四

芳連切篇，連在三等，而所切之篇字，則置滂母下四等。

㈩侷狹門：侷狹者，亦謂脣牙喉下為切，韻逢東鍾陽魚蒸為侷，尤鹽侵麻狹中依，韻逢精等喻下四，侷狹三上莫生疑。所謂局狹者，第四等字少，第三等字多，故曰侷狹。如去羊切羌字，許由切休字之類是也。

【按】東鍾陽魚蒸尤鹽侵麻八韻脣牙喉音（喻母除外），韻圖置三等，若以同韻而韻圖取居四等之精系及喻母字為切下字時，所切字應於三等求之。圖示於下：

喻	影				溪	見	
					|		等一
					↓		等二
					羌		等三
羊—					→		等四

去羊切羌，羊在四等，所切之羌，卻在溪母下三等地位。

		喻	影	匣	曉	
					|	等一
					↓	等二
					休	等三
		由—			→	等四

許由切休，由在四等，所切之休，卻在曉母下三等地位。

〈董同龢・論廣通侷狹〉

《玉鑰匙》分支脂眞諄為「通」，仙祭清宵為「廣」，似有所謂而實無關宏旨。原來前者在韻圖沒有獨立四等韻居其下；後者則有（即先齊青蕭）。「侷狹門」也是相似的。以東鍾陽魚蒸無四等韻者為「侷」，尤鹽侵麻之另有字者為「狹」。分不分都是不要緊的。

㈡內外門：內外者，謂脣牙喉舌來日下爲切，韻逢照一，內轉切三，外轉切二，故曰內外，如古隻切江，矣殊切熊字之類是也。

【按】三等韻之莊系字，在韻圖上是離開本韻其他各系字而獨居於二等，然韻書亦有以莊系字作爲其他各系反切下字者，若以此類切語於韻圖求字，則不能據下字之二等以求，而當於三等或四等求之。圖示於下：

禪	審	床	穿	照			溪	見	
									等一
	雙—	——	——	——	——	——	——	→江	等二
									等三
									等四

古雙切江，雙在二等，所切之江亦在二等，此所謂外轉切二也。

喻	影			禪	審	床	穿	照	
│									等一
│↓←	——	——	——	——	殊				等二
熊									等三
									等四

矣殊切熊，殊在二等，所切之熊在三等，此所謂內轉切三也。

《經史正音切韻指南》

經史正音切韻指南序

夫讀書必執韻須知切乃為學之急務吾
儒之不可闕者古有四聲等子為傳流之正宗
然而中間分析尚有未明不詆曲盡其旨又且
溺於經指儒也持造書府之秘欲
劉君士明堅仁然也持造書府之秘欲嘉其能
所編前賢千載以來學者得其旨易求海於
以正今之失俾四方學者得其旨易求海於
名白經史正音切韻指南余嘉其能求古之道
先覺云後至元丙子歲仲冬吉日
雲谷熊澤民序

此乃門法之分也如是誤者豈非道耶其難釋
則不得已而姑從其俗至讀聖賢之書首貴乎明
知音其可不稽其本或稽者非口授難明
玄開六叕韻音由此而出也末燕附字音動靜與
通澈韻指南與韓氏五音集韻互為體用諸韻與
骹同其音也故僕於暇日力儔制次成十六
字音皆由此韻而出也末燕附字音至元二年歲
朋友共之歲在丙子良月開中劉鑑士明自序
嘗大明弘治九年仲冬吉日金臺釋子思宜重刊

新編經史正音切韻指南

分五音

見溪群疑 牙音
端透定泥 舌頭音
知徹澄孃 舌上音
幫滂並 重唇音
非敷奉微 輕唇音
精清從心邪 齒頭音
照穿床審禪 正齒音
曉匣影喻 喉音
來日 半舌半齒音

半清半濁明等第
全濁羣澄並奉床匣
次清透徹滂審心曉
端見純清 此知微心曉
曉匣影喻 是喉音
精隨照影及幫非
知徹澄孃及幫非
疑日明來共八泥

端精二位兩頭居
來曉見幫居四等
知照中間次第軒
日非三等外全無

知照非數逓互通
澄床疑喻相連屬
篇中類出韻中字
見字求聲篇内撿

撿篇法
韻内分開篇内撿
知聲取字韻中尋

交互音
日非三等外全無
泥孃穿徹用時同
六母交雜一齊窮

知照非數逓互通
泥孃穿徹四澄孃徹
定澄孃徹十内有照穿床十一審禪行十
知徹澄孃四為基　非數微八奉精十

一序二見三内是群疑端透泥定
五知幫泓六内取明並照穿床十一審禪行十
清從九歸心邪
二曉畫影十三　喩母俱十四　來日十五宜

七十感賦

今日恩恩過古稀。
如潮思緒感蕃滋。
蕙蘭已是香盈室，
桃李欣看子滿枝。
俯仰無慙天地闊，
吟哦有道儀型施。
梅馨竹露情懷好，
笑對妻兒意覺癡。

通攝内一

見	溪	羣	端	知	透	澄	定	泥	幫	滂	並	明
公	空	○	東	中	通	蟲	同	濃	○	○	蓬	蒙
頛	孔	○	董	冢	侗	湩	動	襛	○	○	菶	蠓
貢	控	○	凍	中	痛	仲	洞	穠	○	俸	凴	幏
穀	哭	○	穀	竹	秃	逐	獨	○	卜	扑	暴	木
恭	恐	蛩	○	○	○	○	○	○	封	峯	逢	○
拱	恐	蛩	○	○	○	○	○	○	覂	捧	奉	○
供	曲	共	○	○	○	○	○	○	諷	蓬	鳳	夢
韑	局	玉	○	○	○	○	○	○	福	蝮	服	目

日	來	喻	影	匣	曉	邪	心	從	清	穿	照	精	韻
○	籠	翁	翁	洪	烘	○	檧	叢	怱	憁	○	葼	東董送屋
○	朧	弄	蓊	澒	嗊	○	㩥	�啌	憁	○	緫	總	冬宋沃屋
○	挵	甕	瓮	哄	嗊	○	送	�783	謥	铳	縱	糉	
○	禄	屋	屋	縠	豰	○	速	族	瘯	珿	㔋	鏃	
茸	龍	邕	○	○	胷	松	春	從	樅	衝	鍾	○	鍾腫用燭
宂	隴	擁	蓊	○	洶	○	竦	從	㣚	衝	腫	○	
鞾	躘	饔	○	○	趯	頌	誦	從	○	銃	種	○	
辱	錄	欲	郁	○	旭	續	粟	蜀	促	觸	燭	足	

江攝外一 見幫曉舌齒唇開智照來自屬合

明微	並奉	滂敷	幫非	泥孃	定澄	透徹	端知	疑	群	溪	見
厖厖 逄	龐桻 	眸捵 張	邦幫 縶	矃攏 濃	幢犝 濁連	懤惷 斷	椿 鷙	觥 嶽		控控 嚁 設	江講絳覺
		開口呼				合口呼				開口呼	

日	來	喻	影	匣	曉	邪禪	心審	從床	清穿	精照	韻
	瀧 犖		胦項 愴毛	肛 傋悉 巷學	涼淙 涼淖		雙樺 淙朔	肉儵 浚疑		炡 㷃	江 講絳覺
合口呼			開口呼			合口呼				

8

止攝內二 開口呼 通門 全声字見於蟹攝

明微	並奉	滂敷	幫非	泥孃	定澄	透徹	端知	疑	群	溪	見
○	○	○	○	○	○	○	○	○	○	○	○
○	○	○	○	○	○	○	○	○	○	○	○
糜縻	肢 被波 合口呼	破	彼陂	尼 犯豸	馳褫 智	欃蹀 藣芰	知 蹄起 	宜奇 儗鬠	㝷几冀 蟡 	敧攲 企	羈 飢
糜夷 縻廧 彌弭 瀰濔 蜜	皮 被備 拂 詖狒 鼻 邲	鈹 嬹 紕帔 卹評 匹	卑髀 貹紕 譬 必	尼乜 昵 呢蜺	縡秩 繳埶 牒 鉃室	微智 扶室 	知 蹄起 觀 第地壹	儀擬 企 娸劓	祁祇 頎悍 競 乞	攲企 器棄 恉	飢屺 姞 帝室 吉

日	來	喻	影	匣	曉	邪禪	心審	從床	清穿	精照	韻
○	○	○	○	○	○	○	○	○	○	○	微韻宜併入脂韻
○	○	○	○	○	○	○	○	○	○	○	
而	離 邐	醫 倚懿 乙伊檀			犧喜 戲肣 咦	差刺 剚 㸷鴟剚 郄叱	葍批裁擤 支止 賞妒 恐聖	汜士 酾詩始 場尾 示實			
兩二日 而至貳	釐里 吏栗	移以 異逸	醫 懿 係			遹弛 時視 是寺 仕恀	斯此 徙賜 詞似 悉	慈茨 字 簪祡 詞惢疾	雌 刺次 七	資姊 恣 唧胔 自疾	微尾未物

止攝內二　合口呼　通門　入聲字見於臻攝拙

明微	並奉	滂敷	幫非	泥孃	定澄	透徹	端知	疑	群	溪	見
○	○	○	○	○	○	○	○	○	○	○	○
○	○	○	○	○	○	○	○	○	○	○	○
○	○	○	○	○	○	○	○	○	○	○	○
○	○	○	○	○	○	○	○	○	○	○	○
微尾	肥膹佛	霏斐沸	非匪費弗	○	○	○	○	危娓	○	○	○
未物	佛				鎚推			硊	逵夔	虧暌巋	龜軌媿

微韻　微韻宜併入脂韻　脂脂至韻　微尾未物

日	來	喻	影	匣	曉	邪禪	心審	從床	清穿	精照
○	○	○	○	○	○	○	○	○	○	○
○	○	○	○	○	○	○	○	○	○	○
○	○	○	○	○	○	○	○	○	○	○
○	○	○	○	○	○	○	○	○	○	○
蕤	纍	惟	威	揮	暉	隨	雖	誰	吹	錐
汭	壘	洧	委	賄	毀	髓	水		揣	

遇攝內三　獨韻　徂門　入聲字在通攝

明微	並奉	滂敷	幫非	泥孃	定澄	透徹	端知	疑	群	溪	見
模姥暮木	蒲簿捕暴	鋪普怖扑	逋補布卜	奴怒笯	徒杜渡獨	土吐兔禿	都睹妒穀	吾五誤玉	渠去姖局	枯苦絝哭	孤古顧穀
○	○	○	○	○	○	○	○	○	○	○	○
無武務媚	扶父捬	敷撫赴	跗甫付仁	女拏女傳	除佇住	楮貯絮	豬褚著箸	魚語御玉	渠去欨	虛許去	居舉據蘧
○	○	○	○	○	○	○	○	○	○	○	○

韻　模姥暮屋　虞麌遇　魚語御燭

日	來	喻	影	匣	曉	邪禪	心審	從床	清穿	精照
○	盧魯路祿	○	烏鄔汙屋	胡戶護穀	呼虎謼斛	蘇蘇訴速	租祖作鏃	○	粗麤蔖	租祖作鏃
○	○	于羽芋	○	○	○	○	疏楚數	鋤助鶵	初楚楚	菹阻詛
如汝洳辱	臚呂慮錄	余與豫欲	於捄飫	○	虛許嘘	徐敘續	胥諝絮續	○	疽取覷	苴沮怚

蟹攝外二　開口呼　廣門

見	溪	群	疑	端	透	定	泥	知	徹	澄	孃	幫	滂	並	明
												非	敷	奉	微

精	清	從	心	邪	照	穿	牀	審	禪	影	曉	匣	喻	來	日

左欄韻目（開口）：
- 齊韻
- 咍海代韻
- 皆駭怪韻　宜併入泰韻
- 齊薺霽韻
- 祭韻宜併入霽韻

蟹攝外二　合口呼　廣門

見	溪	群	疑	端	透	定	泥	知	徹	澄	孃	幫	滂	並	明
												非	敷	奉	微

精	清	從	心	邪	照	穿	牀	審	禪	影	曉	匣	喻	來	日

左欄韻目（合口）：
- 灰賄隊韻　宜併入隊韻
- 皆駭怪韻
- 齊薺霽韻
- 廢韻宜併入霽韻

臻攝外三 開口呼

明	並	滂	幫	泥	定	透	端	娘	澄	徹	知	群	溪	見	
微	奉	敷	非												臻攝外三 開口呼 通門
○	○	○	○	○	○	呑	○	○	○	○	○	○	垠	根	
○	○	○	○	○	○	○	○	○	○	○	○	○	硍	艮	
瘖	○	○	○	○	○	○	○	○	○	○	○	○	齦	掗	
○	○	○	○	○	○	○	○	○	○	○	○	○	○	○	
○	○	○	○	○	○	○	○	○	○	○	○	○	○	○	
○	○	○	○	○	○	○	○	○	○	○	○	○	○	○	
○	○	○	○	○	○	○	○	○	○	○	○	○	○	○	
珉	貧	份	彬	紉	陳	趁	珍	銀	獜	螴	駗	趣	憖	巾	慇
泯	憑	○	○	○	○	○	○	○	○	○	○	○	螼	螼	隱
泯	牝	汖	擯	年	田	天	顛	○	秩	獺	鎮	趣	搇	掀	
泯	牝	泙	儐	○	臏	聘	鬢	○	○	○	○	螽	螼	覲	
蜜	邲	匹	必	暱	耋	○	窒	○	○	○	窒	乾	佶	吉	

臻攝外三 合口呼

明	並	滂	幫	泥	定	透	端	娘	澄	徹	知	群	溪	見	
微	奉	敷	非												臻攝外三 合口呼 通門
門	盆	濆	奔	○	屯	○	敦	○	○	○	○	○	坤	昆	
懣	畚	○	本	○	盾	○	○	○	○	○	○	○	閫	鯀	
悶	坌	○	奔	嫩	鈍	褪	頓	○	○	○	○	○	困	睔	
○	○	○	○	○	○	○	○	○	○	○	○	○	○	○	
歿	勃	馞	不	訥	突	鶟	咄	○	○	○	○	○	窟	骨	
○	○	○	○	○	○	○	○	○	○	○	○	○	○	○	
○	○	○	○	○	○	○	○	○	○	○	○	○	○	○	
文	汾	芬	分	○	○	○	○	紐	麌	瘽	屯	羣	囷	君	
吻	憤	○	粉	○	○	○	○	○	○	稛	稕	窘	稛	麇	惲
問	僨	湓	奮	○	○	酳	○	○	稛	○	稕	郡	綑	攈	
物	佛	拂	弗	○	○	○	貀	○	术	黜	厀	倔	屈	橘	鬱

痕韻 / 殷韻

日	来	喻	影	匣	曉	邪	心	從	清	穿	精	
						禪	審	床			照	韻目
○	○	○	恩	痕	○	○	○	○	○	○	○	痕韻
○	○	○	穩	很	○	○	洒	○	○	○	○	
○	○	○	饐	恨	○	○	○	○	○	○	○	啟蓋宜併入真韻
○	○	○	○	沒	○	○	○	○	○	○	○	
○	○	○	○	○	○	蓁	蓁	榛	攃	臻	臻	
○	○	○	○	○	○	澀	濜	○	齔	齔	齔	
○	○	○	○	○	○	○	兀	齓	黐	齔	齔	
○	○	○	○	○	○	○	瑟	○	擦	櫛	櫛	
仁	鄰	夤	咽	○	焮	神	申	津	親	嗔	真	殷隱焮迄
忍	嶙	引	迎	○	○	辰	矤	盡	願	辴	軫	
刃	吝	胤	印	○	衅	腎	哂	秦	疢	慎	震	
○	燐	○	○	○	○	實	失	盡	信	辛	質	
日	栗	逸	一	○	欯	實	失	疾	七	叱	窒	

魂韻 / 文韻

日	来	喻	影	匣	曉	邪	心	從	清	穿	精	
						禪	審	床			照	韻目
○	論	○	溫	魂	昏	○	孫	存	村	尊	尊	魂韻
○	惀	○	穩	混	惛	○	損	鱒	忖	撙	撙	
○	論	○	搵	恩	慁	○	巽	鐏	寸	焌	焌	文韻宜併入諄韻
○	梂	○	顐	惚	忽	○	猝	捽	焠	卒	卒	
○	○	○	○	○	○	○	○	○	○	○	剟	
○	○	○	○	○	○	○	○	○	○	○	○	
○	○	○	○	○	○	○	○	○	○	○	○	
○	○	○	暈	○	薰	純	春	脣	僢	春	諄	
閏	淪	贇	惲	○	訓	蜃	蠢	脣	蠢	蠢	準	文吻問物
閏	輪	運	醖	○	噮	醇	舜	錞	竣	舜	稕	
○	淪	聿	蔚	○	○	術	率	絀	焌	出	拙	
○	律	聿	○	○	○	術	率	絀	焌	出	卒	
○	○	尹	○	○	○	殉	筍	蹲	踆	蹲	儁	
○	○	事	驫	○	○	殉	橘	郇	焌	焌	卒	

右上表

日	來	喻	影	匣	曉	邪禪	心審	從床	清穿	精照		山攝外四
	蘭	安	寒	頇	○	珊	餐	趲	贊		寒
	爛	按	翰	漢	○	傘	粲	瓚	贊		翰
	剌	遏	曷	顢	○	撒	擦	躂	札		曷
	矕	黯	閑	馯	山	刪	產	剗			山
	限	晏	軋	限	產	汕	棧	鏟			產
	跨	揠	軋	黠	諫	殺	鏟	札			諫
然	連	焉	焉	○	嘕	羶	燀	籛	煎		仙
撚	輦	演	蔫	○	獮	善	闡	踐	翦		阮
爇	列	曳	哲	○	設	舌	徹	節	哲		薛
	蓮	延	煙	賢	祆	次	仙	錢	箋		
	輦	演	蝘	峴	顯	緩	獮	淺	翦		
	練	衍	宴	見	霰	羨	霰	蒨	箭		開口呼 廣門

左下略

表下方為等韻圖（韻攝表）

效攝外五　獨韻　廣門

見	溪	群	疑	端	透	定	泥孃	知徹澄	幫非	滂敷	並奉	明微
高	尻	○	敖	刀	饕	陶	猱	嘲	褒	麃	袍	毛
皋	考	○	贅	倒	討	道	腦	貋	寶	麭	抱	蒡
誥	犒	○	傲	到	餂	導	臑	罩	報	○	暴	帽
各	恪	○	咢	○	沰	愯	諾	倬	博	粕	泊	莫
交	敲	○	磽	朝	嘐	晁	鐃	嘲	包	胞	庖	茅
絞	巧	○	藃	○	獠	撓	橈	爪	飽	麭	鮑	卯
教	敲	○	樂	○	○	○	鬧	抓	豹	奅	皰	皃
覺	殼	○	嶽	○	踔	濁	搦	捉	剝	璞	雹	邈
驕	墽	喬	○	朝	超	晁	饒	昭	鑣	漂	瓢	苗
矯	趫	橋	○	鳥	朓	趙	嬈	沼	表	縹	受	藐
嶠	竅	嶠	○	弔	糶	召	鐃	照	裱	剽	驃	廟
腳	卻	噱	○	○	逴	著	搦	灼	○	○	○	○
嬌	蹺	喬	○	貂	超	迢	蟯	昭	飆	飄	瓢	○
皎	磽	翹	○	鳥	窕	窱	嫋	少	褾	縹	摽	眇
叫	竅	翹	○	釣	糶	窱	尿	○	標	剽	驃	妙
○	○	○	○	○	○	○	○	○	○	○	○	○

效攝外五　獨韻　廣門

精	清	從	心	邪	照	穿	床	審	禪	影	曉	匣	喻	來	日
糟	操	曹	騷	○	鼂	鈔	巢	弰	○	鴑	蒿	豪	○	勞	○
早	草	皂	嫂	○	爪	抄	龇	稍	○	襖	好	晧	○	老	○
竈	錯	漕	喿	○	罩	鈔	巢	哨	○	奧	耗	號	○	嫪	○
作	錯	昨	索	○	斮	娖	齪	朔	○	惡	臛	涸	○	落	○
焦	鍫	樵	宵	邪	昭	怊	弨	燒	韶	妖	囂	○	遙	燎	饒
剿	悄	湫	小	沼	沼	麨	○	少	邵	夭	曉	○	鷕	繚	擾
醮	陗	噍	笑	邵	照	鞗	○	少	邵	要	孝	○	燿	療	饒
爵	鵲	皭	削	○	灼	綽	嚼	爍	杓	約	謔	○	藥	略	若
焦	鍫	樵	宵	○	昭	怊	弨	燒	韶	○	囂	○	遙	繚	饒
湫	悄	湫	小	○	沼	麨	○	少	韶	夭	曉	○	鷕	繚	擾
醮	陗	噍	笑	○	照	鞗	○	少	邵	要	孝	○	燿	療	饒
爵	鵲	皭	削	○	灼	綽	嚼	爍	杓	約	謔	○	藥	略	若
○	○	○	○	○	○	○	○	○	○	○	○	○	聊	撩	○
○	○	○	○	○	○	○	○	○	○	○	○	○	了	燎	○
○	○	○	○	○	○	○	○	○	○	○	○	○	顠	耀	○
○	○	○	○	○	○	○	○	○	○	○	○	○	○	藥	○

右列韻目：豪皓号鐸　肴巧效覺　宵小笑藥

果攝內四　假攝外六　俠門

見	溪	群	疑	端	透	定	泥孃	知徹澄	幫非	滂敷	並奉	明微
歌	珂	○	莪	多	拕	駝	那	○	○	○	○	○
哿	可	○	我	嚲	袉	拕	橠	○	○	○	○	○
箇	坷	○	餓	跢	拖	馱	奈	○	○	○	○	那
各	恪	○	咢	沰	託	鐸	諾	○	○	○	○	摸
嘉	珂	伽	牙	巴	葩	杷	拏	奓	○	○	○	麻
檟	跒	痩	雅	把	跁	跁	○	觰	○	○	○	馬
駕	髂	○	迓	霸	帊	杷	妠	詐	○	○	○	禡
格	客	伽	額	栢	拆	宅	搦	拃	○	○	○	陌
迦	佉	伽	○	○	○	○	○	○	○	○	○	○
賈	坷	○	○	○	○	○	○	○	○	○	○	○
于	去	伽	○	○	○	○	○	○	○	○	○	○
揭	朅	傑	○	○	○	○	○	哳	鱉	瞥	○	○
○	○	○	○	○	○	○	○	○	○	○	○	○
○	○	○	○	窒	○	涅	○	○	○	○	○	○

右列韻目：歌哿箇鐸　麻馬禡鐸　內外混等

果攝內四　假攝外六　俠門

精	清	從	心	邪	照	穿	床	審	禪	影	曉	匣	喻	來	日
搓	蹉	左	娑	○	左	侘	佐	作	植	阿	訶	何	○	羅	○
左	瑳	蹉	縒	○	佐	錯	義	攃	爹	娿	荷	賀	○	攞	○
佐	瑳	瘥	些	○	詐	車	輚	射	籍	閼	啞	賀	○	邏	○
作	錯	昨	索	○	遮	硩	借	昔	藉	遏	喝	涸	○	蘿	○
嗟	奢	○	賒	○	遮	車	涻	奢	闍	鴉	閜	蝦	耶	囉	○
姐	且	○	寫	○	者	侈	社	舍	社	啞	閜	下	野	攞	○
藉	借	○	卸	○	蔗	車	褯	舍	射	亞	罅	暇	夜	攞	○
昔	磔	○	昔	○	庶	尺	籍	赦	石	軋	黠	瞎	抴	裂	○
嗟	奢	○	賒	邪	遮	奢	闍	奢	闍	鴉	閜	蝦	耶	囉	○
姐	且	○	寫	邪	者	侈	社	舍	社	啞	閜	下	野	攞	○
藉	借	○	卸	邪	蔗	車	褯	舍	射	亞	罅	暇	夜	攞	○
昔	磔	○	昔	籍	庶	尺	籍	赦	石	軋	黠	瞎	抴	裂	○

果攝內四　假攝外六　合口呼

見	溪	群	疑	端	透	定	泥	知	徹	澄	孃	幫	滂	並	明
戈果過鐸	科顆課廓														
郭廓寡胍刮			誇跨		朵楕										
	恢														
關															

精	清	從	心	邪	照	穿	床	審	禪	影	曉	匣	喻	來	日
										倭	火貨	和禍和			
												華			
韻戈果過鐸　麻馬禡鐸　合口呼															

宕攝內五　開口呼

見	溪	群	疑	端	透	定	泥	知	徹	澄	孃	幫	滂	並	明
岡	康		昂	當	湯	唐	囊					幫	滂	傍	茫莽
陽養漾藥								張長帳				方	芳	房防	亡

精	清	從	心	邪	照	穿	床	審	禪	影	曉	匣	喻	來	日
臧	倉	藏	桑		章	昌		商	常		航沆			郎朗浪落	
將	槍	牆	相		章掌	昌		商賞	常尚	央	香		陽養漾藥	良兩亮略	穰讓
韻唐蕩宕鐸　陽養漾藥															

宕攝內五　合口呼　獨門

見	溪	群	疑	端	透	定	泥	知	徹	澄	孃	幫	滂	並	明	非	敷	奉	微
光	恇	狂	○	○	○	○	○	○	○	○	○	○	○	傍	○				
廣	曠	○	○	○	○	○	○	○	○	○	○	○	○	○	○				
郭	霩	玃	○	○	○	○	○	○	○	○	○	○	○	雹	○				
狂	恇	狂	○	○	○	○	○	○	○	○	○	○	○	○	○				
誑	恇	誑	○	○	○	○	○	○	○	○	○	○	○	○	○				
玃	躩	玃	○	○	○	○	○	○	○	○	○	○	○	○	○				

一韻　唐蕩宕鐸 / 陽養漾藥

精	照	清	穿	從	床	心	審	邪	禪	影	曉	匣	喻	來	日
○	○	○	○	○	○	○	○	○	○	汪	荒	黃	○	○	○
○	○	○	○	○	○	○	○	○	○	枉	慌	晃	○	○	○
眾	○	○	○	○	○	○	○	○	○	汪	荒	汪	○	○	○
○	○	○	○	○	○	○	○	○	○	艧	彟	鑊	研	○	○
○	○	○	○	○	○	○	○	○	○	怳	況	王	住	○	○
○	○	○	○	○	○	○	○	○	○	況	況	往	汪	○	○
○	○	○	○	○	○	○	○	○	○	嚁	嘳	○	籰	○	○

曾攝內六　開口呼　獨門

見	溪	群	疑	端	透	定	泥	知	徹	澄	孃	幫	滂	並	明	非	敷	奉	微
根	硻	○	○	登	鐙	滕	能	○	○	○	○	崩	弸	朋	瞢				
亘	肯	○	○	等	等	蕂	能	○	○	○	○	琲	倗	倗	懵				
亙	刻	○	○	嫯	忒	特	能	○	○	○	○	北	覆	菔	纆				
硠	硁	○	○	○	○	○	○	徵	僜	澄	○	冰	砯	憑	○				
殑	硻	○	凝	○	○	○	○	隥	覰	鄧	○	冰	聘	凭	○				
殛	鞙	極	嶷	○	○	○	○	陟	敕	直	○	逼	堛	愊	○				

韻　登等嶝德 / 蒸拯證職

精	照	清	穿	從	床	心	審	邪	禪	影	曉	匣	喻	來	日
增	蒸	○	○	曾	○	僧	○	○	○	鞥	恆	○	○	稜	○
增	拯	○	○	贈	○	塞	○	○	○	亙	醒	○	○	倰	○
則	職	○	○	賊	○	穟	○	○	○	劾	黑	○	○	勒	○
側	蒸	測	稱	崱	乘	渒	升	○	承	膺	興	○	蠅	陵	仍
證	證	稱	稱	剩	乘	謑	勝	○	丞	應	興	○	孕	倰	認
職	職	測	齒	崱	食	息	識	○	寔	億	赩	○	弋	力	日

曾攝內六　合口呼　侷門

梗攝外七　開口呼　廣門

梗攝外七　合口呼　廣門

明微	並奉	滂敷	幫非	孃	泥澄	定	透徹	端知	疑	群	溪	見
									鐄	礦		蟈
									界			
皿	丙								越			蜎
									憬		煚	瓊
									鎬			須
									癭		傾	洞
									瓊		頃	頄
									甍		笧	高
											闃	邪

日	來	喻	影	匣	曉	邪禪	心審	從床	清穿	精照	韻
		泓	宏	誣	濙		讄	擭		横	庚 梗 諍 陌
		瞥	宏	薨	覺			兄	趯	擋	青 迥 徑 錫
		喟	攖	瞥	兄	摑					
		榮	營	詠	棫	瓶	辟			莫 履
		永				悸			頗	
		詠	役	詗	漢	眼			夐

流攝內七　合口呼　廣門

明微	並奉	滂敷	幫非	孃澄	泥	定	透徹	端知	疑	群	溪	見
母母茂木	裒部暓	捊剖胮扑	不	羺	偸鬥	頭豆獨	偷透亳穀	鯫兜鬭竇	齵耦	犎	彄摳寇哭	鉤苟遘穀
				搙	浮婦復	傳	怄酉	抽丑畜	牛紐嗀玉	裘臼	丘糗	鳩久救

日	來	喻	影	匣	曉	邪禪	心審	從床	清穿	清照	韻
	樓塿陋祿	謳歐漚屋		侯厚候			涑	騶	趣	鄒	侯厚候屋
柔蹂輮辱	劉柳溜六	憂有宥燠	幽黝幼燠		休朽嗅蓄	受	脩秀	愁	秋	周帚咒足	尤有宥燭

咸攝外八　狹門

明微	並奉	滂敷	幫非	泥孃	定澄	透徹	端知	疑	群	溪	見
											緘○○減
								巖凵范業	○	頷凵火怯	
芝釩汎法	凡范楚乏		荊個黏㘢				耽黏霑㘞				劒切
				巖門范業		腰					

日	來	喻	影	匣	曉	邪禪	心審	從床	清穿	精照
										尹拈
			炎㮟淹	鹹檻陷洽	𪒠險裔㘞		攕險裔㘞	○○○	○○○	㓲
凡范楚乏	㜅臉	○	黤俺	㘞㘙						

門法玉鑰起目錄　　總一十三門

一　音和門
二　類隔門　　三　窠切門
四　輕重交互門
五　振救門　　六　正音憑切門
七　精照互用門
八　寄韻憑切門　　九　喻下憑切門
十　日寄憑切門
十一　通廣門　　十二　侷狹門
十三　內外門

門法玉鑰起例

（一）音和者謂切腳二字，上者為切，下者為韻。先將上一字歸知本母，於為韻等內本母下便是所切之字，是名音和門，故曰音和。切字起基根，故教學切。

（二）類隔者謂端等一四為切，韻逢二三便切知等；知等二三為切，韻逢一四却切端等字，為種類阻隔而音不同也，故曰類隔。如都江切樁字，陟邪切爹字之類是也。

（三）窠切者謂知等第三為切，韻逢精、影、喻第四，並切第三為韻。隔字徒減切湛字之類是也，故曰窠切。

（四）輕重交互者謂幫等重唇為切，韻逢非敷奉微輕唇，並切重唇，如匹尤切䫻字之類是也。非敷奉微輕唇為切，韻逢重唇，並切輕唇是也。

（五）振救者謂精等第四為切，韻逢諸母第二第三並切精等第四，但是精等字為切，韻逢諸母第四，並切精等是也，故曰振救門。振救者舉也。威字芳桮切胚字之類。

（上右）

整也救者護也為舉其綱領骸整三四敎諧
等之位也故曰振救如私兆切小字詳里切似
字之類是也
（四）正音三四憑切者謂照一為正齒音
正音三四憑切如楚居切側一為正齒音鄒切
諸母三四憑切如並切者謂照一為切憑韻逢
互用者謂但是精齒音字照一為切韻逢諸母
第二只精照一字照但是精等字諸母
（五）精照互用者故曰精照互用如士垢切飯字
一起切新字之類故曰寄韻憑切第二為切也故
四寄韻憑切者謂照等第二為切韻逢諸母
也並精韻互用如楚三言錐寄朴別韻只憑為切之等
也故曰寄韻憑切

（上中）

音字是輕重交互門如武登切䝿方問切㢄字
之類是也重唇字為切重唇如四尤切隨韻
切出胚字亦是輕重交互門如四尤切飇芳
杯切胚字亦是輕重交互切飇
與眾同情重遇前三隨重體下相違不
出切胷字之類唯有東尤切颷芳相違不
切目字後遇前三隨重體重謂重唇音第
等輕唇為前三名輕唇諸母下字為韻當
之類是也重唇字令卻是輕唇音如馮貢切鳳
當切出重唇字為韻逢輕唇音如馮貢切鳳

（上左）

精邪見一為韻定向兩中一上認精邪五母
字之類是也
齒音

（下右）

下字為切韻逢四等中第一定要向精邪一四
兩等中切出第一等字只是音和門四二㧞逹
等只切第一如丸山切獯字之類是也
切成䦱訓韻逢諸母第二名為切韻逢
照初却見五尤切精來切此精初第二互用逺
互用名振救諧母第三中一互用逺歸精
第四憑切門照一尤切憑韻逢諸母第三㧞逹
論照二即照一如韻逢切第三精歸四順韻逢
切三韻二不離初精初第三互用逺過四盡歸精
並切照二如士垢切飯字之類是也
等只切第二如丸山切獯字之類

（下中）

然真可信
曉喻四音
曉喻四音隨韻頹至法同見等不羡恭曉匣影喻
四音韻三来日連知照通廣門中四上㨄韻逢
雜也知照等是通門呼世切映門四下环切精
来切日知照等是通廣門呼世切映切曉匣影
顣是通門呼世切映是廣門內四於偶狹門
影門許由切休於偶狹門
當㨄切第三如許容切卽是偶狹等
中並切第三如許容切卽是偶狹等
㧞門如逹一言三二韻逢照三四談除曉匣
㧞切二也喻母復從三四等言之名逢仰覆但憑切

（下左）

三等為覆四等為仰仰覆之間只憑為切之等
尋從單喻母三等四等言之名逢仰覆但憑切
轉切四也

也如余招切遙是仰于韋切屬是覆玄論分明

有指南

半舌半齒音

来從四頰音和四頰但音和四頰即四等也隨四等韻去皆是音和四頰但日止憑三寄韻歌日字母下為切韻遙二四止憑於第三是日寄遙切門如汝未切齒如切然宇之類是也全得照初切內外韻逢照一印分內外精變偷四掉力小切廣是狹門四位相通理不訛玄妙欲求端的廣通偏狹盡更無過通止遇果門力送逼狹門中切良將切兩畏是將切力門力塩切廣通偏狹憑三等抄

江蟹臻山

按韻十六攝內八轉

內八轉（朝䭔八貼字）

通攝冬○宋董送屋
　　　鍾腫用燭
　　　魚語御屋

遇攝虞麌遇燭
　　　模姥暮沃
　　　陽養漾藥

宕攝唐蕩宕鐸

宥攝尤有宥燭

止攝
　脂旨至質

果攝
　歌哿箇鐸
　戈果過鐸

曾攝
　蒸拯證職
　登等嶝德

宕曾流深（朝䭔八貼字）

效假梗咸

流攝

通攝東冬韻繼風

通攝魚虞模三位鍾

宕攝陽唐君記服

遇攝尤侯無他用

流攝外八轉

江攝江講絳覺

深攝侵寢沁緝

流攝侯厚候屋歌韻訣

止攝脂微次第窮

果攝歌戈二韻從

曾攝蒸登兩韻風

深攝孤侵在後宮

齊薺祭

蟹攝
　咍海代昂
　灰賄隊末
　皆駭怪鎋

江攝江講絳覺

蟹攝

臻攝
　真軫震質
　諄準稕術
　文吻問物
　殷隱焮迄
　痕很恨没
　魂混恩没

效攝肴巧効覺
　　宵小笑藥
　　豪皓号鐸

假攝麻馬禡鎋

山攝
　山產襉鎋
　仙獮線薛
　元阮願月
　寒旱翰曷
　桓緩換末

梗攝清靜勁昔
　　庚梗諍陌

咸攝
　覃感勘合
　鹽琰豔葉

青迥徑錫

咸豏陷洽
凡梵范乏

外轉歌訣
江攝孤江只是江
臻攝真魂六韻正
效攝宵肴蒙三位
梗攝庚清青色字
入聲九攝通宕曾深○江臻山攝咸
咸攝孤麻鎮凡鄉

蟹攝齊皆灰哈強
山攝仙元五韻昌
假攝孤麻鎮一方
深臻九攝入聲全
哈背開合在寒山
高交元本宕江邊
四三并二卻歸山

斗聲韻

之類是也
(九)喻下憑切若謂單喻母下三等為覆四等為
仰仰覆之間只憑為切之等也故曰喻下憑切
如余招切遙字于聿切䫻字之類是也
(十)寄憑切者謂第三日字寄憑切第三為切韻逢
二四逕切者謂第三日字寄憑切第三為切韻逢東
通仙祭清霄號廣門韻達來以其第三通及第四
通廣者謂唇牙喉門韻達來日知照三通及第四
中四上存所謂通廣者以其第三通及第四
也華采通廣如然字之類為切韻逢蕭字
故曰通廣符真切頻芳連切篇字之類
也日通廣及第四
(十一)偪狹者亦謂唇牙喉下為切韻逢東鍾陽魚

燕為偪尤鹽侵麻狹
狹三等上莫生疑
兩韻逢精等喻下四偪
狹如去羊切羌字許由切休

(十二)總括玉鑰起玄關歌訣
牙音
溪群四等音和隨韻瑧至也此
切時若見溪群去音和如古紅切公
母下字隨切匣古賢切堅字之類及也
切之類多故曰內外如古雙切江矢
三等字少故曰內外轉
內轉切三外者謂牙喉舌來日下為切韻逢照
外切者謂唇牙喉舌來日下為切韻逢照
死切熊字之類也十三門法終
類兩中一作韻而中一於四等中為第二也後

官伐此內三外二自名分韻遠兩中一即分內
外如居霜切江是外二門古雙切江是外二門
精雙喻四為其法偪狹須歸三上觀韻逢精四
喻四於偪狹門中切第四如羊切羌是偪門
巨照隔二於廣通門中切第四為真韻逢來
照三皆是第三也廣通必取四為真韻逢來
日舌二於廣通門中切第四如羊切羌
日舌三照二來日舌三

舌音
端泥三二知一等歸端
於玉鑰起內已明言之矣知端
三於玉鑰起內已明言之矣知母
歸知喻四與知等二
相乘類隔已明之端為知等二
一四端泥三二知一等歸端

竅切憑三有定基尺是知母第
三為切韻逢影喻精邪四
切祇是通門品正切勁是廣門
三為切韻逢精邪精四

幫非為切景分明照一須隨內外形韻逢照一
輕見重形須切重輕脣

等影喻第四亞第三是也正齒兩中一韻處
內三外二表玄微韻逢正齒音兩等第一即
即分內外如丁嚚切如是內三門德山切僧是外
分內外將三如廣通門中切風是內三廣通第四取真名韻逢
來日舌三照二並廣通門中切第四如符真切
頗是通門芳連切篇是廣門中切第四如為真切
偏是邦將三如廣府容切是偏門缺俠門切
中切為第三如迎賓逢韻切出重脣

諸韻切法皆有定式往問合一門無憑撮直
須於開合兩盭韻中較訂始見分明如蒲干切
蕤下沒切乾俱萬切建字之類是也
夫藝有精担學有是否藝之担煙人然堠容學之否
者宜辮如今之切韻者多因煙人然經堅丁
顏之類此法耳甚不足為儒者所尚反害其正音
入門之法□□是浮淺刀前賢訓蒙誘引切韻

梗曾二攝與通疑止攝熱時齁梱抵
江宕略同流衆遇
輕韻來鍾微與元用時交互較量宜
更有陽尤皆一體不該十韻重中編
辨開合不倫

切也
呼也四字其東字與刀字屬□通字與切字皆屬
鄉談豈但分南北
經史故敦音韻證不因指示又難通
鄉談辮拈每郡相鄰便不同
又屢見高明質疑質
每二韻中酌其五音清
信是儒宗藥一科
砂無憑撮字從訛

詳夫東冬第字
濁輕重每字
韻明經史方歸正韻見高明眞敦等是
元魂二韻辮拍背戾而反通
不倫也然而敔文之事孰敢擅專宜待名公賢
士偁胃聞

上弦正而覆明之俾吾儕皆得便益是亦莇丈
之幸也

平聲東冬微真諄文仙元清青臨凡　上聲
吉見脂微語尾物迴炎范遇震阮旱爾誄
至未御過泰代霽線問線願勁徑豔梵去聲
入聲屋質物薛月緝藥鐸陌錫職緝葉乏
厄可併者小字當併入大字韻中

經史勁靜字音在諸經史當以朱筆圈之靜者不
幾字之勁靜者在諸經史當以朱筆圈之靜者不
當圈之勁也

覲　聲　婣婣相賓曰覲　註
賓　平聲　客也以禮會賓諸賓曰賓　註
衣　平聲　身服也加諸身曰衣　註
冠　平聲　首服也加諸首曰冠　註
枕　上聲　藉首木也在木曰枕　註
飲　上聲　酒漿也所以使人曰飲　註
庵　平聲　菴旗也所以寒曰庵　註
氷　平聲　水凝也所以潤物曰氷　註
膏　平聲　脂也所以潤物曰膏　註
文　平聲　采章也所以飾物曰文　註
粉　上聲　白飾也所以飾面曰粉　註
巾　平聲　所以飾物曰巾　註
薰　平聲　煙出也所以薰物曰薰　註

空　平聲　虛也匡也曰空　聲註
傍　平聲　近也
離　上聲　兩也曰離　註
速　平聲　近也疾也曰速　註
甲　聲　下也前也左手也左右助之曰右　註
先　平聲　前也前之曰先　註
三　聲　奇也偶數也審用其數曰三　註
兩　上聲　偶也用相偶曰兩　註
輕　平聲　浮也所以取食曰輕　註
柔　平聲　取也所以取食曰柔　註
陰　平聲　陰氣之濁也所以庇物曰陰　註

貫　聲　穿也旣穿曰貫　註
別　聲　列也辨也旣辨曰別　城列
折　上聲　列也屈也屈曰折　列
染　上聲　濡也旣濡曰染　註
廣　上聲　闊也旣闊曰廣　註
長　平聲　永也旣長曰長　註
深　平聲　下也測深曰深　註
高　平聲　崇也高曰高　註
度　去聲　有大小曰量有長短曰度　聲註
量　平聲　有多少曰數　聲註
數　上聲　計之約之有多少曰數　註
重　平聲　再也旣再曰重　註
沉　平聲　沒也旣沒曰沉　註

宕攝內五　合口呼　偶門

明微	並奉	滂敷	幫非	泥孃	定澄	透徹	端知	疑	群	溪	見
○	傍	○	幫	○	○	○	○	○	○	光	光
○	胱	螃	○	○	○	○	○	○	○	廣	廣
○	○	○	○	○	○	○	○	○	○	挄	挄
○	○	○	○	○	○	○	○	虁	○	郭	郭
○	○	○	○	○	○	○	○	○	○	○	○
○	○	○	○	○	○	○	○	○	狂	匡	恇
○	○	○	○	○	○	○	○	○	俇	恇	懭
○	○	○	○	○	○	○	○	○	狂	臦	誑
○	○	○	○	○	○	○	○	○	懬	躩	戄

一韻唐蕩宕鐸　陽養漾藥

日	來	喻	影	匣	曉	邪禪	心審	從床	清穿	精照
○	○	○	汪	黃	荒	○	○	○	○	○
○	○	○	枉	晃	慌	○	○	○	○	○
○	○	○	汪	汪	攏	○	○	○	○	○
○	○	○	硏	艧	霍	○	○	○	○	○
○	○	王	恈	○	況	○	○	○	○	○
○	○	往	迋	○	況	○	○	○	○	○
○	○	迋	籰	○	曜	○	○	○	○	○

曾攝內六　開口呼　偶門

明微	並奉	滂敷	幫非	泥孃	定澄	透徹	端知	疑	群	溪	見
○	○	○	○	○	○	登	○	○	○	恒	恒
瞢	倗	漰	崩	能	騰	鼟	登	○	○	直	亘
懜	倗	漰	崩	能	鄧	鼟	嶝	○	○	刻	誡
墨	㿺	○	北	○	特	忒	德	○	○	刻	刻
懜	凭	砅	冰	微	澄	○	徵	疑	○	○	硱
○	凭	憑	冰	澄	瞪	○	○	凝	○	○	兢
○	○	○	冰	○	瞪	○	○	○	○	○	兢
○	匱	○	○	○	直	敕	陟	嶷	○	極	殛

一韻登等嶝德　蒸拯證職

日	來	俞	影	匣	曉	邪禪	心審	從床	清穿	精照
○	棱	○	鞥	恒	恒	○	增	增	增	增
○	倰	○	掝	曻	曻	○	蹭	蹭	蹭	憎
○	勒	○	餩	劾	黑	○	塞	賊	蹭	則
○	○	○	○	○	○	○	痕	痕	疘	疘
仍	陵	熊	膺	○	興	崩	色	測	側	側
耳	陵	應	憶	○	興	剩	識	稱	稱	拯
認	陵	滿	艶	○	興	寔	食	秉	稱	證
日	力	○	○	○	○	繒	樴	嗇	測	職
○	○	孕	影	○	○	○	息	○	○	即
○	○	弋	聖	○	○	○	息	○	○	即

【右上欄】

聽　平聲　聆也　聆謂之聽　去聲
禁　平聲　制也　制謂之禁　去聲
知　平聲　識別也　識謂之知　去聲
思　平聲　心制也　所思謂之思　去聲
論　平聲　應度也　應度謂之論　去聲
便　平聲　說也得　言說謂之便　去聲
好　平聲　喜善也　心所善謂之好　去聲
惡　平聲　否也　所否謂之惡　去聲
喜　平聲　欲也　心所欲謂之喜　去聲
怨　平聲　忿也　情所尤謂之怨　去聲
操　平聲　持志也　所持謂之操　去聲
語　上聲　言也　以言告之謂之語　去聲

【右下欄】

載　上聲　舟車所致物也　致物曰載　去聲
張　平聲　施張也　所陳亭曰張　去聲
藏　平聲　入也　所入曰藏　去聲
庚　平聲　炊也　所炊處曰庚　去聲
爨　平聲　炊也　所炊處曰爨　去聲
柱　上聲　支也　所以支木曰柱　去聲
乘　平聲　登也　所乘之車曰乘　去聲
卷　上聲　曲也　所卷曰卷　去聲
祝　平聲　祭主贊詞者也　贊詞曰祝　去聲
要　平聲　約也　所約束曰要　去聲
傳　平聲　授也　所授曰傳　去聲
名　平聲　名目也　所目曰名　去聲
首　上聲　頭也　頭頷曰首　去聲

【左上欄】

令　平聲　使也　所使之言謂之令　去聲
數　平聲　使也　所使之言謂之教　去聲
雨　上聲　天澤也　雨自上而下曰雨　去聲
宿　平聲　星所止曰宿　去聲
種　上聲　五穀也　播穀曰種　去聲
生　上聲　生子也　子所生曰生　去聲
乳　上聲　生子也　向氣吹而曰乳　去聲
飛　平聲　吹氣也　氣虛曰飛　去聲
經　平聲　東西謂東西曰經　去聲
緣　平聲　循也　循飾其傍曰緣　去聲
編　平聲　次也　次列曰編　去聲
封　平聲　授爵土也　所授爵土曰封　去聲

【左下欄】

蹄　平聲　獸足也　足相躡曰蹄　去聲
始　上聲　初也　初緩言有初曰始　去聲
聞　平聲　聆聲也　聲著於外曰聞　去聲
繇　平聲　舉也　品物定體曰繇　去聲
譽　平聲　舉也　拳事得宜曰譽　去聲
平　平聲　均也　致理成功曰平　去聲
治　平聲　理也　事理當曰治　去聲
衰　平聲　中也　處事用中曰衰　去聲
裁　平聲　制也　賞制物寓意曰裁　去聲
勞　平聲　勤也　勤勞功曰勞　去聲
興　平聲　舉也　舉物為之曰興　去聲
累　上聲　連也　牽連敗曰累　去聲
與　上聲　授也　授而共之曰與　去聲

比上　近也，近而觀之曰比　赴上
難平　艱也，動而有所艱曰難
繫平　屬也，動而有所著曰繫
為平　造也，造而有所為曰為
遷平　遲也，造而有所待曰遷
屬去　歛也，神受其獻曰屬
棺平　束也，以柩束尸曰棺
享平　獻也，送口中也，謂口中之物曰享
緘平　束也，謂束之曰緘
含平　實口中也，送口中也，送終之物曰含　含赴
遺去　送也，送終之物曰遺
引上　曳也，曳而益長曰引
臨平　視之上見曰臨

取於人曰假，與之曰假
取於人曰借，與之曰借
取於人曰乞，入與之曰乞
毀之曰壞，自壞曰壞
毀他人曰敗，自敗曰敗
化他人曰風，姤而刺上曰風
壞化下曰壞，刺上曰壞
上臨下曰臨，姤電下曰臨
視之上見曰視
下曰上告，上布下曰告
上育下曰養，下奉上曰養
上賦下曰共，下奉上曰共

凡廣曰大，大其極曰大
凡微曰少，其少曰少
為何也，常居諳末，中也常居諳末
相合曰會，聚合曰會
開謂之播，分謂之播
揚謂之播，播謂之播
下謂之降，降謂之降
傾曰覆，覆尖曰覆
聲和曰樂，道曰樂
旦曰朝，朝見曰朝
餐謂之食，飼謂之食
目汁曰淚，鼻汁曰洟
割謂之刺，傷謂之刺

有所亡曰遺，有所與曰遺
設之曰施，及之曰施
因而改曰更，捨故而作曰更
除之曰畜，自去曰畜
死亡曰喪，失亡曰喪
聚之曰畜，養之曰畜
善遣曰巧，偽背之曰巧
意忘曰忘，意忘之曰忘
懼之曰恐，疑之曰恐
復之曰還，緩縱曰還
命中曰射，屈服曰射
制師從巳曰事，師曰取
上委下曰仰，下瞻上曰仰

音略證補重刊賦事

念年燈火校蟲魚。析字論音意皦如。
已有真知承絕學，又翻舊典出新疏。
東坡萬里藏三卷，炎武千秋炳五書。
一脈相傳量守業，此生幸作瑞安徒。

邵博聞見後錄卷二十七：李方叔云：「東坡每出，必取聲韻、音訓，文字複置行篋中。」予謂：學者不可不知也。

中華民國六十七年七月十四日夏正戊午六月初十日
贛縣陳新雄賦於台北市和平東路鍥不舍齋

動靜字音終

承曰奉
人之美稱曰父
著謂之被
謂之被衣也
摩和曰合
居高定體曰上
居卑定體曰下
居畢定體曰下
居其後曰後
相鄰曰近
四方廣大曰夏
中夏也萬物盛大曰夏
夏也

助緣比丘道謹

第七節　附錄—內外轉之討論

《韻鏡》、《七音略》之四十三轉，各轉皆標內外之名。《四聲等子・辨內外轉例》云：

> 內轉者，脣舌牙喉四音更無第二等字，唯齒音方具足。外轉者，五音四等都具足。今以深、曾、止、宕、果、遇、流、通括內轉六十七韻。江、山、梗、假、效、蟹、咸、臻括外轉一百三十九韻。

《切韻指掌圖・辨內外轉例》略與此同。然齒音獨具二等者何以謂之內？五音皆具二等者何以謂之外？猶未有明確之解釋，學者殊未能愜於心也。羅常培〈釋內外轉〉一文，以爲內轉外轉當以主要元音之弇侈分。遂基於瑞典高本漢氏之《切韻》音讀，以爲內轉皆含有後元音[u]、[o]，中元音[ə]及高元音[i]、[e]之韻；外轉者皆含有前元音[e]、[ɛ]、[æ]、[a]，中元音[ɐ]及後元音[a]、[ɔ]之韻。如自元音圖第二標準元音[e]，引一斜線至中元音[ə]以下一點，更由此平行線達於第六標準元音[ɔ]以上一點，則凡在此線上者，皆內轉元音，在此線下者，皆外轉元音。惟[e]之短音應屬內，長音應屬外耳。其分配如下圖：

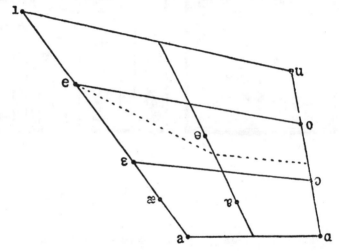

（圖選自中華書局出版《羅常培語言學論文選集》98 頁。）

羅氏以爲線以上之元音，非後即高，後則舌縮，高則口弇，故謂之內，線以下之元音，非前即低，前則舌舒，低則口侈，故謂之外。除音理解釋內外轉之本質外，更列內外轉之特徵。羅氏以爲內轉之特徵有五：

　1.二等只有正齒音，不得再有其他諸音。

　2.除第二十二轉（元），第四十一轉（凡）及第十六轉之寄韻（廢）外，輕脣音祇存在於內轉而不屬於外轉。

*3.*匣母不見於三等，又除十七轉（眞）外，亦不現於二四等。

*4.*除第三十七轉（幽）外，來母不見於四等。

*5.*照穿床審喩及精清從心邪，幫滂並明，見溪群疑諸母因聲而異等。

至於外轉亦有五項特徵：

*1.*脣舌牙喉半舌與齒音並得列二等。

*2.*脣音在二等全部爲重，在三等除第二十二（元），第四十一（凡）兩轉及第十六轉之寄韻（廢）外，皆爲重脣音。

*3.*匣母不見於三等，與內轉同，其所異者，即能現於四等。

*4.*來母得現於四等。

*5.*同一圖內無因聲而異等者，有則另列一圖，如《七音略》二一、二三仙四，二三、二四仙三，二五宵三，二六宵四，三一鹽三，三二鹽四，三六、三七清四。但麻陽兩韻是例外。

然羅氏以臻攝改列內轉，果宕改列外轉，與《等子》、《指掌圖》之說內外各八者異趣，學者固未易信也。

董同龢《等韻門法通釋》評之云：

⑴內轉與外轉內容不能改換。因爲羅先生據以改訂材料本身實有問題；並且深曾止宕果通流恰爲六十七韻，江山梗假效蟹咸臻恰爲一百三十九韻，足證韻圖與門法不誤。

⑵內轉的莊系字獨居三等應居之外，而所切之字，又在三等之內，故名內，外轉莊系字相反，故名外。

先師許世瑛先生〈評羅董兩先生釋內外轉〉一文，亦從董說而否定羅氏之說。詩英師云：

　　內轉者，乃無二等性韻母，亦即無二等韻也。其二等地位
　　本應無字，唯齒音二等地位，如該轉三等韻如有正齒音莊

系字，則被安置於齒音二等地位，於是二等齒音有字矣。
然此二等性韻母，乃三等性韻母之字也。若該轉三等韻無
正齒音莊系字，於是二等地位全部無字矣，如果攝是也。
至於通、止，遇、宕、流、曾、深七攝，因所屬三等韻均
有有正齒音莊系字，於是二等齒音有字矣。外轉者，乃有
二等性韻母也。亦即有二等韻也。其中江、蟹、山、效、
假、咸、梗七攝中之二等韻中有有脣、舌、牙、齒、喉、
舌齒之字，故二等地位全部有眞正屬於二等性韻母之字。
而與三等韻中屬三等性韻母之字，絕不相混也。至於臻攝
二等韻臻櫛二韻，僅有正齒音莊系字。於是二等地位亦唯
有齒音有字矣。表面上雖與內轉通、止、遇、宕、流、
深、曾七攝唯二等齒音有字之情形相似，然此七攝中二等
齒音字，乃三等性韻母之莊系字來借地位者也。而臻攝雖
亦僅齒音二等有字，然此乃眞正二等性韻母之字，非借地
位之三等性韻母之正齒音莊系字也。

詩英師於內外轉之區別，仍以有無眞正二等韻字爲區別，然
有眞正二等字者何以謂之外？無者謂之內，仍無解說。杜其容女
士〈釋內外轉名義〉一文釋之云：

內外轉之名，係爲區分二、四等字之屬三等韻或屬二、四
等韻而設立。三等居二、四等之內，故二、四等字屬三等
韻者謂之內轉，而屬二、四等韻者，相對謂之外轉。

其說仍本董同龢之說推闡而來，然將四等字亦一併論及，則
前人之所未道及。惟以臻攝改入內轉，則變更內外轉之內容矣。
先師高仲華（明）先生評之云：

依常理言，二、四等字居二、四等內，應爲內，三等字外
居於二、四等中，應爲外。今反以前者爲外，而後者爲

內，與常理似不合。又杜女士論臻攝必爲內轉，是改《等子》之書以就辨例，於是內轉有九攝，而外轉僅七攝，與《等子》內外各八，似有未合。

故先師以爲內外轉之別仍繫元音之性質，其口腔共鳴器窄小者，音轉於內，故稱內轉，口腔共鳴器寬大者，音轉於外，故稱外轉。惟所擬音值與羅氏有異。

周法高氏〈論切韻音〉一文，以表現於等韻門法者，內外轉之區別，在於有無獨立二等韻。若從審音立場言，則於元音之性質大有關係，故提出內轉有短元音，外轉有長元音之新說。然以果宕隸外，臻攝屬內，仍改變內外轉之內容，縱言之成理，恐亦非等韻門法上之所謂內外轉也。余於此不敢妄下雌黃，僅提幾點問題就教海內外方家。

㈠張麟之〈韻鏡序作〉引鄭樵《七音略·序》云：「作內外十六轉圖，以明胡僧立韻得經緯之全。」假若十六轉圖確與梵書十六轉韻有關係，而梵文十六韻有長短之別，則等韻之內外轉，難道與長短音不發生關係？

㈡談內外轉絕不可更改內外轉之內容，內轉六十七韻，外轉一百三十九韻，韻數亦不得擅改。

㈢內外轉必與獨立二等性韻母有關係。

㈣《韻鏡》、《七音略》每轉必標內外，似各轉之內外，概括全轉各韻而言，又非僅指某一等第之字而言也。

㈤今諸家所擬《切韻》音值是否確信已得玄珠於赤水，否則若以尙無定論之構擬，進探內外轉之眞象，其有不合，則改古人以就己，豈非削足以適履！

在此諸端尙未獲解決之前，寧墨守舊說，以待來者。

第二章　反　切

第一節　反切之名稱

　　先師瑞安林景伊（尹）先生曰：「反切者，合二字之音，以爲一音也。以今言之，即拼音之道，實至淺且易。」先師又曰：反切之名自南北朝以上，多謂之反，雖有言切者，亦不常見。[1]唐季韻書，改而言切，蓋以當時諱反，故避而不用也。如《荀子》「口行相反」，《戰國策》「上黨之民皆反爲趙。」《淮南子》「談語而不稱師是反也。」《家語》「其強禦足以反是獨立」；今本並作「返」。《梁書・侯景傳》「取臺城如反掌」，亦作「返」，皆後人所改也。隋以前不避反字，漢器首山宮鐙「蒲阪」字作「蒲反」；而《水經》《說文》「汳」字，唐人亦寫作「汴」。《路史》謂：「隋煬帝惡其作反易之。」自此以後，相沿爲諱。故唐玄度《九經字樣・序》曰：「避以反言，但紐四聲，定其音旨。」其卷內之字：「蓋」字下云：「公害翻」，代反以翻；「受」字下云：「平表紐」，代反以紐。則是反也，翻也，切也，紐也，其名雖異，其實一也。

　　反切立法之初，蓋謂之反，不謂之切，其後或言反，或言切，或言翻，或言紐，或言體語，或言反語，或言反音，或言切音，或並言反切。此皆因時代之影響，稱說之習慣，偶舉其名，

1　原注：如《顏氏家訓》云：「徐仙民《毛詩音》，反驟爲在遘，《左傳音》，切椽爲徒緣。」

不覺其不一致。

第二節　反切之原始

至於論及反切之原始，先師云：「《顏氏家訓·音辭篇》曰：『九州之人，言語不同，生民以來，固常然矣。自《春秋》標齊言之傳，《離騷》目楚辭之經。此蓋其較明之初也。後有揚雄著《方言》，其言大備，然皆考名物之同異，不顯聲讀之是非也。逮鄭玄注六經，高誘解《呂覽》、《淮南》，許慎造《說文》，劉熹製《釋名》，始有"譬況""假借"以證字音。而古語與今殊別，其間輕重清濁，猶未可曉。加以"內言""外言""急言""徐言"[2]"讀若"之類，益使人疑。孫叔然創《爾雅

---

[2] 周祖謨《漢語音韻論文集·顏氏家訓音辭篇注補》云：案內言、外言、急言、徐言，前人多不能解。今依音理推之，其義亦可得而說。考古人音字，言內言外言者，凡有四事：《公羊傳·宣公八年》：「曷爲或言而，或言乃？」何休注：「言乃者內而深，言而者外而淺。」此其一。《漢書·王子侯表上》：「襄嚪侯建。」晉灼：嚪音內言覽兔。此其二。「狁節侯起。」晉灼：狁音內言鴞。此其三。《爾雅·釋獸·釋文》「獏晉灼音內言餉」此其四。據此四例推之，所謂內外者，指韻之洪細而言。言內者洪音，言外者細音。何以言內者爲洪音？案嚪唐王仁昀《切韻》在琰韻，音自染反。（敦煌本、故宮本同。）《篆隸萬象名義》、《新撰字鏡》並音亼冉反，與王韻同。惟顏師古此字作士咸反，（今本《玉篇》同。）則在咸韻也。如是可知嚪字本有二音：一音自染反，一音士咸反。自染即漸字之音，漸三等字也。士咸即覽字之音，覽二等字也。二等、三等元音之洪細不同，且三等有i介音，二等無i介音。二等爲洪音字，三等爲細音字。晉灼音嚪爲覽兔之覽，是作洪音讀，不作細音讀也。顏注士咸反，正與之合。蓋音之侈者，口腔共鳴之間隙大；音之斂者，口腔共鳴之間隙小。大則其音若發口內，小則其音若發自口杪。故曰嚪音內言覽兔。是內外之義，即指音之洪細而言無疑也。依此求之，狁節侯之狁，晉灼音內言鴞，鴞唐寫本《切韻》在宵韻，音于驕反。（王國維抄本第三種。以下言《切韻》者并同，凡引第二

種者，始分別標明。）考《漢書‧地理志》濟南郡有猇縣，應劭音
筊，蘇林音炎。炙《切韻》胡茅反，在肴韻，匣母二等字也。鴞則爲
喻母三等字。喻母三等，古歸匣母，是鴞炙聲同，而韻有弇侈之異。
今晉灼音內言鴞，正讀爲炙，與蘇林音同。（《切韻》此字亦音胡
茅反。）此藉內言二字可以推知其義矣。復次，《爾雅‧釋獸》
「貐貐，類貙，虎爪，食人，迅走。」《釋文》云：「貐、字亦作
貐，諸詮之烏八反，韋昭烏繼反，服虔音豎，晉灼音內言餉。字書
餉音嘒。」今案嘒《切韻》烏結反，在屑韻，四等字，餉、曹憲《博
雅音》作於結反，（見〈釋言〉。）與字書音嘒同。考《淮南子‧
本經篇》「貐貐鑿齒。」高誘云：「貐讀車軏展人之軋。」軋《切
韻》烏黠反，在黠韻，二等。今晉灼此字音內言餉 正作軋音，與高
誘注若合符節。（《切韻》貐音烏黠反，即本高誘、晉灼也。）然
則內言之義，指音之洪者而言，已明確如示諸掌矣。至如外言所指，
由何休《公羊傳‧注》可得其確解。何休云：「言乃者內而深，言
而者外而淺。」乃《切韻》音奴亥反，在海韻，一等字也。而如之
反，在之韻，三等字也。乃屬泥母，而屬日母。乃而古爲雙聲，惟
韻有弇侈之殊。乃既爲一等字，則其音侈；而既爲三等字，則其音
弇。乃無 i 介音，而有 i 介音。故曰言乃者內而深，言而者外而淺。
是外言者，正謂其音幽細，若發自口杪也。夫內外之義既明，可進
而推論急言、徐言之義矣。考急言徐言之說，見於高誘之解《呂覽》
《淮南》。其言急氣者，如《淮南‧俶眞篇》「牛蹄之涔，無尺之
鯉。」注：「涔讀延祐曷問，（此四字當有誤。）急氣閉口言
也。」〈墜形篇〉「其地宜黍，多旄犀。」注：「旄讀近綢繆之
繆，急氣乃得之。」〈氾論篇〉「太祖軥其肘。」注：「軥，擠
也。讀近茸，急氣言乃得之也。」〈說山篇〉「牛車絕轔。」注：
「轔讀近藺，急舌言之乃得也。」〈說林篇〉「亡馬不發戶轔。」
注：「轔、戶限也。楚人謂之轔。轔讀近鄰，急氣言乃得之也。」
〈修務篇〉「膌讀權衡之權，急氣言之。」（膌正文及注，刻本均
誤作唫，今正。）此皆言急氣者也。其稱緩氣者，如：《淮南子‧
原道篇》「蛟龍水居。」注：「蛟讀人情性交易之交，緩氣言乃得
耳。」〈本經篇〉「飛蛩滿野。」注：「蛩、一曰蝗也，沇州謂之
螣，讀近殆，緩氣言之。」（《呂覽‧仲夏紀》「百螣時起。」注：
「螣讀近殆，兗州人謂蝗爲螣。」與此同。）〈修務篇〉「胡人有
知利者，而人謂之駤。」注：「駤讀似質，緩氣言之，在舌頭乃
得。」《呂覽‧愼行篇》：「相與私閧。」注：「閧讀近鴻，緩氣
言之。」此皆言緩氣者也。即此諸例觀之，急氣緩氣之說，可有兩
解，一解指聲調不同，一解指韻母洪細不同。蓋凡言急氣者，均爲
平聲字，凡言緩氣者，除蛟字外均爲仄聲字，此一解也。別有一解
即指韻母之洪細而言，如涔故宮本王仁昫《切韻》鋤簪反，在侵韻，

案滂三等字也。旒讀近綢繆之繆（《切韻》旒莫袍反。）繆《切韻》武彪反，在幽韻，四等字也。軵讀近茸，（《說文》亦云「軵讀若茸。」《廣韻》而容、而隴二反切。）茸《切韻》（王篆本第二種）而容反，在鍾韻，三等字也。轔讀近藺若鄰（《切韻》轔力珍反。）藺、《廣韻》良刃切，在震韻。鄰《切韻》力珍切反，在眞韻。鄰藺皆三等字也。腃讀若權衡之權，（敦煌本王仁昫《切韻》及《廣韻》字作朧，音巨員反。）權《切韻》巨員反，在仙韻，三等字也。以上諸例，或言急氣言之，或言急察言之，字皆在三四等。至如蛟讀人情性交易之交，（蛟《切韻》古肴反）交《切韻》古肴反，在肴韻，二等字也。塍讀近殆，塍《廣韻》徒得切，在德韻，殆、徒亥切，在海韻，塍殆雙聲，皆一等字也。（《呂覽・任地篇》高注：兗州讀蜮爲塍，音相近也。蜮《廣韻》音或與塍同，在德韻。《廣韻》塍音徒德切，與高注相合。）鬨讀近鴻，（《廣韻》鬨胡貢切。）鴻《切韻》（王篆本第二種）音胡龍（新雄案：龍當作籠）反，在東韻，一等字也。以上諸例，同稱緩氣，而字皆在一二等。夫一二等爲洪音，三四等爲細音，故曰凡言急氣者皆細音字，凡言緩氣者皆洪音字。惟上述之駤字，高云讀似質，緩氣言之，適與此說相反。蓋駤《廣韻》音陟利切，在至韻，與交質之質同音，（質又音之日切）駤質皆三等字也。三等爲細音，而今言緩氣，是爲不合，然緩字殆爲急字之誤無疑也。如是則急言緩言之義已明。然而何以細音則謂之急，洪音則謂之緩？嘗尋繹之，蓋細音字均爲三等字，皆有 i 介音，洪音字爲一二等字，皆無 i 音。有 i 介音者，因 i 爲高元音，且爲聲母與元音間之過渡音，而非主要元音，故讀此字時，口腔之氣道必先窄而後寬，而肌肉之伸縮，亦必先緊而後鬆。無 i 音者，其音舒緩自然，故高氏謂之緩言。急言緩言之義，如是而已。此亦與何休、晉灼所稱之內言外言相似。（晉灼，晉尚書郎，其音字稱內言某，內言之名當即本於何休。）當東漢之末，學者已精於審音，論發音之部位，則有橫口在舌之法。論韻之洪細，則有內言外言急言緩言之目。論韻之開合，則有踧口籠口之名。論韻尾之開閉，則有開脣合脣閉口之說。（橫口踧口開脣合脣並見於劉熙《釋名》。）論聲調之長短則有長言短言之別。（見《公羊傳・莊公二十八年》何休注。）剖析毫釐，分別黍累，斯可謂通聲音之理奧，而能精研極詣者矣。惜其學不傳，其書多亡，後人難以窺其用心耳。嘗試論之，中國審音之學，遠自漢始。迄今已千有餘年。於此期間，學者審辨字音，代有創獲。舉其大者，凡有七事：一漢末反切未興以前經師之審辨字音，二南朝文士讀外典知五音之分類，三齊梁人士之辨別四聲，四唐末沙門之創製字母，五唐末沙門之分韻爲四等，六宋人之編製韻圖，七明人之辨析四呼。此七事者，治聲韻學史者固不可不知也。

音義》，是漢末人獨知反語，至於魏世，此事大行，高貴鄉公不解“反語”[3]，以爲怪異。自茲厥後，音韻蜂出，各有土風，遞

---

[3]　據《三國志・魏書・三少帝紀第四》云：帝幸太學問諸儒曰：「聖人幽贊神明，仰觀俯察，始作八卦，後聖重之爲六十四，立爻以極數，凡斯大義，罔有不備，而夏有連山、殷有歸藏，周曰周易。易之書其故何也？」易博士淳于俊對曰：「包羲因燧皇之圖而制八卦，神農演之爲六十四，黃帝堯舜通其變，三代隨時質文，各繇其事，故易者變易也。名曰連山，似山而出內，氣連天地也。歸藏者，萬事莫不歸藏於其中也。」帝又曰：「若使包羲因燧皇而作易，孔子何以不云燧人氏沒，包羲氏作乎？」俊不能答。帝又問曰：「孔子作彖象，鄭玄作注，雖聖賢不同，其所釋經義一也，今彖象不與經文相連而注連之何也？」俊對曰：「鄭玄合彖象於經者，欲使學者尋省易了也。」帝曰：「若鄭玄合之，於學誠便，則孔子曷爲不合以了學者乎？」俊對曰：「孔子恐其與文王相亂，是以不合，此聖人以不合爲謙。」帝曰：「若聖人以不合爲謙，則鄭玄何獨不謙邪！」俊對曰：「古義弘深，聖問奧遠，非臣所能詳盡。」帝又問曰：「《繫辭》云：黃帝堯舜垂衣裳而天下治，此包羲神農之世爲無衣裳，但聖人化天下，何殊異爾邪？」俊對曰：「三皇之時，人寡而禽獸衆，故取其羽皮而天下用足。及至黃帝，人衆而禽獸寡，是以作爲衣裳以濟時變也。」帝又問：「乾爲天而復爲金、爲玉、爲老馬，與細物並邪？」俊對曰：「聖人取象，或遠或近，近取諸物，遠則天地。」講《易》畢，復命講《尚書》。帝問曰：「鄭玄云：稽古同天。言堯同于天也。王肅云：堯順考古道而行之。二義不同，何者爲是？」博士庾峻對曰：「先儒所執，各有乖異，臣不足以定之。然〈洪範〉稱三人占，從二人之言，賈馬及肅皆以爲順考古道，以〈洪範〉言之，肅義爲長。」帝曰：「仲尼言唯天爲大，唯堯則之，堯之大美，在乎則天，順考古道，非其至也。今發篇開義，以明聖德，而舍其大更稱其細，豈作者之意邪！」峻對曰：「臣奉遵師說，未喻大義，至于折中，裁之聖思。」次及四嶽舉鯀，帝又問曰：「夫大人者與天地合其德，與日月合其明，思無不周，明無不照，今王肅云：『堯意不能明鯀，是以試用。』如此，聖人之明有所未盡邪？」峻對曰：「雖聖人之弘，猶有所未盡，故禹曰：『知人則哲，惟帝難之，然卒能改授聖賢，緝熙庶績。』亦所以成聖也。」帝曰：「夫有始有卒，其唯聖人，若不能始，何以爲聖？其言惟帝難之，卒能改授。蓋謂知人聖人所難，非

相非笑，[4]共以帝王都邑，參校方俗，考覈古今，爲之折衷。』
此蓋述聲韻之學，出於反語，而反語之㡰，由于孫叔然也。

　　自此以後，言『反切』之緣起者，大抵與顏相同。陸德明
《經典釋文・敍錄》曰：『古人音書，止爲譬況之說，孫炎（叔
然）始爲反語，魏朝以降漸繁。』張守節《史記正義論例》曰：
『先儒音字，比方爲音，至魏秘書孫炎，始作反音。』先師又
云：「至謂反切始創于孫炎，證之故記，亦尙未能盡合，蓋『反
切』之語，自漢以上，即以有之。謂孫炎取反切以代直音則可，
謂『反切』㡰自孫炎則不可也。是故餘杭章君云：『《經典釋文

　　不盡之言也。經云『知人則哲，能官人。』若堯疑鯀，試之九年，
　　官人失敍，何得謂之聖哲？」峻對曰：「臣竊觀經傳，聖人行事，
　　不能無失。是以堯失之四凶，周公失之二叔，仲尼失之宰予。」帝
　　曰：「堯之任鯀，九載無成，汨陳五行，民用昏墊。至於仲尼失之
　　宰予，言行之閒，輕重不同也。至於周公管蔡之事，亦《尙書》所
　　載，皆博士所當通也。」峻對曰：「此皆先賢所疑，非臣寡見所能
　　究論。」次及有鰥在下曰虞舜。帝問曰：「當堯之時，洪水爲害，
　　四凶在朝，宜速登賢聖濟民之時也。舜年旣立，聖德光明，而久
　　不進用，何也？」峻對曰：「堯咨嗟求賢，欲遜己位。嶽曰：
　　『否！德忝帝位。』堯復使嶽揚舉仄陋，然後薦舜，薦舜之本，實
　　由於堯，此蓋聖人欲盡衆心也。」帝曰：「堯旣聞舜而不登用，又
　　時忠臣亦不進達，乃使嶽揚仄陋而後薦舉，非急於用聖恤民之謂
　　也。」峻對曰：「非臣愚見，所能逮及。」於是復命講《禮記》。
　　帝問曰：「太上立德，其次務施報，爲治何由而教化各異？皆脩何
　　政而能致於立德施而不報乎！」博士馬照對曰：「太上立德，謂三
　　皇五帝之世，以德化民。其次報施，謂三王之世，以禮爲治也。」
　　帝曰：「二者致化，薄厚不同，將主有優劣邪？時使之然乎！」照
　　對曰：「誠由時有樸文，教化有厚薄也。」由上所引，高貴鄉公於
　　《易》《書》《禮記》皆有深詣，博士爲之語塞，而竟不解反語，
　　故人以爲怪異也。周祖謨《漢語音韻論文集・顏氏家訓音辭篇注補》
　　云：案《經典釋文・敍錄》，魏高貴鄉公有《左傳音》三卷，此云
　　高貴鄉公不解反語，以爲怪異，事無可考。
4　《顏氏家訓・音辭篇》原文在「遞相非笑」句後尙有「指馬之諭，
　　未知孰是」二句當補。

‧序例》謂漢人不作音，而王肅《周易音》，則〈序例〉無疑辭，所錄肅音，用反語者十餘條。尋《魏志‧王肅傳》云：“肅不好鄭氏，樂安孫叔然授學鄭玄之門人，肅《集聖證論》以譏短玄，叔然駁而釋之。”假令反語始於叔然，子雍（肅字）豈肯承用其術乎！又尋《漢地理志》，廣漢郡梓潼下。應劭注：“潼水所出，南入墊江，墊音徒浹反。”遼東邵沓氏下，應劭注：“沓水也，音長答反。”是應劭時已有反語，則起於漢末也。』」

第三節　反切之方法

反切之理，上一字定其聲理，不論其何韻，下一字定其韻律，不論其何聲。質言之：即上字祇取發聲，去其收韻；下字祇取收韻，去其發聲。故上一字定清濁，下一字定開合。假令上字爲清聲，而下字爲濁聲，切成之字仍清聲，不得爲濁聲也。假令下字爲合口，而上字爲開口，切成之字仍合口也。

今舉一例：

東、德紅切，德清聲，紅濁聲，切成之字爲東，仍隨德爲清聲，不得隨紅爲濁聲。紅合口，德開口，切成之字爲東，仍合口，不得隨德爲開口。

反切上一字，與切成之字必爲雙聲，故凡雙聲者，皆可爲上一字，如東與德，雙聲也，然東與端、與都、與當、與丁等，亦雙聲也。故東爲德紅切可，爲端紅、都紅、丁紅亦無不可也。

反切下一字，與切成之字必爲疊韻，故凡疊韻者，皆可爲下一字；如東與紅，疊韻也，然東與翁、與烘、與工、與空等，亦疊韻也。故東爲德紅切可，爲德翁、德烘、德工、德空亦無不可也。

錯綜言之，下列之音，同其效果。

德紅	德翁	德烘	德工	德空
端紅	端翁	端烘	端工	端空
都紅	都翁	都烘	都工	都空
當紅	當翁	當烘	當工	當空
丁紅	丁翁	丁烘	丁工	丁空

上設二十五反切，皆切東字。

據以上所列，則用多數字以表明反切上一字，與指定一字以表明反切上字者，其理無殊；亦與造一字母以表明反切上一字者，無殊。然至今雜用多數者，從習慣也。

又據以上所列，則用多數字以表明反切下一字，與指定一字以明反切下一字者，其理無殊；亦與造一字母以表明反切下一字者，無殊。然至今雜用多數者，亦從習慣也。

如依吾儕之私議，則四十一聲類，即指定之反切上一字，而下一字，則於母韻中專指一字亦可。

譬如德端都當丁同為端母，吾儕但指定一「端」字以表明上一字；紅、翁、工、空同屬東韻，吾儕但指定一「翁」以表明反切下一字。故東、德紅切，可改為「端翁切」，而其實無絲毫之不同。

按反切之法，上一字取其聲，下一字取其韻。則上字之韻，與下字之聲，必須棄去，今舉一列而以國際音標表明之。例如：同、徒紅切。

徒[t'u]—（棄韻）[t'（u）]+紅[xuŋ╱]—（棄聲）[（x）uŋ╱]=同[t'uŋ╱]

據此而言，反切即拼音，其理至易明瞭。然今日人尚多不明反切之義者，乃若據此法以切語拼切國音，多有未能符合者。殊不知《廣韻》切語原兼古今南北之語，聲有清濁輕重之殊，韻有開合洪細之異，調有平上去入之別，而國音則全濁聲及入聲皆消失，而平聲又有陰陽之分。是以由《廣韻》演變至國音，歷經千有餘年，聲音多起變化。故純以此法，乃有不能密合者。然亦有條理可尋。首先吾人應熟稔反切上下字之類別，然後知若干韻類，屬於《經史正音切韻指南》十六攝中何攝。明乎此，則可按表稽尋得其音讀。《經史正音切韻指南》之各攝分等與《廣韻》各韻類之相配表，參見本章第六節經史正音切韻指南・三、切韻指南之韻攝。表中《廣韻》韻類參用第三章廣韻之韻類・七、二百六韻分為二百九十四韻類表。

　　既明《廣韻》韻類與《經史正音切韻指南》各攝分等之關係，然後再按《廣韻聲紐與國語聲母比較表（如附表一）》，及《廣韻》韻母與國語韻母對照表（如附表二及附表三），聲調變化表（如附表四），即可求得正確之國語讀音。茲舉二例以明之。

【一】蟲、直弓切。

　　*1.*先查弓字屬東韻第 2 類。（查第三章・七、二百六韻分為二百九十四韻類表）

　　*2.*查本章第六節・三、切韻指南之韻攝，東 2 類屬通攝合口三等。

　　*3.*直宜字屬澄紐。（查第二章・五、廣韻之四十一聲紐表）

　　*4.*查附表一，澄紐為全濁平聲讀ㄔ[tṣ']。

　　*5.*查附表三合口表，三四等知系陽聲通攝下，韻母為ㄨㄥ[uŋ]。

　　*6.*查附表四，平聲全濁下聲調為[ˊ]。

　　*7.*故知「蟲」國語注音為ㄔㄨㄥˊ[tṣ'uŋˊ]。

【二】知、陟離切。

　　*1.*先查離字屬支韻第 1 類。（查第三章・七、二百六韻分為

二百九十四韻類表）

2.查本章第六節‧三、切韻指南之韻攝，支1類屬止攝三等開口。

3.查陟字屬知紐。（查第二章‧五、廣韻之四十一聲紐表）

4.查附表一，知紐為全清，讀ㄓ[tʂ]。

5.查附表二（開口）三四等知系陰聲止攝下韻母為[ï]。由表二注可知注音符號無韻符，僅以聲符注音。

6.查附表四平聲清聲下聲調為[˥]。

7.故知「知」字國語注音為ㄓ，國際音標為[tʂï˥]。

【附表一】廣韻聲紐與國語聲母較表

		全清	次清	全濁		次濁	次清	全濁	
				平	仄			平	仄
重　脣		幫 ㄅ p	滂 ㄆ p'	並 ㄆ p'	並 ㄅ p	明 ㄇ m			
輕　脣		非 ㄈ f	敷 ㄈ f	奉 ㄈ f		微〇 ㄨ u⁵			
舌頭(娘併入，來附)		端 ㄉ t	透 ㄊ t'	定 ㄊ t'	定 ㄉ t	泥娘 ㄋ n 來 ㄌ l			
舌上	梗入二等讀音	知 ㄗ ts	徹 ㄘ ts'		澄 ㄗ ts				
	其　他	知 ㄓ tʂ	徹 ㄔ tʂ'	澄 ㄔ tʂ'	澄 ㄓ tʂ				

5　尤、東2、屋2三韻之反切上字微類非微紐，乃明紐。

			全清	次清	全濁		次濁	次清	全濁	
					平	仄			平	仄
齒頭	洪　　音6		精ㄗ ts	清ㄘ ts'	從ㄘ ts'	從ㄗ ts		心ㄙ s	邪ㄘㄙ ts's	邪ㄙ s
	細　　音		精ㄐ tɕ	清ㄑ tɕ'	從ㄑ tɕ'	從ㄐ tɕ		心ㄒ ɕ	邪ㄑㄒ tɕ'	邪ㄒ ɕ
正齒附半齒	莊系	深及梗曾通入	莊ㄗ ts	初ㄘ ts'		床ㄗ ts		疏ㄙ s		
		其　　他	莊ㄓ tʂ	初ㄔ tʂ'	床ㄔ t'	床ㄓㄕ tʂʂ7		疏ㄕ ʂ		
	照系	止攝開口	照ㄓ tʂ	穿ㄔ tʂ'	神ㄔ tʂ'	神ㄕ ʂ	日儿 ï 日ㄖ ʐ	審ㄕ ʂ	禪ㄔㄕ ts's	禪ㄕ ʂ
		其　　他								

6　洪音細音指現代韻母而言，此類聲母之演變，悉以現代韻之洪細為條件。表中所有洪細皆同此，後不更注。

7　止攝字變ㄕ[ʂ]，其他變ㄓ[tʂ]。

				全清	次清	全濁 平	全濁 仄	次濁	次清	全濁 平	全濁 仄
牙曉匣移此	開口	洪音		見《 k	溪ㄎ k'			疑〇	曉ㄏ x	匣ㄏ x	
		細音	三等	見ㄐ tɕ	溪ㄑ tɕ'	群ㄑ tɕ'	群ㄐ tɕ	疑ㄋ〇 n－i	曉ㄒ ɕ	匣ㄒ ɕ	
			其他					〇 －i			
	合口	洪音		見《 k	溪ㄎ k'	群ㄎ k'	群《 k	疑〇 ㄨu	曉ㄏ x	匣ㄏ x	
		細音		見ㄐ tɕ	溪ㄑ tɕ'	群ㄑ tɕ'	群ㄐ tɕ	疑〇 ㄩy	曉ㄒ ɕ	匣ㄒ ɕ	
喉	開口	洪音		影〇							
		細音		影〇 －i				喻為〇 －i			
	合口	洪音		影〇 ㄨu				喻為〇 ㄨu			
		細音		影〇 ㄩy				喻為〇 ㄩy			

【附表二】廣韻韻母與國語韻母對照表一

		開　　　　　　　口																	
		一　等					二　等					三　四　等							
		幫系	端系	精系	見系	影系	幫系	知系	莊系	見系	影系	幫系	端系	精系	莊系	知系	照系	見系	影系
陰	果		ㄨㄛ uo		ㄜ ㄜ													ㄧㄚ ia ㄧㄝ ie	
	假							ㄚ a		ㄧㄚ ia				ㄧㄝ ie			ㄜ ㄜ		ㄧㄝ ie
	遇													ㄩ y		ㄨ u		ㄩ y	
	蟹		ㄞ ai					ㄞ ai		ㄧㄝ ie ㄞ ai ㄧㄚ ia8				ㄧ i					ㄧ i
	止											ㄧ i ㄟ ei	ㄧ i			ï9			ㄧ i

8　溪母影母為ㄞ[ai]，其他為ㄧㄝ[ie]，佳韻某些字為ㄧㄚ[ia]。

9　凡遇[ï]號，注音符號不注韻符，僅以聲符注音，止攝開口日母為ㄦ，無聲符。

聲	效	ㄠ au	ㄠ au	一ㄠ iau ㄠ au[10]	一ㄠ iau	ㄠ au	一ㄠ iau
聲	流	ㄨ u ㄡ ou ㄠ au	ㄡ ou		一ㄡ iou 一ㄠ iau 一ㄡ iou	ㄡ ou	一ㄡ iou
陽	咸	ㄢ an	ㄢ an	一ㄢ ian	一ㄢ ian	ㄢ an	一ㄢ ian
	山	ㄢ an	ㄢ an	一ㄢ ian	一ㄢ ian	ㄢ an	一ㄢ ian
	宕	ㄤ aŋ			一ㄤ iaŋ	ㄨㄤ uaŋ ㄤ aŋ	一ㄤ iaŋ
	江		ㄤ aŋ ㄨㄤ uaŋ	一ㄤ iaŋ			
	深				一ㄣ in	ㄣ ən	一ㄣ in
	臻	ㄨㄣ uən	ㄣ ən		一ㄣ in	ㄣ ən	一ㄣ in
	曾	ㄥ əŋ			一ㄥ iŋ	ㄥ əŋ	一ㄥ iŋ
	梗		ㄥ əŋ	ㄥ əŋ 一ㄥ iŋ	一ㄥ iŋ	ㄥ əŋ	一ㄥ iŋ
聲	通						

10　影母爲ㄠ[au]，其他爲一ㄠ[iau]。

		開									口							
		一　等					二　等					三　四　等							
		幫系	端系	精系	見系	影系	幫系	知系	莊系	見系	影系	幫系	端系	精系	莊系	知系	照系	見系	影系
入	咸		ㄚ a		ㄜ ㄛ			ㄚ a		一ㄚ ia			一世 ie				ㄜ ㄛ	一世 ie	
	山		ㄚ a		ㄜ ㄛ			ㄚ a		一ㄚ ia			一世 ie				ㄜ ㄛ	一世 ie	
	宕	ㄨㄛ uo	ㄠ au		ㄜ ㄛ								ㄩ世 ye	一ㄠ iau		ㄨㄛ uo / ㄠ au		ㄩ世 ye	一ㄠ iau
	江						ㄨㄛ uo / ㄠ au	ㄨㄛ uo		ㄩ世 ye / 一ㄠ iau									
	深															一 i	ㄨ u / ㄭ[11]	一 i	一 i
	臻				ㄜ ㄛ							一 i	ㄭㄜ ㄛ				ㄭ		一 i
聲	曾	ㄟ ei / ㄨㄛ uo	ㄜ ㄛ / ㄟ ei									一 i	ㄜ ㄛ / ㄞ ai				ㄭ		一 i

11　日母為ㄨ[u]，其他為[i]。

梗		ㄞ ai ㄨ ㄛ uo	ㄜ ㄦ ㄞ ai	ㄜ ㄦ	一 i	ï	一 i
通							

【附表三】廣韻韻母與國語韻母對照表二

		合口																
		一　等					二　等				三　四　等							
		幫系	端系	精系	見系	影系	幫系	莊系	見系	影系	非系[12]	端系[13]	精系	莊系	知系	照系	見系	影系
陰聲	果	ㄨㄛ uo			ㄨㄛ uo ㄜ ㄛ ㄦ												ㄩㄝ ye	
	假							ㄨㄚ ua										
	遇	ㄨ u									ㄨ u	ㄩ y	ㄨ u				ㄩ y	
	蟹	ㄟ ei	ㄨㄟ uei ㄟ ei[14]	ㄨ ㄟ uei	ㄨㄟ uei ㄨㄞ uai[15]			ㄨㄞ uai ㄨㄚ ua[16]			ㄟ ei		ㄨ ㄟ uei				ㄨㄟ uei	

12　尤、東2、屋2脣音次濁是明非微,微母合口,其他開口。

13　三等只有泥、來。

14　泥、來母是ㄟ[ei],其他是ㄨㄟ[uei]。

15　泰韻某些字是ㄨㄞ[uai]。

16　佳、夬兩韻有些字是ㄨㄚ[ua]。

		合									口							
		一　等					二　等				三　四　等							
		幫系	端系	精系	見系	影系	幫系	莊系	見系	影系	非系12	端系13	精系	莊系	知系	照系	見系	影系
陰聲	止										ㄟei／ㄨㄟuei	ㄟei	ㄨㄟuei	ㄨㄞuai			ㄨㄟuei	
	效																	
	流										ㄨu／ㄡou		ㄧㄡiou					
陽聲	咸										ㄢan							
	山	ㄢan		ㄨㄢuan					ㄨㄢuan		ㄢan／ㄨㄢuan	ㄢan／ㄨㄢuan	ㄩㄢyan			ㄨㄢuan	ㄩㄢyan	
	宕			ㄨㄤuaŋ							ㄤaŋ／ㄨㄤuaŋ						ㄨㄤuaŋ	
	江																	
	深																	
	臻	ㄣən		ㄨㄣuən							ㄣən／ㄨㄣuən	ㄨㄣuən	ㄩㄣyn／ㄨㄣuən			ㄨㄣuən	ㄩㄣyn	

| | | 合 | | | | | | | | | 口 | | | | | | | |
| | | 一等 | | | | | 二等 | | | | 三 四 等 | | | | | | | |
		幫系	端系	精系	見系	影系	幫系	莊系	見系	影系	非系12	端系13	精系	莊系	知系	照系	見系	影系
陽	曾				ㄨㄥ uŋ													
	梗								ㄨㄥ uŋ								ㄩㄥ yuŋ ㄧㄥ iŋ	
聲	通	ㄥ əŋ		ㄨㄥ uŋ							ㄥ əŋ				ㄨㄥ uŋ		ㄨㄥ uŋ ㄩㄥ yuŋ	ㄩㄥ yuŋ
入	咸										ㄚ a							
	山			ㄨㄛ uo				ㄨㄚ ua			ㄚ a ㄨㄚ ua	ㄩㄝ ye			ㄨㄛ uo		ㄩㄝ ye	
	宕			ㄨㄛ uo							ㄨ u						ㄩㄝ ye	
	江																	
	深																	
	臻	ㄨ u ㄨㄛ uo		ㄨ u							ㄨ u	ㄩ y		ㄨㄞ uai	ㄨ u		ㄩ y	
聲	曾			ㄨㄛ uo														ㄩ y

		合									口							
		一　　等					二　　等				三　　四　　等							
		幫系	端系	精系	見系	影系	幫系	莊系	見系	影系	非系12	端系13	精系	莊系	知系	照系	見系	影系
入聲	梗							ㄨㄛ uo									ㄩ y	i
	通		ㄨ u								ㄨ u	ㄨ u ㄩ y	ㄨ u	ㄨ u	ㄨㄛ uo ㄨㄡ ou	ㄨ u ㄡ ou	ㄩ y	

【附表四】《廣韻》國語聲調變化表

聲調 ＼ 演變條件	清	次　濁	全　濁	國語聲調 ＼ 廣韻聲調
平	ˉ	ˊ		平
上		ˇ	ˋ	上
去		ˋ		去
入	ˉ ˊ ˇ ˋ	ˋ	ˊ ˋ	入

【說明】

1.平聲清聲變ˉ，濁聲變ˊ。

2.上聲清聲及次濁變ˇ，全濁變ˋ。

3.去聲全變ˋ。

4.入聲次濁變ˋ，全濁大體變ˊ，少數例外變ˋ，清聲最無條理，ˉ、ˋ、ˇ、ˋ四調皆有。大體上全清變入ˊ者為多，次清變入ˋ者為多。

第四編 古 音

第一章 緒 論

第一節 古音之界域

夫古今者，不定之名也。三代爲古，則漢爲今；漢、魏、晉爲古，則唐宋以下爲今。若擴大言之，凡今日以前之音皆可謂之古音。欲明古音確實之界域，請自明音變始。顏之推《顏氏家訓・音辭篇》：「古今言語，時俗不同；著述之人，楚夏各異。」葉夢得《石林詩話》：「聲音語言，本隨世轉，天地推移，而人隨之，此自然之勢也。」陳第《讀詩拙言》：「一郡之內，聲有不同，繫乎地者也；百年之中，語有遞轉，繫乎時者也。」閻若璩《尚書古文疏證》：『人知南北之音繫乎地，不知古今之音繫乎時，地隔數十百里，音即變易，而謂時歷數千百載，音猶一律，尚得謂之通人乎？」戴震《聲韻考》：「音有流變，一繫乎地，一繫乎時。」上來所引，皆謂聲音隨時地而變遷，至其實證，則鄭玄《禮記・檀弓》注云：「猶當爲搖，聲之誤也，秦人猶搖聲相近。」又《禮記・中庸》注云：「衣讀爲殷，聲之誤也，齊人言殷聲如衣。」劉熙《釋名・釋天》「天，豫、司、兗、冀以舌腹言之，天、顯也，在上高顯也。青、徐以舌頭言之，天、坦也，坦然高遠也。」以上所舉，皆由地域不同，而有語言之分歧。至於因時間不同而造成之差異，其例證則見於鄭玄《毛詩·豳風·東山》「烝在栗薪」箋云：「古者聲栗裂同也。」又《毛詩·小雅·常棣》「烝也無戎」箋云：「古聲填寘塵同」劉熙《釋名·釋車》「車、古者曰車，聲如居，言行所以居人也；今曰車，車、舍也，行者所處若居舍也。」而陳第《毛詩古音考序》所言，最得其旨。陳氏云：「時有古今，地有南北，字有更革，音有轉移，亦勢所必至。」潘耒《類音·古今音論》云：「天下無不可遷之物，聲音之出於喉吻，宜若無古今之殊，而風會遷流，潛移默轉，有莫知其然而然者，楚騷之音異於風雅，漢魏之音異於屈宋。古讀服如匐，而今如復；古讀下如戶，而今如夏；古讀家如姑，而今如嘉；古讀明如芒，而今如名，此第就常用之字考其旁押而知之。其不見於風騷，不經於押用，而變音讀者，不知其幾也。」所言亦復爲得理。段玉裁《六書音韻表·古今不同隨舉可徵說》云：「古音聲不同，今隨舉可證，如今人兄榮字讀入東韻，朋棚字讀入東韻，佳字讀入麻韻，母負字讀入虞、遇韻，此音轉之徵也。子字不讀即里切，側字不讀莊力切，此音變之徵也。上韻內之字多讀爲去韻，此四聲異古之徵也。今音不同唐韻，即唐韻不同古音之徵也。」於古今音之不同，亦均鞭擘入裡，足資信服。

段玉裁《六書音均表·音韻隨時代遷移說》云：「今人概曰古韻不同今韻而已，唐虞而下，隋唐而上，其中變更正多，概曰古不同今，尙皮傅之說也。音韻之不同，必論其世，約而言之，唐虞夏商周秦漢初爲一時，漢武帝後洎漢末爲一時，魏晉宋齊梁陳隋爲一時，古人之文具在，凡音轉、音變、四聲，其遷移之時代，皆可尋究。」

餘杭章太炎先生《國學略說·小學略說》又分今音爲二期，

合古共五期。其言曰：「韻分古音今音，可區別爲五期，悉以經籍韻文爲準，自〈堯典〉、〈皋陶謨〉以至周、秦、漢初爲一期，漢武以後至三國爲一期，兩晉、南北朝又爲一期，隋、唐至宋亦爲一期，元後至清，更成一期，泛論古音，大概六朝以前多爲古音。今茲所謂古音則指兩漢以前。泛論今音，可舉元、明、清三代。今則以隋唐爲今音，此何以故？因今韻書俱以《廣韻》爲準，而言古音當以《詩經》用韻爲準故。」

　　錢玄同先生《文字學音篇》縱論歷代音韻變遷，將周、秦以迄現代之音，共分爲六期。其言曰：『古今字音，變遷甚多，試就其可考者言之，可分爲六期。茲用世界通曆（俗稱西曆）表明其每期之起迄，而附注帝王之朝名于下，以便參考。（紀年之用處，在能比較年代之先後長短。中華自來用帝王紀年，于比較上全無用處，等于無紀年。今欲表明每期之起迄，惟有用世界通曆之一法。）

　　第一期　紀元前十一世紀──前三世紀（周、秦）

　　第二期　前二世紀──二世紀（兩漢）

　　第三期　三世紀──六世紀（魏、晉、南北朝）

　　第四期　七世紀──十三世紀（隋、唐、宋）

　　第五期　十四世紀──十九世紀（元、明、清）

　　第六期　二十世紀初年（現代）

　　以上所述各期之起迄，非有精密之畫分，但略示界限而已。茲將各期不同之點，略述于左：

　　第一期　此期之音，習慣上稱爲古音，以無韻書之故，自來皆不能詳言其眞相。近三百年來，治古音者輩出，據《詩經》、《楚辭》、諸子、秦碑用韻之處，及《說文解字》，參校考訂，而後此期之音乃炳焉大明。原來古者諧聲字之音讀，必與聲母相同,聲母在某韻,從其聲者皆與之同韻。此期字形,尚用籀篆,體正聲顯,故雖無韻書,而文中用韻之界限甚嚴,欲知此期音韻之大概,可參考段玉裁之《六書音韻表》、嚴可均之《說文聲類》諸書。

第二期　此期承第一期而漸變。籀篆省爲隸草,則字形淆亂,諧聲字之聲,漸漸不可審知,而韻書未作,字音無標準,故任情變易,用韻甚寬。今觀漢人所作韻文,猶可知其大概。

第三期　此爲韻書之初期,周、秦以聲母爲標準之法,至此期已完全不適用,而字音任情變易,則妨礙甚多,故韻書興焉,作韻書者,逐字定音,記以反切,此與今之希望國音統一者,命意相似。此期韻書(即《聲類》、《韻集》諸書),今無存者,不知其分韻分紐,與後來之《廣韻》異同如何,今據以考見此期字音之反切者,惟陸德明之《經典釋文》而已。

第四期　此期爲韻書全盛之期,《切韻》、《唐韻》、《廣韻》、《集韻》四書,爲此期最有價值之韻書。今《切韻》、《唐韻》雖亡,而《廣韻》、《集韻》具在。《廣韻》一書,兼賅古今南北之音,凡平仄、清濁、洪細、陰陽諸端,分別甚細。今日欲研究古音,當以《廣韻》爲階梯,欲製定國音,亦當以《廣韻》爲重要之參考物。

第五期　《廣韻》(《集韻》大致相同)之音,兼賅古今南北,以之審音,則信美矣。然紐韻繁多,實際上斷非一人所能盡讀,故在應用方面,不能不有他種韻書。此期文學,以北曲爲主,于是有以北音爲主之韻書發生,如元周德清之《中原音韻》及《菉斐軒詞林韻釋》之類。彼時惟用古代死語所作之詩,尚沿唐、宋之舊韻。至用當時活語所作之曲,即《中原音韻》一派之新韻。此派新韻,其始雖限于方隅,然其潛伏之勢力甚大,明初之《洪武正韻》，即本于此。明、清之文人學士所作韻文，多喜排斥《正韻》，仍守唐、宋之舊，然唐、宋舊韻，雖時時爭持于紙上，而實則節節失敗于口中。此六百年之普通口音，即爲《中原音韻》、《洪武正韻》等韻書之音。其故因此期南北混一，交通頻繁，集五方之人而共處一堂，彼此談話，必各犧牲其方言之不能通用者，而操彼此可以共喩之普通音。此普通音之條件有二：一、全國中多數人能發之音。二、紐韻最簡少之音。多數，則普及易；簡少，則學習易也。就南、北、中三部之中，而擇取合于上列二條件之普通音，實爲直隸、山東、山西、河南、陝西、甘肅、及江蘇、安徽北部之音。因此類之音紐韻最爲簡少，而所佔之區域則甚爲廣大也。（此類之音，泛稱可曰北音）由此而發生一種普通語言，即俗稱『官話』者是，『官話』之名，甚不雅馴。或即以此爲京話，尤非其實。實則此種語言，爲六百年來一種不成文之國語。

　　第六期　近二十年來，國人有感于中華字音之無一定之標準，爲教育前途之大障礙。于是有王照之《官話字母》，勞乃宣之《簡字譜》等發生，欲以音標之形式，代舊日之反切，其用意甚美，惜以京兆一隅之音，爲全國標準音，而所作音標，又不甚美觀，未能通行。民國二年（通曆一九一三年）教育部開讀音統一會，徵集各省代表，審定國音，遂製成『注音字母』三十九文，音讀沿第五期之趨勢，以所謂北音者爲準，自此以後，中華字音將脫離韻書時代，而入于音標時代矣。會事既畢，由會員吳敬恒編爲《國語字典》，其書今已完成，聞教育部不久即將公布，今後國語之統一，胥賴是書矣。

　　依上所述，此六期又可括爲三期，即第一第二合爲一期，以第二期包括于第一期之中，此期之音，以聲母爲準。第三第四合爲一期，以第三期包括于第四期之中，此期之音，以韻書爲準。
第五第六合爲一期，以第五期包括于第六期之中，此期之音，以
音標爲準。』

　　觀以上諸君所言，可得古音之大界。清儒所謂古音也，自其
狹義言之，要以周、秦音爲準；自其廣義言之，上固可採自唐、
虞，下亦兼收于兩漢。今余所謂古音，因鑒於鄭玄、劉熙諸氏所
言，後漢音已多變，故仍因段氏所分，以『周、秦、漢初』之音
爲準。亦即今人習慣上恒稱之『上古音』是也。瑞典高本漢
（Bernhard Karlgren）所說之『上古音』（Archaic Chinese:Late
Tsou,Ts'in, early Xan。（The language older than 500B.C.,I would
call Proto-Chinese））亦指周、秦、漢初而言也。

第二節　古音學之起源

　　後人以後世音讀，讀古代有韻之文，其音不合，於是改讀他
音，此種改讀，即古音學之緣起也。吾人今日讀《詩經・周南・
關雎》：

　　　　關關雎鳩。在河之洲。窈窕淑女，君子好逑。
　　　　參差荇菜，左右流之。窈窕淑女，寤寐求之。
　　　　求之不得。寤寐思服。悠哉悠哉，輾轉反側。
　　　　參差荇菜，左右采之。窈窕淑女，琴瑟友之。
　　　　參差荇菜，左右芼之。窈窕淑女，鐘鼓樂之。

　　此首詩之第一、二章，以「鳩」、「洲」、「逑」、
「流」、「求」諸字押韻，今以國語讀來仍朗朗上口，極爲和
諧。但是第三章以「得」、「服」、「側」三字押韻，以國語讀
來，就不和諧矣。第四章「采」、「友」，第五章「芼」、

「樂」，以國語讀之，亦均不諧。是古人之詩本就不諧，抑原本和諧，由於音變，遂感不諧。於是加以研究，研究之結果，乃導之古音學之興起。魏晉南北朝之學者對於此類不和諧之音，乃有改讀之情事。今綜合前賢諸說，加以分析，以明古音學之緣起。

一、改讀 六朝學者以當時語音讀古代有韻之文，讀之不合，往往改讀字音，以求諧和，是謂『改讀』。然同一改讀，諸家取名，亦復不同。今分述之於下：

〔一〕取韻 徐邈《毛詩音》謂之「取韻」。徐氏於《詩經・召南・行露》三章：

> 誰謂鼠無牙，何以穿我墉。
>
> 誰謂女無家，何以速我訟。
>
> 雖速我訟。亦不女從。

徐氏於「何以速我訟」訟字下云：「訟、取韻才容反。」徐氏之意蓋謂「訟」後世音似用反，其調不合，訟為去聲，與「墉」、「從」等平聲字不諧，必改讀為平聲才容反後，方可與平聲之「墉」、「從」等字相諧也。

〔二〕協句 沈重《毛詩音》謂之「協句」。沈氏於《詩經・邶風・燕燕》首章與三章皆注云「協句」。〈燕燕〉詩全文如下：

> 燕燕于飛，差池其羽。之子于歸，遠送于野。
>
> 瞻望弗及，泣涕如雨。
>
> 燕燕于飛，頡之頏之。之子于歸，遠于將之。
>
> 瞻望弗及。佇立以泣。
>
> 燕燕于飛，上下其音。之子于歸，遠送于南。
>
> 瞻望弗及，實勞我心。
>
> 仲氏任只，其心塞淵。終溫且惠，淑慎其身。

先君之思，以勗寡人。

沈氏於「遠送于野」野字下注云：「野、協句，宜音時預反。」於「遠送于南」南字下注云：「南、協句，宜音乃林反。」蓋謂「野」後世音羊也反，必改讀時預反，方與「羽」、「雨」之音相諧也。「南」後世音那含反，必改讀乃林反，方與「音」、「心」之音相諧也。

〔三〕協韻　陸德明《經典釋文》謂之「協韻」。陸氏於《詩經‧召南‧采蘋》三章「于以奠之，宗室牖下。」云：「下、協韻則音戶。」〈采蘋〉全詩如下：

于以采蘋。南澗之濱。于以采藻。于彼行潦。

于以盛之，維筐及筥。于以湘之，維錡及釜。

于以奠之，宗室牖下。誰其尸之，有齊季女。

又於《詩經‧邶風‧日月》首章「胡能有定，寧不我顧。」下云：『顧、徐音古，此亦協韻也。〈日月〉全詩如下：

日居月諸，照臨下土。乃如之人兮，逝不古處。

胡能有定，寧不我顧。

日居月諸，下土是冒。乃如之人兮，逝不相好。

胡能有定，寧不我報。

日居月諸，出自東方。乃如之人兮，德音無良。

胡能有定，俾也可忘。

日居月諸，東方自出。父兮母兮，畜我不卒。

胡能有定，報我不述。

下之音戶為韻母讀法不同，顧之音古，為聲調高低不同。

〔四〕合韻　顏師古《漢書注》謂之「合韻」。顏氏於《漢書‧司馬相如傳》「其上則有鵷雛孔鸞。騰遠射干。其下則有白虎玄豹，蟃蜒貙豻。」下注云：「豻音岸，合韻音五安反。」按豜字今本《廣韻》共有四音，上平二十五寒音俄寒切、二十七刪音可顏切、去聲二十八翰音侯旰切、又音五旰切。顏氏此注，則欲將去聲二十八翰韻五旰切之音讀爲上平二十五寒韻俄寒切之音也。五安反與俄寒切同音。

以上四家，無論所言爲何，其改讀字音則一，此種改讀古書字音之事，實即古音之萌芽。錢大昕《十駕齋養新錄》云：「沈重《毛詩音》於〈燕燕〉首章『遠送于野』云『協句，宜時預反』，二章『遠送于南』云『協句，宜乃林反』。沈重生于梁末，其時去古已遠，而韻書實始萌芽，故於今韻不合者有協句之例，協句即古音也。」

二、韻緩 陸德明《經典釋文》於《詩經·邶風·燕燕》三章「南」字下，既錄沈重「協句」之說，又申之以己意曰：「古人韻緩，不煩改字。」韻緩即韻寬，其意蓋謂，今韻「音」、「心」在侵韻，「南」在覃韻，雖屬不同之韻，但在古人，因爲韻寬，則可以互相協韻也。戴震《聲韻考》云：「唐陸德明《毛詩音義》，雖列徐邈、沈重諸人，紛紛謂合韻、取韻、協句，大致就詩求音，與後人漫從改讀名之爲協者迥殊。而於〈召南〉華字云：『古讀華爲敷。』於〈邶風〉南字云：『古人韻緩，不煩改字。』是陸氏固顯言古人音讀，及古韻今韻之不同矣。」

三、改經 惜陸氏而後，竟無人明白斯理，於是遇字有不協，乃徑改動古書文字以求協合者。顧炎武〈答李子德書〉云：至於近日鋟本盛行，而凡先秦以下之書，卒臆徑改，不復言其舊爲某，則古人之音亡而文亦亡，此尤可歎者也。開元十三年敕曰：「朕聽政之暇，乙夜觀書，每讀《尚書·洪範》，至『無偏無頗，遵王之義。』三復茲句，常有所疑，據其下文，並皆協韻，惟頗一字，實則不倫。」[1] 又《周易·泰卦》中，『無平不

陂』《釋文》云：『陂字亦有頗音』，陂之與頗，訓詁無別，其
《尚書・洪範》『無偏無頗』字，宜改爲陂。」又曰：「《易・
漸》上九，『鴻漸于陸，其羽可用爲儀。』范諤昌改陸爲逵。」
「〈雜卦傳〉『晉、晝也；明夷、誅也。』孫奕改誅爲昧。」

此種改易古書之行事，固然不當，然跡其所以有此結果，亦
由於古今音異之故也。

四、通轉　中國聲韻學史上專著一書以闡明古音者，實自吳
棫始。吳棫字才老，武夷人，著有《詩補音》、《韻補》二書以
明古音。《詩補音》久失其傳，《韻補》一書今猶傳世，乃專就
《廣韻》二百六韻注明古通某、古轉聲通某、古通某或轉入某。
是爲《韻補》之三例。若據吳氏所注通轉歸類，可得古韻九類如
下：

〔一〕東（冬、鍾通、江或轉入）

〔二〕支（脂、之、微、齊、灰通，佳、皆、咍轉聲通）

〔三〕魚（虞、模通）

〔四〕眞（諄、臻、殷、痕、耕、庚、清、青、蒸、登、侵
通，文、元、魂轉聲通）

〔五〕先（僊、鹽、沾、嚴、凡通，寒、桓、刪、山、覃、
談、咸、銜轉聲通）

〔六〕蕭（宵、肴、豪通）

〔七〕歌（戈通，麻轉聲通）

〔八〕陽（江、唐通，庚、耕、清轉聲通）

1　《尚書・洪範》韻語：
無偏無頗。遵王之義。無有作好。遵王之道。
無有作惡。遵王之路。無偏無黨。王道蕩蕩。
無黨無偏。王道平平。無反無側。王道正直。

〔九〕尤（侯、幽通）

就其韻目所注，雖得古韻九類之大界，然細察其各類所收之字，多自亂其界域。如東類收「登、唐、徵、崩、分、朋、憑、馮、房、務、薨、夢、尊、彰、纔、乘、繩、膺、薨、興、宏、湛、陵」諸字，支類收「加、嘉、歌、求、紏、釿、義、議、誼、峨、我、魚、焞、逃、旄、波、浮、莎、多、敍、舂、沙、鯊、魦、疏、灑、憂、柯、禍、化、和、蛇、猷、悠、由、遊、游、運、羅、人」諸字，皆不合其所定通轉之條理。此則顧炎武所言「長於采收，而短於甄別」者是也。平情而論，蓋事屬草創，分合多疏，固所難免。但其書最爲人所詬病者，乃在其所採材料，漫無準則，過於冗繁。陳振孫《書錄解題》評其缺失曰：「自《易》、《書》、《詩》而下，以及本朝歐、蘇，凡五十種，其聲韻與今不同者皆入焉。」《四庫全書總目提要》亦云：「所引書五十種中，下逮歐陽修、蘇轍諸作，與張商英之《僞三墳》，旁及《黃庭經》、《道藏》諸歌，故參錯冗雜，漫無條理。」

雖然《韻補》一書缺失甚多，但於古音學之研究，畢竟有其開創之功。《四庫全書總目提要》云：「自宋以來，著一書以明古音者，實自棫始，後來言古音者，皆從此而推闡加密。」錢大昕〈韻補跋〉云：「才老博考古音，以補今韻之闕，雖未能盡得六書之原本，而後儒因是知援《詩》、《易》、《楚詞》以求古音之正，其功已不細。古人依聲寓義，唐、宋人久失其傳，而才老獨知之，可謂好學深思者矣。」

以今論之，吳氏之書，雖分合多疏，以後世眼光視之，不無可議，然篳縷之功，終不可滅。故凡言古音之學者，莫不宗顧而祖才老。良以古音之學，自吳氏開之也。

五、叶音

宋朱熹《詩集傳》大量使用「叶音」之說，其意以為詩人為押韻之方便，可任意將詩中之字音改讀一可協韻之音，由於此一觀念之影響，幾乎無字不可叶。例如「家」字，朱子在《詩經‧周南‧桃夭》首章：

桃之夭夭，灼灼其華。之子于歸，宜其室家。

此一「家」字，詩與華韻，朱子口中讀來亦無不協之感，故未注音，其意蓋謂在〈桃夭〉篇中，「家」字如其本音讀即可。至於《國風‧豳風‧鴟鴞》三章：

予手拮据。予所捋荼。予所蓄租。

予口卒瘏。曰予未有室家。

《詩經‧小雅‧我行其野》首章：

我行其野，蔽芾其樗。昏姻之故，言就爾居。

爾不我畜，復我邦家。

《詩經‧小雅‧采薇》首章：

靡室靡家。玁狁之故。不遑啓居。玁狁之故。

《詩經‧小雅‧雨無正》卒章：

謂爾遷于王都。曰予未有室家。

《詩經‧大雅‧綿》五章：

乃召司空，乃召司徒。俾立室家。

此五章詩之「家」字，因欲與据、荼、租、瘏；樗、居；居；都；徒諸字押韻，朱子讀來不甚和諧，因此乃將「家」字叶音「古胡切」，亦即將「家」字讀成「姑」字之音。尤其荒謬者，朱子於《詩經‧召南‧行露》二章：

誰謂雀無角。何以穿我屋。誰謂女無家，何以速我獄。雖速我獄。室家不足。

三章：

　誰謂鼠無牙，何以穿我墉。誰謂女無家，何以速我訟。

　誰速我訟。亦不女從。

此二「家」字，本不押韻，而朱子以爲押韻，所以將二章之「家」字叶音「谷」；三章之「家」字叶「各空反」。如此則同一「家」字，在《詩經》之中，義訓無殊，卻有 ka、ku、kuk、kuŋ 四種讀法。如此任意改讀，當然匪夷所思，絕無此理。故顧炎武《詩本音》評之曰：「一家也，忽而谷，忽而公，歌之者難爲音，聽之者難爲耳矣。此其病在乎以後代作詩之體，求六經之文，而厚誣古人以謬悠惚恍，不可知、不可據之字音也。」叶音之說，所以爲人所詬病者，乃以今律古，強古以適今，以致字無定音，音無正字，與研究古音之觀念，根本相違。然跡其由來，亦緣古今音異之故也。

六、本音

本音亦謂之正音，即古有本音，無所謂「叶」。首明此理者，宋代有項安世，其《家說・論詩音》條云：

「凡《詩》中『東』字皆協『蒸』字韻，『南』字皆協『侵』字韻，『下』字、『馬』字皆協『補』字韻，『母』字、『有』字皆協『止』字韻，『英』字、『明』字皆協『唐』字韻，『華』字皆協『模』字韻，『爲』字皆協『戈』字韻，『服』字皆協『德』字韻，『天』字皆協『眞』字韻，其所通韻，皆有定音，非泛然雜用而無別者，於此可見古人呼字，其聲之高下，與今不同。又有一字而兩呼者，古人本皆兼用之，後世小學，字既皆定爲一聲，則古之聲韻遂失其傳，而天下之言字者，於是不復知有本聲矣。雖然，求之方俗之故言，參之制字之初聲，尚可考也。如『烏』謂之『鴉』，『姑』謂之『家』，

『潭』之字爲『沈』，『庵』之字爲『陰』，明都之『明』爲
『望』，不羹之『羹』爲『郎』，甄官之後爲『眞』，陳常之後
爲『田』，『蔋』之字爲『蜀』，『馮』之字爲『憑』，凡此皆
方俗之故言也，而考之於《詩》而合焉。痏、洧從有而音偉，
宄、軌從九而音鬼，婪、淋皆從林聲而讀如藍，鐔、鐔從覃聲而
讀如尋，英之聲從央，盲之聲從亡，顚、塡之聲從眞，福、輻之
聲從畐，爲孤、苽者瓜聲，爲波、頗者皮聲，凡此皆制字之初聲
也，而考之於《詩》而又合焉。夫字之本聲，不出於方俗之言，
則出於制字者之說，舍是二者，無所得聲矣。今參之二者以讀聖
經，旣無不合矣，而世之儒生，獨以今《禮部韻略》不許通用，
而遂以爲詩人用韻皆泛濫無準，而不信其爲自然之本聲也，不亦
陋乎！」

論古有本音，項氏最早，從方言與形聲二途以明之，觀念明
確，陳第以前，有此成就，實爲難得，故特爲表彰，著爲首功。
項氏之說，得之本師潘重規先生《中國聲韻學》，謹此致謝。

元戴侗著《六書故》，亦明此理。其言曰：

「書傳『行』皆戶郎切，《易》與《詩》雖有合韻者，然
『行』未嘗有協庚韻者，『慶』皆去羊切，未嘗有協映韻者，如
『野』之上與切，『下』之後五切，皆古正音，與今異，非叶韻
也。」

明焦竑，字弱侯，南京人。焦氏於古音之學，未有專書，然
其古音學理論，散見於所著《筆乘》中，又序陳第《毛詩古音
考》《屈宋古音義》二書，亦時時言及之。凡所立論，皆極精
要。其〈古詩無叶音說〉云；

「詩有古韻今韻，古韻久不傳，學者於《毛詩》《離騷》，
皆以今韻讀之，其有不合，則強爲之音，曰此叶也。予意不然，

如〈騶虞〉一虞也，旣音牙而叶葭與豝，又音五紅反而叶蓬與
豵；好仇一仇也，旣音求而叶鳩與洲，又音渠之反而叶逑。如此
則東亦可音西，南亦可音北，上亦可音下，前亦可音後，凡字皆
無正呼，凡詩皆無正字矣，豈理也哉！如下今在禡押而古皆作虎
音，〈擊鼓〉云『于林之下』上韻爲『爰居爰處』；〈凱風〉
云：『在浚之下』下韻爲『母氏勞苦』；〈大雅・綿〉『至于岐
下』上韻『率西水滸』之類也。服今在屋押，而古皆作迫音，
〈關雎〉云：『寤寐思服』下韻『輾轉反側』；〈有狐〉云：
『之子無服』上韻爲『在彼淇側』；〈騷經〉『非時俗之所服』
下韻爲『依彭咸之遺則』；《大戴禮・孝昭冠詞》『始加昭明之
元服』下韻『崇積文武之寵德』之類也。降今在絳押，而古皆作
攻音，〈草蟲〉云：『我心則降』下韻爲『憂心忡忡』；〈騷
經〉『惟庚寅吾以降』上韻爲『朕皇考曰伯庸』之類也。澤今在
陌押，而古皆作鐸音，〈無衣〉云：『與子同澤』下韻爲『與子
偕作』；〈郊特牲〉『草木歸其澤』上韻爲『水歸其壑，昆蟲無
作』之類也。此等不可殫舉，使非古韻，而自以意叶之，則下何
皆音虎，服何皆音迫，降何皆音攻，澤何皆音鐸，而無一字作他
音者耶！〈離騷〉漢魏，去詩人不遠，故其用韻皆同，世儒徒以
耳目不逮，而鑿空附會，良可歎矣。」

按焦氏能悟及古音之不同今音，以爲古人自有本音，力闢叶
音之謬，實與同時陳第所見盡合，故陳氏謂其「古詩無叶音」之
說，乃「前人未道語」，許爲「知言」。後世言古音者，莫不尊
尙陳氏，而焦氏與之同時，所見若一，開闢榛莽，掃除塵氛，皆
同有功於古音之學者也。

陳第字季立，閩連江人，著有《毛詩古音考》《屈宋古音
義》《讀詩拙言》三書以闡明古音。向來叶韻轕轇之說始徹底廓

清。陳氏以爲詩之押韻，出于自然，非由人爲，時有變改，音有轉移，以今讀古，其音原異。古人自有本音，非隨意改讀，輾轉以牽就之也。其〈毛詩古音考自序〉云：

「夫詩以聲教也，取其可歌可詠，可長言嗟歎，至手足舞蹈而不自知，以感觫其興、觀、群、怨、事父、事君之心，且將從容紬繹夫鳥獸草木之名義，斯其所以爲詩也。若其意深長，而于韻不諧，則文而已矣。故士人之篇章，必有音節，田野俚曲，亦各諧聲，豈以古人之詩而獨無韻乎！蓋時有古今，地有南北，字有更革，音有轉移，亦埶所必至。故以今之音讀古之作，不免乖刺而不入，于是悉委之叶，夫其果出于叶也，作之非一人，采之非一國，何母必讀米，非韻杞韻止，則韻祉韻喜矣 [2]。馬必讀母，非韻組韻齲，則韻旅韻土矣 [3]。京必讀疆，非韻堂韻將，則韻常韻王矣 [4]。福必讀偪，非韻食韻翼，則韻德韻億矣 [5]。厥類

---

[2] 《詩・鄭風・將仲子》首章：「將仲子兮，無踰我里。無折我樹杞。豈敢愛之，畏我父母。」以母與里、杞韻。《詩・小雅・四牡》四章：「翩翩者鵻，載飛載止。集于苞杞。王事靡盬，不遑將母。」母與止、杞韻。《詩・魯頌・閟宮》八章：「魯侯燕喜。令妻壽母。宜大夫庶士。邦國是有。既多受祉。黃髮兒齒。」以母與喜、士、祉、齒韻。

[3] 《詩・鄭風・大叔于田》首章：「叔于田，乘乘馬。執轡如組。兩驂如舞。叔在藪，火烈具舉。襢裼暴虎。獻于公所。將叔無狃，戒其傷女。」以馬與組、舞、虎、所、女韻。《詩・小雅・采菽》首章：「雖無予之，路車乘馬。又何予之，玄袞及黼。」以馬與黼韻。《詩・大雅・崧高》五章：「王遣申伯，路車乘馬。我圖爾居。莫如南土。」馬與土韻。《詩・周頌・有客》首章：「有客有客，亦白其馬。有萋有且，敦琢其旅。」馬與旅韻。

[4] 《詩・鄘風・定之方中》二章：「望楚與堂，景山與京。降觀于桑，卜云其吉，終焉允臧。」京與堂、桑、臧韻。

[5] 《詩・小雅・天保》五章：「神之弔矣，詒爾多福。民之質矣，日用飲食。群黎百姓，遍爲爾德。」以福與食、德韻。《詩・小雅・楚茨》首章：「楚楚者茨，言抽其棘。自昔何爲，我蓺黍稷。我黍

實繁，難以殫舉，其矩律之嚴，即《唐韻》不啻，此其故何耶？
又左、國、易象、離騷、楚辭、秦碑、漢賦，以至上古歌謠、箴
銘、贊誦，往往韻與詩合，實古音之證也。或謂三百篇詩辭之
祖，後有作者規而韻之耳。不知魏、晉之世，古音頗存，至隋、
唐漸盡矣。唐宋名儒，博學好古，閒用古韻以炫異耀奇則誠有
之。若讀垤爲姪，以與日韻，堯誡也 [6]；讀明爲芒，以與良韻，
皋陶歌也 [7]；是皆前于詩者，夫又何放？且讀皮爲婆，宋役人謳
也 [8]；讀邱爲欺，齊嬰兒語也 [9]；讀戶爲甫，楚民間謠也 [10]；
讀裘爲基，魯朱儒譃也 [11]；讀作爲詛，蜀百姓辭也 [12]；讀口爲

與與，我稷翼翼。我倉旣盈，我庾維億。以爲酒食。以享以祀，以
妥以侑，以介景福。」以福與棘、稷、翼、億、食韻。《詩·大雅
·大明》三章：「惟此文王，小心翼翼。昭事上帝，聿懷多福。厥
德不回，以受方國。」以福與翼、國韻。

6 《淮南子·人間訓》：「戰戰慄慄。日愼一日。人莫躓於丘，而躓
於垤。」

7 《尚書·益稷謨》：「皋陶歌曰：。元首明哉。股肱良哉。庶事康
哉。」

8 《左傳·宣公二年》：「使其驂乘謂之曰：牛則有皮。犀兕尚多。
棄甲則那。役人曰：從其有皮。丹漆若何。」

9 《戰國策·齊策》：「大冠若箕。修劍拄頤。攻敵不下，壘於梧
丘。」

10 《史記·項羽本紀》：「楚南公曰：楚雖三戶。亡秦必楚。」

11 《左傳·襄公四年》：「國人誦之曰：臧之狐裘。敗我於狐駘。我
君小子。朱儒是使。朱儒朱儒。使我敗於邾。」

12 《後漢書·廉范傳》：「建中初，遷蜀郡太守，其俗尙文辯，好相
持短長，范每厲以淳厚，不受偸薄之說。成都民物豐盛，邑宇逼側，
舊制禁民夜作，以防火災，而更相隱蔽，燒者日屬。范乃毀削先令，
但嚴使儲水而已。百姓爲便，迺歌之曰：『廉叔度。來何暮。不禁
火，民安作。平生無襦今五袴。』」按章懷太子注曰：「作協韻音
則護反。」惠棟曰：「《東觀記》作作厝。」

苦，漢白渠誦也 13；又家姑讀也，秦夫人之占 14；懷回讀也，魯聲伯之夢 15；旄芹讀也，晉滅虢之徵 16；瓜孤讀也，衛良夫之譟 17。彼其閭巷贊毀之間，夢寐卜筮之頃，何暇屑屑模擬，若後世吟詩者之限韻耶？愚少受詩家庭，竊嘗留心于此，晚年獨居海上，慶弔盡廢，律絕近體，既所不嫻，六朝古風，企之益遠。惟取三百篇日夕讀之，雖不能手舞足蹈，契古人之意，然可欣、可喜、可戚、可悲之懷，一于讀詩泄之。又懼子姪之學詩而不知古音也，于是稍爲考據，列本證、旁證二條，本證者，詩自相證也；旁證者，采自他書也。二者俱無，則宛轉以審其音，參錯以諧其韻，無非欲便于歌詠，可長言嗟歎而已矣。蓋爲今詩，古韻可不知也；讀古之詩，古韻可不察乎？嗟夫！古今一意，古今一聲，以吾之意而逆古人之意，其理不遠也；以吾之聲而調古人之聲，其韻不遠也。患在是今非古，執字泥音，則支離日甚，

13　《漢書‧溝洫志》：「大始二年，趙中大夫白公復奏穿渠，引涇水，首起谷口，尾入櫟陽，注渭中。袤二百里，溉田四千五百餘頃，因名曰白渠。民得其饒，歌之曰：『田於何所。池陽谷口。鄭國在前，白渠起後。舉臿爲雲，決渠爲雨。涇水一石，其泥數斗。且溉且糞，長我禾黍。衣食京師，億萬之口。』」

14　《左傳‧僖公十五年》：「歸妹睽孤。寇張之弧。姪從其姑。六年其逋。逃歸其國而棄其家。明年其死于高梁之虛。」

15　《左傳‧成公十七年》：「初聲伯夢涉洹，或與己瓊瑰，食之，泣而爲瓊瑰，盈其懷，從而歌之曰：『濟洹之水，贈我以瓊瑰。歸乎。歸乎。瓊瑰盈吾懷乎。』」

16　《左傳‧僖公五年》：「晉侯圍上陽，問於卜偃曰：吾其濟？對曰：克之。公曰：何時？對曰：童謠云：『丙之晨。龍尾伏辰。均服振振。取虢之旂。鶉之賁賁。天策淳淳。火中成君。虢公其奔。』」

17　《左傳‧哀公十七年》：「衛侯夢于北宮，見人登昆吾之觀，被髮北面而譟曰：『登此昆吾之虛。綿綿生之瓜。余爲渾良夫。叫天無辜。』」

孔子所刪，幾乎不可讀矣。」

其《讀詩拙言》曰：

「說者謂自五胡亂華，驅中原之人，入于江左，而河、淮南北，閒雜夷言，聲音之變，或自此始。然一郡之內，聲有不同，繫乎地者也；百年之中，語有遞轉，繫乎時者也。況有文字而後有音讀，由小篆而八分，由八分而隸，凡幾變矣，音能不變乎！所貴誦詩讀書，尙論其當世之音而已。三百篇，詩之祖，亦韻之祖也。作韻書者，宜權輿于此，溯源沿流，部提其字曰：『古音某，今音某。』則今音行而古音庶幾不泯矣。自周至後漢，音已轉移，其未變者實多。」

自項安世至陳第提倡詩有本音以來，至此古今音異之理，乃炳然大明，後人探求詩音之眞象，古音學即由斯起。顧炎武《詩本音》之作，即承繼陳第而起者，故其所建樹，已度越前賢，清代以前，一人而已。江有誥云：「明陳第始知叶音即古本音，誠爲篤論。」

第三節　研究古音之資料與方法

清許翰〈求古音八例〉云：「一曰諧聲，《說文》某字某聲之類是也。二曰重文，《說文》所載古文、籀文、奇字、篆文或某聲者是也。三曰異文，經傳文同字異，漢儒注某讀爲某者是也。四曰音讀，漢儒注某讀如某，某讀若某者是也。五曰音訓，如仁人、義宜、庠養、序射、天神引出萬物、地祇提出萬物者是也。六曰疊韻，如崔嵬、虺隤、傴僂、污邪是也。七曰方言，子雲所錄，是其專書，故書雜記，亦多存者，流變實繁，宜愼擇矣。八曰韻語，九經、楚詞、周秦諸子、兩漢有韻之文是也。盡此八者，古音之條理秩如也。」今據許所說及諸家所用，綜合敘述於後：

〔一〕古代韻文：

（一）韻部：

以古代韻文研究古人韻部，其用最宏，所得亦最爲正確。蓋古無韻書，詩人押韻，全憑自然之語音，亦即詩人之口語。歸納古人詩篇之韻腳，即可得古代韻部之大概。茲以《詩經》爲例，加以說明：

《詩‧召南‧草蟲》首章：「喓喓草蟲（一東）。趯趯阜螽（一東）。未見君子，憂心忡忡（一東）。亦既見止，亦既覯止，我心則降（四江）。」

《詩‧邶風‧谷風》六章：「我有旨蓄，亦以御冬（二冬）。宴爾新婚，以我御窮（一東）。」

《詩‧鄘風‧定之方中》首章：「定之方中（一東）。作之楚宮（一東）。」

《詩‧小雅‧出車》六章：「喓喓草蟲（一東）。趯趯阜螽（一東）。未見君子，憂心忡忡（一東）。既見君子，我心則降（四江）。赫赫南仲（一送）。薄伐西戎（一東）。」

《詩‧小雅‧蓼蕭》四章：「蓼彼蕭斯，零露濃濃（二冬）。儵革沖沖（一東）。」

《詩‧大雅‧旱麓》二章：「瑟彼玉瓚，黃流在中（一東）。豈弟君子，福祿攸降（四江）。」

《詩‧大雅‧既醉》三章：「昭明有融（一東）。高朗令終（一東）。」

《詩‧大雅‧鳧鷖》四章：「鳧鷖在潨（一東）。公尸來燕來宗（二冬）。旣燕于宗（二冬）。福祿攸降（四江）。公尸燕飲，福祿來崇（一東）。」

《詩・大雅・召旻》六章：「泉之竭矣，不云自中（一東）。溥斯害矣，職兄斯弘（十七登）。不災我躬（一東）。」

歸納各章詩押韻之韻腳，即可得知此類字在《詩經》中應爲一部。茲歸納其韻字於下：

蟲螽忡降冬窮中宮仲戎濃沖融終濛宗崇中弘躬諸字押韻，則此諸字，古韻自當爲一部。惟弘字除與此類字押韻外，復與蒸部字押韻，而與蒸部押韻爲常，則此處與冬部押韻只算合韻。然後再從所屬《廣韻》韻目觀察，極爲明顯，本部之字，包含《廣韻》一東韻開口三等字，二冬韻，以及四江韻部分字在內。

（二）聲母：

蘄春黃季剛先生〈論據詩經以考音之正變〉一文，提出就詩之連字以考聲類相通之常者，舉例如次：

「匍匐救之」　匍匐雙聲，古皆在並母。

「領如蝤蠐」　蝤蠐雙聲，古皆在從母。

「熠燿其羽」　熠燿雙聲，古皆在影母[18]。

「相其陰陽」　陰陽雙聲，古皆在影母[19]。

其就詩之對字以考聲類相通之常者，亦嘗舉例，今迻錄於次：

「安且燠兮」　安燠雙聲，古皆在影母。

---

18 按《廣韻》：「熠、羊入切」「燿、弋照切」二字皆屬「喩」母，黃侃以爲古歸影母，故云古皆在影母也。其說未盡確，當據曾運乾〈喩母古讀考〉改正爲喩母古歸定。若然，則當云「古皆在定母」也。

19 《廣韻》：「陰、於金切」屬影母，「陽、與章切」屬喩母，據黃侃說固屬雙聲，然據曾運乾所考，則二字古非雙聲也。

「雞鳴喈喈」「雞鳴膠膠」 喈、膠雙聲，古皆在見母。

「顚之倒之」 顚倒雙聲，古皆在端母。

「或以其酒」「不以其漿」 酒、漿雙聲，古皆在精母。

清錢坫《詩音表》雙聲篇，全據此理歸納而得，可供參考，然據詩之連字、對字以考聲母，宜十分謹愼，黃侃旣已有誤，吾人更宜小心，若無至切至明之證據，與其泛濫而無所歸，則不如寧闕而毋濫也。

（三）聲調：

據古代韻文以探求古代聲調，其作用與求古代之部居相等，若某字在後世屬去聲，而古代韻文卻常與平聲押韻，則此字於古必爲平聲無疑，例如「慶」字在韻書屬去聲，而《詩》、《易》每與平聲字爲韻，則「慶」字於古必爲平聲無疑也。又如「歲」字韻書屬去聲，《詩》與入聲爲韻，則「歲」字於古亦當屬入聲字也。

今舉段玉裁《六書音韻表・古四聲說》爲例以明之，段氏嘗舉其十五部之入聲，多轉爲去聲，以明古無去聲，段氏並舉證云：「至第十五部，古有入聲而無去聲，隨在可證，如《文選》所載班固〈西都賦〉『平原赤，勇士厲』而下，以厲、竄、穢、蹶、折、噬、殺爲韻，厲、竄、穢、噬讀入聲 [20]；左思〈蜀都賦〉『軌躅八達』而下，以達、出、室、術、馳、瑟、恤爲韻，馳讀入聲 [21]；〈吳都賦〉『高門鼎貴』而下，以貴、傑、裔、

---

[20] 《文選・班固・西都賦》：「平原赤，勇士厲。猿狄失木，豺狼懾竄。爾乃移師趨險，並蹈潛穢。窮虎奔突，狂兕觸蹶。許少施巧，秦成力折。掎僄狡，扼猛噬。脫角挫脰，徒搏獨殺。」

[21] 《文選・左思・蜀都賦》：「外則軌躅八達。里閈對出。比屋連甍，千廡萬室。亦有甲第，當衢向術。壇宇顯敞，高門納馳。庭扣鍾磬，堂撫琴瑟。匪葛匪姜，疇能是恤。」

世、轍、設、噎爲韻，貴、裔、世讀入聲[22]；〈魏都賦〉『均田畫疇』而下，以列、翳、悅、世爲韻，翳、世讀入聲[23]；『髡首之豪』而下，以傑、闕、設、晣、裔、髮爲韻，晣、裔讀入聲[24]；郭璞〈江賦〉以獻、月、聒、翃、豁、碣、爲韻，獻讀入聲[25]；江淹〈擬謝法曹詩〉以沬、別、袂、雪爲韻，沬、袂讀入聲[26]；〈擬謝臨川詩〉以缺、設、絕、澈、晣、汃、蔽、沬、逝、雪、穴、滅、澀、說爲韻，晣、蔽、沬、逝、噬讀入聲[27]；法言定韻之前，無去不可入，至法言定韻以後，而謹守者不知古四聲矣。他部皆準此求之。」

---

22 《文選・左思・吳都賦》：「其居則高門鼎貴。魁岸豪傑。虞魏之昆，顧陸之裔。歧嶷繼體，老成奕世。躍馬疊跡，朱輪累轍。陳兵而歸，蘭錡內設。冠蓋雲蔭，閭閻闐噎。」

23 《文選・左思・魏都賦》：「均田畫疇，蕃廬錯列。薑芋充茂，桃李蔭翳。家安其所，而服美自悅。邑屋相望，而隔踰弈世。」

24 《文選・左思・魏都賦》：「髡首之豪，鑴耳之傑。服其荒服，斂衽魏闕。置酒文昌，高張宿設。其夜未遽，庭燎晣晣。有客祈祈，載華載裔。」

25 《文選・郭璞・江賦》：「其羽族也，則有晨鵠天雞，鶂鷘鷗獻。陽鳥爰翔，于以玄月。千類萬聲，自相喧聒。濯翮疏風，鼓翅翻翃。揮弄灑珠，拊拂瀑沫。集若霞布，散如雲豁。產舑積羽，往來勃碣。」

26 《文選・江淹・擬謝法曹詩》：「昨發赤亭渚，今宿浦陽沬。方作雲峰異，豈伊千里別。芳塵未歇席，潸淚猶在袂。停鑪望極浦，弭棹阻風雪。」

27 《文選・江淹・擬謝臨川詩》：「江海經遛迴，山嶠備盈缺。靈境信淹留，賞心非徒設。平明登雲峰，杳與廬霍絕。碧鄣長周流，金潭恒澄澈。桐林帶晨霞，石壁映初晣。孔竇既滴瀝，丹井復寥汃。岧崿轉奇秀，岑崟還相蔽。赤玉隱瑤溪，雲錦被沙沬。夜聞猩猩啼，朝見鼯鼠逝。南中氣候暖，朱華凌白雪。幸遊建德鄉，觀奇經禹穴。身名竟誰辯，圖史終磨滅。且汎桂水潮，映月遊海澀。攝生貴處順，將爲智者說。」

〔二〕説文諧聲：

（一）韻部：

段玉裁《六書音韻表・古諧聲說》云：「一聲可諧萬字，萬字而必同部，同聲必同部。」又〈古十七部諧聲表序〉云：「六書之有諧聲，文字之所以日滋也。考周秦有韻之文，某聲必在某部，至嘖而不可亂，故視其偏旁以何字爲聲，而知其音在某部，易簡而天下之理得也。許叔重作《說文解字》時，未有反語，但云某聲某聲，即以爲韻書可也。自音有變轉，同一聲而分散於各部各韻，如一『某』聲，而『某』在厚韻，媒、腜在灰韻；一『每』聲，而悔、晦在隊韻，敏在軫韻，晦、痗在厚韻之類，參縒不齊，承學多疑之，要其始則同諧聲者必同部也。」王力《詩經韻讀・諧聲問題》說段玉裁的話是對的。「諧聲系統反映了上古語音系統。例如《詩經・小雅・庭燎》協 "晨" "煇" "旂"，《采菽》叶 "芹" "旂" 足以證明 "旂" 屬文部，讀若 "芹"，這和它的諧聲偏旁 "斤" 是相符合的。《詩經・大雅・生民》協 "祀" "子" "敏" "止"，足以證明 "敏" 屬之部，讀若 "每"，這和它的諧聲偏旁 "每" 是相符合的。這類例子很多，不勝枚舉，從諧聲偏旁去掌握古韻系統，是以簡馭繁的方法。」

因爲古代韻文入韻之字有限，未曾出現於韻腳處之字，爲數仍夥，今據諧聲歸部之法，則可彌補此項缺陷。例如『吉』字，《詩・召南・摽有梅》一章與 "七" 爲韻，《唐風・無衣》一章亦與 "七" 爲韻，《小雅・都人士》三章與 "實" "結" 爲韻，從知 "吉" "七" "實" "結" 諸字古韻共在一部，今定名爲『質』部，根據同諧聲必同部原則，而吉聲之字，不論入韻與否，如赳、咭、詰、桔、佶、袺、飲、頡、硈、黠、壹、鮚、拮、姞、結、蛣、劼、襭、噎、殪、饐、曀、黳諸字古皆與吉同部，據形聲以求韻，此眞執簡馭繁之捷術也。

〔附先師林景伊先生廣韻諧聲偏旁歸類習作範例〕

平聲一東韻

⑴从東得聲之字：〔說文：「東、動也。從木，官溥說：從日在木中。」得紅切，九部。古音東部。〕

○東蝀鶇辣倲倈倲涷蝀涷鰊徚崬埬蠹巐（德紅切）古音東部。

⑵从童得聲之字：〔說文：「童、男有罪曰奴，奴曰童，女曰妾。从辛、重省聲。」徒紅切，九部。古音東部。「重、厚也。从壬、東聲。」柱用切，九部。古音東部。〕

○童僮曈罿犝潼瞳橦鶙甄董橦鐘鄿（徒紅切）○曈潼（他紅切）古音東部。

⑶从仝得聲之字：〔說文：「仝、完也。从入、从工。全、篆文仝从王，純玉曰全。」疾緣切，十四部。古音元部。〕

○恮（德紅切）○仝（徒紅切）古音元部。

⑷从同得聲之字：〔說文：「同、合會也。从冂口。」徒紅切，九部。古音東部。〕

○同銅桐峒硐衕狪筒瓵洞侗烔挏酮鮦絧眮術峝筩哃峒絧郈（徒紅切）○裥（盧紅切）○侗恫痌狪跢（他紅切）古音東部。

⑸从甬得聲之字：〔說文：「甬、艸木華甬甬然也。从丂、用聲。」余隴切，九部。古音東部。「用、可施行也。从卜中。」余訟切，九部。古音東部。〕

○瓹筩矞（徒紅切）○通蓪俑（他紅切）古音東部。

⑹从朕得聲之字：〔說文：「朕、我也。闕。」段注：「凡

勝騰滕縢騰皆以朕爲聲，則朕古音當在六部矣，今音直禁切。」
古音蒸部。〕

　　○鷥鷥（徒紅切）古音東部。

　　(7)从中得聲之字：〔說文：「中、內也。从口、丨下上通
也。」陟弓切，九部。古音多部。〕

　　○中衷忠苪（陟弓切）○沖种盅苪狆（直弓切）○忡沖盅
（敕中切）古音多部。

　　(8)从蟲得聲之字：〔說文：「蟲、有足謂之蟲，無足謂之
豸。从三虫。」直弓切，九部。古音多部。〕

　　○蟲爞（直弓切）○融瀜（以戎切）古音多部。

　　(9)从冬得聲之字：〔說文：「冬、四時盡也。从仌从夂。」
都宗切，九部，古音多部。〕

　　○終殄螽鼜蔠柊螽夂䍫泠（職戎切）古音多部。

　　(10)从衆得聲之字：〔說文：「衆、多也。从乑目會意。」之
仲切，九部，古音多部。〕

　　○衆潀蛷霂貗（職戎切）古音多部。

　　(11)从宗得聲之字：〔說文：「宗、尊祖廟也。从宀示。」作
冬切，九部。古音多部。〕

　　○崇窓劓䭕（鉏弓切）古音多部。

　　(12)从嵩得聲之字：

　　○嵩（息弓切）古音多部。

　　(13)从公得聲之字：〔說文：「公、平分也。从八厶，八、猶
背也。韓非曰：背私爲公。」古紅切，古音東部。〕

　　○崧菘䃳（息弓切）○公蚣（古紅切）○翁螉鰪螉篈鶲榆顲
（烏紅切）古音東部。

　　(14)从戎得聲之字：〔說文：「戎、兵也。从戈甲。」如融

切，古音多部。〕

　　○䚍娀𧗿蝛（息弓切）○戎狨茙駥戜梇�俅狨絨（如融切）古音多部。

　　⒂从弓得聲之字：〔說文：「弓、窮也。以近窮遠者，象形。」居戎切，古音蒸部。〕

　　○弓躬躳（居戎切）○穹焪芎匔（去宮切）○窮藭竆（渠弓切）古音蒸部。

　　⒃从宮得聲之字：〔說文：「宮、室也。从宀呂省聲。」居戎切，古音多部。〕

　　○躳滒宮（居戎切）愩营（去宮切）古音多部。

　　⒄从肜得聲之字：〔說文作肜云：「肜、丹飾也。从丹彡，彡其畫也，彡亦聲。」徒冬切，古音多部。〕

　　○肜（以戎切）古音多部。

　　⒅从厷得聲之字：〔說文：「厷本作𠃒、臂上也。从又从古文厷，乚古文厷象形。」古薨切，古音蒸部。〕

　　○雄（羽弓切）古音蒸部。

　　⒆从熊得聲之字：〔說文：「熊、熊獸似豕，山居冬蟄，从能炎省聲。」羽弓切，古音談部。「炎、火光上也。从重火。」于廉切，古音談部。〕

　　○熊（羽弓切）古音談部。

　　⒇从夢得聲之字：〔說文：「夢、不明也。从夕瞢省聲。」莫忠切，古音蒸部。「瞢、目不明也。从苜从旬，旬目數搖也。」木空切，古音蒸部。〕

　　○瞢夢鄸懜㒪（莫中切）夣（莫紅切）古音蒸部。

　　(21)从馮得聲之字：〔說文：「馮、馬行急也。从馬仌聲。」皮冰切，古音蒸部。「仌、凍也。象水冰之形。」筆陵切，古音

蒸部。〕

　　○馮瀙（房戎切）古音蒸部。

　　⑵從凡得聲之字：〔說文：「凡、最括而言也。从二，二、耦也。从古文及字。」浮芝切，古音侵部。〕

　　○堲汎芃溒梵（房戎切）○風飄楓猦佩颭颫（方戎切）○芃颿（薄紅切）古音侵部。

　　⑵從豐得聲之字：〔說文：「豐、豆之豐滿也。从豆象形。」敷戎切，古音東部。〕

　　○豐酆蘴澧豐麷僼壠（敷隆切）古音東部。

　　⑷從充得聲之字：〔說文：「充、長也、高也。从儿育省聲。」昌終切，古音冬部。「育、養子使作善也。从𠫓肉聲。」余六切，古音覺部。「肉、胾肉。象形。」如六切，古音覺部。〕

　　○充珫茺忼褊虠㲉（昌終切）古音冬部。

　　⑸從降得聲之字：〔說文：「降、下也。从𨸏夅聲。」古巷切，古音冬部。「夅、服也。从夂�<相承不敢並也。」下江切，古音冬部。〕

　　○隆癃鐢窿霳夅（力中切）○洚絳（戶公切）古音冬部。

　　⑹從工得聲之字：〔說文：「工、巧飾也。象人有規榘，與巫同意。」古紅切，古音東部。〕

　　○空箜崆椌碙稑悾埪倥涳鵼埪鞚蛩筇（苦紅切）○功工疘玒釭魟攻刌慬��@（古紅切）○虹（盧紅切）○訌紅虹仜鴻莻粠浻魟豇翁颺碓（戶公切）○叿缸（呼東切）古音東部。

　　⑺從冡聲之字：〔說文：「冡、覆也。从冂豕。」莫紅切，古立東部。〕

　　○蒙冡濛騵幪朦矇饛鬞檬醿𪎭鸏懞幪蠓朦霥（莫紅切）古音

東部。

㉘从矛得聲之字：〔說文：「矛、酋矛也。建於兵車長二丈，象形。」莫浮切，古音幽部。〕

○罞髳霿䨲霧（莫紅切）古音幽部。

㉙从龍得聲之字：〔說文：「龍、鱗蟲之長，能幽能明，能細能巨，能短能長。春分而登天，秋分而潛淵。从肉，𠖿肉飛之形，童省聲。」力鍾切，古音東部。〕

○籠瓏槀朧礱襱軇瀧聾轒礱稑�嚨蘢櫳甕龓襱瓏曨鸗籠蠬（盧紅切）古音東部。

㉚从共得聲之字：〔說文：「共、同也。从廿廾。」渠用切，古音東部。〕

○洪鉷澋餻䴶烘陫（戶公切）○烘䶀廱（呼東切）

㉛从叢得聲之字：〔說文：「叢、聚也。从丵取聲。」徂紅切，古音侯部。「取、捕取也。从又耳。周禮獲者取左耳，司馬法曰：載獻聝，聝者耳也。」七庾切，古音侯部。〕

○叢藂藂藂（徂紅切）古音侯部。

㉜从囪得聲之字：〔說文無匆字，《廣韻聲系》以爲即囱字。「囱、在牆曰牖，在屋曰囱。」楚江切，古音東部。〕

○悤蔥樬轐聰總璁驄螁囪醲鏓熜廬（倉紅切）○鬷（子紅切）○�憁（蘇公切）古音東部。

㉝从兇得聲之字：〔說文：「兇、擾恐也。从儿在凶下。春秋傳曰：曹人兇懼。」許拱切，古音東部。〕

○峂（盧紅切）○夋酃峻獇鯘椶駿䑹蝬埈磫㺜綏傻稷鬏（子紅切）○峂（五東切）古音東部。

㉞从從得聲之字：〔說文：「從、隨行也。从从止，从亦聲。」慈用切，古音東部。「从、相聽也。从二人。」疾容切，

古音東部。〕

○豵蝬嵷（子紅切）古音東部。

(35)从夆得聲之字：〔說文：「夆、牾也。从夊丰聲。」敷容切，古音東部。「丰、艸盛丰丰也。从生上下達也。」敷容切，古音東部。〕

○蓬箨篷鬠蜂祥䰏（薄紅切）古音東部。

(36)从曾得聲之字：〔說文：「曾、詞之舒也。从八从曰，古文囪聲。」昨棱切，古音蒸部。〕

○贈（蘇公切）古音蒸部。

(二) 聲母：

自從高本漢定出諧聲字之諧聲原則以來，確定諧聲部分與全字不必完全同音，但應有相同或相近之聲母輔音，經過李方桂先生修定，凡是同諧聲字必須同部位，此一原則確定之後，對研究上古音之聲母，諧聲字所發生之功效，已經無可取代矣。

凡諧聲必同部位之例如下：

咸 ɣam	減 kam	喊 xam	感 kam	古 kuo	苦 kʻuo
干 kan	罕 xan	干 kan	旱 ɣan		
般 puan	盤 bʻuan	半 puan	判 pʻuan		28

由此可知，多數形聲字，諧聲字與聲符之間，聲母發音部位，縱然在中古音亦保持發音部位相同。同諧聲必同部位之通則，廣泛運用起來，效果極佳，可解決許多無法解釋之聲母難題。例如：

甬 0 － ：通 tʻ － ：筩 dʻ － ：誦 z －

余 0 － ：涂 dʻ － ：除 dʻ － ：蜍 z － ：徐 z －

28　以上擬音據高本漢中古音系統。

高本漢認爲此類無聲母，最好爲之設想一舌尖塞聲聲母，則一切問題都可迎刃而解矣。所以此 0 －聲母在上古應該是一不送氣之濁舌尖舌音 d －，與 t －、t‘－、d‘－配成一整套舌尖塞聲聲母，在音韻結構上亦十分圓滿矣。解決與舌尖諧聲之 0 －聲母後，再來看看與舌根諧聲之零聲母，又當如何處理。例如：

羊 0 －：姜 k －：羌 k‘－：祥 z －

照高本漢處理舌尖音之辦法，爲它設想一舌根音來源即可，而此一舌根音可假設爲濁不送氣之 g －，則可與舌尖音平行解決。然而邪母 z －亦非如此單純，要解決邪母 z －既與舌根又與舌尖諧聲之問題，勢必也要像對待喻母 0 －之辦法一樣，即採用錢玄同先生邪母古歸定之說法而稍加修正。即邪 z －、喻 0 －同諧舌尖音者爲之設想一舌尖來源，即爲 d －；同諧舌根音者，則爲之設想一舌根音之來源，即爲 g －。

李方桂先生將喻邪分別擬定爲 r －、gr －與 rj －、grj －，也是著眼於諧聲關係而得來之結果，由此可知諧聲字對古聲母研究是何等關係重大，往後各章，還須詳談。

（三）聲調：

諧聲字對聲調之研究，亦有極大之助益，例如有一大部份字，其字根全在入聲，而所孳乳之字，則全變去聲。例如：

北（博墨切、入聲）：背・邶（補妹切、去聲）：背（兵媚切、去聲）

霉（匹各切、入聲）：霸（必駕切、去聲）

甶（敷勿切、入聲）：畀・算・痹（必至切、去聲）

伏（房六切、入聲）：緮（平祕切、去聲）

從此類所表現諧聲分布看來，其字根全在入聲，而孳乳字則全在去聲，更可顯示去入二聲之關係密切，則段玉裁古無去聲之說，似不無道理者也。

〔三〕經籍異文：

(一) 韻部：

據經籍異文以考韻，其用亦宏。如《詩·衞風·淇奧》「有匪君子，終不可諼兮。」《禮記·大學》引作「終不可諠兮。」則可證諼諠二字古韻同部也。《詩·大雅·板》「上帝板板，下民卒癉。」《禮記·緇衣》引作「下民卒瘅」，可知單亶古音同部也。

(二) 聲母：

錢大昕〈古無輕脣音〉〈舌音類隔之說不可信〉二文，多引異文以證聲類之相同者，如謂《詩》「凡民有喪，匍匐救之。」《檀弓》引作「扶服」，《家語》引作「扶伏」以證古無輕脣，奉母歸於並母者是也。又謂《書·禹貢》「大野既豬」《史記》作「既都」，證古無舌上音，知母歸於端母者是也。

(三) 聲調：

段玉裁《六書音韻表·古假借必同部說》云：「古四聲不同今韻，故如借害為曷，借宵為小、見《學記》，為肖、見《漢書》，古害聲如曷，小、肖聲如宵也。」此段氏古平上一類，去入一類立說之由也。

〔四〕說文重文：

(一) 韻部：

例如《說文》重文「球」作「璆」，「祀」作「禩」，「瀾」作「漣」，「鱷」作「鯨」，則可知古音求、翏同部，巳、異同部，闌、連同部，罟、京同部。重文之作用，可抵補韻語之不足。不但可知同部之關係，其異部之中，對轉、旁轉之關係，亦可測知，如「繪」重文作「絵」，則可知曾、宰二字古韻部爲蒸、之對轉；「祀」重文作「禩」，則可知巳、異二字古韻爲之、職對轉；「柩」重文 作「匶」，可知之、幽爲旁轉之韻部。此種關係，對擬測上古韻部，極具參考價值。

（二）聲母：

「讕」重文作「讕」，可知來母與見母之關係，「鳳」重文作「朋」，可證古無輕脣音。「譙」或作「誚」，可知焦、肖二字發音部位相同。「鵜」或作「鶋」，則曾運乾喩四古歸定之所由出也。

（三）聲調：

「鵜」或從弟聲，或從夷聲，夷之與弟，一平一上，可見古代平上關係之密切。「肢」或從支聲，或從只聲，支之與只，亦一平一上，俱足證段玉裁所謂古平上爲一類之言，確信而有徵者也。

〔五〕古籍音讀：

段玉裁〈周禮漢讀考序〉云：「漢人作注，於字發疑正讀，其例有三：一曰讀如讀若，二曰讀爲讀曰，三曰當爲。讀如讀若者，擬其音也，古無反語，故爲比方之詞；讀爲讀曰者，易其字也，易之以音近之字，故爲變化之詞。比方主乎同，音同而義可推也，變化主乎異，字異而義憭然也。比方不異字，故下文仍舉經之本字，變化字已易，故下文輒舉所易之字，注經必兼茲二者，故有讀如有讀爲，字書不言變化，故有讀如無讀爲，有言讀如某讀爲某，而某仍本字者，如以別其音，爲以別其義。當爲者，定爲字之誤、聲之誤而改其字也，爲救正之詞，形近而訛，謂之字之誤，聲近而訛，謂之聲之誤，字誤聲誤而正之，皆謂之當爲。凡言讀爲者，不以爲誤，凡言當爲者，直斥其誤，三者分而漢注可讀，而經可讀，三者皆以音爲用。」

（一）韻部：

《周禮·太宰》「三曰官聯。」注：「鄭司農云：聯讀爲連。」聯、連古同在元部。《儀禮·大射》「兩壺獻酒。」注：「獻讀爲沙。」獻在元部，沙在歌部，元歌對轉。《說文》「佣讀若陪位。」佣蒸部，陪之部，蒸之對轉。

（二）聲母：

《詩·鄭風·丰》「俟我乎堂兮。」箋：「堂當爲根。」按堂爲舌頭定紐，根爲舌上澄紐，此證古無舌上音也。《周禮·司几筵》「設莞筵紛純。」注：「鄭司農云：紛讀爲豳。」紛輕脣敷紐，豳重脣幫紐，亦古無輕脣音之證也。

（三）聲調：

《說文》「號讀若鎬」號、乎到切去聲，鎬、乎老切上聲，可考見上去二聲分化之跡，王力所謂今之去聲，有由平上聲變來者，特別自全濁上聲變來者尤多之言，於此可得佐證。《說文》「革讀若戒」革古覈切入聲，戒古拜切去聲，今之去聲，王力謂一部分自古代長入變來者之言又得佐證矣。

〔六〕音訓釋音：

（一）韻部：

《說文》「天、顛也。」天、顛疊韻，古音同在眞部。《說文》「馬、怒也，武也。」馬、怒、武三字疊韻，古音同在魚部。《釋名·釋天》「年、進也，進而前也。」年、進疊韻，二字同在眞部。《釋名·釋言語》「通、洞也。無所不貫洞也。」通、洞疊韻，二字同在東部。

(二) 聲母：

《說文》「藩、屛也。」此可證古無輕脣音。《說文》「徹、通也」此可證古無舌上音。《釋名・釋天》「朔、蘇也，月死復蘇也。」此可證正齒莊系古歸齒頭精系也。《釋名・釋州國》「四丘爲甸，甸、乘也，出兵車一乘也。」此可證神紐古歸定紐也。

(三) 聲調：

《釋名・釋天》「天、顯也；坦也。」天平聲，顯、坦皆上聲，可據以推知古代聲調平上之關係；《釋名・釋姿容》「擁、翁也，翁撫之也。」擁上聲，翁平聲，可見古音中平上兩調之關係確較其他聲調密切者也。

〔七〕古今方言：

(一) 韻部：

據現代方言之音讀以考古音之讀法，自高本漢用之於其《中國音韻學研究》以來，凡研究聲韻學者，幾無人不用矣。高本漢在〈上古中國音當中的幾個問題〉一文中，發現上古音當中缺少－uâm，－wam，－ĭwäm 等韻母，在上古音當中，留下一極大之空當，但從汕頭方言，高氏發現下列情況：

	汕頭	中古音	上古音
喚	ham	xuâm	xuâm
患	huam	ɤwam	ɤwam
鐮	chiam	tsĭwäm	tsĭwäm

高氏說上古音本來在收脣音－ m 韻部中，開口合口皆全，後來因異化作用，－m 變作－n，故乃留下此一大空當，而從汕

頭語讀音中，彌補此一古音系統之空當。

（二）聲母：

至於根據現代方音以考聲母，錢大昕在《十駕齋養新錄》已首開其端。如云：「今江西、湖南方音讀無爲冒，即毛之去聲。」「今人呼鰻魚曰鮑魚，此方音之存古者。」「吳音則亡忘望亦讀重脣。」

（三）聲調：

據方言以考古代之聲調，應屬可行，若閩廣方音於入聲字仍保留古－ｐ、－ｔ、－ｋ三種塞聲韻尾，則《廣韻》與《廣韻》以前之入聲其有韻尾自無可疑。

〔八〕韻書系統：

（一）韻部：

1.離析韻書以求古韻之分合：

顧炎武《唐韻正》離析五支韻之半，凡从支从氏从是从兒从卑从虎从爾从知从危之字，與六脂、七之通爲一類。即顧氏古韻第二部支部。析五支之另一半，凡从多从爲从麻从垂从皮从隋从奇从義从罷从离从也从差从麗之字，與七歌八戈通爲一類。即顧氏古韻第六部歌部。

2.古代韻語與韻書對照歸納：

鄭庠《詩古音辨》所以將《廣韻》東多鍾江陽唐庚耕清青蒸登十二韻合爲一部，則全據《詩經》韻腳歸納而得。例如〈草蟲〉首章：「喓喓草蟲（一東）。趯趯阜螽（一東）。未見君子，憂心忡忡（一東）。亦旣見之，亦旣覯之，我心則降（四江）。」此以四江之降，與一東之蟲、螽、忡諸字爲韻，故將東江二韻合爲一類也。又〈羔羊〉三章：「羔羊之縫（三鍾）。素絲五總（一董）。委蛇委蛇，退食自公（一東）。」又以東與鍾韻，故鍾亦併入此類也。〈谷風〉六章：「我有旨蓄，亦以御冬（二冬）。宴爾新婚，以我御窮（一東）。」以東與冬韻，故冬亦入此類也。〈無羊〉四章：「爾牧來思，以薪以蒸（十六蒸）。以雌以雄（一東）。爾牧來思，矜矜兢兢（十六蒸）。不騫不崩（十七登）。麾之以肱（十七登）。畢來既升。（十六蒸）」以東與蒸登韻，是蒸登亦入此類。〈周頌‧烈文〉「烈文辟公（一東）錫茲祉福，惠我無疆（十陽）。子孫保之，無封靡于爾邦（四江）。維王其崇（東）之。念茲戎功（一東）繼序其皇（十一唐）之。」東又與陽唐韻，是陽唐亦入此類也。〈清人〉首章：「清人在彭（十二庚）。駟介旁旁（十一唐）。二矛重英（十二庚）。河上乎翱翔（十陽）」陽唐與庚韻，故庚入此類。〈伐木〉首章：「伐木丁丁（十三耕）。鳥鳴嚶嚶（十三耕）。嚶其鳴矣。求其友聲（十四清）。相彼鳥矣，猶求友聲（十四清）。矧伊人矣，不求友生（十二庚）。神之聽之，終和且平（十二庚）。」〈小雅‧斯干〉五章：「殖殖其庭（十五青）。有覺其楹（十四清）。噲噲其正（十四清）。噦噦其冥（十五青）。君子攸寧（十五青）。庚又與耕清韻，清又與青通，是耕清青亦入此類。雖鄭氏之法仍未精密，然確為據韻書求古音之一法也。

3.古今兼顧與聲韻合證：

　　蘄春黃君之求古韻也，以廣韻聲紐韻類合證古韻之部類，而得鉅大之成就者。古無輕脣舌上，錢大昕巳經證明；古無娘日二紐，餘杭章君之所考定，則非、敷、奉、微、知、徹、澄、娘、日等九紐為古音之所無，乃經前人考實，先生持此古所無之九紐，檢查《廣韻》每一韻類，發現凡無此九紐之韻類，亦必無

喻、爲、群、照、穿、神、審、禪、莊、初、床、疏、邪等十三
紐，則此十三紐當與非、敷等九紐同一性質，即同爲變聲可知，
四十一紐之中除此二十二紐外，則皆爲本聲，只有本聲之韻類，
則爲古本韻；雜有今變聲之韻類，則爲今變韻。先生以此法而求
得古聲十九紐，與古韻二十八部。

(二) 聲母：

*1.*不同韻書切語比較：

即據二種以上不同之韻書，比較其切語上字之異同可得此二
種韻書所代表之時代間聲類變化之痕跡。譬如「中」字，《經典
釋文・周易音義》馬融作丁仲反，《廣韻》中字二切，一作陟弓
切，一作陟仲切，《經典釋文》丁仲反之音，適與《廣韻》陟仲
切之音相當，由此可知舌頭端紐與舌上知紐之關係，及其演變之
趨向。

*2.*同一韻書紐韻交比：

黃季剛先生云：「古聲既變爲今聲，則古韻不得不變爲今
韻，以此二物相挾而變，自來談字母者，以不通古韻之故，往往
不悟發聲之由來；談古韻者，以不憭古聲之故，其分合又無的
證，清世通古今聲學者，惟錢大昕，餘皆有所偏闕，所待今日之
補苴也。」黃君即據此說，以古今聲紐交互比勘，而得古聲十九
紐，古韻二十八部。

(三) 聲調：

1.不同韻書相互比較：

比較不同韻書所收之字，其有甲韻書收平聲，乙韻書收上聲
者；或甲韻書收去聲，而乙韻書則收入聲者，則可知此字聲調之
變化。如：「匯」《尚書音義》韋昭空爲反，徐邈、《廣韻》胡
罪切，此可知匯字之聲調，由平趨去也。「亟」《周易音義》王

肅去記反，陸德明紀力反，《廣韻》丘力切，此可知亟字之音，由入趨去也。

2.同一韻書切語比較：

就同一韻書而論，其有兩讀者，或兼收於平上，或兼收於上去，或兼收於去入，從其平上兩讀，上去兩讀，或去入兩讀之音，可考見此諸聲調之關係。如「中」《廣韻》陟弓切又陟仲切，此平趨去也；「爲」薳支切又于偽切亦然。「畜」《廣韻》許竹切又許救切，此入趨去也；「識」賞職切又昌志切亦然。「簠」《廣韻》甫無切又方矩切，平趨上也。「夏」《廣韻》胡雅切又胡駕切，上趨去也。

〔九〕譯語對音：

（一）韻母：

據譯語對音，可助上古韻母讀音之考求。汪榮寶〈歌戈魚虞模古讀考〉一文，據外國古來傳述之中國語及中國音譯之外國語，以考其切音及發音。而得『唐宋以上，凡歌戈韻字皆讀 a 音，不讀 o 音；魏晉以上，凡魚虞模韻之字，亦讀 a 音，不讀 u 音或 ü 音』之結論。[29]

29　汪氏云：人生最初之發聲爲 a，世界各國字母以阿爲建首，阿音爲一切音之根本，此語言學之公論也。《廣韻》二百六部中，陰聲之部七十，依今音讀之，此七十部中屬於純粹阿音者，惟麻馬禡三韻。（以後統稱"麻韻"或"麻部"。）然麻韻諸字，以古韻條理分析之，其什之七八當隸魚虞模部，什之二三當隸歌戈部，故麻韻爲閏餘之音，無獨建一類之實，今魚虞模部之字，多讀 u 音或讀 ü 音；歌戈部之字多讀 o 音。若以麻韻諸字散歸此二部，則中國古語竟無純粹阿音之字，豈非大奇。……何以知唐宋以上，凡歌戈韻之字皆讀 a 音也？考日本之有漢籍在西晉初，而其采漢字以製"假名"爲切音之用，在唐之季世；日本之所謂"漢音"，正六朝唐人之讀音也。今觀假名五十音中，其代表 a、ka、sa、ta、na、ha、ma、 ya、ra、wa 十音，用「阿、加、左、多、那、（亦作奈）波、末、也、羅、（亦作良）和」十字，即屬于歌韻者五字，屬于戈韻者二字，屬于麻韻者二字，屬于入聲末韻者一字。夫依聲託事，必取其聲之相近者。縱有一二通假之字，不必與本音全相吻合，要其大體當不甚違異。今"a列"十字中，取材于歌戈者七字，則歌戈必與a音相諧可知。難者或謂"假名"之用，但取以爲寫音之記號，與本字無涉。乃日本音注漢字，凡屬歌戈麻韻者，一律以"a 列"諸音爲切，則必當時教授漢字者，其讀音固如此也。夫謂日本之五十音，不足以盡漢音之變，故以假名切漢字，無論如何精密，終不免若干之轉訛，斯固然矣。然漢音之爲日本所闕，或其所不能區分者，彼乃不得不以類似之音當之，若其同具之音，則譯對之際，自當求其適合。假令歌戈之字，在爾時漢讀巳爲 o 音，彼何難取"o 列"諸音爲切，而必故用此不諧之"a 列"以相代耶？

謂日本之所謂"漢音"未足據，則試更求古代西人譯語以證之：

第九世紀－即我晚唐時代－阿剌伯人所著《中國遊記》或稱「中國濱海方面與 Sila 諸島爲界，其民白晢，臣屬中國，自言"若闕朝貢，國必不雨。"惜我國人無親歷其地者。」（Suleyman 氏遊記，見 Reinaud 氏《阿剌伯及波斯人印華旅行叢談》卷一）此必指朝鮮。是時半島全部方在新羅王國統一之下，中國亦稱之曰斯羅。《南史新羅傳》阿剌伯人所記，既非出自身經，則必得自中國人之傳述，古音「斯」讀如 Si，Sila 之爲「斯羅」譯音，毫無疑義。此唐人讀「羅」爲 la 之證矣。又阿剌伯人之知日本，亦在是時，而名之曰"Wā qwā q"西人治東故者，或以此爲日本語"Wa-koku"（倭國）之音轉（Vander Lith 及 Devic 氏《印度異聞錄》。）余按日本無自號「倭國」之事；「倭國」云者，正自古中國人稱日本之名，阿剌伯此語，亦必直譯自漢文。此又唐人讀倭爲 Wa 之證矣。……凡此皆就外國人所傳中國語言言之。

若夫中國古來傳習極盛之外國語，其譯名最富，而其原語具在，不難覆按者，無如梵語；故華梵對勘，尤考訂古音之無上法門也。六朝唐人之譯佛書，其對音之法甚有系統，視今人音譯泰西名詞之嚮壁自造，十書九異者，頗不相侔。今尋其義例，則見其凡用歌戈韻之字，所代表者必爲 a 音，否則爲單純聲母（Consonne）。試舉證以明之。

阿伽陀（依梵書字母爲次。）、能滅一切毒之藥也。《華嚴經》梵語爲 agada。（所引梵字，均改用羅馬字拼寫。其對音之例及所加音符，一依 M.Monier Williams《梵英字彙》）a 者，否定之前接詞；gada 者，此言「疾病」也。

阿耨多羅、無上也。梵語爲 anuttara an 義與 a 同，uttara 高也，上
也。亦譯「嗢（烏沒切）呾（當割切）羅」（《西域記》「嗢呾羅
犀那」唐言「上軍」也。）

阿彌陀、無量也。梵語爲 amita。

……

此外人名地名，更不勝枚舉，舉其尤習見者，則——

阿難陀、釋迦牟尼之異母弟，又其大弟子之一，佛滅後，撰集諸經
傳世也。梵語爲 ananda。

阿那婆答多、藪澤之名，在香山之南，大雪山之北，所謂殑伽、信
度、縛芻、徒多四水所自出者也。譯言「無熱惱」《西域記》梵語
爲 Anaratapta。an 謂「無」，avatapta 謂「熱」也。

阿縛盧枳低澀伐羅、（"枳"疑"杞"之誤）所謂「觀自在菩
薩」，析言之「阿縛盧枳多」爲「觀」，「低澀伐羅」爲「自
在」。《西域記》梵語爲 Avalokitesvara,

乃 avalokita 與 isvara 之結合語也。

……

綜合上列譯字觀之，其中屬于歌戈韻者二十一字，爲「阿、迦、柯、
伽、多、埵、陀、馱、那、波、簸、婆、娑、魔、摩、羅、邏、娑、
莎、訶」，今惟「阿、迦、伽、那」四字有讀a音者，餘者皆讀o；
而古槪用以諧a，苟非古人讀歌戈如麻，則更無可以說明之法。（此
二十一字中，惟"迦"字歌麻兩收。今人讀釋迦之"迦"古牙切，
音本不誤〔梵語sakya〕。然《廣韻》則於"迦"字下注云：「釋迦
出釋典」按釋迦本音，作《廣韻》者斷無不審之理，而以之入戈者，
非讀"迦"如 kyo，乃讀"戈"如 kwa 也。且此非獨梵書譯例爲然
也，凡當時所譯外國人名地名，語源之可考者，按其對音之例，無
不相同。隨舉數事，足資證驗：

阿剌伯，唐時謂之大食，史家以爲其王姓大食氏，雖傳聞之異，然
古來西域諸國所以稱阿剌伯人者，其音實與「大食」二字相似，即
波斯語、回紇語謂之 Tazi （Sambery 氏 Kudatku bilik。）亞美尼亞
語、土耳其語謂之 Tadjik 或 Tazik，西里亞語謂之 Tayi Ta-i 或 Tayoye
（D'ohsson 氏蒙古史卷一。）明大食譯音所自出，而唐人亦謂之「多
氏」。《西域求法高僧傳》其證一矣。

大食人名見于史傳者，如阿蒲羅拔 Abul Abbas 爲阿拔斯系哈里發初
祖；如訶論即 Ha- run-al-Roshid 爲同系第五世哈里發，其證二矣。

大食王都謂之亞俱羅《杜還經行記》即 Akula，爲當時西里亞人及
希伯來人稱阿斯故都 Kufa 之名，其證三矣。

波斯自稱其國曰 Iran，亦曰 Pars 亦曰 Fars，其形容詞爲 Farsi；而中國自古稱爲「波斯」亦作「波剌斯」其證四矣。

今波斯地 Kharassan，唐時譯爲「呼羅珊」。《舊唐書大食傳》其證五矣。

蔥嶺西部高原，今譯「帕米爾」，出自土耳其韃靼語 Pamir，譯言「無人之野」，唐時譯爲「波謎羅」，其證六矣。

花剌子模爲鹹海西南裏海以東，阿母河下游以西地方之總稱，其名最古，出波斯語 Kharazm。Khara 義爲「榛莽」，Kharazm 猶言「榛莽之地」。今西文作 Khwarizm，或作 Kharezm，其首綴如「哈」「喀」；而唐書作「火尋」（尋爲閉口音，古讀如 zim），亦作「貨利習彌」，亦省作「過利」。其證七矣。

海南諸國之名見于古史者，如干陀利、如闍婆、如婆皇、如呵羅單、如婆利、如奔陀浪、如占波，其中「陀、婆、呵、羅、波」諸字，以原語考之，無不當讀 a 音；即干陀利者，Kandari 也，爲蘇門答臘之古名；闍婆者 Java 也。今譯「爪哇」又或訛爲「瓜哇」；呵羅單者，Kalantan 也。今譯作「吉連丹」，爲暹羅領馬來半島東岸之地，婆皇亦作「婆黃」，即 Pahang，在吉連丹東南，今譯作「彭亨」；婆利爲 Bali，爪哇正東島國，今譯作「巴里」，奔陀浪者 Pandarang 也，古交趾南部之稱，今法領交趾地。占波者，Champa 也，交趾南部古國，其證八矣。

日本古來自稱曰 Yamato，《魏志》謂之「邪馬臺」，而《後漢書》注謂之「耶摩堆」，其證九矣。新羅朝鮮爲 Sinra。其證十矣。

今西藏首府拉薩（Lassa），爲唐時吐蕃故鄉，《舊唐書》作「邏些」。其證十一矣。

以上諸名，皆唐以前舊譯，重規襲矩，斠如畫一，謂非六朝唐人讀音如此不可得也。

何以知漢魏之音，雖魚虞模之字亦讀 a 音也？無論何種國語，開齊之音常多于合撮，複綴尤然。試觀梵語，a 音之綴字殆占其全部字彙十分之九以上，而現在諸國語中，其無 ū 音者尚往往而有，此明證也。乃檢《史記》《漢書》所譯外國人名地名，依今音讀之，其合 a 音者寥寥無幾；反之，而其屬魚虞模韻當讀 u 音或 ū 音者，如「姑、孤、車、渠、吾、都、屠、涂、徒、圖、奴、蒲、莫、諸、且、蘇、疏、胥、烏、于、呼、虛、狐、壺、胡、余、盧、閭」等字，觸目皆是。是何開口之少而合撮之多乎！余以譯文異同校之，則見同一語音，而在宋齊以後，用歌戈韻字對譯者，在魏晉以上多用魚虞模韻字爲之；因恍然于漢魏時代之魚虞模即唐宋以上之歌戈

(二) 聲母：

李方桂先生《上古音研究》云：「漢代用烏弋山離去譯 Alexandria 就是說用弋 jiək 去譯第二音節 lek，因此可以推測喻母四等很近 r 或者 l，又因爲他常跟舌尖塞音諧聲，所以也可以說很近 d-。我們可以想像這個音應當很近似英文（美文也許更對點兒）ladder 或者 latter 中間的舌尖閃音（flapped 拼寫爲-dd-或-tt-的），可以暫時以 r 來代表他，如弋*rək，余*rag 等。到了中

麻，亦皆收 a 而非收－u－ū 者也。今請詳述之：

佛陀之爲 Buddha 譯音，旣如上述。而《釋老志》稱：「張騫使還，傳其旁有身毒國，始聞有浮屠之敎。」（古讀浮如 bu）則以 "屠" 對 dha 矣。《後漢書・襄楷傳》載楷上言云：「聞宮中立黃老浮圖之祠。」則又以 "圖" 爲 dha 矣。

旃陀羅、梵語至賤雜姓之稱。《楞嚴經》所謂「無問淨穢刹利及旃陀羅」是也。原字爲 Candla。而《佛國記》譯爲「旃荼羅」，云「旃荼羅」名爲惡人，與人別居。是以「荼」爲 da 矣。

優婆塞、華言「近住」，以不出家而持佛法之男子之稱，出於梵語 Upasaka（古讀塞如 sak，故常用以對 saka。）而《後漢書・楚王英傳》載：「明帝賜英詔，用伊蒲塞及桑門字。」注云：「伊蒲塞即優婆塞」，是以蒲對 pa 矣。

……

然此猶可曰譯音之偶歧也,則請更引魚虞模古不讀 u 之例以反證之。漢魏六朝譯例，凡遇梵書 u 音綴字，悉以尤侯韻字相對，或假屋沃爲之（屋沃爲尤侯之入，其韻攝爲 uk。）從無用魚虞模韻者。若乃有之，則必其字本當入侯而後人雜入虞模者也。故諧 u 以「優」；upa 爲「優婆」，唐人乃改「鄔波」。《西域記》又《求法高僧傳》udumbara 爲「優曇鉢」。（無花果園，或作「優鉢曇」誤。）

諧 ku 以「鳩」，kuru 爲「鳩樓」，四大洲之一，唐人乃改「拘盧」kumara 爲「鳩摩羅」，（此言「童」）唐人乃改「拘摩羅」。

諧 kshu 以「丘」，bhikshu 爲「比丘」；bhikshuni 爲「比丘尼」。

……

此魚虞模與尤侯之別，顯然可見，凡唐人所謂「舊譯作某訛」者，乃古今音異同，非訛也。然則古魚虞模之收 a 而不收 u，反覆證明，已無駁難之餘地。

古時代，*r-就變成 ji-了。」

〔十〕同語族語：

(一) 韻母：

雅洪托夫〈上古漢語的複輔音聲母〉一文，為上古漢語二等韻字設想一個-l-介音，乃以同語族之藏、緬、泰等語言作比較，而得之結果。雅氏說：

「二等字中有l音，在某些情況下，可以在與其他語言的比較中得到證實，在那些語言中，同漢語的l相對應的有l或r。例如：

八 pʷặt（*plet）__藏語 b-r-gyad

百 pɐk（*plɑk）__藏語 b-r-gya

馬 ma²（*mlɑ²）__緬甸語 mrang²

江 kɑ̀ng（*klong）__泰語 khlong（運河、水渠）

甲 kap（*klap）__藏語 khrab

後來李方桂先生據其說，將二等字定為有介音-r-之韻，即自同語族語比較而來。

(二) 聲母：

李方桂先生〈上古音研究〉一文，根據古代台語 Tai Language（Li,1945,340 頁）用*r-來代替酉 jiəu 字的聲母；並參考古緬甸語的 r-變成近代的 j-的例子，將喻（余）母的上古音讀定為 r-，就是一個利用同語族語，來研究上古音聲母非常好的例子。

(三) 聲調：

雅洪托夫〈上古漢語的韻母系統〉一文，談到上古漢語的韻尾問題，具有很大的啟示性。今將其重要的幾段擇錄於後，以觀同語族語在上古聲調與韻母方面的作用。雅洪托夫說：

「設想所有的陰聲字在某個時候是閉音節，這是有些根據

的。大家知道，入聲字都歸到陰聲韻部（歌部除外），而且是
有*-k韻尾（或*-t韻尾）的韻部去了。如果平聲和上聲的陰聲字
在上古是開音節的話，這些韻部未必會有各種輔音韻尾。高本漢
並沒有把跟*-k韻尾有關的所有韻部等量齊觀，其中魚部、侯部
的平聲韻和上聲韻，高本漢就沒有構擬任何輔音韻尾，而只認為
跟入聲字相押的去聲字有*-g韻尾。他給其他韻部所有的陰聲字
構擬了中古失落並跟聲調無關的*-g韻尾。所以作這樣不同的解
釋，是因為魚部和侯部幾乎不會有平聲或上聲字跟入聲字相押的
情況，而其他韻部則不能排除這種現象。不過，如果研究的不是
單個的韻部，而是整個韻母系統的話，這結論未必能足以令人信
服。帶*-t韻尾的韻部中只有脂部有平聲和上聲字。另外兩個韻
部除了有帶*-t韻尾的字外，還有高本漢構擬的帶*-d韻尾的去聲
字。脂部平聲和上聲字從不跟入聲字相押，因此高本漢為其平
聲和上聲字構擬的不是*-d，而是另一個舌尖輔音*-r。這樣，高
本漢的*-d只在中古去聲字中出現；魚部、侯部的*-g也只在去
聲（包括入聲）字中出現，而其他韻部任何聲調的字都有*-g韻
尾；歌、魚、侯三個韻部有開音節。董同龢比高本漢要徹底些，
他認為，不準確的韻腳在一些韻部裡出現多一些，並不是對這些
韻部采用另一種解釋方法的理由。對帶*-k尾的韻部，董同龢為
各種聲調的字構擬了*-g韻尾；對脂部，他也不管是什麼聲調的
字，都復原了*-d韻尾。歌部是董同龢唯一含開音節（並且是只
含開音節）的韻部。但董同龢的設想不能解釋一些已知的事實。
例如，為什麼董同龢構擬有*-g韻尾的"背*puai³"和其他類似的
字不跟平聲和上聲的陰聲字（上古也有g韻尾）相押，卻跟*-k
韻尾的字相押？這是不可理解的。

　　王力用另一種方法來解決輔音韻尾問題。他否認上古漢語有

過非鼻音的濁輔音韻尾。在高本漢構擬*-r 的地方，王力構擬的
是*-i。他認爲，其餘各部平聲和上聲的陰聲字，以前一直是開音
節。其次，王力設想在上古漢語裡有過長、短兩種聲調，有*-
p、*-t、*-k 韻尾的長調字後來失落了這些輔音，開始唸去聲；
而短調字則保留了這些輔音韻尾。在有鼻輔音韻尾的字和開音節
字裡，長調發展爲平聲，短調發展爲上聲。這樣照王力的看法，
"背""萃"在上古相應地唸*puək 和*dzhi̯ʷət，即有清輔音尾，
卻是長調字。但王力的理論不能解釋沒有*-p、*-t、*-k 韻尾的字
（如有鼻韻尾的字）是怎麼產生去聲的，也不能解釋爲什麼在任
何字中去聲能成爲一種構詞手段。

奧德里古（A.G · Haudricourt）對去聲提出了與衆不同的解
決辦法。他推測去聲字最初曾存在具有構詞後綴作用的輔音韻尾*
-s。*-s能跟任何字，甚至帶*-p、*-t、*-k 韻尾的字合在一起。後
來*-s 前的輔音起了變化或脫落了，帶*-s 的字（不管是陰聲還是
陽聲）變成去聲。最後，*-s 本身也脫落了。奧德里古爲屬入聲
韻或單獨成韻的去聲字（即"背puɑi"、"萃dzhʷi³"這些字）構
擬了複輔音韻尾*-ks、*-ts、*-ps。至於平聲或上聲的陰聲字，奧
德里古則同王力一樣，推測它們曾是開音節或曾有過半元音韻尾。

這樣，如果撇開細節問題，那麼可以說在輔音韻尾構擬問題
上，我們碰到的是兩種根本不同的理論，一種是高本漢、西門華
德和董同龢提出的，另一種則是奧德里古和王力提出的。跟奧德
里古和王力不同，高本漢等人在上古漢語中構擬了濁輔音韻尾。
爲了說明這些理論中哪種觀點正確，應該越出純粹利用漢語材料
的範圍，對漢語及跟漢語有語源或借詞聯系的語言加以比較研
究。遺憾的是進行這種比較研究的可能性不大，有當時漢語借詞
的語言的早期歷史，我們了解很差，漢族人从其他民族借詞的來

源，我們了解得更差。最後，漢語與其他藏緬語的親屬關係，對據以作出什麼重大結論來說也距離太大了。

收集外來語資料，畢竟能爲構擬上古漢語語音提供些東西。衆所周知，魚部（平聲）字在漢代可用來記錄外語詞匯中含元音-a的音節。例如，用"烏ʔuo"記錄亞歷山大城的第一個音節，用"屠 dhuo"或"圖 dhuo"記錄 budha 的第二個音節。藏緬語族（如藏語和彝語）以-a收尾的詞通常也跟魚部（平聲及上聲）字對應。"魚 ngiʷo"，藏語唸 na；"五 nguo²"藏語唸 lnga（彝語支的撒尼彝語，這兩個詞都唸 nga）這些對應關係相當清楚地表明，歸到魚部的平聲和上聲字，上古音中有元音*a（或*ɑ），而沒有輔音韻尾。這些材料對說明奧德里古和王力"平聲和上聲的陰聲字沒有輔音韻尾"的觀點是有利的。

我們沒有任何直接證據來證明上古漢語有過*-d和*-g韻尾。至于去聲的*-s 韻尾，奧德里古在古越南語的漢語借詞裡找到了遺跡。此外，無論在哪一種我們熟悉的與漢語有親屬關係的語言中，非鼻音的輔音韻尾都不分清濁，還有，與漢語屬同一語系的古藏語是有後綴 s 的。

但奧德里古關于*-s 韻尾的理論，也需要改進。假設"背^puậi³"有複輔音韻尾*-ks，我們可以明白它爲什麼既跟中古去聲字（上古有*-s韻尾）相押，又跟有*-k韻尾的字相押。但對上古單獨成韻的陰聲韻去聲字，應該構擬什麼樣的輔音韻尾呢？"萃 dzhʷi³"一類字屬祭部和脂部，其中一些字跟有 p 韻尾的字同源，而且這兩部分字隨意相押。看來，在《詩經》時代，*-s 前的*-p和*-t 已經變成了別的音（接近于 t 和 r，跟 p 則較遠）。

所以，漢語最初除了有中古的六個輔音韻尾，脂部還有過*-r，所有音節還有過*-s。*-s 能綴于其他輔音韻尾之後。

第二章　古韻研究

第一節　鄭庠之古韻研究

　　宋鄭庠著《古音辨》分古韻爲六部，實爲古韻分部之始，惜其書今已不傳，其說見於熊朋來《熊先生經說・卷二易詩書古韻》，熊氏之言曰：「鄭庠作《古音辨》。……爲鄭氏之學者，專以眞、諄、臻、文、欣、元、魂、痕、寒、桓、刪、山、先、儒十四韻皆協先僊之韻。鄭氏以東、冬、鍾、江、陽、唐、庚、耕、清、青十二韻相通，皆協陽唐之音。鄭氏又以魚、虞、模、歌、戈、麻六韻相通，皆協魚模之音。別以蕭、宵、爻、豪、尤、侯、幽七韻相通，皆協尤侯之音。鄭氏以侵、覃、談、鹽、添、嚴、咸、銜、凡九韻相通，皆協侵音。」向來以爲言鄭庠《古音辨》者，皆出自毛奇齡、戴震。其實熊氏之說，早於毛戴二人，惟只談及鄭庠六部中之五部，尙餘支脂一部未曾道及，猶待後人之補苴者也。毛奇齡《古今通韻・論例》、戴震《聲韻考》、段玉裁《六書音韻表》、夏炘《詩古韻二十二部集說》皆嘗稱引。戴震《聲韻考》卷三云：「鄭庠作《古音辨》，分陽、支、先、虞、尤、覃六部。」戴氏注云：「東、冬、鍾、江、唐、庚、耕、清、青、蒸、登並從陽韻。脂、之、微、齊、佳、皆、灰、咍並從支韻。眞、諄、臻、文、殷、元、魂、痕、寒、桓、刪、山、仙並從先韻。魚、模、歌、戈、麻並從虞韻。蕭、宵、肴、豪、侯、幽、並從尤韻。侵、談、鹽、添、咸、銜、嚴、凡並從覃韻。」戴氏所注，細目已從《廣韻》之韻目，惟入聲之分配，仍未道及。夏炘《詩古韻二十二部集說》所錄〈宋鄭氏六部表〉則以入聲配陽聲，所用韻目，則為後世之詩韻韻目。茲錄其說于下：

一部	二部	三部	四部	五部	六部
東冬江陽庚青蒸	古微齊佳灰	魚虞歌麻	眞文元寒刪先	蕭肴豪尤	侵覃鹽咸
屋沃覺藥陌錫德			質物月曷黠屑		緝合葉洽

一、鄭氏古韻六部：

今綜合戴震與夏炘兩家之說，列鄭庠六部於後：

〔一〕東部：平聲東、冬、鍾、江、陽、唐、庚、耕、清、青、蒸、登（舉平以賅上去，後仿此）；入聲屋、沃、燭、覺、藥、鐸、陌、麥、昔、錫、職、德。

〔二〕支部：平聲支、脂、之、微、齊、佳、皆、灰、咍；去聲祭、泰、夬、廢。

〔三〕魚部：平聲魚、虞、模、歌、戈、麻。

〔四〕眞部：平聲眞、諄、臻、文、欣、元、魂、痕、寒、桓、刪、山、先、仙；入聲質、術、櫛、物、迄、月、沒、曷、末、黠、鎋、屑、薛。

〔五〕蕭部：平聲蕭、宵、肴、豪、尤、侯、幽。

〔六〕侵部：平聲侵、覃、談、鹽、添、咸、銜、嚴、凡；入聲緝、合、盍、葉、怗、洽、狎、業、乏。

二、鄭氏歸部方法：

鄭氏據《詩經》以歸納其韻腳，凡見《詩經》押韻之處，即合爲一部，並將詩韻韻目合併。例如鄭氏所以將《廣韻》東、冬、鍾、江、陽、唐、庚、耕、清、青、蒸、登十二韻合併爲一部者，乃見《詩經》韻腳此十二韻之字，互相押韻之故也。例如：

《詩・召南・草蟲》首章：

喓喓草蟲。（一東）趯趯阜螽。（一東）未見君子，憂心忡忡。（一東）亦既見止，亦既覯止，我心則降。（四江）

《詩・邶風・谷風》六章：

我有旨蓄，亦以御冬。（二冬）宴爾新婚，以我御窮。（一東）

《詩・鄭風・大叔于田》三章：

抑釋掤（十七登）忌。抑鬯弓（一東）忌。

《詩・小雅・無羊》三章：

爾牧來思，以薪以蒸。（十六蒸）以雌以雄。（一東）爾羊來思，矜矜兢兢。（十六蒸）不騫不崩。（十七登）麾之以肱。（十七登）畢來既升。（十六蒸）

《詩・小雅・伐木》一、二章：

伐木丁丁。（十三耕）鳥鳴嚶嚶。（十三耕）出自幽谷。（一屋）遷于喬木。（一屋）嚶其鳴（十二庚）矣。求其友聲。（十四清）相彼鳥矣，猶求友聲。（十四清）矧伊人矣，不求友生。（十二庚）神之聽（十五青）之。終和且平。（十二庚）

《詩・小雅・斯干》五章：

殖殖其庭。（十五青）有覺其楹。（十四清）噲噲其正。

（十四清）嚖嚖其冥。（十五青）君子攸寧。（十五青）

《詩‧鄭風‧清人》首章：

清人在彭。（十二庚）駟介旁旁。（十一唐）二矛重英。
（十二庚）河上乎翶翔。（十陽）

《詩‧周頌‧烈文》全篇：

烈文辟公。（一東）錫茲祉福，惠我無疆。（十陽）無封靡
于爾邦。（四江）維王其崇之，念茲戎功。（一東）繼序其皇
（十一唐）之。無競惟人。（十七眞）四方其訓（三十三問）
之。不顯惟德，百辟其刑（十五青）之。於乎！前王不忘。（十
陽）《詩經‧草蟲》以東與江韻，〈羔羊〉以東與鍾韻，〈谷
風〉以東與冬韻，是以東冬鍾江四韻併爲一部，〈大叔于田〉以
東與登韻，〈無羊〉以東與蒸登韻，故東冬鍾江蒸登六韻合爲一
部。〈伐木〉〈斯干〉以庚耕清青四韻相押，〈清人〉以庚與陽
唐韻，故陽唐與庚耕清青又合而爲一。〈烈文〉以東陽江同押，
故《廣韻》收舌根鼻音之十二韻，全合爲一部矣。此種專就《廣
韻》求其合之方法，即鄭庠用以歸部之基本方法。

三、鄭氏分部優劣：

〔一〕優點：

鄭氏六部之分，較吳棫《韻補》爲有條理。鄭氏依據《廣
韻》系統，將陽聲韻按其語音系統秩然分開。即陽聲韻按舌根鼻
音-ŋ、舌尖鼻音-n、雙脣鼻音-m；入聲韻按舌根塞音-k、舌尖塞
音-t、雙脣塞音-p。彼此分開，秩然有序，絲毫不亂。例如《詩
‧邶風‧綠衣》四章：「絺兮綌兮，凄其以風。（一東）我思古
人，實獲我心。（二十一侵）」鄭氏未據此詩將東侵合併者，即
已注意語音之系統性，不欲將不同之韻尾合爲一部也。

〔二〕缺點：

*1.*段玉裁《六書音韻表・今韻古分十七部表》云：「其說合於漢魏，及唐之杜甫、韓愈所用，而於周秦未能合也。」

*2.*江有誥《音學十書・古韻凡例》云：「鄭氏庠作《古音辨》，始分六部，雖分部至少，而仍有出韻，蓋專就《唐韻》求其合，不能析《廣韻》求其分，宜無當也。」

第二節　顧炎武之古韻研究

一、顧氏之古音學著作：

顧炎武，字寧人，號亭林（1613 — 1682），崑山人。古音學之研究走上有條理有系統之研究，實自顧炎武始。至於古韻分部，雖前有鄭庠之古韻六部，實疏略不足觀，且書又散佚，詳情不得而知。故建立規模，實自顧氏奠其基石。顧氏以半生精力，近三十年之時間，完成古音學巨著《音學五書》。顧氏後敘云：「予撰集此書，幾三十年，所過山川亭障，無日不以自隨，凡五易稿，而手書者三矣。」《音學五書》全書共分《音論》、《詩本音》、《易音》、《唐韻正》、《古音表》五種。茲分別簡述於後：

〔一〕《音論》泛論音韻問題，共三卷十五篇。上卷三篇：㈠古曰音今曰韻。㈡韻書之始。㈢唐宋韻譜之異同。中卷六篇：㈠古人韻緩不煩改字。㈡古詩無叶音。㈢四聲之始。㈣古人四聲一貫。㈤入為閏聲。㈥近代入聲之誤。下卷六篇：㈠六書轉注之解。㈡先儒兩聲各義之說不盡然。㈢反切之始。㈣南北朝反語。㈤反切之名。㈥讀若。皆引據古說，以相論證，莫不元元本本，

殫見洽聞。蓋《音學五書》之綱領也。就中以中卷六篇及下卷
〈先儒兩聲各義之說不盡然〉一篇，全論古音之著，最爲重要。
中卷六篇，第一篇〈古人韻緩不煩改字〉及第二篇〈古詩無叶
音〉二篇，力主陸德明“古人韻緩”之說，以爲古人用韻頗寬，
苟聲近可通，即無煩改字。如「燔」字不必改作「符員反」，
「天」字不必改作「鐵因反」之類。謂宋人之改古書以就沈韻，
爲勞脣吻、費簡策，因列舉徐蕆、戴侗、陳第諸家之說，以辨
「叶音」之謬而一以陳氏爲歸，謂古有本音。至其有一二與正音
不合者，或出於方音之不同。第三篇〈四聲之始〉及第四篇〈古
人四聲一貫〉，乃謂四聲之論，起於永明，而定於梁陳之間，然
按之古人之詩，亦自有遲疾輕重之分，故平多韻平，仄多韻仄，
乃以爲古人雖有四聲，而可以並用，平上去三聲古多通貫，入聲
雖似覺差殊，而與平上爲韻者，亦十之三。第五篇〈入爲閏聲〉
及〈近代入聲之誤〉二文，乃專論入聲者，謂入聲之字，其音短
促，爲聲之閏也。（所謂聲之閏者，蓋謂入聲於五方之音，或有
或無，而不能齊，猶曆之有閏，或閏或不閏之不齊也。）古人雖
有入聲，但可轉入三聲，惟韻書以入聲配陽聲，所配盡誤。（謂
以“屋”承“東”，以“沃”承“冬”之類，其時猶未有“陰”
“陽”之名，今以爲言者，便於稱說耳。）除侵、覃以下九韻之
舊有入聲者外，乃悉以配陰聲。下卷〈先儒兩聲各義之說不盡
然〉一篇，則以爲聲調之別，不過發言輕重之間，非有疆界之
分。先儒謂一字兩聲，各有意義，如“惡”字作愛惡則爲去聲，
作美惡則爲入聲，然據古書，則愛惡可讀入聲，美惡亦可讀去
聲。此數篇論古今音之變及究所以不同，乃對顧氏古音觀念，最
具影響者。

　　〔二〕《詩本音》十卷。顧氏以爲乃其《音學五書》中，最

為重要之書，其書專就《詩經》所用之韻，互相參稽，證以他書，明古音原作斯讀，非由遷就，故曰本音。每詩皆具列經文，而註其音於句下，與今韻合者，註曰《唐韻》某韻。（如"國風・周南・關雎"「關關雎鳩。」"鳩"下註云：「十八尤　言十八尤者，此字在《唐韻》之十八尤部也。」）與今韻異者，即註曰古音某。（如「寤寐思服」"服"字下云：「古音蒲北反，與蔔同。考服字詩凡一十七見，易三見，儀禮三見，禮記二見，爾雅一見，楚辭六見並同。諸子先秦兩漢之書皆然，後人誤入一屋韻。詳見《唐韻正》。後凡言古音者倣此。」）而於詩句韻語之下，說明韻例，尤為得要。（如「寤寐求之」下云：「凡詩中語助之辭，皆以上一字為韻，如"兮""也""之""只""矣""而""哉""止""思""焉""我""斯""且""忌""猗"之類，皆不入韻。又有二字不入韻者，〈著〉之"乎而"是也。若特用其一，則遂以入韻。"其君也哉，誰昔然矣。""人之為言，胡得焉"是也。」）凡所考證，大抵密於陳第，而疏於江永，然清儒之言古音而有條理可循者當以顧氏此書為始也。

〔三〕《易音》三卷。即《周易》以求古音。上卷為〈彖辭〉、〈爻辭〉，中卷為〈彖傳〉、〈象傳〉，下卷為〈繫辭〉、〈文言〉、〈說卦〉、〈雜卦〉。《易》音往往與《詩》音不同，又往往不韻，故顧氏所註，凡與《詩》音不同者，皆以為偶用方音，而不韻者則闕焉。因《易》多無韻之文，故未若《詩本音》將《易》全文抄錄，僅錄其有韻之文。其他體例與《詩本音》同，惟稍覺舛駁。蓋顧氏言古音，以詩音為本證，而易音則其旁證也。《四庫全書總目提要》云：「《易》之本書，則如周秦諸子之書。或韻或不韻，本無定體。……炎武於其不可韻者，如乾之九二、九四，中隔一爻，謂義相承則韻亦相承之類，未免穿鑿；又如六十四卦象辭，惟四卦有韻，殆出偶合，標以爲例，亦未免附會。然其考核精確者，則於古音，亦多有裨，固可存爲旁證焉。」

〔四〕《唐韻正》二十卷。辨沈氏以來分部之誤，而一一以古音定之。所據者即宋大中祥符重修之《廣韻》，以唐人二百六韻之部分具在，故改稱《唐韻》，其曰正者，以古音正《唐韻》也。凡上平聲三卷，下平聲四卷，上聲三卷，去聲三卷，入聲七卷。以入聲字可轉平上去三聲，故獨詳也。其卷首云：「凡韻中之字，今音與古音同者，即不復註，其不同者，乃韻譜相傳之誤，則註云古音某，並引經傳之文以正之，其一韻皆同，而中有數字之誤，則止就數字註之，一東是也。一韻皆誤，則每字註之，四江是也。同者半，不同者半，則同者註其略，不同者註其詳，且明其本二韻而誤併爲一，五支是也。一韻皆同無誤則不註，二冬、三鍾是也。」觀此可知《唐韻正》之爲書，實逐字以明古音，當移出者出之，當移入者入之，視他人之謬執今韻以言古音，但知字有當入而不知字有當出，侈言通也、轉也、叶也者，相去蓋不可以道里計也。實在《唐韻正》之爲書，乃將本應載於《詩本音》內之證據獨立另成一書，以免《詩本音》過於繁重。（《音學五書・後敘》云：「《唐韻正》之考音詳矣，而不附於經，何也？曰：文繁也。」）故吾人盡可視之爲《詩本音》之詳註，與《詩本音》對照研讀。顧氏〈答李子德書〉云：「愚以爲讀九經自考文始，考文自知音始，以至諸子百家之書，亦莫不然。不揣寡昧，僭爲《唐韻正》一書，而於《詩》《易》二經各爲之音，曰《詩本音》，曰《易音》，以其經也，故列於《唐韻正》之前，而學者讀之，則必先《唐韻正》，而次及《詩》《易》二書，明乎其所以變，而後三百五篇與卦、爻、彖、象之文可讀也。其書之條理，最爲精密。」《唐韻正》一書，於五書中卷帙最爲繁重，而亦最爲重要。黃季剛先生〈論治爾雅之資糧〉云：「寧人《音學五書》中，《唐韻正》最要。」

〔五〕《古音表》二卷。即《廣韻》部分，分古韻爲十部。上卷爲東、冬、鍾、江第一。支、脂、之、微、齊、佳、皆、灰、咍第二。魚、虞、模、侯第三。眞、諄、臻、文、殷、元、魂、痕、寒、桓、刪、山、先、仙第四。下卷爲蕭、宵、肴、豪、幽第五。歌、戈、麻第六。陽、唐第七。耕、清、青第八。蒸、登第九。侵、覃、談、鹽、添、咸、銜、嚴、凡第十。皆舉平以賅上去入聲，凡割一部之半者，則羅列其字，否則空之。每韻之下，收入某韻某字，即分注於本韻。至其所以分合及併爲十部之故，則未置一辭，以其已詳於前四書中，《古音表》特表而出之而已。凡所分合，考之古音，多相吻合。於入聲之割裂分配，尤多創見，間有分合未盡精密處，則孔氏所云：「前賢既發其粗，後學乃窺其密，於此見述者之易，而作者之難也。」

至其五書先後之序，及其所爲作之故，顧氏自敘云：「炎武潛心有年，既得《廣韻》之書，乃始發癥于中，而旁通其說，於是據唐人以正宋人之失，據古經以正沈氏唐人之失，而三代以上之音，部分秩如，至賾而不可亂，乃列古今音之變，而究其所以不同。爲《音論》三卷，考正三代以上之音，注三百五篇爲《詩本音》十卷，注《易》爲《易音》三卷，辨沈氏分部之誤，而一一以古音定之，爲《唐韻正》二十卷，綜古音爲十部，爲《古音表》二卷。」又《音學五書・後敘》云：「此書爲三百篇而作也，先之以《音論》何也？曰審音學之源流也。《易》文不具何也？曰不皆音也。《唐韻正》之考音詳矣，而不附於經何也？曰文繁也。已正其音而猶遵元第何也？曰自作也。」

二、顧氏古韻十部：

〔一〕東冬鍾江第一：

平一東、二冬、三鍾、四江。上一董、二腫、三[講]。（按講字以囗矩識其外，凡韻目矩識其外者，據顧氏之例，本音不在此部。後世音變入此部，如講字本音在魚虞模侯部，至後世始變入本部。後仿此。）去一送、二宋、三用、四絳。

〔二〕支脂之微齊佳皆灰咍第二：

平五支之半，（凡云某之半，乃指此韻之一部分字，並非適為一韻之半，其字均在古音表中一一錄出，如五支之半，所收有支、枝、卮、萎、觿、祇、伎、疷、提、兒、呢、疵、訾、卑、紕、斯、虒、雌、知、箆、危、衰。凡所不載者，即案文字偏旁以類求之。收入戈韻蓑字。）六脂（收入準韻雉字，收入果韻妥字。）七之、八微、十二齊（收入先韻韣字，收入仙韻鮮字。）十三佳、十四皆、十五灰、十六咍（併入登韻能字。）十八尤之半（尤、訧、疣、郵、牛、丘、紑、龜、不、裘、仇、俅、罘、謀）。｛上去聲字仿此，後不更錄。｝上四紙之半、五旨、六止、七尾、十一薺、十二蟹、十三駭、十四賄、十五海、四十四有之半。去五寘之半、六至、七志、八未、十二霽、十三祭、十四泰、十五卦、十六怪、十七夬、十八隊、十九代、二十廢、四十九宥之半。入五質、六術、七櫛、二十二[昔]、二十四職、八物、九迄、十六屑、十七薛、二十三錫之半、十月、十一沒、十二曷、十三末、十四黠、十五鎋、二十一麥之半、二十五德、一[屋]之半。

〔三〕魚虞模侯第三：

平九魚、十虞、十一模、九[麻]之半、十九侯。上八語、九麌、十姥、三十五馬之半、四十五厚。去九御、十遇、十一暮、四十禡之半、五十候。入一屋之半、二沃之半、三燭、四覺之半、十八藥之半、十九鐸、二十陌、二十二麥之半、二十四昔之半。

〔四〕眞諄臻文殷元魂痕寒桓刪山先仙第四：

平十七眞、十八諄、十九臻、二十文、二十一殷、二十二元、二十三魂、二十四痕、二十五寒、二十六桓、二十七刪、二十八山、一先、二仙。上十六軫、十七準、十八吻、十九隱、二十阮、二十一混、二十二很、二十三旱、二十四緩、二十五潸、二十六產、二十七銑、二十八獮。去二十一震、二十二稕、二十三問、二十四焮、二十五願、二十六慁、二十七恨、二十八翰、二十九換、三十諫、三十一襉、三十二霰、三十三線。

〔五〕蕭宵肴豪幽第五：

平三蕭、四宵、五肴、六豪、十八尤之半、二十幽。上二十九篠、三十小、三十一巧、三十二皓、四十四有之半、四十六黝。去三十四嘯、三十五笑、三十六效、三十七號、四十九宥之半、五十一幼。入一屋之半、二沃之半、四覺之半、十八藥之半、十九鐸之半、二十三錫之半。

〔六〕歌戈麻第六：

平七歌、八戈、九麻之半、五支之半。上三十三哿、三十五馬之半、四紙之半。去三十八箇、三十九過、四十禡之半、五寘之半。

〔七〕陽唐第七：

平十陽、十一唐、十二庚之半。上三十六養、三十七蕩、三十八梗之半。去四十一漾、四十二宕、四十三映之半。

〔八〕耕清青第八：

平十二⬛庚⬛之半、十三耕、十四清、十五青。上三十八⬛梗⬛之半、三十九耿、四十靜、四十一迥。去四十三⬛映⬛之半、四十四諍、四十五勁、四十六徑。

〔九〕蒸登第九：

平十六蒸、十七登、上四十二拯、四十三⬛等⬛。去四十七證、四十八嶝。

〔十〕侵覃談鹽添咸銜嚴凡第十：

平二十一侵、二十二覃、二十三談、二十四鹽、二十五添、二十六咸、二十七銜、二十八嚴、二十九凡。上四十七寢、四十八感、四十九敢、五十琰、五十一忝、五十二儼、五十三豏、五十四檻、五十五范。去五十二沁、五十三勘、五十四闞、五十五豔、五十六桥、五十七釅、五十八陷、五十九鑑、六十梵。入二十六緝、二十七合、二十八盍、二十九葉、三十怗、三十一洽、三十二狎、三十三業、三十四乏。

三、顧氏古韻分部之創見：

〔一〕東、陽、耕、蒸分為四部：

1.鄭庠古韻六部，以《廣韻》東、冬、鍾、江、陽、唐、庚、耕、清、青、蒸、登十二韻通為一部。顧氏以《廣韻》東韻之弓、雄、熊、夢等字畫歸蒸登，則東冬鍾江四韻不與他韻發生糾葛，故獨立為東部。

2.陽唐二韻，所以與耕清青糾葛不清者，乃因庚韻為媒介。顧有見及此，遂將庚韻畫分為二，半與陽唐合，半與耕清青合。顧氏《唐韻正》卷五云：「十二庚此韻當分為二：庚、更、秔、羹、阬、坑、盲、蝨、茵、横、蝗、瑝、喤、鍠、韹、閎、祊、騯、䝁、觥、侊、彭、榜、篣、搒、旁、亨、瞠、橕、�════、鐺、

槍、霙、鍈、英、瑛、磅、烹、京、廬、麖、明、盟、鵬、根、
䞍、兵、兄、卿、鯨、迎、行、胻、桁、衡、蘅、珩以上字當與
十陽、十一唐通爲一韻。」

又云：「平、苹、驚、鳴、榮、瑩、生、笙、牲、甥以上字
當與十三耕、十四清、十五青通爲一韻。」顧氏以陽唐與庚之半
中從庚、丙、更、亢、羹、亡、茵、黃、皇、方、旁、光、彭、
亨、尙、倉、央、京、畺、明、長、兵、兄、卿、卬、行、衡得
聲之字合爲陽部。又以耕清青與庚之另半中從平、敬、鳴、榮、
熒、生、得聲之字合爲耕部。

　　3.顧氏將《廣韻》一東韻中之"弓""雄""熊""瞢"
"鄭""夢""馮"諸字畫歸蒸部，則《詩‧鄭風‧大叔于田》
三章：「抑釋掤忌。抑鬯弓忌。」《詩‧秦風‧小戎》三章：
「虎韔鏤膺。交韔二弓。竹閉緄縢。」《詩‧小雅‧采綠》三
章：「之子于狩，言韔其弓。之子于釣，言綸其繩。」《詩‧魯
頌‧閟宮》五章：「公車千乘。朱英綠縢。二矛重弓。公徒三
萬，貝冑朱綅。烝徒增增。戎狄是膺。荊舒是懲。則莫我敢
承。」《詩‧小雅‧無羊》三章：「爾牧來思，以薪以蒸。以雌
以雄。爾羊來思，矜矜兢兢。不騫不崩。麾之以肱。畢來旣
升。」《詩‧小雅‧正月》五章：「謂山蓋卑，爲岡爲陵。民之
訛言，甯莫之懲。召彼故老，訊之占夢。具曰予聖，誰知烏之雌
雄。」《詩‧齊風‧雞鳴》三章：「蟲飛薨薨。甘與子同夢。會
且歸矣，無庶予子憎。」《詩‧小雅‧斯干》六章：「乃寢乃
興。乃占我夢。」《詩‧小雅‧正月》四章：「瞻彼中林。侯薪
侯蒸。民今方殆，視天夢夢。旣克有定，靡人弗勝。有皇上帝，
伊誰云憎。」《詩‧大雅‧綿》六章：「捄之陾陾。度之薨薨。
築之登登。削屢馮馮。百堵皆興。鼛鼓弗勝。」皆爲蒸部自韻。

而不再與東韻發生糾葛矣。故蒸登獨立爲蒸部，亦顧氏一大創獲也。夏炘《詩古韻表二十二部集說》云：「鄭氏東、陽、耕、蒸不分，顧氏析而四之。」

鄭庠	第一部東冬鍾江陽唐庚耕清青蒸登			
顧炎武	東冬鍾江 顧氏東部	陽唐庚之半 顧氏陽部	耕清青庚之半 顧氏耕部	蒸登及東韻之弓雄熊曹鄌夢馮 顧氏蒸部

〔二〕魚歌分部：

鄭庠以《廣韻》魚虞模歌戈麻六韻通爲一部，鄭氏所以將此六韻通爲一部者，乃有見於《詩經》中麻韻中字有與魚虞模押韻者。例如：

《詩・衛風・木瓜》首章：投我以木瓜（九麻）。報之以瓊琚（九魚）。

《詩・鄭風・有女同車》首章：有女同車（九魚、九麻）。顏如舜華（九麻）。將翱將翔，佩玉瓊琚（九魚）。彼美孟姜，洵美且都（十一模）。

《詩・鄭風・山有扶蘇》首章：山有扶蘇（十一模）。隰有荷華（九麻）。不見子都（十一模）。乃見狂且（九魚）。

以上諸詩，皆麻韻字與魚模相押者。然而麻韻字亦有與歌戈相韻者。例如：

《詩・陳風・東門之池》首章：東門之池（五支）。可以漚麻（九麻）。彼美淑姬，可以晤歌（七歌）。

《詩・豳風・東山》四章：親結其縭（五支）。九十其儀（五支）。其新孔嘉（九麻）。其舊如之何（七歌）。

《詩・豳風・破斧》二章：既破我斧，又缺我錡（五支）。周公東征，四國是吪（八戈）。哀我人斯，亦孔之嘉（九麻）。

《詩・小雅・魚麗》首章：魚麗于罶鱨鯊（九麻）。君子有酒旨且多（七歌）。

四章：物其多（七歌）矣。維其嘉（九麻）矣。

《詩・小雅・節南山》二章：節彼南山，有實其猗（五支）。赫赫師尹，不平謂何（七歌）。天方薦瘥（七歌）。喪亂弘多（七歌）。民言無嘉（九麻）。憯莫懲嗟（九麻）。

以上諸詩，麻韻又與歌戈韻相押，故鄭氏庠乃將此六韻合爲一類。顧氏看出麻韻與歌戈押韻者，限於麻韻中一部份字；與魚虞模押韻者，又限於麻韻中之另一部份字，二者並不相混。故顧氏唐韻正卷四云：

「九麻，此韻當分爲二，麻、嗟、瘥、騧、嘉、加、珈、差、鯊、沙、髽以上字當與七歌、八戈通爲一韻。凡從麻、從差、從咼、從加、從沙、從坐、從過之屬皆入此。蟆、車、奢、賒、奓、邪、琊、斜、遮、諸、柤、罝、華、鍋、鎈、瓜、婳、夸、挐、笯、家、葭、猳、遐、霞、瑕、鰕、騢、鴉、巴、豝、牙、芽、衙、吾、樝、茶、鄜、梌、塗、樏、秅、闍、余、窊、杷、琶、查、苴以上字當與九魚十虞十一模通爲一韻。凡從者、從余、從邪、從華、從夸、從叚、從且、從巴、從牙、從吾之屬皆當入此。」顧氏旣將麻韻析分爲二，則鄭庠魚部顧氏析爲魚歌二部矣。以麻之半入魚虞模，並將十九侯全韻畫入魚部，而以麻之半入歌戈，復分支韻中從多、從爲、從麻、從坐、從皮、從育、從奇、從義、從罷、從离、從也、從差、從麗之字入歌戈部。

鄭庠	魚虞模歌戈麻	
顧炎武	魚虞模麻之半从者从余从邪从華从夸从段从且从巴从牙从吾及侯韻爲顧氏魚部	歌戈麻之半从麻从差从咼从加从沙从坐从過及支之半从多从爲从麻从垂从皮从育从奇从義从罷从离从也从差从麗爲顧氏歌部

顧氏魚歌分部，至爲精當，惟以侯韻併入魚部，則於古不合，段玉裁評之云：「顧氏合侯於魚，其所引據，皆漢後轉音，非古本音也。」其實顧氏所以合侯於魚虞模者，乃見虞韻字每與侯韻字押韻故也。例如：

《詩・周南・漢廣》三章：翹翹錯薪，言刈其蔞（十九侯）。之子于歸，言秣其駒（十虞）。

《詩・鄘風・載馳》首章：載馳載驅（十虞）。歸唁衛侯（十九侯）。

《詩・鄭風・羔裘》首章：　羔裘如濡（十虞）。洵美且侯（十九侯）。彼其之子，舍命不渝（十虞）。

《詩・唐風・山有樞》首章：山有樞（十虞）。隰有榆（十虞）。子有衣裳，弗曳弗婁（十九侯）。子有車馬，弗馳弗驅（十虞）。宛其死矣，他人是愉（十虞）。

顧氏其實不應將侯畫入魚虞模，而應將虞韻與侯韻押韻者畫入侯部。虞韻中凡从禺从芻从句从區从需从須从朱从殳从俞从臾从婁从付从取从廚得聲者，從虞韻中分出，畫入侯部，則無此齟齬之病矣。

四、顧氏離析唐韻以求古音之分合：

顧氏病前人之言古音，但求《唐韻》之合，而不知其分。嘗曰：「唐韓退之最爲學古，知後人分析之韻，可通爲一，而不知古人之音，有絕不可混者，其所作〈元和聖德詩〉，同用語麌姥厚是矣。而併及有黝則非，又併及噐果則更非，蓋知古人之合，不知古人之分也。」

顧氏在觀念上，不將《唐韻》之每一韻部視爲不可分割之整體，而是謹愼審核各韻中每一具體之文字，以《詩經》及先秦古籍之韻語押韻之情形，以判斷某字應屬於古韻某部。其離析《唐韻》以求古韻之步驟有二，以顧氏所說者言之如下：

〔一〕齊一變至於魯：

所謂齊一變至於魯者，即離析俗韻使返於《唐韻》，顧氏嘗云：「今之《廣韻》固宋時所謂菟園之冊，家傳而戶習者也。自劉淵韻行，而此書幾於不存，今使學者睹是書而曰：『自齊梁以來，周顒、沈約諸人相傳之韻，固如是也。』則俗韻不攻而自絀，所謂一變而至於魯也。」所謂離析俗韻返之《唐韻》者，即不從俗韻之韻部，而從《唐韻》之韻部也。俗韻者，今之《韻府群玉》、《佩文韻府》之一百零六韻韻部者是也。茲以平聲韻爲例列表說明其析俗韻歸於《唐韻》之步驟如下：

俗韻	唐韻	俗韻	唐韻
冬	冬鍾	先	先仙
支	支脂之	蕭	蕭宵
虞	虞模	歌	歌戈
佳	佳皆	陽	陽唐
眞	眞諄臻	庚	庚耕清
文	文欣	蒸	蒸登
元	元魂痕	尤	尤侯幽
寒	寒桓	覃	覃談
刪	刪山	鹽	鹽添嚴
		咸	咸銜凡

〔二〕魯一變而至於道：

　　所謂魯一變而至於道者，即離析《唐韻》各韻之偏旁，使分別歸於所屬之古韻部。顧氏對古韻之分析，不以《唐韻》之每一個韻，視爲不可分割之單位，而是以韻內所屬字之偏旁作爲單位，加以分析歸納。顧氏曰：「從是而進之五經三代之書，而知秦漢以下，至於齊梁歷代遷流之失，而三百五篇之詩，可弦而歌之矣。所謂一變而至於道也。」其離析《唐韻》之法，凡某類字在《唐韻》雖同韻，若在先秦典籍韻語用韻自成系統，互不關涉，則依其押韻系統，離析爲兩類或三類，分別併入其不同之古韻部。茲舉數例於後：

五支	凡從支從氏從是從兒從卑從虒從爾從知從危之屬皆入此，與六脂、七之通爲一韻。即顧氏古韻第二部支部。
	凡從多從爲從麻從垂從皮從育從奇從義從罷從离從也從差從麗之屬皆入此，與七歌、八戈通爲一韻。即顧氏古韻第六部歌部。

九麻	凡從麻從差從咼從加從沙從坐從過之屬皆入此，與七歌、八戈通爲一韻。即顧氏古韻第六部歌部。
	凡從者從余從邪從華從夸從叚從且從巴從牙從吾之屬皆入此，與九魚、十虞、十一模通爲一韻。即顧氏古韻第三部魚部。

十二庚	凡從庚從羹從亢從亡從囧從黃從皇從方從旁從光從彭從亨從尚從倉從央從置從京從明從長從兵從兄從卬從行從卿從衡之屬皆入此，與十陽、十一唐通爲一韻。即顧氏古韻第七部陽部。
	凡從平從敬從鳴從榮從熒從生之屬皆入此，與十三耕、十四清、十五青通爲一韻。即顧氏古韻第八部耕部。

十八尤	凡從尤從郵從牛從丘從不從龜從裘從某之屬皆入此，與五支之半、六脂、七之通爲一韻。即顧氏古韻第二部支部。
	凡從夏從麀從翏從留從流從劉從秋從酋從攸從由從游從繇從酒從修從周從州從舟從讎從壽從醜從柔從丩從叟從休從曹從求從孚從九從牟從矛從鍪之屬皆入此，與三蕭、四宵、五肴、六豪、二十幽通爲一韻。即顧氏古韻第五部蕭部。
	凡從�從聚從取從兪之屬皆入此，與九魚、十虞、十一模通爲一韻。即顧氏古韻第三部魚部。

五、顧氏變易《唐韻》入聲之分配：

顧氏在古韻學研究上，另一創見則爲變更入聲之分配，其〈論近代入聲之誤〉一文云：「韻書之序，平聲一東、二冬；入聲一屋、二沃，若將以屋承東，以沃承冬者，久仍其誤而莫察也。『屋』之平聲爲『烏』，故〈小戎〉以韻驅騤（按《詩·秦風·小戎》首章云：『小戎俴收。五楘梁輈。游環脅驅。陰靷鋈續。文茵暢轂。駕我騏馵。言念君子，溫其如玉。在其板屋。亂我心曲。』），不協於東、董、送可知也。『沃』之平聲爲『夭』，故〈揚之水〉以韻鑿襮樂，（按《詩·唐風·揚之水》

首章云：『揚之水，白石鑿鑿。素衣朱襮。從子于沃。既見君子，云何不樂。』）不協於冬、腫、宋可知也。『術』轉去而音『遂』，〈月令〉有『審端徑術』之文，『曷』轉去而音『害』，故《孟子》有『時日害喪』之引。『質』爲傳質爲臣之『質』，『覺』爲尙寐無覺之『覺』，『沒』音『妹』也，見於子產之書，『燭』音『主』也，著於孝武之紀，此皆章章著明者。至其韻中之字，隨部而誤者十之八，以古人兩部混併爲一而誤者十之二，是以審音之士，談及入聲，便茫然不解而以意爲之，遂不勝其舛互矣。茲既本之五經，參之傳記，而亦略取《說文》形聲之指，不惟通其本音，而又可轉之於平上去，三代之音久絕而復存，其必自今日始乎。

夫平之讀去，中中、將將、行行、興興；上之讀去，語語、弟弟、好好、有有；而人不疑之者，一音之自爲流轉也，去之讀入，宿宿、出出、惡惡、易易，而人疑之者，宿宥而宿屋，出至而出術，惡暮而惡鐸，易寘而易昔，後之爲韻者，以屋承東，以術承諄，以鐸承唐，以昔承清，若呂之代嬴，黃之易芈，而其統系遂不可尋矣。……故歌、戈、麻三韻舊無入聲，侵、覃以下九韻，舊有入聲，今因之，餘則反之。」

顧氏舉出《詩經》韻語，古籍假借，一字兩音等證據，證明古音入聲恒與陰聲爲韻，與陽聲韻者少。其入聲四部與平上去各韻相配如下：

〔一〕入聲質、術、櫛、昔之半、職、物、迄、屑、薛、錫之半、月、沒、曷、黠、鎋、麥之半、德、屋之半。以配支之半、脂、之、微、齊、佳、皆、灰、咍。

〔二〕入聲屋之半、沃之半、燭、覺之半、藥之半、鐸之半、陌、麥之半、昔之半。以配魚、虞、模、麻之半、侯。

〔三〕入聲屋之半、沃之半、覺之半、藥之半、鐸之半、錫之半。以配蕭、宵、肴、豪、尤之半、幽。

〔四〕入聲緝、合、盍、葉、怗、洽、狎、業、乏。以配侵、覃、談、鹽、添、咸、銜、嚴、凡。

第三節　江永之古韻研究

一、江氏古韻分部之創見：

江永字愼修。（1681 － 1762）婺源人。著有《古韻標準》、《音學辨微》、《四聲切韻表》等書以明聲韻之學。其《古韻標準》四卷，純爲古韻而設，平上去三聲分古韻爲十三部，入聲另分八部。每部之首，先列韻目，其一韻歧分兩部者，曰某分韻，韻本不通，而有字當入此部者，曰別收某韻，四聲異者，曰別收某聲某韻。較前人之言古音者，體例最爲完善。茲分述其古韻分部之創見如下：

〔一〕眞、元分部：

顧氏以《廣韻》眞、諄、臻、文、欣、元、魂、痕、寒、桓、刪、山、先、仙十四韻合爲一部。江永則分先之半與眞、諄、臻、文、欣、魂、痕爲第四部；先之另半與元、寒、桓、刪、山、仙爲第五部。江氏云：「自十七眞至下平二仙，凡十四韻，說者皆云相通。愚獨以爲不然，眞、諄、臻、文、殷與魂、痕爲一類，口斂而聲細，元、寒、桓、刪、山與仙爲一類，口侈而聲大。而先韻者，界乎兩類之間，一半從眞、諄，一半從元、寒者也。詩中用韻本截然不紊，讀者自紊之耳。自二十八山以前，所當辨者，豤鰥二字，豤字《說文》本從艮聲，不猶銀、

垠、根、痕之从艮得聲者乎！宜古音爲居銀切不爲古閑切也。鰥
字从眔猶昆弟之昆，古亦从眔作罤，鰥與矜古皆作一字通用，宜
其亦爲居銀切，不爲古頑切也。此二字後來音轉始入二十八山，
古音實从眞、文。故〈敝笱〉以鰥韻雲。（《詩・齊風・敝笱》
首章：『敝笱在梁，其魚魴鰥。齊子歸止，其從如雲。』）猶
〈何草不黃〉以矜韻民。（《詩・小雅・何草不黃》二章：『何
草不玄。何人不矜。哀我征夫，獨爲匪民。』〈北門〉、〈何人
斯〉、〈鳧鷖〉三用艱字韻門殷等字，（《詩・邶風・北門》首
章：『出自北門。憂心殷殷。終窶且貧。莫知我艱。』《詩・小
雅・何人斯》首章：『彼何人斯，其心孔艱。胡逝我梁，不入我
門。伊誰云從，維暴之云。』《詩・大雅・鳧鷖》五章：『鳧鷖
在亹。公尸來止熏熏。旨酒欣欣。燔炙芬芬。公尸燕飲，無有後
艱。』）皆是本部自韻，未嘗溢出第五部。次當辨一先韻，先爲
蘇鄰切、千爲倉新切、天爲鐵因切、堅爲居因切、賢爲下珍切、
田、闐爲徒鄰切、年爲泥因切、顚、巔爲典因切、淵爲一均切、
玄爲胡云切、證諸秦、漢以前之書皆同，至漢時此音猶不改，後
來音轉始通仙耳。先韻入第五部，《詩》中惟有肩字，即肩堅之
不同音可知，此韻元有二類，詩所未用如躚、前、戔、箋、枅、
豻、燕、蓮、岍、汧、妍、研、駢、胼、靬、鵑、涓、邊、籩、
縣之屬，皆當通仙幷通元、寒、桓、刪、山，考韻者不察此韻之
有二類，見《詩》中用"天"字多與"人"字韻，槪云眞、先本
相通，通先則亦通元、寒、刪，甚且議前人"天"字不當鐵因
反，何其考韻之不精，讀詩之不審乎！至二仙一韻，宜其通元、
寒、桓、刪、山矣。然而猶有辨，"翩""川""鳶"三字，
《詩》中與此部字韻，後來音轉始从仙韻耳。以上諸字皆考定，
始知《詩》中用韻條理秩然，斷當分爲兩部。兩部同在一章而不

雜者，〈采苓〉首章、〈崧高〉首章是也。（《詩・唐風・采苓》首章：『采苓采苓。首陽之巔。人之爲言，苟亦無信。／舍旃舍旃。苟亦無然。人之爲言。胡得焉。』《詩・大雅・崧高》首章：『崧高維嶽，駿極于天。維嶽降神。生甫及申。／維申及甫，維周之翰。四國于蕃。四國于宣。』）兩部分兩章而不雜者，伐檀、伐輪，緝緝翩翩、捷捷翻翻，〈青蠅〉首、末是也。（《詩・魏風・伐檀》首章：『坎坎伐檀兮。寘之河之干兮。河水清且漣猗。不稼不穡，胡取禾三百廛兮。不狩不獵，胡瞻爾庭有縣貆兮。彼君子兮，不素餐兮。』三章：『坎坎伐輪兮。寘之河之漘兮。河水清且淪猗。不稼不穡，胡取禾三百囷兮。不狩不獵，胡瞻爾庭有縣鶉兮。彼君子兮，不素飧兮。』《詩・小雅・巷伯》三章：『緝緝翩翩。謀欲譖人。愼爾言也，謂爾不信。』四章：『捷捷幡幡。謀欲譖言。豈不爾受，旣其女遷。』《詩・小雅・青蠅》首章：『營營青蠅，止于樊。豈弟君子，無信讒言。』三章：『營營青蠅，止于榛。讒人罔極，構我二人。』）兩部多用韻而不雜者，〈出其東門〉首章，〈殷武〉末章。（《詩・鄭風・出其東門》首章：『出其東門。有女如雲。雖則如雲。匪我思存。縞衣綦巾。聊樂我員。』《詩・商頌・殷武》末章：『陟彼景山。松柏丸丸。是斷是遷。方斲是虔。松桷有梴。旅楹有閑。寢成孔安。』）上聲、去聲，〈氓〉末章，〈猗嗟〉末章是也。（《詩・衛風・氓》末章：『及爾偕老，老使我怨。淇則有岸。隰則有泮。總角之宴。言笑晏晏。信誓旦旦。不思其反。』《詩・齊風・猗嗟》末章：『猗嗟孌兮。清揚婉兮。舞則選兮。射則貫兮。四矢反兮。以禦亂兮。』）又其《古韻標準・第四部總論》云：「天、田、年、賢、顚、千、玄等字，兩漢人用之皆如古音，至晉初猶未變，不知何時始變爲今音，遂與前、箋、肩、妍等字合爲一部，以顧氏記覽之富，蒐討之勤，蔽於十四部通爲一韻之說，此等處全無所考，令人歎其書之未完。」

根據江氏之敘述，可將江氏眞元分部之內容，表列如下：

顧炎武	眞諄臻文欣元魂痕寒桓刪山先仙第四部	
江永	眞部 眞諄臻文欣魂痕先之半凡從先千天臣田年眞淵玄得聲之字/山韻艱鰥/仙韻翩川鳶	元部 元寒桓刪山仙先之半凡從邍前箋肩玕連燕昌邊縣得聲之字

江氏以爲眞部之音口斂而聲細者，因爲江氏假定先秦眞部讀如今之〔ən〕音，元部口侈而聲洪者，則假定先秦元部讀如今之〔an〕音，〔ə〕張口度小故口斂，響度較小故聲細；〔a〕張口度比〔ə〕大，故口侈，響度大故聲洪。

〔二〕侵談分部：

顧氏以《廣韻》侵、覃、談、鹽、添、咸、銜、嚴、凡九韻合爲一部。江氏一則以侵韻字與覃韻之驂、南、男、湛、耽、潭、楠，談韻之三，鹽韻之綅、潛諸字爲一部，口弇而聲細。一則以添、嚴、咸、銜、凡與覃韻之涵，談韻之談、惔、餤、甘、藍，鹽韻之詹、瞻、襜爲一部，口侈而聲洪。江氏《古韻標準·第十二部總論》云：

「二十一侵至二十九凡九韻，詞家謂之閉口音，顧氏合爲一部，愚謂此九韻與眞至仙十四韻相似，當以音之侈弇分爲兩部。神珙等韻分“深”攝爲內轉，“咸”攝爲外轉是也。南、男、參、三等字，古音口弇呼之，若嚴、詹、談、餤、甘、藍等字，《詩》中固不與心、林、欽、音等字爲韻也。雖諸韻字有參互，入聲用韻復寬，若不可以韻爲界，然謂合爲一部，則太無分別矣，今不從。」

今表列其侵、談二部於下：

顧炎武	侵覃談鹽添咸銜嚴凡第十部	
江永	侵部 侵韻/覃韻驂南男湛耽潭楠/談韻三/鹽韻綅潛	談部 談添嚴咸銜凡/覃韻涵/鹽韻詹瞻襜

侵部江氏假定讀〔əm〕，談部假定讀〔am〕，〔ə〕舌位較高，張口度小，響度較小，故口弇而聲細；〔a〕舌位較低，張口度大，響度亦大，故口侈而聲洪也。戴震云：「江愼修先生見於覃至凡八韻字，實有古音改讀入侵者，元寒至仙七韻字，實有古音改讀入眞者，音韻即至諧，故眞以下十四韻，侵以下九韻各析而二，自信剖別入微。」

〔三〕尤部獨立：

江氏尤部獨立問題，應從兩方面看，首先，江氏以爲顧炎武將魚、虞、模、侯合爲一部，只看到侯與虞韻一部分字，在《詩經》中互相押韻，其實《詩經》中侯與虞押者，只限於虞韻之一部分字，只需要將虞韻與侯韻押韻之字分出，則侯並不與魚、模諸韻及虞韻之其他字發生糾葛也。故江氏本此原則，將虞韻析而爲二：以虞韻之半“虞、娛、吁、訏、盱、芋、夫、膚”諸字歸入魚模部；而以虞韻另半“禹、麌、儒、襦、須、誅、邾、跦、貙、殊、兪、踰、羭、臾、區、軀、摳、朱、珠、膢、符、鼻、瓿、雛、輸、廚、拘”等字則隨侯韻歸入尤幽部。江氏《古韻標準・第三部總論》云：

「顧氏注十虞韻云：『古與九魚通爲一韻。』注十九侯韻云：『古與九魚十虞十一模通爲一韻。』按此說顧氏持之甚堅，

《古音表》直移侯韻繼虞模。愚竊謂不然，十虞正猶五支，一韻分爲二，其與魚模通者，乃是"虞、無、于、吁"諸字；若與侯韻通者，則是"隅、儒、駒、驅"等字，而侯自通十八尤之大半、及蕭、肴、豪分出之字與二十幽也。虞韻亦以偏旁別之，凡從吳、從無、從巫、從于、從瞿、從夫、從甫、從夸、從具、從臾者，皆通魚模；其從禺、從芻、從句、從區、從需、從須、從朱、從殳、從兪、從臾、從婁、從付、從音、從孚、從取、從廚、從求者皆通侯尤。顧氏但分出從孚之字及捄字，謂當入憂韻，不知"禺、區"諸字亦與從孚者相類，侯字自當別出一韻，次於尤幽之間，而顧氏直讀侯爲胡，舉一韻盡歸之虞模，上聲厚、去聲候亦如之，其意見牢不可破。」又云：「五支本有一類通歌戈，及其音之變、變而定也，則通歌戈者，盡入五支而不可反，十虞本有一類通侯尤，及其音之變，變而定也，則通侯尤者，盡入十虞而不可反，二韻正相類也。侯韻固有從虞模之方音，厚候亦有從麌姥、遇暮之方音，此猶歌韻亦有從支脂之方音，昔之編韻書者，固不能反虞麌遇三韻內之字使之從古音，而猶截然分出侯厚候三韻異其部居次第，不使牽連而溷於虞模、麌姥、遇暮，不可謂不精審，顧氏則皆牽連而溷同之矣，毋乃失昔人之精意乎！且韻書之有侯厚候三韻，亦非編書者所能爲，自是溥天之下有此音，聲音之理，異中有同，同中有異，不變中有變，變中有不變，編書者非不知，自秦漢以來，侯有胡音，厚有戶音，候有互音，而不能不別之爲侯厚候，所謂同中有異，變中有不變者也，如顧氏說，幾欲舉侯厚候三韻之名而盡削之，豈能上合遠古之遺音，放諸四海而皆準，俟諸後世而不惑乎！」又云：「觀今所分出"虞、娛、吁、訏、盰、芋、夫、膚"八字，與第十一部所分出"遇、隅"等字，上聲"俁、愈"等字，去聲

"饇、樹"等字,《詩》中絕無同在一章者,可知今音通而古音不相通。正猶支韻"支、枝"與"移、蛇"不相通之說也。顧氏明於支韻而於虞韻則昧焉何也?侯有胡音,先入爲主,凡與侯通"驅、駒"等字盡歸之十虞,而不知其非也。其獨分出從孚字者,因《詩》中萬邦作孚與臭韻,(《詩‧大雅‧文王》七章:『上天之載,無聲無臭。儀刑文王,萬邦作孚。』)成王之孚與求韻,(《詩‧大雅‧下武》二章:『王配于京,世德作求。永言配命,成王之孚。』)不可通也。非此二詩,則亦謂孚古音夫矣。不知《詩》中如孚字比者正有之。」

　　以上所說主要在批評顧氏併侯于虞魚模之不當,宜割虞之半與侯併入尤幽爲一部。至顧氏第五部蕭部,江氏則以此部中尤幽二韻字爲主,另加侯韻字及蕭韻之"蕭、瀟、條、聊",宵韻之"陶、僬",肴韻之"膠、恔、呶、茅、包、苞、鉋、炮",豪韻之"牢、鼇、囊、滔、慆、騷、袍、陶、絢、翢、敖、曹、漕"及厚韻之"叟"爲一部,江氏別出爲十一部尤部。江氏復以顧氏第五部蕭部中之宵韻,另收蕭韻之"恍、苕、蜩、憭、嘵",肴韻之"骹、郊、巢",豪韻之"號、勞、高、膏、蒿、毛、旄、刀、忉、桃、敖、嚻"爲一部,江氏立爲第六部。江氏所以要如此加以區分者,其《古韻標準‧第六部總論》云:「按此部(江氏第六部)爲蕭肴豪之正音,古今皆同,又有別出一支與十八尤二十幽韻者,乃古音之異於今音,宜入第十一部,本不與此部通,後世音變,始合爲一。顧氏總爲一部,愚謂不然,此部之音,口開而聲大,十一部之音,口弇而聲細,《詩》所用畫然分明,其間有當入此部,如四宵之"僬"字,本爲悲嬌切,而〈載驅〉四章以韻滔。(《詩‧齊風‧載驅》四章:『汶水滔滔。行人僬僬,魯道有蕩,齊子遊敖。』)滔字據〈江漢〉韻

“浮、遊、求”（《詩・大雅・江漢》首章：『江漢浮浮。武夫
滔滔。匪安匪遊。淮夷來求。』）則儦字轉為必幽切，入十一
部。又“敖”字〈碩人〉三章（《詩・衛風・碩人》三章：『碩
人敖敖。說于農郊。四牡有驕。朱幩鑣鑣。翟茀以朝。大夫夙
退，無使君勞。』），〈鹿鳴〉二章（《詩・小雅・鹿鳴》二
章：『呦呦鹿鳴，食野之蒿。我有嘉賓，德音孔昭。視民不恌。
君子是則是傚。我有旨酒，嘉賓式燕以敖。』），〈車攻〉三章
（《詩・小雅・車攻》三章：『之子于苗。選徒囂囂。建旐設
旄。搏獸于敖。』），及去聲之“謔浪笑敖”（《詩・邶風・終
風》首章：『終風且暴。顧我則笑。謔浪笑敖。中心是悼。』）
偏旁之“哀鳴嗷嗷”（《詩・小雅・鴻雁》三章：『鴻雁于飛，
哀鳴嗷嗷。維此哲人，謂我劬勞。維彼愚人，謂我宣驕。』）皆
在此部。而〈桑扈〉“彼交匪敖”（《詩・小雅・桑扈》四章：
『兕觥其觩。旨酒思柔。彼交匪敖。萬福來求。』）〈絲衣〉
“不吳不敖”（《詩・周頌・絲衣》：『絲衣其紑。載弁俅俅。
自堂徂基。自羊徂牛。鼐鼎及鼒。兕觥其觩。旨酒思柔。不吳不
敖。胡考之休。』）皆以韻“觩、柔、休”。〈君子陽陽〉二章
以韻“陶、翿”（《詩・王風・君子陽陽》二章：『君子陶陶。
左執翿。右招我由敖。其樂只且。』）〈載驅〉四章以韻“滔”
（《詩・齊風・載驅》四章：『汶水滔滔。行人儦儦。魯道有
蕩，齊子遊敖。』）疑此字方音有異，故兩用之。又如“以敖以
遊”，“敖”“遊”亦似雙聲也。然則《詩》所用韻，偶出入
者，唯“儦”“敖”二字，其他字之入十一部，如平聲所分之三
蕭、五肴，上聲所分之三十一巧、三十二皓，去聲所分之三十四
嘯，其字皆當入彼部，考之偏旁而可知，證之它書而皆合者也。
雖偏旁諧聲若“鯈”從“攸”、“朝”從“舟”、“茇”從

"收"、"椒"从"叔"，不無介於疑似，而諧聲亦有轉紐，則偶有相通之字，亦無可疑。吳氏叶音，雖有誤叶之字，如〈風雨〉二章（《詩・鄭風・風雨》二章：『風雨瀟瀟。雞鳴膠膠。既見君子，云胡不瘳。』），〈隰桑〉三章（《詩・小雅・隰桑》三章：『隰桑有阿，其葉有幽。既見君子，德音孔膠。』），猶是分爲兩韻，顧氏通爲一韻，則〈黍離〉首章（《詩・小雅・黍離》首章：『彼黍離離，彼稷之苗。行邁靡靡，中心搖搖。知我者，謂我心憂。不知我者，謂我何求。』）"苗、搖"與"憂、求"，音豈能相諧乎！考顧氏《詩本音》誤韻者數章，〈柏舟〉"髦"字不入韻，而以爲韻"舟"也（《詩・鄘風・柏舟》首章：『汎彼柏舟，在彼中河。髧彼兩髦，實爲我儀。之死矢靡它。』二章：『汎彼柏舟，在彼河側。髧彼兩髦，實維我特。之死矢靡慝。』），〈木瓜〉二章，平去兩韻分兩部，而通爲一韻也（《詩・衛風・木瓜》二章：『投我以木桃。報之以瓊瑤。／匪報也，永以爲好也。』），〈彤弓〉三章"弨"字非韻，而以爲韻"櫜、好、醻"也。（《詩・小雅・彤弓》三章：『彤弓弨兮，受言櫜之。我有嘉賓，中心好之。鐘鼓既設，一朝醻之。』）〈十月之交〉"交"字不入韻，而以爲韻"卯、醜"也（《詩・小雅・十月之交》首章：『十月之交，朔日辛卯。日有食之，亦孔之醜。』）〈魚藻〉首章，藻鎬一韻，首酒一韻，而併爲一韻也。（《詩・小雅・魚藻》首章：『魚在在藻。有頒其首。王在在鎬。豈樂飲酒。』）〈采綠〉三章，"狩""釣"非韻，而亦以爲韻讀也。（《詩・小雅・采綠》三章：『之子于狩，言韔其弓。之子于釣，言綸之繩。』）〈思齊〉三章無韻，而誤以"廟"韻"保"也。（《詩・大雅・思齊》三章：『雝雝在宮，肅肅在廟。不顯亦臨，無射亦保。肆戎

疾不殄，烈假不瑕。』）〈公劉〉二章"舟"字不入韻，而以爲
韻"瑤、刀"也。（《詩・大雅・公劉》二章：『何以舟之，維
玉及瑤。鞞琫容刀。』）〈抑〉三章以"政、刑"遙韻，"酒、
紹"非韻，而亦以韻讀也。（《詩・大雅・抑》三章：『其在于
今，興迷亂于政。顛覆厥德，荒湛于酒。女雖湛樂從，弗念厥
紹。罔敷求先王，克共明刑。』）〈良耜〉"荼蓼朽止、黍稷茂
止"二句易韻，而猶與上文"糾、趙、蓼"韻也。（《詩・周頌
・良耜》『其笠伊糾。其鎛斯趙。以薅荼蓼。荼蓼朽止。黍稷茂
止。』）於是兩部混同，不復細尋其脈絡矣。試以同音之字別
之，"高""膏""囊""罄"似一也，而"高""膏"之音
洪，必與"勞朝"諸字韻，"囊""罄"從咎得聲，其音細，則
與"酬洲妯猶"諸字韻矣。"倒""禱""擣"似一也，而
"倒"從到得聲，到從刀得聲，則與"召"韻，"禱擣"從壽得
聲，則與"阜醜首"諸字韻矣。若夫好爲許厚、許候切，道爲徒
苟切，草爲此苟切，老爲魯吼切，詩中俱是此音，經傳諸子皆可
旁證，非雜用有、皓兩韻於一章，其他以此類推，可知兩部截然
不亂。顧氏於十八尤韻，臚舉詩用"憂流秋猶"等字，其同章有
蕭、宵、肴、豪韻字者，謂此尤韻之入蕭、宵、肴、豪，不知此
蕭、宵、肴、豪分出一支，古音通尤韻，非尤韻雜入蕭、宵、
肴、豪也。即其臚舉之外，有無尤韻字者甚多，今併平、上、去
三聲數之：〈柏舟〉四章（《詩・邶風・柏舟》四章：『憂心悄
悄。慍于群小。覯閔既多，受侮不少。靜言思之，寤辟有
摽。』），〈終風〉首章（《詩・邶風・終風》首章：『終風且
暴。顧我則笑。謔浪笑傲。中心是悼。』），〈凱風〉首章
（《詩・邶風・凱風》首章：『凱風自南。吹彼棘心。／棘心夭
夭。母氏劬勞。』），〈干旄〉首章（《詩・鄘風・干旄》首

章：『子子干旄。在浚之郊。／素絲紕之。良馬四之。彼姝者子，何以畀之。』），〈碩人〉三章（《詩・衛風・碩人》三章：『碩人敖敖。說于農郊。四牡有驕。朱幩鑣鑣。翟茀以朝。大夫夙退，無使君勞。』），〈氓〉五章（《詩・衛風・氓》五章：『三歲爲婦，靡室勞矣。夙興夜寐，靡有朝矣。言既遂矣，至于暴矣。兄弟不知，咥其笑矣。靜言思之，躬自悼矣。』），〈河廣〉二章（《詩・衛風・河廣》二章：『誰謂河廣，曾不容刀。誰謂宋遠，曾不終朝。』），〈木瓜〉二章首二句（《詩・衛風・木瓜》二章：『投我以木桃。報之以瓊瑤。』），〈黍離〉首章首四句（《詩・王風・黍離》首章：『彼黍離離，彼稷之苗。行邁靡靡，中心搖搖。』），〈清人〉二章（《詩・鄭風・清人》二章：『清人在消。駟介麃麃。二矛重喬。河上乎逍遙。』），〈園有桃〉首章（《詩・魏風・園有桃》首章：『園有桃。其實之殽。心之憂矣，我歌且謠。不知我者，謂我士也驕。』），〈碩鼠〉三章（《詩・魏風・碩鼠》三章：『碩鼠碩鼠，無食我苗。三歲貫女，莫我肯勞。逝將去女，適彼樂郊。樂郊樂郊。誰之永號。』），〈駟鐵〉三章（《詩・秦風・駟鐵》三章：『遊于北園。四馬既閑。／輶車鸞鑣。載獫歇驕。』），〈防有鵲巢〉首章（《詩・陳風・防有鵲巢》首章：『防有鵲巢。邛有旨苕。誰侜予美，心焉忉忉。』），〈月出〉首章、三章（《詩・陳風・月出》首章：『月出皎兮。佼人僚兮。舒窈糾兮。勞心悄兮。』三章：『月出照兮。佼人燎兮。舒夭紹兮。勞心慘兮。』），〈檜・羔裘〉首章、三章（《詩・檜風・羔裘》首章：『羔裘逍遙。狐裘以朝。豈不爾思，勞心忉忉。』三章：『羔裘如膏。日出有曜。豈不爾思，中心是悼。』），〈匪風〉二章（《詩・檜風・匪風》二章：『匪風飄兮。匪車嘌兮。顧瞻

周道，中心弔兮。』），〈下泉〉四章（《詩・曹風・下泉》四
章：『芃芃黍苗，陰雨膏之。四國有王，郇伯勞之。』），〈七
月〉四章（《詩・豳風・七月》四章：『四月秀葽。五月鳴
蜩。』），〈鴟鴞〉五章（《詩・豳風・鴟鴞》五章：『予羽譙
譙。予尾翛翛。予室翹翹。風雨所飄搖。予維音嘵嘵。』），
〈鹿鳴〉二章（《詩・小雅・鹿鳴》二章：『呦呦鹿鳴，食野之
蒿。我有嘉賓，德音孔昭。視民不恌。君子是則是傚。我有旨
酒，嘉賓式燕以敖。』），出車二章（《詩・小雅・出車》二
章：『我出我車，于彼郊矣。設此旐矣。建彼旄矣。』），〈車
攻〉三章（《詩・小雅・車攻》三章：『之子于苗。選徒囂囂。
建旐設旄。搏獸于敖。』），〈鴻雁〉三章（《詩・小雅・鴻
雁》三章：『鴻雁于飛，哀鳴嗷嗷。維此哲人，謂我劬勞。維彼
愚人，謂我宣驕。』），〈白駒〉首章（《詩・小雅・白駒》首
章：『皎皎白駒，食我場苗。縶之維之，以永今朝。所謂伊人，
於焉逍遙。』），〈正月〉十一章（《詩・小雅・正月》十一
章：『魚在于沼。亦匪克樂。潛雖伏矣，亦孔之炤。憂心慘慘，
念國之為虐。』），〈蓼莪〉首章（《詩・小雅・蓼莪》首章：
『蓼蓼者莪，匪莪伊蒿。哀哀父母，生我劬勞。』），〈北山〉
五章（《詩・小雅・北山》五章：『或不知叫號。或慘慘劬勞。
或棲遲偃仰，或王事鞅掌。』），〈信南山〉五章（《詩・小雅
・信南山》五章：『祭以清酒。從以騂牡。享于祖考。／執其鸞
刀。以啓其毛。取其血膋。』），〈車舝〉二章（《詩・小雅・
車舝》二章：『依彼平林，有集維鷮。辰彼碩女，令德來
教。』），〈魚藻〉一、二、三章（《詩・小雅・魚藻》首章：
『魚在在藻。有頒其首。王在在鎬。豈樂飲酒。』二章：『魚在
在藻。有莘其尾。王在在鎬。飲酒樂豈。』三章：『魚在在藻。

依于其蒲。王在在鎬。有那其居。』），藻與鎬韻。〈角弓〉七章（《詩・小雅・角弓》七章：『雨雪瀌瀌。見晛曰消。莫肯下遺，式居婁驕。』），〈黍苗〉首章（《詩・小雅・黍苗》首章：『芃芃黍苗。陰雨膏之。悠悠南行，召伯勞之。』），〈旱麓〉五章（《詩・大雅・旱麓》五章：『瑟彼柞棫，民所燎矣。豈弟君子，神所勞矣。』），〈公劉〉二章末二句（《詩・大雅・公劉》二章末二句：『何以舟之，維玉及瑤。鞞琫容刀。』），〈板〉三章（《詩・大雅・板》三章：『我雖異事，及爾同寮。我即爾謀，聽我囂囂。我言維服，勿以爲笑。先民有言，詢于芻蕘。』），〈抑〉十一章（《詩・大雅・抑》十一章：『昊天孔昭。我生靡樂。視爾夢夢，我心慘慘。誨爾諄諄，聽我藐藐。匪用爲教。覆用爲虐。借曰未知，亦聿既耄。』），〈韓奕〉五章（《詩・大雅・韓奕》五章：『蹶父孔武，靡國不到。爲韓姞相，攸莫如韓樂。』），〈小毖〉末三句（《詩・周頌・小毖》：『拚飛維鳥。未堪家多難，予又集于蓼。』），〈載芟〉厭厭其苗二句（《詩・周頌・載芟》：『厭厭其苗。綿綿其麃。』），〈良耜〉其笠伊糾三句（《詩・周頌・良耜》：『其笠伊糾。其鎛斯趙。以薅荼蓼。』），〈泮水〉三章（《詩・魯頌・泮水》二章：『思樂泮水，薄采其藻。魯侯戾止，其馬蹻蹻。其音昭昭。載色載笑。匪怒伊教。』），此皆不入十八尤、四十四有、四十九宥，朗然自爲一音，故當分爲第六部。〈魚藻〉首章兼用兩部爲隔句韻，〈月出〉全篇以第六部爲首章、三章韻，以第十一部爲二章韻，尤見用韻之有條理，一篇數章用第一部爲韻，全詩所未見，〈月出〉二章之易韻其明也。」江氏以尤之半與幽及蕭宵看豪分出之字，自宵部分出，除據《詩》韻自成系統外，復據聲之洪細開弇之理而析之，其分別甚是。

　　惟江氏自魚部別出侯及虞之半，自宵部別出幽及尤之半，所分甚是，然又將此二者合爲一部，江氏稱爲十一部，則又未免太過於相信其審音知識矣。江氏云：「十八尤、十九侯、二十幽，除尤韻分出"尤牛"等字入第二部，其餘皆與侯、幽通，又十虞韻分出"愚隅"等字與尤、侯韻通，又蕭、宵、肴、豪各有分出之字，與尤、侯、幽通，上聲有、厚、黝，去聲宥、候、幼大約如之，《詩》中歷歷分明。顧氏必欲畫出侯韻，使從魚、虞、模，不得與尤、幽通，凡有讀虞韻出入之字從侯韻之音者，一切反之使從魚、虞、模；有用侯韻字與尤韻叶者，概謂後人之誤，上聲厚、去聲候亦如之。持之甚堅，牢不可破。此因侯有胡音之說，先入爲主，又見秦、漢以來，侯韻與魚、虞、模韻雜然並用，遂變《詩》中之音以就之。此顧氏之大惑也。今當先審定侯字之本音，《詩》用侯字者三，〈載馳〉首章（《詩・鄘風・載馳》首章：『載馳載驅。歸唁衛侯。／驅馬悠悠。言至于漕。大夫跋涉，我心則憂。』）與"驅、悠、漕、憂"爲韻，"驅"者虞韻分出之字，"漕"者豪韻分出之字，"悠、憂"皆尤韻之正音，即此一詩，而"侯"之不爲"胡"音亦審矣。〈羔裘〉首章（《詩・鄭風・羔裘》首章：『羔裘如濡。洵直且侯。彼其之子，舍命不渝。』），"洵直且侯"與"濡、渝"爲韻，"濡、渝"者虞韻分出之字，凡虞韻分出之字與尤、侯韻者，皆彼之來而從此，非此之往而從彼也。〈白駒〉三章（《詩・小雅・白駒》三章：『皎皎白駒，賁然來思。爾公爾侯，逸豫無期。愼爾優游，勉爾遁思。』），"爾公爾侯"與"駒、游"爲隔句韻，而"來、期、思"自爲韻。（新雄按〈白駒〉首章：『皎皎白駒，食我場苗。縶之維之，以永今朝。所謂伊人，於焉逍遙。』二章：『皎皎白駒，食我場藿。縶之維之，以永今夕。所謂伊人，於焉嘉客。』首、二章奇數句皆不入韻，則三章奇數句亦未可以爲韻也。）“駒”者虞韻分出之字，游者尤韻之正音。即此詩合之〈載馳〉，又見侯韻與尤韻之正音相通也審矣。因此三詩而知《詩》中“驅”字皆“袪由切”，〈伯兮〉首章（《詩·衛風·伯兮》首章：『伯兮朅兮。邦之桀兮。／伯也執殳。爲王前驅。』），〈山有樞〉首章：『山有樞。隰有楡。子有衣裳，弗曳弗婁。子有車馬，弗馳弗驅。宛其死矣，他人是愉。』），〈小戎〉首章（《詩·秦風·小戎》首章：『小戎俴收。五楘梁輈。／游環脅驅。陰靷鋈續。文茵暢轂。駕我騏馵。言念君子，溫其如玉。在其板屋。亂我心曲。』），〈皇皇者華〉二章（《詩·小雅·皇皇者華》二章：『我馬維駒。六轡如濡。載馳載驅。周爰咨諏。』），〈板〉八章（《詩·大雅·板》八章：『敬天之怒。無敢戲豫。／敬天之渝。無敢馳驅。』）皆此音。而〈小戎〉以“驅”韻“收、輈”尤分明也。凡偏旁从區者可知矣。又知《詩》中“駒”字皆“居侯切”，〈漢廣〉三章（《詩·周南·漢廣》三章：『翹翹錯薪，言刈其蔞。之子于歸，言秣其駒。』），〈株林〉二章（《詩·陳風·株林》二章：『駕我乘馬。說于株野。／乘我乘駒。朝食于株。』），〈皇皇者華〉二章（《詩·小雅·皇皇者華》二章：『我馬維駒。六轡如濡。載馳載驅。周爰咨諏。』），〈角弓〉五章（《詩·小雅·角弓》五章：『老馬反爲駒。不顧其後。如食宜饇。如酌孔取。』）皆此音。而凡偏旁从句者可知矣，又知“濡”字必爲“而由切”，“渝”字必爲“容周切”，而偏旁从需从兪者可知矣。由此輾轉以推，凡虞韻分出之字，及與侯韻並收之字，皆可決其本音之在此部矣。若〈無羊〉二章之“餱”字，不入韻者也。（《詩·小雅·無羊》二章：『或降于阿。或飲于池。或寢或訛。／爾牧來思，何蓑何笠，或負其餱。三十維物，爾牲則具。』新雄按：〈無羊〉二章，以"阿、池、訛"爲歌部韻，然後轉韻，以"餱、具"爲侯部韻，江氏以爲"餱"字不入韻者非也。）〈行葦〉三章之"鍭"與"句"，與遇韻分出之"樹"字，虞韻分出之"侮"字爲韻，亦彼之來而就此也。（按《詩・大雅・行葦》六章：『敦弓既句。既挾四鍭。四鍭如樹。序賓不侮。』江氏以爲三章，或所據本分章之異也。）"侮"字《詩》中似有二音，或上去聲當時有異音，若平聲則今所分出之字，未有與魚、模　者可知矣。顧氏音既有偏主，於〈載馳〉讀"侯"從"驅"，而謂"驅馬悠悠"以下別自爲韻，〈白駒〉讀"侯"從"驅"，而"游"下不以入韻，既失"驅"字之本音，則〈小戎〉首三句分明一韻者，不使其通下文，與"驅"字本不相關者，強使之合，甚且轉入聲爲平以就之，豈其然乎！"驅、駒"之音皆失，而凡與"驅、駒"相韻之字，皆入魚、虞、模，不得通幽、尤，豈其然乎！」

茲列顧江二氏魚、宵、尤三部分合表如下：

顧炎武	顧氏第三部魚模麻之半虞侯		顧氏第五部蕭宵肴豪尤幽
江永	江氏第三部魚模麻之半虞之半从夫吳甫無夸巫具于輿瞿	江氏第十一部侯虞之半从須付禹朱音芻殳孚句俞取區輿需婁求（自顧氏第三部分出）尤幽蕭韻蕭瀟條聊/宵韻陶儦/肴韻膠怓呦茅包苞鮑炮/豪韻牢蟊囊慆慅袍陶絢翿敖曹漕（自顧氏第五部分出）	江氏第六部蕭宵肴豪

按江氏別侯與虞之半於魚、模，別幽與尤之半於蕭、宵、肴、豪，皆爲有見，然將侯及虞之半，與幽及尤之半合爲一部，則未免太過相信其審音知識，併所不當併者矣。段玉裁評之云：「顧氏合侯於魚爲一部，江氏又誤合侯於尤爲一部，皆考之未精。」江有誥云：「顧氏合侯於魚，與三代不合，而合於兩漢；江氏合侯於尤，且不合於兩漢矣。」

二、江氏入聲八部：

江氏分入聲爲八部，茲錄其細目如後：

〔一〕第一部：以一屋、三燭二韻字爲主。分二沃、分四覺、別收二十三錫、別收去聲五十候。

【詩韻】一屋：讀獨；轂穀谷；槭；祿鹿；族；僕；卜；木沐霂；腹復覆；六陸；軸蓫；菊鞠；淑；俶；育；祝；菽；畜慉；蹙；燠奧薁；肅夙宿；穆。

分二沃：毒；篤；告。

三燭：屬；玉獄；蜀；辱；束；欲；綠；曲；局；足；續賣；粟。

分四覺：角；榱；濁；渥。

別收二十三錫：迪；戚。

別收去聲五十候：奏。

〔二〕第二部：以五質、六術、七櫛、八物、九迄、十沒六韻字爲主。分十六屑、分十七薛、別收二十四職。

【詩韻】五質：質；日；實；秩；一壹；七漆；匹；吉；逸；栗慄；窒桎；疾；室；畢毖韠；怭；吉；密。

六術：述；卒；卒；恤；律；出。

七櫛：櫛；瑟。

八物：物；弗拂茀茀。

九迄：仡。

十一沒：沒；忽。

分十六屑：結；節；噎；血；闋；穴；垤臺咥。

分十七薛：設；徹。

別收二十四職：即。

〔三〕第三部：以十月、十二曷、十三末、十四黠、十五鎋
五韻字爲主。分十六屑、分十七薛。

【詩韻】十月：月；伐；越鉞；蕨；闕；髮發；揭；竭朅。

十二曷：害褐；怛；闥達；曷；渴；藥；葛。

十三末：秣；撥；括佸活；闊；活；奪；瀎；撮；說；捋；
掇；茇軷。

十五鎋：羣。

分十六屑：結袺；節；威；襭；截。

（按：結、節、襭三字已收入第二部，此部不當重收，王氏
念孫入質部是也。）

十七薛：烈；桀傑；舌；孼；滅；雪；說；惙；孑偈。

〔四〕第四部：以十八藥、十九鐸二韻字爲主。分二沃、分
四覺、分二十陌、分二十一麥、分二十二昔、分二十三錫、別收
去九御、別收去聲四十禡。

【詩韻】十八藥：藥籥躍；蹻；若；綽；虐；削，爵；臄；
謔。

十九鐸：度；莫瘼；落樂駱雒；橐蘀；作鑿；錯；閣；恪；
咢；惡；薄；壑熇；貉；酢；博襮；諾；藿；穫濩；廓鞹。

分二沃：沃。

分四覺：較；駁；藐；濯；翯。

分二十陌：貊；白；伯柏；戟；柞；綌；逆；客；赫；格；宅澤。

分二十一麥：獲。

分二十二昔：昔；舄踖；繹奕斁射；尺；石碩；炙；席蓆夕；藉。

分二十三錫：的；翟；溺。

別收去聲九御：庶。

別收去聲四十禡：夜。

〔五〕第五部：以二十二昔、二十三錫韻字爲主。分二十一麥、別收三燭。

【詩韻】分二十一麥：簀；謪適；厄。

分二十二昔：脊蹐；益；易蜴；適；辟；璧辟。

分二十三錫：錫晳；蹢；鷁；狄翟；剔惕；績；幭；甓；鶂。

別收三燭：局。

〔六〕第六部：以二十四職、二十五德韻字爲主。分二十一麥、別收一屋、別收去聲七志、別去聲十六怪、別收去聲十八隊、別收去聲十九代、別收平聲十六咍、別收二沃　　。

【詩韻】分二十一麥：麥；馘；革。

二十四職：職織；直；力；敕飭；食；息；識飾式；爽；極；醷；億；色穡；棘襋亟；弋翼；稷；蜮域緎；淢；側；嶷。

二十五德：德得；則；忒慝；克；特螣；黑；賊；塞；北；匐；國。

別收一屋：福輻菔；伏服；穆；郁；牧。

別收去聲七志：意。

別收去聲十六怪：戒。

別收去聲十八隊：背。

別收去聲十九代：載。

別收平聲十六咍：來。

別收二沃：告。

〔七〕第七部：以二十六緝韻字爲主。分二十七合、分二十九葉、分三十二洽。

【詩韻】二十六緝：隰；輯集；入；濕；揖；及；蟄；笠；急；泣；翕；淢；邑。

分二十七合：合；軜。

分二十九葉：楫；厭。

分三十二洽：洽。

〔八〕第八部：以二十八盍、三十怗、三十一業、三十三狎、三十四乏韻字爲主。分二十七合、分二十九葉、分三十二洽。

【詩韻】分二十九葉：葉；涉；韘；捷。

三十一業：業。

三十三狎：甲。

江氏所謂分某韻者，謂一韻而歧分爲兩部者也。曰別收某韻者，謂韻本不通，而有字當入此部者也。曰別收某聲某韻者，韻本不通，而有字當入此部而其四聲不同者也。江氏入聲八部之分，較顧氏爲有條理，入聲韻部因韻尾有收－p、－t、－k之異，江氏皆因其異而分別之，未嘗相混也。其第一部、第四部、第五部、第六部收－ｋ尾者也；其第二部、第三部收－ｔ尾者也；其第七部、第八部收－p尾者也。至於八部入聲獨立之故，江氏云：「入聲與去聲最近，《詩》多通爲韻，與上聲韻者閒有之，與平聲韻者少，以其遠而不諧也。韻雖通而入聲自如其本音。」因爲入聲如其本音，故入聲獨立成部，然入聲又與平上去相押韻，故主張數韻同一入。

三、江氏數韻同一入說：

江氏言古韻而不廢今韻，而古韻之離合，亦有階於今韻。其《古韻標準・例言》云：「韻書流傳至今者，雖非原本，其大致自是周顒、沈約、陸法言之舊，分部列字，雖不能盡合於古，亦因其時音巳流變，勢不能泥古違今。其間字似同而音實異，部旣別則等亦殊，皆雜合五方之音，剖析毫釐，審定音切，細尋脈絡，曲有條理，其源自先儒經傳子史音切諸書來，六朝人之音學，非後人所能及，同文之功，擬之秦篆當矣。今爲三百篇攷古韻，亦但以今韻合之，著其異同斯可矣。」以其不廢今韻，故於入聲之分別，較顧氏爲有條理，故入聲獨立爲八部，不主專承某部，如顧氏《古音表》之所爲者，而兼及於今韻之條理，主"數韻同一入"之說。其說見於所著《四聲切韻表・凡例》中，其言曰：「韻學談及入聲尤難，而入聲之說最多歧，未有能細辨等列，細尋脈絡，爲之折中，歸於一說者也。依韻書次第，屋至覺四部配東多鍾江，質至薛十三部配眞諄臻文殷元魂痕寒桓刪山先仙，唯痕無入，藥至德八部配陽唐庚耕清青蒸登，緝至乏九部配侵覃談鹽添嚴咸銜凡。調之聲音而諧，按之等列而協，當時編韻書者，其意實出於此，以此定入聲，天下古今之公論，不可易也。然執是說也，則此三十四韻之外，皆無入矣。胡爲古人用入聲韻與三聲協者，多出於無入聲之韻，而以一字轉兩三音，如質質、惡惡惡、偏旁諧聲字，如至室、意億、暮莫、肖削之類，亦多出無入聲之韻也。顧寧人於是反其說，惟侵覃以下九韻之入及歌戈麻三韻舊無入，與舊說同，其餘悉反之，舊無者有，舊有者無，此又固滯之說也。其說以爲屋承東、術承諄、鐸承唐、昔承清，若呂之代嬴，黃之易芈，以其音之不類也。不知入聲有轉紐，不必皆直轉也，曷不即侵覃九韻思之乎！侵寢沁緝猶之眞軫震質、清靜勁昔、青迥徑錫、蒸拯證職也；覃感勘合、談敢闞盍猶之寒旱翰曷、桓緩換末也；鹽琰豔葉、添忝㮇怗、嚴儼釅業猶之先銑霰屑、仙獮線薛也；咸豏陷洽、銜檻鑑狎、范梵乏猶之刪潸諫黠、山產襇鎋、元阮願月也。推之他韻，東董送屋、唐蕩宕鐸亦猶是也。如必以類直轉乃爲本韻之入，則此九韻不能轉入矣。緝承侵、合承覃不亦呂嬴黃芈乎！入聲可直轉者，惟支脂之微數韻耳。猥俗者謂孤古故谷爲順轉，不知谷乃公鉤所共之入，而孤之入爲各，猶暮之爲莫、惡之爲惡也。余別爲之說曰：平上去入聲之轉也，一轉爲上，再轉爲去，三轉爲入，幾於窮，僅得三十四部，當三聲之過半耳，窮則變，故入聲多不直轉，變則通，故入聲又可同用，除緝合以下九部爲侵覃九韻所專，不爲他韻借，他韻亦不能借，其餘二十五部諸韻，或合二三韻而共一入，無入者閒有之，有入者爲多。諸家各持一說此有彼無，彼有此無者皆非也。顧氏之言曰：天之生物，使之一本，文字亦然，不知言各有當，數韻同一入，猶之江漢共一流也，何嫌於二本乎！數韻同一入，非強不類者而混合之也，必審其音呼，別其等第，察其字音之轉，偏旁之聲，古音之通，而後定其爲此韻之入，即同用一入，而表中所列之字，亦有不同，蓋各有脈絡，不容混紊，猶之江漢合流，而〈禹貢〉猶分爲二水也。二三韻同一入，一入又分爲二三類，愈析則愈精。

　　竦从束聲，冢从豕聲，豕丑六切，叢从取，蔟簇从聚，皆與屋韻近，故東董送轉而爲屋，而侯、尤亦共之，讀讀、復復、覆覆、宿宿、祝祝、肉肉一字兩音，畜畜、奏族音亦相轉，軸蹴之類，偏旁多通，故侯厚候得其一等字，尤有宥得其二三四等字。毛先舒以屋爲尤入，稍爲有見，而周德清以爲魚入，顧氏分入魚、蕭，別分鐸、陌、麥、昔爲侯入，誤矣。幽亦尤侯之類，得其“繆”字，“繆”字平去入三音也，尤有宥別分一類古音通之止志者，得其“牧郁福服”字，“福服”今音輕脣，古音重脣，如職韻之“逼愎”也。蕭韻別分一類古音通尤者，得其“肅”字，他音非其入也。“條、蓧”之入，乃錫韻之“滌”字，其同音“迪笛踧覿”古音皆屋韻也，又得“怒寂戚”字，因“蕭”“肅”之相通，而蕭之轉爲錫者，又有字通於屋，故蕭韻兼得屋錫。」

　　江氏精于呼等之學，審音之精，以數韻同一入之觀點，分配諸韻，以說明古代韻部系統，確具不少啓示性。然其數韻同入之理，有所謂“入聲轉紐”之說，語欠明確，不易取信於人。江有誥《入聲表・凡例》嘗云：「入有轉紐之說，不足據矣。」吳興錢玄同先生釋江氏陰陽同入之理，於此點頗有推闡之功。錢君云：

　　「入聲者，介于陰陽之間，緣其音本出于陽聲，略有收鼻音，顧入聲音至短促，不待收鼻，其音已畢，頗有類於陰聲，然細察之，雖無收音，實有收勢。（凡陽聲收 ng 者，其入聲音畢時，恒作 k 聲之勢。陽聲收 n 者，其入聲音畢之時，恒作 t 聲之勢。陽聲收 m 者，其入聲音畢時，恒作 p 聲之勢。其作勢而不聞聲者，即緣短促之故，非眞無收鼻音也。）則又近于陽聲。故曰介于陰陽之間也。」先師林景伊先生復踵釋之云：「因其介于陰陽之間，故可兼承陰聲陽聲，而與二者皆得通轉，江愼修數韻同入，及戴東原陰陽同入之說，皆此理也。」

　　若據江氏數韻同入之理，則其古韻平上去十三部與入聲八部相配之關係，當如下表：

陽聲	入聲	陰聲
第一部東冬	第一部屋沃	第十一部尤侯
第八部陽唐	第四部藥鐸	第三部魚模 第六部宵豪
第五部元寒	第三部月曷	第七部歌戈
第四部眞諄	第二部質術	第二部支脂之微齊 佳皆灰咍祭泰夬廢
第九部耕清	第五部昔錫	
第十部蒸登	第六部職德	
第十二部侵覃	第七部緝合	
第十三部談覃	第八部盍帖	

上表舉平以賅上去，韻目取首二字爲代表，以趨齊整。其詳可參見江氏部目，惟陰聲第二部，則將韻目全列，以明其所以與陽聲入聲相配之關係，其無相配之韻則從缺，兩部以上相配者則並列之。

第四節　段玉裁之古韻研究

段玉裁字若膺，一字懋堂。（1735 － 1815）金壇人。著《說文解字注》，後附《六書音韻表》，爲清代學者古音學著作中，最爲實用者，因附於《說文解字注》後，故亦爲被人引用之最廣者，段氏基於顧、江兩家之書，證其違而補其未逮，定古音爲十七部，所謂登堂入室者矣。茲分別敘述之於後：

一、段氏古韻分部之創見：

〔一〕支、脂、之分爲三部：

《廣韻》上平五支、六脂、七之、八微、十二齊、十三佳、十四皆、十五灰、十六咍。及去聲十三祭、十四泰、十七夬、二十廢諸韻，自來言古韻者皆合爲一部，至段氏始析而三之。段氏〈今韻古分十七部表・第一部第十五部第十六部分用說〉云：「《廣韻》上平七之、十六咍，上聲六止、十五海，去聲七志、十九代，入聲二十四職、二十五德爲古韻第一部。上平六脂、八微、十二齊、十四皆、十五灰，上聲五旨、七尾、十一薺、十三駭、十四賄，去聲六至、八未、十二霽、十三祭、十四泰、十六怪、十七夬、十八隊、二十廢，入聲六術、八物、九迄、十月、十一沒、十二曷、十三末、十四黠、十五鎋、十七薛爲古韻第十五部。上平五支、十三佳，上聲四紙、十二蟹，去聲五寘、十五卦，入聲二十陌、二十一麥、二十二昔、二十三錫爲古音第十六部。五支、六脂、七之三韻，自唐人功令同用，鮮有知其當分者矣。今試取〈詩經韻表〉第一部、第十五部、第十六部觀之，其分用乃截然。且自三百篇外，凡群經有韻之文，及楚騷、諸子、秦、漢、六朝辭章所用，皆分別謹嚴，隨舉一章數句，無不可證。或有二韻連用而不辨爲分用者，如《詩・相鼠》二章，齒、止、俟第一部也；三章體、禮、死第十五部也。（《詩・鄘風・相鼠》二章：『相鼠有齒。人而無止。無而無止。不死何俟。』三章：『相鼠有體。人而無禮。人而無禮。胡不遄死。』）〈魚麗〉二章體、旨第十五部也；三章鯉、有第一部也。（《詩・小雅・魚麗》二章：『魚麗于罶，魴鱧。君子有酒，多且旨。』三章：『魚麗于罶，魴鯉。君子有酒，旨且有。』）〈板〉五章懠、毗、迷、尸、屎、葵、資、師第十五部也；六章簋、圭、攜第十六部也。（《詩・大雅・板》五章：『天之方懠。無爲夸毗。威儀卒迷。善人載尸。民之方殿屎。則莫我敢葵。喪亂蔑資。曾莫惠我師。』六章：『天之牖民，如壎如簋。如璋如圭。

如取如攜。／攜無曰益。牖民孔易。民之多辟。無自立辟。』）
《孟子》引齊人言，雖有智慧二句，第十五部也；雖有鎡基二
句，第一部也。（《孟子‧公孫丑》：『雖有智慧。不如乘
勢。』慧、勢爲韻，段氏第十五部也；『雖有鎡基。不如待
時。』基、時爲韻，段氏第一部也。）屈原賦寧與騏驥抗軛二
句，第十六部也；寧與黃鵠比翼二句，第一部也。（《楚辭‧卜
居》：『寧與騏驥抗軛乎？將隨駑馬之跡乎？』軛、跡爲韻，段
氏第十六部；『寧與黃鵠比翼乎？將與雞鶩爭食乎？』翼、食爲
韻，段氏第一部也。）秦〈琅邪臺刻石〉，自維二十六年至莫不
得意，凡二十四句，以始、紀、子、理、士、海、事、富、志、
字、載、意韻，第一部也；自應時動事至莫不如畫，凡十二句，
以帝、地、懈、辟、易、畫韻，第十六部也。（《史記‧秦始皇
本紀》：『維二十六年，皇帝作始。端平法度，萬物之紀。以明
人事，合同父子。聖智仁義，顯白道理。來撫東土，以省卒士。
事已大畢，乃臨於海。皇帝之功，勤勞本事。上農除末，黔首是
富。普天之下，博心揖志。器械一量，同書文字。日月所照，舟
輿所載。皆終其命，莫不得意。／應時動事，是維皇帝。匡飭異
俗，陵水經地。憂恤黔首，朝夕不懈。除疑定法，咸知所辟。方
伯分職，諸治經易。舉錯必當，莫不如畫。』）倘以〈相鼠〉齒
與禮、死成文，〈魚麗〉鯉與旨爲韻，則自亂其例而非韻，玉裁
讀坊本《詩經‧竹竿》二章：「泉源在左，淇水在右。女子有
行，遠父母兄弟。」每疑右爲古韻第一部字，弟爲第十五部字，
二字古鮮合用，及考唐石經、宋本《集傳》、明國子監注疏本，
皆作“遠兄弟父母”，而後其疑豁然。三部自唐以前分別最嚴，
蓋如眞、文之與庚，青與侵，稍知韻理者，皆知其不合用也。自
唐初功令不察，支、脂、之同用，佳、皆同用，灰、咍同用，而

古之畫爲三部，始湮沒而不傳，迄今千一百餘年，言韻者莫有見及此者矣。古七之之字，多轉入於尤韻中，而五支、六脂則無有，此三部分別之大概也。職、德爲第一部之入聲；術、物、迄、月、沒、曷、末、黠、鎋、薛爲第十五部之入聲；陌、麥、昔、錫爲第十六部之入聲。顧氏既三部爲一，故入聲亦合爲一，古分用甚嚴，即唐初功令，陌、麥昔同用，錫獨用，職、德同用，亦未若平韻之捆合五支、六脂、七之爲一矣。」

江永	第二部支脂之微齊佳皆灰咍祭泰夬廢		
段玉裁	第一部	第十五部	第十六部
	之咍	脂微齊皆灰	支佳
	止海	旨尾薺駭賄	紙蟹
	志代	至未霽怪隊	寘卦
	職德	祭泰夬廢	陌麥
		術物迄沒	昔錫
		月曷末黠鎋薛	

　　段氏支、脂、之三部之分，實古音學史上一大發明，因爲此三部讀音十分難以區別，若非考古之精到，實難加以區分，故其此項成就，深爲世人所推崇。戴震云：「段君若膺語余曰："支、佳一部也；脂、微、齊、皆、灰一部也；之、咍一部也。漢人猶未嘗淆借通用，晉、宋以後，乃少有出入，迄乎唐之功令，支注脂、之同用；佳注皆同用；灰注咍同用。於是古之截然爲三者，罕有知之。"余聞偉其學之精，好古有灼見卓識。」又云：「若夫五支異於六脂，猶清異於眞也，實千有餘年，莫之或省者，一旦理解，接諸三百篇劃然，豈非稽古大快事歟！」孔廣森云：「五支、六脂、七之分立三部，周、陸先哲析音精矣。自唐律功令定爲同用，學生誦習，忘其捆殽，段氏獨證遺經於千載之下。」夏燮云：「段氏支、脂、之三部之分，蓋莫有易之者。」

〔二〕眞、諄分部：

江氏《古韻標準》以《廣韻》平聲十七眞、十八諄、十九臻、二十文、二十一殷、二十三魂、二十四痕、一先之半合爲第四部。段氏析而爲二，眞、臻、先一部也；諄、文、殷、魂、痕一部也。入聲質、櫛、屑三韻則畫歸眞、臻、先，與眞、臻、先合爲第十二部。諄、文、殷、魂、痕五韻則別之爲第十三部。以此兩部在三百篇內皆分用，江氏合爲一部，猶考之未盡也。其〈今韻古分十七部表〉第十二部、十三部、十四部分用說云：「上平十七眞、十九臻、下平一先，上聲十六軫、二十七銑，去聲二十一震、三十二霰，入聲五質、七櫛、十六屑爲古韻第十二部；十八諄、二十文、二十一欣、二十三魂、二十四痕，上聲十七準、十八吻、十九隱、二十一混、二十二很，去聲二十二稕、二十三問、二十四焮、二十六慁、二十七恨爲古韻弟十三部；二十二元、二十五寒、二十六桓、二十七刪、二十八山、下平二仙，上聲二十阮、二十三旱、二十四緩、二十五潸、二十六產、二十八獮，去聲二十五願、二十八翰、二十九換、三十諫、三十一襉、三十三線爲古韻弟十四部。三百篇及群經、屈賦分用畫然，漢以後用韻過寬，三部合用，鄭庠乃以眞、文、元、寒、刪、先爲一部，顧氏不能深考，亦合眞以下十四韻爲一部，僅可以論漢、魏間之古韻，而不可以論三百篇之韻也。江氏考三百篇，辨元、寒、桓、刪、山、仙之獨爲一部矣。而眞臻一部與諄、文、欣、魂、痕一部分用，尚有未審，讀〈詩經韻表〉而後見古韻分別之嚴。唐、虞時『明明上天。爛然星陳。日月光華，宏予一人。』弟十二部也。『南風之薰兮。可以解吾民之慍兮。』弟十三部也。『卿雲爛兮。糺縵縵兮。日月光華，且復旦兮。』弟十四部也。三部之分，不始於三百篇矣。」

　　入聲質、櫛、屑三韻，段氏所以併入眞、臻、先部者，因此三韻，在《詩經》中，不與十五部入聲字押韻，而段氏入聲又無獨立成部者，故不得已而併入眞部也。段氏云：「弟十二部入聲質、櫛韻，漢以後多與弟十五部入聲合用，三百篇分用畫然。如〈東方之日〉一章不與二章一韻，（《詩·齊風·東方之日》首章：『東方之日兮。彼姝者子，在我室兮。在我室兮。履我即兮。』二章：『東方之月兮。彼姝者子，在我闥兮。在我闥兮。履我發兮。』）〈都人士〉三章不與二章一韻可證。（《詩·小雅·都人士》二章：『彼都人士，臺笠緇撮。彼君子女，綢直如髮。我不見兮，我心不悅。』三章：『彼都人士，充耳琇實。彼君子女，謂之尹吉。我不見兮，我心苑結。』）

　　質、櫛、屑諸韻旣不與十五部術、物、迄、沒等韻相押韻，一如其平聲眞、臻之不與諄、文相諧者然，故不可歸於十五部，而又不可獨立，故不得已而併合於眞、臻部也。

江永	第四部眞諄臻文欣魂痕先之半	
段玉裁	第十二部 眞臻先 軫銑 震霰 質櫛屑	第十三部 諄文欣魂痕 準吻隱混很 稕問焮慁恨

　　因爲眞、諄兩部後世音聲十分接近，若非考古之篤，實在不容易加以區分，故後人多存懷疑之心。江有誥云：「段氏之分眞、文，人皆疑之，有誥初亦不之信也，細紬繹之，眞與耕通用爲多，文與元合用較廣，此眞、文之界限也。」

　〔三〕侯部獨立：

　　顧氏合侯於魚、虞、模通爲一部，江氏使侯與虞之半自魚部分出，而又合之於尤、幽爲一部。江氏別侯於魚模固是，而合之於尤、幽則非，段氏有見于此，紬繹詩三百篇之文，見侯與尤、幽赫然有別，於是使侯獨立成爲一部。其〈今韻古分十七部表〉弟三部、弟四部、弟五部分用說云：「下平十九侯，上聲四十五厚，去聲五十候爲古韻弟四部；上平九魚、十虞、十一模，上聲八語、九麌、十姥，去聲九御、十遇、十一暮，入聲十八藥、十九鐸爲古韻弟五部。《詩經》及周、秦文字分用畫然。顧氏誤合侯於魚爲一部，江氏又誤合侯於尤爲一部，皆考之未精。顧氏合侯於魚，其所據皆漢後轉音，非古本音也。侯古近尤而別於尤，近尤故入音同尤，別於尤，故合諸尤者亦非也。弟二部、弟三部（按段氏以下平三蕭、四宵、五肴、六豪，上聲二十九篠、三十小、三十一巧、三十二皓，去聲三十四嘯、三十五笑、三十六效、三十七號爲古韻弟二部；十八尤、二十幽，上聲四十四有、四十六黝，去聲四十九宥、五十幼，入聲一屋、二沃、三燭、四覺爲古韻弟三部。）、弟四部、弟五部，漢以後多四部合用，不甚區別，要在三百篇故較然畫一，〈載馳〉之驅、侯，不連下文悠、漕、憂爲一韻，（《詩・鄘風・載馳》首章：『載馳載驅。歸唁衛侯。驅馬悠悠。言至于漕。大夫跋涉，我心則憂。』）〈山有蓲〉之蓲、榆、婁、驅、愉，不連下章栲、杻、埽、考、保爲一韻，（《詩・唐風・山有樞》首章：『山有樞。隰有榆。子有衣裳，弗曳弗婁。子有車馬，弗馳弗驅。宛其死矣，他人是愉。』二章：『山有栲。隰有杻。子有廷內，弗洒弗埽。子有鐘鼓，弗鼓弗考。宛其死矣，他人是保。』）〈南山有臺〉之枸、楰、耇、後，不連上章栲、杻、壽、茂爲一韻，（《詩・小雅・南山有臺》四章：『南山有栲。北山有杻。樂只君子，遐不眉壽。樂只君子，德音是茂。』五章：『南山有枸。北山有楰。樂只君子，遐不黃耇。樂只君子，保艾爾後。』）《左氏傳》:『專之渝。攘公之羭。』不與下文"薰、臭"為一韻，（《左氏·僖四年傳》:『初，晉獻公欲以驪姬為夫人，卜之不吉，筮之吉。公曰:"從筮。"卜人曰:"筮短龜長，不如從長。且其繇曰:'專之渝。攘公之羭。一薰一蕕。十年尚猶有臭。'必不可。"弗聽。』）此弟四部之別於弟三部也。〈株林〉之駒、株，不與馬、野為一韻，（《詩·陳風·株林》二章:『駕我乘馬。說于株野。乘我乘駒。朝食于株。』）《板》之渝、驅，不與怒、豫為一韻，（《詩·大雅·板》八章:『敬天之怒。無敢戲豫。敬天之渝。無敢馳驅。』）《史記》甌窶滿溝，不與汙邪滿車為一韻，（《史記·滑稽列傳》:『威王八年，楚大發兵加齊，齊王使淳于髡之趙請救兵，齎金百斤，車馬十駟。淳于髡仰天大笑，冠纓索絕。王曰:"先生少之乎?"髡曰:"何敢!"王曰:"笑豈有說乎?"髡曰:"今者臣從東方來，見道傍有禳田者，操一豚蹄、酒一盂。祝曰:'甌窶滿篝。汙邪滿車。五穀蕃熟。穰穰滿家。'臣見其所持者狹，所欲者奢，故笑之。"』）此弟四部之別於弟五部也。」又曰:「《左氏傳》鸜鵒童謠首二句鸜辱，及末二句鸜哭，弟三部也；羽、野、馬弟五部也；趻、侯、襦弟四部也；巢、遙、勞、驕弟二部也；一謠而可識四部之分矣。（《左氏·昭公二十五年傳》:『有鸜鵒來巢，書所無也。師己曰:"異哉!吾聞文、成之世，童謠有之曰:'鸜之鵒之。公出辱之。／鸜鵒之羽。公在外野。往饋之馬。／鸜鵒趻趻。公在乾侯。徵褰與襦。／鸜鵒之巢。遠哉遙遙。裯父喪勞。宋父以驕。／鸜鵒鸜鵒。往歌來哭。'童謠有是，今鸜鵒來巢，其將及乎!"』）」

　　茲將顧、江、段三家之分合，以表說明之。

江永	第十一部侯虞之半尤之半幽	
段玉裁	第四部 侯虞之半 厚麌之半 候遇之半	第三部 尤之半幽 有之半黝 宥之半幼 屋沃燭覺

　　江有誥云：「顧氏改侯從魚，愼齋改侯從尤，均未之善也，段氏以尤、幽爲一部；侯與虞之半別爲一部，雖古人復起，無以易矣。」又曰：「顧不合於三代，而合於兩漢；江則不合於三代，並不合於兩漢，惟《音韻表》別尤於蕭，又別侯於尤，爲實事求是。」

二、段氏之古本音古合韻説：

　　段氏有所謂"古本音"與"古合韻"說，其〈古十七部本音說〉云：「三百篇音韻，自唐以下不能通，僅以爲"協音"，以爲"合韻"，以爲"古人韻緩，不煩改字"而已。自有明三山陳第深識確論，信古本音與今音不同，如鳳鳴高岡，而喁焦之喙盡息也。自顧氏作《詩本音》，江氏作《古韻標準》，玉裁保殘守闕，分別古音爲十七部，凡一字而古今異部，以古音爲本音，以今音爲音轉，如尤讀怡、牛讀疑、丘讀欺，必在第一部而不在第三部者，古本音也。今音在十八尤者，音轉也，舉此可以隅反矣。」又云：「知周、秦韻與今韻異，凡與今韻異部者，古本音也。」段氏之所謂古本音者，乃古與今異部。蓋段氏於古韻既析爲十七部，而每部之中，又認定今韻若干韻爲其本韻，倘《詩經》韻同在一部，而此字卻不在其指定之本韻中者，則稱之爲古本音。例如段氏第一部以之、咍、職、德爲本韻，亦即周秦韻屬

第一部，今韻在之、咍、職、德諸韻之內者，則爲本韻；而今韻在之咍諸韻之外者，如所舉“尤”“牛”“丘”等字，周、秦韻在第一部，而今韻則非屬之、咍諸韻者，而出之尤韻，依段氏條例，稱之爲“古本音”。

今以段氏十七部，按其〈詩經韻分十七部表〉所列古本音爲例，說明其古今異部分合之情形於後：

〔一〕第一部：之、咍、職、德。

另收尤韻之“詶尤郵謀丘裘牛龜䋡”；有韻之“友否有右玖久負婦秠”；宥韻之“疚又富右侑舊祐”；脂韻之“龜駓伾秠”；旨韻之“否洧鮪鄙秠”；至韻之“備懥”；皆韻之“霾䤋”；怪韻之“戒怪”；灰韻之“梅媒”；賄韻之“每悔晦”；隊韻之“佩背誨痗”；軫韻之“敏”；登韻之“能”以及入聲屋韻之“服輻福牧或囿伏菖”；麥韻之“革麥緘”。（按尤、有、宥諸韻字，古皆在第一部，今轉入他部，故稱之爲古本音。）

〔二〕第十五部：脂、微、齊、皆、灰、祭、泰、夬、廢、術、物、迄、沒、月、曷、末、黠、鎋、薛。另收咍韻之“哀”；海韻之“豈愷”；代韻之“愛僾溉逮”；紙韻之“坻燬邇瀰泚訛砥灑爾”；佳韻之“柴”；果韻之“火”；軫韻之“牝”；換韻之“竄”；小韻之“㶚”（按此字《說文》以水反，《廣韻》又羊水反，皆在旨韻，則當爲本韻。）質韻之“率”。

〔三〕第十六部：支、佳、陌、麥、昔、錫。

另收齊韻之“觿提攜圭”；霽韻之“髻帝締繫睨”；祭韻之“掅”。

〔四〕第十二部：眞、臻、先、質、櫛、屑。

另收蒸韻之“矜”；青韻之“苓零令”；徑韻之“命”；混

韻之“壼”；仙韻之“翩偏”；至韻之“愍”；霽韻之“嘻憲
替”；職韻之“即抑洫”；薛韻之“設徹”術韻之“恤”。

〔五〕第十三部：諄、文、欣、魂、痕。

另收眞韻之“振麋繽瘴貧巾困晨墐禋”；臻韻之“詵”；山
韻之“艱鰥”；仙韻之“川”；軫韻之“忍畛閔”；銑韻之“殄
典”；襉韻之“盼”；微韻之“煇旂頎”；齊韻之“鼉”；隊韻
之“錞”；賄韻之“浼”；薺、卦韻之“洒”。

〔六〕第三部：尤、幽、屋、沃、燭、覺。

另收豪韻之“漕慆絢曹牢謟騷陶鼕囊皋”；蕭韻之“蕭瀟聊
條”；宵韻之“苀椒”；肴韻之“茅匏苞包炮”；嘯韻之
“嘯”；篠韻之“鳥蓼”；小韻之“舀擾”；巧韻之“昂飽茆卯
巧”；號韻之“冒好報埽翿造禱告燠奧蹈灶”；皓韻之“老道鴇
栲考保皓稻慅棗蚤草阜寶嫂”；效韻之“孝”；有韻之“膠”；
厚韻之“牡”；候韻之“茂戊”；虞韻之“孚罦”；遇韻之“務
裕”；脂韻之“逵”；旨韻之“簋”；錫韻之“戚迪覿”。

〔七〕第四部：侯。

另收虞韻之“婁駒隅姝蹢叟咮濡渝樞楰婁愉芻株諏趨愚歈儒
邾跦誅毚軀”；麌韻之“枸楀瘉侮取樹數句醹僂傴俯”；遇韻之
具孺附鮒遇”；宥韻之“株晝”。

至於段氏所謂古合韻，則是周秦韻本不同部，而互相諧協者
當之。亦即古與古異部而相合韻者。段氏曰：「古本音與合韻
異，是無合韻之說乎？曰：有。聲音之道，同源異派，弇侈互
輸，協靈通氣，移轉便捷，分爲十七而無不合，不知有合韻，則
或以爲無韻，如顧氏於〈谷風〉之嵬、萎、怨。（《詩・小雅・
谷風》三章：『習習谷風，維山崔嵬。無草不死，無木不萎。忘
我大德，思我小怨。』）《思齊》之造、士。（《詩・大雅・思

齊》四章：『不聞亦式。不諫亦入。肆成人有德。／小子有造。古之人無斁，譽髦斯士。』）《抑》之告、則。（《詩・大雅・抑》二章：『無競維人，四方其訓之。有覺德行，四國其順之。訏謨定命，遠猶辰告。敬愼威儀，維民之則。』）〈瞻卬〉之鞏、後。（《詩・大雅・瞻卬》七章：『觱沸檻泉，維其深矣。心之憂矣，寧自今矣。／不自我先，不自我後。藐藐昊天，無不克鞏。無忝皇祖，式救爾後。』）《易・象傳》之文炳、文蔚，順以從君是也。（《易・革・象傳》：『大人虎變，其文炳也。君子豹變，其文蔚也。小人革面，順以從君也。』）顧氏於《毛詩・小戎》之驂與中韻，（《詩・秦風・小戎》二章：『四牡孔阜。六轡在手。／騏駵是中。騧驪是驂。／龍盾之合。鋈以觼軜。言念君子，溫其在邑。方何爲期。胡然我念之。』）〈七月〉之陰與沖韻，（《詩・豳風・七月》八章：『二之日，鑿冰沖沖。三之日，納于凌陰。／四之日其蚤。獻羔祭韭。／九月肅霜。十月滌場。朋酒斯饗。曰殺羔羊。躋彼公堂。稱彼兕觥。萬壽無疆。』）〈公劉〉之飮與宗韻，（《詩・大雅・公劉》四章：『篤公劉，于京斯依。蹌蹌濟濟。俾筵俾几。旣登乃依。／乃造其曹。執豕于牢。酌之用匏。／食之飮之。君之宗之。』）〈小戎〉之音與膺弓縢興韻，（《詩・秦風・小戎》三章：『俴駟孔群。厹矛鋈錞。蒙伐有苑。／虎韔鏤膺。交韔二弓。竹閉緄縢。言念君子，載寢載興。厭厭良人，秩秩德音。』）〈大明〉之興與林心韻，（《詩・大雅・大明》七章：『殷商之旅，其會如林。矢于牧野，維予侯興。上帝臨女，無貳爾心。』）〈易・屯象傳〉之民與正韻，（《易・屯象傳》：『雖磐桓，志行正也。以貴下賤，大得民也。』）〈臨象傳〉之命與正韻，（《易・臨象傳》：『咸臨貞吉，志行正也。咸臨吉无不利，未順命也。』）〈離騷〉之名與均韻是也。（《楚辭‧離騷》：『皇覽揆余初度兮，肇錫余以嘉名。名余曰正則兮，字余曰靈均。』）或以為學古之誤，江氏於〈離騷〉之同調是也。（《楚辭‧離騷》：『曰勉強陞降以上下兮，求榘矱之所同。湯禹嚴而求合兮，摯咎繇而能調。』江永《古韻標準》第一部同下附辯云：『"決拾既佽。弓矢既調。射夫既同。助我舉柴。"此以首句與第四句韻，中二句非韻，猶之"民之未戾。職盜為寇。涼曰不可。覆背善詈。"戾詈韻而寇可非韻也。吳氏棫以調同為韻，讀調如同，引〈離騷〉為證，愚謂調字本音在第六部，與此部不可強通，〈離騷〉云："勉升降以上下兮，求榘矱之所同，湯禹儼而求合兮，摯咎繇而能調。"蓋屈子亦誤以此詩為韻，故效之。古人讀書，不必其無誤也。東方朔〈七諫〉："不量鑿而正枘兮，恐矩矱之不同。不論世而高舉兮，恐操行之不調。"則又誤效〈離騷〉者耳。』）或改字以就韻，如《毛詩‧匏有苦葉》，改軓為軌以韻牡，（《詩‧邶風‧匏有苦葉》二章：『有瀰濟盈。有鷕雉鳴。／濟盈不濡軌。雉鳴求其牡。』《釋文》："軌、舊龜美反，謂車轊頭也。依傳意直音犯。案《說文》云：'軌、車轍也。從車九聲。'龜美反。'軓、車軾前也，從車凡聲。'音犯。車轊頭，所謂軓也。"）〈無將大車〉改疧為痕以韻塵，（《詩‧小雅‧無將大車》首章：『無將大車，祇自塵兮。無思百憂，祇自疧兮。』）劉原甫欲改"烝也無戎"之"戎"為"戌"，以韻"務"是也。（《詩‧小雅‧常棣》四章：『兄弟鬩于牆，外禦其務。每有良朋，烝也無戎。』）或改本音以就韻，如《毛詩‧新臺》之"鮮"，顧氏謂古音"徙"。（《詩‧邶風‧新臺》首章：『新臺有泚。河水瀰瀰。燕婉之求，籧篨不鮮。』）《小雅‧杕杜》之"近"，顧氏謂古音

“悖”是也。(《詩‧小雅‧杕杜》四章：『匪載匪來。憂心孔
疚。／期逝不至。而多爲恤。／卜筮偕止。會言近止。征夫邇
止。』)其失也誣矣。」又云：「其於古本音有齟齬不合者，古
合韻也。」蓋段氏所謂古合韻者，原於古韻部有別，而互輸移轉
者也。故其古合韻之說，實爲段氏定其十七部次第之主要依據者
也。

三、段氏古韻十七部之次第：

昔之言古韻者，若崑山顧氏、婺源江氏，雖分古韻爲十部若
十三部，而能離析《唐韻》以爲之。然其古韻部目之次第，猶一
遵《唐韻》之舊第，無敢先後移易之者。段氏始以十七部合韻之
遠近，重新安排其次第。段氏〈古合韻次弟近遠說〉云：「合韻
以十七部次弟分爲六類，求之同類爲近，異類爲遠，非同類而次
弟相附爲近，次弟相隔爲遠。」是段氏古韻十七部之次弟，完全
奠基在合韻之基礎上。故其〈古十七部合用類分表〉序言云：
「今韻二百六部，始東終乏，以古韻分之，得十有七部，循其條
理，以之咍職德爲建首；蕭宵肴豪音近之，故次之；幽尤屋沃燭
覺音近蕭，故次之；侯音近尤，故次之；魚虞模藥鐸音近侯，故
次之；是爲一類。蒸登音亦近之，故次之；侵鹽添緝葉怗音近
蒸，故次之；覃談咸銜嚴凡合盍洽狎業乏音近侵，故次之；是爲
一類。之二類者，古亦交互合用。東多鍾江音與二類近，故次
之；陽唐音近多鍾，故次之；庚耕清青音近陽，故次之；是爲一
類。眞臻先質櫛屑音近耕清，故次之；諄文欣魂痕音近眞，故次
之；元寒桓刪山仙音近諄，故次之；是爲一類。脂微齊皆灰術物
迄月沒曷末黠鎋薛音近諄元二部，故次之；支佳陌麥昔錫音近
脂，故次之；歌戈麻音近支，故次之；是爲一類。」其〈答江晉

三論韻書〉亦云：「僕之十七部次第，始於之，大意以之、尤相近，故之之字多入於尤；而蕭者，尤之類，蕭之入當同之，故次第二；尤次之，故次第三；侯者，尤之鄰也，故次第四；魚次侯，故次第五；蒸與之最近，亦以之之入為入者也，故次第六；侵最近蒸，故次第七；談與侵皆閉口收脣者，故次第八；凡尤侯蒸侵皆通於東冬，故東冬次第九；以尤侯之入為入者也。東冬之斂為陽，陽者以魚之入為入者也。故次第十；庚近於陽，陽之字多入於庚，故次第十一；庚蓋以眞入為入，眞與庚古通用，故次第十二；文者，眞之鄰也，故次十三；元者又文之鄰也，故次十四；文元者，皆以脂部之入為入者也，故脂次十五；支者似脂而不同，與歌最近，故歌之字，多入於支，蓋以支之入為入者，故次十七。此則僕以入為樞紐而求其次第之意。」

段氏以合韻之遠近，而定其先後之次第，不僅勝顧江二氏之傳統排列法，而尤可關聯韻部與韻部之間之關係。今人擬測古韻部之讀法，其元音相去之遠近，韻尾之是否相同，實則與古韻部合韻之遠近，有極大之關係。段氏此一安排，對後人極具啓示性。故後之作者，未有不師法段氏而重新安排其韻部排列之次序者也。段氏所以將蒸實第六，侵實第七者，即因侵近於蒸也。何以知之。例如《詩・小雅・正月》：「瞻彼中林。侯薪侯蒸。民今方殆，視天夢夢。旣克有定，靡人弗勝。有皇上帝，伊誰云憎。」即以侵部之"林"字與蒸部之"蒸、夢、勝、憎"韻是也。

四、段氏以諧聲系統分部：

段氏〈古十七部諧聲表〉序云：「六書之有諧聲，文字之所以日滋也，攷周、秦有韻之文，某聲必在某部，至賾而不可亂，故視其偏旁，以何字爲聲，而知其音在某部，易簡而天下之理得也。許叔重作《說文解字》時，未有反語，但云某聲、某聲，即以爲韻書可也，自音有變轉，同一聲而分散於各部各韻，如一某聲，而某在厚韻，媒、腜在灰韻；一每聲，而悔、晦在隊韻，敏在軫韻，晦、痗在厚韻之類，參錯不齊，承學多疑之，要其始則同諧聲者必同部也。三百篇及周、秦之文備矣。輒爲十七部諧聲偏旁表，補古六藝之散逸，類別某聲某聲，分繫於各部，以繩今韻，則本非其字之諧聲而闌入者，憭然可攷矣。」

其〈古諧聲說〉云：「一聲可諧萬字，萬字而必同部，同聲必同部，明乎此，而部分、音變、平入之相配、四聲之今古不同，皆可得矣。」段氏以爲今韻雖同一諧聲之偏旁，而互見各部，然古音則同此諧聲，即爲同部。故審諧聲之偏旁，而可定古韻之部居也。此不僅爲執簡御繁之捷術，亦段氏憑以爲分部之依據者也。

段氏古韻第一部，所以將“之、咍”兩韻歸於一部者，於諧聲偏旁亦有極大之關係。例如第一部中，從“台”得聲之字：

之韻有：飴怡貽詒台眙瓵（與之切）；鉿（書之切）；辝（似茲切）；紿笞（丑之切）；治（直之切）。

咍韻有：咍疬（呼來切）；菭苔炱簛駘跆鮐（徒哀切）；胎孲邰蛤鬌（土來切）。

從“思”得聲之字：

之韻有：思罳緦葸禗偲毸（息茲切）；

咍韻有：偲（倉才切）；鰓摠䚡顋愢鰓（蘇來切）。

舉此可以隅反。可見諧聲系統確可作爲古韻分部之標準。故江有誥《音學十書‧古韻凡例》云：「古人同聲之字，必是同部，取三代有韻之文證之《說文》諧聲，大抵吻合，自法言聲與

韻分，於是一母聲也，而母字入厚，悔字入賄，敏字入軫，海字
入海；一者聲也，而者字入馬，赭字入模，渚字入語；一各聲
也，而各字入鐸，路字入暮，客字入陌，如此者不可勝數，古韻
晦冥之故，職由於此，段氏諧聲表一作，所爲能補顧、江二君之
未逮也。」

第五節　孔廣森之古韻研究

　　孔廣森字衆仲，一字撝約，號巽軒。（ 1752 — 1786 ）山東
曲阜人。自幼受經於戴氏震，深得其傳。著有《詩聲分例》與
《詩聲類》二書以明《詩經》之韻部，此其所以名《詩聲類》
也。，分古韻爲十八類。今分述之於下：

一、孔氏古韻分部之創見：

〔一〕冬部獨立：

　　古韻分部歷經顧炎武、江永、段玉裁三大家，皆以《廣韻》
東、冬、鍾、江四韻合爲一部，而無異辭。至孔氏始獨抱遺經，
通覈東部之偏旁，始知東、鍾、江爲一類，而冬自爲一類，實古
韻學上一大創獲，足與段氏"支、脂、之"三分者，先後比美。
因爲在漢語中，無論何種方言，皆無有能區別東、冬二韻者。在
實際語言中，不能加以區別，而孔氏知其當分者，則不得不推功
於考古之功深也。孔氏之《詩聲類》卷四云：「東鍾韻雖悉如其
本讀，猶具臚經證者，以東、冬之分爲二，蒸、侵之通爲一，皆
廣森自率臆見，前無所因，故自此訖陽聲談類，說之特詳。其它
十三篇，述也；是五篇者，蓋負不知而作之罪云。」

段玉裁	第九部東冬鍾江	
孔廣森	第五部東部以《廣韻》鍾韻字爲主，另加東之半、江之半。凡此諸韻中从東、从同、从丰、从充、从公、从工、从冡、从囪、从从、从龍、从容、从用、从封、从凶、从邕、从共、从送、从雙、从尨得聲者皆屬之。	第六部冬部以《廣韻》冬韻字爲主，另加東之半、江之半。凡此諸韻中从冬、从衆、从宗、从中、从蟲、从戎、从宮、从農、从降、从宋得聲者皆屬之。

孔氏東部字之見於《詩》者有：東、蝀、童、僮、恫、豐、充、公、工、功、攻、空、谼、鴻、蒙、濛、聰、蓬、瀜、重、鍾、罿、衝、松、訟、容、庸、墉、鏞、傭、凶、訩、顒、離、廱、饔、從、樅、邛、共、封、丰、逢、邦、厖、雙、總、菶、嗿、動、尰、竦、勇、曚；送、控、用、誦、巷、【附】調。

孔氏因謂：「右所列偏旁爲一部獨用。凡从冬、中、農、弓、宮、蟲、宗、戎、夢、降等聲者，不得闌入，其見於六經諸子之文，〈曲禮〉曰：『正爾容。聽必恭。毋剿說，毋雷同。』〈孔子閒居〉曰：『無聲之樂，氣志既從。無體之禮，上下和同。無服之喪，以畜萬邦。』〈武王帶銘〉曰：『火滅脩容。慎戒必恭。』《老子》曰：『反者道之動。弱者道之用。』《晏子》曰：『人君無禮，無以臨其邦。大夫無禮，官吏不恭。父子無禮，其家必凶。兄弟無禮，不能久同。』《荀子‧佹詩》曰：『以盲爲明，以聾爲聰。以危爲安，以吉爲凶。嗚呼上天，曷維其同。』〈成相篇〉曰：『禹有功。抑下鴻。辟除民害逐共工。北決九河，通十二渚疏三江。』又曰：『欲衷對，言不從。恐爲子胥身離凶。進諫不聽，剄而獨鹿棄之江。』《越語》曰：『聖人之功。時爲之庸。』《說苑》曰：『兩高不可重。兩大不可容。兩勢不可同。兩貴不可雙。夫重容同雙。必爭其功。』下逮《急就章》：『妻婦娉嫁寶媵僮。奴婢私隸枕床杠。蒲蒻藺席帳帷幢。承塵戶㡏條續總（一作縱）。鏡籢疏比各異工。芬薰脂粉膏澤箭。沐浴揃搣寡合同。䘺飾刻畫無等雙。係臂琅玕虎魄龍。璧碧珠璣玫瑰甕。玉玦環珮靡從容。射魃辟邪除群凶。』韻語之長如此，而實無一字舛異，可信愚之分析，不爲強謬矣。」

其冬部所收之字，見於《詩》者有冬韻之冬、漦、宗；東韻之中、忡、沖、蟲、終、螽、崇、戎、宮、躳、窮；鍾韻之濃；江韻之降；宋韻之宋；送韻之仲。

孔氏曰：「右類字古音與東鍾大殊，而與侵聲最近，與蒸聲稍遠，故在《詩》《易》則侵韻“陰、臨、諶、心、深、禽”，覃韻“驂”字，寢韻“飲”字，蒸韻“朋、應”等字皆通協。在楊氏擬經，則蒸韻“升、興、馮、凌、朋、承”，侵韻“陰、心、深、禁”皆通協。略舉秦、漢人文，其冬蒸通用者，有若〈勸學〉『螣蛇無足而騰。鼫鼠五技而窮。』《漢書‧敘傳》『元之二王，孫後大宗。昭而不穆，大命更登。』之類；冬侵同用者，〈長門賦〉尤多，（〈長門賦〉中如“伊予志之慢愚兮，懷貞慤之懽心。願賜問而自進兮，得尚君之玉音。奉虛言而望誠兮，期城南之離宮。脩薄具而自設兮，君曾不肯乎幸臨。廓獨潛而專精兮，天漂漂而疾風。登蘭臺而遙望兮，神怳怳而外淫。浮雲鬱而四塞兮，天窈窈而晝陰。雷殷殷而響起兮，聲象君之車音。飄風迴而起閨兮，舉帷幄之襜襜。桂樹交而相紛兮，芳酷烈之誾誾。孔雀集而相存兮，玄猿嘯而長吟。翡翠脅翼而來萃兮，鸞鳳翔而北南。心憑噫而不舒兮，邪氣壯而攻中。下蘭臺而周覽兮，步從容於深宮。正殿塊以造天兮，鬱並起而穹崇。間徙倚於東庙兮，觀夫靡靡而無窮。擠王戶以撼金鋪兮，聲嚕呟而似鐘音。")而亦無出"中、宮、崇、窮"之畛域。蓋東為侯之陽聲，冬為幽之陽聲。（本韻懵字與十八尤重見，玁字與六豪重見，案《淮南子》"宗布"通作"曹布"，《漢地理志》引〈齊風〉"猛"作"矇"潘岳〈藉田賦〉『思樂甸畿，薄采其茅。大君蒞止，言藉其農。』束皙〈勸農賦〉『惟百里之置吏，各區別而異曹。攷治民之賤職，美算當乎勸農。』似此皆冬與幽蕭互轉之跡，若一東"髳、罞"等字亦當改入二冬，一送"賵"字當改入二宋。）今人之溷冬於東，猶其併侯於幽也，蒸、侵又之宵之陽聲，故幽、宵、之三部同條，冬、侵、蒸三音共貫也。宋儒以來，未睹斯奧，惜哉！」

　　孔氏之分東冬為二部，不但考古之功深；而能利用韻部與韻部之間彼此相配之關係，或彼此相互押韻相通之關係，以說明其分別之界域，此又超出前之所用也。因此甚為當代與後世聲韻學家所推崇。段玉裁云：「檢討舉東聲、同聲、丰聲、充聲、公聲、冢聲、悤聲、从聲、龍聲、容聲、用聲、封聲、凶聲、邕聲、共聲、送聲、雙聲、尨聲為一類，今之一東、三鍾、四江是也；冬聲、眾聲、宗聲、中聲、蟲聲、戎聲、宮聲、農聲、降聲、宋聲為一類，今之二冬是也。核之三百篇、群經、《楚辭》、《太玄》無不合，以東類配侯類、以冬類配尤類，如此而後，侯、尤平、入各分二部者，合此而完密無間，此孔氏卓識，勝於前四人處。」又曰：「孔氏之功在屋、沃為二，東、冬為二，皆以分配幽、侯。」（俱見〈答江晉三論韻書〉）江有誥亦云：「孔氏之分東、冬，人皆疑之，有誥初亦不置信，細紬繹之，東每與陽通，冬每與蒸、侵合，此東、冬之界限也。」可見孔氏利用韻部與韻部之關係來作為分部標準之一法，是得到當時及後世學者之肯定。

〔二〕合部獨立：

孔氏云：「《唐韻》入聲二十七合、二十八盍、二十六緝、二十九葉、三十帖、三十一洽、三十二狎、三十三業、三十四乏，古音合爲一部。其偏旁見《詩》者，从合、从盍、从耳、从巠、从執、从立、从及、从業、从邑、从枼、从疌、从涉、从甲、从集十有四類，凡此類諧聲，而《唐韻》誤在它部之字，並當改入，唯與談敢闞巳下十八韻可以互收。」

按：孔氏合部，實即將段氏七八兩部之入聲合併而巳。因孔氏以爲此九韻之字，在《詩經》中並無與其陽聲相押韻者。孔氏云：「緝合諸韻，爲談鹽咸嚴之陰聲，皆閉口急讀之，故不能備三聲。《唐韻》所配入聲，唯此部爲近古，其餘部古悉無入聲，但去聲之中，自有長言、短言兩種讀法，每同用而稍別畛域，後世韻書，遂取諸陰部去聲之短言者，壹改爲諸陽部之入聲。」孔氏因爲主張陰陽對轉之說，不適當將此九韻視作陰聲，以迎合其說。然將段氏入聲從七八兩部分出，仍屬有見者也。

〔三〕侯、幽分配入聲：

段玉裁分別侯部於尤部是也，而入聲則仍有未析。孔氏既別東、多爲二，則與其相承之入聲亦別之爲二，從韻部相配觀點言，孔氏所分，確有至理。孔氏侯部入聲，以燭韻字爲主，另加屋韻之半、覺韻之半。凡此諸韻中从谷、从屋、从蜀、从賣、从殼、从束、从鹿、从彔、从族、从羑、从卜、从木、从玉、从獄、从辱、从曲、从足、从粟、从角、从豕得聲者，皆入此類。其幽部入聲，則以沃韻爲主，另加屋韻之半、覺韻之半。凡此諸韻中从祝、从六、从复、从宿、从夙、从肅、从畜、从奧、从學、从毒、从竹、从逐、从匊、从肉、从穆、从局得聲者，皆入此類。從東多相配觀點以分配入聲，確較段氏所分爲有條理，無怪乎段氏稱譽之爲“如此侯尤平入各分二部者，合此而完密無間，此孔氏之卓識”也。

二、孔氏陰陽對轉説：

戴東原〈答段若膺論韻書〉云：「大箸六、七、八、九、十、十一、十二、十三、十四，凡九部，舊皆有入聲，以金石音喻之，猶擊金成聲也。一、二、三、四、五、十五、十六、十七，凡八部，舊皆無入聲，前七部以金石音喻之，猶擊石成聲也。惟第十部歌、戈，與有入者近，麻與無入者近，舊遂失其入聲，於是入聲藥、鐸溷淆不分。僕審其音，有入者，如氣之陽、如物之雄、如衣之表；無入者，如氣之陰、如物之雌、如衣之裏。又平上去三聲近乎氣之陽、物之雄、衣之表；入聲近乎氣之陰、物之雌、衣之裡。故有入之入，與無入之去近，從此得其陰陽、雌雄、表裏之相配。」孔廣森據其此說定名如氣之陽、物之雄、衣之表者爲陽聲；如氣之陰、物之雌、衣之裏者爲陰聲。並進而確定“陰陽對轉”之名。孔氏《詩聲類》自序云：「竊嘗基於《唐韻》，階於漢、魏，躋稽於二雅、三頌、十五國之風，而譯之、而審之、而條分之、而類聚之、久而得之。有本韻、有通韻、有轉韻，通韻聚爲十二，取其收聲之大同，本韻分爲十八，乃又剖析於斂侈、清濁、豪釐、纖眇之際，曰元之屬、耕之屬、眞之屬、陽之屬、東之屬、多之屬、侵之屬、蒸之屬、談之屬，是爲陽聲者九；曰歌之屬、支之屬、脂之屬、魚之屬、侯之屬、幽之屬、宵之屬、之之屬、合之屬，是爲陰聲者九。此九部者，各以陰陽相配而可以對轉。」

至於對轉之成因，則云：「分陰分陽，九部之大綱；轉陽轉陰，五方之殊音。」至其對轉之方法，孔氏云：「入聲者，陰陽互轉之樞紐，而古今遷變之原委也。舉之咍一部而言，之之上爲止，止之去爲志，志音稍短則爲職，由職而轉則爲證、爲拯、爲蒸矣；咍之上爲海，海之去爲代，代音稍短則爲德，由德而轉則爲嶝、爲等、爲登矣。推諸他部，耕與佳相配、陽與魚相配、東與侯相配、冬與幽相配、侵與宵相配、眞與脂相配、元與歌相配，其間七音遞轉，莫不如是。」至其相轉之佐證，屬之蒸對轉者則舉《詩・大雅・綿》云「捄之陾陾。度之薨薨。築之登登。削屢馮馮。百堵皆興。鼛鼓弗勝。」並引《釋文》：「陾、耳升反，或如之反。」《詩・鄭風・女曰雞鳴》：「知子之來之。雜佩以贈之。」並云：「按之咍爲蒸登之陰聲，若“乃”之與“仍”，“疑”之與“凝”，“徵”訓火、則音“祉”，〈上林賦〉“葴持”韋昭云：“持”音“懲”，古書用“等”字，率爲多改反，“螣”字在登韻則爲“螣蛇之螣”，在德韻則爲“螟螣之螣”，“能”字四收於登韻、咍韻、等韻、代韻，《詩》則唯一與“又”協，一與“忌”協，〈樂記〉；“人不耐無樂”，注以爲古書“能”字。“能”可以讀“耐”，“螣”可以讀“螣”，則“贈”可以讀“載”，又何足爲異，“曾”之言“則”也，“則”之言“載”也。此六書轉注之道也。」夫所謂陰陽對轉者，乃指陰聲韻部之字與陽聲韻部之字，相與諧聲、協韻、假借等而言，而其相諧協之韻部，必彼此相當，亦即主要元音相同。吳興錢君云：「自戴孔以來，言古韻之通轉，有“對轉”之說，謂陰聲、陽聲、入聲互相通轉也。夫陽聲、入聲之異于陰聲，即在母音之後，多 n、ng、m 及 t、k、p 等收音之故，陽聲入聲失收音，即成陰聲，陰聲加收音，即成陽聲、入聲，音之轉變，失其本有者，加其本無者，原是常有之事，如是則對轉之說，當然可以成立。」王力云：「古音中常有陰聲字變成陽聲字，或是陽聲字變成陰聲字的例子，這是語音變化中常有的現象，中國音韻學家叫做"陰陽對轉"。所謂陰陽對轉，並不是一個陰聲字可以隨便變成一個陽聲字，或是一個陽聲字，可以隨便變成一個陰聲字。對轉之間，是有一定的原則和條例的，陽聲變爲陰聲時，牠所變成的，必是與牠相當的陰聲；而陰聲變爲陽聲時，牠所變成的，必是與牠相當的陽聲。例如陰聲的 a，相當於陽聲的 an、aŋ、am；陰聲的 o，相當於陽聲的 on、oŋ、om；陰聲的 e，相當於陽聲的 en、eŋ、em；陰聲的 i，相當於陽聲的 in、iŋ、im。凡是陰聲，都可以變作與牠相當的陽聲，而陽聲也可變陰聲，這就是陰陽對轉。」陰陽對轉之說，有助於古韻結構是否完整之檢查，於釐定古韻分部時，自有很大裨益。於搆擬音值時，亦能給與極大之幫助。此外，對於同語根字之研究，亦非常有用。此乃孔氏之卓見，自當大書而特書者也。

三、孔氏之通韻說：

孔氏《詩聲類・自序》云：「有本韻，有通韻，有轉韻，通韻類聚爲十二，取其收聲之大同。」故孔氏《詩聲類》之分爲十二卷，即據其所定通韻而分。然其十八類本韻之中，僅陽聲丁類與辰類通用（故此二類合爲一卷），冬類與緱類、蒸類通用（此三類亦合爲一卷）；陰聲支類與脂類通用（此二類合爲一卷），幽類與宵類、之類通用（故此三類亦合爲一卷）。而其所謂通者，亦僅指其用韻疏者而言，非可全部掍殽，間有數字借協而已。故《詩聲類・自序》云：「其用韻疏者，或耕與眞通，支與脂通，蒸、侵與冬通，之、宵與幽通，然所謂通者，非可全部掍殽，間有數字借協而已。」此數部之所以有數字相協者，則因其收聲之大同。其丁辰通用說云：「案此類令苓零三字，《詩》獨多通入眞韻，顧氏遂據〈邶風〉之榛苓（《詩·邶風·簡兮》三章：『山有榛。隰有苓。云誰之思，西方美人。彼美人兮。西方之人兮。』），〈齊風〉〈秦風〉之顚令（《詩·齊風·東方未明》二章三四句：『倒之顚之。自公令之。』《詩·秦風·車鄰》首章：『有車鄰鄰。有馬白顚。未見君子，寺人之令。』），斷爲从令之字，古唯有鄰音。其實〈小宛〉題彼脊令，未嘗不與鳴征生同用（《詩·小雅·小宛》五章：『題彼脊令。載飛載鳴。我日斯邁，而月斯征。夙興夜寐，無忝爾所生。』），不寧不令（《詩·小雅·十月之交》三章：『爗爗震電。不寧不令。』），亦未嘗非一句兩韻也。顧氏謂《楚詞》"悼芳艸之先零"句始誤入青韻，殊不然。領字亦从令，四牡項領，獨非入靜韻者乎？（《詩·小雅·節南山》七章：『駕彼四牡，四牡項領。我瞻四方，蹙蹙靡所騁。』）《左傳》引逸詩"講事不令。集人來定。"藉幸不爲夫子所刪，固亦在風雅之中，顧氏所未敢訾也。若《儀禮·冠辭》"以歲之正。以月之令。"則且先於列國之風久矣。大氐眞、清音本相近，顧氏所謂吳人讀耕、清、青皆作眞音者是也。三百篇審音較精，故通者較少，然"巧笑倩兮。（青以生得聲，倩以青得聲，《唐韻》收在四十六徑是也。其三十二霰又重見，乃誤以古通韻爲正韻耳。）美目盼兮。""無兢維人，四方其訓之。不顯維德，百辟其刑之。"並確然爲兩部合用，《易·繫辭》以身與成同用，而"我聞其聲，不見其身。"〈何人斯〉實有之。（《詩·小雅·何人斯》三章：『彼何人斯，胡逝我陳。我聞其聲，不見其身。不愧于人。不畏于天。』）〈訟象傳〉以淵與成正同用，而"鞉鼓淵淵。嘒嘒管聲。"〈那〉實有之。（《詩·商頌·那》：『湯孫奏假，綏我思成。鞉鼓淵淵，嘒嘒管聲。既和且平。依我磬聲。於赫湯孫，穆穆厥聲。』）〈革象傳〉、〈兌象傳〉以人與成貞同用，而"百室盈止。婦子寧止。續古之人。"〈良耜〉實有之。（《詩·周頌·良耜》：『百室盈止。婦子寧止。殺時犉牡，有捄其角。以似以續。續古之人。』）〈文言〉及〈乾〉〈大畜·象傳〉數以天與命形成平情精寧貞正等同用，而"瞻卬昊天。有嘒其星。"〈雲漢〉實有之。（《詩·大雅·雲漢》八章：『瞻卬昊天，有嘒其星。大夫君子，昭假無贏。大命近止，無棄爾成。何求為我，以戾庶正。瞻卬昊天，曷惠其寧。』原注：〈雲漢〉八章皆不換韻，則首章"天人臻牲聽"亦通為一韻矣。）其在屈宋，則名可以韻均，可以韻天。（原注：〈離騷〉皇覽揆余于初度兮，肇錫余以嘉名。名余曰正則兮，字余曰靈均。〈九章〉堯舜之抗行兮，瞭杳杳而薄天。眾讒人之嫉妒兮，被以不慈之偽名。）榮可以韻人。（原注：〈遠遊〉嘉南州之炎德兮，麗桂樹之冬榮。山蕭條其無獸兮，野寂寞其無人。）生可以韻身。（原注：〈卜居〉寧正言不諱以危身乎。將從俗富貴以媮生乎。）清平生憐新人可以錯然相韻。（原注：〈九辨〉寂寥兮收潦而水清。憯悽增欷兮，薄寒之中人。愴怳懭悢兮，去故而就新。坎廩兮貧士失職而志不平。廓落兮羈旅而無友生。惆悵兮而私自憐。）《春秋經》"年夫"、《左氏》作"佞夫"。《儀禮》今文"扃"為"鉉"。〈考工記〉：『凡行奠水。』鄭司農讀為"停水"。〈堯典〉"平章百姓"。漆書古文作"辯章"。"平在朔易"《史記》作"便在伏物"。劉向〈斠列子序〉云："或字誤以盡為進，以賢為形。"似此皆二類通合之證，但所通合，多在真先，鮮及文殷魂痕，是其清濁之微分，又不可不審耳。（原注：《說文》邨讀若寧。蹁讀若苹。趡讀若榮。臥讀若鏗鏘之鏗，古文以爲賢字。」

其多、緵、蒸通用說云：「右類字（多類）古音與東、鍾大殊，而與侵聲最近，與蒸聲稍遠，故在《詩》、《易》則侵韻陰、臨、諶、心、深、禽，覃韻驂字，寢韻飮字，蒸韻朋、應等字皆通協。在楊氏擬經，則蒸韻升、興、馮、凌、朋、承，侵韻陰、心、深、禁皆通協，略舉奉漢人文，其多蒸同用者，有若〈勸學〉“螣蛇無足而騰，鼫鼠五技而窮。”《漢書・敍傳》：“元之二王，孫後大宗。昭而不穆，大命更登”之類，多、侵同用者，〈長門賦〉尤多，而亦無出中、宮、崇、窮之畛域。蓋東爲侯之陽聲，多爲幽之陽聲，今人之溷多於東，猶其併侯於幽也。蒸、侵又之、宵之陽聲，故幽、宵、之三部同條，多、侵、蒸三音共貫也。宋儒以來，未睹斯奧，惜哉！」

又曰：「右類字（侵類）與多韻合用者，前篇所載，〈小戎〉、〈七月〉、〈篤公劉〉、〈蕩〉、〈雲漢〉五詩，尙未能備。（《詩・秦風・小戎》二章：“騏駵是中。騧驪是驂。”《詩・豳風・七月》八章：“二之日，鑿冰沖沖。三之日，納于凌陰。”《詩・大雅・公劉》四章：“食之飮之。君之宗之。”《詩・大雅・雲漢》二章：“旱旣大甚。蘊隆蟲蟲。不殄禋祀，自郊徂宮。上下奠瘞，靡神不宗。后稷不克，上帝不臨。耗斁下土，寧丁我躬。”）若“雝雝在宮。不顯亦臨。”則隔句韻也。（《詩・大雅・思齊》三章：“雝雝在宮。肅肅在廟。不顯亦臨。無射亦保。”）“或降于阿。或飮于池。或寢或訛。”則句中隔韻也。（《詩・小雅・無羊》二章：“或降于阿。或飮于池。或寢或訛。”）“仲氏任只。”“摯仲氏任。”則本句韻也。（《詩・邶風・燕燕》四章：“仲氏任只，其心塞淵。”《詩・大雅・大明》二章：“摯仲氏任，自彼殷商。”）臨衝崇墉，則雙聲韻也。（《詩・大雅・皇矣》七章："與爾臨衝。以伐崇墉。"八章："臨衝閑閑。崇墉言言。"又："臨衝茀茀。崇墉仡仡。"原注：墉與衝協，臨與崇協，《唐韻正》云："與爾臨衝，《韓詩》作隆衝，後漢避殤帝諱，改隆慮曰林慮，《荀子》書亦作臨慮。"）大率多韻之字，皆與侵覃有相關通。《說文》眾从众聲，众讀若崟。今感、勘二韻有抹字、粖字、怵字，荀氏易"朋盍簪"作"朋盍宗"，魯有"崇鼎"，《呂覽》謂之"岑鼎"，《韓非》謂之"讒鼎"。而《春秋》"仍叔"，《穀梁經》作"任叔"，《詩》"荏菽"，《爾雅》謂之"戎菽"。不尤足明三類互通歟！」

又曰：「右類字（蒸類）〈常棣〉三章，〈召旻〉六章，與多韻通用。（《詩・小雅・常棣》四章："每有良朋。烝也無戎。"《詩・大雅・召旻》六章："池之竭矣，不云自頻，泉之竭矣，不云自中。溥斯害矣，職兄斯弘。不災我躬。"）〈小戎〉三章，〈閟宮五章，〈大明〉七章皆與侵韻通用。（《詩・秦風・小戎》三章："虎韔鏤膺。交韔二弓。竹閉緄縢。言念君子，載寢載興。厭厭良人，秩秩德音。"《詩・魯頌・閟宮》五章："公車千乘。朱英綠縢。二矛重弓。公徒三萬，貝冑朱綅。烝徒增增。戎狄是膺。則莫我敢承。"《詩・大雅・大明》七章："殷商之旅，其會如林。矢于牧野，維于侯興。上帝臨女，無貳爾心。"）」

其支、脂通韻說云：「案五支、六脂、七之分立三部，周陸先哲，析音精矣。自唐律功令，定爲同用，學士誦習，忘其捆殽。段氏獨證遺經於千載之下。嘗舉〈相鼠〉二章"齒、止、俟"爲之類；三章"體、禮、死"爲脂類；《板》五章"懠、毗、迷、尸、屎、葵、資、師"爲脂類；六章"篪、圭、攜、益、易、辟”爲支類，三部之界，判絕如此。然“此”聲支類也，而〈車攻〉以柴韻佽；爾聲脂類也，而〈新臺〉以瀰韻泚。〈臣工〉“奄觀銍艾”與“明昭上帝”相協，是支佳脂微齊皆灰閒有通用者。（《詩・小雅・車攻》五章：“決拾旣佽。弓矢旣調。射夫旣同。助我舉柴。”《詩・邶風・新臺》首章：“新臺有泚。河水瀰瀰。燕婉之求，籧篨不殄。”《詩・周頌・臣工》：“嗟嗟臣工，敬爾在公。王釐爾成，來咨來茹。嗟嗟保介，維莫之春，亦又何求，如何新畬。於皇來牟，將受厥明。明昭上帝，迄用康年。命我衆人，庤乃錢鎛，奄觀銍艾。”）若之咍則自爲一類，六經諸子之文，絕無相豢者矣。支佳者、耕青之陰也，脂微者、眞文之陰也。陽部則耕青通眞文而不通蒸登；陰部則支佳通脂微而不通之咍，夫各從其類也。」

其之、幽、宵通韻說云：「《詩》發諸謳歌，播諸管弦，固以聲爲重者也。竊意先聖刪詩，匪特研乎辭義而巳。雖文字音韻，必取其粹者焉。《左傳》國子賦“轡之柔矣。”今《逸周書》有其辭云：“馬之剛矣。轡之柔矣。馬亦不剛。轡亦不柔。志氣麃麃。取與不疑。”之、幽、宵三部竟雜然並用，而刪定所存三百五篇，則未見有是。（原注：冬、侵、蒸類亦但有兩部同用者，無三部同用者。）唯幽與宵通者七見，〈鄘・柏舟〉之“舟、髦”也。（原注：何以舟之，則可以韻，可以無韻。）〈君子陽陽〉之“陶、翿、敖”也。〈七月〉之“蔞、蜩”也。〈正月〉之“高、局”也。〈民勞〉之“休、逑、恔、憂”也。〈抑〉之“酒、紹”也。（原注：匪紹匪遊，亦可作句中韻。）幽與之通者八見：〈杕杜〉之“好、食”也。（原注：食音近飼，好讀近海去聲，今歙縣方言有之。〈九章：妒佳冶之芬芳兮，嫫母姣而自好。雖有西施之美容兮，讒妒入以自代。〉〈七月〉之"穆、麥"也。（原注：〈九章〉眴兮杳杳，孔靜幽默，鬱結紆軫兮，離慜而長鞠。穆鞠並一屋之字，當改入二沃者，沃通職、幽通之、多通蒸，其理一也。）〈楚茨〉之"告、祀"也。"備、戒、告"也。（原注：告讀近陔去聲。《爾雅·釋訓》儵儵嘻嘻、罹禍毒也。晏晏旦旦、悔爽忒也。皋皋琄琄、刺素食也。懂懂慆慆、憂無告也。憲憲泄泄、制法則也。則音載、食音飼、忒音貸、毒音轉如璊瑂之瑂、其用告字，與〈楚茨〉"抑、戒"，兩詩正同。）〈思齊〉之"造、士"也。（原注：〈酌〉蹻蹻王之造。可音蓮，與受為韻，亦可推此轉音采，與晦隔協，則是用大介與末句師隔協，韻法更整。）〈抑〉之"告、則"也。〈瞻卬〉之"有、收"也。（原注：如前諸證，有字自當讀洧為正，惟此一入幽類，猶久字《詩》皆讀己，至《易傳》"亢龍有悔。盈不可久也。用九，天德不可為首也。"遂有九音。囿字，《詩》本讀異，至〈大招〉"曲屋步櫩，宜擾畜只。騰駕步遊，獵春囿只。"遂有幼音。）〈召旻〉之"茂、止"也。（原注：〈天問〉"雄虺九首，儵忽焉在。何所不死，長人何首。"亦黝止韻之通。）蓋咍聲侈脣言之即近宵，宵聲斂脣言之即近幽，又斂即為之，故詩人每每借協，而後代蕭宵淆合之尤錯糅，抑亦由此濫觴已。」按孔氏對韻腳之認定，容有可議。然其所謂通韻之說，絕無可疑。後人每言旁轉者，實即孔氏之通韻也。

第六節　王念孫之古韻研究

一、王氏古韻二十一部：

王念孫字懷祖，號石臞。（1744 － 1832）高郵人。王氏於古韻之學，著述甚夥。據北京大學《國學季刊》三卷一號，陸宗達〈王石臞先生韻譜合韻譜稿跋〉一文所列，計有《周、秦諸子韻譜》一冊、《西漢韻譜》一冊、《淮南子韻譜》一冊、《易林韻譜》一冊、《史記、漢書韻譜》一冊、《詩經、群經、楚辭合韻譜》三冊、《周秦諸子合韻譜》三冊、《周書、穆傳、國策合韻譜》一冊、《西漢合韻譜》六冊、《素問、新語、易林合韻譜》四冊、《易林合韻譜》五冊、《史記、漢書合韻譜》三冊。總計四十三冊。又據《國學季刊》一卷三號，王國維〈高郵王懷祖先生訓詁音韻書稿序錄〉一文，所錄尚有《諧聲譜》二冊、《古音義索隱》散片等著述，惜皆未刊行。其已刊行者，僅遺稿中之《詩經群經楚辭韻譜》，刊於上虞羅振玉所輯《高郵王氏遺書》中，後渭南嚴式誨又自遺書中抽刻於《音韻學叢書初編》，而名之爲《古韻譜》，分上下兩卷。其書據《詩經》、群經、《楚辭》用韻之文，而求得古韻二十一部。此二十一部之目，亦見其子引之（字伯申，1766－1834）所撰之《經義述聞》所載王念孫〈與李方伯論古韻書〉中。茲據《經義述聞》所載，錄其古韻二十一部之目於次，而以陸宗達〈王石臞先生韻譜合韻譜稿後記〉所載王氏〈詩經群經楚辭韻譜〉韻目對照。

　　東弟一平上去　　　《韻譜》作弟一部東
　　蒸弟二平上去　　　《韻譜》作第二部蒸
　　侵弟三平上去　　　《韻譜》作第三部侵
　　談弟四平上去　　　《韻譜》作第四部談
　　陽弟五平上去　　　《韻譜》作第五部陽
　　耕弟六平上去　　　《韻譜》作第六部耕
　　眞弟七平上去　　　《韻譜》作第七部眞
　　諄弟八平上去　　　《韻譜》作第八部諄

元弟九平上去　　　《韻譜》作第九部元

歌弟十平上去　　　《韻譜》作第十部歌

支弟十一平上去入　《韻譜》作第十一部　支紙陌（見《諸子韻譜》）

至弟十二　去入　　《韻譜》作第十二部　質

脂弟十三　平上去入《韻譜》作第十三部　脂旨術

祭弟十四　去入　　《韻譜》作第十四部　月

盍弟十五入　　　　《韻譜》作第十五部　盍

緝弟十六入　　　　《韻譜》作第十六部　緝

之弟十七　平上去入《韻譜》作第十七部　之止職

魚弟十八　平上去入《韻譜》作第十八部　魚語鐸

侯弟十九　平上去入《韻譜》作第十九部　侯厚屋

幽弟二十　平上去入《韻譜》作第二十部　尤有沃

宵弟二十一平上去入《韻譜》作第二十一部蕭

　《經義述聞》所錄二十一部之目，蓋王氏早年據群經、《楚辭》所分者，故以有入無入截分爲兩類。王氏〈與李方伯論韻書〉云：「不揣寡昧，僭立二十一部之目而爲之表，分爲二類，自東至歌之十部爲一類，皆有平上去而無入，自支至宵之十一部爲一類，或四聲皆備，或有去入而無平上，或有入而無平上去，而入聲則十一部皆有之，正與前十類之無入者相反，此皆以九經、楚辭用韻之文爲準，而不從《切韻》之例。」王氏論韻略與段氏同時，於考定二十一部之前，僅見顧、江二家之書，及考定二十一部之後，始獲見段氏《六書音韻表》。然其分支、脂、之爲三，眞、諄爲二，幽、侯爲二，皆與段氏不謀而合。〈答江晉三論韻學書〉嘗曰：「念孫少時服膺顧氏書，年二十三，入都會試，得江氏《古韻標準》，始知顧氏所分十部，猶有罅漏。旋里後，取三百五篇反覆尋繹，始知江氏之書仍未盡善，輒以己意重加編次，分古韻爲二十一部，未敢出以示人。及服官後，始得亡友段君若膺所撰《六書音韻表》，見其分支、脂、之爲三，眞、諄爲二，尤、侯爲二，皆與鄙見若合符節。」

　　王氏二十一部，雖據九經、《楚辭》而考定，然其標目則仍依《廣韻》舊目，至、祭二部，晚年作《韻譜》時，服膺段說，謂古無去聲，改至、祭二部爲質、月二部，似尤合於上古古韻部系統。《合韻譜》之成，又在《韻譜》之後，作《合韻譜》之時，乃取孔氏《詩聲類》東、多分部之說，增立多部，而定爲二十二部。王氏〈與丁大令若士書〉云：「弟向酌定古韻凡二十二部，說與大箸略同，唯質、術分爲二部，且質部有去入聲而無平上聲，緝、盍二部，則並無去聲。又〈周頌〉中無韻之處，不敢強爲之韻，此其與大箸不同。」丁履恒復書亦云：「尊悟分二十二部，祭月別出，發端先生，幸得承教，其于鄙見十九部中，復出至質一部，緝、盍二部，履恒心知其是。」丁氏東、多分爲二部，王氏不言與之異，足證其時，已取孔氏東、多分部之旨，而分古韻爲二十二部矣。顧《合韻譜》遺稿晚出，未刊行於世，故後儒稱引王氏之古韻分部，猶每據《經義述聞》及《古韻譜》所分二十一部爲說耳。

二、王氏古韻分部之創見：

　　王氏〈與李方伯論韻書〉謂其所分部，與顧氏、江氏、段氏三家相較，有四條不相合處，而此不相合之四處，即王氏古韻分部之創見也。

　　〔一〕緝、盍分爲二部：

　　王氏〈與李方伯論韻書〉云：「入聲自一屋至二十五德，其分配平上去之某部某部，顧氏一以九經、《楚辭》所用之韻爲韻，而不用《切韻》以屋承東、以德承登之例，可稱卓識，獨於二十六緝至三十四乏，仍從《切韻》以緝承侵、以乏承凡，此兩岐之見也。蓋顧氏於九經、《楚辭》中，求其與去聲同用之跡而不可得，故不得已而仍用舊說。又謂〈小戎〉二章以驂、合、軜、邑、念爲韻；不知〈小戎〉自以中、驂爲一韻，合、軜、邑爲一韻，期、之爲一韻。（《詩·秦風·小戎》二章：『四牡孔阜。六轡在手。／騏駵是中。騧驪是驂。／龍盾之合。鋈以觼軜。言念君子，溫其在邑。／方何爲期。胡然我念之。』〈常棣〉自以合翕爲一韻，琴湛爲一韻。（《詩·小雅·常棣》七章：『妻子好合。如鼓瑟琴。兄弟旣翕。和樂且湛。』）不可強同也。今案緝合以下九部，當分爲二部，遍考三百篇及群經、《楚辭》所用之韻，皆在入聲中，而無與去聲同用者，而平聲侵覃以下九部，亦但與上去同用，而入不與焉。然則緝合以下九部，本無平上去明矣。）

　　茲將段、孔、王三家對緝、合以下九部之分合，列表以說明之，學者或可得一更清晰之觀念。

段玉裁	第七部侵鹽添 緝葉帖	第八部覃談咸銜嚴凡 合盍洽狎業乏
孔廣森	緝合盍葉帖洽狎業乏	
王念孫	十六部緝合洽葉業 之之之之 半半半半	十五部盍狎帖乏合洽葉業 之之之之 半半半半

十五部

【詩經韻譜】

葉涉（匏有苦葉一章）葉韘韘甲（芄蘭二章）業捷（采薇四

章）業捷及（烝民七章）葉業（長發七章）

【群經韻譜】

法接（易蒙象傳）

【楚辭韻譜】

甲接（九歌國殤）

十六部

【詩經韻譜】

揖蟄（螽斯三章）及泣（燕燕二章）溼泣泣及（中谷有蓷三章）合軜邑（小戎二章）隰及（皇皇者華一章）合翕（常棣七章）湁溼（無羊一章）入入（何人斯六章）集合（大明四章）楫及（棫樸三章）輯洽（板二章）

【群經韻譜】

合洽（大戴禮三本篇天地以合二句）法合（禮記儒行忠信之美四句）

【楚辭韻譜】

急立（離騷）悒急（天問）入集洽合（九辨）

〔二〕至部獨立：

王氏所謂至部（韻譜稱質部），指去聲至、霽兩韻及入聲質、櫛、黠、屑、薛五韻中之一部分字，此諸韻字，段氏十七部以至、霽、黠、薛等韻屬十五部脂部，以質、櫛、屑三韻為十二部入聲。王氏很不以為然。其〈答李方伯論韻學書〉云：「案去聲之至、霽二部，及入聲之質、櫛、黠、屑、薛五部中，凡從至、從壹、從吉、從七、從疾、從悉、從栗、從桼、從畢、從乙、從失、從必、從卪、從節、從血、從徹、從設之字，及閉、實、逸、一、抑、別等字，皆以去入同用，而不與平上同用，固非脂部之入聲，亦非眞部之入聲。《六書音韻表》以為眞部之入聲，非也。《切韻》以質承眞、以術承諄、以月承元，《音韻表》以術、月二部爲脂部之入聲，則諄、元二部無入聲矣。而又以質爲眞部之入，是自亂其例也。」

十二部

【詩經韻譜】

實室（桃夭二章）袺襭（芣苢三章）七吉（摽有梅一章）曀曀噎（終風三章）葛節日（旄丘一章）日室栗漆瑟（定之方中一章）日疾（伯兮三章）實噎（黍離三章）室穴日（大車三章）栗室即（東門之墠二章）日室室即（東方之日一章）漆栗瑟日室（山有樞三章）七吉（無衣一章）日室（葛生五章）漆栗瑟耋（車鄰二章）穴慄穴慄穴慄（黃鳥一二三章）韠結一（素冠三章）實室（東山二章）垤室窒至（東山三章）弔疐（天保五章）實日（杕杜一章）至恤（杕杜四章）徹逸（十月之交八章）血疾室（雨無正一章）恤至（蓼莪三章）䀌室（瞻彼洛矣二章）設逸（賓之初筵一章）抑怭秩（賓之初筵三章）實吉結（都人士三章）㷭漆穴室（綿一章）減匹（文王有聲三章）栗室（生民五章）抑秩匹（假樂三章）密即（公劉六章）恚恤（桑柔五章）挃栗比櫛室（良耜）駜駜（有駜一二三章）

【群經韻譜】

日日（易蠱彖辭）泥至血穴穴（需九三六四上六）實疾即（鼎九二）實血（歸妹上六）日日（巽五九）吉失（訟象傳）吉失（比象傳）吉失室（小畜象傳）吉失（隨象傳）失節（家人象傳）實節（蹇象傳）實節（鼎象傳）吉節（未濟象傳）節潔節（大戴禮誥志篇齋弁必敬六句）至室（禮記月令寒氣總至三句）室閉（審門閭三句）節節節（左傳成十五年曹子臧引前志）一失（越語下范蠡對王唯地能包萬物以爲一二句）畢橘（爾雅釋天月陽）

【楚辭韻譜】

　　節日（九歌東君）抑替（九章懷沙）匹程（同上亂）一逸（遠遊）瑟慄（九辯蕭瑟憭慄爲韻沈寥寂嵺爲韻憯悽增欷爲韻愴怳懭悢爲韻）日瑟（招魂）

　　至部獨立成部，其師戴東原《聲類表》九類二十五部，雖有乙部之分立，然戴氏猶混質、術、櫛、物、迄、沒、屑於一部，尚未精密，又無疏通證明。將至部確立界域，並予疏通證明之者，實自王氏始。故夏炘云：「王氏之見，誠爲卓識。」

〔三〕祭部獨立：

　　段氏於《廣韻》去聲至、未、霽、祭、泰、夬、隊、廢及入聲術、物、迄、月、沒、曷、末、黠、鎋、薛諸韻皆併合爲十五部脂部，實爲粗糙。其師戴東原乃分祭、泰、夬、廢及入聲月、曷、末、黠、鎋、薛爲靄、遏二部，使彼此相配，四聲一貫。然戴氏未審祭、泰、夬、廢諸韻，於先秦亦爲入聲韻，竟以爲與《廣韻》一樣是陰聲韻的去聲，致令與月、曷諸韻分爲二部，無論從《詩經》韻腳看也好，從諧聲偏旁看也好，都是無法分得開的。王氏始以祭、泰、夬、廢與月、曷、末、黠、鎋、薛諸韻合爲祭部（《韻譜》稱月部）。王氏曰：「《切韻》平聲自十二齊至十五咍，凡五部，上聲亦然，若去聲則自十二霽至二十廢，共有九部，較平上多祭、泰、夬、廢四部，此非無所據而爲之也。攷三百篇及群經《楚辭》，此四部之字，皆與入聲之月、曷、末、黠、鎋、薛同用，而不與至、未、霽、怪、隊及入聲之術、物、迄、沒同用，且此四部有去入而無平上，《音均表》以此四部與至、未、等部合爲一類，於是〈蓼莪〉五章之烈、發、害與六章之律、弗、卒，（《詩・小雅・蓼莪》五章：『南山烈烈。飄風發發。民莫不穀，我獨何害。』六章：『南山律律。飄風弗弗。民莫不穀，我獨不卒。』）《論語》八士之達、适與突、忽，（《論語·微子》：『周有八士：伯達。伯适。仲突。仲忽。叔夜。叔夏。季隨。季騧。』）《楚辭·遠遊》之至比與厲衛，（《楚辭·遠遊·重》：『路曼曼其修遠兮，徐弭節而高厲。左雨師使徑侍兮，右雷公以爲衛。』按段玉裁〈群經韻分十七部表〉以至比厲衛爲〈遠遊〉篇韻，王念孫乃有"混爲一韻"之語，然余遍翻〈遠遊〉篇韻，除"厲衛"外，未見"至比"二字爲韻腳，此當謂〈九章·悲回風〉：『歲曶曶其若頹兮，時亦冉冉而將至。薠蘅槁而節離兮，芳已歇而不比』四字分見於二章，不知段、王何所據而云然也。）皆混爲一韻而不諧矣。其以月、曷等部爲脂部之入聲，亦沿顧氏之誤而未改也，唯術、物等部乃脂部之入聲耳。」

十四部

【詩經韻譜】

掇捋（芣苢二章）蕨惙說（草蟲二章）伐茇（甘棠一章）敗憩（甘棠二章）拜說（甘棠　三章）脫帨吠（野有死麕三章）闊說（擊鼓四章）闊活（擊鼓五章）厲揭（匏有苦葉一章）羍邁衛害（泉水三章）逝害（二子乘舟二章）活濊發揭孽朅（碩人四章）說說（氓三章）竭桀（伯兮一章）厲帶（有狐二章）月佸桀括渴（君子于役二章）葛月（采葛一章）艾歲（采葛三章）達闕月（子衿三章）月闥闥發（東方之日二章）桀怛（甫田二章）外泄逝（十畝之間二章）逝邁外蹶（蟋蟀二章）逝邁（東門之枌三章）肺晢（東門之楊二章）發偈怛（匪風一章）閱雪說（蜉蝣三章）設芾（候人一章）發烈褐歲（七月一章）烈渴（采薇二章）艾晣噦（庭燎二章）噦噦（斯干五章）結厲滅威（正月八章）艾敗（小旻五章）邁寐（小宛四章）烈發害（蓼莪五章）舌揭（大

東七章）烈發害（四月三章）秣艾（鴛鴦三章）牽逝渴括（車舝
一章）愒瘵邁（菀柳二章）撮髮說（都人士二章）厲蠆邁（都人
士四章）外邁（白華五章）世世（文王二章）拔兌駾喙（綿八
章）翳栵（皇矣二章）拔兌（皇矣三章）伐絕（皇矣八章）月達
害（生民二章）載烈歲（生民七章）翩譪（卷阿七章八章同）愒
泄厲敗大（民勞四章）蹶泄（板二章）揭害撥世（蕩八章）舌逝
（抑六章）舌外發（烝民三章）惠厲瘵（瞻卬一章）奪說（瞻
卬二章）竭竭害（召旻六章）穀活達傑（載芟）穀活（良耜）茷
噦大邁（泮水一章）大艾歲害（閟宮五章）撥達達越發烈截（長
發二章）旆鉞烈曷蘗達截伐桀（長發六章）

【群經韻譜】

曳掣劓（易睽六三）劓剭說（困九五）渫冽（井九三九五）
厲貝（震六二）沛沫（豐九三）發大害（坤象傳）外敗（需象
傳）竄掇（訟象傳）外大際（泰象傳）害敗害哲（大有象傳）際
大歲（坎象傳）外害（咸象傳）害大末說（同上）外大位害（渙
象傳）奪伐（繫辭上傳小人而乘君子之器四句）契察（下傳上古
結繩而治四句）大廢（其道甚大二句）乂藝（書禹貢淮沂其乂二
句）折絕（考工記輈人輈欲弧而無折二句）達紲（利久恒角而達
三句）達紲（利同上）發襪襪襪（為拊而發四句）大月物（大戴
禮哀公問五義篇故其事大五句）伐殺（曾子大孝篇草木以時伐焉
二句）廢世（武主踐阼篇丹書言）害大（弁書楹銘）殺折（衛將
軍文子篇啟蟄不殺二句）孛竭（誥志篇則日月不食五）撥蹶越
（禮記曲禮上衣毋撥五句）泄達（月令生氣方盛四句）蓋閉泄
（土事毋作六句）勸列藝（禮運以四時為柄故事可勸也六句）藝
說（少儀士依於德四句）伐殺（祭義引曾子曰樹木以時伐焉二
句）害悖（中庸萬物並育而不相害二句）末奪（大學外本內末二

句）外泄（左傳隱元年鄭武姜賦）制（利越語下范蠡對王必有以知天地之恒制二句）蔽察蓺（後無　陰蔽三句）達适（論語微子周八士名）慧埶（孟子公孫丑上引齊人言）察歠決（盡心上不能三年之喪四句）

【楚辭韻譜】

刈穢（離騷）蔽折（同上）艾害（同上）枻雪末絕（九歌湘君）裔滋逝蓋（湘夫人）帶逝際（少司命）蠚達（天問）越活（同上）害敗（同上）摯罰說（同上）汰滯（九章涉江）歲逝（抽思倡）發達（思美人）厲衛（遠遊重）月達（九辯）帶介慨邁穢敗昧（同上）沬穢（招魂）

　　王氏祭部之立，雖前有戴氏，亦主祭部獨立之說，然部分畫然，廓清界域實由王氏。故黃侃《音略》云：「曷部爲王念孫所立。」非無由也。

　　今再表列王氏至、祭二部與段氏十五部、十二部之間畫分演變之關係於下：

段玉裁	十二部真臻先　軫　銑　震　霰　質櫛屑	十五部脂微齊皆灰　旨尾薺駭賄　未　怪隊祭泰夬廢　術物迄沒月曷末黠舝薛舝鎋　至霽　黠鎋　之之　舝舝

王念孫	至霽質櫛屑黠之半薛之	祭泰夬廢
	半中凡从至从㞢从質从	月曷末黠鎋薛
	吉从七从日从疾从悉从	之　　之
	栗从桼从畢从乙从失从	半　　半
	必从卪从節从血从徹从	以上祭部
	設及閉實逸一抑別等	
	字。以上至部	

〔四〕侯部有入：

段玉裁十七部，以《廣韻》平聲侯、上聲厚、去聲候爲古音第四部侯部而無入聲，入聲屋、沃、燭、覺四韻悉隸第三部尤部，而以第三部與第四部同入合韻。王氏認爲段氏此說於古不合。當割屋、沃、燭、覺四部中，凡從屋、從谷、從木、從族、從鹿、從賣、從羑、從彔、從束、從獄、從辱、從豕、從曲、從玉、從蜀、從足、從局、從角、從岳、從殼之字及禿哭粟玨等字爲侯部入聲。王氏云：「案屋沃燭覺四部中，凡從屋、從谷、從木、從卜、從族、從鹿、從賣、從羑、從彔、從束、從獄、從辱、從豕、從曲、從玉、從蜀、從足、從局、從角、從殼之字，及禿、哭、粟、玨等字，皆侯部之入聲，而《音韻表》以爲幽部之入聲，於是〈小戎〉首章之"驅、續、轂、騤、玉、屋、曲"，（《詩·秦風·小戎》首章：『小戎俴收。五楘梁輈。／游環脅驅。陰靷鋈續。文茵暢轂。駕我騏騤。言念君子，溫其如玉。在其板屋。亂我心曲。』）〈楚茨〉六章之"奏、祿"，（《詩·小雅·楚茨》六章：『樂具入奏。以綏後祿。』）〈角弓〉三章之"裕、瘉"，六章之"附、木、屬"，（《·小雅·角弓》三章：『此令兄弟，綽綽有裕。不令兄弟，交相爲瘉。』六章毋教猱升木。如塗塗附。君子有徽猷，小人與屬。』）〈桑柔〉十二章之"穀、垢"，（《詩・大雅・桑柔》十二章：『大風有隧，有空大谷。維此良人，作爲式穀。維彼不順，征以中垢。』）《左傳・哀十七年繇辭》之"寶、踰"，（《左傳・哀十七年傳》：『衛侯貞卜，其繇曰："如魚窺尾，衡流而方羊，裔焉大國，滅之將亡。／闔門塞寶。乃自後踰。"』）《楚辭・離騷》之"屬、具"〈天問〉之"屬、數"，（《楚辭・離騷》：『前望舒使先驅兮，後飛廉使奔屬。鸞皇爲余先戒兮，雷師告余以未具。』《楚辭・天問》：『九天之旅，安放安屬。隅隈多有，誰知其數。』）皆不以爲本韻，而以爲合韻矣。且於〈角弓〉之"君子有徽猷，小人與屬"，〈晉・初六〉之"罔孚裕，无咎"皆非韻而以爲韻矣。」

三、王氏之合韻説：

據陸宗達〈王石臞先生韻譜合韻譜遺稿跋〉，王氏早年雖有通協之說，然拘於韻部，未信合韻之說。於《詩》中句末之韻，規律最嚴，以爲決無合韻之說。若韻上之字，可稍假借，間有通協。然其通協之說，亦與合韻之恉不同，蓋猶守顧氏方音音轉之說也。迨至嘉慶十六年（1811）箋識宋保《諧聲補逸》始闡發合韻之論。其言曰：「親覎規以見爲聲是也，支與元相出入，經傳中確有可據，而自來論音韻者皆未之及。今試以韻語證之。《老子》云：『是以聖人自知不自見，自愛不自貴，故去彼取此。』"知、見"爲韻，"愛、貴"爲韻，"彼、此"爲韻。《逸周書・開武篇》：『三極既明。五行乃常。四察既是。七順乃辨。』"明、常"爲韻，"是、辨"爲韻。〈太子晉篇〉云：『百姓悅之，相將而遠。遠人來驪，視道如咫。』"遠、咫"爲韻。《史記・李將軍傳贊》：『諺曰：桃李不言。下自成蹊。』"言、蹳"爲韻。皆以支、元通韻也。再以偏旁證之，璃蠵覼覴規憸觶霹齨八字而外，又有扇从狨省聲，而趍字从少从是，是亦爲聲也。再以字音證之。《小雅・瓠葉》箋云：『今俗語斯白之字作鮮，齊魯之間聲近斯。』《漢書・地理志》：『樂浪郡、黏蟬。』服虔曰：『蟬音提。』〈揚雄傳〉：『恐鶹鵲之將鳴兮。』師古曰：『鶹音大系反，鵲音桂。』宋祁《筆記》引蕭該音義曰：『蘇林鶹鵲音殄絹。』而蠲字讀若圭，今讀若涓，亦是从支部轉入元部也。再以通、或作、通作之字證之，士喪禮下篇注云：『古文算爲策。』《老子》：『埏埴以爲器。』《釋文》云：『埏如淳作墼。』《莊子・在宥篇》：『尸居而龍見。』《釋文》云：『見崔本作睍。』《史記・五帝紀》：『顓頊生子曰窮蟬。』《索隱》云：『《世本》作窮係。』《陸賈傳》：『數見不鮮。』《漢書》作『數擊不鮮。』見與擊聲相近，故巫覡之覡，从見得册聲，而《荀子・王制篇》作巫擊也。又《貨殖傳》之計然，《越絕書》作計倪，皆支元相通之證。」見《諧聲補逸・一》又云：「《說文》刪珊狦姍四字皆從册聲，册在支部，刪珊狦姍四字皆在元部，支與元通故也。」見《諧聲補逸・四》又云：「《史記・趙世家》『秦讖於是出矣。』《扁鵲傳》"讖"作"策"。《賈生傳》：『策言其度。』《漢書》"策"作"讖"，讖策通作，則怎从册聲之證也。册在支部，怎在談部，而談部與元部相關通，故支通元並通談也。」見《諧聲補逸・十》以上所舉，王氏言及支元合韻及元談合韻之說也。其論脂幽合韻之說，則曰：「《禮記・明堂位》：『脯鬼侯。』正義曰：『《周本紀》作"九侯"，九與鬼聲相近。』然則鬼字可讀爲九，故蒐从鬼聲，凡幽部之字固有从脂部之聲者，《說文》褒字从衣采聲，即其例也。」見《諧聲補逸・一》。此言幽脂合韻之徵也。

先師紹興許世瑛先生嘗撰〈由王念孫古韻譜考其二十一部相通情形〉一文，鉤稽其古韻二十二部合韻之條貫，爲立二十二部合韻譜。因王氏晚年作《合韻譜》，旣从孔氏之分東冬，而定爲二十二部，自當依之，以說其合韻。先師乃據王氏晚年主張，特爲補輯多韻譜。王念孫《合韻譜》共收一百六十五韻例，然卻有《合韻譜》稿認爲合韻，其實非韻者。如〈召南・何彼穠矣〉首章，王氏以"穠雖"爲東冬合韻，其實非韻。《詩・召南・何彼穠矣》全詩如下：

〇何彼穠矣，唐棣之華。（韻）曷不肅雖，王姬之車。（韻）

〇何彼穠矣，華如桃李。（韻）平王之孫，齊侯之子。（韻）

〇其釣維何，惟絲伊緡。（韻）齊侯之子，平王之孫。（韻）

二三章之奇數句皆非韻，則首章之奇數句，自亦非韻也。

〈良耜〉之"崇墉"，王氏亦以爲東冬合韻，試看〈良耜〉原文：

穫之挃挃。（韻）積之栗栗。（韻）其崇如墉，其比如櫛。（韻）以開百室。（韻）

極其顯然，此詩以"挃、栗、櫛、室"至部韻，而"崇墉"非韻。故拙著〈從詩經的合韻現象看諸家擬音的得失〉一文已修正之矣。可供參考。不過王氏提出支元合韻、支元談合韻、脂幽合韻諸說，對後人擬測《詩經》韻值，實大有助益者也。

第七節　江有誥之古韻研究

一、江氏之《音學十書》：

　　江有誥，字晉三，號古愚。（？— 1851）歙縣人。江氏邃於音學，考古審音，俱深造自得。著有《音學十書》。其目為：《詩經韻讀》、《群經韻讀》、《楚辭韻讀・附宋賦》、《先秦韻讀》、《漢魏韻讀》未刻、《廿十一部韻譜》附通韻譜・合韻譜・借韻譜皆未刻、《諧聲表》、《入聲表》、《四聲韻譜》未刻、《唐韻四聲正》。十書而外，尚有《說文彙聲》、《說文質疑》、《繫傳訂訛》、《等韻叢說》、《音學辨訛》等書，除《等韻叢說》附刻於《入聲表》外，餘皆未刊。按江氏《音學十書》總目屢有更改，王國維氏於嘉慶甲戌春鐫本批云：「江氏《音學十書》：《詩經韻讀》、《群經韻讀・附國語大戴》、《楚辭韻讀・附宋賦》、《子史韻讀》、《漢韻讀》、《廿十一部韻譜・附通韻合韻譜》、《唐韻再正》、《古音總論》、《諧聲表》、《入聲表》，附目五種與此本同，此許印林與張芸心書述之。」其《子史韻讀》即《先秦韻讀》、《漢韻讀》即《漢魏韻讀》、《唐韻再正》即《唐韻四聲正》，惟許印林（瀚）所述有《古音總論》而無《四聲韻譜》為異耳。嘉慶甲戌春鐫本卷首亦有《古韻總論》，惟未列十書之目耳。

　　江氏初因於顧氏《音學五書》，江永《古韻標準》，冥心推究，謂江永能補顧氏所未及，而分部尚多罅漏，乃據江氏十三部，析支、之、脂為三，真、文為二，幽、侯為二，其獨見與段氏同者也。又別立祭部自脂部獨立，侯部分配有入聲，復與戴氏

孔氏之說暗合者也。後得段氏《六書音韻表》，見分部多同，遂
益自信，乃因於段書，定古音爲二十部，於壬申（1812）三月投
書段氏請益，段氏復書，稱其"閉戶造車，出而合轍。"因知其
未讀戴、孔二家之書，亟勸之讀，及見曲阜孔氏《詩聲類》析
東、冬爲二，遂改冬部爲中，統爲二十一部。江氏云：「拙箸既
成後，始見休寧戴氏《聲類表》，曲阜孔氏《詩聲類》，因依孔
氏畫分東冬（今改爲中）爲二，得廿一部。」見《音學十書·古
韻凡例》。

二、江氏古韻分部之創見：

持段氏十七部與江氏二十一部相較，其相異處有四，此即爲
江氏古韻分部之創見也。

【一】祭部獨立：

段玉裁	第十二部眞臻先 軫 銑 震 霰 質櫛屑		第十五部脂微齊皆灰 旨尾薺駭賄 至未霽怪隊 祭泰夬廢 術物迄沒月曷末黠鎋薛
江有誥	脂部 脂微齊皆灰旨尾薺駭賄未 霽怪隊術物迄沒質櫛屑		祭部 祭泰夬廢 月曷末黠鎋薛

江氏寄段氏書云：「去之祭泰夬廢，入之月曷末鎋薛，表中
幷入脂部，有誥考此九韻，古人每獨用，不與脂通，蓋月者廢之
入，曷末者泰之入，鎋者夬之入，薛者祭之入，此類無平上，與
至未質術之有平上者疆界迥殊，則此九韻當別爲一部無疑也。」
又《古韻凡例》云：「段氏以去之祭泰夬廢，入之月曷末鎋薛附
於脂部，愚考周秦之文，此九部必是獨用，其與脂部合用者不過
百中一二而已，八士命名，各分四韻，達适一韻，突忽一韻，蓋

即四名而二部之分瞭然矣。故別出此九韻爲一部。」段氏深許其說，謂其「脂祭之分，獨見與戴氏適合」者也。

江氏別祭於脂，固已然矣。然將質櫛屑合併於脂部，則有未確。王念孫與江氏書云：「段氏以質爲眞之入非也，而分質術爲二則是；足下謂質非眞之入是也，而合質於術以承脂，則似有未安，詩中以質術同用者，唯〈載馳〉三章之濟閟，〈皇矣〉八章之類致，（是類與是致爲韻，是禡與是附爲韻，類致禡附皆通韻也。）〈抑〉首章之疾戾，不得因此而謂全部皆通也。若〈賓之初筵〉二章“以洽百禮，百禮既至”此以兩禮字爲韻，而至字不入韻；“四海來格，來格其祁。”亦以兩格字爲韻，凡下句之上二字，與上句之下二字相承者，皆韻也。質術之相近，猶術月之相近，〈候人〉四章之“薈蔚”，〈出車〉二章之“旆瘁”，〈雨無正〉二章之“滅戾勩”，〈小弁〉四章之“嘒淠屆寐”，〈采菽〉二章之“淠嘒駟屆”，〈生民〉四章之“旆穟”，術月之相通，較多於質術，而足下尙不使之通，則質術之不可通明矣。念孫以爲質月二部皆有去而無平上，術爲脂之入，而質非脂之入，故不與術通，猶之月非脂之入，故亦不與術通也。」

然江氏復書，以爲質術《詩》《易》雖若可分，而《楚辭》兩部交錯合韻，平側不分，其不能離析者一；且若割至霽與質櫛屑別爲一部，則脂齊無去入矣。而二百六韻中，有平去而無上入者有之，未有有平上而無去者也。且至霽二部爲質之去者十之二，爲術之去者十之八，若專以質迄櫛屑成部，則去聲數十字牽引而至，非若緝盍九韻之絕無攀緣也，故賓主之辨，爲其不能離析者二。其言曰：

「來書謂拙箸與先生尊見如趨一軌，所異者惟質術之分合耳。曩者有誃于此條，思之至忘寢食，而斷其不能分者有數事焉。論古韻必以《詩》《易》《楚辭》爲宗，今此部于《詩》《易》似若可分，而《楚辭》分用者五章：〈九歌・東君〉之"節、日"（《楚辭・九歌・東君》：『應律兮合節。靈之來兮蔽日。』）〈招魂〉之"日、瑟"（《楚辭・招魂》：『晉制犀比，費白日些。鏗鍾搖虡，揳梓瑟些。』）〈高唐賦〉之"室、乙、畢"（《文選・宋玉・高唐賦》：『進純犧，禱琁室。醮諸神，禮太一。傳祝巳具，言辭巳畢。』）四條爲質部字；〈高唐賦〉之"物、出"（《文選・宋玉・高唐賦》：『卒愕異物。不知所出。』）一條爲術部字。合用者七章，〈九章・懷沙〉之"抑、替"（替从白聲，白古自字。《楚辭・九章・懷沙》：『撫情效志兮，俛屈以自抑。刓方以爲圜兮，常度未替。』）〈悲回風〉之"至、比"（《楚辭・九章・悲回風》：『歲曶曶其若頹兮，時亦冉冉而將至。蘋蘅槁而節離兮，芳以歇而不比。』）〈九辨・六〉之"濟、至、死"（《楚辭・九辨・六》：『霜露慘悽而交下兮，心尙幸其弗濟。霰雪雰糅其增加兮，乃知遭命之將至。願徼幸而有待兮，泊莽莽兮與野草同死。』）〈風賦〉之"慄、欷"（《文選・宋玉・風賦》：『故其風中人，狀直憯悽惏慄，清涼增欷。』）〈高唐賦〉之"出、忽、失"（《文選・宋玉・高唐賦》：『久而不去，足盡汗出。悠悠忽忽。怊悵自失。』按此數句應以偶句自韻，則"忽"可不入韻。）〈笛賦〉之"節、結、一、出、疾"（《全上古三代文・宋玉・笛賦》：『遊洸志，列絃節。武毅發，沈憂結。呵鷹揚，叱太一。聲淫淫以黯黮，氣旁合而爭出。歌壯士之必往，悲猛勇乎飄疾。』）〈釣賦〉之"失、術"（《全上古三代文・宋玉・釣賦》：『若夫竿折綸絕。餌墜鉤決。／波涌魚失。是則夏桀商紂不通夫釣術也。』）《楚辭》而外，則尤犬牙相錯，平側不分，其不能離析者一也。段氏之分眞文，孔氏之分東冬，人皆疑之，有誥初亦不之信也，細紬繹之，眞與耕通用爲多，文與元合用較廣，此眞文之界限也；東每與陽通，冬每與蒸侵合，此東冬之界限也。今質術二部，《詩》中與祭部去入合用十一章，〈旄邱〉之“葛、節、日”（《詩・邶風・旄丘》首章：『旄丘之葛兮。何誕之節兮。叔兮伯兮，何多日也。』）〈正月〉之“結、厲、滅、威”（《詩・小雅・正月》八章：『心之憂矣，如或結之。今茲之正，胡然厲之。燎之方揚，寧或滅之。』）〈十月之交〉之“徹、逸”（《詩・小雅・十月之交》八章：『天命不徹。我不敢傚我友自逸。』）〈賓之初筵〉之“設、逸”（《詩・小雅・賓之初筵》首章：『鐘鼓既設。舉酬逸逸。』）此質之與祭合也；〈候人〉之“薈、蔚”（《詩・曹風・候人》四章：『薈兮蔚兮，南山朝隮。婉兮孌兮，季女斯飢。』按〈候人〉薈蔚雖可視爲句中自韻，亦可以不以爲韻。）〈出車〉之“旆、瘁”（《詩・小雅・出車》二章：『彼旟旐斯，胡不旆旆。憂心悄悄，僕夫況瘁。』）〈雨無正〉之“滅、戾、勩”（《詩・小雅・雨無正》二章：『周宗既滅。靡所止戾。正大夫離居，莫知我勩。』）〈小弁〉之“嘒、湝、寐”（《詩・小雅・小弁》四章：『菀彼柳斯，鳴蜩嘒嘒。有漼者淵，萑葦淠淠。譬彼舟流，不知所屆。心之憂矣，不遑假寐。』）〈采菽〉之“淠、嘒、駟、屆、”（《詩・小雅・采菽》二章：『其旂淠淠。鸞聲嘒嘒。載驂載駟。君子所屆。』）〈皇矣〉之“翳、栵”（《詩・大雅・皇矣》二章：『作之屏之，其菑其翳。脩之平之，其灌其栵。』）〈生民〉之“旆、穟”（《詩・大雅・生民》四章：『荏菽旆旆。禾役穟穟。』）此術之與祭合也。亦無平側賓主之辨，其不能離析者二也。《唐韻》去入二聲分承平上，統系分明，今若割至霽與質屑別爲一韻，則脂齊無去入矣。二百六部中，有平去而無上入者有之，未有有平上而無去者也，且至霽二部爲質之去者十之二，爲術之去者十之八，賓勝于主，無可擘畫，若專以質迄櫛屑成部，則又有去聲數十字牽引而至，非若緝盍九韻之絕無攀緣也。有詰于四聲之配合，有《入聲表》一卷言之甚詳，此段氏質術之分，有詰所以反覆思之而不能從也。」

實則王氏之分爲是，江氏之合未爲得也。夏炘《詩古韻表二十二部集說》卷上云：「段氏以質櫛屑隸眞固非，即江君以之配脂亦未當，凡至霽及此五部中从至、从㱇、从吉、从七、从日諸字，皆獨自爲部，三百篇分用劃然，即《楚詞·東君》之"節、日"（《楚辭·九歌·東君》：『應律兮合節。靈之來兮蔽日。』）〈遠遊〉之"一、逸"（《楚辭·遠遊》：『奇傅說之託辰星兮，羨韓⑹之得一。形穆穆以浸遠兮，離人群而遁逸。』）〈招魂〉之"日、瑟"（《楚辭·招魂》：『晉制犀比，費白日些。鏗鍾搖虡，揳梓瑟些。』）〈高唐〉之"室、、乙、畢"（《文選·宋玉·高唐賦》：『進純犧，禱琁室。醮諸神，禮太一。傳祝巳具，言辭巳畢。』）等句，皆未嘗軼出界外，不得以一二偶通之句，而并不通者而皆通之也。」夏氏之言是也。

【二】緝部、葉部獨立成部：

緝部與葉部之獨立，江氏與王念孫同。據江氏《古韻廿一部總目》，其緝部弟廿一云：「《唐韻》入緝合　盍洽之半　無平上去　顧氏合于弟十部，江氏入聲之弟七部，段氏合于弟七部。」其葉部弟二十云：「《唐韻》入葉帖業狎乏　盍洽之半　無平上去　顧氏合于弟十部，江氏入聲之弟八部，段氏合于弟八部。」其《古韻凡例》云：「昔人以緝合九韻分配侵覃，愚遍考古人有韻之文，《唐韻》之偏旁諧聲，而知其無平上去（詳見《入聲表》），故別分緝合及洽之半爲一部，盍葉帖狎業乏及洽之半爲一部。」據此言則江氏之分緝葉，其所根據，蓋有二焉。一爲古有韻之文，江氏〈寄段茂堂先生書〉云：「緝合九韻之配侵覃，歷來舉無異說，有誽則謂平入分配，必以《詩》《騷》平入合用之章爲據，支部古人用者甚少，《詩》《易》《楚辭》僅三十九見，而四聲互用者十之三，今考侵覃九韻．《詩》《易》《左傳》《楚辭》共五十七見，緝合九韻，《詩》《易》《大戴》《楚辭》共二十二見，並無一字合用者，即遍考先秦兩漢之文亦無之。檢《唐韻》之偏旁，又復殊異，蓋幾於此疆爾界，絕不相蒙，烏能強不類者而合之也？則當以緝合爲一部，盍葉以下爲一部，其類無平上去。」又〈入聲表凡例〉云：「緝合以下九韻，爲侵覃九部之入，歷來舉無異說。愚則謂其並無平上去，蓋三十四部中，斷其爲何部之入，必以偏旁諧聲爲據，而《詩》《騷》中又必以與三聲合韻爲據，今考侵覃九韻，《詩》凡四十四見，《易》三見，《楚辭》五見，並無一字共用者，所用侵覃九部六十餘字，緝合九韻二十餘字，又無一字同偏旁得聲者，即《唐韻》千餘字中，顧氏僅錄出五十餘字耳，然納魶亦从內，肤怯亦从去，猲从曷，猺从舌，飁从罿，蓋之去聲在泰，則此數十字之偶合，不可爲據明矣。」

下爲其緝葉兩部諧聲表：

緝部聲《唐韻》入緝、合、洽之半，無平上去。

咠　及　立　邑　集　入　十　習　廿　夅　雥　皀　霫　合
龖　衆　沓　軜

葉部聲《唐韻》入盍、葉、帖、業、狎、乏、洽之半，無平上去。

妾 枼 涉 業 疌 曄 巤 耴 籥 聶 甲 法 夾 弱
舌 帀 乏 卅 籋 丰 劫 劦

就上諧聲分配，則可列其兩部之分合如下：

孔廣森	十八部緝合盍葉帖洽狎業乏	
江有誥	緝部 緝合洽之半	葉部 盍葉帖業狎乏洽之半

三、江氏二十一部之次第：

江氏〈古韻凡例〉云：「戴氏十六部次弟，以歌為首，談為終；段氏十七部次弟以之為首，歌為終；孔氏十八部次弟，以元為首，緝為終；以鄙見論之，當以"之"第一，"幽"第二，"宵"第三，蓋"之"部閒通"幽"，"幽"部或通"宵"，而"之""宵"通者少，是"幽"者"之""宵"之分界也。"幽"又通"侯"，則"侯"當次四，"侯"近"魚"，"魚"之半入於麻，麻之入通於"歌"，則當以"魚"次五，"歌"次六，"歌"之半入於"支"，"支"之一與"脂"通，則當以"支"次七，"脂"次八，"脂"與"祭"合，則"祭"次九，"祭"音近"元"，《說文》諧聲多互借，則"元"次十，"元"閒與"文"通，"真"者文之類，則當以"文"十一，"真"十二，"真"與"耕"通，則"耕"次十三，"耕"或與通"陽"，則"陽"次十四，晚周秦漢多"東""陽"互用，則當以"東"十五，"中"者"東"之類，次十六，"中"閒與"蒸""侵"通，則當以"蒸"十七，"侵"十八，"蒸"通"侵"而不通"談"，"談"通"侵"而不通"蒸"，是"侵"者"蒸""談"之分界也。則當以"談"十九，"葉"者"談"之類，次二十，"緝"閒與"之"通，終而復始者也。故以"緝"爲殿焉,如此專以古音聯絡而不用後人分配入聲爲紐合,似更有條理。」據江氏此言,可知其二十一部乃周而復始,二十一部之閒相通若環。表之如下:

之→幽→宵→侯→魚→歌→支

↑

緝

↑

葉

↑

談

↑

侵

↑

蒸←中←東←陽←耕←眞←文

四、江氏之通韻合韻與借韻説:

江氏《音學十書》中,原有《二十一部韻譜》一書,內附有《通韻譜》、《合韻譜》與《借韻譜》。惜丙午正月(1846)因家失火,致成煨燼,未能刊行於世。據葛其仁〈江晉三先生傳〉所云,知其書「本金壇段氏〈十七部韻譜〉之例,就所未分析者,更爲分析,段氏凡隔部相協,槪名合韻。先生則有通韻、合韻、借韻之例。」至其通韻、合韻、借韻之別,則〈古韻凡例〉云:「古有正韻,有通韻,有合韻。最近之部爲通韻,隔一部爲合韻。」至其借韻則無說,先師許世瑛先生嘗撰輯〈江有誥通韻譜合韻譜借韻譜〉一文,就其已刊行之《詩經》、群經、先秦、《楚辭》諸韻讀中,輯出其通韻、合韻、借韻諸譜,並補借韻例曰：「凡隔數部者爲借韻。」茲據許師所輯錄通韻譜、合韻譜、借韻譜中之通韻、合韻、借韻於下：

【一】**通韻譜**：按此處僅迻錄通韻部目，甚通韻之例證，江氏書及許師文俱在，故不贅引。合韻譜、借韻譜倣此。

之幽通韻一、幽宵通韻二、宵侯通韻三、侯魚通韻四、魚歌通韻五、歌支通韻六、支脂通韻七、脂祭通韻八、祭元通韻九、元文通韻十、文眞通韻十一、眞耕通韻十二、耕陽通韻十三、陽東通韻十四、東中通韻十五、中蒸通韻十六、蒸侵通韻十七、侵談通韻十八、葉緝通韻十九、緝之通韻二十。

【二】**合韻譜**：

之宵合韻一、幽侯合韻二、宵魚合韻三、魚支合韻四、歌脂合韻五、支祭合韻、六脂元合韻七、元眞合韻八、文耕合韻九、眞陽合韻十、耕東合韻十一、陽中合韻十二、東蒸合韻十三、中侵合韻十四、葉之合韻十五、之幽宵合韻十六、之魚宵合韻十七、幽宵侯合韻十八、歌支脂合韻十九、支脂祭合韻二十、脂元文合韻二十一、元文眞合韻二十二、文眞耕合韻二十三、陽東中合韻二十四、東中侵合韻二十六、緝之幽合韻二十七。

【三】**借韻譜**：

之侯借韻一、之魚借韻二、幽魚借韻三、魚脂借韻四、歌元借韻五、脂文借韻六、陽蒸借韻七、東侵借韻八、之幽侯借韻九、之侯魚借韻十一、支脂元借韻十二、之幽侯魚借韻十三、之宵侯魚借韻十四。

先師許先生據其所輯江氏諸韻譜，刪汰《詩經》以外之韻語，純以《詩經》韻語之通韻、合韻、借韻觀之，發現與段玉裁〈詩經韻分十七部表〉所言合韻多相符合，惟段氏分部較寬爲異耳。江氏初不信合韻之說，故〈寄段茂堂先生書〉曰：「表中於顧氏無韻之處，悉以合韻當之，有最近合韻者，有隔遠合韻者，有詬竄謂，近者可合而遠者不可合也。何也？箸書義例，當嚴立界限，近者可合，以音相類也，遠者亦謂之合，則茫無界限，失分別部居之本意矣。」許師評之云：「然三百篇中確有合韻現象，江氏不得已，乃立通韻、合韻、借韻等規則以釋之，且以通韻係鄰近二韻相通，故最合其近者可合之理，因此對陰陽對轉亦不置信。實則之蒸對轉、東侯對轉、脂諄對轉、歌寒對轉等，三百篇中，亦常見之。江氏僅於〈東門之枌〉二章云歌元借韻[1]，〈北門〉三章[2]、〈碩人〉一章[3]、〈墓門〉二章[4]，及〈雨無正〉四章[5]云脂文借韻，可謂極罕見現象，在彼以爲借韻，其價值遠不如通韻合韻之可貴，而吾儕反覺其較通韻、合韻諸條，更耐人尋味，而對後人研究上古音之幫助，或更偉大。」於江氏囿於成見，不信對轉之說，以爲乃江氏千慮之失，批評至當。然江氏之通韻、合韻、借韻諸說，於後世尋究音理，標明音讀，實多裨益。故爲之摭錄也。

1　《詩・陳風・東門之枌》二章：「穀旦于差（歌）。南方之原（元）。不績其麻（歌）。市也婆娑（歌）。」
2　《詩・邶風・北門》三章：「王事敦（諄）我，政事一埤遺（微）我。我入自外，室人交遍摧（微）我。已焉哉！天實爲（歌）之。謂之何（歌）哉。」
3　《詩・衛風・碩人》首章：「碩人其頎（微，頎从斤聲，按形聲在諄部）。衣錦褧衣（微）。齊侯之子，衛侯之妻（脂）。東宮之妹，邢侯之姨（脂）。譚公維私（脂）。」
4　詩・陳風・墓門》二章：「墓門有梅，有鴞萃（沒）止。夫也不良，歌以訊（諄）部止。訊予不顧（魚）。顚倒思予（魚）。」
5　《詩・小雅・雨無正》四章：「戎成不退（沒）。飢成不遂（沒）。曾我執御，憯憯日　瘁（沒）。凡百君子，莫肯用訊（諄）。聽言則荅，譖言則退（沒）。」

五、王、江分部創見之異同：

王念孫	江有誥
至	○
祭	祭
緝	緝
盍	葉
○	中

　　從上表觀之，可見二人俱有四部創見，祭、緝、盍三部之獨立，則二家之所同，不過江氏改“盍”部之名稱為“葉”部耳。“至”部獨立，王念孫之獨見，“中”部獨立，則江氏取孔廣森“冬”部而為之耳。如果一定要比二家之軒輊，則王氏似稍勝一肩也。

　　以王念孫之二十一部，加上孔廣森之“冬”部，則清代考古派之古韻分部最後之結果，當為古韻二十二部。此二十二部，甚為後人所推崇。江氏友人夏炘《詩古韻二十二部集說》嘗云：「定為二十二部，竊意增之無可復增，減之無可復減，凡自別於五先生說者，皆異說也。」王國維《周秦金石文韻讀·序》云：「古韻之學，自崑山顧氏，而婺源江氏，而休寧戴氏，而金壇段氏，而曲阜孔氏，而高郵王氏，而歙縣江氏，作者不過七人，然古音廿二部之目，遂令後世無可增損。故訓詁名物文字之學有待於將來者甚多；至古音之學，謂之前無古人，後無來者，可也。原斯學所以能完密至此者，以其材料不過群經諸子及漢魏有韻之文，其方法則因乎古人用韻之自然，而不容以後說私意參乎其間。其道至簡，而其事有涯，以至簡入有涯，故不數傳而遂臻其極也。」

第八節　章炳麟之古韻研究

一、章氏之古韻分部：

　　章炳麟，字太炎。（1868-1936）餘杭人。章君及其弟子蘄春黃侃，可謂集清代古韻研究之大成者。君著有《章氏叢書》，其古音學之著作，大部份皆載於叢書中之《國故論衡》及《文始》二書內。關於古韻分部，初主二十二部之說，其丙午（1906）與劉光漢書云：「古韻分部，僕意取高郵王氏，其外復取東、冬分部之義。王故有二十一部，增冬部則二十二。清濁斂侈，不外是矣。」（文錄卷二）其後作《文始》，以王氏脂部去入聲字，《詩》多獨用，不與平上通用，故據以析出隊部。《文始》二曰：「隊、脂相近，同居互轉，若聿出內尤戾骨兀鬱勿弗卒諸聲諧韻，則《詩》皆獨用，而追隹雷或與脂同用，及夫詈眛同言，坁汝一體，造文之則已然，亦同門而異戶也。」其《國故論衡上・小學略說》云：「脂隊二部，同居而旁轉，舊不別出，今尋隊與術物諸韻，視脂微齊平入不同，其相轉者，如豕從彖聲，渠魁之字借爲頯，突出之字借爲自頓是也。」其〈二十三部音準〉言及"脂部、隊部、諄部聲勢"云：「隊異于脂，去入與平異也。今人得正音者，脂部九十七字，隊部三十八聲，二部各以是爲準：

　　歸癸揆鬼傀瑰魁夔葵睽危頯詭跪嵬隤桹隈煨猥媁褘毀煅徽幃口韋違圍闈偉躛葦韡帷維唯惟煒虫回洄自推蓷虆追椎隹錐騅雖崔摧催誰睢雖水緌悲配裴陸眉湄媚枚美媄黴飛非誹妃菲匪腓斐扉肥微雷纍罍讄勔僓瓃鸗耒誄磊狋蕤

右九十七字今讀闔口帳呼，乃脂部正音平聲韻。

骨凸圣臾魞兀陻鬱聿曰胃位尉卉欸旻習瘖頮惠突ㄊ內類戾出尢卒彗率由弗狒乁勿叟未釆

右三十八聲，今讀闔口帳呼，乃隊部正音去入韻。（隊部气字，今誤橫口，愻鑷等字今誤開口，古音當如凸音，四字今誤橫口，古當如碎音。）

據此則隊部別出，乃章君獨照，合孔、王所分，古韻爲二十三部矣。下列其隊部與王念孫氏古韻脂部之分合：

王念孫脂部	脂微齊皆灰 旨尾薺駭賄 未　怪隊 術物迄沒
章炳麟隊部	未怪隊 術物迄沒

茲據其《文始》及《國故論衡》錄其二十三部韻目表於下：

寒	歌	東	侯
	泰	侵	
諄	脂	緝	幽
	隊	冬	
眞	至	蒸	之
青	支	談	宵
陽	魚	盍	

上列二十三部，左一列爲陽聲，右一列爲陰聲，至其標目，則因襲前人所定，未有改作。章君云：「略依先儒所定部目，而爲音準，無所改作。」至諸部之名，雖先儒所定，要以《切韻》韻目所有者爲準，諸家之不以《切韻》韻目標目者，則無所取

也。章君云：「若云東冬諸目，定自後人，不容議古，古之韻略，欲以何明？今者沿用《切韻》，以明封畛，不謂名自古成，由名召實，更無異趣。如嚴章甫以五音分配，既用《切韻》標目，又雜以己所定名，朱允倩則借卦名標韻，皆謂陸書非古，寧自改作，然即新定之名，亦豈周秦所有，江愼修以第一第二分部，段玉裁亦依用之，直由曲避嫌疑，致斯曖晻，既不明署部名，將令學者猝不易了，不若仍從《切韻》，存其符號也。」（《文始·略例甲》）章君此說對於古韻名稱之標識，開示一正確之概念，殊足稱道者也。

　　章君晚年發表〈音論〉一文，主張冬侵二部合而爲一，其言曰：「自孔氏《詩聲類》，始分冬于東鍾江自爲一部，然其所指聲母，無過冬中宗衆躬蟲戎農降宋十類而已，遍列其字不滿百名，恐古音不當獨成一部。……由今思之，古音但有有侵部而已，更無冬部也。」章氏併冬入侵之主張，王力氏撰《漢語史稿》，分古韻爲二十九部，即接受章併冬入侵之說者也。惟《文始》與《國故論衡》知者較衆，故言章氏古韻學說，仍據其二十三部之舊說。

二、章氏辨析陽聲之類別及對入聲之意見：

　　韻有陰陽入三類，自戴震之後，蓋成定論。章氏言陽聲之類別云：「陽聲即收鼻音，陰聲非收鼻音也。然鼻音有三孔道，其一侈音，印度以西皆以半摩字收之（按即收－m），今爲談蒸侵冬東諸部，名曰撮脣鼻音。（古音蒸侵常相合互用，東談亦常相合互用，以侵談撮脣，知蒸東亦撮脣，今音則侵談撮脣，而蒸登與陽同收，此古今之異。）其一弇音，印度以西皆以半那字收之（按即收－n），今爲青眞諄寒諸部，名曰上舌鼻音。其一軸音，印度以姎字收之（按即收－ŋ），不待撮脣收鼻，張口氣悟，其息自從鼻出。名曰獨發鼻音。夫撮脣者使聲上揚，上舌者使聲下咽，既已乖異，且二者非故鼻音也。以會厭之气被距于脣舌，宛轉以求渫宣，如河決然，獨發鼻音則異是，印度音摩那皆在體文，而姎獨在聲勢，亦其義也。」（《國故論衡上・小學略說》）按章君別陽聲爲三類，曰撮脣、上舌、獨發，以語音學理分析音理，其所分析，確較明晰。然以蒸東收脣，青爲收舌，徵諸古今，皆有未合，此則審音之疏，難以悉從者也。

　　章君於古韻，以爲古平上韻與去入韻塹截兩分。然於入聲，亦與前人有異。蓋前人之於入聲，或隸陰聲，或隸陽聲，或兼配陰陽。章君則云：「泰、隊、至者，陰聲去入韻也；緝、盍者，陽聲去入韻也。」又云：「古音本無藥、覺、職、德、沃、屋、燭、鐸、陌、錫諸部，是皆宵、之、幽、侯、魚、支之變聲也。有入聲者，陰聲有質櫛屑一類，曷月鎋薛末一類，術物沒迄一類，陽聲有緝類、盍類耳。」原章君之意，蓋謂入聲僅有二類，一爲陰聲之入，即收舌（-t）之入也（章君謂之收喉）；一爲陽聲之入，即收脣（-p）之入也。至收顎（-k）之入，章君謂古音所無，乃陰聲之變聲也。入聲之所以僅分陰陽二類者，其〈二十三部音準〉云：「入聲近他國所謂促音，用并音則陽聲不得有促音，而中土入聲，可舒可促，舒而爲去，收聲屬陰聲則爲陰，收聲屬陽聲則爲陽，陰聲皆入喉，故入聲收喉者麗陰聲，陽聲有收脣收舌，故入聲收脣者麗陽聲，緝、盍收脣也，舒爲侵、談去聲，其收脣如故，以是與侵、談同居。泰、隊、至皆有入聲，舒其入聲歸泰、隊、至猶故收喉，而不與寒、諄、眞同收，以是不與寒、諄、眞同居。入聲所以乏寡者，之部非不可促，促之乃與至同，侯、幽、宵非不可促，促之聲相似也。歌、魚非不可促，促之聲相似也。蒸部促之復若緝，陽部促之復若泰，聲相疑似則止矣。」

按章君分入聲爲收喉、收脣二類，並謂收喉者，爲陰聲之入，收脣者，爲陽聲之入。又謂收顎者非入，乃陰聲之變，似與音理實際不相符合，夫入聲本以承陽，而章君以爲陽聲有撮脣、上舌、獨發三類，而入聲則去收顎一類，謂僅有收脣、收喉而已。三者缺其一，則於陽入分配上，失其均衡，疑其所說，猶有未諦也。

三、章氏之〈成均圖〉及其對轉旁轉之說：

章君既定古韻爲二十三部，復承孔廣森、嚴可均二氏之後，而發明對轉旁轉之理。章君既定陽聲之獨發鼻音惟有陽部，遂立以爲軸音，又以撮脣鼻音使聲上揚，因謂談、蒸、侵、冬、東諸部爲侈音，上舌鼻音使聲下咽，因謂青、眞、諄、寒諸部爲弇音，復以陽聲之軸、侈、弇定其相配之陰聲。章君〈小學略說〉曰：「陽聲弇者，陰聲亦弇，陽聲侈者，陰聲亦侈，陽聲軸者，陰聲亦軸。是故陰陽各有弇侈而分爲四，又有中軸而分爲六矣。」於是本是說，以爲〈成均圖〉，而將一切對轉旁轉之理，納入圖中，令人展圖而諸部通轉之理皆得，是誠簡便易曉而有裨益於記識者也。章君自言其〈成均圖〉所以正孔氏之失，其〈小學略說〉云：「孔氏所表，以審對轉則優，以審旁轉則憲，辰、陽鱗次，脂、魚櫛比，由不知有軸音，故使經界華離，首尾橫決，其失一也。緝、盍二部，雖與侵、談有別，然交、廣人呼之，同是撮脣，不得以入聲相格，孔氏以緝盍爲陰聲，其失二也。對轉之理，有二陰聲同對一陽聲者，有三陽聲同對一陰聲者，復有假道旁轉以得對轉者，（此所謂次對轉，若東亦得與幽對轉，是假道於冬、侵也。至亦與青對轉，是假道於支也，支、脂亦與寒對轉，是假道於歌、泰也。之亦與緝、侵對轉，是假道於幽也。）非若人之處室，妃匹相當而已。孔氏所表，欲以十八部相對，伉儷不踦，有若魚貫，眞諄二部，勢不得不合爲一，拘守一理，遂令部曲捆殽，其失三也。今爲圜則正之，命曰〈成均圖〉，〈成均圖〉者，大司樂掌成均之法，鄭司農以均爲調，古之言韻曰均，如陶均之圓也。」孔氏有三失，故章君爲圖以正之，茲《國故論衡上・小學略說》及《文始・敍例》錄其〈成均圖〉於下，並爲之說焉。

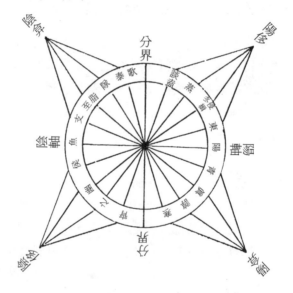

章君《國故論衡上・小學略說》言其對轉、旁轉之條例云：

陰弇與陰弇爲同列。

陽弇與陽弇爲同列。

陰侈與陰侈爲同列。

陽佟與陽佟爲同列。

凡同列相比爲近旁轉。

凡同列相遠爲次旁轉。

凡陰陽相對爲正對轉。

凡自旁轉而成對轉爲次對轉。

凡陰聲陽聲雖非對轉而以比鄰相出入者爲交紐轉。

凡隔軸聲者不得轉，然有閒以軸聲隔五相轉者爲隔越轉。

凡近旁轉、次旁轉、正對轉、次對轉爲正聲。

凡交紐轉、隔越轉爲變聲。

除此之外，章氏又云：「魚者、閉口之極；陽者、開口之極。故陽部與陽佟聲陽弇聲皆旁轉。（陽部轉東者，如《老子》以盲、爽、狂與聾爲韻，及決潝音轉，公鍾作章是也。轉侵、冬者，如《漢書・李廣傳》：「諸妄校尉。」張晏釋妄爲凡。《說文》訓訪爲汎謀。《釋名》訓風爲放，《易》朋盍臧、或爲盍簪、或爲盍宗。又商轉爲宋，〈周頌〉以崇、皇爲韻是也。轉蒸者，如揚觚作媵觚，未嘗即未曾，及彊通作強是也。轉談者，如〈大雅〉以瞻、相爲韻，〈商頌〉以濫、皇爲韻，及鏡轉作鑑是也。此與陽佟聲之轉也。轉青者，如《禮經》並亦作併，又將借爲請，丁、鼎借爲當是也。轉眞者，如萌、甿、氓即民，榜又稱篇，今字扁亦爲榜，又楄部訓方木是也。轉諄者，如《易傳》以炳、君爲韻，《爾雅》英光亦作蕨欒，又芳轉爲芬，防轉爲墳是也。轉寒者，如礦人作卝人，舜妃女英，〈帝繫篇〉作女匽，《說文》「袢讀若普」〈地理志〉牂柯郡同並，應劭曰：並音伴是也。此與陽弇聲之轉也。）魚部與陰佟聲陰弇聲皆旁轉。（魚部轉侯者，如武借爲杵，傅借爲附是也。轉幽者，如甫聲字爲痛，〈大雅〉以恢韻休、述、憂是也。轉之者，如民雖靡膴，作民雖靡膴，又憮恅同訓、謨謀同訓是也。轉宵者，如犧牲不略，作犧牲不勞，古文以臭爲澤，又《漢書》暴室亦作薄室，《詩》之暴虎，即爲搏虎是也。此與陰侈聲之轉也。轉支者，如迹籀文作速，狄字今從亦聲，闓圛爲豈弟，曰圛爲曰涕是也。轉至者，如《方言》云迹迹屑屑、不安也，二語相轉，劙敽黏也，二語相轉，《說文》渠蝍，〈釋蟲〉作蛞蝼，又拮据爲連語，〈釋詁〉劫又訓固，〈廣雅〉石訓爲摘，賈子亦云。提石而摘，字自詩箋已作擲也。轉脂者，如《說文》婿讀若細，又《史記・匈奴列傳》黃金胥紕，《漢書》作犀比，《戰國策》言師比是也。轉隊者，如《說文》菸訓鬱，佪訓拙，又鼓造爲屈造，《魏略》書徐庶白堊塗面，作白堊突面是也。轉泰者，如于越同訓，又《釋名》稱草圓屋曰蒲，即草舍之庉字是也。轉歌者，如挌字小傳作駕，削瓜曰華之，借爲撝之，又何亦作胡，萎讀如詐是也，此與陰弇聲之轉也。）餘勢未巳，陽與陽弇聲旁轉，極于寒矣。又從寒以對轉而得泰。（如對揚亦作對越，戚揚借爲戚戉是也。）陽與陽侈聲，旁轉極于談矣，又從談以對轉而得宵。（如騤騤牡馬，亦作驍驍牡馬，又枉轉爲夭，量轉爲料是也。）魚與陰弇聲旁轉極于歌矣，又從歌以對轉而得寒。（如𡜍或作觀，無作曼，烏作安，跋扈作畔援，魁梧作魁岸是也。）魚與陰侈聲旁轉，極于宵矣，又從宵以對轉而得談。（如古文𠃜作𠀤，從弓聲，草木之華爲弓，音轉爲𠃜、爲華，又敢從古聲，楙讀若芰是也。）夫惟當軸處中，故兼攬弇侈之聲，與之交捷，其弇侈者爲軸所隔，則交捷之塗絕矣。」

　　按此據《國故論衡》迻錄，章君於《文始・敍例》中，又增「二部同居爲近轉」一例，而刪除交紐轉、隔越轉二例，改爲「凡雙聲相轉，不在五轉之例爲變聲。」其所謂五轉，乃於近旁

轉、次旁轉、正對轉、次對轉之外，又加入「近轉」一名。茲錄
其各部相轉之目於下：

東多旁轉：

如窮字本在多部，然詩言不宜空我師，傳以空爲窮，又窮乏
空乏，其義大同，亦語之轉也。中字本在多部，而鍾子期亦作中
旗，洚字本在多部，而洚水亦即洪水也。

東與侵旁轉：

如含之與容，冢之稱琴是也，凡聲之字，風芃鳳輩，今皆讀
入東部。

多侵二部同居而旁轉：

故農字音轉則爲男，戎字音轉則爲荏，（釋草戎菽謂之荏
菽）臨衝作隆衝，隆慮作林慮，緝侵本可爲平入，以三百篇用韻
有分，故今亦分爲二，若夫及聲爲今，甚聲爲斟，厭厭或爲愔
愔，拾瀋即是拾汁，其相通轉，亦最親也。

多蒸旁轉：

如營本在多部，或作芎，則轉入蒸部，布八十縷爲升，本在
蒸部，轉爲緵稷宗，則讀入東多二部是也。

侵蒸旁轉：

如鳳本作朋，在蒸部，小篆從凡聲，則入侵部，雁從瘖聲，
膺應又從雁聲，音本在侵部，雁膺應乃入蒸部，馮几字本作凭，
凭在侵部，今以蒸部之馮爲之是也。

蒸談旁轉：

如堋字亦轉作窆是也，談亦與東旁轉（次旁轉），故窆又書
作封矣。熊從炎聲，本在談部。張升〈反論〉以“鯀化爲熊”韻
“積灰生蠅”，則讀入蒸部，談盍二部，其分亦如侵緝，乃如占
耴二聲，常相轉變，故拈抾同訓，鉆鉭同訓，其相通轉，亦最親

也。

東蒸亦有旁轉：

如送從侯得聲，而《詩》以韻丰控巷，困聲之字，乃有曾層
罾贈是也。

東談亦有旁轉：

若坎侯即空侯，《史記》書張孟談、趙談作張孟同、趙同是
也。

冬談亦旁轉：

如函谷作降谷（鄭康成尙書注），讒鼎作崇鼎是也。

侵談亦有旁轉；

如函與含，嚴與喦音義多相通是也。此皆次旁轉也。

以上陽侈聲旁轉。

眞諄旁轉：

如身弗皆在眞部，轉諄乃爲娠，尹君同聲，本在諄部，而記
言孚尹，則借爲浮筍，是又轉入眞部也。

諄寒旁轉：

如堇聲在諄部，難漢等字從之，則入寒部，貫聲在寒部，琨
之或字從貫作瓗，則入諄部，薀積或作宛積，薦席又爲荐席，皆
其例也。

青寒亦有旁轉：

如榮榮亦作嬛嬛，自營亦作自環是也，榮榮本作趏趏，則寒
青皆與眞相轉矣。

眞寒亦有旁轉：如辨本在眞部，采本在寒部，采訓辨別，則
聲義通矣。弁急之字，《說文》作慙，亦寒眞之轉也。

青諄亦有旁轉：

如《詩》"巧笑倩兮，美目盼兮。"倩在青部，盼在諄部，

而以爲韻，子夏引《詩》，倩盼又與絢韻，則青諄眞三部相轉也。

以上陽弇聲旁轉。

侯幽旁轉：

如句從丩聲，朡脁二字義同聲轉，蜀國漢人書作叟，未字漢以來皆書作豆是也。

幽之旁轉：

如求聲之字皆在幽部，而《詩》中裘字與梅貍試爲韻，則入之部，臼聲之字本在幽部，而鴟舊之字，自古以爲新舊之字，則借舊爲久，讀入之部，毒聲之字，本在之部，故《爾雅・釋訓》以毒韻德忒食，然《詩》已以毒韻鞫覆育迪爲幽部入聲是也。

之宵旁轉：

如《毛詩》“儦儦俟俟”，《韓詩》作“駓駓駪駪”，犛從孷聲，當在之部，而《唐韻》作莫交切，漢時亦以犛牛旄牛爲稱，是讀犛入宵部也。氂字從毛，《周禮・樂師》音義云：“氂舊音毛。”是從毛聲，在宵部也。而《左氏傳》晏氂，《國語》作晏萊，《唐韻》亦音里之切，是讀氂入之部也，此皆二部相轉，故其音彼此相涉也。（今語言之則曰的，是由之轉宵也，言已則曰了，亦由之轉宵也。）

侯宵亦有旁轉：

如乘驕作乘駒，車樔讀蜂藪，《說文》：奅訓上下相付，則奅付一語之轉，《毛詩》傳訓摽爲拊心，今人書符契之字作票皆是也。

侯之亦有旁轉：

如音聲在侯部，故易以蔀斗主爲韻，而陪倍諸字多讀入之部，又〈小雅〉“鄂不”，箋以爲“鄂柎”，〈大雅〉禡侮與附後奏爲韻是也。

幽宵亦有旁轉：

如箾韶亦作簫韶，皋陶亦爲咎繇，《魯詩》"素衣朱綃"，《毛詩》作"素衣朱繡"是也，此皆次旁轉也。

以上陰侈聲旁轉。

支至旁轉：

如弟聲之字，當在支部，而豑讀如秩，寔實二字，春秋時已通用，漢時趙魏間亦同聲呼之，八佾（今作佾）之字，《漢書》《春秋繁露》皆作溢，老泜之字，亦或作溢是也。

至脂旁轉：

如日聲之䵒，《左氏傳》用爲昵字，密本訓山如堂者，周密之密則借爲比，故《說文》："比、密也。"是也。

脂隊二部同居而旁轉：

其相轉者，如�8從豕聲，渠魁之字借爲顝，突出之字借爲自頔是也。

脂歌旁轉：

如玭亦作蠯，訾咨亦借爲嗟，彼交彼敖，亦作匪交，江南柀木，或作棐木是也。

隊泰旁轉：

如兀在隊部，月在泰部，而肒亦爲扴，抈亦同抓，出在隊部，輟在泰部，而屈鈯拙諸字，與叕窡棳諸字同有短義，是本一語之別，此其例也。

泰歌二部同居而旁轉；

如曷即是何，奇即是訶（《說文》奇、語相訶距也。）揭即是何（儋何之何），瀎泧即摩莎，苦苦蔞即果蓏是也。

支脂亦有旁轉：

如樂只君子作樂旨君子，積之秩秩作稽之秩秩，此從匕聲，本在脂部，而是斯二字同借爲此，則轉入支部，示聲之字，三百篇多轉入脂部，而《周禮》以示爲衹，《左氏傳》提彌明，《公羊傳》作祁，《史記》作示，則示亦出入支脂二部也。

支泰亦有旁轉：

如知哲二文互訓通用，《荀子》朽木不折，《大戴禮》作朽木不知是也。

支歌亦有旁轉：

如芰或作茤，輢或作輄是也。

至泰亦有旁轉：

《說文》迭达二字，或說以爲互借，屮聲之字，音本如徹，在至支二部。（徹或從鬲聲）而岜乃在泰部是也。此皆次旁轉也。

以上陰弇聲旁轉。

東侯對轉：

如豖從豕聲，容從谷聲，誦轉爲讀，洞借爲竇，童山即禿山，壴子即毃子是也。

冬幽對轉：

如忠轉爲周，（忠信爲周），蟲轉爲内，（蟲内本異訓，而從内之字，義與從虫者同）猛變爲巆，嬰變爲戎，簅躬同訓，窮究同訓是也。

侵幽對轉：

如襌服作導服，味道作味覃，侵從帚而音亦與帚相轉，寢訓宿而音亦與宿相轉，尤豫即猶豫，柔弱即柔弱是也。

緝幽對轉：

如，〈小雅〉事用不集，即事用不就，〈豳風〉九月叔苴，即九月拾苴，勾合爲一語，匋市爲同訓，皆一語之轉也。今昱聲之字亦多轉入幽部入聲矣。

蒸之對轉：

如載乘同訓，止懲同訓，台朕同訓，戴增同訓，皆一語之轉也，倗讀若陪，徵讀如止，繪亦作絳（從宰省聲），冰亦作凝（從疑聲），亦其例也。

談宵對轉：

如《說文》訬讀若龜，爵弁之爵字本作纔，瀺灊同訓（《說文》無瀺，以灊該之。）嚵噍同訓，皆一語之轉也。

盍宵對轉：

如砭轉爲剽（《說文》剽、砭刺也。）睫轉爲斛，捷（《說文》訓獵）轉爲鈔（《說文》訓叉取。）獵轉爲獠，擸（《說文》訓理持）轉爲撩（《說文》訓理）是也。

東幽亦有對轉：

如董借爲督，縱訓爲縮，冢之音義得于冖，用之音義同于由，翻變爲幢，霧讀如蒙是也。

緝之亦有對轉：

急亟相借，翌翼相借是也。

侵冬與之亦有對轉：

暗噁作意烏，得失作中失是也。

東之亦有對轉：

《公羊傳》宰上之木拱矣。以宰爲冢（宰字《方言》作埰，《說文》無。）《說文》鬷讀若宰是也（茸亦從耳聲，其字在東在冬未定。）此皆次對轉也。

以上侈聲對轉。

青支對轉：

如㑥訓使，轉而爲俾，趌訓半步，轉而爲頃，耿從炷聲，鞞讀如餅是也。

眞至對轉：

如臻至同訓，親窺與至亦同訓，皆一語之轉也，妃嬪之與妃匹，振訊（《爾雅》《毛詩》傳皆有振訊之語。）之與振肎（《說文》肎、振肎也。）亦一語之轉也。

諄與脂隊對轉：

如三晨之晨本作示（《說文》示下云：三垂日月星也。）其祁孔有，讀爲震，春之與推（《說文》春推也。）臀之與脽，鈍之與椎（漢人稱鈍爲椎。）敦之與自（敦丘即自丘。）皆一語之轉也。

寒與泰歌對轉：

如憲得聲于害，璿得聲于睿，櫼得聲于獻，兌得聲于㕣，是寒泰之轉也；裸讀如灌，闋讀如縣，獻尊即犧尊，桓表即和表，是寒歌之轉也。

青至亦有對轉：

如𢧄𢧄大猶，今作秩秩，平秩東作，又爲辨程是也。

眞支亦有對轉：

如詩言麟之定，傳訓爲顚，本亦作題，《說文》瞑讀若瑱，《春秋傳》西鄰責言，責讀如臻（見《集韻》十九臻緇詵切下，此猶《說文》轃訓車簀，轃簀亦一聲之轉，必本舊讀，今釋文有側介反與如字二讀。案責字作去聲者，俗或作債，《唐韻》《集韻》皆同側賣切在卦韻，與介在怪韻有別，側介必是側巾之誤。）是也。

眞脂亦有對轉：

如玭古文作蠙，《說文》𦣝讀若指是也。

寒支亦有對轉：

如觶或作觚，《地理志》越巂郡卑水。孟康音班是也。

寒與脂隊亦有對轉：

如燬轉爲烜，款從祟聲，旛胡爲肥胡，焉使作夷使，沙羨音沙夷是也。此皆次對轉也。

以上弇聲對轉。

陽魚對轉：

如亡無同訓，荒蕪同訓，旁溥同訓，往于同訓，昉（《說文》但作方放。）甫同訓，改撫同訓，獎驅同訓，皆一語之轉也。

以上軸聲對轉。

世人每於章君〈成均圖〉頗表不滿，以爲其圖無所不通，無所不轉，近於取巧之方法，實在章君此圖僅爲說明文字轉注假借及孳乳之由，以及古籍用韻例外相押韻之現象，所以如此排列者，只爲表明古韻某部與某部相近而已，並未泯滅古韻分部之大界。且古韻分部自段玉裁、孔廣森、王念孫、江有誥以來，無論如何縝密，而例外押韻之情形，仍在所不免，在段、王則謂之合韻；在孔則謂之對轉與通韻，在江又謂之通韻、合韻、借韻，章君一之以旁轉對轉之名，原所以整齊百家，使名歸一統而易曉也。爲圖以表明之，所以省記識之繁而已。倘因一二疏漏，概謂章君之說爲不可信者，則亦率爾操觚，未之深思者也。

夫旁轉對轉者，實近代語音史上常見之事實。所謂旁轉，就現象言，乃陰聲韻部與陰聲韻部之間，或陽聲韻部與陽聲韻部之間，有互相押韻、假借或形聲字中有互相諧聲之現象者稱之；就音理言，乃某一陽聲韻部或陰聲韻部因舌位高低前後之變化，而成爲另一陽聲或陰聲韻部者是也。胡以魯《國語學草創》云：

「方音者，起於空間的社會心理與夫時間的社會心理之差，蓋自然之勢也。保持之特質與自然之趨勢相衝擊，折衷調和之，乃發近似之音聲，近似者，加之鼻音（謂之對轉者此），別以弇侈（謂之旁轉者此）也。弇侈之別，口腔大小之差耳。訛傳固甚易易，而鼻音亦其相近者也。」又云：「所謂旁轉對轉者，音聲學理所應有，方音趨勢所必至也。」王力《中國音韻學》亦云：「所謂旁轉，是從某一陰聲韻轉到另一陰聲韻，或從某一陽聲韻轉到另一陽聲韻。例如陰聲 a，稍變閉口些，就成陰聲ɛ；又如陽聲ɔŋ，稍變開口些，就成為陽聲aŋ。這在語音史上是常見的事實。」至於對轉，乃陰聲韻加上鼻音韻尾而成為陽聲韻，或陽聲韻失落鼻音韻尾而成為陰聲韻是也。又音聲之變，往往經由旁轉對轉二歷程，即所謂次對轉者是也。王力《中國音韻學》云：「就中國現代方音與古音比較，我們看得出有些字音是經過了“旁轉”與“對轉”的歷程，例如“慢”字，在隋朝讀作〔man〕，今蘇州讀作〔mɛ〕，我們料想在起初的時候，先由〔man〕變為〔mɛn〕，這是旁轉；再由〔mɛn〕變為〔mɛ〕，這是對轉。」進而言之，“慢”字之音由〔man〕到〔mɛ〕，就是次對轉。明乎此，對於章君所定諸轉之例，自無可疑者矣。

　　然則章君之說，竟一無罅隙乎？是又不然，蓋章君之言旁轉、對轉，僅據現象而言，據現象者，僅足知其然，而於其所以然者，尚有未審也。若魚部為陰聲閉口之極，而與陽部陽聲開口之極相對轉，則於對轉之理未合也；青部入陽弇，支部入陰弇，使韻尾不同者，混於一處，韻尾相同者卻彼此分開，以言旁轉，亦有未合也。

第九節　王力之古韻研究

一、王力之古音學著作：

　　王力字了一（1900-1986），廣西博白人，是先師許世瑛先生在清華大學中文系就讀時之聲韻學業師，我於先生應爲再傳弟子。其聲韻學之著作甚夥，早年著〈上古韻母系統研究〉一文，分古韻爲二十三部，脂微分部是其創見。其後有《中國音韻學》，後改名爲《漢語音韻學》。此書實爲聲韻學教科書中，材料最賅備，編次最合理者。全書分作四編，第一編前論，開宗明義先講語音常識，與學者奠定審音基礎，然後統一名詞之含義與解釋，並且簡單介紹中國古代發音學－等韻之名義及重要之著作。第二編爲本論上，著重於《廣韻》之研究，於《廣韻》之歷史、聲韻母及其音值、反切等各方面，均加以詳細討論。第三編爲本論中，由《廣韻》以上推古音，敘述古音學之略史，各家之研究，以及上古音值與聲調等問題。第四編爲本論下，由《廣韻》下推今音，先說明《廣韻》以後韻書之概略，現代音之推求，不僅及於官話音系，而且旁及於吳、閩、粵、客各種方言。編一部教科書，縱然未有創見，而能搜羅衆說，抉擇精當，條理清析，即爲一極佳教科書。先生此書，可稱得上合於此一條件。一九五七年出版《漢語史稿》，一改其早年之說，古韻分部採陰陽入三分之說，主張入聲獨立成部，因釐訂古韻爲二十九部。並爲古韻二十九部擬測音值。一九六三年出版《漢語音韻》對於《漢語史稿》音值部份有所修正。其後出版之《詩經韻讀》、《漢語語音史》等書，於上古音之聲韻值皆作局部更動。此類書對研究中國音韻學之學者言，皆為必備之重要參考讀物。

二、王力古韻分部之創見：

脂微分部為王氏古韻分部之創見，見於其〈上古韻母系統研究〉一文，茲錄其"脂微分部的理由"於下：

【一】脂微分部的緣起：

章太炎在《文始》裡，以「嵬隗鬼夔畏傀隤䠋卉衰」等字都歸入隊部，至於「自」聲「隹」聲「靁」聲的字，他雖承認「《詩》或與脂同用」，同時，他卻肯定的說「今定為隊部音。」黃侃的"沒"部，表面上是等於章氏的"隊"部，實際上不很相同，就因為黃氏的"沒"部裡不收「畏」聲、「鬼」聲、「虫」聲、「貴」聲、「卉」聲、「衰」聲、「隹」聲、「靁」聲的字，把它們歸入"灰"部（即"脂"部）裡，這自然因黃氏認"沒"部為古入聲，不肯收容他所認為古平聲的字了。然而章氏把這些平上去聲的字歸入隊部，也該是經過長時期的考慮，值得我們重視的。

我們首先該注意的，就是這些字都是屬於合口呼的字，我發表〈南北朝詩人用韻考〉，我考定《切韻》的"脂"韻舌齒音合口呼，在南北朝該歸"微"韻的，換句話說，就是「追綏推衰誰蕤」等字該入"微"韻，也恰恰就是章氏歸入"隊"部的字。

【二】脂微分部的標準：

中古音系，雖不就是上古音系，然而中古音系裏頭，能有上古音系的痕跡，譬如上古甲韻一部分的字，在中古變入乙韻，但他們是「整族遷徙」，到了乙韻裡，仍舊「聚族而居」，因此關於脂微分部，我們用不著每字估價，只須依《廣韻》的系統細加分析，考定某系的字，在上古當屬某部就行了。今考定"脂"

“微”分部的標準如下：

（甲）《廣韻》的“齊”韻字，屬於江有誥的“脂”部者，今仍認爲“脂”部。

（乙）《廣韻》的“微”“灰”“咍”三韻字，屬於江有誥的“脂”部者，今改稱“微”部。

（丙）《廣韻》的“脂”“皆”兩韻，是上古“脂”“微”兩部雜居之地，“脂”“皆”的開口呼，在上古屬“脂”部，“脂”“皆”的合口呼，在上古屬“微”部。

上古“脂”“微”兩部與《廣韻》系統的異同如下表：

廣韻系統	齊韻	脂皆韻		微韻	灰韻	咍韻
等呼	開合口	開口	合口	開合口	合口	開口
上古韻部	脂部			微部		
例字	鷖奚稽繼啓衹體替弟棣黎濟妻犀膍迷瞇	皆喈伊饑夷彞遲二利脂鴟示尸師資司私比眉	淮懷壞追衰惟遺薾悲睢歸毀唯雖	衣依晞幾豈祈頎威翠徽韋歸鬼非飛肥微	虺回巋傀敦摧蓷雷隤	哀開凱

【三】脂微分部的證據：

今以段玉裁《六書音韻表》爲根據。

（甲）段氏表已顯示“脂”“微”分部者：

A、“脂”部獨用：〈碩人〉一章：荑脂蠐犀眉。〈風雨〉一章：淒喈夷。〈衡門〉一章：遲飢。〈侯人〉四章：隮飢。〈下泉〉三章：蓍師。〈大田〉三章：淒祈私。〈瞻彼洛矣〉一章：茨師。〈卷阿〉九章：萋喈。〈板〉五章：懠毗迷尸屎葵資師。〈瞻卬〉三章：鴟階。〈谷風〉二章：薺弟。〈泉水〉二章：沛禰弟姊。〈蝃蝀〉一章：指弟。〈相鼠〉三章：體禮禮死。〈載馳〉三章：濟閟。〈載驅〉二章：濟瀰弟。〈陟岵〉三章：弟偕死。〈魚麗〉二章：鱧旨。〈魚麗〉五章：旨偕。〈吉日〉四章：矢兕體。〈大東〉：匕砥矢履視涕。〈大田〉二章：稚穧。〈賓之初筵〉一章：旨偕。〈旱麓〉一章：濟弟。〈行葦〉二章：弟爾幾。〈豐年〉：秭醴妣禮皆。〈載芟〉：濟（穧）秭醴妣禮。

　　B、“微”部獨用：〈卷耳〉二章：嵬隤罍懷。〈樛木〉一章：纍綏。〈柏舟〉五章：微衣飛。〈終風〉四章：雷懷。〈式微〉一二章：微歸微歸。〈北門〉三章：敦遺摧。〈揚之水〉：懷歸懷歸懷歸。〈將仲子〉一二三章：懷畏懷畏懷畏。〈丰〉四章：衣歸。〈東方未明〉二章：晞衣。〈南山〉一章：崔綏歸懷歸。〈素冠〉二章：衣悲歸。〈東山〉一章：歸悲衣枚。〈東山〉二章：畏懷。〈東山〉三章：飛歸。〈九罭〉四章：衣悲歸。〈四牡〉二章：騑歸。〈常棣〉二章：威懷。〈采薇〉一二三章：薇歸。〈南有嘉魚〉三章：纍綏。〈湛露〉一章：晞歸。〈采芑〉四章：（焞）雷威。〈十月之交〉一章：微微哀。〈巧言〉一章：威罪。〈谷風〉二章：頹懷遺。〈谷風〉三章：嵬萎（怨）。〈鴛鴦〉四章：摧綏。〈車舝〉三章：幾幾。〈旱麓〉六章：枚回。〈泂酌〉一章：罍歸。〈板〉七章：懷畏。〈雲漢〉三章：推雷遺遺畏摧。〈常武〉六章：回歸。〈瞻卬〉六章：幾悲。〈有駜〉二章：飛歸。〈靜女〉三章：煒美。〈敝笱〉三章：唯水。〈七月〉一章：火衣。〈七月〉二章：火葦。〈魚藻〉二章：尾豈。〈瞻卬〉二章：罪罪。

　　（乙）依段氏表雖當認為“脂”“微”合韻，實際上仍可認為分用者，此類又可細別為「轉韻」與「不入韻」兩種。

　　（子）可認為轉韻者：

〈碩人〉一章：頎衣妻姨私。（由“微”轉“脂”）〈七月〉二章：遲祁悲歸。（由“脂”轉“微”）〈采薇〉六章：依霏遲飢悲哀。（由“微”轉“脂”復轉“微”）〈鼓鐘〉二章：嗜嗜悲回。（由“脂”轉“微”）

（丑）可認爲不入韻者：

〈葛覃〉一章：「葛之覃兮，施于中谷。維葉萋萋。黃鳥于飛，集于灌木。其鳴喈喈。」（谷木侯部叶韻，萋喈脂部叶韻，飛字不入韻。此章顯然分爲兩段，每段首句無韻。）〈葛覃〉三章：「言告師氏，言告言歸。薄污我私，薄澣我衣。」（衣歸微部叶韻，私字不入韻，江有誥亦認爲非韻，按奇句不一定入韻。）〈谷風〉二章：「行道遲遲，中心有違。不遠伊邇，薄送我畿。」（違畿“微”部叶韻，遲字非韻，又可認爲遲邇爲叶韻。）

〈北風〉二章：「北風其喈，雨雪其霏。惠而好我，攜手同歸。」（霏歸“微”部叶韻，喈字不入韻。）〈巧言〉六章：「彼何人斯，居河之麋。無拳無勇，職爲亂階。既微且尰，爾勇伊何。爲猶將多。爾居徒幾何。」（麋階“脂”部叶韻，何多何“歌”部叶韻，伊幾非韻，段氏誤。）〈四月〉二章：「秋日淒淒，百卉具腓。亂離瘼矣，爰其適歸。」（腓歸“微”部叶韻，淒字不入韻。）〈桑柔〉二章：「四牡騤騤，旟旐有翩。亂生不夷，靡國有泯。民靡有黎，具禍以燼。於乎有哀，國步斯頻。」（翩泯燼頻“眞”部叶韻，奇句騤夷黎哀，不必認爲入韻。）〈桑柔〉三章：「國步滅資，綏不我將。靡所止疑，云徂何往。君子實維，秉心無競。誰生厲階，至今爲梗。」（將往競梗“陽”部叶韻，奇句資疑維階不必入韻。）〈匏有苦葉〉二章：「有瀰濟盈。有鷕雉鳴。」（盈鳴“耕”部叶韻，瀰鷕在句中，不必認爲入韻。）〈谷風〉一章：「采封采菲，無以下體。德音莫違，及爾同死。」（體死“脂”部叶韻，奇句則菲違“微”部叶韻，段氏以菲體死叶韻非是。）〈葛藟〉一章：「緜緜葛藟，在河之滸。終遠兄弟，謂他人父。」（滸父“魚”部叶韻，奇句藟弟不必認爲入韻。）

（丙）確宜認爲“脂”“微”合韻者：

〈汝墳〉一章：枚飢。〈采蘩〉三章：祁歸。〈草蟲〉三章：薇悲夷。〈蒹葭〉二章：萋晞湄躋坻。〈出車〉六章：遲萋喈祁歸夷。〈杕杜〉二章：萋悲萋悲歸。〈斯干〉四章：飛躋。〈節南山〉三章：師氏維毗迷師。〈節南山〉五章：夷違。〈小旻〉二章：（訛）哀違依底。〈四月〉六章：薇棲哀。〈楚茨〉五章：尸歸遲私。〈采菽〉五章：維葵膍戾。〈生民〉七章：惟脂。〈崧高〉六章：鄙歸。〈烝民〉八章：騤喈齊歸。〈有客〉：追綏威夷。〈閟宮〉一章：枚回依違。〈長發〉三章：違齊遲躋遲祇圍。〈汝墳〉三章：尾燬燬邇。〈狼跋〉一章：尾幾。〈常棣〉一章：韡弟。〈蓼蕭〉三章：泥弟弟豈。〈大田〉二章：稚火。〈公劉〉四章：依濟幾依。〈行葦〉一章：葦履體泥。

以上共一百零八個例子，可認爲“脂”“微”分用者八十二個，約佔全數四分之三，可認爲“脂”“微”合韻者二十七個，不及全數四分之一。

若更以段氏〈群經韻分十七部表〉爲證，在卅四個例子當中，可認爲“脂”“微”合韻者，僅有七個，約佔全數五分之一。

最可注意的，是長篇用韻不雜的例子，例如〈板〉五章叶「隮毗迷尸屎葵師資」共八韻，〈大東〉一章叶「匕砥矢履視洟」共六韻，〈載芟〉叶「濟積秫醴妣禮」（積係支部字）共六例，〈碩人〉三章叶「羨脂躋犀眉」共五韻，〈豐年〉叶「秫醴妣禮皆」共五韻。都不雜微部一字，又如《晉語》國人誦改葬共世子，叶「懷歸違哀微依妃」共七韻，《詩·雲漢》叶「推雷遺遺畏摧」共六韻，〈南山〉一章叶「崔綏歸歸懷」共五韻，都不雜脂部一字，這些都不能認爲偶然的現象。

　　【四】脂微分部的解釋：

　　　由上面的證據看來，脂微固然有分用的痕跡，然而合韻的例子也不少，我們該怎麼解釋呢？我想最合理的解答，乃是“脂”“微”兩部的主要元音在上古時代並非完全相同，所以能有分用的痕跡，然而他們的音值一定非常相近，所以“脂”“微”合韻，比其他各部合韻的情形，更爲常見，本來，談古韻的人，沒有法子不談「合韻」，假使看見兩韻稍有牽連，就把它們歸併起來，勢非歸併到苗夔七部不止。試把顧、江、段、王、江五君的古韻分部來相比較，要算顧氏的合韻最少，江永把“眞”“寒”分開，於是〈生民〉的「民嫄」，〈烈文〉的「人訓刑」，〈小戎〉的「群錞苑」，〈楚茨〉的「燔慇孫」就不能不認爲合韻；段氏把“眞”“諄”分開，於是〈正月〉的「鄰云慇」，亦不能不認爲合韻；王氏把“脂”“至”分開，於是〈載馳〉三章的「濟閟」，〈皇矣〉八章之「類致」，〈抑〉首章之「疾戾」，〈終風〉三章之「曀寐嚏」，亦不能不認爲合韻。其合韻情形最多者，要算“幽”部與“宵”部，“曷”部與“術”“質”兩部，依段氏〈六書音韻表〉“幽”“宵”合韻共十二處，依王念孫〈致江有誥書〉，“曷”“術”合韻共六處，依江有誥〈復王念孫書〉，“質”“曷”合韻共四處，“質”“術”合韻共七處，由此看來，研究古韻，確要加些判斷，戴東原所謂「審音非一類，而古人之文偶有相涉，始可以五方之音不同，斷爲合韻。」在某一些情形之下，是合理的，但審音非一類而古人之文偶有相涉時，也未必是五方之音不同，而是雖非一類，卻甚相近，即章太炎所謂「同門而異戶」。

　　然而我們不能不承認"脂""微"合韻的情形，比其他合韻的情形多些，因此，如果談古韻者主張用王氏或章氏的古韻學說，不把"脂""微"分開，我並不反對，我所堅持的一點，乃在乎上古"脂""微"兩部的韻母並不相同，假使說完全相同的話，那麼「飢」之與「機」、「几」之與「幾」、「祁」之與「祈」、「伊」之與「衣」，其音將完全相等，我們對後世的"脂""微"分韻就沒法子解釋。

　　嚴格地說，上古韻部與上古韻母系統不能混爲一談，凡韻母相近者，就能押韻，然而我們不能說，凡押韻的字，其韻母必完全相同，或其主要元音完全相同。因此我們可以斷定"脂""微"在上古，雖也可以認爲同部，卻絕對不能認爲韻母系統相同。見〈上古韻母系統研究〉。

　　然王力"脂""微"分部理論，就《詩經》用韻而言，合韻甚夥，兩部雖有分劃之跡象，然界限並不十分明顯。其後董同龢先生根據王力提示，就諧聲字及《廣韻》重紐方面加以研究，方得有力之證明。董氏《上古音韻表・脂微分部問題》云：

　　王了一師發表〈上古韻母研究〉一文，其中有一段主張，把江有誥的「脂部」再分析爲"脂"與"微"。王先生又說，他著重在"脂"與"微"的主要元音必須分剖，並不斤斤於韻部的劃分與否。王先生創立他的「脂微分部」說，區分標準是：

　　（甲）《廣韻》的齊韻字屬於江有誥的脂部者，今仍認爲脂部。

（乙）《廣韻》的微、灰、咍三韻字，屬於江有誥的脂部者，今改稱微部。

（丙）《廣韻》的脂、皆兩韻是上古脂、微兩部雜居之地：脂、皆的開口呼在上古屬脂部，脂、皆的合口呼在上古屬微部。

王先生更把他的"脂"跟前人已分的"至"（或"質"）聯合起來，以與陽聲眞部韻相當。又把他的"微"跟"術""物""沒"等韻的字聯合起來，以與陽聲文部相當。照以前的說來，跟"文"部相當的韻，兼有平上去入的字（即傳統的"脂"部），跟"眞"部相當的韻，只有入聲字與少數去聲字，即所謂"至"（或"質"）。現在依王先生的改訂，"眞"部也有平上聲的陰聲字相與對當了。

王先生更把他的學說求證於《詩經》韻，結果在全體108個韻例之中，可認爲"脂""微"分用者有82個，應視作"脂""微"合用者仍有26處韻。因爲合韻的情形到底是多，王先生只歸結到說，兩部的元音雖不同而相近，並不堅持一定要分部。

那麼"脂"與"微"究竟能不能分部呢？我覺得《詩》韻與諧聲對於上古韻母系統的觀測，是有同等重要價值的。並且，往往有一些現象就《詩經》韻看來是不夠清楚的，一加上諧聲作對照，便得豁然開朗。最顯著的就是"東""中"分部問題。當江有誥贊成孔廣森的提議，而向王念孫引伸其說的時候，終不免因幾個韻腳的糾纏，致使王氏不能信從，後來高本漢且不採納那種分法。但是到李方桂先生大量的參考諧聲字，以證其當分，高氏便翕然聽信了。職是之故，我也把王先生的建議拿到諧聲字裡試驗過一下，得到如下的結果：

(1)"齊"韻字可以說是不跟"微""灰""咍"三韻的字發生什麼關係。在全體諧聲字中，"齊"韻字與"微""灰"

“咍”相諧的只有三個不甚確實的例：隶 i、dʻâi：逮 dʻâi：棣 dʻiei——“隶”字的 dʻei 一音當係《廣韻》的後加音，因爲王仁昫《刊謬補缺切韻》裡都還沒有他。“逮”又有 dʻiei 一音。

　　西 siei：洒 nậi《說文》云：“洒……從乃省，卤聲。”段注：“卤者籀文西字。”其實這是個問題。《說文》各本“卤”有作“鹵”者；徐鍇本又說“卤省聲”。所以“卤”不見得是“西”字。再者“洒”古書多與“乃”nậi〈*nəg 通，當爲“之”部字而不得入“脂”部。

　　尾 mi̯ĕi：犀 siei——諧聲中開合或 s－，m－相諧的例很少見。我的朋友張苑峰先生說：“犀”字可能是從“牛”從“尾”會意。

　　所以，“齊”與“微”“灰”“咍”在《詩》韻裡雖不免糾纏，但依諧聲則大體分得很清楚。王先生的甲、乙兩項標準就可以完全成立；“脂”“微”分部的大界也可以就此確立。

　　⑵跟“齊”韻字關係最密的莫過於“脂”韻開口字。兩兩相諧者共有十七個系統之多——即從“毗坒利朿自白疐雉尼旨矢夷米氐黎齊㸟犀”的字，不遑一一列舉。要緊的是他們中間決沒有“微”“咍”“灰”的字夾雜著。[6]

　　可是並不是所有的“脂”韻開口字都只跟“齊”韻字諧。也有一部分是專諧“微”“咍”“灰”而不諧“齊”的，如：

　　槩曁塈-i：旣䀩曁槩塈-ĕi——溉槪慨-ậi

　　覬-i：豈顗-ĕi——剴愷譏-ậi

6　原注：《說文》有‘詯’ɤuậi 字，似爲例外而實不然。《說文》云：“詯，膽氣滿，聲在人上。從言自聲。讀若反目相睞”。按睞 lậi←*ləg 爲之部字，與‘自’dzʻi←*dzʻi̯ed 相差過遠。‘從自聲’之‘聲’當係緣上文‘聲’字而衍者。依義訓，‘詯’當從‘言’從‘自’會意。

郗脪絺-i：希莃脪欷……-ĕi

(3)如"脂"開口字，"皆"韻的開口音是有專諧"齊"而不諧"微""灰""咍"的，如：

眉-ăi：一郿-iei　儕齋-ăi：齊-iei

可是也有專"微""灰""咍"而不諧"齊"的，如：

鼕-ăi：叡-ậi　俙-ăi：希-ĕi

由上面看，"脂""皆"兩韻的開口字雖然在諧"齊"之外，另有諧"微""灰""咍"的，但是他們實在是在各自為政，決沒有紊亂"齊"與"微""灰""咍"的界限。只有上引從`隶´聲的字在此又是唯一的例外。

隸-ăi：肆隸殔-i：逮-ậi　棣逮-iei

(4)大多數的"脂"韻合口字只諧"微""灰""咍"而不諧"齊"，即從「彪纍�佳與非歸……」聲的字，不遑遍舉。可是另外有一些則專"齊"而不諧"灰""咍"，如：

癸葵-i̯wi：睽-一 iwei，闃-iwit）

穗-i̯wi：惠ɣiwei

他們當入脂部。

(5)"皆"合口只諧"微""灰""咍"以及跟"微""灰""咍"有關的"脂"韻字，如：

淮匯-wăi：推崔匯-uậi：隹-i̯wi

俳排-wăi：輩-uậi：非-wĕi：悲-i̯wi

的確沒有一個跟"齊"韻字諧的。

上面"脂""皆"兩韻的合口字，雖有當入"脂"部的，也不紊亂"齊"與"微""灰""咍"的界限，並且一個例外也沒有。

現在總起來看，分別"脂"部與"微"部確實是可以的。不過是因爲加了材料，王先生的丙項標準須要稍微改正一下。我們不能說"脂""皆"的開口字全屬"脂"部，而合口字全屬"微"部。事實"上"脂""皆"兩韻的確是上古"脂""微"兩部的雜居之地，他們的開口音與合口音之中同時兼有"脂""微"兩部之字。

　　用以上所訂的標準把"脂"與"微"分部是有什麼意義呢？第一，非但是由《詩》韻與諧聲我們可以出看得出"脂"部字跟"微"部字本來是分居劃然的，即在《廣韻》，他們還是留下了許多區分不混的痕跡。請看"脂"韻的"重紐"：

	平		上		去
丕：紕		鄙：匕		痹：祕	
邳：毗		否：牝		濞：屁	
逵：葵		軌：癸		鼻：備	
秠：郫					
器：棄					
媿：季					
匱：悸					

　　這些不同音切的字向來是沒有法子解釋的。但是如從上古來源方面去推求，問題就大致清楚了。先就平上聲與去聲的 `備´ 與 `鼻´ 說，不同音切的雙方不是"之""幽"兩部字跟傳統"脂"部的對立嗎？（ `丕邳鄙否備´ 是"之"部字， `逵軌´ 是"幽"部字； `紕毗葵心牝癸鼻´ 是舊"脂"部字。）至於餘下的那一些，用我們的"脂""微"分部標準說， `痹濞鼻秠器媿匱´ 原爲"微"部字， `祕屁郫棄季悸´ 原爲"脂"部字。"脂"與"微"上古如不分，這些對立的現象是從何而生呢？

　　第二，與"脂"韻相當的陽聲"眞"韻與入聲"質"韻也有跟"脂"韻完全平行的現象,足證上面的那些重紐實在應有不同的來源,"如脂"與"微"者。

眞			質
平	上	去	入
彬:賓	愍:泯		筆:必
彪:繽			弼:邲
貧:頻			密:蜜
珉:民			暨:吉
矜:趣			乙:一
慇:因			肸:欨
麏:均			

在這裡面,左一行的字原來屬"文"部與黃侃所謂"沒"部;右一行的字即屬"眞"部與所謂"質"(或"至")部。"文"部正是跟我們的"微"部相當的陽聲韻;所謂"沒"部恰是"微"部的入聲部分;"眞"部是跟我們的"脂"部相當的陽聲韻;"質"部又是"脂"部的入聲部分。

第三,"脂"部旣與"眞"部相當,他的主要元音當是 e;"微"部旣與"文"部相當,他的主要元音當是ə。上古有 e 元音的還有"佳""耕"兩部;有ə元音的還有"之""蒸","緝""侵"諸部。如果我們回想到前述 tʂ 一系字之分配,他們在"脂""眞"與"佳""耕"之間,又在"微""文"與"之""蒸""緝""侵"之間是如何的各各一致,更可以覺得在傳統的"脂"部中實有分別 e 與ə兩個元音的必要。

末了,當王念孫與江有誥辯論別出"質"部的時候,總是為著幾處"合韻"而費脣舌。現在我們看:除去〈皇矣〉八章的"類致",〈載馳〉三章的"濟閟"、〈抑〉首章的"疾戾"、以及〈賓之初筵〉的"禮至"，就完全不是"合韻"，而是正常的"脂"部"獨用"了。江氏又說過："《楚詞》分用者五章……合用者七章。其實〈懷沙〉的"抑至"，〈悲回風〉的"比至"以及〈九辯〉的"濟至"也是"脂"部獨用。結果是分用者八章而合用者僅四章。

總之，"脂""微"分部說是值得而且必須採納的。這項學說的價值在確定古代-n-t-d-r 之前 e 與 ə 兩個元音的一致區分。

王君理論，經董氏之驗證，此說已成定案。

㈤考古派古韻分部之源流

一、鄭庠	二、顧炎武	三、江永	四、段玉裁	五、孔廣森	六、王念孫	七、章炳麟	八、王力
一東	東陽耕蒸	東陽耕蒸	東陽耕蒸	東冬陽耕蒸	東陽耕蒸	東冬陽耕蒸	東冬陽耕蒸
二支	支	支	支脂之	支脂之	支脂至祭之	支脂隊至泰之	支脂微物質月之
三魚	魚歌	魚歌	魚歌	魚歌	魚歌	魚歌	魚歌
四眞	眞	眞元	眞諄元	眞元	眞諄元	眞諄寒	眞文元
五蕭	蕭	蕭尤	蕭尤侯	宵幽侯	宵幽侯	宵幽侯	宵幽侯
六侵	侵	侵談	侵談	侵談合	侵談緝盍	侵談緝盍	侵談及盍

從鄭庠到王力，如果從分不從合，古韻分部最後結果當爲廿四部。此廿四部代表古音學史上極其重要之一派。王力《漢語音韻》云：「這一派比較地注意材料的歸納，『不容以後說私意參乎其間。』」（王國維語）推重這一派的人往往主張二十二部之說，夏炘著《詩古韻表二十二部集說》，所集的是顧炎武、江

永、段玉裁、王念孫、江有誥五家，他的結論是『竊意增之無可復增，減之無可復減，凡自別乎五先生之說者，皆異說也。』王國維也說：『古音二十二部之目遂令後世無可增損。』但是章炳麟、王力在二十二部的基礎上也不過作了小小補充。章炳麟承認『脂隊相近，同居互轉。』王力也說：『如果談古音者主張遵用王氏或章氏的古韻學說，不把脂微分開，我並不反對。』他們二人所堅持的不過是要承認『同門而異戶』罷了。

與考古派相反的，就是所謂審音派，此兩派最大之差異，即在對入聲的看法，具體說來，即在陰陽兩分法，與陰陽入三分法之差異。王力《漢語音韻》說：「陰陽兩分法和陰陽入三分法的根本分歧，是由於前者是純然依照先秦韻文來作客觀的歸納，後者則是在前者的基礎上，再按照韻母系統進行判斷，這裡應該把韻部和韻母系統區別開來，韻部以能互相押韻爲標準，所以只依照先秦韻文作客觀歸納就夠了。韻母系統則必須有它的系統性（任何語言都有它的系統性），所以研究古音的人必須從語音的系統性著眼，而不能專憑材料。具體說來，兩派的主要分歧表現在『職』、『覺』、『藥』、『屋』、『鐸』、『錫』六部是否獨立。這六部都是收音於-k的入聲字，如果併入了陰聲，我們怎樣了解陰聲呢？如果說陰聲『之』、『幽』、『宵』、『侯』、『魚』、『支』六部既以元音收尾，又以清塞音-k收尾，那麼，顯然不是同一性質的韻部，何不讓他們分開呢？況且，收音於-p的『緝』、『葉』，收音-t的『質』、『物』、『月』都獨立起來了，只有收音於-k的不讓它們獨立，在理論上也講不通。既然認爲同部，必須認爲收音是相同的。要末就像孔廣森那樣，否認上古有收-k 的入聲 [7]；要末就像西洋某些漢學家所爲，連『之』、『幽』、『宵』、『侯』、『魚』、『支』六部都認爲也是收輔音的 8 。我們認爲兩者做法都不對。如果像孔廣森那樣，否定了上古的-k 尾，那麼，中古的-k 尾是怎樣來的呢？如果像某些漢學家那樣，連『之』、『幽』、『宵』、『侯』、『魚』、『支』六部都收塞音（或擦音），那麼，上古漢語的開音節那樣貧乏，也是不能想像的。王力之所以放棄了早年的主張，采用了陰陽入三聲分立的說法，就是這個緣故。」

第十節　戴震之古韻研究

一、戴氏之古韻學著作：

戴震字東原（1723-1777），休寧人。東原師江永之撰《古韻標準》，戴氏實贊成之；其弟子段玉裁、孔廣森、王念孫之成書，亦均得戴氏之啓悟。其古音學著作有《聲韻考》四卷及《聲類表》九卷。其《聲韻考》四卷，乃其考論聲韻源流之著，其本末條例，略仿顧氏《音論》，而精博則又過之。就中第三卷爲全論古音之作，首列徐蒇、戴侗、陳第、顧炎武諸家論古音之說以溯其源，復述鄭庠、顧炎武、江永、段玉裁諸家古韻部分，以明其本。其書所載，多有新解。而分古韻爲七類二十部，則其書之大要也。其《聲類表》九卷，取古音分爲九類而爲之表：一曰歌魚鐸之類、二曰蒸之職之類、二曰東尤屋之類、四曰陽蕭藥之

7　孔氏同時還否認上古有收-t 的入聲。這裡不牽涉到收-t 的問題，所以只談收-k 的問題。

8　例如西門(Walter Simon)和高本漢(B. Karlgren)。西門做得最徹底，六部都認爲是收濁擦音-ɤ；高本漢顧慮到開口音節太少了，所以只讓『之』、『幽』、『宵』、『支』四部及『魚』部一部分收濁塞音 g。

類、五曰庚支陌之類、六曰眞脂質之類、七曰元寒桓刪山仙祭泰
夬廢月曷末黠鎋薛之類、八曰侵緝之類、九曰覃合之類。每類爲
一卷，故爲九卷。各詳其開口、合口、內轉、外轉、重聲、輕
聲、呼等之緐瑣，今音古音之轉移，綱領既張，纖悉畢舉，彼此
相配，四聲一貫，所以補前人所未及而爲釐之就緒者也，考古審
音，均詣其極，精心神解，集其大成。惜書成僅二十日而歿，未
及爲例言，曲阜孔氏刻《東原遺書》，取〈與段若膺論韻書〉弁
其卷首，而作書之意，始稍具綱維。段氏爲之序，謂戴氏集諸家
之大成，精研爛熟，今觀其書，條理秩然，誠非虛語也。

二、戴氏古韻九類二十五部：

　　戴氏初作《聲韻考》，據《廣韻》分古韻爲七類二十部，其
言曰：「大致音之定限七，故入聲止于七部。眞、臻、諄、殷、
文、痕、魂、先、仙、元、刪、山、寒、桓與脂、微、灰、齊、
祭、廢、皆、夬、泰，其入聲質、櫛、術、迄、物、沒、屑、
薛、月、黠、鎋、曷、末是也。（此爲第一類。）蒸、登與之、
咍、尤，其入聲職、德是也。（此爲第二類。）東、冬、鍾、江
與幽、侯、蕭，其入聲屋、燭是也。（此爲第三類。）陽、唐、
庚與宵、肴、豪，其入聲藥、覺、沃是也。（此爲第四類。）
清、青、庚與支佳，其入聲昔、錫、麥是也。（此爲第五類。）
歌、戈、麻與魚、虞、模，其入聲鐸、陌是也。（此爲第六
類。）侵、覃、談、鹽、添、咸、銜、嚴、凡，其入聲緝、合、
盍、葉、怗、洽、狎、業、乏是也。（此爲第七類。）」（見
《聲韻考》卷三。）

　　其後著《聲類表》更分爲九類二十五部，其〈答段若膺論韻
書〉云：「癸巳春（1773），僕在浙東，據《廣韻》分爲七類，

侵以下九韻，皆收脣音，其聲古今無異說，又方之諸韻，聲氣最
斂，詞家謂之閉口音，在《廣韻》雖屬有入之韻，而其無入諸
韻，無與之配，仍居後爲一類，其前無入者，今皆得其入聲，兩
兩相配，以入聲爲相配之樞紐。眞以下十四韻，皆收舌齒音，
脂、微、齊、皆、灰亦收舌齒音，入聲質、術、櫛、物、迄、
月、沒、曷、末、黠、鎋、屑、薛爲一類；東、冬、鍾、江、
陽、唐、庚、耕、清、青、蒸、登皆收鼻音，支、佳、之、咍、
蕭、宵、肴、豪、尤、侯、幽亦收鼻音，入聲屋、沃、燭、覺、
藥、陌、麥、昔、錫、職、德。分蒸、登，之、咍，職、德爲一
類；東、冬、鍾、江，尤、侯、幽，屋、沃、燭、覺爲一類；
庚、耕、清、青，支、佳，陌、麥、昔、錫爲一類；弓馮熊雄夢
鷹等字，由蒸、登轉東，尤郵牛丘裘紑謀等字，由之、咍轉尤，
服伏輔福郁或牧坶穆等字由職、德轉屋，而東、鍾轉爲江，尤、
侯轉爲蕭，屋、燭轉爲覺，陽、唐轉爲庚，及藥韻字轉陌、麥、
昔、錫。音之流變無定方，而可以推其相配有如是，歌、戈、麻
皆收喉音，魚、虞、鐸亦收喉音，入聲鐸合爲一類，以七類之平
上去分十三部及入聲七部，得二十部，陸德明所謂古人韻緩者，
仍有取焉。」（見《聲類表》卷首）又〈答段若膺論韻書〉云：
「僕初定七類者，上年改爲九類，以九類分二十五部，若入聲附
而不列，則十六部。阿第一，烏第二，堊第三，此三部皆收喉
音。膺第四，噫第五，億第六；翁第七，謳第八，屋第九；央第
十，夭第十一，約第十二；嬰第十三，娃第十四，厄第十五。此
十二部皆收鼻音。殷第十六，衣第十七，乙第十八；安第十九，
靄第二十，遏第二十一；此六部皆收舌齒音。音第二十二，邑第
二十三；醃第二十四，諜第二十五。此四部皆收脣音。收喉音
者，其音引喉；收鼻音者，其音引喉穿鼻；收舌齒音者，其音舒

舌而衝齒；收脣音者，其音斂脣。以此爲次，似幾於自然。」

　　戴氏所言之阿、烏、堊……等名稱，乃戴氏所定之古韻部目之名稱，其所選用之字，除"誒"字屬喻紐外，其餘皆影紐之字，以喉音影喻二紐之字標目，乃戴氏深明音理之處，蓋影喻二紐之字，其元音之前，皆無任何輔音者也。戴氏所定之二十五部，據其《聲類表》所定韻目，則其九類二十五部與《廣韻》各部之關係如下：

【一】阿　平聲歌、戈、麻	第一類歌、魚、鐸之類
【二】烏　平聲魚、虞、模	
【三】堊　入聲鐸	
【四】膺　平聲蒸、登	第二類蒸、之、職之類
【五】噫　平聲之、咍	
【六】億　入聲職、德	
【七】翁　平聲東、冬、鍾、江	第三類東、尤、屋之類
【八】謳　平聲尤、侯、幽	
【九】屋　平聲屋、沃、燭、覺	
【十】央　平聲陽、唐	第四類陽、蕭、藥之類
【十一】夭　平聲蕭、宵、肴、豪	
【十二】約　入聲　藥	
【十三】嬰　平聲庚、耕、清、青	第五類庚、支、陌之類
【十四】娃　平聲支、佳	
【十五】厄　入聲陌、麥、昔、錫	
【十六】殷　平聲眞、臻、諄、文、欣、魂、痕、先	第六類眞、脂、質之類
【十七】衣　平聲脂、微、齊、皆、灰	
【十八】乙　入聲質、術、櫛、物、迄、沒、屑	

【十九】安	平聲元、寒、桓、刪、山、仙	第七類元、祭、月之類
【二十】靄	去聲祭、泰、夬、廢	
【二一】遏	入聲月、曷、末、黠、鎋、薛	

【二二】音	平聲侵、鹽、添	第八類侵、緝之類
【二三】邑	入聲緝	

【二四】醃	平聲覃、談、咸、銜、嚴、凡	第九類覃、合之類
【二五】譧	入聲合、盍、葉、怗、業、洽、狎、乏	

　　以上九類二十五部與段氏十七部比較，其分合之跡，有如下表：

段玉裁	戴震	段玉裁	戴震
（一）之	之（噫）	（八）覃	覃（醃）
	職（億）		合（譧）
（二）宵	宵（夭）	（九）東	東（翁）
		（十）陽	陽（央）
	藥（約）	（十一）庚	庚（嬰）
（三）尤 （四）侯	尤（謳） 屋（屋）	（十二）眞 （十三）諄	眞（殷）
（五）魚	魚（烏）	（十四）元	元（安）
		（十五）脂	質（乙）
	鐸（堊）		脂（衣）
（六）蒸	蒸（膺）		月（遏）
			祭（靄）
（七）侵	侵（音）	（十六）支	支（娃）
			陌（厄）
	緝（邑）	（十七）歌	歌（阿）

三、戴氏古韻分部之創見：

〔一〕入聲九部獨立成部：

經由段氏十七部與戴氏九類二十五部之比較，明顯可知，戴氏古韻分部最大之特色，即在入聲韻部之獨立成部。戴氏入聲九部獨立成部之說，其乙、遏、邑、諜四部之應獨立，自王念孫、江有誥諸氏之後，舉無異辭，所成爭論者，厥爲堊、億、屋、約、厄五部而已。此五部應否獨，立其先決條件，在於周、秦有無入聲？除人少數人如孔廣森、江沅、汪萊諸人主張古無入聲外，其餘各家幾皆認定古有入聲，既然上古具有入聲，則堊、億、屋、約、厄五部便應獨立。其理由如下：

1.堊、億、屋、約、厄五部入聲皆收一k韻尾，若不獨立，而使之併入陰聲中之烏、噫、謳、夭、娃五部，則陰聲烏、噫、謳、夭、娃五部與入聲堊、億、屋、約、厄五部究竟有無區別？若無區別，則泯滅古韻陰入兩聲之大界，則吾人當何以看待陰聲與入聲乎！設有區別，則又何必強不類者而併爲一部而不使之分！

2.同爲入聲之韻部，其收音於-t尾之乙、遏二部，收音於-p之邑、諜二部，皆已獨立而無異辭，則何獨留收音於-k之五部入聲而不令其獨立成部，實在於理說不通。

3.就古代韻語觀之，堊五部與烏五部雖間有通韻者，然其獨用者蓋居多數。試以《詩經》韻腳爲證，其例已多。

〈葛覃〉二章：莫濩絡斁韻。〈柏舟〉三章：石席韻。〈氓〉三章：落若韻。〈緇衣〉三章：蓆作韻。〈蘀兮〉一章：蘀蘀伯韻。〈載驅〉一章：薄鞹夕韻。〈駉鐵〉二章：碩獲韻。〈無衣〉二章：澤戟作韻。〈七月〉四章：穫蘀貉韻。〈皇皇者華〉四章：駱若度韻。〈車攻〉四章：鳥繹韻。〈鴻雁〉二章：澤作宅韻。〈鶴鳴〉一章：檴石錯韻。〈白駒〉二章：藿夕客韻。〈斯干〉三章：閣橐韻。〈節南山〉八章：惡懟韻。〈巧言〉四章：作莫度獲韻。〈楚茨〉三章：踖碩炙莫庶客錯度獲格酢韻。〈大田〉一章：碩若韻。〈裳裳者華〉三章：白駱駱若韻。〈支弁〉一章：柏奕懌韻。〈皇矣〉一章：赫莫獲度廓宅韻。

以上皆聖部自韻，無一字雜用鳥部字者。

〈關雎〉三章：得服側韻。〈羔羊〉二章：革緎食韻。〈殷其雷〉二章：側息韻。〈柏舟〉二章：側特慝韻。〈桑中〉二章：麥北弋韻。〈載馳〉四章：麥極韻。〈氓〉四章：極德韻。〈有狐〉三章：側服韻。〈丘中有麻〉二章：麥國國食韻。〈羔裘〉二章：飾力直韻。〈狡童〉二章：食息韻。〈南山〉四章：克得得極韻。〈葛屨〉一章：�載服韻。〈園有桃〉二章：棘食國極韻。〈伐檀〉二章：輻側直稽億特食韻。〈碩鼠〉二章：麥德國國直韻。〈鴇羽〉二章：翼棘稷食極韻。〈葛生〉二章：棘域息韻。〈黃鳥〉一章：棘息息特韻。〈蜉蝣〉二章：翼服息韻。〈鳲鳩〉三章：棘忒忒國韻。〈伐柯〉一章：克德韻。〈候人〉二章：翼服韻。〈天保〉五章：福食德韻。〈采薇〉五章：翼服戒棘韻。〈六月〉一章：飭服熾急國韻。二章：則服韻。三章：翼服服國韻。〈采芑〉一章：翼奭服革韻。

以上亦億部自韻，未嘗雜用噫部一字也。

〈葛覃〉二章：谷木谷韻。〈麟之趾〉三章：角族韻。〈行露〉二章：角屋獄獄足韻。〈野有死麕〉二章：樕鹿束玉韻。〈牆有茨〉三章：束讀讀辱韻。〈汾沮洳〉三章：曲賣玉玉族韻。〈小戎〉一章：（驅）轂（薁）玉屋曲韻。〈七月〉七章：

屋穀韻。〈東山〉一章：蠋宿韻。〈伐木〉一章：谷木韻。〈天保〉二章：穀祿足韻。〈鶴鳴〉二章：穀玉韻。〈白駒〉四章：谷束玉韻。〈黃鳥〉一章：穀粟穀族韻。〈正月〉三章：祿僕祿屋韻。十二章：屋穀祿椓獨韻。〈小宛〉五章：粟獄卜穀韻。六章：木谷韻。〈四月〉五章：濁穀韻。

以上除驅畢爲侯部字外，餘皆屋部字自韻。

〈簡兮〉三章：籥翟爵韻。〈溱洧〉一二章：樂謔樂樂謔樂韻。〈揚之水〉一章：鑿襮沃樂韻。〈晨風〉二章：櫟駁樂韻。〈賓之初筵〉一章：的爵韻。〈隰桑〉二章：沃樂韻。〈桑柔〉五章：削爵濯溺韻。〈有駜〉一二三章：樂樂樂韻。

以上皆藥部自韻，未嘗雜宵部一字。

〈北門〉二章：適益謫韻。〈淇奧〉三章：簀錫璧韻。〈防有鵲巢〉二章：甓鷊惕韻。〈七月〉三章：鵙績韻。〈皇矣〉二章：辟剔韻。〈文王有聲〉五章：績辟韻。〈公劉〉一章：場積韻。〈板〉六章：益易辟辟韻。〈韓奕〉一章：解易辟韻。二章：幭厄韻〈瞻卬〉五章：刺狄韻。〈殷武〉三章：績辟適解韻。

除解字爲支部字外，其餘皆厄部自韻也。

是則據其獨用之文如此其夥，則正可據以分部，其間偶有與烏等五部通協者，視爲通韻可也。若因其偶相涉即使之合併，其失不亦與苗夔之因偶通而併古韻爲七部者等乎！

4.戴氏古韻分部據其審音知識，純就古代韻母系統著眼，所謂「以正轉之同入分配定其分合，不徒恃古人用韻爲證。」又曰：「蓋援古以證其合易明也，援古以證其分不易明也。古人用韻文傳者希，或偶用此數字，或偶用彼數字，似彼此不相涉，未足斷其截然爲二爲三也。」然則如何斷其分合，必一之以審音。

故曰：「審音本一類，而古人之文偶有相涉，有不相涉，不得舍其相涉者而以不相涉爲斷，審音非一類，而古人之文偶有相涉，始可以五方之音不同，斷其爲合韻。」是其堊、億、屋、約、厄五部之獨立，乃因審音與烏五部非一類也，古人文之偶有相涉，以五方之音不同而知其爲合韻也。戴氏此種審音法，雖據古人用韻之文以爲基礎，而卻以語音結構與語音系統而逕行判斷。戴氏古韻分部就語音系統性著眼，而不徒恃古人用韻之文爲斷，實獨具隻眼，無怪其能凌駕前修而傲視當代也。故蘄春黃季剛先生云：「顧、江、戴、段諸人畢世勤劬，各有啓悟，而戴君所得爲獨優。」（見《音略》）黃君所以稱許戴氏爲獨優者，亦在戴氏將入聲獨立成部也。

　　入聲諸部旣經獨立，則其與平聲諸部之分配，亦爲考韻者之不可忽略者也。戴氏以入聲爲分配平聲各部之樞紐，所配之平聲，據其《聲類表》爲：堊配阿烏、億配膺噫、屋配翁謳、約配陽夭、厄配嬰娃、乙配殷衣、遏配安靄、邑配音、諜配醃。皆得其陰陽、雌雄、表裏之相配。此種以陰陽入三聲之相配以論韻，實能注意音韻之結構，爲向來言古音者之所忽略，而戴氏能慮及於此，實古音研究一大創見者也。

　　〔二〕祭部獨立及脂微諸韻入聲之分配：

　　戴氏〈答段若膺論韻書〉書云：「昔人以質、術、櫛、物、迄、月、沒、曷、末、黠、鎋隸眞、諄、臻、文、殷、元、魂、痕、寒、桓、刪、山、先、仙，今獨質、櫛、屑仍其舊，餘以隸脂、微、齊、皆、灰，而謂諄、文、至山仙同入，是諄、文至山、仙與脂、微、齊、皆、灰相配亦得矣。特彼分二部，此僅一部，分合未當。又六術韻字，不足配脂，合質、櫛與術，始足相配，今不能別出六脂韻字配眞、臻；質、櫛者，合齊配先、屑爲一部；且別出脂韻字配諄、術者，合微配文、殷；物、迄，灰配魂、痕；沒爲一部。廢配元、月，泰配寒、桓、曷、末，皆配刪、黠，夬配山、鎋，祭配仙、薛爲一部。而以質、櫛屑隸舊有入之韻，餘乃隸舊無入之韻，或分或合，或隸彼，或隸此，尚宜詳審。」（見《聲類表》卷首）戴氏此文，除從陰、陽、入各韻之分配析論外，復參入等韻之開合等第。吾人以段氏十二部眞、十三部諄、十四部元等三部之開合等第與陰陽入之分配以觀察此諸韻之情況。

段氏第十二部眞部：

陽聲	入聲	陰聲
眞軫震（開三）	質（開三）	脂旨至（開三）
臻（開二）	櫛（開二）	皆駭怪（開二）
先銑霰（開合四）	屑（開合四）	齊薺霽（開合四）

段氏第十三部諄部：

陽聲	入聲	陰聲
痕很恨（開一）	（麧）（開一）	咍海代（開一）
魂混慁（合一）	沒（合一）	灰賄隊（合一）
諄準稕（合三）	術（合三）	脂旨至（合三）
殷隱焮（開三）	迄（開三）	微尾未（開三）
文吻問（合三）	物（合三）	微尾未（合三）

段氏第十四部元部：

陽聲	入聲	陰聲
寒旱翰（開一）	曷（開一）	泰（開一）
桓緩換（合一）	末（合一）	泰（合一）
刪潸諫（開合二）	黠（開合二）	怪（開合二）
山產（開合二）	鎋（開合二）	夬（開合二）
元阮願（開合三）	月（開合三）	廢（開合三）
仙獮線（開合三）	薛（開合三）	祭（開合三）

　　若按陰陽入三聲之分配，以及開合等第之關係，段玉裁十二部、十三部、十四部諸韻配合之關係，應如上表所示。故戴震批評段玉裁云：「今獨質、櫛、屑仍其舊。」此謂段氏十二部以質、櫛、屑配眞、臻、先；「餘以配脂、微、齊、皆、灰。」謂段氏將十三部、十四部相配之入聲畫歸第十五部中。但陽聲十三、十四既分成兩部，而陰聲卻僅有一部，是其「分合未當」之處。「又六術韻字，不足配脂，合質櫛與術，始足相配。」段氏十五部既包括「脂、微、齊、皆、灰」五韻，脂韻有開三、合三兩類，而六術韻僅有合三一類，自不足與脂配，必須將十二部之入聲畫撥過來，脂開三一類，始有可配之入聲質，因爲質亦爲開三。皆韻爲開二，亦必須開二之櫛韻始足相配。齊韻有開四合四二類，自亦惟有屑韻之開四合四，方可與相配。而陽聲韻方面，亦唯有將十二部眞、臻、先三韻與十三部合成爲一部，陰陽入三聲之韻始搭配整齊。戴氏云：「今不能別出六脂韻字配眞、臻、質、櫛者，合齊配先、屑爲一部。」其意蓋謂上表中之十二部相配之陰聲“脂（開三）、皆（開合二）、齊（開合四）”諸韻若不能獨立成部，則惟有將十二部、十三部相配之陰聲韻部分，合成爲一部。惟有如此其陰陽入諸聲之間，始能搭配整齊。至於十四部之陽聲既已獨立成部，則與相配之陰聲“泰（開合一）、怪（開合二）、夬（開合二）、廢（開合三）、祭（開合三）”諸韻亦惟有獨立成“祭”部矣。

　　至其脂、微、齊、皆、灰及祭、泰、夬、廢與入聲術、物、迄、沒，月、曷、末、黠、鎋、薛諸部分別之理，則曰：「僕巳年分七類二十部者，上年以呼等考之，眞至仙、侵至凡，同呼而具四等者二，脂、微、齊、皆、灰及祭、泰、夬、廢亦同呼而具四等者二，乃分眞以下十四韻，侵以下九韻爲二，而脂、微諸韻

與之配者亦二，其配元寒至山、仙者：〈周南・芣苢〉二章：掇
捋。〈召南・草蟲〉二章：蕨惙說。〈甘棠〉首章：伐茇；二
章：敗憩；三章拜說。〈野有死麕〉三章：脫帨吠。〈邶・擊
鼓〉四章：闊說。五章：闊活。〈匏有苦葉〉首章：厲揭。〈泉
水〉三章：�135衛害。〈衛・碩人〉四章：活濊發揭孽朅。〈伯
兮〉首章：朅桀。〈有狐〉二章：厲帶。〈王・君子于役〉二
章：月括渴。〈采葛〉首章：葛月。三章：艾歲。〈鄭・子衿〉
三章：達闕月。〈齊・東方之日〉二章：月闥闥發。〈甫田〉二
章：桀怛。〈魏・十畝之間〉二章：外泄逝。〈唐・蟋蟀〉二
章：逝邁外蹶。〈陳・東門之枌〉三章：逝邁。〈東門之楊〉二
章：肺晣。〈檜・匪風〉首章：發偈怛。〈曹・蜉蝣〉三章：閱
雪說。〈侯人〉首章：役芾。〈豳・七月〉首章：發烈褐歲。
〈小雅・采薇〉二章：烈渴。〈庭燎〉三章艾晣噦。〈正月〉八
章：厲滅威。（此章第二句結字非韻，乃四句見韻之例。）〈小
旻〉五章：艾敗。〈蓼莪〉五章：烈發害。〈鴛鴦〉三章：秣
艾。〈車舝〉首章：135逝渴括。〈菀柳〉二章：愒瘵邁。〈都人
士〉二章：撮髮說。四章：厲蠆邁。〈白華〉五章：外邁。〈大
雅・文王〉二章：世世。〈緜〉八章：拔兌駾喙。〈皇矣〉二
章：翳栵。三章：拔兌。（此章拔對一韻，對季一韻，下重季字
及友字，不入韻。）〈生民〉二章：月達害。七章：載烈歲。
〈民勞〉四章：愒泄厲敗大。〈板〉二章：蹶泄。〈蕩〉八章：
揭害撥世。〈抑〉六章：舌逝。〈烝民〉三章：舌外發。〈瞻
卬〉首章：厲瘵。（此章及後二章皆四句見韻，次句惠字非韻，
下四句疾屆一韻，收瘵一韻。）二章：奪說。〈召旻〉六章：竭
竭害。〈周頌・載芟〉活達傑。〈魯頌・泮水〉首章：茷噦大
邁。〈閟宮〉五章：大艾歲害。〈商頌・長發〉二章：撥達達越

發烈截。〈長發〉六章：旆（此字誤，《荀子》引此詩作載發，《說文》引作載坺，發坺皆於韻合。）鉞糵達截伐桀。[1]

---

[1] 〈周南・芣苢〉二章：「采采芣苢，薄言掇之。采采芣苢，薄言捋之。」

〈召南・草蟲〉二章：「陟彼南山，言采其蕨。未見君子，憂心惙惙。亦既見止，亦既覯止，我心則悅。」

〈甘棠〉首章：「蔽芾甘棠，勿翦勿伐。召伯所茇。」二章：「蔽芾甘棠，勿剪勿敗。召伯所憩。」三章：「蔽芾甘棠，勿翦勿拜，召伯所說。」

〈野有死麕〉三章：「舒而脫脫兮。無感我帨兮。無使尨也吠。」

〈邶・擊鼓〉四章：「死生契闊。與子成說。執子之手。與子偕老。」五章：「于嗟闊兮，不我活兮。于嗟洵兮。不我信兮。」

〈匏有苦葉〉首章：「匏有苦葉。濟有深涉。深則厲。淺則揭。」

〈泉水〉三章：「出宿于干。飲餞于言。載脂載舝。還車言邁。遄臻于衛。不瑕有害。」

〈二子乘舟〉二章：「二子乘舟，汎汎其逝。願言思子，不瑕有害。」

〈衛・碩人〉四章：「河水洋洋，北流活活。施罛濊濊。鱣鮪發發。葭菼揭揭。庶姜孽孽。庶士有朅。」

〈伯兮〉首章：「伯兮朅兮。邦之桀兮。伯也執殳，為王前驅。」

〈有狐〉二章：「有狐綏綏，在彼淇厲。心之憂矣，之子無帶。」

〈王・君子于役〉二章：「君子于役，不日不月。曷其有佸。雞棲于桀。日之夕矣，羊牛下括。君子于役，苟無飢渴。」

〈采葛〉首章：「彼采葛兮。一日不見，如三月兮。」三章：「彼采艾兮，一日不見，如三歲兮。」

〈鄭・子衿〉三章：「挑兮達兮。在城闕兮。一日不見，如三月兮。」

〈齊・東方之日〉二章：「東方之月兮。彼姝者子，在我闥兮。在我闥兮，履我發兮。」

〈甫田〉二章：「無田甫田，維莠桀桀。無思遠人，勞心怛怛。」

〈魏・十畝之間〉二章：「十畝之外兮。桑者泄泄兮。行與子逝兮。」

〈唐・蟋蟀〉二章：「蟋蟀在堂，歲聿其逝。今我不樂，日月其邁。無已大康，職思其外。好樂無荒，良士蹶蹶。」

〈陳‧東門之枌〉三章:「穀旦于逝。越以鬷邁。視爾如荍。貽我握椒。」

〈東門之楊〉二章:「東門之楊,其葉肺肺。昏以爲期,明星晢晢。」

〈檜‧匪風〉首章:「匪風發兮。匪車偈兮。顧瞻周道,中心怛兮。」

〈曹‧蜉蝣〉三章:「蜉蝣掘閱。麻衣如雪。心之憂矣,於我歸說。」

〈候人〉首章:「彼候人兮,何戈與祋。彼其之子,三百赤芾。」

〈豳‧七月〉首章:「七月流火。九月授衣。一之日觱發。二之日栗烈。無衣無褐。何以卒歲。」

〈小雅‧采薇〉二章:「采薇采薇,薇亦柔止。曰歸曰歸,心亦憂止。憂心烈烈。載飢載渴。我戍未定。靡使歸聘。」

〈庭燎〉二章:「夜如何其,夜未艾。庭燎晣晣。君子至止,鸞聲噦噦。」

〈正月〉八章:「心之憂矣,如或結之。今茲之正,胡然厲矣。燎之方揚,寧或滅之。赫赫宗周,褒姒威之。」按戴氏謂「結」字非韻,其說非是,此乃質月合韻也。

〈小旻〉五章:國雖靡止。或聖或否。民雖靡膴,或哲或謀。或肅或艾。如彼泉流,無淪胥以敗。

〈蓼莪〉五章:南山烈烈。飄風發發。民莫不穀,我獨何害。

〈大東〉七章:維南有箕,不可以簸揚。維北有斗,不可以挹酒漿。維南有箕,載翕其舌,維北有斗,西柄之揭。

〈四月〉三章:冬日烈烈。飄風發發。民莫不穀,我獨何害。

〈鴛鴦〉三章:乘馬在廄,摧之秣之。君子萬年,福祿艾之。

〈車舝〉首章:間關之舝兮。思孌季女逝兮。匪飢匪渴。德音來括。雖無好友,式燕且喜。

〈菀柳〉二章:有菀者柳,不尚愒焉。上帝甚蹈,無自瘵焉。俾予靖之,後予邁焉。

〈都人士〉二章:彼都人士,臺笠緇撮。彼君子女,綢直如髮。我不見兮,我心不悅。四章:彼都人士,垂帶而厲。彼君子女,卷髮如蠆。我不見兮,言從之邁。

〈白華〉五章:鼓鐘于宮,聲聞于外。念子懆懆,視我邁邁。

〈大雅‧文王〉二章:亹亹文王,令聞不已。陳錫哉周,文王孫子。文王孫子,本支百世。凡周之士,不顯亦世。

〈緜〉八章:肆不殄厥慍。亦不隕其問。柞棫拔矣。行道兌矣。混

　　已上分出以配元、寒、桓、刪、山、仙之別於眞、諄、臻、文、殷、魂、痕。」（見〈答段若膺論韻書〉）又云：「其配眞、諄、臻、文、魂、痕者，則有肆聲、棄聲、旣聲、胃聲、出聲、卒聲、尤聲、貴聲、比聲、四聲、畀聲、豖聲、季聲、惠

九駿矣。維其喙矣。

〈皇矣〉二章：作之屛之，其菑其翳。脩之平之，其灌其栵。三章：帝省其山，柞棫斯拔。松柏斯兌。帝作邦作對。自大王王季。維此王季，因心則友，則友其兄。則篤其慶。載錫之光。受祿無喪。奄有四方。（戴氏云：此章拔兌一韻，對季一韻，下重季字及友字不入韻，其說是也。）

〈生民〉二章：誕彌厥月。先生如達。不坼不副，無菑無害。七章：取羝以軷，載燔載烈。以興嗣歲。

〈民勞〉四章：民亦勞止，汔可小愒。惠此中國，俾民憂泄。無縱詭隨，以謹醜厲。式遏寇虐，無俾正敗。戎雖小子，而式弘大。

〈板〉二章：天之方難。無然憲憲。天之方蹶，無然泄泄。

〈蕩〉八章：文王曰咨，咨女殷商。人亦有言，顚沛之揭。枝葉未有大害。本實先撥。殷鑒不遠，在夏后之世。

〈抑〉六章：無易由言，無曰苟矣。莫捫朕舌。言不可逝矣。

〈烝民〉三章：出納王命，王之喉舌。賦政于外。四方爰發。

〈瞻卬〉首章：瞻卬昊天，則我不惠，孔塡不寧，降此大厲。邦靡有定，士民其瘵。蟊賊蟊疾。靡有夷屆。罪罟不收。靡有夷瘳。（戴氏曰：此章及後二章四句見韻，次句惠字非韻，下四句疾屆一韻，收瘳一韻。）二章：人有土田，女反有之，人有民人，女多奪之。此宜無罪，女反收之，彼宜有罪，女反說之。哲夫成城，哲婦傾城。

〈召旻〉六章：池之竭矣，不云自頻。泉之竭矣，不云自中。溥斯害矣。職兄斯弘。不災我躬。

〈周頌・載芟〉：播其百穀，實函斯活。驛驛其達，有厭其傑。

〈魯頌・泮水〉首章：思樂泮水，薄采其芹。魯侯戾止，言觀其旂。其旂茷茷。鸞聲噦噦。無小無大。從公于邁。

〈閟宮〉五章：俾爾昌而大。俾爾耆而艾。萬有千歲。眉壽無有害。

〈商頌・長發〉二章：玄王桓撥。受小國是達。受大國是達。率履不越。遂視旣發。相土烈烈。海外有截。六章：武王載旆。有虔秉鉞。如火烈烈。則莫我敢曷。苞有三蘗。莫遂莫達。九有有截。韋顧旣伐。昆吾夏桀。

聲、未聲、次聲、隶聲、市聲、位聲、戾聲、凷聲、屆聲、癸聲、退聲、對聲、彗聲、尉聲、聿聲、弗聲、利聲、愛聲、殳聲、乞聲、肆聲、勿聲、忽聲、類聲、內聲、孛聲之字,三百篇分用畫然。」其配元寒者,乃祭、泰、夬、廢及入聲月、曷、末、黠、鎋、薛諸韻之字也。其配眞、諄諸韻者,乃脂、微諸韻之去聲聲類及入聲術、物、迄、沒諸韻之聲類也。惟戴氏據其審音知識誤將祭、泰、夬、廢諸韻與月、曷、末、黠、鎋、薛諸韻分為二部,則與《詩》之用韻不合,據其所引《詩經》用韻,此諸部亦多合用無別。蓋《廣韻》祭、泰、夬、廢四韻雖為去聲,然於周秦,此四韻實為入聲也。自以祭、泰、夬、廢諸韻併入入聲月、曷、末、黠、鎋、薛諸韻為一部為是。王力《漢語音韻》評之云:「戴氏的古韻廿五部似密而實疏。他自己說:"若入聲附而不列,則十六部。"他不肯接受他的老師江永的幽、宵分部,和他的弟子段玉裁的眞文分部。祭、泰、夬、廢獨立,這是他的創見,但是即在陰陽入三分的情況下,他也只該像王念孫那樣把這四個韻和入聲月曷末等韻合成一部(黃侃正是這樣做的),而不應該分為兩部。」

四、戴氏之論陰陽入三分:

韻有陰陽之名者,實由戴氏啓之也。戴氏〈答段若膺論韻書〉云:「大箸六(蒸登)七(侵鹽添)八(覃談咸銜嚴凡)九(東冬鍾江)十(陽唐)十一(庚耕清青)十二(眞臻先)十三(諄文欣魂痕)十四(元寒桓刪山仙)凡九部,舊皆有入聲,以金石音喻之,猶擊金成聲也。一(之咍)二(蕭宵肴豪)三(尤幽)四(侯)五(魚虞模)十五(脂微齊皆灰)十六(支佳)十七(歌戈麻)凡八部,舊無入聲,前七部以金石音喻之,猶擊石成聲也。惟第十七部歌戈，與有入者近，麻與無入者近，舊遂失其入聲，於是入聲藥、鐸溷淆不分。僕審其音，有入者，如氣之陽、如物之雄、如衣之表；無入者，如氣之陰、如物之雌、如衣之裏。又平上去三聲，近乎氣之陽、物之雄、衣之表，入聲近乎氣之陰、物之雌、衣之裏，故有入之入，與無入之去近，從此得其陰陽表裏之相配。而侵以下九韻獨無配，則以其閉口音，而配之者更不成聲也。」戴氏於此雖未明言陰陽之名，然陰聲陽聲之別，其金石陽陰雄雌表裏數語已可盡其形容，而其論段氏諸部之言，以區分其古韻九類，亦可渙然而解。試以《聲類表》九類言之：其歌、戈與有入者近，是爲陽聲。（新雄案：戴氏以歌戈爲陽聲，實其審音之訛，至其致訛之由，尙無從知之。王國維《觀堂集林》云："所舉九類，其第一類乃陰聲，非陽聲。"是也。今以此爲說者，仍因戴氏之意。）魚、虞、模舊本無入，是爲陰聲，麻與無入者近，與古音支之一支同爲陰聲，鐸則爲入聲，而與無入（魚虞模麻）之去近，此其第一類之陰陽入三分之韻部也。蒸、登舊有入聲，之、咍及古音尤，舊無入聲，職、德及屋之一支爲入聲，此第二類之陰陽入也。東、冬、鍾、江舊有入聲，尤、侯及古音蕭舊無入聲，屋、沃、燭、覺爲入聲，此其第三類之陰陽入也。陽、唐舊有入聲，蕭、宵、肴、豪舊無入聲，入聲藥及覺分爲入聲，其庚韻之一支當入陽、唐同爲陽聲，此其第四類之陰陽入也。庚、耕、清、青舊有入聲，支佳齊分舊無入聲，陌、麥、昔、錫爲入聲，此第五類之陰陽也。眞、諄、、臻、文、殷、魂、痕、先分舊有入聲，脂、微、齊、皆、灰舊無入聲，質、術、物、迄、沒、屑分爲入聲，此第六類之陰陽入也。元、寒、桓、刪、山、仙、先分舊有入聲，齊分、皆分、祭、泰、夬、廢舊無入聲，月、曷、末、黠、鎋、薛、屑分爲入聲，此第七類之陰陽入也。八九兩類爲閉口音，舊有入聲，故僅具陽入，而無陰聲與之相配，戴氏所謂配之更微不成聲者也。自戴氏爲此說後，孔廣森作《詩聲類》，嚴可均作《說文聲類》，雖各有異同，然所謂之蒸對轉，支耕對轉，脂眞對轉，侯東對轉等皆戴氏啓其先路者也。胡秉虔《古韻論》云：「異平同入，陰陽相配互轉，其說亦自戴氏發之，蒸之對轉、清支對轉、眞脂對轉、東侯對轉，後之言古韻者，卒莫能異。」

陰陽入旣已三分，其陰陽之相配，實以入聲爲其樞紐，舊無入者今皆得其入，一類之中異平同入，即所謂樞紐也。戴氏旣言「有入之入，與無入之去近。」即可知與陽聲相配之入聲，實與無入之去聲相近。故謂入聲近於陰聲可，謂陽聲無入，亦無不可也。夫陰聲其音下收於喉而不上揚於鼻，陽聲則上出於鼻，異言之，即陽聲帶鼻音，而陰聲不帶鼻音也。陽聲之收鼻，有舌根鼻音-ŋ、舌尖鼻音-n、撮脣鼻音-m 三種之不同。入聲者，因收塞音韻尾，在發音部位上頗類於陽聲。但其音短促，塞音韻尾又爲唯閉音，因爲唯閉，故聽覺上頗類於陰聲，故曰介于陰陽之間，因爲介于陰陽之間，故與二者皆得通轉，以其皆得通轉，故戴氏以爲入聲爲陰陽相配之樞紐也。

五、正轉與旁轉：

戴氏分配韻部之法有所謂正轉旁轉二例。其言曰：「其正轉之法有三：一爲轉而不出其類，脂轉皆、之轉咍、支轉佳是也。一爲相配互轉，眞文魂先轉脂微灰齊、換轉泰、咍海轉登等、侯轉東、厚轉講、模轉歌是也。一爲聯貫遞轉，蒸登轉東、之咍轉尤、職德轉屋、東冬轉江、尤幽轉蕭、屋燭轉覺、陽唐轉庚、藥轉錫、眞轉先、侵轉覃是也。以正轉知其相配及次序，而不以旁

轉惑之，以正轉之同入相配，定其分合，不徒恃古人文用韻爲
證。僕之所見如此，蓋援以證其合易明也，援古以證其分不易明
也。」[2]

　　戴氏所謂轉而不出其類之正轉，即其韻部併合之標準，如脂
轉皆，則脂皆同在"衣"部，之轉咍，則之咍同在"噫"部，支
轉佳，則支佳同在"娃"部是也。所謂相配互轉者，乃其陰陽諸
韻部相配之標準，如眞文魂先轉脂微灰齊，故眞文魂先與脂微灰
齊同在第六類，殷衣同入（乙）對轉是也。換轉泰，故換泰同在
第七類，安靄同入（遏）對轉是也。咍海轉登等，故咍海登等同
在第二類，膺噫共入（億）對轉是也。侯轉東、厚轉講、故侯厚
東講同在第三類，翁謳共入（屋）對轉是也。模轉歌，故歌模同
在第一類，阿烏共入（堊）對轉是也。此種正轉，雖韻部有陰陽
之別，但仍未軼出其類，故爲韻部相配之標準。至其聯貫遞轉，
則爲九類二十五部，各類各部先後次序之標準，如蒸登轉東，之
咍轉尤，職德轉屋，故蒸登、之咍、職德爲第二類，東、尤、屋
爲第三類，此爲類之先後。東多轉江，江者東多之變，故第三類
之中，先東多而後江，此爲一類中韻部先後之標準。尤幽轉蕭，
屋燭轉覺，故尤幽、屋燭爲第三類，而蕭覺分爲第四類，而第三
類之中，亦先屋燭而後覺之分。陽唐轉庚，藥轉錫，故陽唐、藥
爲第四類，而庚、錫爲第五類，眞轉先，故眞爲第六類，先爲第

2　按戴氏之言聯貫遞轉，可與《聲類考》之七類二十部之目相合，而
　　與《聲類表》之九類二十五部之目不合，如云東多轉江，屋燭轉覺
　　等，皆與《聲韻考》合，而與《聲類表》不合，《聲韻考》江在第
　　四類，東多在第三類，由不同類相轉，謂之聯貫遞轉，故相合。而
　　《聲類表》江與東多同在第三類，則爲轉而不出其類者也。屋燭轉
　　覺亦然。故若與《聲類表》有不合者，當知戴氏《聲韻考》先成，
　　《聲類表》晚出，韻目之分隸，此有異也。

七類，先之一支亦有在第六類者，然亦眞前而先後。侵轉覃，故侵爲第八類，覃爲第九類也。此以聯貫遞轉之正轉法，作爲定諸類諸部先後之標準。戴氏之意凡韻部之分合與相配及各韻類先後次第之安排，皆宜以正轉定之，而不可以旁轉惑之也。

然則何謂旁轉？《聲韻考》云：「旁推交通，如眞于蒸及青，寒桓于歌戈，之于眞及支，幽侯于虞，屋燭于錫，宵于魂及之，支佳于麻，歌于支佳，模于支，侵凡于東。」戴氏〈答段若膺論韻書〉論及段氏《六書音韻表》云：「東韻字有從蒸登流變者，而列爲第六部，隔越七八兩部，尤從之咍流變，蕭從尤幽流變，而以蕭宵肴豪處之咍後，尤幽侯前，未知音聲相配故耳。支佳韻字雖有從歌戈流變者，虞韻字雖有從幽流變者，皆屬旁轉，不必以例正轉。」蓋正轉或同部相轉，或同類共入相轉，或聯貫遞轉，無論同部或同類，皆轉而不出其類，即聯貫遞轉亦僅連比之類互相轉也。其有既非同類之相轉，又非連比之類之相轉者，即所謂旁轉是也。如支佳韻字（在第五類）雖有從歌戈流變者，既非同類，又非連比之類，故爲旁轉也。虞韻字（在第一類）雖有從侯幽（在第三類）流變者，亦旁轉也。以是言之，戴氏所謂旁轉，實即隔類相轉也。蓋類既隔越，而可旁推交通，故謂之旁轉。凡《聲韻考》所舉旁推交通諸例，莫非隔類相轉者也。凡旁轉之韻，只可別出其字，附於所從流變之韻後。（如別出支佳韻字從歌戈流變者，附于歌戈之後，別出虞韻字從侯韻流變者，附于侯韻之後。）而不可一概合併，致紊其次序也。故戴氏論韻部之分合相配及其次第，概以正轉爲主，而所謂旁轉者，則所以濟其窮也。

第十一節　黃侃之古韻研究

一、黃侃之古韻二十八部：

　　黃侃字季剛，（1866-1935）蘄春人。君於古音之學未有專書，其治古音之成績，散見於所著《音略》、〈聲韻略說〉、〈與友人論治小學書〉、〈談添盍帖分四部說〉、〈治爾雅學之資糧〉諸文，吉光片羽，尚多可考，其有未盡，則傳諸生徒，布在四方，亦有可稽。今述黃君古韻之學，本其所著，益以師說，而提其綱維焉。黃君承鄭、顧、江、戴、段、孔、王、嚴及章君之緒，而集其大成。（黃君《音略》云：「凡所祖述諸家，約舉之如左：宋鄭庠、明顧炎武、清江永、戴震、錢大昕、段玉裁、孔廣森、王念孫、嚴可均、陳澧及我親教大師章氏。」）其古韻分部，本於餘杭章太炎氏之二十三部，而益以戴氏震陰陽入三分之說，得古韻廿八部。黃君《音略》云：「古韻部類，自唐以來，未嘗昧也。唐以後始漸茫然，宋鄭庠肇分古韻爲六部，得其通轉之大界，而古韻究不若是之疏，爰逮清朝，顧江戴段諸人，畢世勤劬，各有啓悟，而戴君所得爲獨優。本師章君論古韻廿三部，最爲瞭然，余復益以戴君所明，成爲廿八部。」又云：「古韻則陰聲、陽聲以外，入聲當別立，顧江段孔諸君，皆以入聲散歸陰聲各部中，未爲審諦。謂宜準戴氏分陰聲、陽聲、入聲爲三之說，爰就餘杭師所分古韻廿三部，益爲廿八部。」（見劉賾《聲韻學表解》引）因黃君主張入聲別立，故對前人古韻分部將入聲獨立者，最爲贊揚，於戴氏則謂所得獨優；於劉逢祿之分二十六部，亦謂其最能致用。其〈論治爾雅學之資糧〉云：「劉氏

《詩聲衍》分韻廿六,此爲古韻分部最多者。惟未韻應分爲二類,(從章氏,今定名爲沒類、曷類。)緝韻應分爲二類,(從戴氏,今定名爲合類、帖類。)而後古韻部始全。」

是則黃君二十八部之分,多本戴氏、劉氏、章氏三家之說者也。茲錄其〈古韻表〉廿八部之目於後:

陰	陽		入	
	收鼻	收脣	收鼻	收脣
歌(開合洪)				
	寒(開合洪)	覃(開洪)	曷(開合洪)	合(開洪)
灰(合洪)	痕(開合洪)		沒(合洪)	
	先(開合細)	添(開細)	屑(開合細)	帖(開細)
齊(開合細)	青(開合細)		錫(開合細)	
模(合洪)	唐(開合洪)		鐸(開合洪)	
侯(開合洪)	東(合洪)		屋(合洪)	
蕭(開合細)				
豪(開合洪)	冬(合洪)		沃(合洪)	
哈(開合洪)	登(開合洪)		德(開合洪)	

黃君《音略》云:「右今定古韻陰聲八,陽聲十,(收鼻八,收脣二。)入聲十(收鼻八,收脣二。)凡二十八部。其所本如左:

歌(顧炎武所立。)灰(段玉裁所立。)齊(鄭庠所立。)模(鄭所立。)侯(段所立。)蕭(江永所立。)豪(鄭所立。)哈(段所立。)寒(江所立。)痕(段所立。)先(鄭所立。)青(顧所立。)唐(顧所立。)東(鄭所立。)冬(孔廣森所立。)登(顧所立。)覃(鄭所立。)添(江所立。)曷

（王念孫所立。）沒（章氏所立。）屑（戴震所立。）錫（戴所立。）鐸（戴所立。）屋（戴所立。）沃（戴所立。）德（戴所立。）合（戴所立。）帖（戴所立。）

此二十八部之立，皆本昔人，曾未以肊見加入。至於本音讀法，自鄭氏以降，或多未知，故二十八部之名，由鄙生所定也。」

按黃君此二十八部，所以較餘杭章君多五部者，乃將入聲錫、鐸、屋、沃、德五部，自章君支、魚、侯、宵、之五部獨立成部是也。至於錫、鐸、屋、沃、德五部應否獨立，王力著《漢語史稿》與《漢語音韻》有較詳盡之分析，茲錄其說於下：

王氏《漢語音韻》云：「職、覺、藥、屋、鐸、錫六部應否獨立？這六部都是收音于-k的入聲字，如果併入了陰聲，我們怎樣了解陰聲呢？如果說陰聲之、幽、宵、侯、魚、支六部，既以元音收尾，又以清塞音-k 收尾，那麼，顯然不是同一性質的韻部，何不讓它們分開呢？況且收音-p 于的緝、葉，收音-t 于的質、物、月都獨立起來了，只有收音-k于的不讓它們獨立，在理論上也講不通。既然認為同部，必須認為收音是相同的。要末，就像孔廣森那樣，否認上古有收-k的入聲，（孔氏同時否認上古有收-t 的入聲，這裏不牽涉到收-t 的問題，所以只談收-k 的問題。）要末，就像西洋某些漢學家所為，連之、幽、宵、侯、魚、支六部都認為也是收輔音的。（例如西門 Water Simon 和高本漢 B. Karlgren。西門做得最澈底,六部都認為是收濁擦音，高本漢顧慮到開口音節太少了，所以只讓之、幽、宵、支四部及魚部一部分收濁塞音-g。）我們認為兩種做法都不對；如果像孔廣森那樣，否定了上古的-k 尾，那麼中古的-k 尾是怎樣發展來的呢？

如果像某些漢學家那樣，連之、幽、宵、侯、魚、支六部都收塞音（或擦音），那麼上古漢語的開音節那樣貧乏，也是不能想像的。（《漢語史稿》云：『高本漢拘泥於諧聲偏旁相通的痕跡，於是把之、幽、宵、支四部的全部和魚部的一半擬成入聲韻"收-g"，又把脂、微兩部和歌部的一部分，擬為收-r的韻，於是只剩下侯部和魚、歌的一部分是以元音收尾的韻，即所謂開音節。世界上沒有任何一種語言的開音節是像這樣貧乏的。"倒是有相反的情形，例如彝語、哈尼語等的開音節特別豐富，閉音節特別少。"只要以常識判斷，就能知道高本漢的錯誤。這種推斷完全是一種形式主義，這樣也使上古韻文失掉聲韻鏗鏘的優點，而我們是有充分理由證明上古的語音不是這樣的。』）王力所以放棄了早年的主張，採用了陰陽入三聲分立的說法，就是這個緣故。」

黃君將入聲與陰陽並立，經王力之分析，應可無所疑慮者矣。

二、黃君之古本韻今變韻說：

《切韻·序》云：「昔開皇初，有儀同劉臻等八人同詣法言門宿，夜永酒闌，論及音韻，以今聲調，既自有別，諸家取捨，亦復不同，吳楚則時傷輕淺，燕趙則多傷重濁，秦隴則去聲為入，梁益則平聲似去。又支（章移切）脂（旨夷切）魚（語居切）虞（遇俱切），共為一韻；先（蘇前切）仙（相然切）尤（于求切）侯（胡溝切），俱論是切。欲廣文路，自可清濁皆通，若賞知音，即須輕重有異。呂靜《韻集》、夏侯該《韻略》、陽休之《韻略》、周思言《音韻》、李季節《音譜》、杜臺卿《韻略》等，各有乖互。江東取韻，與河北復殊，因論南北是非，古今通塞。欲更捃選精切，除削疏緩，蕭顏多所決定。魏著作謂法言曰：『向來論難，疑處悉盡，何爲不隨口記之，我輩數人，定則定矣。』法言即燭下握筆，略記綱紀，博問英辯，殆得精華。於是更涉餘學，兼從薄宦，十數年間，不遑修集。今返初服，私訓諸弟子，凡有文藻，即須明聲韻，屛居山野，交遊阻絕，疑惑之所，質問無從，亡者則生死路殊，空懷可作之歎；存者則貴賤禮隔，以報絕交之旨，遂取諸家音韻，古今字書，以前所記者定之，爲《切韻》五卷。」陸氏《切韻》之作，既兼賅古今南北之音，歷來聲韻學家，皆以爲然。戴震《聲韻考》云：「隋唐二百六韻，……別立四江以次東、冬、鍾後，殆有見于古用韻之文，江歸東、冬、鍾，不入陽、唐，故特表一目，不附東、冬、鍾韻內者，今音顯然不同，不可沒今音，且不可使今音古音相雜成一韻也。不次陽、唐後者，撰韻時以可通用字附，不可以今音之近似而淆紊古音也。」餘杭章君云：「《廣韻》所包，兼有古今方國之音，非並時同地得有聲勢二百六種也。」黃君曰：「今行《廣韻》，雖非陸君《切韻》之舊，然但有增加，無所刊剟，則陸君之舊，固在《廣韻》中也。」又曰：「古本音即在《廣韻》二百六韻中，《廣韻》所收，乃包舉周漢至陳隋之音，非別有所謂古本音也。凡捨《廣韻》而別求音者，皆妄也。」（分別見於〈與友人論治小學書〉及劉賾《聲韻學表解》。）錢玄同《文字學音篇》云：「法言作《切韻》，分韻爲二百六部，（《切韻》雖亦不存，然今世所傳之《廣韻》本于《唐韻》，《唐韻》即本切于《切韻》，《廣韻》之二百六韻，猶是法言舊目也。）然法言此書，在明古音今音沿革。」又云：「吾儕生于二千年後，得以考明三代古音之讀法，實賴法言之兼存古音。」林語堂云：「《切韻》是匯通古今南北方音，預備做一本南北人皆可用的字書，所以分韻惟恐不不詳，所列並非任何一地之音。」（重刊語言學論叢序）王君了一云：「《切韻》未必根據一時一地之音。例如"支"與"脂"，"魚"與"虞"，也許當時普通人已不能分別，而陸法言要依照古音，定出一個分別來。」（見《中國音韻學》本論上）又曰：「《切韻》照顧了古音系統，也照顧了方音系統。……因爲各地的方音也是從古音發展來的。」（見《漢語音韻》）綜觀上述各家之言，《廣韻》二百零六韻，兼包有古今南北之音，殆無可疑者矣。《廣韻》既包有古今之音，則自可據以考求所包之古音也。

黃君據《廣韻》以考求古本韻之法，今據先師林景伊（尹）先生說，條舉於後：

【一】黃君古韻廿八部，乃據前代古韻學家分析而得，就鄭庠、顧炎武、江永、戴震、段玉裁、孔廣森、王念孫、江有誥、嚴可均、劉逢祿、章炳麟諸家古韻分部，分其所可分，恰得廿八部。故其古韻分部，乃前有所承。

【二】黃君據陳澧《切韻考·外篇》分析《廣韻》聲紐，得影、曉、匣、喻、爲；見、溪、群、疑；端、透、定、泥、來；知、徹、澄、娘；照、穿、神、審、禪、日；精、清、從、心、邪；莊、初、床、疏；幫、滂、並、明；非、敷、奉、微四十一聲紐。在此四十一聲紐中，古無輕脣音非、敷、奉、微四紐及舌上音、知、徹、澄三紐爲錢大昕所證明；古無娘、日二紐，爲章太炎所證明。黃君創一聲經韻緯求古音表，持此古音所無之九紐，進一步檢查《廣韻》二百零六韻三百三十九韻類，結果發現，凡無此九變紐之韻類，亦必無喻、爲、群、照、穿、神、審、禪、邪、莊、初、床、疏等十三紐；反之，凡有此九變聲出現之韻，亦必出現喻、爲、群等十三紐，茲錄其二十八部正韻、變韻表首三表以見例：

聲調	平				上				去				入			
韻目	一東				一董				一送				一屋			
等呼	開	合	齊	撮	開	合	齊	撮	開	合	齊	撮	開	合	齊	撮
影3	翁烏紅				蓊烏孔				甕烏貢					屋烏谷	郁於六	
喻			融以戎												育余六	
爲			雄羽弓												囿于六	
曉	烘呼東				嗊呼孔				烘呼貢			趨香仲		觳呼木	蓄許竹	
匣	洪戶公				澒胡孔				哄胡貢					縠胡谷		
見	公古紅		弓居戎						貢古送					穀古祿	菊居六	
溪	空苦紅		穹去宮		孔康董				控苦貢					哭空谷	麯驅菊	
群			窮渠弓												驧渠竹	
疑	峖五東															

3　凡聲母外加方框 ▢ 者爲古本聲，未加者爲今變聲。下仿此，不更註。

端	東德紅		董多動			涷多貢		縠丁木		
透	通他紅		侗他孔			痛他貢		禿他谷		
定	同徒紅		揬動徒			洞徒弄		獨徒谷		
泥			繷奴動			齈奴涷				
來	籠盧紅	隆力中	曨力董			弄盧貢		祿盧谷	六力竹	
知		中陟弓					中陟仲		竹張六	
徹		忡敕中							蓄丑六	
澄		蟲直弓					仲直眾		逐直六	
娘									朒女六	
日		戎如融							肉如六	
照		終職戎					眾之仲		粥之六	
穿		充昌終					銃充仲		俶昌六	
神										

聲母									
審					'			叔式竹	
禪								熟殊六	
精	夔子紅		總作孔		糉作弄	趨子仲			
清	忽倉紅				謥千弄		瘯千木	竈七宿	
從	叢徂紅				嗀徂送		族昨木	歡才六	
心	楤蘇公	嵩息弓	敕先孔		送蘇弄		速桑谷	蕭息逐	
邪									
莊								纖側六	
初								珿初六	
床		崇鋤弓				剡仕仲			
疏								縮所六	
幫			琫邊孔				卜博木		
滂							扑普木		

並	蓬薄紅		菶蒲蠓				暴蒲木	
明	蒙莫紅	瞢莫中	蠓莫孔		懞莫弄	夢莫鳳	木莫卜	目莫六
非		風方戎				諷方鳳		福方六
敷		豐敷隆				賵撫鳳		蝮芳福
奉		馮房戎				鳳馮貢		伏房六
微								
附註4	《廣韻》東韻豐敷空切，誤，今據《唐寫本切韻殘卷第三種》及故宮藏王仁昫《刊謬補缺切韻》正作敷隆切。				黃君云：東一類去聲有諷（非紐）、賵（敷紐）、鳳（奉紐）三字，以平聲準之當入第二類。			

聲調	平				上				去				入			
韻目	二冬				（湩）				二宋				二沃			
等呼	開	合	齊	撮	開	合	齊	撮	開	合	齊	撮	開	合	齊	撮

4　新雄案：黃君原表本清聲濁聲分別列表，今為觀其會通，因合為一表。

影								沃烏酷	
喻									
爲									
曉								熇火酷	
匣	碻戶多					碻乎宋		鵠胡沃	
見	攻古多							梏古沃	
溪								酷苦沃	
群									
疑								瞿五沃	
端	多都宗		渾都鵃					篤冬沃	
透	烆他多					統他綜			
定	彤徒多							毒徒沃	
泥	農奴多							褥內沃	
來	譽力多							濼盧毒	

知													
徹													
澄													
娘													
白													
照													
穿													
神													
審													
禪													
精	宗作冬									偁將毒			
清													
從	琮藏宗												
心	鬆私宗						宋蘇統			淚先篤			
邪													
莊													
初													
床													
疏													
幫													
滂													
並													

	開	合	齊	撮	開	合	齊	撮	開	合	齊	撮	開	合	齊	撮
明				鶲莫渾				霿莫綜				瑁莫沃				
非																
敷																
奉																
微																
附註	《廣韻》渾鶲二字併入鍾韻上聲腫韻，注曰此是多字上聲。															

聲調	平				上				去				入			
韻目	二鍾				二腫				二宋				二沃			
等呼	開	合	齊	撮	開	合	齊	撮	開	合	齊	撮	開	合	齊	撮
影			邕於容				擁於隴				雍於用					
喻			容餘封				勇余隴				用余頌					欲余蜀
為																
曉			胸許容				洶許拱									旭許玉
匣																

見			恭九容			拱居悚			供居用			輂居玉
溪			銎曲恭			恐丘隴			恐區用			曲丘玉
群			蛩渠容			蛩渠隴			共渠用			局渠玉
疑			顒魚容									玉魚欲
端												
透												
定												
泥												
來			龍力鍾			隴力踵			贚良用			錄力玉
知						冢知隴			湩竹用			瘃陟玉
徹			蹱丑凶			寵丑隴			踵丑用			楝丑玉
澄			重直容			重直隴			重柱用			躅直錄
娘			醲女容						搙穠用			
日			茸而容			冗而隴			鞋而用			辱而蜀

照	鍾職容		腫之隴		種之用		燭之欲
穿	衝尺容		䨫充隴				觸尺玉
神							贖神蜀
審	春書容						束書玉
禪	鱅蜀庸		𤏺時冗				蜀市玉
精	縱即容		樅子冢		縱子用		足即玉
清	樅七恭						促七玉
從	從疾容				從疾用		
心	蜙息恭		悚息拱				粟相玉
邪	松祥容				頌似用		續似足
莊							
初							
床							
疏							
幫							

滂								
並								
明								
非		封府容		詈方勇		葑方用		韸封曲
敷		峰敷容		捧敷奉				
奉		逢符容		奉扶隴		俸扶用		幞房玉
微								
附註				《廣韻》有牔字職勇切，唐寫本《切韻殘卷第三種》及故宮、敦煌兩王仁昫《刊謬補缺切韻》皆無，增加字也。				

　　就上三表觀之，第一表中，東、董、送、屋四韻之開口呼及第二表冬、宋、沃韻，皆無變聲知、徹、澄、娘、日、非、敷、奉、微九紐，凡無此九紐變聲之韻類，同時亦無喻、爲、群、照、穿、神、審、禪、邪、莊、初、床、疏等十三紐，則此十三紐亦必與知、徹、澄、娘、日、非、敷、奉、微等九紐同一性質——即亦爲變聲可知。凡無變聲之韻，即爲古本韻，故東韻屋韻等之開口呼及冬、宋、沃諸韻皆古本音也。第一表中，東、董、送、屋四韻之齊齒呼及第三表鍾、腫、用、燭諸韻皆雜有二十二

紐今變聲，故爲今變韻也。黃君據此以考《廣韻》二百零六韻，其不見變聲二十二紐者，得三十二韻（舉平以賅上去。）而此三十二韻中，魂痕、寒桓、歌戈、曷末八韻相爲開合，併其開合，則得二十八部，而此二十八部，與顧江以來諸家所析，適相符合。陸氏《切韻》旣兼承古音，則此二十八部即陸氏所定之古本韻，又復奚疑？黃君云：「當知二百六韻中，但有本聲，不雜變聲者，爲古本音，雜有變聲者，其本聲亦爲變聲所挾而變，是爲變音。」（見〈與友人論治小學書〉）黃君此言，蓋指此而言也。

　　【三】黃君又察及等韻，凡一等韻及四等韻皆僅有本聲，而無變聲參雜其間，而此二十八部三十二韻，見於等韻者，非一則四。凡屬一、四等韻，皆僅有本聲影、曉、匣、見、溪、疑、端、透、定、泥、來、精、清、從、心、幫、滂、並、明等十九紐，又與黃君所考，妙契天成者也。近代之論古韻分部者之所共知者，乃任何一古韻部，必定有一一等韻或四等韻，若缺一等韻，必有四等韻；若缺四等韻，必有一等韻。斷無只有二三等韻而無一四等韻之古韻部，則凡屬一四等韻者乃構成一上古韻部之必不可少之成分。實亦與黃君古本韻之理論，若合符節者也。故黃君云：「顧其理有闇與古音會者，則其所謂一等音，由今驗之，皆古本音也。」（見〈與友人論治小學書〉）

　　【四】黃君旣以知、徹、澄、娘、日、非、敷、奉、微九紐爲變聲，進察《廣韻》二百六韻，得知喻、爲、群、照、穿、神、審、禪、莊、初、床、疏、邪十三紐亦爲變聲，此十三紐之爲變聲，並經後人一一考實。曾運乾〈喻紐古讀考〉考定喻乃定之變聲，爲乃匣之變聲。錢玄同〈古音無邪紐證〉、戴君仁〈古音無邪紐補證〉證明邪紐爲定紐變聲。清夏燮《述韻》已有照、

穿、神、審、禪古歸端、透、定；莊、初、床、疏古歸精、清、
從、心之主張。而筆者亦有〈群紐古讀考〉附驥，以爲群紐古歸
匣紐。此除說明黃君之有眞知灼見之外，而於聲韻相互影響之關
係，亦能顧及。黃君以爲此三十二古本韻，韻中止有十九古本
紐，與他韻之雜有變紐者異，故知其爲古本韻，而此十九紐，僅
見於古本韻中，故知其爲古本紐。黃先生〈與友人論治小學書〉
云：「當知二百六韻中，但有本聲，不雜變聲者爲古本音，雜有
變聲者，其本聲亦爲變聲所挾而變，是爲變音。」黃氏更在〈爾
雅略說〉一文中說：「古聲類之說，萌芽于顧氏，錢氏更證明
『古無輕脣，古無舌上』，本師章氏證明『娘日歸泥』，自陳蘭
甫作《切韻考》，劃分照、穿、床、審、禪五母爲九類，而後
齒、舌之界明，齒舌之本音明。大抵古音於等韻只具一四等，從
而《廣韻》韻部與一四等相應者，必爲古本韻，不在一四等者，
必爲後來變韻，因求得古聲類確數爲十九。」按事物乃相互依
存，相互制約者，而漢語音節係由聲與韻拼合而成，聲變影響韻
變，韻變亦影響聲變，乃極其自然之事也。然則聲韻二者是否可
以互證，乃極其顯明之事實。故錢玄同先生云：「本紐本韻，互
相證明，一一吻合，以是知其說之不可易。」（見《文字學音
篇》）

三、黃君古韻二十八部駁難辨：

　　黃君古韻二十八部出，贊成之者，固不乏人；而非議之者，
亦有所聞。筆者從先師林景伊（尹）先生治古音之學有年，浸淫
于黃氏之古音學說，爲時亦久，雖不敢謂得黃君古音學說之精
髓，於其學說之來龍去脈，自信尚頗瞭於胸中。先師林先生臨終
之前，致函垂示曰：「莫爲之先，人莫之知；莫爲之後，人莫之

傳。」因基於爲之後者之責任，有義務將黃君學說致人疑者，就己所知，爲之辯釋，亦所以上慰先師教導之恩也。用不揣固陋，搜集諸家駁難之說，一一爲之辯釋，以質諸世之知音者，並求教正焉。

　　下文爲行文之便，皆先錄非議諸家原文，然後爲之辨釋。綜合諸家所言，蓋有四家十難。茲辨釋於後：

【一】林語堂先生〈古音中已遺失的聲母〉一文非難黃先生之說云：

　　「更奇怪的，是黃侃古音十九紐說的循環論證。黃氏何以知道古音僅有十九紐呢？因爲在所謂『古本韻』的三十二韻中，只有這十九紐。如果你再問何以知道這三十二韻是『古本韻』呢？那末清楚的回答便是：因爲這三十二韻中只有『古本紐』的十九紐。這種以乙證甲，又以甲證乙的乞貸論證（begging the question），豈不是有點像以黃臉孔證明中國人爲偉大民族？何以知道中國人偉大呢？因爲他們黃臉。但是何以知道黃臉人偉大呢？因爲中國人就是偉大民族！」

　　辨曰：欲辨林語堂先生此難，且先問《廣韻》一書有無包含古音之成分？《廣韻》沿襲陸法言《切韻》而來，陸氏《切韻·序》云：「因論南北是非，古今通塞。」既云論古今通塞，是其書原含古音在內。關於此點，林先生亦不能不承認。林先生于〈珂羅倔倫考訂切韻韻母隋讀表〉一文即云：「實則《切韻》之書，半含存古性質，《切韻》作者八人，南北方音不同，其所擬韻，目非一時一地之某種方音中所悉數分出之韻母，乃當時衆方音中所可辨的韻母統系。」又云：「又因爲方音所分，同時多是保存古音（如支脂東多之分），所以長孫訥言稱爲『酌古沿今，無以加也。』《廣韻》一書既兼存古音，則於是書中求出其所存之古音系統，在理論上有何不可？更何況黃先生考求古音之法，乃先據前人考求古韻分部所得之結果，其二十八部之立，全據昔人所分。黃先生《音略》云：「今定古韻陰聲八，陽聲十，入聲十，凡二十八部。其所本如左：

歌顧炎武所立。灰段玉裁所立。齊鄭庠所立。模鄭所立。侯段所立。蕭江永所立。咍段所立。寒江所立。痕段所立。先鄭所立。青顧所立。唐顧所立。東鄭所立。冬孔廣森所立。登顧所立。覃鄭所立。添江所立。曷王念孫所立。沒章氏所立。屑戴震所立。錫戴所立。鐸戴所立。屋戴所立。沃戴所立。合戴所立。帖戴所立。

此二十八部之立，皆本昔人，曾未以肊見加入。」至於非、敷、奉、微、知、徹、澄、娘、日等九紐之爲變聲，又經前人考實。錢大昕有〈古無輕唇音〉一文，以爲「凡輕唇之音，古讀皆爲重唇。」又有〈舌音類隔之說不可信〉一文，以爲「古無舌頭舌上之分。知、徹、澄三母，以今音讀之，與照、穿、床無別也，求之古音，則與端透定無異。」章太炎先生〈古音娘日二紐歸泥說〉一文則證明「古音有舌頭泥紐，其後支別，則舌上有娘紐，半舌半齒有日紐，于古皆泥紐也。」黃先生進察《廣韻》二百六韻中，凡無變聲非、敷、奉、微、知、徹、澄、娘、日九紐之韻類，同時亦必無喻、爲、群、照、穿、神、審、禪、莊、初、床、疏、邪等十三紐，則喻、爲、群等十三紐，亦必與非、敷、奉等九紐同一性質可知，非、敷、奉等九紐既爲變聲，則喻、爲、群等十三紐亦爲變聲無疑。黃先生據此以考《廣韻》二百六韻，其不見變聲二十二紐者，得三十二韻，而此三十二韻中，魂痕、寒桓、歌戈、曷末八韻互爲開合，併其開合，則得二十八部。而此二十八部適與顧、江、戴、孔、段、王、嚴、章諸氏所析，適相符合。陸氏《切韻》既兼存古音，則此二十八部，即陸氏所定之古本韻，又複奚疑！如此抽絲剝繭，何得謂爲乞貸論證？尤有進者，即黃先生所斷爲變聲之喻、爲、群等十三紐，經後人證明，皆確爲變聲。曾運乾〈喻紐古讀考〉以喻、爲二紐乃定、匣二紐之變聲；錢玄同〈古音無邪紐證〉，戴君仁〈古音無邪紐補證〉二文則證明邪紐爲定紐之變聲。前乎此者，清夏燮《述韻》已有照、穿、神、審、禪古歸端、透、定；莊、初、床、疏古歸精、清、從、心之見。筆者亦有〈群紐古讀考〉附驥，以爲群者匣之變聲也。此除黃先生有眞知灼見外，又有何乞貨之可言！

　　【二】林語堂先生前文又非難黃先生云：

　　「實在黃氏所引三十二韻中，不見黏齶聲母並不足奇，也算不了什麼證據。因爲黏齶的聲母，自不能見於非黏齶的韻母，絕對不能因爲聲母之有無，而斷定韻母之是否『古本韻』，更不能乞貸這個古本韻來證明此韻母中的聲母之爲『古本紐』。」

　　辨曰：黏齶韻母與非黏齶韻母之界定，當以介音 i 之有無爲准，有者爲黏齶之韻母，無者爲非黏齶之韻母。至於黏齶聲母與非黏齶聲母之界定，據羅常培《普通語音學綱要》標準有三：

　　〔一〕當發聲母時，舌面接近硬齶，所發聲母具有舌面音之色彩，則此聲母爲黏齶之聲母，否則爲非黏齶之聲母。

　　〔二〕聲母發音時，因後接母音舌位高低不同，因受母音之影響，使聲母舌位亦有高低之殊，舌位較高時所發之聲母爲黏齶聲母，否則爲非黏齶之聲母。

　　〔三〕就語言歷史過程中，本非舌面之聲母，其後變爲舌面音者，稱之爲黏齶聲母，否則爲非黏齶聲母。

　　於黏齶聲韻母與非黏齶聲韻母有此認識之後，再檢視黃先生

之三十二古本韻，則顯然可知此三十二古本韻並非全然無介音 i
之韻母。若齊、先、蕭、青、添、屑、錫、怗諸韻，於等韻中全
居四等，則不可謂無介音 i，自不可謂非黏齶之韻母，然此諸韻
皆不見黏齶之聲母，又如何不足奇！且非黏齶之聲母如端 t-、透
t‘-、定 d‘-、泥 n-，如何變成黏齶之聲母如知 t、徹 t‘、澄 d‘、
娘 n？設無非黏齶之聲母與黏齶之韻母相接觸，則又如何產生知
t、徹 t‘、澄 d‘、娘 n 等黏齶聲母？非黏齶之聲母既可見於黏齶
之韻母，何以非黏齶之韻母，就必不可有黏齶之聲母？且如
"江"韻，董同龢先生《中國語音史》考訂其中古音值爲-oŋ。
林語堂先生所親譯高本漢氏〈答馬斯貝囉論切韻之音〉一文中，
高本漢氏亦以"江"韻之音值爲無 i 之-oŋ（原文作 ång）。則
"江"韻爲非黏齶之韻母可知，"江"韻既爲非黏齶之韻母，又
何以韻中亦有牥（醜江切徹 t‘-）、幢（宅江切澄 d‘-）、膿（女
江切娘 n -）諸音？何以亦有黏齶之聲母存在？不僅此也，等韻
圖中，一切二等性韻母，皆非黏齶性韻母，而卻皆有黏齶性聲母
知、徹、澄、娘一類聲母存在。又林先生所譯高氏〈答馬斯貝囉
論切韻之音〉一文跋語中，亦主張先、添、青、齊、諸韻之開口
韻皆具有 je-音，則此諸韻爲黏齶之韻母更無疑。然則林先生所
謂『黏齶的聲母，自不能見於非黏齶的韻母』之言，並無任何理
論上必然之根據。更何況黃先生所謂古本韻者，並非純屬非黏齶
之韻母，則林語堂先生此難，尚不足以爲黃先生病也。又林先生
在〈支脂之三部古讀考〉中云：『聲母與各韻的連帶關係，這是
凡考古音者所必注意，而中國音韻學家所未能注意的一種方
法。』黏齶聲母何以不能見於非黏齶韻母？林先生曾注意否？此
豈非聲母與韻母之連帶關係。黃先生實中國聲韻學家第一位注意
及此者，故其《音略》云：『古聲既變爲今聲，則古韻不得不變

爲今韻，以此二物相挾而變。」此非聲母與韻母之連帶關係乎！
未料卻爲林先生責爲"乞貸"！

　　【三】王力先生于《中國聲韻學》批評黃先生學說云：

「但所謂『古本韻中只有古本紐』，亦不能例外。」

　　辨曰：黃季剛先生于此類例外切語，亦嘗注意。其〈與人論
治小學書〉云：「先韻有狗字，（床紐，此增加字。新雄按狗字
《廣韻》崇玄切在韻末，唐寫本《切韻》殘卷第三種"後簡稱切
三"，及敦煌本王仁昫《刊謬補缺切韻》"後簡稱王一"皆無，
其非陸氏之舊，爲後世增加者無疑矣。）灰韻上聲有偗字，（爲
紐，此增加字。新雄案偗字《廣韻》於罪切，在韻末，《切三》
及故宮王仁昫《刊謬補缺切韻》"後簡稱王二"作羽罪反，皆在
韻末。王一作素罪反，屬心紐爲古本聲，以其平去二聲准之，齒
音四紐具足，而上聲獨缺心紐，或當據《王一》正作素罪反。龍
宇純君《韻鏡校注》以爲偗蓋祭韻衛之上聲字，則其附寄於此
者，當爲字少之故。）曷韻有一篐字，（喻紐，此增加字。新雄
案篐字《廣韻》各本矛割切，陳氏《切韻考》謂當從明本、顧本
作予割切。此字《切三》《王一》《王二》《唐韻》皆無，非陸
氏之舊，黃君以爲增加字者是也。）桓韻上聲有�字，（邪紐，
此增加字。新雄案�字《廣韻》辭纂切，唐寫本《切韻》殘卷第
一種"後簡稱切一"、《切三》、王一皆無，五代刊本《切韻》
作鄻詞纂切，非陸氏之舊，其爲增加字無疑也。）齊韻有䶵字，
（日紐，此增加字。新雄案《廣韻》䶵人兮切、杉成䶵切，在韻
末，《切三》及五代本《切韻》皆有此二字，且雜在韻中。董同
龢先生《中國語音史》云：「《廣韻》哈、海兩韻有少數昌即
"穿"母以及以即"喻"母字，齊韻又有禪母及日母字，這都是
特殊的現象，因爲一等韻與四等韻，照例不與這些聲母配，根據

韻圖以及等韻門法中寄韻憑切與日寄憑切兩條，可知他們當是與
祭韻相當的平上聲字，因字少分別寄入咍海齊三韻，而借用那幾
個韻的反切下字。寄入齊韻的扅字，或本《廣韻》自成一韻，
《集韻》又入咍韻，都可供參考。」據董先生此說，則觺扅二字
原非齊韻之字，則雖爲變聲，實與齊韻之爲古本韻無礙。」）扅
字，（禪紐，此增加字。案見上。）去聲有遾字，（徹紐，此增
加字。新雄案遾字醜戾切，《廣韻》在韻末，《王一》、《唐
韻》皆無，《王二》有，在韻末，蓋亦爲增加字矣。）錫韻有歒
字，（徹紐，此增加字。新雄案歒字《廣韻》醜曆切在韻末，
《切三》、《王一》、《王二》、《唐韻》皆無，增加字也。）
侯韻上聲有鯫字，（床紐，此增加字。新雄案鯫字《廣韻》仕垢
切在韻末，《王一》土垢反、《王二》仕垢反皆在韻末，《切
三》土垢反，又土溝反，亦在韻末，土字疑七字之誤，其又音土
溝反，《廣韻》正作七溝切可證。又張本《廣韻》侯韻剿紐鯫字
又七苟切，正是此音，則土爲七之誤益明矣。又《廣韻》趣取椒
三字倉苟切，《王一》取椒二字倉垢反，《王二》取椒二字倉垢
反，皆在韻末，《切三》無，則顯爲增加字無疑，趣取椒爲增加
字，則鯫《切三》原作七垢反益無疑矣。）東一類有諷（非紐）
賵（敷紐）鳳（奉紐）字（以平聲准之當入第二類。）咍韻有犉
字，（穿紐，新雄案犉字《廣韻》昌來切，在韻末，《切三》、
《王一》皆無，增加字也。又參見觺字下引董氏語。）上聲有膔
字，（喩紐，新雄案膔字《廣韻》與改切，在韻末，《切一》、
《切三》、《王一》、《王二》皆無，增加字也。又參見觺字下
案語。）疓字，（日紐，皆增加字也。新雄案疓字《廣韻》如亥
切，在韻末，《切一》、《切三》、《王一》、《王二》皆無，
增加字也。）凡此變音諸字，雜在本音中，大氐後人增加，綴於

部末，非陸氏之舊，不可以執是言以譏鄙言之不驗也。」此外劉
盼遂氏又查出「先韻上聲有編字方典反，非紐，先韻入聲有弼字
方結反，非紐，灰韻有胚字芳杯反，敷紐。灰韻上聲有脴字陟賄
反，知紐，魂韻去聲有奔字甫悶反，非紐。戈韻有瘸字巨靴反，
群紐。又有伽字求迦反，群紐。戈韻去聲有縛字元臥反，奉紐。
錫韻有甓字扶曆反，奉紐。登韻去聲有倗字父鄧反，奉紐。又有
痭字方隥反，非紐。又有憮字武互反，微紐。侯韻上聲有掊字方
垢反，非紐。咍韻有倍字扶來反，奉紐。咍韻上聲有茝字昌待
反，穿紐。」劉氏於所著〈黃氏古音廿八部商兌〉一文為之辨
云：「以上變紐十五文，黃先生所未及舉，總上黃先生所錄者共
得三十字，皆�謬于古音定則，使學士滋惑也。盼遂嘗深思所以
致誤之由，至於輾轉伏枕而不能解，迨後得唐寫本王仁昫《切
韻》（清大內出吳彩鸞寫本，上虞羅氏印。），寫本《切韻》
（海甯王先生影寫敦煌石室殘卷三種），及唐寫本《唐韻》（吳
縣蔣氏藏吳彩鸞寫本殘卷。），取以參校《廣韻》，此疑頓爾冰
釋。前方三十字中，其東部去韻諷賵鳳三字不論。（新雄案黃先
生已自辨其故。說見前。）若狗馸遂歡犆膼疬（新雄案此七字已
辨，見前。）脴（新雄案《切三》、《王一》、王二》皆無。）
瘸（新雄案《切三》、《王一》、《王二》皆無。）伽（新雄案
伽字求迦切，伽字《切三》無反語，《王一》去迦反，《王二》
云法反，且迦字《切三》無，則伽為增加字可知，均在韻末。）
縛（新雄案《王一》、《王二》、《唐韻》皆無。）倗（新雄案
《王一》、《王二》在韻末，《唐韻》無。）掊（新雄案《切
三》、《切一》皆無。）等十四字皆不見於陸孫之書，若魂韻去
聲之奔，《唐韻》則脯悶反，注云一加。（新雄案顯為增加字，
《王一》有，《王二》無。）侯韻上聲之鯫，《切韻》作土垢反

（新雄案見前。）是二字仍屬古本紐也。餘如胚（新雄案此字
《切三》、《王一》皆作芳胚反。本師瑞安林先生云：『《廣
韻》尤韻飆紐有胚字，其又音爲普回切，可見灰韻之胚字原爲滂
母，《韻鏡》列一等唇音次清位，《指掌圖》列滂母下可
證。」）侑（新雄案辨見前。）茝（新雄案，辨見前罋字下引董
氏語。）編（新雄案：此字《切三》方顯反，《王一》方繭反，
《切一》、五代刊本無，《廣韻》一先韻邊紐有編，又音方汱
切，又有萹又音北汱切，方汱、北汱即銑韻方典切之音，由萹字
又切北汱，足證編原爲幫母，《韻鏡》列唇音清音下四等位，
《切韻指掌圖》即列於幫母下可證此字原讀重唇。）弼（新雄案
此字《切三》、《王一》、《王二》、《唐韻》皆作方結反，然
以平上去三聲准之當屬幫母，《集韻》作必結切，《指掌圖》入
幫紐下，足爲旁證。）甓（新雄案此字《切三》、《王一》、
《唐韻》與《廣韻》同作扶曆反，然《王二》作蒲曆反爲並紐，
以平上去三聲准之，《王二》是也。）宿（新雄案此字《王
一》、《王二》方鄧反，以平上入三聲准之，當屬幫母，《集
韻》逋鄧切，《指掌圖》入幫紐下，足爲旁證。）懵（新雄案此
字《王一》、《王二》皆作武亙反，以平上入三聲准之，當屬明
母，《集韻》母亙切， 《切韻指掌圖》入明母下，足爲旁
證。）摳（新雄案此字《廣韻》作捸方垢切，《王一》、王二》
皆方後反，以平去二聲准之，當入幫紐下，《集韻》彼口切，
《指掌圖》入幫母下足證。）罋栘（新雄案此二字辨見前。）等
十一字，二書均同《廣韻》，疑出於長孫箋注緒正朱箋所加，非
陸氏所本有，不然何以茲十一字均駢於部末而與上文不一例邪？
由是益征黃先生之精于推論，然非得唐世秘書，亦終屬托辭而未
敢質言之矣。」除黃先生及劉氏所舉諸字之外，《廣韻》灰韻尚

有浼字武罪切，微紐。（新雄案《切三》、《王二》皆作武罪切，以平去二聲准之，當屬明母，《集韻》母罪切，《指掌圖》列明母下。）豪韻上聲有莽字武道切，微紐。（新雄案《切三》、《王一》皆作武道反，以平去二聲准之，當爲明母字，《指掌圖》列於明母下，亦足爲旁證矣。）登韻有瞢武登切，微紐。（新雄案《切三》《王一》皆然，《集韻》彌登切，《指掌圖》列明母。）侯韻有呣亡侯切，微紐。（新雄案《切三》、《王一》、《王二》皆無，增加字也。）合韻有鈒字士合切，床紐。（新雄案《切三》、《王二》、《唐韻》皆無，增加字也。合黃君劉氏所舉，共得三十五字雜有變聲．除顯然爲增加字者外，其混淆無理者，唇音獨多。大唐舍利創字母三十，唇音不、芳、並、明，尚無輕重之別。陳澧所考《廣韻》聲類，亦明微不分，由此觀之，重唇之支分爲輕唇，時代甚晚，陸氏時尚無輕唇重唇之別。董同龢先生《中國語音史》即謂：「中古早期還沒有輕重唇的分別。」王力先生《漢語史稿》亦云：「直到《切韻》，唇齒音還沒有從雙唇音分化出來。」因陸氏時輕重唇尚無區別，故輕唇重唇多混用也。明乎此，其無害于黃先生古音學說之成立，亦已明矣。除唇音外，其他諸變聲之字，皆可尋其羼入之端，由此尤可見黃先生識見之精審，於音學之有獨詣矣。

【四】王力先生于《中國音韻學》又云：

「我們不贊成黃氏拿《廣韻》的反切法去做推測古音的工具，因爲反切法是後起的東西，與古音不會發生關係。」

辨曰：《廣韻》切語承襲《切韻》而來，雖則間有改易，然基本上其反切仍沿襲《切韻》，且系統一致，此殆無可疑。羅常培先生《中國音韻沿革講義》云：「《廣韻》反切大體沿用法言以下諸家，而於聲音遞變者，間亦改從時音，以求和協。其有改之未盡者，即所謂“類隔”切也。《廣韻》一字互注之切語，多用類隔，以明古聲之本同。考古音者，系聯類隔切語，參證《切韻》佚音，正足窺見隋音消息，探討法言舊法。」王力先生亦謂：「一般所謂“切韻音系”也就是《廣韻》的系統。」又說：「《廣韻》的語音系統基本上是根據《唐韻》的，《唐韻》的語音系統則又基本上是根據《切韻》的。」由羅王兩氏所言，則《廣韻》之反切法即《切韻》之反切法。至於《切韻》之反切法，可否作爲推測古音之工具。茲仍引王力先生自己之見，以爲說明。王先生在《漢語音韻》一書中云：「陸法言的古音知識是從古代反切得來的，他拿古代反切來跟當代方音相印證，合的認爲“是”，不合的認爲“非”，合的認爲“通”，不合的認爲“塞”。這樣就在很大程度上保存了古音系統。例如支脂之三韻在當代許多方言裏都沒有分別，但是古代的反切證明這三個韻在古代是有分別的，陸法言就不肯把它們合併起來。其中有沒有主觀臆測的地方呢？肯定是有的。但是至少可以說，《切韻》保存了古音的痕跡，這就有利於我們研究上古的語音系統。」《切韻》既保存古音痕跡，而陸法言之古音知識，又從古代反切而來。然則《廣韻》之反切法，推測其書之古音系統，又有何不可？《漢語音韻》係王力先生之晚年定論，已對其早年之所疑，提出圓滿之解答矣。

【五】王力先生在《中國音韻學》又批評黃先生云：

「而且他所指出的古本韻，實際上是在韻圖中居一等或四等的韻；舌上音與正齒音本來沒有一四等，輕唇音與日母本來沒有一二四等，自然不能入于黃氏所謂古本韻之中。由此看來，黃氏只在每一個古韻部中（例如之部或支部。），揀出一個一等或四等的韻（例如之部咍韻居一等，支部齊韻居四等。）認爲古本韻。這對於古音系統仍不能證明，倒反弄出不妥來。例如 "齊"
字本身屬於古音脂部，而黃氏所謂齊部，卻指古音支部而言；
"先"字本身屬於古音諄部，而黃氏所謂先部，卻指古音眞部而
言。」

　　辨曰：等韻之分等，尤其是早期韻圖，如《韻鏡》與《七音
略》，實際上乃據《切韻》《廣韻》等韻書而制定者，王力先生
即嘗云：「在宋元兩代反切圖是專爲《切韻》《廣韻》或《集
韻》的反切而作的。」又因爲《切韻》系韻書並非反映當時具體
語言之實際語音系統，而是兼顧古音系統，則等韻之四等實際上
亦反映出韻書之古音系統。故王力先生又于《漢語音韻》云：
「韻圖所反映的四等只是歷史的陳跡了。」王先生此言絕爲正
確，因爲四等之分，不過是歷史陳跡，而非實際之語音系統。正
因其爲歷史陳跡，故必然存有古音系統。即如王先生所說，舌
上、正齒本無一四等，輕唇、與日母本無一二等而言，此誠然
矣。然何以舌上、正齒不存在於一四等？輕唇半齒不存在於一二
四等？即如高本漢所定四等之分，一等主要母音爲較後之
〔ɑ〕，二等主要母音爲較前之〔a〕，三等主要母音爲更前之
〔ɛ〕，並有韻頭〔j〕，四等主要母音爲更前之〔e〕，並有韻頭
〔i〕。原來一二等母音〔ɑ〕與〔a〕雖同屬洪音，但〔ɑ〕較
〔a〕爲後，不易影響聲母發生變化，而〔a〕則因爲「很前很淺
（aigu）」故較易影響聲母發生變化。三四等之韻頭〔j〕與
〔i〕雖同屬細音，但輔音性韻頭〔j〕，因爲發音部位極高，又
帶摩擦性，故易使前接聲母顎化；母音性韻頭〔i〕則較不易。
何況據王先生《漢語史稿》古音二等性韻母還有輔音性質之韻頭
〔e〕，則較高氏所定之〔a〕尤易使聲母起變化，則等韻中二三
等之聲母多屬變聲，又何可疑！舌上、正齒、輕唇、半齒今皆證

明其爲變聲，則其不見於一四等韻，豈非極爲自然之事乎！明乎此，則何以黃先生所謂古本韻在等韻中僅居一四等，其理亦極顯明，因爲一四等韻之母音及韻頭較不易使聲母發生變化，自然易於保存古音之聲母系統。今人之言古韻者，其古韻分部中，若無一等韻，則必有四等韻，反之亦然，決無一四等韻俱缺而可以成爲一古韻部者，亦即一等韻或四等韻爲構成一古韻部之骨幹。觀乎此，則可以思過半矣。至於黃先生所用之古韻標目問題，則確如王先生所云，略有欠妥之處，然亦極易解釋。吳興錢玄同先生論諸家古韻標目之異同云：「黃季剛二十八部，雖亦用《廣韻》韻目爲標，然與王（念孫）章（炳麟）嚴（可均）黃（以周）四家任舉一字者迥異，《因廣韻》二百六部中，此三十二韻原是古本韻，黃氏旣於《廣韻》中求得古本韻之韻，故即用古本韻韻目題識，此古本韻韻目三十二字，實爲陸法言所定之古韻標目，今遵用之，正其宜也。」（見劉賾《聲韻學表解》所引。）據錢先生此言，可知黃先生之古韻標目乃陸氏所定之古韻標目，然陸氏與劉臻等八人定韻之時，雖則"剖析毫釐，分別黍累。"大體皆尚精當。然彼輩數人"定則定矣"，終不免有審音未到之處，亦難免存有主觀臆斷之處。故有以齊表支，以灰表脂，以先表眞，其齊、灰、先皆不在本部，蓋陸氏審音之疏，此與黃先生無涉也。是故黃先生雖遵用其舊目，而於內部則必使歸本部，此正所以規陸氏之失也。

【六】王力先生《中國音韻學》批評云：

「所謂"古本紐"（例如幫）與"變紐"（例如非），在古代的音值是否相同呢？如不相同，則非不能歸併於幫，亦即不能減三十六紐爲十九紐；如古代非幫的音值相同，則幫紐可切之字，非紐何嘗不可呢？」

辨曰：古本紐與變紐之音值自當相同，易言之，即尚未分化前自是相同，惟陸氏時，古本紐與變紐之音值已起變化。陸氏於已變之音值，認為變紐，故其古本韻絕不雜用變紐。如知 t-、徹 t'-、澄 d'-、娘 n-、日 nz-諸變紐，其音值至陸氏時已與古本紐端 t-、透 t'-、定 d'-、泥 n-諸紐音值迥殊，故陸氏定韻之時，其古本韻中絕不以知、徹、澄、娘、日諸變紐為切語上字；至於重唇幫、滂、並、明四紐與輕唇非、敷、奉、微四紐，于陸氏時尚未盡區分，即音值多相同。故陸氏定韻，其古本韻中唇音八母多互混淆，蓋亦以音值之相同，故彼此互切也。然陸氏時已變者，則絕不混切，此其所以為剖析毫釐者乎！

【七】王力先生《中國音韻學》又云：

「又如泰韻既無變紐，為什麼不認為古本韻，而認為曷末韻之變韻呢？我們不信黃氏的說法，這也是一個強有力的理由。」

辨曰：泰韻中之聲紐，紐為古本紐，此誠然矣。然何以不視為古本韻，而以為曷末之變韻乎？蓋黃季剛先生之考定古本韻，除以紐類韻部交比之外（詳見拙著《古音學發微》。），尚兼涉於聲調之變化。黃先生《音略・略例》云：「四聲，古無去聲，段君所說；今更知古無上聲，惟平入而已。」又〈聲韻通例〉雲：「凡聲有輕重，古聲惟有二類：曰平、曰入。今聲分四類：重于平曰上，輕於入曰去。」又云：「凡今四聲字，讀古二聲，各從本音。本音為平，雖上去入亦讀平；本音為入，雖平上去亦讀入。」本師瑞安林先生景伊《中國聲韻學通論》詮釋之云：「古惟有平入二聲，以為留音長短之大限。迨後讀平聲少短而為上，讀入聲稍緩而為去。」蓋黃先生以為古惟有平入二聲，其上聲去聲則後世之變聲也。關於古代聲調，王力先生在其所著《漢語史稿》中，亦有類似之見。王先生云：「先秦的聲調，除了以特定的音高爲其特徵外，分爲舒促兩大類，但又細分爲長短，舒而長的聲調就是平聲，舒而短的聲調就是上聲，促聲不論長短，我們一律稱爲入聲。促而長的聲調就是長入，短而促的聲調就是短入。……關於聲調的理論根據是這樣：(1)依照段玉裁的說法，古音平上爲一類，去入爲一類，從詩韻和諧聲看，平上常相通，去入常相通。這就是聲調本分舒促兩大類的緣故。(2)中古詩人把聲調分爲平仄兩類，在詩句裏平仄交替，實際上像西洋的"長短律"和"短長律"。由此可知古代聲調有音長的音素在內。」又云：「在上古的聲調中舒聲有長短兩類，就是平聲和上聲，促聲也有長短兩類，就是去聲和入聲。所謂舒聲，是指沒有-p、-t、-k 收尾的音節來說的，上古的長入，由於它們的母音都是長母音，在發展過程中，韻尾-t、-k 逐漸消失了。長入韻尾的消失，大約是在第五世紀或更早的時期完成的。……段玉裁說上古沒有去聲，他的話是完全對的。」泰韻於《廣韻》爲去聲，去聲上古旣無．則其爲變韻何疑！泰韻於上古屬入聲，王力先生在《漢語音韻》中亦說明。其言曰：「戴氏的古韻二十部，似密而實疏。……祭、泰、夬、廢獨立，這是他的創見，但是即使在陰、陽、入三分的情形下，他也只該像王念孫那樣把四個韻和入聲月曷末等韻合成一部。（黃侃正是這樣做的。）而不該分爲兩部。」又云：「黃氏認爲上古的聲調只有平入兩類，因此他的入聲部實際上包括了廣韻裏大部分的去聲字。在這一點上他比戴氏高明。」此爲王先生晚年之定論，已足將其早年之疑慮，徹底廓清矣。

【八】魏建功先生《古音系研究》批評黃先生云：

「那有降而在《切韻》書裏面找古部類的，於是開"韻部紐類交比法"的例，我們說過等列變遷的來源，韻書與等列都是諧聲系統沒落以後的東西。等列裏可以包含一些古音的間架，可不見得古音系統在等列裏頭完全保存著；所以我們也說過了，等列自身變遷可以做等韻以來等列所代表的音系的歷史研究，卻不能徑行拿來推論那更早的音系。韻書的情形也是如此。……這種方法首先利用的人是黃侃。」

辨曰：普通韻書若《中原音韻》、《洪武正韻》之類，固未必保存古代音系，然《切韻》、《廣韻》乃論“南北是非，古今通塞”之作，其保有古音系統，實無可疑。魏氏此難，實昧於《廣韻》為一兼賅古今方國之語成為標準韻書之理。而將《切韻》、《廣韻》諸書，視同普通韻書，以為唐宋以來產物，其韻字僅為唐宋以來之音系；以為只可從《廣韻》中聲韻相互關係論音變，而不能考古音系統。實由於基本觀念之錯誤，對《切韻》《廣韻》為書之基本性質，未能認識清楚。

故宮本王仁昫刊謬補缺《切韻》若干韻目下，注明各韻諸家分合之異同。茲錄於後：

都宗‧冬（無上聲，陽與鍾江同，呂、夏侯別，今依呂、夏侯。）

章夷‧脂（呂、夏侯與微大亂，陽、李、杜別，今依陽、李、杜。）

職鄰‧眞（呂與文同，夏侯、陽、杜別，今依夏侯、杜。）

側詵‧臻（無上聲，呂、陽、杜與眞同韻，夏別，今依夏。）

敦煌本王仁昫刊謬補缺《切韻》亦有若干韻目注明各家分合之異同。亦錄於後：

董（多動反，呂與腫同，夏侯別，今依夏侯。）

旨（職雉反，夏侯與止為疑，呂、陽、李、杜別，今依呂、陽、李、杜。)

語（魚舉反，呂與䁕同，夏侯、陽、李、杜別，今依夏
侯。）

蟹（鞶買反，李與駭同，夏侯別，今依夏侯。）

賄（呼猥反，李與海同，夏侯爲疑，呂別，今依呂。）

隱（於謹反，呂與吻同，夏侯別，今依夏侯。）

阮（虞遠反，夏侯、陽、杜與混、很同，呂別，今依呂。）

潸（數板反，呂與旱同，夏侯別，今依夏侯。）

產（所簡反，陽與銑、獮同，夏侯別，今依夏侯。）

銑（蘇典反，夏侯、陽、杜與獮同，呂別，今依呂。）

筱（蘇鳥反，陽、李、夏侯與小同，呂別，今依呂。）

巧（苦鮫反，呂與晧同，陽與筱、小同，夏侯並別，今依夏
侯。）

養（餘兩反，夏侯在平聲陽、唐，入聲藥、鐸別，上聲養、
蕩爲疑，呂與蕩同，今別。

梗（□□反，夏侯與靖同，呂別，今依呂。）

耿（古幸反，李、杜與梗、迥同，呂與靖、迥同，□與耿
別，夏侯與梗、靖、迥並別，今依夏侯。）

靜（疾郢反，呂與迥同，夏侯別，今依夏侯。）

有（□□□，李與厚同，夏侯與□同，呂別，今依呂。）

敢（古覽反，呂與檻同，夏侯別，今依夏侯。）

琰（以冉反，呂與忝、範、豏同，夏侯與範、豏別，與忝
同，今並別。）

宋（蘇統反，陽與用、絳同，夏侯別，今依夏侯。）

至（脂利反，夏侯與志同，陽、李、杜別，今依呂。）

怪（古壞反，夏侯與泰同，呂別，今依呂。）

隊（徒對反，李與代同，夏侯爲疑，呂別，今依呂。）

廢（方肺反，無平上聲，夏侯與對同，呂別，今依呂。）

願（魚怨反，夏侯與慁別，與恨同，今並別。）

諫（古晏反，李與襇同，夏侯別，今依夏侯。）

霰（蘇見反，陽、李、夏侯與線同，夏侯與□同，呂、杜並
　　別，今依呂、杜。）

嘯（蘇吊反，陽、李、夏侯與笑同，夏侯與效同，呂、杜並
　　別，今依呂、杜。）

效（胡教反，陽與嘯、笑同，夏侯、杜別，今依夏侯、
　　杜。）

個（古賀反，呂與禡同，夏侯別，今依夏侯。）

漾（餘亮反，夏侯在平聲陽、唐，入聲□□□並別，去聲
　　漾、蕩爲疑，呂與宕同，今並別。）

敬（居命反，呂與靜同，勁、靜、徑並同，夏侯與勁同，與
　　靜、徑別，與淨、勁別，今並別。）

宥（尤救反，呂、李與候同，夏侯爲疑，今別。）

幼（伊謬反，杜與宥、候同，呂、夏侯別，今依呂、夏
　　侯。）

豔（以贍反，呂與梵同，夏侯與桥同，今別。）

陷（戶桥反，李與鑑同，夏侯別，今依夏侯。）

沃（烏酷反，陽與燭同，呂、夏侯別，今依呂、夏侯。）

櫛（阻瑟反，呂、夏侯與質同，今別。）

迄（許訖反，夏侯與質同，呂別，今依呂。）

月（魚厥反，夏侯與沒同，呂別，今依呂。）

屑（先結反，李、夏侯與薛同，呂別，今依呂。）

藥（以灼反，呂與鐸同，夏侯別，今依夏侯。）

錫（先擊反，李與昔同，夏侯與陌同，呂與昔同，與麥同，
　　今並別。）

葉（與涉反，呂與帖、洽同，今別。）

洽（侯夾反，李與狎同，夏侯別，今依夏侯。）

從以上兩本王韻韻目所注可知，凡某人相混，陸氏必不從其
混，某人有別，陸氏則從其分，其非當時實際語音系統，已極其
顯然。故羅常培先生云：「對於《切韻》論定"南北是非，古今
通塞"的性質，也就用不著再辨論了。」

吳興錢玄同先生云：「《廣韻》一書，兼賅古今南北之音，
凡平仄、清濁、洪細、陰陽諸端分別甚細。今日欲研究古音，當
以《廣韻》爲階梯。」又云：「《廣韻》分韻之多，其故有四：
（一）平上去入之分。（二）陰聲陽聲之分。（三）開齊合撮之
分。（四）古今沿革之分。」「第四項之分，則陸法言定韻精意
全在於此，吾儕生於二千年後，得以考明三代古音之讀法，悉賴
法言之兼存古音。」（見《文字學音篇》）《廣韻》兼顧古今沿
革，自可保存古音系統，觀錢先生此言，亦足以釋魏氏之疑矣。

【九】魏建功先生前書又云：

「《廣韻》所收⑴有《說文》所無的，還有⑵依諧聲系統應
是此部而《廣韻》入他部的，⑶更有別部收入此部的。」

辨曰：《廣韻》一書爲標準韻書，非字書也。以其爲標準韻
書，故乃求備韻，收字與《說文》之有無，並無關聯，且經傳典
籍之字，《說文》失收者，亦所在多有，故本韻所收之字，《說
文》之有無，並不足以影響其是否爲古本韻。劉賾《聲韻學表
解》云：「古本韻二十八部，系指收音而言，非指每韻所收之字
而言也。」至依諧聲應入此部而卻入他部者，則法言兼載古韻今
韻，旣非純爲古韻而作，自應兼顧今韻。如移、皮、宜、爲等

字，依諧聲自當入歌韻，而《廣韻》入于支韻者，兼及於今韻也。他部而收入此部者，其理亦同。即以歌韻而論，其鼉、驒、儺、鬱等字，依諧聲當入於寒韻，今入於歌韻者，其故一則歌寒古近，音可相通；一則寒變入歌，爲時已久，法言錄之，正足以見古音之相通，又不違於當時之音讀，固無損歌之爲古本韻也。

【十】董同龢先生《中國語音史》論黃先生古音分部云：

「古韻分部，近年又有黃侃二十八部之說，實在並無新奇之處。他所以比別人多幾部，是把入聲字從陰聲各部中抽出獨立成"部"的緣故，就古諧聲而論，那是不能成立的。因爲陰聲字與入聲字押韻或諧聲的例子很多，如可分，清儒早就分了。」

辨曰：董先生批評之焦點，在於入聲諸能否獨立成部？關於此點，王力先生在《漢語音韻》一書論之綦詳。其言曰：「黃侃承受了段玉裁古無去聲之說，更進一步主張古無上聲，這樣就只剩下平入二類，平聲再分陰陽，就成了三分的局面。用今天語音學的術語來解釋，所謂陰聲，就是以母音收尾的韻部，又叫做開口音節；所謂陽聲，就是以鼻音收尾的韻部；所謂入聲就是以清塞音-p、-t、-k 收尾的韻部。這樣分類是合理的。陰陽兩分法和陰陽入三分法的根本分歧，是由於前者是純然依照先秦韻文來作客觀的歸納，後者則是在前者的基礎上，再按語音系統進行判斷，這裏應該把韻部和韻母系統區別開來。韻部以能互相押韻爲標準，所以只依先秦韻文作客觀歸納就夠了；韻母系統則必有它的系統性（任何語言都有它的系統性），所以研究古音的人必須以語音的系統性著眼，而不能專憑材料。具體說來，兩派的主要分歧表現在職、覺、藥、屋、鐸、錫六部是否獨立。這六部都是收音於-k的入聲字，如果併入了陰聲，我們怎樣瞭解陰聲呢？如果說陰聲之、幽、宵、侯、魚、支六部既以母音收尾，又以清塞音-k 收尾，那麼顯然不是同一性質的韻部，何以不讓它們分開呢？況且收音於-p的緝、葉，收音於-t的質、物、月都獨立起來了，只有收音於-k 的不讓它們獨立，在理論上也講不通。

既然認爲同部，必須認爲收音是相同的；要末就像孔廣森那樣，否認上古有收-k的入聲〔原注：孔氏同時還否認上古有收-t的入聲，這裏不牽涉到收-t的問題，所以只談收-k的問題。〕要末就像西洋某些漢學家所爲，連之、幽、宵、侯、魚、支六部都認爲也是收輔音的。〔原注：西門（Walter Simon）和高本漢（B.Barlgren）。西門做得最徹底，六部都認爲是收濁擦音-ɣ，高本漢顧慮到開口音節太少了，所以只讓之、幽、宵、支四部及魚部一部分收濁塞音-g。〕我們認爲兩種做法都不對。如果像孔廣森那樣，否定了上古的-k 尾，那麼中古的-k 尾是怎樣發展來的呢？如果像某些漢學家那樣，連之、幽、宵、侯、魚、支六部收塞音（或擦音），那麼，上古漢語的開音節那樣貧乏，也是不能想像的。（王先生于《漢語史稿》亦云：『高本漢拘泥于諧聲偏旁相通的痕跡，於是把之、幽、宵、支四部和魚部的一半都擬成入聲韻〔收-g〕，又把脂、微兩部和歌部的一部分擬爲收-r的韻，於是只剩下侯部和魚歌的一部分是以母音收尾的韻，即所謂"開音節"。世界上沒有任何一種語言的開音節是像這樣貧乏的。〔原注：倒是有相反的情形，例如彝語、哈尼語等的開音節特別豐富，而閉音節特別少。〕只要以常識判斷，就能知道高本漢的錯誤。這種推斷完全是一種形式主義。這樣也使上古韻文失掉聲韻鏗鏘的優點，而我們是有充分理由證明上古的語音不是這樣的。』）王力所以放棄了早年的主張，採用了陰陽入三聲分立的說法，就是這個緣故。」從王力先生上文觀之，則入聲字應否脫離陰聲韻獨立成部，已彰彰明矣。入聲韻部獨立後，其與陰聲韻部諧聲與押韻之現象，如何解釋？王力先生又云：「不同聲調可以押韻，至今民歌和京劇、曲藝都是言樣的。甚至入聲也可以跟陰聲押韻，只要母音相同，多了一個唯閉音收尾，還是勉強相押，這叫做"不完全韻"。」

四、黃侃論談添盍怗分四部說：

　　黃侃後來又察及《廣韻》中談、敢、闞、盍四韻，亦僅有古本聲十九紐，而無變紐之韻，於是主張談亦爲古本韻，應自添部分出，盍亦爲古本韻，應自怗部分出。其〈談添盍怗分四部說〉云：「談韻，平聲談但有十九紐，無今聲類，去聲闞亦然。惟上聲敢，《廣韻》有瀾，賞敢切，在審紐，爲今聲類。或以此斷談之爲變韻，然瀾字〈說文〉所無，《廣韻》已收入勘韻，他紺切，不言又賞敢切，以此知賞敢切之瀾爲增加。案瀾之正字爲閃。（原注：《禮記・禮運・注》：「瀲之言閃也。」疏：「水中驚走也，故云水動。」）《廣韻》在失冉切，《集韻》云：瀾與涊同，而《廣韻》涊亦失冉切，然則瀾切賞敢，本無此音明矣。又聲類通例，照、穿、床、審、禪五紐，但能於細音之韻成音，而談爲洪音韻，此又明瀾無賞敢之音矣。（新雄案：瀾字《切三》、《王一》、《王二》皆無，增加字也。）盍韻有譫，章盍切，爲照紐字，既在部末，又洪音韻不容照紐，故知其增加，然譫字，《說文》所無，《廣韻》已收入本韻徒盍切下，云多言，又作讘。（原注：即讘之省。）不言又章盍切，知部末之譫爲增加。又《集韻》譫、達合切，云又質涉切，與讘同。《說文》有讘字，云多言也。《廣韻》收入葉韻，而涉切，而之涉切下有囁字，云多言也，則譫字又與囁同，要之，譫字讀洪音則在舌上，讀照紐，則成細音，必無章盍一切矣。（新雄案：譫字

《切三》、《五代刊本》、《王一》、《王二》、《唐韻》皆無，增加字也。）談、盍既爲本韻，與添、怗必當有分，或者不肯明言，蓋有二故：一緣四韻入詩者少，分別難明；二緣今音談、覃不殊，謂談爲本音，則無以別于覃，故遂匿隱不言。今當舉《詩》韻，及他書韻及疊韻、聲訓、音讀以求證明四部之分。再舉音理，以證覃、談、合、盍之有別，終以覃、合等六部與寒、曷等六部相配之理焉。

案談、添、合、怗四部之聲母，除爲他部所衍，大小徐有明文者，所余如左：

談添部：

炎焱奄猒弓ㄢ甘兼韽ㄩ欠广詹占夾閃囟（讀沾）甜冉兆斬僉毚燮叕

盍怗部：

劦協砢甲夾業陜耴聑涉聶岊聿囨鼠妾辱法乏

談添盍怗部見《詩》韻及他書者如下：

炎（《莊子・齊物論》叶詹）談（《詩・節南山》叶巖瞻惔斬監）惔（見上）菼（《詩・大車》叶檻敢）淹（《楚辭・招魂》叶漸楓心南）甘（《詩・巧言》叶餤）犯（《管子・侈靡》叶瞻）涵（《詩・巧言》叶讒）窞（《易・坎》叶坎）監（《詩・節南山》見前，《殷武》叶嚴濫）藺（《詩・澤陂》叶儼枕）藍（《詩・采綠》叶擔詹）檻（《詩・大車》見前）坎（《易・坎》初六叶窞，《象傳》叶險）詹（《詩・閟宮》叶巖）瞻（《詩・節南山》見前）襜（《詩・采綠》見前）刐（今《詩》作玷，《召旻》叶貶）斬（《詩・節南山》見前）漸（《楚詞》見前）險（《易傳・坎象》見前）讒（《詩・巧言》見前）

詩韻之連屬者：

炎詹斬㺝甘（五聲相屬）

弓毚（二聲相屬）

占（與炎弓等字未見相屬）

盍怗部

盍部

甲夾涉鼠妾

怗部

劦業陟�聶岩聿囡㝵法乏

　　覃談合盍之別，猶東冬屋沃之有別也。覃轉爲侵、凡，合轉爲緝、乏，猶咍、德轉之、職，模、鐸轉麻、陌，聲攝歸一，不遽分遠也。謂覃、談、合、盍爲一音者，即東、冬、屋、沃亦同一讀乎？（唐人覃、談同用，蓋巳不能分矣）覃、談、添，合、盍、怗與痕、寒、先，沒、曷、屑六部相配，彼六部收舌，此六部收脣，故此十二部，幾於無一不通（不同聲即同訓），覃等之旁轉對轉，與痕等之對旁轉亦相應。試立一表于左，更附證驗如後。

　　聲勢

歌戈曷末寒桓屑先類第一　　盍談怗添類第八

泰一	曷	寒	開洪	盍	談一	開洪
泰二	末	桓	合洪		談二	合洪
皆一	黠一	刪一	開洪	洽	咸	開洪
皆二	黠二	刪二	合洪			
夬一	鎋一	山一	開洪	狎	銜一	開洪
夬二	鎋二	山二	合洪		銜二	合洪
	屑一	先一	開細	怗	添	開細
	屑二	先二	合細		忝二	合細

祭一	薛一仙一開細	葉	鹽一	開細
祭二	薛二仙二合細		鹽二	合細
廢一	月一元一開細	業	嚴	開細
廢二	月二元二合細		釅二	合細

灰沒痕魂類第二			合覃類第九	
	麧	痕 開洪	合 覃	開洪
灰	沒	魂 合洪		
	櫛	臻 開洪		
脂一	質一眞一開細		緝一侵一	開細
脂二	質二眞二合細		緝二侵二	合細
	術	諄 合細		
微一	迄	殷 開細	乏一凡一	開細
微二	物	文 合細	乏二凡二	合細

覃等部與寒等部相通諸證：

葉從世聲（葉怗、世曷），邑從口（邑合、口灰），顯從㬎聲（顯寒、㬎合），鷙鷙摯埶鷙從執，執從㚔聲（鷙屑、㚔合），㚔一曰大聲（㚔合、大曷），羈從馬（羈歌、馬合），世從卅聲（世曷、卅合），沓從曰聲（沓合、曰沒），疊從宜（沓合、宜歌），位從立（位沒、立合），習從白聲（習合、白沒），鹹從戌聲（鹹覃、戌屑），棾從采（棾覃、采寒），彬從彡（彬痕、彡覃），內從入（內沒、入合），參從㕦聲（參覃、㕦先），瘗從夾聲（瘗曷、夾合），隰讀若郄（隰怗、郄屑），瑦荔從劦聲（瑦曷、荔怗），舌從干聲（舌盍、干寒），奄從申（奄添、申先），㶔讀若忽（㶔怗、忽沒），邯從甘聲（邯寒、甘談），㔾從丂（㔾談、㔾先），那從冄聲（那歌、冄添），西讀若沾，又讀若誓（沾添、誓曷），涾讀若錢（涾添、錢寒），弼從丙（弼沒、丙添），詹從广（詹談、广歌），疌從屮聲（疌怗、屮曷），竊亦從廿聲（竊曷、廿合），盇從大聲（盇盇、大曷），蓋從盇聲（蓋曷、盇盇），會重俗從合（會曷、合合），秸秳狹從舌聲（秳添、舌合），天從干聲（天添、干寒），述讀若拾（述灰、拾合），計從十（計沒、十合），鰥從眔聲（鰥魂、眔合），納從內聲（納合、內沒），褻從熱省聲（褻添、熱屑），桑從焱聲（桑先、焱添），刦讀若篋（吉屑、篋覃），訬讀若毚（訬沒、毚談），忝從天聲（忝添、天先）鐫讀若瀸（鐫寒、瀸添），監亦作𥇌從言（監談、言寒），摯讀若晉（摯合、晉先），𢾭從卑聲（卑盇、𢾭先），㾏重痕（冉添、㞃寒）。

　　由此衆證，知覃等六部實爲寒等六部之收脣音，自來言音韻者，但知覃等收脣，而不知爲寒等之收脣音，故于覃等之無陰聲，不知其故，又不悟覃等九韻中有三本音，則于分韻繁密之故，又不能說，今始晰言之，自謂於音學不無裨補，以視苗夔之妄言七音，意爲分合，庶乎免於戾乎！」

　　黃氏體認到《廣韻》自眞至仙十四個收舌尖鼻音-n 韻尾之韻，分成先、魂、寒三個古韻部；自質至薛十三個收舌尖塞音-t 韻尾之韻，亦分成屑、沒、曷三古韻部。從音韻結構言，若收音於-m 及-p 尾之韻部，僅分覃添與合怗四部，則與收-n 與收-t 韻尾之六部，在音韻結構上不能相配，所以主張談盇從添怗分開，加上覃合兩部，則正好可與收音於-n 與收音於-t 六部相配，此一理論，值得重視。不過黃侃四部之分，雖然列出四部聲首，然其界限，尚有未清，而如何得出此一結果，猶未交代清楚，故相信其說者不多。其談添盇怗分四部之理論，後得董同龢於《上古音韻表稿》加以證實，始爲人所采信。董氏所採用之方法，乃就形聲字諧聲偏旁觀察，發現談部（于黃君廿八部爲添部）、葉部

（于黃君廿八部爲怗部），二部中所含《廣韻》鹽、葉韻中字，於古代諧聲實有二類，此二類之別，則據與覃、合諸韻字之關係及與談、盍諸韻字之關係而訂定者，董氏以鹽葉與覃合相諧者爲鹽 2 葉 2，大致相當黃君之添部與怗部；董氏以鹽葉與談盍相諧者爲鹽 1 葉 1，則大致相當於黃君之談部盍部。茲錄董氏之說，以資參證。董氏雲：

「在高本漢的系統之中，葉部與談部的韻母差不多跟祭元兩部是平行的。……核諸古代史料，尤其是諧聲字，可見並非如此。

第一　覃、合兩部的確有些字是應該歸入這兩部的。在《詩經》韻裏，覃、合韻字與衛狎諸韻字接觸的固然是看不出來。可是在諧聲字裏，他們跟上列各韻字，卻有許多關聯，決難視作例外。如：

黐嬐（覃）、鞿嬐（合）：潛揗嬐弇（鹽）藺（覃）：閻（鹽）

脋歋滔蛤（覃）：臽脋陷（咸）、焰閻（鹽）丂（覃）：泛犯（凡）　晻黰（覃）：掩淹俺（鹽）、奄（左有女旁）　淹（嚴）枏捝艫（覃）：冉蚺妗（鹽）坎（覃）：欠（嚴）、芡（鹽）屋（合）：劫鈝（業）

覃韻還有幾個跟談韻諧的例，下面將要看到。關於這些例，最值得注意的就是他們之中決沒有夾雜著一個侵緝部的字。（弇是否從緝部的合得聲，在文字考訂上是個問題。如果是，則爲唯一的例外。）所以葉、談兩部裏應該有些覃韻與合韻字的地位當無可置疑。

第二　添、怗韻的字應當是較近於咸、洽韻而較遠於衛、狎韻字的。因爲諧聲中只有添、怗韻字諧咸、洽韻字的例（當然不算歸入緝部與侵部的。）如：

  顩歉槏（咸）：兼蒹鎌（添）──又嚴、鹽兩韻字，見下。

  鞅庲郟陜夾（洽）：莢頰匧俠……（洽）──又葉韻字，見下。

  萐箑蓮（洽）：婕（怗）──又合葉兩韻字，見下。

  可是沒有諧銜與狎的。

  第三　鹽葉兩韻字都可以分作兩類，一者諧覃、咸、添與合、洽、怗，一者諧談、銜與盍、狎，不大相混。前一類的例：

  弇揜渰（鹽、葉）：弇黭媕韽（覃、合）──「揜」《廣韻》又談韻一音，《切韻殘卷》未見。

  焰閻（鹽）：臽脂陷（咸）──「啗窞」二字入談韻。「啗」與「啖」音義俱近。「窞」《說文》亦以爲會意。

  𣧑鐱籤纖（鹽）：㰔攕（咸）

  斂憸檢驗霝（鹽）：鹻顩（咸）──又「鹻」一字入銜韻。「霝」字《廣韻》又入銜韻，但敦煌本王仁昫《刊謬補缺切韻》尚未有。

  占黏苫……（鹽）：拈笘帖（添怗）

  冉姌髯……（鹽）：枏拵（覃）──又「聃」一字入談韻。不過此字又作「耼」。

  奄醃淹……（鹽、葉）：醃黤（覃）

  陳廉鎌……（鹽）：顩歉鶼……（咸）：兼蒹謙……（添）

  歃（葉）：臿插屆（洽）──「屆」《廣韻》又入狎韻，《切韻殘卷》則無之。

  睞（葉）：夾鞅庲……（洽）：莢頰……（怗）又「奭」字《廣韻》銜緝兩收，《切韻殘卷》僅見緝韻。

  聶躡攝（葉）：疌（合）：萐箑蓮（洽）：婕（怗）

耴輒飁（葉）：鈪抓（怗）

葉枼（葉）：牒諜牒（怗）

後一類的例：

黏柑鉗（鹽）：甘酣邯（談）——又「紺」一字覃韻

鹽（鹽）：藍嚂襤（談）：監鑒檻（銜）

詹簷瞻（鹽）：膽黵瞻（談）

炎緂剡琰（鹽）：啖談淡郯（談）

只有「斬」聲的字比較亂一點。

慚暫（談）：漸塹蜥（鹽）：斬（咸）

在《廣韻重紐試釋》一文中，我曾根據幾種跡象，說鹽韻在中古有兩類韻母。不過因鹽嚴的實際界限有問題，我又沒有能確定他們的分法，諧聲字的表現不能對那個懸案有所啓示，我想留待下文再說。（按董氏後文說：「鹽與葉的字倒不跟嚴業韻的字有什麼接觸。」）關於這兒的兩類，前者（諧覃鹹添合洽帖的）暫稱為「鹽2」，後者暫稱為「鹽1」（諧談銜盍狎的）。

最後還要說到嚴凡與業乏韻的字，從諧聲字看，他們固然是跟覃合一類的字常有接觸。如：

劍俭（嚴）：鹼俭（咸）：劒檢（鹽2）

俺掩淹俺（嚴）：罨（業）：晻黤鞥罨（覃、合）掩俺掩淹醃（鹽2.葉2）

劫鉣（業）：屜（合）

乏泛妥（凡、芝）：貶砭（鹽2）

脅歙協（業）：協挾荔（帖）

可是有兩個跟談盍類的聯繫部也值得注意。

嚴儼籨（嚴）：厱（談）：嚶籨（銜）

總結以上，我們可以說葉談部的韻母大致可以別為兩類，而嚴凡與業乏則是介乎二者之間的，黃季剛氏晚年曾根據他所謂古本韻的觀念把這兩個韻部。又分為「談」與「添」以及「盍」與「怗」。「談、盍」與「添、怗」的內容恰好大體與以上的分析相合。讀者可以取而印證。」[5]

董氏《中國語音史》亦云：「談銜嚴與一部分鹽韻字常常諧聲；覃鹹添與另一部分鹽韻字常常諧聲。兩者絕少相涉（入聲字同）。黃侃晚年有〈談添盍怗分四部說〉，大致與此相同。」

因為董同龢說：「葉談兩部裏應該有些覃韻與合韻字的地位當無可疑。」所以我把《廣韻》覃、感、勘、合；咸、豏、陷、洽八韻的諧聲字分析了一下，發現除了應歸古韻侵緝部的字外，有些應歸入談葉部的字也還不少，我還對照了全本王仁昫《刊謬補缺切韻》，有許多字也都見於全王，所以這些談葉部的字，變入《廣韻》覃、感、勘、合與咸、豏、陷、洽。應該是前有所承的，而非無端闌入的。經過這一次全面的分析，我們可以確定談、添、盍、怗四部的諧聲表了。

談部：《廣韻》平聲談、銜、鹽半、嚴半，上聲敢、檻、琰半、儼半，去聲闞、鑒、豔半、釅半，古音當入此部。

炎聲　詹聲　甘聲　猒聲　監聲　覽聲　敢聲　厥聲　嚴聲　岩聲　鹽聲　斬聲　銜聲　焱聲　毚聲

添部：《廣韻》平聲添、覃、咸、鹽半、嚴半、凡，上聲忝、感、豏、琰半、儼半、范，去聲㮇、勘、陷、豔半、梵，古音當入此部。

忝聲　占聲　兼聲　廉聲　欠聲　冄聲　冉聲　弇聲　丹聲　函聲　函聲　臽聲　奄聲　竹聲　鐵聲　僉聲　贛聲　染

5　董同龢《上古音韻表稿》p.p.108-111。

聲　甜聲　閃聲　丙聲　銛聲　凵聲　毚聲　貶聲　尋聲

盍部：《廣韻》入聲盍、狎、葉半、業半，古音當入此部。

盍聲　劫聲　枼聲　鼠聲　甲聲　厓聲　壓聲　妾聲　怯聲
　　　弇聲　業聲

怗部：《廣韻》入聲怗、合、洽、葉半、業半、乏，古音當
　　　入此部。

帀聲　臿聲　夾聲　耴聲　枼聲　耳聲　聶聲　品聲　涉聲
　　　聿聲　建聲　囟聲　箙聲　燮聲　怗聲　乏聲　法聲

五、黃氏古韻三十部與《廣韻》各韻之對應分合：

黃氏嘗謂舍《廣韻》而別求古音者皆妄也。故其古音三十部皆可與《廣韻》取得對應之關系，亦可藉此而瞭解古音與《廣韻》之分合。今據劉賾《聲韻學表解》移錄於下[6]，惟據其〈談添盍怗分四部說〉一文增列談盍二部，故其晚年定論，當爲古韻三十部，與後世不同者，脂微未能分列，蕭部入聲亦尙未分出耳。

6　劉賾《聲韻學表解》119 頁-123 頁

						屑部之屬						先部之屬					
						屑	質	櫛	術	黠	薛	先		眞	臻		諄
						2/3	2/3		1/2	1/3	1/3	1/3		2/3			1/2
												銑		軫			準
												2/3		2/3			1/2
												霰		震			稕
												2/3		2/3			1/2

灰部之屬						沒部之屬						痕部之屬					
皆	灰	齊	微	支	脂	沒	迄	物	術	質	祭	痕魂	欣	文	諄	眞	微
2/3	1/2	2/3	1/3						1/2	1/3	1/3				1/2	1/3	1/3
駭	賄	薺	尾	紙	旨							很混	隱	吻	準	軫	尾
2/3	1/2	2/3	1/3												1/2	1/3	1/3
怪	隊	霽	未	寘	至							恨慁	焮	問	稕	震	未
2/3	1/2	2/3	1/3												1/2	1/3	1/3

歌部之屬						曷部之屬						寒部之屬					
歌	戈		支		麻	曷末	月	鎋	黠	薛	屑	寒桓	元	山	刪	仙	先
			1/3		1/2				2/3	2/3	1/3						1/3
哿	果		紙		馬	泰	廢	夬			祭	旱緩	阮	產	潸	獮	銑
			1/3		1/2						2/3						1/3

箇	過		實		禡			翰換	願	襇	諫	線	霰
	1/3		1/2										1/3

齊部之屬

齊	支		佳
1/2	1/3		
薺	紙		蟹
1/2	1/3		
霽	寘		卦
1/2	1/3		

錫部之屬

錫		昔	陌		麥
1/2		1/2	1/3		1/3

青部之屬

青		清	庚		耕
			1/2		1/2
迥		靜	梗		耿
			1/2		1/2
徑		勁	敬		諍
			1/2		1/2

模部之屬

模		魚	麻		虞
			1/2		1/2
姥		語	馬		麌
			1/2		1/2
暮		御	禡		遇
			1/2		1/2

鐸部之屬

鐸	藥	陌	麥	昔
1/2	1/2	1/3	1/3	1/2

唐部之屬

唐	陽		庚
			1/2
蕩	養		梗
			1/2
宕	漾		敬
			1/2

侯部之屬

侯			虞
			1/2
厚			麌
			1/2
候			遇
			1/2

屋部之屬

屋		燭		覺
1/3				1/3

東部之屬

東	鍾	江
1/2		
董	腫	講
送	用	絳
1/2		

蕭部之屬

幽	蕭	豪	肴	尤
	1/2	1/2	1/2	2/3
黝	篠	皓	巧	有
	1/2	1/2	1/2	2/3
幼	嘯	號	效	宥
1/2	1/2	1/2	1/2	2/3

屋部之屬

屋		沃	覺		錫
1/3		1/2	1/3		1/4

豪部之屬

豪		蕭	宵		肴
1/2		1/2			1/2
皓		篠	小		巧
1/2		1/2			1/2
號		嘯	笑		效
1/2		1/2			1/2

沃部之屬

沃	覺	藥	鐸	錫
1/2	1/3	1/2	1/2	1/4

多部之屬

冬		東
		1/2
宋		送
		1/2

咍部之屬

咍	之	灰	尤
		1/3	1/3
海	止	賄	有
		1/3	1/3
代	志	隊	宥
		1/3	1/3

德部之屬

德		職	麥		屋
		1/3			1/3

登部之屬

登		蒸		耕
				1/2
等		拯		耿
				1/2
嶝		證		諍
				1/2

合部之屬

合		緝	洽		業
1/2			1/2		1/3

覃部之屬

覃	侵	咸	銜	凡
1/2		1/2	1/2	1/2
感	寢	豏	檻	范

							1/2		1/2	1/2	1/2
							勘	沁	陷	鑑	梵
							1/2		1/2	1/2	1/2
						怗部之屬			添部之屬		
						怗 合 洽 葉 業 乏	添 覃 咸 鹽 嚴 凡				

怗部之屬：怗 合 洽 葉 業 乏 ─ 1/2 1/2 1/2 1/3 1/2
添部之屬：添 覃 咸 鹽 嚴 凡 ─ 1/2 1/2 1/2 1/2 1/2
　　　　　忝 感 豏 琰 儼 范 ─ 1/2 1/2 1/2 1/2 1/2
　　　　　桥 勘 陷 豔 釅 梵 ─ 1/2 1/2 1/2 1/2 1/2

盍部之屬：盍 狎 葉 業 ─ 1/2 1/3
談部之屬：談 銜 鹽 嚴 ─ 1/2 1/2 1/2
　　　　　敢 檻 琰 儼 ─ 1/2 1/2 1/2
　　　　　闞 鑑 豔 釅 ─ 1/2 1/2 1/2

第十二節　古韻分部之結束

一、黃永鎮對黃氏古韻分部之修正：

　　黃永鎮，合肥人，為黃侃弟子，著《古韻源流》一書，分古韻為二十九部，實本黃侃二十八部之說，將黃君蕭部入聲獨立為一部，名之曰"肅"部。黃永鎮曰：「古韻部分，自孔廣森分入聲屋、沃以配侯、幽二部，歷王念孫、江有誥、張惠言、嚴可均、黃以周、夏炘、龍啓瑞諸人，皆遵用孔氏屋、沃分承侯、幽。今謂宜依戴氏之理，孔氏所分，就蘄春黃氏二十八部，增入聲一部爲二十九部，庶幾前人應分者，盡分矣。」

黃氏所立肅部如下：

肅部　黃氏自注云：「此部新增，《廣韻》諸目無可表音之字，今依江有誥中部、劉逢祿愚部例，取部中一字名曰"肅"部，古音即以肅爲準。」

《廣韻》屋三分之一　沃半　覺三分之一　錫四分之一

《詩》韻：

鞠覆育毒〈谷風〉五章　祝六告〈干旄〉一、二章同　陸軸宿〈考槃〉三章　告鞠〈南山〉三章　六燠〈無衣〉二章　奧菽〈七月〉六章　陸復宿〈九罭〉三章　蓫宿畜復〈我行其野〉二章　鞠畜育復腹〈蓼莪〉四章　奧蹙菽戚宿覆〈小明〉三章　菽菽〈采菽〉一章　夙育〈生民〉一章　俶告〈既醉〉三章　迪復毒〈桑柔〉十一章　肅穆〈雝〉

按黃侃三十部中，其入聲皆與陰聲分立，惟肅部則陰聲與入聲合爲一部，原爲例不純，不無瑕疵。蓋黃侃據其古本韻之理，於《廣韻》諸部中，未有適當之韻目，可以爲肅部入聲標目，故未使獨立，今黃永鎮氏使之分立是也。按黃永鎮雖云本自孔氏廣森之分屋、沃爲二，以配侯、幽，然孔氏雖分屋、沃爲二，實仍附於陰聲韻侯、幽二部之內，歷王念孫、江有誥諸人，莫不皆然。其實清儒之能將此部獨立爲一部，不與陰聲相混者，當首推姚文田氏，姚氏著《古音諧》八卷，分平上去三聲爲十七部，入聲則另釐爲九部。其入聲第七部匊部，即與黃永鎮之"肅"部相

當。姚氏云：「從屋部分出一支，屋字自入彼部。」又云：「𥷚
乃丝部之入聲，故兩部偏旁相通也。」姚氏入聲"𥷚"部，以
「凡從𥷚、從祝、從竹、從隹、從夗、從肉、從目、從逐、從
毒、從复、從埶、從𥝩諸字遞生者入此部。」姚氏所舉偏旁雖亦
本之孔氏，要之，使令獨立爲一部，實自姚氏導其先路者也。
"肅"部獨立，徵之《詩》韻而有徵，本之音理而有別，黃氏分
立是也，當從之。

二、錢玄同古韻二十八部：

錢玄同名夏，以字行。（1887-1939）吳興人。錢君與蘄春
黃君同出餘杭章君之門，交誼夙契，於古音之學，相互切磋，互
有所益。竊謂黃君古音學說所以能騰播士林，致老師碩儒，爭相
祖述者，錢君揄揚之功，實不可沒。錢君早歲著述，若《文字學
音篇》、《音韻學講義》，言古音皆折衷於黃君之說。晚著〈古
韻廿八部音讀之假定〉一文，於古韻二十八部韻值之擬定，深具
貢獻。而於古韻二十八部之部分及部目，亦另有更定。其言曰：

「古韻分部，創始於宋鄭庠，鄭氏著《詩古音辨》，分古韻
爲六部，僅就《廣韻》以求古音之通合而已。明季顧寧人（炎
武）作《音學五書》，分古韻爲十部，始根據《詩》、《易》用
韻，離析《廣韻》以求古韻。清江慎修（永）作《古韻標準》，
分古韻爲十三部，平上去各爲一卷，又入聲八部，對於顧氏有修
正之功。段氏茂堂（玉裁）作《六書音均表》，分古韻爲十七
部，古韻分部已大致就緒矣。戴東原（震）作《聲類表》，分古
韻爲廿五部，此廿五部，有陽聲九部、陰聲七部、入聲九部（戴
氏尚未立"陰聲""陽聲"之名，今爲稱說便利計，故用後起之
名，名此兩類之韻。）。其陰陽入相關者爲一類，二十五部，共

合爲九類，古韻各部的性質，與彼此的關係，自此炳然大明。孔
撝約（廣森）作《詩聲類》，分古韻爲十八部，確立“陽聲”
“陰聲”及對轉之名（孔氏不分入聲），較戴氏益爲精密。王懷
祖（念孫）作《古韻譜》，分廿一部；江晉三（有誥）作《音學
十書》亦分廿一部，二家對段氏之分部，加以修正而不全同。夏
弢甫（炘）合王、江之說，作《詩古韻表二十二部集說》，分古
韻爲二十二部，除入聲尚未全分外，其陰聲與陽聲，應分者盡
分，應合者盡合，已無遺憾矣。丁竹筠（以此）作《毛詩正
韻》，亦分二十二部，與夏氏同，其他有嚴鐵橋（可均）作《說
文聲類》，分十六部。姚秋農（文田）作《古音諧》，分二十六
部。劉申受（逢祿）作《詩聲衍》分二十六部（書未成）。丁若
士（履恒）作《形聲類篇》分十九部。朱豐芑（駿聲）作《說文
通訓定聲》分十八部，又附入聲十部。張彥惟（成孫）作《說文
諧聲譜》，分二十一部。陳卓人（立）作《說文諧聲孳生述》，
分十九部。夏嘯甫（燮）作《述韻》，分二十部。龍翰臣（啓
瑞）作《古韻通說》，分二十部。黃元同（以周）作《六書通
故》（在《禮書通故》中），分十九部，實二十一部。時吉臣
（庸勘）作《聲譜》，分二十部，實二十二部，若分入聲則三十
三部。以上諸家之分部，舉不出戴孔王江四家之範圍。吾師章太
炎先生（炳麟）作《成均圖》（在《國故論衡》上卷），分二十
三部。同門黃季剛（侃）作《音略》，分二十八部。章君自謂
“略依先儒所定部目，無所改作。”〈二十三部音準〉。黃氏承
章君之學，又參以戴氏之說，將入聲完全獨立，故較章君多五
部。玄同檮昧不學，籀前賢之遺著，聆師友之緒言，以爲截至現
在爲止，當以黃氏之說爲最當。但黃氏之分部，尚有應修正者二
點：⑴黃氏蕭部之入聲尚應分出獨立爲一部，關於此點，其弟子

黃永鎮作《古韻學源流》，旣修正之矣（分蕭部之入聲爲肅部）。(2)黃氏豪部實無入聲，此爲段氏所考明者，黃氏則分出入聲沃部。愚對古韻部分，用黃氏二十八部，而分蕭部爲二，今稱幽部與覺部，合豪、沃爲一，今稱宵部。」見〈古韻廿八部音讀之假定〉。

按錢君雖亦稱古韻二十八部，然與黃氏二十八部已不盡同，錢氏之更定部分，亦有是有非，其從黃永鎮說，分出蕭部入聲，名之爲"覺"部是也；而合豪、沃爲一，則未爲審諦。竊自臆度，錢君廿八部旣別立覺部，而合豪沃爲一者，蓋其所定之廿八部，雖不用黃君舊目，然其分部之理論依據，仍自黃君古本韻說而來也。蓋"覺"旣獨立，則用以表覺之古本韻標目，自非以沃不可，沃旣表覺，則豪無入矣，故合沃於豪。此雖臆度之辭，然尙合於推理。實則"覺"部旣可獨立，"沃"亦不必合之於"豪"，而仍無傷其古韻分部之理也。詳見下章。

錢君又曰：

「韻目名稱，只是符號，無關宏旨，前人借用《廣韻》韻目者最多，已成習慣，且甚方便，故今仍沿用之，但諸家所用之《廣韻》韻目頗不一致，今參酌取用，注意者有三點：(1)入聲諸部必須用《廣韻》入聲韻目，如質不稱至，月不稱祭。(2)所用之韻目，其字必須在古音本部，不用他部之字。如微不稱灰（灰在咍部），眞不稱先（先在文部）。(3)二十八部韻目用字，必須國音讀二十八個不同的音的，如此方能便於稱說，如佳、微、咍不稱支、脂、之，月、緝不稱曷、合。」見〈古韻廿八部音讀之假定〉。

錢君更定古韻部目之名稱，於稱說方便方面，實較以往任何一家均爲清晰。茲據其更定後之二十八部，與夏炘二十二部、章太炎二十三部、黃侃二十八部，列表對照於後：

陰聲八部

錢玄同	歌	微	佳	魚	侯	幽	宵	咍
夏炘	歌	脂	支	魚	侯	幽	宵	之
章太炎	歌	脂	支	魚	侯	幽	宵	之
黃侃	歌	灰	齊	模	侯	蕭	豪沃	咍

入聲十部

錢玄同	月	物	質	錫	鐸	燭	覺	德	緝	盍
夏炘	祭	（脂）[7]	至	（支）	（魚）	（侯）	（幽）	（之）	緝	葉
章太炎	泰	隊	至	（支）	（魚）	（侯）	（幽）	（之）	緝	盍
黃侃	曷	沒	屑	錫	鐸	屋	（蕭）	德	合	怗

陽聲十部

錢玄同	元	文	眞	耕	陽	鍾	冬	登	侵	談
夏炘	元	文	眞	耕	陽	東	中	蒸	侵	談
章太炎	寒	諄	眞	清	陽	東	冬	蒸	侵	談
黃侃	寒	痕	先	青	唐	東	冬	登	覃	添

　　錢玄同復參考章黃二家之說，將其所定之廿八部列一陰陽入三聲相對轉表，茲錄於下，並附所擬韻值，以見其各部之關係。

7　韻目外加括號（）者，指錢玄同此部入聲，其他三家尚未分出，將入聲併於括弧內之韻部中，下仿此，不更注。

陰聲		入聲		陽聲	
部目開合	音值	部目開合	音值	部目開合	音值
歌開	[a]	月開	[at]	元開	[an]
合	[ua]	合	[uat]	合	[uan]
微開	[ɛ]	物開	[ɛt]	文開	[ɛn]
合	[uɜ]	合	[uɛt]	合	[uɛn]
		質開	[æt]	眞開	[æn]
佳開	[ɐ]	錫開	[ɐk]	耕開	[ɐŋ]
魚開	[ɑ]	鐸開	[ɑk]	陽開	[ɑŋ]
侯合	[u]	燭合	[uk]	鍾合	[uŋ]
幽開	[o]	覺開	[ok]	冬開	[oŋ]
宵開	[ɔ]				
咍開	[ə]	德開	[ək]	登開	[əŋ]
		緝開	[op]	侵開	[om]
		盍開	[ɑp]	談開	[ɑm]

　　錢君釋其對轉之理云：

　　「純元音（包括單元音與複元音）爲陰聲，陰聲加塞聲
〔t〕、〔k〕、〔p〕爲入聲，陰聲加鼻聲〔n〕、〔ŋ〕、
〔m〕爲陽聲。陰聲又可稱爲“純元音之韻”，入聲又可稱爲
“塞聲隨之韻”，陽聲又可稱爲“鼻聲隨之韻”，入聲與陽聲又
可稱爲“聲隨之韻”，陰聲、入聲、陽聲元音相同者，古音常相
轉變，是名“對轉”。」見〈古韻廿八部音讀之假定〉。

三、王力古韻二十九部：

　　王力早年著〈上古韻母系統研究〉一文，分古韻爲二十三

部，脂微分部爲其創見。已見前文所論，此不複贅。晚年著《漢
語史稿》、《漢語音韻》、《詩經韻讀》、《漢語語音史》等，
則主張分古韻爲二十九部或三十部。王氏《漢語音韻》云：

「王力晚年也主張陰陽入三分。他把古韻分爲十一類廿九
部，即在他早年的廿三部的基礎上，增加之幽宵侯魚支六部的入
聲，即職覺藥屋鐸錫六部，如下表：

(一)	1.之部[ə]	2.職部[ək]	3.蒸部[əŋ]
(二)	4.幽部[əu]	5.覺部[əuk]	
(三)	6.宵部[au]	7.藥部[auk]	
(四)	8.侯部[o]	9.屋部[ok]	10.東部[oŋ]
(五)	11.魚部[a]	12.鐸部[ak]	13.陽部[aŋ]
(六)	14.支部[e]	15.錫部[ek]	16.耕部[eŋ]
(七)	17.歌部[ai]	18.月部[at]	19.元部[an]
(八)	20.脂部[ei]	21.質部[et]	22.眞部[en]
(九)	23.微部[əi]	24.物部[ət]	25.文部[ən]
(十)		26.緝部[əp]	27.侵部[əm]
(士)		28.葉部[ap]	29.談部[am]

除了(二)(三)兩類不配陽聲，(十)(士)兩類不配陰聲以外，其餘七類
都是陰陽入三聲相配的。如果從分不從合，把冬、侵分立，陰陽
入三聲相配可以共有三十部。」見《漢語音韻》。

王氏早年從分不從合則爲古韻二十四部，晚年爲三十部，爲
甚麼會有如此大之分歧，王氏亦作了檢討。他說：

「關於上古漢語的韻母系統，我們想討論四個問題：

(一)爲什麼各家的韻部越分越多？

自從顧炎武以來，音韻學家研究古韻的方法，基本上是一致

的。大家都知道尊重材料進行客觀的概括，而材料則又都以一部《詩經》爲主，同時參照《易經》、《楚辭》及先秦諸子中的韻語。既然材料相同，方法相同，所得的結論就該相同。固然，各家的結論的一致性是很大的，但是，畢竟又各有不同之點。所謂"前修未密，後出轉精"這是什麼原故呢？

主要的原因有兩個：第一，是對《詩經》韻例有不同的了解。某字押韻，某字不入韻，某處換韻，其中大有可以研究的餘地；第二，是對合韻有不同的看法。講古韻不能完全不講合韻，例如"母"字在《詩經》中押韻共十七次，其中十六次入之部，顯然應該認爲之部字，但也有一次入魚部（《詩·鄘風·蝃蝀》"母""雨"相押）[8]，連顧炎武也不能不承認"應以滿以反爲正"。假如只因一次相同，就泯滅了之魚兩部的界限，那就是不善於區別一般和特殊了。段玉裁說得好："知其分而後知其合，知其合而後愈知其分。"合韻之說，是音韻學家所公認的事實，至於如何掌握分寸才算得當，那又要看音韻學是否具有卓越的見解了。

試以顧炎武古韻十部作爲出發點，來看後人增添各部的理由。

（a）眞元分立《大雅·崧高》押天神翰宣，其實是換韻，天神申屬眞部，翰宣屬元部。《大雅·生民》押民嫄是合韻，民屬眞部，嫄屬元部。

（《詩·大雅·崧高》首章：「崧高維嶽，駿極于天。維嶽降神。生甫及申。維申及甫，維周之翰，四國于蕃。四國于宣。」《詩·大雅·生民》首章：「厥初生民。時維姜嫄。」

8　《詩·鄘風·蝃蝀》二章：「朝隮于西，崇朝其雨。女子有行，遠兄弟父母。」

（b）文元分立《小雅・楚茨》押熯愆孫，《秦風・小戎》押錞苑，都是文元合韻，孫群錞屬文部，熯愆苑屬元部。文元合韻的情況很少。

（《詩・小雅・楚茨》四章：「我孔熯矣。式禮莫愆。工祝致告，徂賚孝孫。」《詩・秦風・小戎》三章：「俴駟孔群。厹矛鋈錞。蒙伐有苑。」）

（c）眞文分立《小雅・正月》押鄰云慇是眞文合韻，鄰屬眞部，云慇屬文部。眞文合韻情況很少。

（《詩・小雅・正月》十二章：「彼有旨酒。又有嘉殽。洽比其鄰。昏姻孔云。念我獨兮，憂心慇慇。」）

（d）幽宵合韻《邶風・柏舟》押舟流憂游，而髦字不入韻。舟流憂游屬幽部，髦屬宵部。《小雅・彤弓》押櫜好醻，而弨字不入韻，櫜好醻屬幽部，弨屬宵部。《十月之交》押卯醜，而交字不入韻，卯醜屬幽部，交屬宵部。《采綠》押弓繩，而狩釣在單句不入韻，狩屬幽部，釣屬宵部。《小雅・桑扈》押觩柔求，而敖字在單句不入韻，觩柔求屬幽部，敖屬宵部。《角弓》押浮流憂，而髦字在單句不入韻，浮流憂屬幽部，髦屬宵部。《大雅・公劉》押瑤刀，而舟字不入韻，瑤刀屬宵部，舟屬幽部。《周頌・絲衣》押俅觩柔休，而敖字不入韻，俅觩柔休屬幽部，敖屬宵部。《衛風・木瓜》押桃瑤報好，其實是換韻，桃瑤屬宵部，報好屬幽部。

（《詩・邶風・柏舟》首章：「汎彼柏舟。亦汎其流。耿耿不寐，如有隱憂。微我無酒，以敖以遊。」《詩・小雅・彤弓》三章：「彤弓弨兮，受言櫜之。我有嘉賓，中心好之。鐘鼓既設，一朝醻之。」《詩・小雅・十月之交》首章：「十月之交，朔日辛卯。日有食之，亦孔之醜。」《詩・小雅・采綠》三章：

「之子于狩，言韔其弓。之子于釣，言綸之繩。」《詩・小雅・
桑扈》四章：「兕觥其觩。旨酒思柔。彼交匪敖，萬福來求。」
《詩・小雅・角弓》八章「雨雪浮浮。見晛曰流。如蠻如髦，我
是用憂。」《周頌・絲衣》：「絲衣其紑。載弁俅俅。自堂徂
基。自羊徂牛。鼐鼎及鼒。兕觥其觩。旨酒思柔。不吳不敖，胡
考之休。」《詩・衛風・木瓜》二章：「投我以木桃。報之以瓊
瑤。匪報也。永以爲好也。」）

　　幽宵也有合韻的情況。《齊風・載驅》押滔儦敖，滔屬幽
部，儦敖屬宵部。《豳風・七月》押葽蜩，葽屬宵部，蜩屬幽
部。《大雅・思齊》押廟保，廟屬宵部，保屬幽部。《王風・君
子陽陽》押陶翿敖，陶翿屬幽部，敖屬宵部。《大雅・抑》押酒
紹，酒屬幽部，紹屬宵部。《周頌・良耜》押糾趙蓼朽茂，糾蓼
朽茂屬幽部，趙屬宵部。

　　（《詩・齊風・載驅》四章：「汶水滔滔。行人儦儦。魯道
有蕩，齊子遊敖。」《詩・豳風・七月》四章：「四月秀葽。五
月鳴蜩。」《詩・大雅・思齊》三章：「雝雝在宮，肅肅在廟。
不顯亦臨，無射亦保。肆戎疾不殄，烈假不瑕。」《詩・王風・
君子陽陽》二章：「君子陶陶。左執翿。右招我由敖。其樂只
且。」《詩・大雅・抑》三章：「其在于今，興迷亂于政。顚覆
厥德，荒湛于酒。女雖湛樂從，弗念其紹。罔敷求先王，克共明
刑。」《詩・周頌・良耜》：「其笠伊糾。其鎛斯趙。以薅荼
蓼。荼蓼朽止。黍稷茂止。」）

　　（ｅ）侵談分立《衛風・氓》押葚耽，段玉裁以爲合韻，因
爲他認爲葚屬侵部，耽屬談部。但江永、孔廣森、江有誥都認爲
耽屬侵部。我們認爲後一說是對的。這樣，《詩經》中侵談沒有
合韻的情況。

（《詩‧衛‧氓》三章：「桑之未落。其葉沃若。于嗟鳩兮，無食桑葚。于嗟女兮，無與士耽。士之耽兮，猶可說也。女之耽兮，不可說也。」）

（f）侯魚分立《陳風‧株林》押馬野駒株。《大雅‧板》押怒豫渝馳。其實都是換韻，馬野怒豫屬魚部，駒株渝馳屬侯部。《大雅‧皇矣》押禡附侮是侯魚合韻，禡屬魚部，附侮屬侯部。按，侯韻和虞韻相押的地方很多，但是江永分虞之半歸侯，這個問題就解決了。

（《詩‧陳風‧株林》二章：「駕我乘馬。說于株野。乘我乘駒。朝食于株。」《詩‧大雅‧板》八章：「敬天之怒。無敢戲豫。敬天之渝。無敢馳驅。昊天曰明。及爾出王。昊天曰旦。及爾游衍。」《詩‧大雅‧皇矣》八章：「臨衝閑閑。崇墉言言。執訊連連。攸馘安安。是類是禡。是致是附。四方以無侮。臨衝茀茀。崇墉仡仡。是伐是肆。是絕是忽。四方無以拂。」）

（g）侯幽分立《鄘風‧載馳》押驅侯悠漕憂，其實是換韻，驅侯屬侯部，悠漕憂屬幽部。《唐風‧山有樞》首章押樞榆婁驅渝，是侯部；二章押栲杻埽考保，是幽部，兩章不同韻。《小雅‧南山有臺》四章押栲杻壽茂，是幽部；五章押枸楰耇後，是侯部，兩章不同韻。《大雅‧抑》押讎報，上文的苟字押韻，讎報屬幽部，苟屬侯部。

（《詩‧鄘風‧載馳》首章：「載馳載驅。歸唁衛侯。驅馬悠悠。言至于漕。大夫跋涉，我心則憂。」《詩‧唐風‧山有樞》首章：「山有樞。隰有榆。子有衣裳，弗曳弗婁。子有車馬，弗馳弗驅。宛其死矣，他人是愉。」二章：「山有栲。隰有杻。子有廷內，弗洒弗埽。子有鐘鼓，弗鼓弗考。宛其死矣，他人是保。」《詩‧小雅‧南山有臺》四章：「南山有栲。北山有杻。樂只君子，遐不眉壽。樂只君子，德音是茂。」五章：「南山有枸。北山有楰。樂只君子，遐不黃耈。樂只君子，保艾爾後。」《詩・大雅・抑》六章：「無易由言，無曰苟矣。莫捫朕舌。言不可逝矣。無言不讎。無德不報。惠于朋友。庶民小子。子孫繩繩。萬民靡不承。」）

　　侯幽也有個別合韻的情況。《大雅・生民》押揄蹂叟浮，揄屬侯部，蹂叟浮屬幽部。

　　（《詩・大雅・生民》七章：「誕我祀如何，或舂或揄。或簸或蹂。釋之叟叟。烝之浮浮。載謀載惟。取蕭祭脂。取羝以軷。載燔載烈。以興嗣歲。」）

　　（h）支脂之分立這三部在《詩經》分用甚嚴，《楚辭》及群經諸子中的韻語，分用也非常明顯。《鄘風・相鼠》二章押齒俟，是之部；三章押體禮死，是脂部，兩章不同韻。《小雅・魚麗》二章押醴旨，是脂部；三章押鯉有，是之部，兩章不同韻。《周頌・載芟》押濟秭醴妣禮，而積字不入韻，濟醴妣禮屬脂部，積屬支部。《大雅・桑柔》押資維階，而疑字不入韻，資維階屬脂部，疑屬之部。《邶風・靜女》三章押荑異美貽，其實是交韻（單句與單句押，雙句與雙句押），荑美是脂部，異貽是之部。

　　（《詩・鄘風・相鼠》二章：「相鼠有齒。人而無止。人而無止。不死何俟。」三章：「相鼠有體。人而無禮。人而無禮。胡不遄死。」《詩・小雅・魚麗》二章：「魚麗于罶魴鱧。君子有酒多且旨。」三章：「魚麗于罶鰋鯉。君子有酒旨且有。」《周頌・載芟》：「載穫濟濟。有實其積，萬億及秭。爲酒爲醴。烝畀祖妣。以洽百禮。」《詩・大雅・桑柔》三章：「國步蔑資，天不我將。靡所止疑，云徂何往。君子實維，秉心無競。誰生厲階，至今爲梗。」《詩・邶風・靜女》三章：「自牧歸蕘，洵美且異。匪女之為美，美人之貽。」新雄按：《詩·大雅·桑柔》三章及《詩·邶風·靜女》三章實只偶句押韻，奇數句非韻，王氏說誤。）

（i）質脂分立質部的獨立性是很大的，它和脂部很少轇轕，所以段玉裁把它歸入真部。王念孫把它獨立以後，只承認有三處是質術合韻的：1.《鄘風·載馳》押濟閟，濟屬脂部，閟屬質部；2.《大雅·皇矣》押類致，類屬脂部，致屬質部；3.《抑》押疾戾，疾屬質部，戾屬脂部。王念孫以為《小雅·賓之初筵》二章"以洽百禮，百禮既至"，是以兩個禮字為韻，而至字不入韻。

王力所定的質部，收字與王念孫稍有不同。他按照語音系統，把脂微分部與質物分部作了對比，於質部增收了器棄轡繼計戾涖肆閉季惠穗屆肆等字。這樣，疾與戾相押就不算合韻了。《小雅·節南山》押惠戾屆闋，也就跟《大雅·抑》的疾戾系聯起來了。[9]

（《詩·鄘風·載馳》三章：「既不我嘉，不能旋濟。視爾不臧，我思不閟。」《詩·大雅·皇矣》八章：「是類是禡。是致是附。」《詩·大雅·抑》首章：「抑抑威儀，維德之隅。人亦有言，靡哲不愚。庶人之愚，亦職維疾。哲人之愚，亦維斯戾。」《詩·小雅·節南山》四章：「昊天不傭。降此鞠訩。昊天不惠。降此大戾。君子如屆。俾民心闋。君子如夷。惡怒是違。」）

（j）月物分立月物兩部，段玉裁本來把它們都歸入脂部。

---

9 王氏原注：「但是因此又產生一些質物合韻的新情況，質物本是同門異戶，合韻是很自然的。質物合韻有一例：《小雅·雨無正》押滅戾勤，滅勤屬月部，戾屬質部。」（《詩·小雅·雨無正》二章：「周宗既滅。靡所止戾。正大夫離居，莫知我勤。」）

王念孫把月部獨立了，章炳麟再把物部獨立了，脂部就沒有入聲了。月物也有幾處合韻的情況。《曹風‧候人》押薈蔚，薈屬月部，蔚屬物部。《小雅‧出車》押旆瘁，旆屬月部，瘁屬物部。《大雅‧生民》押旆穟，旆屬月部，穟屬物部。月物的合韻雖然比月質的合韻多些，但是王念孫、江有誥仍舊把月部獨立起來。按語音系統說，他們這樣做是對的。

（《詩‧曹風‧候人》四章：「薈兮蔚兮，南山朝隮。婉兮孌兮，季女斯飢。」《詩‧小雅‧出車》二章：「彼旟旐斯，胡不旆旆。憂心悄悄，僕夫況瘁。」《詩‧大雅‧生民》四章：「蓺之荏菽，荏菽旆旆。禾役穟穟。」）

（k）脂微分立《衛風‧碩人》押頎衣妻姨私，其實是換韻，頎衣屬微部，妻衣私屬脂部。《豳風‧七月》押遲祁悲歸，其實是換韻，遲祁屬脂部，悲歸屬微部。《小雅‧采薇》押依霏遲飢悲哀，其實是換兩次韻，依霏悲哀是微部，遲飢是脂部。《鼓鐘》押喈湝悲回，其實是換韻，喈湝是脂部，悲回是微部。《周南‧葛覃》首章押脂部萋喈，而飛字不入韻；三章押微部歸衣，而私字不入韻。《邶風‧谷風》押微部違畿，而遲邇不入韻。《邶風‧北風》押微部霏歸，而喈字不入韻。《小雅‧巧言》押脂部纍階，而伊几非韻。《四月》押微部腓歸，而淒字不入韻。《谷風》押菲體違死，正如《邶風‧靜女》押荑異美貽一樣，這是一種交韻，菲違屬微部，是奇句韻；體死屬脂部，是偶句韻。

王力把《詩經》中脂微押韻做了一個統計，在 110 個押韻的地方，脂微分用者 84 處，約佔全數四分之三；脂微合韻者 26 處，不及全數四分之一。最可注意的是，長篇用韻不雜的例子。例如《大雅‧板》五章押懠毗迷尸屎葵師資，《小雅‧大東》一

章押七砥矢履視涕，《周頌・載芟》押濟秭醴妣禮，《豐年》押
秭醴妣禮皆，《衛風・碩人》二章押荑脂蠐犀眉，都用的是脂
部，不雜微部一字；《齊風・南山》押崔綏歸歸懷，《大雅・雲
漢》押推雷遺遺畏摧，都用的是微部，不雜脂部一字。這些都不
能認爲是偶然的現象。

　　　（《詩・衛風・碩人》首章：「碩人其頎。衣錦褧衣。齊侯
之子，衛侯之妻。東宮之妹，邢侯之姨。譚公維私。手如柔荑。
膚如凝脂。領如蝤蠐。齒如瓠犀。螓首蛾眉。巧笑倩兮。美目盼
兮。」《詩・豳風・七月》二章：「春日遲遲。采蘩祁祁。女心
傷悲。殆及公子同歸。」《詩・小雅・采薇》六章：「昔我往
矣，楊柳依依。今我來思，雨雪霏霏。行道遲遲。載渴載飢。我
心傷悲。莫知我哀。」《詩・小雅・鼓鐘》二章：「鼓鐘喈喈。
淮水湝湝。憂心且悲。淑人君子，其德不回。」《詩・周南・葛
覃》首章：「葛之覃兮，施于中谷。維葉萋萋。黃鳥于飛，集于
灌木。其鳴喈喈。」《詩・邶風・谷風》二章：「行道遲遲，中
心有違。不遠伊邇，薄送我畿。誰謂荼苦，其甘如薺。宴爾新
昏，如兄如弟。」《詩・邶風・北風》二章：「北風其喈。雨雪
其霏。惠而好我，攜手同歸。其虛其邪。既亟只且。」《詩・小
雅・巧言》六章：「彼何人斯，居河之麋。無拳無勇，職爲亂
階。既微且尰，爾勇伊何。爲猶將多，爾居徒幾何。」《詩・小
雅・四月》二章：「秋日凄凄。百卉具腓。亂離瘼矣，爰其適
歸。」《詩・大雅・板》五章：「天之方懠。無爲夸毗。威儀卒
迷。善人載尸。民之方殿屎。則莫我敢葵。喪亂蔑資。曾莫惠我
師。」《詩・小雅・大東》一章：「有饛簋飧，有捄棘匕（只有
一半）。周道如砥。其直如矢。君子所履。小人所視。睠言顧
之，潸焉出涕。」《詩・周頌・載芟》：「載穫濟濟。有實其

積，萬億及秭。爲酒爲醴。烝畀祖妣。以洽百禮。」《詩·周頌·豐年》：「亦有高廩，萬億及秭。爲酒爲醴。烝畀祖妣。以洽百禮。降福孔皆。」《詩·齊風·南山》首章：「南山崔崔。雄狐綏綏。魯道有蕩，齊子由歸。既曰歸止。曷又懷止。」《詩·大雅·雲漢》三章：「旱既大甚，則不可推。兢兢業業，如霆如雷。周餘黎民，靡有孑遺。昊天上帝，則不我遺。胡不相畏，先祖于摧。」）

緝侵分立緝部和侵部本來是不相押韻的。《秦風·小戎》二章被顧炎武認爲是押驂合軜邑念，按《小戎》原文是："騏駵是中。騧驪是驂。龍盾之合。鋈以瓊軜。言念君子，溫其在邑。方何爲期。胡然我念之！"這是以中驂爲韻，押侵部，合軜邑爲韻，換押緝部，期之爲韻，換押之部，念字非韻。《小雅·常棣》七章被顧炎武認爲是合琴翕湛押韻，其實這是交韻，單句押合翕，屬緝部，雙句押琴湛，屬侵部。

（《詩·小雅·常棣》七章：「妻子好合。如鼓瑟琴。兄弟既翕。和樂且湛。」）

（ｍ）葉談分立按葉部與談部在《詩經》中並無輳轕，只因顧炎武的侵談不分，他既認爲緝侵同部，自然葉談也同部了。江永、段玉裁拘於平入相配，沒有讓緝葉混爲一部。到了王念孫和江有誥，才把這兩部各自獨立起來了。[10]

㈡爲什麼陰陽兩分法和陰陽入三分法形成了兩大派別

顧炎武的古韻十部，事實上是陰陽兩分法，因爲他把入聲歸入了陰聲。段玉裁的古韻十七部，事實上也是陰陽兩分法，只不過他以質屬眞，步驟稍爲有點亂罷了。孔廣森的古韻十八部開始

---

10 王氏原注：「戴震也把這兩部獨立起來，那是從陰陽入三分的角度來看的，與王念孫、江有誥不同。」

標明陰陽，並且宣稱古代除緝合等閉口音以外沒有入聲。而他的
"合類"（即緝合等閉口音）是歸入陰聲去的。王念孫和江有誥
雖沒有區分陰陽，看來也不主張陰陽入截然分爲三類。章炳麟作
"成韻圖"，把月物質三部（他叫做泰隊至）歸入陰界，緝葉兩
部（他叫緝盍）歸入陽界，仍然是陰陽兩分。江永把入聲另分八
部，并主張數韻共一入，這是陰陽入三分的先河。戴震認爲入聲
是陰陽相配的樞紐，所以他的古韻九類廿五部是陰陽入三聲分立
的。應該指出，戴氏和江永的古韻分部的性質還是很不相同的。
江永只分古韻爲十三部，而沒有分爲廿一部（連入聲），他還不
能算是陰陽入三分，入聲還沒有和陰陽二聲分庭抗禮。到了戴
震，入聲的獨立才很清楚了。但是，戴震的入聲概念和黃侃的入
聲概念是不同的。戴震的入聲是《廣韻》入聲，所以祭泰夬廢不
算入聲；黃侃的入聲是《詩經》的入聲，所以祭泰夬廢算是入
聲。黃侃承受了段玉裁古無去聲之說，更進一步主張古無上聲，
這樣就只剩下平入二類，平聲再分陰陽，就成了三分的局面。用
今天語音學的術語來解釋，所謂陰聲，就是以元音收尾的韻部，
又叫做開口音節；所謂陽聲，就是以鼻音收尾的韻部；所謂入
聲，就是以清塞音p、t、k收尾的韻部。這樣分類是合理的。陰
陽兩分法和陰陽入三分法的根本分歧，是由於前者是純然依照先
秦韻文來作客觀的歸納，後者則是在前者的基礎上，再按照語音
系統逕行判斷。這裏應該把韻部和韻母系統區別開來。韻部以能
互相押韻爲標準，所以只依照先秦韻文作客觀歸納就夠了；韻母
系統則必須有它的系統性（任何語言都有它的系統性），所以研
究古音的人必須從語音的系統性著眼，而不能專憑材料。

　　具體說來，兩派的主要分歧表現在職覺藥屋鐸錫六部是否獨
立。這六部都是收音於-k的入聲字。如果併入了陰聲，我們怎樣

了解陰聲呢？如果說陰聲之幽宵侯魚支六部旣以元音收尾，又以清塞音-k收尾，那麼，顯然不是同一性質的韻部，何不讓它們分開呢？況且，收音於-p 的緝葉、收音於-t 的質物月都獨立起來了，只有收音於-k的不讓它們獨立，在理論上也講不通。旣然認爲同部，必須認爲收音是相同的。要末就像孔廣森那樣，否認上古有收-k 的入聲[11]，要末就像西洋某些漢學家所爲，連之幽宵侯魚支六部都認爲也是收輔音的[12]。我們認爲兩種做法都不對：如果像孔廣森那樣，否定了上古的-k 尾，那麼中古的-k 尾是怎樣發展來的呢？如果像某些漢學家那樣，連之幽宵侯魚支六部都收塞音（或擦音），那麼，上古漢語的開音節那樣貧乏，也是不能想像的。王力之所以放棄了早年的主張，采用了陰陽入三聲分立的說法，就是這個緣故。

㈢如何對待上古聲調問題

關於上古的聲調，從來就有各種不同的意見。顧炎武主張四聲一貫，他承認古有四聲，承認"平聲音長，入聲音短"，承認"平多韻平，仄多韻仄"，但是他同時認爲"上或轉爲平，去或轉爲平上，入或轉爲平上去，則在歌者之抑揚高下而已"。這樣，他是主張歌者可以臨時轉變聲調的。江永說："平自韻平，上去入自韻上去入者恒也。亦有一章兩聲或三四聲者，隨其聲諷誦詠歌，亦自諧適，不必皆出一聲。如後人詩餘歌曲，正雜用四聲，詩韻何獨不然？"江氏的主張與顧氏頗有不同，他不承認臨時變調，而認爲異調相押，只是四聲雜用，其說自比顧氏高出一

---

11 王氏原注：「孔氏同時還否認上古有收-t的入聲，這裏不牽涉到收-t 的問題，所以只談收-k 的問題。」

12 王氏原注：「例如西門（Walter Simon）和高本漢（B. Karlgren）西門做得最徹底，六部都認爲是收濁擦音-ɤ；高本漢顧慮到開口音節太少了，所以只讓之幽宵支四部及魚部一部份收濁塞音-g。」

籌。江永堅持入聲不能轉爲平上去，他說："入聲與去聲最近，詩多通爲韻，與上聲韻者間有之，與平聲韻者少，以其遠而不諧也。韻雖通而入聲自如其本音，顧氏於入聲皆轉爲平、爲上、爲去，大謬！"段玉裁以爲古無去聲。他說：「古平上爲一類，去入爲一類；去與入一也。上聲備於三百篇，去聲備於魏晉。」仔細體會他的語意，似乎《詩經》時代以前只有平聲，但到了《詩經》時代已經有了上聲。黃侃更進一步，以爲《詩經》時代也沒有上聲，於是只有平入兩聲。孔廣森則以爲除閉口韻外，古無入聲。王念孫以爲古有四聲，但是有些韻部是四聲俱備的，有些是有去入而無平上的，有些是有入而無平上去的。江有誥在《古韻凡例》中曾說"古無四聲，确不可易"，但是到了《唐韻四聲正》裏，卻又說："至今反復紬繹，始知古人實有四聲，特古人所讀之聲與後人不同。"王國維別開生面，創爲五聲之說，因爲他看見《詩經》中凡陽聲韻都只有一聲，就認爲是另一種聲調，與四聲并列則成陰陽上去入五聲。

我們應該怎樣看待上古聲調問題呢？首先是入聲問題需要討論。我們可以從兩個角度來看入聲：第一，入聲是以-p、-t、-k收尾的，這是韻母問題，從這個角度看，段氏所謂去入爲一類是正確的，《廣韻》裏的去聲字，大部分在上古都屬入聲；第二，入聲是一種短促的聲調，這是聲調問題，從這個角度看，段氏所謂古無去聲是不對的，因爲《廣韻》裏陰韻去聲字雖然大部分在上古收音於-t、-k，但是它們不可能與《廣韻》裏的入聲字完全同調，否則後代沒有分化的條件，不可能發展爲兩聲。我們認爲上古有兩種入聲，一種是長入，到中古變爲去聲；一種是短入，到中古仍是入聲。當然長入也可以稱爲去聲，只不過應該把上古的去聲字了解爲以-p、-t、-k收音罷了。

　　我們不能說上古沒有上聲。依段玉裁《六書音韻表・詩經韻分十七部表》所載，之幽侯魚脂等也有上聲，甚至陽聲韻中，段氏所認爲沒有上聲的，也不一定眞是沒有上聲。如《小雅・巷伯》押錦甚，《陳風・澤陂》押菡儼枕，《商頌・長發》押勇動竦總，《齊風・南山》押兩蕩，《小雅・北山》押仰掌，《楚茨》押盡引，《邶風・柏舟》押轉卷選，《靜女》押孌管，《邶風・載馳》押反遠，《周頌・執競》押簡反反等，也都不能不認爲上聲。

　　我們認爲江永四聲雜用的意見是正確的。不同聲調可以押韻，至今民歌和京劇、曲藝都是這樣的。甚至入聲也可以跟陰聲押韻，只要元音相同，多了一個唯閉音收尾還是勉強相押，這叫做“不完全韻”。

　　我們的結論是：上古陰陽入各有兩個聲調，一長一短，陰陽的長調到後代成爲平聲，短調到後代成爲上聲；入聲的長調到後代成爲去聲（由於元音較長，韻尾的塞音逐漸失落了），短調到後代仍爲入聲。

㈣諧聲偏旁和上古韻部的關係是怎樣的

　　在很早的時侯，就有人注意到諧聲偏旁和古韻部的關係。宋徐蕆爲吳棫的《韻補》作序說：“殊不知音韻之正，本之字之諧聲，有不可易者。如霾爲亡皆切，而當爲陵之切者，因其以貍得聲；洠爲每罪切，而當爲美辨切，因其以免得聲。有爲云九切，而賄痏洧鮪皆以有得聲，則當爲羽軌切矣；皮爲蒲糜切，而波坡頗跛皆以皮得聲，則當爲蒲禾切矣。”江永《古韻標準》也常常講到諧聲偏旁，例如以暉入眞部，注云軍聲。到了段玉裁，更明確地提出：“同諧聲者必同部。”江有誥因古韻分部及具體歸字都與段氏有所不同，所以他又作《諧聲表》。孔廣森在《詩聲

類》中，也開列各部偏旁之見於詩者，以與《詩經》用韻相印
証。

　　我們認爲諧聲偏旁與上古韻部的關係實在非常密切的。但不
像徐蔵所說的上古的音讀"本之字諧聲"，而是相反，字的諧聲
偏旁是根據上古的詞的讀音。諧聲偏旁能夠反映古韻部的一些情
況，即"同諧聲者必同部"。但是《詩經》時代離開造字時代已
經很遠，語音已經有了發展，當《詩經》用韻與諧聲偏旁發生矛
盾時，仍當以《詩經》爲標準。例如顒字，《詩經》既拿來押公
字（《小雅・六月》），就不必再歸入侯部；儺字，《詩經》既
拿來押左僛，就不必再歸入元部。這叫做陰陽對轉：顒从禺聲而
入東部，是東侯對轉，儺从難聲而入歌部，是元歌對轉。陽聲和
入聲也可以對轉，如《小雅・大田》以螣賊相押，螣字就不必再
歸入蒸部，而應該直接歸入職部。《齊風・甫田》以桀怛相押，
怛字就不再把它歸入元部，而應該直接歸入月部。陰聲和入聲也
可以對轉，如《唐風・揚之水》以鑿襮沃樂相押，《小雅・隰
桑》以沃樂相押，沃字就不必歸入宵部。

　　這裏我們也作一個諧聲表，以偏旁之見於詩者爲準。同時在
每部附列一些散字，表示這些字已經從諧聲偏旁所屬的韻部轉到
這個韻部來了。」[13]

四、曾運乾三十攝：

　　曾運乾，字星笠，晚自號棗園，（1884-1945）湖南益陽
人。氏於聲韻之學創獲甚衆，如〈切韻五聲五十一類考〉、〈喻
母古讀考〉等皆著於世，其分古韻爲三十部，未見正式發表，公

13　諧聲表今從省，讀者欲知其詳，請參見《漢語音韻》182頁-194頁。
　　（1984 年 3 月中華書局香港分局重印本。）

之於世。楊樹達《積微居小學述林》卷七〈曾星笠傳〉述及曾氏之古韻分部云:

「古韻分部,自清儒顧、江、戴、段以下,至近日餘杭章氏,分析益精,江愼修繼顧亭林之後,析《廣韻》之眞諄臻文殷魂痕先爲一部,元寒桓刪山仙爲一部。段氏承之,更析眞臻先與諄文殷魂痕爲二。戴氏與段氏書,謂江先生分眞以下十四韻爲二,今又分眞以下爲三,詎脂微齊皆灰不分爲二,蓋嫌其陽聲三分而陰聲只二分,不相稱合也。於是戴氏仍返從江氏之說,取段氏所分之眞諄二部合而一之。君謂段氏知眞諄之當分爲二,而不悟脂微齊皆灰之當分,非也。戴氏因脂微齊皆灰之未分,而並取眞諄之應分爲二者合之,尤非也。齊與先對轉,故陸韻以屑配先,灰與痕魂對轉,故以沒配痕。三百篇雖間有出入,然其條理自在也。君旣析齊於微,與屑先相配,又參稽江段孔王朱章諸家之成說。定爲陰聲九部,入聲十一部,陽聲十部,合之爲三十部,於是古韻分部臻於最密,無可復分矣。」

楊氏所述爲曾氏古韻三十部之首見於著錄者,然其三十部之名稱猶未揭示也,民國五十八年,余撰博士論文《古音學發微》時,見李國英《周禮異文考》,所言通假,以曾氏三十攝爲說,余鉤稽其所引用,僅得二十八攝,計陽聲八攝曰:安、盦、因、嬰、央、應、音、奄八攝;陰聲九攝曰:阿、威、衣、益、烏、謳、幽、噫、夭九攝;入聲十一攝未有專稱但以陰聲九攝及陽聲音奄二攝各有入聲,其名即稱爲某攝入聲,如阿攝入聲、威攝入聲、衣攝入聲、益攝入聲、烏攝入聲、謳攝入聲、幽攝入聲、噫攝入聲、夭攝入聲、音攝入聲、奄攝入聲等十一攝。以其未備三十之數,因走訪李國英氏,承告曾氏三十攝,未經發表,其所據者,乃魯實先師之手抄本,陽聲有邕、宮二攝之名,亦李氏所告知，謹致謝忱。實則曾氏三十攝較黃侃二十八部所多出者，乃將黃氏灰部分爲威、衣二攝，然威、衣二字實爲同部，皆屬王力微部，觀李氏所用，似以威表微部，衣表脂部。曾氏以衣表脂部音，若非後人誤引，則其標目不當，衣攝宜換作黳攝或伊攝，方可以表脂部，而免致混淆，惜實先師久歸道山，未克當面討論，殊爲可憾。魯師弟子多喜用曾氏三十攝，是否可斟酌改名，以免混淆不清。又陰聲益攝，實所以表支部之音，然益爲入聲字，以之代表陰聲韻攝，亦所不宜，謂宜按戴震標目改作娃，則無遺憾矣。持曾氏三十攝與王力晚年三十部相較，竟若析符之復合，豈非知者之所見略同耶，因爲表而出之。

王力	曾運乾	王力	曾運乾
之部	噫攝	錫部	益攝入聲
職部	噫攝入聲	耕部	嬰攝
蒸部	應攝	歌部	阿攝
幽部	幽攝	月部	阿攝入聲
覺部	幽攝入聲	元部	安攝
冬部 [14]	宮攝	脂部	衣攝 [16]
宵部	夭攝	質部	衣攝入聲
藥部	夭攝入聲	眞部	因攝
侯部	謳攝	微部	威攝
屋部	謳攝入聲	物部	威攝入聲
東部	邕攝	文部	昷攝
魚部	烏攝	緝部	音攝入聲
鐸部	烏攝入聲	侵部	音攝
陽部	央攝	葉部	庵攝入聲
支部	益攝 [15]	談部	庵攝

14　王力冬部併於侵，然其侵部之偏旁自冬聲至宋聲，即冬部字也。

　　因曾氏三十攝未列諧聲表，後人用者每以段玉裁十七部諧聲表相換算，而常有錯誤，今以王力三十部相對照，則查王力之諧聲偏旁表即可知曾氏三十攝爲何攝，故爲之列對照表如上。

　　余作此說竟，又得見曾氏弟子郭晉稀氏爲曾氏所整理之《音韻學講義》，於古音三十部之名稱，乃有較清析之概念，茲錄其三十部於下：

陰聲	入聲	陽聲
咍第一 咍、之	德第二 德、職	登第三 登、蒸
齊半第四 齊、支、佳	錫第五 錫、昔、麥	青第六 青、清、耕
歌戈第七 歌、戈、支、麻	曷末第八 曷、末、薛、鎋、月	寒桓第九 寒、桓、仙、刪、元
灰第十 灰、脂、皆、微	沒第十一 沒、迄、術、黠、物	痕魂第十二 痕、魂、欣、諄、山、文
齊半第十三 齊、脂、皆、微	屑第十四 屑、質、櫛	先第十五 先、眞、臻
模第十六 模、魚、麻	鐸第十七 鐸、藥、陌	唐第十八 唐、陽、庚
侯第十九 侯、虞	屋第二十 屋、燭、覺	東第廿一 東、鍾、江
蕭第廿二 蕭、尤、幽	沃第廿三 沃	冬第廿四 冬
豪第廿五 豪、宵、肴	鐸半第廿六 鐸、藥	
	合第廿七 合、緝、洽、乏	覃第廿八 覃、侵、咸、凡
	怗第廿九 怗、盍、葉、狎、業	添第三十 添、談、鹽、銜、嚴

　　曾氏三十部實據黃侃古韻二十八部爲基礎，將《廣韻》齊韻一分爲二，半與支佳合，以配入聲錫昔麥，陽聲青清耕；半與脂

15　曾運乾以益攝代表支部欠妥，益乃入聲字非陰聲也。應從戴震以娃代表支部較合音理。

16　曾運乾以衣攝代表脂部亦欠妥，衣字乃微部字，即曾氏威攝字，非脂部字也，宜改作伊攝，較合於音理。

微合，以配入聲屑質櫛，陽聲先眞臻。另將黃氏與豪相配之沃韻，移以表蕭之入，以配陰聲蕭尤幽。復析鐸藥之半與麥合，以配陰聲模魚麻，陽聲唐陽耕；析鐸藥之另半，移以表豪之入，以配陰聲豪宵肴。其說有得有失，其得者，將齊韻析爲二，一以配錫青，一以配屑先是也。移沃以配蕭則非，蓋蕭爲四等韻，沃爲一等韻，非其類也。析鐸之半以配豪，其說亦非，鐸韻偏旁，非豪之類也。當析錫之半以配蕭，而仍依黃侃以沃配豪爲得也。

　　以此三十部與三十攝對照，則咍第一爲噫攝、德第二爲噫攝入聲、登第三爲應攝；齊半第四爲益攝、錫第五爲益攝入聲、青第六爲嬰攝；歌戈第七爲阿攝、曷末第八爲阿攝入聲、寒桓第九爲安攝；灰第十爲威攝、沒第十一爲威攝入聲、痕魂第十二爲昷攝；齊半第十三爲衣攝、屑第十四爲衣攝入聲、先第十五爲因攝；模第十六爲烏攝、鐸第十七爲烏攝入聲、唐第十八爲央攝；侯第十九爲謳攝、屋第二十爲謳攝入聲、東第廿一爲翁攝；蕭第廿二爲幽攝、沃第廿三爲幽攝入聲、冬第廿四爲宮攝；豪第廿五爲夭攝、鐸半第廿六爲爲夭攝入聲；合第廿七爲音攝入聲、覃第廿八爲音攝；怗第廿九爲庵攝入聲、添第三十爲爲庵攝。余撰〈曾運乾古韻三十攝榷議〉一文，考訂曾氏衣攝標目不當，當改稱伊攝，因衣字屬灰部第十，伊字方屬齊半第十三，屑第十四當稱伊攝入聲；益攝亦標目不當，當改稱娃攝，因爲益爲入聲昔韻字，非陰聲韻字，陰聲韻攝自以陰聲字標目爲是，故齊半第四部當改稱娃攝，　錫第五部當改稱娃攝入聲。曾氏三十攝之攝名，郭晉稀與李國英、蔡信發尙有翁攝與邕攝名稱之別，未知孰是。余嘗據蔡信發〈曾運乾古音三十攝表正補〉補綴曾氏三十攝諧聲表〉於拙箸《古音研究》[17]。

17　請參見《古音研究》295頁-301頁。

五、羅常培、周祖謨之三十一部：

羅常培、周祖謨合著《漢魏晉南北朝韻部演變研究·第一分冊》於第二節論及周秦韻部與兩漢韻部的分合時說道：

「自段玉裁分古韻爲十七部以後，戴震、王念孫、孔廣森、江有誥幾家續有修訂，在韻類的分辨上已經建立了很好的基礎。王氏晚年定古韻爲二十二部：

1	東		
2	冬		
3	蒸		
4	侵		
5	談		
6	陽		
7	耕		
8	眞		
9	諄		
10	元		
11	歌		
12	支	紙	忮	錫
13			至	質
14	脂	旨	口	術
15			祭	月
16				盍
17				緝
18	之	止	志	職
19	魚	語	御	鐸

20　侯　厚　候　屋
21　幽　有　黝　毒
22　宵　小　笑　藥

　　這種分法已經很精細，一般討論周秦古音的人都以此爲根據，可是按著諧聲的條理，其中十三、十四兩部還應當重新分劃一下。因爲王氏《古韻譜》內脂部所包括的《廣韻》脂微齊支灰咍皆諸韻字在《詩經》押韻上似乎通用不分，在諧聲上實際不同。簡單來說：微灰咍三韻和脂皆兩韻合口是一類，脂皆兩韻開口和支齊兩韻是一類。因此近人主張把脂部分爲脂微兩部：前者爲微部，跟入聲術韻相承[18]；後者爲脂部，跟入聲質韻相承。現在把入聲韻跟陰聲韻分開，排列如下：

1	之	11	蒸	21	職
2	幽	12	冬	22	沃
3	宵			23	藥
4	侯	13	東	24	屋
5	魚	14	陽	25	鐸
6	歌				
7	支	15	耕	26	錫
8	脂	16	眞	27	質
9	微	17	諄	28	術
10	祭	18	元	29	月
		19	談	30	盍
		20	侵	31	緝

18　原注：詳見王力《上古韻母系統研究》（《清華學報》·12 卷 3期）

這樣一共分爲三十一部。其中陰聲歌部沒有相承的入聲韻，入聲韻盍緝兩部沒有相承的陰聲韻，大體上分配得很整齊[19]。這是經過許多人的考訂，從考古審音兩方面所得的比較可信的類別。」

第十三節　今定古韻爲三十二部之理由

經由前面十四節之敘述，古韻分部自鄭庠《詩古音辨》分六部以來，歷經顧炎武、江永、戴震、段玉裁、孔廣森、王念孫、江有誥、章炳麟、黃侃、黃永鎮、錢玄同、王力、羅常培、周祖謨諸家之研究，若以羅常培、周祖謨之三十一部，加上黃侃的談添盍怗分四部說所分出的添怗兩部，則古韻分部最後的結果爲三十三部。然羅、周二氏三十一部中之祭部，即休寧戴氏所分的靄部，這一部能否獨立成部？實仍有探討的必要。王力《漢語音韻》談到古韻的分合時說：「如果從分不從合，把冬侵分立，陰陽入三聲相配可以共有三十部。」王氏自注說：「能不能加上祭部，成爲三十一部呢？我們認爲是不能的，因爲去聲的祭泰夬廢和入聲月曷末等韻無論就諧聲偏旁說，或就《詩經》用韻說，都不能割裂爲兩部。王念孫、章炳麟、黃侃把它們分爲一部是完全正確的，戴震分爲兩部是錯誤的。」

王力的這一看法是很有見地的。羅、周二氏雖將祭、月分開，但也在註中說：「祭、月兩部前人定爲一部，現在把去入兩類分立。」去入是否可以分立的問題，牽涉的面比較廣，但是有一個簡單的檢驗方法，祭、月的關係，就像至、質與隊、沒一

19　原注：祭月兩部前人定爲一部，現在把去入兩類分立，沃部即王念孫所稱的毒部。

樣，如果至、沒有與質分開爲兩部、隊沒有與沒分開成兩部的話，則祭與月也就沒有理由要讓它們分開成兩部了。祭部既然不能從月部獨立，則古韻分部最後當是三十二部，故我在《古音學發微》裏就是據此釐定爲古韻十二類三十二部，到現在我的觀點仍沒有改變。此三十二部之定，實際上是全本昔賢所分，沒有絲毫個人的臆見參雜其間的。至於三十二部古韻的名稱，則爲我所定，本來，韻部的名稱，只是個符號，且昔賢於古韻部目，亦多有不同，彼此也不一致，不過大多數古韻學家，都借用《廣韻》的韻目，因爲借用《廣韻》的韻目以稱說古韻，一則已成習慣，有助記憶，故今亦沿用之。昔賢所用的《廣韻》韻目名稱也頗不一致，今參酌選取，按著下列三項標準：

　　【一】所用來標示古韻的韻目，這個字本身一定要在此部古韻中，不可用它部的字，以免發生混淆。如稱支不稱齊（因爲齊在古韻的脂部）；稱微不稱灰（灰在古韻之部）；稱眞不稱先（先在古韻的諄部）。

　　【二】用來標示入聲諸部的《廣韻》韻目，必須用《廣韻》入聲韻目，不用去聲韻目。如稱質不稱至；稱月不稱祭；稱沒不稱隊。

　　【三】韻部標目，最好用最初創立者所定的部目，以旌揚初創者的功勞。但是必須符合前兩項原則爲前題，如有不合，則遞次類推。如稱東不稱鍾，從鄭氏也；稱陽不稱唐，從顧氏也。稱月不稱遏，遏雖爲戴氏所首創，但非韻目，故用其次一家王念孫《韻譜稿》所用之月是也。

　　茲將今所定十二類三十二部名稱列後：括弧內爲創立者之姓名，及今所取名之所本。

第一類：

〔一〕歌（顧炎武所立。）　〔二〕月（王念孫所立，原名祭部，今從韻譜稿改稱月。）　〔三〕元（江永所立。）

第二類：

〔四〕脂（段玉裁所立。）　〔五〕質（王念孫所立，原名至部，今從韻譜稿改稱質。）　〔六〕眞（鄭庠所立。）

第三類：

〔七〕微（王力所立。）　〔八〕沒（章炳麟所立，原名隊部，非入聲韻目，今從黃侃改爲沒部。）　〔九〕諄（段玉裁所立。）

第四類：

〔十〕支（鄭庠所立。）　〔十一〕錫（戴震所立，原名厄部，厄非韻目，今從黃侃改爲錫部。）　〔十二〕耕（顧炎武所立。）

第五類：

〔十三〕魚（鄭庠所立。）　〔十四〕鐸（戴震所立，原名墨部，墨非韻目，今從黃侃改爲鐸部。）　〔十五〕陽（顧炎武所立）

第六類：

〔十六〕侯（段玉裁所立。）　〔十七〕屋（戴震所立。）　〔十八〕東（鄭庠所立。）

第七類：

〔十九〕宵（鄭庠所立，原名蕭部，蕭非本部字，今從孔廣森改爲宵部。）　〔二十〕藥（戴震所立，原名約部，約非韻目，今從王力定名爲藥部。）

第八類：

〔二十一〕幽（江永所立，原名尤部，尤非本部字，今從孔廣森改爲幽。）　〔二十二〕覺（姚文田所立，原名匊部，匊非韻目，今從錢玄同改名覺部。）　〔二十三〕冬（孔廣森所立。）

第九類：

〔二十四〕之（段玉裁所立。）　〔二十五〕職（戴震所立，原名億部，億非韻目，今從王力定名職部。）　〔二十六〕蒸（顧炎武所立。）

第十類：

〔二十七〕緝（戴震所立，原名邑部，邑非韻目，今從王念孫改作緝部。）

〔二十八〕侵（鄭庠所立。）

第十一類：

〔二十九〕怗（黃侃所立。）　〔三十〕添（黃侃所立。）

第十二類：

〔三十一〕盍（戴震所立，原名𦠯部，𦠯非韻目，今從王念孫改爲盍部。）　〔三十二〕談（江永所立。）

以上十二類三十二部，及綜合諸家古韻分部而成，茲再將余所定三十二部與諸家所定古韻部對照如下表：

鄭庠六部	顧炎武十部	江永十三部	段玉裁十七部	戴震廿五部	孔廣森十八部	王念孫廿一部	江有誥廿一部	章炳麟廿三部	黃侃三十部	錢玄同廿八部	曾運乾三十部	王力廿九部	羅常培周祖謨卅一部	陳新雄卅二部
東1	東1	東1	東9	翁7	東5 冬6	東1	東15 中16	東14 冬16	東18 冬21	鍾17 冬20	邕21 宮24	東10 併侵	東13 冬20	東18 冬23
	陽7	陽8	陽10	央10	陽4	陽5	陽14	陽2	唐14	陽14	央18	陽13	陽14	陽15
	耕8	庚9	庚11	嬰13	丁2	耕6	庚13	青4	青11	耕11	嬰6	耕16	耕15	耕12
	蒸9	蒸10	蒸6	膺4	蒸8	蒸2	蒸17	蒸12	登24	登24	應3	蒸3	蒸11	蒸26
支2	支2	支2	支16	娃14 厄15	支11	支11	支7	支3	齊9 錫10	佳9 錫10	益4 益入5	支14 錫15	支7 錫26	支10 錫11
			脂15 併於眞 併於脂	衣17	脂12	脂13	脂8	脂8	灰4	微4	衣13 威10	脂20 微23	脂8 微9	脂4 微7
				乙18					隊7	物5	威入11	物24	術28	沒8
						至12			屑1	質7	衣入14	質21	質27	質5
				靄20 遏21		祭14	祭9	泰11	曷末6	月2	阿入8	月18	祭10 月29	月2
			之1	噫5 億6	之17	之17	之1	之19	哈22 德23	哈22 德23	噫1 噫入2	之1 職2	之1 職21	之24 職25
魚3	魚3	魚3	魚5	烏2 堊3	魚13	魚13	魚5	魚1	模12 鐸13	魚12 鐸13	烏16 烏入17	魚11 鐸12	魚5 鐸25	魚13 鐸14
	歌6	歌7	歌17	阿1	歌10	歌10	歌6	歌10	歌戈7	歌1	阿7	歌17	歌6	歌1

鄭庠 六部	顧炎武 十部	江永 十三部	段玉裁 十七部	戴震 廿五部	孔廣森 十八部	王念孫 廿一部	江有誥 廿一部	章炳麟 廿三部	黃侃 三十部	錢玄同 廿八部	曾運乾 三十部	王力 廿九部	羅常培周祖謨 卅一部	陳新雄 卅二部
眞4	眞4	眞4	眞12	殷16	辰3	眞7	眞12	眞6	先2	眞8	因15	眞22	眞16	眞6
			諄13			諄8	文11	諄9	魂痕5	文6	盈12	文25	諄17	諄9
		元5	元14	安15	原1	元9	元10	寒12	寒桓8	元3	安9	元19	元18	元3
蕭5	蕭5	蕭6	蕭2 併於尤	夭11 約12	宵16	宵21	宵3	宵21	豪19 沃20	宵19 併於宵	夭25 夭入26	宵6 藥7	宵3 藥23	宵19 藥20
		尤11併於魚	尤3	謳8	幽15	幽20	幽2	幽15	蕭16	幽18 覺19	幽22 幽入23	幽4 覺5	幽2 沃22	幽21 覺22
			侯4併於尤	屋9	侯14	侯19	侯4	侯13	侯15 屋17	侯15 燭16	謳19 謳入20	侯8 屋9	侯4 屋24	侯16 屋17
侵6	侵10	侵12	侵7	音23 邑23	緝7 合18	侵3 緝16	侵18 緝21	侵17 緝18	覃26 合25	侵26 緝25	音28 音入27	侵27 緝26	侵20 緝31	侵28 緝27
		覃13	覃8	醃24	談9	談4	談19	談22	添28 談30	談28	奄30	談29	談29	添30 談32
				譝25	併於合	盍15	葉20	盍23	帖27 盍29	盍27	奄入29	葉28	盍30	帖29 盍31

今定古韻何以確信爲三十二部？蓋蘄春黃君初於《廣韻》中求得古本韻二十八部，而與顧、江、戴段以來言古韻分部諸家冥

合而奄有衆長，後又益爲三十部，愈加精密，實言古韻分部者之
最大創見。今即以黃侃古韻三十部爲基礎，而益以姚文田氏所分
之𠩌部，即錢玄同、王力所稱之覺部，王力所分之微部，總計爲
三十二部，此即自古韻分部以來所得之最後結果。雖然後來余迺
永在他的《上古音系研究》裏，根據白一平（Baxter）的說法[1]，
主張將宵、藥二部再析爲豪、沃與宵、卓四部，余迺永有一個很
好的的理由，那就是三等韻的重紐，凡喉、牙、脣下分兩類者，
都是上古音的來源不同，而宵部也正好有兩類重紐，自然也可以
根據這一觀點，把它區分爲兩部。我覺得在理論上，他是可以站
得住腳的。可是他拿藥部與宵部相配，藥部方面，他又說"獨三
等之藥韻，中古已不分 A1.B1 兩類耳。"藥韻既不分重紐，則
其以重紐區分古韻部之理論，於藥部則有杆格。余氏以爲宵部諧
聲歸一二三 B 者爲：

毛高勞敖麃爻苗巢夭喬䍃囂朝晁夒肇表叜幽梟皃暴盜号羔杲
顥兆刀交

諧聲歸二三 A1 四者爲：

尞堯臬幺票要焱焦料小了杏𥤦晶淼鬧弔釗皀笑尿

藥部一二三 B1 諧聲爲：

龠隺樂虐羋

二三 A1 四諧聲爲：

敫勺卓翟弱爵犖雀

凡宵部諧聲在一二三 B1 者，余氏稱作豪部；在二三 A1 四
者，余氏稱作宵部。藥部亦然，前者稱爲沃部，後者謂之藥部。

---

1 白氏說見 Baxter "Studies in Old Chinese Rhyming: Some Further Re-
   sults."

豪、宵、沃、藥之分界是否如此清析，則有重新檢查之必要。照余氏理論，則豪、沃兩部之諧聲應不出現於四等韻；反之，宵藥兩部之諧聲則不見於一等韻，今即以此標準檢閱《廣韻》，以察其分配情形，是否如余氏之所分析者。

余氏豪部的諧聲偏旁理應只見於一二三 B1，不應見於四等韻，但"兆"聲卻見於四等平聲蕭韻「吐彫切」下有桃佻挑朓恍枓庞銚越絩；「徒聊切」下有跳佻越鮴；上聲篠韻「土了切」下有朓姚；「徒了切」下有窕朓眺誂挑「苦皎切」下有磽；去聲嘯韻「他弔切」下有朓覜越咷頫絩；「徒弔切」下有銚；

"刀"聲蕭韻「都聊切」下有貂刁刂舠蛁芀舥；「徒聊切」下有迢髫苕芀岧虭；

"勞"聲蕭韻有膋；

"羔"聲蕭韻有窯顏；

"交"聲上聲篠韻「古了切」下有皎恔晈恔；去聲嘯韻「烏叫切」下有窔；

"杲"聲上聲篠韻「子了切」下有劋藻；

余氏宵部的諧聲偏旁理應只見於二三 A1 四，不應見於一等韻，但"尞"聲卻見於一等平聲豪韻「魯刀切」下有簝；上聲皓韻「盧皓切」下有獠獠轑橑潦尞；去聲号韻「郎到切」下有潦；

"堯"聲豪韻「奴巧切」下有撓。

是則余氏豪、宵二部之分，在諧聲字上，並無絕對劃分之可能。

至於《詩經》韻腳是否有分用的痕跡，我們不妨徹底把《詩經》宵、藥部的韻譜，拿來看看，是否可區分開來。經我檢查《詩經》韻腳的結果，在余氏豪、宵部兩部之中，大多數都是豪部獨韻，其次為豪、宵合韻的韻例，至於宵部單獨押韻者，簡直不成比例。茲分析於下：

豪部獨用者：

《詩・邶風・凱風》首章：夭勞。《詩・鄘風・干旄》首章：旄郊。《詩・衛風・碩人》三章：敖郊驕鑣朝勞。《詩・衛風・河廣》二章：刀朝。《詩・衛風・木瓜》二章：桃瑤。《詩・王風・黍離》首章：苗搖。《詩・齊風・甫田》首章：驕忉。《詩・魏風・園有桃》首章：桃殽謠驕。《詩・魏風・碩鼠》三章：苗勞郊郊號。《詩・陳風・防有鵲巢》首章：巢苕忉。《詩・檜風・羔裘》首章：遙朝忉。《詩・曹風・下泉》四章：膏勞。《詩・小雅・鹿鳴》二章：蒿昭恌傚敖。《詩・小雅・出車》二章：郊旐旄。《詩・小雅・鴻雁》三章：嗷勞驕。《詩・小雅・白駒》首章：苗朝遙。《詩・小雅・十月之交》七章勞囂。《詩・小雅・蓼莪》首章：蒿勞。《詩・小雅・北山》五章：號勞。《詩・小雅・信南山》五章：刀毛臏。《詩・小雅・車舝》二章：鷮教。《詩・小雅・角弓》二章：教傚。《詩・小雅・黍苗》首章：苗膏勞。《詩・小雅・漸漸之石》首章：高勞朝。《詩・大雅・公劉》二章：瑤刀。

宵部獨用者：

《詩・邶風・柏舟》三章：悄小少摽。《詩・鄭風・蘀兮》二章：漂要。《詩・檜風・匪風》二章：飄嘌弔。

豪宵合用者：（宵部字＿識其下）

《詩・召南・采蘋》首章：藻潦。《詩・鄭風・清人》三章：消麃喬遙。《詩・小雅・角弓》七章：瀌消驕。《詩・大雅・旱麓》五章：燎勞。《詩・大雅・板》三章：寮囂笑蕘。

至若豪沃通韻之章，則可視爲豪部獨用者相等。其通韻者如下：（沃部字_識其下）《詩・周南・關雎》五章：芼樂。《詩

·小雅·正月》十一章：沼樂炤虐。《詩·小雅·巧言》三章：
盜暴。《詩·大雅·抑》十一章：藐教虐耄。《詩·大雅·韓
奕》五章：到樂。

其有豪卓通韻之章，則可視為豪宵之通韻，其通韻者如下：
（宵卓部字＿識其下）

《詩·邶風·終風》首章：暴笑敖悼。《詩·衛風·氓》五
章：勞朝暴笑悼。《詩·檜風·羔裘》三章：膏曜悼。《詩·魯
頌·泮水》二章：藻蹻蹻昭笑教。

沃部獨用者：

《詩·鄭風·溱洧》首章：樂謔藥。《詩·鄭風·溱洧》二
章：樂謔藥。《詩·唐風·揚之水》首章：鑿襮沃樂。《詩·秦
風·晨風》二章：櫟駮樂。《詩·大雅·板》三章：虐謔蹻謔熇
藥。《詩·魯頌·有駜》一、二、三章：樂樂樂。

卓部獨用者：

《詩·大雅·板》三章：削爵濯溺。

沃卓合用者：（卓部字＿識其下）

《詩·邶風·簡兮》二章：籥翟爵。《詩·衛風·淇奧》三
章：綽較謔虐。《詩·小雅·南有嘉魚》首章：罩樂。《詩·大
雅·靈臺》三章：濯翯躍。《詩·大雅·崧高》四章：藐蹻濯。

從以上詩篇統計，宵部獨用者僅三章，卓部獨用者則更少，
僅一章而已。甚至豪宵合用者尚有五章，較宵部獨用者尚多二
章，沃卓合用者亦有四章，較卓部獨用者多出三章，可見宵部與
卓部的獨立性確有問題。豪之與宵，沃之與卓，在諧聲上既難劃
分，在《詩經》用韻上又絕無分立之可能。則余氏豪宵、沃卓之
分，並無任何事實上之佐證。即以重紐之理論言之，一韻在脣牙
喉音下俱有重紐者，在古韻上本有不同之來源，可是卓部之獨

立，在重紐理論上亦無跡象可尋。余氏卓部獨立，純粹爲了與宵部配套而巳。宵藥二部余氏之分爲四部說旣不可從，則今分古音仍爲三十二部也。

或又謂三十二部古韻，其微覺二部之古本韻爲何？若無當代表之古本韻，則與蘄春黃君整個古音體系不相符合。王力把脂部分爲脂微二部，黃永鎭根據姚文田從幽部分出肅部，錢玄同、王力改稱覺部，然則脂覺二部之古本音爲何？我在《古音學發微》第五章結論中嘗爲之申述。茲錄於下：

微覺二部，黃君未曾區分，黃君微併於脂，覺併於蕭，或以此疑余說之未諦。蓋黃君三十部，徵諸《廣韻》之古本韻適相吻合，而微覺二部，《廣韻》中則無與相當之古本韻也。新雄謹案：王君微部，徵之《廣韻》，表面上雖無古本韻之部，實際上非無古本韻也。細察《廣韻》齊、薺、霽三韻之切語，其切語上字皆無今變紐也。而齊等三韻之切語下字劃分二類，其齊韻之奚、雞、稽、兮、迷，薺韻之禮、啓、米、弟，霽韻之計、詣爲一類，平上去相承爲四等齊齒呼。而齊韻之攜、圭，霽韻之惠、桂一類，平去相承爲四等撮口呼，其實齊韻四等齊齒呼一類，則古韻脂部之古本韻也。齊韻四等撮口呼一類則古韻支部之古本韻也。而《廣韻》灰韻則古韻微部之古本韻也。黃君以《廣韻》齊韻二類皆爲古韻支部之古本韻，灰韻爲古韻脂部之古本韻[2]，實析之尙有未盡，尙應細加分析者也。茲更錄《廣韻》齊、薺、霽三韻之切語，表之於下：

---

2 黃君微脂合爲一部，未曾區分。

聲調	平				上				去				入			
韻目	十二齊				十一薺				十二霽							
等呼	開	齊	合	撮	開	齊	合	撮	開	齊	合	撮	開	齊	合	撮
影		鷖 烏奚		烓 烏攜		吟 烏弟				翳 於計						
喻																
為																
曉		醯 呼雞		睳 呼攜						欯 呼計		嗃 呼惠				
匣		奚 胡雞		攜 戶圭		徯 胡禮				蒵 胡計		慧 胡桂				
見		雞 古奚		圭 古攜						計 古詣		桂 古惠				
溪		谿 苦奚		睽 苦圭		啓 康禮				契 苦計						
群																
疑		倪 五稽				堄 研啓				詣 五計						
端		低 都奚				邸 都禮				帝 都計						
透		梯 土雞				體 他禮				替 他計						
定		嗁 杜溪				弟 徒禮				第 特計						
泥		泥 奴低				禰 奴禮				泥 奴計						

來	黎 郎奚		禮 盧啓		麗 郎計	
知						
徹						
澄						
娘						
日						
照						
穿						
神						
審						
禪						
精	齊 祖稽		濟 子禮		霽 子計	
清	妻 七稽		泚 千禮		砌 七計	
從	齊 徂奚		薺 徂禮		嚌 在詣	
心	西 先稽		洗 先禮		細 蘇計	
邪						
莊						
初						
床						
疏						
幫	螷 邊兮		軷 補米		閉 博計	

滂	磇匹迷			頖匹米			媲匹詣	
並	蠯部迷			陛傍禮			薜蒲計	
明	迷莫兮			米莫禮			謎莫計	
非								
敷								
奉								
微								
附註								

　　《廣韻》齊韻有臡字人兮切、栘字成臡切，屬日紐與禪紐爲今變紐，原非齊韻字，實爲祭韻相當之平聲字，因字少寄入齊韻者。霽韻有遰丑戾切屬徹紐，此字《王一》、《唐韻》皆無，《王二》有而在韻末，其爲增加字無疑。如此則齊韻二類皆爲古本韻，亦可徵矣。然此二韻究竟純因古本韻之異？抑純由開合之殊？凡齊、薺、霽三韻內从旨、从比、从毘、从尼、从米、从弟、从犀、从屖、从夷、从利、从齊、从次、从卟、从禾、从妻、从帀、从氐、从豊、从爾、从矢、从医、从殹之字於古韻屬脂部，其古本韻爲齊一類。齊、薺、霽三韻之撮口呼爲齊二類[3]，則此二類之別，雖由開合之殊，亦兼有古本韻之別也。如此則以齊一爲脂部之古本韻，齊二爲支部之古本韻，正其宜也。至於《廣韻》之灰韻，則爲古韻微部之古本韻，脂、微分爲二部，旣

3　至於齊一類中，入古韻支部之字甚多，則屬後世之音變，齊二類闌入古韻脂部之偏旁者則少，惟从癸之字而已。

合於古代韻母之系統，又適符合黃君古本韻之理論，則此二部之當區別，實審之音而合考之於古而有徵者也。黃君於齊韻未能析為二古本韻者，蓋黃君拘於古本韻之讀法，以為古本韻之讀法，實同於《廣韻》古本韻之今讀，而此二類既同在一韻，惟分開合，則脂、支之古本韻讀法無別矣，故未敢據以分別為二部，竊以為所謂古本韻者，僅不過法言定韻時所定之古韻部目之代表耳，至古韻之真正讀法，恐非如《廣韻》之今讀也，此宜注意其歷史之演變，另行考定。

　　古韻覺部之獨立，一方面固由其屬入聲韻，宜從陰聲別立為部。考之《廣韻》沃韻之切語上字全為古本紐，則沃韻為古本韻無疑。然察沃韻之偏旁，實有二類。江有誥云：「沃韻當分為二，其一為豪之入，沃從夭、襮襫從暴、熇從高，歊字豪沃兩收，〈揚之水〉以沃、襫與鑿樂韻，〈隰桑〉二章以沃與樂韻，〈板〉四章以熇與芼韻。其一為豪通尤之入，告、纛、郜號、沃兩收，媢字晧、沃兩收，酷、梏從告，瑁褶從冒，〈揚之水〉以鵠與皓繡韻，《楚辭‧天問》以告與救韻。」[4] 今以沃韻從夭、從雀、從高、從霍、從樂、從暴、從翟之字為古韻藥部字，即江氏所謂豪之入，其古本韻為沃韻；今沃韻內從學、從毒、從竹、從朮、從告、從冒、從戚之字為古韻覺部部字，即江氏所謂豪韻通尤之入。表面上看似無古本韻者，然細察《廣韻》青、迥、徑、錫四韻之切語，亦略有端倪可尋。茲將青、迥、徑、錫四韻之切語，而表列之於下：

4　見《入聲表》。

聲調	平 十五青				上 四十一迥				去 四十六徑				入 二十三錫			
韻目／等呼	開	齊	合	撮	開	齊	合	撮	開	齊	合	撮	開	齊	合	撮
影						嶸烟洋		淡烏迥	鎣烏定							
喻																
為																
曉		馨呼刑						詗火迥						欨許激		敊呼臭
匣		刑戶經		熒戶扃		婞胡頂		迥戶頂		脛胡定				檄胡狄		
見		經古靈		扃古螢		剄古挺		熲古迥		徑古定				激古歷		郹古闃
溪						謦去挺		褧口迥		罄苦定				燉苦擊		闃苦鶪
群																
疑						脛五剄								鷁五歷		
端		丁當經				頂都挺			矴丁定					的都歷		
透		汀他丁				珽他鼎				聽他定				逖他歷		
定		庭特丁				挺徒鼎				定徒徑				荻徒歷		
泥		寧奴丁				顁				甯乃定				惄奴歷		

聲								
來	靈 郎丁			筝 力鼎		零 郎定		靂 郎擊
知								
徹								
澄								
娘								
日								
照								
穿								
神								
審								
禪								
精								績 則歷
清	青 倉經					𪗪 千定		戚 倉歷
從				汫 徂醒				寂 前歷
心	星 桑經			醒 蘇挺		腥 蘇佞		錫 先擊
邪								
莊								
初								
床								
疏								
幫				鞞 補鼎				壁 北激

滂	娉 普丁		頩 匹迥				霹 普擊
並	瓶 薄經		竝 蒲迥				甓 扶歷
明	冥 莫經		茗 莫迥		覭 莫定		覓 莫狄
非							
敷							
奉							
微							
附記							

　　《廣韻》迥韻迥字戶頂切與婞胡頂切音同，陳澧《切韻考》據徐鍇《篆韻譜》作呼炯切及《集韻》作戶茗切，證《廣韻》戶頂切之頂字爲潁字之誤，遂改作戶潁切，而分爲二類，以頂挺涬到鼎醒爲一類，潁迥爲一類，今表姑從之。至頩匹迥切、竝蒲迥切、茗莫迥切三字據切語下字當爲撮口呼一類。今列入齊齒者，以其平去入三聲之脣音字皆屬齊齒，故據以納入[5]。又《廣韻》錫韻有甓字扶歷切，爲今變紐，然此字《王二》作蒲歷反，《韻鏡》與壁劈覓諸字同列四等脣音下，《切韻指掌圖》奉紐下無字，甓在並紐，皆足證此字爲古本紐[6]。又有歡字，《切三》、《王一》、《王二》、《唐韻》皆無，增加字也。由此觀之，青、迥、徑、錫四韻皆無今變紐之韻，則青、錫之爲古本韻亦無

5　脣音字之開合最爲無定，斷其韻類，不能純憑切語下字系聯，當審其音理。《韻鏡》外轉第三十五開即以頩竝茗諸字與頂挺珽顁到等字同列四等，可證此三字之當入齊齒一類無疑也。

6　《切韻》重脣輕脣無別。

疑也。再就表觀之，青、迥、錫三韻據《廣韻》切語似皆析爲二類[7]。根據董同龢〈全本王仁昫刊謬補缺切韻的反切下字〉[8]一文，知《全本王仁昫刊謬補缺切韻》四十二青韻切語下字僅丁經靈形螢一類[9]。四十迥切語僅鼎挺娗迥醒泠一類[10]。四十五徑切語下字僅定徑一類。十六錫切語下字二類，歷激擊狄一類，鷃闃一類。《全本王仁昫刊謬補缺切韻》青、迥、徑三韻切語下字皆僅一類，而錫韻則二類，實頗堪玩味者也。吾人可說青、迥、徑平上去三聲皆一類，而入聲錫獨爲二類，此絕非純由開合而分。試觀《廣韻》錫韻之偏旁，實分三類。江有誥嘗云：「錫韻當爲三：其一爲齊通支之入，霓字霽錫兩收，繫从毄，錫惕惕从易，壁甓从辟，霓鷃从兒，〈瞻卬〉五章以狄與刺韻，〈殷武〉三章以績與解韻，《離騷》以績與隘韻，〈天問〉以歷與畫韻。其一爲蕭之入，激弔溺笑錫兩收，竅竅从敫，的靮从勺，糴糴从翟，〈匪風〉二章以弔與飄嘌韻，〈桑柔〉五章以溺濯韻。其一爲尤及宵通尤之入，寥字尤錫兩收，迪笛从由，踧寂从叔，滌从條，倜从周，〈桑柔〉十一章以迪與復韻，〈小明〉三章以戚與宿覆韻，復宿覆之去聲在宥。」[11] 今以錫韻內从易、从析、从毄、从辟、从辰、从歷、从秝、从鬲、从商、从益、从狄、从責、从糸、从一、从昊得聲之字爲古韻錫部。（其从古韻支部偏

---

7 迥韻從陳氏改訂。

8 見史語所《集刊》第十九本。

9 《廣韻》螢字戶扃切，扃字古螢切，自成一類，《全王》螢胡丁反，《切三》亦胡丁反，王二乎丁反。

10 《廣韻》原亦系一類，陳澧據迥婞同音，改迥作戶潁切，分爲二類，然此字《全王》戶鼎反，《切三》亦然，則《廣韻》戶頂切亦有所承，未必如陳氏所云係潁之形誤。尤有進者，潁字《全王》與《切三》皆作古鼎反，其本爲一類，尤爲顯明。

11 見《入聲表·凡例》。

旁得聲者，如從氏、從兒、從知、從買、從卑、從兮、從蟲得聲
之字亦屬此部。）即江有誥所謂齊通支之入也。其古本韻當爲錫
二類。錫韻從敫、從樂、從勺、從弔、從翟、從弱得聲之字爲古
韻藥部。（其從古韻宵部偏旁得聲者如從臯、從焱、從交、從堯
得聲之字亦屬此部。）即江有誥所謂蕭之入，其古本韻爲沃韻。
錫韻從賣、從逐、從朿、從戚得聲之字爲古韻覺部。（其從古韻
幽部偏旁者如從保、從由、從周、從攸、從叉、從秋、從條、從
翏得聲之字亦屬此部。）江有誥所謂尤及宵通尤之入，其古本韻
今定爲錫一類。此類字與沃韻從學、從毒、從竹、從朮、從告、
從冒之字古韻同在一部，即今定之覺部也。或疑何以知古韻藥部
之古本韻必爲沃，古韻覺部之古本韻必爲錫一類，若以沃爲覺部
之古本韻，錫一類爲藥部之古本韻，有何不可？（沃與錫一類皆
雜有藥覺二部之字。）曰：此當審其音而定之。夫古韻藥部相承
之陰聲部爲古韻宵部，宵部之古本韻爲豪韻，豪爲一等韻，沃亦
爲一等韻，以沃承豪，自最相宜，故以沃爲藥部之古本韻也。而
古韻覺部相承之陰聲部爲古韻幽部，幽部之古本韻爲蕭韻，蕭爲
四等韻，錫一類亦四等韻也。以錫一類承蕭亦合音理也。又或疑
錫一類、錫二類皆兼有古韻錫部字，何以知錫一類必爲古韻覺部
之古本韻？錫二類必爲古韻錫部之古本韻？所以如此定者，其理
有二：錫二類無古韻覺部字雜入，此其一也。古韻錫部相承之陰
聲部爲古韻支部，支部之古本韻爲齊二類，齊二類爲四等撮口
呼，錫二類亦四等撮口呼。古韻覺部既承幽部，幽部古本韻蕭爲
四等齊齒呼，以撮口呼承撮口呼，齊齒呼承齊齒呼，最合音理，
此其二也。故知錫一類必爲覺部之古本韻，錫二類必爲錫部之古
本韻也。

　　是則三十二部之別，徵之於前修所析，其秩然如彼；審之於

音，又皦然若此，合之於《廣韻》古本韻又若析符之復合，則古韻之當分三十二部，又盍可疑乎！而從此益徵蘄黃君古本韻說之立言精審 [12]，能窮三古之遺韻，今即本之黃君所說，而參以王君之所明，各從其是，古韻眞象，庶幾大白，雖未敢必其盡確，要言古韻者當有取於此也。

第十四節　古韻三十二部之證明

　　古韻當分三十二部，旣審之於音而當別，考之於古亦有徵焉。今取《詩經》韻腳部分而譜彙之。惟《詩經》韻腳於談與添、盍與怗四部之間因入韻字少，分別不顯，故只得三十部。今釐分爲三十部韻譜，將詩韻中同部韻腳彙聚爲一部，並於各章韻腳下注明《詩經》篇章；凡陰陽入相承之韻部相押韻者謂之通韻譜；非相承之韻部而彼此押韻者，謂之合韻譜。今譜列於後：

　　第一部歌部韻譜：《廣韻》歌哿箇、戈果過、麻馬禡、支紙寘。

　　皮絁蛇《召南・羔羊・首章》。沱過過歌《召南・江有汜・三章》。爲何《邶風・北門・首章》。爲何《邶風・北門・二章》。爲何《邶風・北門・三章》。離施《邶風・新臺・三章》。河儀它《鄘風・柏舟・首章》。珈佗河宜河《鄘風・君子偕老・首章》。皮儀儀爲《鄘風・相鼠・首章》。猗瑳磨《衛風・淇奧・首章》。阿薖歌過《衛風・考槃・二章》。左瑳儺《衛

---

12 黃君以爲古本韻皆陸法言所定古韻標目，實爲精要之言，陸氏定韻根據諸家韻書離之合，兼古今南北之音於一書，旣存古而不礙於今，實眞捃選精切之作也。小有疏漏，自亦賢者不免，然据其書中系統，雖愚者亦可按圖索驥，三十二部古韻標目雖未盡別出，而系統猶存於其中也。

風‧竹竿‧三章》。羅為罹吪《王風‧兔爰‧首章》。麻嗟嗟施
《王風‧丘中有麻‧首章》。宜為《鄭風‧緇衣‧首章》。加宜
《鄭風‧女曰雞鳴‧二章》。吹和《鄭風‧蘀兮‧首章》。左我
《唐風‧有杕之杜‧首章》。何多《秦風‧晨風‧首章》。何多
《秦風‧晨風‧二章》。何多《秦風‧晨風‧三章》。池麻歌
《陳風‧東門之池‧首章》。陂荷何為沱《陳風‧澤陂‧首
章》。縭儀嘉何《豳風‧東山‧四章》。錡吪嘉《豳風‧破斧‧
二章》。鯊多《小雅‧魚麗‧首章》。多嘉《小雅‧魚麗‧四
章》。椅離儀《小雅‧湛露‧四章》。莪阿儀《小雅‧菁菁者莪
‧首章》。駕猗馳破《小雅‧車攻‧六章》何罹蛇《小雅‧斯干
‧六章》。罹蛇《小雅‧斯干‧七章》。阿池訛《小雅‧無羊‧
二章》。猗何瘥多嘉嗟《小雅‧節南山‧二章》。河他《小雅‧
小旻‧六章》。羅何何《小雅‧小弁‧首章》。掎地佗《小雅‧
小弁‧七章》。何多何《小雅‧巧言‧六章》。禍我可《小雅‧
何人斯‧二章》。議為《小雅‧北山‧六章》。左宜《小雅‧裳
裳者華‧四章》。羅宜《小雅‧鴛鴦‧首章》。何嘉他。《小雅
‧頍弁‧首章》。俄傞《小雅‧賓之初筵‧四章》。嘉儀《小雅
‧賓之初筵‧四章》。阿何《小雅‧緜蠻‧首章》。波沱他《小
雅‧漸漸之石‧三章》。峨宜《大雅‧棫樸‧首章》。阿池《大
雅‧皇矣‧六章》。賀佐《大雅‧下武‧六章》。何嘉儀《大雅
‧既醉‧四章》。沙宜多嘉為《大雅‧鳧鷖‧二章》。阿歌《大
雅‧卷阿‧首章》。多馳多歌《大雅‧卷阿‧十章》。儀嘉磨為
《大雅‧抑‧五章》。嘉儀《大雅‧抑‧八章》。可罜歌《大雅
‧桑柔‧十六章》。皮羆《大雅‧韓奕‧六章》。犧宜多《魯頌
‧閟宮‧三章》。

　　通韻譜：歌部外通韻字以□表示。

歌元通韻：

差[原]麻娑《陳風‧東門之枌‧二章》。[翰]憲難[那]《小雅‧桑扈‧三章》。阿[難]何《小雅‧隰桑‧首章》。

合韻譜：歌部外合韻字以□表示。

歌脂合韻：

[祁]河宜何《商頌‧玄鳥》。

歌錫合韻：

地[裼]瓦儀議罹《小雅‧斯干‧九章》。

第二部月部韻譜：《廣韻》祭、泰、夬、廢、怪、月、曷、末、鎋、黠、屑、薛。

掇捋《周南‧芣苢‧二章》。蕨惙說《召南‧草蟲‧二章》。伐茇《召南‧甘棠‧首章》敗憩《召南‧甘棠‧二章》。拜說《召南‧甘棠‧三章》。脫帨吠《召南‧野有死麕‧三章》。闊說《邶風‧擊鼓‧四章》。闊活《邶風‧擊鼓‧五章》。厲揭《邶風‧匏有苦葉‧首章》。羼邁衛害《邶風‧泉水‧三章》。逝害《邶風‧二子乘舟‧二章》。活濊濊發揭《衛風‧碩人‧四章》。說說《衛風‧氓‧三章》。朅桀《衛風‧伯兮‧首章》。厲帶《衛風‧有狐‧二章》。月佸桀括渴《王風‧君子于役‧二章》。葛月《王風‧采葛‧首章》。艾歲《王風‧采葛‧三章》。達闕月《鄭風‧子衿‧三章》。月闥闥發《齊風‧東方之日‧二章》。桀怛《齊風‧甫田‧二章》。外泄逝《魏風‧十畝之間‧二章》。逝邁外蹶《唐風‧蟋蟀‧二章》。逝邁《陳風‧東門之枌‧三章》。肺晢《陳風‧東門之楊‧二章》。發偈怛《檜風‧匪風‧首章》。閱雪說《曹風‧蜉蝣‧三章》。袪芾《曹風‧候人‧首章》。發烈褐歲《豳風‧七月‧首章》。烈渴《小雅‧采薇‧二章》。艾晣嘒《小雅‧庭燎‧二章》。艾敗《小雅‧小旻‧五章》。烈發害《小雅‧蓼莪‧五章》。舌揭《小雅‧大東‧七章》。烈發害《小雅‧四月‧三章》。秣艾《小雅‧鴛鴦‧三章》。羍逝渴括《小雅‧車舝‧首章》。愒瘵邁《小雅‧菀柳‧二章》。撮髮說《小雅‧都人士‧二章》。厲蠆邁《小雅‧都人士‧四章》。外邁《小雅‧白華‧五章》。世世《大雅‧文王‧二章》。拔兌駾喙《大雅‧緜‧八章》。拔兌《大雅‧皇矣‧三章》。月達害《大雅‧生民‧二章》。載烈歲《大雅‧生民‧七章》。愒泄厲敗大《大雅‧民勞‧四章》。蹶泄《大雅‧板‧二章》。揭害《大雅‧蕩‧八章》。舌逝《大雅‧抑‧六章》。舌外發《大雅‧烝民‧三章》。奪說《大雅‧瞻卬‧二章》。活達傑《周頌‧載芟》。茷噦大邁《魯頌‧閟宮‧四章》。大艾歲害《魯頌‧閟宮‧四章》。撥達達越發烈截《商頌‧長發‧六章》。

通韻譜：月部外通韻字以□表示。

月元通韻：

艾[渙難]《周頌‧訪落》。

合韻譜：月部外合韻字以□表示。

月質合韻：

葛[節日]《邶風‧旄丘‧首章》。[結]厲滅威《小雅‧正月‧八章》。滅[戾勩]《小雅‧雨無正‧二章》。[翳栵]《大雅‧皇矣‧二章》。[惠]厲瘵[疾屆]《大雅‧瞻卬‧首章》。

月沒合韻：

旆[瘁]《小雅‧出車‧二章》。旆[穟]《大雅‧生民‧四章》。

第三部元部韻譜：《廣韻》元阮願、寒旱翰、桓緩換、刪潸諫、山產襉、仙獮線、先銑霰。

轉卷選《邶風‧柏舟‧三章》。雁旦泮《邶風‧匏有苦葉‧

三章》。干言《邶風・泉水・三章》。泉歎《邶風・泉水・四章》。變管《邶風・靜女・二章》。展袢顏媛《鄘風・君子偕老・三章》。反遠《鄘風・載馳・二章》。僩咺諼《衛風・淇奧・首章》。僩咺諼《衛風・淇奧・二章》。澗寬言諼《衛風・考槃・首章》。垣關關漣關言言遷《衛風・氓・二章》。怨岸泮宴晏旦反《衛風・氓・六章》。乾嘆嘆難《王風・揚之水・首章》。館粲《鄭風・緇衣・首章》。館粲《鄭風・緇衣・二章》。館粲《鄭風・緇衣・三章》。園檀言《鄭風・將仲子・三章》。慢罕《鄭風・大叔于田・三章》。晏粲彥《鄭風・羔裘・三章》。旦爛雁《鄭風・女曰雞鳴・首章》。言餐《鄭風・狡童・首章》。墠阪遠《鄭風・東門之墠・首章》。溥婉願《鄭風・野有蔓草・首章》。渙蕑《鄭風・溱洧・首章》。還閒肩儇《齊風・還・首章》。變屮見弁《齊風・甫田・三章》。儇鬈《齊風・盧令・二章》。變婉選貫反亂《齊風・猗嗟・三章》。閒閑還《魏風・十畝之閒・首章》。檀干漣廛貆餐《魏風・伐檀・首章》。餐爛旦《唐風・葛生・三章》。旆然言焉《唐風・采苓・首章》。旆然言焉《唐風・采苓・二章》。旆然言焉《唐風・采苓・三章》。園閑《秦風・駟鐵・四章》。菅言《陳風・東門之池・三章》。蕑卷悁《陳風・澤陂・二章》。冠欒慱《檜風・素冠・首章》。遠踐《豳風・伐柯・二章》。原難嘆《小雅・常棣・三章》。阪衍踐遠愆《小雅・伐木・五章》。幝痯遠《小雅・杕杜・三章》。汕衍《小雅・南有嘉魚・二章》。安軒閑原憲《小雅・六月・五章》。園檀《小雅・鶴鳴・首章》。園檀《小雅・鶴鳴・二章》。干山《小雅・斯干・首章》。山泉言垣《小雅・小弁・八章》。幡言遷《小雅・巷伯・四章》。泉歎《小雅・大東・三章》。霰見宴《小雅・頍弁・三章》。樊言《小雅・青蠅・首章》。反幡遷僊《小雅・賓之初筵・三章》。反遠《小雅・角弓・首章》。遠然《小雅・角弓・二章》。燔獻《小雅・瓠葉・二章》。援羨岸《大雅・皇矣・五章》。閑言連安《大雅・皇矣・八章》。垣翰《大雅・文王有聲・三章》。原繁宣嘆爐原《大雅・公劉・二章》。泉單原《大雅・公劉・五章》。館亂鍛《大雅・公劉・六章》。澗澗《大雅・公劉・六章》。安殘綣反諫《大雅・民勞・五章》。板癉然遠管亶遠諫《大雅・板・首章》。難憲《大雅・板・二章》。藩垣翰《大雅・板・七章》。旦衍《大雅・板・八章》。顏怨《大雅・抑・七章》。翰蕃宣《大雅・崧高・首章》。番嘽翰憲《大雅・崧高・七章》。完蠻《大雅・韓奕・六章》。宣翰《大雅・江漢・四章》。嘽翰漢《大雅・常武・五章》。簡反反《周頌・執競》。騂燕《魯頌・有駜・三章》。山丸遷虔梴閑安《商頌・殷武・六章》。

合韻譜：元部外合韻字以□表示。

元脂合韻：

泚瀰鮮《邶風・新臺・首章》。

元質合韻：

筵秩《小雅・賓之初筵・首章》。

元眞合韻：

民嫄《大雅・生民・首章》。

元微合韻：

山歸《豳風・東山・首章》。山歸《豳風・東山・二章》。山歸《豳風・東山・三章》。山歸《豳風・東山・四章》。嵬萎怨《小雅・谷風・三章》。

元諄合韻：

群錞苑《秦風・小戎・三章》。�怨孫《小雅・楚茨・四章》。

元陽合韻：

言行《大雅・抑・九章》。

元東合韻：

筵恭《小雅・賓之初筵・三章》。

第四部脂部韻譜：《廣韻》脂旨至、齊薺霽、皆（駭）（怪）、紙。

萋喈《周南・葛覃・首章》。體死《邶風・谷風・首章》。薺弟《邶風・谷風・二章》。沵禰弟姊《邶風・泉水・二章》。指弟《鄘風・蝃蝀・首章》。體禮禮死《鄘風・相鼠・三章》。妻姨私《衛風・碩人・首章》。黃脂蠐犀眉《衛風・碩人・二章》。淒喈夷《鄭風・風雨・首章》。濟瀰弟《齊風・載驅・二章》。弟偕死《魏風・陟岵・三章》。比佽《唐風・杕杜・二章》。遲飢《陳風・衡門・首章》。躋飢《曹風・候人・四章》。蓍師《曹風・下泉・三章》。遲祁《豳風・七月・二章》。遲飢《小雅・采薇・六章》。體旨《小雅・魚麗・二章》。旨偕《小雅・魚麗・五章》。矢兕醴《小雅・吉日・四章》。麋階《小雅・巧言・六章》。匕砥矢履視涕《小雅・大東・首章》。萋祁私穉穧《小雅・大田・三章》。茨師《小雅・瞻彼洛矣・首章》。旨偕《小雅・賓之初筵・首章》。濟弟《大雅・旱麓・首章》。妻弟《大雅・思齊・二章》。弟爾几《大雅・行葦・二章》。萋喈《大雅・卷阿・九章》。鴟階《大雅・瞻卬・三章》。秭醴妣禮皆《周頌・豐年》。濟秭醴妣禮《周頌・載芟》。

通韻譜：脂部外通韻之字以□表示。

脂質通韻：

紕四眔《鄘風・干旄・首章》。濟閟《鄘風・載馳・三章》。禮至《小雅・賓之初筵・二章》。

脂真通韻：

塵底《小雅・無將大車・首章》。

合韻譜：脂部外合韻之字以□表示。

脂微合韻：

枚飢《周南・汝濆・首章》。尾燬燬邇《周南・汝墳・三章》。祁歸《召南・采蘩・三章》。薇悲夷《召南・草蟲・三章》。喈霏歸《邶風・北門・二章》。煒美《邶風・靜女・二章》。淒晞湄躋坻《秦風・蒹葭・二章》。尾几《豳風・狼跋・首章》。騑遲歸悲《小雅・四牡・首章》。韡弟《小雅・常棣・首章》。遲萋喈祁歸夷《小雅・出車・六章》。萋悲萋悲歸《小雅・杕杜・二章》。泥弟弟豈《小雅・蓼蕭・三章》。飛躋《小雅・斯干・三章》。師氏維毗迷師《小雅・節南山・三章》。哀違衣底《小雅・小旻・二章》。淒腓歸《小雅・四月・二章》。薇梀哀《小雅・四月・八章》。喈湝悲回《小雅・鼓鐘・二章》。尸歸遲弟私《小雅・楚茨・五章》。穧火《小雅・大田・二章》。惟脂《大雅・生民・七章》。葦履體泥《大雅・行葦・首章》。依濟几依《大雅・公劉・四章》。懠毗迷尸屎葵資師《大雅・板・五章》。鄙歸《大雅・崧高・六章》。騤喈齊歸《大雅・烝民・八章》。追綏威夷《周頌・有客》。枚回依遲《魯頌・閟宮・首章》。違齊遲躋遲祗圍《商頌・長發・三章》。

脂質微合韻：

惠戾屆闋夷違《小雅・節南山・五章》維葵膍戾《小雅・采菽・五章》

脂沒合韻：

類比《大雅·皇矣·四章》

脂諄合韻：

偕近邇《小雅·杕杜·四章》

脂支合韻：

伙柴《小雅·車攻·四章》

第五部質部韻譜：《廣韻》至、霽、怪、質、櫛、屑、薛、職。

實室《周南·桃夭·二章》。祛襭《周南·芣苢·三章》。肆棄《周南·汝墳·二章》。七吉《召南·摽有梅·首章》。曀曀嚏《邶風·終風·三章》。日室栗漆瑟《鄘風·定之方中·首章》。日疾《衛風·伯兮·三章》。實曀《王風·黍離·三章》。室穴日《王風·大車·三章》。栗室即《鄭風·東門之墠·二章》。日室室即《齊風·東方之日·首章》。漆栗瑟日室《唐風·山有樞·三章》。七吉《唐風·無衣·首章》。日室《唐風·葛生·五章》。漆栗瑟耋《秦風·車鄰·二章》。穴慄《秦風·黃鳥·首章》。穴慄《秦風·黃鳥·二章》。穴慄《秦風·黃鳥·三章》。韠結一《檜風·素冠·三章》。實室《檜風·隰有萇楚·二章》。七一一結《曹風·鳲鳩·首章》。垤室窒至《豳風·東山·三章》。實日《小雅·杕杜·首章》。至恤《小雅·杕杜·四章》。徹逸《小雅·十月之交·八章》。血疾室《小雅·雨無正·七章》。恤至《小雅·蓼莪·三章》。穗利《小雅·大田·三章》。秘室《小雅·瞻彼洛矣·二章》。設逸《小雅·賓之初筵·三章》。抑怭秩《小雅·賓之初筵·三章》。淠嘒駟屆《小雅·采菽·二章》。實吉結《小雅·都人士·三章》。飶漆穴室《大雅·緜·首章》。栗室《大雅·生民·

五章》。抑秩匹《大雅・假樂・三章》。密即《大雅・公劉・六章》。疾戾《大雅・抑・首章》。挃栗櫛室《周頌・良耜》。

通韻譜：質部外通韻之字以□表示。

質眞通韻：

替[引]《大雅・召旻・五章》。

合韻譜：質部外合韻之字以□表示。

質沒合韻：

肆[塈]《邶風・谷風・六章》。穗[醉]《王風・黍離・二章》。[季寐棄]《魏風・陟岵・二章》嘒淠屆[寐]《小雅・小弁・四章》。[茀仡肆]忽拂《大雅・皇矣・八章》。

質錫合韻：

[幭]厄《大雅・韓奕・二章》。[13]

質職合韻：

[減]匹《大雅・文王有聲・三章》。[14]

第六部眞部韻譜：《廣韻》眞軫震、諄準稕、臻、先銑霰、仙獮線、庚梗映、清靜勁、青迥徑。

蓁人《周南・桃夭・三章》。蘋濱《召南・釆蘋・首章》。淵身人《邶風・燕燕・四章》。洵信《邶風・擊鼓・五章》。薪人《邶風・凱風・二章》。榛苓人人人《邶風・簡兮・三章》。

---

13 王力《詩經韻讀》云：「幭、今本作幦，現在從他書作幭。參看段玉裁《六書音韻表》十六部注。」按段氏十六部注云：「幭本音在弟十五部。《詩・韓奕》合韻軛字，從他經作幦，則在本韻。考『車覆笭』，〈旣夕禮〉、《玉篇》、〈少儀〉、《公羊傳》、《說文》皆謂之幦。《毛詩》幭厄二字皆屬假借，厄即軛，毛傳：『厄，烏噣也。』今訛爲烏蜀。」據段氏、王氏改幭爲幦，則爲錫部自韻。

14 減字王力據《韓詩》改作淢，則爲質部自韻。

天人《鄘風・柏舟・首章》。天人《鄘風・柏舟・二章》。零人田人淵千《鄘風・定之方中・三章》。人姻信命《鄘風・蝃蝀・三章》。天人《王風・黍離・首章》。天人《王風・黍離・二章》。天人《王風・黍離・三章》。薪申《王風・揚之水・首章》。田人人仁《鄭風・叔于田・首章》。溱人《鄭風・褰裳・首章》。薪人信《鄭風・揚之水・三章》。顛令《齊風・東方未明・二章》。令仁《齊風・盧令・首章》。粼命人《唐風・揚之水・三章》。薪天人人《唐風・綢繆・首章》。苓巔信《唐風・采苓・首章》。鄰顛令《秦風・車鄰・首章》。天人身《秦風・黃鳥・首章》。天人身《秦風・黃鳥・二章》。天人身《秦風・黃鳥・三章》。榛人人年《曹風・鳲鳩・四章》。薪年《豳風・東山・三章》。駰均詢《小雅・皇皇者華・五章》。田千《小雅・采芑・首章》。田千《小雅・采芑・二章》。天千《小雅・采芑・三章》。淵闐《小雅・采芑・三章》。天淵《小雅・鶴鳴・二章》。年溱《小雅・無羊・四章》。親信《小雅・節南山・四章》。電令《小雅・十月之交・三章》。天人《小雅・十月之交・七章》。天信臻身天《小雅・雨無正・三章》。天人人《小雅・小菀・首章》。陳身人天《小雅・何人斯・三章》。翩人信《小雅・巷伯・三章》。天人人《小雅・巷伯・五章》。薪人薪人《小雅・大東・三章》鳶天淵。《小雅・四月・六章》。濱臣均賢《小雅・北山・二章》。盡引《小雅・楚茨・六章》。旬田《小雅・信南山・首章》。賓年《小雅・信南山・三章》。田千陳人年《小雅・甫田・首章》。榛人《小雅・青蠅・三章》。命申《小雅・采菽・三章》。天臻矜《小雅・菀柳・三章》。田人《小雅・白華・三章》。玄矜民《小雅・苕之華・二章》。天新《大雅・文王・首章》。天人《大雅・棫樸・四章》。天淵人

《大雅・旱麓・首章》。堅鈞均賢《大雅・行葦・五章》。人天命申《大雅・假樂・首章》。天人命人《大雅・卷阿・八章》。旬民瘨天矜《大雅・桑柔・首章》。翩泯燼頻《大雅・桑柔・二章》。天人臻《大雅・雲漢・首章》。天神申《大雅・崧高・首章》。田人《大雅・崧高・三章》。身人《大雅・烝民・四章》。旬命命命《大雅・韓奕・首章》。人田命命年《大雅・江漢・五章》。天人《大雅・瞻卬・三章》。典禋《周頌・維清》。人天《周頌・雝》。

合韻譜：眞部外合韻字以□表示。

眞諄合韻：

倩盼《衛風・碩人・二章》。鄰云慇《小雅・正月・十二章》。壺胤《大雅・既醉・六章》。命純《周頌・維天之命》。

眞諄耕合韻：

人訓刑《周頌・烈文》

眞陽合韻：

岡薪《小雅・車舝・四章》

眞冬合韻：

躬天《大雅・文王・七章》

第七部微部韻譜：《廣韻》脂旨至、微尾未、皆駭怪、灰賄隊、咍海代、支紙寘、戈果過。

歸衣《周南・葛覃・三章》。嵬隤罍懷《周南・卷耳・二章》。纍綏《周南・樛木・首章》。微衣飛《邶風・柏舟・四章》。霾懷《邶風・終風・四章》。違畿《邶風・谷風・二章》。微歸《邶風・式微・首章》。微歸《邶風・式微・二章》。頎衣《衛風・碩人・首章》。懷歸《王風・揚之水・首章》。懷歸《王風・揚之水・二章》。懷歸《王風・揚之水・三章》。懷畏《鄭風・將仲子・二章》。懷畏《鄭風・將仲子・三章》。衣歸《鄭風・丰・四章》。晞衣《齊風・東方未明・二章》。崔綏歸歸懷《齊風・南山・首章》。唯水《齊風・敝笱・三章》。衣悲歸《檜風・素冠・三章》。火衣《豳風・七月・二章》。悲歸《豳風・七月・二章》。火葦《豳風・七月・三章》。歸悲衣枚《豳風・東山・首章》。畏懷《豳風・東山・二章》。衣歸悲《豳風・九罭・三章》。騑歸《小雅・四牡・二章》。威懷《小雅・常棣・二章》。薇歸《小雅・采薇・首章》。薇歸《小雅・采薇・二章》。薇歸《小雅・采薇・三章》。騤依腓《小雅・采薇・五章》[15]。依霏《小雅・采薇・六章》。悲哀《小雅・采薇・六章》。纍綏《小雅・南有嘉魚・三章》。晞歸《小雅・湛露・首章》。微微哀《小雅・十月之交・首章》。威罪《小雅・巧言・首章》。頹懷遺《小雅・谷風・二章》。摧綏《小雅・鴛鴦・四章》。幾幾《小雅・車舝・三章》。尾豈《小雅・魚藻・二章》。藟枚回《大雅・旱麓・六章》。纍歸《大雅・泂酌・二章》。壞畏《大雅・板・七章》。推雷遺遺摧《大雅・雲漢・三章》。回歸《大雅・常武・六章》。幾悲《大雅・瞻卬・六章》。飛歸《魯頌・有駜・二章》。

　　通韻譜：微部外通韻字以□表示。

　　微諄通韻：

---

15 騤字王力歸入脂部非是。考《廣韻》騤與逵同音渠追切，《韻鏡》列內轉第七合，其爲合口無疑。據王力脂微分部之標準，脂韻開口屬脂部，脂韻合口屬微部，則騤自應屬微部。且《詩經》騤字入韻兩見，《小雅・采薇・五章》純與微部韻，《大雅・烝民・八章》則與喈齊歸韻，喈齊脂部字，歸微部字，是爲脂微合韻。

敦遺摧《邶風・北門・三章》。焞雷威《小雅・采芑・四章》。

第八部沒部韻譜：《廣韻》至、未、霽、隊、代、術、物、沒。

墍謂《召南・摽有梅・三章》。出卒述《邶風・日月・四章》。遂悸《衛風・芄蘭・首章》。遂悸《衛風・芄蘭・二章》[16]。棣檖醉《秦風・晨風・三章》[17]。出瘁《小雅・雨無正・五章》。蔚瘁《小雅・蓼莪・二章》。律弗卒《小雅・蓼莪・六章》。愛謂《小雅・隰桑・四章》。卒沒出《小雅・漸漸之石・二章》。妹渭《大雅・大明・五章》。對季《大雅・皇矣・三章》[18]。匱類《大雅・既醉・五章》。位墍《大雅・假樂・四章》。溉墍《大雅・泂酌・三章》。類懟對內《大雅・蕩・三章》。寐內《大雅・抑・四章》。優逮《大雅・桑柔・六章》[19]

---

16 悸字王力歸質部，考《廣韻》悸其季切，季居悸切，二字互用，《韻鏡》列內轉第七合，據此則應列合口類無疑。王力脂微分部之標準，以脂韻開口屬脂部，脂韻合口屬微部，質沒分部比照脂微，則至韻開口屬質部，至韻合口屬沒部，悸既為合口字，自應歸沒部無疑。且《詩經》中悸與季相協韻字「遂」「對」皆沒部字，非質部也。

17 棣字王力歸質部，因棣特計切屬霽韻，聲符隸羊至切，屬至韻開口，故據以定作質部。考《詩經》隸聲字無與質相協者，凡與隸聲字相協者皆在沒部，如此章棣檖醉協，檖醉皆沒部字，《大雅・桑柔・五章》優與逮協，優亦沒部字。考隸字《廣韻》又音代，逮又音徒戴切，皆有代韻一讀，代韻相承之平聲咍、上聲海，有微部開口一等字，如咍韻之開（苦亥切）、哀（烏開切）、殆、挒、醩、膣（以上古哀切），挒、鼥、鰓（以上戶來切），啀、崃、敱、殣、剴、獃（以上五來切），海韻有愷、凱、颽、啀、鎧、閨、膣（以上苦來切）、啡（匹愷切）。則代韻中自亦有沒部開口一等字地位無疑。故今定隸聲字屬沒部。

18 季字王力入質部，誤。參見註5。

19 逮字王力入質部，誤。參見註6。

。隱類對醉悖《大雅·桑柔·十三章》。類瘁《大雅·瞻卬·五章》。

通韻譜：沒部外通韻字以□表示。

沒諄通韻：

萃□《陳風·墓門·二章》[20]。退遂瘁□退《小雅·雨無正·四章》[21]。

第九部諄部韻譜：《廣韻》微、薺、賄；眞軫震；諄準稕；臻；文吻問；欣隱焮；魂混慁；山；先銑霰；仙。

詵振《周南·螽斯·首章》。縭孫《召南·何彼襛矣·三章》。門殷貧艱《邶風·出自北門·首章》。洒浼殄《邶風·新臺·二章》。奔君《鄘風·鶉之奔奔·二章》。隕貧《衛風·氓·四章》。漘昆昆聞《王風·葛藟·三章》。啍璊奔《王風·大車·二章》。順問《鄭風·女曰雞鳴·三章》。門雲雲存巾員《鄭風·出其東門·首章》。鰥雲《齊風·敝笱·首章》。輪漘淪囷鶉飧《魏風·伐檀·三章》。勤閔《豳風·鴟鴞·首章》。晨煇旂《小雅·庭燎·三章》。群犉《小雅·無羊·首章》。先壼忍隕《小雅·小弁·六章》。艱門云《小雅·何人斯·首章》。雲雰《小雅·信南山·二章》。芹旂《小雅·采菽·二章》。慍問《大雅·縣·八章》。疊熏欣芬艱《大雅·鳧鷖·五章》。訓順《大雅·抑·二章》。川焚熏聞遯《大雅·雲漢·四章》。雲門《大雅·韓奕·四章》。耘畛《周頌·載芟》。芹旂《魯頌·泮水·首章》。

---

20 王力《詩經韻讀》云：「誶今本作訊，《廣韻》引《詩》作誶，今依錢大昕、段玉裁、朱駿聲改作誶。」改訊爲誶，則爲沒部自韻。

21 王力《詩經韻讀》云：「誶今本作訊。」王力改訊爲誶，亦爲沒部自韻。

第十部支部韻譜：《廣韻》支紙寘、齊薺霽、佳蟹卦。

支觿觿知《衛風・芄蘭・首章》。斯知《陳風・墓門・首章》。枝知《檜風・隰有萇楚・首章》。斯提《小雅・小弁・首章》。伎雌枝知《小雅・小弁・五章》。篪知斯《小雅・何人斯・七章》。卑疧《小雅・白華・八章》。篪圭攜《大雅・板・六章》。

通韻譜：支部外通韻字以□表示。

支錫通韻：

提辟揥刺《魏風・葛屨・二章》。易知祇《小雅・何人斯・六章》。解易辟《大雅・韓奕・首章》。辟績辟適解《商頌・殷武・二章》。

第十一部錫部韻譜：《廣韻》麥、昔、錫、霽。

適益謫《邶風・北門・二章》。簀錫壁《衛風・淇奧・三章》。甓鷊惕《陳風・防有鵲巢・二章》。鶪績《豳風・七月・三章》。帝易《大雅・文王・六章》。辟剔《大雅・皇矣・二章》。績辟《大雅・文王有聲・五章》。益易辟辟《大雅・板・六章》。帝辟帝辟《大雅・蕩・首章》。刺狄《大雅・瞻卬・五章》。

合韻譜：錫部外合韻字以□表示。

錫屋合韻：

局蹐脊蜴《小雅・正月・六章》。

錫藥合韻

翟髢揥晳帝《鄘風・君子偕老・二章》[22] 。

---

[22] 按王力《詩經韻讀》以翟、髢二字均入錫部。翟字當為藥部字，《邶風・簡兮・二章》以籥翟爵韻，《檜風・羔裘・三章》以膏曜悼韻，《大雅・靈臺・二章》以濯翯躍韻，《大雅・桑柔・五章》

　　第十二部耕部韻譜：《廣韻》：庚梗映、耕耿諍、清靜勁、青迥徑。

　　縈成《周南・樛木・三章》。丁城《周南・兔罝・首章》。定姓《周南・麟之趾・二章》。盈成《召南・鵲巢・三章》。盈鳴《邶風・匏有苦葉・二章》。旌城《鄘風・干旄・三章》。青瑩星《衛風・淇奧・二章》。清盈《鄭風・溱洧・二章》。鳴盈鳴聲《齊風・雞鳴・首章》。庭青瑩《齊風・著・二章》。名清成正甥《齊風・猗嗟・二章》。菁寰姓《唐風・杕杜・二章》。鳴苹笙《小雅・鹿鳴・首章》。平寧生《小雅・常棣・五章》。丁嚶鳴聲《小雅・伐木・首章》。聲生平《小雅・伐木・二章》。定聘《小雅・采薇・二章》。鳴旌驚盈《小雅・車攻・七章》。征聲成《小雅・車攻・八章》。庭楹正冥寧《小雅・斯干・五章》。定生寧醒成政姓《小雅・節南山・六章》。領騁《小雅・節南山・七章》。平寧正《小雅・節南山・九章》。程經聽爭成《小雅・小旻・四章》。鳴征生《小雅・小宛・四章》。冥潁《小雅・無將大車・二章》。領屛《小雅・桑扈・二章》。營成《小雅・黍苗・五章》。青生《小雅・苕之華・二章》。生楨寧《大雅・文王・三章》。成生《大雅・緜・九章》。屛平《大雅・皇矣・二章》。營成《大雅・靈臺・首章》。聲聲寧成《大

以削爵濯溺韻，皆藥部自韻，或宵藥通韻，翟非錫部字明矣。《經典釋文・毛詩音義上》：「狄、本亦作翟，王后第一服曰褕狄。」翟有作狄之本，王力以爲錫部，或據狄字入韻。段玉裁《六書音韻表・詩經韻分十七部表》第十六部本音下云：「髢、本作鬄，易聲在此部，〈君子偕老〉一見。」按也聲本在歌部，易聲在錫部，毛詩作髢，三家作鬄，王先謙《詩三家義集疏》云：「《說文》鬄下云：『髮也。』髢下云：鬄或作髢。釋文：『髢，被也。髮少者得以被助其髮也。』」

雅‧文王有聲‧首章》。正成《大雅‧文王有聲‧七章》。靈寧
《大雅‧生民‧二章》。涇寧清馨成《大雅‧鳧鷖‧首章》。鳴
生《大雅‧卷阿‧九章》。寧城《大雅‧板‧七章》。刑聽傾
《大雅‧蕩‧七章》。政刑《大雅‧抑‧三章》。盈成《大雅‧
抑‧十章》。牲聽《大雅‧雲漢‧首章》。星嬴成正寧《大雅‧
雲漢‧八章》平定爭寧《大雅‧江漢‧二章》。霆驚《大雅‧常
武‧六章》。平庭《大雅‧常武‧六章》。成傾《大雅‧瞻卬‧
二章》。成禎《周頌‧維清》。聲鳴聽成《周頌‧有瞽》。庭敬
《周頌‧閔予小子》。馨寧《周頌‧載芟》。盈寧《周頌‧良
耜》。成聲平聲聲《商頌‧那》。成平爭《商頌‧烈祖》。聲靈
寧生《商頌‧殷武‧五章》。

　　第十三部魚部韻譜：《廣韻》：魚語御、虞麌遇、模姥暮、
麻馬禡。

　　砠瘏痡吁《周南‧卷耳‧四章》。華家《周南‧桃夭‧首
章》。楚馬《周南‧漢廣‧二章》。筥釜《召南‧采蘋‧二
章》。下女《召南‧采蘋‧三章》。下處《召南‧殷其靁‧三
章》。渚與與處《召南‧江有汜‧二章》。華車《召南‧何彼襛
矣‧首章》。葭豝《召南‧騶虞‧首章》。虞虞《召南‧騶虞‧
二章》。羽野雨《邶風‧燕燕‧首章》。土顧處《邶風‧日月‧
首章》。處馬下《邶風‧擊鼓‧三章》。下苦《邶風‧凱風‧三
章》。羽阻《邶風‧雄雉‧首章》。雨怒《邶風‧谷風‧首
章》。處與《邶風‧旄丘‧二章》。舞處俁舞《邶風‧簡兮‧首
章》。虎組《邶風‧簡兮‧二章》。邪且《邶風‧北風‧首
章》。邪且《邶風‧北風‧二章》。狐烏車邪且《邶風‧北風‧
三章》。虛楚《鄘風‧定之方中‧二章》。旟都組五予《鄘風‧
干旄‧二章》。瓜琚《衛風‧木瓜‧首章》。且且《王風‧君子

陽陽・首章》。且且《王風・君子陽陽・二章》。楚甫《王風・
揚之水・二章》。蒲許《王風・揚之水・三章》。濟父父顧《王
風・葛藟・首章》。野馬馬武《鄭風・叔于田・三章》。馬組舞
舉虎所女《鄭風・太叔于田・首章》。車華琚都《鄭風・有女同
車・首章》。蘇華都且《鄭風・山有扶蘇・首章》。且且《鄭風
・褰裳・首章》。且且《鄭風・褰裳・二章》。楚女女《鄭風・
揚之水・首章》。闍荼荼且蘆娛《鄭風・出其東門・二章》。乎
且乎《鄭風・溱洧・首章》。乎且乎《鄭風・溱洧・首章》。著
素華《齊風・著・首章》。圃瞿《齊風・東方未明・三章》。鱮
雨《齊風・敝笱・二章》。岵父《魏風・陟岵・首章》。鼠黍女
顧女土土所《魏風・碩鼠・首章》。楚戶者者《唐風・綢繆・三
章》。杜湑踽父《唐風・杕杜・首章》。袪居故《唐風・羔裘・
首章》。羽栩黍怙所《唐風・鴇羽・首章》。楚野處《唐風・葛
生・首章》。苦下與《唐風・采苓・二章》。楚虎虎禦《秦風・
黃鳥・三章》。乎渠餘乎輿《秦風・權輿・首章》。乎輿《秦風
・權輿・二章》。鼓下夏羽《陳風・宛丘・首章》。栩下《陳風
・東門之枌・首章》。紵語《陳風・東門之池・二章》。顧予
《陳風・墓門・二章》。馬野《陳風・株林・二章》。華家《檜
風・隰有萇楚・二章》。羽楚處《曹風・蜉蝣・首章》。股羽野
宇戶下鼠戶處《豳風・七月・五章》。瓜壺苴樗夫《豳風・七月
・六章》。圃稼《豳風・七月・七章》。雨土戶予《豳風・鴟鴞
・二章》。据荼租瘏家《豳風・鴟鴞・三章》。野下《豳風・東
山・首章》。宇戶《豳風・東山・二章》。羽馬《豳風・東山・
四章》。渚所處《豳風・九罭・二章》。胡瑕《豳風・狼跋・二
章》。馬鹽處《小雅・四牡・二章》。下栩鹽父《小雅・四牡・
三章》。帑圖乎《小雅・常棣・八章》。許藇羜父顧《小雅・伐

木・二章》。滑酤鼓舞暇湑《小雅・伐木・六章》。固除庶《小
雅・天保・首章》。家故居故《小雅・采薇・首章》。鹽處《小
雅・采薇・三章》。華車《小雅・采薇・四章》。華塗居書《小
雅・出車・四章》。湑寫語處《小雅・蓼蕭・首章》。鼓旅《小
雅・采芑・三章》。午馬麌所《小雅・吉日・二章》。羽野寡
《小雅・鴻雁・首章》。野渚《小雅・鶴鳴・首章》。牙居《小
雅・祈父・首章》。栩黍處父《小雅・黃鳥・三章》。樗居家
《小雅・我行其野・首章》。祖堵戶處語《小雅・斯干・二
章》。除去芋《小雅・斯干・三章》。魚旟魚旟《小雅・無羊・
四章》。雨輔予《小雅・正月・九章》。徒夫馬處《小雅・十月
之交・四章》。圖辜鋪《小雅・雨無正・首章》。都家《小雅・
雨無正・七章》。土沮《小雅・小旻・首章》。且辜幠幠辜《小
雅・巧言・首章》。怒沮《小雅・巧言・二章》。舍車盱《小雅
・何人斯・五章》。雨女予《小雅・谷風・首章》。夏暑予《小
雅・四月・首章》。下土《小雅・北山・二章》。土野暑苦雨罟
《小雅・小明・首章》。處與女《小雅・小明・四章》。盧瓜菹
祖祜《小雅・信南山・四章》。鼓祖雨黍女《小雅・甫田・二
章》。湑寫處《小雅・裳裳者華・首章》。扈羽祜《小雅・桑扈
・首章》。女舞《小雅・車舝・二章》。湑寫《小雅・車舝・四
章》。楚旅《小雅・賓之初筵・首章》。鼓祖《小雅・賓之初筵
・二章》。語羖《小雅・賓之初筵・五章》。蒲居《小雅・魚藻
・三章》。筥予馬驦《小雅・采菽・首章》。股下紓予《小雅・
采菽・三章》。餘旟盱《小雅・都人士・五章》。鱮鱮者《小雅
・采綠・四章》。御旅處《小雅・黍苗・三章》。虎野暇《小雅
・何草不黃・三章》。狐車《小雅・何草不黃・四章》。呴祖
《大雅・文王・五章》。父馬滸下女宇《大雅・緜・二章》。徒

家《大雅‧緜‧五章》。怒旅旅祜下《大雅‧皇矣‧五章》。許武祜《大雅‧下武‧五章》。去呱《大雅‧生民‧三章》。渚處湑脯下《大雅‧鳧鷖‧三章》。野處旅語《大雅‧公劉‧三章》。車馬《大雅‧卷阿‧十章》。怒豫《大雅‧板‧八章》。宇怒處圉《大雅‧桑柔‧四章》。沮所顧助祖予《大雅‧雲漢‧四章》。馬土《大雅‧崧高‧五章》。下甫《大雅‧烝民‧首章》。茹吐甫茹吐寡禦《大雅‧烝民‧五章》。舉圖舉助補《大雅‧烝民‧六章》。祖屠壺魚蒲車且胥《大雅‧韓奕‧三章》。土訏甫嘷虎居譽《大雅‧韓奕‧五章》。車旟舒鋪《大雅‧江漢‧首章》。滸虎土《大雅‧江漢‧三章》。祖父《大雅‧常武‧首章》。父旅浦土處緒《大雅‧常武‧二章》。武怒虎虜浦所《大雅‧常武‧四章》。黍稌《周頌‧豐年》。瞽虡羽鼓圉舉《周頌‧有瞽》。沮魚《周頌‧潛》。祜嘏《周頌‧載見》馬且旅馬《周頌‧有客》。下家《周頌‧訪落》。女筥黍《周頌‧良耜》。馬野者《魯頌‧駉‧首章》。馬野者《魯頌‧駉‧二章》。馬野者《魯頌‧駉‧三章》。馬野者騢魚祛邪祖《魯頌‧駉‧四章》。下舞《魯頌‧有駜‧首章》。武祖祜《魯頌‧泮水‧四章》。黍秬土緒《魯頌‧閟宮‧首章》。武緒野虞女旅《魯頌‧閟宮‧二章》。父魯宇輔《魯頌‧閟宮‧三章》。祖女《魯頌‧閟宮‧三章》。嘏魯許宇《魯頌‧閟宮‧七章》。與鼓祖《商頌‧烈祖》。武楚阻旅所緒《商頌‧殷武‧首章》。

通韻譜：魚部外通韻字以□表示。

魚鐸通韻：

居御《召南‧鵲巢‧首章》。茹據愬怒《邶風‧柏舟‧二章》。故露《邶風‧式微‧首章》。路祛惡故《鄭風‧遵大路‧二章》。洳莫度度路《魏風‧汾沮洳‧首章》。莫除居瞿《唐風

・蟋蟀・首章》。夜居《唐風・葛生・四章》。除莫庶暇顧怒《小雅・小明・二章》。譽射《小雅・車舝・二章》。梏柘路固《大雅・皇矣・二章》。訏路《大雅・生民・四章》。席御酢俘《大雅・行葦・二章》。呼夜《大雅・蕩・五章》。度虞《大雅・抑・五章》。去故莫虞怒《大雅・雲漢・六章》。若賦《大雅・烝民・二章》。惡斁夜譽《周頌・振鷺》。伯旅《周頌・載芟》。

合韻譜：魚部外合韻字以□表示。

魚候合韻：

褕附侮《大雅・皇矣・八章》。

魚幽宵合韻：

廟保瑕《大雅・思齊・三章》。

魚之合韻：

雨母《鄘風・蝃蝀・二章》。者謀虎《小雅・巷伯・六章》。膴飴謀龜時茲《大雅・緜・三章》。

第十四部鐸部韻譜：《廣韻》：御、禡、藥、鐸、陌、麥、昔。

莫濩綌斁《周南・葛覃・二章》。露夜露《召南・行露・首章》。落若《衛風・氓・三章》。蓆作《鄭風・緇衣・三章》。射御《鄭風・太叔于田・二章》。夜莫《齊風・東方未明・三章》。薄鞹夕《齊風・載驅・首章》。碩獲《秦風・駟驖・二章》。澤戟作《秦風・無衣・二章》。穫蘀貉《豳風・七月・四章》。駱若度《小雅・皇皇者華・四章》。作莫《小雅・采薇・首章》。奕舄繹《小雅・車攻・四章》。澤作宅《小雅・鴻雁・二章》。蓆石錯《小雅・鶴鳴・首章》。藿夕客《小雅・白駒・首章》。閣橐《小雅・斯干・三章》。夜夕惡《小雅・雨無正・

首章》。作莫度獲《小雅·巧言·四章》。蹈碩炙莫庶客錯度獲格酢《小雅·楚茨·二章》。碩若《小雅·大田·首章》。白駱駱若《小雅·裳裳者華·三章》。柏弈懌《小雅·頍弁·首章》。炙酢《小雅·匏葉·三章》。赫莫獲度廓宅《大雅·皇矣·首章》。炙臄咢《大雅·行葦·四章》。懌莫《大雅·板·二章》。格度射《大雅·抑·七章》。作獲赫《大雅·桑柔·十四章》。伯宅《大雅·崧高·二章》。碩伯《大雅·崧高·八章》。貊伯壑籍《大雅·韓奕·六章》。柞澤《周頌·載芟》。駱雒繹斁作《魯頌·駉·三章》。樂樂樂《魯頌·有駜·一二三章》。博斁逆獲《魯頌·泮水·七章》。繹宅貊諾若《魯頌·閟宮·六章》。柏度尺舃碩奕作碩若《魯頌·閟宮·八章》。斁奕客懌昔作夕恪《商頌·那》。

　　合韻譜：鐸部外合韻字以□表示。

　　鐸盍合韻：

　　業|作《大雅·常武·三章》

　　第十五部陽部韻譜：《廣韻》：陽養漾、唐蕩宕、庚梗映。

　　筐行《周南·卷耳·首章》。岡黃觥傷《周南·卷耳·三章》。荒將《周南·樛木·二章》。廣泳永方《周南·漢廣·首章》。廣泳永方《周南·漢廣·二章》。廣泳永方《周南·漢廣·三章》。方將《召南·鵲巢·二章》。陽遑《召南·殷其靁·首章》。裳亡《邶風·綠衣·二章》。頏將《邶風·燕燕·二章》。方良忘《邶風·日月·三章》。鏜兵行《邶風·擊鼓·首章》。行臧《邶風·雄雉·四章》。涼雱行《邶風·北風·首章》。景養《邶風·二子乘舟·首章》。襄詳詳長《鄘風·載馳·四章》。湯裳行《衛風·氓·四章》。杭望《衛風·清人·首章》。梁裳《衛風·有狐·首章》。陽簧房《王風·君子陽陽·

首章》。牆桑兄《鄭風・將仲子・二章》。黃襄行揚《鄭風・太
叔于田・二章》。彭旁英翔《鄭風・清人・首章》。行英翔將將
姜忘《鄭風・有女同車・二章》。昌堂將《鄭風・丰・三章》。
裳行《鄭風・丰・三章》。瀼揚臧《鄭風・野有蔓草・二章》。
明昌明光《齊風・雞鳴・二章》。昌陽狼臧《齊風・還・三
章》。堂黃英《齊風・著・三章》。明裳《齊風・東方未明・首
章》。湯彭翔《齊風・載馳・三章》。昌長揚揚蹌臧《齊風・猗
嗟・首章》。霜裳《魏風・葛屨・首章》。方桑英英行《魏風・
汾沮洳・二章》。岡兄《魏風・陟岵・三章》。行桑梁嘗常《唐
風・鴇羽・三章》。桑楊簧亡《秦風・車鄰・三章》。蒼霜方長
央《秦風・蒹葭・首章》。堂裳將忘《秦風・終南・二章》。桑
行行防《秦風・黃鳥・二章》。裳兵行《秦風・無衣・三章》。
陽黃《秦風・渭陽・首章》。湯上望《陳風・宛丘・首章》。魴
姜《陳風・衡門・二章》。楊牂煌《陳風・東門之楊・首章》。
翔堂傷《檜風・羔裘・二章》。稂京《曹風・下泉・首章》。陽
庚筐行桑《豳風・七月・二章》。桑斨楊桑《豳風・七月・三
章》。黃陽裳《豳風・七月・三章》。霜場饗羊堂觥疆《豳風・
七月・八章》。場行《豳風・東山・二章》。斨皇將《豳風・破
斧・首章》。魴裳《豳風・九罭・首章》。簧將行《小雅・鹿鳴
・首章》。享王疆《小雅・天保・四章》。剛陽《小雅・釆薇・
三章》。方彭央方襄《小雅・出車・三章》。陽傷遑《小雅・杕
杜・首章》。桑楊光疆《小雅・南山有臺・二章》。瀼光爽忘
《小雅・蓼蕭・二章》。臧覘饗《小雅・彤弓・首章》。方陽章
央行《小雅・六月・四章》。鄉央衡玲皇珩《小雅・釆芑・二
章》。央光將《小雅・庭燎・首章》。湯揚行忘《小雅・沔水・
二章》。桑梁明兄《小雅・黃鳥・二章》。祥祥《小雅・斯干・

七章》。牀裳璋喤皇王《小雅・斯干・八章》。霜傷京瘁《小雅
・正月・首章》。行良常臧《小雅・十月之交・二章》。向藏王
向《小雅・十月之交・六章》。盟長《小雅・巧言・三章》。霜
行《小雅・大東・二章》。漿長光襄《小雅・大東・五章》。襄
章箱明庚行《小雅・大東・六章》。揚漿《小雅・大東・七
章》。彭傍將剛方《小雅・北山・三章》。牀行《小雅・北山・
四章》。仰掌《小雅・北山・五章》。將湯傷忘《小雅・鼓鐘・
首章》。蹌羊嘗亨將祊明皇饗慶疆《小雅・楚茨・二章》。將慶
《小雅・楚茨・六章》。亨明皇疆《小雅・信南山・六章》。明
羊方臧慶《小雅・甫田・二章》。梁京倉箱梁慶疆《小雅・甫田
・四章》。泱泱泱《小雅・瞻彼洛矣・一二三章》。黃章章慶
《小雅・裳裳者華・二章》。上恫臧《小雅・頍弁・二章》。仰
行《小雅・車舝・五章》。抗章《小雅・賓之初筵・首章》。良
方讓亡《小雅・角弓・四章》。黃章望《小雅・都人士・首
章》。藏忘《小雅・隰桑・四章》。亨嘗《小雅・匏葉・首
章》。黃傷《小雅・苕之華・首章》。良方讓亡《小雅・何草不
黃・首章》。常京《大雅・文王・五章》。上王方《大雅・大明
・首章》。商京行《大雅・大明・二章》。梁光《大雅・大明・
五章》。王京行王商《大雅・大明・六章》。洋煌彭揚王商明
《大雅・大明・八章》。伉將行《大雅・緜・七章》。王璋《大
雅・棫樸・二章》。章相王方棫樸・《大雅・五章》。兄慶光喪
方《大雅・皇矣・三章》。京疆岡《大雅・皇矣・六章》。陽將
方王《大雅・皇矣・六章》。王方兄《大雅・皇矣・七章》[23]。

---

23 王力《詩經韻讀》云：「今本作兄弟，據《後漢書・伏湛傳》
　　改。」

王京《大雅・下武・首章》。王京《大雅・文王有聲・七章》。
將明《大雅・旣醉・二章》。皇王忘章《大雅・假樂・二章》。
疆綱《大雅・假樂・三章》。康疆倉糧囊光張揚行《大雅・公劉
・首章》。岡京《大雅・公劉・三章》。長岡陽糧陽荒《大雅・
公劉・五章》。長康常《大雅・卷阿・五章》。岡陽《大雅・卷
阿・八章》。康方良明王《大雅・民勞・首章》。明王《大雅・
板・八章》。商商商商商商商《大雅・蕩・二三四五六七八
章》。明卿《大雅・蕩・四章》。商螗羹喪行方《大雅・蕩・六
章》。尙亡《大雅・抑・四章》。章兵方《大雅・抑・四章》。
將往競梗《大雅・桑柔・三章》。王瘁荒蒼《大雅・桑柔・七
章》。疆粻行《大雅・崧高・六章》。將明《大雅・烝民・四
章》。彭鏘方《大雅・烝民・七章》。張王章衡錫《大雅・韓奕
・二章》。彭鏘光《大雅・韓奕・四章》。湯洸方王《大雅・江
漢・二章》。祥亡《大雅・瞻卬・五章》。罔亡罔亡《大雅・瞻
卬・六章》。喪亡荒《大雅・召旻・首章》。荒康康行《周頌・
天作》。方王饗《周頌・我將》。王皇康方明喤將穰《周頌・執
競》。王章陽央鶬光享《周頌・載見》。王忘《周頌・閔予小
子》。將明行《周頌・敬之》。香光《周頌・載芟》。皇黃彭疆
臧《魯頌・駉・首章》。黃明《魯頌・有駜・首章》。皇揚《魯
頌・泮水・六章》。王陽商《魯頌・閟宮・二章》。嘗衡剛將羹
房洋慶昌臧方常《魯頌・閟宮・三章》。嘗將《商頌・那》。疆
衡鶬享將康穰饗疆嘗將《商頌・烈祖》。商芒湯方《商頌・玄
鳥》。商祥芒方疆長將商《商頌・長發・首章》。衡王《商頌・
長發・七章》。鄉湯羌享王常《商頌・殷武・二章》。

　　合韻譜：陽部外合韻字以□表示。

　　陽東合韻譜：

公彊邦功皇忘《周頌・烈文》。

陽談合韻譜：

瞻相臧腸狂《大雅・桑柔・七章》。監嚴濫遑《商頌・殷武・四章》。

第十六部侯部韻譜：《廣韻》侯厚候、虞麌遇。

蔞駒《周南・漢廣・三章》。笱後《邶風・谷風・三章》。姝隅蹰《邶風・靜女・首章》。驅侯《鄘風・載馳・首章》。殳驅《衛風・伯兮・首章》。濡侯渝《鄭風・羔裘・首章》。樞榆婁驅愉《唐風・山有樞・首章》。芻隅逅逅《唐風・綢繆・二章》。駒株《陳風・株林・二章》。朱媾《曹風・候人・二章》。駒濡驅訏《小雅・皇皇者華・二章》。豆飫孺《小雅・常棣・六章》。枸椇耉後《小雅・南山有臺・五章》。餱具《小雅・無羊・二章》。瘉後口口愈侮《小雅・正月・三章》。笱厚《小雅・小弁・八章》。樹數口厚《小雅・巧言・五章》。駒後饇取《小雅・角弓・五章》。隅趨《小雅・⑥蠻・二章》。附後奏侮《大雅・緜・九章》。句鍭樹侮《大雅・行葦・六章》。主醹斗耉《大雅・行葦・七章》。厚主《大雅・卷阿・三章》。渝驅《大雅・板・八章》。隅愚《大雅・抑・首章》。漏覯《大雅・抑・七章》。后後《周頌・雝》。

通韻譜：侯部外通韻字以□表示。

侯屋通韻：

驅續轂罘玉屋曲《秦風・小戎・首章》。奏祿《小雅・楚茨・六章》。裕瘉《小雅・角弓・三章》。木附屬《小雅・角弓・六章》。谷穀垢《大雅・桑柔・十二章》。

侯東通韻：

後鞏後《大雅・瞻卬・七章》。

合韻譜：侯部外合韻字以□表示。

侯幽合韻：

樞趣《大雅·棫樸·首章》。揄蹂叟浮《大雅·生民·七章》。

侯冬合韻：

務戎《小雅·常棣·四章》。

第十七部屋部韻譜：《廣韻》屋、燭、覺。

谷木《周南·葛覃·首章》。谷谷《周南·葛覃·首二章》。角族《周南·麟之趾·三章》。角屋獄獄足《召南·行露·二章》。樕鹿束玉《召南·野有死麕·一章》。束讀讀辱《鄘風·牆有茨·三章》。曲藚玉玉族《魏風·汾沮洳·三章》。屋穀《豳風·七月·七章》。谷木《小雅·伐木·首章》。穀祿足《小雅·天保·二章》。穀玉《小雅·鶴鳴·二章》。谷束玉《小雅·白駒·四章》。穀粟穀族《小雅·黃鳥·首章》。祿僕祿屋《小雅·正月·三章》屋穀祿椓獨《小雅·正月·十三章》。粟獄卜穀《小雅·小宛·五章》。木谷《小雅·小宛·六章》。濁穀《小雅·四月·五章》。渫渥足穀《小雅·信南山·二章》。束獨《小雅·白華·首章》。祿僕《大雅·既醉·七章》。鹿穀谷《大雅·桑柔·九章》。角續《周頌·良耜》。

合韻譜：屋部外合韻字以□表示。

屋幽合韻：

欲孝《大雅·文王有聲·三章》。

屋覺合韻：

綠菊局沐《小雅·采綠·首章》。

第十八部東部韻譜：《廣韻》東董送、鍾腫用、江講絳。

僮公《召南·采蘩·三章》。墉訟訟從《召南·行露·三章》。縫總公《召南・羔羊・三章》。東公同《召南・小星・首章》。蓬貆《召南・騶虞・二章》。葑東庸《鄘風・桑中・三章》。東蓬容《衛風・伯兮・二章》。罦蓬容《王風・兔爰・三章》。控送《鄭風・大叔于田・二章》。松龍充童《鄭風・山有扶蘇・二章》。丰巷送《鄭風・丰・首章》。雙庸庸從《齊風・南山・四章》。葑東從《唐風・采苓・三章》。同功貆公《豳風・七月・四章》。同功《豳風・七月・七章》。東濛《豳風・東山・首章》。東濛《豳風・東山・二章》。東濛《豳風・東山・三章》。東濛《豳風・東山・四章》。顒公《小雅・六月・三章》。攻同龐東《小雅・車攻・首章》。聰饗《小雅・祈父・三章》。傭訩《小雅・節南山・五章》。誦訩邦《小雅・節南山・十章》。從用邛《小雅・小旻・首章》。共邛《小雅・巧言三章》。東空《小雅・大東・二章》。離重《小雅・無將大車・三章》。同邦《小雅・瞻彼洛矣・三章》。同功《小雅・賓之初筵・首章》。蓬邦同從《小雅・采菽・四章》

　　。公恫邦《大雅・思齊・二章》。恭邦共《大雅・皇矣・五章》。衝墉《大雅・皇矣・七章》。樅鏞鐘廱《大雅・靈臺・四章》。鐘廱逢公《大雅・靈臺・五章》。功豐《大雅・文王有聲・二章》。廱東《大雅・文王有聲・六章》。孃嗿《大雅・生民・四章》。邦功《大雅・崧高・三章》。同功《大雅・常武・八章》。訌共邦《大雅・召旻・二章》。離容《周頌・振鷺》。離公《周頌・離》。訩功《魯頌・泮水・六章》。公東庸《魯頌・閟宮・三章》。蒙東邦同從功《魯頌・閟宮・五章》。共厖龍勇動竦總《商頌長發・五章》。

　　合韻譜：東部外合韻字以□表示。

　　東幽合韻：

調同《小雅・車攻・四章》。

東冬合韻：

戎冬同《邶風・旄丘・三章》。濃仲離同《小雅・蓼蕭・四章》。

第十九部宵部韻譜：《廣韻》蕭篠嘯、宵小笑、肴巧效、豪皓號。

藻潦《召南・采蘋・首章》。悄小少摽《邶風・柏舟・三章》。夭勞《邶風・凱風・首章》。旄郊《鄘風・干旄・首章》。敖郊驕鑣朝勞《衛風・碩人・三章》。刀朝《衛風・河廣・二章》。桃瑤《衛風・木瓜・二章》。苗搖《王風・黍離・首章》。消麃喬遙《鄭風・清人・三章》。漂要《鄭風・蘀兮・二章》。倒召《齊風・東方未明・首章》。驕忉《齊風・甫田・首章》。桃殽謠驕《魏風・園有桃・首章》曲勞郊郊號《魏風・碩鼠・三章》。鑣驕《秦風・駟鐵・三章》。巢苕忉《陳風・防有鵲巢・首章》。遙朝忉《檜風・羔裘・首章》。飄嘌弔《檜風・匪風・二章》。膏勞《曹風・下泉・四章》。蒿昭恌傚敖《小雅・鹿鳴・二章》。郊旐旄《小雅・出車・二章》。苗囂旐敖《小雅・車攻・二章》。嗸勞驕《小雅・鴻雁・三章》。曲朝遙《小雅・白駒・首章》。勞囂《小雅・十月之交・七章》。蒿勞《小雅・蓼莪・首章》。號勞《小雅・北山・五章》。刀毛膋《小雅・信南山・五章》。鷮教《小雅・車舝・二章》。教傚《小雅・角弓・二章》。瀌消驕《小雅・角弓・七章》。苗膏勞《小雅・黍苗・首章》。高勞朝《小雅・漸漸之石・首章》。燎勞《大雅・旱麓・五章》。瑤刀《大雅・公劉・二章》。寮囂笑蕘《大雅・板・三章》。苗麃《周頌・載芟》。

通韻譜：宵部外通韻字以□表示。

宵藥通韻：

毛樂《周南・關雎・五章》。暴笑敖悼《邶風・終風・首章》。勞朝暴笑悼《衛風・氓・五章》。膏曜悼《檜風・羔裘・三章》。沼樂炤虐《小雅・正月・十一章》。盜暴《小雅・巧言・三章》。昭樂《大雅・抑・十一章》。藐教虐耄《大雅・抑・十一章》。到樂《大雅・韓奕・五章》。藻蹻蹻昭笑教《魯頌・泮水・二章》。

合韻譜：宵部外合韻字以囗表示。

宵幽合韻：

陶翿敖《王風・君子陽陽・二章》。滔儦敖《齊風・載驅・四章》。皎僚糾悄《陳風・月出・首章》。蔞蜩《豳風・七月・四章》。譙翛翹搖曉《豳風・鴟鴞・四章》。酒殽《小雅・正月・十二章》。休逑�憂休《大雅・民勞・二章》。酒紹《大雅・抑・三章》。糾趙蓼朽茂《周頌・良耜》。

宵之合韻：

呶傲郵《小雅・賓之初筵・四章》。

宵侵合韻：

照僚紹慘《陳風・月出・三章》[24]。

第二十部藥部韻譜：《廣韻》覺、藥、鐸、錫、效。

籧翟爵《邶風・簡兮・二章》。綽較謔虐《衛風・淇奧・三章》。樂謔藥《鄭風・溱洧・首章》。樂謔藥《鄭風・溱洧・二章》。鑿襮沃樂《唐風・揚之水・首章》。櫟駮樂《秦風・晨風・二章》。罩樂《小雅・南有嘉魚・首章》。的爵《小雅・賓之初筵・首章》。沃樂《小雅・隰桑・二章》。濯翯躍《大雅・靈

24　王力《詩經韻讀》據《五經文字》改作懆，則為宵部自韻。

臺・三章》。虐謔蹻謞熇藥《大雅・板・三章》。削爵濯溺《大雅・桑柔・五章》。藐蹻濯《大雅・崧高・四章》。樂樂樂《魯頌・有駜・一二三章》。

第二十一部幽部韻譜：《廣韻》脂旨、蕭篠嘯、宵小笑、肴巧效、豪皓號、尤有宥、侯厚候、幽黝幼。

鳩洲逑《周南・關雎・首章》。流求《周南・關雎・二章》。逑仇《周南・兔罝・二章》。休求《周南・漢廣・首章》。昴裯猶《召南・小星・二章》。包誘《召南・野有死麕・首章》。舟流憂遊《邶風・柏舟・首章》。冒好報《邶風・日月・二章》。手老《邶風・擊鼓・四章》。軌牡《邶風・匏有苦葉・二章》。舟游求救《邶風・谷風・四章》。讎售《邶風・谷風・五章》。滔悠遊憂《邶風・泉水・四章》。埽道道醜《鄘風・牆有茨・首章》。悠漕憂《鄘風・載馳・首章》。檜舟遊憂《衛風・竹竿・四章》。報好《衛風・木瓜・首章》。報好《衛風・木瓜・二章》。報好《衛風・木瓜・三章》。憂求《王風・黍離・首章》。憂求《王風・黍離・二章》。憂求《王風・黍離・三章》。蕭秋《王風・采葛・二章》。好造《鄭風・緇衣・二章》。狩酒酒好《鄭風・叔于田・二章》。鴇首手阜《鄭風・太叔于田・三章》。手魗好《鄭風・遵大路・三章》。酒老好《鄭風・女曰雞鳴・二章》。好報《鄭風・女曰雞鳴・三章》。瀟膠瘳《鄭風・風雨・二章》。茂道牡好《齊風・還・二章》。休慆憂休《唐風・蟋蟀・三章》。栲杻埽考保《唐風・山有樞・二章》。聊條《唐風・椒聊・首章》。襃究好《唐風・羔裘・二章》。周遊《唐風・有杕之杜・二章》。阜手狩《秦風・駟鐵・首章》。收輈《秦風・小戎・首章》。阜手《秦風・小戎・二章》。袍矛仇《秦風・無衣・首章》。簋飽《秦風・權輿・二章》。缶道翿《陳風・宛丘・三章》。茷椒《陳風・東門之枌・三章》。皓懰受慅《陳風・月出・二章》。蕭周《曹風・下泉・二章》。棗稻酒壽《豳風・七月・六章》。茅綯《豳風・七月・七章》。蚤韭《豳風・七月・八章》。銶遒休《豳風・破斧・三章》。褱求《小雅・常棣・二章》。埽篝牡咎《小雅・伐木・四章》。柔憂《小雅・采薇・二章》。栲杻壽茂《小雅・南山有臺・四章》。草考《小雅・湛露・二章》。囊好醻《小雅・彤弓・三章》。舟浮休《小雅・菁菁者莪・四章》。雛猶醜《小雅・采芑・四章》。好阜草狩《小雅・車攻・二章》。戊禡好阜阜醜《小雅・吉日・首章》。苞茂好猶《小雅・斯干・首章》。矛醻《小雅・節南山・八章》。卯醜《小雅・十月之交・首章》。憂休《小雅・十月之交・八章》。流休《小雅・雨無正・五章》。道草擣老首《小雅・小弁・二章》。醻究《小雅・小弁・七章》。好草《小雅・巷伯・五章》。受昊《小雅・巷伯・六章》。酒咎《小雅・北山・六章》。罄洲妯猶《小雅・鼓鐘・三章》。飽首考《小雅・楚茨・六章》。酒牡考《小雅・信南山・五章》。阜好莠《小雅・大田・二章》。觩柔求《小雅・桑扈・四章》。首阜舅《小雅・頍弁・三章》。首酒《小雅・魚藻・首章》。浮流憂《小雅・角弓・八章》。幽膠《小雅・隰桑・三章》。茅猶《小雅・白華・二章》。炮醻《小雅・瓠葉・四章》。首罶飽《小雅・苕之華・三章》。草道《小雅・何草不黃・四章》。臭孚《大雅・文王・七章》。求孚《大雅・下武・二章》。道草茂苞襃秀好《大雅・生民・五章》。曹牢匏《大雅・公劉・四章》。游休酋《大雅・卷阿・二章》。雛報《大雅・抑・六章》。遊騷《大雅・常武・三章》。苞流《大雅・常武・五章》。收瘳《大雅・瞻卬・首章》優憂《大雅・瞻卬・六章》。

牡考《周頌・雝》。壽考《周頌・雝》。造考孝《周頌・閔予小子》。鳥蓼《周頌・小毖》。牡酒《魯頌・有駜・二章》。茆酒酒老道醜《魯頌・泮水・五章》。觩搜《魯頌・泮水・七章》。球旒休綠柔優遒《商頌・長發・四章》。

　　通韻譜：幽部外通韻字以□表示。

　　幽覺通韻：

　　脩歗歗淑《王風・中谷有蓷・二章》。罦造憂覺《王風・兔爰・二章》。軸陶抽好《鄭風・清人・三章》。皓繡鵠憂《唐風・揚之水・二章》。祝究《大雅・蕩・三章》。收篤《周頌・維天之命》。

　　合韻譜：幽部外合韻字以□表示。

　　幽之合韻：

　　造士《大雅・思齊・四章》。有收《大雅・瞻卬・二章》。茂止《大雅・召旻・四章》。止考《周頌・訪落》。紑俅基牛鼐觩柔休《周頌・絲衣》。

　　幽職合韻：

　　好食《唐風・有杕之杜・首章》。好食《唐風・有杕之杜・二章》。

　　幽緝合韻：

　　猶集咎道《小雅・小旻・三章》。

　　第二十二部覺部韻譜：《廣韻》屋、沃、覺、錫、嘯、號、宥。

　　鞠覆育毒《邶風・谷風・五章》。祝六告《鄘風・干旄・三章》。陸軸宿告《衛風・考槃・三章》。告鞠《齊風・南山・三章》。菽篤《唐風・椒聊・二章》。六燠《唐風・無衣・二章》。薁菽《豳風・七月・六章》。陸復宿《豳風・九罭・三章》。蓫宿畜復《小雅・我二章行其野・》。鞠畜育復腹《小雅

・蓼莪・四章》。奧鑒菽宿覆《小雅・小明・三章》。俶告《大
雅・既醉・三章》。迪復毒《大雅・桑柔・十二章》。肅穆《周
頌・雝》。

合韻譜：覺部外合韻字以□表示。

覺職合韻：

穆麥《豳風・七月・七章》。備戒告《小雅・楚茨・五
章》。夙育稷《大雅・生民・首章》。告則《大雅・抑・二
章》。

第二十三部冬部韻譜：《廣韻》東送、冬宋、江講絳。

中宮《召南・采蘩・二章》。蟲螽忡降《召南・草蟲・首
章》。仲宋忡《邶風・擊鼓・二章》。冬窮《邶風・谷風・六
章》。躬中《邶風・式微・二章》。中宮《鄘風・桑中・首
章》。中宮《鄘風・桑中・二章》。中宮《鄘風・桑中・三
章》。中宮《鄘風・定之方中・首章》。蟲螽忡降仲戎《小雅・
出車・五章》。中降《大雅・棫樸・二章》。融終《大雅・既醉
・三章》。瀜宗宗降崇《大雅・鳧鷖・四章》。

合韻譜：冬部外合韻字以□表示。

冬蒸合韻：

中弘躬《大雅・召旻・六章》。

冬侵合韻：

中驂《秦風・小戎・二章》。沖陰《豳風・七月・八章》。
飲宗《大雅・公劉・四章》。諶終《大雅・蕩・首章》。甚蟲宮
宗臨躬《大雅・雲漢・二章》。

第二十四部之部韻譜：《廣韻》脂旨、之止志、皆駭怪、灰
賄隊、咍海代、尤有宥、侯厚候、軫。

采友《周南・關雎・四章》。否母《周南・葛覃・三章》。

采有《周南・芣苢・首章》。趾子《周南・麟之趾・首章》。沚事《召南・采蘩・首章》。子哉《召南・殷其靁・首章》。子哉《召南・殷其靁・二章》。子哉《召南・殷其靁・三章》。汜以以悔《召南・江有汜・首章》。李子《召南・何彼穠矣・二章》。裏已《邶風・綠衣・首章》。絲治訧《邶風・綠衣・三章》。霾來來思《邶風・終風・二章》。思來《邶風・雄雉・三章》。子否否友《邶風・匏有苦葉・四章》。沚以《邶風・谷風・三章》。久以《邶風・旄丘・二章》。子耳《邶風・旄丘・四章》。淇思謀《邶風・泉水・首章》。齒止止俟《鄘風・相鼠・二章》。尤思之《鄘風・載馳・五章》。蚩絲絲謀淇丘期媒期《衛風・氓・首章》。思哉《衛風・氓・六章》。淇思之《衛風・竹竿・首章》。右母《衛風・竹竿・二章》。李玖《衛風・木瓜・三章》。期哉塒來思《王風・君子于役・首章》。涘母母有《王風・葛藟・二章》。李子子玖《王風・丘中有麻・三章》。里杞母《鄭風・將仲子・首章》。洧士《鄭風・褰裳・二章》。晦己喜《鄭風・風雨・三章》。佩思來《鄭風・子衿・二章》。畝母《齊風・南山・三章》。鋂思《齊風・盧令・三章》。哉其之之思《魏風・園有桃・首章》。哉其之之思《魏風・園有桃・二章》。子已止《魏風・陟岵・首章》。屺母《魏風・陟岵・二章》。期之《秦風・小戎・二章》。采己涘右沚《秦風・蒹葭・三章》。梅裘哉《秦風・終南・首章》。思佩《秦風・渭陽・二章》。鯉子《陳風・衡門・三章》。已矣《陳風・墓門・首章》。梅思思騏《曹風・鳲鳩・二章》。耜趾子畝喜《豳風・七月・首章》。狸裘《豳風・七月・四章》。止杞母《小雅・四牡・四章》。騏絲謀《小雅・皇皇者華・三章》。疚來《小雅・采薇・三章》。杞母《小雅・杕杜・三章》。來疚《小雅・杕杜・

四章》。鯉有《小雅・魚麗・三章》。有時《小雅・魚麗・六章》。來又《小雅・南有嘉魚・四章》。臺萊基期《小雅・南山有臺・首章》。杞李母己《小雅・南山有臺・三章》。載喜右《小雅・彤弓・二章》。沚喜《小雅・菁菁者莪・二章》。里子《小雅・六月・二章》。喜祉久友鯉矣友《小雅・六月・六章》。芑畝止止騏《小雅・采芑・首章》。芑止止《小雅・采芑・二章》。有俟友右子《小雅・吉日・三章》。海止友母《小雅・沔水・首章》。士止《小雅・祈父・二章》。思期思《小雅・白駒・三章》。

　　仕子己殆仕《小雅・節南山・四章》。時謀萊矣《小雅・十月之交・五章》。里瘥《小雅・十月之交・八章》。仕殆使子使友《小雅・雨無正・六章》。止否謀《小雅・小旻・五章》。采負似《小雅・小宛・三章》。梓止母裏在《小雅・小弁・三章》。祉己《小雅・巧言・二章》。箕謀《小雅・巷伯・二章》。丘詩之《小雅・巷伯・七章》。杞子事母《小雅・北山・首章》。恥久恃《小雅・蓼莪・二章》。來疚《小雅・大東・二章》。梅尤《小雅・四月・四章》。紀仕有《小雅・四月・六章》。杞子事母《小雅・北山・首章》。止起《小雅・楚茨・五章》。理畝《小雅・信南山・首章》。畝耔薿止士《小雅・甫田・首章》。止子畝喜右否畝有敏《小雅・甫田・三章》。止子畝喜祀《小雅・大田・四章》。右有有似《小雅・裳裳者華・四章》。期思來《小雅・頍弁・二章》。友喜《小雅・車舝・首章》。能又時《小雅・賓之初筵・二章》。否史恥怠《小雅・賓之初筵・五章》。牛哉《小雅・黍苗・二章》。時右《大雅・文王・首章》。己子《大雅・文王・二章》。止子《大雅・文王・四章》。涘止子《大雅・大明・三章》[25]。止右理畝事《大雅・

縣‧四章》。母婦《大雅‧思齊‧首章》。悔祉子《大雅‧皇矣
‧四章》。苣仕謀子《大雅‧文王有聲‧八章》。祀子敏止《大
雅‧生民‧首章》。祀子《大雅‧生民‧二章》。秠苣秠畝苣負
祀《大雅‧生民‧六章》。時祀悔《大雅‧生民‧八章》。時子
《大雅‧既醉‧五章》。士士子《大雅‧既醉‧八章》。紀友士
子《大雅‧假樂‧四章》。理有《大雅‧公劉‧六章》。茲饎子
母《大雅‧泂酌‧首章》。茲子《大雅‧泂酌‧二章》。茲子
《大雅‧泂酌‧三章》。止士使子《大雅‧卷阿‧七章》。時舊
《大雅‧蕩‧七章》。友子《大雅‧抑‧六章》。李止《大雅‧
抑‧八章》。絲基《大雅‧抑‧九章》。子否事耳子《大雅‧抑
‧十章》。子止謀悔《大雅‧抑‧十二章》。里喜忌《大雅‧桑
柔‧十章》。紀宰右止里《大雅‧雲漢‧七章》。子止里《大雅
‧韓奕‧四章》。理海《大雅‧江漢‧三章》。子似祉《大雅‧
江漢‧四章》。子已《大雅‧江漢‧六章》。誨寺《大雅‧瞻卬
‧三章》。里里哉舊《大雅‧召旻‧七章》。牛右《周頌‧我
將》。祀子《周頌‧雝》。祉母《周頌‧雝》。子疚《周頌‧閔
予小子》。之思哉士茲子止《周頌‧敬之》。以婦士耜畝《周頌
‧載芟》。耜畝《周頌‧良耜》。止之思思《周頌‧賚》。駓駓
伾期才《魯頌‧駉‧二章》。始有子《魯頌‧有駜‧三章》。子
祀耳《魯頌‧閟宮‧三章》。喜母士有祉齒《魯頌‧閟宮‧七
章》。有殆子《商頌‧玄鳥》。里止《商頌‧玄鳥》。子士《商
頌‧長發‧七章》。

　　通韻譜：之部外通韻字以☐表示：

25　今本《毛詩》以「文王嘉止，大邦有子。」屬五章，「在洽之陽，
　　在渭之涘。」屬四章，王力以「涘止子」爲之部韻，同屬四章，其
　　說是也。

之職通韻：

異貽《邶風・靜女・三章》。背痗《衛風・伯兮・四章》。牧來載棘《小雅・出車・首章》。止止試《小雅・采芑・三章》。輻載意《小雅・正月・十章》。克富又《小雅・小宛・二章》。載息《小雅・大東・三章》。來服裘試《小雅・大東・四章》。棘稷翼億食祀侑福《小雅・楚茨首章》。戒事耜畝《小雅・大田・首章》。試又《小雅・賓之初筵・五章》。食誨載《小雅・緜蠻・首章》。食誨載《小雅・緜蠻・二章》。食誨載《小雅・緜蠻・三章》。直載翼《大雅・緜・五章》。載備祉福《大雅・旱麓・四章》。圅來囿伏《大雅・靈臺・首章》。字翼《大雅・生民・三章》。子德《大雅・假樂・首章》。式止晦《大雅・蕩・五章》。事式《大雅・崧高・二章》。塞來《大雅・常武・六章》。富忌《大雅・瞻卬・五章》。富時疚茲《大雅・召旻・五章》。鮪鯉祀福《周頌・潛》。

之蒸通韻：

來贈《鄭風・女曰雞鳴・三章》。

第二十五部職部韻譜：《廣韻》志、怪、隊、宥、屋、麥、昔、錫、職、德。

得服側《周南・關雎・三章》。革緎食《召南・羔羊・二章》。側息《召南・殷其雷・二章》。側特慝《邶風・柏舟・二章》。麥北弋《鄘風・桑中・二章》。麥極《鄘風・載馳・五章》。極德《衛風・氓・四章》。側服《衛風・有狐・三章》。麥國國食《王風・丘中有麻・二章》。飾力直《鄭風・羔裘・二章》。食息《鄭風・狡童・二章》。克得得極《齊風・南山・四章》。襋服《魏風・葛屨・首章》。棘食國極《魏風・園有桃・二章》。輻側直穡億特食《魏風・伐檀・二章》。麥德國國直

《魏風・碩鼠・二章》。翼棘稷食極《唐風・鴇羽・二章》。棘域息《唐風・葛生・二章》。棘息息特《秦風・黃鳥・首章》。翼服息《曹風・蜉蝣・二章》。翼服《曹風・候人・二章》。棘忒忒國《曹風・鳲鳩・三章》。克得《豳風・伐柯・首章》。福食德《小雅・天保・五章》。翼服戒棘《小雅・采薇・五章》。棘德《小雅・湛露・三章》。則服《小雅・六月・二章》。翼服服國《小雅・六月・三章》。試翼奭服革《小雅・采芑・首章》。嗇特富異《小雅・我行其野・三章》。翼棘革《小雅・斯干・三章》。特克則得力《小雅・正月・七章》。德國《小雅・雨無正・首章》。蜮得極側《小雅・何人斯・八章》。食北《小雅・巷伯・六章》。德極《小雅・蓼莪・四章》。息國《小雅・北山・四章》。息直福《小雅・小明・五章》。

　　食福式稷敕極億《小雅・楚茨・四章》。翼彧穡食《小雅・信南山・三章》。螣賊《小雅・大田・首章》。黑稷福《小雅・大田・四章》。翼福《小雅・鴛鴦・二章》。棘國《小雅・青蠅・二章》。福德《小雅・賓之初筵・四章》。息瘉極《小雅・菀柳・首章》。翼德《小雅・白華・七章》。側極《小雅・緜蠻・三章》。翼國《大雅・文王・三章》。億服《大雅・文王・四章》。德福《大雅・文王・六章》。翼福國《大雅・大明・三章》。德色革則《大雅・皇矣・七章》。式則《大雅・下武・三章》。德服《大雅・下武・四章》。北服《大雅・文王有聲・六章》。偪嶷食《大雅・生民・四章》。背翼福《大雅・行葦・八章》。德福《大雅・既醉・首章》。福億《大雅・假樂・二章》。翼德翼則《大雅・卷阿・五章》。息國極懠德《大雅・民勞・三章》。克服德力《大雅・蕩・二章》。國德德側《大雅・蕩・四章》。賊則《大雅・抑・八章》。國忒德棘《大雅・抑・

十二章》。稽食《大雅・桑柔・六章》。極背克力《大雅・桑柔・十五章》。德直國《大雅・崧高・七章》。則德《大雅・烝民・首章》。德則色翼式力《大雅・烝民・二章》。棘極《大雅・江漢・三章》。德國《大雅・江漢・六章》。戒國《大雅・常武・首章》。翼克國《大雅・常武・五章》。忒背極慝識織《大雅・瞻卬・四章》。德則《魯頌・泮水・四章》。德服鹹《魯頌・泮水・五章》。稷福麥國穡《魯頌・閟宮・首章》。忒稷《魯頌・閟宮・三章》。熾富背試《魯頌・閟宮・四章》。國福《商頌・殷武・四章》。翼極《商頌・殷武・五章》。

合韻譜：職部外合韻字以☐表示。

職緝合韻：

飭服熾<u>急</u>國《小雅・六月・首章》。式<u>入</u>德《大雅・思齊・四章》。

第二十六部蒸部韻譜：《廣韻》蒸拯證、登等嶝、東送。

薨繩《周南・螽斯・二章》。掤弓《鄭風・大叔于田・三章》。薨夢憎《齊風・雞鳴・三章》。升朋《唐風・椒聊・首章》。興陵增《小雅・天保・三章》。恒升崩承《小雅・天保六章》。陵朋《小雅・菁菁者莪・三章》。陵懲興《小雅・沔水・三章》。蒸雄兢崩肱升《小雅・無羊・四章》。蒸夢勝憎《小雅・正月・四章》。陵懲夢雄《小雅・正月・五章》。騰崩陵懲《小雅・十月之交・三章》。兢冰《小雅・小旻・六章》。兢冰《小雅・小宛・六章》。弓繩《小雅・采綠・三章》。陾薨登馮興勝《大雅・緜・六章》。烝烝烝烝烝烝烝烝《大雅・文王有聲・首二三四五六七八章》。繩承《大雅・抑・六章》。崩騰朋陵《魯頌・閟宮・三章》。勝乘承《商頌・玄鳥》。

合韻譜：蒸部外合韻字以☐表示。

蒸侵合韻：

膺弓騰滕興|音|《秦風・小戎・三章》。|簟寢|興夢《小雅・斯干・六章》。|林|興|心|《大雅・大明・七章》。|林林|冰《大雅・生民・三章》。登升|歆今|《大雅・生民・八章》。夢|懲|《大雅・抑・十一章》。乘滕弓|綅|增膺懲承《魯頌・閟宮・四章》。

第二十七部緝部韻譜：《廣韻》緝、合、洽。

揖蟄《周南・螽斯・三章》。及泣《邶風・燕燕・二章》。濕泣泣及《王風・中谷有蓷・三章》。合軜邑《秦風・小戎・二章》。隰及《小雅・皇皇者華・首章》。合翕《小雅・常棣・七章》。澀濕《小雅・無羊・首章》。集合《大雅・大明・四章》。楫及《大雅・棫樸・三章》。輯洽《大雅・板・二章》。

合韻譜：緝部外合韻字以□表示。

緝怗盍合韻：

|業捷|及《大雅・烝民・七章》。

第二十八部侵部韻譜：《廣韻》侵覃沁、談、鹽、覃、東、忝　。

林心《周南・兔罝・二章》。三今《召南・摽有梅・二章》。風心《邶風・綠衣・四章》。音南心《邶風・燕燕・三章》。南心《邶風・凱風・首章》。音心《邶風・雄雉・二章》。葚耽《衛風・氓・三章》。衿心音《鄭風・子衿・首章》。風林欽《秦風・晨風・首章》。林南林南《陳風・株林・首章》。鬵音《檜風・匪風・三章》。芩琴琴湛心《小雅・鹿鳴・三章》。駸諗《小雅・四牡・五章》。琴湛《小雅・常棣・七章》。音心《小雅・白駒・四章》。風南心《小雅・何人斯・五章》。錦甚《小雅・巷伯・首章》。欽琴音南僭《小雅・鼓鐘・四章》。琴心《小雅・車舝・五章》。林湛《小雅・賓之初筵・

二章》。燬心《小雅・白華・四章》。林心《小雅・白華・六章》。音男《大雅・思齊・首章》。心音《大雅・皇矣・四章》。南音《大雅・卷阿・首章》。僭心《大雅・抑・九章》。風心《大雅・烝民・八章》。深今《大雅・瞻卬・七章》。心南《魯頌・泮水・六章》。林黮音琛金《魯頌・泮水・八章》。

合韻譜：侵部外合韻字以□表示。

侵添談合韻：

蓲儼枕《陳風・澤陂・三章》。

第二十九部怗部韻譜：《廣韻》葉。

葉涉《邶風・匏有苦葉・首章》。

合韻譜：怗部外合韻字以□表示。

怗盍合韻：

葉韘韘甲《衛風・芄蘭・三章》。業捷《小雅・采薇・四章》。葉業《商頌・長發・七章》。

第三十部添部韻譜：《廣韻》覃感、咸、琰、忝。

涵讒《小雅・巧言・二章》。

合韻譜：添部外合韻字以□表示。

添盍合韻：

玷業貶《大雅・召旻・三章》。

第三十一部盍部韻譜：《廣韻》狎、業。

未見

第三十二部談部韻譜：《廣韻》談敢、銜檻、鹽、琰、儼。

檻葵敢《王風・大車・首章》。巖瞻惔談斬監《小雅・節南山・首章》。甘餤《小雅・巧言・三章》。藍襜詹《小雅・采綠・二章》。巖詹《魯頌・閟宮・五章》。

上古韻部依照諧聲系統應為三十二部，《詩經》韻腳於談添、盍怗之分不很明顯，因爲入韻字少故也。

第十五節 古韻三十二部之諧聲表

自段玉裁作《六書音均表》，以諧聲系統分部，始明確指出「同諧聲者必同部」之理，其後諸家莫不踵事增華，於諧聲系統，益爲精密。諧聲字與古韻部關係之密切，原爲不爭之事實，而「同諧聲必同部」之理，又可執簡馭繁，實亦無可置疑。然文字之始作，實遠出三百篇之前，時代既有參差，語音不能無變，則諧聲系統與《詩經》韻語有不合者，亦勢所不免。今爲諧聲表，凡諧聲字與《詩經》韻語有相齟齬者，則仍本之於《詩經》，稽之於《廣韻》，以定其部分，而不全以諧聲爲據。例如"儺"字從難聲，依諧聲在元部，而《詩‧衛風‧竹竿》以韻"左、瑳"，《廣韻》入歌韻，則以"儺"併入歌部。"怛"從旦聲，原在元部，《詩‧小雅‧甫田》以韻"桀"，《廣韻》在曷韻，故以之併入月部。今決定某一具體字之歸部，皆據此定之。如此處理，一則可與《詩經》韻母系統無相違背，減少例外之合韻；二則可見彼此韻部之關聯，以明聲韻之變遷。所爲諧聲表兼承段、孔二氏之例，表其最初聲母，但以《詩經》入韻字爲主。其得聲難明者，則於字下分別注明。

今爲明其諧聲張本，每部諧聲表皆先出《詩經》韻字表，然後再列諧聲表：

第一部歌部

《詩經》韻字表：

皮、紽、蛇、沱、過、歌、爲、何、離、施、河、儀、它、珈、佗、宜、猗、瑳、磨、阿、薖、左、儺、羅、罹、吪、嗟、

加、吹、和、我、多、池、陂、荷、縭、嘉、錡、鯊、椅、莪、
駕、馳、破、羆、訛、瘥、他、扡、禍、可、議、俄、傞、峨、
賀、佐、罝、犧、差、娑、那、地、瓦。

諧聲偏旁表：

皮聲　它聲　咼聲　乙聲　哥聲　為聲　可聲　离聲　也聲
我聲　義聲　加聲　多聲　宜聲　奇聲　麻聲　𠂦聲　左聲　差
聲　儺聲　羅聲　羈聲　垂聲　七聲　化聲　吹聲　禾聲　沙聲
罷聲　罝聲　羲聲　那聲　瓦聲　隋聲　坐聲　果聲　朵聲　貞
聲　崔聲　惢聲　臥聲　戈聲　羸聲　屮聲　叵聲　羇聲　蠡聲
乂聲　麗聲　些聲　徙聲　戲聲　虧聲　危聲

上列諧聲偏旁變入《廣韻》支紙寘、歌哿個、戈果過、麻馬
禡。

第二部月部

《詩經》韻字表：

掇、捋、蕨、惙、說、伐、茷、敗、憩、拜、脫、帨、吠、
闊、厲、揭、羍、邁、衛、害、逝、活、瀎、發、孼、揭、桀、
帶、月、佸、括、渴、葛、艾、歲、達、闕、闥、怛、外、泄、
蹶、肺、晢、偈、閱、雪、役、芾、烈、晣、嘽、舌、秣、愒、
瘵、撮、髮、蠆、世、拔、兌、軷、撥、奪、傑、茇、越、截、
旆、鉞、曷、糵、滅、威、勩、枻、嘒。

諧聲偏旁表：

叕聲　寽聲　厥聲　兌聲　伐聲　犮聲　敗聲　憩聲　拜聲
吠聲　活聲　舌聲　羍聲　蠆聲 [26] 　衛聲　丰聲　害聲 [27] 　折

---

26 《說文》：「蠆、毒蟲也。象形。」按此字醜介切，《字林》他割
　切，玄應他達切，古音皆在月部。《說文》：「邁、遠行也。從
　辵、萬聲。邁或從蠆。」按邁在月部，萬在元部，邁字或體作邁（內

聲　歲聲　發聲　丏聲　曷聲　辥聲　桀聲　厲聲[28]　帶聲　月
聲　乂聲　羍聲（羍隸變作幸）　欮聲　怛聲[29]　外聲　世聲
市聲　雪聲（雪從彗省聲）[30]　役聲　列聲　舌聲（與從昏隸變
之舌異）末聲　祭聲　最聲　蠆聲[31]　喙聲　大聲　丨聲　戉聲
截聲[32]　威聲　泰聲　太聲　貝聲　敗聲　會聲　夬聲　叡聲
最聲　贅聲　毳聲　砅聲　巜聲　介聲　摯聲　制聲　筮聲　祭
聲　彑聲　埶聲　竄聲　戍聲　絕聲　劌聲　孑聲　孓聲　苜聲
陘聲　臬聲　奇聲　歺聲　屮聲　劣聲　弼聲　別聲　乀聲　首
聲　奪聲　粵聲　曰聲　叔聲　刷聲　殺聲　罰聲　剌聲　截聲
叡聲　俐聲　裔聲　取聲　曹聲　昳聲　彗聲　勺聲　熱聲

　　上列諧聲偏旁變入《廣韻》祭、泰、怪、夬、廢、月、曷、
末、轄、黠、屑、薛。

　　萬爲蠆），從蠆聲。疑邁當從蠆聲，非萬聲也。《說文》：「萬、
　　蟲也。從内、象形。」萬、無販切，古音在元部。
27　《說文》：「害、傷也。從宀口，言從家起也。丰聲。」按當增豐
　　聲一偏旁於月部。
28　《說文》：「厝、旱石也。從厂、蠆省聲，厲或不省。」厲力制
　　切，古音在月部，蠆在月部。
29　《說文》：「怛、憯也。從心、旦聲。」按此字得案切又當割切，
　　當以得案切旦聲爲元部，而以當割切怛聲爲月部字，怛字《詩》兩
　　見皆在月部，無入元部者。
30　《說文》：「雪、冰雨說物也。从雨彗聲。」相絕切，古音在月
　　部。《說文》：「彗、埽竹也。從又持甡。篲、彗或從竹。簪、古
　　文彗從竹習。」彗、祥歲切。彗聲在月部，雪聲亦爲月部字。
31　《說文》醜芥切之蠆，俗或作蠆。蠆即蠆字。《說文》另有蠣字云：
　　「蠣、蚌屬，似蠊而大，出海中，今民食之。從蟲萬聲。讀若賴。」
　　力制切，亦在月部，疑此字亦當從蠆聲。蠣今讀與厲同，厲即从蠆
　　聲可證。
32　截《說文》作戳，云：「戳、斷也。從戈雀聲。」此字昨結切，當
　　在月部。

第三部元部

《詩經》韻字表：

轉、卷、選、雁、旦、泮、干、言、泉、歎、孌、管、展、
袢、顏、媛、反、遠、僩、咺、諼、澗、寬、垣、關、漣、遷、
怨、岸、宴、晏、乾、嘆、難、館、粲、園、檀、慢、罕、彥、
爛、餐、墠、阪、薄、願、渙、蕑、還、閒、肩、儇、卝、見、
弁、鬌、貫、亂、閑、廛、貆、旃、然、焉、菅、卷、悁、冠、
樂、博、踐、原、衍、憚、瘨、汕、衍、安、軒、憲、山、幡、霰、
樊、燔、獻、羨、僊、翰、繁、讞、鍛、殘、綣、諫、管、亶、顏、
愆、蕃、宣、番、丸、虔、挺、騸、鮮、筵、嫄、苑、熯。

諧聲偏旁表：

叀聲　專聲　卷聲　巽聲　雁聲　旦聲　半聲　干聲　辛聲
言聲　泉聲　䜌聲　官聲　玨聲　展聲　爰聲　反聲　袁聲　閒
聲　亘聲　間聲　莧聲　寬聲　絲聲[33]　聯聲　連聲　卷聲　夗
聲　宛聲　冤聲　晏聲　安聲　難聲[34]　㐱聲　軎聲　奻聲　亘
聲　曼聲　柬聲　闌聲[35]　吅聲　單聲　原聲　奐聲　厂聲　户
聲　彥聲　燕聲　㷼聲　縣聲　姦聲　宦聲　襄聲　肩聲　卝聲
卵聲　見聲　弁聲　毌聲　𠁥聲　閑聲　廛聲　丹聲　然聲　焉
聲　報聲　善聲　肙聲　冠聲　开聲　書聲　建聲　看聲　侃聲
盥聲　耑聲　短聲　般聲　戔聲　衍聲　山聲　憲聲　番聲　散

33　《說文》：「聯（左無耳旁）、織以絲毋杼也。從絲省、卝聲。卝
　　（古文卵字。）按弭古還切，古音在元部。

34　《說文》：「歎、吟也。謂情有所悅吟歎而歌詠。從欠鸛省聲。」
　　又：「鸛、鸛鳥也。從鳥堇聲。難、鸛或從隹。」又：「堇、黏土
　　也。從黃省從土。」按堇巨斤切，古音在諄部，難那幹切，古音在
　　元部。

35　《說文》：「闌、門遮也。從門柬聲。」洛幹切，古音在元部。

聲 栐聲 膚聲 獻聲 次聲 丸聲 虔聲 繁聲 段聲 延聲
鮮聲 完聲[36] 元聲 寒聲 騫聲 騫聲 繭聲 宀聲 釆聲
縣聲 邊聲 面聲 片聲 煩聲 㸰聲 贊聲 筭聲 算聲 祘
聲 爨聲 羴聲 扇聲 刪聲 幻聲 穿聲 斷聲 雋聲 全聲
前聲 薦聲 臽聲 亂聲 巜聲 厷聲 班聲 幷聲 犬聲 屛
聲 件聲 舛聲 虔聲 麤聲 匙聲 魚魚聲 閞聲 彖聲 妟聲
便聲 樊聲 羨聲

以上諧聲偏旁變入《廣韻》元阮願、寒旱翰、桓緩換、刪潸
諫、山產襉、仙獮線、先銑霰。

第四部脂部

《詩經》韻字表：

萋、喈、體、死、薺、弟、沶、禰、姊、指、禮、妻、姨、
脂、蠐、犀、眉、淒、夷、濟、瀰、偕、比、伙、遲、饑、躋、
蓍、師、祁、鱧、旨、矢、兕、醴、麋、七、砥、履、視、涕、
穉、稽、茨、鴟、階、秭、姼、紕、坻、邇、美、湄、坻、几、
泥、毗、迷、屎、資、階、底、棣、濟、尸、郿、祇、脆。

諧聲偏旁表：

妻聲 皆聲 豊聲 死聲 齊聲 弟聲 禸聲 介聲 爾聲
旨聲 耆聲 夷聲 厶聲 眉聲 比聲 次聲 二聲 几聲 者
聲 師聲 示聲 矢聲 兕聲 米聲 七聲 履聲 氐聲 美聲
尼聲 尸聲 毘聲 禾聲 卟聲 伊聲 犀聲 屖聲 豸聲 黹
聲 豕聲 示聲 黎聲 茲聲

以上諧聲偏旁變入《廣韻》脂旨至、紙、齊薺霽、皆駭怪。

第五部質部

<hr>

36 《說文》：「完、全也。從宀元聲。」完胡官切，在元部，凡元聲
字皆在此部。

《詩經》韻字表：

實、室、袺、襭、肆、棄、七、吉、曀、嚏、日、栗、漆、瑟、疾、穴、即、臺、栗、韠、結、一、垤、窒、至、恤、徹、逸、血、穗、利、泌、設、抑、秩、四、密、戻、挃、櫛、替、畀、屆、肆、懱、四、閟、節、翳、惠。

諧聲偏旁表：

質聲　實聲　至聲　吉聲　肆聲　棄聲　七聲　壹聲　寁聲　日聲　栗聲　桼聲　瑟聲　乙聲　抑聲　必聲　宓聲　悉聲　疾聲　穴聲　八聲　冘聲　屑聲　卪聲　即聲　畢聲　一聲　血聲　徹聲　逸聲　惠聲　利聲　設聲　閉聲　戴聲　致聲　頁聲　自聲　計聲　失聲　匹聲　密聲　戻聲　節聲　替聲　畀聲　屆聲　肆聲　四聲　翳聲　茂聲　丿聲

以上諧聲偏旁變入《廣韻》至、霽、怪、質、櫛、黠、鎋、屑、薛、職。

第六部眞部

《詩經》韻字表：

蓁、人、蘋、濱、淵、身、洵、信、薪、榛、苓、天、零、田、千、姻、命、申、仁、溱、顚、令、鄰、巓、鄰、年、駰、均、詢、親、電、臻、陳、翩、鳶、臣、賢、盡、引、旬、賓、矜、玄、民、新、堅、鈞、旬、塡、泯、瀳、頻、神、典、禋、倩、胤。

諧聲偏旁表：

秦聲　人聲　頻聲　賓聲　㶒聲　身聲　旬聲　信聲　新聲　辛聲　令聲　天聲　田聲　千聲　因聲　令聲　命聲　申聲　電聲　仁聲　眞聲　囟聲　粦聲　年聲　勻聲　陳聲　扁聲　鳶聲　臣聲　臤聲　堅聲　賢聲　叏聲　盡聲[37]　引聲　矜聲　典聲

巠聲　倩聲　民聲　玄聲　丏聲　寅聲　印聲　晉聲　奠聲　庆
聲　闌聲　桑聲

　　以上諧聲偏旁變入《廣韻》眞軫震、諄准稕、臻、先銑霰、
仙獮線、庚梗映、清靜勁、青迥徑。

　　第七部微部

　　《詩經》韻字表：

　　歸、衣、嵬、隤、罍、懷、累、綏、微、飛、靁、違、幾、
頎、畏、晞、崔、唯、悲、火、葦、枚、騑、依、霏、薇、威、
罪、穨、遺、摧、幾、尾、豈、薳、回、壞、推、雷、燬、煒、
維、哀、腓、惟、騤、追、圍、葵、萎。

　　諧聲偏旁表：

　　𠂤聲　追聲　歸聲[38]　衣聲　鬼聲　貴聲　畾聲　靁聲　褱
聲　妥聲　綏聲　攵聲　微聲[39]　飛聲　韋聲　囗聲　纍聲　壘
聲　衰聲　肥聲　乖聲　虫聲　厃聲　卉聲　臾聲　遺聲　幾聲
頎聲[40]　畏聲　希聲　佳聲　崔聲　隹聲　水聲　非聲　火聲
枚聲[41]　威聲　葵聲[42]　哀聲　罪聲　皐聲　穨聲　尾聲　豈

37　《說文》：「盡、器中空也。從皿㲠聲。」又：「㲠、火之餘也。
　　從火聿省。（據段注改）」按當增㲠聲一諧聲偏旁，凡㲠聲字當入
　　此部。

38　《說文》：「歸、女嫁也。從止婦省，𠂤聲。」歸從𠂤聲，古音在
　　微部，當增𠂤聲一諧聲偏旁，歸、追皆從得聲。

39　《說文》：「微、隱行也。從彳攵聲。」又：「攵、眇也。從人從
　　攴，豈省聲。」按微從攵聲，攵又從豈聲，則攵聲、豈聲古音皆在
　　微部，按當增攵聲一諧聲偏旁。

40　《說文》：「頎、頭佳貌。從頁斤聲。」頎渠希切，詩韻在微部，
　　斤在諄部。

41　《說文》：「枚、榦也。從木支，可爲杖也。」

42　《說文》：「葵、冬時水土平，可揆度也。」葵、居誄切，當在微
　　部，王力併入脂部者，殆見〈大雅・板〉五章葵與憯毗迷屍屎資師
　　等脂部韻故也。

聲　回聲　毀聲　委聲　開聲　妃聲　累聲

　　以上諧聲偏旁變入《廣韻》脂旨至、支紙寘、微尾未、皆駭怪、灰賄隊、咍海代。

　　第八部沒部

　　《詩經》韻字表：

　　堲、謂、出、卒、述、遂、悸、棣、橊、醉、瘁、蔚、律、弗、愛、沒、對、妹、渭、季、匱、類、位、溉、懟、內、寐、僾、逮、隧、悖、穟、茀、仡、忽、拂、退。

　　諧聲偏旁表：

　　旡聲　旣聲[43]　胃聲　出聲　卒聲　率聲　兀聲　喬聲　由聲　去聲　尤聲　豙聲　骨聲　帥聲　鬱聲　季聲　隶聲　胃聲　薉聲　崇聲　囟聲　尉聲　器聲　配聲　冀聲　耒聲　叞聲　弗聲　愛聲　气聲　沒聲[44]　對聲　貴聲　穎聲[45]　位聲　內聲　孛聲　退聲　未聲　乞聲　气聲　勿聲　突聲　聿聲　律聲

　　以上諧聲偏旁變入《廣韻》至、未、霽、隊、代、術、物、迄、沒。

　　第九部諄部

　　《詩經》韻字表：

　　詵、振、縉、孫、門、殷、貧、艱、洒、洗、殄、奔、君、

43　《說文》：「旣、小食也。從皂、旡聲。」凡旡聲字當入沒部，按當增旡聲一諧聲偏旁。

44　《說文》：「沒、湛也。從水𠬸聲。」又：「𠬸、入水有所取也。從又在回下。」𠬸莫勃切，古音在沒部。凡從𠬸聲者皆然。按當增𠬸聲一諧聲偏旁。

45　《說文》：「類、種類相似，唯犬爲甚，從犬穎聲。」又：「穎、難曉也。從頁米。」穎、盧對切，穎字當入沒部。按當增穎聲一諧聲偏旁。

隕、滑、昆、聞、惇、璊、順、問、雲、存、巾、員、鰥、輪、
淪、困、鶉、殄、勤、閔、晨、煇、旂、群、犉、先、墐、忍、
云、雰、芹、慍、臺、熏、欣、芬、訓、川、焚、遯、耘、畛、
敦、焞、盼、慇、壼、純、近、錞、訊、塵。

諧聲偏旁表：

先聲　辰聲　昏聲　孫聲　門聲　殷聲　分聲　董聲　西聲
兔聲　㐱聲　奔聲　君聲　員聲　昆聲　享聲　㒼聲　云聲　雲
聲　存聲　罘聲　鰥聲[46]　侖聲　困聲　殄聲　文聲　軍聲　斤
聲　刃聲　盈聲　臺聲　熏聲　川聲　焚聲　豚聲　囷聲　孔聲
壼聲　屯聲　春聲　塵聲　臀聲　困聲　虤聲　閨聲　巾聲　筋
聲　蜄聲　尊聲　肙聲　盾聲　屬聲　ㄣ聲　丨聲　本聲　允聲
㞃聲　奮聲　胤聲　糞聲　賁聲　吻聲　尹聲

以上諧聲偏旁變入《廣韻》微尾未、齊薺霽、灰賄隊、眞軫
震、諄准稕、欣隱焮、文吻問、魂混慁、痕很恨、山產襉、先銑
霰、仙獮線。

第十部支部

《詩經》韻字表：

支、觿、知、斯、枝、提、伎、雌、篪、卑、疧、圭、攜、
祇、解、柴。

諧聲偏旁表：

支聲　巂聲　知聲　斯聲　是聲　此聲　虒聲　卑聲　乀聲
氏聲　圭聲　解聲　只聲　兮聲　厄聲　兒聲　規聲　醯聲　乖
聲　系聲　奚聲　启聲　弭聲　半聲

46　《說文》：「鰥、鰥魚也。從魚罪聲。」鰥古頑切，古音在諄部。
　　《說文》：「罪、目相及也。從目隸省。」罪、徒合切，古音在緝
　　部。疑此字有諄、緝二部之音，諄部宜增罪聲一諧聲偏旁。

以上諧聲偏旁變入《廣韻》支紙寘、齊薺霽、佳蟹卦。

第十一部錫部

《詩經》韻字表：

適、益、謫、簀、錫、璧、甓、鷊、惕、賜、績、帝、易、辟、剔、刺、狄、蹐、脊、蜴、髢、搯、晢、厄、裼。

諧聲偏旁表：

啇聲　適聲　益聲　責聲　易聲　辟聲　鬲聲　臭聲　帝聲　束聲　刺聲　狄聲　脊聲　厄聲　析聲　髢聲　畫聲　辰聲　糸聲　厄聲　秝聲　麻聲　厤聲　彳聲　冊聲　毄聲　冂聲　役聲　覡聲　買聲　廌聲　鬩聲　躑聲　擲聲　鵙聲　迹聲

以上諧聲偏旁變入《廣韻》寘、霽、卦、陌、麥、昔、錫。

第十二部耕部

《詩經》韻字表：

縈、成、丁、城、定、姓、盈、鳴、旌、青、瑩、星、清、聲、庭、名、正、甥、菁、�、苹、笙、平、寧、生、嚶、聘、驚、征、楹、冥、醒、政、領、程、經、聽、爭、潁、屏、營、楨、靈、涇、馨、刑、傾、姓、嬴、霆、禎、敬。

諧聲偏旁表：

縈聲 [47]　成聲　丁聲　定聲　生聲　盈聲　鳴聲　青聲　星聲　毄聲　廷聲　名聲　正聲　平聲　寧聲　賏聲　嬰聲　冂聲　同聲　敬聲　冥聲　呈聲　領聲 [48]　甹聲　巠聲　壬聲　爭

47　《說文》：「縈、收卷也。從糸、熒省聲。」又：「瑩、玉色也。從玉、熒省聲。」又：「營、帀居也。從宮，熒省聲。」又：「熒、屋下鐙燭之光也。从焱冂。」

48　《說文》：「領、項也。从頁、令聲。」按令聲在眞部，今以領聲屬耕部。

聲　頃聲　潁聲　穎聲　熲聲　幸聲　省聲　玨聲　並聲　屏聲
⁴⁹　刑聲 ⁵⁰　形聲　貞聲　呬聲　霝聲　靈聲　嬴聲　井聲　贏
聲　晶聲　觲聲　鼎聲　耿聲　炅聲　辭聲

以上諧聲偏旁變入《廣韻》庚梗敬、耕耿諍、清靜勁、青迴
徑。

第十三部魚部

《詩經》韻字表：

岨、瘏、痡、吁、華、家、楚、馬、筥、釜、下、女、處、
渚、與、車、葭、犯、虞、羽、野、雨、舞、俁、虎、組、邪、
且、狐、烏、虛、旟、都、五、予、瓜、琚、甫、蒲、許、滸、
父、顧、武、舉、所、蘇、閭、荼、蘆、娛、乎、著、素、圃、
瞿、鱮、岵、鼠、黍、怙、苦、禦、渠、餘、輿、鼓、夏、栩、
紓、語、股、宇、戶、壺、苴、樗、夫、圉、稼、據、租、胡、
瑕、鹽、帤、圖、萲、苧、湑、酤、暇、固、除、故、居、塗、
書、寫、旅、午、夞、寡、牙、祖、堵、去、芋、魚、旟、輔、
徒、辜、鋪、土、沮、憮、怒、舍、盱、暑、盧、蒩、虘、祜、
黼、紓、呼、呱、脯、豫、圉、助、茹、胥、訏、嘑、譽、舒、
鋪、緒、虜、浦、稌、瞽、廣、甝、補、據、泝、瞿、椐、訏、
罟、呼、賦、褚、膴。

---

⁴⁹ 《說文》：「屏、遮罩也。從尸、並聲。」《說文》：「並、相從
也。从从、玨聲。」屏必郢切，並府盈切古音在耕部。《說文》：
「玨、平也，象二干對冓，上平也。」玨古賢切，古音在元部。按
當立玨聲一根，屏刑形鈃等字从之，古音在耕部。疑玨形本具元、
耕二部之音。

⁵⁰ 《說文》：「刑、剄也，从刀、玨聲。」「荆、罰辠也。从刀井，
井亦聲。」二字皆戶經切，古音在耕部。凡井聲字皆然，按當增井
聲一諧聲偏旁。

諧聲偏旁表：

且聲　盧聲　助聲　者聲　甫聲　于聲　華聲　家聲　疋聲
楚聲[51]　胥聲　馬聲　居聲　呂聲　父聲　布聲　專聲　下聲
麤聲　及聲　巫聲　凵聲　去聲　鹵聲　兆聲　普聲　女聲　与
聲　與聲[52]　処聲　處聲[53]　車聲　段聲　巴聲　吳聲　虞聲
羽聲　予聲　雨聲　土聲　戶聲　雇聲　所聲　蠱聲　亞聲　賈
聲　步聲　互聲　社聲　兔聲　初聲　毋聲　古聲　奴聲　舞聲
虍聲　虎聲　虛聲　虜聲　膚聲　乎聲　牙聲　瓜聲　烏聲　於
聲　五聲　吾聲　午聲　武聲　穌聲　素聲　眀聲　瞿聲[54]　鼠
聲　黍聲　禹聲　巨聲　余聲　舁聲　輿聲[55]　鼓聲　夏聲　宁
聲　股聲[56]　壺聲　夫聲　圖聲　書聲　旅聲　寡聲　魚聲　魯
聲　徒聲　舍聲　虘聲　盧聲[57]　寫聲　羖聲[58]　圉聲　虞聲
[59]　虜聲　豦聲　如聲　罟聲　賦聲　無聲　无聲

51　《說文》：「楚、叢木。一名荆也。從林、疋聲。」疋聲字在魚
　　部，按當增疋聲一諧聲偏旁。
52　《說文》：「與、黨與也。從舁與。」與余呂切，古音在魚部。
53　《說文》：「處、止也。從夂幾，夂得幾而止也。處、或從虍
　　聲。」處從虍聲，則處字當分立二聲，處聲、虍聲古音皆在魚部。
54　《說文》：「瞿、⑧鷹隼之視也。從隹目（重目），目（重目）亦
　　聲。」瞿九遇切，古音在魚部，按當增目（重目）聲一諧聲偏旁。
55　《說文》：「輿、車輿也。從車、舁聲。」輿以諸切，古音在魚
　　部，舁聲亦在魚部，按當增舁聲一諧聲偏旁。
56　《說文》：「股、髀也。從肉、殳聲。」股公戶切，古音在魚部，
　　而殳聲則在侯部，故股聲應與殳聲分列魚侯二部。
57　《說文》：「盧、飯器也。從皿聲。」盧洛乎切，古音在魚部。
　　又：「盧（下無皿）、缶（上有垂頭）也。從由虍聲。讀若盧
　　同。」盧（下無皿部）洛乎切，古音在魚部，當列盧（下無皿）聲
　　一諧聲偏旁。
58　《說文》：「羖、夏羊牡曰羖。從羊殳聲。」羖公戶切，古音在魚
　　部，殳聲在侯部，故羖聲與殳聲當分列魚侯二部。
59　《說文》：「虞、鐘鼓之柎也。飾爲猛獸，從虍田艸象形，其下

以上諧聲偏旁變入《廣韻》魚語禦、虞麌遇、模姥暮、麻馬禡。

第十四部鐸部

《詩經》韻字表：

莫、濩、綌、斁、露、夜、蓆、作、射、禦、落、若、薄、鞹、夕、碩、獲、澤、戟、穫、貉、駱、度、奕、舄、繹、宅、石、錯、藿、客、閣、橐、惡、踖、炙、庶、格、酢、白、赫、廓、臄、咢、懌、貊、塈、籍、柞、雒、樂、博、逆、諾、柏、尺、昔、恪、愬、路、柘。

諧聲偏旁表：

莫聲　萒聲 [60]　谷聲 [61]　睪聲　席聲 [62]　乍聲　射聲　卸聲　亦聲　夜聲 [63]　薄聲 [64]　郭聲

夕聲　石聲　戟聲　各聲　客聲　若聲　度聲　舄聲　乇聲　宅聲　昔聲　霍聲　炙聲　庶聲　白聲　赫聲　赤聲　百聲　叡聲　塈聲 [65]　博聲　逆聲　屰聲　朔聲　咢聲　隻聲　尺聲

足。鑢、廙或從金彔。廙、篆文廙。」廙聲外當列廙聲，古音均在魚部。

60　《說文》：「萒、規萒，商也。從又持隹。一曰：視遠兒。一曰：萒、度也。彠、萒或從尋，尋亦度也。」萒乙虢切，古音在鐸部。

61　《說文》：「谷、口上阿也。從口上象其理。」按縠聲其虐切，與屋部古祿切縠聲異。

62　《說文》：「席，藉也。禮天子諸侯席有黼繡純飾，從巾，庶省聲。」席祥易切，古音在鐸部，庶聲亦在鐸部。

63　《說文》：「夜、舍也。天下休舍。從夕、亦省聲。」夜羊謝切，古音在鐸部。

64　《說文》：「薄、林薄也。一曰蠶薄。從艸、溥聲。」薄旁各切，古音在鐸部。《說文》：「溥、大也。從水、專聲。」又：「專、布也。從寸、甫聲。」按甫聲、專聲、溥聲皆在魚部，薄聲、博聲在鐸部。

65　《說文》：「叡、溝也。從奴、從穀。讀若郝。塈、叡或從土。」塈呼各切，古音在鐸部。

宗聲　霻聲　乏聲　皀聲　瞿聲　索聲　虱聲　虢聲　惡聲　博
聲

以上諧聲偏旁變入《廣韻》禡、遇、暮、禡、藥、鐸、陌、
麥、昔。

第十五部陽部

《詩經》韻字表：

筐、行、岡、黃、觥、傷、荒、將、廣、泳、永、方、陽、
遑、裳、亡、顙、良、忘、鏜、兵、臧、涼、雱、景、養、襄、
詳、長、唐、鄉、姜、上、彊、兄、堂、京、桑、蟲、狂、湯、
杭、望、梁、簧、房、牆、揚、彭、英、翔、昌、瀼、明、光、
狼、蹌、霜、嘗、常、楊、蒼、央、防、魴、牂、煌、根、庚、
斯、場、饗、羊、疆、皇、享、剛、爽、藏、既、章、衡、瑲、
珩、祥、床、璋、王、痒、向、盟、漿、箱、傍、仰、掌、亨、
祊、慶、粱、倉、泱、怲、抗、張、讓、商、伉、喪、綱、康、
糧、囊、卬、卿、螗、羹、往、競、梗、粻、鏘、錫、洸、喤、
穰、鶬、香、洋、腸。

諧聲偏旁表：

圭聲　匩聲　尪聲　行聲　岡聲　光聲　黃聲　廣聲　易聲
宂聲　爿聲　永聲　皇聲　亡聲　良聲　喪聲　強聲　量聲　网
聲　罔聲　囧聲　象聲　皿聲　並聲　弜聲　向聲　尚聲　兵聲
臧聲　京聲　羊聲　襄聲　長聲　庚聲　唐聲　康聲　皀聲　鄉
聲　卿聲　畺聲　兄聲　桑聲　秉聲　丈聲　杏聲　上聲　誩聲

---

66 《說文》：「匩、飲器筐也。從匚、圭聲。」去王切，古音在陽
　　部。《說文》：「圭、艸木妄生也。從之在土上。讀若皇。」戶光
　　切，古音在陽部。當增圭聲一諧聲偏旁。

競聲　嶜聲　竟聲　匠聲　狂聲[67]　亢聲　望聲[68]　刃聲　枊
聲　梁聲[69]　彭聲　央聲　昌聲　明聲　倉聲　相聲　享聲　王
聲　爽聲　衡聲[70]　章聲　啇聲　印聲　慶聲　丙聲　亨聲　囊
聲　艸聲　葬聲　网聲　羹聲　往聲[71]　更聲　香聲　匚聲　方
聲

以上諧聲偏旁變入《廣韻》陽養漾、唐蕩宕、庚梗映。

第十六部侯部

《詩經》韻字表：

婁、駒、笱、後、姝、隅、躕、驅、侯、叟、濡、渝、樞、
榆、婁、愉、芻、逅、株、味、媾、濡、諏、豆、飫、孺、枸、
楰、者、餱、具、愈、口、愈、侮、主、醹、斗、厚、愚、漏、
覯、后、趣、揄、務、鼻、附、奏、垢。

諧聲偏旁表：

婁聲　句聲[72]　後聲　朱聲　禺聲　豈聲　尌聲　廚聲[73]
區聲　侯聲　几聲　叟聲　需聲　兪聲　芻聲　兜聲　頪聲　須

67　《說文》：「狂、狾犬也。從犬、㞷聲。」巨王切，古音在陽部。
68　《說文》：「望、月滿與日相望以朝君也。從月、從壬，壬、朝廷
　　也。」無放切，古音在陽部。
69　《說文》：「梁、水橋也。從木、從水，刃聲。」呂張切，古音在
　　陽部。《說文》：「刃、傷也。從刃、從一。創，或從刀倉聲。」
　　楚良切，古音在陽部。當增刃聲一諧聲偏旁。
70　《說文》：「衡、牛觸橫大木。從角大，行聲。」戶庚切，古音在
　　陽部。
71　《說文》：「往、之也。從彳，㞷聲。」于兩切，古音在陽部。
72　《說文》：「句、曲也。從口、丩聲。」古侯切，古音在侯部。
　　《說文》：「丩，相糾繚也。一曰：瓜瓠結丩起。象形。」居虯
　　切，古音在幽部。
73　《說文》：「廚、庖屋也。從广、尌聲。」直誅切，古音在侯部。
　　《說文》：「尌、立也。从壴从寸持之也。讀若駐。」常句切，古
　　音在侯部。當增尌聲一諧聲偏旁。

聲　│聲　主聲　乳聲　走聲　戍聲　扁聲　漏聲　寇聲　后聲
冓聲　取聲　豆聲　飫聲　臾聲　具聲　口聲　侮聲　斗聲　厚
聲　敄聲　務聲　畁聲　付聲　晝聲　鬥聲　陋聲　奏聲

以上諧聲偏旁變入《廣韻》侯厚候、虞麌遇。

第十七部屋部

《詩經》韻字表：

谷、木、角、族、屋、獄、足、㯠、鹿、束、玉、讀、辱、
曲、賣、穀、祿、粟、僕、椓、獨、卜、濁、淥、渥、續、欲、
局、沐、裕、屬。

諧聲偏旁表：

谷聲　木聲　沐聲　角聲　族聲　屋聲　獄聲　足聲　敕聲
束聲　鹿聲　玉聲　賣聲　讀聲　玨聲　辱聲　曲聲　穀聲　殼
聲　彔聲　粟聲　羑聲[74]　豕聲　蜀聲　屬聲　卜聲　局聲　禿
聲　丁聲

以上諧聲偏變入《廣韻》候、遇、屋、燭、覺。

第十八部東部

《詩經》韻字表：

僮、公、墉、訟、從、縫、總、東、同、蓬、狨、葑、庸、
容、罿、凶、聰、控、送、松、龍、充、童、丰、巷、雙、功、
濛、顒、攻、龐、饔、傭、訩、誦、邦、邛、共、離、重、恫、
恭、衝、樅、鏞、鍾、巃、逢、豐、懞、唪、江、蒙、厖、勇、
動、竦。

諧聲偏旁表：

74　《說文》：「僕、給事者。从人从羑，羑亦聲。」蒲沃切，古音在
　　屋部。《說文》：「羑、瀆羑也。从丵、从廾，廾亦聲。」蒲沃
　　切。古音在屋部。當增羑聲一諧聲偏旁。

童聲　重聲　東聲　公聲　翁聲　庸聲　甬聲　用聲　從聲
从聲　工聲　空聲　恖聲　囪聲　叢聲　茸聲　舂聲　嵩聲　尨
聲　厖聲　孔聲　冗聲　廾聲　弄聲　冢聲　蒙聲　同聲　封聲
容聲　凶聲　送聲　松聲　龐聲　龍聲　充聲　丰聲　邦聲 [75]
夆聲　逢聲　豐聲　巷聲　共聲　雙聲　顒聲 [76]　雍聲　雝聲
邕聲　奉聲　竦聲 [77]　䡄聲

以上諧聲偏旁變入《廣韻》東董送、鍾腫用、江講絳。

第十九部宵部

《詩經》韻字表：

藻、潦、悄、小、少、摽、夭、勞、旐、郊、敖、驕、鑣、
朝、刀、桃、瑤、苗、搖、消、麃、喬、遙、漂、要、倒、召、
忉、殽、謠、號、巢、苕、飄、嘌、弔、膏、蒿、昭、恌、傚、
旄、囂、嗸、毛、脨、鷮、教、瀌、燎、寮、笑、蕘、芼、沼、
炤、盜、犥、到、皎、僚、蔞、譙、翹、曉、恍、紹、趙、吆、
照。

諧聲偏旁表：

枭聲　尞聲　肖聲　小聲　少聲　票聲　夭聲　勞聲 [78]　毛
聲　交聲　敖聲　喬聲　麃聲　朝聲　䍃聲　要聲　到聲　召聲
刀聲　肴聲　號聲　号聲　巢聲　弔聲　高聲　兆聲　囂聲　脨

75　《說文》：「邦、國也。从邑、丰聲。」博江切，古音在東部。
　　《說文》：「丰、艸盛丰丰也。从生上下達也。」敷容切，古音在
　　東部，當增豐聲一諧聲偏旁。
76　《說文》：「顒、大頭也。从頁、禺聲。」魚容切，古音在東部。
　　按顒从禺聲，而禺聲在侯部。
77　《說文》：「竦、敬也。从立从束，束、自申束也。」息拱切，古
　　音在東部。
78　《說文》：「勞、刻也。从力、熒省，熒、火燒冂也。」魯刀切，
　　古音在宵部。

聲 [79] 教聲 笑聲 堯聲 盜聲 焦聲 㛈聲 [80] 呶聲 [81] 県
聲 苗聲 爻聲 垚聲 梟聲 姦聲 詧聲 晶聲 料聲 攲聲
表聲 受聲 皀聲 厲聲 淼聲 杳聲 窅聲 晶聲 㘓聲 鬧
聲 顥聲 杲聲 本聲

以上諧聲偏旁變入《廣韻》蕭筱嘯、宵小笑、肴巧效、豪晧
號。

第二十部藥部

《詩經》韻字表：

鑠、翟、爵、綽、較、謔、虐、樂、藥、鑿、襮、沃、櫟、
駁、罩、的、濯、翯、躍、蹻、熇、削、溺、藐、暴、焯、曜。

諧聲偏旁表：

龠聲 翟聲 爵聲 卓聲 較聲 [82] 虐聲 樂聲 丵聲 鑿
聲 暴聲 沃聲 [83] 駁聲 [84] 翯聲 [85] 蹻聲 [86] 削聲 [87] 弱聲

---

79 《說文》：「膋、牛腸脂也。从肉、尞聲。脨、膋或从勞省聲。」
洛蕭切，古音在宵部。

80 《說文》：「㛈、亂也。从心、奴聲。」女交切，古音在宵部。奴
聲在魚部，而㛈聲在宵部。

81 《說文》：「呶、讙聲也。从口、奴聲。」女交切，古音在宵部。
奴聲在魚部，而呶聲在宵部。

82 《說文》無較字，《廣韻聲系》交聲，古岳切又古孝切，按交聲在
宵部，較聲在藥部。

83 《說文》：「沃、溉灌也。从水、芺聲。」烏酷切，隸作沃。《說
文》：「芺、艸也。味苦，江南食之以下氣。从艸、夭聲。」烏酷
切。按夭聲在宵部，芺聲、沃聲在藥部。

84 《說文》：「駁、駁獸，如馬倨牙，食虎豹。从馬、交聲。」北角
切，按交聲在宵部，駁聲在藥部。

85 《說文》：「翯、鳥白肥澤皃。从羽、高聲。」胡角切，高聲在宵
部，翯聲在藥部。

86 《說文》：「蹻、舉足小高也。从足、喬聲。」丘消切，大徐居勺
切，按喬聲在宵部，蹻聲在藥部。按蹻字《廣韻》共有五音，下平
四宵巨嬌切，又去遙切；上聲三十小居夭切；入聲十八藥居勺切，

勺聲　的聲　兒聲　貇聲　須聲　蔜聲[88]　崔聲　敫聲　鱻聲
雀聲　尿聲

以上諧聲偏旁變入《廣韻》笑、效、號、覺、藥、鐸。

第二十一部幽部

《詩經》韻字表：

鳩、洲、述、流、求、逑、仇、休、昴、裯、猶、包、誘、
舟、憂、游、冒、好、報、手、老、軌、牡、遊、救、雛、售、
漕、悠、埽、道、醜、淲、蕭、秋、造、狩、酒、鎬、首、阜、
魗、瀟、膠、瘳、茂、慆、栲、杻、考、保、聊、條、褒、究、
周、收、輈、袍、矛、簋、飽、缶、翺、茠、椒、皓、懰、受、
慅、棗、稻、壽、茅、絿、韭、鍭、遒、裒、舅、咎、柔、草、
囊、醻、浮、擣、昊、罄、妯、戊、禱、苞、夘、皁、莠、獒、
幽、炮、罶、臭、孚、秀、曹、牢、匏、酋、寶、騷、孝、鳥、
蓼、茆、囚、搜、球、旒、脩、翠、陶、俅、糾、蜩、朽、調、
樛、蹂、叟。

諧聲偏旁表：

又其虐切。疑蹻字本有宵部與藥部二部之音。在《詩經》中與宵部
相韻者爲宵部字，與藥部相韻者爲藥部字。

87　《說文》：「削、鞞也。从刀、肖聲。」息約切，按肖聲在宵部，
削聲在藥部。

88　《說文》：「蔜、芘艸也。从艸、須聲。」莫覺切。段注：「古多
借用爲眇字，如說大人則藐之，及凡言藐藐者皆是。」《說文》：
「兒、頌儀也。从儿、白象面形。須、兒或从頁豹省聲。貇、籀文
兒从豸。」莫教切。《說文》：「豹、似虎圜文，从豸、勺聲。」
北教切。《說文》：「勺，枓也，所以挹取也，象形，中有實，與
包同意。」時灼切。按蔜說文作蔜，从艸、須聲，須、籀文作貇，
是蔜蔜一字。蔜須豹皆从勺聲，貇或作須，則當增勺聲、兒聲二諧
聲偏旁。

九聲　州聲　求聲　流聲　逵聲[89]　休聲　卯聲　周聲　酋
聲　包聲　秀聲　舟聲　悉聲　憂聲　彡聲　勹聲　采聲　彪聲
卤聲　麀聲　牟聲　搜聲　夔聲　丣聲　宎聲　爪聲　汓聲　斿
聲　游聲　冒聲　好聲　報聲　軌聲[90]　牡聲[91]　讎聲[92]　雔
聲　售聲　曹聲　攸聲　帚聲　道聲[93]　酉聲　蕭聲[94]　秋聲[95]
鯀聲　造聲[96]　守聲　酒聲　早聲　首聲　阜聲　壽聲　翏聲
戊聲　臽聲　考聲　丑聲　保聲　丣聲　褎聲　丩聲　收聲[97]
包聲　矛聲　簋聲　缶聲　椒聲[98]　皓聲[99]　劉聲　受聲　叉

---

[89] 說文》:「馗、九達道也。似龜背，故謂之馗。从九首。逵、馗或从辵坴，馗、高也，故从坴。」渠追切，馗逵古音皆在幽部。

[90] 《說文》:「軌、車徹也。从車、九聲。」居洧切，古音在幽部。

[91] 《說文》:「牡、畜父也。从牛、土聲。」莫厚切，按土聲在魚部，牡聲在幽部。

[92] 《說文》:「讎、猶應也。从言，雔聲。」市流切。《說文》:「雔、雙鳥也。从二隹。讀若醻。」市流切。按讎、雔古音皆在幽部。當增雔聲一諧聲偏旁。

[93] 《說文》:「道、所行道也。从辵首。」徒皓切，古音在幽部。

[94] 《說文》:「蕭、艾蒿也。从艸、肅聲。」蘇雕切。按肅聲在覺部，蕭聲在幽部。

[95] 《說文》:「秋、禾穀熟也。从禾、龜（下有火）省聲。龜（下有火）、籀文不省。」《說文》:「龜（下有火）、灼龜不兆也。从龜火。春秋傳曰：卜戰龜龜（下有火）不兆。讀若焦。」即消切，古音在幽部。當增龜（下有火）聲一諧聲偏旁。

[96] 《說文》:「造、就也。从辵、告聲。」七到切。按告聲在覺部，造聲在幽部。

[97] 《說文》:「收、捕也。从攴、丩聲。」式州切，古音在幽部。當增丩聲一諧聲偏旁。

[98] 說文》無椒字，《廣韻聲系》以為从叔聲，並云:「即消切，木名。《爾雅》云:椴、大椒。又椒樧醜，莍，莍實也。應劭《漢官儀》曰：皇后稱椒房，以椒塗壁，取其溫也。又山巔，亦姓，楚有大夫椒舉。莍、上同。」《說文》:「茮、卡莍也。从艸、卡聲。」子寮切。按未叔在覺部，茮椒在幽部。

聲　蚤聲　棗聲　匋聲　韭聲　裒聲[100]　臼聲　舅聲　咎聲
早聲　孚聲　昊聲　由聲　阜聲　幽聲　丝聲　留聲　臭聲　秀
聲　棘聲　曹聲　牢聲　孝聲　鳥聲　囚聲　叟聲　旒聲[101]
丂聲　柔聲　手聲　老聲　帚聲　呆聲　肘聲　艸聲　夰聲　牖
聲　月聲　卯聲　討聲　幼聲　獸聲　殷聲　皋聲　幺聲　卤聲
　　　以上諧聲偏旁變入《廣韻》脂旨至、蕭筱嘯、宵小笑、肴巧
效、豪晧號、尤有宥、侯厚候、幽黝幼。

第二十二部覺部

《詩經》韻字表：

鞫、覆、育、毒、祝、六、告、陸、軸、宿、鞠、菊、篤、
燠、奧、菽、復、畜、腹、奧、蹙、戚、俶、迪、蕭、穆、夙、
歗、淑、覺、繡、鵠。

諧聲偏旁表：

竹聲　敊聲　鞠聲[102]　复聲　復聲[103]　育聲　毒聲　祝聲
六聲　告聲　坴聲　稑聲　軸聲[104]　侴聲　宿聲　目聲　鬱聲

99　《說文》：「晧、日出皃。从日、告聲。」胡老切。按告聲在覺
　　部，晧聲在幽部。
100　《說文》無裒字當从臼得聲，臼在幽部，故當增臼聲一諧聲偏旁。
101　《說文》：「游、旌旗之流也。从㫃、汓聲，遊、古文游。」以周
　　切，古音在幽部。段注云：「流、宋刊本皆同，《集韻》《類篇》乃
　　作旒，俗字耳。……此字省作斿，俗作旒。」按段注則旒者乃流與
　　游之俗字，當增汓聲、游聲二諧聲偏旁。
102　《說文》：「敊、窮治辠人也。从羍人言，竹聲。敊或省言。」居
　　六切，古音在覺部。段注：「按此字隸作鞠，經典從之。」按段注
　　則當補竹聲、敊聲二諧聲偏旁。
103　《說文》：「復、往來也。从彳、复聲。」房六切，古音在覺部。
　　按當補复聲一諧聲偏旁。
104　《說文》：「軸、所以持輪也。从車、由聲。」直六切，古音在覺
　　部。按由聲在幽部，軸聲在覺部。

粥聲　就聲　昱聲　穆聲　迪聲　滌聲　匊聲　篤聲[105]　奧聲
尗聲　叔聲　逐聲　畜聲　戚聲[106]　迪聲[107]　蕭聲　廖聲　穆
聲　臼聲　學聲　覺聲[108]　孰聲　肉聲　夙聲

以上諧聲偏旁變入《廣韻》嘯、號、宥、屋、沃、覺、錫。

第二十三部冬部

《詩經》韻字表：

中、宮、蟲、螽、忡、降、仲、宋、冬、窮、躬、戎、濃、
宗、崇、沖、終、濃。

諧聲偏旁表：

中聲　宮聲　躬聲　窮聲　蟲聲　融聲　冬聲　夅聲　降聲
[109]　宋聲　衆聲　宗聲　戎聲　農聲　肜聲

以上諧聲偏旁變入《廣韻》東送、冬宋、江講絳。

第二十四部之部

《詩經》韻字表：

采、友、否、母、有、趾、子、沚、事、哉、汜、以、悔、
李、裏、已、絲、治、試、霾、來、思、久、耳、淇、謀、齒、

---

105 《說文》：「篤、馬行頓遲也。从馬、竹聲。」冬毒切，古音在覺部。

106 《說文》：「戚、戉也。从戊、尗聲。」倉歷切，古音在覺部，當增尗聲一諧聲偏旁。

107 《說文》：「迪、道也。从辵、由聲。」徒歷切，按由聲在幽部，迪聲在覺部。

108 《說文》：「覺、悟也。从見、學省聲。」古嶽切。《說文》：「斆、覺悟也。从教冂，冂、尚蒙也。臼聲。學、篆文斆省。」胡覺切。古音在覺部。按當補臼聲、學聲二諧聲偏旁。

109 《說文》：「降、下也。从阜、夅聲。」古巷切。《說文》：「夅、服也。从夂屮相承不敢並也。」下江切，古音在冬部。按當補夅聲一諧聲偏旁。

止、俟、尤、蚩、丘、期、媒、右、玖、塒、洟、里、杞、洧、
士、晦、喜、佩、欿、錤、偲、屺、梅、裘、鯉、騏、耔、狸、
疚、時、臺、萊、基、己、載、芑、海、殆、仕、矣、痗、使、
負、似、梓、在、祉、詩、之、恥、恃、紀、起、耔、薿、敏、
能、怠、婦、秠、茲、饎、舊、忌、宰、理、誨、寺、駸、伾、
貽、侑、又、鮪、紑、基、牛、鼏、儗、郵、龜。

諧聲偏旁表：

采聲　友聲　不聲　否聲[110]　母聲　又聲　有聲[111]　止聲
子聲　事聲　才聲　𢦏聲　哉聲[112]　載聲　已聲　以聲　每聲
李聲　里聲　已聲　己聲　絲聲　目聲　台聲　矣聲　尤聲　狸
聲　來聲　思聲　久聲　耳聲　其聲　箕聲　某聲　𡳄聲　之聲
寺聲　時聲　丘聲　右聲[113]　臣聲　椉聲　厘聲　而聲　丌聲
牛聲　災聲　甾聲　辭聲　司聲　灰聲　亥聲　喜聲　佩聲　欿
聲　裘聲[114]　臺聲　士聲　史聲　吏聲　負聲　梓聲　宰聲
在聲　恥聲　疑聲　敏聲[115]　能聲　婦聲　丕聲　茲聲　舊聲
[116]　郵聲　龜聲　啚聲　再聲　乃聲　音聲

---

110 《說文》：「否、不也。从口不，不亦聲。」方久切，古音在之
　　部。
111 《說文》：「有、不宜有也。从月又聲。」雲九切，又聲、有聲皆
　　在古韻之部。
112 《說文》：「哉、言之閒也。从口、𢦏聲。」將來切。《說文》：
　　「𢦏、傷也。从戈、才聲。」祖才切。才聲、𢦏聲、哉聲古音皆在
　　之部，當補才聲、𢦏聲二諧聲偏旁。
113 《說文》：「右、助也。从口又。」於救切。古音在之部。
114 《說文》：「裘、皮衣也。从衣象形。求、古文裘。」巨鳩切。按
　　求聲在幽部，裘聲在之部。
115 《說文》：「敏、疾也。从攴、每聲。」眉殞切。古音在之部。
116 《說文》：「舊、鴟舊，舊留也。从萑、臼聲。」巨救切，按臼聲
　　在幽部，舊聲在之部。

　　以上諧聲偏旁變入《廣韻》脂旨至、之止志、皆駭怪、灰賄隊、咍海代、尤有宥、侯厚候、軫。

　　第二十五部職部

　　《詩經》韻字表：

　　得、服、側、革、緎、食、息、特、麜、麥、北、弋、極、德、國、飾、力、直、克、襋、棘、輻、穡、億、翼、稷、域、忒、福、戒、試、奭、菖、富、異、蟘、勑、或、塍、賊、黑、曎、色、則、式、匐、嶷、背、識、織、餩、熾、飭、備、減、牧、意、亟、囿、伏、塞、滕。

　　諧聲偏旁表：

　　旱聲　㝵聲　得聲[117]　㞎聲　則聲　革聲　或聲　食聲飾聲[118]　飭聲[119]　息聲　特聲[120]　麜聲　麥聲　北聲　弋聲亟聲　恵聲　力聲　直聲　克聲　棘聲　畐聲　嗇聲　穡聲[121]意聲　翼聲　畟聲　稷聲[122]　戒聲　式聲　畐聲　奭聲[123]　異

117　《說文》：「得、行有所㝵也。从彳、㝵聲。旱、古文省彳。」多則切，按當補㝵聲、㝵聲二諧聲偏旁。

118　《說文》：「飾、㕛也。从巾、从人、从食聲。」賞職切，古音在職部。

119　《說文》：「飭、致臤也。从人力，食聲。」恥力切，古音在職部。

120　《說文》：「特、特牛也。从牛、寺聲。」徒得切，按寺聲在之部，特聲在職部。

121　《說文》：「穡、穀可收曰穡，从禾、嗇聲。」所力切。按當增嗇聲一諧聲偏旁。

122　《說文》：「稷、穧也。从禾、畟聲。」子力切，按當增畟聲一諧聲偏旁。

123　《說文》：「奭、盛也。从大、从皕，皕亦聲。」詩亦切，古音在職部，按當增皕聲一諧聲偏旁。

聲　勑聲 [124]　或聲 [125]　黑聲　墨聲　匿聲　色聲　嶷聲 [126]
賊聲　戠聲　葡聲　備聲 [127]　牧聲　囿聲 [128]　伏聲　塞聲　圣
聲　埶聲　仄聲　矢聲　敕聲　茍聲　毒聲　鬱聲　服聲　朕聲

　　以上諧聲偏旁變入《廣韻》志、怪、隊、宥、屋、麥、昔、
職、德。

　　第二十六部蒸部

　　《詩經》韻字表：

　　薨、繩、掤、弓、夢、憎、升、朋、興、陵、增、恒、崩、
承、懲、蒸、雄、兢、肱、勝、騰、冰、陾、登、馮、烝、膺、
縢、乘、弘、贈。

　　諧聲偏旁表：

　　曾聲　薨聲 [129]　蠅聲　繩聲　朋聲　弓聲　夢聲　曾聲
升聲　興聲　夌聲　亙聲　恒聲 [130]　承聲　征聲　丞聲　烝聲 [131]

124　《說文》：「勑、勞也。从力、來聲。」洛代切，按來在之部，勑
　　在職部。
125　《說文》：「或、水流皃。从巛、或聲。」于逼切，古音在職部。
126　《說文》：「嶷、九嶷山也。从山、疑聲。」語其切，按《廣韻》
　　嶷魚力切，訓岐嶷，引《詩》「克岐克嶷。」疑聲在之部，嶷聲據
　　《廣韻》入職部。
127　《說文》：「備、慎也。从人、葡聲。」平秘切，古音在職部，按
　　當增葡聲一諧聲偏旁。
128　《說文》：「囿、苑有垣也。从口、有聲。」於救切，按有聲在之
　　部，囿聲在職部。
129　《說文》：「薨、公侯猝也。从死、瞢省聲。」呼肱切，古音在蒸
　　部，當增瞢聲一諧聲偏旁。
130　《說文》：「恒、常也。从心舟在二之間上下，心以舟施恒也。」
　　《廣韻》胡登切，古音在蒸部。
131　《說文》：「烝、火氣上行也。从火、丞聲。」煮仍切，按當增丞
　　聲一諧聲偏旁。

乁聲　厷聲　雄聲　肱聲　兢聲　夰聲　朕聲　勝聲[132]　騰聲
冰聲　陾聲[133]　登聲　夆聲　馮聲[134]　雁聲　膺聲[135]鷹聲
應聲　滕聲　乘聲　弘聲　凝聲　再聲　稱聲　凭聲　仍聲
　　肯聲　孕聲

以上諧聲偏旁變入《廣韻》蒸拯證、登等嶝、東送。

第二十七部緝部

《詩經》韻字表：

揖、蟄、及、泣、濕、合、軜、邑、隰、翕、洩、集、楫、
輯、洽、急、入。

諧聲偏旁表：

咠聲　執聲　及聲　立聲　㚹聲　㬎聲　濕聲[136]　合聲
軜聲[137]　邑聲　隰聲[138]　集聲　急聲　入聲　十聲　亼聲　習
聲　廿聲　牽聲　丿聲　皀聲　龖聲　遝聲　迭聲　卅聲　龘聲

---

132 《說文》：「勝、任也。从力、朕聲。」識蒸切。按當增朕聲一諧
　　聲偏旁。

133 《說文》：「陾、築牆聲也。从阜、耎聲。」如乘切，按耎聲在元
　　部，陾聲在蒸部。

134 《說文》：「馮、馬行疾也。从馬、夆聲。」皮冰切。按當增夆聲
　　一諧聲偏旁。

135 《說文》：「膺、匈也。从肉、雁聲。」於陵切。《說文》：
　　「雁、雁鳥也。从隹、从人。瘖省聲。」按瘖聲在侵部，雁膺聲在
　　蒸部。當增雁一諧聲偏旁。

136 《說文》：「濕、濕水出東郡東武門入海，从水㬎聲。」它合切。
　　《說文》：「㬎、衆微杪也。从日中視絲。古文以爲顯字。或曰衆
　　口皃。讀若唫唫。或以爲繭，繭者，絮中往往有小繭也。」按㬎字
　　有呼典、古典、巨錦、五合四音，分屬元、侵、緝三部，而濕字僅
　　入緝部。當增㬎聲一諧聲偏旁。

137 《說文》：「軜、驂馬內轡系在前者。从車內聲。」奴荅切，按內
　　在沒部，軜在緝部。

138 《說文》：「隰、阪下濕也。从阜、㬎聲。」似入切。按㬎在元、
　　侵、緝三部，而隰在緝部。

澀聲

以上諧聲偏旁變入《廣韻》緝、合、洽。

第二十八部侵部

《詩經》韻字表：

林、心、三、今、風、音、南、甚、耽、衿、欽、驂、芩、琴、湛、駸、諗、錦、甚、僭、燂、男、深、黮、琛、金、枕、簟、寢、歆、慘、陰、飲、諶、臨。

諧聲偏旁表：

林聲　心聲　三聲　今聲　琴聲　凡聲　風聲[139]　音聲　南聲　甚聲　冘聲　金聲　旡聲　覘聲　驂聲[140]　彡聲　參聲　衫聲　壬聲　众聲　羊聲　稟聲　審聲　闖聲　淫聲　朁聲[141]　彐聲　侵聲[142]　念聲　男聲　突聲　罙聲　罘聲　深聲　覃聲　侖聲　飲聲　品聲　臨聲[144]　咸聲

以上諧聲偏旁變入《廣韻》侵寢沁、覃感勘、談檻闞、鹽琰豔、添忝桥、東送。

第二十九部怗部

---

139 《說文》：「風、八風也。……从蟲、凡聲。」方戎切。古音在侵部。按當增凡聲一諧聲偏旁。

140 《說文》：「驂、大䶀也。从鬲、覘聲。」才林切。按當增覘聲一諧聲偏旁。

141 《說文》：「朁、曾也。从曰、覘聲。」七感切。古音在侵部。

142 《說文》：「侵、漸進也。从人又持帚，若埽之進。又、手也。」七林切，古音在侵部。

143 《說文》：「深、深水出桂陽南平西入營道，从水突聲。」式針切。《說文》：「突、深也。一曰：竈突。从穴火求省。」式針切，按突聲、深聲皆在侵部，當增突聲罙聲二諧聲偏旁。

144 《說文》：「臨、監也。从臥、品聲。」力尋切，按當增品聲一諧聲偏旁。

《詩經》韻字表：

葉、涉、鞣、捷。

諧聲偏旁表：

帀聲　舌聲　夾聲　虱聲　枼聲　耴聲　聶聲　岩聲　涉聲
聿聲　疌聲　囝聲　簫聲　燮聲　怗聲 [145]　乏聲　法聲

以上諧聲偏旁變入《廣韻》怗、合、洽、葉、業、乏。

第三十部添部

《詩經》韻字表：

涵、讒、萏。

諧聲偏旁表：

忝聲 [146]　占聲　兼聲　廉聲　欠聲　尹聲　冉聲　弇聲
卪聲　函聲　函聲　臽聲　奄聲　伐聲　鐵聲　僉聲　贛聲　染
聲　甜聲　閃聲　丙聲　銛聲　凵聲　毚聲　貶聲　導聲

以上諧聲偏旁變入《廣韻》添忝桥、覃感勘、鹹豏陷、鹽琰
豔、嚴儼釅、凡範梵。

第三十一部盍部

《詩經》韻字表：

甲、業。

諧聲偏旁表：

盍聲　劫聲　昜聲　鼠聲　甲聲　戾聲 [147]　壓聲 [148]　妾聲

---

145 《說文》無怗字，《廣韻聲系》以爲从占聲。按占聲在添部，怗聲
　　在怗部。
146 《說文》：「忝、辱也。从心、天聲。」他玷切，按天聲在真部，
　　忝聲在添部。
147 《說文》：「戾、閉也。从戶、劫省聲。」口盍切。劫聲、戾聲古
　　音在盍部。
148 《說文》：「敢、進取也。从受、古聲。敢、籀文敢。」古覽切，
　　古聲在魚部，敢聲在談部。

怯聲 [149]　耷聲　業聲

以上諧聲偏旁變入《廣韻》盍、狎、葉、業。

第三十二部談部

《詩經》韻字表：

檻、羨、敢、岩、瞻、惔、談、斬、監、甘、餤、藍、襜、詹、儼、嚴、濫。

諧聲偏旁表：

炎聲　詹聲　甘聲　猒聲　厭聲　監聲　覽聲　敢聲　厰聲　嚴聲 [150]　岩聲　鹽聲　斬聲　銜聲　焱聲　燅聲

以上諧聲偏旁變入《廣韻》談敢闞、銜檻鑒、鹽琰豔、嚴儼釅。

第十五節　古韻三十二部音讀之擬測：

前世古音學家每窮畢身精力，以分析古代韻部，於一字一音皆能辨其分合之由，而不能定其發音之法，蓋彼等研究古音，僅及於古代韻類之分析，而於古韻讀法，則尚茫然而未有知也。是故段玉裁音學之魁首也。能析支、脂、之三韻於古不同部，誠為一大發明，而於其音讀終不能得。晚年嘗以書問江晉三曰：「足下能知其所以分乎？僕老耄，倘得聞而死，豈非大幸！」夫生今之世，既不能起古人於九原，聆其發音之細別，則古韻之讀法，

---

149 《說文》：「狂、多畏也。从犬、去聲。怯、杜林說：狂从心。」去劫切，按去聲在魚部，怯聲在盍部。

150 《說文》：「嚴、教命急也。从吅、厰聲。」語枚切，《說文》：「厰、崟也。一曰地名。从厂、敢聲。」語音切。敢聲、厰聲、嚴聲古音皆在談部。

欲爲精密之考求，實非易事。李方桂先生嘗曰：「擬測上古音，近世雖用音標，但亦是系統，絕無法可證明其音值，其近似值亦不過猜想。但其方法及符號較緊密，故成績較好。」（見王力《中國聲韻學》引）此語確爲知言。古韻之確實讀法，雖尚難明，然大抵言之，古韻韻類既析，系統既明，進求其變遷之跡，參以近世語音學理，譯語對音，各地方言之證明及同語族語之比較諸端，則雖不能盡肖古人口齒所發之音，而其所得，相去亦必不遠矣。故民國以來學者，遂據以假定古韻之讀法，所得成績，雖尚未盡善，但已有可觀者矣。國內自汪榮寶氏〈歌戈魚虞模古讀考〉一文發其端緒，而錢玄同、林語堂、王靜如、唐鉞、羅常培、李方桂、魏建功、王力諸氏皆時有善言，可資研究。觀此諸君之論古韻之讀法，大致可分爲兩派，一派爲元音加多，韻尾減少，甚至於不設韻尾，此派可以錢玄同先生〈古韻二十八部音讀之假定〉爲代表。余於民國五十八年（1969）撰博士論文《古音學發微》亦採錢君之說，爲古韻三十二部擬測八主要元音，另加一元音韻尾。故亦屬於此派學說。另一派則根據外籍學者如西門華德與高本漢諸人之說，元音固然不少，韻尾亦復繁多，陽聲則收-ŋ、-n、-m 三種鼻音韻尾，入聲則收-k、-t、-p 三種清塞音韻尾，而陰聲亦有-g、-d、-b 三種濁塞音韻尾，甚至還有-r 韻尾。此種擬測，董同龢《上古音表稿》可謂集其大成。近二十年來，世人於此種學說，或以其韻尾既多，元音似可簡化，多主張古韻同部，只宜具有一主要元音，損其元音，累增輔音韻尾，如舌根韻尾陰陽入三類皆分圓脣舌根音與不圓脣舌根音兩套，介音系統亦益加繁密，此可以李方桂先生《上古音》爲代表。王力《漢語史稿》及其《漢語音韻》因爲不贊成陰聲韻有輔音韻尾說，所以爲陰聲韻部擬測-i、-u 兩類元音韻尾，故其主要元音達五個之多，較之李方桂四元音系統多出一元音。其後諸人雖有改作，要不出此二途也。

　　余在《古音學發微》中，以爲要解決上古韻部音讀之構擬，提出下列諸問題當首先討論，其中意見，今雖有改易，然，此類問題，尚覺仍可提出討論也。茲分述於次：

【一】開合問題：

　　開口、合口之別，《廣韻》除脣音混淆不清外，其他皆分析甚明。等韻圖如《韻鏡》等亦犂然有別。至於古韻是否有開合？或古韻之開合與《廣韻》是否相同，此欲明古代韻讀，當首先辨析者也。古韻是否有開合？此一問題，董同龢先生以前，凡研究古韻者，幾皆承認古韻亦有開合之別，因爲就形聲字偏旁觀之，其諧聲聲母爲開口者呼者，則所諧之字亦多屬開口呼；其諧聲聲母爲合口者，則所諧之字亦多爲合口呼。（參見董著《上古音韻表稿》）雖亦有例外，但爲數不多。至於古韻之中，何部爲開，何部爲合，抑或兼備開合，其與《廣韻》相較，爲同抑異？夏燮嘗云：「古音之部分，其開口、合口亦有一定而不可亂，但不可泥二百六部之開合以求之也。」（《述韻》卷三）夏氏此言實深察其情，易言之，即古韻開合雖未必盡異於《廣韻》，但亦未必全同，各自有其系統。故王力說：「我們不該設想上古等呼，與中古等呼系統完全相同，其中也有上古屬開，而中古屬合的，也有上古屬合，而中古屬開的。」（〈上古韻部系統研究〉）夏氏、王氏言及古韻之開合，皆以爲不應拘泥於《廣韻》之系統，實爲有見。然則古韻之開合，當何由而別？余在《古音學發微》中以爲當據其諧聲字之偏旁以定其開合。即古韻某部之字，若其諧聲聲母爲開口字，而所諧之字亦爲開口字，則定爲開口之部；若其諧聲聲母爲合口字，而所諧之字亦爲合口字，則定爲合口之部。若某部諧聲聲母與所諧之字皆兼備開合,則定爲兼備開合之部。至於少數脣音聲母字開合無定,難定取舍。高本漢《中國音韻學研究》以爲中古音脣音字如〔p〕爲撮脣之〔p〕。高氏云:「這種 p 對於後面的韻母免不了加上一點兒合口的色彩,換言之,它末身也就有一點兒合口的性質了。現在我們暫時把這種p寫作 pʷ。假如在同時有一個眞合口〔pʷua〕,又有一個開口而聽感上微帶合口色彩的[pʷa],好些事就明白了,於是我們就照 Schaank 的說法,說 pʷju 三等變成 fu,而 pʷj 仍舊保持著重脣音。」(見第一卷第二章)高氏於脣音合口三等旣分兩類,一類後世變輕脣者,如「方」、「分」、「非」等字,自古皆爲合口脣音字,即屬其所謂 pʷju 型者,一類後世未變輕脣者,如「丙」、「平」等字,在上古原爲開口字,後來由於雙脣調節作用擴大,其韻頭乃產生一輕微之合口〔ʷ〕,即屬於 pʷju 型者。高氏此說確能解釋後世何以有重脣、輕脣之演變,而又有不變之現象,更能解釋脣音開合互用之故。王力基於高氏之說,再根據諧聲偏旁,以爲「凡諧聲偏旁或其所諧之字,後世有變入輕脣者,在上古即屬合口呼;凡諧聲偏旁,或其所諧之字,完全與後世輕脣絕緣者(所謂絕緣,除諧聲不相通之外,在六書中的假借也不相通。)在上古即屬開口呼。」(見〈上古韻母系統研究〉)王力所提此項原則,確能匡高氏之所未逮,而於判斷古韻之開合尤爲清析有條理可循。董同龢《上古音韻表稿》即據高氏、王力之說,而提出一項假定。即「凡《切韻》以後變輕脣以及韻書全歸合口韻的脣音字,在上古韻當爲合口。」又據此假定提出兩項原則,即「⑴凡跟上述之字有諧聲關係者,也是合口。⑵不與上述之字諧聲,且又跟其他開口字有聯系者是開口。」自董氏此說出,脣音字之開合問題,大體已告解決。故余撰《古音學發微》於脣音之開合，亦以董氏之說爲據。

　　但自李方桂發表《上古音研究》以來，認爲合口音乃因其他因素之影響而產生，故合口音乃後起者。李氏云：

　　「《切韻》系統裏有許多合口韻母，只見於脣音及舌根音聲，在別的聲母後絕對不見或極少見，如微、廢、齊、夬、佳、皆、元、先、文、唐、陽、登、庚、耕、清、青等韻（舉平以賅上去入）。此外有些韻不分開合，有的認爲開，有的認爲合，如模、魚、虞、豪、肴、宵、蕭、侯、尤、幽、江、東、冬、鍾以及覃、談、銜、咸、鹽、添等韻。至於合口韻母見於一切聲母之後的不多，如歌（戈）、寒（桓）、咍（灰）、泰、祭、山、刪、仙、痕（魂）等，這些韻似乎很有限制，韻尾多收-n（-t）、-i，少數-ɑ。如果暫時把這少數的韻除外，留到後來討論每個韻部時的時候再來敘述這類合口的來源，我們可說合口介音多半是受脣音及圓脣舌根音聲母的影響而起的。脣音的開合字在《切韻》時期已不能分辨清楚，在上古時期也沒有分開合的必要，只有舌根音的開合口應當區別。

　　合口的介音 w 或 u 有的是後起的，從開口變來的，這個現象在有些韻裏已經公認了，如度 duo〈dag（參看度之又讀 dɑk），路 luo〈glag（參看各 kɑk）等。但是後起的合口介音似乎不限於此。《切韻》系統裏有痕韻開口只見於舌根音後（有一個例外吞 thən 字），而他的合口魂韻可以在任何聲母後出現。這跟前面所說的合口字只見於脣音聲及舌根聲母的韻剛好相反，換言之在這兒也只有舌根可分開合，如痕ɣen：魂ɣuən，在別的聲母後只有-uən 而沒有-ən。吞字在近代方言中也有跑到合口裏去的。在這種情形之下，我疑心魂韻的合口似乎是後起的，是從開口變來的：舌尖音＋ən〉舌尖音＋uən，後起的合口情形也相當複雜，只能在討論每個韻部的時候再細說明。

　　我們現在把這些枝節問題暫時保留，就大體而言，可以立一套圓脣舌根音*kw-、*khw-、*gw-、*ngw-、*hw及*w-，這些聲母也就是中古的大部分的合口的來源。」

　　由於李氏新說之提出，則吾人處理上古之開合時，便不能完全以董氏之說爲據，宜稍加修正，凡《切韻》未分開合之韻，不能兼備開合，極可能惟有開口，而其合口字，誠如李氏所謂乃屬後起，至於《切韻》開合分明之韻，則不妨仍保留開口與合口之區別，詳情俟待討論各部音讀時，再詳加討論。

【二】介音問題：

　　《廣韻》二百零六韻中，有洪音，有細音；韻圖以四等列字，其一二等皆洪音，三四等皆細音，亦分別甚明，是則中古以後，音有洪細之別無疑矣。夏燮《述韻》云：「音之洪細謂之等，呼等之說起於六朝以後，唐人韻書分之最嚴者，如冬、模、灰、咍、魂、痕、寒、豪、歌、唐、登、侯、覃、談十四部，皆全韻一等；江、刪、山、耕、咸、銜六部皆全韻二等（新雄按：尚有佳、皆、肴、夬四韻，應爲十韻。若去聲不計，亦有九韻）；微、文、元、嚴、凡五部，皆全韻三等；齊、先、蕭、青、幽（幽非眞四等韻，乃三等韻借位於四等者）、添六部皆全韻四等。」（卷三）由是可知，《切韻》以後韻之洪細分別甚明，然則古韻有無洪細之別？夏氏云：「古無呼等之說，則洪細未嘗不具。」（同上）此說實爲有見，其實後世韻圖之分等，實據韻書之開合洪細而分，而韻書之洪細蓋亦源自古韻。然則居今之世，欲定古韻之洪細當何所依據？夫洪細之別，當以介音-i-之有無爲斷。後世韻圖一二等爲洪音，三四等爲細音，自江永以來，大體已成定論。今爲解釋音變較爲合理起見，凡古韻部字，

後世韻圖列於一二等者（此處所謂二等乃指眞正之二等韻，其三
等韻之借位者除外。）概視作洪音；後世韻圖列於三四等者，則
視爲細音。其實洪細之別與等之差異，實爲介音之不同。易言
之，即一二等無-i-介音，而三四等有-i-介音，三等與四等雖同有
-i-介音，但高本漢認爲三等之介音爲輔音性之-i̯-，在-i-介音前之
聲母皆 j 化；而四等之介音則爲元音性之-i-，在-i-介音前之聲母
皆不 j 化。（參見譯本中國音韻學 478 頁）董同龢氏《上古音韻
表稿》論及介音更以爲「在上古，分別三等韻與四等韻的介音
-i-卻是必不可省的。」即三等爲輔音性介音-i̯-，四等爲元音性介
音-i-。余撰《古音學發微》嘗仿董氏《中國語音史》之例，並參
考王力《漢語史稿》與《漢語音韻》之說，於古代韻部之洪細，
訂立三條原則。即：

　　⑴凡古韻部變入後世韻圖一二等韻之字，其在古韻原亦無介
音-i-，自是洪音。今爲區別一二等起見，二等韻據王力說定爲有
介音-e-，此-e-爲弱 e，略帶輔音性（Consonantal）。

　　⑵凡古韻部變入後世韻圖三等韻之字，其在古韻原亦有輔音
性介音-j-，故爲細音。

　　⑶凡古韻部變入後世韻圖四等韻之字，其在古韻原亦有元音
性介音-i-，亦爲細音。

　　此一說法，今已修改。李方桂氏《上古音研究・上古的介
音》說：

　　「從前的韻書裏只有開合與四等的分別，並不談到介音
medials。不過《切韻》系統裏依高本漢的擬測，有一套音在聲
母與韻母的主要元音之間出現，這類的音，就叫做介音。比方說
《切韻》的開合之分，就大體可以用介音 w 或 u 的有無去定，
《切韻》時代的 u 跟 w 並沒有音位上的區別，只是用來區分韻

書裏，尤其是《廣韻》裏的獨立的合口韻。一韻含有開合兩類字的用 w，獨立的合口韻用 u。唐代韻書裏在這方面並不一致，因此我們只認爲有一種合口介音，但是可寫作 w 或 u，以跟《廣韻》的韻目對照。

這個合口介音我們認爲大部份是從圓脣舌根音來的，一部分是後起的，前面已經提到。其中當然有些複雜的問題，留到後面講上古各別韻部的時候再討論，現在暫時假定上古時代沒有合口介音。

《切韻》裏有一套很重要的，只在三等韻母裏出現的介音 j。這個介音大部分還保存在現代方言裏——所謂齊齒及撮口字。中古的三等韻裏可以有的聲母也遠比一等四等韻裏的複雜一點兒。只能在三等韻前出現的聲母如照三、穿三、床 三、審三、禪、群、邪、喻以及後起的輕脣音，非敷奉微等母。顯然這都跟這個三等介音 j 有關，所以在上古音字裏也得保留這個介音，否則不但上古的聲母系統要複雜，我們也無法去解釋許多諧聲現象。有些聲母受介音 j 的影響所發生的演變，在上面討論上古聲母的時候已經說過了。如 tj-、thj-、dj-、nj-、rj-、gwj 一分別變爲 tśj-、tśhj-、dźj-、或 źj-、n.zj-、zj-、jw- 等，現在不再細說了。大體上說來這個介音對上古聲母的影響是顎化作用（palatalization）。

中古二等韻也有些特殊的聲母如照二、知等，一般也都承認是後起的，是受二等韻的影響而來的。高本漢等人認爲二等韻的元音與一等韻不同而發生特殊的影響。如果二等韻的元音與一等韻不同，我們很難解釋上古押韻的現象。所謂鬆、緊、長、短等的區別，若是眞是音位上的重要的分別，我們不應該有他們常常押韻的現象。因此我在前面討論聲母的時候，已經提起二等韻裏在上古時代應當有一個使舌尖音捲舌化的介音 r，而不認爲二等韻的元音與一等韻有任何不同。這個介音不但可以在舌尖音聲母後出現，也可以在脣音，舌根音聲母後出現，並且也可以在三等介音 j 的前面出現。

依我們的看法，上古音系統裏只需要這兩個介音。四等字的聲母完全跟一等字一樣，顯然高本漢所擬的四等的 i 介音是個元音，他對聲母不發生任何影響。因此我們不把他當作介音而歸入元音裏去討論。近來研究《切韻》音系的人也有採取四等韻裏根本沒有介音 i 的說法。這也許在《切韻》音系不發生太大困難，但是從上古音的眼光看來，至少上古音裏應當有個 i 元音在四等韻裏，可以免去許多元音的複雜問題。

這兩個介音的重要，可以分兩方面看。一方面他們對聲母有影響，因此可以使上古的簡單聲母系統演變成《切韻》的較複雜的系統。一方面他們對於元音有影響，可以使上古的簡單系統，演變成複雜的《切韻》元音系統。前面我已經討論過這兩個介音對聲母的影響：顎化與捲舌化。現在再說他們對元音的影響：在這裏我們只大致說一個傾向，詳細的演變要到上古音系及韻部的個別討論裏去講。

介音 j 使後面的較低的元音向上及向前移動，如 a＞ä 等，這也可以算是顎化或同化作用之一，一般人也都承認的。介音 r 使後面的較高元音下降，*i＞ɛ或 a，*ə＞ɛ或 u，*u＞å 等，也可以使後面的低元音上升一點，如*ɑ（後低元音）＞a（前較高）或ɐ（央較高）等。因此我們可以說介音 r 有一種央化作用（centralization）。這些變化不但與介音有關，也與韻尾輔音有關。」

由於李氏之新說，吾人對上古之介音，也不得不重加考量，我在《古音學發微》中根據王力之說將二等韻之介音定作-e-，在開口部分問題不大，但在合口問題王力訂作-o-，則多加一介音，而且-e-、-o-作爲開合分工也不甚理想，故我乃將合口之二等介音寫作-eu-，雖然 eu 可理解爲 e 之圓脣音，但寫法上以一較低之元音置於較高之元音前，而仍稱爲介音，究非合理之作法。今李氏提出-r-介音，作爲二等韻之介音，我覺得可以採用，採用 r 介音有 e 之優點，又可以彌補 e 介音之缺點，這個 r 介音可看成與ᴕ相近之音，在國語兒化韻母上，吾人也常以 r 代替ᴕ。在處理二等合口韻母時，以-ru-之介音組合，也無任何問題，因此決定以r 代替《古音學發微》所採用之 e 介音。現在將四等開合與介音列表如下：

	開口	合口
一等		u
二等	r	ru
三等	j rj	ju rju
四等	i	iu

亦即一等開口無任何介音，合口有 u 介音；二等開口有 r 介音，合口有 ru 介音；三等開口有 j 介音，合口有 ju 介音；四等開口有 i 介音，合口有 iu 介音。

但是在我們檢查各部之演變時，我們會發現像歌部之情形，同屬三等韻，而且聲母皆屬舌音，有部分變入支韻，如移離施等，有部分變入麻韻，如蛇等。又如魚部之情形，同屬三等韻，而且聲母皆屬齒音，有部分變入魚韻，如雎徐等，有部分變入麻韻如且邪等。我在《古音學發微》敘述其演變時，認爲歌部三等字，變入支韻者元音鬆，變入麻韻者元音緊；魚部三等字，變入魚韻者元音稍緊，變入麻韻者元音稍鬆，歌魚之相變既不平行發展，鬆緊元音之說亦無所根據。如今看來並非一極理想之處理方法，李方桂以歌部三等變入麻韻者爲 jar，變入支韻者爲 jiar。魚部三等變入魚韻者爲 jag，變入麻韻者爲 jiag 來相區別。李方桂又有 rj 介音與 j 介音之不同，用來處理冬部三等中*trjəngʷ＞*tjung，終*tjəngʷ＞tśjung 之聲母不同演變。龔煌城〈從漢藏語的比較看重紐問題〉（1995 年 5 月 20-21 日第四屆國際暨第十三屆全國聲韻學學術研討會論文發表會發表）說：

「重紐三等起源於上古漢語-rj-介音的假設，牽涉到上古漢語乃至原始漢藏語的音節結構問題。因爲-r-音雖然一般常稱爲介音，它卻與其他聲母構成如 pr-、phr-、br-、mr-、kr-、khr-、gr-、ngr-等複聲母。這些複聲母，不但出現-a、-i、-u、-ə等元音前（演變成中古的二等韻）， 也出現在-ja、-ji、-ju、-jə等帶有-j-介音元音之前，形成-rja 與-ja、-rji 與-ji、-rju 與-ju、-rjə與-jə等兩音節的對比。-r-音在消失以前，在有些語音環境下影響了介音，造成中古重紐三等與四等的差異，在另外一些環境下則影響了元音，演變成中古不同的韻，而在其餘的環境下則未引起任何差異（但也有可能曾引起過差異，只是後來差異消失，發生了合併的現象）。」

龔氏之結論，認爲在上古音當中，有-rj-與-j-介音之差異，其差別反映在重紐三、四等韻中，而-rj-與-j-之不同，亦可構成中古元音有別之韻部，尤有進者，上古-rj-與-j-之區別，在中古則合併無殊。龔氏此說，乃綜合蒲立本（Pulleyblank 1962: 111）、雅洪托夫（Yakhontov 1960）、施向東（1983:34）、兪敏（1984）、鄭張尚芳（1983、1987）、白一平（Baxter 1992、1994）諸家之說而成，提出三等韻有-rj-與-j-之不同，採用於區別歌部三等之分入支麻，魚部三等之分入魚麻，則不必再以元音之鬆緊來解說，可以用介音不同而說明其不同之演變，故上古音三等之介音，除已擬定之-j-與-ju-外，尚可再加-rj-與-rju-二類介音。

【三】弇侈問題：

前賢每云古音之弇侈，然何謂弇？何謂侈？則彼此不一。江永《古韻標準》之論眞、元分部嘗曰：「眞、諄、臻、文、殷、與魂、痕爲一類，口斂而聲細；元、寒、桓、刪、山與僊爲一類，口侈而聲大。」（〈平聲第四部總論〉）其論宵、幽分部云：「此部（宵）之音口開而聲大，十一部（幽）之音口弇而聲細。」（〈平聲第六部總論〉）又論侵、談分部云：「二十一侵至二十九凡……此九韻與眞至仙十四韻相似，當以音之侈弇分爲二部。」（〈平聲第十二部總論〉）段玉裁氏亦謂「古音多斂，今音多侈。」其〈古十七部音變說〉云：「大略古音多斂，今音多侈，之變爲咍，脂變皆，支變爲佳，歌變爲麻，眞變爲先，侵變爲鹽，變之甚者也。」（《六書音均表》）錢大昕《潛研堂集答問》則云：「問：近儒言古音者，每謂古斂而今侈，如之之爲咍，歌之爲麻，由斂而侈，似乎可信。曰：此說亦不盡然，蓋有古侈而今斂者矣。如古之脣音，皆重脣也。後人於其中別出輕脣四母，輕脣斂於重脣也。古多舌音，後人或轉爲齒音，齒音斂於舌音也。」又云：「聲音或由斂而侈，或由侈而斂，各因一時之語言，而文字從之。如儀、宜、爲字古音與歌近，今入支韻，即由侈而斂也。豈可執古斂今侈之說，一槪而論之乎！」至夏燮《述韻》論古音弇侈之理，尤爲詳盡。其言曰：「段氏謂古音多弇，今音多侈，此言其大槪耳。其實元、宵、易、談四部，皆古音之最侈者，眞與元對，則眞弇而元侈，幽與宵對，則幽弇而宵侈，東與易對，則東弇而易侈，侵與談對，則侵弇而談侈。知此

之爲弇，則知彼之爲侈，知此之爲侈，則知彼之爲弇，此可以意
斷者也。」又云：「弇侈與開合不同，開合以口分，弇侈以音
分，凡口之張而呼者爲開，口之閉而呼者爲合。凡音之迆邐向外
者爲侈，音之收撮向內者爲弇，苟不知審音，則有以弇侈爲開
合，所謂差之毫釐，失之千里矣。以易韻言之，光之與岡，黃之
與杭，此開口合口之分也。而光與東韻之公，黃與東韻之鴻，則
同爲合口，而一弇一侈分矣。」又云：「凡音之流變，皆弇而入
于侈，……所謂音之流變自弇入于侈者，以《唐韻》證之，東之
變而爲江也，歌之變而爲麻也，侵之變而爲覃也，此其易知者
也。……亦有自侈而入于弇者，如庚韻之庚觥京卿等聲是也。但
自弇而侈者十之九，自侈而弇者十之一。」（以上均見《述韻》
卷三）至餘杭章炳麟之論弇侈，則謂：「其陽聲則收鼻音。……
然鼻音有三孔道，其一侈音，印度以西以半摩字收之，今爲談蒸
侵多東諸部，名曰撮脣鼻音。其一弇音，印度以西皆以半那字收
之，今爲青眞諄寒諸部，名曰上舌鼻音。其一軸音，印度以西以
娷字收之，不待撮脣上舌，張口气悟，其息自從鼻出，名曰獨發
鼻音。夫撮脣者使聲上揚，上舌者使聲下咽，旣已乖異，且二者
非故鼻音也。以會厭之气，被閉距于脣舌，宛轉趨鼻，以求渫
宣，如河決然。獨發鼻音則異是，印度音摩那皆在體文，而娷獨
在聲勢，亦其義也。……夫陽聲弇者，陰聲亦弇，陽聲侈者，陰
聲亦侈，陽聲軸者，陰聲亦軸，是故陰陽各有弇侈而分爲四，又
有中軸而分爲六矣。」（《國故論衡・小學略說》）綜前賢之
說，其論弇侈，大別有三：

　　⑴江永、段玉裁、夏燮之論弇侈，蓋指元音之張口度而言，
所謂侈音，即元音之張口度大，響度亦大，弇音則元音張口度
小，響度亦小，此侈弇之別也。

⑵錢大昕之論弇侈，時混於輔音之發音部位，輔音之發音部位，實與元音之弇侈無關者也。至謂「儀、宜、爲字古音與歌近，今入支韻，即由侈而斂」之言，則亦指元音之張口度大小而言，惜其前後所言不相一致，互有抵牾，似未若江永與夏燮系統之清晰也。

⑶章炳麟以陽聲之收雙脣音 m 者爲侈音，收舌尖鼻音 n 者爲弇音，雖自成一說，然實與侈弇之理無關，今所不取。

以上三派之說弇侈，當以江永、段玉裁、夏燮之說爲是，以弇侈之別爲主要元音開口度之大小。易言之，凡元音之響度大者，其張口度必大，是爲侈音；元音之響度小者，其張口度亦小，是謂弇音。（所謂響度，乃指音在本質上能使人容易或不容易聽到之程度是也。）而低元音之響度常較高元音之響度大，則低元音侈，高元音弇也。如夏氏所舉眞元二部，眞之主要元音爲〔ɐ〕，元之主要元音爲〔a〕，〔ɐ〕部位較〔a〕略高，故眞弇而元侈也。今言弇侈，悉以此爲據。段玉裁氏謂古音多斂，今音多侈，所言亦無定準。汪榮寶氏〈論阿字長短音答太炎〉一文云：「聲音之變，由侈入斂，有一定之軌程，a 稍斂則爲 o，o 再斂則爲 u，尤斂則爲 ö 爲 ü，今麻韻之字，通語猶以爲 a 者，蘇常之間多作 o 聲，蘇州讀麻爲 mo，讀茶爲 do，常州讀家爲 ko 是也。歌韻之字，通語以爲 o 者，蘇州皆作 u，哥謂之 ku，多謂之 tu，波謂之 pu，羅謂之 lu，而京師呼哥可何河等字皆近 ö 聲，哥讀如 kö 可讀如 khö，何河讀如 hö 也。……是爲魚類諸字中由侈入斂之漸。」（《學衡》四十三期）可知音之變，多由侈入斂也。王力謂：「在漢語語音發展過程中，元音高化的現象，是相當普遍的，拿歌韻來說，上古是 a，中古是 ɑ，近代是 ɔ，現代北方話一般是 o，北京話於舌齒讀 uo，（喉音讀 ɤ），吳語更進一

步，有許多地區讀 u（上海話“河”ɦu，“多”tu）。拿模韻來
說，是由 a 到 u，拿侯韻來說，是從 o 到əu，再到 ou，拿支韻來
說，是從 ǐe 到 i，或從 ǐa 到 ǐe 再到 i。因此元音高化可以說是漢
語語音發展規律之一。」（《漢語史稿》）王氏所說元音高化，
實際上就是由侈入斂，與段氏所說正相反。其實弇侈問題，就是
古韻之元音問題。高本漢與董同龢因為將上古韻部視同中古音之
攝相當，因此認為同一部當中可以有不同之元音，如此一來，高
董上古音系，元音乃極其複雜。周法高氏〈論上古音〉一文，
根據高本漢 Compendium 所定，歸納其上古元音系統表，共有十
四元音如下：

　　â、ɑ、ă；ə、ɛ；ĕ、e；o、å、ŏ；ô、ǫ；u、ǔ。

　　董同龢《上古音韻表稿》歸納所構擬之元音系統，共有二十
元音如下：

　　ə̂、ə̣、ə、ə̆；ô、o、ŏ；ô、ɔ、ŏ；û、u；â、ê、a、ä、
ă、ɐ；e、ĕ。

　　王力主張古韻同部，元音應該相同，故其元音減少甚多，王
氏在《漢語史稿》中只用五個元音如下：

　　ə、o、ɑ、e、a。

　　李方桂先生《上古音研究》對上古元音系統，提出極為明確
之看法。李氏說：

　　「研究上古的元音系統的時候，我們也有一個嚴格的假設，
就是上古同一韻部的字一定只有一種主要元音。凡是在同一韻部
的字擬有不同的元音，都跟這個假定不合，必要從新斟酌一番。
有些人假定上古元音有長短、鬆緊之別，就是有的話，也不敢說
他應該互相押韻。我們必須先看是否有一個簡單的元音系統可以
解釋押韻的現象，是否可以用些簡單的演變的條例，把中古的韻

母系統解釋出來。如果有的話，我們就不必再假設什麼長短、鬆緊的區別了。」

所以李方桂僅有四個主要元音，此四元音如下：

i、u、ə、a。另外有三類複合元音為 iə、ia、ua。

王李二人皆認為同一上古韻部，只有一主要元音。故其元音系統，較高本漢與董同龢單純多矣。而元音系統最單純與簡單者，則莫過於周法高氏〈論上古音〉一文所定三元音系統。周氏三元音為 a、ə、e。同時取消李氏複合元音部分，在系統上，分配得也相當合理。所以簡化上古音韻部之元音系統，已經漸有共識。民國五十八年余撰博士論文《古音學發微》時，雖亦主張每一古韻部只擬測一主要元音之辦法，但是因為不採陰聲有輔音韻尾之說，故所擬測之元音系統較為複雜。共擬測 a、æ、ɛ；ɐ、ə；ɑ、ɔ、o 等八個單元音，及複元音ɑu。元音一共有八個之多。近年採用諸家之說，於韻尾及介音皆略有修正，則元音方面就已大量減少。總共只有三個主要元音，此三元音為a、ə、ɐ，在系統上與周法高氏為近。至於各元音與各部之分配方面，俟構擬各部韻母系統時，再分別說明。

【四】方言問題：

黃侃〈論據詩經以考古音之正變〉一文云：「昔大行人屬瞽史，諭書名，聽聲音，則域內之言語無異聲矣；大司樂以樂語教國子，則詩歌之諷誦無異聲矣。」然而黃氏在〈論音之變遷由于地者〉一文又云：「往者輶軒之使，巡遊萬國，采覽異言，良以列土封疆，水土殊則聲音異，習俗變則名言分。雖王者同文，而自然之聲，不能以力變也。《漢書‧地理志》云：『民有剛柔緩急，聲音不同，繫水土之風氣，故謂之風。』〈王制〉云：『廣谷大川異制，民生其間者異俗。』《淮南書》云：『輕土多利，重土多遲，清水音小，濁水音大。」凡此皆由地異之明文也。今觀揚氏殊語，所載方國之語，大氐一聲轉變而別製字形，其同字形者，又往往異其發音。……漢世方音歧出，觀諸書注家所引可明。」黃氏前後二文，看似矛盾。既云域內言語無異聲，又云：水土殊則聲音異。其實詳為推究，亦不矛盾。按劉熙《釋名》之釋《爾雅》云：「《爾雅》，爾、昵也，昵、近也；雅、義也，義、正也。」是則《爾雅》之作，本為齊壹殊言，歸之雅言。所謂雅言者，即當時通行之通語，所謂殊言者，即各地之方言也。《詩經》有十五國國風、二雅、三頌之不同，其間亦自有方言之差異，然今本《詩經》之韻讀，雖亦有少數地方顯示出方言之成分，大致說來，韻讀相當一致。一般看法，認為經過孔子審定。故雖有不同地域之詩篇，而在韻讀上，卻仍有相當一致性。說《詩經》經過孔子之審定，又從何而知之？《論語‧述而》篇曰：「子所雅言，詩書執禮，皆雅言也。」孔注云：「雅言、正言也。」鄭注：「讀先王典法，必正言其音，然後義全，故不可有所諱。禮不誦，故言執。」善乎劉端臨《論語駢枝》之言曰：「夫子生長於魯，不能不魯語，惟誦詩讀書執禮，必正言其音，所以重先王之訓典，謹末學之流失。」又云：「昔者周公著《爾雅》一篇，以釋古今之異言，通方俗之殊語，劉熙《釋名》曰：『爾、昵也，昵、近也；雅、義也，義、正也。』五方之音不同，皆以正為主也。上古聖人，正名百物，以顯法象，別品類，統人情，壹道術，名定而實辨，言協而志通，其後事為踵起，象數滋生，積漸增加，隨時遷變，王者就一世之宜，而斟酌損益之，以為憲法，所謂雅也。然五方之俗，不能彊同，或意同而言異，或言同而聲異，綜集謠俗，釋以雅言，比物連類，使相附近，故曰爾雅。《詩》之有風雅亦然，王都之音最近，故以雅名，列國之風不盡正，故以風名。王之所以撫邦國諸侯者，七歲屬象胥諭言語，協辭命；九歲屬瞽史諭書名，聽聲音，正於王朝，達於諸侯之國，是謂雅言。雅之爲言夏也。孫卿〈榮辱〉篇云：『越人安越，楚人安楚，君子安雅，是非知能材性然也，是注錯習俗之節異也。』又〈儒效〉篇云：『居楚而楚，居越而越，居夏而夏，是非天性也，積靡使然也。』然則雅夏古通。」劉寶楠《論語正義》云：「周室西都，當以西都音爲正，平王東遷，下同列國，不能以其音正乎天下，故降而稱風。而西都之雅音，固未盡廢也。夫子凡讀《易》及《詩》《書》執禮，皆用雅言，然後辭義明達，故鄭以爲義全也。後世人作詩用官韻，又居官臨民，必說官話，即雅言矣。」阮元〈與郝蘭皋論爾雅〉亦云：「正者，虞夏商周建都之地之正言也，近正者，各國近於王都之正言，《爾雅》一書皆引古今天下之異言，以近於正言，正者猶今之官話也；近正者，猶各省土音之近於官話者也。」二劉、阮氏之言，最爲通達。蓋黃侃所謂域內之言語無異聲者，實指當時諸夏之通言，以王都之語爲正，即所謂雅言也。至各地則水土既殊，自然聲音有異，各有方言。《漢書·儒林傳》：「孝文帝時，求能治《尚書》者，天下亡有，聞伏生治之，欲召，時伏生九十餘，老不能行。於是詔太常使掌故朝錯往受之。秦時禁《書》，伏生壁藏之，其後大兵起流亡，漢定，伏生求其書，亡數十篇，獨得二十九篇。」師古注引衛宏〈古文尚書序〉云：「伏生老不能正言，言不可曉也，使其女傳言教錯，齊人語多與潁川異，錯所不知者，凡十二三，略以其意屬讀而已。」此即說明漢初已有通行之雅言，即伏生不能之正言，而同時各地方言亦殊致，所以錯仍有不知者十二三。作此瞭解，《詩經》既經孔子正言其音，則各地方言成分雖仍不可免，但其成分已盡量減少，故其音讀乃較爲一致，正因爲如此，《詩經》之音讀乃可考求。今假定古音之音讀，即擬測其雅言音讀。至各地方言之殊異，自足影響雅言之正讀。《詩》有十五國風，地域遼闊，而用韻和諧者，以雅言故也。其有一二乖牾者，雜用方言故也。顧炎武《唐韻正・卷三》云：「五方之音，雖聖人有不能改者。」江永《古韻標準・卷一總論》亦言：「方音脣吻稍轉，則音隨而變。」二氏之說，實中肯綮之言。

【五】韻尾問題：

《廣韻》陽聲各韻皆收有鼻音韻尾，不過所收鼻音，又有三種不同。即：

⑴收舌根鼻音〔ŋ〕者，計有：東、冬、鍾、江、陽、唐、庚、耕、清、青、蒸、登十二韻。（舉平以賅上去，下放此，不另注。）

⑵收舌尖鼻音〔n〕者，計有：眞、諄、臻、文、欣、元、魂、痕、寒、桓、刪、山、先、仙十四韻。

⑶收雙脣鼻音〔m〕者，計有：侵、覃、談、鹽、添、咸、銜、嚴、凡九韻。

此種區別以言《廣韻》陽聲韻尾，向來皆無異辭。吾人是否可以擬測上古音時，關於陽聲各韻之韻尾，即以《廣韻》爲據？抑另行構擬？高本漢與董同龢皆以《廣韻》爲據，然李方桂《上古音研究》則爲中古陰聲韻尾收―u者，擬成上古收*-gw及收*-kw韻尾，如宵部、幽部字；與幽部相配之陽聲韻中部則擬爲*-ngw。自此以後，陽聲韻部又多出一圓脣舌根鼻音問題，應提出討論。如果吾人仔細觀察《廣韻》收舌根鼻音韻尾十二韻，實際上乃分成二段，即東、冬、鍾、江四韻與陽、唐、庚、耕、清、青、蒸、登八韻分開二處排列，彼此並不相連屬，與舌尖鼻音一

n十四韻，雙脣鼻音－m九韻之相連屬者不相同。則《廣韻》之分爲兩處，恐怕也非毫無深意。今人以吾人今日之讀音以例古音，雖不相連屬，但同爲舌根鼻音，故不再尋究是否有何差異。李先生指出其上古音具有圓脣舌根韻尾，其實乃此四韻之字在上古之讀法，《廣韻》既論古今之通塞，也許注意及此種差異，故其安排乃不相同。《廣韻》此四韻之字，分屬於上古音之東、冬二部，因此東、冬二部之上古音之鼻音韻尾可擬爲圓脣舌根鼻音韻尾*-ŋw，其他各部則仍與《廣韻》相同，可擬爲舌根鼻音韻尾ŋ。至於圓脣舌根鼻音韻尾之寫法，最好當然寫成ŋʷ，但右上角圓脣音標很不容易處理，所以李方桂先生把它寫作 ŋw，這就不容易疏忽漏寫。張琨在〈古漢語韻母系統與切韻〉一文中，將冬部擬作əuŋ，əuŋ，既可視作複元音əu加舌根鼻音ŋ，亦可視作主要元音ə加圓脣舌根鼻音uŋ，所以張氏乃將李方桂圓脣舌根鼻音ŋw，寫作 uŋ。此種寫法，既可省去一個音符，又能充分表達圓脣舌根鼻音之效果，實在不失爲一種可資採用之寫法。事實上王力上古音之寫法即已如此，不過王力將冬部擬作əuŋ，認爲複元音əu 加舌根鼻音韻尾 ŋ 而已。周法高〈論上古音〉綜合王力與李方桂說，將東、冬二部分別擬作ewŋ 與əwŋ，顯然可知周氏亦以東冬二部有圓脣舌根音韻尾，故我亦認爲此二部上古音亦應有圓脣舌根鼻音韻尾，寫法上採用張琨之說，寫作-uŋ。

《廣韻》入聲專承陽聲，而入聲則收有塞音韻尾，不過入聲所收韻尾亦有三種：

⑴陽聲收舌根鼻音韻尾-ŋ者，與之相配之入聲，則收舌根塞音韻尾-k，計有：屋、沃、燭、覺、藥、鐸、陌、麥、昔、錫、職、德十二韻。

⑵陽聲收舌尖鼻音韻尾-n者，與之相配之入聲，則收舌尖塞

音韻尾-t，計有：質、術、櫛、物、迄、月、沒、曷、末、黠、
鎋、屑、薛十三韻。（與痕相配之入聲字僅有麧等五字，因為字
少，併入沒韻中，故只得十三韻。）

(3)陽聲收雙脣鼻音韻尾-m 者，與之相配之入聲，則收雙脣
塞音韻尾-p，計有：緝、合、盍、葉、怗、洽、狎、業、乏九
韻。

前賢以陽聲收有-ŋ、-n、-m 三類韻尾，故與之相配之入聲韻
部，乃定為收有-k、-t、-p 三類塞音韻尾。今既以陽聲之東、冬
二部為收圓脣舌根鼻音-uŋ 韻尾，則與之相配之入聲屋、覺二部
亦當收圓脣舌根塞音韻尾-uk。此外還有藥部，雖無陽聲韻部相
配，然觀其與陰聲宵部相配，在結構上亦應收音於-uk 方能相
配。故今於陽聲、入聲各部之韻尾，構擬其原則為：

(1)凡古韻陽聲東、冬兩部假定為收圓脣舌根鼻音韻尾-uŋ，
陽、耕、蒸三部為收舌根韻尾-ŋ。元、眞、諄三部收舌尖鼻音韻
尾-n，談、添、侵三部為收雙脣鼻音韻尾-m。

(2)凡古韻入聲屋、覺、藥三部為收圓脣舌根塞音韻尾-uk，
鐸、錫、職三部為收舌根塞音韻尾-k，月、質、沒三部為收舌尖
塞音韻尾-t，盍、怗、緝三部為收雙脣塞音韻尾-p。

陽聲與入聲韻尾問題決定後，再討論古韻陰聲侯、宵、幽、
魚、支、之、歌、脂、微九部之韻尾，此九部在《廣韻》全以純
元音收音，即所謂開音節者，中國古音學家 向來多以為除元音
外，不收任何韻尾。然自西門華德（Walter Simon）與高本漢
（B. Karlgren）諸人注意及此九部與入聲諸部諧聲及協韻之關係
密切，於是始假定此諸部亦為收有輔音韻尾之韻部。西門以為古
代陰聲諸部有-ɤ、-ð、-β三種韻尾。高本漢〈上古中國音當中的
幾個問題〉（Problems in archaic Chinese）一文第三節〈Simon

的韻尾說〉云：

「這篇東西正要付印的時候，——本來是在 1928 年正月在倫敦東方學校一個演講題目，——我接到了柏林 Dr. Walter Simon 的一篇文章（"Zur Rekonstruktion der alt -chinesischen Endkonsonanten"），這個學者在那文章裡討論了好幾個上文所討論的題目，而且有些極有趣的暗示，所以不能不看看他的說法，然後現在的討論才能算完。

在我的 Analytic Dictionary 裡頭，是從諧聲字裡得到明白證據之後，然後才斷那個字在上古音是有舌尖音或舌根音韻尾（後來未到古音時代就失掉的）；就是像上文討論的列 lĭät：例 lĭäi 那類字。Simon 要證明這類上古韻尾失落的現象還要遇見的多得多，有許多類的字在古音（《切韻》）雖然是元音韻尾，在早先是以輔音收音的，而且包括好些從《說文》上一點也看不出來有輔音韻尾的字。

先說 Simon 對於我早先提議上古韻尾的種類的說法，他不贊成。我早先是說普通入聲是-p、-t、-k，答 tâp，割 kât，木 muk，像例古音 lĭäi、，裕 ĭu、-韻尾是-d，-g，他所提議的是前者是帶音的破裂音-b、-d、-g，而後者就因爲想不到更好的說法，是帶音的摩擦音β、ð、ɣ：——答 tâb、割 kâd、木 mug。例 lĭäð，裕 ĭuɤ（ð 像在英文 that；ɣ 像在北方德文 Wagen）他對於這個修正案沒有給一個充分的理由。他一方面說在古代西藏語（大概是跟中文有關係的）從前沒有-p、-t、-k，祇有-b、-d、-g，因此嚜，在上古中國音大槪有-b、-d、-g，不過後來變成不帶音的-p、-t、-k，像德文 Bad 讀 bat 一樣。這個僅僅乎是一個揣度。爲甚麼西藏的-b、-d、-g 音是原始的，而中國音是後來的，很難看得出來。要說西藏文原來是有-p、-t、-k，因同化等等作用（Sandhi）

變成帶音，後來他的勢力擴充了變成一切輔音韻尾都是-b、-d、-g 了，這個一樣說得過去。或者更像一點，——也許西藏語從前-b、-d、-g；-p、-t、-k 都有的（就像中國語，我想我能證明也有），不過後來由仿效作用（analogy）都變成成-b、-d、-g，這種普遍化簡單化的現象是跟支那語性質很相合的。關於這些，我們現在實在是沒有的確的智識，從西藏語的情形上，也不能證明關於中國語的甚麼。」（見趙元任譯高本漢〈上古中國音當中的幾個問題〉）

高本漢則主張上古陰聲韻有-b、-d、-g 韻尾，高氏說：

「現在咱們還得討論乍 dẓa：昨 dẓâk，敝 ƀiei：瞥 p'iet 的例，這裡不是聲母的輔音落掉，乃是韻尾的輔音落掉了。……

假如是因為乍dẓa：昨dẓâk 已經有了聲母元音兩者相近就算夠做諧聲的程度了，那麼自然乍 dẓ'a 當然也可以做 dẓât，dẓâp 等音的諧聲，所以乍 dẓ'a 字所諧的字應該-p 尾、-t 尾、-k 尾的字都有咯。可是咱們並不遇見這種事情；乍字所諧的字都是嚴格地限於-k 尾的字：作 tsâk，昨、怍、酢 dẓâk，窄、舴 tsak。

這類的例差不多都有這種限制。在字典裡可以找出無數的例來。這裡不過舉幾個：

至 tśi：侄、咥、桎、蛭 tśi̯ĕt，挃、屋、秷、窒 ti̯ĕt，姪 d̯i̯ĕt，d'iet，垤、絰 d'iet，室 śi̯ĕt 等等；曳 i̯äi：拽 i̯ät，洩、絏 si̯ät 等等；夜 i̯a：液、掖、掖、腋 i̯äk 等等。

假如造字的這麼嚴格的不是全限於舌尖音的韻尾，就是全限于舌根音的韻尾，這是有理由的：乍 dẓ'a 諧的字在上古音是有舌根音韻尾的，不過在古音就已失掉了，敝 ƀiei 諧的字在上古音是有舌尖音韻尾的，不過在古音就已經失掉了。……

那麼這些失掉的破裂音究竟是些甚麼呢？

　　想到古音有韻尾的的 p、t、k、m、n、ŋ 而無 b、d、g，就會猜到後者這幾個了，再比較起來別國語言當中也是濁音比清音容易失掉，這就是更像對了。再舉我自己語言做例，在瑞典好些的方言裡頭，bĕd→bĕ，可是 bĕt = bĕt 不變，所以在乍、敝這類字所失掉的韻尾一定總是個 g 跟 d，這個入聲濁音尾的說法，從一個很有趣的現象裡，可以得一個很有價值的佐證：

　　在這些失掉韻尾輔音的字，十個有九個都是去聲：

敝 b'ied>瞥 P'iet；

世 śi̯äi：紲 si̯ät；

砌 ts'iei：切 ts'iet；

例 li̯äi：列 li̯ät；

曳 i̯äi：拽 i̯ät；

綴 t̑i̯wäi：叕 t̑i̯wät；

至 tśi：侄 tśi̯ĕt；

秘 Pi̯wi：必 Pi̯ĕt；

翠 ts'wi：卒 tsuet；

內 nuâi：訥 nuɐt；

奈 nâi：捺 nât；

痱 Pi̯wɐi：弗 Pi̯uĕt；

孛 b'uâi：勃 b'uet；

兌 d'uâi：脫 t'uât；

夬 kwäi：訣 kiwet；

乍 dẓ'a：昨 dz'âk；

亞 ·a：惡 ·âk；

妊 t̑a：乇 t̑ak；

絓 tś'i̯a：斥 tś'i̯ak；

怕 pʻa：白 bʻak；

夜 i̯a：液 i̯ak；

詫 t̂ʻa：宅 d̂ʻak；

阨‧äi：厄‧ak；

畫ɤwäi：嫿ɤwak；

試 śi：式 śi̯ek；

赴 pi̯u：卜 puk；

告 kâu：酷 kʻuok。

據中國的音韻學家說，去聲是最後分出來的調類，而且他們所定的出現的時期，恰恰在我們發現乍、敝等字失掉韻尾輔音的時期。現在這些字既然大多數是去聲字，那麼這兩種同時的現象一定不是偶然的。咱們現在雖然不必說到凡去聲字都是這麼樣來的（因為還有鼻音韻尾的去聲字，例如定 d̂ʻieng）可是韻尾 d、g 的失落，是去聲出世主因之一，那是無疑的。所以咱們現在說：

乍 dzʻag>dẓʻa；敝 bʻied>bʻiei。

在支那系的語族中，凡是清音聲母的字聲調高：刀 tâu，而濁音聲母的字使全字的聲調低：萄 dʻâu。這種現象當然有它的發音生理作用的理由，而于咱們這個問題特別有關係，因為假如一個上古的 dzʻag 變成一個古音降調的 dẓʻa，這就是因為先有的韻尾 d、g 之類的音使那字的後半變低，所以成了降調（去聲）了。

說失掉的韻尾是-d、-g，當然我也不能包不會有時候是摩擦的濁音：-aɤ、-að；可是現在一點沒有甚麼特別的理由要假定它有這類的花樣罷了。……

現在一直討論的都是-d 跟-g 的失落，那麼有沒有失掉-b 的例呢？這個就不那麼有把握了，我只知道幾個例，可是還帶躊躇的算它是韻尾-b 失掉的例：

去，古音 k'i̯wo，諧劫、鈌 ki̯ap；怯、疦 k'i̯ap 等。

照中國小學家的說法，劫是算會意的字，不算從去字得聲。底下的就算劫『省聲』作去。可是『省聲』這種說法能不用的地方總是不用爲妙，像襄字那麼複雜的諧聲還是全部寫出，何在乎省劫爲去？現在去字旣然剛剛是去聲（降調），那麼只須說去 k'wo ＜-b，就旣可以解釋劫 ki̯ap 的諧聲，又可以解釋怯 k'i̯ap 的諧聲了，還有一個很強的證據是呿字，古音有 k'i̯wo、k'i̯ap，兩讀。

此外還有一個內字，古音 nuâi，也是頗難解釋的。這個字（還有它諧的汭、芮 ńźi̯wai）是去聲，而且它旣然又諧入聲字，一定曾經失掉過韻尾輔音的。可是所討厭的就是有好些個內字諧聲的字，像納字，是古音的 nâp，而又有些別的字，像訥字，是古音的 nuət，訥字固然還可以當它作會意看，可是內字諧聲而有-t 尾的不盡能當會意看。而且從一字幾讀的例裏頭可以看出來這些的確是有諧聲的關係的，例如呐字有 nâp，ńźi̯wäi 兩讀，枘字 nuət，nâp，ńźi̯wäi 三讀。

照我的意見看來，這種現象倒可以用中國合口字避脣音韻尾的傾向來解釋。比方風字從凡（b'i̯wam）上古音 pi̯um，裏頭的 u、m 兩脣音不好唸，所以由異化作用（dissimilation）就變成古音的 pi̯ung 了。同樣法字的古音是 pi̯wap，在現在廣州音也由異化作用讀 fāt 了。（廣州音在別種的古-p 尾字仍舊是保存著-p）而且法字在日本的音讀也是 hotsu（舊音 poto），可見這種音變已經是很早的了。

那麼我現在就假定它是這麼樣的：

內　-b→nuâd　→nuâi

芮　-b→ńźi̯wäd→ńźi̯wäi

訥　-p→nuət　→nuət

納　-p→nâp　→nâp

其中內、芮的-b尾因u，w異化而成一d，這個一d就照例失掉了變成個一i，訥的一p尾異化而成一t，一t因是清音韻尾，所以不掉。納是開口字，沒有前後脣音的異化作用，所以一點也不變。

以上不過是幾個特例，大致說起來很難找出韻尾一b有的確例。莫非韻尾一b都合併了在韻尾一m裡了罷？（還說不定聲母b一都合併在聲母m一裡了呢？）

總結C節的結果，就是乍dẓʻa，敝bʻiei這類諧聲字的例，跟A節大類（包括B節）的例都是根據一樣的原則的：

乍　dẓʻa←dẓʻ-g諧昨dẓʻâk，

敝　bʻiei←-d諧瞥pʻiet。」

自西門華德與高本漢諸人的韻尾說出，國內學者多贊成此說。

李方桂〈切韻a的來源〉說：

「我把在《切韻》時代以前失落的韻尾都寫作*-g或者*-d，以別于-k、-t。高本漢在他的"Problem in Archaic Chinese, JRAS Oct,1928, 趙元任譯文見本所集刊Ⅰ,3, 345-401頁"一篇文章裡頭在上古時代擬了兩種韻尾*-k ˋ（去聲字）*-g（平聲字），我覺得很是可疑的。他一方面承認在上古時代這種韻尾已經很微弱了，就快失去了——換言之就是快元音化 Vocalized 了——，他一方面還擬定了-wk、-wg 兩種分別，試想想一種快要元音化的韻尾，又已經發出一種-w的介音來，還能無音麼？與-wg能不混麼？我們要注意，去聲可以算作韻尾失落的原因，更可以算作韻

尾失落的結果。（如北方官話入聲之變平上去），我們還不敢決
定誰是因？誰是果？若是依高本漢說收-k的字可以有去入二種聲
調，我們何不說收-k 的字更有平上去入四種聲調，何必又擬兩
種*-g、-k'呢？我覺得最妥當的辦法，是把在《切韻》時候還保
存的-p、-k、-t，同《切韻》時代以前已經失掉的韻尾分別出來。
前一種寫作-p、-k、-t，後一種寫作-b、-g、-d，他們真正的讀法
如何？我覺得我們還不能定。

則 tsək：側 tʂĭk：廁 tʂʻi（＜*tsək：*tʂĭək：*tʂʻĭəg）

翼 ĭək：異 i：冀 kji（＜*gĭək：*gĭəg：*kĭəg）

飾 śĭək：飤 zi：飭 t̂ʻĭək（＜*śĭək：*<dzĭəg：*t̂ʻĭək）

直 d̂ʻĭək：值 d̂ʻi（＜*d̂ʻĭək：*d̂ʻĭəg）

織 tśĭək：熾 tśʻi（＜*tʻĭək：*tʻĭəg）

食 dʐʻĭək，zi（＜*d̂ʻĭək，*dzĭəg）

意<i 億·ĭək（＜*ĭəg：*ĭək）

疑 ngji：礙 ngai：凝 ngĭəng：嶷 ngĭək（＜*ngĭəg：*ngəg：*
ngĭəng：*ngĭək）

有 jĭə̆u：郁<ĭuk（＜*gĭg：*<ĭuək）

畐 bʻĭwək，bʻuək：福 pĭuək：匐 bĭuək：逼 pĭək：富 pĭəu
（＜*bʻwək，bʻĭuək：*pĭuək：*bʻuək：*pĭək：*pĭəg）

*iəg＞*ĭəi＞i；*ĭʻuək＞ĭuk 都是最自然不過的現像，同時高
本漢諧聲的條例亦滿足了。」[151]

李方桂後來發表《上古音研究》，論及上古音的韻尾輔音時
說：

「其實陰聲韻就是跟入聲相配爲一個韻部的平上去聲的字。

151 北京大學《上古音討論集・切韻 â 的來源》137 頁-138 頁。

這類字大多數我們也都認爲有韻尾輔音的，這類的韻尾輔音我們可以寫作*-b、*-d、*-g 等。但是這種輔音是否眞的濁音，我們實在沒有什麼很好的證據去解決他。現在我們旣然承認上古有聲調，那我們只需要標調類而不必分這種輔音是清是濁了。

　　至於歌部字，高本漢也分爲兩類，一類沒有韻尾輔音，一類有*-r 韻尾。其中界限也很難劃分清楚。若是依諧聲分的話，就發生些不易解釋的韻，如〈小雅・桑扈〉三章以翰*g'ân：憲*xjǎn：難*ńjǎn 與那*nâr 押韻；〈大雅・崧高〉以番*pwar 與嘽*thân：翰*g'ân：憲*xjân 押韻，同時又有〈小雅・隰桑〉一章以阿*â：何*g'â 與難*nâr，〈衛風・竹竿〉三章以左*tsâ 與儺*nâr 押韻的例子（以上仍照高本漢的擬音）。如果因爲*-r 是舌尖音，可以跟*-n 勉強押韻，那麼爲什麼*-â 也要跟舌尖音韻尾*-r 的字押韻？爲什麼不跟有舌根音韻尾或脣音韻尾的字如*-ak、*-ag、*-ap 等押韻？顯然歌部字跟有舌尖音韻尾的字關係很深。歌寒對轉也是古韻學者承認的。因此，我想歌部字似乎有個舌尖音韻尾，把他擬作*-r 倒是可採取的辦法。」[152]

　　董同龢《上古音韻表稿》論及「韻尾輔音」-b-d-g 時說：

　　「從西門華德（Walter Simon）的 Endkonsonten 到高本漢的 W.F.中間，幾經討論，一般的意見都已傾向於承認上古某些陰聲韻中是有-b-d-g 尾的存在，跟入聲韻的-p-t-k 相當。……不過我以爲在目前的境況之下，一切音質的細微爭辯總不免是空中樓閣。現在我採取-b-d-g 與-p-t-k，僅是根據李方桂先生的理論。」

　　後來在《漢語音韻學》裡，談到〈上古韻母系統的擬測〉時說：

---

152 李方桂《上古音研究》35 頁。

「現在大家都同意，暫且假定《切韻》時代收-t的入聲字，在先秦原來就收*-t，和他們押韻或諧聲的祭微脂諸部的陰聲字，大致都收*-d；《切韻》時代收-k 的入聲字，在先秦原來就收*-k,和他們押韻或諧聲的之幽宵侯魚佳諸部的陰聲字都收*-g。*-d 與*-g到後代或消失，或因前面元音的影響變爲-i尾複元音的-i，或 -u尾複元音的-u；*-t與*-k則仍舊。所以如此，就是因爲從一般的語音演變通例看，濁輔音韻尾容易消失或變元音，清輔音韻尾則容易保持不變。

《切韻》收-p的入聲字，在古代韻語裡都自成一個系統。所以《廣韻》自緝至乏諸韻的字，上古分別獨自成部（"緝""葉"）。我們可以很自然的假定他們在上古仍然都收*-p。

不過是在諧聲字中，我們卻可以發現有些後代的陰聲字與緝葉兩部字有接觸：

世ɕjæi：葉 jæp

瘝 kʻiɛp：瘝ʔiɛi：瘝ʔjæi

劦ɤiɛp：荔 liɛi

盍ɤɑp：蓋 kɑi

內 nuəi：納 nəp

習 zjep：彗 zjuæi（彗古文作篲）

證之於"內"字古書多作"納"，"蓋"又有"盍"音，……可知凡與-p 尾入聲字接觸的陰聲字，最初還有一個脣音韻尾，今擬作**-b。

不過我們要注意的是：上述諸陰聲字，按諸韻語，都是在祭微脂部，而當有*-d 韻尾的。現在大家都承認，諧聲字表現的現象，一般比詩韻表現的要早，所以我們說**-b尾只存在於諧聲時代，到詩經時代變爲*-d。關於"內"，我們更假定他由**nuə b→**nuəd 是**-b 受〔u〕的異化作用的結果，如中古"凡""乏"諸字b'juam（p）變現代廣州的 fan（t）。至於"蓋"由**kɑb→*kɑd，則是由於**-b尾字少了，類化於"內"類字而來。

　　**-b、*-d、*-g 之外，古韻語裡還有一個舌尖音韻尾的痕跡。我們知道：脂微兩部的陰聲字，大多數都變入《廣韻》的哈灰皆脂微齊，不過也有少數的幾個是變入戈韻與支韻的，如"火""爾"是。"火""爾"等與哈灰諸韻的字既常常押韻，古代元音同屬一類就應該沒有問題。但"火"後來不入灰韻而入戈韻，"爾"後來不入脂韻，而入支韻，又顯示著他們原來在元音之外，還與灰脂諸韻字有所不同。灰韻字中古是-uəi，脂韻是-ei，最後都有-i，-i就是古代*-d的遺留。反之"火"中古是-uɑ，"爾"是-ie，最後都沒有-i，那就表示他們原有的韻尾與*-d 不同，後來完全失落了。那個韻尾現在訂作*-r，在語音史中，-r完全失落的例子是很多的。」

　　董同龢在《漢語音韻學》裡對上古韻部的韻尾結論是：

　　「之、幽、宵、侯、魚、佳→*-g、*-k：蒸、中、東、陽、耕→*-ŋ 祭、脂、微→*-d、*-r、*-t：元、眞、文→*-n 緝、葉→（**-b）、*-p：侵、談→*-m

　　總結起來，在所有的韻部中，只有歌部是沒有韻尾的。」

　　陸志韋《古音說略》第二章〈中古陰聲字在上古音有不收-b、-d、-g的麼〉中說：

　　「《切韻》的陰聲跟入聲-p、-t、-k 陽聲-m、-n、-ŋ 相對待。在中古音他們是開音綴（open syllables）。在上古音大多數可以配入聲，那就應當是-b、-d、-g了。古音二十二部的收聲，憑《切韻》來推斷，好像是：歌不配入聲，上古音可疑。段氏以爲歌支同入，可是沒有說明理由。

侵收	—m	葉收—p（—b）	
談	同	緝	同
元	—n	至配入聲—t，收—d、—t。	
文	同	祭	同
眞	同	之配入聲—k，收—g、—k。	
東	—ŋ	幽	同
中	同	宵	同
陽	同	侯	同
耕	同	魚	同
蒸	同	支配入聲—t，收—d、—t	
		又—k，收—g、—k	
		脂	同」

　　將陰聲諸部擬測爲有-b、-d、-g、-r 諸類輔音韻尾，在說明陰聲與入聲諸部協韻與諧聲之關係，確實有其方便之處。可是若以爲古音情形確有-b、-d、-g、-r 諸類韻尾，則我先民之語音就顯得特別奇怪，語音中以元音收尾之開音節出奇貧乏。王力《漢語史稿・第二章語音的發展・第十一節上古的語音系統》說云：

　　「高本漢拘泥於諧聲偏旁相通的痕跡，於是把之幽宵支四部的全部和魚部的一半都擬成入聲韻（收-g），又把脂微兩部和歌部的一部分擬成爲收-r的韻，於是只剩下侯部和魚歌的一部分是以元音收尾的韻，即所謂"開音節"。世界上沒有任何一種語言的開音節是像這樣貧乏的。（倒是有相反的情形，例如彝語〔哈尼語等〕的開口音節特別豐富，而閉音節特別少。）只要以常識判斷，就能知道高本漢的錯誤。這種推斷完全是一種形式主義。這樣也使上古韻文失掉聲韻鏗鏘的優點；而我們是有充分理由證明上古的語音不是這樣的。」

　　王力後來在《漢語音韻・第八章古音下》談到陰陽兩分法與
陰陽入三分法時說：「陰陽兩分法和陰陽入三分法的根本分歧，
是由于前者是純然依照先秦韻文來作客觀的歸納，後者則是在前
者的基礎上，再按照語音系統進行判斷。……具體說來，兩派的
主要分歧表現在職覺藥屋鐸錫六部是否獨立。這六部都是收音
于-k的入聲字。如果併入了陰聲，我們怎樣了解陰聲呢？如果說
陰聲之幽宵侯魚支六部旣以元音收尾，又以清塞音-k 收尾，那
麼，顯然不是同一性質的韻，何不讓它們分開呢？況且，收音
于-p的緝葉、收音于-t的質物月都獨立起來了，只有收音于-k的
不讓它們獨立，在理論上也講不通。旣然認爲同部，必須認爲收
音是相同的。要末就像孔廣森那樣，否認上古有收-k的入聲，要
末就像西洋某些漢學家所爲，連之幽宵侯魚支六部都認爲也是收
輔音的。〔例如西門（Walter Simon）和高本漢（B. Karlg-
ren）。西門做得最徹底，六部都認爲是收濁擦音ɣ；高本漢顧慮
到開口音節太少了，所以只讓之幽宵支四部及魚一部分收濁塞音
g。）我們認爲兩種做法都不對。如果像孔廣森那樣，否定了上
古的-k 尾，那麼中古的-k 尾是怎樣發展來的呢？如果像某些漢
學家那樣，連之幽宵侯魚支六部都收塞音（或擦音），那麼，上
古漢語的開音節那樣貧乏，也是不能想像的。王力之所以放棄了
早年的主張，采用了陰陽入三聲分立的說法，就是這個緣故。」

　　王力在《漢語語音史・先秦韻部的音值擬測問題》一節，不
但批評高本漢將魚侯分擬爲元音韻尾與濁塞音韻尾分歧之無據，
同時也批評陸志韋與董同龢擬音之非是。王力說：

　　「陸志韋、董同龢都批評了高本漢的不徹底，他們把高本漢
的魚部甲乙兩部并爲一部，一律擬測爲-ɑg，侯部甲乙兩部并爲
一部，一律擬測爲-ug。徹底是徹底了，但是更加不合理了。據

我所知，世界各種語言一般都有開音節（元音收尾）和閉音節（輔音收尾）。個別語言（如哈尼語）只有開音節，沒有閉音節；但是，我們沒有看見過只有閉音節，沒有開音節的語言。如果把先秦古韻一律擬測成爲閉音節，那將是一種虛構的語言。高本漢之所以不徹底，也許是爲了保留少數開音節。但是他的閉音節已經是夠多的了，仍舊可以認爲是虛構的語言。

　　把之支魚侯宵幽六部擬測爲-g、-k兩種韻尾，也是站不住腳的。大家知道，漢語入聲字的塞音韻尾都是一種唯閉音（只有成阻，沒有除阻），叫做"不爆破"，唯閉音要聽出清濁兩種塞音來是困難的，它不像英語的塞音收尾一般是爆破音，清濁可以分辨出來。因此，高氏的-g、-k分立也是一種虛構。」

　　王力不但批評高本漢、陸志韋、董同龢諸人的-g尾說，也批評高氏等之-r、-d韻尾說。王力說：

　　「高氏于脂部字和歌部一小部分字都擬測一個-r尾，這是從諧聲偏旁看問題。斤聲有"旂"，軍聲有"輝"等，文微對轉，高氏以爲文部旣收音于-n，微部（高氏幷入脂部）應該收音于-r（-n與-r發音部位相同）。高氏的歌部甲，果聲有"裸"，爾聲有"獼"等，高氏以爲可見-n，-r相通；妥聲有"綏"，衰聲有"蓑"〈"衰"即"蓑"的本字）等，高氏以爲脂微旣收尾于-r，歌部甲也應收尾于-r。

　　這些論據都是很脆弱的。現在我們把脂微歌三部擬測爲-i尾，-i是舌面元音，不是也可以和舌面-n尾對轉嗎？

　　高氏把物質月各分兩類，去聲收-d，入聲收-t，陸志韋、董同龢更進一步，把脂微兩部也一律收-d。這個錯誤和高氏把之支魚侯宵幽六部擬測爲-g、-k的錯誤是一樣的。唯閉音韻尾不可能有清濁音，上古去入爲一類，不宜分爲兩類。陸志韋把歌部擬測爲-g，那更可怪了。」

　　我撰《古音學發微》時，亦不贊成收-b、-d、-g、-r 韻尾說。我提出反對之理由爲：

　　「因爲陰聲諸部若收濁塞音韻尾-b、-d、-g，則與收清塞音-p、-t、-k韻尾之入聲相異，不過清濁之間，則其相差實在細微，簡直可將陰聲視爲入聲，如此則陰入之關係當更密切，其密切之程度當有如聲母之端 t-、透 t'-、定 d'-見 k-、溪 k'-、群 g'-，幫 p-、滂 p'-、並 b'-之視作古雙聲，可互相諧聲。然而不然，陰入之關係並不如此密切。《廣韻》陰聲之去聲，爲古韻入聲部所發展而成，關係密切除外，《廣韻》陰聲之平上聲與入聲之關係，實微不足道。若陰聲收有-b、-d、-g韻尾，平上去與入之關係當平衡發展，相差不至如此之大，易言之，即陰聲之平上聲與入聲之關係，亦當如去聲與入聲關係之密切。今既不然，可見收-b、-d、-g韻尾一說，尚難置信。

　　前代古韻學家向以入聲爲陰陽對轉之樞紐，今若陰聲收-b、-d、-g 韻尾，則陰聲當爲陽入對轉之樞紐，因-b、-d、-g 與入聲之-p、-t、-k 同爲塞聲，又與陽聲之-m、-n、-ŋ 同爲濁聲。易言之，即陰陽之關係遠較陽入之關係密切，然而事實上不然，陽入對應之關係遠較陰陽對應之關係爲密切，何以言之，從上古到中古，入聲韻部多與陽聲韻部相配整齊，而與陰聲韻部之相配則較參差。

　　近代方言中，凡入聲失去韻尾後，其聲調多轉入其他各類聲調。以是言之，若陰聲有-b、-d、-g韻尾，則其失去韻尾，當起聲調變化，今陰聲聲調之調類既仍未變，則陰聲有輔音韻尾之說，似亦難以採信。林語堂氏〈支脂之三部古讀考〉駁珂羅倔倫之部收-g 音說一節以爲：『承認之部古讀珂先生所假定的-g 音一說，約有四五點困難。』其第三點云：『由諧聲偏旁觀察，也是很少收-g的痕跡。如之咍部中平聲上聲从之、从目、从絲、从其、从臣、从里、从才、从茲、从來、从思、从不、从龜、从某、从母、从尤、从郵、从丘、从牛、从止、从喜、从己、从已、从史、从有、从耳、从子、从仕、从梓、从在、从意、从久、从婦、从負的字，十成之九都沒有入聲或收-g音的痕跡。只有"有、里、不"含有一些線索可尋，若之咍讀-g，轉變痕跡似乎不應悉數湮沒。』其第五點云：『-g的假定，於音調的音理上也有極大的難關。若之咍部收-g音，就此部平上聲的區別，幾乎無法解明。字頭的音母（initial voiced consonants）使字發音降低成爲濁音，這是大家所知道的。珂氏從前假定"例、試"等字收-g音，也相信此g足使聲調轉低而成去聲。我的個人觀察，在英文中（德文字末d、g盡變氣母，故不能舉例）收b、d、g的音倒是使韻母上升，然後略降。如card bird dog等字，若將card與cart比較，bird與bert比較，可以容易看出這收g音字調的升勢。但是升是降，現且不管，若之咍古盡讀收g，則此部的字調應該一律，即使g失掉之後，這聲調也應該保存著，如有變動，也是一律的變動，不應有如《毛詩》用韻平上這樣顯然的分別。我想這五層困難中，此層是最難打破的，因此我覺得很難相信之咍部讀收g音。』林氏雖舉之部而言，推之其他各部，亦莫不皆然。

從《詩》三百篇摹聲字觀之，三百篇摹聲字據魏建功氏所統計，其屬陰聲者有：

喈喈：寫兩類聲音。

⑴禽聲───黃鳥、雞鳴、倉庚、鳳凰。

⑵金聲───八鸞、鐘。

　　以上脂部。

虺虺：寫雷聲。

鸒：寫雉鳴聲。

　　以上微部。

吁：寫嘆聲。

呱：寫哭聲。

許許：寫伐木聲、人舉力聲。

　　以上魚部。

喓喓：寫蟲鳴聲。

嗷嗷：寫鴻雁哀鳴。

交交：寫黃鳥、桑扈鳴。

嘵嘵：寫哀音。

　　以上宵部。

膠膠：寫雞鳴。

叟叟：寫淅米聲。

呦呦：寫鹿鳴。

蕭蕭：寫馬鳴。

瀟瀟：寫風雨聲。

　　以上幽部。

因此，魏建功在〈陰陽入三聲考〉一文云：

『我們實在難以相信：

⑴嘆息的聲音（吁）和哭的聲音（呱）末尾可以附-k；

⑵伐木聲，衆用力的聲音（許）末尾也附上了-k！

我們也難相信：

⑴群蟲鳴聲的末尾有-k 作 jɔk 或 iɔk（jauk、jaok、iauk、ia
ok），而人的哀音也是有-k 尾音作 jɔk 或 iɔk（jauk、jaok、ia

uk、iɑok）的。

（2）哀鴻之聲作 ŋk 或ʔɔk（ŋauk、ŋɑok、auk、ɑok）而附加-k。

我們更難以相信：

（1）雞鳴不作 ko ko，而作 kok kok；

（2）淘米的聲音不作 so so，而作 sok sok；

（3）鹿叫的聲音不作 jo jo，竟至於ʔo ʔo，而作ʔok ʔok，jok jok；

（4）馬鳴聲不作 ho ho，而作 hok hok；

（5）風雨聲不作 so so，而作 sok sok！』

按魏氏舉自然之聲，以證陰聲諸部爲純元音收韻，不收韻尾-p、-t、-k者是也；同理，自然之聲收-p、-t、-k清塞音韻尾固然不肯，若收-b、-d、-g濁塞音韻尾亦依然不肯，與實際聲音不類。」

我之此說，得龍宇純兄之聲援，龍宇純〈上古陰聲字具輔音韻尾說檢討〉（中央研究院歷史語言研究所集刊第五十本第四分）一文，對於我提出之第一點理由，深爲贊同。龍兄說：

「但其第一點，從 p／b，t／d，及 k／g 出現聲母時的密切現象，觀察其出現韻尾時的接觸情況，以否定陰聲字具有-b、-d、-g 尾之說，私意則以爲極具巧思。陰聲字具-b、-d、-g 尾，則與-p、-t、-k 尾的入聲但有清濁不同的細微差別，對於舒聲而言，同是促聲。收-p、-t、-k 尾者謂之入聲，-b、-d、-g 尾亦可以入聲視之。是故胡適之先生即嘗謂爲入聲；而李方桂先生的《上古音研究》亦一則說『-b、-d、-g 等這種輔音是否眞的濁音，我們實在沒有什麼很好的證據去解決他。』再則說：『語言上-b跟-p，-d跟-t，-g跟-k 等並不一定含有清濁等的區別。』可以想見二者關係之密切。且藉令二者發音上確有清濁之分，叶韻

上不當形成平上去三聲唯去聲與入聲關係密切而平上則否的不
同，應該是可以斷言的。今以清濁塞音之見於字首者，關係之
密切如彼，而見於字尾者則如此，兩相比照，確然可以顯現-b、
d、-g尾說的缺陷。」

　　此文〈後記〉，龍兄又附上一些在史語所與其同仁討論時之
意見，亦可作爲本人之奧援，因一併引錄於此，可對照參考。龍
兄說：

　　「同仁說：『用陳新雄說，以聲母關係之密切證韻尾之關
係，似缺理論上之根據。任何語言之聲母與韻尾，未必有平行關
係。例如今漢語方言聲母有n、ŋ兩種且從不相混，而韻尾之n、
ŋ則時常相混，彼此並不平行，未便引此證彼。』宇純案：世界
上本沒有絕對可以比擬的事物，也似乎沒有絕對不可比擬的事
物。這裡所比擬的是同屬漢語的兩個音素，不過出現於字音有首
尾之異；現象固未必平行，亦不見其必不當平行。且以情理論，
清楚明辨出現於聲母時發音不同的p、b在諧聲行爲上混然一體，
卻在只是一種勢態出現於韻尾時，諧聲行爲幾乎壁壘分明，鮮見
溝通，而我們面對此種情況竟然熟視無睹，私心總以爲很可怪
異。再說，同仁用漢語的 n、ŋ 出現於字首字尾的不同現象來說
明陳文比擬 p、b 的不當，當然也用的是比擬法，二者之間是否
行爲當然平行，且不去計較；可是根據『聲母上從不相混的n、
ŋ，韻尾上卻時常相混。』得到結論究竟該是：『聲母上相混的
p、b，韻尾上更應該相混』呢？還是：『聲母上相混的 p、b，
韻尾上便當相反的必不相混？』我的意思當然覺得前者較爲自
然，而此例便不啻爲新雄兄文添了助力。」

　　「同仁說：『韻尾如有p／b，t／d，k／g之分，其語音
實際情形雖然無法確指，而其區別必然存在。對押韻而言，因其

部位、方法皆相同，致有互押現象。至於去入關係密切，平上則否，則爲另一層次之問題，任何擬音系統皆有同樣問題，與陰聲字有無輔音韻尾並無特別關係；沒有韻尾，問題仍然存在。』宇純案：經過一再改易的本文第三節已經指出，叶韻當以韻母的同近爲主要條件，聲調的相同只是次要條件。所謂主要、次要兩條件可能相當於同仁所說而未明言的兩個層次。依乎這一觀念去了解，我的結論仍然是無輔音韻尾之說爲勝。」

龍兄此文除對我之此說加以伸張之外，另外提出陰陽入相配問題，認爲中古時，入聲不獨配陽聲，亦兼配陰聲，而中古時陰聲既可配入聲與陽聲，則上古陰聲與入聲之關係，似不必另作他想，爲上古陰聲擬出-b、-d、-g韻尾。其次從後世有韻之文押韻情況，只要元音相同或相近，並不需要韻尾有什麼關係。

其三從雙音節詞合爲單音節詞現象看來，如果陰聲有-b、-d、-g韻尾存在，反而不易合成一單音節詞。

其四由於文字之制作，非一時一地，則同形異字之情形，乃勢所不免。如夕既可作月，也可作夕，帚既可爲帚，又可爲婦，十既爲甲，又爲七，田爲周，又爲田。彼此之間，並無任何聲韻之聯系。

其五根據詩韻與諧聲，如之部字既通蒸部，亦通文部，復通侵部，則以韻尾-b、-d、-g亦難加以解釋。故龍兄不主張上古陰聲有濁塞音韻尾說。

其後再發表〈再論上古音－b尾說〉一文（臺灣大學中文系印行《臺大中文系學報》創刊號），列舉三十六字，加以縱橫條貫，旁牽博引，最後結論，古漢語曾否有過-b尾問題，渺遠難稽。如果說《說文》若干諧聲字表示諧聲時代有過-b尾，則一無憑證。

　　與龍宇純兄發表〈上古陰聲字具輔音韻尾說檢討〉一文之同時，丁邦新兄亦發表〈上古漢語的音節結構〉一文，主張上古音之音節結構爲 cvc，亦即是上古音當中無開音節。丁兄文中特別提及我在《古音學發微》中對陰聲韻收 -b、-d、-g 韻尾之質疑。丁兄爲具有韻尾說提出辯護，因此亦當針對丁邦新之辯解，略抒我見。丁邦新兄云：

　　「陳新雄（1972:984-987）指出，如果陰聲字有韻尾，平上去跟入的關係應當平衡發展，何以平上跟入的關係比較疏遠？陰聲尾 -b、-d、-g 與入聲尾 -p、-t、-k 同爲塞音，與陽聲尾 -m、-n、-ŋ 又同爲濁音，陰陽的關係在韻部相配時何以反較陽入爲遠？陰聲韻尾失落，聲調應起變化，陰聲調既未變，可見陰聲尾之有無難以說定。這三個理由都可以解釋，第一，董同龢先師有四聲三調說，去入關係密切，可能因爲韻尾相近之外，調值又相同；而平上聲的調值和入聲不同，只有韻尾相近，因此也只有少數的諧聲或通押。第二、上古陰入同部，跟陽聲韻的關係不容易看出區別，但是歌部字沒有入聲，卻與陽聲的元部字有諧聲、押韻的現象。漢代以後，陰聲韻尾發生變化，到中古已完全消失，自然保持韻尾的陽入關係顯得密切。第三、陰聲韻尾消失，聲調的調類也許不變，而調值卻可能有大不同，不敢說"陰聲調未變"。同時，有的韻尾消失未必影響聲調，現代方言中入聲韻尾失落，而聲調仍舊獨立的有許多地方，如湘語、四川的一部份，都是入聲調獨立，既無韻尾，也不短促。入聲消失併入他調的情形，有很多證據顯示，因爲原來調值就相近的緣故。」

　　關於丁邦新第一點解釋，乃根據董同龢《漢語音韻學》（p. 312）之推測，認爲「去入韻尾不同（*-d：*-t 或 *-g：*-k）而多兼叶，是因爲調值似近。」董氏此說只是主觀之推測意見，並無若何語言上之佐證，其正確性不能不令人存疑。王力在《漢語史稿‧第十六節上古聲調的發展》說：「中古漢語聲調的實際調值不可詳考。」中古聲調之調值尚不可考，更遑論上古漢語之聲調調值。而且無論上古抑中古，調類容易掌握，調值實所未知。以一未知之上古聲調之調值，而放言其去入關係密切，乃因調值之相同。此點實在不易令人信服。試以今日之漢語方言而論，其調類分爲陰平、陽平、上聲、去聲四類者，據《漢語方音字匯》所載，計有北京、濟南、西安、漢口、成都五地，在調類方面皆以"巴""東"爲陰平，"麻""同"爲陽平，"馬""黨"爲上聲，"罵""衆"爲去聲。此類字聲調之歸類，以上五地皆相同，但是調值則大相逕庭。茲表列如下：

	陰平	陽平	上聲	去聲
北京	55	35	214	51
濟南	213	42	55	31
西安	21	24	453	45
漢口	55	213	42	35
成都	44	31	53	13

可以說除北京與漢口陰平調值相同之外，其他聲調，五地竟無一相同者。由於方言實際情況如此，而推測上古音聲調去入調值相同，實無絲毫證據，可資依信。則丁邦新第一項解釋，並不足以令人信服。

第二項解釋，上古陰入是否同部，這是我們先要決定陰聲是否有*-b、*-d、*-g 韻尾，如果陰聲根本沒有輔音韻尾，怎麼可以說陰入同部？這不是倒果爲因嗎？，吾人說陽入關係密切，在十二類三十二部之中，陽入相配之韻部計有：元月、眞質、諄

沒、耕錫、陽鐸、東屋、冬覺、蒸職、侵緝、添怗、談盍等十一
類；陰入相配者有：歌月、脂質、微沒、支錫、魚鐸、侯屋、宵
藥、幽覺、之職九類；而陰陽相配者僅有：歌元、眞脂、諄微、
耕支、陽魚、東侯、冬幽、蒸之八類。在數量上較陽入相配、陰
入相配皆少。按理陰聲若有*-b、*-d、*-g 韻尾，與陽聲同爲濁
音，與入聲同爲塞音，則陰聲與陽聲及入聲之關係應較入聲與陰
陽之關係爲密切方是。現今相配之關係，正足以說明陰聲非收輔
音韻尾，入聲以收閉而不爆（implosive）之塞聲，聽覺上頗似陰
聲，而其塞音又與陽聲之鼻音在發音部位上取得對應之關係，故
入聲乃介 於陰陽之間，是以前代古音學家以入聲爲陰陽相配之
樞紐也。

　　第三項解釋，又牽涉到調值問題，此又爲一項未知數，調值
究竟有無如丁兄所謂「大不相同」，實在並無任何證據。但是在
調類上並沒有改變，這確實是一項事實，不容抹煞。我所說近代
方言中入聲失去韻尾後，多轉入其他各聲，在上述無入聲之五種
方言中皆然。例如“發”北京、濟南、西安入陰平調，漢口、成
都爲陽平；“答”濟南、西安變陰平，北京、漢口、成都轉陽
平；“册”濟南、西安變陰平，漢口、成都轉陽平，北京爲上
聲。縱然長沙失去韻尾後，仍保留爲入聲調，但較其多少論之，
則我所謂「近代方言中，凡入聲失去韻尾後，其聲調多轉入其他
各聲。」仍舊是站在住腳，在理論上沒有什麼說不過去。就事論
事，丁邦新三項解釋，並不能爲主張陰聲有輔音韻尾說之主張，
增添任何強有力之證據。

　　余迺永撰《上古音系研究》，於余此說亦持反對之意見，至
於二、三兩點全引丁邦新說，則已辯解如上。惟第一點，除引他
人之說，以爲聲母與韻尾未必有平行之關係，如漢語方言n、

ŋ聲母分析甚明，而韻尾即時常相混，關於此點，宇純兄在前所引文之〈附記〉中已加辯駁，固毋庸深辯。惟余氏指出聲母之交通，乃因受詞語結構之關係，並提出方*pjang：旁*bang；帝*tifis：締*difis：収*kjung?：共*gjungs 等例證，以證成其說。此說如果成立，則構詞方面，只應有聲母之變化，而不應有韻尾之變化存在，然觀《廣韻》宿（住宿）息逐切：宿（星宿）息救切；惡（善惡）烏各切：惡（憎惡）烏路切；出（進出）赤律切：出尺類切；易（變易）羊益切：易（簡易）以豉切。此種構詞法，顯然是由於韻尾之不同，如照高氏等韻尾說，則亦可擬作宿*sjuk：宿*sjug；惡 *?ak：惡 *?ag；出 *stjuət：出 *stjuəd；易 *rek：*易 reg。其區別只是韻尾之不同。我說去聲爲入聲變來，其關係密切，固無待言。但平上二聲與入聲之間，則不見此種平行關係。可見余氏此說全無根據，乃強爲之說耳。

我在《古音學發微》中，因爲要照顧一陰聲韻，不同時與一個以上不同之陽聲或入聲發生對轉之現象，將歌、脂、微、支、魚、侯、幽、之八部，分別擬成 a、æ、ɛ、ɒ、ɑ、o、ɔ、ə、ə八個元音。因爲既不贊成陰聲各部有輔音韻尾，乃不得已而出此。其實研究上古音各家，如果所擬之元音較多，則所需之介音與韻尾就可少擬；如果元音少擬，則介音與韻尾勢必加多。如前文所言，元音已減爲三，則勢不能不增韻尾，今既不贊成輔音韻尾，則不得不採用元音韻尾，王力與龍宇純均提出-i、-u 兩種元音韻尾，我認爲甚爲可採。高本漢之-b、-d、-g，-b 因爲存在數量少，今姑不論，其-d、-g 兩種韻尾，西門華德擬作-ð、-ɤ，班尼迪（Paul k. Benedict）認爲高本漢之-d、-g 乃源自自藏緬語*-y、*-w 兩種韻尾變來。實際上班氏之-y 即-j。*-j 與*-w 固可說爲半元音，亦可說爲擦音。

王力在《類音研究》中說：

「摩擦音與元音很相近，只要把摩擦音取消了摩擦性，就成爲元音，所以他（指潘耒）把元音與摩擦音認爲同類是有相當理由的。」

旣然摩擦音減其摩擦性，就與元音無別，則吾人以元音之-i及-u作爲韻尾，旣照顧到高氏等之區別，又能照顧上古漢語開音節不致缺乏問題。今於上古韻尾，吾人作下列之假定：

⑴陽聲東、多二部收圓脣舌根鼻音韻尾－uŋ，入聲屋、覺、藥三部收圓脣舌根塞音韻尾－ uk，與其相配之陰聲侯、幽、宵三部收舌面後高元音韻尾－u。

⑵陽聲耕、陽、蒸三部收舌根鼻音韻尾－ŋ，入聲錫、鐸、職三部收舌根塞音韻尾－k，與其相配之陰聲支、魚、之三部無韻尾－ɸ。

⑶陽聲元、眞、諄三部收舌尖鼻音－n，入聲月、質、沒三部收舌尖塞音－ t，與其相配之陰聲歌、脂、微三部收舌面前高元音韻尾－ i。

⑷陽聲侵、添、談三部收雙脣鼻音韻尾－m，入聲緝、怗、盍三部收雙脣塞音韻尾－ p。

另外還有一點補充，過去我對於聲調之看法，相信王力陰陽二類音爲舒聲，入聲爲促聲，舒促各分長短，舒而長變爲中古之平聲，舒而短變爲中古之上聲，促而長變爲中古之去聲，促而短變爲中古之入聲。但王力此說有一致命之缺點，即照此推理，中古之去聲如由長入變來，失去韻尾將變陰聲，然則陽聲之去從何而來？

關於此點，蘇聯謝・叶・雅洪托夫（S.E.Yakhontov）〈上古漢語的韻母系統〉一文，對於王力說法，提出極具深思之補充意見，頗能補王力此處之不足。雅洪托夫云：

「王力用另一種方法來解決輔音韻尾問題。他否認上古漢語有過非鼻音的濁輔音韻尾。在高本漢構擬*-r 的地方，王力構擬的是*-i。他認爲，其餘各部平聲和上聲的陰聲字，以前一直是開音節。其次王力設想在上古漢語裡有過長、短兩種聲調。有*-p、*-t、*-k 韻尾的長調字後來失落了這些輔音，開始念去聲，而短調字則保留了這些輔音韻尾。在有鼻輔音韻尾的字和開音節字裡，長調發展爲平聲，短調發展爲上聲。這樣，照王力的看法，"背""萃"在上古相應地念*puək 和*dzhi̯ət，即有清輔音韻尾，卻是長調字。

但王力的理論不能解釋沒有*-p、*-t、*-k 韻尾的字（如有鼻音韻尾的字）是怎樣產生去聲的，也不能解釋爲什麼在任何字中去聲能成爲一種構詞手段。

奧德里古（A.G.Haudricourt）對去聲提出了與衆不同的解決辦法。他推測去聲字最初曾存在具有構詞後綴作用的輔音韻尾*-s。*-s 能跟任何字，甚至帶-p、-t、-k 韻尾的字合在一起。後來*-s 前的輔音起了變化或脫落了。帶*-s 的字（不管是陰聲還是陽聲）變作去聲；最後，*-s 本身也脫落了。奧德里古爲屬入聲韻或單獨成韻的去聲字（即"背puqi³""萃dzhʷi³"這些字）構擬了複輔音韻尾-ks、-ts、-ps。至於平或上聲的陰聲字，奧德里古則同王力一樣，推測它們曾是開音節或曾有過半元音韻尾。」

此外，雅洪托夫又從藏緬語族與漢語之比較上，看出無任何直接證據證明上古漢 語曾有過-d 和-g 韻尾。雅洪托夫說：

「收集外來語資料，畢竟能爲構擬上古漢語語音提供些東西，衆所周知，魚部（平聲）字在漢代可用來記錄外語詞匯中含元音-a 的音節。例如：用"烏ʔuo"記錄亞歷山大城的第一個音節，用“屠 dhuo”或“圖 dhuo”記錄 budda 的第二個音節。藏緬語族（如藏語和彝語）以-a 收尾的詞，通常也跟魚部（平聲及上聲）字對應：“魚 ngio”，藏語念 ńa；“五 ngio”，藏語念 lnga（彝語支的撒尼彝語，這兩個詞都念 nga）。這些對應關係相當清楚地表明，歸到魚部的平聲和上聲字，上古音中有元音-a（或*ɑ），而沒有輔音韻尾。這些材料對說明奧德里古和王力“平聲和上聲的陰聲字沒有輔音韻尾”的觀點是有利的。

我們沒有任何直接證據來證明上古漢語有過*d 和*g 韻尾。至於去聲的*-s 韻尾，奧德里古在越南語的漢語借詞裡找到了遺跡。此外，無論在哪一種我們熟悉的與漢語有親屬關係的語言中，非鼻音的輔音韻尾都不分清濁；還有，與漢語屬同一語系的古藏語是有後綴-s 的。」

雅洪托夫對漢語上古韻尾之結論，雅氏說：

「漢語最初除了有中古的六個輔音韻尾，脂部還有過*-r，（原注：或照王力的看法是*-i。）所有音節還有過*-s。*-s能綴於其他輔音韻尾之後。」

鄭張尚芳在〈上古入聲韻尾的清濁問題〉一文之結論，認為去聲收－s（包括－bs、－ds、－gs 及響音尾帶－s），鄭張之 b、d、g 實即本篇之 p、t、k。易言之在上古音中有－ps、－ts、－ks 及響音－ms、－ns、－ŋs 多種韻尾，此類韻尾，至中古皆變作去聲。關於帶－s 韻尾之問題，將來談及聲調之演變時，尚有詳細之討論，此處暫時打住。

行文至此，應該申說之理由大概已經說盡。必然會有人提出，若支、魚、之三部為開音節，無任何韻尾，則支部韻母為 e，何以專配錫ek、耕eŋ，而不配質et、眞en，也不配怗ep 與添em；魚為 a，何以專配鐸 ak、陽 aŋ，不配月 at、元 an，也不

配盍 ap、談 am；之爲ə，何以專配職ək、蒸əŋ，不配沒ət、諄ə
n，也不配緝əp、侵əm。此諸韻不與舌尖音韻尾相配者，因爲已
有脂ɐi、歌 ai、微əi 三部收舌面前高元音之陰聲在故，至於不配
雙脣音韻尾之故，則因雙脣音失去韻尾之前，其韻尾若不變舌尖
音韻尾 t、n，則變舌根音韻尾 k、ŋ。若變爲舌尖與舌根韻尾，
則其對轉之韻，自非雙脣音矣。在諧聲與諧韻方面，也並非絲毫
未有關係者，如在ə與存ən，治ə與任əm，見《大戴禮・五帝德
篇》。茲ə與沫ət，見《楚辭・離騷》。治ə與集əp，見《大戴禮
・虞戴德篇》。去 a 諧怯 ap，古聲 a 有敢 am，闕 a 讀若爲 an、
虍聲 a 有虜 an。巤ɐ肉聲ɐt，睼ɐ讀若瑱ɐn 等等，皆其相轉之跡
也，不過較少而已。龍宇純兄曾舉魚部陰聲字a，旣同時與ak及
ap諧聲叶韻，在此一問題上，豈不正足以讓吾人釋然於心者乎！

第十四節　古韻三十二部之韻母

　　爲明瞭三十二部之詳細韻母，且先將此三十二部之主要元音
及韻尾列表於下：

韻尾＼元音	ə	ɐ	a
-ɸ	ə 之	ɐ 支	a 魚
-k	ək 職	ɐk 錫	ak 鐸
-ŋ	əŋ 蒸	ɐŋ 耕	aŋ 陽
-u	əu 幽	ɐu 宵	au 侯
-uʁ	əuʁ 覺	ɐuʁ 藥	auʁ 屋
-uŋ	əuŋ 冬	o	auŋ 東
-i	əi 微	ɐi 脂	ai 歌
-t	ət 沒	ɐt 質	at 月
-n	ən 諄	ɐn 眞	an 元
-p	əp 緝	ɐp 怗	ap 盍
-m	əm 侵	ɐm 添	am 談

　　至於三十二部如何擬成表中之韻值，請參考拙箸《古音研究·第二章古韻研究·古韻三十二部音讀之擬測》，此不細贅。

　　第一類　歌[ai]—月[at]—元[an]

【一】歌部韻母：

　　ai 歌開 [153] [喉牙]歌軻俄河阿，可我，餓。[舌]多它紽那儺羅。[齒]磋，左。[脣]波頗婆摩，磨。

　　rai 麻開 [喉牙]加嘉，駕。[齒]差沙。[脣]麻。

　　rɪai 支開[喉牙]羈奇儀宜義猗。[舌]移離施。[脣]披皮疲麗，彼被靡。

　　uai 戈合[喉牙]科訛禾和，果禍，過課臥貨。

　　ruai 麻合[喉]媧蝸，瓦裸，化。

153　韻目爲《廣韻》二百零六韻，開合指廣義的開口與合口，下倣此。

rịuai 支合[喉]媯虧危為麾，詭跪。[舌]吹垂。[齒]隨。

【二】月部韻母

at 曷開〔喉牙〕葛割渴曷褐遏。〔舌〕怛達獺。

ats 泰開〔喉牙〕蓋丐艾藹。〔舌〕帶泰大奈賴。〔齒〕蔡。

rat 鎋開〔喉牙〕轄鬞。

rat 黠開〔脣〕拔。

rats 夬開〔舌〕蠆。

ṛat 祭開〔喉牙〕藝。〔舌〕曳滯厲例制世筮勢。〔齒〕祭
際。〔脣〕蔽敝幣袂。

rịat 薛開〔舌〕哲列折舌熱。〔齒〕泄褻薛。〔脣〕瞥敝別滅。

rịat 月開〔喉牙〕揭訐褐竭歇。

rịats 廢開〔喉牙〕猰。

iat 屑開〔喉牙〕絜齧槷蘗。〔齒〕截楔。

iats 霽開〔喉牙〕契薊。〔舌〕蠣。

uat 末合〔喉牙〕栝闊豁活斡。〔舌〕撥脫奪捋。〔齒〕
撮。〔脣〕撥末。

uats 泰合〔喉牙〕檜外會繪。〔舌〕蛻兌。〔齒〕最。
〔脣〕貝沛

ruat 鎋合〔喉牙〕刮。

ruats 夬合〔喉牙〕夬噲快話。〔脣〕敗邁。

uat 薛合〔舌〕輟啜悅閱劣埒說。〔齒〕絕雪。

rịuat 月合〔喉牙〕厥闕月越粵曰。〔脣〕發髮伐罰襪。

uats 祭合〔喉牙〕衛彗。〔舌〕綴銳叡贅。

rịuats 廢合〔脣〕廢肺吠。

iuat 屑合〔喉〕缺決抉。

iuats 霽合〔喉牙〕慧炔嘒。

【三】元部韻母

an 寒開〔喉牙〕干寒安。〔舌〕單歎壇難蘭。〔齒〕餐殘散。

ran 刪開〔喉牙〕姦顏。〔脣〕班斑攀蠻，慢。

ran 山開〔齒〕產琖鏟。

an 仙開〔舌〕延筵廛連旃氈然羶禪蟬涎。〔齒〕煎遷錢鮮仙。〔脣〕邊⑥。

rian 元開〔喉牙〕言軒蹇偃，建健憲獻。

ian 先開〔喉〕肩豜研燕。〔舌〕蓮，練。〔齒〕前，霰。〔脣〕片

uan 桓合〔喉〕觀冠官寬歡完丸桓。〔舌〕端團鸞，煖卵。〔齒〕纘。〔脣〕般盤，滿。

ruan 刪合〔喉〕關擐頑還彎。〔齒〕撰饌。

iuan 仙合〔舌〕緣沿傳椽攣專穿船，軟。〔齒〕鐫詮泉全宣旋。

riuan 元合〔喉牙〕元原援袁園轅垣冤，卷圈番蕃藩煩樊，萬曼

iuan 先開〔喉牙〕涓縣，犬畎。

第二類：脂〔ei〕質〔et〕眞〔en〕三部

【一】脂部韻母

rei 皆開〔喉牙〕皆偕階諧揩。〔齒〕齋。

riei 脂開。〔喉牙〕飢耆祁伊。〔舌〕夷犀雉履，脂鴟尸屍，示二。〔齒〕咨資私師。〔脣〕眉比美。

iei 齊開〔喉牙〕稽笄，詣。〔舌〕低梯黃泥。〔齒〕妻犀濟細。〔脣〕批迷陛米。

iuei 脂合〔喉牙〕夔葵，癸揆。〔齒〕穗。

iuei 霽合〔喉牙〕惠。

【二】質部韻母

ret 黠開〔喉牙〕黠。〔脣〕八。

rets 怪開〔脣〕扴。

i̯et 質開〔喉牙〕吉詰佶一壹。〔舌〕窒佚逸姪秩栗，質叱實日室失。〔脣〕必畢匹密謐。

i̯ets 至開〔喉牙〕棄季懿。〔舌〕致至。〔脣〕閟秘毖轡。

ri̯et 櫛開〔齒〕櫛瑟。

iet 屑開〔喉牙〕結拮欯噎。〔舌〕鐵迭跌咥涅。〔齒〕節切屑。

iets 霽開〔喉牙〕計猰殬噎。〔舌〕疐嚏替戾。〔脣〕閉。

i̯uet 術合〔喉牙〕歟。〔齒〕恤。

i̯uets 至合〔喉牙〕侐。

iuet 屑合〔喉牙〕血穴。

【二】眞部韻母

ren 山開〔喉牙〕鬒，齦鏗。

i̯en 眞開〔喉牙〕因姻，緊，印。〔舌〕珍寅陳塵鄰麟，眞神人仁申伸身。〔齒〕津親秦辛新薪。〔脣〕賓頻民。

ri̯en 臻開〔齒〕蓁榛溱臻莘。

ien 先開〔喉〕堅牽賢咽。〔舌〕顚天闐田塡畋年憐。〔齒〕千。〔脣〕扁編偏篇，徧丏眄麵。

i̯uen 諄合〔喉牙〕均。〔舌〕勻尹，閏。〔齒〕洵旬，筍，洵。

iuen 先合〔喉〕玄眩淵，衒。

第三類：微〔əi〕—沒〔ət〕—諄〔ən〕三部之韻母

【一】微部韻母

əi 咍開〔喉牙〕剴開，愷。

rəi 皆開〔脣〕排徘。

i̯əi 微開〔喉牙〕幾畿饑祈旂沂希衣，豈。

uəi 灰合〔喉牙〕瑰魁嵬峞回，傀。〔舌〕推隤雷罍，餒。〔齒〕崔罪。

ruəi 皆合〔喉牙〕乖懷淮槐，壞。

i̯uəi 微合〔喉牙〕歸魏揮輝韋圍威，鬼偉。〔脣〕飛非妃肥微。

【二】沒部韻母

ət 麧開〔喉牙〕麧齕紇。

əts 代開〔喉牙〕概溉慨愾愛。

i̯ət 迄開〔喉牙〕訖乞仡。

i̯əts 未開〔喉牙〕既暨氣毅。

uət 沒合〔喉牙〕骨兀軏。〔舌〕突納。〔齒〕卒猝。〔脣〕勃沒歿

uəts 隊合〔喉牙〕潰匱。〔舌〕對退隊內。〔齒〕淬碎。〔脣〕妹味悖。

i̯uət 物合〔喉牙〕屈掘鬱。〔脣〕弗拂佛物。

i̯uəts 未合〔喉牙〕貴渭謂彙畏尉慰。〔脣〕費沸未昧。

ri̯uət 術合〔舌〕茁黜聿律，出術。〔齒〕率。

ri̯uəts 至合〔舌〕位類。〔齒〕醉翠萃粹遂崇。

【三】諄部韻母

ən 痕開〔喉牙〕根垠痕恩。

rən 山開〔喉牙〕艱眼限。

i̯ən 欣開〔喉牙〕斤筋芹勤欣殷謹磔近隱靳。

ri̯ən 眞開〔喉牙〕巾銀禋。〔舌〕吝辰晨振震刃。〔脣〕邠彬貧旻。

ri̯ən 臻開〔齒〕詵。

i̯ən 先開〔舌〕典腆殿。〔齒〕先銑。

uən 魂合〔喉牙〕昆昏婚魂渾溫。〔舌〕敦屯豚論。〔齒〕尊村存孫飧。〔脣〕奔賁盆門。

ruən 山合〔喉牙〕鰥。

i̯uən 文合〔喉牙〕君群薰勳云雲耘。〔脣〕分芬焚墳文聞蚊。

ri̯uən 諄合〔喉牙〕麕困隕殞。〔舌〕倫淪允諄春脣純鶉淳。〔齒〕遵逡竣循巡。

第四類：支〔ɐ〕—錫〔ɐk〕—耕〔ɐŋ〕之韻母。

【一】支部韻母

rɐ 佳開〔喉牙〕佳街崖。齒柴。

i̯ɐ 支開〔喉牙〕歧祇跂企技。〔舌〕知褫豸支兒只眵紙氏是。〔齒〕呰雌疵斯。〔脣〕卑陴弭。

i̯ɐ 齊開〔喉牙〕雞谿倪醯兮樨啓。〔舌〕提題踶遞蠡。〔脣〕鼙。

ruɐ 佳合〔喉牙〕蛙卦。

i̯uɐ 支合〔喉牙〕規闚。

i̯uɐ 齊合〔喉牙〕圭閨奎攜。

【二】錫部韻母

rɐk 麥開〔喉牙〕隔厄軛。〔舌〕謫摘。〔齒〕賾簀策册。〔脣〕擘脈

rɐks 卦開〔喉牙〕懈解邂隘阸。〔脣〕派賣。

i̯ɐk 昔開〔喉牙〕益。〔舌〕易適。

i̯ɐks 寘開〔喉牙〕縊。〔舌〕易啻。〔齒〕刺漬賜。〔脣〕臂譬避。

i̯ɐk 錫開〔喉牙〕擊霓鶪。〔舌〕嫡滴逖逷狄敵歷曆。

〔齒〕績積錫析。〔脣〕壁霹覓糸汨。

iɛks 霽開〔喉牙〕繫係繼。〔舌〕帝禘。〔脣〕嬖。

ruɛk 麥合〔喉牙〕繣劃。

ruɛks 卦合〔喉牙〕畫澅。

i̯uɛk 昔合〔喉牙〕役。

iuɐk 錫合〔喉牙〕鄓鶪闃鶪。

【三】耕部韻母

rɐŋ 耕開〔喉牙〕耕硻鶯耿幸。〔齒〕爭。

i̯ɐŋ 清開〔喉牙〕輕嬰纓櫻。〔舌〕貞禎盈嬴呈程征聲成城。〔齒〕精旌清省姓。〔脣〕並名。

ri̯ɐŋ 庚開〔喉牙〕驚荆敬。〔脣〕平鳴。

ieŋ 青開〔喉牙〕經馨形刑陘。〔舌〕丁聽町廷亭庭靈寧。〔齒〕青星腥。〔脣〕屏冥。

ruɐŋ 耕合〔喉牙〕轟。

i̯uɐŋ 清合〔喉牙〕傾瓊頃。〔舌〕營穎潁。

ri̯uɐŋ 庚合〔喉牙〕榮。

iuɐŋ 青合〔喉牙〕坰扃熒炯迥。

第五類：魚〔a〕—鐸〔ak〕—陽〔aŋ〕三部之韻母。

【一】魚部韻母

a 模開〔喉牙〕姑枯吾呼胡烏。〔舌〕都徒奴盧。〔齒〕租粗俎蘇。

ra 麻開〔喉牙〕家牙瑕。〔脣〕巴馬。

i̯a 麻開〔舌〕野冶也遮車奢。〔齒〕邪且。

ri̯a 魚。〔喉牙〕居袪渠魚虛於。〔舌〕豬予除盧諸書如。〔齒〕雎胥徐初鋤疏。

ua 模合〔喉牙〕孤刳吳壺汙。〔脣〕鋪蒲謨。

rua 麻合〔喉牙〕瓜夸華。

ịua 虞合〔喉牙〕虞吁于宇羽禹懼。〔脣〕夫敷扶無。

【二】鐸部韻母

ak 鐸開〔喉牙〕各鄂。〔舌〕託柝鐸諾洛。〔齒〕作昨索。〔脣〕博薄亳莫。

aks 暮開〔喉牙〕惡。〔舌〕度路。〔齒〕錯阼訴㊹。〔脣〕慕暮墓。

rak 陌開〔喉牙〕格客額赫。〔舌〕宅澤擇。〔脣〕百白帛陌貊。

raks 禡開〔舌〕吒佗。〔齒〕詐乍。〔脣〕柏。

ịak 藥開〔喉〕腳卻。〔舌〕略斫若。〔齒〕鵲焇踖斮。

ịaks 禡開〔舌〕夜射赦。〔齒〕借藉謝。

rịak 陌開〔喉〕戟隙劇逆。

rịak 昔開〔舌〕液掖腋亦奕譯懌赤尺石。〔齒〕昔夕席。

uak 鐸合〔喉牙〕郭槨霍鑊穫。

uaks 暮合〔喉牙〕護。

ruak 陌合〔喉牙〕虢。

ruak 麥合〔喉牙〕獲。

ịuak 藥合〔喉牙〕矍攫。〔脣〕縛。

【三】陽部韻母

aŋ 唐開〔喉牙〕剛綱岡康卬。〔舌〕當湯堂唐狼。〔齒〕臧藏桑喪葬。

raŋ 庚開〔喉牙〕庚更羹阬行。

ịaŋ 陽開〔喉牙〕姜疆羌強香鄉央。〔舌〕張羊揚場長良梁糧涼。〔齒〕將牆襄相祥詳莊創床牀霜。

rịaŋ 庚開〔喉牙〕京卿迎英。〔脣〕兵明。

uaŋ 唐合〔喉牙〕光黃皇。〔脣〕旁茫。

ruaŋ 庚合〔喉牙〕觥橫。〔脣〕彭盲盟猛。

i̯uaŋ 陽合〔喉牙〕匡筐狂王況。〔脣〕方芳房亡忘。

ri̯uaŋ 庚合〔喉牙〕兄永泳。

第六類：侯〔au〕—屋〔auk〕—東〔auŋ〕三部之韻母。

【一】侯部韻母

au 侯開〔喉牙〕溝侯謳偶。〔舌〕兜偷頭孺婁。〔齒〕剿鯫走。

i̯au 虞開〔喉牙〕俱驅雛愚。〔舌〕誅俞廚朱殊儒輸父屢。〔齒〕趣需取聚芻雛。

【二】屋部韻母

auk 屋開〔喉牙〕穀轂谷哭斛屋。〔舌〕禿犢讀獨祿鹿。〔齒〕鏃族速餗。〔脣〕卜撲樸僕木沐。

auks 候開〔喉牙〕彀觳。〔舌〕噣竇耨鏤。〔齒〕蔟嗾漱。〔脣〕仆

rauk 覺開〔喉牙〕角玨殼愨岳嶽确渥。〔舌〕斲琢啄涿濁。〔齒〕捉浞。〔脣〕剝朴。

i̯auk 燭開〔喉牙〕曲欲浴局玉獄。〔舌〕斸躅綠錄燭觸辱束牘蜀屬。〔齒〕足促粟俗續。

i̯auks 遇開〔脣〕赴仆。〔齒〕楝。

【三】東部韻母

auŋ 東開〔喉牙〕公工空崆紅洪翁孔。〔舌〕東通同童籠聾。〔齒〕聰叢總送。〔脣〕蓬蒙。

rauŋ 江開〔喉牙〕江腔項巷。〔齒〕窗雙。〔脣〕邦龐尨蚌。

i̯auŋ 鍾合〔喉牙〕恭銎蚣顒凶雍。〔舌〕庸容重龍鍾鐘衝茸

春種踵。〔齒〕縱從松訟誦頌。〔脣〕封峰逢奉。

第七類：宵〔ɐu〕—藥〔ɐuk〕二部之韻母。

【一】宵部韻母

ɐu 豪開〔喉牙〕高敖豪。〔舌〕刀桃勞到盜。〔齒〕操繰。
〔脣〕毛旄

rɐu 肴開〔喉牙〕交肴孝教效。〔齒〕巢筲。

i̯ɐu 宵開〔喉牙〕驕翹鴞要。〔舌〕朝超姚搖昭弨韶少。
〔齒〕焦譙消悄小笑。〔脣〕鑣苗表廟

i̯ɐu 蕭開〔喉牙〕梟堯。〔舌〕貂挑苕燎窔。

【二】藥部韻母

ɐuk 鐸開〔喉牙〕鶴臄。〔舌〕樂。〔齒〕鑿。〔脣〕爆。
ɐuks 號開〔脣〕暴。

rɐuk 覺開〔喉牙〕榷塙樂翯。〔舌〕卓濯擢溺犖。〔脣〕駁。

rɐuks 效開〔喉牙〕較。〔舌〕罩淖。〔脣〕豹貌。

i̯ɐuk 藥開〔喉牙〕屬虐謔約。〔舌〕藥躍龠勺灼妁酌綽弱芍
杓。〔齒〕雀爵爝削。

i̯ɐuks 笑開〔舌〕耀。

i̯ɐuk 錫開〔喉牙〕激檄。〔舌〕的翟糴溺櫟礫。

i̯ɐuks 嘯開〔喉牙〕竅。〔舌〕弔糴溺。

第八類：幽〔uə〕—覺〔əuk〕—冬〔əuŋ〕三部之韻母。

【一】幽部韻母

əu 豪開〔喉牙〕皋翱考好。〔舌〕韜陶燾牢島討道老。
〔齒〕遭曹騷早草嫂掃。〔脣〕褒袍寶。

rəu 肴開〔喉牙〕膠嘐攪巧。〔舌〕呶。〔脣〕包胞匏。

i̯əu 尤開〔喉牙〕鳩求休憂。〔舌〕抽攸綢流州柔讎手受。
〔齒〕秋酋修囚愁搜瘦。〔脣〕浮牟矛。

rįəu 幽開〔喉牙〕樛虯幽呦。〔脣〕彪謬。

iəu 蕭開〔舌〕雕條調聊鳥。〔齒〕蕭篠嘯。

【二】覺部韻母

əuk 沃開〔喉牙〕牿酷鵠嚳鸑。〔舌〕篤督毒。〔齒〕俶泬穀。

əuks 號開〔喉牙〕告誥奧。〔齒〕竈。

rəuk 覺開〔喉牙〕覺學。〔脣〕鰒。

rəuks 效開〔喉牙〕敩窖。

iəuk 屋開〔喉牙〕匊鞠畜旭隩澳。〔舌〕竹粥育毓軸衄戮六陸祝築叔淑孰肉。〔齒〕蹙夙蕭縮。〔脣〕腹覆復目穆睦。

iəuks 宥開〔舌〕畜咒祝。〔齒〕僦就僦宿。〔脣〕復復複。

iəuk 錫開〔舌〕邃趨淑怒。〔齒〕戚慼寂。

【三】冬部韻母

əuŋ 冬開〔舌〕冬彤佟烬農。〔齒〕宗賨潀宋。

rəuŋ 江開〔喉牙〕降洚絳。〔舌〕膿。〔脣〕逢。

iəuŋ 東開〔喉牙〕宮躬窮。〔舌〕中忠衷仲融蟲濃隆終螽戎衆。

第九類：之〔ə〕職〔ək〕蒸〔əŋ〕三部之演變。

【一】之部韻母

ə 咍開〔喉牙〕該咍孩娭。〔舌〕胎臺待戴耐。〔齒〕災才載宰采在再。

rə 皆開〔喉〕荄痎骸駭駬挨。〔舌〕唻。〔齒〕豺崽。〔脣〕埋霾

įə 之開〔喉牙〕姬基欺其疑僖熙。〔舌〕癡怡治持釐之蚩詩時而。〔齒〕茲慈思詞。

uə 灰合〔喉牙〕恢灰賄。〔脣〕杯培梅媒倍每。

uə侯合〔脣〕剖母畝某。

i̯uə尤合〔喉牙〕丘裘牛郵尤。〔脣〕不謀否婦負。

ri̯uə脂合〔喉牙〕龜洧洧。

【二】職部韻母

ək 德開〔喉牙〕刻克黑。〔舌〕得德忒特勒。〔齒〕則賊塞。〔脣〕北匐踣墨默。

əks 代開〔舌〕代岱。

rək 麥開〔喉牙〕革諽核。

rəks 怪開〔喉牙〕戒誡械噫。

i̯ək 職開〔喉牙〕棘亟翊極嶷億。〔舌〕陟敕弋翼直力職織食式識飾殖植。〔齒〕稷息側測色穡。

i̯əks 志開〔喉牙〕意。〔舌〕置異試。

uək 德合〔喉牙〕國或惑。

uəks 隊合〔喉牙〕幗愲蔮菌。〔脣〕瑁邶倄背。

ruək 麥合〔喉牙〕蟈馘幗。〔脣〕麥。

ruəks 怪合〔喉牙〕怪。〔脣〕憊韛。

i̯uək 職合〔喉牙〕域蜮罭棫緎魊洫闃窢。

ri̯uək 屋合〔喉牙〕郁彧。〔脣〕福輻伏牧。

ri̯uəks 宥合〔喉牙〕囿。〔脣〕副富。

【三】蒸部韻母

əŋ 登開〔喉牙〕揯恒肯。〔舌〕登滕騰能稜鄧。〔齒〕曾增層。〔脣〕崩朋鬙。

rəŋ 耕開〔舌〕橙瞪。〔脣〕繃絣棚弸甍。

i̯əŋ 蒸開〔喉牙〕膺應兢凝興。〔舌〕徵蠅澂澄仍陵淩蒸稱繩乘承升勝丞。〔齒〕增磳。〔脣〕夌冰掤憑。

uəŋ 登合〔喉牙〕肱薨弘。

ruəŋ 耕合〔喉牙〕泓宏紘閎竑鍧吰浤翃

ri̯uəŋ 東合〔喉牙〕弓穹雄。〔脣〕馮瞢夢。

第十類：緝〔əp〕—侵〔əm〕二部之韻母。

【一】緝部韻母

əp 合開〔喉牙〕閤蛤哈合姶。〔舌〕答沓錔摺納軜衲拉。〔齒〕趿卅。

rəp 洽開〔喉牙〕跲恰歛洽。〔舌〕箚。〔齒〕扱。

i̯əp 緝開〔喉牙〕急汲給翕及岌吸翕邑泣。〔舌〕縶浥蟄熠入執汁十拾立笠粒。〔齒〕咠緝集　靸習襲戢澀。〔脣〕鵖。

iəp 怗開〔舌〕疊。

【二】侵部韻母

əm 覃開〔喉牙〕龕堪含感暗。〔舌〕探貪覃南男婪。〔齒〕簪參蠶毿。

ram 咸開〔喉牙〕緘咸鹹減黯。〔齒〕摻。

i̯əm 侵開〔喉牙〕今金欽衾禽琴吟歆音陰。〔舌〕琛淫湛沈林臨朕廩賃斟壬任深諶忱審甚。〔齒〕侵心尋岑森。〔脣〕稟品。

iəm 添開〔舌〕簟惔念。

uəm 東合〔脣〕芃。

i̯uəm 東合〔脣〕風。

ri̯uəm 凡合〔脣〕凡帆颿梵汎。

第十一類：怗〔ɐp〕—添〔ɐm〕二部之韻母。

【一】怗部韻母

ɐp 合開〔齒〕帀帀帀。

rɐp 洽開〔喉牙〕夾莢蛺睫狹峽。〔舌〕図孃。〔齒〕蝶篋。

i̯ɐp 葉開〔舌〕輒乢錔牒聶躡懾攝葉楪涉讘。〔齒〕睫捷婕

萐。

i̯ɐp 怗開〔喉牙〕頰筴莢愜協㩉挾。〔舌〕聑怗帖蝶牒。

〔齒〕浹燮屧。

【二】添部韻母

ɐm 覃開〔喉牙〕錔庵醃。〔舌〕栿。

rɐm 咸開〔喉牙〕𧮒鵮函鹻湲鹹陷兒嵌。〔舌〕詀𪙊臉。

〔齒〕欃毚攕。

i̯ɛm 鹽開〔喉牙〕淹奄。〔舌〕廉鎌奩薟燄覘黏苫店髥冉

冄。〔齒〕殲瀸枯籤纖爓襜。

iɛm 添開〔喉牙〕兼謙馦嫌。〔舌〕添沾湉拈霑㳠。

第十二類：盍〔ap〕—談〔am〕二部之韻母。

【一】盍部韻母

ap 盍開〔喉牙〕頜榼歁盍鮚。〔舌〕眣榻蹋臘鑞。

rap 狎開〔喉牙〕甲胛呷狎翣鴨閘壓。〔齒〕翜。

i̯ap 葉開〔喉牙〕曄饁魘。〔舌〕獵鬣躐。〔齒〕接椄萐妾。

ri̯ap 業開〔喉牙〕劫怯業。

i̯uap 乏合〔脣〕乏法。

【二】談部韻母

am 談開〔喉牙〕甘坩酣蚶。〔舌〕擔緂談郯惔藍襤籃。

〔齒〕墋慚暫。

ram 銜開〔喉牙〕監鑑巖。〔齒〕攙巉嶃毚。

i̯am 鹽開〔喉牙〕箝鉗黚炎猒。〔舌〕詹瞻贍襜蟾簷。

〔齒〕槧漸𧕙。

ri̯am 嚴開〔喉牙〕嚴凵。

i̯uɐm 凡開〔脣〕氾范範。

第三章　古　聲

第一節　錢大昕之古聲研究

一、錢氏以前之聲類異同說：

　　前賢之探研古音，每精究於韻而失遺於聲，古韻研究自宋吳棫開始，清代顧、江、戴、段諸儒踵跡而起，古韻研究，成績斐然。古聲研究，則尚在萌芽階段，雖考證之博如顧氏，雖知古無輕脣，亦未有專篇；審音之精如江氏，猶篤信三十六字母，以為「不可增減，不可移易。」待錢氏特起，古聲研究，始有可觀，然錢氏以前之古聲研究者，雖未有條理之敘述，而言及古今聲類之異同者，亦有數處，於探求古聲，仍有端倪可尋。茲臚列於後：

　　【一】《廣韻》各卷末附有「新添類隔今更音和切」一條，新添若干切語，其韻內為類隔切者，卷末皆更為音和切。錢大昕云：「《廣韻》每卷後附出新添類隔今更音和切，上平聲八字，卑（必移切，本府移切。）、陴（並之切，本符之切。新雄案：當云本符支切。）、眉（目悲切，本武悲切。）、邳（並悲切，本符悲切。）、悲（卜眉切，本府眉切。）、肧（偏杯切，本芳杯切。）、頻（步眞切，本符眞切。）彬（卜巾切，本府巾切。）下平聲六字，緜（名延切，本武延切。）、欘（中全切，本丁全切。）、閍（北盲切、本甫盲切。）、平（僕兵切，本符

切。）、凡（符芝切，本符咸切。）上聲五字，否（並鄙切，本
符鄙切。）、貯（知呂切，本丁呂切。）、縹（偏小切，本敷沼
切。）、摽（頻小切，本符小切。）、褾（邊小切，本方小
切。）去聲二字，裱（賓廟切，本方廟切。）、窆（班驗切，本
方驗切。）不知何人所附，古人製反切，皆取音和，如方、府、
甫、武、符等，古人皆讀重脣，後人不識古音，謂之類隔，非古
人意也。」（《十駕齋養新錄‧卷五》）蓋凡《廣韻》新更音和
之字，原多以輕脣切重脣，或舌上切舌頭，古人輕脣原讀重脣，
舌上原讀舌頭，至新添者始覺輕脣重脣有別，舌上舌頭殊讀，
《廣韻》原以輕脣切重脣者，其在古人本非輕脣也。原以舌上切
舌頭者，其在古人亦非舌上也。至後來始重脣變輕脣，舌頭變舌
上，新添者乃以爲不類，遂謂之類隔，而爲之更音和切，其爲類
隔者，非古人之原意，乃後世之音變也。新添者既著其異，附
之卷末，則古今音變之跡，由此正可尋其端倪也。

【二】《切韻指掌圖‧檢例》言及字母之通轉，有類隔二十
六字母圖。茲錄於後：

重脣	幫	滂	並	明	
輕脣	非	敷	奉	微	
舌頭	端	透	定	泥	
舌上	知	徹	澄	娘	
齒頭	精	清	從	心	邪
正齒	照	穿	床	審	禪

《檢例》云：「應屬二十六字母下字謂之類隔，或切在幫字
母下而韻不可歸者，即於非字母下求之，或切在非字母下而韻不
可歸者，即於幫字母下求之，他皆倣此。蓋幫、滂、並、明；

非、敷、奉、微皆脣音，端、透、定、泥；知、徹、澄、娘皆舌音，精、清、從、心、斜；照、穿、床、審、禪皆齒音，但分清濁輕重耳。」《切韻指掌圖》雖列類隔二十六字圖，然於類隔之說，理猶未明，據其《檢例》亦僅知同爲脣音，同爲舌音，或同爲齒音者，雖聲類相隔，如重脣之與輕脣，舌頭之與舌上，齒頭之與正齒，皆可互相爲切，至其所以如此通用之故，則尙不能明也。故可謂《切韻指掌圖》已察及其相通之現象，而於其所以相通之故，猶未能明言其理也，然其所著之現象，已足示後人窺究古聲以一顯明之脈絡。至劉鑑《切韻指南・檢例》所云：「取脣重脣輕，舌頭舌上，齒頭正齒三音中清濁同者，謂之類隔。」及等韻門法中所謂類隔門、交互門、精照互用門諸門法，其意亦與《切韻指掌圖》同，皆能察其相通之現象，提示後人研究古聲類之線索。

二、錢氏古無輕脣音說：

錢氏《十駕齋養新錄・卷五・古無輕脣音》云：「凡輕脣之音，古讀皆爲重脣。《詩》：『凡民有喪，匍匐救之。』〈檀弓〉引《詩》作『扶服』，《家語》引作『扶伏』。又『誕實匍匐。』《釋文》：『本亦作扶服。』《左傳・昭十三年》：『奉壺飲冰 以蒲伏焉。』《釋文》：『本又作匍匐，蒲、本又作扶。』〈昭二十一年〉：『扶伏而 擊之。』《釋文》：『本又作匍匐。』《史記・蘇秦傳》：『嫂委蛇蒲服。』〈范睢傳〉：『膝行蒲服。』〈淮陰侯傳〉：『俛出袴下蒲伏。』《漢書・霍光傳》：『中孺扶 服叩頭。』皆匍匐之異文也。

古讀扶如酺，轉爲蟠音。《漢書・天文志》：『晷長爲潦，短爲旱，奢爲扶。』鄭氏云：『扶當爲蟠，齊魯之間，聲如酺。

醋扶聲近，蟠、止不行也。』《史記・五帝紀》：『東至蟠木。』《呂氏春秋》：『東至扶木。』又云：『禹東至榑木之地。』扶木謂扶桑也。《說文》作『榑桑。』古音扶如蟠，故又作蟠木。（《一切經音義》菩薩又作扶薛。）服又轉爲犕音，《說文》引《易》『犕牛乘馬。』犕牛即服牛也。《左傳》『王使伯服』『游孫伯』，《史記・鄭世家》『伯犕』，《後漢書・皇甫嵩傳》：『義眞犕未平。』注：『犕古服字。』服又轉爲鼙音，《漢書・東方朔傳》：『舍人不勝痛，呼鼙。』服虔云：『鼙音暴。』鄧展云：『瓜𣆋之𣆋。』師古曰：『痛切而叫呼也。』與〈田蚡傳〉呼服音義皆同。〈田蚡傳〉：『蚡疾，一身盡痛，若有擊者，譸服謝罪。』晉灼云：『服音𣆋，關西俗謂得杖呼及小兒啼呼𣆋。』《廣韻》：『菢、薄報切，鳥伏卵。伏、扶富切，鳥菢子。』伏菢互相訓，而聲亦相轉。此伏義所以爲庖犧，伏義氏亦稱庖犧氏。《說文》：『贔、迫也。讀若《易》虑義氏。』《唐韻》：『贔、平祕切。』《風俗通》：『伏者別也，變也。伏義始別八卦，以變化天下。』伏又與逼通，〈考工記〉：『不伏其轅，必緣其牛。』注：『故書伏作偪。杜子春云：偪當作伏。』按：偪、迫、別、變皆重脣。伏又與馮通（皮冰切）。《史記・魏世家》：『中旗馮琴而對。』《春秋後語》作『伏琴。』《戰國策》：『伏軾撙銜。』《漢書・王吉傳》：『馮軾撙銜。』

　　古音負如背，亦如倍。《史記・魯周公世家》：『南面倍依。』《漢書・徐樂傳》：『南面背依。』倍與背同，即負扆也。《書・禹貢》：『至于陪尾。』《史記》作『負尾。』《漢書》作『倍尾。』《漢書・宣帝紀》：『行幸蓲陽宮。』李斐曰：『蓲音倍。』〈東方朔傳〉：『倍陽宣曲尤幸。』師古曰：

『倍陽即蓓陽也。』《釋名》：『負、背也。置項背也。』
《書》：『方命圯族。』《史記》作『負命』。《正義》云：
『負音佩依字通，負、違也。』按負命猶言背命，負亦爲老母之
稱，《漢書‧高帝紀》：『常從王媼武負貰酒。』如淳曰：『俗
謂老大母爲負。』師古曰：『劉向《列女傳》：魏曲沃負者，魏
大夫如耳之母也，此則古語謂老母爲負耳。武負、武家之母
也。』案古稱老嫗爲負，若今稱婆，皆重脣，非輕脣。

　　古讀附如部，《左傳》：『部婁無松柏。』《說文》引作
『附婁』云：『附婁、小土山也。』（今人稱培塿。）《詩》：
『景命有僕。』傳：『僕、附也。』《廣雅》：『薄、附也。』
苻即蒲字，《左傳》：『取人於萑苻之澤。』《釋文》：『苻音
蒲。』《晉書》：『蒲洪孫堅，背有草付字，改姓苻。』
　　……」

　　錢氏《潛研堂集‧答問》亦有論古無輕脣音之言。其說曰：
　　「問：輕脣之音，何以知古人必讀重脣也？曰：《廣韻》平
聲五十七部，有輕脣者僅九部，去其無字者，僅二十餘紐，證以
經典，皆可讀重脣。如伏羲即庖羲，伯服即伯輔，士魴即士彭，
扶服即匍匐，密勿即蠠沒，附婁即部婁，汶山即岷山，望諸即孟
諸，負尾即陪尾，芣苢即馥芬，有匪即有邲，繁纓即鞶纓，方羊
即旁羊，封域即邦域，亹亹即勉勉，膴膴即腜腜，蕪菁即蔓菁，
封讀如窆，佛讀如弼，紛讀如豳，繁讀如婆，豐讀如門，妃讀如
配，負讀如背，茀讀如孛，鮁讀如勃，鳳讀如鵬。凡今人所謂輕
脣者，漢魏以前，皆讀重脣，知輕脣之非古矣。呂忱《字林》反
穮爲方遙，反襮爲方沃，穮襮皆重脣，則方之爲重脣可知也。
忱、魏人，其時反切初行，正欲人之共曉，豈有故設類隔之例以
惑人者乎？神珙《五音九弄反紐圖》有重脣，無輕脣，即《涅

槃經》所列脣吻聲，亦無輕脣，輕脣之名，大約出於齊梁之後，而陸法言《切韻》因之。（王了一云：《切韻》非特無輕脣之名，且其反切亦無輕重脣之分。）相承至今，然非、敷兩母，分之卒無可分，亦可知其不出於自然矣。」

　　雖錢氏之前，顧炎武亦嘗知古無輕脣，然無證明之方，迨錢氏二文，舉證確鑿，謂 輕脣非敷奉微四紐，古音讀同重脣幫滂並明四紐，其言當屬可信。或者以爲純就錢氏舉證之古籍通假字而言，謂古無輕脣音，固無不可，若謂古無重脣音，亦似無不可也。就推理言，此說誠然。至於吾人所以相信錢氏古無輕脣之言，而不以爲古無重脣者，其故有三焉。一者，錢氏所舉證，除通假文字外，尙舉有方言爲證。就現代各地方言觀之，若閩粵吳各地方言，其輕脣非、敷、奉、微四紐之字仍多讀重脣者，而重脣之幫、滂、並、明四紐之字，則未嘗變輕脣，由各地方音中所保留之語音痕跡，尙足證古無輕脣之說，非無據也。二者，今吾人讀輕脣之字，就譯語對音觀之，尙多爲重脣。如梵語 Buddha 譯爲 “浮圖”，又譯作 “佛”。Yambu 譯作 “剡浮”，又爲 “閻浮”。Namah 譯作 “南無”，其 “浮”“佛”“無” 等字，今讀輕脣音，而對譯之梵文爲 b 爲 m，乃屬重脣。足見對譯梵語之初，其 “浮”“佛”“無” 等字亦必讀重脣而非輕脣也。三者，高本漢 等就語音學理推論，其重脣音 p、p‘、b‘、m 等因受三等合口 iu 之影響而變爲輕脣音 pf、pf‘、bv‘、ŋ等亦屬可能之事。有此三故，錢氏古無輕脣之說，乃咸爲後世所遵用也。

三、錢氏舌音類隔不可信說：

　　所謂舌音類隔之說不可信者，謂字母家以舌音中舌頭端、透、定、泥四紐與舌上知、徹、澄、娘四紐，音雖隔舌頭與舌上之類別，而仍可取其清濁同者爲切語上字，而謂之類隔切。錢氏以爲此說不可信，蓋所謂類隔者，非古人本意，乃古今聲紐變遷之不同也。古人原無舌頭舌上之分，其知、徹、澄諸紐古音讀與端、透、定諸紐同。此說在錢氏之前有徐用錫（一六五六～一七三六？）者，著有《字學音韻辨》，嘗曰：「等韻舌音端、透、定、泥是矣。知、徹、澄、娘不與照、穿等同乎？曰：此古今異耳。今惟娘字尙有古音，然亦有順知、徹、澄而讀若穰者，知古讀若低，今讀支，徹古讀若鐵，今讀若赤折切，澄古讀若登之下平，今讀若懲，故曰舌上音。自端、透、定、泥爲舌頭，知、徹、澄、娘爲舌上，精、清、從、心、邪爲輕齒，照、穿、床、審、禪爲重齒，幫、滂、並、明爲重脣，非、敷、奉、微爲輕脣，皆分兩類，今閩音尙於知、徹、澄、娘一如古呼，不爾，豈舌音出四聲，而齒音獨多四聲，斯亦不倫之甚矣。」（見劉賾《聲韻學表解》引）然亦僅發其端，而爲之疏通證明者，亦由錢氏完成之也。錢氏《十駕齋養新錄・卷五・舌音類隔之說不可信》一文云：

「古無舌頭、舌上之分，知、徹、澄三母，以今音讀之，與照、穿、床無別也，求之古音，則與端、透、定無異。《說文》：『沖讀若動。』《書》：『惟予沖人。』《釋文》：『直忠切。』古讀直如特，沖子猶童子也，字母家不識古音，讀沖爲蟲，不知古讀蟲亦如同也。《詩》：『蘊隆蟲蟲。』《釋文》：『直忠反，徐徒冬反。《爾雅》作『爞爞』，郭都冬反。《韓詩》作烔，音徒冬反。』是蟲與同音不異。（《春秋・成五年》：『同盟于蟲牢。』杜注：『陳留封邱縣北有桐牢。』是蟲桐同音之證。）

古音中如得。《周禮・師氏》：『掌王中失之事，故書中爲得。』杜子春云：『當爲得，記君得失，若《春秋》是也。』
《三倉》云：『中、得也。』（《史記》索隱）《史記・封禪
書》：『康后與王不相中。』〈周勃傳〉：『勃子勝之尙公主，
不相中。』小司馬皆訓爲得。《呂覽》：『以中帝心。』注：
『中猶得。』

　　古音陟如得。《周禮・太卜》：『掌三夢之法，三曰咸
陟。』注：『陟之言得也，讀如王德翟人之德。』《詩》：『陟
其高山。』箋：『陟、登也，登得聲相近。』……」

　　錢氏舉證確鑿，足明古無舌頭舌上之別，然古聲究竟係無舌
上，抑係無舌頭，王力氏論之詳矣。王氏云：『所謂舌上音，高
本漢假定爲舌頭及前顎與牙齦接觸所發的破裂音。（按高氏以舌
上音 t、t‘、d‘爲舌面前破裂音，其發音方法爲舌面前與硬顎接
觸形成之阻塞爆發音，即知系也。）此種音不若舌頭音之常見。
舌頭音旣係世界各民族所常有的音，當中國古代舌上與舌頭不分
時，我們當然傾向於相信是舌上歸入舌頭，而古代沒有舌上音
了。』見（中國音韻學）。

　　舌上音古讀同舌頭音，錢氏所舉經典通假文字例證已頗爲詳
備。高本漢氏又從形聲字諧聲偏旁發現舌頭音（高氏謂之舌尖前
破裂音，即 t-、t‘-、d‘-等。）與舌上音（高氏謂之舌面前破裂
音，即 t-、t‘-、d‘-等。）可以隨便互諧。於是考明舌上音乃從
上古舌頭音分支而出者，以爲舌頭音t-、t‘-、d‘-於上古時本四等
俱全，演變至中古時，僅一四等韻保存，而二三等韻則變爲舌上
音 t-、t‘-、d‘-。（參見趙元任譯〈高本漢的諧聲說〉）董同龢
氏又以爲反切中若干“舌音類隔”現象，如《廣韻》“貯”字
“丁呂切”，“罩”字“都教切”，亦頗富啓示性，而此類切語
於愈早之韻書出現愈多，至《集韻》時始近於消滅。此類切語正

是 t-系字（舌上音）於古代讀舌尖音之遺跡。（參見董著《上古音韻表稿》）由此觀之，謂上古無舌上音，蓋已確定而無可疑者矣。

第二節　章炳麟之古聲研究

一、章氏娘日歸泥説：

章氏《國故論衡·上》有〈古音娘日二紐歸泥說〉一文，其說蓋本於鄒漢勛《五均論》，鄒氏《五韻論·二十聲四十論》第二十八爲〈論泥孃日一聲〉，惜今本目存說佚。章氏之言曰：

「古音有舌頭泥紐，其後支別，則舌上有娘紐，半舌半齒有日紐，于古皆泥紐也。何以明之？涅從日聲，《廣雅·釋詁》：『涅、泥也。』『涅而不緇』亦爲『泥而不滓』，是日泥音同也。䋞從日聲，《說文》引《傳》『不義不䋞。』〈考工記·弓人〉杜子春注引《傳》『不義不昵。』是日昵音同也。（昵今音尼質切，爲娘紐字，古尼昵皆音泥，見下。）《傳》曰：『姬姓日也，異姓月也。』二姓何緣比況日月？《說文》復字從日，亦從內聲作衲，是古音日與內近，月字古文作外，韻紐悉同，則古月外同字。（日月所以比內外者，〈天文志〉曰："日有中道，月有九行，中道者黃道，一曰光道。九行者，黑道二出黃道北，赤道二出黃道南，白道二出黃道西，青道二出黃道東，是爲日道在內，月道在外。）姬姓內也，異姓外也，音義同則以日月況之。太史公說武安在日月之際，亦以日月見外戚也。日與泥內同音，故知其在泥紐也。

入之聲今在日紐，古文以入爲內，《釋名》：『入、內也，內使還也。』是則入聲同內，在泥紐也。任之聲今在日紐，《白虎通德論》《釋名》皆云：『男、任也。』又曰：『南之爲言任也。』《淮南・天文訓》曰：『南呂者任包大也。』是古音任同男南，本在泥紐也。

羊之聲今在日紐，臣鍇本言讀若餁，臣鉉本言讀若能，是古音羊聲在泥紐也。然而如若爾耳此六名者，今皆在日紐，然之或體有𤎩，從艸難聲，在泥紐也。（《史記・周本紀》：『赧王延立。』《索隱》：『按《尙書中候》以赧爲然。』鄭玄云：然讀曰赧。王劭按古音人扇反，今音奴板反，尋王劭此說，蓋以書赧作然，誤謂赧之古音如然之今音耳，不知古音然字正作奴板反也。）而之聲類有耐，《易・屯》曰：『宜建侯而不寧。』《淮南・原道訓》曰：『行柔而剛，用弱而強。』鄭康成、高誘皆讀而爲能，是古音而同耐能，在泥紐也。如從女聲，古音與奴挐同，音轉如奈，《公羊傳・定八年》：『如丈夫何？』《解詁》曰：『如猶奈也。』又轉如能，〈大雅〉：『柔遠能邇。』箋曰：『能猶伽也。』奈能與如皆雙聲，是如在泥紐也。若之聲類有諾，稱若稱乃，亦雙聲相轉，是若本在泥紐也。《釋名》曰：『爾、昵也，泥、邇也。』《書》言：『典祀無豐于昵。』以昵爲禰。〈釋獸〉：『長脊而泥。』以泥爲䐔。是古爾聲字皆如泥，在泥紐也。《漢書・惠帝紀》曰：『內外公孫耳孫。』師古以耳孫爲仍孫。仍今在日紐，本從乃聲，則音如乃，是耳仍皆在泥紐也。………』

章氏言古無娘日，就諧聲偏旁觀之，或就異文假借觀之，皆確鑿無疑。且今傳守溫三十字母，亦無娘紐，且以知徹澄日爲舌上音，以與舌頭音端透定泥相對，可見娘紐爲後起之音，觀三十字母已可得其端倪矣。

二、章氏古雙聲説：

　　夫韻部旣有對轉旁轉諸條，則聲又豈能限於一音，而無所流變？章氏〈古雙聲說〉一文，所以明聲類之流轉，其理與韻變無殊。觀其所云，殆謂同屬一紐，是爲同紐雙聲，聲非同紐，而同在一類，則爲異紐雙聲，易言之，則凡發音部位相同者，於古皆雙聲也。其言曰：

　　「古音紐有舌頭無舌上，有重脣無輕脣，則錢大昕所證明，娘日二紐古並歸泥，則炳麟所證明。正齒舌頭處有鴻細，古音不若是繁碎，大較不別，齊莊中正爲齒音雙聲，今音中在舌上，古音中在舌頭，疑于類隔，齒舌有時旁轉，錢君亦疏通之矣。此則今有九音，于古則六，曰喉、牙、舌、齒、脣、半舌也。同一音者，雖旁紐爲雙聲，是故金欽禽唫，一今聲具四喉音，汙吁芋華，一于聲具四牙音，漢魏南北朝反語，不皆音和，以是爲齊。及夫喉牙二音，互有蛻化，募原相屬，先民或弗能宣究，證以聲類，公聲爲翁、爲𡚾，工聲爲紅，叚聲爲瑕，古聲爲胡，久聲爲羑，圭聲爲撻，夾聲爲挾，甲聲爲狎，見聲爲莧，气聲爲氣，幵爲形，乙聲爲弘，萑聲爲歡，干聲爲汗，咼聲爲禍，區聲爲歐，谷聲爲浴，角聲爲斛，句聲爲昫，羔聲爲窯，丂聲爲號，高聲爲蒿，光聲爲黃，斤聲爲欣，君聲爲莙（《說文》讀若威），軍聲爲運，勹聲爲曷，今聲爲含，𣪊聲爲繫，厸（讀若闌）聲爲彝，咎聲爲欨（於糾切），元聲爲完，午聲爲許，我聲爲義，此喉音爲牙音也。……」

　　以上所言者，殆明二事，一者謂凡發音部位相同，發音方法有異者，於古音皆得謂之爲雙聲也。二者以爲喉牙二音，發音部位旣近，故可相通，亦夏氏燮所謂喉牙合用之意也。

　　章氏又云：

　　「百音之極，必返喉牙，瘖者雖不能語，猶有喉牙八紐，語或兜離了戾，舌上及齒必內入喉牙而不悟憭，今交廣音則然，北方輕脣，或時入牙，故喉牙者生人之原音，凡字從其聲類，橫則同均，縱則同音，其大齊不踰是，然音或有絕異，世不能通，撢鉤元始，喉牙足以衍百音，百音亦終軵復喉牙。……」

　　章氏所謂喉音，乃一般所稱牙音者，即今所謂舌根音，章氏所謂牙音，即一般所謂喉音，亦即聲帶之自行緊張而構成之音。章氏所謂「喉牙足以衍百音，百音亦軵復喉牙」者。按無論任何一音，若加以延長，則其發聲（字首輔音）即自然消失，而僅存收韻，例如將“巴”字之音延長，則成“啊”音。意謂將〔pa〕音延長，則只剩下韻母〔a〕。（此本董同龢《語言學大綱》）元音發自聲帶，與喉牙諸紐發音部位相近。古人辨析音素，未若後世精密，音相近者，多視爲同音，如國語“安”“恩”諸字音首，有時帶一喉塞音〔ʔ〕或舌根濁擦音〔ɣ〕，因不起辨義作用，故常視爲無聲母。正如德語 ein auch 相似，字首均帶喉塞音〔ʔ〕，而常人則視作無聲母，以是言之，元音與喉牙二音發音部位相近，而不易辨識。故章氏所謂“喉牙足衍百音”者，即元音可加任何聲紐而成喉牙舌齒脣各類音，而“百音亦軵復爲喉牙”者，即各類聲音失去聲紐之後，終復爲元音。羅常培《周秦古音研究述略》嘗評之云：「今就章氏所論，而籀繹其條理，則凡同組同紐者爲“正紐雙聲”（如“謀”從“某”聲，“謀”“某”同屬脣音明紐之類。）凡同組異紐者爲“旁紐雙聲”（如“金”“欽”“禽”“唫”同從“今”聲，而“今”“金”在見紐，“欽”在溪紐，“禽”在群紐，“唫”在疑紐，同屬牙音，故得爲雙聲）。喉、牙兩組互有蛻化，得爲雙聲（如“工”

聲有"紅"，"古"聲有"胡"之類）；舌、齒、脣各組有時得
與喉、牙爲雙聲（如"多"聲有"宜"及"移"，"昌"聲有
"揖"，"勿"聲有"忽"之類）。若以音理衡之，則"正紐"
"旁紐"部位相同，"喉、牙""舌、齒"發音近似，互爲雙
聲，於勢較順。惟舌、齒、脣之於喉、牙，部位懸殊，蛻化不
易，其所以相諧相通者，蓋別有故，未可槪以聲轉目之也。」

第三節　黃侃之古聲研究

一、黃侃考定古聲十九紐：

　　黃侃所考定之古聲十九紐，乃繼錢大昕、章炳麟之後，最有
成就者。黃氏之求古聲也，即《廣韻》以明古音，於古聲之探
求，自言最得力於陳澧《切韻考》。黃氏〈與人論治小學書〉
云：

　　「番禺陳君著《切韻考》，據切語上字以定聲類，據切語下
字以定韻類，於字母等子之說，有所辨明。足以補闕失，解拘
攣，信乎今音之管籥，古音之津梁也。其分聲四十一，兼備古
今，不可增減。」

　　黃氏於是基於陳澧之所考，證以錢大昕、章炳麟之所明，益
以一己之所得，卓裁古聲爲十有九紐。其言曰：

　　「今聲據字母三十六，不合《廣韻》，今依陳澧說，附以己
意，定爲四十一。古聲無舌上輕脣，錢大昕所證明，無半舌日及
舌上娘，本師章氏所證明，定爲十九，侃之說也。前無所因，然
基於陳澧之所考，始得有此。」（音略略例）

　　又云：

「古聲數之定，乃今日事，前者顧亭林知古無輕脣，錢竹汀知古無舌上，吾師章氏知古音娘、日二紐歸泥，侃得陳氏之書，始先明今字母照、穿數紐之有誤，旣已分析，因而進求古聲，本之音理，稽之古籍之通假，無絲毫不合，遂定爲十九，吾師初不謂然，後乃見信，見所著《菿漢微言》論古聲類，亦改從侃說矣。」

黃侃推求古聲十九紐之方，據先師林景伊（尹）語我云：

「黃季剛先生據陳澧所考定《廣韻》聲紐影、曉、匣、喻、爲、見、溪、群、疑、端、透、定、泥、來、知、徹、澄、娘、日、照、穿、神、審、禪、精、清、從、心、邪、莊、初、床、疏、幫、滂、並、明、非、敷、奉、微四十一聲紐，發現古無輕脣非、敷、奉、微四紐及舌上知、徹、澄三紐乃錢大昕所證明，古無娘、日二紐乃章太炎先生所證明，黃君創立一“紐經韻緯表”，持此古音所無之九紐，進察《廣韻》二百六韻，三百三十九韻類，發現凡無此九紐之韻或韻類，亦必無喻、爲、群、照、穿、神、審、禪、邪、莊、初、床、疏等十三紐，則此十三紐亦與非、敷、奉、微、知、徹、澄、娘、日等九紐同一性質可知，此九紐爲變聲，故此十三紐亦爲變聲，四十一聲紐減去二十二紐變聲，則所剩者爲古聲十九紐矣。」

黃君旣基於陳澧之所考，因據錢、章諸氏所明，又參以等韻之理，古聲十九紐之數，理遂益明。黃氏曰：

「古聲類之說，萌芽於顧氏，錢氏更證明古無輕脣，古無舌上，本師章氏，證明娘日歸泥。（按此理本於《切韻指掌圖》、《切韻指南》，而興化劉融齋亦能證明。）自陳蘭甫作《切韻考》，劃分照、穿、床、審、禪五母爲九類，而後齒、舌之介明，齒、舌之本音明。大抵古聲於等韻只具一、四等，從而《廣韻》韻部與一四等相應者，必爲古本韻，不在一、四等者，必爲後來變韻，因是求得古聲塙數爲十九。凡變音皆當歸納于本音之內，而後古雙聲可明，古雙聲明而後音近音轉之字，皆得其腮理矣。」（〈論治爾雅之資糧〉）

又云：

「若夫等韻之弊，在於破碎，音之出口，不過開合，開合之類，各有洪細，其大齊惟四而已。而等韻分開口、合口各爲四等。今試舉寒、桓類音質之，爲問寒（開洪）、桓（合洪）、賢（開細）、玄（合細）四音之間，尚能更容一音乎？此緣見《廣韻》分韻太多，又不解洪、細相同必分二韻之故，因創四等之說，以濟其窮。然其分等，又謂皆由聲分，不由韻分，一聲或兼備四等，或但有一等。故《廣韻》同類之字，等韻或分爲三等，而猶有時寁礙難通，令人迷亂。顧其理有闇與古會，則其所謂一等音，由今驗之，皆古本音也。此等韻巧妙處，其他則繽紛連結，不可猝理。」（〈與人論治小學書〉）

黃氏旣驗之等韻而益有所明，再以《廣韻》與等韻相應之韻，比勘顧（炎武）、江（永）、戴（東原）、段（玉裁）、孔（廣森）、王（念孫）、江（有誥）、嚴（可均）、張（惠言）、劉（逢祿）及章氏所考古韻部分，確立古本韻廿八部，而此廿 八部所用切語，其切語上字，皆爲十九古聲，而無變聲廿二紐相雜其間。於是本韻本 聲，兩相證明，適相吻合，實確鑿而不可移易者矣。故餘杭章氏推譽爲一大發明，而於古聲紐亦改從黃氏之說矣。章炳麟《菿漢微言》云：

「黃侃云：歌部音本爲元音，觀歌、戈二韻音切，可以證知古紐消息，如非、敷、奉、微、知、徹、澄、娘、照、穿、床、審、禪、喻、日諸紐，歌戈部中皆無之，即知古無是音矣。此亦一發明。」

又〈與人書〉云：

「近世治古韻者，分部密矣。然而雙聲，猶有未了，顧君增字紐，江君又膠固不化，段君於此，議而不辯，伯申、蘭皋，訓詁至精；乃其徵明通借，取於雙聲者少，取於疊韻者多。朱豐芑輩益無論矣。戴君《轉語》，雖無傳本，觀其自敍，分位分紐，條理秩如。最精者爲錢曉徵，獨明今紐與古紐有異，其說古音無舌上、輕脣八紐，齒、舌兩音亦多流變，雖刊落未盡，亦前修所無也。余承其緒，知娘、日兩紐，古本歸泥，徵之歌、戈兩韻，爲百音之維首，古今無異，韻中諸紐，並是古聲。喉音無喩，牙音無群，齒音無邪，有舌頭無舌上，有重脣無輕脣，有半舌無半齒，有齒頭無正齒，故論定古紐爲十九：即影、曉、匣、見、溪、疑、端、透、定、泥、來、精、清、從、心、幫、滂、並、明是也。」

是則章氏晚年於古聲紐已盡從黃氏之說矣。黃氏又以古韻之變爲今韻，古聲亦變作今聲，以此二物相挾而變，故古聲十九紐，乃分化爲今聲四十一紐，其古今聲類相變之故，則有清濁、輕重相變之別，茲據先師林景伊先生《中國聲韻學通論》表列之於下：（按黃氏〈與人論治小學書〉亦列表說明，惟經先師整理之後，尤爲清晰，故迻錄之。）

發音部位	正聲	變聲	說明
喉	影	喻爲	清濁相變
	曉		
	匣		
牙	見		清濁相變
	溪	群	
	疑		
舌	端	知照	輕重相變
	透	徹穿審	
	定	澄神禪	
	泥	娘日	
	來		
齒	精	莊	輕重相變心邪清濁相變
	清	初	
	從	床	
	心	疏邪	
脣	幫	非	輕重相變
	滂	敷	
	並	奉	
	明	微	

　　黃氏云：「變聲與本聲並列者，明其在古不分。」（〈與人論治小學書〉）

二、黃氏古聲十九紐之證明：

　　黃氏考定古聲十九紐，雖基於陳澧之所析，始得有此。然細究之，十九古聲之定，其因襲前人者有之，本於一己之創獲者亦有之。古無輕脣音，非、敷、奉、微古讀同幫、滂、並、明，此因於錢大昕之說也。古無舌上音，知、徹、澄古讀同端、透、定，亦錢氏之說也。古無半齒日及舌上娘，娘日皆讀同泥，此本餘杭章氏之說也。古無影喻（爲）之別，喻爲古讀同影，亦錢氏說也。（新雄按：錢氏《潛研堂集・答問》嘗云：「凡影母之字，引而長之，即爲喻母，曉母之字，引長之，稍濁，即爲匣母，匣母三四等字輕讀亦有似喻者，故古人于此四母，不甚區別。如榮懷與杌隉均爲雙聲，今人則有匣、喻之分矣。噫嘻、於戲、於乎、嗚呼皆疊韻兼雙聲，今則以噫於嗚屬影母，嘻戲呼屬曉母，乎屬匣母矣，于於同聲亦同義，今則以于屬喻母，於屬影母矣。此等分別，大約始於東晉。」）正齒音之照、穿、神、審、禪五紐古讀同舌頭音端、透、定，即照爲端之變，穿、審爲透之變，神、禪爲定之變，此說亦錢氏先發之，夏燮嘗爲之證明，至黃氏而加以確定。正齒之莊、初、床、疏四紐，古讀同齒頭音精、清、從、心四紐，亦夏氏所證明，而黃氏加以確定者。（夏燮著《述韻》，論正齒當分二支，謂一支與舌頭舌上合用無別，即照、穿、神、審、禪一類字也；一支與齒頭合用無別者，即莊、初、床、疏一類字也。詳見拙著《古音學發微》第三章第三節夏氏之論正齒當分二支條。）正齒九紐，照五紐之屬舌頭，莊四紐之屬齒頭，黃君所以能確定者，則基於陳澧之所考，陳氏析正齒音爲二，故黃氏得據以考其分合也。以上諸紐之考定，前述諸人皆已證明，十九紐古聲僅略受前人啓示而確爲黃氏所確定者，惟邪爲心之變，群爲溪之變耳。按戴震《聲類表》以心、邪爲同位，溪、群亦爲同位。並云：「凡同位則同聲，同聲則可通乎其義。」（〈轉語二十章敘〉）是戴氏以心、邪同聲，溪、群同聲也。戴氏此表，雖不盡言古聲，要其同聲一語，則啓示已多矣。再徵之於等韻，凡一等韻皆無群與邪，即江永〈等位圖歌〉

所云：「一二等無群與喻，一等無邪二無禪」是也。尤有進者，十九紐古聲之定，乃自《切韻》系統而來，蓋《切韻》之成書，序謂兼論「南北是非，古今通塞」，《廣韻》二百六韻，既有本韻變韻之別，則其四十一紐之中，自亦兼備古今，有本聲變聲之殊。進察古本韻中所用之反切上字，皆古本聲之字，無用今變聲者，古聲變聲古韻變韻兩相證明，於是確定凡廿八部古本韻之切語上字，皆古本聲之字，無雜有今變聲者。十九紐二十八部之確定，既適與清儒古韻分部之結果相合，又與韻圖之一四等韻之聲紐相符，而此十九紐之確定，又皆前有所承，若謂全屬巧合，其誰信之！

　　茲錄黃氏弟子劉賾教授之言，以為黃君說之左證。劉氏曰：

　　「分四十一聲類為正為變，而正聲與變聲在古皆合用無別。是故鎮之為塡，（《周禮・天府・玉鎮》注：「鄭司農云：塡讀為鎮。」《史記・天官書》鎮星作塡星，《漢書》凡鎮撫字皆作塡。）祧之為濯，（《周禮・守祧》注：「故書祧為濯。」）重之為童，（〈檀弓〉：「與其鄰重」，《釋文》：「重依注音童。」）宅之為度，（《周禮》注引《書》「宅西」作「度西」，《史記》引《書》「五流有宅」作「有度」，《風俗通》引《書》「乃降邱宅土」作「度土」。）陟之為得，（《周禮・太卜》「三曰咸陟」注：「陟之言得也，讀如王德翟人之德。」）堂之為棖，（《詩》「俟我乎堂兮。」箋：「堂當為棖。」）掇之為惙，（《易・訟》：「患至掇也。」《釋文》：「掇，徐都活反，鄭本作惙，陟劣反。」）憧容之為童容，（《周禮・巾車》注：「憧容」，《詩》箋作「童容」。）馳騁之為馳騁，（《離騷》：「乘騏驥以馳騁兮。」王逸本馳作駝。）田氏即陳氏，（齊陳氏《史記》謂之田氏。）申棖作申

棠，（《論語》「申棖」，《史記》作「申棠」。）它字切以敕
多，（見《易·比》釋文。）姪字切以大結，（見〈曲禮〉釋
文。）此舌頭舌上合用無別之證也。

　　數之爲速，（〈考工記〉「則莫能以速中」注：「故書速或
爲數。」《禮記·樂　記》「衛音促數煩志。」注：「促數讀爲
促速。」《漢書·賈誼傳》：「淹速之度。」《史記》作「淹
數」。）柴之爲掌，（《詩·車攻》：「助我舉柴。」《說文》
引作「助我舉掌。」）壯之爲將，（《禮記·射儀》：「幼壯孝
弟。」注：「壯或爲將。」）蚤之爲爪，（《儀禮·士喪禮》：
「蚤揃如他日。」注：「蚤讀爲爪。」〈考工記〉：「欲蚤之正
也。」注：「蚤當作爪。」）疏之爲胥，（《詩》：「予曰有疏
附。」孔傳引作胥，見《釋文》）耡之爲葅爲藉，（《周禮·司
巫》：「葅館」注引杜子春云：「葅讀爲藉。」又〈遂人〉「以
興耡利甿。」注：「鄭大夫云：耡讀爲藉。」）稷之爲昃爲側，
（《易·豐象》：「日中則昃。」孟喜昃作稷，《尙書中侯》：
「至於日稷」鄭注：「稷讀曰側。」《春秋經》：「丙午日下
昃」，《穀梁》作「日下稷。」）翣柳作接欇，（《周禮·縫
人》：「衣翣柳之材」注：「故書作接欇。」）菑害即灾害，
（《禮記·大學》：「菑害並至。」《呂覽·審時》：「必遇天
菑。」注：「害也。」《荀子·脩身》：「菑然必以自惡。」
注：「灾害在身之貌。」）齊楚與齊戒一體，祭祀與祭仲同文。
此齒頭正齒合用無別之證也。

　　……

　　若此者，遽數之不能終其物，而《說文》形聲偏旁之合用者
尤不可勝紀。夫舌頭舌上、齒頭正齒、重脣輕脣，各以輕重相
變，以蕃衍次敘習之，必先有重而後有輕。不第古時文字如此，

即今日阻塞方俗之語，猶多沿其舊，有舌頭而無舌上，有重脣而無輕脣者矣。自錢大昕始明古今聲類有異，作〈古無輕脣音〉及〈舌音類隔之說不可信〉二文，謂「凡輕脣之音，古讀皆為重脣，知、徹、澄三母，以今音讀之，與照、穿、床無別也。求之古音，則與端、透、定無異。」餘杭章君繼之，以作〈古音娘日二紐歸泥說〉，謂「古音有舌頭泥紐，其後支別，則舌上有娘紐，半舌半齒有日紐，于古皆泥紐也。」本師黃君復以《廣韻》古本韻與古本聲互證，明古聲喉音有影無喻為，牙音有溪而無群，齒音有齒頭而無正齒，齒頭有心而無邪，舌上音照、穿、神、審、禪亦歸舌頭，（按正齒莊、初、床、疏歸齒頭。）餘與錢章二君之說相合，計古本聲止十有九類。」（《聲韻學表解》）

三、黃氏言古音同類互變：

黃氏〈聲韻通例〉云：「凡古音同類者互相變。」按黃君此說，承餘杭章氏〈古雙聲說〉而立論者也。所謂同類，即同為喉音（如影、曉、匣、同類也。），同為牙音（如見、溪、疑同類也。）之類也。易以今語，則「同類」謂發音部位相同也。所謂「凡古音同類互相變」者，即古音凡發音部位相同者，即可互相諧聲或通假也，因其發音部位相同，音易流轉故也。高本漢氏關於同類互變之理，於文字諧聲上之互變，有適切之說釋，見於趙元任譯〈高本漢（Bernhard Karlgren）的諧聲說〉，高氏於該文〈諧聲原則概論〉一節云：

「想到中國文字是經過了好些不同時代的造字者漸漸的造成的，似乎很難指望其中諧聲字的造法會有甚麼一致的規則，可是咱們也得記得在中國文字史當中，諧聲是造字法的最後時期，而且在上古中國語（Archaic Chinese）的時候，大多數的諧聲字都已經造定了，在那時候雖不無方言的差異，可是總不見得有現在方言不同的那麼利害。要是細看起這字典（指 An analytic dictionary of Chinese and Sino- Japanese, Paris Paul Geuther 1923 本文第一篇就是這書的序的一部份--譯者。）裡的例來，一定可以看出諧聲法例是異常的有規則的，這兒那兒固然會遇見些不合系統的特例，像是外行或是粗心的人寫的。但是從全體看起來，都可以找得出整套的諧聲字，從其中可以看得出諧聲的方法來的。

現在可以定下來的第一條原則就是這個：諧聲的部分跟全字不必完全同音。例如咸、減、喊、感四字在古音是 am、kam、xam、kam 四個音，假如在上古音的時候是完全同音，而到古音（Ancient Chinese）的時候，各自變成那四個不同的音了，那照一切語言史的經驗看起來是不會有的事情，咱們可以無疑的說，這四個字在上古音時代已經有甲乙丙丁四種音了。而且甲既然可以做乙、丙、丁的諧聲，咱們也可以曉得那四個音雖然不同，都也是相近的音。……

造字的人所以不用完全同音的諧聲而讓它有一點出入啊，總也有種種的理由，有好些例中，就是因為他願意兼取會意的造法，因此願意用義合音的寫法，例如酣，貧。還有一個理由，就是恰恰同音字不容易找。……

在有一大類的字，差不多佔諧聲字的大多數，它的主諧字跟被諧字，就說在古音中，也是有相同或相近（cognate）的聲母輔音，韻中主要元音，跟韻尾輔音。

這句話要加幾句註解：

第一、假如在古音中主諧字跟被諧字的聲母不同，至少大都是發音部位相同的。（指“脣、齒、舌、牙、喉”）例如古 kuo：苦 k'uo；干 kân：罕 xân；干 kân：旱 ɣân 等等都是舌根音

（“牙音”）。或般 puan：盤 b'uan；半 puan：判 p'uan 等等都
是脣音。

可是要留心在古音不同部位的聲母，也許在上古音是同部位
的，也許是雖不同部位而因部位相近而可互相諧聲的，所以有時
舌尖前音與舌尖後音可以互換，例如才 dz'âi：豺 dẓ'ai，或舌尖
前音與舌面前音互換，例如尚 ẓi̯ang：堂 d'âng。」

（《中國上古音討論集》）

高氏所謂發音部位相同，即黃氏所說「同類」也，高氏言互
換，黃氏言互變，其義一也。故高氏此說正足爲黃氏說之最佳註
足也。

四、黃氏言古音同位相變：

黃氏〈聲韻通例〉又云：「凡古音同位者或相變，影、見、
端、知、精、照、莊、邦、非同位，曉、溪、透、徹、清、心、
初、疏、穿、審、滂、敷同位，匣、群、定、澄、從、邪、牀、
神、禪、並、奉同位，爲、喻、疑、泥、來、娘、日、明、微同
位。」按黃氏此說，實據戴氏“位同”之說而來者，戴氏云：
「位同則聲變而同，聲變而同，則其義亦可以比之而通。更就方
音言，吾郡歙邑，讀若攝（書涉切，審紐）唐張參《五經文
字》，顏師古注《漢書地理志》已然。歙之正音，讀如翕（許及
切，曉紐。）翕與歙，聲之位同者也。」（《轉語二十章敘》）
是則黃氏言同位，戴氏言位同，意相同也。攝歙翕之所以相通，
攝審紐，翕曉紐，審之與曉，於黃氏則謂之同位，於戴氏則稱之
爲位同也。其實所謂同位、位同者，即發音方法相同也。黃氏以
影、見、端、知、精、照、莊、邦、非爲同位，此諸紐皆發聲
也。曉、溪、透、徹、清、心、初、疏、穿、審、滂、敷同位，

此諸紐皆清聲送氣也。（按黃氏以清送氣之塞聲、塞擦聲以及清摩擦聲，皆謂之送氣。）匣、群、定、澄、從、邪、牀、神、禪、並、奉同位，此諸紐皆濁聲送氣也。爲、喻、疑、來、娘、日、明、微同位，此諸紐皆收聲也。黃氏以發音方法相同者音可互變，證之諧聲之字，亦有跡可尋。若羔古牢切爲見紐字，而從照省聲，照之少切，照紐，照之最初聲母爲刀，都牢切端紐字，見也，端也，照也，發聲方法相同爲同位，故音可互變。凸呼堅切，曉紐而從山聲，山所間切疏紐，曉、疏同位也。……若此之類，實遽數之不能終物也。是則黃氏此說亦有可供參考之價值也。

第四節　曾運乾之古聲研究

曾運乾（1884 － 1945）字星笠，晚號棗園，湖南益陽人。嘗於民國十六年與黃侃共事於瀋陽東北大學，黃氏以喻爲二紐皆影紐之變聲，謂於古聲有影而無喻爲也。曾氏以爲非是，乃謂喻母古隸舌聲定母，于母（即本篇所謂爲母）古隸牙聲匣母。初見於〈切韻五聲五十一類考〉一文，而其〈喻母古讀考〉，則言之尤爲詳盡。曾氏云：

「古韻之說，導源於顧亭林，古紐之說，導源於錢竹汀，錢氏言古無舌上音及輕脣音。近世章太炎復本其例作〈古音娘日二紐歸泥說〉，其言旣信而有徵矣。然自宋以來，等韻書中尙有橫決蹭駁，亂五聲之經界，爲錢章所未暇舉正者，如喉聲影母獨立，本世界製字審音之通則，喻、于二母（近人分喻母三等爲于母。）本非影母濁聲，于母古隸牙聲匣母，喻母古隸舌聲定母，部仵秩然，不相陵犯。等韻家強之與影母清濁相配，所謂非我族類，其心必異者也。」

曾氏因引證經籍異，文予以證成其說。茲分別錄之於後：

一、證喻母三等字古隸牙聲匣母：

曾氏云：

「凡《廣韻》切語上一字用于（羽俱切）羽雨（並王矩切）云雲（並王分切）王（雨方切）韋（雨非切）永（于憬切）有（云久切）遠（雲阮切）榮（永兵切）爲（薳支切）洧（榮美切）筠（爲贇切）營（于傾切。今《廣韻》于作余，自係字誤，觀全書通例自知。江愼修《四聲切韻表》、陳蘭甫《切韻考》均未能舉正。）十五字者，爲喻母三等字，與喻母四等字不通用，文中稱于母。

凡《廣韻》切語上一字用胡乎（並戶吳切）戶（侯古切）侯（戶鉤切）下（胡雅切）黃（胡光切）何（胡歌切）七字者，爲匣母。

古讀營（于傾切）如環。《韓非子》：『自營爲私。』《說文》引作『自環』。按環、戶關切，匣母。

古讀營如還。《詩·齊風》：『子之還兮。』《漢書·地理志》引作『營』。師古注：『《齊詩》作營，《毛詩》作還。』按還亦戶關切。

古音營魂相近。《老子》：『載營魄抱一，能無離乎？』注：『營魄、魂魄也。』按：魂、戶昆切，匣母。

古讀瑗（王眷、于願二切）如奐。《春秋左氏經·襄二十七年》：『陳孔奐。』《公羊》作『陳孔瑗。』按：奐、胡玩切，匣母。

古讀瑗如環。《春秋·襄卅九年經》：『齊侯環卒。』《公羊》作『齊侯瑗。』環、匣母，見上。又按：《爾雅·釋器》：

『好倍肉謂之瑗，肉好若一謂之環。』環瑗聲義並相近。

古爰（雨元切）緩聲同。《詩》：『有兔爰爰。』毛傳：『緩意。』《爾雅・釋訓》：『爰爰、緩也。』按：緩、胡管切。

古讀援（雨元、爲眷二切）如換。《詩・皇矣》：『無然畔援。』《漢書・敘傳》注引作『畔換』，鄭氏箋：『畔援、猶跋扈也。』按：畔援，古疊韻，無正字，祇取聲相近之字通作。如《詩・卷阿》作『泮奐』，〈魏都賦〉作『叛換』，《隸釋・成陽令唐扶碑》：「夷粤佈擭。」畔泮叛同聲，跋佈與畔均雙聲，換奐並胡玩切，扈擭並侯古切。亦均匣母雙聲字。

古讀爰又如換。《左傳・僖十五年》：『晉於是乎作爰田。』服注：『爰、易也。』按：易猶換也。何休《公羊》注正作『換田』，又《漢書・食貨志》云：『民受田，上田夫百畮，中田夫二百畮，下田夫三百畮，三歲更耕，自爰其處。』〈地理志〉云：『秦孝公用商鞅，制轅田。』注引孟康云：『三年爰土易居，古制也。末世寖廢，商鞅相秦，復立爰田。』《說文》走部云：『趄、趄田易居也。』段氏注云：『爰轅趄換四字音義同。』今按：爰轅趄三字，雨元切，換胡玩切，匣母。（《漢書・張湯傳》：『爰書。』注：『爰、換也。』

古爲蝯猴三字音相近。《說文》爪部：『爲、母猴也。』犬部：『猴、夒也。从犬，侯聲。』朱駿聲云：『一名爲，一名沐猴，其靜者蝯。』《說文》虫部：『蝯、善援，禺屬。』段氏云：『⒂部曰：禺、猴屬。』按三字音義並近，爲、薳支，切蝯、雨元切，于母，猴，乎溝切，匣母。

古讀洹（于元切）如澴、如汍。《毛詩》：『方渙渙兮。』《說文》引作『汍』，《釋文》引《韓詩》作『洹』。按：汍、胡官切，澴、胡玩切，並匣母。

古讀羽（王矩、王遇二切）如扈。《周官・考工記》：『弓人弓而羽殺。』注：『羽讀爲扈，緩也。』按：扈、侯古切，緩、胡管切，並匣母。孫詒讓《周禮正義》云：『經典扈無緩訓，未詳所出。』按：鄭釋"畔援"爲"跋扈"，知爰扈聲相近，故得相假。……」

二、證喻母四等字古隸舌聲定母：

曾氏云：

「凡《廣韻》切語上一字，用余餘（以諸切）夷（以脂切）以（羊己切）羊（與章切）弋翼（與職切）與（余呂切）移（弋支切）悅（弋雪切）十一字者，爲喻母四等字，與舊喻母三等字（即于母）不通用，今仍稱喻母。

凡《廣韻》切語上一字用徒（同都切）同（徒紅切）特（徒得切）度（徒故切）杜（徒古切）唐堂（徒郎切）田（徒年切）陀（徒河切）地（徒四切）十字者爲定母。

凡《廣韻》切語上一字用直（除力切）除（直余切）場（直良切）池（直離切）治持（直之切）遲（直尼切）佇（直呂切）柱（直主切）丈（直兩切）宅（場伯切）十一字者爲澄母，古讀如定母。

古讀夷（以脂切）如弟。《易・渙》：『匪夷所思。』《釋文》：『夷、荀本作弟。』又〈明夷〉：『九於左股。』《釋文》：『子夏本作睇，又作睼。』《說文》：『鵜、從鳥夷聲。重文作鷈，從鳥弟聲。』按弟徒禮特計二切，睇特計切，鵜杜奚切，並定母。

古讀夷（以脂切）如陳，實如田。《左僖元年》：『邢遷於夷儀。』《公羊》作『陳儀』按：陳從申聲，古音如田。《史記》齊田氏即陳氏也，申本古文電字，《淮南子・天文訓》：『庚子干，丙子夷。』注云：『夷或爲電。』夷之讀爲電，猶夷之讀爲陳矣。按：田徒年切，電堂練切，均定母，陳直珍切，澄母。

古讀夷如遲。《詩・四牡》：『周道倭遲。』《韓詩》作『威夷』。又《淮南・原道》：『昔者馮九大丙之御也。』注：『夷或爲遲。』按遲直利切，澄母。（《匡謬正俗》云：『古遲夷通用，遲有夷遲二音。』說亦不了。）

古讀夷如穉。《史記・田完世家》：『完生穉孟思。』《索隱》引《世本》作『夷孟思。』按：穉亦直利切，澄母，古讀定母也。

古讀姨如弟。《釋名・釋親屬》：『妻之姊妹曰姨，姨弟也，言與己妻相長弟也。』

古讀夷如薙，如髢。《周官經・薙氏》注：『書薙或爲夷，玄謂薙如髢小兒頭之髢，書或作髢，此皆翦草也，字从類也。』《釋文》：『薙或作雉，同他計反，徐庭計反，髢他計反。』按他計反，透母，庭計反，定母，《廣韻》髢特計反，定母，薙直履反，澄母。……』

曾運乾氏以爲爲紐古歸匣紐，喩紐古歸定紐，其說實精研得理，言之確鑿，實足以正黃侃之疏，故羅常培以爲曾氏此文乃繼錢大昕之後，對古聲之考證最具貢獻之一文，洵非溢美之言也。

葛毅卿氏嘗據《切韻指掌圖・辨匣喩二字母切字歌》（按切字歌原文作“匣闕三 四喩中覓，喩虧一二匣中窮。上古釋音多具載，當今篇韻少相逢。”原註云：“戶歸切幃，于古切戶。”）及《王抄本唐寫本切韻殘卷》「雲」「越」二字切語，假定喩三音值與匣於古相同。爲作“On the consonantal value of 喩---Class words”一文，發表於《通報》（1932）。其後葛氏又有〈喩三入匣再證〉一文，其言曰：

「上虞羅氏丙辰年影印《原本玉篇殘卷》云部第一百:「云胡勳反」,和通行本《玉篇》「于君切」不同,羅莘田先生函示敦煌本《尚書釋文殘卷》「滑于八切」和戶八切不同,這些都是最好不過的旁證。就《切韻》本身的系統來說,上面幾個字,現在可以連結起來:

越戶伐反,雲戶分反,遠云晚反,云戶分反,有云久反。

越、雲、遠、云、有五個喻三字,應該和「戶」是同聲母,換句話說,應該歸入匣類。此外《切韻考》上的于類字,羽于俱反,雨于俱反,王雨方反,韋王悲反,永榮兵反,榮永兵反,為薳支反,洧榮美反,筠為贇反。還不能和雲類幾個字連結起來,但是就《切韻》以前的時期來說,它們和雲一樣帶著一個聲母g,就《切韻》以後的時期來說,它們和雲類都給等韻家歸入一類,就《切韻》時代相近的其他字書來說,它們也有和匣互通的痕跡,所以雲、于雖然現在不能在《切韻》系統之下完全連結起來,至少有很大的連成一類的嫌疑。」(《史語所集刊第八本一分》)

羅常培〈經典釋文和原本玉篇反切中的匣于兩紐〉一文中,討論匣于二紐之歸屬及其音讀,尤為詳盡。茲節錄於後:

「《釋文》裏在《廣韻》應屬『匣』『于』兩紐的反切上字,我們可以得到『戶』和『于』兩類:

(甲)戶類(和《廣韻》的匣紐相當,在《釋文》裏以『戶』作反切上字的,共發現 一千零八十七次,較本類其他各字均多,所以拿它作標目。)

戶:胡:河:何(戶可、戶我、胡可、胡我、何可、河我。凡不同音的反切或本無反切而據第三例系聯〔反切上字在《釋文》中無切語與直音可稽,而據其所切字中同音異切之上字而系聯者。〕的上字,文中皆用:號隔開;『類隔』切語則於字旁加

・號以別之。）下（戶稼、遐嫁、遐稼。）華（戶華、戶瓜、胡瓜、胡花：戶化、胡化。）行（戶郎、戶剛、戶康：戶庚、下庚：戶孟、遐孟。）候（戶豆）和（胡戈：戶臥、胡臥。）迥（戶頂）爻（戶交：胡孝。）環（戶關）曷（戶割、何葛、何末、寒末、火葛。）學（戶教、戶孝、胡孝）洪（戶工）衡（華盲）咸（行緘、洽斬）滑（胡八、乎八、于八）回（迵音回，胡恢）遐（瑕音遐，戶加、下加、下家）獲（畫音獲，胡麥、乎麥）兮（鼷音兮，戶雞）幸（倖音幸，胡耿）銜（音咸，洽斬、行緘）洽（狹音洽，戶甲、戶夾、胡夾、乎夾）乎（壞戶怪、乎怪）寒（翰戶旦、胡旦、寒半）亥（孩戶哀、亥才）閑（黠戶八、閑八）黃（獲戶郭、黃郭）賢（賢遍、賢編、胡薦）玄（鉉胡犬、胡畎、玄犬、玄畎、玄典）形刑（脛戶定、胡定、刑定、形定）恨（很戶墾、胡墾、胡懇、恨懇）惠（螢戶扃、惠丁）穴（攜戶圭、穴圭）弦。

　　以上三十八字惟『弦』字無可系聯，案《廣韻》『弦』和『賢』同作『胡田切』，雖不系聯，亦應屬於這一類。

　　（乙）于類（和《廣韻》的于紐相當，即喻紐三等，在《釋文》裏拿『于』作反切上字的共發見一千四百十八次，較本類其他各字均多，所以拿它作標目。）

　　于（音爲，羽危）爲（于威：于僞、於僞）炎（于廉、于沾、于凡、榮鉗）羽（音雨，于矩）又（宥音又，于救）袁（援音袁，于眷）韋（葦于鬼、韋鬼）位（鮪于軌、位軌）往（王于方、往方：于況、往況）云韻（隕于敏、于閔、云敏、韻謹）榮（禜爲命、榮敬）尤（有牛、下求）有。

　　以上十四字惟『尤』『有』兩字和其他不能系聯。案『尤』作『下求反』只見於《論語・爲政》章『寡尤』下，各本均同，諸家也沒加校訂，照上述第三例，應當和戶類系聯；不過法偉堂的校本卻說：『下乃于之訛』，若然，那就可以和本類系聯了。然而，問題卻沒有這麼簡單！

這兩類雖然大體上自成系統，可是彼此間常有錯綜的關係。例如戶類的『滑』字有『胡八、乎八、于八』三反，它所切的字裏『猾』有『于八、戶八』二反，『皇』字有『于況』『胡光』二反，並且《尙書釋文》『蠻夷猾夏』的『猾』字，今本作『戶八反』，這當然不能諉爲偶然的訛誤。旣然『猾』字可以有『戶八』和『于八』二反，那末『尤』字也未嘗不可以有『有牛』和『下求』二反。再說，于類所切的『鴞』字，同時有『于驕、于嬌、于苗、戶驕』四反，也可以作戶于兩類相通的例，若在本書以外找材料，我們還有許多的旁證。

據周祖謨所考《萬象名義》中的《原本玉篇》音系，匣于兩紐簡直有不可分的趨勢，所以他併稱『胡』類，其反切上字爲：

胡（護徒）護（胡故）戶（胡古）互（胡故）扈（胡古）后（胡走）侯（胡溝）黃（胡光）緩（胡管）會（胡外）奚（胡題）諧（胡階）核（胡改）穴（胡決）衡（胡庚）紅（胡工）和（胡戈）候（胡遘）後（胡狗）華（胡瓜）嬅（胡餲）獲（胡餲）形（胡經）駭（胡駴）秅（胡雞）何（胡可）賀（何佐）遐（何加）下（遐加）行（遐庚）杏（遐梗）荷（賀多）河（賀柯、戶多）乎（戶枯）悅（胡拙）尹（胡准）越（胡厥）爲（胡嫣）鮪（爲軌）榮（爲明）核（爲革）解（核灑）覈（解革、械革）械于（禹俱）迂（禹俱）竿（禹朱）往（禹往）尤（禹尤）王（禹方）右（禹九）曰（禹月）有（于九）又（有救）雄（有宮）雨（有諵）禹。

在《廣韻》裏本來應屬于紐的『尹越爲鮪榮』五字旣然和匣

紐系聯，周君又說：『于以下十三字不能與上系聯。案《名義》
云：“于勳反，部目作胡熏反。”又寓，胡甫反，《原本玉篇》
云：“古文寓”，《名義》寓作于甫反，是胡于聲同一類。』由
此看來，《原本玉篇》裏的匣于兩紐比在《經典釋文》裏還混亂
得厲害。

此外，我還發現兩個有趣的旁證，在南齊王融的集子裏，有
一首雙聲詩：

園蘅眩紅蘤。湖荇燁黃花。迴鶴橫准翰，遠越合雲霞。

又北周庾信的問疾封中錄也是一首雙聲詩：

形骸違學宦，狹巷幸爲閑。虹迴或有雨，雲合又含寒。

橫湖韻鶴下，迴溪狹猿還。懷賢爲榮衛，和緩惠綺絨。

第一首裏的『蘅眩紅蘤湖荷黃花迴鶴橫准翰合霞』十五字在
《廣韻》應屬匣紐，『園遠越雲』四字應屬于紐。第二首裏的
『形骸學宦狹巷幸閑虹迴或合含寒橫湖鶴下還懷賢和緩惠絨』二
十五字應屬匣紐，『違爲有雨雲又韻猿榮衛』十字應屬于紐。不
過在第一首裏雜入喻紐的『燁』字，第二首裏雜入溪紐的『溪
綺』兩字，除去這三個例外，他們既然把匣于兩紐當作雙聲，可
見這兩紐的發音應該很相近的。

就以上所引材料來推斷這種現象發生的時代，我們知道王融
生在宋泰始四年戊申（468A.D）死在齊隆昌元年甲戌（494A.
D.）；庾信生在梁天監十二年癸巳（513A.D.），死在周大定元
年辛丑（581A.D.）；顧野王生在梁天監十八年己亥（519A.
D.），死在陳太建十三年辛丑（581A.D.），大同中爲太學博士
奉詔撰《玉篇》（535---546A.D.）；陸德明的《經典釋文》是從
陳至德元年癸卯（583A.D.）作起的，那末就可以說，從五世紀
末匣于兩紐都有混亂的現象，而且時代越早混亂的越厲害。

　　不過這種現象究竟是因為同音而合併呢？還是因為音近而相通呢？要解答這個問題，我們不得不推溯匣于兩紐的歷史。

　　曾運乾的〈喻母古讀考〉在錢大昕〈古無輕脣音〉和〈舌音類隔之說不可信〉以後，對於古聲母的考證上，是一篇很有貢獻的文章。然而就音變的普通規律來講，在古代完全相同的聲音，後來不會無條件的變成兩個不同的聲音，所以我們只可以說匣于兩紐在上古是很相近的音，而不能說他們是完全相同的音。照高本漢的擬測，匣紐的上古音是*g‘-，于紐的上古音是*g-，兩音極相近，只有送氣和不送氣的區別。這樣固然可以填上群紐洪音的空當兒，可是于紐的洪音仍然空著。拿這種擬測來解釋上面所討論的現象，若從庾信詩裏屬入的『溪綺』兩個溪紐字大瞻地假設上古的*g‘-、*g-在六朝時候的某種方音裏還保持未變，似乎近理一點兒，可惜這種孤證太不夠作我們推斷的根據了。如果說那時候*g-已經變j-，不能解釋它為什麼算是匣紐的雙聲，若說*g‘-在i前和*g-同樣的變ɣ，又不好解釋群紐的*g‘-在i前何以不變。所以從這一點來看，高氏的擬測似乎還有商酌的餘地。兩年前，李方桂先生曾經懷疑匣類有兩個上古的來源：（a）和 k-、k‘諧聲或互讀的是*g-。（b）和 x-諧聲的是*ɣ-。照他的假設，那末匣于群三紐應該按下面的程序來演變：

上古音	六世紀初	六世紀末
*g‘	ɣ匣	ɣ
*ɣ	ɣ匣	ɣ
*ɣ（i）	ɣ（i）于	ɣj→j
*g（i）	g‘（i）群	g‘j

　　如果這個假設可以成立，我們就可以說，在第五世紀末葉ɣ

在ɪ音前面還沒有j化，所以王融的詩裏把匣于認爲雙聲，在《原本玉篇》的反切裏，這兩紐系聯的地方也比較多。到六世紀末葉，ɣ在ɪ音前面已經j化，所以在《經典釋文》的反切裏，這兩類分化的傾向漸強。至於這兩類在《切韻》裏的關係，也就像見母有古居兩類，溪母有苦丘兩類一樣，只是洪細的不同；陸法言在《切韻・序》裏旣然明白指斥『先仙尤侯，俱論是切。』的不對，他自己當然不會又把匣于合併成一紐。我們若把《切韻》裏的匣紐擬作ɣ-，于紐擬作ɣj-，像 k-：kj-和 kʻ-：kʻj-的對峙一樣，就可以說得過去了。並且于紐在現代吳語大部分還和匣一樣的保持著〔ɦ-〕音，在現代閩語的話音裏，也有好些讀〔ɦ-〕音的例，這也可以表現它曾讀ɣ音的。

總結上文所說，我對於《切韻》裏匣于兩紐的關係，贊成曾運乾拿于紐當匣紐細音的說法，並且覺得高本漢所擬的 j，或許經過ɣj一個階段。不過從發音原理講，這個ɣj音不會保持長久，很快就會變成j的。葛君因爲幾個『類隔』反切的牽聯，要把他們併成一類，反倒不容易解釋後來在大多數方言裏，何以匣變〔ɦ〕而于變〔j〕了。」（《史語所集刊第八本・一分》）

按喩、爲二紐曾氏考定各隸定、匣之後，殆近於定論，葛氏、羅氏之增補，在曾氏已有之基礎上，作更深一層之討論，不僅辨及古音匣、爲二類之聲類隸屬關係，更進一步討論及匣、爲二紐之古聲音值。至其假定音值之是非，固尙有待詳加討論，然匣爲二紐上古音同出一源，則應可無疑。爲之入匣，喩之入定，於音理言，自遠勝於黃氏入影之說。

第五節　錢玄同之古聲研究

　　錢玄同氏〈古音無邪紐證〉一文考證邪紐古應歸定，與心紐無關，此有改進黃侃古聲紐之處。錢氏云：

　　「錢氏考明非敷奉微及知徹澄七紐古歸幫滂並及端透定七紐，章師考明娘、日二紐古歸泥紐，曾氏考明喻紐三等（今稱云紐）古歸匣紐，其四等（今稱以紐）古歸定紐，三君的攷證，都十分精確，應該作爲定論。

　　此外同門黃季剛氏（侃）又謂群紐古歸溪紐，照穿床審四紐之二等（今稱莊、初、崇、生四紐）古歸精清從心四紐，照穿床三紐之三等（今稱章、昌、船三紐）古歸端透定三紐，審紐之三等（今稱書紐）及禪紐古亦歸透定二紐，邪紐古歸心紐，我以爲大體也很對的。惟見溪群三紐，黃氏以爲古只有見溪二紐，群應歸溪，我則以爲古只有溪群二紐，見應歸群，又，我以爲邪紐古非歸心，應歸定。

　　管見所及，尙有二點：見端精幫古歸群、定、從、並四紐，曉匣古歸溪群二紐，（這一點，王靜如氏已先稱言之）故私擬古音凡十四紐，如左：（古音所無之紐，旁注於應歸之紐之下。唐宋聲紐，依黃氏說，增三十六字母爲四十一聲紐，精密言之，應爲四十七紐，但普通稱說，儘可括爲四十一紐。）

喉門阻	舌根阻	舌頭阻		舌葉阻	兩脣阻
影	溪曉	透徹昌審		清初	滂敷
	群見匣云	定端澄知船章禪以邪		從崇莊	並幫奉非
	疑	泥娘日		心生	明微
		來			

　　本篇專說『邪紐字的古讀』這一個問題，考《說文》九千三百餘字中，徐鼎臣所附《唐韻》的反切證邪紐的有一百零五字，連重文共一百三十四字，就其形聲字的『聲母』（今亦稱『音符』）考察，幾及十分之八，其他有應歸群紐者，則不足十分之二，有應歸從紐者則不足十分之一，從大多數言，可以說邪紐古歸定紐。……

　　依上表所列，凡在端澄知船章禪以諸紐，即認為古在定紐，在見、匣、喻、云諸紐者即認為古在群紐，又聲紐變遷，同阻之旁紐尤易轉入，如定轉透、來，群轉溪、疑等，群亦易轉影是也。

　　近代言古韻分合者，以段茂堂為最卓絕，他說古音的聲調有平上入而無去，又各部的聲調彼此並不一致，有僅有平上二聲者，有僅有平入二聲者，有平上入三聲全者，這都是顛撲不破之名論。今考段氏所列凡有數種聲調之部，其各個聲調之『聲母』彼此畫然有別，實應分為數部。准此分部，他的十七部應再分為三十部。但其第三部入聲，孔撝約以為應分為二，（王懷祖與江晉三說同）其第九部，孔撝約以為應分為二，（江晉三說同），其第十五部入聲，一戴東原以為應分為二（王懷祖與江晉三說同），這三點，段氏皆極同意，認為自己的書應該修正（見〈答江晉三論韻〉），故用段氏之晚年定論，而依聲調分韻，則應為三十三部。章師之二十三部，本係集段、孔、王三家之成者，故大體已具，惟入聲尚未全分；黃氏承之，入聲全分，列二十八部，而上聲迄未分出，今依段氏分出上聲五部，列三十三部，部目之下注段、章、黃三家標目及分合異同，以資參考：

　　〔一〕**歌部**（段十七部、章歌部、黃歌戈部）

　　隋聲－隨（古歸定）

　　《唐韻》隋聲字：隋橢憜（惰）鬌嫷鐉橀墮在定，鬌在澄，獮�府在以。

也聲－灺（古歸定）

《唐韻》也聲字：地在定、阤馳杝在澄，施敀弛在書，也匜杝貤酏在以。案：「也」與「它」古爲一字，它聲字《唐韻》多讀定紐。

〔二〕元部（段十四部、章寒部、黃寒桓部）

罠聲－檈櫏（古歸群）

旋聲－旋嫙縼鏇漩（古歸群）

《唐韻》罠聲字：罠在群，猨懁繯在見，環擐還轘繯在匣，趢譞翾儇嬛蠉在曉，圜在云。

《唐韻》旋聲五字均在邪紐。但『旋』古通作『還』（古蓋只有『還』字），『還』字有匣邪兩讀，蓋初由群變匣，後轉入邪，於是旋聲諸字皆入邪紐矣。然『瓊』爲群紐字，或體作『璇』，則旋聲非無讀群紐者。

肙聲－圓（古讀群）

《唐韻》肙聲字：鞙蜎在群，稍絹涓埍酳在見，駽鋗在曉，肙睊剈鵑焆悁弲在影，惟捐在以，則由云轉也。

延聲－唌（古歸定）

《唐韻》延聲字：誕在定，梴在徹，鋋在禪，梴挻在書，筵埏在以。『次』又作『涎』，亦通用『唌』，則古亦讀定紐。羨从羑省从次，次亦聲。他書又音延，音夷，皆以紐。

《唐韻》羨聲字：䌁在昌，惟遙在云，則由以轉也。（《廣韻》『遙』字有以與云兩讀。）『汏』之或體作『㳬』，侃聲，則入溪紐，此乃轉音。

叡（睿）聲－璿瑢（叡）趙（右肖爲叡）（古歸定）

《唐韻》睿在以紐，則本定紐字也。（『睿』『銳』均以芮切，『銳』从兑聲，亦定紐字。）『璿』之古文作『琁』，即『璿』之誤體，非从睿（濬）聲。

　　蟲聲－蟲（古歸定）

　　案：古本無蟲字，許叔重列之爲部首者，因『原』字又作『灥』也。其實三泉等於一泉，只是寫者欲其形體茂密，故作此繁文耳。許書旣有此字，於是後之作韻書者，即以泉字之雙聲讀之，泉在從紐，從與邪音近，每易相混，（今各處方音相混者甚多。）於是遂列入邪紐矣。（屾與山雙聲，㳽與水疊韻，鱻與魚同音，皆『蟲』與『泉』雙聲之證。

　　〔三〕月部（段十五部之入聲，章泰部，黃曷末部）

　　此部無邪紐字。

　　……

　　錢氏玄同就形聲字聲母考察，以爲邪紐字古讀應歸定紐者，幾十之七八，從多數以言，認爲「邪紐古歸定紐」。然僅以「兩個黃昏之時間」倉猝寫成，於通假文字，漢師音讀諸端，猶未暇舉例證明。其弟子戴君仁先生乃援錢氏之例，爲之「比輯舊文，考稽古讀」，因成〈古音無邪紐補證〉一文，以翼贊錢氏之說。戴先生曰：

　　「先師錢玄同先生嘗著〈古音無邪紐證〉載於師大《國學叢刊》，證邪紐古歸定紐，論者許與錢（竹汀）章（太炎）之作同其不刊。惟屬稿悤遽，僅從諧聲考定，而於經籍異文，漢師讀若，未遑及也。今遵依師說，比輯舊文，考稽古讀，草爲斯篇。命曰〈補證〉，庶幾弟子依模塡采之義云。依錢師例，凡在澄、神（錢君作船）、禪、喻（錢君作以）諸紐者，即認爲古在定紐。

　　隋　《周禮・春官・守祧》：『旣祭則藏其隋。』鄭玄《儀禮》注引作『旣祭則藏其墮。』（〈士虞禮〉『祝命佐食墮祭』
下。）按《廣韻》墮徒果切，隋旬爲切，又徒果切，徒果切爲定
紐，旬爲切屬邪紐，是旬爲切之音當屬後起。古惟讀徒果切也。
又《毛詩・羔羊》『委蛇』，《韓詩》一作『禕隋』，按蛇本作
它，《廣韻》託何切，屬透紐，透定同類，相爲清濁。

遂

隧 《說文》：『遂、亡也。』朱駿聲《通訓定聲》訂作
道，其說是也。《春秋演孔圖》：『使開階立遂』，宋均注：
『道也。』《史記・蘇秦傳》：『禽夫差於遂。』《索隱》：
『遂者道也，字亦作隧。』《詩・桑柔》：『大風有隧。』《禮
記・曲禮》：『出入不當門隧。』《左襄十八年傳》：『連大車
以塞隧。』〈魯語〉：『具舟除隧。』傳注皆訓道也。《廣雅・
釋室》以隊爲之。云：『隊、道也。』《左文十六年傳》：『楚
子會師于臨品，分爲二隊。』《哀十三年左傳》：『越子伐吳爲
二隧。』二隊即二隧也。《廣韻》遂隧均徐醉切，屬邪紐，隊徒
對切屬定紐。

又《禮記・學記》：『術有序。』鄭注：『術當爲遂，聲之
誤也。』〈月令〉：『審端徑術』，注：『術、《周禮》作
遂。』《左傳二十六年經》：『公子遂如楚乞師。』《世本》遂
作述。又《文十二年經》：『秦伯使術來聘。』《公羊》作遂。
按術述遂古本一字，《說文》遂古文作遀，魏三體石經《尙書君
奭》『乃其隧命。』隧古文作遀。《春秋・文公經》『公子
遂』，古文作遀，从再當爲㞢字，作再者繁文耳。《說文》乃變
再爲爲再，故盂銘鼎『我屬殷述令』，借述爲墜，實借遂爲墜
也。《說文》術訓邑中道，義與遂同。述訓循則以動詞爲義（循
訓行順）。形近義同，明係重文。後乃从㒸聲又作遂耳。《廣

韻》術述均食聿切，屬神紐，古亦歸定。遂與術述古韻亦同部。

又《禮記·檀弓》：『齊莊公襲莒于奪。』鄭注：『《春秋傳》曰：杞殖華還載甲，夜入且于之隧，隧奪聲相近，或爲兌。』《廣韻》奪徒活切，兌杜外切，均屬定紐。

襚《說文》：『襚衣死人也。』『祝、贈終者衣被曰祝。』段玉裁、朱駿聲以爲襚祝一字是也。《廣韻》襚反切同遂，祝舒芮切，屬審紐，又他外切，屬透紐，依黃氏侃說，審古歸透，與定相爲清濁。

又《詩·碩人》：『說于農郊。』鄭箋：『說當作襚』，說古讀如脫，屬定紐。

巡　《周禮·地官·鄉師》：『巡其前後之屯。』鄭注：『故書巡作述。』《廣韻》

巡詳遵切屬邪紐，述已見前。

尋　《爾雅·釋言》：『流、覃也，覃、延也。』《釋文》：『覃本又作尋（左有爻旁）字，孫叔然云古覃字同。』按尋（左有爻旁）即尋字，《廣韻》尋徐林切，屬邪紐，覃徒含切，屬定紐。《左哀十二年傳》云：若可尋也。』服注：『尋之言重也。』重直容切，屬澄紐，古亦歸定。又《釋名·釋兵器》：『劍其旁鼻曰鐔。鐔、尋也，帶所貫尋也。』鐔、《廣韻》覃尋二音。

燅　《儀禮·有司徹》：『乃燅尸俎』。鄭注：『古文燅皆作尋，記或作燖。』《春秋傳》曰：『若可燖也，亦可寒也。』按玄應《一切經音義》卷一燖身下云：『《聲類》作燖燅二形，今作燅。』《廣韻》燖徒含切，屬定紐，又昨鹽切屬從紐，燅燖同字徐鹽切，屬紐，實則三者同字，古惟讀徒含切也。……

已　餘杭章君曰：『《說文》包字解曰：象人裹妊，已在

中，象子未成形也，則已即胎子，反已爲目，形少異而音誼同，胎得聲于以，古音已目本如胎。」《小學答問》

　　按章說是也。卜辭、金文已皆作子，蓋象已成形者，《廣韻》已詳里切，屬邪紐，胎土來切，屬定紐。」（《輔仁學誌》第十二期卷第一第二合期）

　　按邪紐古讀如定之說，錢君旣闡發之於前，戴君又疏通之於後，驗之諧聲，昭明如彼，徵之典籍，彰著若此。則邪紐古聲歸定之說，亦幾近於定論者矣。

第六節　陳新雄之古聲研究

　　陳新雄撰〈群母古讀考〉以爲群母古讀如匣母。陳氏云：

　　「蘄春黃季剛先生在〈與人論治小學書〉裡曾列表說明《廣韻》四十一聲類中，有本聲，有變聲。其中有些聲母的正變，是發音部位的改變，像本聲有舌頭音的端、透、定、泥；變聲有舌上音的知、徹、澄、娘；正齒音的照、穿、神、審、禪；半齒音的日。本聲有齒頭音的精、清、從、心；變聲有正齒音的莊、初、床、疏。本聲有重脣音幫、滂、並、明；變聲有輕脣音的非、敷、奉、微等。凡屬於發音部位改變的，黃先生統名之爲輕重相變。除此之外，又有些聲母的正變，是由於發音方法的改變。像本聲有喉音的影；變聲有喉音的爲、喻；本聲有牙音的溪；變聲有牙音的群；本聲有齒頭音的心；變聲有齒頭音的邪。這類發音的方法改變的正變聲母，在本聲都是清聲，在變聲都是濁聲。所以黃先生統名之爲清濁相變。現在把黃侃的本聲變聲表抄錄於後：

本聲	變聲		
喉	喉		
影清	爲濁喻濁（清濁相變）		
曉清			
匣濁			
牙	牙		
見清	群濁（清濁相變）		
溪清			
疑濁			
舌頭	舌上	正齒	半齒
端清	知清	照清	
透清	徹清	穿清審清	
定濁	澄濁	神濁禪濁	
泥濁	濁娘		日濁
半舌			
來濁			
齒頭	齒頭		正齒
精清			莊清
清清			初清
從濁			床濁
心清	邪濁（清濁相變）		疏清
重脣	輕脣		
幫清	非清		
滂清	敷清		
並濁	奉濁		
明濁	微濁		
本音凡十九類	變音凡二十二類[1]		

　　黃先生並且說：『變聲與本聲同列者，明其在古不分。』上表中，凡是屬於部位改變的正變聲母，經過歷來學者的討論，幾乎均已證明其正確性。關於方法改變的正變聲母，則其可靠性大成問題。譬如在喉音方面，黃先生認爲爲、喻兩母都是影母的變聲。而曾運乾的〈喻母古讀考〉一文，則考明『喻母三等字（即黃氏爲母字）古隸牙聲匣母。』『喻母四等字（即黃氏喻母字）古隸舌聲定母。』[2] 羅常培先生曾譽『曾運乾的〈喻母古讀考〉，在錢大昕〈古無輕脣音〉和〈舌音類隔之說不可信〉以後，對古聲母的考證上，是一篇很有貢獻的文章。』[3] 在齒頭音方面，黃先生認爲邪母是心母的變聲，而錢玄同先生有〈古音無邪紐證〉一文[4]，戴君仁先生有〈古音無邪紐補證〉一文[5]，都證明邪紐古歸定紐。後世論者，都許與錢大昕、章太炎之作，同其不刊。黃先生的本聲變聲表，談到清濁相變的共有三處，那就是喉音的影、爲、喻；齒頭音的心、邪；及牙音的溪、群。喉音與齒頭音的本聲與變聲之清濁相變，既經曾運乾、錢玄同、戴君仁三先生證明其不確，則剩下來的的牙音溪群清濁相變的可靠性也就相對的減少了。所以我撰寫《古音學發微》[6] 的時候，對於

1　《黃侃論學雜著》155 頁-156 頁，參考林尹《中國聲韻學通論》44頁-46 頁，劉賾《聲韻學表解》20 頁-21 頁。

2　曾運乾〈喻母古讀考〉見《東北大學季刊第二期》又見楊樹達輯《古聲韻討論集》，臺灣學生書局印行。

3　見羅常培〈經典釋文和原本玉篇反切中的匣于兩紐〉《史語所集刊第八本第一分》又載《羅常培語言學論文選集》117 頁-121 頁。

4　錢玄同〈古音無邪紐證〉，見《師大國學叢刊》。

5　戴君仁〈古音無邪紐補證〉，見《輔仁學誌》十二卷一、二期合刊。

6　拙著《古音學發微》文史哲出版社出版，1212 頁-1224 頁曾談及此一問題，與本文之解釋稍有不同。

清濁相變的說法，曾大爲置疑。並經考明群與匣古音應同出一源，絕非溪紐之變聲。當時因限於體例及時間，未曾詳加闡發，今願就群紐的古讀問題，再詳加申說，以補《古音學發微》的不足，並就教於海內外諸博雅居子。

爲探索群母的古讀究竟何似之前，且先瞭解群母古讀的歷史。首先論及群母古讀的，當然是黃季剛先生。黃氏在音略裏說：『群、此溪之變聲，今音讀群者，求古音當改入溪類。』[7]至於群紐何以爲溪紐之變聲？則未曾解說。蓋黃先生據錢大昕、章炳麟之所考，得知非、敷、奉、微、知、徹、澄、娘、日九紐爲變聲，於是創一紐經韻緯表，持此古音所無之九紐，進察《廣韻》二百零六韻，凡無此九紐之韻或韻類，亦必無喻、爲、群、照、穿、神、審、禪、莊、初、床、疏、邪等十三紐。則此十三紐必與非、敷、奉、微、知、徹、澄、娘、日九紐同一性質，即亦應爲變聲，黃氏由此考得群紐爲變聲。而自方以智、江永以來，談到聲母的發音方法，都把牙音的溪、群兩紐當作送氣聲。戴震的《聲類表》亦將溪、群兩母列入喉牙音的第二位爲位同，所以黃先生就根據舊說而認爲群母爲溪母的變聲。

符定一編《聯緜字典》有〈群紐古讀同見證〉一文[8]列出五類證據，證明見群二紐古聲相同。今節錄於後：

甲、見紐群紐字經典互用，足徵見群古同聲也。此類之證十有八。《易·小畜》：『月幾望。』《釋文》：『幾、徐音祈，又音機，子夏傳作近。《說文》：幾機居衣切見，祈渠稀切、近渠遴切群，證一。……

7　黃侃《音略》，見《黃侃論學雜著》62頁-92頁。
8　符定一〈群紐古讀同見紐證〉，見《聯緜字典》，67頁-77頁。

乙、見紐群紐字《說文》互讀，足徵見群古同聲也。此類之證有九。庀部虔讀若矜，渠焉切群，矜居陵切見，證一。……

丙、一字具有見群二紐，足徵見群古同聲也。此類之證有二十。《詩·小雅·庭燎》：『夜如何其。』《釋文》：『其音基。』基見紐。《詩·曹風·候人》：『彼其之子。』《釋文》：『其音記。』記居吏切見，證一。……

丁、見紐字孳亂爲群紐者，足證其本通群也。此類之證，二十有九。《說文》畺、居良切見，畺聲之彊，強之籀文疆，勥之古文勥，均居切，畺聲之鱷，渠京切群，證一。……

戊、凡群紐紐字孳乳爲見紐者，足徵其本通群見也。此類之證有八：《說文》局渠綠切群，局聲之搰，居玉切見，證一。……

符氏的結語說：『已上所列八十四證，足以搞定見群二紐古通。』

敖士英〈關於研究古音的一個商榷〉一文[9]，根據群經異字同讀的音，推論出群紐應併入見，並且進一層認爲匣紐也應該併入見紐。敖氏說：

『匣紐字合於牙聲，這是更明瞭的事實；不過這紐的字既然相同於牙聲，就可以幷入牙聲相同的紐，不必在牙聲另立一目。考牙聲各紐——見、溪、群、疑——群紐應幷入見，溪、見相近，古聲亦多相雜，但二紐有發聲、送氣的分別，是否古人有沒有這種區別，不敢斷定；因爲傍紐相雜，各類都同，不是顯無別異的，暫不相幷。匣紐字和見、溪二紐字古音實同，即可將匣幷

9　敖士英〈關於研究古音的一個商榷〉，載北大《國學季刊》二卷三期。

入該紐。』

　　敖氏雖說匣與見溪二紐字古音實同，而實際上他是把匣紐幷入於見紐的。敖氏云：

　　　『淺喉一類——見、溪、群、疑——群、見相幷，曉匣在古音亦當入淺喉；但匣紐字與見溪旣同，不必再另立一紐，在前類已經說過了。不過曾先生主張喻紐三等字（于）本屬于牙音匣紐，現在將匣紐併於見，于紐豈不又無所附麼？』

　　因爲敖氏主張匣群兩母古音併於見，所以後來在〈古代濁聲考〉一文[10]，也就特別強調匣見與群見關係之密切。敖氏說：

　　　『匣母字偏旁的聲類，見母居然占了五分之四，我們就此一點，可以看出匣母和 見母關係是非常密切。』

　　又說：

　　　『把群母的偏旁聲類總括起來，見母實占全部的最多數。』

　　敖氏根據諧聲字的關係及群經異字同讀的證據，而考證出群匣兩母古併入見之說，不但把群母歸入見母，又把匣母也一併歸入了見母。

　　謝雲飛先生〈自諧聲中考匣紐古讀〉一文[11]，是繼敖氏後，主張匣母古讀同見母考證最詳的一篇文章。謝氏此文收錄《廣韻》全部匣紐字一零六四字，逐字予以考證，以各字不同的情況而加以分析。謝氏說：

　　　『其第一類爲諧聲於今於古皆屬見紐，而所諧之字於後世屬匣紐者，則以文字發生之先後論，證明諧聲偏旁早出於所諧之

10　敖士英〈古代濁聲考〉載《輔仁學誌》二卷一期。

11　謝雲飛〈自諧聲中考匣紐古讀〉載《南洋大學學報》第四期，謝氏〈匣古歸見說〉，又見所著《中國聲韻學大綱》298 頁-299 頁，蘭臺書局印行。

字，而認定所諧之字應從偏旁之古音而歸於見紐。此類匣紐字最多，計有七五諧聲偏旁，統六四一字。第二類爲諧聲偏旁於今屬匣紐，而其所諧之字於今於古皆有屬於見紐者，則據所諧之見紐字以證諧聲偏旁本屬見紐，以語音多變之故，諧聲偏旁至後世已變爲匣紐，而所諧之字尙保留古之見紐，既證此一匣紐之偏旁古屬見紐矣，則從此一偏旁所諧之字；於後世雖亦爲匣紐，而其上古必見紐也。此類字計有十八諧聲偏旁，統二〇〇字。第三類爲諧聲偏旁屬見系，或其所諧之字有屬見系而與見紐僅發聲、送氣或清濁之小異者，則據前文"匣紐歸見"之假設及第一類、第二類以諧聲爲證之事實結果，而證此類見系之音，上古本屬見紐，至後世始漸次衍變至見系其他三紐者，故第三類考證即在求此類匣紐字本爲見系，而與見紐爲子姓之關係，以其關係如此，故亦認定其爲古見紐字。此類字計有十四諧聲偏旁，統六二字。第四類爲捨前述三種現象外，其於後世爲匣紐字，而以音訓、假借、或體、讀若、又音及方音可考其古音屬見紐者。此類字計有四二諧聲偏旁，統 一六二字。以上四類共爲九六五字，皆可考其古歸見紐之由也。 』

　　上來所引各家的說法，他們認爲群母及匣母古音應併入見母，主要的依據就是諧聲字中，群與匣都大量的跟見母諧聲。事實上諧聲系統並沒有充分證據，足以證明群匣二母應歸見母，充其量只不過可以說明群母跟匣母與見母的聲母發音部位相同罷了。其實群匣二母不但跟見母在諧聲上大量接觸，跟所有的舌根聲母，甚至於喉音的影母也常接觸。下面的例子，是從沈兼士的《廣韻聲系》12摘錄下來的。我把它分成八類，現在迻錄於後。

　　第一類：諧聲字的聲符屬見母，而所諧的字遍及喉牙各母。例如：

⑴ 工（古紅切 k-）：空（苦紅切㉞-）叿（呼東切 x-）紅（戶公切ɤ-）蛩（渠容切 g'-）

⑵ 共（九容切 k-、渠用切 g'-）：恭（九容切 k-）舼（渠容切 g'-）烘（呼東切 x-）洪（戶公切ɤ-）

⑶ 奇（居宜切 k-）：畸（居宜切 k-）騎（渠羈切 g'-）觭（去奇切 k'-）錡（魚倚切 ŋ-）猗（於離切ʔ-）

⑷ 規（居隨切 k-）：槻（居隨切 k-）闚（去隨切 k'-）䙔（求癸切 g'-）䙔（胡典切ɤ-）

⑸ 目（目並）（舉朱切 k-）：瞿（九遇切 k-、其俱切 g'-）奭（舉朱切 k-）衢（其俱切 g'-）戄（居縛切 k-）躩（丘縛切 k'-）懼（具籰切 g'-）貜（憂縛切ʔ-）籰（王縛切 j-）矆（許縛切 x-）

⑹ 圭（古攜切 k-）：佳（古膎切 k-）奎（苦圭切 k'-）崖（五佳切 ŋ-）娃（烏膎切ʔ-）眭（許規切 x-）窐（戶圭切ɤ-）

⑺ 君（舉云切 k-）：捃（舉云切 k-）䡇（去倫切 k'-）群（渠云切 g'-）頵（於倫切ʔ-）焄（許云切 x-）痯（五還切 ŋ-）

⑻ 軍（舉云切 k-）：皸（舉云切 k-）頵（五困切 ŋ-）運（王問切 j-）惲（於粉切ʔ-）揮（許歸切 x-）餫（戶昆切ɤ-）

⑼ 斤（舉欣切 k-）：蘄（居衣切 k-、巨希切 g'-）（丘謹切 k'-）祈（渠希切 g'-）近（其謹切 g'-）狋（語斤切 ŋ-）欣（許斤切 x-）蚚（胡輦切ɤ-）

⑽ 干（古寒切 k-）：汗（古寒切 k-、胡安切ʔ-）軒（苦寒切 k'-）趕（巨言切 g'-）豻（俄寒切 ŋ-）罕（呼旱切 x-）邗（胡安切ɤ-）

⑾ 官（古丸切 k-）：棺（古丸切 k-）婠（一丸切ʔ-）逭（胡玩切ɤ-）

⑿ 开（古賢切 k-）：栞（苦寒切 k'-）妍（五堅切 ŋ-）訮

（呼煙切 x-）肝（戶圭切 ɣ-）

⒀喬（舉喬切 k-、巨嬌切 g'-）：驕（舉喬切 k-）橋（巨嬌切 g'-）蹺（去遙切 k'-）髐（許嬌切 x-）

⒁交（古肴切 k-）：跤（口交切 k'-）齩（五巧切 ŋ-）咬（於交切 ʔ-）詨（呼教切 x-）效（胡教切 ɣ-）

⒂高（古勞切 k-）：膏（古勞切 k-）敲（口交切 k'-）蒿（呼毛切 x-）豪（胡刀切 ɣ-）

⒃皋（古勞切 k-）：槔（古勞切 k-）蒿（呼毛切 x-）噑（胡刀切 ɣ-）翱（五勞切 ŋ-）

⒄瓜（古華切 k-）：孤（古胡切 k-）㼕（苦瓜切 k'-）窊（烏瓜切 ʔ-）祇（況于切 x-）狐（戶吳切 ɣ-）

⒅加（古牙切 k-）：嘉（古牙切 k-）伽（求迦切 g'-）娿（烏何切 ʔ-）賀（胡箇切 ɣ-）

⒆亢（古郎切 k-、苦浪切 k'-）：秔（古行切 k-）伉（苦浪切 k'-）炕（呼郎切 x-）航（胡郎切 ɣ-）

⒇光（古黃切 k-）：胱（古黃切 k-）洸（苦光切 k'-）洸（烏光切 ʔ-）黃（胡光切 ɣ-）晄（呼晃切 x-）

㉑京（舉卿切 k-）：景（居影切 k-）勍（渠京切 g'-）影（於丙切 ʔ-）

㉒冋〈古螢切 k-、戶頂切 ɣ-〉：炯（古迥切 k-）迥（戶頂切 ɣ-）絧（口迥切 k'-）詗（火迥切 x-）

㉓厷（古弘切 k-）：宏（古橫切 k-）雄（羽弓切 j-）宏（戶萌切 ɣ-）泓（烏宏切 ʔ-）強（巨良切 g'-）

㉔句（古侯切 k-、其俱切 g'-）：鉤（古侯切 k-）姁（恪侯切 k'-）劬（其俱切 g'）欨（況于切 x-）詢（胡遘切 ɣ-）

㉕今（居吟切 k-）：金（居吟切 k-）扲（口含切 k'-）黔

（巨今切㉟ g'-）吟（魚金切ŋ-）霪（於金切ʔ-）枚（許兼切 x-）含（胡男切ɣ-）

㉖甘（古三切 k-）：柑（古三切 k-）䯏（口含切 k'-）黔（巨今切㉟ g'-）蚶（呼談切 x-）酣（胡甘切ɣ-）

㉗兼（古甜切 k-）：鶼（古甜切 k-）謙（苦兼切 k'-）鎌（語廉切ŋ-）嫌（戶兼切ɣ-）

㉘鬼（居偉切 k-）：瑰（公回切 k-）魁（苦魁切 k'-）餽（求位切 g'-）嵬（五灰切ŋ-）魂（於鬼切ʔ-）槐（戶恢切ɣ-）

㉙古（公戶切 k-）：罟（公戶切 k-）苦（康杜切 k'-）胡（戶吳切ɣ-）䐀（強魚切 g'-）葫（荒烏切 x-）

㉚解（古隘切 k-、佳買切 k-、胡懈切ɣ-、胡買切ɣ-）：檞（佳買切 k-）蟹（胡買切ɣ-）劈（苦駭切 k'-）

㉛果（古火切 k-）：裹（古火切 k-）窠（苦禾切 k'-）媒（烏果切ʔ-）夥（胡果切ɣ-）

㉜叚（古疋切 k-）：假（古疋切 k-）骸（枯駕切 k'-）煆（許加切 x-）遐（胡加切ɣ-）

㉝咼（古瓦切 k-）：緺（苦咼切 k'-）拐（求蟹切 g'-）過（古禾切 k-）渦（烏禾切ʔ-）諣（呼卦切 x-）禍（胡果切ɣ-）

㉞九（舉有切 k-）：鳩（居求切 k-）尻（苦刀切 k'-）仇（巨鳩切 g'-）虓（許交切 x-）簉（烏候切ʔ-）

㉟旡（居豪切 k-）：旣（居豪切 k-）忑（烏代切ʔ-）覬（許旣切 x-）慨（苦蓋切 k'-）曁（具冀切 g'-）

㊱匄（古太切 k-）：曷（胡葛切ɣ-）葛（古達切 k-）渴（苦曷切 k'-）揭（其謁切 g'-）餲（於葛切ʔ-）歇（許竭切 x-）

㊲戒（古拜切 k-）：誡（古拜切 k-）烗（苦戒切 k'-）喊（許戒切 x-）械（胡介切ɣ-）

㊳丰（古拜切 k-）：犎（恪八切 k'-）害（胡蓋切 ɤ-）絜（古屑切 k-）齧（五結切 ŋ-）齂（火犗切 x-）翳（於計切 ʔ-）

㊴夬（古賣切 k-）：決（古穴切 k-）快（苦夬切 k'-）抉（於決切 ʔ-）関（呼決切 x-）

㊵艮（古恨切 k-）：根（古痕切 k-）狠（苦痕切 k'-）痕（戶恩切 ɤ-）銀（語巾切 ŋ-）

㊶見（古電切 k-、胡甸切 ɤ-）：䙰（古典切 k-）峴（胡典切 ɤ-）俔（苦甸切 k'-）硯（吾甸切 ŋ-）蜆（呼典切 x-）

㊷告（古到切 k-）：誥（古到切 k-）祰（苦浩切 k'-）皓（胡老切 ɤ-）

㊸竟（居慶切 k-）：境（居影切 k-）橸（渠京切 g'-）璄（於丙切 ɤ-）

㊹臼（居玉切 k-）：學（胡覺切 ɤ-）覺（古岳切 k-）礐（苦沃切 k'-）臄（五角切鈁 ŋ-）臄（烏谷切 ʔ-）

㊺吉（居質切 k-）：拮（居質切 k-）結（詰利切 k'-）姞（巨乙切 g'-）聏（五鎋切 ŋ-）壹（於悉切 ʔ-）欯（許吉切 x-）黠（胡八切 ɤ-）

㊻乎（居月切 k-）：昏（下刮切 ɤ-）括（古活切 k-）蛞（苦栝切 k'-）斛（烏括切 ʔ-）䫃（火怪切 x-）

㊼丿（居月切 k-）：戉（王伐切 j-）㳝（呼括切 x-）越（戶括切 ɤ-、王伐切 j-）

㊽欮（居月切 k-）：闕（去月切 k'-）蹶（居月切 k-）㭤（其月切 g'-）

㊾骨（古忽切 k-）：�骨（古忽切 k-）顝（苦回切 k'-）歾（烏沒切 ʔ-）滑（戶骨切 ɤ-）

㊿各（古落切 k-）：閣（古落切 k-）恪（苦各切 k'-）咯

（其九切 gʻ-）額（五陌切 ŋ-）貉（下各切 ɣ-）膥（許尤切 x-）

⑸郭（古博切 k-）：廓（苦郭切 kʻ-）霩（虛郭切 x-）

⑸鬲（古核切 k-）：隔（古核切 k-）禍（楷革切 kʻ-）鬩（五革切 ŋ-）鬵（許激切 x-）骼（下革切 ɣ-）

⑸合（古沓切 k-、侯閤切 ɣ-）：閤（古沓切 k-）郃（侯閤切 ɣ-）袷（其輒切 gʻ-）哈（五合切 ŋ-）鴿（呼洽切 x-）弇（衣檢切 ʔ-）

⑸夾（古洽切 k-）：悏（苦協切 kʻ-）㛹（呼牒切 x-）綊（胡頰切 ɣ-）瘱（於計切 ʔ-）

⑸甲（古狎切 k-）：鉀（古盍切 k-）鴨（烏甲切 ʔ-）呷（呼甲切 x-）狎（胡甲切 ɣ-）

第二類：諧聲字的聲符屬溪紐，而所諧的字遍及牙喉各母。例如：

⑴凵（去魚切 kʻ-）：去（羌舉切 kʻ-）弆（居許切 k-）劫（居業切 k-）魁（於輒切 ʔ-）厒（胡臘切 ɣ-）

⑵區（豈俱切 kʻ-、烏侯切 ʔ-）：軀（豈俱切 kʻ-）謳（烏侯切 ʔ-）驅（香句切 x-）

⑶臽（苦感切 kʻ-、戶籃切 ɣ-）：蜭（苦紺切 kʻ-）陷（戶籃切 ɣ-）齸（古覽切 k-）滔（乙咸切 ʔ-）㘚（呼覽切 x-）

⑷气（去旣切 kʻ-）：笒（許訖切 x-）訖（居乞切 k-）刉（渠希切 gʻ-）疙（魚迄切 ŋ-）尤（下沒切 ɣ-）

⑸肯（苦角切 kʻ-）：殼（苦角切 kʻ-）穀（古祿切 k-）殻（呼木切 x-）觳（胡谷切 ɣ-）

⑹㲉（苦擊切 kʻ-）：繫（古詣切 k-、胡計切 ɣ-）磬（呼麥切 x-）

第三類：諧聲字聲符屬群母，而與喉牙各母相諧聲。例如：

⑴菫（巨巾切 g'-）：勤（巨斤切 g'-）謹（居隱切 k-）蟚
（弇忍切 k'-）釿（語斤切 ŋ-）暵（呼旰切 x-）

⑵㞷（巨王切 g'-）：狂（巨王切 g'-）匡（去王切 k'-）汪
（烏光切ʔ-）往（于兩切 j-）眶（乎曠切 ɣ-）

⑶求（巨鳩切 g'-）：救（居祐切 k-）脉（許尤切 x-）

⑷臾（求位切 g'-）：貴（居胃切 k-）嘳（丘愧切 k'-）聵
（五怪切 ŋ-）䢔（荒內切 x-）讀（胡罪切ɣ-）

⑸谷（其虐切 g'-）：腳（居勺切 k-）蹻（丘攫切）桷（下
革切ɣ-）

⑹及（其立切 g'-）：汲（居立切 k-）馺（去劫切 k'-）岌
（魚及切 ŋ-）吸（許及切 x-）

第四類：諧聲字聲符屬疑母，而與喉牙各母相諧聲。例如：

⑴危（魚爲切 ŋ-）：詭（過委切 k-）跪（去委切 k'-、渠委
切 g'-）

⑵垚（五聊切 ŋ-）：驍（古堯切 k-）敲（苦幺切 k'-）翹
（渠遙切 g'）蟯（於霄切ʔ-）曉（許幺切 x-）

⑶敖（五勞切 ŋ-）：敖（胡刀切ɣ-）

⑷元（愚袁切 ŋ-）：冠（古丸切 k-）完（胡官切ɣ-）梡（苦
管切 k'-）院（王眷切 j-）

第五類：諧聲字聲符屬影母，而與喉牙各母相諧聲。例如：

⑴焉（於乾切ʔ-、有乾切 j-）：嗎（許延切 x-）�散（戶恩
切ɣ-）

⑵於（於𢖠切ʔ-）：㪉（古幹切 k-）䎲（苦寒切 k'-）乾（渠
焉切 g'-）韓（胡安切ɣ-）

⑶蔓（一虢切ʔ-、胡麥切ɣ-）：䨙（胡麥切ɣ-）擭（一虢切ʔ-
-）趞（求獲切 g'-）瓁（五郭切 ŋ-）籆（王縛切 j-）矆（許縛切

x-）

　　第六類：諧聲字聲符屬爲母，而與喉牙各母相通諧。例如：

　　⑴囗（雨非切 j-）：韋（雨非切 j-）員（王分切 j-）肙（烏縣切ʔ-）涓（古玄切 k-）鋗（火玄切 x-）蜎（狂兗切 g'-）琄（胡畎切ɣ-）蠉（魚祭切 ŋ-）

　　⑵爲（薳支切 j-）：嬀（居爲切 k-）譌（五禾切 ŋ-）蟡（於爲切ʔ-）鄬（許爲切 x-）闊（苦緺切 k'-）

　　⑶于（羽俱切 j-）：扜（苦胡切 k'-）紆（憶俱切ʔ-）訏（況于切 x-）釪（戶花切ɣ-）

　　⑷又（于救切 j-）：有（云久切 j-）蛕（戶恢切ɣ-）絠（古亥切 k-）郁（於六切ʔ-）賄（呼罪切 x-）

　　第七類：諧聲字聲符屬曉母，而與喉牙各母相通諧。例如：

　　⑴虍（荒烏切 x-）：虛（朽居切 x-、去魚切 k'-）𧆛（強魚切 g'-）

　　⑵�/可（虎何切 x-）：可（枯我切 k'-）舸（古我切 k-）何（胡歌切ɣ-）阿（烏何切ʔ-）訶（虎何切 x-）

　　⑶敻（許縣切 x-）：矎（火玄切 x-）䙏（古縣切 k-）瓊（渠營切 g'-）奡（胡官切ɣ-）

　　⑷孝（呼教切 x-）：教（古孝切 k-）魏（五教切ɣ-）

　　第八類：諧聲字聲符屬匣母，而與喉牙音各母相通諧。例如：

　　⑴夅（下江切ɣ-）：絳（古巷切 k-）戇（苦感切 k'-）呼（呼孔切 x-）

　　⑵兮（胡雞切ɣ-）：伆（五稽切 ŋ-）謑（烏兮切ʔ-）弞（呼雞切 x-）

　　⑶寒（胡安切ɣ-）：搴（居偃切 k-）謇（去乾切 k'-）寒

（其偃切 g'-）鬢（虛言切 x-）

　　⑷ 玄（胡涓切 ɣ-）：呟（姑泫切 k-）牵（苦堅切 k'-）絃（許縣切 x-）

　　⑸ 爻（胡茅切 ɣ-）：骹（古肴切 k-）鵁（花交切 x-）郋（烏皓切 ɣ-）

　　⑹ 皇（胡光切 ɣ-）：�‍偟（永兵切 j-）諻（虎橫切 x-）

　　⑺ 熒（戶扃切 ɣ-）：褮（口迥切 k'-）螢（渠營切 g'-）罃（烏莖切 ʔ-）榮（永兵切 j-）嵤（虎橫切 x-）

　　⑻ 恒（胡登切 ɣ-）：搄（古恒切 k-）佷（丘伽切 k'-）姮（況晚切 x-）

　　⑼ 咸（胡讒切 ɣ-）：緘（古咸切 k-）㦿（丘廉切 k'-）諴（巨淹切 g'-）顑（五咸切 ŋ-）喊（呼覽切 x-）

　　⑽ 戶（侯古切 ɣ-）：雇（古暮切 k-）戽（呼古切 x-）

　　⑾ 亥（胡改切 ɣ）：頦（古亥切 k-）剴（苦哀切 k'-）硋（五溉切 ŋ-）餩（於犗切 ʔ-）

　　⑿ 后（胡口切 ɣ-）：垢（古厚切 k-）蔻（苦后切 k'-、烏后切 ʔ-）詬（呼漏切 x-）

　　⒀ 隺（胡沃切 ɣ-）：榷（古岳切 k-）確（苦角切 k'-）�（五角切 ŋ-）膗（呼木切 x-）

　　⒁ 夏（胡雅切 ɣ-、古下切 k-）：榎（古疋切 k-）嗄（於犗切 ʔ-）

　　⒂ 或（胡國切 ɣ-）：馘（古獲切 k-）彧（於六切 ʔ-）域（雨逼切 j-）㨖（呼麥切 x-）

　　從以上八類九十四個諧聲聲符跟喉牙音各母通諧情況的普遍看來，在形聲字上實在看不出群匣二母有歸見母的跡象。如果因爲群匣二母可以跟見母諧聲，就斷定群匣歸見。那末，溪、疑、

影、曉各母都可與見母諧聲，是否也可以說古音裡頭，這幾個聲母也都歸見母呢？答案顯然是否定的。高本漢在《中文分析字典》[12] 說：

『諧聲的部分跟全字不必完全同音。例如：咸、減、喊、感四字在古音是 ɣam、kam、xam、kâm 四個音，假如在上古音的時候是完全同音的，而到古音的時候各自變成那四個不同的音了，那照一切語言史的經驗上看起來是不會有的事情。』

高氏又說：

『在一大類的字，差不多佔諧聲字的大多數，它的主諧字跟被諧字，就說在古音中，也是有相同或相近的聲母輔音。……假如在古音中主諧字跟被諧字的聲母不同，至少大都是發音部位相同的。例如：古 kuo：苦 k'uo；干 kân：罕 xân；干 kân：旱 ɣân 等等都是舌根音，或般 puân：盤 b'uân，半 puân：判 p'uân 等等都是脣音。』

從高本漢這兩段話看來，非常明顯的，我們不能根據般：盤的諧聲關係，就把並母 b'-併入幫母 p-；也不能根據半判的諧聲關係，把滂母 p'-併入幫母 p-；當然，也不能根據干：罕的諧聲關係，把曉母 x-併入見 k-。那麼怎可能根據干：旱的諧聲關係，把匣母 ɣ-併入見母 k-呢？或者根據甘 kâm：鉗 g'iäm 的諧聲關係，把群母 g'-併入見母 k-呢？由此可知，純就形聲字的諧聲關係來說，還無法證明見匣群是同出一源的。頂多根據諧聲通則，它們在古音裡頭聲母的發音部位相同罷了。

不過，符定一、敖士英、謝雲飛等人，除了諧聲的關係外，

---

12 B.Karlgren:"Analytic Dictionary of Chinese and Sino-Japanese"1923m
　　本字典的敘論，趙元任譯作〈高本漢的諧聲說〉，轉載於《上古音
　　討論集》，學藝出版社，台北市。

他們又引用了一些群經異字同讀的音及音訓等作爲證據。我也承認這些證據在考訂古聲上的重要性，現在且讓我們來檢查一下這些證據的可靠性的程度。錢大昕在《十駕齋養新錄》裏的〈古無輕脣音〉跟〈舌音類隔之說不可信〉兩文，是第一個引用異文假借來考證古聲母的人。現在就從這兩篇文章中各選一個例子來說明：錢氏在〈古無輕脣音〉一文裡舉例說：『《書》："方鳩僝功。"《說文》兩引，一作"旁逑僝功"，一作"旁救孱功"。』那就是說方旁兩字是異文假借，這個例子也只能說明古音方與旁的聲母發音部位相同，並不能證明方的聲母非 pf-與旁的聲母 b‘-，在古音裡是一個聲母。錢氏在〈舌音類隔之說不可信〉一文也舉過這樣的例子：『《詩》："綠竹猗猗。"《釋文》："《韓詩》竹作藩。"』也是在說明竹藩兩字爲異文假借，但也只能說明竹藩的聲母在古音裡頭發音部位相同，亦不能證明竹的聲母知 t-與藩的聲母定 d‘-在古音裡頭是一個聲母。可見異文假借的功用還是有一定的局限性，並不能證明兩個異文的音是完全相等的。至於音訓的材料，聲母完全相同的固然很多，但也不是說凡是用來作爲音訓的字聲母一定相同。包擬古的《釋名研究》[13] 就這樣說過：

　　『仍有許多音訓的字組顯示出不可忽視相異的程度，有些（聲母）的差異，由於作者從寬解釋而被認爲是合乎標準的。那就是某些見母 k-字用群母 g‘-或溪母 k‘-來解釋的例子。』

　　由此可見音訓也並沒有嚴格地要求聲母完全相同的程度。像

---

13 Nicholas Cleaveland Bodman: "A Linguistic Study of the Shih Ming", 1954。本節所弔譯自原文 9 頁。又原書第三章竺家寧譯作〈釋名複聲母研究〉，見民國 68 年 6 月國立臺灣師範大學國文研究所畢業同學會編《中國學術年刊》第三期 59 頁-83 頁。

《說文》：「"天、顛也。"」就是一個很好的例子，天顛的韻母完全相同，而聲母則天屬透母t'-，顛屬端母t-，我們不能根據這個例子，推斷說透母跟端母在古音裡原是一個聲母。如此說來，盡管有了諧聲、異文、音訓等方面的證據，還得加上其他的資料與合理的解說才行。

從以上的資料，固然符氏等人不足以證明群匣與見母是同出一源，但我仍沒有證實絕不可同出一源。所以還得從別的方面來設想，我國文字有一字兩音，而往往有意義上的差別，也就是所謂『以聲別義。』高本漢稱爲形態變化（morphology）[14]，周祖謨的〈四聲別義釋例〉一文[15]，歸納漢語文法形態的變化，約有四端：（a）聲調變讀，（b）變調兼變聲母，（c）變調兼變韻母，（d）調值不變僅變聲韻。並且認爲這種來源，遠自漢代即已開始。

周法高〈語言區別詞類說〉一文的結論說[16]：

『根據記載上和現代語中所保留的用語音上的差異來區別詞類或相近意義的現象，我們可以推知這種區別可能是自上古遺留下來的；不過好些讀音上的區別（尤其是漢以後書本上的讀音），卻是後來依據相似的規律而創造的。』[17]

周氏在文中又說：

『我們現在要問：那些語音上的差異來區別詞類或相近意義

14　見 B.Karlgren:"Compendium of phonetics in Ancient and Archaic Chinese" 1970, 275 頁。此書張洪年譯作《中國聲韻學大綱》，中華叢書委員會出版。台北市。
15　周祖謨〈四聲別義釋例〉載《輔仁學誌》第十三卷一、二合期。
16　周法高：〈語音區別詞類說〉，載杜其容譯《中國語之性質及歷史》附錄二，151 頁-173 頁。
17　見周法高〈語音區別詞類說〉，170 頁-171 頁。

的現象，是不是後起的呢？我覺得有兩點須先弄清楚。第一、某字的讀音最先見於記載的時期和它存在於語言中的時期並不見得一致。它可能在見諸記載以前早已存在於口語中，也可能雖見於記載而只是書本上的讀法，在口語裡並不存在。根據此點，那些討論一字兩讀起於葛洪、徐邈，抑或起於後漢的人，只能證明其最早出現於記載的時期，而不能斷定其在語言中使用的時期。第二、某些字讀法上的區別發生是後起的，並不能證明所有屬於這類型的讀音上的區別都是後起的，可能某些字讀音的區別發生很早，而某些則是後來依著這類型而創造的。」[18]

　　周法高氏這一看法，非常中肯，而且也很重要，這對於我們分析上古的聲母有極大的助益。因為在一字兩讀而具有區別意義的作用上，有許多的例子，韻母跟聲調完全相同，用來區別意義的，只是聲母的不同，往往是用一個全清的聲母跟一個全濁的聲母來對比。下面我們按著脣、舌、齒各種部位，舉一些例子來看看它們的對比的情形：

一、脣音幫 p- ～ 並 bʻ- 的對比：

　　別、離別。皮列切，並母 bʻ-；分別。彼列切，幫母 p-。

　　敗、自破曰敗，薄邁切，並母 bʻ-；破他曰敗，補邁切，幫母 p-。

　　般、般樂，薄官切，並母 bʻ-；般運，北潘切，幫母 p-。

　　蕃、蕃息，附袁切，奉母古屬並母 bʻ-；蕃屏，甫煩切，非母古屬幫母 p-。

　　藩、蕃茱，附袁切，奉母古屬並母 bʻ-；藩籬，甫煩切，非母古屬幫母 p-。

　　方、縣名，符万切，奉母古屬並母 b‘-；四方，府良切，非母古屬幫母 p-。

二、舌音端 t-～定 d‘-的對比：

　　斷、斷絕，都管切，端母 t-；已絕，徒管切，定母 d‘-。

　　襠、衣袖，當口切，端母 t-；短衣，徒口切，定母 d‘-。

　　殿、宮殿，堂練切，定母 d‘-；殿後，都甸切，端母 t-。

　　朝、朝旦，陟遙切，知母古屬端母 t-；朝見，直遙切，澄母古屬定母 d‘-。

　　著、附著，陟略切，知母古屬端母 t-；置定，直略切，澄母古屬定母 d‘-。

　　柱、支柱，知庾切，知母古屬端母 t-；支木，直主切，澄母古屬定母 d‘-。

　　折、自折曰折，市列切，禪母古屬定母 d‘-；見折曰折，之舌切，照母古屬端母 t-。

　　屬、屬辭，章玉切，照母古讀端母 t-；係屬，時玉切，禪母古屬定母 d‘-。

三、齒音精 ts-～從 dz‘-的對比：

　　湔、水名，則前切，精母 ts-；藥名，昨先切，從母 dz‘-。

　　盡、極盡，即忍切，精母 ts-；終竭，慈忍切，從母 dz‘-。

　　載、年載，作代切，精母 ts-；載運，昨代切，從母 dz‘-。

　　崝、崝地，士耕切，床母古屬從母　z‘-；理治，側莖切，莊母古屬精母 ts-。

　　曾、姓氏，作滕切，精母 ts-；曾經，昨棱切，從母 dz‘。

　　從以上脣、舌、齒三類以全清跟全濁的聲母作爲區別意義的標準來看，那末，脣音的幫母就絕不可能合併於並母。同理，舌音的端母也不可能合併於定母，齒音的精母也也不可能合併於從母。否則，就無法用聲母來區別意義了。那麼，牙音的情形是如何呢？牙音裡作爲形態變化的，常以見匣作爲對比，也有以見群作爲對比的。分別迻錄於後：

　　（一）牙音全清見 k-～全濁匣ɣ-的對比：

　　紅、女紅，古紅切，見母 k-；紅色，戶公切，匣母ɣ-。

　　潝、水流見，古諧切，見母 k-；風雨不止，戶皆切，匣母ɣ-。

　　汗、可汗，胡安切，匣母ɣ-；餘汗，縣名，古寒切，見母 k-。

　　閒、中間，古閑切，見母 k-；空閒，戶閒切，匣母ɣ-。

　　解、解釋，佳買切，見母 k-；骸釋，胡買切，匣母ɣ-。

　　解、解除，古隘切，見母 k-；曲解，胡懈切，匣母ɣ-。

　　夏、諸夏，胡雅切，匣母ɣ-；夏楚，古疋切，見母 k-。

　　繫、縛繫，古詣切，見母 k-；繫屬，胡計切，匣母ɣ-。

　　會、會合，黃外切，匣母ɣ-；會計，古外切，見母 k-。

　　壞、自壞，戶怪切，匣母ɣ-；毀之，古壞切，見母 k-。

　　見、看見，古甸切，見母 k-；見露，胡甸切，匣母ɣ-。

　　滑、滑稽，古忽切，見母 k-；滑亂，戶骨切，匣母ɣ-。

　　活、水流聲，古活切，見母 k-；不死，戶括切，匣母ɣ-。

　　合、合同，侯閤切，匣母ɣ-；合集，古沓切，見母 k-。

　　郃、郃姓，侯閤切，匣母ɣ-；水名，古沓切，見母 k-。

　　嗑、噬嗑，卦名，胡獵切，匣母ɣ-；多言，古盍切，見母 k-。

　　蓋、苦蓋，胡獵切，匣母ɣ-；姓氏，古沓切，見母 k-。

　　（二）牙音全清見 k-～全濁群 gʻ-的對比：

　　奇、奇異，渠羈切，群母 gʻ-；不偶，居宜切，見母 k-。

其、不其，邑名，居之切，見母k-；語辭，渠之切，群母g'-。

幾、幾近，渠希切，群母g'-；庶幾，居依切，見母k-。

刉、以血塗門，渠希切，群母g'-；斷切，居依切，見母k-。

喬、高，巨嬌切，群母g'-；句如羽喬，舉喬切，見母k-。

鞠、推窮，居六切，見母k-；蹋鞠，渠竹切，群母g'-。

從牙音見匣的對比跟見群的對比看來，如果脣音的並母 b'-不可合併於幫母 p-；舌音的定母 d'-不可合併於端母 t-，齒音的從母 dz'-不可合併於精母 ts-；則牙音的匣母ɤ-跟群母 g'-當然也不可合併於見母了。

至於溪母k'-母與群母g'-的關係,差不多跟見群的關係是相平行的。現在舉出若干例子爲證：

蹻、驕慢，巨嬌切，群母g'-；舉足高，去遙切，溪母k'-。

跪、跪拜，去委切，溪母k'-；跟跪，渠委切，群母g'-。

樻、木名，求位切，群母g'-；樻椐，丘愧切，溪母k'-。

這樣看來，群母 g'-當然也不能合併於溪母 k'了。

那末，群母旣不能合併於見母k-，那它的古音究竟如何呢？我覺得從分配上群母應可與匣母合併爲一個聲母，因爲見 k-～匣ɤ-的對比，只限於一二四等的字，一等字有紅、汗、滑、會、活、合、部、嗑、蓋；二等字有潛、解、閒、夏、壞；四等字有繫、見；而見k-～群g'-的對比，全部都是三等字。正像脣、舌、齒的全濁聲母並 b'-、定 d'-、從 dz'-一樣本來都是兼備四等的，後來起了分化，一二四等變爲匣，三等變爲群，這是很可能的。否則，不應有牙音見匣的對比、見群的對比，正像脣音幫並，舌音端定，齒音精從一樣。

我們說匣群同源，在異文跟音讀方面也可以得到一些證據，足以支持我們這一看法。《儀禮・士昏禮》：『加于橋。』注：

『今文橋爲鎬。』按橋《廣韻》巨嬌切，群母；鎬胡老切，匣母；《春秋・左氏昭公十二年經》：『大夫成熊。』《穀梁》作『成虔』。熊、羽弓切，爲母古歸匣母，虔、渠焉切，群母。《說文》：『㞷、艸木妄生也。讀若皇。』㞷、巨王切，群母，皇、戶光切，匣母。《書・微子》：『我其發出狂。』《史記・宋世家》引作『往』。狂、巨王切，群母，往、于兩切，爲母古歸匣母。《水經・泗水注》：『澧水又東合黃水，時人謂之狂水，蓋狂黃聲相近，俗傳失實也。』按：狂、巨王切，群母，黃戶光切，匣母。《孟子・萬章》：『晉亥唐。』《抱朴子・逸民》作『期唐。』亥、胡改切，匣母；期、渠之切，群母。《說文》：『鞾、華榮也。從舜、㞷聲。讀若皇。《爾雅》曰：鞾、華也。蕚、鞾或從艸皇。』鞾從㞷聲，㞷、巨王切，群母，蕚從皇聲，皇戶光切，匣母。徉或作佂，徉從狂聲，狂、巨王切，群母；佂從往聲，往、于兩切，爲母古歸匣母。從以上的證據看來，我們說群匣同源，應該是可以說得通的。

　　匣群同源的前題決定了，那末，究竟群是從匣分出來的，還是匣從群分出來的，這又需要作進一步的考索了。高本漢在《中文分析字典・敘論》裡說：

　　『關於舌根音——g-或ɣ-——不難就得到一個結論。咱們已經知道k-、kʻ-、l-等聲母在古音或是簡單的跟韻母相接：哥kâ，古ku，見kien，或是有舌面附顎作用的（yodicized就是加j）：蹇kjiän，幾kji，可是匣ɣ-母的字總是用在沒有顎附作用的韻母前的（何ɣâ，胡ɣu，縣ɣien），而群母gʻ-的字，總是用在有附顎作用的韻母前的（乾gʻjiän，強gʻjiän，其gʻji），那麼說它在上古音本來是一個聲母，到後來因韻母的不同而分歧爲兩個聲母，倒也是近理的說法。現在所以有兩種可能：

上古（Arch・）　　　　　　古（Anc・）

何 gʻâ ─────────────────── ɣâ

其 gʻi ─────────────────── gʻji　或是

何 ɣâ ─────────────────── ɣâ

其 ɣi ─────────────────── gʻji

　　從這上不難看出前者比後者較合乎音理一點。而且古音ɣ-母的確是從上古的 gʻ來的,還可以從諧聲上頭證出來。從字典裡可以看出 k-：x-（干 kân：罕 xân）相諧的例極罕,而 k-：ɣ-（古 kuo：胡 ɣuo）相諧的例很多──總有幾百個例,前者的 k-：x-都是清音,豈不比後者 k-：ɣ-一清一濁更切近一點？假如古音的 ɣ-就是上古的 ɣ-傳下來的,那麼 k-：ɣ-多於 k-：x-的例就不可解了。可是假如咱們假定ɣ-是從上古的 gʻ-來的,那個問題就解釋了。因爲 k-：x-（一個破裂音,一個摩擦音）相諧雖是罕見,而 k-：gʻ-（兩個都是破裂音）常常相諧那倒是當然的事情了。」[19]

　　後來高氏在《中國聲韻學大綱》裡,因鑒於爲母也只在三等韻出現,因此在三等跟匣（一二四等）互補的究竟應該是爲？還是群？也一併提出來討論。高本漢說：

　　『在中古音韻裡,我們看到非常突出的現象,匣ɣ-只出現於未軟化的韻母前（何ɣâ,寒ɣân,見ɣien,痕ɣən,胡ɣuo,紅ɣung）,即是一、二、四等韻中,而另一方面,群gʻ-只出現三等軟化韻母前（乾 gʻiän,強 gʻiang,喬 gʻiau,求 gʻiəu,窮 gʻiung,其 gʻji）,恰巧上述 g──j 列（王 jiwɐng,爰 jiwɐn,域 ji̯wək,爲 jwie）,失去舌根聲母的,正是有關軟化韻母的問

────────────────

19　B. Karlgren "Analytic Dictionary" ,21 頁-22 頁,趙譯〈高本漢的諧聲說〉10 頁-12 頁。

題。現在最合理的推想是：一二四等的匣ɣ-和三等中另一個聲母互補，所以二者來自同一個上古聲母，後來因爲不同的韻母，而在中古音分裂成兩個聲母。這本可自圓其說，但是問題跟著來了，在三等韻裡的到底是群 g'-，還是爲 j-來跟一二四的匣ɣ-相配呢？換言之，我們應當擬作：

上古音　　　中古音

皇*g'wâng──→ɣwâng

王*g'i̯wang──→g'i̯wang

　或是

皇*ɣwâng──→ɣwâng

王*ɣi̯wang──→ji̯wang

前者，表示中古的ɣ-是從上古的 g'-而來，在一二四等韻中出現（*g'â〉ɣâ，*g'ân〉ɣân，*g'ien〉ɣien，*g'ən〉ɣən，*g'ung〉ɣung）；後者，則表示上古音中本作ɣ-（ɣâ，ɣân等），而在三等韻母裡變成 j-（*ɣi̯wang〉ji̯wang，*ɣi̯wân〉ji̯wan，*ɣi̯wək〉ji̯wək）。

其間取舍，不容置疑，自然是前者正確，理由有幾點：

首先，可從諧聲字證明，一個塞音 k-和一個擦音 x-雖然都是清音，但卻少互諧（例如干古音 kân：罕古音 xân），如果把 k-和ɣ-關聯起來，更無可能，因爲前者是清塞音，後者是濁擦音。但事實上互諧的情形卻極普通：古 Anc. kuo 是胡 Anc. ɣuo 的音符，干 Anc. kân 是旱 Anc. ɣân 的聲符等，假如採用第一種說法；古音的ɣ-是從上古的 g'-變來，那麼在系統上顯得更自然。*kuo 是 g'uo 的聲符，kân 是 g'ân 的聲符──雙方都是以塞音爲聲母。

其次，從語言形態學中，亦可得到不少助益，上古音中一個字根通常而必然的分化，是介於不送氣清音及送氣濁音之間。k-：g'-；t-：d'-；p-：b'-；ts-：dz'- 等，如乾 Anc. kân 及 g'iän；分 Anc. pi̯uɐn 及 b'i̯uɐn；長 Anc. t̑i̯ang 及 d̑'i̯ang；中 Anc. t̑i̯ung 及仲 d̑'i̯ung；曾 Anc. tsəng 及層 dz'əng。總有好幾百個例子。我們現在看到見 Anc. kien 及 ɣien；解 Anc. kai 及 ɣai；干 kân 及扞 ɣân 等，我們如果說中古的 ɣ- 來源爲上古的 g'-（見 k-：g'-，解 k-：g'-，干 k-：扞 g'-），那麼這些字便能很自然地很適合地歸入上面的大類中，以送氣清濁與否來分辨異義，這項證據眞的非常有力。

　　旣然這個失去的舌根聲母（上表 g － k 行）不可能是上古的 ɣ-，而上古音的 k-、k'-、g'- 又本見於其他組別中，我們很自然而有把握地採納我們剛才的假定——— 這是一個普通的 g-，而上古音中也就整套俱存了：k（光*kwâng）k'（匡*k'wang）g（王*gi̯wang）g'（狂*g'i̯wang）。

　　但假如王字上古作*gi̯wang 而不是*ɣi̯wang，那麼，有的地方可以看得出來，從*gi̯ang 到 ji̯wang 的演變過程中，這個聲母實在是經過了一個擦音階段：*gi̯wang＞ɣi̯wang＞ji̯wang。而最後的 j- 一定是很晚才告定型，恐怕只在中古韻以前，因爲甚至在《切韻》之中，尚有些未變的例子，如在一種寫本中，雲上古音*gi̯wən，還是作戶分切 ɣ（uo）－（p）i̯uən ＝ɣi̯uən。」[20]

　　爲母的上古音讀，經曾運乾、葛毅卿[21]、羅常培、董同龢諸人的討論，可以說已闡發無餘了。董同龢先生說：

---

20 B. Karlgren "Compendium",274 頁至 275 頁，張譯《中國聲韻學大綱》，93 頁至 95 頁。

21 葛毅卿 "On the Consonantal Value of 喻 Classwords"（通報 1932）及〈喻三入匣再證〉《史語所集刊八本一分》

『假定匣于上古爲一，事實上也不是毫無理由。除六世紀的情形比《切韻》可用一點外，我們還可以參看 k-、k'-、ng-、x-的辦法。依反切，所謂“見溪疑曉”諸母不是要分成一二四等的 k-、k'-、ng-、x-與三等的 ki̯-、k'i̯-、ngi̯-、xi̯-嗎？又在上古音的擬測過程中，不是誰都毫不猶疑的暫信 k-、k'-、ng-、 x-與 ki̯-、k'i̯-、ngi̯-、xi̯-都從*k-、*k'-、*ng-、*x-來嗎？既然如此，又何必單獨不信六世紀的ɤi̯-與ɤ'i̯-同是從一個*ɤ-來呢！』[22]

因此，董先生認爲匣于的演變情形爲：

$$\text{ɤ（六世紀初）}\begin{cases}\text{一二四等韻→ɤ（切韻匣母）}\\[2mm]\text{三等韻——→j（切韻于母）[23]}\end{cases}$$

不過，于母在變 j-之前，還經過了一個ɤ（i̯）-的階段。

高本漢根據諧聲匣ɤ-常與見 k-、溪 k'-諧，曉 x-則不跟見 k-等諧，故認爲匣ɤ-原本是塞音 g'-，這點董同龢已明白指出高氏所據材料的不當，並舉出 x-與 k-、k'-相諧的例子作爲反證。例如：[24]

灰 xuậi：恢 k'uậi

蒿 xâu：高 kâu

虛 xuo：虧 k'i̯wĕ

厂 xân：雁 ngan，彦 ngiän，屵 ngât

复 xiwen：讙 kiwen，瓊 g'i̯wäng

化 xwa：訛 nguâ

曉 xieu：鐃 kieu，磽 k'au，堯 ngieu

22 見董同龢《上古音韻表稿》，37 頁。

23 見董同龢《上古音韻表稿》，33 頁。

24 見董同龢《上古音韻表稿》35 頁至 36 頁。

皀 xi̯ang：卿 k'i̯eng

旭 xi̯wok：九 ki̯əu，尻 k'i̯eu，仇 g'i̯əu，厹 ńʑ（〈*gn）i̯əu

脉 xi̯əu：救 ki̯əu，求 g'i̯əu

猗 xi̯äu：驕 ki̯äu，蹻 k'i̯äu，喬 g'i̯äu

虢 xi̯ɐk：㟄 k'i̯ɐk

樛 xi̯u，咠 ki̯u，瞿 g'i̯u

鎎 xi̯ěi：氣 k'i̯ěi

忥 xi̯ěi：无 ki̯ěi

墍 xi̯ěi：旣 ki̯ěi，慨 k'â̯i，曁 g'i

吸 xi̯əp：笈 ki̯əp，及 g'i̯əp

蛩 xi̯wong：巩 ki̯wong，恐 k'i̯wᵊng，蛩 g'i̯wong（又音）

詫 xi̯ung：宮 ki̯ung，菅 k'i̯ung

忻 xi̯ən：斤 ki̯ən，近 g'i̯ən，听 ngi̯ən

廞 xi̯əm：欽 k'i̯əm，廞 ngi̯əm

朽 xi̯əu：丂 k'âu

昫 xi̯u：句 kəu，k'i̯u，姁 k'i̯u，劬 g'i̯u

霩 xuâk：郭 kuâk，鞹 k'uâk

懽 xuân：藿 kuân，勸 k'i̯wɐn，權 g'i̯wän

虈 xau，kau：教 kau

疦 xi̯wɐt，ki̯wet：夬 kwai，缺 k'i̯wät

晉 xiwei：枅 kiei，羿 ngiei

儗 xâ̯i，ngâ̯i：疑 ngi

謔 xi̯ak：虐 ngi̯ak

許 xuo，許 xi̯wo：午 nguo

頊 xi̯wok，ngi̯wok：曲 k'i̯wok，玉 ngi̯wok

羲 xji̯ě：義 ngji̯ě

從這些純粹 x-跟 k-、kʻ-等相諧的例子看來，x-跟 k-、kʻ-等的關係不可說不深。所以董氏說：

『在這種情形下，如果以爲 x-在上古音是個擦音，就絕對沒有理由說ɤ-當來自塞音（無論是 gʻ-或是 g-）。』[25]

據董氏此說，那麼，高本漢認爲ɤ-在上古原是塞音的說法，實在站不住腳。匣旣非塞音，但卻一定是個舌根音，在舌根音裡頭找尋濁音，除去 gʻ-g-以外，就只有ɤ-了。匣應爲濁擦音ɤ-，從匣跟曉常相諧的事實看來，也可以得到證明。就像董同龢所舉的例[26]：

乎ɤuo：呼 xuo

曷ɤât：喝 xât

叀 xi̯wän：患ɤwan

脅 xi̯ep：協ɤi̯ep

曉匣相諧的例子，在全部諧聲系統中，數目也不在少數，曉旣認爲是摩擦音 x-，則匣自應爲摩擦音ɤ-了。

高本漢又認爲在語言形態學中，像解 Anc. kai 及ɤai 等的變化，也是一項強有力的證據，證明ɤ-來自上古的 gʻ-，這樣可與 t-：dʻ-，p-：bʻ-，ts-：dzʻ-的變化相當。關於這一點，我們且先觀察別的聲母中形態變化，再作推論。現在且舉一些曉母與匣母相變的例：

葫、葫瓜，戶吳切，匣母ɤ-；大蒜，荒烏切，曉母 x-。

絃、弓絃，胡田切，匣母ɤ-；文彩，許縣切，曉母 x-。

華、草盛，戶花切，匣母ɤ-；華荂，呼瓜切，曉母 x-。

　　喤、泣聲，戶盲切，匣母ɣ-；衆聲，虎橫切，曉母x-。

　　扅、扅斗，呼古切，曉母x-；抒也，侯古切，匣母ɣ-。

　　蜆、縊女，胡典切，匣母ɣ-；小蛤，呼典切，曉母x-。

　　听、欲吐，胡口切，匣母ɣ-；厚怒聲，呼后切，曉母x-。

　　詯、休市，荒內切，曉母x-；胡市，胡對切，匣母ɣ-。

　　坃、穴，呼決切，曉母x-；空深貌，胡決切，匣母ɣ-。[27]

　　從這些例子看來，如果ɣ-是從上古的 g'-變來，則一個清擦音跟一個濁塞音也可以構成形態的變化。反之，一個清塞音跟一個濁擦音當然也可以構成形態的變化，正因爲牙音裡頭旣有見匣的形態變化，又有曉匣的形態變化，所以匣母正可保留它爲ɣ-，並不需要跟脣音p-：b'-，舌音t-：d'-一樣完全相同。也就是說，在舌根音裡ɣ-就相當於脣音的b'-，舌音的d'-，都可以跟不送氣的清塞音聲母構成形態的變化，來區別意義。至於曉匣的對比，正是以x-：ɣ-擦音的清濁作爲形態的變化。因爲舌根音裡有一個清擦音曉x-，跟脣音、舌音之無清擦音者不同，所以在舌根音一類可以有一個全濁的擦音ɣ-。

　　匣旣然是個摩擦音ɣ-，匣群在上古又同出一源，則群自亦應讀ɣ-爲宜。如此，則匣群的關係，當以高氏在《中文分析字典・敍論》裡的後一項假設爲是。即：

上古 Arch.	中古 Anc.
何ɣâ ————————→ɣâ	
其ɣi————————→g'ji	

　　然若作此假設，而群紐 g'-與爲紐 j-同在中古三等韻出現，

27　以上資料來源見《廣源》及金周生《廣韻一字多音現象初探》，民國 68 年 5 月輔大中文研究所碩士論文。

又發生衝突，我們應該怎樣來解釋上古的ɣ-，演變到中古的三等
韻裡既變 j-又變 gʻ-的現象呢？關於這一點，李方桂先生《上古
音研究》提出富啓示性的解釋。李先生說：

　　『舌根音中還有匣母ɣ-跟群母 g-喻母三等 j-的相配合的問
題。高本漢以匣母跟群母相配合，擬爲上古的*gh-，在一二四等
韻前變爲中古的匣母，在三等韻前變爲群母，他又把喻母三等認
爲是從上古的*g-來的。董同龢以匣母跟喻母三等相配合，擬爲
上古的*ɣ-，一二四等字在中古的仍保留爲ɣ-，三等字則變爲j-，
他把群母仍擬爲*gh-，又擬了一個*g-來代表與舌根音諧聲的喻
母四等字。我們既然認爲上古音系中沒有分辨濁母吐氣或不吐氣
的必要，所以他們的擬測不容易接受。最值得注意的是喻母三等
多數是合口字（其中少數的開口字可以暫時保留另有解釋），因
此我們可以認爲喻母三等是從圓脣舌根音*gw＋j-來的，群母是
不圓脣的舌根濁音*g＋j-來的，或者是*gw＋j＋i-來的，開口
的喻母三等字常見的爲矣 ji，焉 jän 都是語助詞，語助詞在音韻
的演變上往往有例外的地方（失去合口成分）。其他喻三開口字
也多數可以用脣音異化作用（dissimilation）去解釋，如鴞jäu 可
以認爲是*gwjagw＞*jwäu＞jäu，爗 jäp 可以認爲是*gwjap＞*
jwäp＞jäp 等的演變程式。此外雖然仍有不易解釋的例子，還要進
一步的研究，但是大體上我們只須要有*g-及*gw-就可以解釋大
多數的字，其演變律如下：

　　　　上古*g＋j（三等）＞中古群母 g＋j-
　　　　上古*g＋（一、二、四等韻母）＞中古匣母ɣ-
　　　　上古*gw＋j＞中古喻三 jw-
　　　　上古*gw＋j＋i＞中古群母 g＋j＋w-

上古*gw＋（一、二、四等韻母）＞中古匣母ɣ＋w-』[28]

李先生此種解釋，對於匣爲群三紐的關係解釋得頗爲透徹，但仍存在著一個問題。董同龢先生批評高本漢說：

『我覺得他用了 g'-非但沒有可靠的憑藉，而且也有背古代送氣濁塞音演變的通例。既有*b'-→b'- ；*d'-→d'-，d̂' ；*d̂-→dẓ'- ；*ĝ-→dẓ'-，何以*g'-只三等變 g'-而一二四等卻變ɣ-呢！』[29]

也許李先生主張古無濁擦音，而 g-＞ɣ-也較合於語音演變的通則。但是董同龢先生指出來的問題依然存在。在李先生所擬的古聲母系統中，幾乎所有的單純聲母，在一四等韻前，都保持它們原來的形式而不變，在三等韻前則多半變成別的聲母，然則何以*g-跟*gw-卻正好相反呢？通常我們認爲三等韻的特徵，最足以影響聲母的變化，而今卻維持原來的形式不變，一四等韻，特別是一等韻，因爲沒有任何介音，聲母最不易起變化，而卻變成了別的音。這實在是一個值得深思的問題。

我想我們應該檢討的是上古漢語到底有沒有濁擦音的問題，首先，從現代方言來看，也許可找出一些線索。《漢語方音字匯》收了十七個現代方言，具有濁擦音的方言計有北平、濟南、西安、太原、成都、蘇州、溫州、長沙、雙峰、梅縣、廣州等十一處方言，沒有濁擦音的方言有漢口、揚州、南昌、廈門、潮州、福州等六處方言。但是這六處沒有濁擦音的方言，仍有探究的餘地。事實上漢口的r-大致相當於成都的z-，也應該算作是濁擦音，最少也是濁擦音變來的。至於揚州、南昌、福州三處則全是由於濁音清化的結果，因爲這三處方言中，連濁的塞音跟塞擦

---

28 李方桂《上古音研究》，《清華學報》新九卷第一、二期合刊。見
  　13 頁至 14 頁。
29 見董著《表稿》，35 頁。

音也都清化了。我們不能因為它們的塞音化跟塞擦音清化了，就說上古沒有濁塞音跟濁塞擦音，所以也不能說沒有濁擦音。只有廈門跟潮州特別一些，這兩處方言都有濁塞音跟濁塞擦音，卻沒有濁擦音，好像顯示出上古沒有濁擦音的痕跡。但是根據羅常培[30]、周辨明[31]、袁家驊[32]的研究，廈門話裏濁塞音跟濁塞擦音並不是保留住原來的音，實在是後來的鼻音、邊音跟鼻塞擦音變來的，原來的濁塞音跟濁塞擦音也都清化了。所以我們也不能說它們原來就沒有濁擦音。潮州話跟廈門話是相近的，也是同樣的情形。我們雖然不能根據現代方言有濁擦音的事實斷然認定上古一定有濁擦音，但最低限度可以反證上古音中沒有濁擦音的話，並不是十分可靠的。

丁邦新先生〈漢語上古音中 g-、gw-、ɣ-、ɣw-〉把李先生 g-、gw-的演變規則改定為：

g＋j＞群母開口（gj-）

gw＋j＞群母合口（gju-）

ɣ＋j＞云母開口（j-）

ɣw＋j＞云母合口（ju-）

ɣ＋非 j 韻母＞匣母開口（ɣ-）

ɣw＋非 j 韻母＞匣母合口（ɣu-）

如此可把李先生系統中的例外字，變得規則些，雖然他把匣云合成一類，群另立一類，跟我們前面說的匣為群同源不同，但是承認上古有濁擦音，是值得參考的。周法高先生的〈論上古

---

30 羅常培《廈門音系》古亭書屋。

31 周辨明《廈門音韻聲調之構造與性質及其於中國音韻學上某種問題之關係》古亭書屋。

32 袁家華《漢語方言概要》，243 頁至 245 頁。

音〉一文 [33]，把群紐跟匣紐擬作 g-，喩云紐擬作ɣ-，也認爲上古音中具有濁擦音 [34]，蒲立本的〈古音中的聲母系統〉一文也爲上古音構擬出了ɦ-、ɦw-一類的濁擦音 [35]，最可注意的是包擬古的《釋名研究》，根據禍毀、號呼、紈煥一類音訓的例子，認爲最保險的說法就是在《釋名》的時代或劉熙的方言，僅有一個ɣ-代表中古的ɣ-。並以爲《釋名》裡頭 gi̯-（爲母）不跟 ki̯ 或 k'i̯ 相訓，卻有四個跟 g'（ɣ），兩個跟 xi̯ 相訓，這些資料顯示出來 g'i̯ 是個濁擦音，也就是那時期的ɣi̯，在音韻結構上這個軟化的聲母跟ɣ-相配合 [36]。

　　這樣說來，上古漢語是有濁擦音的，因此，我覺得仍可採用董同龢先生的一些說法來解決匣爲群同源的問題。董先生說：

　　『于母（僅見於《切韻》三等韻）在六世紀初年跟匣母（僅見於《切韻》一二四等韻）本爲一體的事實，已經由許多不同的方面得到了充分的證明。其演變情形爲：

$$ɣ（六世紀初）\begin{cases} 一二四等韻 \to ɣ（《切韻》匣母）\\ 三等韻 \to j（《切韻》于母）\end{cases}$$

有了這一點新知識，我們非但可以確認中古匣母所以獨缺三等音的緣由，並且更進一步的得知于母在變 j-之前，還經過了一個ɣ（i̯）-的階段。』[37]

33　周法高〈論上古音〉香港中文大學中國文化研究所學報第二卷第一期（1969）抽印本。

34　見周著〈論上古音〉，138 頁。

35　見 E.G. Pulleyblank:"The Consonnantal system of old Chinese." Part1 Asia Major 9, 141 頁（1962）

36　見 Nicholas C. Bodman: " A Linguistic Study of Shih Ming", 25 頁。

37　見董著《上古音韻表稿》，33 頁。

　　根據包擬古的研究，這個ɣ（i̯）-的來源很早，在《釋名》時代已經形成了[38]，而羅常培更把它推到了上古。這樣說來，我們在擬音的時候，只要把爲紐在寫法上區別開來，把爲紐寫作ɣj-，在上古跟匣群的ɣ-相配成一個聲母，像 k、k̔-與 kj-、k̔j-的相配一樣就可以了。下面是我的擬音及其演變的情形：

上古	釋名	六世紀初	切韻
*ɣ-	ɣ-	+非 i̯ 韻母→ɣ-	匣母ɣ-
		+i̯ 韻母→g̔-	群母 g̔-
	ɣj-	+i̯→j-	爲母 j-

　　這樣擬構，我們既不違背漢語聲母在一等韻前不變的通則，也能照顧到匣爲群同源的關係，演變到中古也沒有例外。只是我們把爲母的ɣj-時間稍向前推就是了，至於爲何這樣分化，我只根據包擬古研究的事實說明，也許承認《切韻》論『古今通塞，南北是非』的性質，就好瞭解了[39]。或者說ɣj 的時代在某種韻母前較早形成就好了。至於像《廣韻》文韻"雲王分切，群渠云切"；仙韻"湲王權切，權巨員切"；宵韻"鴞于嬌切，喬巨嬌切"；陽韻"王雨方切，狂巨王切"等衝突的音，李先生的《上古音研究》擬成下面的樣子：

雲*gwjəp〉juən　　群*gwjiən〉gjwən

湲*gwjan〉jwän　　權*gwjian〉giwä [40]

鴞*gwjagw〉jäu　　喬*gjagw〉giäu

王*gwjang〉jwang　狂*gwjiang〉gjwang

38　見 Nicholas C. Bodman "A Linguistic Study of Shih Ming" 25 頁。
39　見羅常培〈經典釋文和原本玉篇反切中的匣于兩紐〉,120 頁。
40　湲權二字李先生原文無，今據其所擬古音系統補。

　　它們的韻母相同，甚麼樣的音為 gw＋j-，甚麼樣的音為 gw＋j＋i-，如果不是著眼在聲母本來不同的立場，就韻母來說，實在無從區別。然則我們從聲母本來不同的立場，把群母寫作ɣ＋i̯-，為寫作ɣj＋i̯-也無所不可了。這幾個衝突的字，照我的擬音，可改寫作：

雲 *ɣji̯uɛn〉ji̯uən　　群 *ɣi̯uɛn〉gʻi̯uən
湲 *ɣji̯uan〉ji̯uän　　權 *ɣi̯uan〉gʻi̯uän
鴞 *ɣji̯au〉ji̯äu　　　喬 *ɣi̯au〉gʻi̯äu
王 *ɣji̯uaŋ〉ji̯uaŋ　　狂 *ɣi̯uaŋ〉gʻi̯uaŋ

　　也就沒有什麼例外了。也許有人會說，以 *ɣ-→gʻ-有無語史上的先例。我想三等的群母 gʻi̯-，在音值上應該是舌面中的送氣濁塞音，即ɟʻ-，只不過在音位上因與 k-、kʻ-、gʻ-、x-等相配的關係，把它寫作 gʻi̯-罷了。Henry M. Hoenigswald 所著的 "Language Change and Linguistic Reconstruction" 一書，曾舉出原始閃語（proto-Semitic）c 與ɣ（設構擬正確）在多數閃語中（例如希伯來 Hebrew）就語音而言（約如符號 cɣ-所示）ɣ音變向 c。如後圖所示：

　　如此說來，則語言史上舌根濁擦音ɣ-變成舌面塞音也是有先例可循的。ɣ-之所以變ɟʻ，很可能就是受-i̯-介音的影響，把發音部位拉前升高的結果。

41　Henry M. Hoenigswald :"Language Change and Linguistic Reconstruction" 21 頁。

　　或者還有人說，你把匣群的分化定在這麼晚，有甚麼證據。
我前面曾引了些異文假借跟音讀的例證，其中有葛洪的《抱朴
子》跟酈道元的《水經注》，據《晉書》，葛洪大約與王導
（A．D．267-330）同時[42]，酈道元卒於西元五二七年，距《切
韻》的成書六〇一年，相去僅七十四年[43]，他寫《水經注》的
時候，正是所謂的六世紀初。最可注意的是無論是葛洪或酈道
元，他們的資料都顯示出匣ɣ--跟 g‘-的接觸，那麼，我們說匣群
比較接近，也不是沒有緣故的。

　　李榮根據閩語方言像"寒、汗、猴、厚、懸、咬"等匣母字
讀塞音的例子，寫了一篇〈從現代方言論古群母有一、二、四
等〉的文章[44]，好像跟我的說法*ɣ-→g‘-有些衝突。關於這點，
我沒有甚麼更好的理由來反駁。但是《切韻》的匣母字現代方言
讀擦音的仍最多，即以閩語而論，《切韻》的匣母字仍是以讀擦
音爲多。而且漢字的偏旁，跟一字兩音的讀法也會影響讀音。縱
然這不算甚麼證據，我們可從曉母字提一旁證，曉母字大家都認
爲是*x〉x 的清擦音。但是曉母的呼字，廈門讀 k‘ɔ，蒿福州讀
kɔ，況北平、濟南、西安、漢口、成都、揚州、潮州讀 k‘uan，
太原讀 k‘uɒ，長沙讀 k‘uan，雙峰讀 kaŋ，南昌讀 k‘uoŋ，梅縣讀
k‘ɔŋ，都是塞音[45]。我們不能根據這類塞音的讀法，說曉母古代
也是塞音。以此類推，自也不能根據匣母少數塞音的讀法說匣母
是個塞音。我想這點非常值得我們參考。

42　見《晉書·葛洪傳》。

43　參見拙著〈酈道元水經注裏所見的語音現象〉一文，民國 67 年 6 月
　　《中國學術年刊》第二期。

44　李榮〈從現代方言論古群母有一二四等〉《中國語文》，1965 年第
　　五期。

45　本文所引的方言資料悉見《漢語方音字匯》。

第七節　上古聲母總結：

就今所能用之材料推測上古聲母系統，單聲母與複聲母之系統，大致如下：

【一】單聲母系統：

脣　　音：*p-、*p'-、*p'-、*m-。

舌尖前音：*ts-、*ts'-、*dz'-、*s-

舌　尖　音：

*t-	*t-	*t'-	*t'-	*d'-	*d'-
	*tj		*t'j		*d'j
*n-	*n	*r	*r-	*l-	
	*nj-		*rj-		

舌　根　音：*k-、*k'-、*ŋ-、*x-

*ɣ-	*ɣ-
	*ɣj-

*krj-、*k'rj-、*grj-、*g'rj-、*xrj-、*rj-

喉音：*ʔ-

【二】複聲母系統：

帶 h 詞頭之複聲母：*hm-、*hn-、*hŋ-、*hl-

帶 s 詞頭之複聲母：*sm-、*smr-、*sn-、*sŋ-、*sl-

　　*st-、*stj-、*st'j-、*sd-、*sdj-、*sd'j-

　　*sk-、*skj（i̯u）-、*sk'-、*sk'j-、*sg-、

　　*sgj-、*sgj（i̯u）-、*sg'j-

　　*sxj-、*sɣj-

帶 1 之複聲母：*kl-、*k'l-、*gl-、*g'l- 、*ŋl-

　　　　　　　　*tl-、*t'l-、*dl-、*d'l- 、*nl-

　　　　　　　　*pl-、*p'l-、*bl-、*b'l- 、 *ml-

此類聲母與中古各類聲母之關係如下：

上古聲母	介音			中古聲母			
*p-/ *p'-/ *b-/ *m-				幫 p-	滂 p'-	並 b'-	明 m-
*ts-/ *ts'-/ *dz'-/*s-	*-0-	*i̯-	*-i-	精 ts-	清 ts'-	從 dz'-	心 s-
	*-r-	*ri̯-		莊 tʃ-	初 tʃ'-	床 dʒ'-	疏 ʃ-
*t-/*t'-/*d'-/*n-	*-0-	*-i-		端 t-	透 t'-	定 d'-	泥 n-
	*-r-	*-ri̯-		知 t-	徹 t'-	澄 d'-	娘 n-
*tj-	*t'j-	*d'j	nj-	照 tɕ-	穿 tɕ'-	神 dʑ'-	日 nʑ-
*r-				喻 0（i̯）-			
*rj				邪 z（i̯）			
*k*k' *ŋ*x				見 k-溪 k'-疑 ŋ-曉 x-			
*ɣ	*-0-*-r-i-			匣 ɣ-			
	*i̯-			群 g'-			
*ɣj	*i̯-			爲 i̯-			
*krj				照 tɕ-			
*k'rj				穿 tɕ'-			
*gr				喻 0（i̯）			
*grj				邪 z（i̯）			
*g'rj				神 dʑ'-			
*hnj				審 ɕ-			
*hm	開口			明 m-			
	合口			曉 x-			
*hn				透 t'-			
*hnr				徹 t'			

*hnj		審 ɕ-
*hŋ		曉 x-
*hn		透 t‘-
*hnr		徹 t‘
*sm		心 s-
*smr		疏 ʃ-
*sn		心 s-
*snj		日 nʑ-
*sl		疏 ʃ-
*sk		心 s-
*skj		照 tɕ-
*skj〈iu̯〉		心 s-
*sk‘		清 ts‘-
*sk‘j		穿 tɕ‘-
*sgj		邪 z-
*sgj〈i̯u〉		心 s-
*sg‘j		從 dz‘
*sgj		神 dʑ‘-
*sxj		審 ɕ-
*sɣj		禪 ʑ-

第四章　古聲調

第一節　陳第之古聲調説

　　陳氏以前之古音學家，吳棫有四聲互用之說，楊愼〈答李仁夫論轉注書〉云：「至宋吳才老深究其源，作《韻補》一書。程可久又爲之說曰：『才老之說雖多，不過四聲互用，切響通用而已。』」[1]

　　其四聲互用之意，據楊愼所言，蓋謂字有四聲，如「天之爲字，天忝舔鐵，是其四聲也，應影映役亦如之。」凡在四聲，皆可相轉，即其四聲互用之說也。其後程迥又有三聲通用之條。《四庫全書總目》云：「迥書以三聲通用，雙聲互轉爲說，所見較棫差的，今已不傳。」[2]程書今既不傳，以意逆之，其所謂三聲通用者，或以平上去三聲古可相合用不拘也，因僅平上去三聲通用，未及入聲，故《提要》以爲較差的也。吳程二氏言之既略，無可窺其實際，或於古聲亦依違於今聲之間也。

　　至陳第出，始獨標異幟，以爲四聲之辨，古人未有。其《讀詩拙言》云：

　　「四聲之辨，古人未有，中原音韻，此類實多。舊音必以平

1　江永《古韻標準·例言》，廣文書局印行《音韻學叢書》。臺北市（1966）

2　見藝文印書館印行《四庫全書總目》卷四十二經部小學類三《韻補·五卷》條下，877-878 頁。

叶平，仄叶仄也，無亦以今而泥古乎！總之，毛詩之韻，動於天機，天費雕刻，難與後世同日論矣。」又《毛詩古音考》卷一怒字下引顏師古《匡謬正俗》「怒古讀有二音，但知去聲者失其眞也。」之言而駁之曰：「四聲之說起於後世，古人之歌取其可歌可詠，豈屑屑豪釐若經生爲耶？且上去二音亦輕重之間耳。」又卷二隅字下云：「夠音鄒。……隅音魚侯切，楊雄、梁鴻詩賦可證也。或問二平而接以去聲可乎？中原音韻，聲多此類，其音節未嘗不和暢也。」尋陳氏之意，殆謂古人之詩，既在求其可歌可誦，則平仄互諧，不以爲嫌，與後世文人之嚴於區畛者有異，舊說必以平叶平，以仄叶仄，反覺其拘，此與其古今音異之論，同爲宋世叶音說之一大解放。

陳氏之意，初未嘗認定古音無聲調之分，只謂古人於詩可平仄通叶無礙耳。乃顧炎武、江永諸君每每責其不能固守己見，猶扞格於一、二四聲之辨，以爲徒勞脣吻而費簡册，斯亦過矣[3]。至江有誥〈再寄王石臞先生書〉則逕云：「陳季立謂古無四聲。」實於陳氏有所誤解，非陳第之原意也。

夫「古無四聲」與「四聲之辨，古人未有」二者實大有差別，「古無四聲」者，謂古人根本無四聲之存在也；「四聲之辨，古人未有」者，謂古雖或有四聲，第古人於聲調觀念上，未若後世之界畫清析也。二者在根本上含義有別，此不可不辨也。陳氏《毛詩古音攷》所收四百餘字中，每云古平聲，古上聲，古去聲及音某音某之屬，則其意非謂古無四聲之別也。惟古無四聲

3　顧炎武之說，見於《音學五書・音論》云：「不知季立既發此論，而何以猶扞格於四聲，一一爲之引證，斯亦所謂勞脣吻，費簡策者也。」江永之說，見於《古韻標準・例言》云：「陳氏知四聲可不拘矣，他處又仍泥一聲，何不能固守其說耶！」

之辨，故平仄互叶，不以爲礙也。且陳氏以爲聲調之間相差無幾，如《毛詩古音攷》卷一事字下云：「古聲上，今聲去，亦幾希之間。」怒字下云：「且上去二音，亦輕重之間耳。」聲調之間，旣相差幾微，故古人未之辨也。夫古人之於詩，取其可歌可詠，未嘗屑屑於豪釐之辨，若後世吟詩者之平仄局限也。按陳氏此言，固爲達論，然於古代聲調，究屬何似？亦未顯言之也。尋其書旨，殆謂古人雖無四聲之辨，然聲調之差異，古亦有之，然古音調類，據其自注，殆亦如後世之四聲，不過聲調之間差別不大，故平仄可互叶，上去多相轉，且音隨世變，後世讀上去者，古或讀平讀入，未必盡與後世相合也。陳氏以爲「舊音必以平叶平，仄叶仄」爲以今泥古。於是顧炎武繼之而大張其目，遂有「四聲一貫」之說。

第二節　顧炎武之古聲調說

顧氏承陳氏之後，於古聲調立說更爲廣泛，以爲古詩用韻，四聲一貫，雖有四聲而可以互用，未若後世平上去入之嚴於區分也。其〈古人四聲一貫〉說云：

「四聲之論，雖起於江左，然古人之詩，已自有遲疾輕重之分，故平多韻平，仄多韻仄，亦有不盡然者，而上或轉爲平去，或轉爲平上，入或轉爲平去，則在歌者之抑揚高下而已。故四聲可以並用。『騏騮是中，騧驪是驂，龍盾之合，鋆以觼軜，言念君子，溫其在邑，方何爲期，胡然我念之。』合軜邑念四字皆平而韻驂。『一之日觱發，二之日栗烈。無衣無褐，何以卒歲。』發烈褐皆去而韻歲。今之學者必曰此字元有三音，元有兩音，故可通用。（吳才老《韻補》實始此說。）不知古人何嘗屑屑於此

哉！一字之中，自有平上去入，今一一取而注之，字愈多而音愈
雜，而學者愈迷識其本，此所謂大道以多歧亡羊者也。」[4]

顧氏又云：

「古之爲詩，主乎音者也，江左諸公之爲詩，主乎文者也，
文者一定而難移，音者無方而易轉，夫不過喉舌之間，疾徐之頃
而已，諧於音順於耳矣。故或平或仄，時措之宜而無所窒礙。
〈角弓〉之反上，〈賓筵〉之反平，〈桃夭〉之室入，〈東山〉
之室去，惟其時也。〈大東〉兩言來，而前韻疚，後韻服。〈離
騷〉一篇兩言索，而前韻妒，後韻迫，惟其當也。有定之四聲，
以同天下之文，無定之四聲，以協天下之律，聖人之所以和順於
道德而理于義，非達天德者，其孰能知之？」[5]

觀顧氏所謂「四聲一貫」，亦非謂古無四聲之別，實在古亦
有四聲之分，故古人用韻，平多韻平，仄多韻仄，自亦以分聲諧
協爲常，不過古人爲詩，主乎諧音順耳，故或平或仄，間有混
用，乃其時措之宜，惟求其當，其說可謂剴切著明矣。然其四聲
一貫通爲一音之法，則又云：

「夫一字而可以三聲四聲，若一爻之上下無常，而唯變所適
也。然上如其平，去如其上，入如其去，而又還如其平，是所謂
言天下之至賾而不可惡，言天下之至動而不可亂也，此聲音文字
相生相貫自然之理也。」[6]

此說已入虛妄，而入爲閏聲，可轉爲平上去一說，尤爲背理
亂常，悠謬不經。其言曰：

「《詩》三百篇中，亦往往用入聲之字，其入與入韻者什之

4　見顧氏《音論》卷中，9頁至10頁。
5　見顧氏《音論》卷中，12頁。
6　見顧氏《音論》卷中，13頁。

七，入與平上去爲韻者什之三，以其什之七，而知古人未嘗無入
聲也，以其什之三，而知入聲可轉爲三聲也。故入聲聲之閏也，
猶五音之有變宮變徵而爲七也。」[7]

顧氏言詩有入聲是也，謂入與平上去叶，而入可轉讀爲三聲
則欠確，設如顧氏所言，入可轉讀三聲，則是通轉無方矣，此與
宋人之叶音任意改叶，亦相去無幾。蓋顧氏於古音爲草創，韻部
分析，旣未周密，韻例認定，尤爲寬疏，則又誤以不同部者爲同
部，更進而以此不同部之字，其四聲不同而見於一章者，遂謂爲
四聲一貫，可以轉讀通協矣。此乃顧氏立說之疏誤，而非謂古無
平上去入四聲之實也。故《詩本音》卷二〈芄蘭〉首章下注云：

「古人音部雖寬，而用之則密，故同一部而有親疏，如此章
支觿知平與平爲韻，遂悸去與去爲韻，而合之則通爲一也。〈干
旄〉二章旟都平與平爲韻，組五予上與上爲韻，而合之則通爲一
也。〈木瓜〉二章桃瑤平與平爲韻，報好去與去爲韻，而合之則
通爲一也。分之而不亂，合之而不乖，可以知其用韻之密矣。」
[8] 雖古人平上去入分別押韻，分別似乎甚嚴，然亦有相合用而無
別者，顧氏曰：

「今考江左之文，自梁天監以前，多以去入二聲同用，以後
則若有界限，絕不相通，是知四聲之論，起於永明而定於梁陳之
間也。《藝文類聚》載武帝清暑殿效柏梁體聯句，帝云：居中負
扆寄纓緌。而司徒左西屬江葺和云：鼎味參和臣多匱。以去和
入，則其時未用四聲可知。乃約所自作〈冠子祝辭〉，讀化爲
平，〈高士贊〉讀緇爲去，〈正陽堂宴勞凱旋詩〉讀傅爲上，今
《廣韻》化字傅字無平上二聲，而去聲有㴛字無緇字。（《論

7　見顧氏《音論》卷中，13 頁。
8　見顧氏《詩本音》卷二〈芄蘭〉首章注，17 頁。

語》『涅而不緇』，《楚辭》及《史記‧屈原傳》並作『泥而不滓』。《索隱》曰：泥音涅，滓音緇。）是約雖譜定四聲，而猶存古意，不若後人之昧而拘也。」[9]

以此觀之，顧氏非謂古無四聲之別也，特四聲之名，古所未有耳。故《音論》又云：

「平上去入之名，漢時未有，然《公羊‧莊二十八年傳》曰：『《春秋》伐者為客，伐者為主。』何休注于伐者為客下曰：『伐人者為客，讀伐長言之，齊人語也。』于伐者為主下曰：『見伐者為主，讀伐短言之，齊人語也。』長言則今之平上去聲也，短言則今之入聲也。」[10]

古既無四聲之名，惟有長言短言之稱，平上去既同為長言，故三聲固多通貫。

入聲既獨屬短言，故入聲稍覺差殊。此顧氏之古代聲調說也。蓋顧氏既宗何休說以長言短言說聲調，後世遂謂顧氏之四聲一貫為古無四聲說，其實非也。顧氏云：

「《廣韻》中有一字收之三聲四聲者，非謂一字有此多音，乃以示天下作詩之人，使隨其遲疾輕重而用之也。」

隨其遲疾輕重而用之，可謂其四聲一貫之正解矣。

第三節　江永之古聲調說

江永著《古韻標準》於古代聲調，以為古有四聲，不容增減。其《古韻標準‧例言》曰：

「四聲雖起自江左，按之實有其聲，不容增減，此後人補前

9　見顧氏《音論》卷中，8頁-9頁。
10　見顧氏《音論》卷中，11頁。

人未備之一端，平自韻平，上去入自韻上去入者恒也。亦有一章兩聲或三、四聲者，隨其聲諷誦詠歌，亦自諧適，不必皆出一聲，如後人詩餘歌曲，正以雜用四聲爲節奏，詩韻何獨不然，前人讀韻太拘，必強紐爲一聲，遇字音之不可變者，以強紐失其本音，顧氏始去此病，各以本聲讀之，不獨詩當然，凡古人有韻之文，皆如此讀，可省無數糾紛，而字亦得守其本音，善之尤者也。然是說也，陳氏實啓之，陳氏於不宜有怒句，引顏氏怒有上去二音之說駁之曰：『四聲之說，起于後世，古人之詩，取其可歌可詠，豈屑屑豪釐若經生爲耶，且上去二音亦輕重之間耳。』又於“綢繆束芻”“三星在隅”註云：『芻音鄒，隅音魚侯切。或問二平而接以去聲可乎。曰：中原音韻，聲多此類，音節未嘗不和暢也。是陳氏知四聲可不拘矣，它處又仍泥一聲，何不能固守其說耶？四聲通韻，今皆具於舉例，其有今讀平而古讀上，如予字；今讀去而古讀平，如慶字；可平可去，如信令行聽等字者，不在此例，唐人叶韻之叶字，亦本無病，病在不言叶音是本音，使後人疑詩中又自有叶音耳。叶韻、六朝人謂之協句，顏師古注《漢書》謂之合韻，叶即協也，合也，猶俗語言押韻，故叶字本無病。自陳氏有古無叶音之說，顧氏從之，又或以古音有異，須別轉一音者爲叶音，今亦不必如此此分別，凡引詩某句韻某字，悉以韻字代之。』[11] 可見江氏亦從顧氏以爲古四聲可以通用，不過江氏能明通變，不爲苟和之論，凡顧氏爲求詩韻和諧而別轉爲一音者，皆不復從。且曰：

「顧氏《詩本音》改正舊叶之誤頗多，亦有求之太過，反生葛藤，如一章平上去入各用韻，或兩部相近之音各用韻，率謂通

11　見江永《古韻標準・例言》，5頁至6頁。

爲一韻,恐非古人之意,〈小戎〉二章,以合軜邑叶驂,以念字叶合軜邑,尤失之甚者,今隨韻辨正,亦不能盡辨也。」[12]

江氏之古聲調說,雖承襲顧氏而來,其實與顧氏亦不盡同,蓋顧氏主張作詩之人,可隨其遲疾輕重抑揚高下而臨時變適之,江氏則不認爲可以臨時變調,其所以能異調相諧者,只是雜用四聲,如後世之詩餘歌曲然。意見既有出入,故於顧氏之說,頗多修正。顧氏以入爲閏聲之說,江氏尤以爲非。其言曰:

「入聲與去聲最近,詩多通爲韻,與上聲韻者間有之,與平聲韻者少,以其遠而不諧也,韻雖通,而入聲自如其本音,顧氏於入聲,皆轉爲平、爲上、爲去大謬,今亦不必細辨也。」[13]

由此觀之,江氏蓋以爲古之平上去入皆各有其本音。至古人用韻所以四聲通用較廣者,或於抑揚清濁之辨,未若後世之清晰耳。且《古韻標準》按四聲分卷,觀其用意,殆亦所以重申「四聲雖起江左,按之實有其聲,不容增減」之論也。故江永未嘗以爲古無四聲也。

第四節　段玉裁之古聲調説

陳第、顧炎武、江永諸人之論古代聲調也,雖以爲平上去入之名,古所未有,而實際上仍時時以後世之四聲,類舉古代之聲調,故有四聲一貫,四聲雜用之言。至段氏出,始有「古四聲不同今韻,猶古本音不同今韻」之說,於古代聲調之研究,另闢途徑。段玉裁〈古四聲說〉云:

---

12 見江氏《古韻標準・例言》,7頁
13 見江氏《古韻標準・卷第四・入聲第一部・總論》,148頁-149頁。

「古四聲不同今韻，猶古本音不同今韻也。攷周秦漢初之文，有平上入而無去，洎乎魏晉，上入聲多轉而爲去聲，平聲多轉而爲仄聲，於是乎四聲大備而與古不侔。有古平而今仄者，有古上入而今去者，細意搜尋，隨在可得其條理，今學者讀三百篇諸書，以今韻四聲律古人，陸德明、吳棫皆指爲協句，顧炎武之書亦云平仄通押，去入通押，而不知古四聲不同今，猶古本音部分異今也。明乎古本音不同今韻，又何惑乎古四聲之不同今韻哉？如戒之音亟，慶之音羌，宜饗之音香，至之音質，學者可以類求矣。」[14]

段氏此說，可謂識見精微，超越顧、江諸人之拘牽，拋棄傳統四聲之羈絆矣。蓋考古必資審音，而後論事乃切。段氏於古韻分部既密於顧江，則其辨識四聲之有無，亦自優於二家。於是進論古代聲調，遂創古無去聲之說。其言曰：

「古平上爲一類，去入爲一類，上與平一也，去與入一也，上聲備於三百篇，去聲備於魏晉。」[15]

段氏〈答江晉三論韻〉亦云：

「古四聲之道有二無四，二者平入也，平稍揚之則爲上，入稍重之則爲去，故平上一類也，去入一類也，抑之、揚之、舒之、促之，順逆交遞而四聲成，古者剏爲文字，因乎人之語言爲之音讀，曰平上，曰去入，一易一奁之謂道也。」[16]

並舉其十五部之入聲，多轉爲去聲爲例。其證云：

14　見段玉裁《六書音韻表・今韻古分十七部表・古四聲說》19頁，廣文書局印行《音韻學叢書》台北市（1966）。

15　見段氏《六書音韻表・今韻古分十七部表・古四聲說》19頁。

16　見江有誥《音學十書・江晉三論韻書》，17頁，廣文書局印行《音韻學叢書》，臺北市（1966）。

「至弟十五部，古有入聲而無去聲，隨在可證。如《文選》所載班固〈西都賦〉：「平原赤、勇士厲」而下，以厲、竇、穢、歷、折、噬、殺爲韻，厲、竇、穢、噬讀入聲。左思〈蜀都賦〉「軌躅八達」而下，以達、出、室、術、駟、瑟、恤爲韻，駟讀入聲。〈吳都賦〉「高門鼎貴」而下，以貴、傑、裔、世、轍、設、噎爲韻，貴、裔、世讀入聲。〈魏都賦〉「均田晝疇」而下，以列、羿、悅、世爲韻，羿、世讀入聲。「髦首之豪」而下，以傑、闕、設、晰、裔、髮爲韻，晰、裔讀入聲。郭璞〈江賦〉以猰、月、眣、翅、豁、碣爲韻，猰讀入聲。江淹〈擬謝法曹詩〉以泬、別、袂、雪爲韻，泬、袂讀入聲。〈擬謝臨川詩〉以缺、設、絕、澈、晰、泬、蔽、泬、逝、雪、穴、滅、溢、說爲韻，晰、蔽、泬、逝、溢讀入聲。法言定韻之前，無去不可入，至法言定韻以後，而謹守者，不知古四聲矣，他部皆準此求之。」[17]

段氏〈詩經韻分十七部表〉及〈群經韻分十七部表〉每部皆無去聲韻，其今韻之去聲，多數併入於入聲韻，少數入於上聲韻。故段氏云：

「古無去聲之說，或以爲怪，然非好學深思，不能知也。不明乎古四聲，則於古諧聲不能通，如李陽冰校《說文》於"杲"字曰："自非聲"。徐鉉於"裔"字曰："冏非聲"是也。於古假借轉注，尤不能通。如"卒於畢郢"之郢，本"程"字之假借，顛沛之沛，本跋字之假借，而學者罕知是也。」[18]

段氏對於"古無去聲"之創見，固深信而不疑，後人於段氏

---

17 見段氏《六書音韻表・今韻古分十七部表・古四聲?》，19 頁至 20 頁。

18 見段氏《六書音韻表・今韻古分十七部表・古四聲說》，20 頁。

之說，亦多推譽有加。餘杭章君曰：「非閉門思之十年弗能
憭。」[19]陸宗達云：「段氏立義至精，取證至博，無去之說，殆
不可易。」[20]而對段氏說分析最細微者，則爲王力。王氏云：

「段玉裁說上古沒有去聲，他的話是完全對的，中古的去聲
字有兩個來源：第一類是由入聲變來的，例如"歲"字，依《廣
韻》該讀去聲（直到現代還是去聲），但是，《詩經・豳風・七
月》叶發、烈、褐、歲。〈大雅・生民〉叶載、烈、歲，可見
歲字本是一個收t-的字，屬入聲。所以它和發烈褐載等字叶韻。
一字具有去入兩讀，也可以作爲證據。例如：害、契、易、畫、
食、識、亟、惡、復、宿、暴、溺等字，都有去入兩讀，這些字
的異讀，還可以認爲辨義的，但是，像囿音于救切，又音于六
切，植音直吏切，又音常職切；借音子夜切，又音資昔切。都沒
有辨義作用，而這類的字也很多，可見是先有入聲，然後化爲去
入兩讀。其次從諧聲偏旁也看得出去入相通的痕跡，如祭聲有
察，夬聲有決，至聲有姪等，都可以推知聲符本身原是入聲，更
可以推知被諧字原是入聲了。只有極少數的例外，如肅聲有蕭，
叔聲有椒，寺聲既有時，又有特等，這些特殊情形是由於諧聲時
代比《詩經》時代早得多，可能在造字時期蕭、椒、時等字也是
入聲，但是到《詩經》時代已經轉化爲平聲了。總之，一大部分
的去聲字，在上古屬於入聲（長入），到中古喪失了尾音-p、-
t、-k 變爲去聲，這是毫無疑問的。第二類的去聲是由平聲和上
聲變來的，特別是上聲變去聲的字多些，上聲之中，特別是濁音
上聲的字多些，試舉"上"、"下"兩字爲例，《詩經・陳風・
宛丘》叶湯、上、望，〈小雅・頍弁〉叶上、炳、臧，〈大雅・

---

19 見章炳麟《國故論衡上・二十三部音準》，在《章氏叢書》內。
20 見陸宗達〈王石臞先生韻譜合韻譜遺稿跋〉。

大明〉叶上、王、方，可見上字在古屬平聲，到漢代以後才轉爲
上聲，到五世紀以後，才分化爲上、去兩讀。至於下字，《詩經
・召南・漢廣》叶下、女，〈邶風・擊鼓〉叶處、馬、下，〈凱
風〉叶下、苦，〈唐風・采苓〉叶苦、下、與，〈陳風・宛丘〉
叶鼓、下、夏、羽，〈東門之枌〉叶栩、下，〈豳風・七月〉叶
股、羽、野、宇、戶、下、鼠、戶、處，〈東山〉叶野下等等，
都證明了上古的下字讀上聲，中古的下字有上去兩讀，用作名詞
或形容詞者讀上聲，用作動詞者讀上聲或去聲。到了現代普通話
裡，上下兩字，就只有去聲，可見它們由上聲到去聲的趨勢，又
試舉"濟"字爲例，直到第五世紀，詩人仍用濟字爲上聲，《廣
韻》裡變爲上去兩讀了，後來更變爲有去無上了。又試舉"慶"
字爲例，《詩經》裡凡用爲韻腳的慶字，沒有一個不是和平聲字
押韻的，一字兩讀也可以作爲證明，具有平去兩讀者如衣、過、
望等等，最初都屬平聲，具有上去兩讀者如語、去等字，最初都
屬上聲。」[21]

　　王力此言，實最足以推闡段氏「古無去聲」之說，歷來學
者，雖多信段氏「古無去聲」之說，然析理之精，辨析之詳，尙
無有逾於王氏之說者也。

　　近人江舉謙氏〈從說文入聲語根論析上古字調演變〉一文，
以段玉裁認爲入聲字後轉爲去聲，王力認爲長入至中古變爲去
聲，皆頗富啓示性。惜二家皆未曾將《說文解字》諧聲現象作全
般觀察，於是江氏乃從入聲語根著手，將《說文》諧聲孳乳字作
全盤分析，按諧聲孳乳字之演變，綜合爲九類。即：

　　第一類：諧聲孳乳字全同語根調類者。

21　王力《漢語史稿・第十六節上古聲調的發展》，102 頁至 104 頁，
　　科學出版社，北京市（1968）

第二類：諧聲孳乳字除同語根外兼有去調者。

第三類：諧聲孳乳字除同語根外兼有上調者。

第四類：諧聲孳乳字除同語根外兼有平調者。

第五類：諧聲孳乳字除同語根外兼有上去兩調者。

第六類：諧聲孳乳字除同語根外兼有平去兩調者。

第七類：諧聲孳乳字除同語根外兼有平上兩調者。

第八類：諧聲孳乳字除同語根外兼有平上去三調者。

第九類：諧聲孳乳字悉爲去聲者。

　　在此九類之中，江氏發現一極堪翫味之現象，其第一類諧聲字既與語根同調，江氏則以爲其在上古亦如此。其第二類，江氏云：「入聲語根四十九，諧聲孳乳字除同語根外，讀去聲者計一百六十八，其中《說文》音切與《廣韻》同調者爲九十四，《說文》讀去聲，《廣韻》兼讀入聲者二十五，《說文》，讀入聲，《廣韻》兼讀去聲者三十七，這現象正表示入聲與去聲關係的密切。此外『厴』、『藉』二字《說文》與《廣韻》並有兩讀，『匌』、『婥』、『𤓳』、『鈗』四字《說文》讀去而《廣韻》讀入，『值』、『醋』、『沸』三字則《說文》讀入《廣韻》讀去，更有極重要的啓示性。」其第三類諧聲孳乳字之讀上聲者僅三字，江氏以爲除「寫」字外，並無可疑，可知入上諧聲關係之不足重視。其第四類諧聲孳乳字讀平聲者僅二字，江氏亦以爲入平關係不足重視。其第五類江氏云：「入聲語根七，諧聲孳乳字除同語根外，讀上聲者十個，其中《說文》音切與《廣韻》同讀上聲者四，《說文》讀上聲《廣韻》又音入聲者二，《說文》讀入聲《廣韻》又音上聲者四，至讀去聲者三十，其中《說文》音切與《廣韻》同讀去聲者二十二，《說文》讀入，《廣韻》又音去聲者五，《說文》讀去聲，《廣韻》又音入者三，此外《說文》讀去聲《廣韻》則讀入聲者一，《說文》讀入去兩聲，《廣韻》只讀入聲者一，根據這現象，亦可看出入聲語根與去聲關係比上聲密切得多。」其第六類入聲語根八，其諧聲孳乳字讀平聲者九，而尙有『奚』、『汜』、『敤』、『充』四字諧聲可疑。至讀去聲者三十二，亦可見入平與入去之關係何者較密切矣。其第七類入聲語根二，諧聲孳乳字之讀平上者皆可疑，皆不足看出入聲與平上諧聲孳乳字之關係。其第八類江氏云：「入聲語根九，諧聲孳乳字計一百二十五，讀平聲者五十，讀上聲者二十五，讀去聲者五十，若『擊』、『妻』二字及諧聲孳乳者不計，則讀平聲者僅二十一，讀上聲者僅十六，讀去聲者四十四，若《說文》音切與《廣韻》同讀者，平聲僅三字，上聲亦僅八字，去聲則三十字，其與入聲關係之深淺可以概略見矣。其第九類諧聲字悉爲去聲者，尤富啓示性，茲全錄於後。江氏云：

「北（博墨切）：背邶（補妹切）粜（兵媚切）

霈（匹各切）霸（普伯切）。按霸《說文》訓『月始生霸然也。』今小篆作魄，本爲入聲字，後假爲王霸字，《廣韻》讀必駕切，去聲。

甶〈敷勿切〉畀（必至切）箄（必至切）蒤（于貴切）。

伏（房六切）紱〔茯韍〕（平秘切），按《廣韻》又並讀入聲房六切。

以上字例雖爲數無多，卻極富啓示意義，因爲諧聲孳乳字在理論上只應該全數相同，不可能全數變爲另一調類，現在竟然全數變爲去聲，則古代去入關係的密切，就顯得十分不平凡了。而『紱』、『茯』、『韍』三字《廣韻》保有入聲又讀，更可看出演變線索。此外還有一種最奇異的變化是：第一代諧聲字是去聲，第二代又恢復爲入聲，而且也只有去聲才會這樣復原，這就不能解釋爲偶然。例如：

　　赤昌石切→赦始夜切→螫施隻切

　　砝胡頰切→脅虛業切，《廣韻》又去聲許欠切→歃虛業切

　　亦羊益切→夜亦省聲，羊謝切→掖液羊益切

　　弋與職切→代徒耐切→态他得切

　　刺盧達切→賴洛帶切→獺他達切

　　出尺律切，《廣韻》又尺類出→崇雖遂切→鷸辛律切

勺之若切又上灼切	約於略切、《廣韻》又去聲於笑切→箹於角切
	豹北教切→懇貌从豹省聲，莫角切

　　剢古屑切→薊古詣切→趨古屑切

　　這現象除了確認上古去入不分，就不可能有其他更合理的解釋。由此可知，段玉裁以爲古無去聲，王力以爲中古去聲係由上古長入變入，其基本上是可信的。」[22]

　　江氏就諧聲孳乳字分析所得之結論，可爲段玉裁、王力二家古無去聲說之有力證明，段氏初創理論，王氏就語音規律爲之解釋，而江氏又從諧聲孳乳字上爲之證明，條理既密，證據明確，則古無去聲之說，吾人自應愼加考慮，不可輕易放過者也。

第五節　孔廣森之古聲調說

　　段氏謂古無去聲，去者實入聲之變，孔廣森氏與段說正相反，謂古無入聲，入乃去之變。其言曰：

　　「至於入聲，則自緝、合等閉口音外，悉當分隸自支至之七

22 見《東海學報》七卷一期，江舉謙〈從說文入聲語根析論上古字調演變〉。

部而轉爲去聲，蓋入聲刱自江左，非中原舊讀，其在《詩》曰：
『參差荇菜，左右芼之。窈窕淑女，鐘鼓樂之。』初不知哀樂
之樂當入聲也；〈離騷〉曰：『理弱而媒拙兮，恐導言之不固。
時溷濁而嫉賢兮，好蔽美而稱惡。』初不知美惡之惡當入聲也。
昔周捨舉『天子聖哲』以曉梁武帝，帝雅不信用，沈約作〈郊居
賦〉以示王筠，讀至『雌霓連蜷』句，常恐筠呼霓爲倪，是則江
左文人尚有不知入聲者，況可執以律三代之文章哉！」[23]

　　孔氏旣以爲入聲刱自江左，故在《詩聲類》一書中，申明古
無入聲之理者，不一而足。如云：

　　「周京之初，陳風制雅，吳越方言，未入中國，其音皆江北
人脣吻，略與中原音韻相似，故詩有三聲而無入聲，今之入聲於
古皆去聲也。如麥、昔、錫三韻內从啇之字，本以帝得聲，从責
之字，本以束得聲而去聲；縊隘諸字，則以益得聲，鬄諸字，則
以易得聲，變譬避諸字則以辟得聲，〈君子偕老〉皙與髢揥協，
〈蕩〉辟與帝協，〈瞻卬〉狄與刺協，〈殷武〉辟績適與解協，
試更舉數事，廣其旁證，如〈離騷〉維黨人之媮樂兮，路幽昧以
險隘。豈余身之憚殃兮，恐皇輿之敗績。《韓非子》不適其賜，
亂人求益。《秦琅邪刻石文》憂恤黔首，朝夕不懈。除疑定法，
咸知所辟。方伯分職，諸治經易。舉錯必當，莫不如畫。〈子虛
賦〉雷動焱至，星流霆擊。弓不虛發，中必決眥。《太玄・銳》
測銳于時，得其適也。銳東忘西，不能迴避也。此皆寘錫合韻，
見於三代兩漢之文者，自江左刱立入聲，遂使辟易等字，音隨訓
異，然〈大雅〉之『牖民孔易。』『民之多辟。』以及〈東都

23　見孔廣森《詩聲類・卷一》，2頁至3頁，廣文書局印行《音韻學
　　叢書》，臺北市（1966）。

賦〉云：『方軌並跡，紛綸后辟。治近古之所務，蹈一聖之險易。』是辟王之辟，邪辟之辟，未嘗不與難易之易同用，何得強為去入之別哉！」[24]

又云：

「質物諸部之字，多从至祭叕夬世最害兌歲气匃丰等得聲，至未諸部之字又多从卒必弗聿切吉折厥曷孛發列等得聲，在古本無去入之別也。〈野有死麕〉脫與帨吠協，〈泉水〉羣與邁衛害協，〈七月〉發烈褐與歲協，〈東山〉垤室窒與至協，〈杕杜〉至與恤協，〈采芑〉率與茷協，〈節南山〉闋與屆協，〈正月〉滅威與屆協，〈雨無正〉滅與戾勩協，出與瘁協，〈蓼莪〉恤與至協，烈發與害協，〈四月〉亦然，〈鴛鴦〉秣與艾協，〈車舝〉羣渴括與逝協，〈縣〉拔與兌駾喙協，〈皇矣〉拔與兌對季協，茀仡伐絕忽拂與肆協，〈生民〉月達與害協，載烈與歲協，〈蕩〉揭撥與害世協，〈抑〉疾與戾協，舌與逝協，〈桑柔〉恤熱與懟協，〈烝民〉舌發與外協，〈瞻卬〉疾與惠厲瘵屆協，〈召旻〉竭與害協，〈長發〉鉞烈曷蘗達截伐桀並與旆協。其可旁證者，如《易·坤·象》含章可貞，以時發也。或從王事，志光大也。〈繫辭傳〉後世聖人易之以書契，百官以治，萬民以察。〈離騷〉何瓊佩之偃蹇兮，衆薆然而蔽之。惟此黨人之不諒兮，恐嫉妒而折之。《禮記》以日星為紀，故事可別也。目以為量，故功可埶也。《老子》其上不皦，其下不昧。繩繩不可名，復歸於無物。《呂氏·士容論》臨患涉難而處義不越。南面稱寡而以侈大。今日君民而欲服海外。節物甚高而細利弗賴。耳目遺俗而可與定世。富貴弗就而貧賤弗朅。德行尊理而羞用巧衛。寬

裕不誓而中心甚愿。難動以物而必不妄折。《淮南子》中局外閉。何事不節。《六弢》日中必彗。操刀必割。執斧必伐。禰正平〈鸚鵡賦〉少昊司辰，蓐收整轡。嚴霜初降，涼風蕭瑟。曹子建〈七啓〉世有聖宰，翼帝霸世。同量乾坤，等曜日月。鄭君《周官・注》云：卒讀如物有副倅之倅。《儀禮・注》云：缺讀如有頍者弁之頍。〈答張逸〉云：述讀如遂事不諫之遂。〈檀弓・注〉謂：奪聲近遂。〈學記・注〉謂：術聲近遂。〈雜記・注〉謂：至周秦之人聲誤爲實。於此可以識古矣。」[25]

孔氏此類陰入相通之證，於其《詩聲類》十八類中所在多有，孔氏則悉爲羅舉之。孔氏云：

「鐸韻度莫作逴惡濩祚等字皆重見十一暮，陌韻醋笮嚇伯啞等字，昔韻射斥炙柘藉借等字皆重見于四十禡，禡部之半古音本與御暮合用，今誤分爲二，故亦分陌昔與鐸爲二，試考去聲厝措醋錯皆以昔得聲，而昔自爲韻，賂輅皆以各得聲，而各在鐸韻，客格亦从各，又在陌韻，妊杔皆以乇得聲，而从乇之字託在鐸韻，宅在陌韻，阼胙皆以乍得聲，而从乍之字昨作在鐸韻，笮迮在陌韻舉其偏旁而類聚之，則御暮鐸禡陌昔實牽連會合矣。古文去入通協者，自三百篇外，若〈禮運〉降于山川之謂興作。降于五祀之謂制度。〈離騷〉衆皆競進以貪婪兮，憑不厭乎求索，羌內恕己以量人兮，各與心而嫉妒。〈招魂〉秦篝齊縷鄭緜絡些。招具該備永嘯呼些。《老子》猛獸不據，攫鳥不搏，骨羽筋柔而握固。《管子》失天之度，雖滿必涸。《韓非子》水之折也必通蠡。牆之壞也必通隙。《亢倉子》未至而逆之。既往而慕之。《易林》重門擊柝。介士守護。《太元經》大開帷幕。以引方

---

25 見孔氏《詩聲類・卷八》，6頁至7頁。

客。〈封禪文〉非唯陶之，又潤澤之。非唯徧之，我紀布護之。
以及〈中庸〉素隱通爲索隱，《公羊春秋》蒲社通爲亳社。〈郊
特牲〉曰：踖也者索也。《白虎通》曰：霍之爲言護也。《儀禮
•注》阼猶酢也。《說文解字》鼓郭也。《釋名》逆遻也，劇巨
也。皆小學古訓音義相將者也。」[26]

　　孔氏又云：

　　「屋燭二韻古讀去聲者在經可證，則〈小戎〉驅續羿玉屋曲
同用，〈楚茨〉具奏祿同用，〈角弓〉木附屬同用，〈桑柔〉谷
穀垢同用，〈時邁〉嶽后同用，〈噫嘻〉穀耦同用。成字古音未
詳，而〈王風〉束薪、成申，若以朝陽高岡、鴻飛公歸等雙聲例
之，亦可入韻。〈離騷〉前望舒使先驅兮，後飛廉使奔屬。鸞皇
爲余先戒兮，雷師告余以未具。〈天問〉九天之際，安放安屬。
隅隈多有，孰知其數。並讀屬如注。〈儒行〉其居處不淫，其飲
食不溽。其過失可微辨，而不可面數。溽讀如耨。《荀子》強自
取柱，弱自取束。束讀如漱。《呂氏春秋》聽言哀者，不若見其
哭也。聽言怒者，不若見其鬥也。哭讀如寇。東方朔語：聲謷謷
者，鳥哺㲉也。尻益高者，鶴俛啄也。啄讀如犹。〈七發〉連廊
四注，臺城層構，紛紜元綠。綠讀如屢。《淮南子》大匠不斲，
大豆不具，大勇不鬥。斲讀如鬥。〈西京賦〉百禽淩遽，駭瞿奔
觸。器精忘魂，失歸忘趨。〈東京賦〉德寓天覆。輝烈光燭。狹
三王之趢趗，軼五帝之長驅。燭讀如喝。《周禮•注》以四寶爲
四瀆。《荀子》以獨鹿爲屬鏤。《漢書》以節族爲節奏。〈小
戎〉續字徐仙民辭屢反，〈舜典〉贖字徐音樹，《論語》不至於
穀，公豆反，《攷工記》水屬，之樹反，猶習北學古音存於《釋

26　見孔氏《詩聲類•卷九》，8頁。

文》者如此。唐宋文人惟韓昌黎寂識古音，其〈送石處士序〉
云：『若河決下流而東注。若駟馬駕輕車就熟路。而王良造父爲
之先後也。若燭照數計而龜卜也。』卜字亦轉去聲而韻注字後
字。」[27]

　　孔氏又云：

「古無入聲，故職德恒與志代同用，〈漢廣〉息思，〈采
薇〉翼服戒棘，〈出車〉牧來載棘，〈六月〉飭服熾急國，〈我
行其野〉蓄特富異，〈正月〉輻載意〈小宛〉克富又，〈大東〉
三章載息，四章來服裘試，〈楚茨〉首章棘稷翼億食祀侑福，四
章祀食福式稷飭極億，〈大田〉黑稷祀福，〈縣蠻〉食誨載，
〈縣〉直載翼，〈旱麓〉載備祀福，〈皇矣〉德配，〈靈臺〉虞
來圉伏，〈下武〉二章式思則，三章德思服，〈生民〉首章祀子
敏止稷，三章字翼，〈行葦〉背翼祺福，〈假樂〉子德，〈板〉
事謀服，〈蕩〉式止晦抑德止賊則，〈桑柔〉極背克力，〈崧
高〉事 式，〈常武〉戒國，〈瞻卬〉忒背極懟倍識事織，〈清
廟〉士德，〈時邁〉德之，〈潛〉祀福。按南有喬木，不可休
息，漢有游女，不可求思。《釋文》云：休息並如字，古本皆
爾，本或作休思，此以意改耳。廣森謂：毛傳："思、辭也。"
漢上游女，無求思者，是訓思想之思，非語辭，其"辭也"自解
下泳思、方思，寫者倒之，正義以故致疑，遂有意改作休休思
者，彼緣不曉古無入聲，疑思息非韻故也。息相記反，休息、求
思乃雙聲韻，〈大東〉尚可載也，亦可息也。息字去聲，〈菀
柳〉息曀同用，曀旁匽古亦去聲，《荀子·成相》辭人之態不如
備，爭寵嫉賢利惡忌，妒功毀賢，下斂黨與上蔽匽是也。〈小

明〉息直同用，直古亦去聲，《孟子》勞之來之，匡之直之。《左傳》鄭人歌：我有子弟，子產誨之，我有田疇，子產殖之。皆可證也。」[28]

　　孔氏所據以證古無入聲之資料，亦為《詩》、《騷》與秦漢有韻之文，所據材料，大致與段氏玉裁相同，而所得結論，則正相反。然段孔二氏皆謂上古去入二聲合用無別，則意見相同。蓋孔氏主陰陽對轉之說，只承認韻有陰陽二類而可以對轉其入聲於古雖讀去聲，然去有長言短言二讀，其長言者，後仍為去聲，短言者則變而為入聲，此其差別也。故孔氏云：

　　「緝合諸韻為談鹽咸嚴之陰聲，皆閉口急讀之，故不能備三聲，《唐韻》所配入聲，唯此部為近古，其餘部古悉無入聲，但去聲之中自有長言短言兩種讀法，每同用而稍別畛域，後世韻書遂取諸陰部去聲之短言者，壹改為諸陽部之入聲。」[29]

　　至於去聲之轉變為入聲，時間則以為起自江左。孔氏云：

　　「江左音變而二十五德二十四職古合志代韻者，今為蒸登之入焉，二十三錫二十二昔二十一麥古合寘卦者，今為青清耕之入焉，二十陌十九鐸及十八藥之半古合御暮韻者，今為庚唐陽之入焉。一屋三燭及四覺之半古合候遇韻者，今為東鍾江之入焉，二沃古合幼韻者，今為冬之入焉。夫六朝審音者於古去聲之中，別出入聲，亦猶元曲韻於平聲之中，又分陰平陽平耳，倘有執是而呵唐詩不當陰陽平通押者，其疇不為笑乎！」[30]

　　按孔氏主張古無入聲之說，持之甚堅，而舉證亦詳，其言古去入同用則是，而謂古無入聲，後世多未能接受。竊疑孔氏之所

28　見孔氏《詩聲類・卷十一》16頁至17頁。
29　見孔氏《詩聲類・卷十二》，1頁。
30　見孔氏《詩聲類・卷十二》2頁至3頁。

以主張古無入聲之說，或受其本身語言之影響。蓋孔氏曲阜人，其語音系統上已無入聲存在，因謂古無入聲。夫入聲者皆收閉而不爆之塞聲-p、-t、-k 韻尾者也，設如孔氏所言古無入聲，則中古之入聲由何而來？就語音演變之趨勢觀之，入聲韻尾-p、-t、-k 消失後而成為陰聲者有之，尚未有陰聲韻之去聲字加上-p、-t、-k 而成為入聲者。高本漢嘗言：「就言一千幾百年來的音韻演變的歷史看來，無論在那一種方言裡．都只見入聲之變平，從不見平聲之變入，故我們可以推知入聲之古。」[31]

　　蓋我國語音之實際情形，凡不送氣之清塞音，在元音前與元音後，均易受元音之影響而脫落。王力《漢語史稿》云：

　　「按漢語情況說，不送氣的破裂音比較容易失落，例如現代廣東台山方言的"刀"是 tou→ou，雲南玉溪方言的"高"是 kau→au。」[32]

　　又云：

　　「上古的長入，由於它們的元音都是長元音，在發展過程中，韻尾-t、-k 逐漸失落了。」[33]

　　入聲韻尾由於受長元音的影響而逐漸消失了。且我國入聲韻尾皆為不送氣清塞音，故易失去韻尾而變為陰聲之去聲，以是言之，古代去入二聲之演變當如下式：

　　入聲（消失韻尾）－－→去聲。

　　而非

　　去聲（附加韻尾）－－→入聲。

　　以是言之，孔氏古無入聲之說，恐非事實，難以信從。陸宗

---

31 見胡適〈入聲考〉所引。

32 見王力《漢語史稿・上冊》，74 頁。

33 見王力《漢語史稿・上冊》，102 頁。

達云：

「孔氏拘于中原方言，闇于歷代嬗化，無入之聲，未可深信。」

雖然如此，然孔氏謂古音去入合用，去有長言短言二讀之說，仍極具參考價值。未可以其立說之不當，而一概抹殺也。固當分別觀之，是以本篇於孔氏之說，徵引不厭其詳，而辨之則不得不嚴者，亦此故也。陸宗達云：

「其所證入聲于古皆去聲，亦未嘗不可證去聲於古皆入聲也。」[34]

尤能燭照幽微，所言極是。

第六節　江有誥之古聲調説

江有誥初謂古無四聲，後著《唐韻四聲正》乃謂古人實有四聲，特古人所讀之聲與後人不同而已。江有誥〈再寄王石臞先生書〉云：

「四聲一說，尚無定論，顧氏謂四聲一貫，又謂入為閏聲。陳季立謂古無四聲，江晉齋申明其說者不一而足，然所撰《古韻標準》仍分平上去入四卷，則亦未有定見。段氏謂古有平上入而無去，孔氏謂古有平上去而無入。有誥初見亦謂古無四聲，說載初刻〈凡例〉，至今反復紬繹，始知古人實有四聲，特古人所讀之聲，與後人不同，陸氏編韻時，不能審明古訓，特就當時之聲誤為分析，有古平而誤收入上聲者，如享饗頸穎等字是也。有古平而誤收入去聲者，如訟化震患等字是也。有古平而誤收入平聲者，如偕字是也。有古上而誤收入去聲者，如狩字是也。有一字平上兩音而僅收入上聲者，如怠字是也。有一字平上兩音而僅收入平聲者，如惢字是也。有一字平去兩音而僅收入去聲者，如信字是也。有一字平去兩音而僅收入平聲者，如居字是也。有一字上去兩音而僅收入上聲者，如喜字是也。有一字上去兩音而僅收入去聲者，如顧字是也。有一字去入兩音而僅收入去聲者，如意字是也。有一字去入兩音而僅收入入聲者，如得字是也。有一字平上去三音而遺其上去者，如時字是也。有一字平去入三音而遺其去入者，如來字是也。有一字上去入三音而遺其上入者，如至字是也。有一字平上去三音而遺其平聲者，如上字是也。有一字平上去三音而遺其平去者，如靜字是也。偶舉一以見例，其餘不可枚數。有誥因此撰成《唐韻四聲正》一書，倣《唐韻正》之例，每一字大書其上，博采三代、兩漢之文分注其下，使知四聲之說，非創于周沈，其中間有四聲通押者，如《詩經・揚之水》之皓上繡去鵠入憂平。〈大東〉之來去服入裘平試去。《易・遯象傳》之戔平志懟事去否上疑平。《楚詞・九辨》六之鑿入教去樂入高平。此亦如二十一部之分，瞭然而不紊。而亦間有通用合用者，不得泥此以窒其餘也。其四聲具備者七部，曰之、曰幽、曰宵、曰侯、曰魚、曰支、曰脂，有平上去而無入者七部，曰歌、曰元、曰文、曰耕、曰陽、曰東、曰談，有平上而無去入者一部，曰侵，有平去而無上入者一部，曰真。有去入而無平上者一部，曰祭。有平聲而無上去入者二部，曰中、曰蒸。有入聲而無平上去者二部，曰葉、曰緝。一以三代兩漢之音為準，晉宋以後遷變之音，不得而疑惑之，于此悟古無四聲之說為拾人牙慧，而古人學與年俱進之說，誠不誣也。」[35]

---

35 見江有誥《唐韻四聲正・書》，1 頁-2 頁。

　　江氏《唐韻四聲正》乃從「平自韻平，上去入自韻上去入」之觀點，以考察聲調在古韻語中與後世韻書不同而頗稱完備者。董同龢《中國語音史》上古聲調的問題一章，嘗將江氏書中所臚列之證據，加以歸納，得以察知上古聲調與中古平上去入之關係為：

　　「⑴韻書的平聲字古代完全不與平聲字押韻，而

　　（a）專與上聲字押韻的－予（訓我之義）、偕。

　　（b）專與去聲字押韻的－（無）

　　（c）專與入聲字押韻的－（無）

　　⑵韻書的平聲字古代與平聲字押韻外，

　　（a）更與上聲字押韻的－夷、嘻、緇、威、忿、俱、該、姱、僚、休、儺。

　　（b）更與去聲字押韻的－規、資、辭、歸、居、車、袪、躇、虞、誺、孚、謨、柴、勳、飄、昭、朝、苞、高、憂、謀、留、餱。

　　（c）更與入聲字押韻的－（無）

　　（d）更與上聲及去聲字押韻的－時、期、塗、圖、家。

　　（e）更與去入二聲字押韻的－疑、司、來。

　　⑶韻書平上兩收而古代只與平聲押韻的－泯。

　　⑷韻書平上兩收而

　　（a）古代只與平聲字押韻的－行。

　　（b）古代又與上聲字押韻的－能。

　　⑸韻書的上聲字古代完全不與上聲字押韻，而

　　（a）專與平聲字押韻的－爽、饗、桑、逞。

　　（b）專與去聲字押韻的－（無）

　　（c）專與入聲字押韻的－（無）

（d）專與平去二聲字押韻的—靜。

⑹韻書的上聲字古代與上聲字押韻之外，

（a）更與平聲字押的—動、靡、矣、斐、阻、怠、引、閔、隕、憤、損、淺、善、繚、道、象、罔、往、仰、朗、慷、廣、酒、否、糾、飲。

（b）更與去聲字押韻的—死、美、祀、喜、里、圍、序、鼠、所、舉、海、古、倍、婉、變、治、寫、賞、咎。

（c）更與入聲字押韻的—解、垢。

（d）更與平去二聲押韻的—指、待。

⑺韻書上去兩收而古代兼與平聲字押韻的—遠、轉、衍、好、左、灑、養、蕩、守。

⑻韻書平上兩收而古代

（a）兼與去聲字押韻的—反。

（b）只與平聲字押韻的—頸。

⑼韻書的去聲字古代完全不與去聲字押韻，而

（a）專與平聲字押韻的—鳳、訟、憲、戲、震、信、鎮、患、甸、化、慶、證、僭。

（b）專與上聲字押韻的—狩、獸。

（c）專與入聲押韻的—（無）

⑽韻書的去聲字古代與去聲字押韻外，

（a）更與平聲字押韻的—用、頌、誦、議、義、地、志、畏、著、倨、壞、佩、刃、慎、進、候、臭、救、佞、定、姝、性、聖、政、病、命、抗、壯、悵、障、愴、讓、貨、挫、笑、眩、慢、漫、燙、遯、悶、獻、運、訓、汶、順。

（b）更與上聲字押韻的—試、餌、記、御、慮、豫、助、賦、路、顧、固、悟、步、晦、閔、諫、稼、舊、茂、戊。

（c）更與入聲字押韻的－悴、備、肆、意、氣、歲、制、斃、世、厲、害、隘、戒、背、代、肺、富。

（d）更與上入兩聲字押韻的－至、事。

（e）更與平上二聲字押韻的－佑、祐。

⑾韻書平去兩收的字，古代只與平聲字押韻的－凍、衆、盛。

⑿韻書上去兩收的字，古代

（a）更與平聲字押韻的－被、濟、上。

（b）不與上聲字押韻而兼與平聲字押韻的－去。

（c）更與入聲字押韻的－載。

⒀韻書的入聲字古代完全不與入聲字押韻的－（無）

⒁韻書的入聲字古代與入聲字押韻外。

（a）更與平聲字押韻的－軸。

（b）更與上聲字押韻的－若。

（c）更與去聲字押韻的－福、祿、玉、欲、慾、學、躋、實、疾、失、室、日、紱、物、發、越、謁、突、達、脫、拔、察、切、臬、穴、決、列、折、舌、滅、碣、絕、落、鑿、薄、索、穫、宅、澤、逆、隙、獲、脈、螫、敵、適、式、匿、德、得、克。」[36]

董同龢認爲江有誥所舉的二百四五十字，除去漢以後之證據及存疑者外，就其確用先秦材料一百五十字左右之例證看來，可知：

⑴平上去多兼叶。

⑵去與入多兼叶。

36　董同龢《漢語音韻學》，309 頁至 312 頁。

⑶平上與入兼叶的極少。

董氏於以上三點爲之作下列三項解釋：

⑴平上去多兼叶，因爲同是陰聲字。（韻尾同是*-d或*-g）

⑵去入韻尾不同（*－d：*－t或*-g：*-k）而多兼叶，是因爲調值似近。

⑶平上與入，韻尾旣不相同，調值又遠，所以極少兼。

同時批評江有誥氏《唐韻四聲正》以此類字在古代當有平上、上去、平上去等兩讀或三讀爲多餘，其實此類槪可謂之「合韻」也。

按江有誥氏《唐韻四聲正》以爲古實有四聲，特古四聲與後世之四聲不同而已。後代屬平者，古代則未必屬平，後世屬上去入者，古代未必屬上去入，其說實有見地，然一字之讀二聲三聲，又無一定標準，頗嫌泛濫，甚且去宋人之任意改叶者亦相差無幾。江舉謙氏嘗評之云：

「可惜江有誥本著這一原則著爲《唐韻四聲正》，以攷察字調在上古的韻語中 與中古韻書之不同的時候，卻把他自己的原則應用得漫無標準。如「子」字中古上聲，《詩經》亦多以韻上聲，但純韻平聲者亦三見，而江氏不以爲「子」字上古有平上二聲。「式」字中古入聲，《詩經》亦多以韻入聲，以韻上者僅一見，江氏斷 爲上古有去聲一讀，至將上聲韻「晦」字改音「呼備反」以就之。「克」字中古入 聲，《詩經》亦多韻入聲，以與去聲叶韻者僅一見，而江氏遂據以爲「克」字上古另有去聲一讀。如此遽改音以就己意，且憑孤證以下結論，已難取信。更有旣改甲以叶乙，復改乙以叶甲的混亂現象，如「里」字中古上聲，《詩經》除與上聲自韻外，亦叶去聲。計〈十月之交〉八章以韻「痗」，〈桑柔〉十章以韻「喜」、「忌」，〈召旻〉七章以韻「舊」，江氏《唐韻四聲正》既引〈桑柔〉爲例，以爲里喜二字古有去聲（按喜字中古本有去聲一讀，江氏不察，又未引〈十月之交〉之例，蓋兩失之），則在〈召旻〉應該讀「里」字爲去聲以韻「舊」，而江氏卻將「舊」讀上聲以韻「里」，還以爲「舊」字古有上聲一讀，眞是糾纏不清，漫無標準了。」[37]

江舉謙氏於江有誥之缺失舉正甚多，一言以蔽之曰「無條例」。雖然如此，然古聲調之研究，由段氏而江氏，所獲之成就，固已駕越前賢者矣，聲調研究至江氏，可謂又豎立起新里程碑矣。

第七節　王念孫之古聲調說

王念孫於古聲調，中歲以後服膺段說，晚年攷證古音，乃更出己意，其中變遷之故，陸宗達氏〈王石臞先生韻譜合韻譜遺稿跋〉一文言之詳矣。陸氏云：

「《韻譜》及《合韻譜》排比四聲義法三易。《詩經群經楚辭韻譜》、《周秦諸子韻譜》、《淮南子韻譜》悉依六書音韻表之例，惟析「有入」、「無入」爲二類，與段小異，段氏證古無去聲，先生從其說，故編存三譜，其脂部分爲「脂」「旨」「術」，之部分爲「之」「止」「職」，魚部分爲「魚」「語」「鐸」，侯部分爲「侯」「厚」「屋」，（之幽二部，《周秦諸子韻譜》中平上入三聲具備，《淮南子韻譜》中支部僅有平入，《詩經群經楚辭韻譜》中二部皆僅具平入。）他部或祇具平聲（如無入之韻），或僅備入聲（如質、月、緝、盍四部），惟去

---

[37] 江舉謙〈試論上古字調研究〉載《東海學報》五卷一期。

聲獨闕,是法于段氏者也。《易林韻譜》、《西漢(楚辭中)韻譜》、《西漢(文選中)韻譜》排比類例,取無入之說,故于支、脂、之、魚、侯、幽諸部皆僅列平上去三聲,是宗孔氏之誼也。《史漢韻譜》及諸《合韻譜》又於支、脂、之、魚、侯、幽諸部四聲俱列,宵部列平上去三聲,祭至列去入二聲(緝盍僅有入聲,無入之韻僅有平聲。)此又先生晚年古有四聲之說也。」[38]

王氏晚歲,於四聲之辨,既有闡發,遂證古音已具四聲,特與後世有異耳。其道光三年癸未三月〈復江晉三書〉云:

「接奉手札,謂古人實有四聲,特與後人不同,陸氏依當時之聲,誤爲分析,特撰《唐韻四聲正》一書,與鄙見幾如桴鼓相應,益不覺狂喜。顧氏『四聲一貫』之說,念孫向不以爲然,故所編古韻,如札內所舉『穎』『饗』『化』『信』等字皆在平聲;『偕』『茂』等字皆在上聲;『館』字亦在去聲,其他指不勝屈,大約皆與尊見相符;『至』字則上聲不收,惟收去入爲小異耳。」[39]

王氏晚年既主古有四聲之說,其晚年所定之古韻二十二部中,支、脂、之、魚、侯、幽、蕭、七部四聲皆備者也,東、冬、蒸、侵、談、陽、耕、眞、元、歌、十一部則有平而無上去入者也。至、祭二部有去入而無平上,盍、緝二部僅有入而已。所以然者,蓋江氏所謂原非每部鑿定四聲者也。陸宗達云:

「先生及江氏古有四聲之說,後得夏燮推演,發揮無餘。」[40]

---

38 陸宗達〈王石臞先生韻譜合韻譜遺稿跋〉載《國學季刊》三卷一號,163頁-174頁。

39 見江有誥《唐韻四聲正·書》,3頁。

40 陸宗達〈王石臞先生韻譜合韻譜遺稿跋〉載《國學季刊》三卷一號,163頁-174頁。

第八節　劉逢祿之古聲調説

劉逢祿論古聲調亦主古有四聲之説，其《詩聲衍條例・論古有四聲辨孔氏古無入聲之誤》云：

「《齊書・陸厥傳》：『永明末盛爲文章，吳興沈約、陳郡謝朓、琅邪王融以氣類相推轂，汝南周顒善識聲韻，約等文皆用宮商，以平上去入爲四聲，以此制韻，不可增減，世呼爲永明體。』昔周捨舉『天子聖哲』以曉武帝，帝雅不信用。沈約作〈郊居賦〉以示王筠，讀至『雌霓連蜷』句，常恐筠呼『霓』爲『倪』。孔氏據此遂謂『入聲創之江左，非中原舊讀，江左文人尚有不知入聲者，豈可執以律三代之文章。』又云：『入聲自緝合等閉口音外，悉當分隸平部。』非也，梁武帝時特不尚永明體耳，非不知入聲也。今試取三百篇讀之，惟緝合部有與驂念同協者，〈小戎〉二章是也。（孔改顧氏之説，以中驂合韻，合軜邑合韻，期之合韻，而念之不入韻，非篤論也。）若多東蒸陽青眞文元歌九部之字，微特《詩》三百篇本無入聲，於《說文》偏旁字亦無入聲，雖沈約等好變古趨新，亦不能強屋沃配東冬，以他部之入配此九部也。若侵鹽灰蕭魚愚微七部，於《說文》偏旁字本有入聲，而《毛詩》以平入通韻者絕少，（灰部以上去通韻者：〈子衿〉、〈渭陽〉之佩，〈采薇〉、〈杕杜〉、〈大東〉之疚，〈嘉魚〉、〈賓筵〉之又，〈我將〉之右，〈十月之交〉之矣，〈召旻〉之舊，數字而已。其用上去而通平韻者，〈文王〉、〈生民〉、〈旣醉〉、〈蕩〉之時、〈召旻〉之哉三字而已。〈出車〉、〈大東〉、〈靈臺〉、〈常武〉之來，古讀如勑，非韻平也。鳩部與入通韻者，〈中谷有蓷〉之淑、〈清人〉之軸、〈唐・揚之水〉之鵠三字而已。其用入也，各部之字無雜平者，雖中原舊讀不能轉平也。魚部與入通韻者，惡莫度作鞦本有去入兩聲，非始于六代也。愚部之入雖同蕭部，然惟〈小戎〉之驅，〈桑柔〉、〈角弓〉之附三見，微部雖與未部同聲，而詩之用平也，不雜去入，用去入也，不雜一平，可知四聲之緣起矣。）

又〈論長言短言重讀輕讀辨段氏古無去聲之誤〉云：

「《公羊春秋》云：『《春秋》伐者爲客，伐者爲主。』何休《解詁》：『伐人者爲客，讀伐長言之，見伐者爲主，讀伐短言之，齊人語也。』《淮南子》云：『輕土多利，重土多遲，清水音小，濁水音大，此一字有兩聲三聲四聲之說也。按何氏讀伐長言之，今所謂去聲也，讀伐短言之，今所謂入聲也，第今韻所謂去聲者，即去之一字，而〈唐・羔裘〉、《左氏・繇辭》以韻平，則標名已戾於古，段氏因謂古無去聲，則又未免一而廢百，蓋去之與上，正如平之有陰陽，以耦相從，廢之則上聲類孤，於平上轉入之音理隔矣。考魚部之入，古可由去而轉平，未部質部之入，長言之至去而止，檢偏旁諧聲字，惟貴、比、次、利、毆數字可以轉而至微部，其餘則不能也。段於魚部去入聲之字，以〈雨無正〉之夜、夕、惡皆爲平聲，于未部之字，皆以爲入聲，無乃窒于今而戾于古乎？」劉氏謂古有四聲，非起於江左，既辨孔氏無入之誤，又譏段氏無去之非，並由何休之注，淮南之言，推尋古有四聲之跡，以長言爲去，以短言爲入，蓋啓王力聲調說，促聲有長言短言之先河也。綜其要旨，亦與江有誥、王念孫同其宮徵者也。

第九節　夏燮之古聲調説

　　江有誥、王念孫、劉逢祿雖力主古有四聲，與段氏異轍，然江王劉諸人，於古人所以有有四聲之故，猶未盡闡發，至夏燮撰《述韻》始道其詳。（按夏燮與其兄炘皆與江有誥氏爲友，其兄炘之言古四聲，猶本江氏之言，如云：「四聲出於天籟，豈有古無四聲之理，即如後世反切，自謂能得定音，其實古人終葵爲椎，不聿爲筆，邾婁爲鄒之屬已兆其端，反切必原於字母，古人之雙聲與今等韻之字母悉合，可見今人所有，古人無所不有。豈有明白確切之四聲，古人反不知之，睹三百篇中平自韻平，仄自韻仄，劃然不紊，其不合者，古人所讀之四聲，有與今人不同也。江君《唐韻四聲正》一書攷據最爲明確。」見《古韻表集說綴言》，而《述韻》中無一字論及江書，或夏氏猶未得見江書也。）夏氏論四聲之言曰：「三百篇群經有韻之文，四聲具備，分用畫然，如部分之有條不紊，第古無韻書，遂以此爲周顒、沈約獨得之秘耳。然有韻之文，未嘗不可攷而知也，古無四聲，何以〈小雅・楚茨〉之二章，〈魯頌・閟宮〉之二章、三章，合用至十韻、十一韻，皆上聲，〈邶・柏舟〉之二章，〈魏・汾沮洳〉之一章，〈衛・氓〉之六章，連用至四韻五韻七韻，以至《楚辭》之〈惜往日〉連用至十一韻，皆去聲，〈魏・伐檀〉之二章，〈商頌〉之那，〈魯頌・閟宮〉之八章，連用至十七韻皆入聲，此其可證者一也。〈關雎〉爲《詩》之首篇，而四聲具備，"鳩""洲""逑""流""求"平也，"得""服""側"入也，"采""友"上也，"芼""樂"去也。〈小戎・洞酌〉三章，分平上去三韻，〈召南・摽有梅〉三章，〈衛・有狐〉三章，〈王・采葛〉三章，〈鄭・羔裘〉三章，〈齊・甫田〉三章，〈魏・汾沮洳〉三章，〈小疋・菀柳〉三章，分平去入三韻，〈鄘・牆有茨〉三章，〈王・邱中有麻〉三章，〈魏・碩鼠〉三章，〈唐・山有樞〉三章，〈鴇羽〉三章，〈小雅・鴻雁〉三章，〈黃鳥〉三章分平上入三韻，若古無四聲，何以分章異用，如此疆爾界，不相侵越。又有同用一韻而四聲分章，同用一韻同在一章，而四聲分配，較若畫一，凡此諸類，不啻五色成文，八風從律，古無四聲，何以有此？此其可證者又一也。宣、饗爲古音之平聲，《詩》凡十見，皆不與上同用，慶爲古音之平聲，《詩》凡七見，《易》二見，皆不與去同用，予爲古音之上聲，詩凡十見，皆不與平聲同用，戒爲古音之平聲，《詩》凡三見，（〈楚茨〉五章戒備告韻，告《廣韻》去入兩收，以《詩》證之，爲古入聲獨用字，備有入音，『騂牡旣備』與『福』韻是也。）《易》一見，皆不與去聲同用，苟古無去聲，何以屢用而不容一韻之出入，此其可證者又一也。東、眞、文、元、宵、歌、陽、耕、蒸、侵、談十一部，校其偏旁，不闌入聲一字，又歌與支合，文與脂合，皆合于平上去而不合于入，祭泰夬廢爲去入二聲之獨部，其偏旁絕不與平上合，亦無借入平上合韻者，緝以下九韻爲入聲之獨部，其偏旁不與去合，亦無借入去聲合韻者，若古無四聲，何以分別部居自有限制，此其可證者又一也。大氐後人多以《唐韻》之四聲求古人，故多不合，因其不合，而遂疑古無四聲，非通論也。古四聲有獨用、有通用，通用者若十七部之合韻，又《廣韻》之兩收三收者是也。平與上去多通用，以上去之音近而入遠也，上與去多通用，去與入多通用，而上之與入叶者，不過十中之一，以上之轉入較去遠也。嘗謂平與上去之合，如支之于歌，文之于脂，本音多而合韻少，上去之合，去入之合，如之之于幽，幽之于宵，屢用屢合而不失其本旨，知其所以分，又知其所以合，然後可無疑于古有四聲之說矣。」[41]

觀其四證，適足以翼贊王、江之說而暢其旨要者也。

夏氏嘗就所分古韻二十部詳加考索，以爲古韻二十部中，其四聲具備者，有之、脂、支、幽、侯、宵、魚七部，有平上去而無入者，爲東、眞、文、元、歌、陽、耕、蒸、侵、談十部，僅備去入而無平上者，有祭、至二部。入聲獨用而無平上去者，則爲緝一部。然此僅就其大略言之。若細別之，亦有辨焉。夏氏論〈古韻四聲部分〉云：

「然則古固無平聲獨用之部及有平上而無去，或有平去而無上者乎？曰：古無韻書，不可臆斷，而以有韻之文校之，四聲具備，較若畫一者，支、脂、之、幽、侯、魚六部耳。宵之去入通用頗多，祭之去入亦然，其備平上去三聲者，元部字確有界限，如憲獻等字無去音，館婉等字無上音，諫遠等字無去音。（《詩》遠字有與平合者不通去聲。）三百篇所用，固區以別也。東、歌、耕三部，上去之屬通于平者，諸書所用，凡一百餘事，然〈生民〉之懷唪，〈長發〉之勇動竦總，〈有杕之杜〉之左我，〈彼何人斯〉之禍我可，〈節南山〉之領騁，不可謂無上音。〈大叔于田〉之控送，〈下武〉之賀佐，〈鱗之趾〉之定姓，〈采薇〉之定聘，不可謂無去音也。若夫陽之慶上當行等字，本無去音，尙與亡韻，睨與藏韻，抗與張韻，伉與將行韻，讓與良方忘韻，向與藏王韻，泳與廣永韻，競與往梗韻，《禮記‧檀弓》則吾將安放與仰韻，〈祭義〉君蒿悽愴與明韻，《爾雅》八月爲壯，與相陽韻，〈檀弓〉葬也者藏也。《史記·龜筴傳》身死不葬，與藏行韻。《漢書·外戚傳》汗沫惆悵與傷韻，《穀梁傳》畺之爲言竟也。《莊子·應帝王》篇，至人之心若鏡，與迎藏傷韻。〈天下〉篇其靜若鏡，與響韻，《家語》良藥苦口利于病，與行韻。遍攷漢以前之文，凡陽韻去聲字，不入平用，必入上韻，而《詩》《易》所用陽部字，凡二百四十餘條，無去與去同韻者，《左傳》『心則不竟，何憚于病。』二字皆平音。（《詩》竟與將往梗韻，可平可上，不可去也，不竟不綝，不剛不柔，竟與剛句中韻，《黃庭經》魂魄內守不爭競，與瑙喪韻，皆讀平音，病則《家語》《說苑》外，如《莊子·達生》篇身當心則病，與忘韻。《淮南子·繆稱訓》用之不節，乃反爲病。與傷殃韻，《易林·升之否》君子疾病，與殃韻，是此字古無作去聲讀者。）至漢詞賦始有去聲專用者，眞部之字，信與人姻薪親等字韻，命與天田年人等字韻，甸與田韻，電與令韻，（令字古無去音）《易·雜卦》需不進也，與新親韻，《國語·晉語》佞之見佞，與田韻，《楚詞·抽思》覽民尤以自鎭，與人韻，《管子·正篇》能守愼乎，與新人韻，《文子·道言篇》其兵鈍而無刃，與文韻。此皆入平用而不入去用者。侵部之字，僭與南心等字韻，譖與林韻皆平聲，甚與錦韻則上聲，凡此三韻謂爲平上二聲之專部可也。蒸部群經諸子所用無上去字，夢與薨增等字韻，勝與蒸興等字韻，乘與騰弓等字韻，《易·漸九五》三歲不孕，與陵韻，則此當爲平聲之獨部矣。凡此雖不可臆定，而心領神會，殊覺周秦兩漢之文，未嘗不可按序而稽也。」[42]

　　按夏氏言古代聲調之意見，實與王念孫、江有誥二家同一觀

42　夏爕《述韻》卷五。

點，但分析更為清晰，於古有四聲說之聲調主張，得此數家，亦可得概略矣。

今人周祖謨氏著〈古音有無上去二聲辨〉一文，於古代聲調之真象，辨說尤詳，茲錄其〈古音二十二部上去二聲字辨〉一節，以明論據。周氏云：

「古有四聲經王江夏三家之考證，已極明確。惟今人固守段說者尚多，未肯降心相從，推原其故，蓋因古人上去與平相協者及去入相協者並多，畛域難分，故不暇細辨。然學者求知，貴得其真，豈可專己守殘，隨聲附合。若孔巽軒之為《詩聲類》，不指字之平仄，心知其意猶可，（見《詩聲類》卷三慶字案。）至若丁道久之論古音，謂讀詩必辨四聲是勞心於無用之地，則非至當之論。夫江夏兩家之書，固已精深弘密，獨於古韻部中上去二聲字獨用者有幾，與他類合用者有幾，未遑詳列，其必不與平入為一類之故，猶不能明。今為證明古韻部中確有上去二聲，故不厭繁瑣，尋案《詩》及群經諸子屈宋之文，考校王氏所訂古韻二十二部中何部有上，何部有去，何部有上去，其上去與平入相從者為何，獨用者又為何，不尚空談，但以實例為據。如是則因其有獨用之例，可知古音必自成一類，因其與平入有合用之例，可異知古人一字或有二聲，游轉未定，或為古人一時權宜之便，或古聲本與今聲有異，學者苟不以此窒彼，則古音確有上去之故自明。然而欲辨某字古讀某聲，亦非易事。因吾人所能憑藉者，僅為古之韻文。（聲訓及經籍異文未必全然可信。）夫古之韻文有限，若一字見用之次數甚多，則其聲調易辨，若見用之次數甚寡，則不易矣。且古人一字往往兩協，或从本聲，或从他聲，其果為合韻與否，均難斷定，故論理之根據欲措置妥切甚難，今就其實例，分別歸類，略有折衷而已。昔姚文田著《古音諧》，已以四聲分判例字，然不辨合用獨用，猶未美備，故不嫌重作矣。
（例從省。）

　　由上所列可證《詩》韻非無上去二聲，第前人不肯細察，故
異說歧出，莫衷一是。今觀陽聲諸類有兼備上去者，有有上而無
去者。陰聲諸類，則大抵皆備上去入。是古有四聲，殆無疑義。
至於古四聲之讀法如何，則幾無可考。約略言之，平與入相遠，
去與入最近。夫入聲韻尾旣有塞聲（k、t、p），則其聲調自較
平聲爲短爲促，故詩中平入通協者少，至於《詩》中去聲字之與
入相協者，大半由入聲轉來，其音亦必相近。考去聲字之來源有
二：一自平上聲轉來，一自入聲轉來。（其所以自入轉去者，高
本漢以爲由於韻尾之失落。其構思雖巧然不合之處尙多，此不詳
論。）二者來源雖異，而詩中相協自成一類，是調值相同可知
也。前人因去聲字在諧聲上不與平上相關，即與入聲相關，故創
古音無去之說。然苟詩音無去，則由入聲轉來之去聲字必不與平
上轉來者相協矣。今旣有異，則王江夏三家古有四聲之說非無見
也。」[43]

　　按周氏例證雖詳，亦僅可爲王念孫、江有誥、夏燮諸人張其
旗鼓而已。並不足以確證爲必然如此而不可推翻者也。例如幽部
"救"字，因《大戴禮・武王踐阼》篇以"游救"韻，《管子・
宙合》以"求憂救"韻，於是斷定，古有平聲一音。可是"救"
字除與平聲押韻之外，並無專與去聲押韻者，則謂"救"古惟讀
平聲，較所謂「古兼有平聲一音」似更有說服力；又如幽部
"臭"字，周祖謨從江晉三說以爲臭有有平聲，其理由則是
"臭"僅見與平聲協韻，則旣只與平聲協韻，則謂古惟讀平聲不

43　周祖謨〈古音有無上去二聲辨〉見上海商務印書館出版《漢語音韻
　　論文集》168 頁-188 頁。（1957）

是說服力更強乎！所以周氏用力雖勤，搜羅雖廣，亦僅可爲古有四聲說張其旗鼓而已，仍不足以爲定論也。

第十節　章炳麟、黃侃之古聲調説

　　章炳麟之論古聲調也，大抵宗尚段玉裁氏，嘗謂段氏古無去聲之說，「非閉門思之十年弗能憭。」故其〈二十三部音準〉謂：「昔《唐韻》以入聲配陽聲韻，顧氏悉取以配陰聲，及戴君言二平同入，以爲陰陽對轉之符，孔氏取聲焉，而復以爲古無入聲。案古音本無藥、覺、職、德、沃、屋、燭、鐸、陌、錫諸部，是皆宵、之、幽、侯、魚、支之變聲也。有入聲者，陰聲有質、櫛、屑一類，曷、月、鎋、薛、末一類，術、物、沒、迄一類，陽聲有緝類、盍類耳。顧君以藥、覺等部，悉配陰聲，徵之《說文》諧聲，《詩》《易》比韻，其法契較然不迻。若藐得聲于貌，沃得聲于芺，瘰得聲于樂，試得聲于式，特得聲于寺，蕭得聲于肅，寶得聲于賣，博縛得聲于專，錫得聲于易，茲其平上去入皆陰聲也，遽數之不能終其物，江、戴以陰陽二聲，同配一入，此于今韻得其條理，古韻明其變遷，因是以求對轉，易若截肪，其實古韻假象耳。已知對轉，猶得兔可以忘蹏也。然顧氏以入聲麗陰聲，及緝、盍終不得不麗侵、談。孔氏云無入聲，而談與緝盍，乃爲對轉，戴氏以一陰一陽同趣入聲，至緝盍獨承陽聲侵談，無陰可承者，皆若自亂其例。此三君者，坐未知古平上韻與去入韻塹截兩分，平上韻無去入，去入韻亦無平上。」[44]

44　章炳麟《國故論衡上・二十三部音準》，文見於世界書局印行《章氏叢書・上冊》430 頁。台北市（1958）

其實章氏此言實遠紹段氏玉裁，段氏嘗曰：

「古四聲之道有二無四，二者平入也，平稍揚之則爲上，入稍重之則爲去，故平上一類也，去入一類也。」[45]

按章氏雖謂古聲平上與去入塹截兩分，但仍未顯言古代究竟有無上去二聲也。確認古代只有平入二聲者，則爲蘄春黃侃，黃氏承章氏之緒，始確認古無上去二聲，惟有平入二聲而已。黃氏《音略・略例》云：

「四聲古無去聲，段君所說，今更知古無上聲，惟有平入而已。」[46]

古旣只有平入二聲，則何以轉變爲後世之四聲。黃侃云：

「古聲但有陰聲、陽聲、入聲三類，陰陽皆平也，其後入聲少變而爲去，平聲少變而爲上，故成四聲。（"四聲成就甚遲，晉宋間人詩，尚去入通押。"新雄謹案："此言蓋本之顧氏炎武。"顧氏《音論》云："今考江左之文，自梁天監以前，多去入二聲同用，以後則若有界限，絕不相通，是知四聲之論，起於永明而定於梁陳之間也。"至平聲入聲如何轉爲上去，則先師林尹先生《中國聲韻學通論》嘗 述黃氏之意云："古惟有平入二聲，以爲留音長短之大限，迨後讀平聲少短而爲上，讀入聲稍緩而爲去，於是平上去入四者，因音調之不同，遂爲聲韻學上之重要名稱矣。"近世段君始明古無去聲，然儒者尚多執古有四聲之說，其證明古止二聲者，亦近日事也。）[47]

---

45 見段玉裁〈答江晉三論韻書〉。

46 黃侃《音略・略例》。見學藝出版社《黃侃論學雜著》62頁，台北市（1966）。

47 黃侃《聲韻略說・論聲韻條例古今同異下》，見《黃侃論學雜著》101頁。

又云：

「凡聲有輕重，古聲惟二類，曰平曰入，今聲分四類，重於平曰上，輕於入曰去。凡今四聲字，古讀二聲，各從本音；本音爲平，雖上、去、入亦讀平；本音　爲入，雖平、上、去亦讀入。」[48]

古無去聲，段氏旣已縷列證明；古無上聲，雖亦發自段氏，然證成之者，則爲蘄春黃氏侃。黃氏嘗曰：

「段懋堂《六書音韻表》去去聲而不去上聲者，一則以《詩經》今之上聲連用者多，故不敢下斷語；一則以《詩經》韻例，尚未細密。」[49]

《詩》雖有上聲獨韻之例，然參以通韻之章，則《詩經》上聲之字，與平聲韻者十之六、七，與去聲韻者十之二、三，與入聲及上聲自韻者雖有而少，是以黃氏確斷古無上聲，其〈詩音上作平證〉一文，蓋援據《詩經》韻例以爲之徵者。茲錄於後。（上聲字原文規誌其旁，今依之。）

「沚之事〈采蘩〉昂裯〈小星〉苢誘〈野有死麕〉舟流憂酒游〈柏舟〉諸土處顧〈日月〉菲體違死〈谷風〉遲違邇畿薺弟（同上）我我我何爲〈北門〉（兩見）唐鄉姜上〈采唐〉虛楚〈定之方中〉旗都組五予〈干旄〉子尤思之〈載馳〉儅咺諼〈淇奧〉甚耽〈氓〉隕貧（同上）湯裳爽行（同上）淇思之右母（〈竹竿〉二章通韻）廣杭望〈河廣〉期哉塒矣來思〈君子于役〉蒲許〈揚之水〉罶造憂覺〈兔爰〉子里杞之母〈將仲子〉手魗好〈遵大路〉洧思士〈蹇裳〉漙婉願〈野有蔓草〉唯歸水〈敝

48　黃侃《聲韻通例》，見《黃侃論學雜著》143 頁。
49　見黃永鎮《古韻學源流》83 頁，臺灣商務印書館出版，台北市（1966）

筍〉湯彭蕩翔〈載驅〉哉其矣之之思（〈園有桃〉兩見）子已哉
止屺母（〈陟岵〉二章通韻）弟偕死（同上）皓繡鵠憂〈揚之
水〉采已涘之右之沚〈蒹葭〉有梅止裳哉〈終南〉湯上望〈宛
丘〉之之已矣梅止之（〈墓門〉二章通韻）楚華家〈隰有萇楚〉
梅子絲絲騏〈鳲鳩〉火衣（〈七月〉兩見）瓜壺苴樗夫圃稼（同
上，兩章通韻）霜場饗羊堂觥疆〈同上〉雨土戶予据茶租瘏家
（〈鴟鴞〉二章通韻）駸諗〈四牡〉韡弟威懷（〈常棣〉二章通
韻）阪衍踐遠愆〈伐木〉享嘗王疆〈天保〉郊旐旄〈出車〉偕邇
〈杕杜〉旨偕〈魚麗〉有時〈同上〉臺萊子基子期〈南山有臺〉
瀼光爽忘〈蓼蕭〉藏貺饗〈彤弓〉觲猶醻〈采芑〉父牙居〈祈
父〉野樗故居家〈我行其野〉巖瞻惔談斬監〈節南山〉師氐毗維
迷師〈同上〉定生甯醒成政姓領騁（同上，二章通韻）酒殽〈正
月〉交卯醜〈十月之交〉時謀萊矣（同上）訛哀違依底〈小旻〉
猶集咎道（同上）止否謀（同上）且辜幠〈巧言〉盟長（同上）
伊幾（同上）丘子詩之〈巷伯〉嵬死萎怨〈谷風〉子來子服子
裘子試〈大東〉冥潁〈無將大車〉離重（同上）子息直之福〈小
明〉蹌羊嘗亨將祊明皇饗慶疆〈楚茨〉廬瓜菹祖祜〈信南山〉享
明皇疆（同上）穉火蔲祁私穧穗利（〈大田〉二章通韻）左宜
〈裳裳者華〉扈羽胥祜〈桑扈〉上柄臧〈頍弁〉仰行〈車舝〉旨
偕〈賓之初筵〉反幡遷僊（同上）股下紓予〈采菽〉反遠遠然
（〈角弓〉二章通韻）駒後驅取（同上）卑痕〈白華〉虎野夫暇
〈何草不黃〉時右已子（〈文王〉二章通韻）上王方商京行王王
（〈大明〉三章通韻）飴謀龜時茲止右理畝事（〈緜〉二章通
韻）屏平（〈皇矣〉句上韻）苣仕謀子哉〈文王有聲〉道草茂苞
襃秀好〈生民〉時祀悔（同上）句鎪樹悔主醓斗者（〈行葦〉二
章通韻）時子〈既醉〉原繁宣歎巘原〈公劉〉依濟几依〈同上〉

茲饎子母〈泂酌〉板瘅然遠管亶遠諫〈板〉賊則李子絲基（〈抑二章〉通韻）子否之事之耳子（同上）子止謀悔國忒德棘（同上）翩泯熏頻〈桑柔〉將往競梗（同上）伯馬居土〈崧高〉茹吐甫茹吐寡禦舉圖舉助補祖（〈烝民〉三章連韻）祖屠壺魚蒲車且胥〈韓奕〉土訏甫噳虎居譽（同上）首休考壽〈江漢〉引頻（〈召旻〉二章連韻）里里哉士茲子止〈敬之〉耘畛〈載芟〉止之思思〈賚〉馬野者駜魚祛邪徂〈駉〉水芹旂〈泮水〉林黮音琛金（同上）武緒野虞女旅父魯宇輔（〈閟宮〉二章通韻）與鼓祖假〈那〉疆衡鶬享將康穰饗嘗將〈烈祖〉河宜何〈玄鳥〉共厖龍勇動竦總〈長發〉鄉湯羌享王常〈殷武〉」[50]

黃侃不僅列舉《詩》音上聲作平聲之證據，同時還統計出各古韻部之有上作平聲者，而列一〈上作平表〉。今亦附錄於後：

歌有　青有　豪有　寒有　模有　多〇　先有　唐有　咍有
灰有　侯有　登〇　痕有　東有　覃有　齊有　蕭有　添有

除多、登二部之外，幾乎古韻各部皆有上聲作平聲之事實。實際上《詩》韻平上相協之例，用以證上作平可，移以證平作上亦無不可也。然則黃氏何以知古必無上聲乎！黃氏曰：

「以偏旁言之，聲子聲母全在上聲者絕稀，如子孜，鄭讀子諒爲慈良，古亦平，怺怺讀若猜。」[51]

此不僅證之於《詩》韻，且又索之於諧聲字之偏旁，比勘而知，古惟平而後轉上，並謂上聲初起蓋在毛公之後，鄭玄之前，何以知之？黃氏舉證云：

「《詩・揚之水》：『揚之水，不流束蒲。彼其之子，不與我戍許。』傳曰：『蒲、草也。』箋云：『蒲、蒲柳也。』《釋

50　黃侃〈詩音上作平證〉。見《黃侃論學雜著》，174頁-175頁。
51　見黃永鎮《古韻學源流》83頁。

文》：『蒲如字，孫毓云："蒲草之聲，不與戍許相協，箋義爲長。"今二蒲之音，未詳其異耳。』《正義》曰：『首章言薪，下言蒲楚，則蒲楚是薪之木名，不宜爲草，故易傳以蒲爲柳。』案此孔氏不得其解而爲之辭，不如陸氏能闕疑矣。薪即草也，何以知草不可爲薪？《左傳》『董澤之蒲。』此蒲即柳。今韻蒲無上聲，漢師之音，爲韻書所無者多矣。觀此可知蒲在前讀平無上，後讀上，故訓爲蒲柳矣。」[52]

上聲之成，旣備於漢師，則黃氏認爲古聲調惟有平入二聲，亦已明矣。

黃氏此說旣出，周祖謨〈古音有無上去二聲辨〉一文嘗辨孫毓之言，爲晉人臆說，非漢師舊讀，不可依信，以爲黃氏謂讀蒲爲上，蓋爲孫毓所誤。其言曰：

「至晉孫毓爲《毛詩評》，遂以爲蒲草字音平，蒲柳字音上，故曰箋義爲長。此晉人之臆說，非漢師之舊讀，不可信也。因藉蒲草與蒲柳之訓，不能證毛公讀蒲爲平，鄭氏讀蒲爲上。尤無以證古人蒲字必先讀平，而後復有上聲一音。考〈小雅・采薇〉六章：『昔我往矣，楊柳依依。』傳曰：『楊柳、蒲柳也。』據此又焉知毛公蒲不讀上乎！然而非也，古人蒲字惟有平聲而已。《詩》中蒲字三見：〈魚藻〉三章蒲居爲韻，〈韓奕〉三章租屠壺魚蒲車且胥爲韻，均作平聲，此章蒲與許爲韻，則平上通協耳。考之兩漢韻文亦均作平聲，如枚乘〈七發〉腴蒲膚爲韻，司馬相如〈子虛賦〉圃蒲蕪苴爲韻，馬融〈廣成頌〉荼蒲渠于爲韻，〈樗蒲賦〉都蒲憂爲韻，絕無讀上者。而鄭玄東漢人也，受學於馬融，當亦無異。黃氏謂其讀蒲爲上，非爲孫毓所誤

乎！」⁵³

按陸氏《釋文》所載音讀，多有根據，實未可盡斥為誤也。周氏此說，謂楊樹達亦有訂正黃氏之處。今試觀楊氏〈詩音有上聲說〉：

「《詩》音平上，界畫截然，略不相紊，何以明之？〈大雅·公劉篇〉三章云：『京師之野，于時處處，于時盧旅，于時言言，于時語語。』處處、盧旅，事類也，言言、語語，事類也。盧旅二文，音義全同，不同者，一平聲，一上聲耳。以上下文處處言言語語句例證之，于時盧旅，本當云於時盧盧，第以盧是平音，與上文野處，下文之語不叶，記《詩》者欲令句韻整齊，故寧令上下文句例參差，而用與盧同音同義之上聲旅字耳。」⁵⁴

楊氏此說，實由黃侃之文而發，然而楊氏此說，並無新見，不過依據段氏之說，而又為之舉證以明之而已。於古代聲調之實際，猶未可謂已得其情實也。

第十一節　王國維之古聲調說

海甯王國維氏之言古代聲調也，又另發奇思，謂古有五聲，陽聲一暨陰聲之平上去入四者是也。其〈五聲說〉云：

「古音有五聲，陽類一與陰類之平上去入四是也，說以世俗之語，則平聲有二，（實在陽類自為一聲，謂之平聲，語不甚切。）上去入各一，是為五聲。自三百篇以至漢初，此五聲者大抵自相通叶，罕有出入。漢中葉以後，陽類之聲，一部訛變為上

---

53 周祖謨〈古音有無上去二聲辨〉，見《漢語音韻學論文集》。
54 楊樹達〈詩音有上聲說〉見臺灣大通書局印行《積微居小學金石論叢》卷三，89頁，臺北市（1971）。

去，於是有陽聲三，陰聲四，而古之五聲增而爲七矣。然魏晉間撰韻書者，仍分爲五聲，蓋猶并陽聲之平上去爲一，不敢以後世之音亂古音也。」[55]

王氏又云：

「然平聲中自有二類，則自隋唐以來言今韻者，與近世言古韻者之所同，陸法言以降諸韻書，其平聲中東冬鍾江眞諄臻文殷元魂痕寒桓刪山先仙陽唐庚耕清青蒸登侵覃談鹽添咸銜嚴凡三十五韻，爲有入之平，而支脂之微魚虞模齊佳皆灰咍蕭宵肴豪歌戈麻尤侯幽二十二韻，爲無入之平，近世言古韻者，說頗與之異，休甯戴氏從《廣韻》區別此二類，而謂二者相配，異平而同入，曲阜孔氏本其說，而謂《廣韻》有入者爲陽聲，無入者爲陰聲（陰陽之名亦出於戴氏），陰陽二聲各分九部，兩兩對轉，而以入聲爲之樞紐。至高郵王氏，歙縣江氏，更考之周秦人用韻及文字之偏旁之諧聲，而謂《廣韻》有入之平古本無入，無入之平古本有入，其說正與陸法言以來，言今韻者相反，然其分平聲爲二類則所同也。金壇段氏及王江二氏雖不用陰聲陽聲之名，然其書於陽聲之韻，皆自相次，段氏謂此大類有平入無上去，王江二氏則謂有平上去而無入。余則謂陽聲自爲一類，有平而無上去入，今韻於此類字讀爲上去者，皆平聲之音變，而此類之平聲，又與陰聲之平聲性質絕異，如謂陰類之平爲平聲，則此類不可不別立一名，陽聲一與陰聲平上去入四，乃三代秦漢間之五聲，此說本諸音理，徵諸周秦漢初人之用韻，求諸文字之形聲，無不吻合。」[56]

---

55 王國維〈五聲說〉見世界書局印行《定本觀堂集林》341 頁，臺北市（1964）。

56 王國維〈五聲說〉見《定本觀堂集林》342 頁至 343 頁。

王國維氏所以謂陽聲僅一類而無上去入者，蓋王氏於陰陽二類之分，實從休寧戴震而來。王氏云：

「陰陽二類分於戴氏，其狀此二聲之別，亦惟戴氏言之最善，戴氏〈答段若膺論韻書〉曰：『大著六（蒸登）七（侵鹽添）八（覃談咸銜嚴凡）九（東冬鍾江）十（陽唐）十一（庚耕清青）十二（眞臻先）十三（諄文欣魂痕）十四（元寒桓刪山仙）凡九部，舊皆有入聲，以金石音喻之，猶擊金成聲也。一（之）二（蕭宵肴豪）三（尤幽）四（侯）五（魚虞模）十五（脂微齊皆灰）十六（支佳）十七（歌戈麻）凡八部，舊皆無入聲，前七部以金石音喻之，猶擊石成聲也。惟十七部歌戈舊與有入者近，麻與無入者者近，舊皆失其入聲，於是入聲藥鐸溷淆不不分。僕審其音，有入者，如氣之陽，如物之雄，如衣之表，無入者，如氣之陰，如物之雌，如衣之裏。又平上去三聲近乎氣之陽、物之雄、衣之表，入聲近乎氣之陰、物之雌、衣之裏。故有入之入與無入之去近，從此得其陰陽雌雄表裏之相配云云。』自聲音上論陰陽二類之別，實自此始，其以金聲比陽類，石聲比陰類，尤爲罕譬而喻。」[57]

王氏所以認爲陽聲只一類而無上去入者，蓋從戴東原之說，以爲陽聲「猶擊金成聲也。」戴氏以擊金聲喻陽聲，而王氏從之，陽聲之無上去入，猶金聲之嶒竑清揚之常不易盡也。故王氏云：

「蓋金聲嶒竑清揚而常不易盡，故其類只有平聲，若改讀爲上去，則如擊鐘者以一手援枹擊之而即以他手案之，其所得之聲，決非鐘聲之自然也。陽聲之上去，亦決非陽聲之自然，故既云陽聲，即不容有上去入三聲也。且陽聲者，皆發聲於其相配之

---

57 王國維〈五聲說〉見《定本觀堂集林》344 頁至 345 頁。

陰聲之入，而自以其聲收之，故性質複於陰聲，如戴氏所舉八類（本九類，其第一類阿乃陰聲，非陽聲。）膺發聲於億，翁發聲於屋，央發聲於約，嬰發聲於厄，殷發聲於乙，安發聲於遏，音發聲於邑，醃發聲於饁，即發聲於其相配之陰聲之入，而自以其固有之聲收之，此陽聲所固有及其所分有之收聲，在我國文字中實無字可以當之。膺者億與此聲之合，翁者屋與此聲之合，央者約與此聲之合，以至嬰殷安音醃諸聲無不然，其餘一切陽聲，又莫非某發聲與此聲之合，而此一切陽聲之收聲，其性質當悠揚不盡，故其為平聲，與陰聲之平聲絕不相同，更不容有上去，自漢以後，陽聲有上去者，乃因事物滋多，故稍促其音以微別於本音，其在周秦以前，絕不見有上去之迹也。」[58]

此王氏純就音理方面，辨別陽聲之所以無上去入三聲之故，除音理上外，求諸事實，亦有三證。王氏云：

「陽聲無上去入，非徒可於音理上決之，求諸事實，則有三大證焉。一、群經《楚辭》中，今所謂陽聲之上去，多與平聲通協，而陰聲之上去，雖偶與平聲協，而仍多自相協，此事於段氏《詩經韻譜》、《群經韻譜》中最為了然。二、陽聲諸部字，其於形聲，以平聲為聲者十之八九（如蒸冬二部殆全以平聲為聲，東部以平聲為聲者亦過於十之九。）而陰聲諸部字，則以上去入為聲者，乃多於平聲，此事一批歸安嚴氏《說文聲類》，亦自了然。三、《廣韻》陽聲諸部之上去，多兼收於平韻中，以東冬鍾江四韻字言之，上去共二百五十八字，其中兼收於平韻者一百二十五字，幾居其半，余謂其入平韻者，古之本音（蓋自六朝韻書出），入仄韻者，後世之音變也。且此所謂上去者，皆以今韻言

---

58 王國維〈五聲說〉見《定本觀堂集林》345頁至346頁。

之，今韻之上去有而平聲不兼收者，古音多與平聲通叶，或與平聲互相通假，段氏《六書音韻表》於第六部至第十四部皆無上去，蓋實有見於此也。惟於第七第八第十二三部，平聲外兼有入聲，則又姑從今韻，而不能自充其說。至高郵王氏以質（段第十二部之入）與緝（段第七部之入）葉（段第八部之入）皆各自為一部，歙江氏以質承脂、緝葉亦各為一部則段氏表中此九部者，祇存平聲，無上去入，然二氏猶謂此九部者無入而有上去，則亦姑從今韻，而不敢用段氏之說也。」[59]

王國維氏既揆度之於音理，復證之於事實，遂斷言古陽聲惟有平聲一類而無上去入，陽聲之平聲與陰聲之平上去入合而為五聲，而此種五聲說之創立，王氏謂非其一己之私，乃綜合戴、孔、段、王、江五家考證研究之所得，為之綜緝推衍而成此結論耳。王氏云：

「余之五聲說及陽聲無上去入說，不過錯綜戴、孔、段、王、江五家之說而得其會通，無絲毫獨見參於其間，而證之事實則如彼，求之諸家之說又如此，陽聲之無上去入，雖視為定論可也。」[60]

王氏所謂錯綜五家之說而得其會通者，蓋韻分陰陽，宗戴、孔也，陽聲無上去入，從段氏也，陰類諸韻有四聲之別，則主王、江之說者也。故其〈周代金石文韻讀序〉云：

「竊歎言韻至王江二氏已無遺憾，惟音分陰陽二類，當從戴、孔，而陽類有平無上去入，段氏《六書音韻表》已微及之。」[61]

王國維氏雖自覺振振有辭，言之有理，然推究其說，尚多疑

---

59 王國維〈五聲說〉見《定本觀堂集林》346 頁至 348 頁。
60 王國維〈五聲說〉見《定本觀堂集林》348 頁。
61 王國維〈周代金石文韻讀序〉見《定本觀堂集林》395 頁。

惑，陽聲古惟有平聲一讀，後世陽聲上去二聲由何而來，如何分化，條件如何？王氏皆未置片言隻字，是容質疑者一也。韻分陰陽者指音之質素言，調別四聲者指音之長短高低言，兩者原不相謀，無容牽合，是容質疑者二也。以是之故，雖言之鑿鑿，而說服力不強，後人信從者少。今介紹王氏之說，亦到此而止矣。

第十二節　古聲調總論

關於上古聲調，歷來說者紛紜，惟截止目前，猶無定論。前十一節中已詳加敘述。陳第首倡四聲之辨，古人未有之說；顧氏承之，而有四聲一貫之論；至段玉裁乃謂古四聲不同今韻，猶古本音不同今韻，於是創古無去聲之說；孔氏廣森本其方語，參以陰陽對轉，又謂古無入聲；然江氏有誥，王氏念孫之倫，則謂古有四聲，特古人所讀之聲，與後人不同；蘄春黃侃由所考古韻部居，斷定古惟有平入而無上去；海甯王國維又創陽聲一平，陰聲具平上去入四聲，合爲五聲說。綜前賢諸說，或謂古代四聲早已存在，至齊梁之際，始爲人所發現；或謂古今聲調，原自有別，古僅有二聲或三聲，至齊梁時始發展爲四聲，雖持說不同，要皆以爲平上去入四聲之名定自齊梁殆無異辭。《南齊書‧陸厥傳》云：

「永明末，盛爲文章，吳興沈約、陳郡謝朓、琅邪王融，以氣類相推轂，汝南周顒善識聲韻，約等爲文，皆用宮商，以平上去入爲四聲，以此制韻，不可增減，世呼爲永明體。」

鍾嶸《詩品‧序》亦有平上去入之稱，《詩品‧序》云：

「平上去入，閭里已具，蜂腰鶴膝，余病未能。」

此言平上去入爲四聲之最古之典籍也。《梁書‧沈約傳》云：

「約撰《四聲譜》以爲在昔詞人累千載而不悟，而獨得胸衿，窮其妙旨，自謂入神之作，高祖雅不好焉，嘗問周捨曰：『何謂四聲？』捨曰：『天子聖哲是也。』然帝竟不遵用。」自此以後，凡論聲調者，咸謂四聲起于齊梁，而歸于沈約等人也。今據《切韻》諸書以平、上、去、入四聲分卷之事實，可毫無疑問確知中古有四聲之別，其四　聲之名，則爲平、上、去、入。今持中古之平、上、去、入四聲，以檢驗《詩經》之押韻，則吾人將會發現兩項極富啓示性之現象。

　　第一、《詩》之用韻，以同一聲調相互押韻，不雜他調者至多，試以陰聲之部爲例，其平與平押韻者有：（按以下所據韻例，其中古有二讀者，皆察其在《詩》中之詞義，以定其中古當屬何調。故所錄之例，如有兩讀而聲調不同者，其在此詩，當以平聲入韻始錄之爲例，上去仿此。）

　　〈邶風・綠衣〉二章：絲治訧。

　　〈泉水〉一章：淇思姬謀。

　　〈北門〉一章：哉之哉。

　　〈衛・氓〉一章：蚩絲絲謀淇丘期媒期。六章：思哉。

　　〈竹竿〉一章：淇思之。

　　〈王・君子于役〉一章：期哉塒來思。

　　〈鄭・女曰雞鳴〉三章：來貽。（本作贈，江永以爲當爲貽，今從之，贈亦平聲字。）

　　〈齊・盧令〉三章：鋂偲。

　　〈秦・小戎〉二章：期之。

　　〈終南〉一章：梅裘哉。

　　〈曹・鳲鳩〉二章：梅絲絲騏。

　　〈豳・七月〉四章：貍裘。

　　〈小雅・皇皇者華〉三章：騏絲謀。

〈南山有臺〉一章：臺萊基期。

〈白駒〉三章：思期思。

〈巷伯〉二章：箕謀。七章：丘詩之。

〈四月〉四章：梅尤。

〈頍弁〉二章：期思來。

〈賓之初筵〉四章：傲郵。

〈黍苗〉二章：牛哉。

〈周頌・絲衣〉紑俅基牛鼒。

〈魯頌・駉〉駓騤伓期才。

　其上與上韻者有：

〈周南・關雎〉三章：采友。

〈葛覃〉三章：否母。

〈芣苢〉一章：苢采苢有。

〈麟之趾〉一章：趾子。

〈召南・草蟲〉一章：子止止。二、三章同。

〈江有汜〉一章：汜以以悔。

〈何彼襛矣〉二章：矣李子。

〈邶・綠衣〉一章：裏已。

〈匏有苦葉〉四章：子否否友。

〈谷風〉三章：沚以。

〈旄丘〉二章：久以。四章：子耳。

〈鄘・相鼠〉二章：齒止止俟。

〈衛・竹竿〉二章：右母。

〈木瓜〉三章：李玖。

〈王・葛藟〉二章：涘母母。

〈丘中有麻〉三章：李子子玖。

〈鄭‧將仲子〉一章：子里杞母。

〈褰裳〉二章：洧士。

〈風雨〉三章：晦已子喜。

〈魏‧陟岵〉一章：子已止。二章：屺母。

〈秦‧蒹葭〉三章：采已涘右止。

〈終南〉一章：有止。二章同。

〈終南〉一章：有止。二章同。

〈陳‧衡門〉三章：鯉子。

〈墓門〉一章：已矣。

〈豳‧七月〉一章：耜趾子畝喜。

〈九罭〉四章：以以使。

〈小雅‧四牡〉止杞母。

〈杕杜〉三章：杞母。

〈魚麗〉三章：鯉有。

〈南山有臺〉三章：杞李子母子已。

〈菁菁者莪〉二章：沚子喜。

〈六月〉二章：里子。六章：喜祉久友鯉矣友。

〈采芑〉二章：芑止止。

〈吉日〉三章：有俟友右子。

〈沔水〉一章：海止友母。

〈節南山〉四章：仕子已殆仕。

〈雨無正〉六章：仕殆使子使友。

〈小弁〉三章：梓止母裏在。

〈巧言〉二章：祉已。

〈蓼莪〉三章：恥久。又：母恃。

〈四月〉六章：紀仕有。

〈楚茨〉五章：止起。

〈信南山〉一章：理畝。

〈甫田〉一章：畝耔薿止士。三章：止子畝喜右否有敏。

〈瞻彼洛矣〉一章：矣止。二、三章同。

〈裳裳者華〉四章：右右有有似。

〈車舝〉一章：右喜。

〈賓之初筵〉五章：否史恥怠。

〈都人士〉一章：士改。

〈大雅・文王〉二章：已子子士。

〈大明〉四章：涘止子。

〈思齊〉一章：母婦。

〈皇矣〉四章：悔祉子。

〈生民〉一章：屺子敏止。二章：祀子。六章：秠芑秠畝芑負祀。

〈既醉〉八章：士士子。

〈假樂〉四章：紀友士子。

〈篤公劉〉六章：理有。

〈卷阿〉六章：止士使子。

〈抑〉六章：友子。八章：李子。

〈雲漢〉七章：紀宰右止里。

〈韓奕〉四章：紀宰右止里。

〈江漢〉四章：子以祉。六章：子己。

〈周頌・雝〉：祀子。又：祀母。

〈訪落〉：止考。

〈載芟〉：以婦士耜畝。

〈良耜〉：耜畝。

〈魯頌・有駜〉三章：始有子。

〈閟宮〉三章：子祀耳。八章：喜母士有祉齒。

〈商頌・玄鳥〉三章：有殆子。又：里止海。

〈長發〉七章：子上。

　其去與去韻者有：

〈衛・伯兮〉三章：背痗。

〈小雅・正月〉十章：輻載意。

〈楚茨〉五章：備戒告。

〈大雅・瞻卬〉三章：誨寺。五章：富忌。

〈召旻〉五章：熾富背試。

　又入聲職部自韻者有：

〈周南・關雎〉三章：得服側。

〈召南・羔羊〉二章：革緎食。

〈殷其靁〉二章：側息。

〈鄘・柏舟〉二章：側特慝。

〈桑中〉二章：麥北弋。

〈載馳〉四章：麥極。

〈衛・氓〉四章：極德。

〈有狐〉三章：側服

〈王・丘中有麻〉二章：麥國國食。

〈鄭・羔裘〉二章：飾力直。

〈狡童〉二章：食息。

〈齊・南山〉四章：克得得極。

〈魏・葛屨〉一章：褵服。

〈園有桃〉二章：棘食國極。

〈碩鼠〉二章：麥德國國直。

〈唐・鴇羽〉二章：翼棘稷食極。

〈葛生〉二章：棘域息。

〈秦・黃鳥〉一章：棘息息特。

〈曹・蜉蝣〉二章：翼服息。

〈候人〉二章：翼服。

〈鳲鳩〉三章：棘忒忒國。

〈豳・伐柯〉一章：克得。

〈小雅・天保〉五章：福食德。

〈湛露〉三章：棘德。

〈六月〉二章：則服。三章：翼服服國。

〈采芑〉一章：翼奭服革。

〈斯干〉四章：翼棘革。

〈正月〉七章：特克則得力。

〈雨無正〉一章：德國。

〈何人斯〉八章：蜮得極側。

〈巷伯〉六章：食北。

〈蓼莪〉四章：德極。

〈北山〉四章：息國。

〈小明〉五章：息直福。

〈信南山〉三章：翼或穡食。

〈鴛鴦〉二章：翼福。

〈青蠅〉二章：棘極國。

〈賓之初筵〉四章：福德。

〈菀柳〉一章：息暱極。

〈白華〉七章：翼德。

〈緜蠻〉三章：側極。

〈大雅·文王〉三章：翼國。六章：德福。

〈大明〉三章：翼福國。

〈思齊〉四章：式入。

〈皇矣〉七章：德色革則。

〈靈臺〉二章：囿伏。

〈下武〉三章：式則。四章：德福。

〈文王有聲〉六章：北服。

〈生民〉四章：匍嶷食。

〈既醉〉一章：德福。

〈假樂〉二章：福德。

〈卷阿〉五章：翼德翼則。

〈民勞〉三章：息國極愿德。

〈蕩〉二章：克服德力。

　　四章：國德德則。

〈抑〉八章：賊則。十二章：國忒德棘。

〈桑柔〉六章：稽食。七章：賊國力。

〈崧高〉八章：德直國。

〈烝民〉一章：則德。二章：德則色翼式力。

〈江漢〉三章：棘國極。六章：德國。

〈常武〉五章：翼克國。

〈周頌·思文〉：稷極。

〈魯頌·泮水〉四章：德則。五章：德服馘。

〈閟宮〉一章：稷福麥國稽。三章：忒稷。

〈商頌·殷武〉四章：國服。五章：翼極。

以上所舉，其平上去入四聲分用至為明顯，推之其他各部，莫不皆然。觀第二章〈詩經韻譜〉可知。

　　第二、《詩》之用韻，雖四聲分開押韻者多，然而平上互押，去入通韻之例，亦復不少，再以之、職二部韻爲例，其平上互韻者有：

　　〈召南・殷其靁〉一章：子哉哉。二、三章同。

　　〈摽有梅〉一章：梅士。二、三章同。

　　〈鄘・載馳〉四章：子尤思之。

　　〈魏・園有桃〉一章：哉其矣之之思。

　　〈小雅・采薇〉六章：矣思。

　　〈魚麗〉六章：有時。

　　〈十月之交〉五章：時謀萊矣。

　　〈小旻〉五章：止否膴謀。

　　〈大雅・緜〉三章：膜（膴）飴始謀龜止時茲。

　　〈文王有聲〉八章：芑仕謀子。

　　〈生民〉八章：時祀悔。

　　〈旣醉〉五章：時子。

　　〈泂酌〉一章：茲饎子母。

　　二章：茲子。三章：同

　　〈抑〉十二章：子止謀悔。

　　〈召旻〉七章：里里哉舊。

　　〈周頌・敬之〉：之之思哉士茲子止。

　　　其去入爲韻者有：

　　〈小雅・采薇〉五章：翼服戒棘。

　　〈出車〉一章：牧來載棘。

　　〈六月〉一章：飾服熾戒國。

　　〈我行其野〉三章：蓄特富異。

　　〈小宛〉二章：克富又。

　　〈大東〉三章：載息。

　　〈賓之初筵〉五章：識又。

　　〈緜蠻〉一章：食誨載。二、三章同。

　　〈大雅・緜〉五章：直載翼。

　　〈旱麓〉四章：載備祀福。

　　〈生民〉三章：字翼。

　　〈行葦〉四章：背翼福。

　　〈板〉三章：事謀服。

　　〈桑柔〉十五章：極背克力。

　　〈崧高〉二章：事式。

　　〈常武〉一章：戒國。

　　〈瞻卬〉四章：忒背極懠識織。

　　以上所舉，《詩》韻平上多混用，去入亦多混用。（《詩》韻亦偶有平入、平去、上去、上入相押韻者，惟不如其平上及去入之衆爾。）其他陰入對應之部，莫不皆然。檢第二章〈詩經韻譜〉自明。

　　以上二種現象，吾人當如何解釋？從第一種現象觀之，似乎江有誥、王念孫諸人古有四聲之說不無道理，因爲若無四聲之別，則《詩》中不可能四聲分用若斯其顯。從第二種現象觀之，則段玉裁「古四聲之道有二無四，二者平入也」之言，及蘄春黃侃之說又得支持。因若謂古有四聲，《詩》中何以常平仄相押，去入互協？若謂偶然相協，平何以不與去入韻而專與上韻，入何以不與平上韻而專與去韻？則偶然相協之說不盡然也。此二說雖相違，而皆有《詩》韻爲證。於是主古有四聲說者，見《詩》之上與平韻者，乃謂此上聲字古原有平聲一讀，見入與去韻者，乃謂此入聲古原有去之一讀。（如江有誥《唐韻四聲正》）而主古二聲說者，見《詩》平與上韻者，乃舉此爲上作平之證，（如黃侃〈詩音上作平證〉），去與入韻者，乃舉此爲去原作入之證。（如施則敬〈詩音去作入證〉）於是古有四聲，古惟二聲各騁其說，而於《詩》韻實際之情形皆難符合。

先師林尹先生以爲此二說似相違而實相成，何以言之？就《詩》中四聲分用之現象觀之，可能古人實際語音中確有四種不同之區別存在，而就《詩》中平上合用，去入合用之現象看，古人觀念上尚無後世四聲之差異。此即陳第所謂「四聲之辨，古人未有」者也。陳氏所謂四聲之辨，即指觀念上之辨析也。古人於觀念上雖無四聲之辨，而於聲之舒促，則固已辨之矣。後世之所謂平上者，古皆以爲平聲，即所謂舒聲也；後世之所謂去入者，古皆以爲入聲，即所謂促聲也。因古人實際語音上已有四聲區別之存在，故詩中四聲分用畫然，又因其觀念上惟辨舒促，故平每與上韻，去每與入韻。先師此說，實爲通達，於《詩》中所表現之兩種現象，皆能兼顧，而解釋亦無所躓礙。不過段玉裁既云：「古四聲不同今韻」，則古人之四聲自亦未必盡同於後世。王力在《漢語史稿》中說：

「王念孫和江有誥都以爲古人實有四聲，不過上古的四聲和後代的四聲不一致罷了。我們以爲王江的意見，基本上是正確的，先秦的聲調，分爲舒促兩大類，但又細分爲長短，舒而長的聲調就是平聲，舒而短的聲調就是上聲，促聲不論長短，我們一律稱爲入聲，長入到了中古變爲去聲（不再收-p-t-k），短入仍舊是入聲，我們的理論根據是這樣，中古詩人把聲調分爲平仄兩類，在詩句裏平仄交替，實際上像西洋的『長短律』和『短長律』，中古的平聲是長的，上古的平聲也是長的，至於上古的長入的韻尾-p-t-k則是因受長元音的影響，而逐漸消失了的。」[62]

　　王力此說，實際上與段玉裁〈答江晉三論韻〉所云：「古四聲之道有二無四，二者平入也，平稍揚之則爲上，入稍重之則爲去，故平上一類也，去入一類也，抑之揚之舒之促之，順逆交遞而四聲成。」之理，基本上是相當一致。王氏所謂舒促，即段氏所謂平入也。王氏所謂舒而短即段氏所謂平稍揚，王氏所謂促而長即段氏所謂入稍重也，雖措詞不同，而旨意無殊。不過王氏爲顧及後世聲調不同之演變，而爲上古聲調先作舒促長短之推測，在理論上觀念上自較段氏爲進步。其實王氏所謂舒長、舒短、促長、促短之區別，即先師所謂古人實際語音上已有之區別，而其所謂舒促兩大類之分即先師林先生所謂古人在觀念上已有之區別也。因王氏之說實際上與段氏旨意相同。故王氏終結說：

　　「段玉裁說上古沒有去聲，他的話是完全對的。中古的去聲字有兩個來源，第一類是由入聲變來的，例如"歲"字，依《廣韻》該讀去聲（直到現在還是去聲），但是《詩經·豳風·七月》叶"發""烈""褐"歲，〈大雅·生民〉　"載""烈""歲"，可見"歲"字本是一個收-t的字，屬入聲，所以它和"發""烈""褐""載"等字　韻。一字具有去入兩讀也可以作爲證據。例如"害""契""易""畫""食""識""亞""惡""復""宿""暴""溺"等字都有去入兩讀。這些字的異讀還可以認爲是辨義的；但是，像"囿"音于救切，又音于六切，"植"音直吏切，又音常職切，"借"音子夜切，又

62 王力《漢語史稿》65 頁。原注：「《公羊傳·莊公二十八年》：『春秋伐人者爲客，見伐者爲主。』何休注：『伐人者爲客，讀伐，長言之，齊人語也。見伐者爲主，讀伐，短言之，齊人語也。』伐字長言之，就是唸長入；短言之，就是唸短入。高誘注《淮南子》和《呂氏春秋》有所謂『急氣言之』，『緩氣言之』，可能也是指短調長調。」

音資昔切，都沒有辨義作用，而這類的字也很多。可見是先有入聲，然後分化爲去入兩讀。其次，從諧聲偏旁也看得出去入相通的痕跡，如"祭"聲有"察"，"夬"聲有"決"，"至"聲有"姪"等，都可以推知聲符本身原是入聲；至於"各"聲有"路"，"式"聲有"試"，"舄"聲有"寫"等，它們的聲符直到現代吳粵等方言裏還是入聲，更可以推知被諧字原是入聲了。只有極少數的例外，如"肅"聲有"蕭"，"叔"聲有"椒"，"寺"聲既有"時"，又有"特"等。這些特殊情形是由於諧聲時代比《詩經》時代早得多，可能在造字時期"蕭""椒""時"等字也是入聲，但是到《詩經》時代已經轉化爲平聲了。總之，一大部分的去聲字在上古屬於入聲（長入），到中古喪失了尾音-t、-k，變爲去聲，這是毫無疑問的。第二類的去聲是由平聲和上聲變來的，特別是上聲變去聲的字多些；上聲之中，特別是濁音上聲的字多些。試舉"上""下"兩字爲例，《詩經·陳風·宛丘》叶"湯""上""望"，〈小雅·頍弁〉叶"上""恗""臧"，〈大雅·大明〉叶"上""王""方"，可見"上"字在上古屬平聲，到漢代以後才轉爲上聲，到五世紀以後才分化爲上去兩讀。至於"下"字，《詩經·召南·漢廣》叶"下""女"，〈邶風·擊鼓〉叶"處""馬""下"，〈凱風〉叶"下""苦"，〈唐風·采苓〉叶"苦""下""與"，〈陳風·宛丘〉叶"鼓""下""夏""羽"，〈東門之枌〉叶"栩""下"，〈豳風·七月〉叶"股""羽""野""宇""戶""下""鼠""戶""處"，〈東山〉叶"野""下"等等，都證明了上古的"下"字讀上聲；中古的"下"字有上去兩讀，用作名詞或形容詞者讀上聲，用作動詞者讀上聲或去聲。到了現代普通話裏，"上""下"兩字就只有去

聲，可見它們由上聲到去聲的趨勢。又試舉"濟"字爲例。直到
第五世紀，"濟"字還只有上聲一讀，《廣韻》裏變爲上去兩讀
了，後來更變爲有去無上。了又試舉"慶"字爲例。《詩經》裏
凡用爲韻腳的"慶"字沒有一個不是和平聲字押韻的。一字兩讀
也可以證明，具有平去兩讀者如"衣""過""望"等字最初都
屬平聲；具有上去兩讀者如"語""去"等字，最初都屬上
聲。」[63]

　　王力所以認爲上古聲調有舒促兩大類者，頗有據於段玉裁之
意見。王力說：

「依照段玉裁的說法，古音平上爲一類，去入爲一類。從
《詩》韻和諧聲看，平上常相通，去入常相通，這就是聲調本分
舒促兩大類的緣故。」[64]

　　王力既然認爲上古聲調分舒促兩大類而各有長短，故其對上
古聲調之最後結論爲：

「我們的結論是：上古陰陽入各有兩個聲調，一長一短[65]，
陰陽的長調到後代成爲平聲，短調到後代成爲上聲；入聲的長調
到後代成爲去聲（由于元音較長，韻尾的塞音逐漸失落了），短
調到後代仍爲入聲。」[66]

　　以王力前後所說加以對照，則王氏所謂陰陽，實即所謂舒
聲，其所謂入聲，即指促聲。吾人由斯以推，實際上所謂舒促兩
大類之別，乃指韻尾輔音-p、-t、-k 之有無言，即韻尾輔音有-

63　王力《漢語史稿》102 頁至 104 頁。
64　王力《漢語史稿》65 頁。
65　王力自注云：「上文說元音的高低長短都是構成聲調的要素。這裏
　　強調了長短，並不是說上古聲調就沒有高低的差別了。」香港中華
　　書局出版王力《漢語音韻》181 頁。（1972）
66　王力《漢語音韻》179 頁至 180 頁。

p、-t、-k 者為促聲，無者為舒聲，然韻尾輔音-p、-t、-k 之有無，乃韻母之音質問題，古人於韻母是否為陰聲（不收任何鼻音韻尾），陽聲（收鼻音韻尾），入聲（收塞音韻尾），此種音質上之差異，實易區別。至舒促兩大類又各分長短，所謂長短，乃調值之問題，實指元音留聲之久暫而言，此在古人雖能分但亦易混．尤其是在觀念上恐尚不易區別如此清楚。王氏既以後世之平上來自古代之舒聲，去入來自古代之促聲，而古代同為舒聲或促聲，王氏又認為雖音高相同而卻有音長之別，舒之長變為平，舒之短變為上，促之長變為去，促之短變為入，於是由上古到中古之聲調，乃由舒促長短變而為平上去入之四聲。從王氏接受段古無去聲之論點觀之，實則其所謂舒促，即段氏與黃侃所說之平入，只不過二者之名稱略異而已。舒促各有長短，遂演變為後世之四聲。此種解釋與先師林先生在《中國聲韻學通論》所云：「古惟有平入二聲，以為留音長短之大限，迨後讀平聲少短而為上，讀入聲稍緩而為去。」基本上已完全一致。但王力為符合同音在相同條件下必須相同演變之語言通則，預為後世四聲之產生，創設不同之條件，在解釋上更為合理。然在實際上，王氏於古聲調之看法，與段黃諸家並無二致。因此，吾人可說，古人在實際之語音上，可能如王力所說，有舒促長短之區別，而在觀念上則僅有舒促之辨識能力。因其實際上有此四種區別存在，故四聲每每分用；而觀念上僅辨舒促，故平上同為舒聲一類，去入同為促聲一類，平與上多互用者，以其同為舒聲，韻尾收音相同也。（同收鼻輔音韻尾－陽聲，同收無輔音韻尾－陰聲）去與入多合用者，以其同為促聲，韻尾收音亦相同也（同為清塞音輔音韻尾）。王氏既以去入同為促聲，而證促聲之長調後失輔音韻尾而變去聲；平上既同為舒聲，且以偏旁言之，聲母聲子同在上聲者少，與平聲諧者多，故吾人亦可謂舒聲之短調後世變上，因上聲只是由於短讀，而非失去韻尾，故上聲之成，遠早於去。或者又謂長入因元音長讀而失輔音韻尾，則其所變者當爲陰聲之去，然則陽聲之去又自何來？王力云：

「根據段玉裁、王國維的考證，上古陽聲韻沒有去聲，也就是沒有長入。」[67]

陽聲之去旣非來自長入，則自然來自舒聲之平上，王力說去聲字有大部分是由平上聲之濁聲變來的，特別是上聲的全濁聲變來。王力聲調說理論，惟此爲其一大敗筆，因爲若由平上聲之全濁變來，則全濁之平上聲旣變去聲矣，則今《廣韻》平上聲當中，仍有爲數極多之全濁聲母，可見此說頗値商榷。王氏聲調說旣涉及聲調之來源，不妨就此稍加說明。

郭錦桴《漢語聲調語調闡要與探索》一書中，列舉四種說法：

一、鬆緊元音說。

二、聲母決定說。

三、韻尾決定說。

四、長短元音與韻尾共同決定說。

王力陽聲韻之去聲問題，竊以爲應以第四種說法解決之。關於此點，蘇聯謝・叶・雅洪托夫（S.E.Yakhontov）〈上古漢語的韻母系統〉一文，對於王力此種說法，提出極具深思之補充意見，頗能補王力長短元音說之不足。雅洪托夫云：

「王力用另一種方法來解決輔音韻尾的問題，他否認上古漢語有過非鼻音的濁輔音韻尾。在高本漢構擬*-r 的地方，王力構擬的是*-i [68] 。他認爲，其餘各部平聲和上聲的陰聲字，以前一

直是開音節。其次,王力設想在上古漢語裡有過長短兩種聲調。有*-p、*-t、*-k 韻尾的長調字後來失落了這些輔音,開始念去聲;而短調字則保留了這些輔音韻尾。在有鼻輔音韻尾的字和開音節字裡,長調發展為平聲,短調發展為上聲。這樣照王力的看法,"背""萃"在上古相應地念*puək 和*dzhi̯ʷət,即有清輔音尾,卻是長調字。

但王力的理論不能解釋沒有*-p、*-t、*-k 韻尾的字(如有鼻音韻尾的字)是怎麼產生去聲的,也不能解釋為什麼在任何字中去聲能成為一種構詞之手段。

奧德里古(A.G.Haudricourt)對去聲提出了與眾不同的解決辦法[69]。他推測去聲字最初曾存在具有構詞後綴作用的輔音韻尾*-s。*-s 能跟任何字,甚至帶-p、-t、-k 韻尾的字合在一起。後來*-s 前的輔音起了變化或脫落了,帶*-s 的字(不管是陰聲還是陽聲)變成去聲;最後,*-s 本身也脫落了。奧德里古為屬入聲韻或單獨成韻的去聲字(即"背 puâi³""萃 dzhi³"這些字)構擬了複輔音韻尾*-ks、*-ts、*-ps。至於平聲或上聲的陰聲字,奧德里古則同王力一樣,推測它們曾是開音節或曾有過半元音韻尾。」[70]

此外雅洪托夫又從藏緬語族與漢語之比較上,看出無任何直接證據證明上古漢語曾有過*-d 和*-g 韻尾。雅洪托夫說:

---

68 原注:「這個*-i 是個獨立的音,而不是二合元音的後半部分;例如帶*-əi 的字能夠跟帶*-ən 的字相押,但不會跟帶*-ə或*-əu 的字相押。」

69 原注:「奧德里古《如何重建古代漢語》(Comment reconstruire le chinois archaique, jiwj《Word》,1954, 10 卷‧No 2-3)363 頁至 365 頁。

70 謝‧叶‧雅洪托夫〈上古漢語的韻母系統〉,見唐作藩、胡雙寶編《漢語史論文集》17 頁至 18 頁。北京大學出版社(1986)。

「收集外來語資料，畢竟能爲構擬上古漢語語音提供些東西。眾所周知，魚部（平聲）字在漢代可用來記錄外語詞匯中含元音-a 的音節。例如，用“烏ʔuo”記錄亞歷山大城的第一個音節。用“屠 dhuo”或“圖 dhuo”記錄 budda 的第二個音節。藏緬語族（如藏語和彝語）以-a 收尾的詞通常也跟魚部（平聲及上聲）字對應：“魚 ngiʷo”藏語念 ńa；“五 nguo”藏語念 lnga（彝語支的撒尼彝語，這兩個詞都念 nga）這些對應關係相當清楚地表明，歸到魚部的平聲字和上聲字，上古音中有元音*a（或*ɑ），而沒有輔音韻尾。這些材料對說明奧德里古和王力“平聲和上聲的陰聲字沒有輔音韻尾”的觀點是有利的。

我們沒有任何直接證據來證明上古漢語有過*d 和*g 韻尾，至於去聲的*s 韻尾，奧德里古在古越南語的漢語借詞裏找到了遺跡。此外，無論在那一種我們熟悉的與漢語有親屬關係的語言中，非鼻音的輔音韻尾都不分清濁；還有，與漢語屬同一語系的古藏語是有後綴-s 的。」[71]

雅洪托夫對上古漢語韻尾之結論，雅洪托夫說：

「漢語最初除了有中古的六個輔音韻尾，脂部還有過*-r（原注：或照王力的看法是*-i）所有音節還有過*-s。*-s能綴於其他輔音韻尾之後。」[72]

若此，則不但*-p、*-t、*-k 後可綴以*-s，即*-m、*-n、*-ŋ後亦可綴 以*-s，凡有*-s 韻尾者，則後世多變爲去聲。則王力舒促長短說之最大缺點，已可彌補矣。

鄭張尚芳在〈上古入聲韻尾的清濁問題〉一文之結論，認爲

---

71 謝・叶・雅洪托夫〈上古漢語的韻母系統〉見唐作藩・胡雙寶編《漢語史論文集》18 頁至 19 頁。

72 謝・叶・雅洪托夫〈上古漢語的韻母系統〉，《漢語史論文集》19 頁。

去聲收-s，包括-bs、-ds、-gs 及響音尾帶-s，鄭張之 b、d、g 實即本篇之 p、t、k。易言之即上古音中有-ps、-ts、-ks 及響音-ms、-ns、-ŋs 多種韻尾，此類韻尾，至中古皆變作去聲。

我所以將吾人之聲調起源說，定爲「長短元音與韻尾共同決定說」，即既採用雅洪托夫-s 韻尾說，亦並未放棄王力舒長、舒短、促長、促短之元音長短說，但是有些條件有其一即已足夠說明其演變之條件，則無須多加一條件，例如吾人將去聲字加上-s韻尾之後綴，則促聲就無須將元音再分長短。下面以東屋侯三部字爲例，說明聲調分化之條件：

東部舒聲長音，例如：東*tāuŋ→《廣韻》上平聲一東韻德紅切 toŋ。

東部舒聲短音，例如：董*tăuŋ→《廣韻》上聲一董韻多動切 toŋ。

東部綴-s 韻尾，例如：涷*tauŋs→《廣韻》去聲一送韻多貢切 toŋ。

屋部-k尾，例如：讀*d'auk→《廣韻》入聲一屋韻徒谷切d'ok。

屋部綴-s 韻尾，例如：竇*d'auks→《廣韻》去聲五十候韻田候切 d'ou。

侯部舒聲短音，例如：斗*tău→《廣韻》上聲四十五厚韻當口切 tou。

侯部舒聲長音，例如：兜*tāu→《廣韻》平聲十九侯韻當侯切 tou。

既有韻尾之因素，亦有舒促長短之條件，所以我將此說歸爲「長短元音與韻尾共同決定說」。庶幾與上古韻尾之收聲亦能互相照應，此說雖亦爲一種擬測，能否爲學術界所承認，則惟有待時間之考驗者矣。

第五編　效　用

第一章　聲韻學有助於
瞭解典籍

一、《詩經·周南·關雎》

> 關關雎鳩。在河之洲。窈窕淑女，君子好逑。
> 參差荇菜，左右流之。窈窕淑女，寤寐求之。
> 求之不得。寤寐思服。悠哉悠哉，輾轉反側。
> 參差荇菜，左右采之。窈窕淑女，琴瑟友之。
> 參差荇菜，左右芼之。窈窕淑女，鐘鼓樂之。

　　這首詩的第二章，左右流之的流，當作何解？毛傳說：
「流、求也。」毛傳所釋，本來不錯。後人不解流為什麼可以釋
作求，乃有人說，照字面釋作「流動」亦可。但參考四章，「左
右采之」，五章「左右芼之」之句，皆指人的採擇，則此句亦當
釋作人的尋求，而非水之自流。流本訓水行，何以可解釋為尋
求？高本漢的《詩經注釋》說是罶的假借字。《說文》：「罶、
曲梁寡婦之笱，魚所留也。」流罶古音同音*liəu。寡婦之笱所以
求魚，引伸之乃有尋求之意。罶从留聲，流留相通，古書實例甚
多，《詩、邶風·旄丘》「流離」即「留離」、「鶹離」。《莊
子·天地》「留動」，別本作「流動」。

二、《詩經・召南・草蟲》

> 喓喓草蟲。趯趯阜螽。未見君子，憂心忡忡。亦既見止，
> 亦既覯止，我心則降。
> 陟彼南山，言采其蕨。未見君子，憂心惙惙。亦既見止，
> 亦既覯止，我心則說。
> 陟彼南山，言采其薇。未見君子，我心傷悲。亦既見止，
> 亦既覯止，我心則夷。

這三章詩「我既見止，我既覯止」兩止字當作何解，龍宇純先生認為止乃「之矣」之合音。因為王力先生〈關於漢語有無詞類的問題〉一文，強力反對此種說法，王氏云：「有人說：『止』是『之矣』的合音，那是靠不住的。『歸止』不能解釋為『歸之矣』！」龍宇純兄〈析詩經止字用義〉一文，則將王氏所疑，予以解決。龍兄以為止與之雙聲，止與矣疊韻，且同聲調。以止為「之矣」的合音，沒有絲毫問題。且〈草蟲〉「亦既見止，我心則降。」又見於〈小雅・出車〉五章作「既見君子，我心則降。」在字句的變動中，可知原先的"止"字，必定具有相當於"之"字的作用。在「既見君子」的句子裏，"君子"是"見"的受詞，便無異揭開了"止"字具有代詞身分，那就非"之"字莫屬了。〈草蟲〉「亦既見止」的"既"字，屬於完成式句型，完成式句型通常在結尾加"矣"字。於是可說"止"字具有表完成的"矣"字的身分。龍氏以為「亦既見止」的"止"是"之矣"的合音，便不僅是最好的解釋，而是信而有徵了。若然，《詩》何以不說「亦既見之矣。」他書何以不見"止"為"之矣"合音之例？《詩經》基本句型是四言，大概是造成《詩》與他書的差異。在「齊子歸止」、「君子至止」、「薇亦

柔止」、「心亦憂止」等句，歸意爲嫁，至意爲到，皆爲不及物
動詞，其下不應有受詞。憂字說成動詞，必爲不及物，柔字只是
狀詞，其下更不得接受詞。但〈齊風·南山〉篇：

> 南山崔崔。雄狐綏綏。魯道有蕩，齊子由歸。既曰歸止，
> 曷又懷止。

> 葛屢五兩，冠綾雙止。魯道有蕩，齊子庸止。既曰庸止，
> 曷又從止。

> 蓻麻如之何？衡從其畝。取妻如之何？必告父母。既曰告
> 止，曷又鞠止。

> 析薪如之何？匪斧不克。取妻如之何？匪媒不得。既曰得
> 止，曷又極止。

此詩歸止與庸止、告止、得止、以及懷止、從止、鞠止、極
止句法相同，庸、告、得、懷、從、鞠、極皆爲及物動詞，其下
"止"字有"之"字之成分，歸止之"止"自亦不例外。龍氏以
爲不可說"庸止"等之"止"爲"之矣"合音，而"歸止"之
"止"只是"矣"。況且說"止"等於"之矣"合音，可從語音
上交代，如果只是"矣"，則不好交代矣。從"庸止"等類推，
亦可以接"歸止"爲"歸之矣"之說法。並引《孟子·梁惠王
上》：

> 七八月之間旱，則苗槁矣。天油然作雲，沛然下雨，則苗
> 浡然興之矣。

孟子以"興之矣"與"槁矣"相對，則"興之矣"，實與
"興矣"無異。則《詩經》"歸止"就是"歸之矣"，而"歸之
矣"實與"歸矣"無殊。龍氏此說，證之於《詩經》全書，皆能
解釋無礙，應爲《詩經》"止"字此類用法之達詁。

三、《詩‧秦風‧無衣》

> 豈曰無衣，與子同袍。王于興師，脩我戈矛。與子同仇。
> 豈曰無衣，與子同澤。不于興師，脩我矛戟。與子偕作。
> 豈曰無衣，與子同裳。王于興師，脩我甲兵。與子偕行。

二章「與子同澤」之澤，毛傳訓爲「潤澤」，引伸爲利益，與首章「同袍」、三章「同裳」不相應，袍與裳皆衣類，因此「澤」絕不可訓爲「潤澤」，亦當訓爲衣類方是。考《齊詩》「澤」作「襗」是矣。「襗」《說文》云：「襗、絝也。」段注：「絝者，脛衣也。」《周禮‧玉府》注云：「燕衣服者，巾絮寢衣袍襗之屬。」袍襗連言，可見澤當爲衣類，絝者，今之褲也，自是衣類。今言袍澤，取義於此。澤爲襗之同音假借字。

四、《禮記‧學記》

> 大學之教也，時教必有正業，退息必有居學，不學操縵，
> 不能安弦；不學博依，不能安詩；不學雜服，不能安禮；
> 不興其藝，不能樂學。

不學博依的博依二字，當作何解？吾人提出兩則問題：一、何謂「博依」？二、不學博依，何以不能安詩？鄭注：「博依、廣譬喻也。」博釋爲廣，自無疑義。「依」釋作「譬喻」，有何根據？考《說文》依訓倚。於是孔疏乃疏釋成「依謂依倚也，謂依附譬喻也，先依倚廣博譬喻。」鄭注只釋依爲譬喻，孔疏把依釋作依附，則譬喻二字無所著落，好像是憑空掉下來似的。陳澔《禮記集說》云：「詩人比興之辭，多依託於物理。」也是把依釋作依託，能進一步說到「詩人比興之辭」，尚不無發明。至於孫希旦《禮記集解》把「博依」說成「雜曲可歌詠者也。」並

說：「博依，非詩之正也，然不學乎此，則於節奏不嫻熟，而不能安於詩矣。」簡直就是跑野馬！毫未熟思「不學博依，不能安詩」的文理，竟把「博依」說成「非詩之正也」豈不可笑！鄭注釋「依」為「譬喻」是對的，只是沒有說出「依」何以可釋作「譬喻」的所以然來。清焦循《禮記補疏》所釋，我認為很可以補充鄭注的不足。焦氏云：

> 循案：《說文》「衣、依也。」《白虎通》云：「衣者，隱也。」《漢書·藝文志》詩賦家有隱書十八篇。師古引劉向《別錄》云：「隱書者，疑其言以相問對者，以慮思之，可以無不諭。」《韓非子·難篇》云：「人有設桓公隱者云：一難二難三難。」《呂氏春秋·重言》篇云：「荊莊王立三年，不聽而好讔。」高誘注云：「讔、謬言。」下載成公賈之讔云：「『有鳥止于南方之阜，三年不動不飛不鳴，是何鳥也？』王曰：『其三年不動，將以定志意也。不飛，將以長羽翼也。不鳴，將以覽民則也。是鳥雖無飛，飛將沖天。雖無鳴，鳴將駭人。賈出矣，不穀知之矣。』明日朝，所進者五人，退者十人，群臣大悅。」《史記·楚世家》亦載此事，為伍舉曰願有進隱。裴駰〈集解〉云：「隱謂隱藏其意。」時楚莊王拒諫，故不直諫，而以鳥為譬喻，使其君相悅以受，與詩人比興正同，故學詩必先學隱也。其後淳于髡、鍾離春、東方朔皆善隱。司馬遷以為滑稽，蓋未識古人之學也。

集循以「依」釋作「譬喻」乃「讔」字之假借，其說極是。考《說文》無「讔」字，俗只作「隱」。《集韻》上聲十九隱：「讔、廋語。倚謹切。」《康熙字典·言部》：「讔、廋語也。」並引劉向《新序》：「齊宣王發隱書而讀之。」謂隱即讔字。《文心雕龍，諧隱》：「讔者、隱也。遯辭以隱意，譎譬以指事也。」從上所述，讔就是廋語，就是譬喻，字通作隱。《史記・滑稽列傳》云：

> 淳于髡者，齊之贅婿也。長不滿七尺，滑稽多辯，數使諸侯，未嘗屈辱。齊威王之時喜隱，好爲淫樂長夜之飲，沈湎不治。委政卿大夫，百官荒亂，諸侯並侵，國且危亡，在於旦暮，左右莫敢諫，淳于髡說之以隱曰：「國中有大鳥，止王之庭，三年不蜚又不鳴，王知此鳥何也？」王曰：「此鳥不飛則已，一飛沖天；不鳴則已，一鳴驚人。」

淳于髡說之以隱，不就是以一種譬喻來勸說齊威王嗎？按鄭注「博依」之「依」或作「衣」。依衣與殷隱聲多相通。《禮記・中庸》：「武王纘大王王季之緒，壹戎衣而有天下。」鄭注：「戎、兵也。衣讀如殷，聲之誤也。齊人言殷聲如衣，壹戎殷者，壹用兵伐殷。」〈中庸〉的「壹戎衣」，就是《書・康誥》的「殪戎殷。」可見衣殷古通。從殷之字，古亦從㷉，灊水出潁川陽城少室山東入潁，或從殷作㵛。依隱二字的上古音：依*ʔjəi/ʔjəi/i；而隱*ʔ̌jən/ʔjən/in。依隱二字的聲母、介音、元音都相同，所不同的只是韻尾罷了，這是陰陽對轉。

依就是隱，也就是讔，也就是隱言，不明顯說出而曲爲譬喻，所以博讔就是廣泛譬喻。作詩之法有三，就是賦比興，譬喻就是比，如果學詩不先學會廣泛的譬喻，就不善於作詩，也就是不能把詩作好。不善於比，純任於賦，自然就不能安善於詩了。下面舉兩首有名的古詩，都是賦比兼用的例子。

例如古詩十九首的第一首：

> 行行重行行，與君生別離。相去萬餘里，各在天一涯。道

路阻且長，會面安可知。胡馬依北風，越鳥巢南枝。相去日已遠，衣帶日已緩。浮雲蔽白日，遊子不顧反。思君令人老，歲月忽已晚。弃捐勿復道，努力加餐飯。

又如潘岳悼亡詩三首之一

荏苒冬春謝，寒暑忽流易。之子歸窮泉，重壤永幽隔。私懷誰克從，淹留亦何益。僶俛恭朝命，迴心反初役。望廬思其人，入室想所歷。帷屏無髣髴。翰墨有餘跡。流芳未及歇，遺挂猶在壁。悵怳如或存，周遑忡驚惕。如彼翰林鳥，雙棲一朝隻。如彼遊川魚，比目中路析。春風緣隙來，晨霤承簷滴。寢息何時忘，沈憂日盈積。庶幾有時衰，莊缶猶可擊。

五、《禮記・大學》

人之有技，媢嫉以惡之。

王引之《經義述聞・尙書下》：「人之有技，冒疾以惡之。家大人曰：『惡字若讀爲好惡之惡，則與冒疾意相複，惡當讀爲諲，《說文》："諲、相毀也。"《玉篇》："烏古切"，《廣韻》作"諲，烏路切"云"相毀也。"《說文》作諲，《漢書・衡山王傳・注》曰"惡謂讒毀之也。是諲惡古字通。以猶而也。"[1] 言嫉妬人之有技而讒毀之。下文云："人之彥聖，而違之俾不達，義與此同也。"傳疏及大學疏皆以惡爲憎惡，失之。』《襄十六年左傳》：『大子痤美而很合，左師畏而惡之。』[2]《昭二十七年左傳》：『卻宛直而和，鄢將師與費無極比而惡之。』皆謂讒毀之也。《呂氏春秋》《韓子》《戰國策》《史記》《漢書》

1　古者以與而同義。說見《釋詞》。
2　惡之謂讒毀之也。下文云：問諸夫人與左師。則皆曰：固聞之。

皆謂相毀爲惡。」按惡爲諐之假借。《廣韻》諐相毀也。今人所謂毀謗也。

第二章 聲韻學可助辨識
平仄聲調有利於詩文創作

研讀古典詩詞最煩人者，莫過古代平上去入四聲，與今陰陽上去之四聲，不能完全密合。其中的緣故，就是因爲國語（普通話）中入聲消失了，分別變入陰陽上去各調中去了。而我們作詩塡詞，所用的四聲，是古代平、上、去、入四個聲調，作詩塡詞首宜合於平仄格律，若格律不合，則所作的詩、所塡的詞，是今日的詩詞，絕非古典詩詞。現在來看《廣韻》[3]的四聲變入國語（普通話）四聲的演變的情形。

《廣韻》平聲變入今國語（普通話）中，如果聲母是清聲[4]，則讀陰平聲，即第一聲。如果聲母爲濁聲，則讀陽平聲，即第二聲。絕少例外。

---

3 《廣韻》繼承《切韻》而作，是宋眞宗時陳彭年等奉敕撰修。分平上去入四聲，平聲五十七韻，上聲五十五韻，去聲六十韻，入聲三十四韻。此書實爲前代聲韻學之總匯。《廣韻》以後，尚有《集韻》《五音集韻》《韻會》等書，皆繼承《廣韻》音系而來。及至康熙敕撰的《佩文韻府》，亦是承繼《廣韻》音系而來，爲今作詩塡詞用韻之圭臬，今凡間通行的《詩韻集成》、《詩韻合璧》等工具書，皆從此書而出也。

4 所謂清濁是指發聲母時聲帶是否振動而言，發聲母時聲帶不受氣流振動就叫清聲，發聲母時聲帶受氣流而振動就叫濁聲。清聲謂之不帶音（voiceless），濁聲謂之帶音（voiced）。

　　《廣韻》上聲清聲母與次濁聲母讀上聲，即第三聲；全濁聲
母讀去聲，即第四聲。《廣韻》去聲，不論聲母的清濁，全讀去
聲，即第四聲。

　　《廣韻》入聲，大致以聲母之清濁作爲分化的條件：

　　一、次濁聲母全讀去聲，即第四聲。

　　二、全濁聲母讀陽平聲（第二聲）與去聲（第四聲）。

　　三、次清聲母以讀去聲（即第四聲）爲常，亦有讀上聲（第
三聲）的，少數變入陰平聲（第一聲）與陽平聲（第二聲）。

　　四、全清聲母以讀陽平（第二聲）爲常，然陰平（第一
聲）、上聲（第三聲）、去聲（第四聲）都有，並無規則可尋。

　　從上面所析可知《廣韻》平聲今讀陰平聲與陽平聲。上聲有
上聲與去聲兩讀，去聲惟有去聲一讀。則我們說陰平聲陽平聲皆
平聲，上聲去聲爲仄聲，從《廣韻》平上去三聲說來，是說得通
的。麻煩的是入聲字，入聲字有變入上聲（第三聲）與去聲（第
四聲）的，這不影響平仄的分辨。有所影響的則爲入聲變入陰平
聲（第一聲）與陽平聲（第二聲）的字，如果我們按著國語（普
通話）的讀音歸到平聲，平仄格律就錯了。據我教書的經驗，犯
這種毛病的最多。其實我們只要根據入聲演變的規則，把今國語
（普通話）中讀陰平、陽平的入聲字找出來，歸入仄聲去，它就
不再影響古詩的平仄律了。

　　下面是辨識入聲的幾條規則。請看國語注音符號及普通話聲
母的排列：

　　唇　聲：ㄅ b、ㄆ p、ㄇ m、ㄈ f。

　　舌尖聲：ㄉ d、ㄊ t、ㄋ n、ㄌ l。

　　舌根聲：ㄍ g、ㄎ k、ㄏ h。

　　舌面前聲：ㄐ j、ㄑ q、ㄒ x。

舌尖後聲（捲舌聲）：ㄓ zh、ㄔ ch、ㄕ sh、ㄖ r。

舌尖前聲：ㄗ z、ㄘ c、ㄙ s。

以下是辨識的規則：

*1.*凡ㄅ b、ㄉ d、ㄍ g、ㄐ j、ㄓ zh、ㄗ z 六母的陽平聲（第二聲）字，全是古入聲字。例如：

　　ㄅ b：拔跋白帛薄荸別蹩脖柏舶伯百勃渤博駁。

　　ㄉ d：答達得德笛敵嫡覿翟跌迭叠碟蝶獨讀牘毒奪鐸掇瀆。

　　ㄍ g：格閣蛤胳革隔膈葛國虢。

　　ㄐ j：及級極吉急擊棘即脊疾集籍夾嚼潔結劫傑桀竭節捷截局菊掬鞠橘決訣掘角厥橛蹶腳鐝覺絕。

　　ㄓ zh：桎箚鍘宅擇翟著折折哲蜇軸竺燭築逐酌鐲琢濯啄拙直值殖質執侄職。

　　ㄗ z：雜鑿則擇責賊足卒族昨。

*2.*凡ㄉ d、ㄊ t、ㄌ l、ㄗ z、ㄘ c、ㄙ s 六母，跟韻母ㄜ ㄛ 拼合時，不論國語（普通話）讀何聲調，皆古入聲字。例如：

　　ㄉ d：得德。

　　ㄊ t：特忒螣。

　　ㄌ l：勒肋泐樂埒垃。

　　ㄗ z：則擇澤責嘖賾簀笮迮窄舴賊仄昃。

　　ㄘ c：側測廁惻策筴冊。

　　ㄙ s：瑟色塞穡濇澀圾。

*3.*凡ㄎ k、ㄓ zh、ㄔ ch、ㄕ sh、ㄖ r 五母與韻母ㄨㄛ uo 拼合時，不論國語（普通話）讀何聲調，都是古入聲字。

　　ㄎㄨㄛ kuo：闊括廓鞟擴。

　　ㄓㄨㄛ zhuo：桌捉涿著酌灼濁鐲琢諑啄濯擢卓焯倬踔拙茁斲斫斮鷟淖梲。

　　ㄔㄨㄛ chuo：戳綽歠啜輟醊惙醊婼。

　　ㄕㄨㄛ shuo：說勺芍妁朔搠槊箾爍鑠碩率蟀。

　　ㄖㄨㄛ ruo：若鄀篛弱爇蒻。

4. 凡ㄅ b、ㄆ p、ㄇ m、ㄉ d、ㄊ t、ㄋ n、ㄌ l 七母跟韻母一ㄝ ie 拼
合時，不論國語（普通話）讀何調，皆古時入聲字。只有
「爹」字例外。例如：

　　ㄅ一ㄝ bie：鼊憋別蹩癟彆。

　　ㄆ一ㄝ pie：撇瞥。

　　ㄇ一ㄝ mie：滅蔑篾蠛。

　　ㄉ一ㄝ die：碟蝶喋堞蹀揲鰈跌迭�добs昳垤耋絰咥褶疊。

　　ㄊ一ㄝ tie：帖貼怗鐵飻。

　　ㄋ一ㄝ nie：捏隉聶躡鑷臬闑鎳涅蘖蘗孽齧囁。

　　ㄌ一ㄝ lie：列冽烈洌獵躐鬣劣。

5. 凡ㄉ d、ㄍ g、ㄏ h、ㄗ z、ㄙ z 五母與韻母ㄟ ei 拼合時，不論國
語（普通話）讀何聲調，都是古代入聲字。

　　ㄉㄟ dei：得。

　　ㄍㄟ gei：給。

　　ㄏㄟ hei：黑嘿。

　　ㄗㄟ zei：賊。

　　ㄙㄟ sei：塞。

6. 凡聲母ㄈ f 跟韻母ㄚ a、ㄛ o 拼合時，不論國語（普通話）讀何
聲調，皆是古代入聲字。例如：

　　ㄈㄚ fa：法發伐乏筏閥罰。

　　ㄈㄛ fo：佛縛。

7. 凡讀ㄩㄝ ye 韻母的字，國語（普通話）都是古入聲字。只有
「嗟」「瘸」「靴」三字例外。例如：

ㄩㄝye：曰約噦月刖玥悅閱鉞越樾樂藥耀曜躍龠鑰淪爚禴礿粵岳嶽鷟軏。

ㄋㄩㄝnye：虐瘧謔。

ㄌㄩㄝlye：略掠。

ㄐㄩㄝjye：噘撅決抉鴃訣玦倔掘桷崛角劂蕨橛蹶獗蹷獝噱臄譎鐍玨孑腳覺爵嚼爝絕蕝矍攫躩屩。

ㄑㄩㄝqye：缺闋卻怯確榷殼愨埆确闃鵲雀碏。

ㄒㄩㄝxye：薛穴學雪血削。

8. 一字有兩讀，讀音爲開尾韻[5]，語音（普通話）讀ㄧi或ㄨu韻尾的，都是古代入聲字。例如：

讀音爲ㄜ x，語音爲ㄞ ai 的，色册摘宅翟窄擇塞。

讀音爲ㄛ o，語音爲ㄞ ai 的，白柏伯麥陌脈。

讀音爲ㄛ o，語音爲ㄟ ei 的，北沒。

讀音爲ㄛ o，語音爲ㄠ au 的，薄剝。

讀音爲ㄨㄛ uo，語音爲ㄠ au 的，烙落酪著杓鑿。

讀音爲ㄨ u，語音爲ㄡ ou 的，肉粥軸舳妯熟。

讀音爲ㄨ u，語音爲ㄧㄡ iou 的，六陸衄。

讀音爲ㄩㄝ ye，語音爲ㄧㄠ iau 的，藥瘧鑰嚼覺腳角削學。[6]

除了以上的幾條規則可以分辨入聲外，用形聲字的諧聲偏旁，也對於辨別入聲（特別是仄聲）很有幫助。例如我們知道職ㄓˊ zh'讀第二聲，爲古入聲字，則凡從戠得聲的字，不管它讀什麼聲調，都是仄聲字。像織幟熾識樴蟙都是仄聲字。知道直ㄓˊ zh'讀第二聲爲古入聲字，則一切從「直」得聲的字犆殖植埴

---

5 所謂開尾韻，是以主要元音收尾的韻母。

6 以資料來源請參見陳新雄著《鍥不舍齋論學集·萬緒千頭次第尋—談讀書指導》14-17頁。臺灣學生書局出版 民國79年10月 第二刷。

值湞寘都是仄聲字。知道則ㄗㄜˊze讀第二聲爲古入聲，則一切從「則」得聲的字，如萴葻測惻側廁皆仄聲字。舉此可以類推。

第三章　聲韻學可幫助辨識 京劇中的尖團音

　　我們國語（普通話）當中的ㄐ[tɕ]、ㄑ[tɕʻ]、ㄒ[ɕ]三個聲母，有些是從《廣韻》牙音聲見、溪、群、曉、匣的細音字演變過來的，我們叫做團音。有些是從《廣韻》齒頭音精、清、從、心、邪的細音字演變過來的，就是所謂尖音。這種區別，如果沒有受過聲韻學的訓練，那就只有死背，別無他途。受過聲韻學訓練的人，就很容易辨識。我現在以中國大辭典編纂處編，商務印書館印行的《國語辭典》爲準，把所有讀ㄐtɕʻ、ㄑtɕʻ、ㄒɕ的字全部錄下，以分其尖團音。

　　ㄐtɕ母：

　　几（居履）机肌飢（居夷）丌刉秖卙其基萁期棋稘箕（居之）奇剞犄畸觭居姬枅幾嘰機璣禨磯譏犱饑畿雞羈覊咭屐激獥亼及伋圾汲芨級鈒卂吉佶姞鵠吃亟極殛急革苟棘薊襋劇墼擊轚麂己紀庋枳（居帋）掎踦蟣戟給朲既塈曁概曁驥伎妓技芰忌跽鳷紀記季悸惎計洎（几利）垍紒寄偈繼瘠冀驥髻覬罽灄薊薊繫繋藃加迦枷珈茄笳痂糘袈跏鉫嘉駕佳家傢椵葭猳霞夾挾浹郟莢筴蛺鋏頰袷跲恝戛秸頡鵠假椵瘕夏榎罜賈檟甲岬胛鉀价架價嫁稼皆偕湝偕階楷稭蜡痎街薢揭結隔子劫刦拮桔袺結蛣詰頡擷鮚杰衭桀傑榤訐偈渴楬碣竭羯梜絜潔解介价尬玠芥疥界蚧戒悈誡屆廨交姣郊茭蛟

跤鵁鮫苀教喬憍嬌簥驕鷮澆膠傲徼佼狡皎絞較鉸餃僥撟鹼矯暾緞角腳覺叫訆呌挍校珓較節教窖噭酵�斠撟嶠轎丩杣糾勾究鳩紈摎轇鬮九久玖灸糺糾赳韭臼柏舅舊究疚柩咎捄廄奸肩姦堅鰹菅間蕑犍鞬骥齦齏兼搛蒹縑鰜械監鑑件柬揀姍寒蹇謇搴騫筧覸簡禰鐧繭襺城減鹼儉撿檢瞼鹼見建健楗腱建鍵閒間澗禰覵鐧諫監檻艦鑑鑒儉劍巾斤劤筋今矜金紟衿禁襟堇僅廑墐槿瑾殣瘽覲謹饉緊錦近勁靳妗禁噤江茳姜畺疅僵薑橿殭疆繮韁講顜虹降洚絳袶強糨糡彊更京鯨涇莖經鶊荊兢驚廎到頸景憬璟儆螫警肸勁徑逕脛痙倞竟境獷鏡敬誩競尻車居裾椐据琚腒裾鋸鴡拘疴駒俱局侷挶跔桔犰菊椈踘鞠鵴挶㦤鵙鼳鳺橘弆枸蒟柜矩榘莒筥萬踽舉櫸簏句巨拒岠炬苣秬蚷粔距詎鉅具俱坥颶倨据踞鋸懼豦據醵鐻虡簴屨屨屨劇噱摦孑決抉玦芙趹觖訣鳺角捲桷迂倔掘崛厥獗蕨橛瘚蟨蹶鱖鷢催腳彀較滈譎鐍噱臄屬蹻蠼攫懼彉玃檴蠼躩攫钁覺獲蹶倔捐悁娟涓鞙駽鵑圈鬈卷捲菤倦睠券眷綦悁狷明胃絹楗獧均肦衸鈞君頵麕困圈窘塵麏軍輑龜箘囷郡捃菌箘攗擃刀囘坰局駉泂炯迥絅同炅窘焆潁穎褧

　　以上字從見、溪、曉、匣細音變來，故爲團音。

　　隋梼齌躋齏迹跡喞勣積襀績蹟即唧聖椰蒒脊膌蹐鵲疾嫉楸莢喢踖寂集楫戢濈檝輯耤藉籍鯖沬擠濟祭際漈稷劑薺齌霽鱭稷鯽嗟（子邪）接（即葉）癤椰蒒節櫛癤偗捷踕（疾葉）婕睫窓截姊姐借喢藉裾椒（即消）焦僬噍蕉燋礁鷦嚼湫勦醮漅嚼㰀醮啾湫揪挈遒蝤酒湫就僦鷲㦵賤箋（則前）湔楺煎鬋轞轞（則前）尖漸熸濺殲帴錢戩剪翦譾洊栫荐俴諓踐賤濺餞葥箭薦漸酇偺津浸裚儘晉揟瑨縉進盡藎燼賮賮浸寖將漿螿獎蔣槳匠醬青菁晴精箐鶄旌晶井阱穽清靖靚淨靜靜且狙沮菹苴罝砠疽趄蛆菹睢姐咀齟足宀聚嗟搋絕蕝爵嚼爝脧鐫雋俊葰峻浚陵挼睃竣畯餕駿㙙雋寯濬（私閏）

　　以上字自精、清、從、心、邪細音變來，故爲尖音。

ㄑ tɕʻ母：

崎敧娸期欺傲諆溪豀灇亓祁岐歧枝蚑跂圻祈肵蚚斿頎蘄其淇
其祺琪期棋綦綦旗蜝璂騏麒奇崎琦碕踦錡騎衹祇俟耆鬐鰭畦畿鮨
屺杞芑起启啓棨綮豈綺稽櫅乞芞汽氣企盀炁契挈瘈跂揭愒棄甈器
憩蟿磬乞犵汔迄疙訖泣湆揞卡帢恰洽楬伽茄佉契挈鍥愜篋慊朅藒
敲鄡蟯磽蹺趬橇骹蹻蹻礄茷喬僑橋蕎礄趫翹巧殼撬竅趬丘坵邱
蚯龜仇厹犰尤丘頄軌求伏述球毬萊捄脉裘絿賕觩銶虯虬觓璆糗叴
擎慳汧岍雅牽鉛鈆悆騝搴攑顅鬜嵌僉簽嗛謙鵮虔椫乾捐拑箝柑鉗
黚鈐黔蒧遣繾譴凵嗛𪓰倪繾欠芡嵌傔慊嗛歉謙衾欽廞嶔芹懃慇
㢋芩衾琴雉靲栞捦禽噙擒檎螓坅𧰼摲羌蟯矼椌腔鏉強彊強襁繈鏉
彊卿頃傾氫輕𠛹黥傾勷撒檠擎頃顈綮慶磬罄聲鑒凵佉咕胠祛袪區
嶇毆軀驅瞿曲蚰屈鼰詘佉衕渠蕖磲𧐌斫朐蒟絇軥鴝鴝璩蕖藶瞿
氍戁癯衢鸜蚰麴鼬曲去黿闃缺闕癯佉恪砢卻郤埆殼愨榷確墧碻閴
闋礐圈棬卷惓惓蜷跧鬈拳鬈權蠸顴ㄑ犬汱猒綣券圈勸裙宭群麋
芎穹鋆邛笻蛩跫芎穹窮藭悍琼惸罦媛輂璚瓊蕢穎

以上字自《廣韻》溪、群、曉、匣變而來，故爲團音。

啐洫妻凄淒悽郪棲萋縷栖ㄑ七柒戚喊慽感柒漆緝齊憤薺臍蠐
妻砌刺葺緝磧鍼切且趄切砌妾嗟踥鯜竊（千結）雀螫憔樵蕉瞧譙
顦悄愀雀鵲俏峭陗誚鞘譙秋萩鞦鶖鰍緧輶鰌囚泅茵觓汓酋遒蝤憒
千仟扦阡芊遷韆鐪籤前騚𧈒錢潛燂淺茜倩蒨綪箐靖塹槧親侵梫綏
駸秦螓覃侵寢寑鋟沁�228斨將膌鏘嗆搶槍瑲戧艙蹌鎗卪戕墻廧嬙
檣薔牆薔幨膌搶嗆戧熗蹌膌青清圊蜻請鯖情晴請倩親泀岨砠蛆鴡趙
趨（七逾）取娶且覰趣漆雀磋敧鵲悛佺佺洤荃醛痊荃詮輇銓泉線逡

以上字自《廣韻》清、從、邪演變而來，故爲尖音。

Tɕ母：

兮（胡雞）希（香衣）浠唏忯歔葈晞睎稀豨鵗屎奚傒徯溪蒵

蜈谿蹊貕騠騠鸂娭誒訢畦僖嘻巇噏熙嫛義曦犧鼇醯攜鄌鱸吸扱樔
驪檄薂隟喜熹禧蟢匸系係繫妎忥愻飯吀盻俟禊墅戲隸屓扢肹郤綌
翕潝歙秅隙虩緆闐呀岈蝦瞎瑕暇遐薂霞騢匣呷狎柙洽袷俠狹挾峽
陝陿硤陜羍轄鎋點下夏廈暇諕皬吓嚇猲歇蝎蠍揳楔偕諧鮭鞋鮭鞵
攜叶刕協恊脅嚕斺頁頡擷襭挾絜蟹血械馘解嶰廨嶰澥獬薢邂蟹薤
瀣駭齘契偰楔枂鴞烋梟哮虓猇嘐歊猇嘵憢曉驍囂鸮爻宥洨學曉孝
哮酵佼校效傚敩休庥咻狄髹髹鵂朽休臭嗅滧嫺祆掀嗚鷔枕憸羨暹
弦絃痃蚿舷痕閑閒憪嫺痌鵰賢咸諴醎鹹嗛嫌銜唧蜆鋧顯轞憾險獫
嶮玁見倪峴現莧睍睨限佣賢縣憲獻陷餡慊忏欣昕炘訢馨歆鑫𡵉焮
糞皀鄉薌鄕香豇降桻跭亯享向餉奍響饗向罍嚮蠻巷絎衖項蟶興驒
馨刑形邢俓型硎鉶銒行陘娙榮攑荇杏莕幸倖悻㵀婞興于吁旴盱訏
虛墟歔謣休咻呴煦姁昫煦栩詡㝷許鄦酗旭侐洫恤畜惛蓄勖欻諝猇
靴穴學槸臀鷽眏狋叩亘宣喧煊暄揎瑄萱諠軒蓁諼塤儇嬛𩔁蠉壎玄
旋漩璇還縣懸璿咺烜泫炫眩衒鉉現玹旋鏇眴絢渲楦贊陷焄塤葷熏
勳獯塤薰壎臐纁醺巡紃馴訓熏凶兇匈洶胸訩詾兄芎雄熊訠敻

以上字自《廣韻》牙喉音溪、曉、匣等母演變而來，故爲團音。

西（先稽）恓栖氤硒栖棲犀樨撕析淅晰薪皙晳蜥悉寋蟋膝螅
昔惜腊息媳熄葸鎴席蓆習嶍褶颸騽鰼覡錫裼襲洗灑枲菓徙屣蓰葸
鰓璽躧細夕汐夞矽卅偰舄潟蔿礒霫邪斜些衺斜寫卸榭謝寫瀉豫泄
紲渫媟屧緤洩絏齛屑禼勢褻燮躞消宵硝痟蛸綃銷霄魈傄瀟蕭簫
蠨瀟蠰削小筱篠謏宵笑嘯歗羞饈修脩蓨滫宿秀琇岫柚袖袲宿褎繡
鏥仙仚秈籼先姍僊躚鮮鱻綫銛孅纖襳涎撏洗姺毭筅筅跣銑洒尐尐
鮮廯薛癬獮燹羨腺線綫霰辛莘新薪鋅心芯尋郐鬵伈囟顖信葶相廂
湘葙箱緗襄勷瓖鑲驤羊庠祥翔詳想象像蟓襐樣狌星惺猩腥鯹觲省
渻悻醒性姓胥楈稰蛸須婿鬚需繻綃樨戌邪徐湑糈序苧敘潊壻絮薁
鱮項續薛尋雪鱈削選癬旬徇洵恂峋郇荀枸珣詢循蟳尋潯撏燖蕁鱘

孔汎阷迅訊恂徇殉迥孫遜巽噀鼻薰

　　以上字自《廣韻》齒頭音心、邪各紐演變而來，故爲尖音。

第四章　聲韻學有助於詩文吟誦與賞析

　　蘇東坡這個人，只要是略有知識的中國人，可以說是無人不知，那個不曉。蘇東坡是中國讀書人的典範，也是所謂士這一階層的人所要效法模倣懸爲鵠的的標準。《宋史·蘇軾傳》說他「挺挺大節，群臣無出其右。」雖然蘇軾活著的時候，受到小人的忌惡擠排，一度還被關進御史臺的監獄。六十歲的高齡，還被時相遠貶到海外蠻荒之地的海南島，可以說是受盡折磨。但人的一生爲忠、爲姦、爲君子、爲小人、不等到蓋棺論定，是很難判斷的。白居易的〈放言〉詩說得好：

> 贈君一法決狐疑。不用鑽龜與祝蓍。試玉要燒三日滿，辨材須待七年期。周公恐懼流言日，王莽謙恭未篡時。向使當初身便死，一生眞僞復誰知。[7]

　　《宋史·蘇軾傳·論》可以說是蓋棺論定了的。《傳·論》說他：

> 器識之閎偉，議論之卓犖，文章之雄俊，政事之精明，四者皆能以特立之志爲之主，而以邁往之氣輔之，故意之所向，言足以達其有猷，行足以遂其有爲，至於禍患之來，

7　《白居易集箋校·卷十五·律詩》p.953。

節義足以固其有守，皆志與氣所爲也。

特立之志，就是獨立的意志，不爲利誘，不爲威迫，行其所當行，爲其所當爲。所謂邁往之氣，就是孟子所言：「自反而縮，雖千萬人吾往矣。」的浩然正氣。[8]《宋史・蘇軾傳・論》最後的幾句評斷，我覺得最足以代表蘇軾的立身行事。《傳・論》說：

> 或謂軾稍自韜戢，雖不獲柄用，亦當免禍。雖然，假令軾
> 以是而易其所爲，尚得爲軾哉！

蘇軾之所以爲蘇軾，就在他的不易所爲而求免禍的氣質。所以蘇軾這兩個字，就代表了中國文化所陶冶出來的讀書人的典範。一提到蘇軾，就顯現出來了孟子所說的「富貴不能淫，貧賤不能移，威武不能屈」大丈夫的典型。

邵博《聞見後錄》云：

> 李方叔云：「東坡每出，必取聲韻、音訓、文字複置行篋
> 中。余謂：學者不可不知也。」

從邵博的記載中，我們可以看出，東坡在聲韻文字上下的工夫之勤，與造詣之深。邵博是北宋理學家邵雍的孫子，邵雍與東坡在北宋同時，邵博與東坡時代相去不遠，所見所聞，應屬可信。且所聞之言，出自李方叔，方叔初名豸，後東坡爲改名廌，與黃庭堅、秦觀、晁補之、張耒、陳師道合稱爲蘇門六君子。是最接近東坡的人，他的話當然比較可信。

8　蘇軾〈韓文公廟碑〉云：「孟子曰：『吾善養吾浩然之氣。』是氣也，寓於尋常之中，而塞乎天地之間，卒然遇之，則王公失其貴，晉楚失其富，良平失其智，賁育失其勇，儀秦失其辯，是孰使之然哉？其必有不依形而立，不恃力而行，不隨死而亡者矣。故在天爲星辰，在地爲河嶽，幽則爲鬼神，而明則復爲人，此理之常，無足怪者。」

　　除此之外，宋人還有很多有關關東坡精於文字音韻的記載。例如：

　　曾慥《高齋漫錄》云：

　　　　東坡聞荊公《字說》新成，戲曰：「以竹鞭馬，其篤未聞，以竹鞭犬，有何可笑？」又曰：「鳩字從九從鳥，亦有證據。《詩》曰：鳲鳩在桑，其子七兮，和爹和娘，恰似九個。」

　　荊公作《字說》，以爲可亞六經，頗以字學相詡，而東坡每每面折之，若於文字沒有深入研究，敢對那權傾一時的相公，高談闊論，而令他折服嗎？東坡不僅對文字深入瞭解，且對語言也相當熟悉，故能觀察入微。

　　岳珂《桯史》記載道：

　　　　元祐間，黃秦諸君子在館，暇日觀畫，山谷出李龍眠賢已圖[9]，博奕樗蒱之儔咸列焉。博者六、七人，方據一局，投迸盆中，五皆六，而一猶旋轉不已。一人俯盆疾呼，旁觀者變色起立，纖穠態度，曲盡其妙，相與觀賞，以爲卓絕。適東坡從外來，睨之曰：「李龍眠天下士，顧乃效閩人語耶？」

　　　　眾咸怪，請問其故？東坡曰：「四海語音，言六皆合口，惟閩音則張口，今盆中皆六，一猶未定，法當呼六，而疾呼者乃張口，何也？」龍眠聞之，亦笑而服。

　　從語音上說，所謂合口，是指有-u-介音或主要元音爲u，以及近於 u 的圓脣音，總之口腔與脣狀要稍閉些。蘇軾所謂的張

9　《論語·陽貨》：「子曰：飽食終日，無所用心，難矣哉！不有博奕者乎！爲之猶賢乎已。」

口，應該是張口度特別大，相當於語音上具有低元音a一類的元音音節。關於「六」字的語音，現在的方言雖不全同於古代，但也可以作爲參考。北平、濟南、西安、太原皆讀liou，漢口、長沙讀nou，南昌、梅縣讀liuk，成都讀niəu，雙峰讀nəu，蘇州讀loʔ，溫州讀liu，廣州讀luk，廈門、潮州皆讀lak。以上十五種方言，只有代表閩語的廈門與潮州音，讀「六」的元音是a，正合於東坡所謂的張口；至於其他各地的方言，不是有有-u韻尾，就是主要元音爲u，要不然主要元音就是圓脣的o，無論是那一種音，都合於東坡所謂的合口。本來是安徽人的李公麟，雖不懂閩語，見東坡說得合理，也不得不莞爾而笑，心服其言了。

也許有人會說，宋人的記載，也不見得是甚麼確證，因爲宋代新舊黨爭激烈，黨同伐異得屬害，舊黨的後人或同情舊黨的人，自然所寫的書籍，或所引據的資料，都是推揚舊黨蘇東坡，壓抑新黨王荆公的。那麼，姑且把它列爲旁證，而從東坡本人的作品當中，找尋直接的證據資料吧！

宋神宗元豐七年，東坡奉詔移汝州，離別了謫居五年的黃州。開封進士張近字幾仲的，有龍尾子石硯，東坡以銅劍易之。而賦詩相贈云：

> 我家銅劍如赤蛇。君家石硯蒼碧楠而窪。君持我劍向何許？大明宮裏玉佩鳴衝牙。我得君硯亦安用，雪堂窗下爾雅箋蟲鰕。二物與人初不異，飄落高下隨風花。

元祐六年，公知潁州軍州事，歐陽季默以油煙墨二丸相餉，各長寸許，東坡戲作小詩云：

> 書窗拾輕煤，佛帳掃餘馥。辛勤破千夜，收此一寸玉。癡人畏老死，腐朽同草木。欲將東山松，涅盡南山竹。墨堅人苦脆，未用歎不足。且當注蟲魚，莫草三千牘。

　　《爾雅》有〈釋蟲〉、〈釋魚〉之篇，故向來以以蟲魚代表小學，也就是我們今天的文字、聲韻、訓詁之學，我們要特別注意這兩首詩，硯與墨都是書寫的工具，當東坡得到一方硯，就想到要注蟲蝦，蟲蝦就是蟲魚。《說文》：「蝦、魚也。」蝦也就是魚，這詩因爲要押麻韻，所以就改魚爲蝦，得到二丸墨，也想要注蟲魚。詩本是人的心志所在，心有此意，故發而爲詩。由此可知東坡內心是如何地重視小學了。因爲他平素重視小學，所以對中國文字的形音義都能充分正確地掌握，這就像韓信將兵一樣，多多益善，當作詩時，遇到某字不適用，就立刻換一個字，像換魚爲蝦之類，難怪他在詩文上的表現，是如此的出類拔萃了。所謂如「行雲流水，行其所當行，止於其不可不止。」

　　宋神宗元豐五年六月，公在黃州貶所，黃州對岸武昌西山，松柏之間，羊腸九曲，有亭址甚狹，旁有古木數十章，不可加以斧斤。公每至其下，輒睥睨終日。一夕，大風雷雨，拔去其一，亭得以廣，乃重建九曲亭。公有〈戲題武昌王居士〉詩云：

　　　　予往在武昌九曲亭，上有題一句云：「玄鴻橫號黃槲
　　　　峴」。九曲亭即吳王硯山，一山皆槲葉，其旁即元結陂湖
　　　　也，荷花極盛，因爲對云：「皓鶴下浴紅荷湖」。座客皆
　　　　笑，同請賦此詩。

　　　　江干高居堅關扃。犍耕躬稼角挂經。篙竿繫舸菰茭隔，笳
　　　　鼓過軍雞狗驚。解襟顧景各箕踞，擊劍賡歌幾舉觥。荊筆
　　　　供膾愧覺聒，乾鍋更戛甘瓜羹。

　　又宋哲宗紹聖二年，蘇公六十歲，在惠州貶所，三月公的表兄，也是他的姐夫程之才，以提刑使至惠州，兩表兄弟相聚，晤談甚歡，盡釋數十年的前嫌。程之才寄一字韻之作，公〈戲和正輔一字韻〉詩云：

故居劍閣隔錦官。柑果薑蕨交荊菅。奇孤甘挂汲古綆，僥顗敢揭鉤金竿。己歸耕稼供稿秸，公貴幹蠱高巾冠。改更句格各謇吃，姑固狡獪加間關。

雙聲詩創自南北朝，像王融的雙聲詩：

園蘅眩紅蘤。湖荇燁黃花。迴鶴橫淮翰，遠越合雲霞。

以及唐姚合的〈蒲萄架〉詩：

萄縢洞庭頭，引葉漾盈搖。皎潔鉤高掛，玲瓏影落寮。

陰煙壓幽屋，濛密夢冥苗。清秋青且翠，多到凍都凋。

雖已開雙聲詩的先河，但也不過一句五字雙聲，像王融也不過二十字。而每字雙聲的七言句，全首五十六字，一首已不容易，蘇軾卻有兩首，且九曲亭是臨時應客請賦，若非平素精熟，夙有蓄積，又何能揮筆而成，文從字順。由此更可知蘇東坡在文字、聲韻方面純熟的程度了。這種事實上的最佳表現，該可解開眾人的懷疑了。

在這裏特別說一段我自己學習的過程，我自民國四十五年從先師林景伊先生學聲韻學，迄今將近五十年，又從民國六十四年開始研讀東坡詩，並且開始寫詩，迄今也將三十年，兩者學習的時間都不算短。嘗試作〈戲效東坡一字韻詩以詠東坡〉一首，茲錄於下：

骨鯁堅剛驕亙古，耿光勁翔揭高竿。公歌佳句金規舉，劍閣扃關各拱觀。九界均甘矜軌紀，廣京俱競見巾冠。家居更解君孤諫，急捃城瑰謇吃唁。

先師高仲華先生在世時，此詩曾呈請先師指正，高師說，能作此詩非常不容易，若無你的聲韻學基礎，是不可能寫成的，光是聲韻學還是不夠，也要有作詩的底子配合才行。因為有此經驗，所以提出來供大家參考。

第五章　聲韻學有助於瞭解聲情的配合關係

王易的《詞曲史・構律篇》嘗謂：

> 韻與文情關係至切：平韻和暢，上去韻纏綿，入韻迫切，此四聲之別也；東董寬洪，江講爽朗，支紙縝密，魚語幽咽，佳蟹開展，眞軫凝重，元阮清新，蕭篠飄灑，歌哿端莊，麻馬放縱，庚梗振厲，尤有盤旋，侵寢沈靜，覃感蕭瑟，屋沃突兀，覺藥活潑，質術急驟，勿月跳脫，合盍頓落，此韻部之別也。此雖未必切定，然韻近者情亦相近，其大較可審辨得之。

先師許詩英先生〈登樓賦句法研究兼論其用韻〉一文，對王粲〈登樓賦〉文情之關係，提示其精義。我曾經根據詩英先師的提示，寫過一篇〈王粲登樓賦的用韻與文情關係之研究〉，對先師的提示，加以闡述。西京之亂，王粲南下荊州以依劉表，表之爲人，外寬內忌，好謀無決，有才而不能用，聞善而不能納，且以粲貌寢體弱，故待粲簡慢而不甚敬重。故王粲在荊州意多抑鬱。待休沐假日，乃出遊登樓，初見景色開闊，心情愉快，神態悠然，故第一段以「憂、仇、州、流、丘、疇、留」等幽部三等字押韻，以韻頭 j 始，這是一個舌位高的舌面前半元音，舌位高則張口度小，元音的響度也小，接上去是一個舌面中央元音ə，舌位較低，響度較大。韻尾是 u，是一個舌面後的高元音，響度又較小，以這三個元音構成的三合元音，嘴脣的變化是由展脣變中性再變圓脣，舌頭的位置，是前高變中央再轉後高，響度的變化是小而轉大再轉小，但因爲韻尾是 u，所以整個音節是以元音收尾，凡是元音，對語音的延續，不會產生阻力，也就是說可任意延長，所以用 jəu 這種音節，就足以表達心中舒暢，神態悠然的情緒。王易《詞曲史》說「尤有盤旋」，盤旋就是悠揚，而平聲又最適宜表達和暢的感情，用來發舒王粲此時的心情，的確是最適當不過的了。長久的抑鬱，一得閒暇而使精神弛緩，觀美景而令憂鬱暫銷，因爲儘管城樓明豁而高敞，漳水清澈，沮水縈曲，有廣大的視野，視線所臨，有灌溉的河流，而樓上縱目所望，北盡於陶朱公的鄉野，西達於楚昭王的丘墳，草木開花結實，紅紫滿野；五穀有黍有稷，穎稼盈疇。但是這麼美麗的土地，卻不是我的故鄉。這樣一來，思鄉之情乃悠然而生，所以當行文到「雖信美而非吾土兮，曾何足以少留」時，心情爲之一轉，而變得沈重起來了，因爲思鄉而不得歸，是人生最無可奈何的愁緒。

　　第二段說懷土之思，由於遭亂的原因，先述己懷，原求世用，今旣不得則望返鄉，思鄉不得返，故心情沈重，韻乃一轉，用了「今、任、襟、岑、深、禁、音、吟、心」等侵部三等字押韻，侵部三等字讀 jəm，前面兩音的結構與幽部同，只是韻尾換成了雙脣鼻音韻尾，雙脣鼻音韻尾 -m 的拖長度，遠不及元音韻尾 -u 那麼悠長，故沒有 jəu 韻母那麼悠閒。且雙脣鼻音韻尾 -m 發音時，雙脣緊閉，最適合表達心情沉重的情感。所以王易《詞曲史》說「侵寢沈靜」。當我們心情沈重的時候，往往雙脣緊閉，不願講話。作者自西京遭亂，遷移至荆州，時逾一紀，故鄉山陽，在荆州北面，望而不可見，因被荆山所遮蔽，欲回去又因路長水深的阻隔而不可得。一想至此，就神情黯然，聖人都有思歸之情，何況我是個常人呢？古人不論遇或不遇，懷念故鄉都是一樣的。我本來希望天下太平，以貢獻才力為國家做事，但遭逢亂世，太平不可遇，歸鄉亦無期，心情沈重，悲切之情，就難以抑制了。

　　第三段因為壓抑不住自己的傷感，心中就只有悵惘與焦急迫促之情了。所以韻腳又為之一變，轉為入聲職部韻，而用「極、力、食、匿、色、翼、息、側、臆、側」等職部三等字為韻，職部三等字前二音也與前兩段的韻部結構相同，只是韻尾變成舌根清塞音-k，塞音韻尾-k不但不能延長，且因為是一個唯閉音（implosive），舌根與軟顎一成阻塞，即戛然而止，最足以表達作者內心的焦急與迫切之情了。如前所說，作者本欲待國家太平而貢獻才力以為國用，但太平無期，又不見任，因而動思鄉之情，思歸不得，在樓上徘徊，所見之景，白日西匿，寒風蕭瑟，天色慘澹，獸走尋群，鳥歸舉翼，原野無人，惟我孤獨之旅人，猶徬徨而不得棲息，一念至此，胸中激憤，悵惶悽惻，殆泣不成聲矣。故王易《詞曲史》謂「質術急驟」。因為詞韻中已將職德合併於質術之中矣。急驟就是焦急迫切之情，因為發塞音韻尾時，閉塞口腔與鼻腔通路，使氣流外出之通道完全閉塞，則其音勢不能持久，故戛然而止，這種聲音，兩句一頓，極似悲痛之極，變為泣不成聲的情狀。10

10　王粲登樓賦：登茲樓以四望兮，聊暇日以銷憂。覽斯宇之所處兮，實顯敞而寡仇。挾清漳之通浦兮，倚曲沮之長洲。背墳衍之廣陸兮，臨皋隰之沃流。北彌陶牧，西接昭丘。華實蔽野，黍稷盈疇。雖信美而非吾土兮，曾何足以少留。遭紛濁而遷逝兮，漫踰紀以迄今。情眷眷而懷歸兮，孰憂思之可任。憑軒檻以遙望兮，向北風而開襟。平原遠而極目兮，蔽荊山之高岑。路逶迤而脩迴兮，川既漾而濟深。悲舊鄉之壅隔兮，涕橫墜而弗禁。昔尼父之在陳兮，有歸歟之歎音。鍾儀幽而楚奏兮，莊舄顯而越吟。人情同於懷土兮，豈窮達而異心。

可見韻與文情的確是有相關的，現在我們從選韻方面來看看蘇軾怎樣使韻與文情相配合。王易說：「眞軫凝重」，那是說眞軫韻適宜表現凝重的情感，因爲眞軫韻的韻值是-en或近於-en的音，主要元音是一個半高的前元音，韻尾是舌尖鼻音，元音高則口腔的張口度就小，有舌尖鼻音-n韻尾，則口腔封閉而不暢通，這當然適合表現心情沈重或情緒凝重的感情。

譬如在宋神宗熙寧四年的時候，蘇軾因受王安石的姻親侍御史謝景溫的誣告，劾奏蘇軾在英宗治平三年護送父喪回蜀，沿途妄冒差借兵卒，並在所乘舟中，販運私鹽、蘇木家具和瓷器。這件劾案，詔下江淮發運湖北運使逮捕當時的篙工、水師，嚴切查問。又行文六路，按問水陸所經的州縣，令向蘇軾所差借的柁工偵訊。因爲本來就是子虛烏有的事情，毫無事實，雖窮治年餘，終無所得。但是蘇軾煩了，所以上章補外。神宗本欲與知州差遣，但中書不可，遂改通判杭州。這時候一班反對新法的同志像錢藻、劉邠、曾鞏、劉恕等紛紛遭貶逐。蘇軾滿腔的憤懣與悵惘，出京向他弟弟蘇轍任職的陳州進發，途中聽到一位志同道合反對新法的老朋友陸詵病故，他的心情是何等的沈重。在此情形下，寫下了〈陸龍圖挽詞〉：

> 挺然直節庇峨岷。謀道從來不計身。屬纊家無十金產，過
> 車巷哭六州民。塵埃輦寺三年別，樽俎歧陽一夢新。他日
> 思賢見遺像，不論宿草更沾巾。

惟日月之逾邁兮，俟河清其何極。冀王道之一平兮，假高衢而騁力。懼匏瓜之徒懸兮，畏井渫之莫食。步棲遲以徙倚兮，白日忽其將匿。風蕭蕭而並興兮，天慘慘而無色。獸狂顧以求群兮，鳥相鳴而舉翼。原野闃其無人兮，征夫行而未息。心悽愴以感發兮，意忉怛而憯惻。循階除而下降兮，氣交憤於胸臆。夜參半而不寐兮，悵盤桓以反側。

　　王安石施行新法，元老重臣紛紛反對，於是引進一般新進少年，把一個隱匿母喪不孝的李定拔爲侍御史，中書舍人蘇頌、李大臨、宋敏求不草制落職，史稱熙寧三舍人。給事中胡宗愈封還詞頭，也坐罪奪職，所以胡宗愈也是反對新法的直臣同志，當他的母親去世的時候，蘇軾聽到了消息，也以沈重的心情，寫下了〈胡完夫母周夫人挽詞〉，選的也是眞韻。

　　　　柏舟高節冠鄉鄰。絳帳清風聳搢紳。豈似凡人但慈母，能令孝子作忠臣。當年織屨隨方進，晚節稱觴見伯仁。回首悲涼便陳跡，凱風吹盡棘成薪。

　　元豐二年，因知湖州任所上謝表中「知其愚不識時，難以追陪新進；察其老不生事，或可牧養小民。」之語，爲權監察御史何正臣、權監察御史裏行舒亶、權御史中丞李定諸小人誣爲謗訕，逮送御史臺獄根勘。李定鞫獄，必欲置公於死地。蘇軾想不免一死，因授獄卒梁成遺子由二詩，他的心情又是何等的凝重與沈痛，因而又選了眞韻。他的詩及序說：

　　　　予以事繫獄，獄吏稍見侵，自度不能堪，死獄中，不得一別子由，故作二詩授獄卒梁成，以遺子由。

　　　　聖主如天萬物春。小臣愚暗自亡身。百年未滿先償債，十口無歸更累人。是處青山可埋骨，他年夜雨獨傷神。與君世世爲兄弟，又結來生未了因。

　　宋哲宗紹聖元年四月，東坡以端明、侍讀兩學士充河北西路安撫使兼馬步軍都總管知定州軍州事的崇高地位，落兩學士貶責英州，途中復經三貶，責授建昌軍司馬，惠州安置，不得簽書公事。旋落建昌軍司馬，貶寧遠軍節度副使，仍惠州安置。〈八月七日初入贛過惶恐灘〉詩云：

　　　　七千里外二毛人。十八灘頭一葉身。山憶喜歡勞遠夢，地

名惶恐泣孤臣。長風送客添帆腹，積雨浮舟減石鱗。便合
與官充水手，此生何止略知津。

在這種情形下，心情焉得不沈重，所以他又選擇了適宜表達
凝重心情的眞韻。

紹聖元年八月，蘇軾在南貶的路上，某夜船舶分風浦，忽然
岸上人聲鼎沸，原來發運使奉了後命，派了許多官差，明火執杖
地來奪這個被嚴譴的罪官官方供給的坐船。蘇軾無奈，只得向順
濟王廟默默禱告，請助一帆風力，果然不久，風聲掠耳，船帆充
滿了風，很快開行，抵南昌吳城山，再禱於順濟王廟，留題望湖
亭上云：

八月渡長湖。蕭條萬象疏。秋風片帆急，暮靄一山孤。

許國心猶在，康時術已虛。岷峨家萬里，投老得歸無。

蘇軾此時，以一個曾經是皇帝師傅的崇高地位，遭受滿朝小
人無比刻薄的迫害，而自己卻是徬徨無助的孤臣，「暮靄一山
孤」就是譬喻這種情況。所以他用魚虞韻來透露他滿腔的幽怨。
因爲魚虞韻的主要元音不是-u-，就是-o-，不論是-u-抑是-o-，口
腔的張口度旣小，嘴脣又閉攏，收斂作圓形，最足以表達這種幽
咽的情緒。雖然受到如此無情的迫害，滿腔幽咽無處可訴，而他
仍吟出了「許國心猶在，康時術已虛」的詩句，任何人看了，都
能體會蘇軾生命的灰燼裏，依然藏著熊熊不熄的火種。這就是蘇
軾，這就是中國文化所陶冶出來的高尚情操，也是我們全國同胞
所應效法的典範。

現在我們換一個話題，看看東坡在心情開朗時，他寫的詩採
用什麼樣的韻來表現。神宗元豐八年，蘇軾自黃州移汝州，並請
准得在常州居住。這一路上過筠州，會晤多年不見的弟弟蘇轍一
家，遊廬山，過金陵，抵常州。此時他的老朋友孫覺字莘老的寄

墨給他，他作詩四首。其四云：

> 吾窮本坐詩，久服朋友戒。五年江湖上，閉口洗殘債。今
> 來復稍稍，快癢如爬疥。先生不譏訶，又復寄詩械。幽光
> 發奇思，點黮出荒怪。詩成自一笑，故疾逢蝦蟹。

　　這時候的蘇東坡，「午醉醒來無一事，只將春睡賞春晴。」生活十分悠閒，自然心情也十分開朗，所以他用了佳蟹韻來表達他開朗的心情。因為佳蟹韻的韻母是-ai，口腔由侈而弇，嘴脣由張開而伸展成扁平形狀，那種情形像極了人開口笑時的狀態，所以很能表示他一作詩就「快癢如爬疥」的高興心情。

　　蘇軾不僅是寫詩選韻，使得文情配合得十分適切，而且還能把聲韻學的知識運用到詩句裏頭去，這樣，除了欣賞詞采意境之美以外，又多了一層音韻鏗鏘的優美。神宗元豐二年，蘇軾罷徐州任，調湖州知州，四月渡淮，過揚州，放舟金山，訪寶覺和尚，遇大風，留金山兩日，作詩一首云：

> 塔上一鈴獨自語。明日顛風當斷渡。朝來白浪打蒼崖，倒
> 射軒窗作飛雨。龍驤萬斛不敢過，漁舟一葉從掀舞。細思
> 城市有底忙，卻笑蛟龍為誰怒。無事久留童僕怪，此風聊
> 得妻孥許。灊山道人獨何事，夜半不眠聽粥鼓。

　　《晉書・佛圖澄傳》：「勒死之年，天靜無風，而塔上一鈴獨鳴，澄謂衆曰：『國有大喪，不出今年矣。』既而勒果死。」《世說新語・言語篇》：「佛圖澄與諸石遊。」注引《澄別傳》曰：「數百里外聽浮圖鈴響，逆知禍福。」鈴就是鐘，有舌謂之鈴，無舌謂之鐘，蘇軾首句「塔上一鈴獨自語」，暗用佛圖澄的典故，說此鈴聲能告訴未來的事情，未來的事是什麼？就是「明日顛風當斷渡」。顛風就是天風，《說文》：「天、顛也。」明日天刮大風，波濤洶湧，渡船不得過。詩意不過如此，但「顛風

當斷渡」五字，拉長來讀爲 tien—fuŋ—taŋ—tuan—tu—。那眞像極了鐘聲。所以乾隆皇帝說：「『明日顚風當斷渡』七字，即鈴語也。奇思得自天外，軒窗飛雨，寫浪之景，眞能狀丹青所莫能狀，末忽念及灣山道人不眠而聽粥鼓。想其濡筆揮毫，眞有御風蓬萊，汎彼無垠之妙。」讀者諸君試想一想，如果不是平日對聲韻學修養有素，在揮筆作詩的時候，能夠得天外的奇思，泛無垠的奧妙嗎？

　　南北朝時的吳歌與西曲，在詞句的表現上，每每喜歡用雙關諧音的隱語，像以「梧子」雙關「吾子」，「蓮子」諧音「憐子」，「藕」雙關「偶」，「絲」諧音「思」等等。這種諧音雙關的表現法，在東坡來說，由於聲韻的純熟，當然更所優爲。熙寧六年五月十日，會客有美堂。宋代的官筵是有官妓相陪的，所以東坡曾作〈代人贈別〉三首，其第三首云：

　　　　蓮子劈開須見薏（憶），楸枰著盡更無碁（期）。破衫卻
　　　　有重縫（逢）處，一飯何曾忘卻匙（時）。

　　這完全仿吳歌格借字以寓意，席上隨手之作，應用得十分純熟自然，所以查愼行說：「至東坡蓮子劈開須見薏，是文與釋並見於一句之中矣。」

　　東坡的詩在聲調與韻腳上，都十分注意，常常在一首詩裏換好幾次韻，在換韻的時候，又能選擇得十分得當，務使它在可能範圍內充分變換，在紛繁複雜中顯出整齊諧洽來。因此讀他的詩時，最容易感到他的聲韻鏗鏘悅耳而又變化多端。例如他寫的〈韓幹馬十四匹〉一首，我們仔細地吟讀，是不是有這種感覺呢！詩云：

　　　　二馬並驅攢八蹄。二馬宛頸駿尾齊。一馬任前雙舉後，一
　　　　馬卻避長鳴嘶。老髯奚官騎且顧。前身作馬通馬語。後有

八匹飲且行。微流赴吻飲有聲。前者既濟出林鶴。後者欲涉鶴俯啄。最後一匹馬中龍。不嘶不動尾搖風。韓生畫馬眞是馬。蘇子作詩如見畫。世無伯樂亦無韓。此詩此畫誰當看。

像這種韻腳緊湊而多變化的詩，王國維〈說周頌〉一文談到用韻繁促舒緩的道理時說：

> 凡樂詩之所以用韻者，以同部之音間時而作，足以娛人耳也。故其聲促者，韻之感人也深，其聲緩者，韻之感人也淺。韻之娛耳，其相去不能越十言或十五言，若越十五言以上，則有韻與無韻同。

這段話說明用韻的道理，相當清晰，用來說明東坡此詩的用韻，也頗的當。

蘇軾在初任大理寺評事赴鳳翔時作〈辛丑十一月十九日既與子由別於鄭州西門外馬上賦詩一篇寄之〉一詩，用韻或疏或密，亦足以見其情之緊湊與疏緩。詩云：

> 不飲胡爲醉兀兀。此心已逐歸鞍發。歸人猶自念庭闈，今我何以慰寂寞。登高回首坡壠隔。但見烏帽出復沒。苦寒念爾衣裘薄。獨騎瘦馬踏殘月。路人行歌居人樂。童僕怪我苦悽惻。亦知人生要有別。但恐歲月去飄忽。寒燈相對記疇昔。夜雨何時聽蕭瑟。君知此意不可忘，慎勿苦愛高官職。

此詩十六句，首四句與末四句爲三韻，中間八句則句句皆韻，韻越緊湊，其離別感逐越強烈，首尾各間一句未入韻者，則情感上稍有舒緩之餘地，不至於太過迫促，使人透不過氣來。

〈臘日遊孤山訪惠勤惠思二僧〉每四句中，或句句韻，或隔句韻，亦同一機杼，並錄於下：

天欲雪，雲滿湖。樓臺明滅山有無。水清石出魚可數，林深無人鳥相呼。臘日不歸對妻孥。名尋道人實自娛。道人之居在何許，寶雲山前路盤紆。孤山孤絕誰肯廬。道人有道山不孤。紙窗竹屋深自暖，擁褐坐睡依團蒲。天寒路遠愁僕夫。整駕催歸及未晡。出山迴望雲木合，但見野鶻盤浮圖。茲遊淡薄歡有餘。到家恍如夢蘧蘧。作詩火急追亡逋。清景一失後難摹。

全詩二十句，每四句爲一韻段，前四個韻段皆四句三韻，第三句不韻，而最後一個韻段則句句押韻者，則以其感人愈深也。紀昀曰：「忽疊韻，忽隔句韻，音節之妙，動合天然，不容湊泊，其源出於古樂府。」

李漁叔先生《風簾客話・再論律句》云：

> 律之細者，莫若杜少陵，余曩歲應友人林尹景伊之招，於其課餘，與師範大學群彥，偶共商討詩法。當時曾舉少陵「兵戈飄泊老萊衣」[11] 一篇爲例，以明其虛實相應之法，全詩既寫置高壁，從平列處看之，則一三五七句自成四聲。如：
>
> 兵戈飄泊老萊衣（平）。歎息人間萬事非。我已無家尋弟妹（去），君今何處訪庭闈。黃牛峽靜灘聲轉（上），白馬江寒樹影稀。此別仍須各努力（入），故鄉猶恐未同歸。

律詩中之奇數句，今所謂出句，出句雖不入韻，但卻用平上去入四聲間隔，以取其錯綜之美，杜詩如此安排，而蘇詩亦往往如此。茲舉數例，以見一般：

---

11 杜甫〈送韓十四江東覲省〉。

華陰寄子由

三年無日不思歸（平）。夢裏還家旋覺非。臘酒送寒催去國（入），東風吹雪滿征衣。三峰已過天浮翠（去），四扇行看日照扉。里堠消磨不禁盡（上），速攜家餉勞駸駸。

夜直祕閣呈王敏甫

蓬瀛宮闕隔埃氛（平）。帝樂天香似許聞。瓦弄寒暉鴛臥月（入），樓生晴靄鳳盤雲。共誰交臂論今古（上），只有閒心對此君，大隱本來無境界（去），北山猿鶴漫移文。

陸龍圖詵挽詞

挺然直節庇峨岷（平）。謀道從來不計身。屬纊家無十金產（上），過車巷哭六州民。塵埃輦寺三年別（入），樽俎歧陽一夢新。他日思賢見遺像（去），不論宿草更沾巾。

胡完夫母周夫人挽詞

柏舟高節冠鄉鄰（平）。絳帳清風聳搢紳。豈似凡人但慈母（上），能令孝子作忠臣。當年織屨隨方進（去），晚節稱觴見伯仁。回首悲涼便陳跡（入），凱風吹盡棘成薪。

這種平上去入四聲分用，足見在聲調上的錯綜間隔之美。

杜工部的律詩，除了出句有四聲錯綜之美外，其頸腹二聯，若用疊字相對，往往可藉聲韻與文辭的配合，而加強情意的對比。例如杜詩〈秋興〉八首當中的第三首頸聯，「信宿漁人還泛泛，清秋燕子故飛飛。」這兩句中，以泛泛對飛飛，各家解說紛紜，觀葉嘉瑩《杜甫秋興八首集說》自知。但從聲韻觀點看來，連續兩夜在江中捕魚的漁人，還在江中飄泛不停，則金聖歎《唱經堂杜詩解》所云：「還泛泛者，是喻己之憂勞，而無著落也。」蓋略近之。清爽的秋天，燕子該去而不去，尙故飛飛，唐元紘《杜詩攗》所言「曰還、曰故，皆羨其逍遙字法也。」泛泛句倒未必逍遙，飛飛而逍遙則近之。泛字爲敷母梵韻，在唐代杜甫時代大槪讀成 pʻjuɐm 或 pfʻjuɐm 的音；飛屬非母微韻，大槪讀 pjuəi 或 pfjuəi。

　　在聲母上看，泛爲送氣聲母，用力重；韻母收-m 韻尾，雙脣緊閉，以泛泛來形容漁人飄泛不停的憂勞，豈不適當？飛爲不送氣聲母，用力輕；韻母收音於-əi，發音略如開口笑狀，表示其逍遙，不亦相合嗎？故這兩句應是漁人該休息而不得休息，著其憂勞；燕子可飛走而不飛走，顯其逍遙。上句言人之勞瘁，下句言燕子之輕靈。從聲韻上講來，也正是一種強烈的對比。

　　蘇軾詩中，也有很多類似的表現技巧。元豐七年十日，東坡作〈白塔鋪歇馬〉詩云：

甘山廬阜鬱相望。林隙熹微漏日光。吳國晚蠶初斷葉，占城蚤稻欲移秧。迢迢澗水隨人急，冉冉巖花撲馬香。望眼盡從飛鳥遠，白雲深處是吾鄉。

　　腹聯疊字以「迢迢」對「冉冉」，這兩句字面的意思是：遠遠的山谷間的瀑布，隨人走得益近，聲響就越急；山巖邊淡淡的花香，被風吹向我的馬時，我嗅到了它的香味。從聲韻上分析，則可進一層加深這種景象。迢是定母蕭韻，朱桂耀在〈中國文化的象徵〉中說：「中國文字學上，也有一種以某種聲音直接表示某種意義，是一種純粹的音的象徵。……又 d、t 等音，是舌端和牙床接觸，牙床是凸出的部分，而舌端的部位，也特別顯著，感覺又最靈敏，所以發這種音時，我們就起了一種特定的感覺。

於是凡有 d、t 等音的字，多含有特定的意義。例如：特、定、獨、單、第、嫡、點，滴等是。」迢的聲母定的讀音正是 d'或d，合於朱桂耀的說法，應隱含有特定或確定的意義。蕭韻韻值爲-ieu，全部都是元音組成，這種韻母因爲無輔音的阻礙，聲音最爲舒暢悠揚，與王易所說的的飄灑意義相近。冉本作丹，日母琰韻字，王力在《漢語史稿》第四章詞彙的發展談到同源詞的時候說：「在人類創造語言的原始時代，詞義和語音是沒有必然的聯繫的。但是，等到語言的詞彙初步形成之後，舊詞與新詞之間決不是沒有聯繫的。有些詞的聲音相似，因而意義相似，這種現象並非處處都是偶然的。」又說：「以日母爲例，有一系列的日母字是表示柔弱、軟弱的概念，以及與此有關的概念的。例如：柔n̨ĭəu、弱n̨ĭauk、荏（弱也）n̨ĭəm、軟（�，輭）n̨ĭwan、兒n̨ie、蕤（草木花垂貌）n̨ iwəi、孺n̨ iwo、茸（草木初生之狀）n̨ iwoŋ、韌n̨ iən、蠕（昆蟲動貌）n̨iwan、壤（《說文》：「柔土也。」）n̨iaŋ、忍n̨iən、辱n̨iwŏk、懦n̨iwo。」丹字《說文》云：「毛冄冄也。」段注：「冄者，柔弱下垂之貌。」所以日母字大多數具有柔弱之義，應該是沒有問題的。至於鹽琰韻字則多函胡纖細之義。因爲琰韻的韻值爲-jɛm 或-jem，前有-j-介音，後有韻尾-m，j的響度最小，-m韻尾嘴脣緊閉，也很能符合函胡纖細的這層意思。蘇軾歇馬白塔舖，離廬山不遠。所以首句詩云：「甘山盧阜鬱相望」，迢迢固然是遙遠，從很遠的地方也可以確定那是從山上直瀉而下的瀑布，人越走越近，瀑布聲就越來越響，水珠飄灑得到處都是。冄冄是柔弱，幽幽的花香，從山巖上隨著馬的腳步飄來，一回兒聞到了，一回兒又好像嗅不到了。這樣強弱對比所表現的技巧，不是跟杜詩一樣嗎？

附　錄

附錄一　《廣韻》四十一聲紐切語上字表

聲類	反　　　切　　　上　　　字
影	於央憶伊衣依憂一乙握謁紆挹烏哀安煙鷖愛委姻
喻	余餘予夷以羊弋翼與營移悅
爲	于羽雨雲云王韋永有遠爲洧筠蔇
曉	呼荒虎馨火海呵香朽羲休況許興喜虛花
匣	胡乎侯戶下黃何獲懷
見	居九俱舉規吉紀几古公過各格兼姑佳詭乖
溪	康枯牽空謙口楷客恪苦去丘墟祛詰窺羌欽傾起綺豈區驅曲可乞棄卿弃
群	渠強求巨具臼衢其奇暨跪近狂
疑	疑魚牛語宜擬危五玉俄吾研遇虞愚
端	多德得丁都當冬
透	他託土吐通天台湯
定	徒同特度杜唐堂田陀地
泥	奴乃諾內嬭妳那
來	來盧賴洛落勒力呂良離里郎魯練縷連
知	知張豬徵中追陟卓竹珍
徹	抽癡楮褚丑恥敕
澄	除場池治持遲佇柱丈直宅墜馳

娘	尼拏女穠
日	如汝儒人而仍兒耳
照	之止章征諸煮支職正旨占脂
穿	昌尺赤充處叱春姝
神	神乘食實
審	書舒傷商施失矢試式識賞詩釋始
禪	時殊嘗常蜀市植殖寔署臣是氏視成
精	將子資即則借茲醉姊遵祖臧作鎊
清	倉蒼親遷取七青采醋麁麤千此雌
從	才徂在前藏昨酢疾秦匠慈自情漸
心	蘇素速桑相悉思司斯私雖辛息須胥先寫
邪	徐祥詳辭辝辝似旬寺夕隨
莊	莊爭阻鄒簪側仄
初	初楚創瘡測叉廁剏
床	床鋤鉏豺崱士仕崇查俟助鶵
疏	疏山沙砂生色數所史
幫	邊布補伯百北博巴卑幷鄙必彼兵筆陂畁哺
滂	滂普匹譬披丕
並	蒲步裴薄白傍部平皮便毗弼婢簿捕被比
明	莫慕模謨摸母明彌眉綿靡美
非	方封分府甫反
敷	敷孚妃撫芳峰拂
奉	房防縛附符苻扶馮浮父
微	巫無亡武文望

附錄二　《廣韻》二百六韻切語下字表

〔一〕通攝

上平一東	上聲一董	去聲一送	入聲一屋	開合等第
紅公東	動孔董蠓揔	弄貢送凍	谷祿木卜	開口一等
弓宮戎融中終隆		衆鳳仲	六竹匊宿福逐菊	開口三等
上平二冬	上聲（湩）	去聲二宋	入聲二沃	開合等第
冬宗	湩鵼	統宋綜	酷沃毒篤	合口一等
上平三鍾	上聲二腫	去聲三用	入聲三燭	開合等第
容鍾封凶庸恭	隴踵奉冗悚拱勇冢	頌用	欲玉蜀錄曲足	合口三等

〔二〕江攝：

上平四江	上聲三講	去聲四絳	入聲四覺	開合等第
雙江	項講傋	巷絳降	岳角覺	開口二等

〔三〕止攝：

上平五支	上聲四紙	去聲五寘		開合等第
移支知離羈宜奇	氏紙帋此是豸侈爾綺倚彼靡弭婢俾	避義智寄賜豉企		開口三等
爲規垂隨隳危吹	委詭累捶毀髓	睡僞瑞累恚		合口三等
上平六脂	上聲五旨	去聲六至		開合等第
夷脂飢肌私資尼悲眉	雉矢履几姊視鄙美矢	利至器二冀四自寐祕媚備季悸		開口三等

追隹遺維綏	洧軌癸水誄壘	愧醉遂位類萃季悸		合口三等
上平七之	上聲六止	去聲七志		開合等第
而之其茲持菑	市止里理己士史紀擬	吏置記志		開口三等
上平八微	上聲七尾	去聲八未		開合等第
希衣依	豈豨	毅旣		開口三等
非歸微韋	匪尾鬼偉	沸胃貴味未畏		合口三等

〔四〕遇攝

上平九魚	上聲八語	去聲九御		開合等第
居魚諸余菹許	巨舉呂與渚許	倨御慮恕署去據預助洳		開口三等
上平十虞	上聲九麌	去聲十遇		開合等第
俱朱于貐逾隅貙輸誅夫無	矩庾甫雨武主羽禹	具遇句戌注		合口三等
上平十一模	上聲十姥	去聲十一暮		開合等第
胡吳乎烏都孤姑吾	補魯古戶杜	故暮誤祚路		合口一等

〔五〕蟹攝

上平十二齊	上聲十一薺	去聲十二霽		開合等第
奚兮稽雞迷低	禮啓米弟	計詣戾		開口四等
攜圭		桂惠		合口四等
䪥栘				開口三等

		去聲十三祭		開合等第
		例制祭劌憩袂獘蔽		開口三等
		銳歲芮衛稅		合口三等
		去聲十四泰		開合等第
		蓋帶太大艾貝		開口一等
		外會最		合口一等
上平十三佳	上聲十二蟹	去聲十五卦		開合等第
佳膎	買蟹	隘賣懈		開口二等
蛙媧緺	（買）夥枴	（賣）卦		合口二等
上平十四皆	上聲十三駭	去聲十六怪		開合等第
諧皆	楷駭	界拜介戒		開口二等
懷乖准		壞怪		合口二等
		去聲十七夬		開合等第
		夬話快邁		合口二等
		喝犗		開口二等
上平十五灰	上聲十四賄	去聲十八隊		開合等第
恢回杯灰	罪賄猥	對昧佩內隊續妹輩		合口一等
上平十六咍	上聲十五海	去聲十九代		開合等第
來哀開哉才	改亥愷宰給乃在	耐代溉概愛		開口一等
		去聲二十廢		開合等第
		刈		開口三等
		肺廢穢吠		合口三等

〔六〕臻攝

上平十七眞	上聲十六軫	去聲廿一震	入聲五質	開合等第
鄰珍眞人賓	忍軫引盡腎絼	刃晉振覲遴印	吉栗畢必叱日質一七悉	開口三等
巾銀	敏		乙筆密	開口三等
上平十八諄	上聲十七準	去聲廿二稕	入聲六術	開合等第
倫綸勻迍脣旬邅贇筠	尹準允殞	閏峻順	聿邮律	合口三等
上平十九臻	上聲（籐）	去聲（齔）	入聲七櫛	開合等第
詵臻	籐	齔	瑟櫛	開口二等
上平二十文	上聲十八吻	去聲廿三問	入聲八物	開合等第
分云文	粉吻	運問	弗勿物	合口三等
上平廿一欣	上聲十九隱	去聲廿四焮	入聲九迄	開合等第
斤欣	謹隱	靳焮	訖迄乞	開口三等
上平廿三魂	上聲廿一混	去聲廿六慁	入聲十一沒	開合等第
昆渾奔尊魂	本忖損衮	困悶寸	勃骨忽沒	合口一等
上平廿四痕	上聲廿二很	去聲廿七恨	入聲（麧）	開合等第
恩痕根	墾很	艮恨	麧	開口一等

〔七〕山攝

上平廿二元	上聲二十阮	去聲廿五願	入聲十月	開合等第
軒言	幰偃	建堰	歇謁竭訐	開口三等
袁元煩	遠阮晚	怨願販万	厥越伐月發	合口三等
上平廿五寒	上聲廿三旱	去聲廿八翰	入聲十二曷	開合等第
安寒干	笴旱但	旰旦按案贊	葛割達曷	開口一等
上平廿六桓	上聲廿四緩	去聲廿九換	入聲十三末	開合等第
官丸端潘	管緩滿纂卵伴	玩算貫亂換段半漫喚	撥活末括栝	合口一等
上平廿七刪	上聲廿五潸	去聲三十諫	入聲十四黠	開合等第
姦顏班	板赧	晏澗諫鴈	八拔黠	開口二等
還關	綰鯇	患慣	滑	合口二等
上平廿八山	上聲廿六產	去聲卅一襉	入聲十五鎋	開合等第
閒閑山	簡限	莧襉	瞎轄鎋	開口二等
頑鰥		（辨）幻	刮頌	合口二等
下平一先	上聲廿七銑	去聲卅二霰	入聲十六屑	開合等第
前先煙賢田年顛堅	典殄繭峴	佃旬練電麵見	結屑蔑	開口四等
玄涓	畎泫	縣絢	決穴	合口四等
下平二仙	上聲廿八獼	去聲卅三線	入聲十七薛	開合等第
然仙連延乾焉	淺演善展輦翦蹇免辨緬	箭膳戰扇賤線面碾變卞彥	列薛熱滅別竭	開口三等
緣泉全專宣川員權圓攣	兗緬轉篆	掾眷絹倦卷戀釧囀	雪悅絕劣爇輟	合口三等

〔八〕效攝

下平三蕭	上聲廿九篠	去聲卅四嘯		開合等第
彫聊蕭堯么	鳥了皛皎	弔嘯叫		開口四等
下平四宵	上聲三十小	去聲卅五笑		開合等第
邀宵霄焦消遙招昭嬌喬嚻瀌	兆小少沼夭矯表	妙少照笑廟肖召要		開口三等
下平五肴	上聲卅一巧	去聲卅六效		開合等第
茅肴交嘲	絞巧飽爪	教孝貌稍		開口二等
下平六豪	上聲卅二皓	去聲卅七號		開合等第
刀勞牢遭曹毛袍褒	老浩皓早道抱	到導報耗		開口一等

〔九〕果攝

下平七歌	上聲卅三哿	去聲卅八箇		開合等第
俄何歌	我可	賀箇佐个邏		開口一等
下平八戈	上聲卅四果	去聲卅九過		開合等第
禾戈波和婆	火果	臥過貨唾		合口一等
迦伽				開口三等
靴脿𩨏				合口三等

〔十〕假攝

下平九麻	上聲卅五馬	去聲四十禡		開合等第
霞加牙巴	下疋雅賈	駕訝嫁亞		開口二等
花華瓜	瓦寡	化吳		合口二等
遮車奢邪嗟賒	也者野冶姐	夜謝		開口三等

〔十一〕宕攝

下平十陽	上聲卅六養	去聲卅一漾	入聲十八藥	開合等第
章羊張良陽莊	兩奬丈掌養	亮讓漾向	略爵雀瘧灼勺若藥約	開口三等
方王	往昉网	況放妄	縛钁籰	合口三等
下平十一唐	上聲卅七蕩	去聲卅二宕	入聲十九鐸	開合等第
郎當岡剛旁	朗黨	浪宕謗	落各博	開口一等
光黃	晃廣	曠	郭穫	合口一等

〔十二〕梗攝

下平十二庚	上聲卅八梗	去聲卅三映	入聲二十陌	開合等第
行庚盲	杏梗猛（打冷）	孟更	白格陌伯	開口二等
橫	礦	蝗橫	虢	合口二等
驚卿京兵明	影景丙	敬慶病命	逆劇戟郤	開口三等
榮兄	永憬	詠		合口三等
下平十三耕	上聲卅九耿	去聲卅四諍	入聲廿一麥	開合等第
莖耕萌	幸耿	迸諍爭	厄戹革核摘責麥	開口二等

宏			獲摑	合口二等
下平十四清	上聲四十靜	去聲卅五勁	入聲廿二昔	開合等第
情盈成征貞幷	郢整靜井	正政鄭令姓盛	積昔益跡易辟亦隻石炙	開口三等
傾營	頃穎		役	合口三等
下平十五青	上聲卅一迥	去聲卅六徑	入聲廿三錫	開合等第
經靈丁刑	頂挺鼎醒涬剄	定侫徑	擊歷狄激	開口四等
扃螢	迥潁		鶪闃昊	合口四等

〔十三〕曾攝

下平十六蒸	上聲卅二拯	去聲卅七證	入聲廿四職	開合等第
仍陵膺冰蒸乘矜兢升	拯庱	應證孕甑餕	翼力直即職極側逼	開口三等
			域洫	合口三等
下平十七登	上聲卅三等	去聲卅八嶝	入聲廿五德	開合等第
滕登增棱崩恒朋	肯等	鄧亙隥贈	則德得北墨勒黑	開口一等
肱弘			國或	合口一等

〔十四〕流攝

下平十八尤	上聲卅四有	去聲卅九宥		開合等第
求由周秋流鳩州尤謀浮	久柳有九酉否婦	救祐副就僦富祝又溜呪		開口三等
下平十九侯	上聲卅五厚	去聲五十候		開合等第
鉤侯婁	口厚垢后斗苟	遘候豆奏漏		開口一等
下平二十幽	上聲卅六黝	去聲五一幼		開合等第
虯幽烋彪	糾黝	謬幼		開口三等

〔十五〕深攝

下平廿一侵	上聲卅七寢	去聲五二沁	入聲廿六緝	開合等第
林尋深任針心淫金吟今簪	稔甚朕荏枕凜飲錦瘽	鴆禁任蔭譖	入執立及急汲戢汁	開口三等

〔十六〕咸攝

下平廿二覃	上聲四八感	去聲五三勘	入聲廿七合	開合等第
含男南	禫感唵	紺暗	閤沓合荅	開口一等
下平廿三談	上聲四九敢	去聲五四闞	入聲廿八盍	開合等第
甘三酣談	覽敢	濫瞰蹔暫	臘盍榼	開口一等
下平廿四鹽	上聲五十琰	去聲五五豔	入聲廿九葉	開合等第
廉鹽占炎淹	冉斂琰染漸檢險奄俺	贍豔窆驗	涉葉攝輒接	開口三等
下平廿五添	上聲五一忝	去聲五六㮇	入聲三十怗	開合等第
兼甜	玷忝簟	念店	協頰愜牒	開口四等
下平廿六咸	上聲五三豏	去聲五八陷	入聲卅一洽	開合等第
讒咸	斬減豏	韽陷賺	夾洽図	開口二等
下平廿七銜	上聲五四檻	去聲五九鑑	入聲卅二狎	開合等第
監銜	黤檻	懺鑒鑑	甲狎	開口二等
下平廿八嚴	上聲五二儼	去聲五七釅	入聲卅三業	開合等第
嚴𪗡	掩广	釅欠劍	怯業劫	開口三等
下平廿九凡	上聲五五范	去聲六十梵	入聲卅四乏	開合等第
凡芝	錟范犯	泛梵	法乏	合口三等

參考書目

一、中日文之部

《詩經》古今音手册　向熹　南開大學出版社　1988 年 2 月　天津市

《廣韻》的反切和今音　昌厚　中國語文 1964 年 2 期　1964 年 9 月　北京市

《韻鏡》研究　李新魁　語言研究創刊號 p.p.125-166 華中工學院出版社　1981 年 7 月　武漢市

丁邦新語言學論文集　丁邦新　商務印書館　1998 年 1 月 1 日　北京市

入聲考　胡適　胡適文存內

十駕齋養新錄　錢大昕　商務印書館

上古入聲韻尾的清濁問題　鄭張尚芳　語言研究 18 期 p.p.67-74　華中理工大學出版社　1990 年 5 月　武漢市

上古音系研究　余迺永　香港中文大學出版社　1985 年 1 月　香港

上古音研究　李方桂著　商務印書館出版　1980 年 7 月第一版　2001 年 3 月 4 刷　北京市

上古音芻議　龍宇純　中央研究院歷史語言研究所集刊第 96 本第 2 分　1998 年 6 月　台北市

上古音討論集　趙元任・高本漢等著　學藝出版社出版　民國五十九年元月（1970）初版　台北市

上古音韻表稿　董同龢　中央研究院歷史語言研究所單刊甲種之

二十　中央研究院歷史語言研究所出版　中華民國五十六年
　　六月（1967）初版　臺北市

上古陰聲韻尾再檢討　陳新雄　第十五屆聲韻學研討會　1997
　　年 5 月　台中市

上古漢語入聲和陰聲的分野及其收音《龍蟲並雕齋文集一》　中
　　華書局　1980 年 1 月　北京市

上古漢語和古藏語元音系統的歷史比較　潘悟云　語言研究 91
　　增刊 p.p.32-34　華中理工大學　1991 年 11 月　武漢市

上古漢語的音節結構　丁邦新　史語所集刊 50 本 4 分　民國七
　　十九年（1990）九月一日　台北市

上古漢語的複音聲母　謝・叶・雅洪托夫（在唐作藩・胡雙寶編
　　《漢語史論集》內）　北京大學出版社　1986 年 11 月

上古漢語的韻母系統　謝・叶・雅洪托夫（在唐作藩・胡雙寶
　　編《漢語史論集》內）　北京大學出版社　1986 年 11 月

上古漢語音系　金理新　黃山書社出版　2002 年 6 月　合肥市

上古韻祭月是一個還是兩個韻部　李毅夫　《音韻學研究》第一
　　冊 286-293 頁　中華書局出版　1984 年 3 月第 1 版　北京市

不規則音變的潛語音條件　許寶華・潘悟云　語言研究 8 期
　　1985 年 5 月　武漢市

中上古漢語音韻論文集　龍宇純　五四書店・利氏學社聯合出版
　　2002 年 12 月　台北市

中古音　李新魁　漢語知識叢書本　商務印書館　1991 年 11 月
　　北京市

中國上古音裡的複聲母問題　方師鐸　方師鐸文史叢稿　1985
　　年 11 月　台北市

中國小學史　胡奇光　上海人民出版社　1987 年 11 月　上海市

中國文學教科書　劉師培　劉申叔遺書本　大新書局　1965 年

8 月　台北市

中國古代語言學資料匯纂—音韻學分冊　張斌‧許威漢主編　福建人民出版社　1993 年 9 月　福州市

中國古音學　張世祿　先知出版社　1972 年 4 月　台北市

中國近三十年之聲韻學上　齊佩瑢　中國學報 1 卷 2 期　1944 年 4 月　北平市

中國近三十年之聲韻學下　齊佩瑢　中國學報 1 卷 3 期　1944 年 5 月　北平市

中國音韻論集　賴惟勤　汲古書院　1989 年 2 月　東京市

中國音韻學史（上下）　張世祿　台灣商務印書館　1965 年 11 月　台北市

中國音韻學研究　高本漢著　趙元任‧李方桂‧羅常培譯　臺灣商務印書館出版民國五十一年六月（1962）臺一版　臺北市

中國音韻學論文集　周法高　中文大學出版社　1984 年 1 月　香港

中國語之性質及歷史　高本漢原著、杜其容譯　中華叢書委員會　1963 年 5 月　台北市

中國語文論叢　周法高　正中書局印行　1970 年 5 月　台北市

中國語文學論文選　俞敏　光生館　1984 年 3 月　東京市

中國語言學史　濮之珍　書林出版有限公司　1990 年 11 月　台北市

中國語言學史話　中國語文學社　中國語文雜誌社出版　1969 年 9 月　北京市

中國語言學現狀與展望　許嘉璐‧王福祥‧劉潤清主編　外語教學與研究出版社　1996 年 8 月　北京市

中國語言學論文集　周法高　聯經出版事業公司　1975 年 9 月　台北市

中國語言學論集　幼獅月刊社主編　幼獅文化事業公司出版
　　1977 年 1 月　台北市

中國語音史　董同龢　中華文化事業委員會　1954 年 2 月　台
　　北市

中國語音學史　趙振鐸　河北教育出版社　2000 年 5 月　石家
　　莊市

中國語音韻論　藤堂明保　光生館　1980 年 5 月　東京市

中國語與中國文　高本漢原著、張世祿譯　文星書局出版　1965
　　年 1 月　台北市

中國聲韻學　姜亮夫　1931 年 1 月　台北市

中國聲韻學　潘重規・陳紹棠　東大圖書公司　1978 年 8 月
　　台北市

中國聲韻學大綱　高本漢著、張洪年譯　中華叢書委員會　1972
　　年 2 月　台北市

中國聲韻學大綱　謝雲飛　蘭臺書局　1971 年 12 月　台北市

中國聲韻學通論　林尹　世界書局　1961 年 9 月　台北市

五均論　鄒漢勛　敩藝齋遺書本

今本廣韻切語下字系聯　陳新雄　語言研究 91 年增刊　華中理
　　工大學出版部　1991 年 11 月　武漢市

六十年來之聲韻學　陳新雄　文史哲出版社　1973 年 8 月　台
　　北市

六書音韻表　段玉裁　音韻學叢書　廣文書局印行　1966 年 1
　　月　台北市

切韻ɑ的來源　李方桂　史語所集刊 3 本 1 分　1931 年 8 月北平
　　市

切韻 j 聲母與 i 韻尾的來源問題　鄭張尚芳　紀念王力先生九十
　　誕辰文集.p.p.160-179　山東教育出版社　1991 年 12 月　濟

南市

切韻五聲五十一紐考　曾運乾　木鐸 3、4 合期轉載　中國文化
　　學院中文系刊行　1975 年 11 月　台北市

切韻考　陳澧　音韻學叢書本　廣文書局印行　1966 年 1 月
　　台北市　又台灣學生書局印行　1965 年 4 月　台北市

切韻研究　邵榮芬　中國社會科學院出版社　1982 年 3 月　北
　　京市

切韻音系　李榮　鼎文書局　1972 年 9 月　台北市

切韻音系的性質及其他　何九盈　中國語文 1961 年 9 月號　1961
　　年 9 月　北京市

切韻純四等韻的主要元音　馬學良·羅季光　中國語文 121 期
　　1962 年 12 月　北京市

切韻純四等韻的主要元音及相關問題　張賢豹　語言研究 9 期
　　1994 年 11 月　武漢市

切韻綜合研究　黃典誠　廈門大學出版社　1994 年 1 月　廈門市

切韻與方言　張光宇　台灣商務印書館　1990 年 1 月　台北市

孔廣森上古去聲長短說對後世之影響　李思敬　語言研究 91 年
　　增刊　1991 年 11 月　武漢市

文字音韻學論叢　劉盼遂　北平人文書店

文字學音篇　錢玄同　台灣學生書局　1964 年 7 月　台北市

文字聲韻訓詁筆記　黃侃　木鐸出版社　1983 年 9 月　台北市

文字聲韻論叢　陳新雄　東大圖書公司　1994 年 1 月　台北市

文始　章炳麟　章氏叢書本　世界書局印行　1958 年 7 月　台
　　北市

文藝音韻學　沈祥源　武漢大學出版社　1998 年 1 月　武漢市

方言·共同語·語文教學　詹伯慧　澳門日報出版社　1995 年
　　5 月　澳門

方言與音韻論集　李如龍　香港中文大學　1996 年 10 月　香港

毛詩古音考（上下）　陳第　音韻學叢書本　廣文書局印行
　　1966 年 1 月　台北市

毛詩韻聿　丁惟汾　齊魯書社出版　1984 年 6 月 1 日　濟南市

毛詩韻譜　郭師古　玉屏山房刊本

王石臞先生韻譜合韻譜稿後記　國學季刊五卷二號　1935 年 1
　　月　北平市

王石臞先生韻譜合韻譜遺稿跋　國學季刊三卷一號　1932 年 3
　　月　北平市

古今通韻　毛奇齡　康熙甲子史館刊本

古今韻考　李因篤　音韻學叢書本　廣文書局印行　1966 年 1
　　月　台北市

古今韻略　邵長蘅　康熙丙子刊本

古今韻會舉要及相關韻書　甯忌浮　中華書局 1997 年 5 月　北
　　京市

古今韻會舉要及相關韻書　甯忌浮著　中華書局出版　1997 年
　　5 月第 1 版　北京市

古今韻會舉要研究　花登正宏　汲古書院　1997 年 10 月　東京
　　市

古今韻會舉要研究　花登正宏著　汲古書院發行　1997 年 10 月
　　30 日發行　日本東京都

古代文字音韻論文集　趙誠　中華書局　1990 年 3 月　北京市

古代濁聲考　敖士英　輔仁學誌二卷一期　1930 年 1 月　北平市

古音之旅　竺家寧　國文天地雜誌社　1987 年 10 月　台北市

古音正義　熊士伯　尙友堂藏板

古音系研究　魏建功　中華書局出版　1996 年 12 月第 1 版　北
　　京市

古音研究　陳新雄　五南圖書出版有限公司　民國 89 年 11 月
　　（2000）初版二刷　臺北市

古音略例　楊愼　函海本

古音無邪紐補證　錢玄同　師大國學叢刊單行本

古音無邪紐證補證　戴君仁　輔仁學誌 12 卷 1、2 合期　1943
　　年 12 月　北平市

古音概說　李新魁　廣東人民出版社　1979 年 12 月　廣州市

古音說略　陸志韋　台灣學生書局　1971 年 8 月　台北市

古音學入門　林慶勳・竺家寧　台灣學生書局　1989 年 7 月
　　台北市

古音學發微　陳新雄　文史哲出版社　1972 年 1 月　台北市

古音諧　姚文田　邃雅堂集本

古音類表　傅壽彤　光緒二年大梁臬署刊本

古等呼說　湯炳正　史語所集刊 11 本

古漢語複聲母論文集　趙秉璇・竺家寧　北京語言文化大學出版
　　社　1998 年 3 月　北京市

古漢語韻母系統與韻　張琨夫婦　中央研究院史語所　1972 年
　　5 月　台北市

古聲紐演變考　左松超　師大國研所集刊 4 號　1959 年 6 月
　　台北市

古聲韻討論集　楊樹達　台灣學生書局　1965 年 5 月　台北市

古韻三十部歸字總論　何九盈・陳復華　《音韻學研究》第一冊
　　207-252 頁　中華書局出版　1984 年 3 月第 1 版　北京市

古韻之幽兩部之間的交涉　史存直　《音韻學研究》第一冊
　　296-313 頁　中華書局出版　1984 年 3 月第 1 版

古韻分部定論商榷　陳紹棠　新亞學術年刊 6 期

古韻廿八部音讀之假定　錢玄同　木鐸第二期轉載　1934 年 12

　　月　台北市

古韻通　柴紹炳　乾隆刊本

古韻通說　龍啓瑞　古韻通說　尊經書局鐫本

古韻魚宵兩部之音讀之假定　錢玄同　語文第二期

古韻發明　張畊　芸心堂刊本

古韻標準　江永　音韻學叢書本　廣文書局印行　1966 年 1 月
　　台北市

古韻論　胡秉虔　叢書集成本　商務印書館

古韻學源流　黃永鎮　台灣商務印書館　1966 年 1 月　台北市

古韻譜　王念孫　音韻學叢書本　廣文書局　1966 年 1 月　台
　　北市

四聲三問　陳寅恪　清華學報九卷二期　1936 年 1 月　北平市

四聲五音九弄反紐圖簡釋　殷孟倫　山東大學學報第一期　1957
　　年 1 月　濟南市

四聲切韻表　江永　音韻學叢書本　廣文書局印行　1966 年 1
　　月　台北市

四聲別義釋例　周祖謨　輔仁學誌 13 卷 1、2 合期 1945 年 12 月
　　北平市

求進步齋音韻　張煊　求進步齋音論　國故第一期

再談《切韻》音系的性質—與何九盈・黃粹伯兩位同志討論　中
　　國語文 1962 年 12 月號　1962 年 12 月　北京市

江永聲韻學述評　董忠司　文史哲出版社　1988 年 4 月　台北市

老子韻表　劉師培　劉申叔先生遺書本　大新書局出版　1965
　　年 8 月　台北市

西夏語文研究論文集　龔煌城　中央研究院語言學研究所籌備處
　　出版　2002 年 8 月　台北市

伸顧　易本烺　商務印書館叢書集成本

宋代漢語韻母系統研究　李新魁　語言研究 14 期 p.p.51-65　華中工學院出版社　1988 年 5 月　武漢市

形聲類篇　丁履恒　大亭山館藏書本

批判胡適的入聲考　趙少咸·殷孟倫　山東大學學報　1957 年 1 月　濟南市

李方桂先生《上古音研究》的幾點質疑　陳新雄　中國語文 231 期　1992 年 11 月　北京市

周、隋長安方音初探　尉遲治平　語言研究 3 期 p.p.18-33　華中工學院出版部　1982 年 11 月　武漢市

周、隋長安方音再探　尉遲治平　語言研究 7 期 p.p.105-114　華中工學院出版部　1984 年 11 月　武漢市

周秦古音結構體系（稿）　嚴學宭　《音韻學研究》第一册 92-130 頁　中華書局出版　1984 年 3 月第 1 版　北京市

定本觀堂集林上下　王國維　世界書局印行　1964 年 9 月　台北市

屈宋古音義　陳第　音學叢書本　廣文書局印行　1966 年 1 月　台北市

易韻　毛奇齡　西河合集本

明清等韻學通論　耿振生　語文出版社 1992 年 9 月　北京市

林炯陽教授論學集　林炯陽　文史哲出版社　2000 年 4 月　台北市

近代漢語綱要　蔣冀騁·吳福祥　湖南教育出版社　1997 年 3 月　長沙市

邵榮芬音韻學論集　邵榮芬　首都師範大學出版社　1997 年 7 月　北京市

俞敏語言學論文集　俞敏　商務印書館　1999 年 5 月　北京市

怎樣才算是古音學上的審音派　陳新雄　中國語文 248 期 p.p.

345-352　1995 年 9 月　北京市

耶穌會士在音韻學上的頁獻　羅常培　史語所集刊 1 本分　1928 年 1 月　北平市

述韻　夏燮　番陽官廨本

重校增訂音略證補　陳新雄　文史哲出版社　1991 年 10 月　台北市

重校增訂音略證補　陳新雄　文史哲出版社出版　民國六十七年九月（1978）增定初版　民國八十年十月（1991）增訂初版十四刷　臺北市

重紐研究　李新魁　語言研究第 7 期 p.p.73-104　華中工學院出版社　1986 年 7 月　武漢市

音切譜　李元　道光戊申孟冬鐫本　1848 年

音論　章炳麟　中國語文研究　中華書局　1956 年 5 月　台北市

音學十書　江有誥　音韻學叢書本　廣文書局印行　1966 年 1 月　台北市

音學五書　顧炎武　音韻學叢書本　廣文書局　1966 年 1 月　台北市

音學辨微　江永　音韻學叢書本　廣文書局印行　1966 年 1 月　台北市

音韻　李思敬　商務印書館印行　1985 年 6 月　北京市

音韻比較研究　劉廣和　中國廣播電視出版社　2002 年 1 月　北京市

音韻問答　錢大昕　昭代叢書本

音韻與方言研究　麥耘　廣東人民出版社　1995 年 4 月　廣州市

音韻學引論　黃耀堃　書林出版有限公司　1995 年 12 月　台北市

音韻學教程　唐作藩　北京大學出版社　1987 年 5 月　北京市

音韻學通論　馬宗霍　泰順書局　1972 年 3 月　台北市

音韻學綱要　趙振鐸　巴蜀書社　1990 年 7 月　成都市

音韻學講義　曾運乾　中華書局　1996 年 11 月　北京市

音譯梵書與中國古音　鋼和泰著・胡適譯　國學季刊一卷一號
　　1923 年 1 月　北平市

原始中國語試探　潘尊行　國學季刊一卷三號　1923 年 7 月
　　北平市

原始漢語詞尾後綴*-s 消失的遺跡　嚴學宭　14 屆國際漢藏語言
　　會議　1981 年 6 月　台北市

原始漢語漢藏語　包擬古原著　潘悟云・馮蒸譯　中華書局
　　1995 年 6 月　北京市

原始漢語韻尾後綴*-s 試探　嚴可均　1979 年 1 月　武漢市

唐五代西北方音　羅常培　史語所專刊之十二　1933 年 1 月
　　上海市

唐五代韻書集成　周祖謨　台灣學生書局印行　1996 年 1 月
　　台北市

徐通鏘選集　徐通鏘　河南教育出版社出版　1993 年 11 月　鄭
　　州市

殷煥先語言論集　殷煥先　山東大學出版社　1990 年 4 月　濟
　　南市

訓詁學上冊　陳新雄　台灣學生書局印行　1996 年 9 月　台北市

高郵王懷祖先生訓詁音韻書稿序錄　國學季刊一卷三號　1923
　　年 1 月　北平市

問學集上下册　周祖謨　中華書局　1966 年 1 月　北京市

國故論衡　章炳麟　章氏叢書本　世界書局印行　1958 年 7 月
　　台北市

張世祿語言學論文集　張世祿　學林出版社　1984 年 10 月　上

海市

從切韻序論切韻　趙振鐸　中國語文 1962 年 10 月號　1962 年 10 月　北京市

從史實論切韻　陳寅恪　陳寅恪先生論文集　1974 年 1 月　台北市

從兩周金文用韻看上古韻部陰入間的關係　語言研究 91 年增刊 1994 年 6 月　武漢市

從漢藏語的比較看重紐問題（兼論上古-rj-介音對中古韻母演變的影響）　龔煌城　聲韻論叢第六輯　1997 年 4 月　台北市

從說文入聲語根論析上古字調演變　東海學報 7 卷 1 期　1966 年 1 月　台中市

梅祖麟語言學論文集　梅祖麟　商務印書館　2000 年 10 月　北京市

清代上古音聲紐研究史論　李葆嘉　五南圖書出版公司　1996 年 6 月　台北市

清代古音學　王力　中華書局　1992 年 8 月　北京市

清代前期古音學研究上下　張民權　北京廣播學院出版社出版 2002 年 9 月　北京市

略論上古匣母及其到中古的發展　周長楫　《音韻學研究》第一冊 266-285 頁　中華書局出版　1984 年 3 月第 1 版　北京市

第十五屆全國聲韻學學術研討會論文集　逢甲大學中文系主編 逢甲大學出版　1997 年 5 月　台中市

許世瑛先生論文集　許世瑛　弘道書局印行　1974 年 1 月　台北市

陳獨秀韻學論文集　陳獨秀　中華書局出版　2001 年 12 月　北京市

陸志韋語言學著作集㈠　陸志韋　中華書局出版　1985 年 5 月

北京市

陸志韋語言學著作集㈡　陸志韋　中華書局出版　1999 年 3 月
　　北京市

陸志韋語言學著作集㈢　陸志韋　中華書局出版　1990 年 4 月
　　北京市

陸宗達語言學論文集　陸宗達　北京師範大學出版社　1996 年
　　3 月　北京市

陸宗達語言學論文集　陸宗達　北京師範大學出版社 1996 年 3
　　月　北京市

普通語言學　高名凱　劭華文化服務社　1968 年 1 月　香港

普通語言學概論　羅・亨・羅賓斯著、李振麟・胡偉民譯　上海
　　譯文出版社　1986 年 5 月　上海市

普通語音學綱要　羅常培・王均編著　科學出版社出版　1957
　　年 2 月　北京市

曾運乾古韻三十攝榷議　陳新雄　第五屆國際暨全國聲韻學學術
　　研討會論文集　新竹師範學院語教系　1996 年 6 月　新竹市

等韻一得　勞乃宣　光緒戊戌刻本

等韻述要　陳新雄　藝文印書館印行　1974 年 7 月　台北市

等韻源流　趙蔭棠　文史哲出版社　1974 年 2 月　台北市

答馬斯貝囉（Maspero）論切韻之音　高本漢原著、林玉堂譯
　　國學季刊一卷三號　1923 年 7 月　北京市

黃氏古韻二十八部諧聲表　周家風　私立遠東工業專科學校刊行
　　1968 年 12 月　台北市

黃侃論學雜著　黃侃　學藝出版社　1969 年 5 月　台北市

黃典誠語言學論文集　黃典誠　廈門大學出版社　2003 年 8 月
　　廈門市

傳統音韻學實用教程　鄒曉麗　上海辭書出版社　2002 年 5 月

2 刷　上海市

廈門音系及其音韻聲調之構造與性質　羅常培・周辨明　古亭書
　　屋　1975 年 3 月　台北市

新校宋本廣韻　洪葉文化事業有限公司出版　2001 年 9 月初版
　　台北市

新編中原音韻概要　陳新雄　學海出版社　民國九十年五月
　　（2001）初版　臺北市

當代中國音韻學　李葆嘉　廣東教育出版社　1998 年 10 月　肇
　　慶市

經典釋文音系　邵榮芬　學海出版社出版　1995 年 6 月　台北市

經典釋文異音聲類考　謝雲飛　師大國研所集刊 4 號　1959 年
　　6 月　台北市

經義述聞　皇清經解本　復興書局出版　1961 年 5 月　台北市

董同龢先生語言學論文集　丁邦新編　食貨出版社　民國七十四
　　年（1985）十一月一日　台北市

董同龢先生語言學論文選集　丁邦新編　食貨出版社出版　中華
　　民國六十三年十一月（1974）初版　臺北市

解語　黃綺　河北育出版社　1988 年 3 月　石家莊市

試論上古字調研究　江舉謙　東海學報 5 卷 1 期　1963 年 1 月
　　台中市

試論幾個閩北方言中的來母 S-聲字　梅祖麟・羅杰瑞　清華學
　　報 9 卷 1、2 合期　1971 年 9 月　台北市

詩古音二十二部集說　夏炘　音韻學叢書本　廣文書局　1966
　　年 1 月　台北市

詩音表　錢坫　音韻學叢書本　廣文書局印行　1966 年 1 月
　　台北市

詩經例外押韻現象論析　江舉謙　東海文薈 8 期

詩經音韻譜　甄士林　種松書屋

詩經時的聲調　許紹華　語言研究 26 期　1994 年 5 月　武漢市

詩經諧韻考異　輔廣　叢書集成本　商務印書館

詩經韻譜　江舉謙　東海大學出版　1961 年 1 月　台中市

詩聲類　孔廣森　廣文書局聲韻學叢書　1966 年 1 月　台北市

詩韻譜　陸志韋　太平書店出版　亦見陸志韋語言學著作集㈡

歌戈魚虞模古讀考　汪榮寶　國學季刊一卷二號　1923 年 4 月　北平市

歌戈魚虞模古讀考附記　錢玄同　國學季刊一卷二號　1923 年 4 月　北平市

歌戈魚虞模古讀考質疑　徐震　華國月刊一卷六期

歌麻古韻考　苗夔　叢書集成本　商務印書館

漢文典修訂本　高本漢著、潘悟雲等譯　上海辭書出版社　1997 年 11 月　上海市

漢字古音手册　郭錫良　北京大學出版社　1986 年 11 月　北京市

漢字語源辭典　藤堂明保　學燈社　1965 年 8 月　東京市

漢語上古韻母剖析和擬音　語言研究總 6 期　華中工學院出版部　1984 年 1 月　武漢市

漢語介音的來源分析　鄭張尚芳　語言研究 1996 增刊 p.p. 175-179　華中理工大學出版部　1996 年 6 月　武漢市

漢語方言詞匯　北京大學中文系　文字改革出版社　1964 年 5 月　北京市

漢語方言概要　袁家驊等　文字改革出版社　1960 年 2 月　北京市

漢語方音字匯　北京大學中文系語教室　文字改革出版社　1962 年 9 月　北京市

漢語史音韻學　潘悟云　上海教育出版社　2000 年 7 月　上海市

漢語史稿　王力　科學出版社　1958 年 8 月　北京市

漢語史論集　郭錫良　商務印書館　1997 年 8 月　北京市

漢語和藏語同源體系比較研究　施向東　華語教學出版社　2000
　　年 3 月　北京市

漢語研究小史　王立達　商務印書館　1959 年 11 月　北京市

漢語音史論文集　張琨　華中工學院出版部　1987 年 12 月　武
　　漢市

漢語音韻　王力　中華書局　1984 年 3 月　香港

漢語音韻中的分期問題　鄭再發　史語所集刊 36 本　1966 年 1
　　月　台北市

漢語音韻史學的回顧和前瞻　崇岡　語言研究 3 期　1982 年 11
　　月　武漢市

漢語音韻論文集　周祖謨　商務書館　1957 年 12 月　上海市

漢語音韻學　王力　中華書局出版　1955 年 8 月第 1 版　上海市

漢語音韻學　李新魁　北京出版社　1986 年 7 月　北京市

漢語音韻學　董同龢　廣文書局　1968 年 9 月　台北市

漢語音韻學論文集　馮蒸　首都師範大學出版社　1997 年 5 月
　　北京市

漢語音韻學導論　羅常培　太平書局　1987 年 1 月　香港

漢語現狀與歷史的研究　江藍生・侯精一主編　中國社會科學出
　　版社　1999 年 12 月　北京市

漢語等韻學　李新魁　中華書局　1983 年 11 月　北京市

漢語詞類　高本漢原著、張世祿譯　聯貫出版社　1976 年 4 月
　　台北市

漢語傳統語言學綱要　韓崢嶸・姜聿華　吉林大學出版社　1991
　　年 12 月　長春市

漢語語言學　趙杰　朝華出版社　2001 年 10 月　北京市

漢語語音史　王力　科學出版社　1885 年 5 月　北京市

漢語語音史概要　方孝岳　商務印書館香港分館　1979 年 11 月　香港

漢語聲調平之分與上聲去聲的起源　鄭張尚芳　語言研究 94 增刊 p.p.51-52　華中理工大學　1994 年 6 月　武漢市

漢語聲調起源窺探　語言研究 20 期　1991 年 5 月　武漢市

漢語聲調語調闡要與探索　郭錦桴　北京語言學院出版社　1993 年 7 月　北京市

漢學諧聲　戚孝標　嘉慶九年陟縣官署刊本

漢藏語研究論文集　龔煌城　中央研究院語言學研究所籌備處出版　2002 年 8 月　台北市

漢藏語研究論文集　龔煌城著　中央研究院語言學研究所籌備處　民國九十一年八月（2002）初版　台北市

漢藏緬語元音比較研究　龔煌城著・席嘉譯　音韻學研究通訊 13 期.p.p.12-42　中國音韻學研究會　1989 年 10 月　武漢市

漢魏音　洪亮吉　西安刊本

漢魏晉南北朝韻部演變研究第一分冊　羅常培・周祖謨　科學出版社　1958 年 11 月　北京市

熊氏經說　熊朋來　四庫薈要本　世界書局　1985 年 9 月　台北市

與汪旭初論阿字長短音書　章炳麟　華國月刊一卷五期

語文論叢　李榮　商務印書館　1985 年 11 月　北京市

語言文史論集　周祖謨　五南圖書出版有限公司　1992 年 11 月　台北市

語言文字論稿　高福生　江西高校出版社　1999 年 5 月　南昌市

語言問題　趙元任　臺灣商務印書館　1968 年 11 月　台北市

語言論　高名凱　科學出版社　1965 年 6 月　北京市

語言學大綱　董同龢　中華叢書編審委員會　1964 年 5 月　台北市

語言學新論　宋一平　學林出版社　1985 年 12 月　上海市

語言學概論　張世祿　台灣中華書局　1958 年 7 月　台北市

語言學綱要　葉蜚聲・徐通鏘　書林出版有限公司　1993 年 3 月　台北市

語言學論文集　張清常　商務印書館　1993 年 10 月　北京市

語言學論文集　張清常　商務印書館　1993 年 10 月　北京市

語言學論叢　林語堂　文星書店出版　1967 年 5 月　台北市

說文古韻二十八部聲系序　黎錦熙　語文第三期

說文通訓定聲　朱駿聲　藝文印書館　1971 年 9 月　台北市

說文解字注　段玉裁　藝文印書館發行　民國五十九年六月（1970）大一版　台北市

說文解字音均表　江沅　續皇清經解本　藝文印書館印行　1965 年 10 月　台北市

說文審音　張行孚　叢書集成本　商務印書館

說文諧聲孳生述　陳立　郋齋叢書本

說文諧聲譜　張成孫　皇清經解本　藝文印書館印行　1965 年 10 月　台北市

說文聲系　姚文田　粵雅堂叢書本

說文聲訂　苗夔　叢書集成本　商務印書館

說文聲類　嚴可均　音韻學叢書本　廣文書局　1966 年 1 月　台北市

說文聲讀表　苗夔　叢書集成本　商務印書館

趙元任語言學論文集　趙元任　吳宗濟・趙新那編　商務印書館出版　2002 年 1 月第 1 版　北京市

齊梁陳隋時期詩文韻部研究　周祖謨　語言研究總第二期 p.p.
　　6-17　華中工學院出版部　1982 年 5 月　武漢市

廣韻二百六韻擬音之我見　陳新雄　語言研究 27 期 p.p.94-112
　　華中理工大學出版社　1994 年 11 月　武漢市

廣韻研究　張世祿　國學小叢書本　商務印書館　1933 年 2 月
　　上海市

廣韻研究　陳新雄　臺灣學生書局　2004 年 11 月初版　臺北市

廣韻祭泰夬廢四韻來源試探　孔仲溫　台灣師範大學國文學報
　　16 期　1987 年 6 月　台北市

廣韻導讀　嚴可均　巴蜀書社　1990 年 4 月　成都市

慧琳一切經音義反切考　黃淬伯　史語所專刊之六

潛研堂集　錢大昕　嘉慶十一年家刻本

談反切　趙少咸　漢語論叢文史哲叢刊 4

論古漢語之顎介音　燕京學報三十五期　1948 年 1 月　北平市

論古韻合怗屑沒曷五部之通轉　俞敏　燕京學報三十四期

論阿字長短音答太炎　學衡四三期

論開合口　燕京學報二十九期　1941 年 1 月　北平市

論開合口—古音研究之一　史語所集刊 55 本 1 分　1984 年 3 月
　　台北市

論隋唐長安方音和洛陽音的聲母系統—兼答劉廣和同志　尉遲治
　　平　語言研究 9 期　p.p.38-48　華中工學院出版部　1985 年
　　11 月　武漢市

論聲韻集合—古音研究之二　史語所集刊 56 本 1 分　1985 年 3
　　月　台北市

魯國堯語言學論文集　魯國堯　江蘇教育出版社　2003 年 10 月
　　南京市

歷史語言學　徐通鏘　商務印書館出版　2001 年 7 月 3 刷　北

京市

積微居小學金石論叢　楊樹達　台灣大通書局　1971 年 5 月
　　台北市

諧聲補逸　宋保　叢書集成本　商務印書館

龍蟲並雕齋文集　王力　中華書局　1982 年 7 月　北京市

戴氏聲類表蠡測　趙邦彥　國學論叢一卷四期

戴東原對於古音學的貢獻　馬玉藻　國學季刊二卷二號　1929
　　年 12 月　北京市

戴震聲類表研究　郭乃禎　國立臺灣師範大學國文研究所碩士論
　　文　1997 年 7 月　台北市

聲說　時庸勱　光緒十八年刊本

聲韻考　戴震　音韻學叢書本　廣文書局印行　1966 年 1 月
　　台北市

聲韻要刊（許氏說音）　許桂林　排印本

聲韻論叢第一輯　中華民國聲韻學會主編　台灣學生書局印行
　　1994 年 5 月　台北市

聲韻論叢第二輯　中華民國聲韻學會主編　台灣學生書局印行
　　1994 年 5 月　台北市

聲韻論叢第三輯　中華民國聲韻學會主編　台灣學生書局印行
　　1991 年 5 月　台北市

聲韻論叢第四輯　中華民國聲韻學會主編　台灣學生書局印行
　　1992 年 5 月　台北市

聲韻論叢第五輯　中華民國聲韻學會主編　台灣學生書局印行
　　1996 年 9 月　台北市

聲韻論叢第六輯　中華民國聲韻學會主編　台灣學生書局印行
　　1997 年 4 月　台北市

聲韻論叢第七輯　中華民國聲韻學會主編　台灣學生書局印行

　　　1998 年 3 月　台北市

聲韻論叢第八輯　中華民國聲韻學會主編　台灣學生書局印行
　　　1999 年 5 月

聲韻論叢第九輯　中華民國聲韻學會主編　台灣學生書局印行
　　　2000 年 11 月

聲韻論叢第十輯　中華民國聲韻學會主編　台灣學生書局印行
　　　2001 年 5 月

聲韻論叢第十一輯　中華民國聲韻學會主編　台灣學生書局印行
　　　2001 年 10 月　台北市

聲韻論叢第十二輯　中華民國聲韻學會主編　台灣學生書局印行
　　　2002 年 4 月

聲韻學　林燾・耿振生　三民書局　1997 年 11 月　台北市

聲韻學　竺家寧　五南圖書出版公司　1991 年 7 月　台北市

聲韻學大綱　葉光球　正中書局　1959 年 4 月　台北市

聲韻學中的觀念和方法　何大安　大安出版社　1987 年 12 月
　　　台北市

聲韻學表解　劉賾　文史哲出版社　民國九十三年三月（2004）
　　　初版再刷　台北市

聲韻學研討會論文集　中山大學中文系所　1992 年 5 月　高雄市

聲韻學論文集　陳新雄・于大成　木鐸出版社　1976 年 5 月
　　　台北市

聲韻叢說　毛先舒　昭代叢書本

聲類表　戴震　音韻學叢書本　廣文書局印行　1966 年 1 月
　　　台北市

聲類新編　陳新雄　台灣學生書局　1992 年 9 月 3 刷　台北市

彝語概說　陳士林　中國語文 125 期　1953 年 8 月　北京市

禮書通故（六書通故）　黃以周　光緒黃氏試館刊本

藏語的聲調及其發展　瞿藹堂　語言研究創刊號p.p.177-194　華
　　中工學院出版社　1981年7月　武漢市

轉注古音略　楊慎　函海本

魏建功文集（共5卷）　魏建功　江蘇教育出版社　2001年7
　　月第1版　南京市

魏晉南北朝韻之演變　周祖謨　東大圖書公司滄海叢刊　1996
　　年1月　台北市

瀛涯敦煌韻輯　姜亮夫　鼎文書局　1972年9月　台北市

瀛涯敦煌韻輯新編　潘重規　新亞研究所　1972年11月　香港

羅常培語言學論文選集　中國科學院語言研究所編　中華書局出
　　版　1963年9月第1版　北京市

關于漢語音韻研究的幾個問題—與陸志韋先生商榷　施文濤　中
　　國語文1964

關於研究古音的一個商榷　敖士英　國學季刊二卷三號　1930
　　年9月　北平市

韻尾塞音與聲調—雷州方言一例　余藹芹　語言研究4期　1983
　　年5月　武漢市

韻問　毛先舒　昭代叢書本

韻補上下　吳棫　音韻學叢書本　廣文書局印行　1966年1月
　　台北市

韻補正　顧炎武　音韻學叢書本　廣文書局　1966年1月　台
　　北市

韻學要指　毛奇齡　西河合集本

韻學通指　毛先舒　刊本

韻學源流　莫友芝　天成印務局刊本

韻學源流注評　陳振寰　貴州人民出版社　1988年10月　貴陽市

韻鏡研究　孔仲溫　台灣學生書局　1987年10月　台北市

韻鏡音所代表的時間和區域　葛毅卿　學術月刊 1957 年 8 月號
　　1957 年 8 月　北京市
韻鏡校注　龍宇純　藝文印書館　1960 年 3 月　台北市
類音　潘耒　遂初堂刊本
讀王榮寶歌戈魚虞模古讀考書後　李思純　學衡二六期

二、西文之部

"A Linguistic Study of The Shih Ming Initials and Consonant Clus-
　ters" Bodman, Nicholas Cleaveland Harveard University Press
　1954 Cambridge, Massachusetts

"A New Aproch to Chinese Historical Linguistics" Norman, Jerry
　L. & Coblin W. South Journal of the America Orietal Society
　115.4(1995) 576-584.

"Compendium of Phonetics in Ancient and Archaic Chinese" Ka-
　rlgren, Bernhard Printed in Sweden Elanders Boktryckeri
　Aktiebolag　Go　teborg 1970/1

"Final -d and -r in Archaic Chinese" Karlgren, Bernhard
　BMFEA34 （Stockholm） 1962/1

"Grammata Serica Recensa"　Karlgren, Bernhard Museum of Far
　East （Stockholm） 1964/1

"Grammata Serica Script and Phonetics of Chinese and Sino-Japa-
　nese" Karlgren, Bernhard Republished by Ch'eng-wen Publish-
　ing Co. Taipei, Taiwan, The Republic of China 1966/1

"Language"　Bloomfild,L. Holt, Rinehart & Winsto, New York,
　1961/7

"On Archaic Chinese r and d " Malmqvist, Gören BMFEA34
　（Stockholm）　1962/1

"Proto-Chinese and Sino-Tibetan: Data towards establishing the nature of the relationship" Bodman, Nicolas C. . Leiden 1980/1

"Qieyun and Yunjing: the Essential Foundation for Chinese Historical Linguistics" Pulleyblank, Edwin G. Journal of the America Oriental Society 118.2 (1998) 200-216.

"Some further evidence regarding OC-s and its time of disappearance" Pulleyblank, E.G. 第五屆漢藏會議論文 1972/1

"Some new hypotheses concerning word families in Chinese" Pulleyblank, E.G. Journal of C.L.l 1973/1

"Studies in Old Chinese rhyming: Some futher result" Baxter, W. H.M Paper present to the Twelfth international Conference on Sino-Tibetan Languages and Linguistics. University of Alabama 1979/1

"The Chinese Language" Forrest, R.A.D. Faber and Faber Ltd. (London) 1965/1

"Tibetan and Chinese" Karlgren, Bernhard 通報 28 期 Paris 1931/1

"Tones in Archaic Chinese" Karlgren,Bernhard BMFEA 32 (Stockholm) 1964/1

"Word Families in Chinese" Karlgren, Bernhard BMFEA5 (Stockholm) 1934/1

"The Consonantal System of Old Chinese" Pulleyblank, E.G. Asia Major 1961/1

"The final consonants of Old Chinese" Pulleyblank, E.G. Monumenta Serica 1982/1